AF130982

Adam Goerz

Regesten der Erzbischöfe zu Trier von Hetti bis Johann II.

814 - 1503

Adam Goerz

Regesten der Erzbischöfe zu Trier von Hetti bis Johann II.
814 - 1503

ISBN/EAN: 9783743336674

Hergestellt in Europa, USA, Kanada, Australien, Japan

Cover: Foto ©ninafisch / pixelio.de

Manufactured and distributed by brebook publishing software
(www.brebook.com)

Adam Goerz

Regesten der Erzbischöfe zu Trier von Hetti bis Johann II.

REGESTEN

DER

ERZBISCHÖFE ZU TRIER

VON

HETTI BIS JOHANN II.

814—1503

VON

ADAM GOERZ,

KÖNIGL. ARCHIVSECRETAIR UND ZWEITEN BEAMTEN AM KÖNIGL. PROVINZIALARCHIV ZU COBLENZ, EHRENMITGLIED DER
KÖNIGL. GROSSHERZOGL. ARCHÄOLOGISCHEN GESELLSCHAFT FÜR DAS GROSSHERZOGTHUM LUXEMBURG.

TRIER.

VERLAG DER FR. LINTZ'SCHEN BUCHHANDLUNG.

1861.

Vorwort.

Die geschriebenen quellen, aus denen man die kenntniss der geschichte des mittelalters schöpft, sind vorzugsweise chroniken und urkunden.

Wenn die meisten chroniken Deutschlands für die geschichte des Trierischen landes verhältnissmässig geringe ausbeute gewähren, so besitzt dieses dagegen an den Gesta Trevirorum, der geschichte der thaten der Trierer, eine einheimische chronik, wie kein anderes deutsches bisthum eine ähnliche aufweisen kann. Diese chronik scheint in ihrer heutigen gestalt, gestützt auf ältere sagen und schriftliche überlieferungen, zuerst seit anfang des zwölften iahrhunderts niedergeschrieben zu sein, und wurde dann von zeit zu zeit fortgesetzt, so dass sie ietzt von dem sagenhaften ursprung der stadt Trier 1300 iahre vor Rom's erbauung (daher der bekannte vers: Ante Romam Treviris stetit annis mille trecentis) an, bis in das achtzehnte iahrhundert ein zusammenhängendes ganzes bildet, obwohl von ungleichem werthe, worunter namentlich die vitae der grossen erzbischöfe Adelbero und Baldowin sich auszeichnen. Herausgegeben und gedruckt wurde diese chronik theils in stücken, theils vollständig, wie folgt:

1675 durch Lucas Dachery in dessen Spicilegium veterum scriptorum (Paris. 1655—1677. 4. 1—13) 12,196. Dann 1723 in dessen zweiter ausgabe durch Jos. de la Barre (Paris. 1723. fol. 1—3) 2,208.

1698 durch Gottfried Wilhelm Leibnitz in dessen Accessiones historicae (Lipsiae 1698. und Hannov. 1700. 4. 1—2) 1.1—124 bis zum iahr 1132.

1723 durch Joh. Gg. Eccart in dessen Corpus historicum medii aevi (Lips. 1723. fol. 1—2) 2,2107—2238 vom iahr 1132 bis 1250.

1728 durch August Calmet in dessen Histoire de la Lorraine (Nancy 1728. gr. fol. 1—2) 1,1—50. Dann 1745 in deren zweiter ausgabe (Nancy 1745—1747. fol. 1—7) 1,1—61.

1729 durch Edmund Martene und Ursinus Durand in deren Collectio veterum scriptorum (Paris. 1724 bis 1733. fol. 1—9) 4,145—452 bis zum iahr 1455.

1757 durch Joh. Nicolaus von Hontheim in dessen Prodromus historiae Trevirensis (Augustae Vind. 1757. fol. 1—2) S. 746—948 vom iahr 880 bis 1732.

1836 durch Joh. Hugo Wyttenbach und Michael Franz Jos. Müller in deren ausgabe: Gesta Trevirorum integra lectionis varietate et animadversionibus illustrata (Augustae Trevir. 1836—1839. 4. 1—3) bis zum iahr 1794.

1848 durch Georg Waitz in Pertz Monumenta Germaniae historica 10 (Scriptorum 8) 130—260 bis zum iahr 1152.

Unter diesen verschiedenen ausgaben ist allein das zuletzt von Waitz herausgegebene stück mit benützung aller noch erhaltenen handschriftlichen hülfsmittel auf eine den gesteigerten ansprüchen der kritik entsprechende weise bearbeitet. Alle übrigen ausgaben sind mehr oder weniger unkritisch und ermangeln der chronologischen nachweise, die doch bei dem gebrauche nicht gut entbehrt werden können. Obgleich sich unter denselben die Wyttenbach-Müllerische ausgabe durch verbesserte lesarten und schätzbare anmerkungen auszeichnet, und daher auch in zweifelsfällen für die zeit, welche Waitz nicht bearbeitet hat, immer zu rathe zu ziehen ist, wurde in dem nachfolgenden werke dennoch die Hontheimische ausgabe vorzugsweise citirt, weil sie noch immer die in Deutschland verbreitetste sein dürfte.

Die andere geschichtsquelle wird durch die urkunden, d. h. durch die gleichzeitigen ausfertigungen über einzelne rechtsgeschäfte, gebildet. Solche urkunden haben sich für die Trierische landesgeschichte von den ältesten zeiten an, sowohl in originalien als auch in abschriften der copialbücher in sehr grosser zahl erhalten, und werden in dieser gestalt dermalen mehrentheils in dem königlichen provinzialarchiv zu Coblenz und auf der stadtbibliothek zu Trier aufbewahrt. Abgedruckt wurden am frühesten die kaiserlichen privilegien des klosters St. Maximin aus veranlassung von dessen berühmtem rechtsstreit mit den erzbischöfen, und zwar schon im iahr 1638 durch Zyllesius unter dem titel: Defensio abbatiae sancti Maximini ohne druckort in folio. Es ist dies überhaupt die älteste gedruckte sammlung deutscher kaiserurkunden. Andere Trierische urkunden sind in Rheinischen und Lothringischen geschichtswerken zerstreut. grössere mengen derselben aber in drei hauptwerken vereinigt. Das erste derselben wurde von dem eben schon als einer der herausgeber der Gesta Trevirorum genannten weihbischof Joh. Nicolaus von Hontheim unter dem titel: Historia Trevirensis diplomatica (Augustae Vind. 1750. fol. 1—3) herausgegeben, und enthält 1396 urkunden aus den iahren 118 bis 1745. Das zweite von Wilhelm Günther ist betitelt: Codex diplomaticus Rheno-Mosellanus (Coblenz. 1822—1826. 8. 1—5 wovon iedoch band 3 in zwei abtheilungen zerfällt) und enthält ungefähr 1800 vollständig abgedruckte urkunden aus den iahren 762—1786. Das dritte ebenfalls sehr reichhaltige haupturkundenwerk ist noch nicht ganz im druck vollendet; dasselbe wird von herrn archivrath Beyer herausgegeben und einstweilen den zeitraum von der mitte des vierten iahrhunderts bis zum iahr 1200 mit circa 750 urkunden umfassen.

Zur übersicht und beherrschung dieser urkundenmassen, sowohl der bereits gedruckten als der noch ungedruckten, sind in neuerer zeit immer mehr die s. g. regesten d. h. kurze auszüge derselben, die man dann chronologisch ordnet, in anwendung gekommen. Solche regesten können verschiedenartig gebildet werden, entweder so dass sie nach ihrer natürlichen zusammengehörigkeit alle urkunden eines gewissen bezirkes, also hier des ganzen erzstifts Trier, oder auch nur die urkunden einzelner theile, corporationen und geschlechter umfassen. Am nöthigsten von allen schienen iedoch die regesten der erzbischöfe, die hier ganz in derselben art und einrichtung geboten werden, wie die mit beifall aufgenommenen Böhmerischen kaiserregesten. Eine erste columne gewährt demnach das datum nach dem heutigen kalender, eine zweite den ausstellort, eine dritte den inhalt der urkunde mit deren originaldaten und der nachweisung wo das original oder der abdruck zu finden ist. Eingereiht wurden aus den chroniken alle thatsachen die sich nach zeit und ort an die erzbischöfe knüpfen, so dass die regesten nun zugleich ein repertorium des einschlagenden gehaltes der chroniken bilden. Grosse buchstaben wurden auch hier wie in den kaiserregesten ausschliesslich nach puncten und bei namen angewendet, damit diese besser hervortreten und somit beim nachsuchen auch leichter aufgefunden werden können.

So bringen denn diese regesten der erzbischöfe von Trier die erste übersichtliche zusammenstellung der gesammten thätigkeit dieser kirchenfürsten wie sie aus den von ihnen selbst erlassenen urkunden und schreiben gewonnen werden kann; eine thätigkeit, die sich nicht nur auf ihre kirchliche berufsverhältnis, sondern auch auf ihre einflussreiche stellung zu kaiser und reich, sowie auf ihre regierung des eignen landes erstreckt. Sie umfassen in streng chronologischer folge den zeitraum vom iahr 814 bis 1363 und erschliessen den inhalt von beiläufig 5000 stücke, dem ganzen schatze erzbischöflicher urkunden, so weit sie gedruckt und ungedruckt aufzufinden waren.

Bei reducirung der urkundlichen daten auf unsere zeitrechnung wurde Weidenbach's Calendarium historico-christianum medii et novi aevi (Regensburg bei Manz 1855 quer folio) benutzt; ein handbuch welches sich durch seine praktische einrichtung vorzüglich zum gebrauche eignet, und durch seine fleissigen zusammenstellungen die ältern werke entbehrlich macht.

Hinsichtlich des iahresanfangs finden wir seit dem vierzehnten iahrhundert eine besondere Trierische zeitrechnung (more oder stilo Treverico etc.) ausdrücklich erwähnt, die dann sich öfter wiederholt, und das iahr, statt am 1. ianuar, erst am darauf folgenden 25. märz (Mariä verkündigung) beginnt. Sicher bediente man sich aber schon früher dieser rechnungsweise, ohne sie iedoch mit der obigen bezeichnung anzudeuten; wie dies namentlich in den regesten aus der urkunde vom 12. märz 1251 erhellt, und deshalb wurde auch von diesem iahre an von uns erst bei der reduction der daten auf diese zeitrechnung rücksicht genommen, wie denn überhaupt vor der zweiten hälfte des dreizehnten iahrhunderts uns keine andere Trierische urkunde begegnet ist, deren datirung mit bestimmtheit diese rechnung anwenden liess; später hat sie fortgedauert bis über die gränze des mittelalters hinaus, doch so, dass Baldewin in seiner eigenschaft als pfleger des erzstifts Mainz, und Cuno als verweser des von Cöln in ihren für diese erzstifte ausgefertigten stücken das iahr statt am 1. ianuar, schon am vorausgehenden weihnachtstage beginnen. Vergl. über diese verschiedenen iahresanfänge die vorrede zum zehnten bande von Würdtwein Subsidia diplomatica.

Durch gegenwärtige von herrn domprobst doctor Holzer in Trier und von herrn doctor Böhmer in Frankfurt mit rath und that unterstützte arbeit, die iedoch als ein erster versuch wohlwollender nachsicht bedarf, ist nun für iede bearbeitung der Trierischen geschichte im mittelalter die unentbehrlichste grundlage geboten. Der unterzeichnete hat diesem vaterländischen und wissenschaftlichen zweck seine nicht geringe mühe gern zum opfer gebracht, indessen hätte dennoch bei einem solchen werk, das — welches auch seine wissenschaftliche brauchbarkeit sein möge — nicht darauf anspruch machen kann der unterhaltung eines grösseren kreises von lesern zu dienen, der druck nicht begonnen werden können, wenn nicht ein rheinischer gutsbesitzer aus liebe zum land und zur wissenschaft einen theil der druckkosten dieses ersten abschnittes uneigennützig übernommen hätte. Möge nun ein freundliches publicum in gleicher gesinnung nachfolgen, und durch seine theilnahme das erscheinen des zweiten abschnittes, welcher die urkunden der folgenden erzbischöfe von Otto von Ziegenhain bis zum tode Johann's II von Baden (1503) nebst einem register enthalten wird, und zum drucke vorbereitet ist, ermöglichen.

Coblenz, im märz 1859.

Schlusswort.

Die im vorigen jahre erschienenen regesten der trier'schen erzbischöfe von 814—1418 erhalten nun mit dieser fortsetzung bis 1503 dem todesjahre des erzbischofs Johann II. markgrafen von Baden vorläufig ihren schluss. Durch freundliche mittheilungen geschätzter geschichtsfreunde, durch nachträgliche benutzung früher nicht zur hand gehabten historischen werke und besonders durch persönliche nachforschungen in den archiven und bibliotheken zu Darmstadt, Düsseldorf und Frankfurth a. Main hat sich die anzahl der erzbischöflichen urkunden und schreiben bis auf 6000 vermehrt, und sind die stücke, welche sich nicht mehr einreihen liessen auf seite 325—362 als ergänzungen diesem theile beigefügt. Sollte sich bei künftiger ausdehnung der recherchen in entferntern orten die ausbeute ergiebig erweisen, woran nicht zu zweifeln, so wird ein ergänzungsheft das gewonnene nachbringen. Indem der Verfasser es zu seiner besondern pflicht erachtet, hiermit allen fördern seiner arbeit, namentlich den verehrlichen vorständen obengenannter institute und der zu Coblenz und Trier, wie auch den herren Obergerichts-Präsidenten Wurth-Paquet in Luxemburg, Dr. Jaffé in Berlin und andern, deren mittheilungen noch besondern betreffenden orts erwähnt sind, seinen wärmsten dank auszusprechen, kann er den wunsch nicht unterdrücken, weitere nachträge und etwaige berichtigungen auch ferner ihm freundlichst zukommen zu lassen.

Schliesslich, um irrthümer zu vermeiden, sei bemerkt, dass ein horizontalstrich (—) in der zeit- und ortscolumne die wiederholung des zuletzt darüber stehenden monats und ortes anzeigt, dagegen punkte (....) den ausfall beider. Zum bessern verständniss der oft kurz citirten bücher ist ein alphabetisches verzeichniss der benutzten beigefügt worden und die reihenfolge der erzbischöfe bis 1802 genau nach urkundlichen daten festgestellt.

Coblenz, im November 1860.

Druckfehler.

Seite 1 zeile 5 von unten setze in der zeitcolumne da die nun folgenden beiden urkunden ohne datum sind 847—863. S. 2 oben in der zeitcolumne setze 847—863 statt 860. S. 2 z. 12 und 15 von oben 867 und 868 statt 967 und 968. S. 3 z. 25 von oben setze in die zeitcolumne da die folgenden urkunden undatirt sind 915—930. S. 3. z. 6 von unten 5 kal. mart. statt 25 kal. S. 4 z. 11 von unten setze in der zeitcolumne über mai 7 da die folgenden urkunden ohne jahresangabe 931—956. S. 5. z. 9 von oben Nithad statt Nithard. S. 5 z. 17 von unten Lulon statt Lnon. S. 5 z. 14 von unten setze in der zeitcolumne da beide folgenden urkunden ohne jahr 956—964. S. 6 z. 3 von unten Herengar statt Berengar. S. 8 z. 1 in der zeitcolumne dec. 24 statt dec. 15. S. 8 z. 14 hatten statt hatte. S. 10 z. 18 von unten setze in die zeitcolumne dec. S. 8. 11 z. 10 von unten setze in die zeitcolumne mrz. 27 statt apr. 5. S. 11 z. 1 von unten im der extrakt „berichtet etc." vor dem vorhergehenden „Aufenthalt etc." zu setzen. S. 12 oben setze in die zeitcolumne da undatirte urkunden folgen 1066—1078 statt 1078. S. 17 z. 19 Stoekholm statt Stahheim. S. 18 z. 1 Honth. 1,536 statt Honth. 2,536. S. 19 z. 13 Gotteshaus statt Gottesbaus. S. 20 z. 15. kloster statt klosters. S. 21 z. 5 setze in der zeitcolumne dec. 29 statt dec. 9. S. 21 z. 4 von unten in der ortscolumne setze — (Treveris) statt ... S. 23 z. 6 von unten setze in der zeitcolumne ... (1169) statt 1171. S. 23 z. 2 von unten setze in der zeitcolumne 1171 statt —. S. 27 z. 6 von oben setze in der zeitcolumne nov. 29 statt nov. 20. S. 27 z. 25 setze in der zeitcolumne 1193. S. 28 z. 26 in der ortscolumne satt „an der werbe" setze Besselich, und streiche „an der werbe" im regest. S. 36 z. 3 für Rheinfelden statt für Worms. S. 36 z. 19 von unten setze in der zeitcolumne mrz. 28 statt mrz. 00. S. 37 z. 14 von unten Minkelvey statt Winkelvei. S. 39 z. 9 von unten 15. febr. statt 16. febr. S. 40 z. 27 von unten in der ortscolumne lies ap. Augustam. S. 41 z. 5 von oben Bamberg statt Salzburg. S. 41 z. 13 in der ortscolumne lies ap. Winnam. S. 42 z. 1 von unten in der ortscolumne lies Confluentiam. S. 48 z. 11 von unten setze in der zeitcolumne ian. 13 statt ian. 1. S. 49 z. 23 von oben piscopos statt piscopus. S. 52 z. 4 Or. statt Chart. S. 53 z. 13 lebendig machenden statt lebendigen. S. 62 z. 13 in der zeitcolumne setze ian. 25. statt ian. 26 und z. 14 die convers. statt crast. convers. S. 64 z. 1 in der zeitcolumne setze ian. lun. S. 64 z. 13 von unten in der ortscolumne setze Colonia statt —. S. 66 z. 10 von oben in der zeitcolumne setze dec. 23 statt nov. 23. S. 70 z. 1 Brunshorn statt Brimshorn. S. 74 z. 23 von unten Bischoofe statt Erzbischoofe. S. 78 z. 25 von unten alde fasnacht statt pfaffen fasnacht. S. 79 z. 26 von oben Amoeneberg statt Awoezneberg. S. 104 letzte zeile 1369 statt 1360. S. 137 z. 25 von oben setze in der ortscolumne Berneastel statt .... S. 144 z. 8 von unten setze in der zeitcolumne iul. 30 statt iul. 29. S. 160 z. 23 statt Babau lies Raban. S. 168 z. 11 von unten statt 335 setze 334. S. 191 z. 6 statt Hetwig setze Helwig. S. 221 z. 16—17 lies herrn zu Saffenberg. S. 221 z. 8 von unten streiche (.—). S. 245 z. 11 von unten in der ortscolumne lies iuu. S. 271 z. 2 von unten statt einen lies einem. S. 275 z. 25 in der ortscolumne statt ... setze — (Mets). S. 276 z. 29 lies aushändigung von Achtelspach. S. 309 z. 6 statt Runkel lies Runkel.

Verzeichniss der benutzten Bücher.

d'Achery Spicilegium sive collectio veterum aliquot scriptorum qui in Galliae bibliothecis delituerant. Nova editio. Paris. 1724. fol. 1—8.

Acta academiae Theodoro — Palatinae historica. Mannh. 1766. 4. 1—7.

Aeneae Sylvii Piccolominei Historia Friderici III. imperatoris ed. Kulpis. Argentor. 1685 fol.

Annalen des Vereins für Nassauische Alterthumskunde und Geschichtsforschung. Wiesbaden 1827. 1—6.

Arnolds von Lübeck Chronik übersetzt von Dr. Laurent. Berlin 1853.

Aschbach Leben Kaiser Sigismunds. Hamburg 1838. 1—4.

Baur Urkundenbuch des Klosters Arnsburg in der Wetterau. Darmstadt 1851.
— Urkunden zur hessischen Geschichte. Darmstadt 1854.

Benoit Histoire ecclésiastique et politique de la ville et du diocèse de Toul. Toul 1707. 4.

Bertholet Histoire de Luxembourg. Luxemb. 1741. 4. 1—8.

Beurkundeter Inhalt der Salm-Salmischen und Salm-Kirburgischen Revisionslibellen. o. O. 1772 fol.

Beweise dass die Abtei Marienstatt wider die Ernächtigungen der Grafen von Sayn im Besitz der Immunität von der Sayn. Landeshoheit a. s. w. o, O. 1771 fol.
— in Sachen des Grafen Ernst zu Sayn-Wittgenstein gegen das Erzstift Trier, die castra Sayn, Freusberg u. s. betreffend. o. O. 1827. 4.

Beyer Burg Stolzenfels. Coblenz 1842.
— Mittelrheinisches Urkundenbuch. Coblenz 1860. 1r.

Binterim und Mooren Rheinisch-Westfälischer diplomatischer Codex. Mainz 1830. 1—2.

Birken, Fuggers Spiegel der Ehren des Erzhauses Oestreich. Nürnberg 1668 fol.

Blattau statuta synodalia, ordinationes et mandata archidioecesis Trevirensis. Trev. 1844. 4. 1—6.

Bodmann Rheingauische Alterthümer. Mainz 1819. 4. 1—2.

Bochmer Codex diplomaticus Moeno-Francofurtanus. Ffurt. 1836. 4.
— Fontes rerum Germanicarum. Stuttg. 1843. 1—3.
— Regesta chronologico-diplomatica Karolorum. Ffurt. 1833. 4.
— — regum atque imperatorum Romanorum inde a Conrado I. usque ad Heinricum VII. Ffurt. 1831. 4.
— — imperii inde ab 1198 usque ad 1254. Stuttg. 1849. 4.
— — — ab 1246 usque ad 1313. Stuttg. 1844. 4. Nebst Additamentum I et II. Stuttg. 1849 u. 1857. 4.
— — ab 1314 usque ad 1347. Ffurt. 1839. 4. Nebst Addisamentum I. Ffurt. 1841. 4.
— Wittelsbachische Regesten. Stuttg. 1854. 4.

Broili Julius Montiumque comitum, marchionum et ducum Annales. Coloniae 1731 fol.

Broweri et Masenii Antiquitates et annales Trevirenses. Leodii 1670 fol. 1—2.
— Metropolis ecclesiae Trevericae ed. de Stramberg. Confluent. 1855. 1—2.

Calmet Histoire de Lorraine. Nancy 1728 fol. 1—4. Editio II. Nancy 1745 fol. 1—7.

Chmel Regesta Ruperti regis Romanorum. Ffurt. 1834. 4.
— — Friderici III. Romanorum imperatoris. Wien 1859. 4. 1—2.

Codex Hirsaugiensis. Stuttg. 1843. Bibliothek des literarischen Vereins. 1r.

Crollius Origenes Bipontinae. Bipont. 1761. 4. 1—2.

Datt De pace imperii publica libri quinti. Ulm 1698 fol.

Doenniges Acta Henrici VII. imperatoris Romanorum. Berol. 1840. 4. 1—2.

Dronke Codex diplomaticus Fuldensis. Cassel 1847. 4.

Dümge Regesta Badensia. Carlsruh 1836. 4.

Dumont Corps universel et diplomatique du droit des gens. Amsterdam et à la Haye 1726. fol. 1—8 nebst Rousset Supplement au Corps universel. ibid. fol. 1—5.

Eberhardi Windeckii Historia vitae imp. Sigismundi veracula bei Menchen 1.

Eckertz u. Noever. Die Benediktiner Abtei M. Gladbach. Köln 1858.

Ennen u. Eckertz Quellen zur Geschichte der Stadt Köln. Köln 1860. 1r.

Erhard Regesta historiae Westfaliae. Münster 1847. 4. 1—2.

Fahne Chronica abbatiae Gladbacensis. Coloniae 1856 fol.
— Codex diplomaticus Salmo-Reifferscheidanus. Coloniae 1858 fol.

Picker die Uebernste des deutschen Reichsarchivs zu Pisa. Wien 1855.
— Zur Geschichte des Kurvereins zu Rense. (Besonderer Abdruck aus dem Novemberhefte 1858 der Sitzungsberichte der philosoph. histor. Klasse der kaiserl. Akademie der Wissenschaften XI. 673 etc. etc.)

(Fischer) Geschlechtsregister der Häuser Isenburg, Wied und Runkel. Mannh. 1775 fol.

Frank Geschichte der ehemaligen Reichsstadt Oppenheim. Darmstadt 1859.

Freheri Rerum Germanicarum scriptores aliquot insignes cura Struvii. Argentor. 1717 fol. 1—3.

Frey und Remling Urkundenbuch des Klosters Otterberg. Mainz 1845.

Gallia christiana in provincias distributa (opera Sammarthanorum). Paris 1715 fol. 13r.
8. Génois Monumens anciens. Premier partie: Droits primitifs du comté de Haynaut. Paris 1782 fol.

Georgisch Regesta chronologico-diplomatica. Ffurt. et Lips 1740 fol. 1—4.

Geschichte der Reichsherrschaft Oberstein. o. O. 1768 fol.

Gisleberti Chron. Hannoniae. Brux. 1764. 4.

Grebel Geschichte der Stadt St. Goar. St. Goar 1848.

Gräuser Diplomatische Beiträge. Ffurt. 1775. 1—4.

Gudenus Codex diplomaticus. Goettingen 1743. 4. 1—5.

Günther Codex diplomaticus Rheno-Mosellanus. Coblenz 1822. 1—5.

Hansen Treviris oder trierisches Archiv für Vaterlandskunde. Trier 1840. 1—2.
— Beiträge zur Geschichte der einzelnen Pfarreien des Stadtkapitels Trier. Trier 1830.

X

Hartzheim Concilia Germaniae. Coloniae 1759 fol. 1—3.
Hoesius Manipulus Hommerodensis. Coloniae 1641 fol.
Heineccii Antiquitates Goslarienses in Heinaccii et Leuckfeld Scriptores rer. Germanicar.
Hennebergisches Urkundenbuch herausgegeben von Schöppach. Meiningen 1842. 1r und 2r von Hochstein und Brückner 1947.
Hennes Urkundenbuch zur Geschichte des deutschen Ordens insbesondere der Ballei Coblenz. Mainz 1845.
Koofer Auswahl der ältesten Urkunden deutscher Sprache. Hamburg 1845. 4.
— Zeitschrift für Archivkunde. Hamburg 1834. 1—2.
Holzer de praepiscopis Trevirensibus. Confluen. 1845.
Hontheim Historia Trevirensis diplomatica. Aug. Vindel. 1750 fol. 1—3.
— Prodromus historiae Trevirensis. Aug. Vind. 1757 fol.
Hugo Annales ordinis Praemonstratensis. Nanceii 1734 fol. 1—2.
Huguenin Chroniques de Metz. Metz 1838. 4.
Huillard-Bréholles Historia diplomatica Friderici II. Paris 1852. 4. 1—5.
Historisch-diplomatischer Unterricht von des hohen deutschen Ritterordens insbesondere der Balley Hessen Immedietät, Exemption und Gerechtsamen. Stadt am Hof 1753 fol.
Jaffé Regesta pontificum Romanorum ab condita ecclesia usque ad annum 1198. Berol. 1851. 4.
Jahresberichte der Gesellschaft für nützliche Forschungen in Trier. Trier 1846. 4. 1—13.
Joannis Res Moguntinae. Ffurt. 1722 fol. 1—3.
— Spicilegium tabularum veterum. Ffurt. 1724.
Kindlinger Geschichte der deutschen Hörigkeit. Berlin 1819.
C. J. Kramer Akademische Beiträge zur Ullch-Bergischen Geschichte. Mannh. 1769. 4. 1—3.
— Diplomatische Beiträge zum Behuf der Teutschen Geschichtskunde. Ffurt 1761. 1—18.
— Geschichte des Kurfürsten Friedrich I. von der Pfalz. Mannh. 1766. 4. 1—2,
J. M. Kremer Origines Nassoicae. Entwurf einer genealogischen Geschichte des Nassauischen Hauses. Wiesbaden 1779. 4. 1—2.
— Geschichte des Ardennischen Geschlechts. Ffurt. 1785. 4.
Kurz, Oestreich unter K. Albrecht II. Wien 1835. 2 Bde.
Kyriander Annales civitatis Augustae Trevirorum. Bipont. 1603 fol.
Lacomblet Urkundenbuch für die Geschichte des Niederrheins. Düsseldorf 1840. 4. 1—4
(Lamey) Codex Laureshamensis diplomaticus. Mannh. 1768. 4. 1—3.
Lang Regesta sive rerum Boicarum autographa. Monaci 1822. 4. 1—4.
Lamnola Lützelkoblenz. Coblenz aa XI.
Ledebur Allgemeines Archiv für die Geschichte des Preussischen Staats. Berlin u. s. w. 1836. 1—18.
Lehmann Chronika der freien Reichsstadt Speyer. Ffurt. 1711 fol.
— Geschichte von Kaiserslautern. Kaiserslautern 1853.
Leibnitz Codex juris gentium. Hanov. 1693. Mantissa dno. ib. 1700. 2te unveränderte Ausgabe Guelferb. 1742 fol. 1—2.
Lichnowsky Geschichte des Hauses Habsburg. Wien 1836. 1—8.
Loagard Ausführung der Ausprüche des Grafen zu Ele-Kempenich aus dem Rheinzoll zu Engers. Coblenz 1842. 4.
Lucae Fürstensaal. Ffurt. 1705. 4.
Ludewig Reliquiae manuscriptorum omnis aevi diplomatum. Ffurt. et Lips. 1720. 1—12.
Lünig Deutsches Reichsarchiv. Leipz. 1713 fol. 1—24.
— Codex diplomaticus Germaniae. Ffurt. et Lips. 1732 fol. 1—2.
Martene et Durand veterum scriptorum et monumentorum amplissima collectio. Paris 1724 fol. 1r.
— Thesaurus novus anecdotorum. Paris 1717 fol. 1—5.
Meibomii Scriptores rerum Germanicarum. Helmstad. 1688 fol. 1—3.

Menoken Scriptores rer. Germanicar. praecipue Saxonicarum. Lips. 1728 fol. 1—3.
Meurisse Histoire des évêques de Metz. Metz 1634 fol.
Mone Zeitschrift für die Geschichte des Oberrheins. Karlsruh 1850. 1—11.
Moritz Vom Ursprung der Reichsstädte besonders der Stadt Worms Ffurt. 1756. 4.
Müller Reichstags-Theatrum, wie solches unter K. Friedrichs V. (III) Regierung von 1440 bis 1493 gestanden. Jena 1713 fol.
— Reichstags-Theatrum, wie selbiges unter Kaiser Maximilian I. Regierung gestanden von 1486 bis 1500. Jena 1719 fol. 1—2.
— Reichstagsstaat unter K. Maximilian I. von 1500—1508. Jena 1709. 4.
Neue und vollständige Sammlung der Reichsabschiede. Ffurt. 1747 fol. 1—4.
Neyen Histoire de la Ville de Vianden. Luxemburg 1851.
Oehmbs Gerechtsame des St. Paulinstifts bei Trier in dem Dorf Greinerath. Trier e. J. fol.
Olenschlager Neue Erläuterung der goldnen Bulle Carls IV. Ffurt. 1766. 4.
— Staatsgeschichte des römischen Kaiserthums in der ersten Hälfte des 14. Jahrhunderts. Nebst einem Urkundenbuch. Ffurt. 1755. 4.
Pelzel Kaiser Karl IV, König in Böhmen vom Jahr 1316—1355, nebst einem Urkundenbuche. Prag 1780. 1—2.
Pertz Monumenta Germaniae historica. Legg. Hannov. 1835 fol. 1—2.
— — Scriptores. Hannov. 1826 fol. 1—16.
— Archiv für ältere deutsche Geschichtskunde. Hannov. 1821. 1—11.
Pez Thesaurus anecdotorum novissimus. Aug. Vind. 1721 fol. 1—6.
Publications de la société pour la recherche et la conservation des monuments historiques dans la grand-duché de Luxembourg. Luxemb. 1846. 4. 1—14.
Plückart Die churfürstliche Neutralität während des Baseler Concils. Leipz. 1858.
Quix Codex diplomaticus Aquensis. Aquisgrani 1839. 4.
— Geschichte der ehemaligen Reichsabtei Burtscheid. Aachen 1834.
Reinhard Kleine Ausführungen. Giessen 1745. 1—2.
Remling Geschichte der Bischöfe zu Speier. Mainz 1852. 1—2. Nebst Urkundenbuch 1—2.
Reuter Albansgulden. Mainz 1790.
Meyssch und Linde Archiv für Rheinische Geschichte. Coblenz 1853. 1—2.
Ried Codex diplomaticus Ratisbonensis. Ratisbon. 1816. 4. 1—2.
Riedel Codex diplomaticus Brandenburgensis. Berlin 1838. 4. 1—18. II. 1—8. III. 1.
Ritz Urkunden und Abhandlungen zur Geschichte des Niederrheins und der Niederlande. Aachen 1824.
Rommann Betrachtungen über das Zeitalter der Reformation. Jena 1858.
Roussel Histoire ecclésiastique et civile de Verdun. 1745. 4.
Sauerburn Geschichte der Pfalzgräfin Genovefa und der Kapelle Frauenkirchen. Regensburg 1856.
Schaab Geschichte des rheinischen Städtebundes. Mainz 1855. 1—2.
Schannat Historia Fuldensis. Ffurt. 1729 fol.
— Historia episcopatus Wormatiensis. Ffurt. 1734 fol.
— Vindemiae literariae. Fuldae 1723 fol.
Schaten Annales Paderbornenses. Neuhusii 1693 fol. 1—2.
Schmitt Die Kirche des heil. Paulin bei Trier. Trier 1853.
Schneider Gräflich Erbachisches Stammtafel und Historie. Ffurt. 1736 fol.
Schunk Codex diplomaticus. Moguntiae 1797.
— Beiträge zur Mainzer Geschichte. Mainz 1788. 1—3.
Scotti Sammlung der Gesetze und Verordnungen welche im vormaligen Churfürstenthum Trier ergangen sind. Düsseldorf 1832. 1r.
Senaria ad radicem poelta. Bonn 1729 fol.

Seibertz Urkundenbuch des Herzogthums Westfalen. Arnsberg 1839. 1—2.
Senchenberg Selecta juris et historiarum Ffurt. 1734. 1—6.
Simon Geschichte der Dynasten und Grafen zu Erbach und ihren Landen. Nebst Urkundenbuch. Ffurt. 1858.
Spiess Archivische Nebenarbeiten und Nachrichten. Halle 1783. 4. 1—2.
Stälin Wirtembergische Geschichte. 1—3r Bd. Stuttg. 1841—1856.
Stillfried u. Maerker Monumenta Zollerana. Berlin 1852. 4. 1—6.
Sudendorf Registrum oder merkwürdige Urkunden für die deutsche Geschichte. Jena 1849. 1r. Berlin 1851. 2—3.
(Tabouillot) Histoire de Metz par des religieux Benedictins de la congregation de S. Vanne. Metz 1769. 4. 1—5.
Telner Historia Palatina. Ffurt. 1700 fol.
Trierische Chronik von 1816—1825. Trier. 4.
Trithemii Chronicon Hirsaugiense. St. Galli 1690 fol. 1—2.
— Opera historica. Ffurt. 1601 fol.
Ulmenstein Geschichte der freien Reichsstadt Wetzlar. Hadamar 1802. 1—3
Ungrund der anmasslichen gräflich Saynischen landesherrlichen Erbschafts- und Vogteigerechtigkeit über die Abtei Marienstatt. Wetzlar 1783 fol.
Urstisii Germaniae historici illustres. Ffurt. 1670 fol. 1—2.

Vertheidigte Medietät und Landsässigkeit der Abtei S. Maximin bei Trier und ihrer im Erzstift gelegenen Güter, besonders der davon zu Lehen gehenden Medistherrschaften Taben u. Freudenberg. o. O. 1774 fol.
Vorläufige Beantwortung der Ausführung der dem Kurhaus Baiern zustehenden Erbfolge auf die von Kaiser Ferdinand I. besessenen Länder. o. O. 1741 fol.
Vorstellung und Bitte Anwalts Sr. Kurf. Durchlaucht zu Trier, die von der Abtei S. Maximin prätendirende Immedietät und Reichsstandschaft wegen Freudenberg. 1773 fol.
Wegeler Das Kloster Laach. Geschichte und Urkundenbuch. Bonn 1854.
Wenck Hessische Landesgeschichte. Darmstadt u. Giessen 1783. 4. 1—3.
— Historische Abhandlungen. Ffurt. u. Leipz. 1778. 4. 1r.
Wencker Apparatus archivorum. Argent. 1713. 4.
Wigand Wetzlarische Beiträge. Wetzlar 1840. 1—3.
Würdtwein Dioecesis Maguntina in archidiaconatus distincta. Mannh. 1769. 4.
— Monasticon Palatinum. Mannh. 1793. 1—6.
— Subsidia diplomatica. Heidelb. 1772. 1—13.
— Nova subsidia diplomatica. Heidelb. 1781. 1—14.
— Diplomatarium Moguntinum. Mog. 1788. 4. 1—2.
Wyttenbach u. Müller Gesta Trevirorum. Aug. Trev. 1836. 4. 1—3.
Zyllesii Defensio abbatiae S. Maximini. Coloniae 1648 fol.

Reihenfolge der Erzbischöfe zu Trier

von St. Modoald bis Clemens Wenzeslaus 622—1802.

	Anfang.	Ende.
S. Modoald (Pippins I. schwager)	622	640
S. Numerian	640	666
S. Hildulph	666	671
S. Basinus (Austrasischen geschlechts)	671	695
S. Lutwin (neffe des vorigen)	695	713
Milo (sohn des vorigen)	713	753
S. Weomad	753	791 nov. 8
Richbod	791	804 oct. 1
Waso	804	809
Amalharius Fortenatus	809	814
Hetti	814	847 mai 27
Tietgaud (neffe des vorigen)	847	863 oct.[a])
Sedisvacanz	863	869
Bertolf (neffe des bischofs Adventius zu Metz[b])	869 sept.	883 feb. 10
Ratbod	883 apr. 8	915 mrz. 30
Rotger	915	930 ian. 27
Rutbert (sohn könig Rudolfs von Burgund)	931	956 mai 19
Heinrich I. (verwandter Otto's I.)	956	964 iul. 3
Theoderich I.	965	977 ian. 5
Egbert (graf von Holland)	977	993 dec. 9
Ludolf (ein Sachse)	994	1008 mrz. 19
Megingaud[c])	1008	1015 dec. 24
Poppo (markgraf von Oestreich)	1016 ian. 1	1047 iun. 16
Eberhard (sohn des grafen Ezzelin von Schwaben)	1047 iun. 28	1066 apr. 15
S. Cuno (von Phullingen, neffe des erzb. Anno zu Cöln) . .	1066	1066 iun. 1
Udo (graf von Nellenburg)	1066	1078 nov. 11
Egilbert (graf von Ortenburg)	1079 ian. 6	1101 sept. 3
Bruno (graf von Laufen)	1102 ian. 6	1124 apr. 25
Godefrid (aus Falmanies — Vianden — Lütticher diözese[d]) . .	1124 iul. 2	1127 mai 17[e])
Meginher (eben daher)	1127 iuni	1130 oct. 1
Albero (von Montreuil in Lothringen[f])	1131 apr. 19	1152 ian. 18
Hillin (von Falmanies, Lütticher diözese)	1152 ian.	1169 oct. 23
Arnold I. (von Wallincourt)	1169	1183 mai 25

---

a) Abgesetzt durch pabst Nikolaus I., stirbt er ●●● ●●. 29.　b) Von Carl dem Kahlen ernannt, wogegen Ludwig der Deutsche den mönch Waldo auf den erzbischöflichen stuhl erhob aber ●●●●●●●● fand.　c) Von könig Heinrich II. ernannt gegen den durch den einfluss seiner gemahlin gewählten Adalbero von Luxemburg, ●●●●● ●●●●●●● Paulin, einen bruder der königin, welcher sich bis in den anfang der regierung Poppo's im obere erzstift behauptete.　d) Bischof ●●●●●● 1124 sept. 7.　e) Abgedankt, und stirbt 1170 nov. 13.　f) Der am 7. dec. 1130 gewählte Bruno, neffe des frühern erzbischofs ●●●● die wahl abgelehnt. Albero wurde 1132 im märz zu Vienne von pabst Innocenz II. geweiht.

	Anfang.	Ende.
Rudolf (graf von Wied)	1183 mai	11~9 iuu. 26
Folmar (graf von Blieseastel)		
Johann I.	1190	1212 iul. 15
Theoderich II. (graf von Wied)	1212	1242 mrz. 27
Arnold II. (graf von Isenburg, neffe des vorigen[b])	1242	1259 nov. 4
Heinrich II. (von Vinstingen[i])	1260 aug.	1286 apr. 26
Boemund I. (von Warnesberg[a])	1286	1299 dec. 9
Diether (graf von Nassau[l])	1300	1307 nov. 22
Baldewin (graf von Luxemburg[m])	1307 dec. 7	1354 ian. 21
Boemund II. (von Ettendorf-Saarbrücken[n])	1354 febr. 3	1362 mai[o])
Cuno II. (von Falkenstein[p])	1362 mai	1388 apr.[q])
Wernher (von Falkenstein[r])	1388 apr. 3	1418 oct. 4
Otto (graf von Ziegenhain[s])	1418 oct. 13	1430 febr. 13
Ulrich (von Manderscheid[t])	1430 febr. 27	1436 febr. 8[u])
Raban (von Helmstatt)	1430 mai 22	1439 apr. 17[x])
Jacob I. (von Sirk[w])	1439 mai	1456 mai 28
Johann II. (markgraf von Baden)	1456 iun. 21	1503 feb. 9 (19)
Jacob II. (desgl.[z])	1503 febr. 27[y])	1511 apr. 27
Richard (von Greifenklau[z])	1511 mai 14	1531 mrz. 13
Johann III. (von Metzenhausen[aa])	1531 mrz. 27	1540 iul. 22
Johann IV. Ludwig (von Hagen)	1540 aug. 9	1547 mrz. 23
Johann V. (graf von Isenburg)	1547 apr. 20	1556 feb. 18
Johann VI. (von der Leyen)	1556 apr. 15[bb])	1567 feb. 9
Jacob III. (von Elz)	1567 apr. 7	1581 iun. 4
Johann VII. (von Schoenberg in der Eifel[cc])	1581 iul. 31	1599 mai 1
Lothar (von Metternich[dd])	1599 iun. 7	1623 sept. 7
Philipp Christoph (von Soetern)	1623 sept. 25	1652 feb. 7
Carl Caspar (von der Leyen[ee])	1652 mrz. 12	1676 iun. 1
Johann Hugo (von Orsbeck)	1676 iul. 13[ff])	1711 ian. 6
Carl (herzog von Lothringen[gg])	1711 ian.	1715 dec. 4
Franz Ludwig (Pfalzgraf)	1716 febr. 20	1729 mrz. 3[hh])
Franz Georg (graf von Schoenborn[ii])	1729 mai 2	1756 ian. 18
Johann Philipp (von Walderdorf[kk])	1756 ian. 18	1768 ian. 12
Clemens Wenzeslaus (sohn königs August III. von Pohlen und kurfürsten von Sachsen)	1768 febr. 10	1802 apr. 25[ll])

g) Von beiden gewählten erhielt Rudolf 1183 im iuni zu Constanz vom kaiser die investitur, und Folmar 1186 iun. 1 zu Verona vom pabst die bischofsweihe, und wurden 1189 iun. 26 entsetzt. h) Mit ihm wurde gewählt Rudolf von der Brücke, probst zu St. Paulin, konnte sich aber nicht behaupten. i) Vom papst ernannt, welcher die beiden 1250 dec. 5 gewählten Arnold von Schleiden und Heinrich von Bolanden nicht bestätigte. k) Gewählt mit Ekbert von Vülrech und Johann van Sirk, woven letzterer gleich entsagt hatte, Ekbert bald nachher gestorben war und nachdem der aus einer neuen wohl hervorgegangene Gerhard von Eppenstein das erzstift Mainz erhalten hatte, wurde Boemund 1289 mrz 8 zu Rom vom pabst Nicolaus IV. bestätigt. l) Von pabst Bonifaz VIII. ernannt, obgleich Heinrich von Virnenburg erwählt worden war. m) Bischofsweihe zu Poitiers durch pabst Clemens V. 1308 mrz. 11. n) Bestätigt durch pabst Innocenz VI. 1354 mai 2. o) Resignirt und stirbt 1367 feb. 10. p) Seit 1360 cpr. 6 coadjutor. q) Resignirt und stirbt 1388 mai 21. r) Gewählt 1388 rede september. s) Gewählt 1419 mrz. 12. t) Sein mitgewählter Jacob von Sirk verzichtet und Ulrich behauptet sich gegen den vom pabst ernannten Raban. u) Absetzung. v) Resignirt und stirbt 1439 apr. 18 coadjutor erhält 1439 aug 20 die weihe. z) Seit 1499 dec. 15 coadjutor. y) Feierliche Besitznahme. z) Weihe 1512 mai 30. aa) Erhält 1532 mrz. 17 die weihe (nach dem Temporale). bb) Gewählt (nach den archiv-ablass) nachdem bereits 1555 oct. 26 und nov. 3 vom domcapitel und kurfürsten zu Rom seine bestätigung als coadjutor nachgesucht worden war als inzwischen der kurfürst Johann V. starb. cc) Erhält 1582 auf dem reichstag zu Augsburg die weihe. dd) 1599 in der Florinskirche zu Cablenz geweiht. ee) Wurde 1650 iul. 11 zum coadjutor gewählt, als solcher 1651 iul. 3 vom pabst bestätigt, leistete 1651 sept. 17 als coadjutor und 1652 mrz. 12 als erzbischof dem domkapitel den eid; erhielt 1652 sept. 15 die weihe. ff) Regierungsanlang (nach dem Temporale), halbe 1677 iun. 1 dem domkapitel den eid als coadjutor geleistet. gg) Stirbt 1710 sept. 24 coadjutor. hh) Resignirt und wird erzbischof zu Mainz. ii) Erhält 1729 oct. 30 zu Bamberg die weihe. kk) Seit 1754 iul. 11. coadjutor. ll) Resignirt und stirbt 1812 iul. 27.

814—847. Hetti. 814.

814	. . .	Anfang Hettis als nachfolger des Amalhari Fortunat. Post Fortunatum Trebirorum ecclesie Hetti prefuit, abbas Mediolacensis. Gesta Trev. ap. Pertz Script. 8,163. — Das iahr ist unsicher.
817	. . .	schreibt als archiepiscopus diocesis Trevirensis necnon legatus Ludowici imperatoris dem bischof Frotharius von Toul die zur heerfahrt nach Italien, wo könig Bernhard rebelliren will, auf befehl des kaisers dienstpflichtigen leute seiner diözese marschfertig zu halten. Notum sit — pergat. Duchesne Hist. Franc. Script. 2,721. Lünig Reichsarchiv 16,194. Houtheim Hist. Trev. dipl. 1,169. Gallia Christ. 13,306. — Das iahr ergiebt sich mit sicherheit aus der zeit des aufstandes könig Bernhards, der sieh alsbald wieder unterwarf. Ann. Einhardi ad 817.
819	. . .	beauftragt den bischof Frotharius von Toul sich in seiner diözese von dem vollzug des bereits vor drei iahren ergangenen kaiserlichen befehls de regula augendae religionis et de ministratoriis canonicorum officiuis gewissheit zu verschaffen, indem ein placitum bevorstehe, auf welchem darnach werde gefragt werden. Meminisse volumus — robiscum. Duchesne Script. 2,722. Lünig Reichsarchiv 16,194. Houth. 1,171. — Die iahrszahl ergiebt sich aus der in bezug genommenen forma institutionis canonicorum et sanctimonialium, welche iahr 816, ind. 10, imp. Ludowici 3, zu Aachen beschlossen wurde. Hartzheim Conc. Germ. 1.430. Walter Corpus inris Germ. 2,293.
832	. . .	Assistenz mit Otgar v. Mainz u. Ebo v. Reims bei der consecration des heiligen Ansgar zum erzbischof von Hamburg durch bischof Drogo von Metz. Adam. Brem. a. Raubert vit. Ansk. ap. Pertz 7,292 u. 2,698 zu iahr 832 und imp. Lud. 18, die kaiserliche Fundationsurkunde des Erzbisth. Hamburg ist vom 15 mai 834 datirt. Der Ort der Weihe wird Didenhofen, im Sprengel von Metz, seyn, nicht Ingelheim, wo Otgar von Mainz officirt haben würde.
836 nov. 12	Confluentine	Einweihung der von ihm erbauten St. Castorskirche zu Coblenz, nachdem der leib des heil. Castor am tage vorher von Carden an der Mosel hierher gebracht worden war. Thegan ap. Pertz 2,603. Gesta Trev. zum 9 dec. — Acht tage später kam kaiser Ludwig mit gemahlin und kindern und opferte nach der messe geschenke von gold und silber.
840 jan. 20	in Insula	(quondam, contigua Magontiacae civitati) Assistirt mit den Bischöfen Otgar von Mainz u. Drogo v. Metz dem sterbenden Kaiser Ludwig, d. Fr. — Vita Illudovici, imp. Pertz, Mon. Germ. 2,647.
847 mai 27	. . .	Tod. Regino ap. Pertz 1,568. Die minder guten handschriften, denen auch die Gesta Trev. folgen, geben das iahr 851. Er wurde im kloster St. Mathris zu Trier begraben. Gesta Trev. — Der Todestag ergiebt sich nach Holzer de Praepisc. Trev. (Conf. 1513. 8°.) 4, aus dem Necrolog des St. Castorstifts zu Coblenz.

847—863. Tietgaudus. 847.

847	. . .	Anfang des Tietgaudus. Regino, nach den bessern handschriften, während andere 851 haben. Die späteren schriftsteller folgen bald iener, bald dieser angabe.
aug. 29	. . .	beschreibt zur zeit könig Ludwigs und des grafen Ruodger was zum altar des heil. Castor in der villa Hengsdorf gehört. Günther Cod. Rheno-Mos. 1,47, ohne iahresangabe, iedoch vor Ludwigs kaiserkrönung am 6 apr. 850 fallend, wodurch zugleich entschieden wird, dass Tietgaud damals schon erzbischof war.
860 febr. 00	Aquis	Antheil an dem hier in der ehescheidungsangelegenheit könig Lothars des jüngern und der Tietberge gehaltenen concil, nachdem schon am 9 ian. ebendaselbst eine besprechung zur feststellung der unwürdigkeit der letztern vorausgegangen war. Pertz Leges 1, 465 u. 467.
. . .	. . .	schreibt an bischof Franco von Lüttich und empfiehlt ihm den cleriker Hildrad, der sich aus seiner in dessen diöcese begeben und dort messe lesen will. Noverit fraternitas — annexum. Martene Coll. 1,155. Houth. 1,195.
. . .	. . .	schreibt könig Karl dem kahlen so wie den geistlichen und weltlichen würdeträgern und christgläubigen seines reiches, und empfiehlt ihnen den auf einer wallfahrt nach den

860 863 iun. 00	Mettis	heiligen orten begriffenen priester Hegilo aus seiner Diöcese zu wohlwollender aufnahme. Qnia saepe — coronandi. Hardain Conc. 5,1455. Honth. 1,196. Antheil an der synode in welcher er mit erzb. Gunthar von Cöln, der in dieser angelegenheit der hauptleiter war, in der ehesache des königs Lothar des jüngern eine dem pabst missliebige entscheidung giebt. Vergl. nachher.
. .	Romae	Absetzung zugleich mit erzb. Gunthar auf dem hier von pabst Nicolaus I wohl zu ende oct. gehaltenen concil, auf dem auch die beschlüsse der im iun. zu Metz gehaltenen synode cassirt werden, nachdem er persönlich gegenwärtig vergeblich versucht hatte sich zu verantworten. Ann. Fuld. und Bert. ap. Pertz Script. 1,376 und 460. Regino irrig ad 865. — Tietgaudus verliess nun Rom, kehrte aber im märz 864 im gefolge kaiser Ludwigs wieder zurück, der jedoch beim pabst nichts zu seinen gunsten zu erwirken vermochte. Ann. Bert. — Nach dem am 13 nov. 867 erfolgten tode des pabstes Nicolaus, versuchte er es nochmals von dessen nachfolger Adrian II seine wiedereinsetzung zu erlangen, jedoch vergeblich, und verlor endlich, nachdem er eine zeitlang das kloster des heil. Gregor bewohnt hatte 968 und zwar nach Mooyer am 29 sept. im Sabinerland das leben. Ann. Bert. und Gesta Trev.

869—883. Bertolf. 869.

869 874 sept. 27	. . Colonie	Ernennung Bertolfs durch den könig Karl den kahlen. Iuito antea rex cum optimatibus consilio, Bertulfum nepotem supradicti Adventii episcopi (Mettensis), ecclesiae Trevirorum praefecit. Regino ap. Pertz 1,581. Antheil an dem hier gehaltenen concil und der weihe der domkirche. Lacomblet Urkundenbuch des Niederrheins 1.36 mit iahr 877. Imp. regis Hludowici 36.5 kal. oct. — Ann. Fuld. ap. Pertz Script. 1,383 haben den 26 sept. 870.
— 28	——	verordnet, dass das St. Cunibertsstift zu Cöln in den orten des erzstifts Trier, wo es den zehnten hat und nicht die kirchen ihm haben, nämlich an der Mosel zu Wevela, Urcechou, Cravo, und am Rhein zu Bobardon, Spedon, Onerspeion und Remse, den zehnten an die betreffenden kirchen daselbst entrichten solle. Lacomblet Urkb. 1,33. — Mit iahr 874, ind. 7, 4 kal. oct.
— 28	——	unterschreibt eine ähnliche urk. des erzb. Liudbert von Mainz für dasselbe stift. Lacomblet Urkb. 1.32.
879 nov. 9	Gemunden . . .	Einweihung der stiftskirche S. Severi daselbst durch Bertolf. S. d. fg. Urk. Zeuge mit könig Ludwig, d. J. in der Urk. des Grafen Gebehard über die Stiftung, Einweihung und Dotation des Stiftes Gemunden. Krem. orig. Nassov. 2.14.
882 883	. . .	Kriegszug mit dem bischof Walo von Metz gegen die Normannen, welche Trier verheert hatten. Regino.
febr. 10	. . .	Tod. Regino. — Ueber seinen grabstein in der St. Paulinskirche zu Trier vergl. Honth. 1,222 note.

883—915. Ratbod. 883.

apr. 8 — 22 888	Treviris Mettis	Wahl Ratbods durch clerus und volk. Regino ap. Pertz 1.593. Weihe des bischofs Ruodbert von Metz. Regino.
mai 1	——	Antheil an dem in der kirche des heil. Arnulf gehaltenen provincial-concil. Blattau Statuta Trev. 1,1.
895	Tribariae	Antheil an der hier gehaltenen grossen synode. Ann. Fuld.
mai 20	Wormaciae	Zeuge einer schenkungsurk. des bischofs Adelbero von Augsburg für Lorsch. Cod. Lauresh. ed. Lamey 1,97. Kremer Orr. Nass. 2,24. — Ohne iahresangabe aber sehr wahrscheinlich hierher gehörig.

895 ...	Tulli	Weihe des bischofs Ludelm von Toul. Regino.
906 oct. 15	Treviris	schreibt dem bischof Rotbert von Metz, und empfiehlt ihm den in seiner diöcese geweihten priester Gildemar zur aufnahme in dessen diöcese. Decreta sanctorum — incolumem. Ivo Decret. p. 6 cap. 434. Honth. 1,254. Gallia Christ. 13,315. — Mit iahr 906 und ind. 9, die auf 905 deutet.
915 märz 30	...	Tod. Ann. necrl. Fuld. minores apud Böhmer Fontes 8,163. Den tag giebt Brower Ann. Trev. 1,447.

915—930. Rutger. 915.

915 **916** ...	...	Wahl Rutgers, wie sich aus dem todestag seines vorgängers in verbindung mit seinem eignen ersten vorkommen ergiebt.
ian. 19 **921**	Heristallii	Zeuge Karls des einfältigen für Prüm. Honth. 1,263.
nov. 7	ad Bonnam	Mitbeschwörer des friedens zwischen Heinrich dem könig der östlichen und Karl dem könig der westlichen Franken. Hartzheim Conc. Germ. 2,597. Pertz Leges, 1,567.
923	Mettis	Antheil an der belagerung von Metz durch Heinrich I. Cont. Reg.
924	Treviris	schliesst mit einem gewissen Liutfrid, welcher zu erzb. Ratbods zeiten procarieweise güter der trierischen kirche eingetauscht hatte, welche grössern werth als die dafür gegebenen hatten, einen neuen tausch, wodurch Liutfrid mehr güter zu Helfelt giebt, und dafür deren zu Namie, Pfalzel und Hedifelt auf seine, seiner ehefrau Bellelrad und seines sohnes Liutfrid lebenszeit erhält, welche nach deren tode an das St. Eucharieskloster fallen sollen. Or. in Trier. — Anno. Heinrici regis 2, ind. 12.
929	——	tauscht güter mit einem gewissen Albertus dergestalt, dass dieser dem altar des heil. Petrus in dem alles abtritt was er zu Biver in comitatu Bendensi besitzt, und dagegen alles erhält, was der St. Petersdom im Elsassgau in der grafschaft Nordgau und der villa Genobredde besass. Honth. 1,273. Gallia Christ. 13,520. — Mit iahr 929 anno Henrici regis 6 super regnum quondam Lotharii, ind. 2.
...	...	bestätigt einen procarievertrag zwischen seinem vasall Volmar und dem altar St. Petri, wonach ersterer gegen ländereien an der Kyll und dem ort »fundus rivus«, für seine, seiner ehefrau Richilde und eines seiner söhne lebenszeit einen berg zu Bodardsweiler mit dem gebäude darauf, das erzb. Ratbod erbaut hatte, und mit ländereien daselbst erhält. Honth. 1,271.
930 ian. 27	...	Tod. In der St. Paulinskirche zu Trier war sein grabstein mit der inschrift: »6 kal. febr. obiit Ruotgerus Trev. archiepiscopus.« Brower Ann. Trev. 1,451. — Nach Cont. Reg. wäre er schon 928 gestorben.

931—956. Rotbert. 931.

931 ...	...	Anfang Rotberts. Ordinatio Ruotperti episcopi. Ann. sti. Maximini ap. Pertz 4, 6 ad 931. — Er war ein sohn könig Rudolfs von Burgund und der Bertha, tochter herzog Arnulfs von Baiern, daher ein bruder der Adelheid wittwe könig Lothars von Italien, zweiter gemahlin kaiser Ottos I.
932 febr. 25	Udera	Einweihung der Kirche S. Lintwini daselbst, 25. kal. Mart. durch Erzb. Rnotpert sub temporibus Henrici regis et ducis Gisilberti et advocati Gozperti et prepositi Togilonis et devant Gagenhardi et Burginradi et Wolmandi fratrum de monasterio Mediolacensi et presbyteri Ruotperti eiusdem eccles. — Chartular. v. Medlach. Höfer Zeitschr. f. Archivk. 2,127. Holzer de proep. Trev. 4. (Die Jahreszahl ergiebt sich aus dem dies dominica, auf welchem diese Calenden fallen, temp. Heurici reg.)

1*

932 Ian 1	Erpheofurt	Antheil an der hier gehaltenen synode. Pertz Leges 2,18.
936	Aquisgran.	Assistirt bei der Krönung König Otto's I daselbst, wo er für sich als Bischof antiquioris sedis das Krönungsrecht beansprucht. Pertz 3,438.
938	Treviris	giebt precarieweise an Ada die tochter Folrads, nichte des erzbischofs Rotger, und deren beiden söhne Rotger und Folrad die kirche zu Diedenhofen im Rizogohensischen gau in der Ardennischen grafschaft, wogegen diese ihr allodium zu Druch in demselben gau und in derselben grafschaft dem altar des heil. Petrus überlässt. Honth. 1,275. — Mit iahr 936, ind. 11, regni Ottonis super regnum Lotharii 2.
942	——	Weihe der Basilika des h. Maximin durch Erz. Rotbert. Pertz, 3,56.
946	. . .	bestätigt den gütertausch eines gewissen Goderam mit der kirche des heil. Servatius zu Mastricht, der neun mansus zu Lens in der grafschaft Averuas zu den zeiten des grafen Rudolf erhalten, und dafür zwölf mansus zu Boviugas in der grafschaft Hardinne gegeben hatte. Baldewins Perpetuale zu Trier, mit iahr 946, ind. 4, regni Ottonis regis 13.
—— **947**	Heims	Setzt mit Erzb. Friedrich v. Maintz den von seinem Stuhle vertriebenen Erzb. Artold v. Reims wieder auf die bischöfl. Cathedra. Flodoard. ann. b. Pertz 3,394.
ian 15	Francono- furt	Mitunterzeichner einer urk. könig Otto's I für die abtei Essen. Lacomblet Urkb. 1,55.
nov. 17	Virdunl	Präsidirt der hier gehaltenen synode. Hartzheim Conc. 2,609. Vergl. auch Flodoard. ann. Pertz 3,394. Richer.
948 ian. 13	Mosonii	Antheil an der hier gehaltenen synode. Hartzheim Conc. 2,610. Richer.
ian. 7	Engilen- heim	Antheil an der hier gehaltenen synode. König Ludwig übers meer klagt vor derselben und vor könig Otto I wie ihn Hugo Capet seines reiches beraubt habe. Hartzheim Conc. 2,610. Richer.
952 febr. 20	Treviris	(in domo sti Petri) giebt gegen vier eimer wein jährlichen zinsen einem gewissen Wydo und genossen ländereien zu diesen seines sitzes Altreia an der Lyser um sie zu weinbergen umzuroden. Honth. 1,285. — Mit 2 kal. mart. iahr 952, anno regis Ottonis 18 super regnum Lotharii, ind. 10.
953 sept. 9	. . .	bestätigt der wiederhergestellten Marienkirche neben dem dom zu Trier die von könig Ludwig durch den erzb. Rutbod ihr gemachten schenkungen, und restituirt ihr durch seinen vogt Richart die frühern besitzungen. Jtahlew. Perpet. in Trier. — Mit 5 id. sept. iahr 953, regni Ottonis 21, pont. Roberti 10. Eodem anno gloriosus rex Otto et imperator Ungros vicit et Romano imperio subegit.
nov. 21	. . .	bestätigt einem precarievertrag mit Ereinbold einem ritter der kirche von Verdun, worin dieser gegen besitzungen in der Waprusischen grafschaft zu Giniarel und Ivotlo, deren zu Dievra und Janilergels erhält. Honth. 1,287. — Mit 11 kal. dec. iahr 953, regni Ottonis 21, eodem anno Otto rex Ungros vicit.
sept. 15	. . .	übergiebt auf vermittelung seines vasallen Sigibodo dem kloster des heil. Martin im Maginensischen gau einen wingert und den zehnten aus den umliegenden ortschaften. Günther, Cod. Rheno-Mos. 1.63 mit siegelbild. — Mit iahr 956 ind. 7,17 kal. oct. regis Ottonis 22, anno Roberti 20. Diese iahresangaben widersprechen sich.
mai 7	. . .	beurkundet, dass er auf den ruf eines gewissen Rather auf dessen eigenthum zu Welchenruth eine kirche nomn mail (was im abdruck fehlt) geweiht habe, stellt sie als filial unter die pfarrkirche St. Stephan zu Nachtsheim, bestätigt die von seinen vorfahren Hetti festgesetzten gränzen dieser pfarrkirche, und bestimmt wie der gottesdienst in beiden kirchen gehalten werden soll. Agnoscat omnium — secula. Günther 1,61.
. . .	. . .	giebt precarieweise an Bertha, deren sohn Herlerus und deren enkel Seybert ländereien zu Erlont im Waprensdchen gau und desgleichen grafschaft gegen andere zu Prodaicraten. Nos adiens — potestate. Honth. 1,276. Ohne Datum.
956 mai 19	Colonie	Tod an der pest während der anwesenheit könig Otto's I. Regino, sodann Lamberti Herst. Ann. Rootgeri Vita Brunonis cap. 37. und das necrol. sti Maximini zu Trier. — Er wurde bei der kirche St. Paulin auf St. Walpurgs kirchhof begraben.

956—964. Heinrich. 956.

956 **957**	. . .	Anfang Heinrichs »regis Ottonis propinqui« (Flodoard. ann.). Cont. Reg. ap. Pertz 1,623.
Ian. 8	. . .	Pallinusvertheilung seitens des pabstes Johann XII mit breve d. d. St. Peter zu Rom, Günth. 1,127 note. pont. a. 2. ind. 15. 6 id. Ian. 957.
958	. . .	Errichtung des noch jetzt auf dem marktplatz zu Trier befindlichen steinernen kreuzes mit der inschrift: Ob memoriam siguorum crucis, quae celitus super homines venerant anno dom. inc. dcccclviii. anno vero episcopatus sui ii. Heinricus archiepiscopus Trevirensis me erexit. Brower. Ann. 1,462. vergl. Gesta Trev.
960 **963**	. . .	beschreibt die gränzen der pfarrei Mersch, die der abtei St. Maximin von dem grafen Nithard und dessen ehefrau Erkeufrid geschenkt worden. Houth. 1,290. Gallia Christ. 13,322 mit iahr 960 Ind. 3.
Mart. 29	Treviris	(Sonntag Laetare) consecrirt den edlen Gerhard (d. Heil.) Domherrn zu Cöln, als bischof zu Toul. — P. Benoit (Piccard), hist. de Toul, Calmet I, 1014.
apr. 17	—	(in monasterio sti Maximini) unterzeichnet die urkunde worin graf Sigfrid von der abtei St. Maximin die burg Luciliuburg gegen Viulua im Ardennengau eintauscht. Houth. 1,295. mit in die palmarum 15 kal. maii, iahr 963, Ind. 6. regni Ottonis regis et patris sui cesaris principatum tenentis 2. — Metropolis Trev. ed. Stramberg 2,596.
mai 18		Zeuge einer urk. worin die grüün Uda der abtei St. Maximin zu Trier Frisingen im Küzzingowe und ihre besitzungen zu Adespelt, Ebiringen und Willistorf schenkt. Houth. 1,297 mit 15 kal. inn. iahr 963 Ind. 5. regnante Ottone filio imperatoris Ottonis anno 2.
nov. 22	Romae	Antheil an der kirchenversammlung in welcher vor kaiser Otto II der pabst Johann XII. abgesetzt wird. Erzbischof Heinrich traf erst nach der eröffnung der verhandlungen ein. Liudprand Hist. Ottonis ap. Pertz 3,344. Cont. Reg.
964 mai 22	Coloniae	Zeuge der urk. des erzb. Bruno von Cöln für St. Pantaleon. Würdtwein Nova Subs. 4,28. Lacomblet Niederrhein. Urkbuch. 1,62. —
. . .	Treviris	giebt der St. Martinskirche im Maiengau zwei huben landes zu Mertloch, welche er von seinen vasallen Arnold und Sigobod gegen andere zu Sürsch und Köttig eingetauscht hatte. Günther 1,68. Mit iahr 964 Ind. 7, reg. Ottonis 27. Iup. 2, Henrici Trev. aep. 7.
sept. 17	—	(in domo sti. Petri) schliesst mit dem grafen Sigfrid einen precarievertrag, wonach letzterer dem altar des h. Petrus sein eigenthum zu Oslowinesluica im Saargau und in der Bedensischen grafschaft übergiebt, und dagegen vom erzb. durch dessen vogt Haodilbert auf seine, seiner ehefrau und seines sohnes Heinrich lebenszeit eigenthum der kirche des heil. Petrus in selbigem gau und selbiger mark, nämlich den berg, der früher Churbellin nun aber Surburg genannt ist, mit dem dabei gelegenen dorfe Lucca erhält. Houth. 1,301. Mit 15 kal. oct. iahr 964, regni Ottonis regis 29 super regnum Lotharii, ind. 7.
febr. 13	Humbach	weiht aufs neue die kirche zu Humbach (später Moutabaur) welche zuerst in huld erbaut von seinem vorgänger erzb. Rotbert geweiht worden, und bestimmt deren Pfarrgränzen. Brower Metrop. ed. Stramberg 1,226. blos mit id. febr. Holzer de Proepisc. 5.
Mart. 5 **964**	Treviris	weihet den bischof Theodorich v. Metz am Sonntag Laetare. Sigeb. Gemblac. (der ihm »magni meriti metropolita« nennt). Pertz 4,465.
inl. 3	in Italia	Todestag auf der rückkehr von Rom im gefolge des kaisers Otto I. Er wurde von seinem nachfolger auf dem domkirchhof zu Trier begraben. Cont. Reg. ap. Pertz 1,627, Thietmar ap. Pertz 3,754. Ann. Hild. ap. Pertz 3,60, Gesta Trev. ap. Pertz 6,169. — Wie sich dieser unzweifelhaft feststehende todestag mit den vorausgehenden urk. vereinigen lasse, bleibt vorerst unaufgeklärt.

965—977. Theodericus. 965.

965	. . .	Anfang des Theodericus; vorher war er dompropst zu Mainz. Gesta Trev. ap. Pertz 8,169.
Oct. 19	Coloniae	Gegenwärtig bei der Beisetzung des Erzbischofs Bruno zu Cöln mit s. Suffragan Wicfried zu Verdun. Pertz 4,273. Ruotgeri Vita Brunonis cap. 47.

966			
iun. 17	Aachen	Zeuge kaiser Otto's in der urk. für das Marienstift daselbst. Lacombl. 1,63.
967	Treviris	(in ecclesia stae Mariae) schliesst mit dem domherrn Wicfrid eine precarie, wonach letzterer dem Marienaltar von seinem eigenthum im Moselgau in der Burensischen mark und Bedeusischen grafschaft einen mansus indominicatus mit kirche und 36 mansus serviles giebt, und dagegen eine curtis indominicata mit kirche und 50 mansus zu Lendingen auf lebenszeit erhält. Günther 1.72. Mit iahr 967, ind. 10, reg. Ottonis 31, imp. 5, episcopatus Deoderici 2.
973	——	(in maioris ecclesiae capitolo) stellt die Marienkirche am Moselufer zu Trier zu einem Benediktinerkloster wieder her, und dotirt dasselbe. Günther 1.77. mit iahr 973, pont. mei 9. Ind. 1, imp. Ottonis 5.
975	——	restaurirt nach der verwüstung der stadt Trier durch die Normannen das St. Martinskloster daselbst. Acta Pal. 3,40. mit iahr 975 ind. 3, imp. Ottonis 7.
976	. . .	schenkt dem wiederhergestellten Marienkloster am gestade zu Trier zur verbesserung seiner präbenden die villa Sleich. Or I. Trier. Mit iahr 976, ind. 4, imp. Ottonis 8, pont. Theoderici 12.
. . . 977	. . .	bestätigt den St. Petersleuten in potestate Pilliaco ihre güter und die freie disposition darüber, ob interventu — comutandi. Günther 1,78 ohne datum.
iun. 5	Mogontiae	Todestag. Er wurde in der basilica des h. Gaugulf zu Mainz begraben, die er aus eignen mitteln erbaut und für zwölf Chorbrüder dotirt hatte. Ann. necrol. Fuld. maiores ap. Böhmer 3.157. Necrol. sti. Maximini et Marienberg. Gesta. Trev.

977—993. Egbert. 977.

977 978	. . .	Anfang des Egbert. Er war ein sohn des grafen Theoderich von Holland. Gesta Trev. ap. Pertz 8,169 wo die einzelnen lesarten und note 22 zu vergleichen.
aug. 9 979	Treviris	schenkt das dorf Langasura dem h. Matern, dessen basilica an der nordseite der basilica des h. Eucharius erbaut ist. Or. in Trier. Mit iahr 978 ind. 6, 5 id. aug. mei episc. 3.
sept. 12	——	(in gradibus iuxta aulam publicam) entscheidet einen streit zwischen seinen lägern und den domcapitularischen leuuaten wegen entrichtung des mednus aus des letztern waldungen zu gunsten des domcapitels. Baldewins Perpetuale in Trier. Dat. prid. id. sept. die dominica anno 979, pont. Ekeberti 3, reg. Ottonis II 3, ind. 8.
. .		(in ecclesia maiori) schenkt das dorf Langasura mit allen seinen besitzungen auf beiden seiten der Saar, welches er von dem herzog Adalbert von Lothringen und dessen gemahlin Judith gekauft hat, dem h. Matern (St. Mattheis bei Trier). Honth. 1,820. Mit iahr 979 anno episc. 4.
980		schenkt nach klagen über den durch die weltlichen herabgekommenen vermögensstand seiner kirchen dem Marienkloster zu Trier alle seine besitzungen in Coberu, und belegt feierlich am tage der einwethung der crypta während der messe nach der wandlung alle mit dem bann, welche diese und alle andern schenkungen angreifen würden. Günth. 1,82. Videlus monasteria — conferret. — Ohne iahresangabe, aber mit denselben worten, wie die nachfolgende urk.
	——	(in coenob. S. Maximini) Zeuge einer urk. worin graf Heinrich dem kloster S. Maxim. sein von seinen eltern ererbtes leben im Eifelgau, ferner die kirche zu Okysheim mit dem zehnten und den capellen Barwilre, Noyn u. Aredorf schenkt. Or. in Trier mit iahr 970 (wahrsch. die zehnzahl X. neben zwei andern ausgelassen). Das der urk. beigegebene siegel hat den namen des erzb. Egbert, was nur weitere ausbildung des namens Egbert ist.
	——	schenkt dem Marienkloster zu Trier die kirche in Goudorf nebst zubehör und alle seine besitzungen in dieser villa nebst Coberu. Günther 1,84. — Mit iahr 980, ind. 7, regnante Ottone II Imp.
nov. 27 981	Urschmitt	Weihe der der mutterkirche zu Clottonn untergebenen kirche der villa Udmodsard (Urschmitt) z. ehr. d. h. Petrus unter dem chorbischof Berengar und dem (orts-) priester Benno. Ritz, Urkk.-Buch p. 50.
aug. 31	Treviris	giebt am feste des h. Paulin vor d. altar dieses heiligen während des hochamtes nach

981		der wandlung den chor-brüdern von St. Paulin zu Trier für die demselben nach und nach entfremdeten güter, welche theils zu lehen theils zum erzbischöflichen dienst vergeben sind, die erledigten lehen des grafen Luthard, und stellt sie aus aller weltlichen gewalt. Honth. 1,321. Brower Ann. 1,484. Schmidt die kirche des heil. Paulin 454. — Mit iahr 981, ind. 8, regnante Ottone imp.
—— 984	Treviris	schenkt dem Marienkloster zu Trier das dorf Mülbru. Höfer zeitschr. 1,519. — Mit iahr 981, ind. 8 wie oben 980.
20 dec. 993	——	Weihe des Bischofs Adalbero v. Metz zu Trier »quae est Metropolis antiqua« durch Egbert. Pertz Mon. Germ. 4,060.
dec. 9	. . .	Todestag. Ann. Quedl. und Necrol. sti Maximini et Marienberg in Trier. Er wurde zu Trier in der von ihm erbauten Andreaskapelle begraben. Gesta. Trev.

994—1008. Ludolf. 994.

994	. . .	Erzbischof. Ann. Quedl. Er war ein Sachse. Gesta Trev. — Er wurde geweiht durch bischof Adelbero von Metz. Consecravit etiam noster . . . Adelbero Lindulfum Trev. aequum vitae magna simplicitate et morum maturitate insignem, quibus viventibus et proprias ecclesias gubernantibus pacis tempora, vere fatemur extiterunt etc. Constantini Vita Adelheronis ap. Pertz 4,668.
995 iun. 2 1000	Mosomii	Antheil an der hier gehaltenen synode. Richer ap. Pertz Script. 3,654.
iau. 1 1001	Treviris	(in monasterio stae Mariae) beurkundet, dass ein gewisser Herman und dessen ehefrau Ada, welche kinderlos, dem Marienkloster zu Trier ihr allodium zu Tabern geschenkt, und dass ihnen der abt Warinar dieses klosters dagegen den hof zu Velrecke und zwei huben zu Nittel auf lebenszeit verliehen habe. Günther 1,96. Mit kal. iau. iahr 1000, ind. 13, reg. Ottonis 17, pont. Ludolfi 7.
aug. 00 1004	Franconofurt	Antheil an dem nach Mariä himmelfahrt gehaltenen concil. Tangmari Vita, Bernwardi ap. Pertz 4,773.
14 mai 1007	Clotten	Weihe des oratorium (Stabulense) in Cloteua zur ehre der h.h. Peter des ap., und des h. Maximin unter dem abte Ravenger und propst Ruodo. Chartular. Stabul. Ritz. Urkk. 50.
nov. 1	Franconofurt	Antheil an der wegen errichtung des bisthums Bamberg gehaltenen grossen synode, deren auerkenntniss der päbstlichen Bisthumsbestätigung er unterschreibt. Pertz Script. 1,795.
. . .	. . .	giebt der St. Florinskirche zu Coblenz auf begehren einer gewissen Mathilde, welche seiner kirche den ort Aschelach geschenkt hatte, zehuten zu Ilana, Hirnscelt, Maunecheurot und Agerin. Qualiter religiosa — seu. Günther 1,102. — Ohne Datum.
1008 märz 10	. . .	Todestag. Ann. necrol. Fuld. maiores ap. Böhmer 3,159. Necrol. sti Maximini 9 apr. als todestag.

1008—1015. Megingaud. 1008.

1008	. . .	Megingaud wird erzbischof durch ernennung könig Heinrich's II, nachdem zuerst Athelbero, der bruder der königin aus weltlichen rücksichten erwählt worden war. Da dieser von seinen verwandten gewaltsam unterstützt wurde, kam der könig selbst mit heeresmacht um seinen ernannten aufrecht zu erhalten. Er war vorher domprobst zu Mainz. Herm. Contr. ap. Pertz 5,119. Thietmar ap. Pertz 3,815.
oct. 00	. . .	Palliumsübersendung mit schreiben pabst Johann's XVIII. Höfer Zeitschr. 2,142. — Mit ind. 7.
. . .	. . .	giebt durch die hand seines vogtes Sigibodo der basilika St. Martin im gau Menivelt und den brüdern daselbst zur abhaltung von messen an bestimmten tagen güter zu Cuttenheim, Mertlach und Alken. Pro remedio — debent. Günther 1,99. — Ohne datum.

1015 dec. 15	Cophelenci	Todestag. Er wurde in Trier beigesetzt. Thiotmar ap. Pertz 3,844. Ann. necrol. Fuld. maiores ap. Böhmer 3,159. Lamberti Ann. haben irrig 1017, und das necrol tsL Maximini den 24. dec.

1016—1047. Poppo. 1016.

1016	. . .	Ernennung des Poppo durch kaiser Heinrich II. Da Megingaud's gegenerzb. Adelbero noch immer den obern theil des erzstifts behauptete, hatte der kaiser gesagt: Talem virum debeo dirigere qui tuae vesanine sufficiat resistere. Poppo war ein sohn des markgrafen Liutpolt von Oestreich, in Regensburg erzogen und damals probst zu Bamberg. Thietmar ap. Pertz 3,844. Gosta Trev. ap. Pertz 8,172 und 175.
apr. 8	. . .	Palliumsübersendung seitens des pabstes Benedict VIII. dessen breve d. d. 8 id. apr. reg. Heinrici 14. imp. 3. ind. 14 bei Houtheim 1,852. Pertz Script. 8,175. — Nach den
1017 dec. 17	. . .	Gesta Trev. wäre der erzb. damals persönlich in Rom gewesen. giebt dem Marienkloster am Moselufer zu Trier bei der einweihung von dessen altären, welches kloster nach vertreibung der mönche canoniker eingenommen hatte, seine frühere regel, und stiftet für sich eine präbende daselbst mit der capelle zu Bevera und fünf hüben landes. Holzer de Proepisc. 5. — Mit iahr 1017, ind. 15, 10 kal.
1023 iul. 00	Aquisgrani	Jan. ordinat. nepl. 1. — Antheil an dem hier in gegenwart kaiser Heinrich's II gehaltenen provincialconcil. Gesta eporum Camerac. ap. Pertz 7,480.
1028	Jerusalem	Wallfahrt nach Jerusalem, von wo er den heiligen Simeon mitbringt, der in die porta nigra eingeschlossen sieben iahre später 1035 inn. 1 stirbt. Gesta Trev. ap. Pertz 8,177.
1030	. . .	(in generali sinodo) schenkt dem abt Urald und dem convent des Marienklosters bei Trier den hof und die kirche zu Bachscheid mit allem zugehör, und bestätigt sämmtliche durch seine vorgänger Theoderich und Egbert wie auch den pabst Benedict gemachten namentlich aufgezählten schenknngen und privilegien dieses klosters. Günther 1,111
1031 oct. 19	Echternach	mit iahr 1030. anno epise. 14. Conradi imp. 8. ind. 13. Weihe der abteikirche daselbst. Brower 1,516 nach der vita sti Willibrordi.
1036	. . .	beurkundet, dass Thietfrid, der vogt der trierischen kirche für die dispens zur heirath mit einer verwandten Luitard, zwölf mansos mit hörigen geschenkt habe, nämlich fünf zu Michilenbach in der grafschaft Bezelins, zwei zu Brunen, einen zu Einscheit und vier zu Rode in der grafschaft Bozelon's. Houtheim 1,367. Höfer zeitschrift für Diplomatik etc. 2,159. mit iahr 1036 ind. 4. anno reg. Conrad. 12. imper. 10, anno epise. 21. —
nov. 12	Treviris	(in ecclesia) besiegelt auf die bitte des probstes Adalbero von St. Paulin zu Trier dessen schenkungsurkunde über die dörfer Nennicbe, Palcel, Dilmare, Helcfelt, die wingerten zu Illntre, Balderingen, Lampaden und den hof Bermeroth für das St. Eucharins (später St. Mattheiss-) kloster zu Trier. Houtheim 1,368. Höfer zeitschrift 2,156, mit iahr 1036, ind. 3. Conrado imperatore imperante, anno epise. Popponis 20. 2 id. nov.
1037 iun. 12	———	anno 3. pap. Benedicti 9'. (in synodo sancta) Zeuge bei der schenkung des dorfs und der kirche zu Mamendorf, der zehnten zu Wiis, Devechingen, Beringen u. s. w. durch den markgrafen Adalbert von Lothringen und dessen gemahlin Julit an das St. Mattheiskloster zu Trier. Houtheim 1,370. facta regnante Conrado imp. 4 id. iun. anno 5. pont. Benedicti pap. dat. a. dui. 1037 in ecclesia Trev. mense iun. —
. . .	———	(in maiori ecclesia) Zeuge in der erneuerten schenkungsurkunde des probstes Adalbero von St. Paulin über die dörfer Nennich, Falsen, Helsfeld, Hempterea, Lampaden und Balderingen für das kloster St Mattheis bei Trier. Houtheim 1,371. mit iahr 1037. regnante imp. Conrado. anno 3, pont. Benedicti pap 8'.
		(in maiori ecclesia) zeuge in der urkunde des probstes Adalbero von St. Paulin, worin derselbe der abtei Prüm den hof Wiltinch mit ausnahme des zehnten, diesen dem kloster Mariae ad Martyres zu Trier, der abtei St. Maximin das dorf Emmelde, dem kloster St. Martin zu Trier das dorf Oecheven, dem kloster St. Mathels die dörfer

1037		Nennich, Palzel, Dilmer und Elfelt vermacht, und letztern die dörfer Hemptre, Dalderingen, Lampaden mit der weide zu Emmelde und Wiltingen restituirt, und die weidegränzen des hofs Bernerath feststellt, mit jahr 1037. Or. i. Trier. —
dec. 29	Parmae	Poppo aepus Trev. intervenit heisst es am schlusse der heutigen urkunde Conrads II für
1038		Susa, weshalb wir uns den erzbischof wohl als anwesend denken dürfen.
sept. 2	. . .	(in generali placito) restituirt dem St. Eucharinskloster die dörfer Lampaden, Pellink und Yvasco mit der fischerei in der Ruver und Mosel nach den angegebenen gränzen. mit jahr 1038 ind. 6. 4 non. septembr. anno Popp. aepisc. 25. Or. i. Trier.
1041	. . .	verschreibt der wittwe Gerbirch, welche ihr gut Hoinga dem heiligen Petrus zu Trier aufgetragen, dieses gut, 10 fuder weinrente und andere güter zu lebenslänglicher nutzniessung, und bestimmt, dass nach deren tode Hoinga an das Simeonstift, Megena an das erzstift, Menedich an das domcapitel zu Trier, und die kirche zu Brisiche an das Florinsstift zu Coblenz fallen sollen. Houtheim 1.380 sehr abweichend von dem Or. i. Coblenz mit jahr 1041. ind. 9. —
1042 1043	Confluentie	(in ecclesia sti. Castoris) schenkt dem Simeonsstift zu Trier den schiffs- und marktzoll zu Coblenz. Hontheim 1.379. mit jahr 1042 ind. 10. —
iul. 2	. . .	bestätigt die von dem archidiakon und archicustos Folcmar gemachte schenkung über Sozene und über das von einem freien, Meginzo von Lare ererbte bei Wavere an den heiligen Petrus zu Trier. mit jahr 1043. ind. 11. reg. Heinrici anno 5. 6 non. iul. — Or. i. Coblenz.
. . .	. . .	restituirt dem heiligen Eucharius (St. Matheiskloster bei Trier) die dörfer Lampaden, Pelline und Yvasco, befreit die angehörigen der abtei daselbst von aller fremden gerichtsbarkeit und verleiht ihr den blutbann. — monasteria mei — lugeat. Or. i. Coblenz ohne datum.
. . .	. . .	beurkundet einen mit dem grafen Kadelo und dessen gemahlin Irmengard geschlossenen precarievertrag, wonach letztere dem heiligen Petrus zu Trier ihren hof Pronzfeld schenken und dafür die höfe Alva und Werede erhalten. — cum inter — redeat. — Hontheim 1.356. ohne datum.
. . .	. . .	schliesst mit den vornehmsten des Bydgaues einen vertrag über die gränzen des Kyllwaldes. praedecessoribus meis — exerceantur. — Hontheim 1.364. ohne datum.
. . .	. . .	beurkundet, dass ihm durch das gericht unter dem vorsitz des vogts Rorich viele seiner kirche entkommene besitzungen zurückgestellt worden, und auf die erklärung der wittwe Appa dass sie die ihrigen, ihr abgesprochenen, bereits von ihrem manne rechtlich erworben und besessen habe, er ihr dieselben auf lebenszeit mit annahme Enciche's an der Mosel überlasse. — multorum virorum — confirmavi. Hontheim 1.365. ohne datum.
. . .	. . .	bittet den papst Benedict IX um einen weihbischof und um die heiligsprechung des heiligen Simeon. Gesta Trev. ap. Pertz 8.177. Hontheim 1.373. superiore tempore — augrantur. — Dieser undatirte brief und die darauf ergangene an den angeführten orten folgende antwort müssen zwischen 1035 iun. 1 als dem todestag des h. Simeon, und 1042 nov. 17 als dem tag seiner heiligsprechung (Brower Ann. Trev. 1.520) fallen.
. . .	. . .	schenkt nach seinem und Gezo's tod die basilica St. Maria neben dem Dom zu Trier güter zu Ura, Odolvingen, Wilre u. s. w. welche der vicedom Oudilbert zu erzbischof Ludolfs zeiten dem genannten Gezo hinterlassen hatte, wie auch ein allodium, das der probst Sigibert vom domcapitel gekauft und seinem neffen Lambert hinterlassen hatte, nach dessen sohnes tode. cum multis — timeant. Günther 1.118. ohne dat.
. . .	. . .	schenkt dem domcapitel den hof Kurvy an der Mosel, den er von dem archidiakon Albero erworben hatte, zu seiner memorie, und bestimmt, dass der probst keinen theil daran haben solle und wie die einkünfte daraus für das refectorium verwendet werden sollen. cum securitatem — elemosinam. Günther 1.121. Eine zweite ausfertigung dieser urkunde mit festsetzung der rechte und lasten der hörigen dieses hofes, ebenfalls undatirt, in Coblenz.
1047 iun. 16	. . .	Tod. Er wurde in der porta nigra wo auch der heil. Simeon, den er aus dem Orient mitgebracht hatte, ruhte, beigesetzt. Gesta Trev. ap. Pertz 8.181. Vergl. auch seine grabschrift in dem 1516 bei eröffnung seines grabes errichteten notariats-instrument. Gesta Trev. ed. Wyttenbach, Tom. 1 animadvers. pag. 85. Necrol. sti Maximini.

1047—1066. Eberhard. 1047.

1047		
inn. 28	. . .	Ernennung Eberhards durch kaiser Heinrich III mit zustimmung des clerus und volkes. Er war ein sohn des grafen Ezzelin von Schwaben und vorher domprobst zu Worms. Gesta Trev. ap. Pertz 8,181. Herm. Contr. ap. Pertz 5,127. Der Tag seiner ordination erhellt aus urkunde von 1061 sept. 3. —
oct. 1	. . .	Palliumsübersendung von pabst Clemens II mit breve d. d. kal. oct. anno pont. Clementis
1048		pap. 1°. Henrici imp. 1. ind. 1. — Günther 1,124.
apr. 28	Heigerin	Einweihung der kirche das. durch erzb. Eberhard unter assistenz des bischofs Arnold von Worms und beschreibung deren pfarrgrenzen. Kremer Orr. Nassolc. 2,120. mit iahr 1048 ind. 1. Heinr. imp. a. regni 17. imp. 2. 4 kal. mai.
. . .	. . .	bestätigt die schenkungen seines vorgängers Poppo an die St. Simeonskirche und schenkt derselben noch die höfe Teyla und Nagelbach. Hontheim 1,385 mit iahr 1048 prae-
1049		sulatus sui 2. Helurici III imp. regni 9. imp. 2.
Oct.	Reims	Assistirt dem Papst Leo IX bei der feierlichen weihe der Metropole zu Reims. Pertz, Mon. Germ. 10,493.
— 19	Moguntie	Mitunterzeichner des hier von pabst Leo IX beurkundeten und in gegenwart kaiser Heinrich's III und vierzig genannter bischöfe gefassten synodalbeschlusses gegen die simonie.
1052		Theiner Disquis. crit. 203.
apr. 29	Buobenheim	Einweihung des oratoriums S. Andreae das. durch erzb. Eberhard, 1052. 5. ind. 3. kal. Maj. nach der Fundations-Urk. seiner schwester Glismont, welche er auch besiegelte. Chart. d. Florinstiftes z. Coblenz. vgl. Holzer de proepisc. 7.
. .	Münster-maifeld	(in monasterio Sti. Martini) schenkt dieser kirche die zu Pulicho mit dem zehnten, kirchengut und einem theil des waldes Pochten. Günther 1,128. mit iahr 1052 ind 5. Heinrici III regis, 2di imp. a. ord. 24. reg. 14. imp 6. —
. .	Treveris	vertauscht precarieweise dem grafen Walram von Arlo und dessen gemahlin Adelheid die dörfer Hinzza, Wilre, Mercecho u. s. w. gegen deren besitzungen zu Obtimetdinc, Pulicha, Conada u. s. w. Hontheim 1,392. Brower Ann. Trev. 1,530. Gallia Christ. 13,382. Bertholet Hist. de Lux. 3,22. Lünig Reichsarchiv 16,203. mit iahr 1052 ind 5.
. .		überweist dem Simeonsstift zu Trier einen theil an den in der precarie mit dem grafen von Arlo gewonnenen gütern zu Egela und Liemana. Hontheim 1,394. Gallia Christiana 13,333. mit iahr 1052 ind 5. regnante H. rege tertio imperatore secundo.
1053	. . .	Desiegler der schenkungsurkunde eines gewissen Anshelm über ein praedium zu Liba an den heil. Symeon. — Höfer zeitschrift 2,529 mit iahr 1053 ind. 6. —
1058		schenkt dem Martinskloster zu Münstermaifeld eine mansus mit allem zugehör zu Liemen
1059		zu seinem anniversarium. Günther 1,138. mit iahr 1058 ind. 11. ordinat. sue a. 11.
dec. 8	. . .	vermacht zu seinem anniversarium dem Euchariuskloster zu Trier das dorf Pulicha im Meuevelder gau. Günth. 1,139. mit iahr 1059. 6 id. dec. ind. 12. reg. Henrico IV a. regni 4. pont. arp. a. 13.
	. . .	befreit die dem Euchariuskloster gehörigen dörfer Hemptro und Lampaden von allen erzbischöflichen diensten und lasten, angenommen die lieferung eines halben malters hafer jährlich von jeder hausstatt auf's schloss Saarburg, und verzichtet auf sein jagdrecht in diesen dörfern. Or. i. Coblenz mit datum wie vorher. —
1061		
sept. 3	Treveri	stellt das von ihm auf des dompropstes Adalbero, seines ehemaligen vicedoms bitte, in dessen curie intra castrum erbaute, am 13. nov. geweihte, und mit gütern zu Euren, der kirche und dem zehnten zu Münnehelm dotirte oratorium genannt claustrum fratrum, unter die domherren u. verordnet dass am jahrstage seiner erzbischöfl. ordination d. i. am 28 iun. den domherren eine volle mahlzeit solle gegeben werden. Perpetuale Baldew. l. Trier mit iahr 1061. 3 non. sept. ind. 14. a. ep. Eberhardi 15.
. .	——	(in monasterio sti. Simeonis) schenkt dieser kirche zu seinem anniversarium das ihm von einem gewissen Hunold gegebene gut zu Munzecha und Merkedesheim im Nahgau in der grafschaft Emecho's Hontheim 1,404. mit iahr 1061. ind. 14. a. aep. 15.
1063		
nov. 1	Pramie	(in domo Salvatoris nostri) beurkundet seine reise in die ortschaften Melendorf, Seferua, Kamersheim, Buodenesheim und zu dem kloster Prüm, und wie er in denen 4 parochien die kirchen consecrirt und die bann- und zehutgerechtsame festgesetzt, in dem kloster Prüm den in der mitte neu errichteten altar geweiht und dessen neue begiftung in die hand des advocaten Wallo gelegt in beisevn des chorbischofs (episcopi regionis ipsius)

1063		Bruno. Honth. 1,405 mit iahr 1063. kal. nov. ind. 1. aep. a. 17 actum, data autem 10 kal. nov. et recitata publico in totius sacrae synodi conspectu 1065 ind. 3. pont. Eberhardi a. 19.
1065 **1066**	Treviris	vertauscht einem gewissen Nopelo ackerländereien an der Lieser in Wittlicher mark gegen andere ländereien daselbst. Honthelm 1,407. Höfer, Zeitschrift 2,549. mit iahr 1065 ind. 3. aep. a. 19.
apr. 15	——	Tod; sein grab zu St. Paulin bei Trier. Gesta Trev. ap. Pertz 8,182. Lambert Hersf. ap. Pertz 5,172. Necrol. sti. Maximini u. Marienberg.

1066. Cuno. 1066.

1066	. . .	Ernennung Cuno's seitens des jungen königs Heinrich IV durch den einfluss erzbischof Annos von Cöln. Cuno von Phullingen aus Schwaben, war ein neffe des erzb. Anno und damals dompropst zu Cöln. Aber zu Trier, wo man einen antheil an den erzbischöflichen wahlen ansprach, wurde dies sehr übel empfunden, und so wurde denn Cuno auf dem zuge nach seinem bischofssitze von den Trierern am 1. Iuni 1066 ermordet. Er wurde zu Tholei begraben. Gesta Trev. ap. Pertz 8,182. Lamb. Hersf. ap. Pertz 5,173. Dazu noch besonders seine Vita et Passio ap. Pertz 8,214—219.

1066—1078. Udo. 1066.

1066	. . .	Wahl Udos durch clerus und volk. Er war ein sohn des grafen Eberhard von Nellenberg in Schwaben und canonicus zu Trier. Gesta Trev. ap. Pertz 8,183. Bertholdi Ann. ap. Pertz 5,278. Vergl. Stälin Wirt. Gesch. 1,583.
. . . **1068**		Palliumsübersendung durch breve des pabstes Alexander II im Tomporale Baldewins I. Coblenz mit ind. 6. (1067).
Ian. 29 **1070**	Treveris	bestätigt dem Simeonsstift zu Trier den von erzb. Poppo geschenkten hof Winechra im Moselgau und gibt ihm güter zu Liemena und Niamago. Or. i. Trier. mit iahr 1068 ind. 6. Henrico IV rege. 4 knl. febr.
nov. 8 **1071**	. . .	Zeuge einer güterschenkung Chuno's, Adelnard's sohn von Coblenz an die Florinskirche daselbst. Günther, cod. dipl. 1,153 mit iahr 1070. 6 id. nov. ind. 7. pont. aep. 4. —
aug. 15	Moguntie	Antheil an der hier wegen bischof Carl von Constanz gehaltenen synode. Hartzheim Conc. Germ. 3,154. Lamb. Hersf. ap. Pertz 5,185 note.
dec. 11	. . .	bestätigt mit dem probst Eberhard von St. Florin zu Coblenz die frühere schenkung Imnas über die St. Martinskapelle daselbst an das Florinsstift. Günth. Cod. dipl. 1,143 mit iahr 1071 B id. dec. ind. 9. pont. aep. a. 5.
. . . **1075**		bestätigt dem Simeonsstift zu Trier die schenkungen seiner vorgänger, namentlich der erzbischöfe Poppo, welcher in dem von altersher so genannten Marsthor, wo der körper des heil. Simeon ruht, eine kirche geweiht und mit canonikern besetzt hatte, und Eberhard. Or. i. Trier mit iahr 1071. ind. 9.
apr. 5	Moguntiae	Anwesend zugleich mit Heinrich IV. Bruno de bello Sax. ap. Pertz 5,344.
aug. 27	Treveris	Weihe des oratoriums der heil. Helena in der vorstadt Earen bei Trier, nach der das. befindlichen inschrift. Brower Ann. 1,553. Holzer de Proepisc. seite 8.
. . .	——	(in monasterio sti Simeonis ante ipsum sacri corporis altare) bestätigt dem verkauf eines gutes zu Ollkebach seitens Hugos von Hackenfels an das Simeonsstift. Honth. 1,418. Gallia Christ. 13,334. Höfer zeitschrift 2,553. mit iahr 1075. ind. 13. aep. a. 8.
1076	Romae	Aufenthalt in Rom. Bei seiner rückkehr um die mitte des iahrs verweigert Udo den verkehr mit den erzbischöfen von Mainz und Cöln als excommunicirten. Lamb. Hersf. ap. Pertz 5,246.
. . .	. . .	berichtet an pabst Gregor VII über die von ihm in folge päbstlichen auftrags vorgenommene

2*

1076

unterschnung gegen den bischof von Toul, clericus quidam — dimisimus, ohne datum und ort; nach dem schreiben des pabstes in Gregorii papae VII Epistolae lib. 2. no. 10 (in Harduin's Acta Concilior. tom. 6. pars 1. und in Labbens Concil. tom. 10; cfr. ausserdem ibidem lib. 3 no. 12) in das jahr 1075 zu setzen. Sudendorf, Registrum oder merkwürdige Urkk. 1,6. —

. . .   ladet den bischof von Bamberg in gemässheit eines vom pabste, als er mit königlicher botschaft bei denselben war, erhaltenen auftrages zur assistenz bei der weihe des bischofs von Speier ein. beatitudini vestrae — veniatis. Houth. 1,422. ohne datum.

1078   . . .   schenkt das ihm vom grafen Hermann gegebene gut zu Brucinga seinem domstift. quod comes — precepi. Günth. Cod. dipl. 1,144. ohne dat.

nov. 11   Tuingia   Tod im kaiserlichen heere bei der belagerung von Tübingen. Gesta Trev. ap. Pertz 8,183. Bruno de bello Sax. ap. Pertz 5,869. (-in crastino mane mortuus inventus-). Grab im dom zu Trier. Necrol. sti Maximini 11 nov. als todestag. —

1079—1101.   Egilbert.   1079.

1079

ian. 6   Treviris   Ernennung Egilberts zum erzbischof durch den anwesenden könig Heinrich IV mit alleiniger zustimmung des bischofs Theoderich von Verdun und eines kleinen theils des volkes. Er war ein graf von Ortenburg, bisher dompropst zu Passau, aber excommunicirt, und hatte sich als eifriger anhänger des königs bewährt. Gesta Trev. ap. Pertz 8,184. vergl. auch Berthold ap. Pertz 5,314.

1080

oct. 15   iuxta   Antheil an der schlacht an der Elster im heere könig Heinrich's IV gegen die Sachsen.
Elstram.   Leutere ziehen und benüchtigen sich im lager auch des Trierischen gepäckes. Bruno ap. Pertz 5,339.

. . .   . . .   erlässt ein klageschreiben gegen pabst Gregor VII weil er, obgleich von der geistlichkeit und dem volke zum erzbischof gewählt, seit zwei jahren nicht die weihe erhalten kann. Ferre sententiam — decreti. Eccard Corpus 2,170 im Codex Udalr. Houth. 1,430. Gallia Christ. 13,335. ohne datum, jedoch nach der darin enthaltenen angabe »sere per biennium consecrationem habere non potui,« zu ende 1080 oder zu anfang 1081 geschrieben.

1081

sept. 00   Moguntie   Weihe durch bischof Theoderich von Verdun, als Heinrich IV hier erwartet wurde, von dem wir wissen, dass er anfangs october anwesend war. Gesta Trev. ap. Pertz 8,186.

. . .   Treviris   restituirt dem Nonnenkloster stae. Marine ad Horrense zu Trier das dorf Platana, welches vom erzb. Eberhard demselben geschenkt worden, unter erzb. Udo aber abhanden gekommen war. Or. I. Coblenz mit iahr 1084 ind. 7. ordinat. uep. a. 1. regn. Heinrico IV rege, III imper. a. 30. —

1085

ian. 16   . . .   (in domo sti. Simeonis) restituirt dem Simeonsstift die kirche zu Massebach im Rheingau, nachdem dasselbe erklärt, dass ihm dieselbe von erzb. Eberhard geschenkt worden sei, und bestimmt, dass Berwich, strennua vir de familia sti. Petri dem er sie zu lehen gegeben hatte, demselben auf lebenszeit behalten und dem stift 3 denaren jährlich zahlen solle. Houth. 1,430 mit iahr 1086 ind. 7. 16 kal. iul.

1086

ian. 15   Prague   Krönung des königs Wratizlaus von Böhmen und seiner gemahlin auf befehl des kaisers
1088   Heinrich IV. Cosmas ap. Pertz 9,93.

sept. 22   Treviris   Weihe der Martirerkapelle auf St. Paulins kirchhof; nach der daselbst befindlichen inschrift. Brower Ann. 1,567. Holzer de Proep. 8.

nov. 18   Mesinihe.   weiht auf die bitte des abts Wolfhelm von Brauweiler die neuerbaute St. Nicolaskirche zu Mesenich, zieht derselben pfarrrechte und den rottzehnten eines waldes zu Clotten und Asche (Kalsersesch) und bestätigt deren pfarrwittum. Lacomblet, Niederrhein. Urkundenbuch 1,154. mit iahr 1088 ind. 12.

nov. 18   . . .   besiegelt Chuno's von Coblenz zweite schenkung von Boubenheim, Wissa u. s. w. an das
1092   Florinsstift daselbst. Günther 1,153 mit iahr 1092. 14 kal. dec. ind. 15. praesul. a. 14.

. . .   . . .   Zeuge in des pfalzgrafen Heinrich stiftungsurkunde der abtei Laach. Houth. 1,441. Günth.
1093   1,156 und öfter. mit iahr 1093 ind. 1. regni Heinr. a. 38 pont. uep. a. 14.

1095   Treveris   bewilligt, dass die edle frau Rycardis von Hourin, welche sich nach dem kinderlosen tode

1095		ihres erstern mannes, eines ministerialen des klosters ad Horreum, zu Wilare, diesem kloster als dienerin geweiht, und nun durch eine zweite heirath mit einem freien kinder erzeugt habe, diese auch dem kloster als ministeriale übergebe. mit lahr 1095. aep. a. 17. in einem Diplomatar zu Coblenz.
1096 . . .		bestätigt und besiegelt auf die bitte der erben und des abts Thiifrid von Echternach die schenkung eines gewissen Gerard über das dorf Geichlingen an die Abtei. Honth.
1097		1.445 mit lahr 1096 ind. 4. regni Heinr. 41, imper. 14 anno.
inl. 11 . . .		bestätigt dem Simeonsstift die demselben von dessen probst Poppo gemachte schenkung des väterlichen erbes zu Elra, Duneckinga, Bura u. s. w. Honth. 1,449. mit lahr 1097. ind. 5. 5 id. iul.
. . . . .		Einweihung und notirung des mittelaltars in der crypta des Martinsklosters bei Trier durch arzb. Egilbert. Holzer de praep. * nach einem codex dieses klosters.
1098	Treveri	Zeuge in der urkunde, worin der domherr Reginarl zu Speier dem dom zu Trier eine
1099		gewisse Gerburge mit ihrer nachkommenschaft schenkt. Perpetuale Baldew. i. Trier. mit lahr 1098 aep. a. Egilberti. 20.
nov. 9	Moguncie	Antheil an der hier gehaltenen versammlung vieler erzbischöfe, bischöfe, fürsten und herren. Dieselbe ist uns bekannt durch eine tauschurkunde zwischen den bischöfen von Speier und Worms, in welcher die anwesenden als zustimmende genannt sind. Würdtwein Subs. 4,329. Remling Urkb. zur Gesch. der Bischöfe von Speier 1,68. mit lahr 1099. 5 id. nov. ind. 6.
1101 . . .		verzichtet zu gunsten seiner nichte, der äbtissin Lucharde, und des convents des klosters Horreum auf seine fürstlichen rechte an des klosters wald bei Casel. Diplomatar dieses klosters i. Coblenz, mit lahr 1101. ind 9. —
. . . . .		verspricht dem grafen Wilhelm (von Luxemburg) nach und nach 600 hufen land zu überweisen; jedoch mit verschiedenen vorbehalten in bezug auf die anrechnung ganzer dörfer und wegen der von des grafen bruder Heinrich hinterlassenen güter, von denen er das dorf Walenheim den nonnen ad Horreum restituirt. licet indignus — convenimus. Honth. 1,450. Günther 1,159. ohne datum.
. . . . .		schenkt dem simeonsstift die güter in Dedgau, welche ihm durch Irmentrude von Salm tod zugefallen waren. quoniam vita — Gehennam. Honth. 1.451. ohne datum.
. . . . .		schenkt dem Eucharinskloster das dorf Gievenrode in der grafschaft Mefrida im Eugergau, und die kirche zu Berge. si deo rationem. Or. i. Coblenz, ohne datum.
. . . . .		bestätigt und besiegelt die urkunde des custos Adalbero vom Simeonsstift, worin derselbe das oratorium des heil. Bartholomäus auf des stifts kirchhofe diesem stifte incorporirt. quoniam multorum — percutiatur. Or. i. Trier, ohne datum.
1101 sept. 3 . . .		Tod. In dem chartularium des domcapitels heisst es in einer urkunde von 1101. 4 fer. id. nov: »eodem anno obiit 3 non. sept. venerabilis vite Trev. aep. dns. Egilbertus. Er warde in der domkirche zu Trier begraben. Gesta Trev. ap. Pertz 8,191. Necrol. sti Maximini. — In dem Necrolog d. abtei S. Eucharii s. tod am 6. sept. mit der bemerkg. qui nobis dedit Nyderberche prope Confluent und in dem Necrol. der Passauer cathedrale: »IV. Non. Sept. O. Egilbert Trev. epus. et Patav. canon. qui dedit S. Stephano curtem cum vineis ad Rummesdorf.« (Pertz, Archiv VI, 141.).

1102—1124. Bruno. 1102.

1102		
ian. 13	Moguntie	Weihe Bruno's durch den bischof Adelbero von Metz nachdem ihn kaiser Heinrich IV auf die bitte der hierher gekommenen Trierer zum erzbischof ernannt hatte. Er war aus fränkischem geschlecht, sohn des grafen Arnold von Laufen (vergl. Stälin Wirt. Gesch. 2,416) und bisher domprobst zu Trier und Speier, probst des Florinsstifts zu Coblenz und archidiakon. Gesta Trev. ap. Pertz 8,192. Vergl. die urk. von 1115 worin der 6. ian. als iahrestag seiner ordination angegeben ist. —
febr. 2	Treviris	Einzug als erzbischof. Gesta Trev. ibid.
dec. 25	Moguntie	Antheil an der hier auf weihnachten von Heinrich IV gehaltenen fürstenversammlung, wie die nachfolgende zeugenschaft ergiebt. Vergl. Ekkehard. Urang. und Ann. Hild.

1103 ian. 00	Moguntie	Zenge in einer urkunde über einen gütertausch zwischen dem Stephansstift zu Mainz und dem kloster Raveugirsburg. Güuth. 1,162 mit iahr 1103 ind 11. monat und ort ergeben sich aus den eben citirten annalen.
nov. 29	. . .	spricht das collegiatstift zu Munstermaifeld von der schuldigkeit frei, seine hofgüter dreimal im iahr zu uckern, und bestätigt ihm die von seinem vorfahren Egilbert gemachte
1104 oct. 00	Warstallis	güterschenkung bei Fresen. Güuth. 1,163 mit iahr 1103. 3 kal. Dec. Anwesenheit bei dem zu Guastalla von pabst Paschal II gehaltenen concil als theilnehmer einer hierher abgeordneten gesandschaft zur wiederherstellung der zerrütteten kirchenangelegenheiten Deutschlands. Bruno muss auf sein durch laienhand erlangtes erzstift verzichten, das er jedoch nach drei tagen mit dem pallium wieder zurückerhält. Ekkehardus ap. Pertz 3,233—241. Gesta Trev. ap. Pertz 8,102 setzen diese erscheinung am päbstlichen hof, die doch wohl die erste gewesen sein muss, wie es scheint irrig in's dritte iahr nach seiner ordination.
dec. 8	. . .	beurkundet, dass er mit ausnahme eines halben bafer jährlich aus jedem hause zu Hemptre und Lampaden, in deren banno weder jagd- noch fischereirechte habe, sondern diese ausschliesslich dem Euchariuskloster zustehen. Or. i. Coblenz, mit iahr 1106. 6 id. dec. ind. 14. Heinrici 4. regni a. 53, Imp. 23. pont. a. 5. —
1107	Treviris	(in generali synodo) bestätigt die gründung einer cella im Condelwald an dem ort Thermunte (später Springiersbach genannt) durch die wittwe Benigna. Houth. 1,483. Brower, Metropolis ed. Stramberg 1,300. Gallia Christ. 13,339. Acta Academ. Theodor. Palat. 3,107. mit iahr 1107 ind. 15. Heinrico V anno regni 2. ep. Brunonis a. 6.
dec. 28 **1110**	Aquisgrani	Zeuge Heinrich's V für Zütphen.
ian. 8	Wormatiae	Weihet den dom zu Worms in beiseyn kaiser Heinr. V. Schannat 1. 62.
aug. 1	Confluentie	stiftet bei der Floriuskirche zu Coblenz ein hospital, das er und die benachbarten dörfer reichlich dotiren. Güuth. 1,168 mit iahr 1110. ind. 3. kal. aug.
. . . **1111**	. . .	(in generali synodo) schenkt den regulirten chorherren von Spencheriabach allen zehnten in dortiger gegend gewegend. Or. i. Coblenz mit iahr 1110. iud. 3. Heinr. V. anno regni 5. episc. a. 9.
aug. 14	Spire	Zeuge Heinrich's V für Speier.
oct. 2 **1112**	Argentine	Zeuge Heinrich's V für Einsiedeln und Ettenheim.
ian. 11	Merseburc	Zeuge Heinrich's V für Hersfeld.
ian. 16 **1114**	Salzwitele	Zeuge Heinrich's V für Mainz.
nov. 30	Wormatie	Zeuge Heinrich's V für Worms.
1115	. . .	stiftet mit einem gut zu Liemene sein anniversarium beim dom zu Trier, und bestimmt daraus bei seinem leben am tage seiner ordination d. i. auf Epiphanias, dem capitel eine caritas. — Güuth. 1,182. mit iahr 1115. ind. 8. aep. ord. a. 14. Heinr. imp. regni a. 17. imp. 5.
1116	Treviris	(in ecclesia ste. Marie in latere maioris domus sti. Petri versus austram sita) beilegt einen vergleich zwischen dem Pauliustift und nonnenkloster in Horreo zu Trier aber den zehnten zu Casel. Or. i. Coblenz mit iahr 1116 ind. 9. pont. Brunonis a. 14.
1117		(in domo sti. Petri) stellt das in domicalil terra errichtete hospital zu Coblenz unter die alleinige verwaltung des erzbischofs. Perpetuale Baldew. i. Trier mit iahr 1117 ind. 10. ordinat. a. 16.
1118	. . .	schreibt an kaiser Heinrich V über seine dermaligen verdienste und hilfeleistungen in Italien. Id quod — sum. Brower Ann. Trev. 2.14. Houth. 1.503. Dieser merkwürdige brief ohne datum gehört seinem inhalte nach in's iahr 1118. Vergl. Stenzel Gesch. der fränk. kaiser 1,679.
1119	. . .	giebt dem Andreasstift zu Cöln einen theil seines zehnten zu Bacharach. Acta Academ. Theod. Pal. 3,99. mit iahr 1119 ind. 12.
dec. 25	Augustoduni	Weihnachten zu Autun bei pabst Calixt II dem er dann nach Clugny folgt, wo er dann am 3 ian. vom pabst in zwei briefen die bestätigung seiner metropolitanrechte und die befreiung von der gewalt päbstlicher legaten (wie damals erzb. Adalbert von Mainz einer war) erlangt, ausser wenn es legaten a latere sind. Gesta Trev. ap. Pertz 8,196. Houth. 1,504.
1120	. . .	bestätigt die neun ohm weinreute, welche ein gewisser Uanterel mit seinen söhnen der

1120		kapelle auf schloss Arras bei deren einweihung ausgesetzt haben. Houth. 1,505 mit iahr 1120 episc. a. 19.
1121	Caradono	(in ecclesia sti Castoris) bestätigt dem collegiatstift zu Carden ein von Lancechin gekauftes und zum unterhalt der stiftsherrn geschenktes gut daselbst genannt »Rothardiserb.« Günther 1,187. — Mit iahr 1121, ind. 14, regnante Heinrico imperatore IV, rege V, anno regni eius 23, imperii autem 11, also nach apr. 13, anno autem episcopatus dni Brunonis aepi 20. eodem scilicet anno quo dns imp. pernoctavit in villa Treis cum iret expugnatum castrum quod comes Otto contra illum erexerat. die dedicationis eius (sc. eccles. sti Castoris).
. . .	. . .	bestätigt dem collegiatstift zu Carden die schenkung dessen probstes, des chorbischofs Godefrid über ein gut daselbst, das er von Lancechin gekauft hatte. Günther 1,190. — Mit iahr 1121, regnante Heinrico imperatore IV, rege V, anno regni eius 23. sub Brunone aep. anno episcopatus 20. ind. 14.
oct. 23	Treviris	Einweihung des St. Niclusaltars in dem neuerbauten westlichen theil des doms. Brower Ant. 2,17 nach einer vermerkung in einem sehr alten ritualbuch. Mit iahr 1121, ind. 15,10 kal. nov. pontificat. sui anno 20.
———	———	(in palatio) überweist zwei wingerten bei Graca, womit Irmengard, die ehefrau Winlberts von Welen, und ihre kinder einen zins abgelöst haben, seinem meier zu Berncastel als dienstmannskommen. Günther 1,186. — Mit iahr 1121, episcopatus 20. —
1122	. . .	schenkt dem St. Niclusaltar im dom zu Trier den alten zoll zu Gnadereva an der Mosel, den der kinderlos verstorbene graf Bertolf von Treis besessen hatte, ausgenommen 9 mark welche dem zöllner, 5 mark welche herrn Wierich von Sirche und vier die seinen ministerial Jacob sollen jährlich gegeben werden. — Günther 1,193 lückenhaft. — Mit iahr 1122, ind. I. regnante Heinrico V rege sed IV imp. anno regni eius 24, imp. 12, ordinationis meo 21.
dec. 6	. . .	erlässt ein excommunicationsdecret gegen die kirchenräuber und beschädiger. Gesta Trev. ap. Pertz 8,197. Houth. 1,506 ohne datum. Blattau Statuta Trev. 1,5. Mit iahr 1122 die dominica 8 id. dec. pont 21.
1123	. . .	Zeuge des erzb. Adelbert v. Mainz für das St. Jakobskloster daselbst. Würdtw. Dioec. Mog. 1,177.
aug. 2	Traiecti	Zeuge Heinrich's V für Deventer.
oct. 7	Treveri	(in ecclesia maiori ad stum Petrum) bestätigt die besitzungen und rechte der von graf Wilhelm von Luxemburg gestifteten abtei Münster zu Luxemburg. Calmet Hist. de Lorr. Ed. I. 2.272. Honthcim 1,509. — Mit iahr 1123, ind. I, anno ordinat. sui 22. anno vero dni. Henrici V regis, IV. imperatoris, regul 25, imp. anno 13, non. Oct.
. . .	. . .	bestätigt die disposition des domscholasters Petrus über die vertheilung von allmosen am 6 id. nov. dem feste sanctorum quatuor coronatorum, am iahrestage der dedication dieses altars, zu den anniversarien erzb. Eberhards 17 kal. mai, Heinrichs des 4. königs und 3. kaisers 7 id. aug. und anderer. Cum vota — custodiat. Or. I. Coblenz ohne datum.
. . .	. . .	schreibt dem erzb. R. von Reims wegen der schwesterlichen verbindung ihrer beiden kirchen. Fama aequitatis — deploramus. — Houth. 1,497.
. . .	. . .	bestätigt die schenkung des zehnten zu Milingen von seiten graf Tutos von Luxenburg an das kloster Lietpruuen, und stellt es unter den abt von Schaffhausen. Ex petitione — inveniant. Kremer Orr. Nass. 2,152. Wenk histor. Abh. 128. ohne datum.
. . .	. . .	schreibt dem erzb. Rodulf von Reims und bittet ihn, gemeinschaftlich mit den bischöfen und fürsten seines landes den nonnen von St. Marien zu Trier gegen die räubereien des Nicolaus (von Ruminiak) und Guido (von Guise) bei Condusa recht zu verschaffen. Beatitudinis vestrae — denegatum. — Houth. 1,499. Ohne datum.
. . .	. . .	schreibt an den erzb. Rodulf von Reims und bittet ihn den Nicolaus von Ruminiaco und Guido von Guse und Hirson zur herausgabe der den nonnen von St. Marien zu Trier geraubten orte Ludousa, Ancia, Balbeueis und Guartheueis zu zwingen. Fama aequaltatis — audierum. — Houth. 1,499. — Ohne datum.
1124		
apr. 25	Treviris	Tod. Gesta Trev. ap. Pertz 8,198. Necrol. sti Maximin et Marienberg in Trier. — Sein testament ohne dat. bei Calmet Hist. de Lorr. 3,109. —

1121—1127. Godefridus. 1124.

1124 iul. 2	Treviris	Intronisation Godfrids auf einwirkung des von ihm gewonnenen kaisers Heinrich VI nach einer sedisvacanz von zwei monaten und acht tagen. Er war aus edlem geschlecht (der grafen von Vianden?) und schon früher auf Heinrichs V befehl, obwohl unwürdig, zum domdechanten erhoben worden. Gesta Trev. ap. Pertz 8,198 und umständlicher 200.
sept. 7	——	Weihe durch den cardinalbischof Wilhelm von Palestrina. Gesta Trev. ap. Pertz 8,200.
1125	. . .	bestätigt einen gütertausch zwischen Bovo von Kesten und der kirche daselbst. Günth. 1,197. — Mit jahr 1125 pont. nostri a. 1.
. . .	. . .	verbessert die einkünfte des meiers zu Berncastel mit fünf und die des meiers zu Alltrey mit vier weinbergen zu Gracha. Consilio vicedomini — recepit. — Honth. 1,514.
1127		Ohne datum.
mai 17	Wormatie	Abdankung, als auf dem hier seinethalb von dem cardinaldiacon Peter gehaltenen concil seine absetzung eben ausgesprochen werden sollte. Gesta Trev. ap. Pertz 8,203. Hartzheim Conc. Germ. 3,299. — Er starb 1128 nov. 14 und wurde von seinem nachfolger an der südseite der domkirche zu Trier begraben. Gesta Trev.

1127—1130. Meginher. 1127.

1127 iun.	. . .	Wahl Meginhers. Er war aus dem geschlecht der grafen von Vianden, und von jugend an in der Trierer kirche erzogen. Gesta Trev. ap. Pertz 8,199. Holzer de Proep. 9.
1128 märz 31	Lateranel	Zeuge einer am päbstlichen hofe geführten rechtsverhandlung zwischen dem abt von St. Mihiel an der Maas und der äbtissin von Joigny. Balux. Misc. 4,458.
apr. 9	Rome	An diesem tag zu Rom bestätigte ihm pabst Honorius II seine metropolitanrechte und ertheilte ihm das pallium. Günth. 1,200.
iun. 13	Aquisgrani	Zeuge Lothars für Maestricht.
dec. 27	Wormatie	Zeuge Lothars für Conrad von Hagen.
1129 mai 2	Treviris	(in capitulo) bestätigt die von seinem oheim selig, dem probst Rambert, an die domkirche gemachte schenkung des guts zu Sigendorf, und dessen anniversarienstiftung unter erzb. Bruno. Günth. 1,203. — Mit jahr 1129, ordinat. anno 2,6 num. Mai.
ian. 17	——	beurkundet, dass die gräfin Clementia mit consens ihrer kinder Wilhelm und Irmesinde den ort Schiffenberg mit zubehör, jedoch mit vorbehalt des vogteirechts für sich, dem heil. Petrus geschenkt habe. Petrus 1,515. Gallia Christ. 13,345. — Mit 15 kal. iul. anno 1129, ordinat. nre 2.
aug. 3		Einweihung der St. Sulpitiuskapelle daselbst. — Drower Ann. 2.26 nach einer hier mitgetheilten alten steinschrift. — Holzer de Proep. 9.
. . .	. . .	bestätigt die stiftung des klosters Schiffenberg (bei Giessen) im »Wiseeher wald« durch die gräfin Clementia von Gleiberg. Guden Cod. dipl. 3,1045. — Mit jahr 1129, ind. 7, epact. 28, concur. 1.
. . .	. . .	stellt das durch alter und nachlässigkeit ruinirte kloster St. Marien bei Andernach unter den abt zu Springirsbach, und bestimmt, dass nach dessen wiederherstellung schwestern von der regel des heil. Benedict daselbst eingeführt werden sollen. Günther 1,207. Mit jahr 1129, ind. 7, anno Lotharii reg. 5, anno presulatus 3.
nov. 00	. . .	Abreise nach Italien nachdem er vielen durch seine strenge verhasst geworden war. Gesta Trev. — Dagegen: contra regem tendens eo inconsulto Romam tendit, regis causam apud apostolicum disturbare. Ann. Saxo ad 1030.
1130	. . .	Gefangennehmung durch den gegenkönig Conrad, der ihn nach Parma bringen lässt. Gesta Trev.
oct. 1	Parma	Tod in der gefangenschaft, nachdem er aus kummer blind geworden. Gesta Trev. Necrol. sti Maximini.
		Nun wurde um 7. dec. der domherr Bruno, ein neffe des 1124 verstorbenen erzbischofs Bruno zum erzb. gewählt, lehnte jedoch die wahl ab, und wurde bald darauf erzbischof von Cöln. Gesta Trev. ap. Pertz 8,199 und 249.

1131—1152. Albero. 1131.

1131		
apr. 19	Treveris	Wahl des Albero von Montreuil durch die geistlichkeit, während die unter den beiden letzten erzbischöfen zügellos gewordenen weltlichen ihm wegen seiner tüchtigkeit entgegen waren. Er war vorher primicerius der Metzer kirche, und hatte nun bedenken unter so schwierigen umständen die wahl anzunehmen. Gesta Trev. ap. Pertz, 8,200, und viel umständlicher in den besondern Gesta Alberonis ap. Pertz 8,248 folg.
oct. 00	Remis	Verhandlung über die wahl vor pabst Innocenz II, der hier ein concil hielt und den
1132		widerstrebenden Albero zur annahme nöthigt. Gesta Trev. ap. Pertz 8,250.
märz 00	Vienne	Weihe durch pabst Innocenz II, der sub dato Valentie 5 id. mart. dem clerus und volk von Trier hiervon nachricht giebt. Or. in Coblenz.
apr. 19	Aquisgrani	Zeuge Lothars für Mastricht. — Damals erhielt der erzbischof vom könig die belehnung.
. .	ap. Theodo-	beurkundet den canonikern von St. Deodat (St. Dié) wie vor ihm und seinen mitbischöfen
	nis villam	von Metz, Toul und Verdun und vielen fürsten, die mit ihm zu Diedenhofen wegen wiederherstellung des friedens zusammengekommen waren, probst und canoniker der kirche St. Deodat sich über die bedrückungen des herzogs Simon von Lothringen beschwert, und wie dann dieser genugthuung geleistet hat und wieder absolvirt worden ist. Calmet Hist. de Lorr. Ed. I. 2,298. Honth. 1,520. — Mit iahr 1132, ind. 10, ord. nostre 2.
. .	Prumie	bestätigt auf der reise durch Prüm auf ansuchen des abts die dem St. Salvatoraltar gemachte schenkung der kirche und des zehntens zu Stahheim durch die edle matrone Fredesinde. — im goldenen buch der abtei. Mit iahr 1132, ind. 10, epact. 1, conc. 5, regni Lotharii anno 7. —
1135		
märz 17	Babenberg	Zeuge Lothars für Mallersdorf.
. .	Treviris	bestätigt die gründung der abtei Wadgassen durch Gisela die wittwe des grafen Friederich von Saarbrücken. Honth. 1,525. — Mit iahr 1135, ind. 13, Lotharii anno regni 10, imp. 3, pont. nostri 4.
. .		(in generali synodo) beurkundet wie der streit zwischen den gotteshäusern Steinfeld und Carden wegen eines zehntous zu Elenze durch die abtretung eines wingerts daselbst von seiten der ersten kirche an die zweite ausgeglichen worden ist. Hartzheim Conc. 3,327 ex arch. Steinf.
. .	Mettis	beurkundet wie der auf klage des abts und der brüder von Senones (südöstlich von Strassburg) von ihm vorgeladene graf Heinrich von Salm in seiner und seiner suffragane gegenwart auf dem von ihm zu Metz gehaltenen convent in bezug auf seine bedrückungen abhülfe verheissen und um verzeihung gebeten habe. Calmet Hist. de Lorr. Ed. I, 2,305. Honth. 1,529. — Mit iahr 1135.
1136		
ian. 8	Spire	Zeuge Lothars für St. Paul bei Verdun.
— 20	Treviri	bestätigt die einführung der Prämonstratenser ordensregel in St. Paul bei Verdun durch den bischof Albero. Calmet Hist. de Lorr. Ed. I. 2,309. Honth. 1,531. — Mit iahr 1136, 13 kal. febr. ind. 3, epact. 15, Lotharii II regni anno 10, imp. 3, pont. nostri 4.
apr. 25	in insula	(proxima Confluentie). Einweihung des hauptaltars in der klosterkirche des Oberwerthes bei Coblenz durch erzb. Albero. Günth. 1,271. Holzer de proep. 10.
aug. 6	Springirs-	Einweihung der kirche des klosters daselbst. Brower Ant. 2,33 nach einer alten auf-
	bach	zeichnung. Holzer de Proep. 9.
sept. 00	. . .	Antheil an der heerfahrt Lothars nach Apulien mit 67 rittern. Gesta Trev. ap. Pertz 8,251.
oct. 3	prope Wart-	Zeuge Lothars zu Guastalla für Venedig.
	stallum	
. . . . . .		entscheidet einen streit zwischen dem St. Simeonsstift zu Trier und dem St. Georgenstift zu Bamberg über die vertheilung des zehntens zu Hoingen. Honth. 1,532. — Mit iahr 1136 ind. 13, concur. 1, pont. nostri anno 4, Lotharii III anno regni 10 imp. 3. — ind. und regierungsiahre weisen auf 1135.
. . .	. . .	nimmt auf bitte des St. Martinsklosters zu Cöln, dessen güter zu Winningen, welche dasselbe seit 147 iahren ruhig besessen hatte und ihm nun angefochten werden, in seinen schutz. Günth. 1,224. — Mit iahr 1136, ind. 14, Alberonis anno 4.
1137		
sept. 22	Aquini	(in Campania) Zeuge Lothars für Monte Cassino und Stablo.
oct. 2	. . .	Ernennung zum päbstlichen legaten in Deutschland. Ein deshalb von Innocenz II sub dato in territorio Romano 1137 oct. 2 an die sechs deutschen erzdiöcesen erlassenes

3

1137		
		erstes notificationsschreiben steht bei Houth. 2.536. An dem tage vor diesem schreiben hatte der pabst dem erzbischof das primat im belgischen Gallien und andere vorrechte bestätigt. Günther 1,226. Ein zweites schreiben d.d. Albano 1138 inl. 17 bei Gauth. 1,229.
— 00	Treviris	bestätigt der abtei Gorz unter dem abt Wigericus 57 weingüter in Predal (Briedel) welche gemeinlich mannwerch genannt werden. Cartular. Gorciens.
..	Treveri	bestätigt die stiftung des klosters Stuben auf der Mosel durch den layen Egelolfus und stellt es unter die aufsicht des abts zu Springirsbach. Günth. 1,237. — Mit iahr 1137, epact. 7, concur. 5, ind. 15. pont. anno nostri 7.
1138		
märz 7	Confluentie	wesentlicher antheil an der noch vor dem auf pfingsten nach Mainz gesetzten allgemeinen wahltag durch einige fürsten vorgenommenen königswahl Conrad's III annal. Diseib. ap. Boehm. 3,209. Annalista Saxo ap. Pertz 6,776. — Dagegen haben den 22 febr. Ann. Disibod.
— 13	Aquisgrani	Antheil an der königskrönung Conrad's III.
apr. 8	Colonie	Zeuge Conrad's III für Hurtscheid.
— 9	————	desgleichen für Utrecht.
— 10	————	desgleichen für Achen.
— 11	————	desgleichen für St. Remig und für Stablo.
mai 00	Babenberg	Zeuge Conrad's III für St. Blasien.
. .	Treviris	stiftet die abtei Himmerode im bezirk seines hofs Cordula an dem orte Winterbach und setzt mönche dahin, welche er sich vom heil. Bernhard aus Clairvaux erbeten. Houth. 1.538. Manipulos Himmerod. 6. Brower Metropolis 2,122. Gallia Christ. 13,318. Mit iahr 1138 pont. Alber. 7. ind. 15. epact. 18, concur. 6.
. .	————	bestätigt dem St. Simeonsstift zu Trier den zoll zu Coblenz. Or. i. Coblenz. — Mit iahr 1138, ind. 1, concur. 5, regui Conrad. anno 1, pont. nostri 6.
. .	————	bestätigt die von seinem vorgänger, dem erzb. Megenher, mit dem abt zu Springirsbach wegen der St. Marienkirche bei Andernach getroffene vereinbarung und die besitzungen dieser kirche. Günther 1,217. — Mit iahr 1138, epact. 7, concur. 5, ind. 15, reg. Conradi anno 1, pont nostri 7. —
. .	————	restituirt dem St. Simeonsstift zu Trier das demselben von dem ritter Hezelo entzogene gut zu Kyle, nachdem dieser durch excommunication zur herausgabe gezwungen worden. Houth. 1,510. Mit iahr 1138, ind. 1, concur. 5, regui Conradi 1, pont. nostri anno 6.
1139		
mai 28	Argentine	Zeuge Conrad's III für Pfeffers, Sels und Lützel.
iun. 21	Treveris	(in publica sinodo) bestätigt die stiftung des klosters Schiffenburg bei Giessen durch die gräfin Clementia von Gleiberg. Guden 3,1048. — Mit iahr 1139, ind. 2, epact. 19, 11 kal. iul. epise. Alber. anno 8.
aug. 00	Herefeld	restituirt dem St. Marienkloster für Volkerode.
. .	. . .	restituirt dem St. Marienkloster am gestade zu Trier, dessen hochaltar erzb. Poppo am 16. dec. geweiht hatte, die kapelle zu Ittern mit ländereien und dem kastanienwald daselbst, welche erzb. Poppo geschenkt hatte, und bestätigt alle frühern und spätern schenkungen. Or. in Coblenz. — Mit iahr 1139, ind. 2, regis Conradi anno 2, aep. Alberonis 9.
1140		
febr. 9	Wormatie	Zeuge Conrad's III für Stablo.
apr. 28	Frankenfurt	desgleichen für Werden.
mai 1	————	desgleichen für Gurk.
— 3	————	desgleichen für Freising.
. .	Treveri	bestätigt dem Marienkloster am gestade zu Trier die von erzb. Theoderich geschenkte kirche zu Ehrang mit zwei theilen des zehnten und 8½ huben landes daselbst. Or. in Coblenz. — Mit iahr 1140, ind. 3, epact. 0, concur. 1, reg. Cunradi anno 3, ordinat. 10, legationis nostrae 3.
. .	Palatioli	bestätigt und stellt die einkünfte und rechte des vorhin genannten Marienklosters in Sleich fest. Or. in Trier. — Mit iahr 1140, ind. 3, reg. Conradi anno 3, Alberonis aep. 10.
. .	. . .	schenkt den nonnen von der insel St. Nicolai auf Stuppa zur verbesserung ihrer einkünfte die kirche zu Neve, mit consens des pfalzgrafen Wilhelm als damit belehnten, und den novalzehnten von dem walde Lare bei Dünchenheim. Günth. 1,259. — Mit iahr 1140, ordinat. nostri 5.
1141		
apr. 10	Argentine	Zeuge Conrad's III für St. Blasien.
— 13	————	desgleichen für St. Jacob in Lüttich.
mai 1	Wireeburc	Zeuge bischof Rudolf's von Halberstadt mit Conrad III. — Schumacher Verm. Nachr. 6,45.

1141

1148 ... Zeuge einer schenkung der gräfin Clementia von Gleiberg für das kloster Schiffenberg. Gaden 3,1051.

oct. 22 Treveri (in generali synodo) beurkundet die entstehung des klosters Lunnecho und bestätigt dessen regeln und privilegien. Günther 1.261. — Mit iahr 1142. 11 kal. nov. ind. 5, ord. nostre a. 10.

— (—) schenkt zur stiftung seines anniversariums der abtei Springirsbach die kirche zu Kaimpt, welche durch des pfalzgrafen Wilhelm tod an ihn zurückgefallen war, und verordnet dass in der kirche auf dem Petersberge, wozu die ganze pfarrei gehöre, geistliche der abtei taufe, begräbniss und beichte ertheilen sollen. Acta Acad. Pal. 3.111. — Mit iahr 1142 ind. 5, epact. 22, concur. 3, aep. Alberonis anno 11.

1143

oct. 24 — (in generali synodo) versetzt das nonnenkloster zu Lunniche nach Schönautt bei Valender, bestätigt seine besitzungen und giebt ihm zehntfreiheit für seine güter. Günth. 3,3 u. übersetzung 1,284. — Mit iahr 1143, 9 kal. nov. ind. 3. ord. nostre anno 11.

— (in plena synodo) beurkundet wie der streit zwischen dem gotteshaus Steinfeld und dem gotteshaus Curden wegen des weinzehnten zu Elenze auf den grund einer frühern entscheidung (vergl. bei 1135) beigelegt worden ist. Hartzheim Conc. Germ. 3,393.

Toul bestätigt der abtei Epinal die schenkungen des bischofs Stephan von Metz und ihre andere privilegien. Calmet Hist. de Lorr. 3,115.

1145

mai (00) Wormacie Zeuge Conrad's III für Schaffhausen.

nov. 1 Metis bestätigt dem kloster Senones seine besitzungen besonders die in pago Remerevile. Gallia Christ. 13,501. — Mit iahr 1145 ind. 8, epact. 25, concur. 7.

... (in communi capitulo) Zeuge des abts von St. Arnulf zu Metz über einen gutsverkauf zu Neef an die abtei Laach. Günth. 1,301. — Mit iahr 1145 ind. 8.

1147 ... bestätigt dem Augustinerkloster Schiffinberg bei Giessen sechs neu entstandene dörfer und giebt ihm die kirche zu Glrmes. Gaden 3,1052. — Mit iahr 1145, ind. 3.

ian. 4 Spire Gegenwart bei dem hier durch Conrad III zwischen ihm und dem grafen Heinrich von Lützelburg zu stande gebrachten frieden. Honth. 1,654.

märz (00) Franchenfurt Zeuge Conrad's III für Corvei.

apr. (00) Provintiaci Eintreffen zu Provins bei pabst Eugen III. Gesta Trev. ap. Pertz 8,254.

— 20 Pantiias Ostern. Anwesend mit dem pabst und könig Ludwig von Frankreich. — Am 7 mai bestätigt ihm hier der pabst seine von könig Conrad III wieder hergestellten rechte an St. Maximin. Honth. 1,656.

Treviris bestätigt dem priorat du St. Mont (prioribus et fratribus in Monte qui vocatur Rambex) dessen genannte besitzungen. Calmet Hist. de Lorr. Ed. 1. 2,327.

nov. 30 — Empfang des pabstes Eugen III der bis zur mitte des folgenden februars bleibt, während eine grosse anzahl von geistlichen und weltlichen herrn versammelt ist. Gesta Trev. ap. Pertz 8,255.

1148

ian. 13 — Einweihung der kirche St. Mathias durch den pabst Eugenius. Acta Sanct. Febr. 3,458. unter mitwirkung Albero's und der bischöfe Hymer Tusculanus, Heinrich v. York, Hartwig v. Orleans und Amadeus v. Lausanne und in beisein von 16 kardinälen. Ex Calendar. s. Eucbar.

märz 21 Remis Antheil an dem vom pabst Eugen III gehaltenen concil, auf dem Albero seine primatialrechte geltend macht. Gesta Trev. ap. Pertz 8,255.

1149

iun. 15 Tulli (in Tullensi maiori ecclesia) beurkundet wie der erlauchte mann Riquin von Commerci sein väterliches erbgut zu Commerci dem tisch der canoniker zu Trier übergeben, wie dann diese schenkung von dessen schwager Theoderich castellan von Bar angefochten worden, wie derselbe hierauf von der römischen kirche mit seinen ansprüchen zurückgewiesen und mit dem banne belegt worden, dann aber sein unrecht anerkannt, und nunmehr die fraglichen güter als lehen unter gewissen bedingungen empfangen habe. Benoit Hist. de Toul 91.

aug. 21 Frankenvrt. Zeuge Conrad's III für St. Remig.

1150 ... bestätigt dem kloster Schiffenberg bei Giessen die bestimmungen über die zinsleistungen von dessen hörigen leuten. Gaden 3,1053. — Mit iahr 1150, ind. 13, epact. 20.

... beurkundet, dass die edle frau Gerberge ihr allodium zu Herence im falle der verzichtleistung ihres sohnes des dompropstes und chorherrn an St. Simeon, Godefrid, auf den lebenslänglichen besitz desselben und andern falls nach seinem tode dem heil. Simeon geschenkt ihr sohn es aber jetzt schon der kirche überlassen habe, damit derselben nicht später von den erben dasselbe vorenthalten werde, und bestätigt nun diese übergabe. Ur. in Coblenz. — Mit iahr 1150.

3*

. .	. . .	übergiebt als apost. sedis legatus dem abt zu Schönau die kirche zu Weltrod mit dem zehnten. Quendam nostrum — deprecentur. Kremer Orr. Nass. 2,162. Wenk his. abhandl. 129. ohne datum. —
. .	. . .	beurkundet, auf bitte des probstes Wezelin von Ravengirsburg die kapelle des klösterlichen hofs zu Enchrichn geweiht zu haben, und dass die Einwohner die kapelle mit gemeindegut dotirt haben. Würdtwein Subsid. 5,401 mit iahr 1125 wie auch das or. in Coblenz hat; dagegen Günther 1.216 mit iahr 1135.
. .	. . .	vermittelt einen vergleich zwischen den äbten Hugo von St. Evre bei Toul und Rorich von Calmosia (Choumouzcy) wegen des zehnten bei Lipho. Quoniam pax — dabunt. Honth. 1,530. Calmet Hist. de Lorr. Ed. I. 2,304. ohne datum.
. .	. . .	bestätigt dem abt Dertulf und dem convent des heil. Eucharius (später St. Mattheis) bei Trier den zehnten der kirche zu Itiola, welcher als lehen vergeben war und vom abt wieder eingelöst worden. Sicut non — carere. Or. in Coblenz ohne datum. —
		beurkundet auf bitte des abtes Hugo von La Chalade und seiner brüder mit welchen rechtsverhandlungen dieses klosters unter dem episcopat seines vorfahren Heinrich 1127. iud. 5. epact. 6, gestiftet worden und bestätigt diese stiftung. Gallia Christ. 13,568.
		bestätigt als apost. sedis legatus der abtei Metlach das von erzb. Robert dem abt Rodewich ertheilte privilegium, dass an gewissen festtagen die umliegenden pfarreien nach einem alten herkommen zum abteilichen gottesdienst zu kommen haben. Vergl. bei 1222.
. .	. . .	klagt dem pabst Innocenz II über die ihm in seinem hirtenamte durch andere gemachten hindernisse. Numquid petivi — admittuntur. Honth. 1,537. ohne datum.
. .	. . .	schreibt dem pabst Innocenz II durch den archidiakon Hugo von Toul, dass die kirchen Germaniens und Galliens während des schisma treu geblieben. Voluntas cordis — porcitorum. Honth. 1,540. ohne datum.
		schreibt dem abt Suger von St. Denis: relatum est nobis nuncios venisse vobis a rege Francie qui certitudinem de expeditione debeant intimare, bittet um nachricht darüber und erbietet seine dienste. Duchesne Script. 4,502. — Etwa vor 1147.
1152		belehnt den grafen Friedrich von Vianden mit einem theil der längere zeit dem erzstift entkommenen gewesenen aber nun wieder erworbenen burg Arras. Qualiter nostro — componatur. Hontheim 1,557. ohne datum.
ian. 6	Confluentie	Hoftag, auf welchem ein stillstand zwischen dem grafen von Molbach und dem grafen von Sain zu stande kommt. Gesta Trev. ap. Pertz 8,257.
— 16	——	Tod. — Seine eingeweide wurden zu Himmerode, sein übriger körper im Peterdom zu Trier beerdigt. Gesta Trev. ap. Pertz 8,258.

1152—1169. Hillin. 1152.

ian. 00	. .	Wahl Hillin's durch clerus und volk. Er stammte aus dem geschlechte der herren von Falemannien in Lütticher diözese, hatte in der jugend in Frankreich studirt und war zuletzt domdechant. Gesta Trev. ap. Honth. 783.
märz 00	in Italiam	Sendung, noch erst als erwählter, an den päbstlichen hof mit dem bischof von Bamberg und dem abt von Ebrach, um im namen des königs dessen eben stattgefundene erwählung anzuzeigen. Vergl. den beglaubigungsbrief in Pertz Leges 2,89.
mai 00	Signie	Ankunft am päbstlichen hofe, wie sich aus dem am 17 mai hier in Segui, mutmaßlich von Rom, datirten antwortschreiben des pabstes Eugen III an Friedrich I schliessen lässt. Pertz Leges 2,90. — Hier dürfte Hillin von dem pabst die weihe erhalten haben.
iul. 00	Ratispone	Rückkehr an Italien zu dem hier um die mitte des monats hofhaltenden könige. Otto Fris. Vita lib. 2 cap. 6.
aug. 10	Treviris	beurkundet eine nach vorschrift des pabstes vor den bischöfen und äbten so wie vor den ersten des landes zu klage der äbtisin von Remiremont gegen den herzog Matheus von Lothringen ergangene entscheidung über die gegenseitigen rechte und pflichten, der sich der herzog reuig unterwirft. Mit vielen zeugen. Gallia Christ. 13,507. Honth. 1,567. — Mit iahr 1152, 17 kal. sept. epact. 12, iud. 15, conc. 2.

1152 . .	Treviris	beurkundet den lehnsauftrag der burg Sain an sich durch die brüder Everard und Heinrich, grafen von Sain, und verspricht denselben dafur das nächste vacante lehen von hundert pfund ertrag. Lünig Reichsarchiv 16,213. Honth. 1,569. — Mit iahr 1152. ind. 15 (also vor sept. 24) anno regni Friderici regis et nostri pont. 1.
dec. 9	————	Zeuge Friedrich's I für Kammerich.
1153	————	beurkundet, dass sein und des heil. Petrus ministerial Rudolph einen theil des von erzb. Albero eingetauschten allods zum bau des klosters zu Merzig und dieser kirche das investiturrecht der kirchen zu Balderingen und Villari geschenkt habe. Or. in Coblenz. Mit iahr 1153 ordinat. nostre anno 1.
. . . .		bestätigt dem abt Reinger und den brüdern des Beatusberges bei Coblenz die kirche mit dem bergplateau, den wald »Camervorst« den bergwingert und alle besitzungen die ihnen erzb. Albero und andere geschenkt haben. Gnuth. 1,344. — Mit iahr 1153, ind. 1, anno regni Friderici 2.
1154 febr. 3	Babenberc	Zeuge Friedrich's I für Bamberg.
oct. 00	in Italiam	Antheil an kaiser Friedrich's I erstem zuge nach Italien.
nov. 22	Calegnus	Zeuge Friedrich's I für Verona.
dec. 00	Runcalie	Zeuge Friedrich's I für Disentis, und also auch antheil an dem damaligen grossen reichstag.
1155 ian. 3	Cassale	Zeuge Friedrich's I für Novara.
mai 5	iuxtaNovum Castellum	desgleichen für St. Salvator zu Quartazzola.
iun. 18 . . .		an diesem tage zu Rom wurde Friedrich I von pabst Hadrian IV als kaiser gekrönt. Erzb. Hillin wird wohl dabei gewesen sein.
iul. 1	iuxta montem Siracti	Zeuge Friedrich's I für die grafen von Treviso.
— 4	ap. Quiritium	desgleichen für Pistoia.
— 7	in territ. Tusculano	desgleichen für Hugo Delfin.
oct. 7 . . .		Erneunnng zum päbstlichen legaten im ganzen deutschen reich, wie sich aus dem heute zu Matri von pabst Hadrian IV an die trierischen suffragane und den trierischen clerus erlassenen notificationsschreiben ergiebt. Honth. 1,580. Blattau, 1,8. Jaffe Reg. Pont. nr. 6899.
1156 ian. 15	Wirzeburc	Zeuge Friedrich's I für Berchtesgaden.
aug. 24	ad lacum	Einweihung der klosterkirche zu Laach durch erzb. Hillin, nach einer alten inschrift. Wegeler d. klost. Laach. 15.
oct. 29	Treviris	bestätigt die stiftung der abtei Arnstein an der Lahn zur zeit des erzbischofs Albero durch den grafen Ludwig und dessen gemahlin Guda, und nimmt sie mit ihren besitzungen in seinen schutz. — Gallia Christ. 13,348. Honth. 1,575. Guden 2,12. Broweri Metrop. 2,4. — Mit iahr 1156, 4 kal. nov. ind. 4, epact. 7, conc. 7, anno sep. et legati Hillini 1.
1157 ian. 6	————	an diesem tag zu Trier bestätigte kaiser Friedrich I dem, wie man voraussetzen muss, ebenfalls anwesenden erzb. Hillin den eigenthümlichen besitz der abtei St. Maximin.
— —		(In synodo autumnali) bestätigt der abtei Deichamp sämmtliche besitzungen, welche ihr von erzb. Albero ihrem stifter, dessen bruder Peter, von dessen nichte Beatrix und ihren söhnen Seguin und Gerard, und von andern geschenkt worden sind. Gallia Christ. 13,511. Calmet Hist. der Lorr. Ed. I. 2,351. Honth. 1,583. — Mit iahr 1157.
. . . .		bestätigt dem abt Rannulf und convent de claustro (Himmerode) alle von erzb. Albero und andern gemachte schenkungen. — Or. in Trier. — Mit iahr 1157, ind. 5, conc. 1, epact. 7, imperatoris Friderici anno 5, pont. sep. Hillini apost. legat. 5.
. . . .		bestätigt derselben abtei ihre sämmtlichen genannten zehnten. Or. in Trier. Mit datum wie vorhergehend.
. . . .		entscheidet einen streit zwischen Bartholomeus dem pastor ecclesie de Buseneo und Liebald alt von St. Martin zu gunsten des letzteru, dem er zugleich die gemannten besitzungen der abtei St. Martin-lez-Metz bestätigt. Tabouillot Hist. de Metz 4.120. — Mit iahr 1157, ind. 5, presidente Rom. sedi Hadriano IV, regnante Frid. imp.
. . . .		bestätigt dem abt Isembald zu Gorz die zehntberechtigung »in parruchiis Satanacensi et Monacensi« (Stenay u. Monzon). Cart. Gorz.
1158 marz 11	————	bestätigt dem Marienkloster am moselufer zu Trier das von seinem ministerial Otto geschenkte und von andern ministerialen angefochtene zu Minheim und Winterich.

1158

		Or. in Coblenz. Mit Jahr 1158, ind. 7, epat. 0, conc. 3,5 kl. mart. regni Friderici anno 7, ord. nostre 7, legationis 4.
marz 11	Treviris	beurkundet, dass sein ministerial Ensfrid vor dem tode mit bewilligung seines vaters Otto von Sidelingen dem Marienkloster zu Trier sein mütterliches erbe bei Ramelvengen geschenkt habe. Or. in Trier. — Mit datum wie vorher.
apr. 1	———	belehnt den grafen von Lurenburg mit der vom Wormser dom eingetanschten burg Nassonwe. Honth. 1,586. — Mit Jahr 1158, ind. 6, conc. 3, epact. 0, anno regni Frid. 8, imper. 4, pont. nostri 8, legat. 4. kal. apr.
. .	. . .	bestätigt einen vertrag zwischen den brüdern Arnulf und Isenhard von Ungendorf und der abtei de clanstro (Himmerode) über den zehnten zu Rodebusch. Or. in Trier. — Mit Jahr 1158 pont. nostri anno 6.
1159 lan.	. . .	beurkundet, dass mit ausnahme einiger dienste und abgaben zum schloss Saarburg, womit Johann von Siedlingen belehnt ist, er keine rechte in den der abtei St. Eucharius gehörigen dörfern Nennich, Palzel, Helfelt, Diluer, Hemptern und Lampaden habe. Or. in Coblenz. — Mit Jahr 1159 mense iunio.
1160	Treviri	belehnt den bischof Albert von Verdun mit der burg Mussy. Honth. 1,590. — Mit Jahr 1160, Friderici regni anno 9, imper. 5, pont. nostri 9. —
. .	Confluentie	bestätigt den vom abt Richard zu Springirsbach für das kloster Stuben geschehenen kauf der abteilich arnstein'schen güter zu Neive und Bremm. Günth. 1,370. — Mit Jahr 1160 ind. 8, pont. nostri anno 9.
. .		bestätigt dem St. Ursulastift zu Cöln zwei theile vom zehnten zu Rense und dem dortigen pastor Rudewin den dritten theil. Lacomblet, Urkbuch 1,276. — Mit Jahr 1160, ind. 8, Frider. regni anno 9, imper. 5, pont. nostri 9.
1161 iun. 3	Mediolani	(ante portas) Zeuge Friedrich's I für Passau.
— 00	Laude	desgleichen für Cappenberg und Wigoldisbehr.
— 20		desgleichen für Brandenburg.
sept. 1 ap. Landri- annm	Treveri	desgleichen für Bellino.
. .	Treveri	(in synodo generali) bestätigt den canonikern von St. Thiebaut in Metz alle ihre besitzungen, besonders trutinam seu banuale pondus lane. Tabouillot Hist. de Metz 4,125. — Mit Jahr 1161, ind. 10, pont. 10.
	———	bestätigt der abtei Sainte Croix de Hörus ihre genannten besitzungen. Calmet, Hist. de Lorr. Ed. II. 6,9. Hugo Ann. Prem. 1,174. — Mit Jahr 1161, ind. 5, ep. 3, conc. 7. regni Frider. 20, imp. 5, pont. nostri 10.
. .	. . .	bestätigt der abtei Etival in den Vogesen die von dem bischof Heinrich von Toul ihr verliehenen privilegien. Honth. 1,592. — Mit Jahr 1161 ind. 9. Frider. anno regni 10, imp. 6, pont. nostri 10.
. .	. . .	bestätigt dem nonnenkloster Epinal sämmtliche besitzungen, und besonders die ihm von heil. Gerard. bischofen von Toul verliehenen. Honth. 1,593. Mit Jahr n. s. w. wie vorher.
. .	. . .	Zeuge in einer urkunde, worin das St. Simeonstift der abtei Himmerod den zehnten zu Grandistorph verorbpachtet. Or. in Coblenz. — Mit Jahr 1161, ind. 9, Frider. regni anno 10, imp. 5.
1162 febr. 26	Laude	Zeuge Friedrich's I für Lambach; doch steht im abdruck: Hermannus aepus Trev.
sept. 7 ap. pontem Laone		desgleichen für Genf.
. .	Tulli	bestätigt dem nonnenkloster Epinal die vom bischof Stephan von Metz verliehenen privilegien. Honth. 1,596. — Mit Jahr 1162 ind. 10, regni Frieder. anno 11, imp. 7, pont. nostri 11.
. .	Treviris	bestätigt der abtei stae crucis zu Metz ihre besitzungen. Honth. 1,596. — Mit Jahr 1162, ind. 10, ep. 3, conc. 7, regni Frider. anno 10, imp. 5, pont. Hillini sep. Trev. 10.
. .	———	bestätigt dem St. Simeonstift den zoll zu Coblenz. Honteim 1,598. — Mit Jahr 1162, ind. 10, anno Frid. regn. 11, imp. 7, pont. nostri 11. —
. .	. . .	bestätigt dem kloster Schiffenburg sechs dörfer und die bestimmung des erzbischofs Albero über die kirche zu Girmes. Gnden III, 1062. — Mit Jahr 1162, ind. 8, conc. 7.
1163	Treveris	(in plena synodo) beurkundet wie der wieder erneuerte streit zwischen der kirche des heil. Potentin zu Steinfeld und der kirche des heil. Castor zu Carden über den weinzehnten zu Elenze diesmal beigelegt worden ist. Hartzheim Conc. Germ. 3,393. — Mit Jahr 1163, ind. 10, episc. 11. —
	———	bestätigt der abtei Laach den vom pastor zu Croftie beansprachten zehnten vom salischen

1163		lande daselbst. Günth. 1,374. — Mit iahr 1163, Frider. regn. a. 11, imp. 8, pont. nostri 11.
. .	Treveris	bestätigt der abtei Arnstein die schenkung Hartards von Merenberg aber dessen allod und die kirche zu Oberdiefenbach im Einrich, den zehnten zu Bettendorf, halben zehnten und den kammerforst zu Scheuren und die kirche zu Beslich. Gnden 2,15. Honth. 1,599. — Mit iahr 1163, ind. 10, epact. 25, Concur. 1.
. .		bestätigt dem nonnenkloster Horreum in Trier das ausschliessliche forstrecht in den waldungen bei Casel und einige anniversarienstiftungen. Or. in Coblenz. — Mit iahr 1163, ind. 1, Frider. regu. 12, imp. 9, pont. nostri 12. —
. .	Treveri	sühnt sich mit Friedrich von Merzig, und absolvirt ihn von der wegen erpressungen verhängten excommunication. Günth. 1,381. — Nur mit pont. nostri anno 12.
1167	Treviris	schenkt zu seinem anniversarium dem abt Randulf und convent zu Himmerode einige weinberge bei Chemeto, abgabenfreiheit ihrer höfe und einige wiesen nebst wald an der Lieser. — Mauip. Himmerod. 16, Honth. 1,601. — Mit iahr 1167, ind. 13, ep. 17, conc. 4, pont. nostri a. 14.
. .		schenkt der abtei Metlach den fast ausgebauenen wald »Hart« gegen 6 denaren jahrzins an den hofschultheiss zu Merzig. — chartal. Metlach. i. Coblenz. — Mit iahr 1167, ep. 28, conc. 6.
1169		bestätigt dem abt Gisilbert und convent de claustro (Himmerode) die schenkung Hessos von Ruzeio und der Bauern zu Lidecha über den wald und die weide daselbst und deren gränzen. Mauip. Him. 9, Honth. 1,601. — Mit iahr 1169 während das or. in Coblenz wie auch alle abschriften älterer zeit 1180 haben.
. .	. . .	schreibt der heil. Hildegard und bittet sie um einige trostsprüche und um ihren rath. Rogo mater — viventium. Brower Ann. Trev. 2,59. — Ohne datum.
. .		schenkt dem abt Ramulf und convent zu Himmerode die von dem grafen Albert von Morsberg früher zu lehen besessenen wingerten in der pfarrei seines hofs Chemeto. Quoniam plurimorum — perpetuum. Günth. 1,397. Ohne datum.
. .		(in generali synodo) bestätigt dem abt Bertulf und den brüdern der kirche des heiligen Eucharius, Benedictinerordens zu Trier, die schenkung kaiser Heinrichs oder Vilmar im Logenhaigan und schenkt selbst zu seinem anniversarium mit consens des archidiakons Alexander die kirche nebst zehnten daselbst dem kloster. Officii nostri — hereditatis. Or. in Idstein; ohne datum.
. .		bestätigt dem abt Bertulf und den brüdern der kirche des heil. Eucharius die privilegien des klosters nebst allen gütern wie erzb. Poppo und pabst Eugen sie demselben restituirt und bestätigt hatten. Ecclesiastici regiminis — percipiant. Or. in Coblenz; ohne datum.
1169		verpfändet dem abt Gilbert und convent de claustro (Himmerod) für 30 mark sein allodium Studelberg. allodium de — redimatur. Copie in Coblenz ohne datum.
1169 oct. 23	. . .	Tod. Gesta Trev.

1169—1183. Arnold I. 1169.

1169	. . .	Wahl Arnold's durch clerus und volk nach dem wunsche kaiser Friedrich's I. Er war aus dem geschlecht von Walencourt, sohn des edlen Wirich v. Walecuria, des stifters der Cisterzienserabtei in seiner villa Freistorf, bisher domherr und probst von St. Andreas in Cöln. Gesta Trev. ap. Honth. 785.
. .	Colonie	Zenge, noch als erwählter, in der urkunde, worin das St. Cassiusstift zu Bonn der abtei Springirsbach den hof Spela an der Mosel verkauft. Günth. 1,400. — Mit iahr 1169. (1170).
1171	Treveris	bestätigt der abtei Gorz die bei derselben errichtete Capelle. »anno pontif. nost. primo« Cartul. Gorz.
. . .		bestätigt einen vergleich zwischen der abtei St. Maximin und Godfrid von Civele über zinsen und das patronatrecht zu Lezenich. Guden 3,1066. — Mit iahr 1169.
	ap. Manderscheid	beurkundet die aussage Helewid's, der wittwe Richard's von Manderscheid, und ihrer söhne, dass ihr resp. gemahl und vater dem kloster Himmerode das weidrecht zu Klein-

1171		Litge nach gewissen gränzen, einen theil des waldes bei **Reinboldsweiler** und den zehnten zu Platten gegen einen fruchtzins geschenkt habe. Or. in Coblenz. — Mit iahr 1171, conc. 4, ep. 12, ind 4.
. .	ap. Clanstrum	(scil. Himmerode) befreit die bräder Theoderich, Gerhard und Friederich von Broch von der excommunication, nachdem sie auf ihre prätendirten rechte auf das gut, welches ihr oheim Fridelo dem kloster Himerod geschenkt hatte, verzichtet haben. Or. in Coblenz. — Mit iahr 1171.
.	. . .	befreit der kirche St. Trudo hof zu Bredal von allem vogteirechte, nachdem der graf von Solm und Wilhelm von der Leyen welche den dingvogt der kirche daselbst vertrieben hatten, von ihrem unrecht abgestanden. Günth. 1,410. — Mit iahr 1171.
1173 iun. 8	Frankenfort	Zenge Friedrich's I für Quedlinburg.
. .	Wormatie	Zenge eines gütertausches zwischen dem erzb. Philipp von Cöln und dem kloster Otterburg. Frey u. Remling. Urkbuch des kl. Otterburg 2. — Mit iahr 1173, ind. 6, regn. Frider. anno 23, imp. 20.
.	Treviris	bestätigt einen vergleich der abtei de claustro (Himmerode) mit Mafrid und Alexander von Numagen über den zehnten zu Altrei. Aus einem chartular zu Coblenz. — Mit iahr 1173.
. .	. . .	beurkundet, dass Richard von Clodenbach der abtei Springiesbach eine hube zu Engranuerode, ganz abgabenfrei geschenkt habe, — Cop. i. Coblenz. Mit iahr 1173, ind. 5.
. .	. . .	beurkundet, dass die bräder Philipp und Anselm von Dudendorf durch seine hand dem abt Gillebert und den brädern de claustro (Himmerode) einige wüste plätze bei Reinboldsweiler nebst allem was ihr vater daselbst erworben, für 33 denaren iahrzins übergeben, und ein anderer bruder derselben, Hermann von Noviant, vor ihm zu Neuerburg dem kloster wiesen und einen weinberg zu Greves und Boverauch statt schuldiger 11½ mark gegeben habe. Or. in Coblenz. — Mit iahr 1173, ep. 4. conc. 7, ind. 6.
1174 märz 24	Aquisgrani	Zenge Friedrich's I für St. Gislen.
apr. 11	Traiecti	desgleichen für Mastricht.
mai 9	Sinecche	desgleichen für Brauweiler und Siegburg.
— 23	ap. Latram	desgleichen für Achen.
. .	. . .	beurkundet, dass Theoderich, der sohn Friederichs von der brücke der abtei de claustro (Himmerode) gegen 8 malter fruchtrente den zehnten zu Cordel überlassen habe. Or. in Trier. — Mit iahr 1174.
dec. 21	in obsidione Roboreti	Zenge Friedrich's I für graf Wilhelm von Forcalquier.
1175 apr. 17	Papie	(in territorio) Zenge des compromisses zwischen dem kaiser und den Lombarden.
nov. 20	ap. Castrum Novum	Zenge Friedrich's I für Naumburg.
1177 iul. 20	ap. monasterium ste Trinitatis	desgleichen für Aglei.
aug. 1	Venetiis	Mitbeschwörer des friedens zwischen kirche und kaiserreich. Pertz Leges 2,157.
— 3	————	Zenge Friedrich's I für Torcello.
— 17	————	desgleichen für Venedig.
. .	. . .	vermittelt einen vergleich zwischen den abteien St. Maximin und St. Eucharius zu Trier über deren weidegerechtigkeit zu Emmel und Bernerroth, ferner zwischen der abtei St. Eucharius und den herren von Falkenstein als vögten zu Wiltingen über dieselbe rechte zu Wiltingen und Bermeroth. Or. i. Coblenz. — Mit iahr 1177.
. .	. . .	beurkundet die zollfreiheit der kirche St. Trudo am moselzoll zu Carden. Honth. 1,604. — Mit iahr 1177.
1178	Treviri	(in palatio) bestätigt die vereinigung der herabgekommenen abtei St. Maria zu Laccemburg und St. Vanne zu Verdun unter Eluen abt. und die bestimmungen wegen dessen wahlmodus. Gallia Christ. 13,350. Calmet Hist. de Lorr. Ed. I. 2,378. Bertholet Hist. de Lux. 4,25. Honth. 1,605. Mit iahr 1178, ind. 11, conc. 6, epact. 0, anno pap. Alexand. 14. pont. nostri 8.
1179	. . .	erlässt der abtei Epternach gegen deren besitzungen und rechte zu Ohindinge einen ihm von der kirche zu Crove alle vier iahre zu leistenden dienst von unsicherm werthe, und gegen deren rechte zu Greverode einen Ochsen oder halbe mark iahrrente. Günther 1,436. — Mit iahr 1179.

1179		
. .	. . .	beurkundet, dass nach einer urkunde des erzbischofs Hillin, der pastor Gylebert zu Altrei dem alt Ranuulf de Claustro den zehnten zu Altrei für zwei malter fruchtrente überlassen habe, dessen nachfolger aber der abtei denselben bestritten, bis zuletzt auf der generalsynode zu Trier ein vergleich vermittelt und der abtei der zehnten zugesprochen worden sei. Aus einem chartular I. Coblenz. Mit iahr 1179.
1180 apr. 13	Geilenhausin	Zeuge Friedrich's I für Cöln.
. .	Treviris	(in capella sepl.) schenkt dem abt Gillebert und convent de Claustro den rest des von erzb. Albero und Hillin geschenkten Stuppelbergs, genannt »Hart« gegen 30 malter korn und 30 malter hafer iahrzins, Cop. in Coblenz. — Mit iahr 1180, ep. 22, conc. 2, ind. 13.
. . . .		entscheidet als schiedsrichter den streit zwischen den fratres Aquenses auf der einen und dem magister Ekhardus Goslariensis prepositus ecclesiasticus in Traben auf der andern seite über eine von den erstern geforderte von dem letztern verweigerte iährliche weinabgabe in Traben zu gunsten der erstern. Ledebur Archiv 10,228. Quix. Cod. Aquens. 1,23. — Mit iahr 1180, ind. 13.
. . . .		bestätigt dem dechant und capitel der h. Agatha zu Longuion den besitz der kirche und pfarre zu Virton. Mit iahr 1180. ep. 22. Or. im municipal-archiv z. Longuion.
1181		beurkundet wie die klage der fratres Aquenses gegen die mönche von Corvei auf entrichtung des zehntens zu Traben beim ausbleiben der letztern zu gunsten der erstern vor ihm entschieden worden sei. Quix Cod. Aquens. 1,24.
mai 00	Treveri	beurkundet, dass der pastor Theoderich zu Sletweiler dem abt Gillebert und convent de Claustro den zehnten zu Sletweiler und Ornau überlassen habe. Or. i. Coblenz. Mit iahr 1181 circa Pentecosten (24 mai) ep. 3. conc. 3. ind. 14.
. .	——	schenkt der abtei Himmerode die besitzungen der brüder von Isenburg zu Langscheid, welche er vor zehn iahren denselben abgekauft, und befreit sie von allen vogteirechten. Honth. 1,611. Gallia Christ. 13,351. Manip. Himmerod. 23. Mit iahr 1181, ep. 3, conc. 3. ind. 14.
1182	Confluentie	vermittelt einen vergleich zwischen dem St. Simeonstift zu Trier und der stadt Coblenz wegen des dortigen zolles, wonach letztere gegen vierzig mark ihrer ansprüche entsagt. Honth. 1,613. Mit iahr 1182, ind. 15, ep. 14, conc. 4, anno imper. Frider. 25, pont. nostri 13.
. . . .		stellt mit zustimmung des abts zu Springirsbach die in disciplin und sitten heruntergekommene cella zu Merzig unter den abt zu Wadgassen. Perpel. Baldew. in Trier. — Mit iahr 1182, ind. 15, conc. 4, epact 19.
1169— 1183 apr. 25	. . .	Einweihung des hochaltars im kloster auf dem Oberwerth bei Coblenz. Günth. 1,271. — mit iahr . . . 7 kal. mai. h. e. in die sti Marci evang.
. . . .		beurkundet, dass Everard von Burgeneshrim zuerst dem beichtvater, dechant Stefan zu Curelen, und dann öffentlich bei Treis bekannt habe, die wingerten zu Uerzig, welche Elisabeth von Broch der kirche de Claustro geschenkt, gewaltsam in besitz genommen zu haben, durch schwere krankheit aber zur reue gebracht, sie dem kloster zurückgegeben und für den schaden ersatz geleistet habe. Ex inimico — concessit. — Aus einem chartular I. Coblenz. — Ohne datum.
. . . .		beurkundet, dass der pastor Theoderich von Sletweiler vor ihm und dem archidiakon und dompropst Radulf im St. Simeonskloster zu Trier sich mit dem abt Gillebert de Claustro wegen des zehnten zu Sletweiler und Hornau verglichen habe. Noverint universi — solvent. Or. in Coblenz. — Ohne datum.
. . . .		beurkundet, dass Emmercho von Neuerburg auf seine nach dem tode Christians von Marauch erhobene ansprüche an die von letzterm der kirche de Claustro geschenkten güter verzichtet habe. Noscant omnes — possessione. Or. i. Coblenz. Ohne datum.
. . . .		beurkundet, dass Hildelold, der pastor von Noviant vor ihm ausgesagt habe, durch die hand erzb. Hillins und des archidiacons Arnold dem abt Randolf und convent de Claustro seinen zehnten zu Noviant und Marauch gegen sechs denaren iahrzins gegeben und auch dem tode Ranuulfs abt Gillebert ihm 3 ohm wein iährlich aus dem zehnten überlassen zu haben. Noverint universi — concedimus. Or. i. Coblenz. Ohne datum.
. . . .		sühnt sich mit Arnulf von Walecurt, dem vogt seines hofs zu Merzig, und erlaubt ihm die erbauung einer burg auf dem berge Schive (Moncleir) unter der bedingung dass dieselbe trierisches lehen sein und daselbst kein zoll errichtet werden solle. Quoniam memoria — erit. Honth. 1,609. — Ohne datum.
. . . .	. . .	bestätigt dem convent de Claustro die von der gemeinde Ladensdorph bewilligte lesefreiheit für die beiden klösterlichen weinberge daselbst. Considerantes damnum — vindemiare. Or. in Coblenz. ohne datum.

4

1169—1183		
. . .	. . .	schreibt den bischofen von Toul und Verdun wegen der verhältnisse des abts S. Mihiel zum grafen von Bar. Conquestus est — ponatis. Gallia Christ. 13,573, hier zu circa 1175.
. . .	. . .	beurkundet die übergabe einer mühle (zu Useldange) seitens der wittwe des Wiricus de Useldinges an die abtei Molesme. Notum facio — extiterit. Bertholet Hist. de Luc. 4,31 zu circa 1182.
1183 mai 25	. . .	Tod. Gesta Trev. ap. Houth. 786.

Durch die zwiespaltige wahl zwischen dem dompropst Rudolf grafen von Wied und dem archidiakon Folmar graf von Bliescastel trat bis 1190 ein schisma ein. Rudolfus Trev. electus von Friedrich I unterstützt erscheint als dessen zeuge: 1184 nov. 4 Verone für Hersfeld, und 1187 aug. 21 Wormatie für Cappenberg. Folmar 1186 mai 31 zu Verona von pabst Urban III geweiht (Sigeb. ap. Pertz 6,423), suspendirt den abt von St. Vannes von der verwaltung der temporalien. Gallia Christ. 13,575 zu circa 1187, wurde 1189 den 26 jun. im Lateran von pabst Clemens III abgesetzt (Gauth. 1,459).

Nach einem zwischen pabst Clemens III und kaiser Friedrich I kurz vor dessen kreuzzug geschlossenen abkommen, erfolgte dann die neue wahl. — Vergl. über diese händel Gesta Trev. ap. Houth. 786 bis 792.

1190—1212. Johann I. 1190.

1190	Treviris	Wahl Johann's durch die Trierer auf bitte könig Heinrich's VI der eben anwesend war. Er war bis dahin reichskanzler. Gesta Trev. ap. Houth. 792. — Pabst Clemens III bestätigte ihm 1190 d.d. Laterani 2 non. juni die privilegien der trier. kirche. Gauth. 1,470.
. . .	. . .	verpfändet seinem domcapitel für zwei kostbare über zwölf mark schwere goldne zierreich gearbeitete bildnisse und edelsteine aus einer tafel am hochaltar des doms, welche er, im begriffe abgeordnete nach Rom zu senden um das pallium zu erlangen, was mit grossen geldopfern verknüpft ist, von demselben sich erbeten hatte, die höhe Pfalzel, Ehrang und Cordel, und verspricht die rückgabe dieser kostbarkeiten, unversehrt an gold und künstlicher arbeit. — im Perpet. Halltew. zu Trier. — Mit jahr 1190.
oct. 19	Noviomagi	Einweihung der pfarrkirche daselbst. Brower Ann. 2,87 nach einer alten noch an der kirche befindlichen inschrift.
. . .	. . .	Zeuge in der urkunde des erzbischofs Philipp von Cöln über die belehnung Irmentruds, der gemahlin des pfalzgrafen Conrad, mit der burg Staleck und vogtei zu Bacharach. (Gauth. 1,463 mit jahr 1180 ind. 7.
1192 mai 31	Colonie	Weihe des erzb. Bruno von Cöln durch erzb. Johann von Trier und den bischof von Verdun. Annal. Col. ap. Boehm. font. 3,399 ibid. 3,471.
aug. 29	Wormatie	Zeuge Heinrich's VI für Mainz.
. . .	. . .	schenkt dem domicellar Sibodo einen teich in der nähe des klosters stae. Mariae ad Martyres zu Trier nebst dem bann und wasserlauf bis zur Mosel um ihn fruchtbar zu machen und zwei malter korn dafür jährlich in den pallast zu liefern. Or. i. Coblenz. — Mit jahr 1192, epact. 4, conc. 3, ind. 10, pont. nostri anno 3.
. . .	. . .	restituirt der stiftskirche zu Carden das patronatrecht und den zehnten zu Lehmen. Gauth. 1,473. — Mit jahr 1192.
1192		enscheidet einen streit des klosters St. Eucharius zu Trier mit Herbrand von Falkenstein und den übrigen vögten zu Wiltingen über den weidebezirk zwischen dem klösterlichen hof Bermeroth und dem dorfe Wiltingen. Or. i. Coblenz. — Mit jahr 1192.
märz 28	Spire	Zeuge Heinrich's VI für Passau.
apr. 5	Hagenowe	desgleichen für Poltrone.
— 10	Spire	desgleichen für Hagenau.
jun. 28	Wormatie	desgleichen für Cöln.
jul. 12	Aquisgrani	Mitwirkung bei der krönung Otto's durch den erzb. Adolf von Cöln. Otto Saublas. ap. Boehmer font. 3,631, vgl. mit d. kaiserregest. S. 29.
nov. 2	Sinceke	Zeuge Heinrich's VI für St. Bavo in Gent.
. .	Treviris	beurkundet die schenkung Ludwig's von Dudensfeld über all sein väterliches erbe zu Weiler, Clüsserath, Snuvelt u. s. w. an das kloster St. Thomas an der Kyll. Or. in Coblenz. — Mit jahr 1193.

1194	ap. Marane	bestätigt einen vergleich der abtei Himmerode mit den bauern von Marane und Noviant
1196		über einige pertinentien des hofs Siebenborn. Or. l. Coblenz. — Mit iahr 1194.
iul. 19	ap. Wormat.	Zeuge Heinrich's VI für Himmerode.
— 19	———	Zeuge in dem tausche der abtei Prüm mit Himmerod über Hillesheim und Mutterstadt. Würdtwein Subs. 5,262. — Mit iahr 1195, 14 kal. aug. ind. 13. —
nov. 20	ap. Latram	Zeuge Heinrich's VI für Otterberg.
dec. 7	Wormatie	desgleichen für Icbtershausen.
1196		
mai 1	Treviris	Einweihung des hochaltars in dasigem dom auf Philippi- und Jacobitag. Holzer de proepisc. 10.
dec. 7	———	Einweihung des St. Helenaaltars im dom. Brower Ann. 2,91 nach einer alten inschrift.
. .	Monasterii	(Münstermaifeld) entscheidet bei erledigung der probstei des stifts daselbst auf die klage der chorherren über beeinträchtigung ihrer rechte durch die präbste, wie die einkaufte zwischen beiden getheilt werden sollen, und giebt dem capitel die kirche zu Polch. Günth. 1,479. Mit iahr 1196.
1197	. . .	bestätigt der abtei Laach das recht zur besetzung der pfarrei Cruft durch einen ihrer conventualen. Günth. 1,477. — Mit iahr 1196. —
iau. 20	ap. Confluentiam	bestätigt dem abt Herbord zu Arnstein die privilegien und besitzungen der abtei. Kremer, orr. Nass. 2,210. Gudeu 2,24. — Mit iahr 1197, 13 kal. febr. ind. 15, conc. 2, epact 0. —
apr. 6	ap.Treverim	(in curia episcopali) Resignation des rheinpfalzgrafen Heinrich auf seine trierische vogtei in die hände erzb. Johanns zu ostern. — Lünig, Spec. sec. cont. 2,122, Freher. Orig. Pal. 1,89. Honth. 1,629.
. .	. . .	besiegelt des ritters Peter von Veldenz, genannt von Merzig, revers wegen der lehengüter zu Merzig. Honth. 1,630. Mit iahr 1197.
. .	ap. Andernacum	Zusammenkunft (wohl im ianuar) des erzb. Adolf von Cöln, dem herzog Bernhard von Sachsen und andern bischöfen, grafen und edeln zur besprechung wegen der neuen königswahl, und ausschreibung eines allgemeinen fürstentags auf den 1. märz nach Cöln. Gudf. Col. ap. Böhmer, fontes 2,329. Vergl. die kaiserregesten S. 28.
1198		
sept. 8	Maguntie	Theilnahme an der ersten königskrönung Philipp's durch den erzb. von Tarantaise. Ann. Argent. ap. Böhmer fontes 3,94 verglichen mit den kaiserregesten, S. 5.
. .	. . .	bestätigt einen vertrag zwischen den klöstern Kaufungen und St. Thomas bei Andernach, wonach ersteres dem andern das patronatrecht und besitzungen zu Trimerze überlässt. Günth. 1,491. Mit iahr 1198.
1199		
mai 13	Spire	Zeuge könig Philipp's für Himmerod.
aug. 2	. . .	beurkundet, dass die abtei Himmerod vierzehn pfund wachs zur osterkerze an das St. Castorstift zu Coblenz von einem wingert im fluwele zu liefern, und letzteres dafür den abteilichen hof zu Mesenheim vom kleinen zehnten befreit habe. Günth. 1,495. — Mit iahr 1199, 4 non. aug. ind 2. —
sept. 29	Maguntie	Zeuge könig Philipp's für Salzburg.
1200	. . .	incorporirt seinem domcapitel die pfarreien Peirla und Offendine. Günth. 2,67. — Mit iahr 1200, epact. 3, ind. 3, conc. 6, pont. nostri anno 11.
1201	. . .	beurkundet, dass Theoderich herr der kleinern burg zu Manderscheid die güter des klosters Himmerod in der mark Keylle in seinen schutz genommen und demselben weide- und waldnutzungen daselbst gegeben habe. — Aus einem chartular zu Coblenz. — Mit iahr 1201. —
. .	. . .	entscheidet einen streit des Euchariusklosters zu Trier mit dem ritter Inginbrand von Mantinnach und dem wepeling Hechemann, burgmann zu Saarburg über den zehnten von der letztern güter zu Sozede in der pfarrei Wischern zu gunsten des klosters. Aus einem chartular l. Coblenz. — Mit iahr 1201.
. .	. . .	bestätigt einen vergleich zwischen der abtei St. Eucharius und dem nonnenkloster in Horren zu Trier über beider rechte an den leuten bei der »wizporte« zu Trier. Or. l. Trier. — mit iahr 1201.
1202		
iun. 30	. . .	besiegelt einen in seiner gegenwart getroffenen schiedsrichterlichen entscheid zwischen dem St. Euchariuskloster und Egidius von Berge genannt von Walecurt über das letztern vogteirechte in des klosters hof zu Syntzich. Aus einem chartular l. Coblenz. — Mit iahr 1202 pridie kal. iul.
. .	Confluentie	vermittelt einen vergleich zwischen der abtei Himmerod und dem ritter Heinrich von Wlasl,

4*

1202		welcher auf einen von seinem verwandten Theoderich zu Coblenz der abtei vermachten wingert am »moselstade« ansprüche erhoben hatte. Or. I. Coblenz. — Mit iahr 1202.
	. . . .	bestätigt dem St. Euchariuskloster zu Trier die schenkung erzb. Poppo's über Lampaden, Pellink und Ivisco und deren bestätigung durch erzb. Hillin, ferner erzb. Bruno's schenkung der fischerei daselbst und in der Ruver wie auch des probstes Adalbero von St. Pauliu verzicht auf die abgaben daselbst. Or. L. Coblenz. — Mit iahr 1202.
	. . . .	bestätigt einen vergleich des St. Euchariusklosters mit dem ritter Peter von Merzig genannt »von Veldenz« über die »hunri« gerechtigkeit zu Hemptern und Lampaden. Or. I. Coblenz. Mit iahr 1202.
	. . . .	vermittelt einen vergleich zwischen seinen fischern zu Trier und dem St. Euchariuskloster über die fischerei in der Mosel und Ruver. Or. i. Trier. Mit iahr 1202.
	. . . .	beurkundet dass vor ihm bei dem kloster Himmerod Gerard von Kele auf seine prätendirte rechte an güter dieses klosters verzichtet habe. Or. i. Trier. — Mit iahr 1202.
1203	. . . .	bestätigt die fundation der abtei Sain durch den grafen Heinrich von Sain. Lünig Reichsarchiv 16,215. Houth. 1,641. — Mit iahr 1202.
febr. 28	. . .	schenkt der St. Florinskirche zu Coblenz eine hofstatt daselbst neben der erzbischöflichen küche mit der verpflichtung in letztere jährlich zwei kapaunen zu liefern. Or. i. Coblenz. — Mit iahr 1203 prid. kal. mart.
	. . . .	bestätigt eine sentenz in dem streite der mönche de Claustro (Himerode) mit den nonnen de Horren zu Trier über einige ländereien zwischen dem hofe Schonevelt und der Moselstrasse. Or. i. Coblenz. Mit iahr 1203.
	. . . .	vergleicht die mönche de Claustro mit seinen bauern zu Ehrang wegen des waldes bei dem hofe Winterbach und bestätigt den mönchen alle güter und rechte in dieser gemarkung, welche sie bereits zur zeit der fundation unter erzb. Alberu besessen haben. In einem chartular zu Coblenz. — Mit iahr 1203.
1204		
Iun. 16	»an der werbe«	weiht die kirche, gelegen »an der werbe« bei Mallendar (Besselich) zu ehren des heil. Remigius, »wo siebenhundert iahre vorher der bischof Elon, der könig Florian und Engelinde ermordet worden.« Aus dem diario des klosters Besselich.
iul. 10	. . .	befreit, wie bereits früher die gräfin Kunegunde von Nassau und ihr sohn gethan, der abtei Romersdorf güter zu Wisse von abgaben. Günth. 2,81. — Mit iahr 1204, ind. 7, epact. 17, decem noveanali ciclo 8,fi id. iul. pont. nostri anno 15.
iul. 15	. . .	befreit die güter der abtei Altencamp welche zu deren hof bei Wise gehören auf die bitte des abts Theodorich von abgaben. — Binterim Rhein. Westphäl. Diplomat. Codex 2,10.
	. . . .	beurkundet, dass die erben Albero's von Sigenheim auf ihre vogtei-ansprüche über die güter, welche derselbe vor seiner pilgerfahrt nach Jerusalem der abtei Himmerode vermacht hatte, verzichtet haben so lange die abtei in deren besitz. Günth. 2,84. — Mit iahr 1204, ind. 7, ep. 17, conc. 4.
	. . . .	beurkundet, dass Rudolf, herr der veste Malberg, und seine ehefrau Ida mit consens ihres schwiegersohnes Theoderich von Ahre und dessen gemahlin Agnes, ihrer tochter, dem kloster St. Thomas an der Kyll ihr allodium zu Yrsowe und das patronatsrecht zu Nidenbach geschenkt haben. Or. i. Coblenz. — Mit iahr 1204.
1205	. . .	Zeuge könig Philipp's für kloster Neuburg im Hagenauer reichswald; vermuthlich im iuni zu Hagenau.
	. . . .	incorporirt dem kloster St. Thomas an der Kyll die pfarrei Dudensfeld. Or. I. Coblenz. — Mit iahr 1205, ind. 8, epact. 28.
1206	. . . .	beurkundet, dass die herren und die gemeinde des dorfs Metterich der abtei Himmerode den hof Kore an der Mosel geschenkt und deren erben diese schenkung bestätigt haben. Houth. 1,646. Mit iahr 1206, ind. 8, ep. 9, conc. 6.
	. . . .	bestätigt eine schiedsrichterliche entscheidung in dem streite der abtei Himmerode mit den herren von Malberg wegen der vogtei über die höfe Hart, Fuilz und Siebenborn. In einem chartular zu Coblenz. Mit iahr 1206, ind. 8.
1207	. . . .	bestätigt einen vergleich zwischen der abtei St. Mergen bei Trier und Gerlach herren zu Covern wegen des letztern prätendirten vogteirechtes über den abteilichen hof zu Covern. Günth. 2,85. — Mit iahr 1207.
1208		
iul. 27	Confluentie	Einweihung der St. Castorkirche daselbst. Brower Ann. 2,108 und Holzer de proep. 11 nach einer alten aufzeichnung.
nov. 20	Moguntie	Zeuge Otto's IV für Walkenried.
dec. 00	Spire	desgleichen für Worms.

1208		
. . .	. . .	schenkt dem kloster stae Mariae ad Martyres zu Trier die cura pastoralis der kirche zu Ehrang mit den damit verknüpften einkünften. Or. i. Coblenz. — Mit iahr 1208, pont. nostri anno 19.
1209		
ian. 30	Spira	Zeuge Otto's IV für Rommersdorf.
oct. 8	Confluentie	bestätigt den tausch des St. Simeonsstifts zu Trier mit der abtei Himmerode über dessen hof zu Gladbach gegen wingerten zu Moselweiss. Or. i. Coblenz. — Mit iahr 1209, ind. 13, pont. Innocentii III anno 13, imp. Ottonis anno 1,8 id. octobr.
1210	. . .	bestätigt einen vergleich des stifts zu Utrecht mit den gebrüdern von Hamerstein und von Rivenach über das patronatsrecht zu Engirsche. Günth. 2,91. Mit iahr 1209.
apr. 12	. . .	schenkt der abtei Sain seine rechte auf die novalien, welche dieselbe und die leute des grafen von Sain zu Girsenake und Stromberg machen. In einem chartularium zu Coblenz. — Mit iahr 1210 prid. id. apr.
sept. 00	Confluentie	bestätigt Wilhelms herren zu Helfenstein stiftung einer kapelle bei dem kloster auf dem Oberwerth bei Coblenz. Günth. 2,99. Mit iahr 1210, ind. 12, mense sept.
oct. 8	————	bestätigt einen vergleich der abtei Rommersdorf mit Bruno herren zu Isenburg wegen dessen vogteirecht über den vertauschten hof Gladbach. In einem chartular zu Coblenz. — Mit iahr 1210, ind. 13, pont. Innocentii III pap. anno 13, 6 id. oct.
. . .	. . .	(in facie generalis synodi) spricht dem stift zu Carden die holzberechtigung in den Treisser gemeindewaldungen zu. Or. i. Coblenz. — Mit iahr 1210.
. . .	. . .	bestätigt des dechants Gregor zu Münstermaifeld anniversarienstiftung am St. Johannisbaptistenaltar daselbst, wozu derselbe einen theil vom zehnten zu Naunheim und das beholzigungsrecht im walde »Cannes« vermacht. Or. i. Coblenz. — Mit iahr 1210.
. . .	. . .	incorporirt dem krankenhause des klosters Horreum zu Trier die kirche zu Hemmingestal. Or. i. Trier. — Mit iahr 1210.
. . .	. . .	beurkundet, dass graf Gerard von Arc auf sein vogteirecht über die abtei Laach verzichtet habe, und dass dieselbe ferner keinen vogt mehr haben, sondern unter seinem und des erzbischofs von Cöln schutz stehen solle. Günth. 2,96. Mit iahr 1210, ind. 13, imp. Ottonis IV anno 1, pont. nostri 31.
1211		
aug. 5	in insula	(bei Coblenz) Einweihung der Helfensteinischen capelle daselbst durch erzb. Johann. Günth. 2,103. Mit iahr 1211 nonis aug. O-waldi festo.
. . .	ap. Mogun-tiam	Zeuge des erzbischofs Sifrid von Mainz bei einer schenkungsbeurkundung für kloster Eberbach. Wenk. hess. Landesgesch. 1,12. — Mit iahr 1211, ind. 14, 7 id. (?) pont. Innocentii III anno 14.
. . .	. . .	schenkt dem kloster Himmerode zum bau eines hofgebändes die ruinen des sogenannten Catholdskeller (Amphitheaters) in dem klösterlichen weinberg in loco ad longum fontem bei Trier. Honth. 1,649. Brower Ann. 2,110.
. . .	. . .	beurkundet die verpfändung der gerichtsbarkeit »bnuria« zu Plawich für dreissig pfund von seiten des ritters Friedrich von der Brücke an den trierischen dompropst und archidiakon Conrad. Or. i. Coblenz. — Mit iahr 1211, pont. nostri 23.
. . .	. . .	schenkt dem Rudger und convent zu Schönau die cura pastoralis der kirchen zu Lipporn und Welterod. Kremer Orr. Nass. 2,246. Wenk hist. abhandl. 134. — Mit iahr 1211, decem notenalis cicli anno 15, ep. 4, conc. vero ind. 14, dominicali littera B, pont. nostri anno 23.
1212	. . .	incorporirt dem Simeonsstift zu Trier die kirche zu Grandestorp nachdem die bisherigen patrone auf ihre rechte zu dieselbe verzichtet hatten. In einem chartular zu Coblenz. Mit iahr 1212 ind. 15, ep. 15, conc. 7.
. . .	. . .	schenkt dem collegiatstift zu Carden ein haus daselbst zu einer stiftscurie, vorbehaltlich einer herberge für sich und seine nachfolger darin. Or. i. Coblenz. — Mit iahr 1212.
. . .	. . .	schenkt seinem pallostmeister Erpho ein haus zu Trier vorbehaltlich eines jahrzinses von sechs denaren an die Marienkirche neben dem dome. Or. in Trier. — Mit iahr 1212, pont. nostri anno 23.
. . .	. . .	incorporirt dem collegiatstift zu Pfalzel die pfarrkirche zu Ittel. Or. i. Trier. Mit iahr 1212, ep. 15, ind. 15, conc. 7.
. . .	. . .	incorporirt dem collegiatstift zu Carden die pfarrkirche zu Maspret. Günther. 2,107. — Mit iahr 1212. —
. . .	. . .	bestätigt dem kloster St. Thomas an der Kyll alle genannten Güterschenkungen. Or. i. Coblenz. — Mit iahr 1212, ind. 15, ep. 15, conc. 7.
. . .	. . .	verordnet, dass die vier zur probstei des stifts Münstermaifeld gehörigen pfarreien Nachtsheim, Polch, Poliche und Buliche dem archidiakon von Carden gleich den andern

1212 1190— 1212		pfarreien die visitationsgebühren entrichten sollen. In einem chartular zu Coblenz. Mit jahr 1212.
	in Confluen- tia	bewilligt den söhnen des vogts Cuno zu Coblenz, welche ministeriale der abtei St. Maximin bei Trier sind, die freiheiten und rechte der St. Petersleute. Quam facta — comme- veruut. In einem chartular i. Berlin. Ohne datum.
		bestätigt die fundation des nonnenklosters zu Niederprüm durch den abt Gerhard und couvent der abtei Prüm und stellt es unter letztere. Officii nostri — persone. Houth. 1,618. Ohne datum.
		bestätigt dem Simeonsstift zu Trier den von seinen vorgängern geschenkten schiffs- und marktzoll zu Coblenz. In eo — subiaceat. Or. in Coblenz. Ohne datum. —
		bestätigt und erneuert auf kaiserliche anordnung den zollsatz von kaufmansgut am zolle zu Coblenz, welchen kaiser Heinrich dem St. Simeonsstift zu Trier geschenkt hatte. Cupientes ut — subicimus. — Houth. 1,623. ohne datum.
		schenkt der cellula Stupa (kloster Stuben) oder kirche St. Nicolai, welche er auf seiner visitationsreise im ersten jahre seiner ordination geweiht, wie seine vorgänger Albero, Hillin und Arnold die kapelle auf dem Petersberg und zu Urschmitt, die kapelle zu Tunechyngen und bestätigt die schenkungen seiner vorgänger. Dum corde — quie- centium. Güuth. 1,497 sehr abweichend von dem or. i. Coblenz. Ohne datum.
		schenkt seiner domkirche das durch den tod seines ministerialen Jacob erledigte patronat zu Ochtendung. Cupientes tam — prosumat. Güuth. 1,462. Ohne datum.
		stellt mit consens der generalsynode das nonnenkloster Horrreum zu Trier statt unter den abt Richard zu Sprenkirsbach unter sich und seine nachfolger, bestimmt deren rechte über dasselbe, und ihm die in des klosters bering gelegene St. Paulskirche. Or. i. Trier. — Ohne datum.
		schreibt dem herzog H. von Limburg und markgrafen von Arlo, dass er die verfügungen des archidiacons und Wilhelms von Helfenstein über die St. Martinskirche zu Berg, deren patronatsrecht der herzog von ihm, und vom herzog der von Helfenstein zu lehen trägt, genehmige. Or. i. Coblenz. Ohne datum.
		entscheidet einen streit des abts Bartholomeus und couvents zu St. Maximin mit Adelin herrn zu Meysenburg, den leuten zu Emmelde und dem abt Godfrid und convent des St. Eucharinsklosters zu Trier, letztere wegen ihres hofs Bermeroth, über die weide zu Emmelde. Justitia est — possessionem. Or. i. Coblenz. Ohne datum.
		verträgt sich mit Gerlach von Isenburg wegen erbauung der veste Aldenburg (bei Covern) dahin, dass letzterer dieselbe mit der von Nieder-Covern vom erzstift zu lehen empfan- gen soll. Houth. 1,628. Ohne datum.
		bestätigt den fratres de Claustro (Himmerode) die befreiung ihrer besitzungen zu Coblenz von allem vogteirechte, worauf die grafen von Nassau mit consens des pfalzgrafen bereits verzichtet hatten. Cum in — ultioni. Güuth. 1,500. Ohne datum.
		stiftet bei dem kloster Eusserrnthal sein anniversarium durch erlass der ihm schuldigen 200 mark. Würdtw. Nova Subs. 12,130. Ohne datum.
		verpfändet durch die haud kaiser Heinrich's an Werner von Boulanden für 100 kölnische mark seinen hof zu Partenheim. Güuth. 1,497. Ohne datum.
		verträgt sich mit dem grafen Fohnar von Castel, dass keiner von ihnen oder ihren nach- kommen auf dem berge von Baruncastel oder auf einem andern innerhalb der vogtei- grenze daselbst eine veste bauen soll und im falle es von dem erzbischof doch geschehe, solle der graf dessen allodium daselbst zu lehen erhalten, und geschehe es von des grafen seite, so solle dieser seine trierischen lehen verlieren. Ad petitionem — defen- detur. Houth. 1,621. Ohne datum.
		berichtet dem könig Philipp über das verhältniss der abtei Kanhngen zum bischof von Speier, dass dieselbe nämlich von kaiser Heinrich mit den abteien Esehwege, Horn- bach und Schwarzach dem bischof geschenkt worden und er selbst früher als archi- diakon der Speirer kirche von der abtei als abgesandter des bischofs glänzend empfan- gen worden sei. Würdtw. subs. 5,266. Ohne datum.
		berichtet dem könig Philipp, dass der streit Reinbold's von Isenburg mit der abtei Him- merode wegen der von erstorm vom Küllwald entzogenen güter durch die zeugenver- nehmung zu gunsten der abtei entschieden worden sei. Conquerente Reinboldo — — retulit. Or. i. Coblenz. Ohne datum.
		schreibt dem könig Philipp, dass Reinbold von Isenburg in vorgenannter sache appelliren

1190— 1212		wolle, und bittet ihn, denselben mit seiner unbegründeten klage abzuweisen. Or. i. Coblenz. Ohne datum.
. . .	. . .	bestätigt die von den äbten Johann und Godefrid des St. Euchariusklosters zu Trier in bezug auf die kapelle zu Klein-Vilmar getroffenen einrichtungen und deren verhältniss zur kirche zu Vilmar. Ne sana — susciperet. Or. i. Coblenz. Ohne datum.
. . .	. . .	incorporirt dem St. Eucharinskloster die pfarrei St. Medard vor des klosters pforte. Ad instantiam — versutia. Or. i. Coblenz. Ohne datum.
. . .	. . .	schenkt dem St. Eucharinskloster zu Trier die kirchen zu Pelline, Hemptieren und St. Medard zu seinem anniversarium, und verzichtet mit ausnahme einer abgabe von einem halben malter rauchhafer auf schloss Saarburg auf seine rechte in beiden erstern orten. Ob honorem — perpetuum. Or. i. Coblenz. Ohne datum.
. . .	. . .	beurkundet, dass Walter von Poliche und seine ehefrau Mathilde ihr wohnhaus, einen wingert und den halben »Diergarten« der kirche des heil. Eucharius geschenkt und letztere ihnen dagegen jährlich 12 malter korn und drei malter waizen versprochen habe, sie aber vor ihm und mehreren prälaten durch senteuz der Trierer schöffen ihre rechte in die hand des abts Godefrid übergeben und von demselben auf ihrer beider lebenszeit das haus zur wohnung und die wingerten für die hälfte der crescenz als coloni erhalten haben. Ne rerum — recipiant. Or. i. Coblenz. Ohne datum.
. .	. . .	restituirt der abtei Gladbach das patronatrecht zu Zeltingen. Fahne, Chronik von Gladbach 31. Ohne datum.
. . .	. . .	befreit das Simeonsstift zu Trier güter zu Grach, Berncastel, Cus, Lyser und Kesten von der vogtei des grafen von Castel. Houth. 1.651. Ohne datum.
1212		Testament Johann's. Günth. 2,103. Blattau Stat. 1,10. Ohne datum.
ial. 15	. . .	Tod des erzb. Johannes. Sein grab zu Himmerode. Gesta Trev. ap. Houth. 795. Der todestag nach den nekrologen des Castorstiftes z. Cobl. und der abtei Arnstein. Holz. de praep. 11.

1212—1242. Theoderich II. 1212.

1212	. . .	Theoderich, bruder des grafen Georg von Wied, vorher archidiakon und probst von St. Paulin wird erzbischof. Gesta Trev. ap. Houth. 795. Vgl. über ihn v. Stramberg Rh. Antiq. 3. Abth. 3. Bd. 672 f. u. 701. ff.
1212		besiegelt und bestätigt die stipendienstiftung des canonicus Johann von St. Florin zu Coblenz am oratorium St. Catharinen daselbst. 1212 pont. a. 1. — Or. i. Coblenz.
ian. 2	Haginaugie	Dietricus Treverenis electus zeuge könig Friedrich's II für Engelberg.
— 25		Derselbe ist fürbitter bei Friedrich II für kloster Neuburg.
märz 13	Confluentie	bestätigt als electus einen zwischen dem probst und dem capitel von St. Castor zu Coblenz geschlossenen vertrag wegen ihrer antheile an dem pfarrzehnten zu Coblenz, Lützel-coblenz, Weiss und Capellen. mit jahr 1213. 4 id. mart. — Or. i. Coblenz. Eine zweite Ausfertigung als aepus hat nur jahr 1213.
dec. 30	Spire	Anwesend bei der beisetzung der leiche könig Philipp's durch Friedrich II und zugleich dessen zeuge für Esslingen als: Theodricus Trev. aepus.
. . .	. . .	beurkundet, dass die ritter und bauern von Kemmeta der abtei Himmerode die vorlese des weinbergs ad Corilum erlaubt haben. Mit jahr 1213. — Or. i. Coblenz.
. . .	. . .	incorporirt dem kloster St. Thomas an der Kyll die pfarrei Nydembach. Mit jahr 1213. — Or. i. Coblenz.
. . .	. . .	beurkundet, dass der ritter Werner, vogt zu Merl, dem nonnenkloster St. Thomas an der Kyll gegen fünf trierische pfund das von demselben als lehen erhaltene recht »gewerf« bei Speie. zurückgestellt habe. Günth. Cod. dipl. 2,111. —
. . .	. . .	beurkundet, dass Theoderich von Malberg, der sohn des grafen Gerhard von Are auf die sich neuerdings angemasste dingvogtei über die abtei Laach, worauf bereits sein vater unter erzbischof Johann von Trier und Theoderich von Cöln verzichtet hatte, gegen 30 mark zins ebenfalls verzichtet habe, und verbietet dem abt und convent sich ferner-hin einen vogt zu wählen. — Wegeler, Kloster Laach, Bonn 1854. 2,22.

1214		
apr. 1	ap. Lutream	Zeuge k. Friedrich's II für Rotenkirchen.
sept. 2	ap. Worcele	Zeuge k. Friedrich's II für den herzog von Lothringen.
— 5	prope Juliac.	(in castris) desgl. für den Deutschorden.
nov. 21-	ap. Basileam	desgl. für das hochstift Strassburg, für Reims, das erzstift Vienne und hochstift Die, für
21		das erzstift Arles und hochstift St. Paul trois Chateaux.
dec. 00	ap. Metios	desgl. für Dünemark.
1215	. . .	bestätigt der abtei st. Marine ad Martiros zu Trier die von seinem vorgänger, erzb. Johann, verliehene cura pastoralis der kirche zu Ehrang. Nur mit iahr 1214. Or i. Cobl.
febr. 6	. . .	stellt das gemeinsame leben bei dem capitel seiner cathedralkirche wieder her und schenkt 2 fuder weinreute zu Gulse zum refectorium. Gauth. 2.114. — Blattau Stat. 1.11.
märz 23	Treviri	beurkundet einen vergleich seines domcapitels mit der abtei Laach und einigen andern wegen des erstern sel- und der andern feldzehnten zu Niedermendig. Gauth. 2.118.
mai 3	ap. Ander-nacum	Zeuge k. Friedrich's II für Magdeburg.
— 29	ap. Lutram	desgl. für Otterburg.
iun. 19	. . .	vererbpachtet den dem hospital der trierischen domkirche gehörigen hof zu Adendorf für 4 köln. mark iahrzins an Jakob von Thoneburg den sohn Alberos, mit iahr 1215, 13 kal. lulii. Or. i. Cobl.
— 24	ap. Locum ste. Marie	bestätigt die schenkung Everhard's herrn von Arberg und seiner gemahlin Alheide über ihre sämmtliche besitzungen in der pfarrei Kirberg, zu Hirtzberg, Dreysig u. s. w. an Heinrich den abt von Petersthal um damit ein Cistertienserkloster zu stiften. — Beweis, dass die abtei Marienstatt wider die ermächtigungen der herren grafen von Sain im besitz der immunität etc. etc. 1771. beil. 1. —
— 30	ap. Conflu-entiam	befreit die güter der abtei Laach zu Wise von der iährlichen bede welche mit der Coblenzer hauptbede daselbst erhoben wurde. Wegeler, Kl. Laach 2,23.
iul. 2	Confluentie	eruewert die von seinem vorgänger, erzb. Hillin 1153 dem kloster auf dem Beatusberg bei Coblenz ertheilte güterbestätigung. Gauth. 2,119.
— 2		befreit das nonnenkloster auf dem Wörth bei Coblenz von dem verband mit dem auf dem Beatusberge. — Reisach und Linde's Archiv für Rhein. Geschichte 1,215. —
— 22	. . .	beurkundet, dass die söhne der matrone Gertrud der abtei Himmerode einen lebenwingert zu Coblenz für 30 mark verkauft und ihm dagegen einen andern wingert von gleichem werthe als lehen gestellt haben. 1215, 11 kal. aug. — Or. i. Cobl.
— 29	Aquisgrani	Zeuge k. Friedrich's II für Aachen u. s. w. Hieraus lässt sich vermuthen, dass der erzbischof auch der am 25 iul. ebendaselbst stattgefundenen krönung Friedrich's II beigewohnt hat.
aug. 4	Colonie	Erzb. Theoderich bewegt die bürger von Cöln, während der Cölner stuhl erledigt war, zur vereinigung Friedrich's II und spricht sie los von der excommunication, worauf der könig noch an demselben tag seinen einzug hält. God. Col. ap. Böhmer 2,352.
oct. 11	ap. Spiram	Zeuge k. Friedrich's II für den graf von Sora.
nov. 00	Rome	Anwesenheit auf dem vom 11 bis 30 nov. von pabst Innocenz III gehaltenen vierten Lateranensischen concil. Gesta Trev. ap. Houth. 795.
. . .	. . .	bestätigt dem St. Paulinstift bei Trier die urkunde erzb. Ekbert's von 981 über die restitution der stiftsgüter. 1215, pont. nostri a. 3. — Or. i. Cobl.
. . .	. . .	beurkundet dass die abtei St. Maximin zu Trier einen zehnten auf das St. Simeonsstifts allodium zu Bardenborn welchen Peregrinus von Enseliugen von ihr zu lehen besass und resignirt hatte, für drey soliden iahrzins dem nonnenkloster St. Thomas an der Kyll verliehen habe. 1215 pont. a. 4. — Or. i. Trier.
1216		
iul. 28	Confluentie	genehmigt die vertauschung trierischen lehengüter zu Miesenheim und Andernach durch die abtei Himmerode unter der bedingung, dass die eingetauschten güter gleichfalls trier. lehen werden. 1216, 5 kal. aug. 4. — Or. i. Cobl.
. . .	Treviris	(in facie maioris ecclesie) incorporirt die kirche zu Hönningen dem refectorium des St. Simeonsstifts zu Trier. Houth. 1.652.
. . .	. . .	beurkundet, dass das St. Simeonsstift dem nonnenkloster St. Thomas (a. d. Kyll) sein gut Hardenburne für 8 malter frucht iährlich verpachtet und letzteres seine güter zu Bachtig für diesen zins als unterpfand gesetzt habe. 1216 pont. a. 4. — Or. i. Cobl.
. . .	. . .	bestätigt die stiftung, statuten und besitzungen der bruderschaft bei dem stift zu Münstermaifeld, wozu das capitel die St. Michelskapelle mit verschiedenen ländereien gegeben. 1216 regnante Friderico Henrici imp. filio. epact. 11. concur. 5. ind. 4. pont. a. 5. Or. i. Coblenz.

1216		
. . .	. . .	übergiebt mit bewilligung des St. Florinstifts zu Coblenz das dortige hospital dem Deutschen orden und beschreibt des hospitals besitzungen. Günth. 2,121. Hennes Urk. Buch des deutschen Ordens 22.
1217	. . .	beurkundet einen tauschcontract zwischen der abtei Laach und der pfarrkirche b. Mariae zu Coblenz über wingerten zu Wisc. — Wegeler Kl. Laach 2,25. —
märz 10	Confluentie	(in claustro sti. Florini) bestätigt die incorporation der kirche zu Kerliche an das refectorium des St. Florinstifts, schenkt demselben das cathedraticum und einen stuhr jährlich zu seiner memorie und bestimmt für dasselbe die einkünfte zu Breisich und die haferrente zu Horhausen. Günth. 2,125.
apr. 25	. . .	verordnet, dass der pastor zu Linz ausser dem theil den der jetzige vicarius perpetuus bezieht, den ganzen weinzehnten am Rheinufer von Leubsdorf bis Argendorf und den kleinen zehnten, alle übrigen pfarreinkünfte aber das kloster Gerresheim als patronatsherr beziehen soll. Günth. 2,126. Lacomblet 2,34. —
mai 21	Confluentie	(in domo magistri Hezekini ejusdem loci canonici) beurkundet einen vergleich zwischen dem abt zu Stelnfeld namens des nonnenklosters Dauwald und dem probst des St. Florinstifts zu Coblenz über das patronatrecht zu Mendig. — Kremer Beiträge zur Jülich-Bergischen Geschichte 2,249.
dec. 22	———	beurkundet, dass die brüder Gerlach und Heinrich von Covern der kirche zu Launicho zu ihrem anniversarium zwei ohm von den drei ohmen weinzins welche sie von der kirche beziehen nachgelassen haben. Günth. 2,129.
. . .	. . .	incorporirt dem stift zu Pfalzel die pfarrkirche zu Cochem und verordnet, dass der diese pfarrei besorgende canonicus deren einkünfte und den zehnten zu Dobr, aber nichts von den capitelsgefällen beziehen solle. Günth. 2,127. —
. . .	. . .	incorporirt dem krankenhause der abtei ste Mariae ad Martires zu Trier die kirche zu Wiltingen und den zur cura pastoralis gehörenden einkünften und bestätigt demselben die schenkung der mühle und wingerten zu Riverbach durch abt Theoderich. — 1217 pont. a. 5. Or. i. Cobl.
. . .	. . .	incorporirt dem krankenhause der abtei St. Maximin zu Trier die dortige St. Michaelskapelle mit ihren einkünften. — Gudeu 3,1084. —
. . .	. . .	schenkt dem kloster Wulfersberg den von dem edeln Heinrich v. Isenburg zu leben besessenen und resignirten zehnten von wingerten zu Gladbach und Wulfersberg. Günth. 2,129.
. . .	. . .	überlässt der abtei Himmerode den wald Vluere bei Altrich und eine mühle für 50 malter fruchtzins. Nur mit jahr 1217. Copie in Cobl.
. . .	. . .	bestätigt der abtei St. Mattheis bei Trier die ihr von seinem vorfahr erzb. Johann verliehene cura pastoralis der pfarrkirchen St. Medard, Pelling, Hentre und der capellen zu Crittenach und Lampaden, Mit jahr 1217. Chartular i. Cobl.
1218		
märz 3	Widhe	(in castro) bestätigt der abtei Rommersdorf die schenkung des hofs Markenberg von seiten des burggrafen Heinrich von Isenburg. 1218. 5 non. mart. Or. i. Cobl.
apr. 7	Romersdorf	beurkundet dass Bruno und Theoderich v. Isenburg, die söhne seiner schwester, auf ihr vogteirecht über den Rommersdorfer hof zu Gladbach verzichtet und er dem erstern dieser brüder allein diese vogtei unter gewissen bedingungen zu leben gegeben habe. Günth. 2,131.
aug. 1	Wimpine	Zeuge k. Friedrich's II für Passau.
sept. 13	ap. Ulmam	Rechtssprecher Friedrich's II für Basel.
— 14		Zeuge Friedrich's II für St. Aper zu Tull.
oct. 22	Nurenberch	desgleichen für Passau.
dec. 00	ap. Fuldam	desgleichen für den Deutschorden.
. . .	. . .	setzt zur vermeidung fernerer streitigkeiten zwischen dem pfarrer der Liebfrauenkirche und dem capitel des St. Castorstifts zu Coblenz die beiderseitigen zehnt- und pfarrgränzen fest. — Lassaulx. Lützelcoblenz, 33. —
. . .	. . .	vergleicht die abtei Himmerode mit dem ritter Otto von Altreie über einige streitige länderieen zu Altreie. Mit jahr 1218. Chartular i. Cobl.
. . .	. . .	genehmigt, dass die Peterskirche zu Merzig ihre güter zu Raidingen für 26 pfund dem ritter L. von Berge verpfände. 1218. Chartul. i. Cobl.
1219		
jan. 23	. . .	bestätigt die übertragung des patronatsrechts über die St. Gervasiuskirche zu Trier von seiten des Euchariusklosters an das domcapitel. 1219, 9 kal. fbl. — Or. i. Cobl. —
jul. 19	. . .	schenkt der abtei Sain seine rechte auf die novalien welche dieselbe oder die leute den

5

1219		grafen von Sain zu Girsenach und Stromberg sowie auf allen allodien des grafen anlegen. 1219, 14 kal. aug. — Or. i. Cobl.
aug. 15	Frankenfort	Zeuge k. Friedrich's II für Frankfurt.
. . .	. . .	beurkundet die verzichtleistung des grafen Hermann von Virnenburg auf seine rechte an den Lonnieber hof zu Minkelvel. Günth. 2,138.
. . .	. . .	beurkundet, dass die bauern von Metterich dem oberkeller der abtei Himmerod für 2 köln. mark und einen kelch erlaubt haben eine mauer zwischen der Mosel und den abteilichen wingerten auf dem berge Rore zu erbauen. 1219, Or. i. Cobl.
. . .	. . .	bestätigt des domprobstes Conrad schenkung der kirche ste Marine in ponte zu Trier an das refectorium des domcapitels. 1219. Chartul. i. Cobl.
. . .	. . .	beurkundet die durch seinen bruder Lothar grafen v. Wied auf dessen burg in seiner gegenwart geschehene schlichtung des streites der brüder Wilhelm von Ouch und Gebhard von Gummerscheid und der bauern von Daverod mit dem nonnenkloster zu Andernach über einen wald bei Cruncelenberg. — Fischer, (Geschlechtsregister der Häuser Isenburg etc. 63. —
. . .	. . .	beurkundet, dass die brüder Rudolf und Theoderich v. Vallendar auf ihr behauptetes recht an Deutschordensgütern zu Mallendar gegen erlass eines zinses von 1 fuder wein und 20 soliden nebst schenkung von 2 mark verzichtet haben. — Hennes Urk. Buch des Deutschorden 43.
1220 ian. 5	. . .	beurkundet, dass Gerlach herr von Covern auf alle bisher prätendirte abgaben und rechte aus dem nonnenklosters zu Vallendar hof zu Covern verzichtet, und sich nur eine ohm bannwein iährlich vorbehalten habe. Günth. 3, VIII.
apr. 19	Frankenfort	Zeuge k. Friedrich's II für Utrecht.
— 00	———	Antheil an der königswahl Heinrich's (VII) wie durch die anwesenheit des erzbischofs unzweifelhaft ist.
— 26	———	Zeuge k. Friedrich's II im grossen privileg für die geistlichen reichsfürsten, so wie in noch einigen andern damals ausgestellten urkunden.
— 30	———	desgleichen Heinrich's herrn zu Isenburg bei der schenkung dessen rechten au den kirchen zu Obermörlen und Holzburg für den Deutschorden. Hennes Urkbuch 49.
mai 1	. . .	incorporirt dem kloster St. Thomas an der Kyll auf bitte des abts und convents von St. Maximin die kirche zu Bidburg. Mit iahr 1220. kal. mai. Cap. i. Cobl.
iul. 27	ap. Augustam	Zeuge k. Friedrich's II für Nordhausen. Damals auch abschied von dem nach Italien ziehenden könig Friedrich II.
nov. 10	Romerstorf	bestätigt dieser abtei einen den ehemalen Ludwig Crudewig und Fridernus abgekauften wingert in der herrschaft Vallendar. 1220. 10 kal. dec. — Or. i. Cobl.
dec. 7	. . .	verspricht dem bischof Johann von Verdun schutz seiner rechte gegen den grafen Gerlach von Veldenz. nachdem der bischof dem grafen seine lehen restituirt und letzterer die burg Veldenz als Verdun'sches lehen erkannt hat. 1220 octava b. Andree apost. — Cap. i. Cobl.
. . .	. . .	bestätigt die schenkung des domherrn Ernest über eine wiese mit wasserlauf bei dem kloster st. Marine ad Martiros an die abtei de Claustro (Himmerod). 1220 pont. a. 8. — Or. i. Cobl.
. . .	. . .	bestätigt die von dem ritter Peter von Merzig und dessen vetter, dem ritter Friedrich von der Brücke, zu zeiten erzbischofs Johann geschehene verpfändung der hunrie zu Olmeit und Casel an das nonnenkloster Horreum zu Trier. Mit iahr 1220. Or. i. Cobl.
1221 mai 11	Confluentie	erneuert und bestätigt dem stiftsconvent zu Wetzlar den bezirk der dortigen pfarrei wie ihnen derselbe bereits vor langen zeiten von ihren fundatoren übertragen worden ist. Guden Cod. Dipl. 5,1.
nov. 25	. . .	beurkundet mit den bischöfen von Mainz, Metz und Speier die nochmalige feierliche schenkung Ulrich's v. Minzenberg über den hof das spital und die kirche zu Sachsenhausen an den Deutschorden. Böhmer Urkundenbuch der Stadt Frankfurt 32. — Hennes 62. —
dec. 8	. . .	verkauft mit consens des domcapitels um 400 trier. pfund den beiden Metzer bürgern Littalt und Johann Berenger auf acht iahre die münze zu Trier. 1221 in die st. Nycolai. Or. i. Cobl.
— 10	. . .	bestätigt der kellperin Claritia im kloster Horreum zu Trier bestimmung über ihre wingerten zu Lasche und Casel zu gunsten ihres klosters. 1221, 4 id. dec. — Or. i. Cobl.
1222 mai 8	Aquisgrani	Anwesenheit bei der königskrönung Heinrich's (VII) wie sich aus der zeugenschaft des erzbischofs in den damals hier für Brabant, Mastricht und Aachen (11 mai) ausgestellten urkunden des königs ergiebt.

1222		
mai 26	. . .	stiftet in der trier. domkirche eine vicarie, assignirt ihr die kirche zu Wittlich und giebt dem domdechant das collationsrecht darüber. 1222, 6 kal. iun. — Or. i. Cobl.
dec. 0	Treveri	beurkundet einen vergleich der abtei St. Maximin zu Trier mit den drei söhnen des grafen Gerhard von Nurberg selig über die vogtei zu Burweiler. Guden Cod. dipl. 3,1089.
. . .	. . .	beurkundet, dass seine bauern zu Altreie sich mit dem kloster Himmerode wegen des waldes »Kaasholz« bei Hardt verglichen haben. Mit iahr 1222. — Chartul. i. Cobl.
. . .	. . .	erneuert und bestätigt einen schon von erzb. Rubert eingesetzten und von erzb. Adalbero confirmirten gebrauch, dass am feste der kirchweihe des klosters Metlach 76 namentlich aufgeführte pfarreien zum gottesdienst daselbst zusammenkommen sollen. 1222. — Or. i. Cobl.
. . .	. . .	genehmigt die translocation der abtei Marienstatt an einen gelegenern ort bei der grossen Nister, welchen graf Heinrich von Sayn ihr geschenkt hatte. — Beweis dass die abtei Marienstatt etc. 2,5.
1223		
oct. 9	ap. Hilke-roid	vergleicht die brüder Wilhelm und Ludwig v. Helfenstein wegen der theilung ihres väterlichen erbes. — Günth. 2,144.
nov. 23	. . .	überträgt Walrams, herzogen von Limburg und grafen von Luxemburg, lehen von Arlon und Luxemburg, auch auf dessen gemahlin Ermegard und deren kinder. Honth. 1,699. —
dec. 6	. . .	incorporirt die kirche zu Alsenzhal im Alsenzgau dem refectorium der abtei St. Maximin zu Trier. Guden cod. dipl. 3,1090.
. . .	. . .	giebt dem kloster Wadgassen auch die cura pastoralis der demselben vom grafen Symon von Saarbrücken geschenkten St. Martinskirche im Collerthal. Mit iahr 1223, ind. 10, pont. a. 10. regn. Friderico Rom. imp. et rege Sicilie. — Chart. i. Cobl. —
. . .	. . .	giebt dems. kloster, dem Gertrude frau von Saarbrücken, die wittwe Boemunds, u. ihr sohn Korich die capelle zu Differde geschenkt auch die cura pastoralis daselbst. Mit datum wie vorher. Or. i. Cobl.
. . .	. . .	verordnet, dass die einkünfte eines iahres von jeder vacant werdenden präbende im stift zu Pfalzel zur reparatur der baufälligen kirche u. zur anschaffung von paramenten daselbst sollen verwendet werden. 1223. — Cop. i. Cobl.
1224		
mai 00	Frankenfort	Zeuge k. Heinrich's (VII) für Worms.
. . .	——	desgl. für den grafen Gerard von Geldern. Lacomblet, Urkbuch 2,64. ohne tag.
iul. 23	Nuremberg	Anwesenheit auf dem hier von könig Heinrich (VII) gehaltenen hofe u. antheil am heutigen rechtsspruch für Salzburg, sowie zeuge des königs für Marienzell.
oct. 10	ap. Blekede	(in castris) zeuge k. Heinrich's (VII) für Poelde.
nov. 00	ap. Tullum	Anwesenheit bei der zusammenkunft könig Heinrich's (VII) mit könig Ludwig von Frankreich, wie sich aus der folgenden zeugenschaft ergiebt.
— 17	——	Zeuge Heinrich's (VII) für Gimblours.
dec. 0	. . .	fordert die geistlichkeit seiner diözese auf die gläubigen zu beiträgen an die collecteure des nonnenklosters Stuben, welches aus mangel an subsistenzmitteln sonst nicht bestehen könne zu ermahnen. 1224 mense decembri. . Or. i. Cobl.
— 20	Basilee	Zeuge Heinrich's (VII) für Lützel.
— 28	ap. Bernam	desgl. für Disanz, für Clementia von Zäringen, für Libald von Bafrimont.
. . .	. . .	bestätigt die schenkung des patronatsrechtes über die St. Petrikirche zu Bus mit zugehöriger kapelle zu Püttlingen von seiten der brüder Reiner und Friedrich von Saarbrücken an die abtei Wadgassen. Kremer Gesch. des Ardenn.-Geschlechts 2,317.
. . .	. . .	bestätigt des pastors zu Kunengelbach schenkung einer hofstatt bei Holdenrugge an die kirchen zu Arnstein u. Bruneburc. — Guden cod. dipl. 2,42. Kremer, orr. Nass. 2,267.
1225		
. . .	ap. Malberg	(in capella) besiegelt Theoderich's herrn von Malberg schenkung über Nydenbach und Wych. an das kloster St. Thomas an der Kyll. 1224. Chartul. i. Cobl.
ian. 20	ap. Ulmam	Zeuge k. Heinrich's (VII) für Cöln und für den Deutschorden.
apr. 1	. . .	bestätigt die vergabung der capelle St. Nicolaus zu Lützelburg seitens des grafen Heinrich v. Namur und Lützelburg an das kloster Notredame zu Lützelburg. Calmet hist. de Lorr. Ed. 1. 2,437. Honth. 1,700. —
— 25	Latree	Zeuge k. Heinrich's (VII) für Otterberg.
iun. 0	. . .	verordnet, dass wie am feste des heil. Maximin, künftig auch an dem des heil. Agritius das domcapitel sowie auch die stiftscapitel von St. Paulin und St. Simeon in prozession nach der abtei St. Maximin zu Trier ziehen und dafür fünf pfund erhalten sollen, und incorporirt der abtei zur bestreitung dieser ausgabe die kirche zu Uetzem. 1225 mense iun. pont. a. 13. Chartul. i. Berlin.
aug. 24	. . .	bestätigt die stiftung des anniversariums Godfrid's v. Meisenburg chorherrn zu St. Simeon

5*

1225		
		zu Trier mit seinem an das kloster Echternach vererbpachteten allodium zu Lorenzweiler. 1225 in festo sti. Bartholomei. Or. i. Cobl.
sept. 7	Wormatie	Zenge k. Heinrich's (VII) für Worms.
— 12	. . .	beurkundet, dass Werner v. Innolstein auf seine prätendirten rechte an gütern des St. Simeonsstifts zu Grach und an andern orten verzichtet habe. Honth. 1,701.
dec. 1	Nuremberg	Zeuge k. Heinrich's (VII) für Lievland und Dorpat.
. .	. . .	beurkundet, dass der ritter Richard von Malberg auf das dem St. Paulinsstift zu Trier bestrittene vogteirecht zu Hunbretrot gegen 106 pfund verzichtet habe. Mit iahr 1225. Cop i. Cobl.
1226	. . .	bestätigt der abtei Arnstein die zehnten im pfarrbezirk von Kirchdorf. Kremer Orr. Nass. 2,268.
apr. 1	. . .	bestätigt die schenkung des patronatrechtes über die kirche zu Schitteringen seitens der abtei St. Maximin zu Trier an das Marienkloster zu Luxemburg. — Bertholet, hist. de Luxemb. 4,55.
— 5	Treveri	verordnet, dass die lehnleute (erbpächter) des nonnenklosters Horreum zu Trier von ihren vögten zu keinerlei abgaben sollen gezwungen werden. Mit iahr 1226 nonas apr. Or. i. Cobl.
— 0	. . .	bestätigt die schenkung der kirche zu Ronpach seitens des probsten Gerlach's an das capitel von St. Castor zu Coblenz. 1226 mense april. Or. i. Cobl.
sept. 20	Coloniae	Weihe des erzb. Heinr. (von Mulenark) in Cöln am 15. sonntag nach Pfingst. In beisein seiner sämmtl. suffrag. und der bischöfe Jacob v. Acon und Herrm. v. Leal (a. Liefland). Boehm. font. rer. Germ. 1, 360.
nov. 11	. . .	vertauscht der St. Simeonskirche zu Trier ein halbes fuder weinrento zu Live gegen den berg Eremberg. Honth. 1,701. —
— 16	. . .	stellt das nonnenkloster zu Valendre indem er es von der weltlichen vogtei eximirt unter seinen ansschliesslichen schutz und setzt die anzahl der conventaalinnen fest. Günther 2,155. —
— 00	Herbipoli	Antheil am hier von Heinrich (VII) gehaltenen hofe laut der zeugenschaft in dessen damals hier gegebenen urkunde für Esslingen und Oppenheim.
. .	Noithusen	beurkundet die befreiung der abteilich Rommersdorfischen güter zu Rode in der pfarrei Dierdorf von der abgabe der futterhafer seitens Theoderich's herrn von Isenberg. Mit iahr 1226 nonas. a. 15. — Or. i. Cobl.
1227		
märz 1	Treviris	(in ecclesia ste matris Marie maioris) Concilium provinciale celebratum a ven. dom. Trev. aepo presentibus provincialibus episcopis et provinciae prelatis. Die damals verkündeten statuten stehen bei Hartzheim Conc. Germ. 3,526—535 aus einem codex von St. Mattheiss. Blattau Stat. 1,14—80.
— 28	Aquisgrani	Antheil an dem hier auf Judica von könig Heinrich (VII) gehaltenen grossen hofe, während dessen nach die königin vom erzb. von Cöln gekrönt wurde. God. Col. — Als zeuge erscheint erzb. Theoderich am 27. märz für den Deutschorden, am 29. für Salzburg, am 30. für Nivelle n. s. w.
— 00	————	entscheidet nebst dem bischof Hugo von Lüttich und dem pfalzgrafen Ludwig einen streit zwischen der gräfin Ermesende von Luccemburg und der abtei Stablo wegen der veste Longia und des hauses von Comblens. Berthol. hist. de Luxemb. 4,56. Honth. 1,702.
apr. 5	Oppenheim	Zeuge k. Heinrich's (VII) für Aachen.
mai 1	. . .	incorporirt auf bitte und resignation des abtes Bartholomeus zu St. Maximin in Trier dem kloster St. Thomas an der Kyll die St. Maximinskirche zu Dydburg. 1227 kal. mai. Or. i. Cobl.
— 11	. . .	vergleicht sein domcapitel mit Nicolaus von Ottauges, vogten zu Viviers über des letztern einkommen. 1227. 5 id. mai. Chartularium i. Cobl. —
aug. 8	Geilnhusen	Zeuge k. Heinrich's (VII) für Haina.
sept. 14	. . .	bestätigt die stiftung einer präbende am St. Johannis Baptisten altar in der Marienkirche zu Trier mit häusern und grundstücken daselbst seitens seines caplans, des domherrn Cuno. 1227 mense septembri in exaltat. sce. — Or. i. Cobl.
dec. 6	Treveris	beurkundet einen vergleich zwischen Jofrid von Moncler und Walter, vogten zu Pomere, über güter daselbst. 1227 in die Nicholai. — Or. i. Cobl.
— 10	. . .	bestätigt die incorporation der kapelle zu Bevern mit der mutterkirche St. Marien der ältern zu Trier und bestimmt dass der zeitige custos des Marienklosters dieser kirche vorstehen soll. 1227 4 id. dec. Or. i. Cobl.
— 14	. . .	incorporirt dem St. Mattheisskloster bei Trier zur verbesserung der präbenden und seinem

1227		anniversarium die pfarrkirche zu Momendorf. 1227. 19 kal. jan. pont. a. 16. — Or. i. Cobl.
dec. 15	(ap. Trev.)	in monasterio sti. Eucharii beurkundet, dass ihm das Euchariuskloster (St. Mattheis) den wald »Asinrod« in »Owecin« bei dem schlosse Muntabur gegen das leserecht des trocknen holzes genannt »das holz« im erzbischöflichen wald Nunhusen zur feuerung für den hof Bermerod bei Pelline überlassen habe. 1227 in octavis sti. Eucharii. Or. i. Cobl.
— 15	ap. S. Eucha-rinm Monasterii	bestätigt den leuten des Euchariusklosters zu Dencinrode das recht des holzhaues im wald Asinrod. wie vorher. —
. .	. . . .	besiegelt des ritters Warner v. Limene vor ihm geschehene verzichtleistung auf güter des klosters Stuben. Günth. 2,156. —
. . . .	. . . .	bestätigt die fundation des hospitals bei dem St. Martinskloster zu Trier seitens dessen abten Richard. 1227 pont. a. 13. Or. i. Cobl.
. . . .	. . . .	beschränkt die zahl der conventualen im St. Martinskloster zu Trier wegen dessen geringen einkünften auf achtzehn, und verbiethet die annahme von verheiratheten laienbrüdern. 1227 pont. a. 15. Or. i. Cobl.
. . . .	. . . .	bestätigt einen zwischen dem nonnenkloster Wulfersberg und dem canonicus Reiner von St. Florin zu Coblenz gemachten pachtcontract über des klosters hofgüter zu Lützelcoblenz. 1227 pont. a. 18. Or. i. Cobl.
. . . .	. . . .	verordnet mit bewilligung des probstes und capitels bei dem St. Paulinstift bei Trier am altar des heil. Paulin eine tägliche heil. Messe. 1227. Schmitt, Gesch. der Kirche St. Paulin 471.
. . . .	. . . .	bestätigt die güterschenkung Theoderich's von Blidenbach, chorherren zu St. Paulin bei Trier an den altar des heil. Felix daselbst. Hansen, Beiträge zur Gesch. einzelner Pfarreien des Stadtkapit. Trier 158. Schmitt Gesch. d. Kirche St. Paulin 468 aus der Chronik des Bisthums Trier von 1829.
. . . .	. . . .	incorporirt dem refectorium des klosters Horreum zu Trier die kirche zu Hage. 1227. Or. i. Trier.
1228 febr.	. . . .	incorporirt dem refectorium der abtei Metlach die kirche zu Losme. 1228 mense febr. — Or. i. Cobl.
mai 13	. . . .	vergleicht sein domcapitel mit dem vogt zu Viviers wegen dessen vogteirechte. 1228. 3 id. mai. Chartul. i. Cobl. —
jul. 29	. . . .	beurkundet, den hof Winterbach auf seine lebenszeit von dem kloster Himerode für 50 malter frucht jährlich gepachtet zu haben. 1228, 4 kal. aug. — Or. i. Cobl.
. . . .	. . . .	bestätigt der abtei Sayn die schenkungen Heinrich's v. Sayn und dessen vaters Heinrich. Honth. 1,702.
. . . .	. . . .	beurkundet den vergleich zwischen dem St. Simeonsstift zu Trier und der abtei Himmerod einerseits und den bauern von Lizheim, Guwinsdorf und Oberdddellndorf audrerseits wegen letzterer berechtigungen in ersterer waldungen. 1228. ind. 1. Or. i. Cobl.
. . . .	. . . .	beurkundet, dass die abtei Himerod mit dem ihr von Meffrid von Numagen für anschaffung von wachskerzen geschenkten gelde grundstücke bei ihrem hofe Weiler nach der intention des schenkers gekauft habe. 1228. Or. i. Cobl.
1229	. . . .	vergleicht die abtei ste. Mariae ad Martyros zu Trier mit der edeln frau Hadewig und deren gemahl, söhnen und erben wegen der vogtei zu Nittel. — 1228. Chartular i. Coblenz.
märz 12	. . . .	beurkundet, dass das kloster Lounig zwölf morgen im hofe Winkelvel, woraus der canonicus Anselm von St. Castor zu Coblenz jährlich 12 malter frucht bezog, an denselben für 12 mark verkauft habe. 1229, 4 id. mart. — Or. i. Cobl.
. . . .	. . . .	beurkundet, dass die ritter und bauern zu Zell dem kloster Himmerod, weil es ein thor am untern theil des dorfs gebaut, einen platz vor dessen hause und er, der erzbischof, einen wingert dahinter geschenkt haben. Günther 2,159.
1230 febr. 20	Noithusen	beurkundet, dass Heinrich von Covern den grund und boden des waldes »Paffenlaut« welchen die gemeinde Covern ihm abgetreten hatte, für 80 mark an die abtei Romersdorf verkauft habe. Günther 2,166. —
— 00	. . . .	incorporirt dem krankenhause der abtei Metlach die kirche St. Gangolf. 1230 mense febr. — Or. i. Cobl.
— 00	. . . .	incorporirt mit bewilligung der abtei Metlach als patronatsherra die kirche zu Hilbringen dem cistertienser nonnenkloster zu Freistorf. — 1230 mense febr. — Or. i. Cobl.
märz 0	. . . .	genehmigt den verkauf einiger lehenngüter bei Vevere seitens seines ministerialen Godfrid

1230		
		von Ingendorf an das kloster Himmerode, da derselbe statt dieser ein allodium zu Losbach zu lehen gemacht. 1230 mense martio. Chartular. i. Cobl.
mai 21	. . .	verordnet, dass der priester der St. Maximinskirche zu Bidburg, deren patronatrecht die abtei St. Maximin zu Trier dem kloster St. Thomas a. d. Kyll gegeben, 17 malter frucht beziehen, die beiden zugehörigen kapellen zu Reterndorf und Evene versehen und die cura animarum vom archidiakon empfangen solle. 1230 12 kal. jun. Or. i. Trier.
dec. 22	Wormatie	Ministerialentausch mit k. Heinrich (VII). vergl. dessen heutige urkunde, Houth. 1,706.
. . .	. . .	beurkundet, dass der priester Ludwig von Numagen zwei wingerten zu Kesten und nach seinem tode seine ganze habe dem kloster Himmerod, woselbst er seine grabstätte gewählt, geschenkt habe. 1230, ind. 4. Or. i. Cobl.
. . .	. . .	bestätigt den verkauf von gütern zu Erlensbach seitens Theoderich's von Malberg an das kloster St. Thomas an der Kyll. 1230 ind. 5. Chartular. i. Cobl.
1231	. . .	bestätigt Godfrid's von Trittenheim, pastors zu Grimolderoth, anniversarienstiftung bei dem kloster Himmerod mit wingerten zu Urzig. Nur mit jahr 1230. Or i. Cobl.
jan. 19	Wormatie	Zeuge Heinrich's (VII) für Cöln.
— 23	———	dersgl. für Worms.
märz	Confluentie	(in refectorio beati Florini) bestätigt das testament seines ministerialen, des ritters Engilbert von Coblenz. Günth. 2,171. —
apr. 4	. . .	schenkt auf bitte des abts zu St. Maximin dem nonnenkloster Löwenbrücken zu Trier die kirche zu Thalfang. Würdtw. nova Subsid. 9,207.
— 20	Confluentie	vergleicht das nonnenkloster Rode mit dem ritter Arnold von [Divelig wegen dessen vogteirechte und der güter zu Fuleuborn. 1231, 13 kal. mai. — Copie i. Cobl.
— 29	Wormatie	Antheil an dessen urkunden ergeben, namentlich am heutigen tage für Speier, am 30. apr. münzwesen betreffend, am 1. mai privilegien die reichsfürsten, ferner landständische rechte betr., für Freising u. s. w.
mai	. . .	vermittelt einen vergleich zwischen der abtei St. Mattheis bei Trier einerseits und einigen leuten der abtei St. Maximin und deren vogt Wirich herrn zu Herrpere andrerseits über die grenzen gewisser ländereien zu Pilliche und Langesur. 1231 mense maio. Or. i. Cobl.
sept. 6	. . .	bestätigt einen vergleich zwischen den abteien Laach und Rommersdorf wegen theilung der kinder aus eben ihrer beiderseitigen hörigen. Fischer, Geschlechtsregister der Häuser Isenburg etc. 158. Wegeler Kloster Laach 2.26. —
. .	Treviris	beurkundet einen vergleich zwischen dem St. Simeonsstift zu Trier und der abtei Himmerode über verschiedene berechtigungen und besitzungen in der nähe des letztern klosters. Houth. 1,710. —
. . .	. . .	bezeugt dass Gerhard, des grafen Otto von Neuenare sohn, in gegenwart seines oheims Theoderich's von Malberg, bei Maien die von seinem vater dem Himmeroder hofe Wilre ertheilten freiheiten bestätigt habe. Günth. 2,170.
. . .	. . .	bestätigt einen vergleich zwischen dem ritter Warner v. Druch von der Pforte und dem kloster Himmerode über ihre in einandergreifende güter zu Rodenerden. 1231. Or. i. Cobl.
. . .	. . .	beurkundet, dass Meffrid von Numagen dem kloster Himmerode sein allodium zu Spurzinheim geschenkt habe. Günth. 2,170.
. . .	. . .	beurkundet, dass die bauern von Metrich dem kloster Himmerod für zwei mark, die der kellner Rotard von Sayn gegeben, für ein missale an zwei bänden und zwei talento öhl lährlich an die kirchenfabrik zu Metrich, zwei plätze vor dem klösterlichen wingert und garten, vorbehaltlich eines weges, überlassen haben. Or. i. Cobl. nur mit jahr 1231.
1232	. . .	beurkundet, dass Gerhard von Sinzig sein allodium zu Valendre zu trierischem lehen gemacht habe. Houth. 1,709. Guden Cod. dipl. 2,938.
apr.	. . .	beurkundet, dass Meffrid von Numagen mit consens seines verwandten Meffrid's, herrn zu Numagen, der kirche St. Thomas an der Kyll seine güter und zinsen bei Numagen und Drugene geschenkt habe. 1232 mense aprili. Or. i. Cobl.
mai	. . .	incorporirt dem hospital zu Prüm auf die bitte des abts Friedrich die pfarrel Waswilre. 1232 mense maio. Or. i. Cobl.
aug. 8	Frankenfurt	Antheil an dem hier von könig Heinrich (VII) gehaltenen hofe, wie die zeugenschaft in dessen heutiger urkunde für Worms ergibt.

1232		
nov. 30	Treveri	bestätigt die vertauschung des zehnten und patronatsrechtes zu Püttlingen seitens seines vetters, des grafen Heinrich von Castel, gegen besitzungen der abtei Wadgassen zu Kinderheuren, Weiler, Reiusbach, Bunhole und Berge. 1232 in festo Andree. Or. i. Coblenz.
. . .	. . .	beurkundet, dass Godfrid von Ingendorf für acht pfund auf seine ansprüche an den zehnten des Himmeroder hofes zu Rodenbusch verzichtet habe. 1232 ind. 5. Or. i. Cobl.
. . .	. . .	beurkundet, dass der ritter Philipp von Winterstorf in seiner gegenwart zu Trier und darauf vor den bauern zu Orsau in der kirche auf seine ansprüche an den zehnten des waldlandes Rolant zwischen Schonevelt und Orsau gelegen, zu gunsten des klosters Himmerode verzichtet habe. Nur mit jahr 1232. Or. i. Cobl.
. . .	. . .	beurkundet, dass Maffrid der alte, herr von Numagen, sein dorf Grevenroth für hundert pfund dem kloster St. Thomas an der Kyll verkauft habe. 1232. Or. i. Cobl.
1233	. . .	beurkundet einen vergleich zwischen Hermann grafen von Virneburg und Heinrich, herrn zu Isenburg über deren gemeinschaftliches schloss Schowenburg. Günther 2,172.
ian. 27	. . .	bestätigt des grafen Heinrich von Castel und dessen gemahlin Agnes schenkung von gütern zu Schornsheym an die abtei Wadgassen. Crollius Orr. Bipont. 1,163 extr.
apr. 5	. . .	incorporirt dem refectorium des nonnenklosters Horreum in Trier die kirche zu Remsere. 1233 non. apr. Or. i. Trier.
— 0	Confluentie	vergleicht den probst und das capitel des St. Florinsstifts zu Coblenz über deren beiderseitige rechte zu Mendig und Elwarth. 1233 mense april. Or. i. Cobl.
mai 1	. . .	schenkt das durch den tod Symons und Jofrids, herrn von Joenville, vaters und sohns, ihm heimgefallene schloss Moncleir um ferner die dortige gegend vor krieg und raub zu sichern, seiner kirche. 1233 kal. mai. Or. i. Cobl.
ian. 26	Nurenberg	Zeuge Heinrich's (VII) für Goslar.
ial. 25	Moguntie	Antheil an dem hier von könig Heinrich (VII) wegen der damaligen angeblichen ketzereien gehaltenen hoftage, auf welchem auch graf Heinrich von Sayn beschuldigt wurde. Gesta Trev. ap. Honth. 798.
— 26	————	Zeuge Heinrich's (VII) für Worms.
— 28	Frankenfort	desgl. für den Deutschorden zu Frankfurt.
aug. 27	ap. Monasterium Meinevelt	restituirt dem collegiatstift zu Münstermaifeld den an den ritter Ludwig von Polch verpachteten und demselben durch ausspruch seiner mitpächter abgesprochenen zehnten zu Polch. 1233 sabb. post Bartholomei. Or. i. Cobl.
sept. 19	Nuriuberc	Zeuge Heinrich's (VII) für Herzogenbusch.
. . .	. . .	beurkundet, dass die brüder von Waldeck auf einem von ihm zu Uerzig angesetzten rechtlichen tage dem kloster Himmerod für eilf pfund ein stückchen land zu Erden, welches das kloster mit ihm vom dem ritter Roker von Erden überlassenen gütern arbar gemacht aber auf die darauf von den genannten brüdern als von ihnen lehenrührig gemachten ansprüche denselben resiguirt hatte, zu eigenthum gegeben und dieses vor ihm auf dem königlichen hoftage bei Boppard bestätigt hätten. 1233 ind. 6. Or. i. Cobl.
. . .	. . .	beurkundet dass Franko von Sigenheim, indem er den zehnten von seines vaters Ingebrand gütern in St. Peterswalde dem kloster Himmerode übergeben und dazu auch seine und seiner brüder söhne bewogen, die schenkung seines vaters an das kloster ausgeführt habe. 1233. Chartul. i. Cobl. —
. . .	. . .	bestätigt den verkauf von fünf morgen ackerlandes bei Wolken, die trierisches lehen, seitens Johann's von Güls an die abtei Rommersdorf, da derselbe statt dieser ländereien wingerten bei Güls zu lehengut gemacht. 1233. Or. i. Cobl.
1234		
febr. 2	Frankenfort	Antheil an dem auf lichtmess hier von könig Heinrich (VII) gehaltenen hofe, vor welchem sich graf Heinrich von Sayn wegen der ihm vorgeworfenen ketzerei reinigte. Gesta Trev. ap. Honth. 798.
— 5	————	Zeuge Heinrich's (VII) für kloster Himmelthal. Ferner am 6. für Schulpforte, am 16. für den graf von Freiburg.
— 22	ap. Lacum	bestätigt den vom grössern theil der conventualen zu Laach als abt gewählten hospitalarius Th. — Wegeler, kloster Laach 2,28.
märz 18	ap. Latram	Zeuge Heinrich's (VII) für Mastricht.
apr. 0	. . .	beurkundet, dass Theoderich von Ulmen, kanonicus zu Trier, sein allodium zu Weiler und Badenheim dem kloster St. Thomas an der Kyll geschenkt habe. 1234 mense april. Or. i. Cobl.
mai 29	. . .	verordnet, dass die einkünfte der kirche St. Martin auf dem berge mit bewilligung deren

1234		
		patrons Wilhelm v. Helfenstein dem Cistertienserorden, behufs umwandlung derselben in ein kloster dieses ordens, übergeben werden sollen. 1234, 4 kal. iun. Or. i. Cobl.
sept. 11	ap. Bopardiam	Zeuge Heinrich's (VII) für Erfurt, demnach auch anwesender bei der zusammenkunft, auf welcher der könig die empörung gegen seinen vater kaiser Friedrich II beschloss. Das ansehen welches der erzbischof jedoch bald darauf bei dem letztern genoss (vergl. auch Gesta Trev. ap. Honth. 793) beweiset hinlänglich, dass er keinen antheil an diesem abfall nahm, wie er denn auch fortan nicht mehr als zeuge des königs erscheint.
dec. 0	. . .	ertheilt für den klosterbau zu Bouvie ein ablassprivilegium. Bertholet hist. de Lux. 4,59.
1235		Honth. 1,714.
märz 7	Confluentie	bestätigt einen tauschvertrag zwischen der abtei Arnstein und dem ritter Karl von Sinzenbach, wonach erstere ihren hof zu Kettig für des andern zehentantheil zu Gudenacker und Keberlo und sonstige rechte zu Bethelintrod giebt. Gaden cod. dipl. 2,69.
— 0	. . .	incorporirt dem nonnenkloster St. Martin auf dem berge zu Trier die kirche zu Luzzenrode. 1235 mense martio. Or. i. Cobl.
apr. 15	Heimbach	giebt an Heinrich Herrn v. Covern die lehen dessen oheims Heinrich. Gunth., cod. dipl. 2,180.
mai 0	. . .	besiegelt Alexander's von Zolver stiftungsurkunde der abtei Trifferlingen. — Bertholet hist. Luxemb. 4,61. Honth. 1,715.
. .	Confluentie	beurkundet, dass Heinrich von Budiche dem nonnenkloster auf dem Martinsberg bei Trier güter zu Merl und Morsdorf geschenkt habe. Nur mit iahr 1235. Or. i. Cobl.
. .	———	incorporirt dem capitelspräbenden zu Limburg die kirche zu Berge und St. Niclaspfarrkirche nachdem des stifts probst Everhard auf das patronatrecht verzichtet hatte und bestätigt des capitels ordination wegen vertheilung des von dem frühern probsten Hermann geschenkten. Würdtwein Dioecis Mogunt. in archidiaconat. distincta. 3,5.
. .	. . .	beurkundet, dass die einwohner des dorfes Wittlich sich mit dem kloster Himmerode wegen einiger wege durch des klosters güter verglichen und demselben die vorlose der wingerten in »Koncas gestattet haben. 1235. Or. i. Cobl.
aug. 00	Moguntie	Antheil an dem auf Marie himmelfahrt hier von dem aus Italien zurückgekommenen kaiser Friedrich II zur wiederherstellung des rechtzustandes im reich gehaltenen grossen hofe. Damals auch zeuge des kaisers für Braunschweig-Lüneburg, für Clementia von Zaringen, für St. Gislen.
oct. 00	ap.Augustm.	Zeuge Friedrich's II für den Deutschorden in Könitz.
nov. 1	. . .	besiegelt Theoderich's herrn von Malberg schenkung des patronatsrechtes zu Grimolderode an das kloster auf Martinsberg bei Trier. 1235 die Omnium sanctorum. — Or. i. Cobl.
nov. 00	———	Zeuge Friedrich's II für den Deutschorden.
dec. 00	Hagenowe	desgl. für Raimund graf von Toulouse.
1236		
ian. 00	———	desgl. für Viviers.
febr. 20	Confluentie	beurkundet, dass der ritter Bertram von Ley und seine ehefrau Herburge zu ihrer memorie dem kloster Rommarsdorf zwei wingerten bei Ley gegeben und für zwei denaren iahrzins auf ihre lebenszeit zurückerhalten haben. 1236, 11 kal. martii. — Unter demselben datum und ort beurkundet er eine gleiche schenkung dieser ebelente an das kloster Himmerode. Or. i. Cobl. — wie auch eine derselben an die abtei Altenberg. Lacomblet, Urk.-Buch 2,111.
märz 3	Himmerode	Beisetzung der leiche des erzb. Johann, welche im capitel beerdigt war, in dem oratorio b. dei genitricis. Gesta Trev. ap. Honth. 798. —
märz 0	. . .	beurkundet einen vergleich zwischen dem kloster Himmerod und den erben Heinr. Hansnius, wonach letztere dem kloster 80 mark 6 soliden für die von Heinrich dem kloster vermachten güter bei Ley geben sollen. 1236 mense mart. Or. i. Cobl.
— 29	Treveri	schenkt dem nonnenkloster auf Martinsberg bei Trier die St. Laurentiuskirche neben dem pallast. 1236, 4 kal. apr. Or. i. Cobl.
— 30	———	beurkundet, dass Cuno herr von Niceio in die schenkung des patronatsrechtes über die St. Laurentiuskirche neben dem pallast seitens des ritters Andreas vom Pallast an das nonnenkloster auf St. Martinsberg eingewilligt habe. 1236 in festo pasche. Or. i. Cobl.
apr. 20		incorporirt dem nonnenkloster in Horreo zu Trier für das refectorium die kirche zu Rayldingen. 1236, 12 kal. mai. Chartolar I. Cobl.
mai 1	Marburch	Anwesenheit bei der feierlichen erhebung der gebeine der heil. Elisabeth in gegenwart des kaisers und unermesslichem Zulauf. God. col. ap. Böhmer Fontes 2,309. Gesta Trev. ap. Honth. 798.

1236		
mai 00	Wetzflarie	Zeuge Friedrich's II für Oppenheim.
— 00	Confluentio	desgl. für Cöln und Dortmund.
— 00	Bopardie	desgl. für den Deutschorden.
— 00	Herbipoll	desgl. für Worms.
iul. 00	ap. Werde	desgl. für Sulzburg.
— 00	Auguste	desgl. für Mainz. Hier in Augsburg schied der erzb. von dem kaiser, der für die nächsten monate nach der Lombardei zog.
oct. 2	ap. Kemperham	bestätigt einen vergleich zwischen dem nonnenkloster auf dem Martinsberg bei Trier und dem ritter Werner von Buch über die klösterlichen güter zu Merl und Morisdorf. 1236 crastino Remigil. Or. i. Cobl.
. .	. . .	bestätigt dem kloster Martinsberg die schenkung des patronatrechtes über die kirche zu Guzbrethrode seitens Wilhelm's von Helfenstein. 1236. Or. i. Cobl.
1237		
ian. 00	ap. Wiennm.	Zeuge Friedrich's II für Heiligkreuz.
febr. 00	————	desgl. für Nieder Altaich, für die Schotten in Wien, für Wilfering, für den Deutschorden in Oestreich.
. .	— — —	Antheil im Febr. oder März an der königswahl des sohnes Friedrich's II. Conrad IV. Vergl. dessen wahldecret. Böhmer Reg. Imp. 1198—1254 s. 171 und 265.
märz 0	————	Zeuge Friedrich's II für Reichersberg, für die Schotten in Wien.
— 1	. . .	bestätigt dem stift zu Münstermaifeld alle von päbsten und erzbischöfen erhaltene privilegien und schenkungen. 1237 kal. mart. — Chartul. i. Cobl.
apr. 1	Nothusin	beurkundet, dass die abtei Rommersdorf dem ritter Anselm von Bicken, die nutzungs- und andern rechte auf den hof Markenberg mit 58 mark 6 solidos und einem fuder wein abgekauft habe. 1237 kal. apr. — Or. i. Cobl.
— 00	ap. Treverim	beurkundet die ausgleichung des streites der abtei Himmerode mit dem pastor (archidiacon Radulf) zu Maring und Noviant wegen des zehnten zu Siebenborn. 1237 mense apr. Chartul. i. Cobl.
mai 27	. . .	bestätigt die schenkung der kirche zu Grimolderode seitens Theoderich's herrn von Malberg an das kloster auf Martinsberg bei Trier. 1237, 6 kal. iun. — Or. i. Cobl.
iun. 00	ap. Spiream	Zeuge Friedrich's II für Kaiserslautern und für Odenheim.
iul. 14	Treveris	beurkundet einen vergleich des abts zu St. Maximin mit den brüdern Heinrich und Richard von Daun wegen ihres präsentationsrechtes für die kirche zu Leschenich. 1237 in vigil. divisionis apostolorum. Cop. i. Cobl.
. . . .	. . .	beurkundet, dass die abtei Himerod behufs anlage eines hofs (grangia) auf der Lieser unterhalb Altrola sich mit Meffrid von Neumagen dem ältern wegen des zehnten daselbst auseinandergesetzt habe. 1237 iul. 10. Chartul. i. Cobl.
1238		
ian. 2	Confluentie	beurkundet nebst den bischöfen von Metz und Speier einen vertrag der abtei Hornbach mit ihrem vogt, dem grafen Heinrich v. Zweibrücken. Crollius origines Bipontin 1.30.
— 26	————	setzt Metthilde und Lorette, die töchter Heinrich von Castel selig in die trier. lehen ihres vaters, die burg Hanolstein. 1238, 4 non. ian. — Or. i. Cobl.
märz 2	Treveris	beurkundet, dass der kreuzfahrer Heinrich Waßlart von Wise vor seinem zuge nach dem heil. lande und seine ehefrau Benedikta dem nonneukloster zu Valeudre einen wingert zu Wise zu seinem anniversarium geschenkt habe, falls er stürbe, vorbehaltlich der lebenslänglichen nutzniessung für seine frau. 1238, 7 kal. febr. — Or. i. Cobl. — Unter demselben datum und ort stellte der erzb. noch zwei gleichlautende urkunden über deren ähnliche schenkungen von ihrem haus mit wingerten und äckern bei Mettrich an das cistortienserkloster Marienstatt, und von einem wingert bei Wise an die abtei Rommersdorf aus. Or. i. Cobl.
— 15		entscheidet einen streit zwischen den brüdern, dem domthesaurar S. und Reiner von der Brücke über die bunrie zu Grinderich. 1238, 6 non. mart. Chartul. i. Cobl.
. . .		incorporirt dem Martinskloster zu Trier die einkünfte der St. Victorskirche über der brücke, deren patronatrecht es bereits besitzt. — Hansen, Beiträge zur Gesch. einzelner Pfarreien des Stadtkapitels Trier, s. 120.
apr. 1	. . .	beurkundet einen vertrag zwischen Meffrid von Neumagen, dem ältern und jüngern, wonach ersterer seiner gemahlin Petrissa bei ihrem eintritt in das kloster St. Thomas an der Kyll das heirathsgut von 200 pfund, welches auf Meffrid's des jüngern allodium zu Clauserath versichert ist, auf ihre lebenszeit verschreibt, nach ihrem tode oder früher, falls ein abkommen mit dem kloster getroffen werden könne, die rückgabe an Meffrid den jüngern verbürgt. 1238 kal. apr. — Or. i. Cobl.

6

1238		
apr. 30	. . .	incorporirt dem krankenhause der abtei St. Maximin zu Trier die einkünfte der kirche zu Longuich. 1238 mense apr. prid. kal. mai. — Or. i. Cobl.
iun. 9	. . .	beurkundet, dass Meffrid der ältere von Neumagen dem kloster St. Thomas an der Kyll für die demselben schuldigen 85 pfund seine güter zu Kesten te überwiesen habe. 1238 die Priml et Feliciani mart. Or. i. Cobl.
— 9		beurkundet, dass Hermann von Veldenz dem kloster St. Thomas an der Kyll vier ohm weinzinse, welche dasselbe ihm wegen des baues zu Neumagen schuldig ist, geschenkt habe. 1238 mense Iunio. Chartul. i. Cobl.
iul. 15	. . .	bestätigt der priorin und dem convent zu Marienthal ihre besitzungen und privilegien und ertheilt ihnen ein ablassprivilegium. Honth. 1,718.
— 29	. . .	beurkundet, von der abtei Himmerode den hof Winterbach gepachtet zu haben. 1238, 4 kal. aug. — Chartul. i. Cobl.
sept. 21	Treviris	in ecclesia b. Petri. Provinzialconcil unter dem vorsitz Theoderich's im beisein der bischöfe Rudolf von Verdun, Johann von Metz und Roger von Toul. Die damals beliebten Canones bei Hartzheim conc. Germ. 3,558—562. Honth. 1,720. Blattau Stat. 1,32.
. .	Confluentie	verkauft dem capitel des St. Floriusstifts zu Coblenz für 80 mark ein früheres judenhaus daselbst. 1238. Or. i. Cobl.
. .	ap. Confluent.	beurkundet, dass das capitel des St. Floriusstifts zu Coblenz versprochen habe, den zwischen dem frühern eigenthümer des vorgenannten hauses und dem erzbischöflichen ministerial Albert von Elz wegen benutzung der scheidemauer gemachten vertrag zu halten. 1238. Or. i. Cobl.
1239		
ian.	. . .	ertheilt der abtei St. Maximin zu Trier, wo der heil. Agritius ruht, für dessen fest auf der octave von Epiphanine (13. ian.) ein ablassprivilegium. 1239, 8 non. ian. — Cop. i. Cobl.
mai 11	Treveris	verordnet nach einem Trierer synodalstatut, dass die zur kapelle in Getenich gehörigen leute auf Allerheiligen und Pfingsten die mutterkirche zu Alflen besuchen sollen. 1239, 5 id. mai. — Or. i. Cobl.
iun. 1	. . .	besiegelt und bestätigt seines officials sentenz in sachen des klosters St. Marie ad Martyros in Trier gegen den ritter Matheus von Sidelingen wegen güter zu Ramelfingen. 1239 kal. iun. — Chartul. i. Cobl.
iun. 30	—.—.—	bewilligt dem nonnenkloster auf Martinsberg bei Trier das beholzigungsrecht im walde bei Ozburg gleich den bauern daselbst. 1239 comm. Petri et Pauli. — Or. i. Cobl.
iul. 1	——	(in atrio maioris ecclesiae) schlichtet nach vorherigem zeugenverhör einen streit zwischen den söhnen Philipp's von Wormeringen und dem Marienkloster am gestade zu Trier wegen güter und reuten zu Wiltingen. 1239 kal. iul. — Or. i. Cobl.
— 24	. . .	beurkundet, dass er der gräfin Ermesinde von Luxemburg und deren sohne Heinrich seine rechte zu Bydburg, ausgenommen vier pfund jährlich an die erzbischöfliche kammer, zu lehen gegeben, mit der bestimmung es zu befestigen, und dass die grafen von Luxemburg burgmänner auf Kilburg sein sollen. Honth. 1,725.
dec. 30	. . .	schenkt der abtei Himmerode zu seinem anniversarium ein allodium zu Kesten, das er für hundert mark von dem Trierer bürger Bonifacius gekauft hatte. Hesius Manip. Himerod. 33.
1240		
febr. 28	Confluentie	excommunicirt alle, welche schenkungen die dem St. Niclashospital, früher bei dem St. Floriustift nun beim deutschen hause zu Coblenz gemacht worden, vorenthalten oder unrechtmässig in besitz nehmen. Hennes Urkbuch des Deutschordens. 113.
märz 27	Treviri	verkauft wegen baues der neuen veste Kilburg dem kloster St. Thomas an der Kyll, um 200 pfund die ihm durch Agnesen frau von Malberg tod heimgefallenen lehen zu Rusport. 1240. 6 kal. apr. Or. i. Cobl.
apr. 26	Confluentie	incorporirt der küsterei des St. Floriustifts zu Coblenz die kirche zu Schönberg. 1240, 6 kal. mai. Or. i. Cobl.
dec. 18	Confluentie	verordnet, dass die zum refectorium des St. Simeonsstift zu Trier bestimmten einkünfte der kirche zu Hoingen und andere fernerhin zu den täglichen distributionen im chor sollen verwandt werden. Honth. 1,726.
1241		
apr. 13	. . .	bestätigt der abtei Rommersdorf einen wingert an der Mosel welchen sie von einem gewissen Albert, der ihn von der pfarrkirche zu Metrich für den drittel in erbpacht hatte, unter denselben bedingungen erworben hat. 1241 id. apr. Or. i. Cobl.
— 26	Confluentie	vergleicht die abteien Siegburg und Kaufungen wegen des patronatsrechtes und der einkünfte der kirche zu Ley. Günther 2,190.
ian. 5	ap. parvam Confluentm.	überträgt das lehen Baldewin's von Wolken auch auf dessen ehefrau Ida. Guden Cod. dipl. 2,942.

1241		
inl. 21	Confluentie	bestätigt den vertrag zwischen der bürgerschaft zu Trier und Coblenz wegen des von ihren schiffen zu zahlenden zolles. Günth. 2.250.
— 25	"	benachrichtigt den probst H. zu Pfalzel, dass er seinem geliebten ministerial G. von Esch vergünstigt habe, alles recht was derselbe ratione camere nostro zu lehen haben solle, zu erheben. 1241. 8 kal. aug. Or. i. Cobl.
— 29	"	bestätigt das von dem bischof Heinrich von Oesel der St. Annakapelle im kloster Marienberg bei Boppard bei der einweihung am sonntag nach Jacobi ertheilte ablassprivilegium. 1241. 4 kal. aug. — Chartul. i. Cobl.
aug. 23	Ramerstorph	befreit das capitel des St. Castorstifts zu Carden für die kirchen deren patronatrecht es besitzt, von der entrichtung des cathedraticum. 1241. 10 kal. sept. — Or. i. Cobl.
— 26	ap. Lacum	bestätigt die urkunde worin die abtei Laach der abtei Rommersdorf 103 morgen landes bei Heimbach verkauft. Günth. 2.192.
nov. 1	. . . .	besiegelt das testament des domcantors Cuno zu Trier. 1241 kal. nov. — Chartul. i. Cobl.
. . . .	. . . .	beauftragt, da er durch krankheit verhindert, seinen weihbischof Heinrich von Oesel mit der einweihung der kirche auf dem Beatusberg bei Coblenz. Holzer de proepisc. 17.
. . . .	. . . .	ertheilt der von seinem weihbischof eingeweihten kirche auf dem Beatusberg ein ablassprivilegium. Reisach und Linde, Archiv für rhein. Gesch. 1,219.
1242		
märz 00	ap. Treverim	Empfang des erwählten königs Conrad IV auf seiner durchreise. Gesta Trev. ap. Honth. 800. Das datum ergiebt eine von Conrad IV damals ausgestellte urkunde.
— 28	. . . .	Todestag des erzbischofs. Gesta Trev. ap. Honth. 800. Das necrol. Maximin. hat den 27. mrz. als todestag.

Undatirte Urkunden Theoderich's.

märz 28	Nolthusen	befreit den ritter Anselm von Bicken und dessen frau, nachdem sie den von dem kreuzfahrer, burggrafen Heinrich von Isenburg, dem vater seiner frau, der abtei Rommersdorf vermachten hof Markenberg zurückgestellt, von der aber sie wegen dieser widerrechtlichen besitznahme verhängten excommunication. Nur mit 5 kal. apr. Or. i. Cobl. — Vergl. 1216 mrz. 3.
. . . .	. . . .	vergleicht die abtei Sayn mit den pfarrgenossen zu Vallender wegen des vom grafen Heinrich der abtei geschenkten »Haslags«. — Der schluss der urkunde, wo das datum stand, ist abgeschnitten. Or. i. Cobl.
. . . .	. . . .	beurkundet, dass unter seinem vorgänger, erzb. Johann, zwischen dem kloster Himmerode und den von Malberg ein streit wegen der vogtei zu Vailz, Hart und Siebenborn durch den grafen Theobald von Bur und Luxemburg geschlichtet worden sei, und der graf bei seiner lehenempfängniss vor dem erzbischof gelobt habe das kloster gegen die vexationen dieser ritter zu schützen. Or. i. Trier.
. . . .	. . . .	bestätigt die schenkung einiger wingerten zu Uerzig seitens seines burgmanns auf Neuerberg, des ritters Gisilbert an das kloster Himmerode. Or. i. Cobl.
. . . .	. . . .	entscheidet einen streit des abts zu Gladbach und dompropstes zu Trier mit den pfarrgenossen von Zeltingen und Rachtig wegen des zehnten, dass die pfarrgenossen denselben ohne widerspruch entrichten, der abt als fundator der kirche aber acht ohm wein und der dompropst als pastor vier ohm daraus jährlich zum kirchenbau geben solle. Or. i. Cobl.
. . . .	. . . .	bestätigt die verpachtung eines sechstels vom zehnten zu Miesenheim seitens des St. Castorstiftes zu Coblenz an das kloster Himmerode. Or. i. Cobl.
. . . .	. . . .	incorporirt dem St. Mattheiskloster bei Trier zur verbesserung der präbenden die pfarrkirche zu Niederberg. Or. i. Cobl. Pabst Honorius III giebt seine bestättigung dazu d. d. Romae 4. id. mai, pontif. anno II (1217).
. . . .	. . . .	leiht den beiden kreuzfahrern, den rittern Peter von Merzig und Friedrich von der Brücke, erstern auf die lunrie gerichtsbarkeit zu Kellede vierzig, und dem andern auf die zu Uzburc, Waltrache, Tumben und Ruverisse 120 trier. Talente, und verordnet wie das jahrgeding dieser lunrie gehalten werden soll. Or. i. Cobl.
. . . .	. . . .	beurkundet, dass sein ministerial Udo von Esch dem kloster Himmerode 100 pfund aus den gütern zu Briedel vermacht und dessen söhne mit ihrem kranken vater diese schenkung auf dem altar des klosters feierlich übergeben haben. Or. i. Cobl.
. . . .	. . . .	beurkundet, dass der canonicus G. von Berg sein haus mit wingert und garten zu Trier

1212—1242		dem subdiacon Ludwig und seiner schwester Elisabeth gegeben, sich aber auf lebenszeit die nutzniessung gegen eine ohm jährlichen zinses vorbehalten habe. Or. i. Cobl.
. . .	. . .	beurkundet, dass Ludwig von Helfenstein seine ordination über gottesdienst und einkünfte der St. Martinskirche auf dem berge bei Trier genehmigt habe. Or. i. Cobl.
. . .	. . .	nimmt den grafen Rupert von Nassau und andere edle als burgmänner von Montabur an und giebt ihnen verschiedene burglehen. Honth. 1,716.
. . .	. . .	cassirt einen zwischen dem kloster Kommersdorf und der einwohnerschaft zu Hoingen gemachten vertrag wonach ersteres in erwerbung von grundstücken daselbst beschränkt wurde. Or. i. Cobl.

1242—1259. Arnold II. 1242.

1242	. . .	Wahl Arnold's, eines sohnes des grafen Bruno von Isenburg und der schwester seines vorgängers Theoderich von Wied. Er war bis dahin domprobst von Trier. Er war in dem damals schon ausgebrochenen grossen streite ein anhänger der kirche. — Zugleich mit ihm wurde in zwiespalt gewählt der kaiserlich gesinnte probst Rudolf von St. Paulin aus dem Trierischen geschlechte de Ponte, dem auch könig Konrad IV sofort die regalien verlieh. Jedoch nach kurzem bürgerkrieg wurde Rudolf genöthigt verzicht zu leisten und starb bald darauf in Saarburg. Gesta Trev. ap. Honth. 800. Vergl. auch v. Stramberg, Rheinischer Antiquarius 3. Abth. 1. Bd. 483 etc. etc.
oct. 4	. . .	verpfändet auf zehn jahre dem trier. domprobst Rudolf für tausend pfund die veste Saarburg. 1242 sab. post Remigil. Or. i. Cobl.
— 10	Treviris	beurkundet mit seinem domcapitel und der stadtgemeinde Trier, dass er von dem domherrn Theobald zu Metz und dem ritter Johann vom Pallast 1350 trier. pfund geliehen und stellet darüber bürgen. 1242 fer. 6. post. Dyonisii. — Or. i. Cobl.
nov. . . .	. . .	beurkundet, dass der ritter Richwin Sac vor ihm bei Isenburg auf seine ansprüche an der Heinrich Hauschwin sel. güter bei Ley gegen zehn mark zu gunsten des klosters Himmerode verzichtet habe. 1242 mense novembri. Or. i. Cobl.
1243		
ian. 7	Erinbrecht (stein)	beurkundet, dass Theoderich der junge von Isenburg auf seine ansprüche an einige güter des klosters Himmerode zu Mettrich gegen zwölf mark verzichtet habe. Gnoth. 2,202.
ian. 20	Treviris	beurkundet die schenkung eines zinses von zwei häusern zu Zell seitens Conrad's von Hoingen genannt »Geburrehen« an das kloster Himmerod. 1243 sab. ante Joh. Bapt. — Or. i. Cobl.
— 00	. . .	beurkundet den verzicht des ritters Godfrid von Dudeldorf auf ansprüche eines waldes des klosters Himmerode im banne von Reinboldsweiler. 1243 mense iunio. — Or. i. Cobl.
iul. 19	Romirsdorph	beurkundet, dass der ritter Gerlach von Isenburg dem kloster Kommersdorf gewisse streitige wingerten bei Valinder gegen die halbscheid der crescenz überlassen habe. 1243 14 kal. aug. — Or. i. Coblenz.
1244		
febr. 19	. . .	bestätigt dem hospital bei der abtei St. Maximin die incorporation der kirche zu Mersch. 1244, 12 kal. mart. — Copie i. Cobl.
iul. 30	. . .	Krieg des erwählten Arnold und seines domcapitels mit dem grafen Heinrich von Luxemburg: guerram que est inter venerabilem dominum Trev. electum et ecclesiam Trev. ex parte una et ven. dominum Henricum comitem Lucemburg, et comitem tenensem et fautores eorum ex altera schreibt der dechant von St. Marien Magdalene zu Verdun an den scholaster zu St. Simeon und den cantor zu St. Paulin indem er eine gerichtliche verhandlung deshalb aussetzt. — d. d. 1244 sab. ante Petri ad vincula. — Or. i. Cobl. — Vergl. Gesta Trev. ap. Honth. 800. —
nov. 26	Erinbreitstein	vidimirt und bestätigt die urkunde seines vorgängers, erzb. Theoderich vom 5. iuni 1241. — Honth. 1,730. — Guden, cod. dipl. 2,942.
dec.	Erbreitstein	beurkundet (als archiepiscopus), dass der streit zwischen Theoderich dem iungen von Isenburg, dem sohne Saladin's, und der abtei Himmerode wegen einiger güter zu Metterich durch Theoderich herrn von Kempenich geschlichtet worden. 1244 mense decembri. Or. i. Cobl.
1245		
mai 31	Adiaroth	beurkundet (wieder als electus) dass Hermann von Wenden vor seinem tode und nachdar dessen bruder Gebhard in gegenwart des plebans und der burgmänner von Isenburg

1245		
		erklärt haben, auf die leute welche Gevehard Benne selig der kirche zu Wulfersberg geschenkt, keine rechte zu haben. 1245, 2 kal. iuni. — Or. i. Cobl.
iul. 8	Treviris	Weihe der restaurirten basilica St. Maximini durch erzb. Arnold. — Arnoldus, ornatissimo comitatu in Treviros reversus, octavo iulii basilicam sti. Maximini, novis operibus, testudine et choro recens exornatam, dicavit. Brower, Ann. 2.140.
1246		
apr. 23	. . .	belehnt, als administrator von Prüm, Friedrich den rechten erben der grafschaft Hustaden mit den prümischen lehen und genehmigt deren verpfändung an das erzstift Cöln. Günth. 2,211.
mai 23	Hochheim	Antheil an der königswahl Heinrich Raspes zu Veitshochheim bei Würzburg. Gesta Trev. ap. Houth. 802 und Böhmer Reg. imp. —
— 25		(in castris) Zeuge Heinrich Raspes für Corvei
sept. 9	. . .	besiegelt die urk. worin Agnes, verwittwete gräfin von Castel beim Deutschorden in Trier mit 300 Metzer pfund ihre memorie stiftet. 1246 crast. nativ. Marie. — Or. i. Cobl.
1247		
ian. 8	Confluentie	bestätigt dem capitel des St. Castorastiftes zu Coblenz die anordnung des canonicus mag. Conrad's in betreff der bestellung eines priesters für die St. Michaelskapelle. 1247,5 id. ian. Or. i. Coblenz.
apr. 18	Blanken- berch	(in obsidione Thurum) bestätigt das domcapitularische statut über die beständige residenz der mit personaten und officien präbendirten domherren. Blattau Stat. 1,45. — Die burg Thuron an der Mosel war damals im besitz des zum kaiser haltenden Rhein- pfalzgrafen und Baierherzogs Otto des Erlauchten, und wurde durch dessen rheinischen landpfleger Zorno aus dem geschlecht der ritter von Alzei vertheidigt. Vergl. über dessen greulthaten Gesta Trev. ap. Houth. 801.
iun. 19	. . .	entscheidet mit dem archidiakon S. dem custos A. und mit dem official zu Trier den streit des klosters st. Mariae ad Martyros zu Trier mit Radulph von der Brücke wegen des waldes zu Tavern. 1247, 13 kal. iul. — Or. i. Cobl.
sept. 1	. . .	besiegelt den vertrag zwischen dem St. Florinstift und Deutschorden zu Coblenz wegen der Moselfähre. Günth. 2,223.
sept. 29	ap. Worms	Antheil an dem hier von den päbstlichen legaten Peter Caputius cardinaldiacon von St. Georg ad velum aureum gehaltenen concil. Alb. Stad. vergl. mit der nächstfol- genden urkunde.
oct. 4	. . .	verleiht mit andern genannten deutschen erzbischöfen und bischöfen der St. Cumberts- kirche zu Cöln eine indulgenz. — Kreuser, Cölner Dombriefe 376.
. . . .	. . .	bestätigt die schenkung eines drittels vom zehnten und des patronatrechtes zu Arendoroth seitens des ritters Theoderich daselbst an das kloster St. Thomas an der Kyll. — 1247. Or. i. Cobl.
. . . .	. . .	beurkundet, dass Arnold von Langendorf der kirche zu Wulfersberg seine sämmtlichen besitzungen vorbehaltlich der hälfte deren ertrages für seine und seiner frau Pauline lebenszeit geschenkt habe. Günth. 2,225.
1248		
apr. 18	Andernaci	besiegelt den vergleich des Marienklosters zu Andernach mit dem stift zu Münstermaifeld wegen der zehnten zu Polche. 1248 id. apr. — Chartul. i. Cobl.
mai 1	ap. Werdau	(in castris) Zeuge könig Wilhelm's (der damals Kaiserswerth belagerte) für Duisburg.
— 4	Confluentie	beurkundet, dass der canonicus Richard vom St. Florinstift zu Coblenz vom Deutschen hause daselbst eine hofstatt zu Metriche gegen einen jährlichen zins von zwei pfund wachs und mit der bedingung, dass alles was er darauf erbauen und von grundstücken dazu acquiriren würde nach seinem tode dem Deutschen hause zufalle, übernommen habe. — Hennes Urkbuch 129.
. . . .	———	befiehlt allen pfarrern und vicaren seiner diözese die schuldner und unrechtmässigen besitzer von gütern des klosters Himmerod unter strafe der excommunication zu deren rück- erstattung anzuhalten. 1248. Or. i. Cobl.
aug.	. . .	beurkundet, dass das kloster Himmerod einen bongert ausserhalb der mauern von Trier ad baptismum dem probst Heinrich von Pfalzel auf lebenszeit gegen eine ohm wein jährlich aus dessen wingert von der langmauer verpachtet habe. 1248 mense augusto. Chartul. i. Cobl.
sept. 30	vor Thuron	beurkundet die zwischen ihm und dem erzbischof von Cöln (den kirchlich gesinnten) auf der einen, und dem (kaiserlich gesinnten) pfalzgrafen vom Rhein auf der andern seite gemachte sühne. Die erzbischöfe werden in alle die gewer gesetzt wie zur zeit des pfalzgrafen Heinrich. Aller schaden seit Zorno pfleger von Thuron ward und die belagerungskosten werden dem erzbischof von Trier ersetzt. Wenn alles erfüllt ist,

1248		
		antwortet der graf Heinrich von Lützelburg das haus zu Thuron dem pfalzgrafen, wenn dieser aber nicht erfüllt dem erzbischof von Trier. Honth. 1,733. Günther cod. dipl. 2,229. Höfer deutsche Urk. 3. Vergl. Böhmer Reg. welcher das datum berichtigt hat und Gesta Trev. ap. Honth. 801. wonach der erzbischof von Trier die burg zwei jahre lang belagert hatte.
oct. 00	. . .	beurkundet einen vergleich zwischen dem kloster Himmerode und dem ritter Gillo von Mesenheim aber den zehnten der pfarrei Metrich, wonach letzterer gegen eine jahresrente von einem fuder wein und drei malter frucht seine rechte an das kloster cedirt. Günther 2,233.
— 30	. . .	bestätigt die frühere schenkung und deren bestätigung der kirche zu Lucenrode seitens des erzbischofs Theoderich und pabst Gregor's an das nonnenkloster auf dem Martinsberg bei Trier. 1248. 3 kal. nov. — Or. i. Cobl.
nov. 8	. . .	beurkundet in etwas anderer form die beilegung des streites zwischen Himmerod und Gillo wie im october. 1248, 6 id. nov. — Or. i. Cobl.
dec. 1	. . .	bestätigt die schenkung der kirche zu Grimualderode an das kloster auf St. Martinsberg bei Trier seitens Theoderich's herrn von Malberg und die bestätigung erzb. Theoderich's. 1248. kal. dec. Or. i. Cobl.
1249		
märz 18	Confluentie	bestätigt den vertrag des probstes mit dem capitel des St. Florinstifts zu Coblenz wegen vertheilung der zehnten. 1249 mense martio erast. Gertrudis. Cop. i. Cobl.
apr. 27	ap. Maguntiam	Zeuge könig Wilhelm's für Johann von Avesnes.
mai 8	Confluentie	verbessert die dem priester der St. Michaelskapelle zu Coblenz vom capitel des St. Castorsstift festgesetzten einkünfte mit einem fuder wein jährlich aus seinen probsteigefällen. 1249. 8 id. mai. Cop. i. Cobl.
aug. 28	. . .	beauftragt den official zu Trier mit der untersuchung der klage des nonnenklosters auf Martinsberg gegen den dechant Johann von St. Paulin wegen berauhung des zehnten und gegen den canonicus Ruger von St. Marien wegen vorenthaltung eines hauses und zinses. 1249, 5 kal. sept. Or. i. Cobl.
— 29	Treveris	Einweihung des altars der heil. Anna in der Paulinskirche zu Trier durch erzb. Arnold.
1250		Schmitt, die kirche des heil. Paulin, 472 nach einer alten inscription.
iul. 00	circa Moguntiam	der erzb. steht im heere könig Wilhelm's dem könig Conrad gegenüber. Ann. Worm. ap. Böhmer 2,187.
— 10	Bopardie	(in obsidione) befiehlt dem abt zu St. Mattheis bei Trier die untersuchung in wahren des domcapitels gegen den domscholaster Th. und die subdiacone wegen nachlässigkeit in ihren kirchlichen pflichten. 1250, 6 id. iul. Or. i. Cobl. — Die damals noch zu den Staufern haltende stadt Boppard wurde durch den gegenkönig Wilhelm belagert. Vergl. dessen Regesten.
— 21	Erinbretstein	erlaubt dem kloster Himmerode in seinen höfen und oratorien, wenn daselbst geweihte tragbare altäre und die nöthigen ornamente vorhanden, messe zu lesen. 1250, 12 kal. aug. Or. i. Cobl. —
1251		
märz 7	Confluentie	bestätigt die schenkung des ritters Johann von Usse aber güter zu Kaimpt an das kloster Himmerode. 1250 non. mart. Or. i. Cobl.
— 12	Erbreitstein	bestätigt die schenkung des ritters Eckebert von Metrich (vom 25. nov. 1260) über güter zu Metriche an das kloster Himmerode. Güuth. 2,249 mit jahr 1250 in festo Georgii, mense martio; daher nach mor. Trev. zu berechnen, welche von diesem jahre an für die folge angenommen wird.
apr. 16	Lugduni	Anwesenheit auf ostern während vierzehn tagen am päbstlichen hofe in begleitung des jungen königs Wilhelm. Der erzbischof, von dessen eifer dieser kecke ritt zeugniss giebt, wurde von pabst Innocenz IV hoch geehrt, und übersetzte dessen rede seinen begleitern ins Deutsche. Gesta Trev. ap. Honth. 802.
iul. 6	. . .	besiegelt die urkunde Symon's von Sponheim, worin derselbe seine güter und das patronatrecht zu Rile gegen die besitzungen des triercapitels zu Sprendelingen vertauscht. 1251 in octavis Petri et Pauli. Chart. i. Cobl.
oct. 1	Treviris	incorporirt dem Cistertienser nonnenkloster Rosenthal mit consens des patronatsherrn Johann's herrn von Nurberg die pfarrkirche zu Hanbach. Gnth. 2,251. —
— 1	———	ertheilt dem von der gräfin Irmengarde von Lucenburg gestifteten Cistertienserkloster bei Arlons dieselben rechte und freiheiten welche die andern klöster dieses ordens geniessen. Honth. 1,735.

1251		
oct. 2	Treviris	bestätigt des Paulinstifts zu Trier statut über den genuss der präbenden abwesender chorherren. 1251, 6 non. oct. Chart. i. Cobl.
1252		
ian. 26	Erinbrech-stein	beauftragt den pleban von Hedensdorf mit der excommunication aller, die sich dem begräbnisse Arnold's von Langendorf genannt Domicellus im kloster Wolfersberg widersetzen, namentlich dessen verwandte, da Arnold sammt seiner mutter Paulne seine güter zu diesem zweck vermacht habe. 1251 febr. 6. post convers. Pauli. — Or. i. Cobl.
märz 23	Treviris	bestätigt den von erzb. Theoderich am 21. iul. 1241 genehmigten vertrag zwischen den bürgern zu Trier und Coblenz wegen des schiffszolls. 1251, 10 kal. apr. Or. i. Cobl. wonach das datum bei Günth. 2,250 zu ergänzen. —
apr. 1	—	incorporirt dem St. Castorstift zu Coblenz als ersatz der zur befestigung der stadt dem stift entzogenen wingerten die pfarrkirche zu Brubach. — Günth. 2,253; verglichen mit dem or. zu Cobl. welches den bei Günther fehlenden ausstellungsort hat. —
— 4		bestätigt die incorporation der kirche St. Gangolf der abtei Metlach und verordnet dass deren vicar den dritten theil des zehnten beziehen soll. 1252, 2 non. apr. Or. i. Cobl.
iun. 24	Confluentie	erlaubt dem schöffen Ernest zu Andernach die kapelle und den kirchhof bei dem dortigen hospital, durch einen andern bischof falls er verhindert, weihen und einstweilen die messe auf einer geweihten altartafel celebriren zu lassen. 1252 8 kal. iul. Chartul. i. Cobl.
iul. 16	—	erlaubt dem schöffen Ernest zu Andernach die einweihung der hospitalskirche daselbst durch einen andern bischof. 1252, 17 kal aug. Chartul. i. Cobl.
aug. 20	Treviri	beurkundet einen schiedsrichterlichen vergleich zwischen dem kloster St. Thomas an der Kyll und dem ritter Rudolf von der Brücke zu Trier, wonach letzterer solange seine schwester Petrissa in diesem kloster lebt jährlich vier trier. pfund vom zehnten zu Kestente an dasselbe zahlen soll. 1252 in die Bernardi. Or. i. Cobl.
sept. 00	. . .	bestätigt einen gütertausch des scholasters Rudolf zu Wetzlar mit dem kloster Arnsburg in der Wetterau. Scriba Hess. Reg. Abth. 2. no. 416. Baur, Urkb. des klosters Arnsburg, 208 extr.
. . .	. . .	bestätigt die privilegien des klosters Clairefontaine bei Arlons. Extr. Publicat. de la société pour la recherche et conservation des monumens hist. dans Luxembourg. 4,25.
1253		
ian. 1	Confluentie	erlaubt dem hospital zu Andernach die errichtung einer kapelle mit glocke und kirchhof und stellt sie unter die leitung von religiosen. 1252 kal. ian. — Chartul. i. Cobl.
märz 28	Treveri	schliesst mit denen von Arras einen vertrag über den besitz und bau der burg Arras. Günther 2,259.
— 28		beurkundet, dass wenn er den frieden mit denen von Arras brechen würde, dieselben sich von der burg Schwarzenberg gegen ihn helfen sollen. 1253 fer. 6 post annunciat. domini. Or. i. Cobl.
mai 20		beurkundet die verlegung eines erblichen iahrzinses von zwei soliden, welchen der ritter Richard vom Pallast an's domcapitel zu Trier zu entrichten hat, von einer wiese bei Weiler auf eine andere ober der Olewig. 1253. 13 kal. iun. Or. i. Cobl.
iul. 25	. . .	beurkundet, dass die grafen Walram und Otto von Nassau ihm die vogtei zu Coblenz für 600 und den hof zu Valendre nebst der vogtei zu Paffendorf für 100 mark kölnischer pfennige auf widerkauf verkauft haben. Kremer orr. Nav. 2,292. (Fischer) Geschlechts-Register der Häuser Isenburg etc. 2,30.
oct. 4	Confluentie	bestätigt die verpachtung des drittels vom zehnten zu Miesenheim seitens des St. Castors-stiftes zu Coblenz an probst und convent von St. Marien bei Andernach. 1253, 4 non. oct. Or. i. Cobl.
— 5	. . .	besiegelt Mefrid's herru von Numagen vergleich mit dem kloster St. Thomas a. d. Kyll wegen der dem kloster von seinem oheim Mefrid geschenkten güter. 1253, 3 non. oct. — Or. i. Cobl.
. . .	. . .	Gegenwart bei der schenkung eines wingerts zu Metrich seitens des Coblenzer bürgers Heymo an kloster Himmerode. Günth. 2,262.
. . .	. . .	beurkundet einen vergleich zwischen Heinrich, dem sohne des herrn de Petra, als pastor zu Bettenfeld und Merfeld und dem kloster Himerode wegen des zehnten des hofes Rodenbusch. 1253. Chart. i. Cobl.
1254		
iun. 6	. . .	beurkundet, dass Johann von Cochem dem kloster Himmerod sein allodium bei Wintrich, vorbehaltlich lebenslänglicher nutzniessung. geschenkt habe. 1254 mense iunio. sabb. caritas dei. Or. i. Cobl.
— 26	Treveri	schenkt dem Deutschordenshause zu Coblenz die pfarreien Herborn und Nieder-Zeuzheim.

1254		
		Gudau, Cod. dipl. 4,884. Kremer Orr. Nass. 2,295. Hennes Urkbuch des Deutsch-ordens 144.
ang. 5	Treveri	incorporirt dem refectorium des doms zu Trier die pfarrei Schelingen. 1254 non. aug. — Or. i. Trier.
— 25	Malendre	beurkundet, dass sein vetter Th. der iunge, der sohn Salentin's von Isenburg, von der klage gegen das Deutsche haus zu Coblenz wegen der feldmarken in Mallendar gänzlich abstehen wolle. Hennes Urkbuch 146.
sept. 16	Confluentie	bestätigt dem capitel des St. Castorstifts zu Coblenz dessen statut wegen einziehung der
1255		gefälle nicht residirender chorherren. 1254, 16 kal. oct. ind. 12. Or. i. Cobl.
apr. 4	Treviris	kauft für seine lebenszeit von der abtei Laach um 700 köln. mark deren höfe zu Weiss, Leudesdorf und Mnischeid. — (Fischer) Geschlechtsregister von Isenburg etc. 201. — Wegeler Kloster Laach 2,34.
— ——		ertheilt den schwestern bei St. Gervasius zu Trier geistliche regeln. Honth. 1,736.
mai 21	Confluentie	bestätigt den verkauf des abteilich Laacher hofs zu Heimbach an das kloster Rommersdorf. — Wegeler, Kloster Laach 2,35.
aug. 7	. . .	entscheidet einen streit zwischen dem capitel des St. Castorstifts zu Coblenz und dem ritter Heinrich Persich von Rupach wegen des zehnten zu Rupach. 1255, 7 id. aug. — Or. i. Cobl.
1256	. . .	incorporirt auf bitte des abts und convents von St. Mattheis bei Trier dem nonnenkloster Marienberg bei Boppard die kirche zu Neunich. Mit iahr 1255. Or. i. Cobl.
ian. 4	Confluentie	überträgt dem schulaster des St. Florinstifts zu Coblenz die aufrechthaltung des urtheils das in dem streite des collegiatstifts zu Carden mit dem ritter Peter von Elz wegen des stifts berechtigungen im walde von Treiss gefällt worden. 1255, 2 non. ian. Or. i. Cobl.
febr. 25	. . .	Zenge des capitels zu Lonnig als dasselbe seinen hof zu Rheinbachweiler dem closter Himmerode verkauft. — 1255, 6 kal. mart. Chart. i. Cobl.
apr. 11	. . .	vidimirt die bulle des pabstes Innocentius IV dd. Lugduni 4 non. mart. pont. a. 8. an den abt sti. Benigni Divionensis, in der diozese von Langres in betreff des cistertienser ordens, dass derselbe durch eine frühere verordnung über den geistlichen gerichtsstand, nicht in seinen privilegien beeinträchtigt werde. 1256, 2 id. apr. — Or. i. Cobl.
— 00	. . .	trennt die kapelle des schlosses Viauden vom pfarrverbande mit Rodo und erhebt sie zur eignen pfarrel. Honth. 1,739.
ian. 5	Treviris	ertheilt dem St. Pauliusstift bei Trier behufs anschaffung von paramenten und anderem kirchenornat eine indulgenz. 1256 non. iun. Or. i. Cobl.
— 9	Ehrenbreitstein	besiegelt die urkunde des abts und convents zu Laach über den verkauf ihrer güter zu Winningen an das kloster St. Martin zu Coln. Wegeler Kloster Laach 2,36.
iul. 29	Treveri	bestätigt die schenkung des patronatrechtes über die pfarrkirche zu Lassenich und zugehörigen kapellen zu Rachtig, Zeltingen und dieselben dem kloster Himmerode von seiten der erben des grafen Heinrich von Sain an den Deutschorden zu Trier. 1256, 4 kal. aug. Or. i. Cobl.
aug. 16	— ——	vergleicht sich mit der abtei Prüm wegen des baues der burg zu Kyllburg und dass er die hohe und der abt die niedere gerichtsbarkeit daselbst haben sollen. 1256, 17 kal. sept. Or. i. Cobl.
sept. 20	Confluentie	bestätigt die dotirung des St. Niclausaltars in der kapelle zu Weiss seitens der pfarrgenossen daselbst und dessen besetzung mit einem eignen kaplan. Günth. 3, anh. 10.
dec. 10	Erinberthstein	beurkundet, dass Anselm Volleist für sich und seine verwandten auf alle dienstrechte an die kinder C. von Ulriche verzichtet und dieselben dem kloster Himmerode überwiesen
1257		habe. 1256, 14 kal. ian. — Or. i. Cobl.
ian. 1	Frankenford	Anwesenheit in Frankfort mit dem herzog von Sachsen und den machtboten Böhmens zur bestimmung eines wahltags, während mehrere andere mit waffenmacht erscheinende und darum nicht eingelassene fürsten vor der stadt den Richard von Cornwallis zum römischen könige erwählen. Nach den angaben in pabst Urban's IV schreiben Qui coelum etc. d. d. Orvieto 1263 aug. 31 bei Raynald 1263 § 46.
febr. 10	Ehrenbreitstein	Aufenthalt daselbst apud castrum, quod quasi pro domicilio inhabitatis, wie der schluss des vom domcapitel, dem St. Paulin- und Simeonsstift zu Trier in der domkirche publicirten und an den erzbischof gerichteten mahnschreibens bei Honth. 1,738 lautet.
märz 4	Treveris	antwortet dem domcapital, dem St. Paulius- und Simeonsstift auf deren klageschrift, verdammt deren bündniss und fordert sie auf, bis nächsten sonntag Laetare spätestens zu ihrer pflicht zurückzukehren. 1256, 4 non. mart. — Chartular i. Cobl.

1257		
apr. 1	Franken-furd	Erzbischof Arnold erwählt auf Palmtag für sich und in vollmacht des königs von Böhmen, des herzogs von Sachsen und des markgrafen von Brandenburg den könig Alphons von Castilien zu einem römischen könige. Pabst Urban sub Orvieto 1263 aug. 31 bei Raynald 1263 § 46. Vergl. Gesta Trev. ap. Honth. 803.
— 7	. . .	beauftragt den abt von St. Martin zu Trier, das kloster Himmerod gegen alle anfechtungen der schenkung des mag. Meinward's, weiland scholasters von St. Castor zu Coblenz, in schutz zu nehmen. 1257 in vig. Pasche. Chartul. i. Cobl.
— 0	. . .	belehnt Gerharten herrn von Kempenich, nachdem derselbe mit consens seiner ehefrau Beatrix die burg und herrschaft Kempenich dem erzstift resignirt, damit und verschreibt sie der ehefrau als ihr witthum. 1257 mense apr. Chartul. i. Cobl.
mai 9	Bopard	Gefecht, nachtheiliges mit dem erzb. Gerhard von Mainz bei der belagerung der königspfalz durch den erzbischof von Trier. — In bezug auf diesen vorgang schrieb könig Richard an den erstgebornen des königs Eduard von England seinen neffen sub dato Achen 1257 mai 18: Leta nova nostris affectata desideriis occurrerunt, videlicet quod ven. nepos Mog. etc. adhibita sibi ex nostris fidelibus ingenti copia bellatorum die mercurii proxima post festum etc. Johannis ante Portam latinam cum aepo. Trev. nostri calumnia inimico, qui in nostri nominis et honoris dispendium cum magna multitudine armatorum castrum nostrum et palatium Bopard vallaverat et ad expugnationem ipsius multas machinas instauraverat, gloriose congressus in prelio, contra eum obtinuit victoriam et triumphum, et ipso aepo Trev. cum quibusdam ex suis vix per dedecorose fuge presidium evadente ac nonnullis occisis, multos ex suis militibus et familiis et aliis suis complicibus captivavit. Ecce quam animosus et bellicosus archiepiscopus habemus in Alemannia! Gebauer Leben Richard's 338 aus Rymer.
aug. 18	. . .	beurkundet, dass der ritter Heinrich Paffe dem kloster Himmerode seine güter bei Lotzbeuern geschenkt habe. 1257 sab. post assumpt. Marie. Or. i. Cobl.
sept. 5	Treviris	tritt der entscheidung des clerus der stadt Trier bei wegen der vom dom und den capiteln St. Paulin und St. Simeon gegen ihn erhobenen beschwerde. Blattau Stat. 1,51. —
nov. 30	. . .	vergleicht das nonnenkloster Horreum zu Trier mit dem ritter Jacob von Ensinbruch wegen der vogtei bei den dingtagen, welche derselbe nur lebenslänglich und nicht erblich besitzen soll. 1257 in die Andree. Chartul. i. Cobl.
dec. 21 1258	Treveri	bestätigt dem kloster Arnsburg in der Wetterau die ihm vom bischof Th. von Virous zur kirchweihe ertheilten indulgenzen. Bauer Urkb. des Kl. Arnsborg. s. 51.
ian. 9	. . .	bestätigt wie sein vorgänger erzb. Theoderich 1215 die urkunde des erzb. Egbert von 981 über die restitution der dem St. Paulinsstift bei Trier entzogenen güter. 1257,5 ld. ian. Or. i. Cobl.
— 17	Treveri	vidimirt und erneuert die urkunden seiner vorgänger der erzbischöfe Egilbert, Johann und Theoderich über die schenkung der güter in Bedgau seitens der frau Irmintrud von Saium an das St. Simeonstift zu Trier. 1257 fer. 5, post octav. epiphan. — Chartul. i. Cobl.
— 00	. . .	vidimirt die urkunden Theoderich's, weiland des probstes zu Bidburg, und dessen sohnes, des ritters Theoderich, über deren verzicht und schenkung des zehnten und patronatrechts zu Dalheim und Trimporten an das kloster Himmerode. 1257 mense ian. — Or. i. Cobl.
febr. 13	. . .	unterwirft die entscheidung seines streites mit den gotteshäusern der stadt Trier wegen der iurisdiction auf deren besitzungen dem anspruche zweier prälaten. 1257. ld. febr. Cop. i. Cobl.
märz 18	. . .	bestätigt die schenkung mag. Meynward's, weiland scholasters des St. Castorsstifts zu Coblenz an das kloster Himmerode (über renten zu Andernach und Arinstein) behufs seines universariums. 1257, 15 kal. apr. Or. i. Cobl.
mai 22	iuxta Valendre	(in insula) beurkundet den sühnevertrag zwischen Heinrich herrn zu Isenburg und Gerlach herrn zu Limburg über die veste Cleberg und Habecheberg und wegen schlichtung künftiger streitigkeiten. (Fischer) Geschlechtsregister der häuser Isenburg u. s. w. 34.
iul. 6	. . .	verträgt sich mit dem ritter Gerard von Urley wegen dessen lehengüter zu Risant, worauf Gerard verzichtet und des erzb. burgmann auf Neuerburg wird. 1258 in octava Petri et Pauli. Or. i. Cobl.
sept. 12 1259	Confluentie	inhibirt das verfahren des grossarchidiakons zu Trier gegen die stadt wegen eingelegter appellation. 1257 2 ld. sept. Chartul. i. Cobl.
febr. 15		(in ecclesia sti Castoris) überlässt den canonikern von St. Castor und St. Florin und der gemeinde zu Coblenz das ungeld für den stadtbau. Günther 2.290.

7

1259

iun. 25 . . . bestätigt den vergleich erzb. Theoderich's von 1231 zwischen dem nonnenkloster Rode (Marienrode) und dem ritter Arnold von Dievelich wegen dessen vogteirechte. 1259 7 kal. iul. Cop. i. Cobl.

nov. 0   Monthabor   Tod. Sein Leichnam wurde nach Trier gebracht und im dom beigesetzt ad sinistram latus chori prope altare S. Agnetis nonis novembris pontificatus sui anno 16. Gesta Trev. ap. Honth. 803. — Es erfolgte nun am 5. dec. eine zwiespältige wahl des Arnold von Schleiden auf der einen und des Heinrich von Bolanl, archidiacons von Trier auf der andern seite, die ihre streitsache vor den päbstlichen hof brachten, wo sie jedoch beide trotz eines zweijährigen aufenthaltes keine bestätigung erhalten konnten. Gesta Trev. ap. Honth. 806.

Undatirte Urkunden Arnold's. 1242—1259.

. . . . . verbiethet der gemeinde Noviant und Maring, wie sein vorgänger erzb. Theoderich, die viehweide in der neuwiese bei dem Himmeroder hofe Siebenborn. — Cop. i. Cobl.

. . . . . bestätigt der kirche zu Metlach, wo der leib des heil. Ludwin ruht, einen hof zu Trier an der Mosel und darin die kirche des heil. Johannes des Täufers. Chartul. i. Cobl.

. . . . . bestätigt die verpachtung des sechstels vom zehnten zu Miesenheim nach dem verzicht des bisherigen pächters, des ritters Gerhart von Miesenheim, seitens des St. Castorsstifts zu Coblenz an das kloster Himmerode. Or. i. Cobl. vergl. 1253 oct. 4.

iun. 14 . . . bestätigt der kirche des abts Heinrich von St. Maximin bei Trier d. d. 1256 aber die schenkung von Rutbiche, Meuningen, Mondorf u. s. w. an das hospital daselbst. Wurdtw. nova Subsid. 13,322 mit 1266, 19 kal. febr. —

1260—1286. Heinrich II. 1260.

1260

aug. 00   Anagnie   Ernennung durch pabst Alexander IV. Heinrich von Vinstingen damals decan von Metz befand sich um die zeit als die streitige wahl verhandelt wurde als beauftragter seines verwandten des bischofs Walter von Strassburg am päbstlichen hofe, und erhielt nun die päbstliche provision, doch noch ohne das pallium aber schuldenbelastet. Gesta Trev. ap. Honth. 806. womit jedoch auch der abweichende und für erzb. Heinrich minder günstige text Wyttenbach's zu vergleichen ist. — Die zeit der provision ergiebt sich aus der päbstlichen bulle vom 20 aug. 1260 welche ihm für die nächsten fünf iahre einen jahresertrag aller ledig werdenden pfründen zuwies. Vergl. beim 31 mai 1261. — Siehe auch v. Stramberg, Rhein. Antiquarius 1. Abth. 4. Bd. S. 557—565.

nov. 17   Treviris   Ankunft. Anno domini 1260. 15 kal. dec. missus est Treviensi populo electus et pastor memoratus. Gesta Trev. ap. Honth. 806. ed. Wyttenbach hat 1262. 13 kal. dec.

1261

märz 25 . . . beurkundet als electus einen vergleich zwischen dem grafen Philipp von Vianden und dem Templerorden wegen der pfarrkirche zu Rode. Neyen bist. de la ville de Vianden 2,18. —

mai 2 . . . giebt als aepus seinem domcapitel den hof zu Rübingen zurück, welchen erzb. Arnold sel. für einen jahrzins innegehabt hatte. 1261 crast. dnc. Quasimodogeniti. Or. i. Cobl.

— 0 . . . besiegelt den vergleich der abtei St. Mattheis bei Trier mit Heinrich herrn von Isenburg wegen der güter zu Vilmere. 1261 mense maio. Or. i. Cobl.

— 31 . . . publicirt des pabstes Alexander's IV bulle d. d. Anagni 13 kal. sept. pont. a. 6. (1260 aug. 20) welche ihm auf fünf iahre den jahresertrag aller erledigt werdenden pfründen gestattet. 1261 fer. 3. post. Maximini. Chartul. i. Cobl.

iun. 16 . . . Zeuge bei der theilung der dem St. Simeonsstift zu Trier und dem kloster Himmerod gemeinschaftlichen waldungen bei Graudesdorph fer. 5 post Penthecosten. Or. i. Cobl.

iul. 00   ante Argentinam   Zuzug mit 1700 gewaffneten zu gunsten des Walter von Geroltseck bischofs zu Strassburg, seines verwandten, in dessen streit mit den bürgern von Strassburg. Conflictus ap. Husbergen ap. Böhmer 3,122 giebt die zeit. Richer. Senou. ap. Böhmer 3,60. Gesta Trev. ap. Honth. 806.

nov. 20 . . . nimmt das neu gegründete nonnenkloster St. Catharinen bei Rennenberg in der parrochie von Linz in seinen besondern schutz. 1261, 12 kal. dec. Cop. i. Cobl.

1261		
nov. 0	in Confluentia	beurkundet einen vergleich zwischen der abtei Marienstatt und Diether herrn zu Molsberg wegen der iurisdiction zu Kirberg. Beweiss dass die Abtei Marienstatt wider die Ermächtigungen der Grafen von Sain im Besitz der Immunität u. s. w. 2,9.
1262		
ian.	. . .	incorporirt dem krankenhause des klosters St. Marien ad Martyros zu Trier auf die bitte dessen abtes Robert, als patronatsherrn, die St. Petrikirche bei Dydeburch. 1261 mense ian. Or. i. Cobl.
mai 8	. . .	bestätigt als electus et consecratus in acp. Trev. dem refectorium des St. Simeonsstifts zu Trier die incorporation der kirche zu Winchern. 1262, 8 id. mai. Chartul. i. Cobl.
aug. 28	ap. Erenbretstein	vergleicht sich mit Werner dem probst des St. Castorsstifts zu Coblenz wegen der seinem vorgänger erzb. Arnolden zum bau des Stolzenfelses vorgeschossenen gelder und weist ihm dafür 400 köln. mark auf die gefälle zu Coblenz und Lonstein an. Gauth. 2,307.
sept. 5	. . .	beurkundet den empfang der über die verleihung einer domprähende an Robert von Warnesberg seitens des pabstes Urban IV sprechenden urkunden. 1262 fer. 3. ante nativ. Marie. Or. i. Cobl.
1263		
iul. 6	. . .	vergleicht sich als Trevirorum aepus mit dem ritter Gerhard von Urley wegen der lehengüter bei Kilunt und macht ihn zu seinem burgmann auf Neuerburg. Honth. 1,700. Diese von Houtheim mitgetheilte urk. ist ohne zweifel eine fehlerhafte abschrift des originals vom 6. juli 1258.
oct. 2	Palaoioli	beauftragt als electus den probst zu Audernach den streit des klosters Himmerode mit dem ritter Theoderich von Laudiscrone wegen der von dem canonicus Meinward dem kloster geschenkten güter zu Andernach und Ludinsdorf zu untersuchen und zu schlichten. 1263 erast. Remigii. Or. i. Cobl.
. . .	. . .	schliesst als electus für sich und seine helfer. namentlich Wilhelm von Schwarzenberg, mit dem Wildgrafen Conrad und dessen Enicho frieden und einen vertrag wegen des vor Schwarzenberg erlittenen schadens und wegen auswechselung der gefangenen. Honth. 1,765.
nov. 10	. . .	vergleicht sich mit den burgmännern von Moncleir wegen der güter im Saargau, des schadens aus der Schwarzenberger fehde und der güter zu Contz. Honth. 1,757.
1264		
iul. 31	. . .	vergleicht sich mit dem grafen Heinrich von Luxemburg wegen der übergabe der schlösser Vianden und Belleroste an dessen bruder Philipp. Neyen, hist. de Vianden 2,20.
1266		
iun. 28	Viterbii	bestätigt als electus, confirmatus et consecratus aepus die stiftung des hospitals zu Andernach mit der kapelle und dem kirchhofe, verleiht derselben eine indulgenz und stellt es unter den abt zu Rommersdorf. 1266 vig. Petri et Pauli. Or. i. Cobl.
1267		
ian. 5	———	Verhör des erzb. Heinrich vor pabst Clemens IV. Die vorgelegten fragen: seit wann er den erzbischöflichen stuhl bekleide, warum er das pallium nicht nachgesucht, ob er messe gefeiert, wegen der gefangenschaft des plebans Conrad von Coblenz, wegen der burg wo der abt von St. Mattheiss gefangen und was er für dessen befreiung gethan, wegen des zolls zu Coblenz und consecration des bischofs Philipp von Metz, beantwortet Heinrich bei Honth. 1,765. Martene Coll. 4,470 woselbst auch des erzbischofs vertheidigung und deren widerlegung folgt. Honth. 1,767 etc. and 773 etc.
dec. 19	———	Suspension Heinrich's ab officio et beneficio aus weitläufig angegebenen gründen durch pabst Clemens IV. Honth. 1,784. Lüuig Reichsarchiv 20,89. Durch bulle d. d. Viterbii, id. apr. pont. a. 4. (1268 apr. 13.) beauftragte pabst Clemens seinen nuntius Bernardus de Castaneto mit der verwaltung des erzstifts. Chart. i. Cobl. vergl. Gesta Trev. ed. Wyttenbach, 2,91. —
1269		
apr. 14	Wormatie	Antheil an dem auf Jubilate hier von könig Richard gehaltenen reichstage, auf welchem der rheinische landfriede erneuert wurde. Ann. Wormat. ap. Böhmer 2,205.
1270		
aug. 3	. . .	beurkundet als electus et in aepum consecratus mit dem grafen Godfrid von Sain den ehevertrag zwischen Walther dem ältesten sohne Heinrich's herrn von Geroldseck und grafen von Veldenz einer- und Ymena, der tochter des grafen Symon von Sayn, andererseits. Acta Acad. Theod. Palat. 2,300.
1272		
sept. 21	ap. Urbem veterem	Schiedsspruch zweier cardinäle zwischen Heinrich erwähltem von Trier und Theoderich abt von St. Mattheiss, welche beide anwesend waren. Honth. 1,794. — In folge dieses schiedsspruches hob der pabst Gregor X die suspension wieder auf und gab dem Heinrich die verwaltung des erzstifts zurück. Vergl. die desfallsige umständliche beurkundung ohne datum bei Honth. 1,796 und Martene Coll. 4,324.
1273		
febr.	. . .	incorporirt dem nonnenkloster St. Thomas an der Kyll die pfarrei Rusport. 1272 mense febr. Chart. i. Cobl.

7*

1273		
april	. . .	incorporirt dem St. Mattheiskloster zu Trier die kirche zu Bedestorf. 1273 mense apr. Or. i. Cobl.
mai 21	. . .	bestätigt und besiegelt die vor ihm vermittelte sühne der Trierischen geistlichkeit mit dem grafen Heinrich von Luxemburg. 1273 dominic. post ascens. domini. Chart. i. Cobl.
inl. 3	. . .	beurkundet den empfang der bulle des pabstes Gregor X d. d. apud Urbem veterem 7 id. mai. pont. a. 2. worin derselbe den streit zwischen dem Deutschorden zu Trier und dem grafen Walram von Sponheim wegen der pfarrei Lossonich entscheidet. 1273 fer. 2. post Petri et Pauli. Or. i. Cobl.
— 13	ap. Celle	(super Mosellam) befreit mit dem probst Otto von St. Wido zu Speier in folge der bulle des pabstes Gregorius dd. ap. Urbem veterem 3 non. mai pont. a. 2. den Rheinpfalzgrafen Ludwig von der excommunication. Acta Acad. Theod. Palat. 6,324.
aug. 22	Confluentie	ertheilt dem oratorium des nonnenklosters Allerheiligen zu Oberwesel eine indulgenz. 1273 in octav. assumpt. Marie. Or. i. Cobl.
sept. 11	Treviris	In generali capitulo Zeuge der schenkung der burg Bischofstein seitens des archidiakons Heinrich von Bolanden an das domcapitel. Honth. 1.802.
— 29	Frankenford	Antheil an der königswahl des grafen Rudolf von Habsburg.
oct. 24	Aquisgrani	Anwesend bei Rudolf's von Habsburg königskrönung.
— 25	——	giebt seinen willebrief zu könig Rudolf's privilegium vom heutigen wodurch er dem burggrafen Friedrich von Nürnberg eventuel die lehenfolge seiner tochter Maria und anderer töchter gestattet. Oetter, Gesch. der Burggr. 2,615.
— 25	——	giebt seinen willebrief zu Rudolf's privilegium vom heutigen, wodurch die von einem dienstmanne, nämlich dem Ulrich von Minzenberg abstammende ehefrau des edeln mannes Reinhard von Hanau für freigeboren erklärt wird. König. Reichsarchiv 11,520.
— 29	——	Zeuge Rudolf's für Achen.
1274		
febr. 14	. . .	incorporirt der probstei St. Martin zu Worms die kirche zu Spey. 1273 die Valentini. Or. i. Cobl.
— 00	. . .	besiegelt Friedrich's herrn von Covern urkunde über die verpfändung der vogtei zu Polch an das abtei St. Mattheiss bei Trier. Günth. 2.385.
märz 14	Treveri	bestätigt die zwischen den herrn (domini) und nonnen (sanctimoniales) von Schiffenberg am 13 inli 1263 vor dem stadtrath von Giessen beurkundete gütertheilung. Baur Urkk. zur Hessischen Landesgesch. 98 extr.
apr. 24	. . .	besiegelt des Kölner domherrn Walram von Sponheym verzicht auf seine ansprüche an das patronatsrecht zu Lossonich, Rateche, Celtank und Erden. — 1274, 8 kal. mai. Or. i. Cobl.
mai 20	Treveri	ertheilt dem minoritenkloster zu Soest zu dessen aufbau eine indulgenz. 1274, 13 kal. iun. mitgetheilt von herrn dompropst Dr. Holzer aus der Kindlingerschen Sammlung in Münster.
iun. 6	Lugduni	giebt mit vielen genannten erzbischöfen und bischöfen, mit dem burggrafen Friedrich von Nürnberg und dem grafen Gottfried von Sain beglaubigte abschrift der urkunde des canzlers und specialbevollmächtigten königs Rudolf's über die eidliche beschwörung der von Otto IV und Friedrich II dem römischen stuhle ausgestellten eide und privilegien. Böhmer Regesten.
oct. 18	. . .	bestätigt das testament mag. Jakob's Helline zu Trier und verzichtet auf seine rechte an den gütern welche derselbe dem kloster Himmerode vermacht hat. 1274 die Luce evang. — Or. i. Cobl.
1275		
ian. 4	. . .	bestätigt den verkauf von gütern zu Metrich seitens der abtei Sayn an die klöster Himmerode und Marienstatt. 1274 in octav. ss. innocentum. Or. i. Cobl.
— 5	. . .	bestätigt der abtei Sayn die schenkung der matrone Jutta von Zweinbrücken, der wittwe Theoderich's herrn von Isenburg über ihre güter zu Uffusen, womit dieselbe ihr anniversarium daselbst gestiftet. 1274 vig. Epiphan. Chart. i. Cobl.
— 5	Confluentie	besiegelt des ritters Th. von Ulmen urkunde über den verkauf des hofs Emmig an die abtei Laach. Günth. 2,390.
— 12	. . .	besiegelt die urkunde der herren von Polch, worin sie dem grafen Heinrich von Virnenburg die novallen von den in ihrem eigenthum gelegenen grundstücken für 2 mark jährlich überlassen. 1274 fer. 7. post Epiphan. Or. i. Cobl.
— 30	. . .	besiegelt Walther's von Hyldebranden verpfändung des halben zehnten zu Selvingen an das kloster St. Mattheiss bei Trier. 1274 fer. 4 ante purif. Maria. — Chart. i. Cobl.

1275

apr. 28	. . .	beurkundet, dass der ritter Daniel von Wunnenberg auf alle seine rechte an das dorf Sernowe, welches er von dem St. Mattheiskloster bei Trier als lehen hat, verzichtet, und den tauschvertrag dieses klosters mit Johann, dem schwiegersohne Heinrich's von Gewilre, schoffen zu Trier, wegen dieses dorfes bestätigt habe. 1275 dominica secunda post Paschae. Or. i. Cobl.
inn. 12	. . .	bestätigt dem St. Martinsstift zu Worms die incorporation des zehnten zu Salzeche. 1275 die b. Nazarii et sociorum eius. Or. i. Cobl.
inn. 15	. . .	protestirt gegen die, in der von ihm besiegelten urkunde vom 12. inn. der dieser protest angehenkt ist, enthaltene benennung eines der erben namens Friedrich als herrn von Covern, da diese burg ausschliessliches eigenthum des erzstifts sei. 1275 sab. post octav. Penthecostes. Or. i. Cobl.
— 0	Treviris	ertheilt dem nonnenkloster Stuben zum neubau einer kapelle worin die reliquien vom kostbaren blute Christi und lebendigen kreuze aufbewahrt werden sollen eine indulgenz. 1275 mense iunio. Or. i. Cobl.
aug. 20	Confluentie	ertheilt dem kloster Marienberg bei Boppard behufs anlage eines neuen kirchhofs eine indulgenz. 1275 fer. 3 post assumpt. Marie. — Or. i. Cobl.
sept. 16	prope Valendre	(super insulam) erneuert das alte schutzbündniss mit den erzbischöfen von Mainz und Cöln, und verspricht dem letztern sein theil des schlosses Thuron nicht zu veräussern, darüber ohne dessen zustimmung keinen vertrag zu schliessen noch daraus demselben keinen schaden zuzufügen. Lacomblet Urkbuch 2,390.
— 20	Confluentie	beurkundet einen zwischen der gemeinde und dem Deutschorden zu Coblenz wegen anlegung einer wegen und thores geschlossenen vertrag. Hennes Urkbuch des Deutschordens 210.
— 29	Stolzenfels	verleiht den in der vorstadt des Stolzinfels wohnenden leuten dieselben freiheiten welche die Coblenzer bürger haben. 1275 in die Michaelis. Cop. i. Cobl.
oct. 2 **1276**	ap. Trys.	bestätigt dem prämonstratenser nonnenkloster Engelport seine privilegien und stellt es unter den abt von Sayn. Günth. 2,407.
inn. 7	Treviris	beurkundet mit seinem domcapitel, dem domprobst, archidiakon D, dem prior der Prediger und guardian der Minoriten die rechnungsablage was. Rogers de Merlomoute über die im erzstift. nach dem beschluss des concils zu Lyon für die diöcesen Trier, Mainz und Salzburg ausgeschriebenen zehentsammlungen für das heil. Land, von ihm gesammelte beiträge. 1275 crast. Epiphan. Or. i. Cobl.
— 7	. . .	schreibt den capiteln von St. Castor und St. Florin und der stadt Coblenz, dass er auf befehl des pabstes Gregor d. d. Belllicardi 2 kal. inn. pont. a. 4. die translocation des körpers der heil. Rucheza vornehmen werde. 1275 crast. Epiphan. — Or. i. Cobl.
febr. 4	in Walminrode	besiegelt die urkunde Godfrid's grafen von Sain aber dessen verzicht auf die fundationsgüter der abtei Mariensatt. — Beweis dass die abtei Marienstatt wider die Ermächtigungen der Grafen von Sain im Besitz der Immunität. 2,14.
apr. 7	. . .	fundirt bei der veste Kyllburg ein collegiatstift und unirt ihm die pfarreien Ludendorp, Usminingen, Eissieren und Bumagen. 1276 fer. 3 post Pasche. — Or. i. Cobl.
mai 16	. . .	ertheilt zum bau der kirche und des klosters zu Kyllburg eine indulgenz. 1276 sab. post ascens. dni. — Churtul. i. Cobl.
inn. 4	. . .	bestätigt eine sentenz des archidiaconus H. in sachen des klosters St. Thomas an der Kyll gegen Everard von Esch wegen güter zu Platten. 1276 fer. 5 post Trinitatis. — Or. i. Cobl.
— 8	. . .	bestätigt den verkauf eines wingerts bei Ley seitens des nonnenklosters Wulfersberg an einen Coblenzer bürger. — Hennes Urkbuch des Deutschordens 216.
— 18	. . .	verspricht die dem grafen Heinrich von Zweibrücken als manngeld schuldigen 400 Metzer denaren, an dessen schwiegersohn, seinen neffen Hugo herrn von Vinstingen in vier iahren mit 100 pfund iährlich aus seinen einkünften zu Wittlich und Berncastel zu bezahlen. 1276 fer. 5. ante Johan. Bapt. Or. i. Cobl.
inl. 28	in Treveri	besiegelt Wirich's herrn von Nanstul genannt von Stein und Dune vergleich mit dem kloster Himmerode wegen der vogteirechte am St. Trudoischen hof zu Brdal. 1276 fer. 3 post Jacobi. Or. i. Cobl.
1277 inn. 13	. . .	besiegelt und bestätigt die schenkung des patronatsrechts zu Dudelindorf seitens des klosters in Herren zu Trier an das stift zu Kilburg. 1276 in octav. Epiph. — Chart. i. Cobl.
febr.	. . .	besiegelt und bestätigt Friedrich's herrn von Covern oder der Neuerburg verpfündung der vogteirechte an dem hofe der abtei St. Mattheis zu Polich im Maifeld an genannte abtei. 1276 mense febr. Or. i. Cobl.

1277

febr. . . . protestirt mittelst transfixum an vorige urkunde gegen die darin enthaltene benennung Friedrich's als herrn von Covern. 1276 wie vorher.

apr. . . . belehnt Gerharden herrn zu Kempenich mit dem ihm aufgetragenen schlosse und herrschaft Kempenich. Günth. 2,429.

nov. 5 Treviri beurkundet mit dem grossarchidiakon, domcapitel, priorn der prediger und guardian der minoriten zu Trier die rechnungsablage der mit einsammlung des zehnten für das hvil. land in der Trierer diozese beauftragten. 1277 fer. 6 post omnium sanctorum. Chart. i. Cobl.

nov. 15 Monasteril setzt in seinem schlosse zu Münstermeyfeld vierzehn scheffen ein welche dieselben freiheiten wie die Coblenzer haben und welche sich dessen was sie nicht wissend sind von den Trierischen scheffen raths holen sollen. 1277, 17 kal. dec. — Chart. i. Cobl.

1278

febr. 9 . . . beurkundet, dass der Trierer schöffe Bonifacius vor ihm dem abt von St. Michel in der diozese von Verdun, als provisorn der abtei St. Marie ad Martiros in Trier seine mühle zu Biber vererbpachtet habe. 1277 mense febr. in octavis puritic. Marie. Or. i. Cobl.

märz 19 . . . verschreibt Elisabethen, der wittwe des grafen Heinrich von Saarwerden, statt der noch ihrem ehemanne schuldig gebliebenen 100 mark manngelder, zehn mark jährlich aus dem dorfe Rule. 1277 sab. ante Oculi. — Chart. i. Trier.

apr. 11 Confluentie überträgt dem abt zu Himmerode die aufsicht über die reclusen zu Walrisheim welche erzb. Arnold dem abten zu Marienstatt gegeben hatte. Günth. 2,431.

— 26 . . . incorporirt dem nonnenkloster Horreum zu Trier die kirche zu Wyntersdorf. 1278 fer. 3 post dominicam Quasimodo geniti. — Chart. i. Cobl.

aug. 19 Confluentie (in domo nostra) beurkundet einen vergleich des nonnenklosters auf dem Worth bei Coblenz mit dem ritter Gerlach von Uneuowe wegen des hofs Syvenborn. 1278 in die Magni mart. — Or. i. Cobl.

sept. 9 . . . verspricht die ihm für 500 mark verpfändete vogtei zu Münstermaifeld und den für 1730 mark verpfändeten hof zu Kerlich bei rückzahlung des pfandgeldes von 2230 mark Aehner denaren an Friedrich herrn von der Neuerburg zurückzustellen. Günth. 2,432.

1279

märz 1 . . . vertauscht der abtei Sayn seinen hof Langendorf gegen deren hof Durremanze worauf er noch 800 Aehener mark herausgiebt. Günth. 2,433.

apr. 21 . . . besiegelt und bestätigt des abts zu Arnstein urkunde über einen vergleich mit dem rector der kirche zu Anderuach wegen 12 mark jahresrente von der kirche zu Winden. Guden Cod. dipl 2,209.

iun. 12 . . . vidimirt des grafen Gerlach von Veldenz urkunde vom 1207 worin derselbe als lehenherr in die verpfändung der hmrie gerechtigkeit zu Cerve, Grimollerode und Hedegerode seitens Peters von Merzig an das St. Paulinstift zu Trier consentirt. 1279, 2 id. iun. — Chart. i. Cobl.

— 15 . . . verleibt dem Lombarden Facinus, bürger zu Trier, auf lebenszeit das allmosenhaus neben der St. Suppliciuskapelle vor der bischöflichen curie. 1279 fer. 5 post Barnabe. — Or. i. Cobl.

1280

ian. 21 . . . bestätigt die besitzungen des St. Elisabethhospitals bei der abtei St. Maximin zu Trier. Würitwein nova Subsidia 13,326.

febr. 14 Confluentie bestätigt die errichtung eines hospitals zu Andernach und nimmt es in seinen besondern schutz. 1279 die Valentini. Chart. i. Cobl.

märz 28 . . . besiegelt Godfrid's herrn zu Eppenstein schenkung des zehnten vom hof zu Brie an das nonnenkloster von Rode. Günth. 2,443.

aug. 31 . . . vergleicht die abtei St. Mattheis bei Trier mit den neben der kirche zu Nidernberg wohnenden reclusen wegen eines an der kirche von den reclusen errichteten baues. 1280 die Paulini epise. Chart. i. Cobl.

1281

märz 17 . . . beurkundet die freizügigkeit der lente in der herrschaft Hunolstein. 1280 lundi devant le mikaresme en mois de mars. Cop. i. Cobl.

apr. 2 . . . gestattet den bürgern von Wetzlar dass, angeachtet der von ihrem pfarrer erhobenen schwierigkeiten, die eheverlöbnisse nicht bloss in der kirche, sondern auch ausserhalb derselben an schicklichen orten geschehen können. 1281 fer. 4 post Judica. Or. i. Stadtarchiv zu Wetzlar.

apr. 7 . . . besiegelt den revers mehrerer Trierer bürger über einen vom kloster Wadegassen ihnen in erbpacht gegebenen wingert bei Trier. 1281 fer. 2 post ramos Palmarum. Chart. i. Cobl.

— 23 . . . wählt mit dem erzb. Sifrid von Cöln zur bessern aufrechthaltung ihres frühern bündnisses ·

1281		
		schiedsrichter, welche ihre vorkommende streitigkeiten sofort schlichten sollen. La- comblet Urkbuch 2,444.
mai 2	. . .	belehnt den ritter Heinrich von Covern mit den zum hofe bei Lobusche gehörigen gütern, welche derselbe dem erzbischof gegen den zehnten und einen theil des patronats- rechtes zu Covern cedirt hatte. — Günth. 2,444.
— 6	. . .	besiegelt und bestätigt des ritters Hermann von Lure anerkennung des schiedsrichterlichen aussspruchs in seinem streite mit dem collegiatstift zu Münstermaifeld wegen des drittels am zehnten zu Mettriche und den wein- und fruchtzehnten zu Kerne. 1281 die Johan. ap. ante. portam lutinam. Or. i. Cobl.
— 24	Confluentie	ertheilt der kirche des Deutschordens zu Coblenz für gewisse festtage eine indulgenz. Hennes Urkbuch 240.
— 24	. . .	acceptirt und genehmigt den von den erzbischöfen von Mainz und Cöln und dem Deutsch- ordensmeister vermittelten vergleich und sühne zwischen ihm und der bürgerschaft zu Coblenz. Honth. 1,814.
— 27	. . .	verschreibt dem edelknecht Heinrich von Durinzheim zehn mark Achener denaren jährlich als burglehen zu Meyen. 1281 fer. 3 post ascens. domini. — Bald. l. Cobl.
ian. 17	. . .	ertheilt der Dominikanerkirche zu Frankfurt für gewisse festtage eine indulgenz. Böhmer Urkbuch der Stadt Frankfurt 204.
nov. 22	. . .	beauftragt den dechant von St. Florin zu Coblenz mit dem zeugenverhör und der ent- scheidung in sachen des St. Castorsstift zu Coblenz gegen Robin von Covern wegen des hofs zu Covern. — Honth. 1,816. (Fischer) Geschlechtsregister der Häuser Isen- burg, Wied u. s. w. 100.
— 23	. . .	erlaubt dem Deutschorden zu Coblenz die schliessung eines weges zwischen der kapelle und dem hospital unter der verbindlichkeit zur anlegung eines andern minder stören- den. Hennes Urkbuch 243.
— 30	. . .	besiegelt und genehmigt Godefrid's von Eppenstein schenkung des zehnten zu Brie an das
1282		St. Martinsstift zu Worms. Günth. 2,417.
ian. 29	. . .	besiegelt und bestätigt Robin's von Covern verkauf seiner güter und rechte zu Lehmen an das St. Simeonsstift zu Trier. Honth. 1,813.
febr. 21	. . .	besiegelt des vogts Friedrich von Merle schenkung seines antheils an der mühle bei Merl und an den mit seinen brüdern gemeinschaftlichen waldungen an das kloster St. Thomas au der Kyll. Günth. 2,449.
apr. 7	Oppenheim	Zeuge Rudolf's für Mastricht.
sept. 22	Bopardie	giebt seinen willebrief zur belehnung der söhne könig Rudolf's, Albrecht und Rudolf mit Oestreich u. s. w. — Lichnowsky Habsb. Reg. 1,93. extr.
— 22	— — —	giebt seinen willebrief zur belehnung des natürlichen sohnes könig Rudolf's Albrecht von Schenkenberg mit burg und grafschaft Löwenstein. Acta Pal. 1,330 extr.
— 25	— —	Antheil an der heutigen landfriedensbeschwörung mit dem erzb. von Cöln, dem Rhein- pfalzgrafen Ludwig und andern fürsten grafen und herrn vor könig Rudolf. Regesta Rudolf s. 116.
dec. 14		bestätigt dem kloster St. Marie ad Mart. in Trier die incorporation der kirche zu Nittel
1283		für das refectorium. 1282 crast. Lucie virg. — Or. i. Cobl.
marz 1	. . .	verspricht den vögten von Hunolstein wegen der denselben vom Wildgrafen verpfändeten 28 pfund denaren zu Birkenfeld keine beschwerniss erwachsen zu lassen. 1282 fer. 2 post dominic. Estomihi. Or. i. Cobl.
mai 16	Meinevelt	(in monasterio) willigt in die verpfändung des Bopparder zolls. Wenk Hess. Landesgesch. 1,53.
aug. 7	. . .	befiehlt den trier. domherrn Heinrich von Sirk, Ulrich von Stein, Conrad von Mander- scheid, Johann von Dune und Heinrich von Deyfort, welche den domdechant Arnold, den scholaster Cuno, den domherrn Egbert, Isenhard und Johann von Corrich beraubt und gefangen, wie auch ihn, den erzbischof, und seine leute bei Manderscheid und Pilliche unter anderm mit raub und brand geschädigt hatten, sich in seinem pallast zu gestellen und deshalb genugthuung zu leisten. 1283 sab. ante Laurentii. — In dem Baldewin'schen Urkbuch zu Trier.
oct. 13	ap. Conflu- entiam	gebietet auf klage der bürger von Wetzlar dem dortigen pfarrer, dass er die abschliessung von eheverlöbnissen, die gemeinhin »kauf« genannt werden auch ohne seine gegen- wart zuzulassen habe. Or. im Stadtarchiv zu Wetzlar, mit jahr 1283 fer. 4 ante Galli.
nov. 8	Confluentie	beauftragt den prior der prediger zu Frankfurt, den erzpriester und Walter, weiland pleban zu Wetzlar, mit wahrnehmung der rechte des frauenklosters Altenberg in dessen

1283		
1284		prozesse mit einem bürger von Wetzlar vor dortigem schöffengericht wegen des nachlasses einer nonne. Guden Cod. dipl. 2,234.
ian. 5	Treviris	in ecclesia Beate Marie virg. citirt die trier. domherren Wilhelm von Steyden, Conrad von Roseren, Herbrand von Zulver (de celobrio) und Wilhelm von Doirswilre wegen des an ihm und andern (vergl. 1283 aug. 7.) begangenen frevels vor sich in seinen pallast. 1283 vig. Epiph. Or. i. Cobl.
märz 3	. . .	besiegelt des ritters Theoderich herrn von Kerpen vergleich mit dem nonnenkloster in Horreo zu Trier wegen der iurisdiction und iahrgedinge zu Fleyriche. 1283 fer. 6. post dominic. Invocavit. — Or. i. Cobl.
mai 18	. . .	überlässt dem baumeister der kirche zu Kilburg, dem Cistertiensermönch Heinrich, und den steinmetzen ein haus daselbst zur wohnung. 1284 in ascensione domini. — Chart. i. Cobl.
— 29	.	incorporirt dem krankenhause der abtei St. Maximin zu Trier die St. Niclauskirche im kreuzgang daselbst. 1284 in die Maximini. Or. i. Trier.
iul. 10	. . .	besiegelt und bestätigt den verkauf einer fruchtrente zu Wavern, Wiltingen u. s. w. seitens der abtei St. Maximin an das domcapitel zu Trier. 1284 fer. 2 post octav. Petri et Pauli. — Chart. i. Cobl.
aug. 18	Treviris	setzt vorläufig die zahl der canoniker zu Kylburg auf vier fest. 1284 fer. 6 post assumpt. Marie. Or. i. Cobl.
oct. 2	Confluentie	belehnt Irmengard von Isenburg mit den ihr zum brautschatz verschriebenen dorfern Bornich und Hausen. Wenk Hess. Landesgesch. 1,50.
1285		
febr. 23	. . .	ertheilt dem St. Niclaushospital bei der abtei St. Mattheis zu Trier indem er durch transfixum einen ablassbrief mehrerer erzbischöfe und bischöfe für dasselbe bestätigt, ebenfalls eine indulgenz. 1284 vig. Mathie ap. — Chart. i. Cobl.
1285		
sept. 12	. . .	vergleicht sich mit dem grafen Heinrich von Virnenburg wegen der befestigung von Munstermeynfeld. Acta Acad. Palat. 6,325.
1286		
	. . .	Erkrankung am podagra und lähmung ein iahr vor seinem tode. Gesta Trev. ap. Honth. 808.
febr. 7	. . .	besiegelt den verkauf von gutern zu Poltersdorf an der Mosel seitens Guda, der wittwe Winand's Mönch von Seynheym an das nonnenkloster St. Nicolai auf Stupa. 1285 fer. 5 post purif. Marie. Or. i. Cobl.
märz 15	. . .	verlangt den zwanzigsten theil aller einkünfte seines clerus zur vertheidigung der kirchlichen rechte gegen den grafen Heinrich von Luccemburg. Blattau Statuta 1,56.
. .	ad stum Judocum	Pilgerfahrt in einem mit leder gedeckten wagen nach St. Josse sur Mer bei Montreuil in Artois.
apr. 26	Bolonie	Todestag zu Boulogne sur Mer auf der rückreise von St. Josse. Er wurde zu Trier in der Peterskirche begraben. Gesta Trev. ap. Honth. 808 wo nach Wyttenbach's angabe Bolonium gelesen werden muss, statt Hoventam.

1286—1299. Boemund I. 1286.

1286	. . .	Wahl Boemund's von Warnesberg zum erzbischof durch den grössern und vernünftigern theil des domcapitels. Er war vorher probst und archidiakon zu Trier und primicerius der Metzer kirche. Der übrige theil der domherren theilte sich wieder in zwei partheien und wählte den cantor Ekbert von Villreche (Fellerich b. Tawern) und archidiakon Johann von Sirk: letzterer jedoch entsagte sogleich, und die beiden erstern reisten behufs bestätigung ihrer wahl nach Rom. — Gesta Trev. ap. Honth. 810. — Vergl. über ihn v. Stramberg Rhein. Antiquar 1. Abth. 4. Bd. s. 565—570.
1286		aud Dominicus, das Erzstift Trier unter Boemund v. Warnesberg und Diether von Nassau im Jahresbericht des Gymnasiums zu Coblenz von 1853.
märz 6	Rome	Bestätigung Boemund's auf Reminiscere durch pabst Nicolaus IV nachdem die beiden ersten mitgewählten schon gestorben, und nach einer zweiten wahl der mitgewählte archidiakon Gerhard von Eppstein, der deshalb ebenfalls nach Rom gekommen war, das erzstift Mainz erhalten. Gesta Trev. ap. Honth. 811.

1299

apr. 3	Rome	Palliumsempfang auf Palmsonntag von pabst Nicolaus IV. Gesta Trev. ap. Houth. 811.
. .	———	giebt mit andern erzbischofen und bischöfen denen die das heil. blut im kloster Weingarten besuchen eine indulgenz. Hess Prodr. rer. Guelf. 79 extr.
. .		giebt mit andern erzbischofen und bischöfen der kirche des predigerordens zu Mainz ein indulgenzprivilegium. Guden. Cod. dipl. 2,672.
iun. 20	Reate	giebt mit andern erzbischöfen und bischöfen denen die für die seele des in der stiftskirche zu Carden begrabenen archidiakons Heinrich von Dolanden ein vater unser und ave Marie beten eine indulgenz. 1299 ind. 2. 12 kal. iul. pontificat. Nicolai. 4. Or. i. Cobl. — Der ausstellort ist Rieti nordöstlich von Rom im gebirge, wohin der pabst um die mitte des iahrs sich begeben hatte. —
sept. 8	Treviris	Einzug feierlicher unter grossem zulauf von fürsten, grafen, herrn und edeln bei der rückkunft vom päbstlichen hofe als nunmehriger erzbischof. Namentlich waren anwesend: Sifrid erzb. von Cöln und Friedrich herzog von Lothringen. — Als gegensatz zu dieser herrlichkeit blieb während der ganzen regierung dieses erzbischofs au der domkirche zu Trier der gottesdienst ausgesetzt, weil das domcapitel die vom pabste dem arzte könig Rudolfs Peter Aspelt auf die dompropstei, und dem freunde Boemund's magister Johann auf die domsängerei gegebenen provisionen, weil diese ernannten bürgerlicher herkunft waren, nicht anerkennen wollte. Gesta Trev. ap. Houth. 811 folgg.
— 16	———	ertheilt der St. Quirinskapelle auf dem kirchhof der abtei St. Mattheis bei Trier eine indulgenz. Mit 16 kal. oct. consecrat. anno 1. ind. 2. chart. i. Cobl.
nov. 25		Provinzialsynode unter Boemund's vorsitz. Blattau Stat. 1.57.
dec. 3		verpachtet den drei schöffen zu Trier den zoll daselbst auf acht iahre. 1299 sab. ante Nicolai. Or. i. Cobl.
— 16	Confluentie	ertheilt für die kirche der abtei Saya indem er einen derselben von andern erzbischöfen und bischofen gegebenen ablassbrief bestätigt, gleichfalls eine indulgenz. 1299 fer. 6. ante Thome. chart. i. Cobl.

1290

märz 17	ap. Zelle	beurkundet, dass er in seinem streite mit dem erzbischof von Cöln wegen güter zu Zeltingen und Bachtig den probst des St. Castorsstift zu Coblenz, die ritter Jacob herrn von Warnisberg seinen bruder, und Dietbard von Paffindorf wie auch den probst von St. Gereon zu Cöln, den domscholaster daselbst und den ritter von Merenberg zu schiedsleuten ernannt habe. 1289 die Gertrudis. — Or. i. Cobl.
iun. 6	Treviris	Provinzialsynode unter Boemund's vorsitz. Blattau Stat. 1,60.
— 28		befiehlt dem dechant der christianität zu Wolfersweiler und den priestern zu Lockweiler und Wadril den angeschein über den umfang des landes zu nehmen, welches sein vetter, der ritter Boemund, zum bau der burg Dachstuhl der kirche zu Lockweiler genommen, und denselben zum ersatz dafür an die kirche anzuhalten. 1290 vig. Petri et Pauli. Or. i. Cobl.

1291

febr. 23	. . .	besiegelt Johann's von Reinicke, probsten der kirchen Marie ad gradus zu Cöln und sti. Florini zu Coblenz schenkung der celle zu Bocholtz an die abtei Gladbach. Chron. abbatiæ Gladbacensis ed. Fahne. Colon. 1856 fol. s. 38.
märz 2	. . .	besiegelt Heinrich's herrn von Schonecken vertrag mit der St. Salvatorsabtei zu Prüm wegen der abzuhaltenden iahrgedinge. 1290 fer. 6 ante dnc. Esto mihi. — Baldew. Urkbach in Trier.
mai 1	. . .	besiegelt und bestätigt des ritters Theoderich herrn von Alcken (Elz) resignation auf den zehnten seines hofs bei Vilcene zu gunsten des capitels zu Carden. 1291 die Philippi et Jacobi. Or. i. Cobl.
— 20	Frankevort	Antheil an dem hier von könig Rudolf gehaltenen letzten reichstage, auf welchem derselbe die königswahl seines sohnes Albrecht nicht durchzusetzen vermöchte. Dass auch erzb. Boemund unwesend war und dass er es nicht war, an dem die gute absicht Rudolf's scheiterte, ergiebt sich aus der urk. d. d. Frankfurt 1291 mai 29. in welcher ihm der könig stadtrecht für Berncastel verlieh. Reg Rud. nr. 1118.
— 24	. . .	besiegelt Jacob's von Fleysheym pachtrevers über des stifts Pfalzel hof zu Elvere. 1291 fer. 5 ante Maximini. — Or. i. Cobl.
iun. 23	Frankemvart	(d. h. doch wohl Frankenvort) giebt seinen willebrief zur belehnung des Johann von Chalons mit der custodie des kloster St. Eugendi de Juria durch könig Rudolf. Gallia Christ. 13,359.

1292

apr. 1	. . .	besiegelt den vergleich des klosters Himmerode mit Sprenkirsbach wegen der von ersterm geleisteten bürgschaft für eine rente an einen canonicus zu Metz. 1292 fer. 3 ante Palmarum. Or. i. Cobl.

8

1292

apr. 24 . . . beurkundet, dass der ritter Arnold von der Brücke, sein vasall, und dessen sohn Wiechard auf alle prätendirte rechte an die pfarrkirche zu Bederstorf bei Syrsberg zu gunsten der abtei St. Mattheiss bei Trier verzichtet haben. 1292 fer. 5 ante Marci evang. — Or. i. Cobl.

— 26 Meyene besiegelt und bestätigt der wittwe Margaretha Muckelarts von Craft verzicht auf güter daselbst, welche ihr bruder von der abtei Laach zu lehen hatte. Wegeler Kloster Laach 2.61.

mai 5 Frankenford Antheil an der königswahl Adolf's von Nassau. Nach der Oestr. Reimchronik (Ottokar ap. Pez 3,349 und 513) soll der erzbischof anfangs einen den französischen eingriffen gewachsenen könig gewünscht und die wahl herzog Albrecht's von Oestreich begünstigt haben. Ueber die von könig Adolf dem erzbischof zugesicherten wahlgelder vergl. des königs urkk. d. d. Frankfurt 1292 mai 14 bei Günther 2,493.

— 17 ——— giebt seinen willebrief zur verpfändung von Lübeck oder Goslar seitens des königs Adolf an den herzog Otto von Braunschweig. Or. Guelf. 3 praef. 77.

— 31 . . . bestätigt und vidimirt die urkunden seiner vorgänger erzb. Poppo's und Hillin's über die schenkung von Lampaden, Pellink und Yvasco an das St. Euchariuskloster zu Trier. 1292 sab. post Penthecost. Or. i. Cobl.

— 31 . . . vidimirt und bestätigt die urkunde erzb. Hillin's über die incorporation der pfarrei Vilmar an vorgenanntes kloster. 1292 wie vorher. Or. i. Cobl.

— 31 . gestattet der abtei Wadgassen die verwaltung der Oberpfarre daselbst und kapelle zu Differthe durch ihre canoniker. 1292 wie vorher. Or. i. Cobl.

iun. 24 Aquisgrani Anwesend bei der königskrönung Adolf's von Nassau.

iul. 1 ——— Zeuge Adolf's für Achen.

aug. 5 Confluentie verspricht den brüdern Hermann und Wilhelm von Dudinberg unter stellung von bürgen bis zum nächsten Remigiustag ihnen brief und siegel über ihre belehnung mit den gütern zu Nyckenich zu geben. 1292 fer. 3. ante Laurentii. — Or. i. Cobl.

— 11 . . . bestätigt abermals die schenkungen Poppo's und Hillin's über Lampaden, Pellink und Yvasco an die abtei St. Mattheiss bei Trier. 1292 crast. Laurentii. — Or. i. Cobl.

sept. 9 Colonie Zeuge könig Adolf's für Valenciennes.

nov. 14 . . . erlaubt der abtei St. Mattheiss bei Trier um ihre verlornen alten rechte wieder herzustellen die besetzung der pfarrei Vilmar mit einem conventualen. 1292 fer. 6 post Martini. Or. i. Cobl.

— 15 . . . benachrichtigt den archidiacon von Dietkirchen von vorhergehendem und befiehlt ihm die investitur des mönchs Hermann von Solms zu Vilmar. 1292 sab. post Martini. Or. i. Cobl.

— 22 ap. Engersche besiegelt die daselbst auf St. Cäcilientag in gegenwart vieler edeln geschehene bestätigung der schenkungen der vorfahren Gysos herrn zu Molsberg, seitens des letztern an die abtei Marienstatt. — Ungrund der anmasslichen Saynischen landesherrlichen Erbschutz- und Vogteigerechtigkeit über Marienstatt. Wetzlar 1783 fol. 2,210.

dec. 17 . . . erlaubt der abtei Wadgassen wie die oberpfarre so auch die kapelle zu Differthe statt wie bisher durch regulirte chorherren durch weltpriester versehen zu lassen. 1292 fer. 4 ante Thome. — Or. i. Cobl.

1293

ian. 5 . . . bestätigt dem abt und convent de claustro genannt Himmerode alle genannten güter und einkünfte. 1292 fer. 2 infra octavas circumcisionis. Chart. i. Cobl.

— 21 . . . verpfändet seinem amtmann Hermann von Helfenstein für die ihm schuldigen 60 mark burgmannsgelder zu Herbretstein sein gericht zu Niederberg. 1292, 12 kal. febr. Urkbuch des erzb. Baldewin in Trier.

febr. . . . bestätigt dem prior provincial und den brüdern des ordens St. Mariä vom berge Carmel in Deutschland die schenkung eines platzes in der stadt Arlon seitens der gemeinde daselbst zur errichtung eines klosters. Routh. 1.826.

mai 30 . . . giebt seinen willebrief zu der von könig Rudolf dem Johann herrn von Chalons verliehenen zollerhöhung bei der burg Joigne. Gallia Christ. 13,359.

nov. 23 . . . vidimirt die bulle des pabst Gregor's X d. d. apud Urbem veterem 12 kal. iun. 1273 über die ordensregel und privilegien der abtei Wadgassen, und befiehlt deren vollziehung. 1293 die Clementis. Chart. i. Cobl.

1294

aug. 1 . . . vidimirt und bestätigt die urkunden erzb. Arnold's 1259, 7 kal. iul. und erzb. Theoderich's 1231, 12 kal. mai über den vergleich des klosters Rode mit dem ritter von Dietrich über dessen vogteirechte. 1294. kal. aug. Cop. i. Cobl.

oct. 6 . . . besiegelt und willigt in die schenkung eines hauses und zweier wingarten neben dem

1294		kirchhof zu Trier seitens des schöffen Jacob de Orreo an den Deutschorden zur erbauung einer kapelle. 1294, 2 non. oct. — Or. i. Cobl.
oct. 26	. . .	beurkundet, dass Heinrich der ehemalige schultheiss in Frankfurt von der Trier'schen kirche einen hof und 1½ mansus zu Sulzbach und einen halben mansus zu Sossenheim in erblichen habe. Böhmer, Urkbuch der Stadt Frankfurt 290.
dec. 1	. . .	bestätigt dem collegiatstift zu Carden das forstrecht im Treiser wald, wie es demselben bereits
1295		1210 und 1244 gerichtlich zugesprochen worden. 1294 crast. Andree. — Or. i. Cobl.
ian.	. . .	belehnt Niclaus und Johann Spyss, vögte von Hunolstein mit dem zehnten zu Birkenfeld. 1294 mense ianuario. Or. i. Cobl.
febr. 1	. . .	bestätigt die urkunden Egbert's 981, Theoderich's 1215 und Arnold's 1257, aber die restitution der stiftsgüter von St. Paulin bei Trier. 1294 kal. febr. — Or. i. Cobl.
— 26		beurkundet die einweihung des hochaltars in der neuerbauten kirche des nonnenklosters St. Gervasius zu Trier, welches von nun an St. Agnes genannt werden soll, und ertheilt für denselben eine indulgenz. Hansen, Beiträge zur Gesch. einzelner Pfarreien des Stadtcapitels Trier 194.
apr. 29	. . .	vergleicht das nonnenkloster ad Horreum zu Trier mit dem ritter Everard von Esch über das ius dominii zu Platten. 1295 fer. 6 post Marci.
nov. 1	. . .	besiegelt der söhne des raugrafen Heinrich verzicht auf ihre lehnsherrliche rechte an den gütern Aleydens von Urin zu Pisport, Boverrys und St. Michael. — 1295 kal. nov. — Or. i. Cobl.
— 15	. . .	beurkundet, dass er der wittwe Aleyde, frau von Urin, deren söhne dem ritter Cono herrn zu Urin und dessen frau Lise bei deren verkauf ihrer güter und rechte zu Pysport an ihn den rückkauf mit der kaufsumme von 800 trier. pfund denaren bewilligt habe. 1295 fer. 3 post Bricii, mense novembri. — Or. i. Cobl.
1296		
märz 13	. . .	ertheilt der bürgerschaft zu Münstermaifeld das privilegium ohne seinen ausdrücklichen befehl vor kein geistliches gericht ausserhalb ihrer stadt geladen zu werden. 1295 die 13 martii. — Chart. i. Cobl.
iun. 12	. . .	besiegelt und bestätigt den verkauf des kammerforstes bei Schwarzenborn seitens Wilhelm's herrn von Maulerscheid an das kloster Himmerode. 1296 crast. Barnabe. — Or. i. Cobl.
— 24	Frankfurt	Antheil an dem von könig Adolf hier gehaltenen reichshof.
— 27		beurkundet die auf dem hier gehaltenen generalparlament vor könig Adolf ergangenen rechtssprüche. Ficker in den Sitzungsberichten der kaiserlichen Akademie der Wissenschaften zu Wien 14,183.
iul. 31	. . .	verleiht während der vacanz der probstei zu Münstermaifeld durch eine zwiespaltige wahl, dem canonicus Gerlach daselbst die erledigte pfarrei Kern. 1296 vig. Petri ad vincula. — Or. i. Cobl.
1297		
ian. 2	Meyen	erlaubt den söhnen der gebrüder Friedrich und Heinrich von Virnenberg den rückkauf der ihm für 350 mark verkauften vogtei zu Meyen. 1296 crast. circumcis. domini. — Chart. i. Cobl.
— 23	. . .	nimmt das Agnesenkloster zu Trier in seinen besondern schutz und bestätigt ihm alle privilegien. 1296 fer. 4 post Agnetis. — Or. i. Trier.
febr. 4	Kobelenz	Erfruger eines rechtsspruch vor könig Adolf über die gerichtlichen nachtheile denen ein verzalter mann unterliegt. Günth. 2,521.
apr. 26	. . .	besiegelt des wepelings Arnold, sohns des ritters Marsil von Guntreve, verpfändung einer wiese bei Rover und wingerten zwischen Kovern und Guntreve an Hermann von der Arken. 1297 crast. Marci. — Or. i. Cobl.
mai 00	Nassie	Anwesenheit im gefolge könig Adolf's bei der wahl des erzb. Wicbold von Cöln. Levold de Northof ap. Meibom 1,394.
iul. 5	iuxta Treis	(in litture Moselle) vergleicht das collegiatstift zu Carden mit der gemeinde Treiss wegen ihrer beiderseitigen forstrechte. 1297 fer. 6 post Processi et Martiniani. — Or. i. Cobl.
— 23	. . .	besiegelt des ritters Dittard von Paffindorf vergleich mit seinem schwager Gerhard herrn von Beckingen über deren älterlichen nachlass. 1297, 10 kal. aug. — Or. i. Cobl.
sept. 15	. . .	excommunicirt Christian von Grifinstein und genossen, wie auch die ritter Ludwig, Arnold und Johann, burggrafen auf Hammerstein wegen des raubes der weine des St. Simeonsstifts zu Hönningen, und befiehlt die verhaftung des priesters Arnold von Gulse, welcher obgleich excommunicirt, doch gottesdienst in Hönningen hält. 1297 crast. exaltat. Crucis. — Or. i. Cobl.
. . nach Flandern		Reise Boemund's als machtbote könig Adolf's nach Flandern zu ende des iahrs wegen friedensunterhandlung mit den königen von England u. Frankreich. Böhmer Reg. s. 189. Günth. 2,520.

8*

1298

ian. 26	. . .	ertheilt für die St. Niclauskapelle bei der abtei St. Maximin zu Trier eine indulgenz. 1297 crast. conversion. Pauli. — Or. i. Cobl.
apr. 14	. . .	excommunicirt den scholaster des stifts Dietkirchen, weil derselbe als subdelegirter richter in sachen des St. Simeonsstifts zu Trier gegen die burggrafen zu Hammerstein nicht vorgeschritten. 1298 crast. dominic. Quasi modo. — Or. i. Cobl.
mai 6	. . .	besiegelt den verkauf eines hauses zu Coblenz seitens des St. Castorsstifts daselbst an den Deutschordens. Hennes Urkbuch 299.
iun. 25	. . .	belehnt die gräfin Irmengard von Katzenelnbogen mit den dörfern Dornich und Hausen. Extr. Wenk Hess. Landesgesch. Urkb. 1,73 note. —
iul. 16	. . .	bewilligt der stadt Coblenz zur stadtbefestigung und anderer nothdurft eine accise bis Martini 1299. Günth. 2,528. —
iul. 27	Frankenvort	Antheil an der königswahl herzog Albrecht's von Oestreich, nachdem er an den vorausgegangenen unternehmungen gegen Adolf von Nassau keinen theil genommen hatte.
— 28	——	notificirt mit seinen mitwählern dem pabst Bonifaz VIII die königswahl Albrecht's. Pertz, Leges 2,467.
— 28	. —	notificirt in gleicher weise allen reichsgetreuen dasselbe. Ibid. 2,470.
aug. 24	Aquisgrani	Anwesenheit bei der königskrönung Albrecht's.
— 24	. .	Zeuge könig Albrecht's für graf Guido von Flandern, ebenso für Achen am 25. aug.
— 28	Colonie	Mitbesiegler könig Albrecht's für den erzb. von Cöln.
oct. 30	Confluentie	verschreibt schultheissen, rittern und bürgerschaft zu Coblenz welche 330 köln. mark für ihn bei dem bürger Hermann von Pfau zu Cöln aufgenommen, 100 mark aus seiner jetzt fälligen und den rest aus der nächstjährigen judenbede daselbst. 1298. 3 kal. nov. — Or. i. Cobl.
nov. 16	Nurenberg	Anwesenheit auf dem hier von könig Albrecht gehaltenen grossen reichshof.
— 21	——	Zeuge könig Albrecht's für Oestreich.

1299

ian. 24	. . .	besiegelt und bestätigt die urkunde des ritters Wirich von Dudillendorf, worin derselbe die schenkung seiner ältern über waldungen zwischen den bächen Brudenbach und Mittelbach und im Marschonae an das kloster Himmerode bestätigt. 1298 sab. ante convers. Pauli. — Chart. i. Cobl.
märz 30	. . .	bestätigt die schenkung des patronatsrechtes über die pfarrkirche zu Euren seitens Arnold's herrn von Ruland an das St. Agnetenkloster zu Trier. Hansen, Beiträge zur Gesch. einzelner Pfarreien des Stadtkapitels Trier. 188.
apr. 18	. . .	besiegelt Wilhelm's herrn zu Manderscheid und seines schwagers Arnold von Ruland vergleich mit dem schönen Bonifacius zu Trier wegen des zehnten zu Urin. 1299 vig. Pasche. Or. i. Cobl.
iun. 11	. . .	vidimirt mit dem trier. official die urkunde könig Dagobert's von 646, 7 kal. sept. für das kloster Horreum zu Trier. 1299 fer. 5 post Penthecost. — Or. i. Cobl.
— 11	. . .	ebenso die urkunde kaiser Otto's von 973, 11 kal. sept. für dasselbe kloster, wie vorher. Or. i. Cobl.
— 14	. . .	ertheilt dem nonnenkloster Marienberg bei Boppard, dessen beide altäre er selbst geweiht, eine indulgenz, und bestätigt demselben die von den erzbischöfen von Cöln und Mainz ertheilten indulgenzen. 1299 die. st. Trinitatis. Chart. i. Cobl.
iul. 26	. . .	bestätigt einen der Marienkirche zu Coblenz von mehreren andern erzbischöfen und bischöfen zu Rom ertheilten ablassbrief. 1299 crast. Jacobi. — Or. i. Cobl.
aug. 1	. . .	verspricht dem herzog Friedrich von Lothringen seine hilfe bei belagerung des schlosses Schwarzenberg. Honth. 1,830. — Vergl. über die um vom 17. aug. bis 14. sept. erfolgte belagerung: Gesta Trev. ap. Honth. 812.
— 13	. . .	bestätigt dem Agnetenkloster zu Trier die incorporation der pfarrkirche zu Euren. Hansen, Beiträge zur Gesch. einzelner pfarreien des Stadtkapitels Trier, s. 188.
— 18	. . .	incorporirt dem stift Kyllburg die pfarrei Enize, welche bereits erzb. Heinrich demselben geschenkt hatte. 1299, 15 kal. sept. Chart. i. Cobl.
— 25	. . .	besiegelt des schultheissen Bonifacius zu Trier consens zu der schenkung des patronatsrechtes zu Euren seitens des wepelings Arnold herrn von Ruland an das St. Agnetenkloster zu Trier. Hansen, Beiträge zur Gesch. etc. 191.
— 27	. . .	bestätigt die fundation eines altars am grabe erzb. Heinrich's im Trierer dom seitens dessen testamentsexecutoren. 1299 6 kal. sept. — Chart. i. Cobl.
sept. 10	. . .	bestätigt wiederum die incorporation der pfarrkirche zu Euren dem St. Agnetenkloster. Hansen, Beiträge zur Gesch. einzelner pfarreien etc. 192. —

1299		
sept. 22	. . .	präsentirt nach dem tode Friedrich's von der Brücke den probst Nicolaus von Pfalzel zur kirche in Berncastel. 1299 crast. Mathei. — Or. i. Cobl.
nov. 14	. . .	erlaubt der stadt Coblenz, welche sich wegen 400 köln. mark für ihn bei Hermann vom Pinn zu Cöln verbürgt hatte, sich aus der indenheile zu weihnachten daselbst bezahlt zu machen. 1299 crast. Brictii. — Or. i. Cobl.
dec. 9	Treveris	Todestag. Er wurde im kloster Himmerode beerdigt. Gesta Trev. ap. Honth. 814.

1300—1307. Diether. 1300.

1300		. . . Erneunung Diether's, sohnes des grafen Walram von Nassau und der gräfin Adelheid von Katzenelnbogen, bruders des römischen königs Adolf von Nassau, durch pabst Bonifaz VIII, obgleich das domcapitel den Heinrich von Virnenburg gewählt hatte, dem auch bereits der grösste theil des erzstifts gehorchte. Gesta Trev. ap. Honth. 816. — Diether war Dominikanermönch: Wernher von Saulheim in Kremer Orr. Nass. 2,400. Schon 1295 hatte pabst Bonifaz sich seiner zu einem geschäft bedient. Baynold 1295 § 46. — Die ursache dieser ernennung war keine andere als um dem könig Albrecht bei der vorausgesetzten feindschaft Diether's gegen denselben schwierigkeiten zu erregen, dessen gegner der pabst damals noch war. — Vergl. über Diether die abhandlung von Dominicus im Jahresbericht des Coblenzer Gymnasiums für 1853 und von Stramberg Rhein. Antiquarius 1 Abth. 4. Bd. s. 570 bis 574.
mai 12	. . .	incorporirt der abtei Mettlach wegen deren grossen kosten für den neubau, die kirche zu Wadrille. 1300 fer. 4 post Cantate. Or. i. Cobl.
iul. 15	Monasterii maifeld	bestätigt die statuten der stadt Coblenz, welche die ministerialen und die bürgerschaft daselbst errichtet, und cassirt alle briefe welche erzb. Heinrich wider der stadt recht und gewohnheit von ihr erzwungen hatte. 1300 fer. 6 post Margarethe. Cop l. Cobl.
sept. 16	————	ertheilt den bürgern von Münstermeinfeld das privilegium ausser in ehe- testaments- und witthumssachen vor kein answärtiges geistliches gericht geladen zu werden. 1300 fer. 6 post exaltat. Crucis. Chart. l. Cobl.
— 28	Hartenvels	bestätigt die dotation der St. Peterskapelle seitens Johann's herrn zu Limburg. 1300 fer. 4 ante Michaelis. — Or. i. Idstein.
oct. 14	ap. Heymbach	beurkundet, dass er mit Wichbold erzbischof von Cöln mit Gerhard erzbischof von Mainz und mit Rudolph pfalzgraf bei Rhein herzog von Baiern zu gegenseitiger erhaltung eines freundschaftsbund abgeschlossen habe, insbesondere dahin dass er dieses contra magnificum virum Albertum ducem Austrie qui nunc rex dicitur Teutonie, und diese hinwieder ihm gegen seine beleidiger beistehen wollen lebenslänglich und mit ganzer macht, was er eidlich zu halten verspricht. (Scheidt) Bibl. hist. Gott. 222. vergl. auch Ottokar ap. Pez 3,602 folg. ext. Böhmer Kaiserregesten.
— 14	Pinguie	giebt heute erst mit den beiden andern rheinischen erzbischöfen seinen willebrief zu könig Rudolfs bestätigung der von Conradin an die herzöge von Baiern gemachtes schenkungen. d. d. Hagenau 27 febr. 1274. Reg. Boic. 8,424. Böhmer Regesten.
nov. 8	. . .	verleiht seiner stadt Wittlich, welche zu befestigen könig Adolf dem erzb. Boemund bewilligt hatte, die freiheiten der andern städte des erzstifts, erlaubt ihr sich mit manern, thürmen und gräben zu befestigen, und erlässt verordnung wegen der abgaben und anstellung der städtischen beamten. 1300 fer. 3 ante Martini. Or. i. Cobl.
— 14	. . .	befiehlt dem dechant der christianität von Enscbrich das stift zu Kilburg in besitz der pfarrkirche zu Ludentorph zu setzen sobald dieselbe erledigt werde, da schon erzb. Heinrich dieselbe dem genannten stift incorporirt hatte. 1300 fer. 2 post Brictii. — Chartular. l. Cobl.
dec. 11	. . .	überlässt der bürgerschaft zu Coblenz auf sechs iahre die accise gegen zahlung von 100 mark jährlich. Günth. Cod. dipl. 3,93.
— 27	. .	erlaubt dem hospital zu Bidburg einen eignen priester und kirchhof und ertheilt für dasselbe eine indulgenz. Honth. 1,833.
— 29	in Palacio	vererbpachtet an den schultheiss Colin zu Wittlich seinen hof am kirchhof daselbst, bestimmt die zahl der darauf zu haltenden schafe auf dreihundert und ertheilt für dieselben die weidegerechtigkeit in dasiger gemarkung. 1300 die Innocentum. — Chart. l. Berlin.

1301

ian. 13   **ap. Pilliche** überträgt dem ritter Friedrich von Dune genannt »de Duome« die lehen welche der ritter Richard Mugnus von Mandelscheit von den herrn von Vinstingen gehabt, als Manderscheider burglehen. 1300 die octavar. Epiphan. — Or. i. Cobl.

febr. 11   . . . verleiht dem nonnenkloster St. Catharinen (früher auf St. Martinsberg) zu Trier das beholzigungsrecht in den waldungen bei Osburg gleich den dortigen bauern. 1300 sab. ante Estomihi. Cop. i. Cobl.

dec. 16   . . . bestätigt dem St. Catharinenkloster zu Trier die schenkung des patronatsrechtes der kirche St. Isidor jenseits der brücke seitens des bürgers Ordulph de Orreo. 1301 fer. 7 ante **1302**   Thome. Or. i. Cobl.

ian. 12   **Treveris** beurkundet, dass sein burgmann, der ritter Hernestus von Grimburg, die lehengüter zu Buedonich seinem lehenherrn, dem ritter Th. von Schwarzenberg zurückgestellt habe. 1301 fer. 4 post Epiphan. — Or. i. Cobl.

— 26   ———— (in monasterio S. Maximini) schliesst ein schutzbündniss mit der stadt Trier und vergleicht sich mit ihr wegen der gerichtsbarkeit. 1301 crast. convers. Pauli. — Or. i. Trier.

— 28   . . . bestätigt die schenkung des schöffen Jakob de Horreo zu Trier an den Deutschorden, und verspricht wie sein vorgänger erzb. Boemund, die auf diesen gütern erbaut werdende kapelle einzuweihen. 1301 feria ante purif. Marie. — Or. i. Cobl.

febr. 6   . . . transsumirt und bestätigt auf bitte des abts Walram dem kloster St. Marien der alten zu Trier die urkunde erzb. Albero's von 1140 über die kirche und güter zu Ehrang. 1301 fer. 3. post purif. Marie. — Or. i. Cobl.

apr. 11   **Treviri** bestätigt einen früheren vertrag des klosters St. Mattheiss bei Trier mit erzb. Theoderich über den wald Asinrol bei Montabur. 1302 fer. 1 post Judica. — Or. i. Idstein.

mai 7   . . . bestätigt dem collegiatstift zu Kylburg die schenkung der pfarrkirche daselbst seitens deren patrone, Conrad von Manderscheid, rectors derselben, Hugo's des ritters Bertulph von Kylburg sel. sohns und Richard's Stern, weiland des ritters Johann von Keil sohns. 1302 fer. 2 post Misericordia dni. — Chart. i. Cobl.

— 13   **in Bischof-** vermehrt die zahl der canonici des stifts zu Kylburg nach der incorporation der dortigen **steyn**   pfarrkirche von zehn auf elf. 1302 dominica Jubilate deo. Chart. i. Cobl.

iun. 24   **prope Tre-** (apud baptismum) bestätigt die fundation des collegiatstifts zu Kylburg durch erzb. Hein-**verim**   rich, ertheilt demselben besondere rechte und statuten. 1302 die nativ. Johann. bapt. — Or. i. Cobl.

— 25   . . . schenkt gemeinschaftlich mit schultheiss, schöffen, rath und gemeinde zu Trier dem St. Catharinenkloster in Orreo den kleinen putz neben des klosters chor. 1302 crast. octavar. Trinitatis. — Or. i. Cobl.

iul. 15   . . . befiehlt seinem beamten zu Ladenstorph die gefälle der dasigen pfarrkirche dem boten des stifts Kylburg auszuantworten. 1302 die division. apostolor. — Chart. i. Cobl.

aug. 31   **in Palaciolo** erlaubt dem Deutschorden zu Coblenz eine neue kapelle von einem andern bischof einweihen zu lassen. Hennes Urkbuch 318.

nov. 00   . . . Unterwerfung unter könig Albrecht und sühne mit demselben, nachdem dieser schon 1301 den Rheinpfalzgrafen Rudolf und den erzb. Gerhard von Mainz besiegt, und eben auch den erzb. Wiebold von Cöln zur sühne zugelassen hatte. Exinde (nach der unterwerfung des erzbischofs von Cöln) episcopus Trevirensis similiter se regis gratie conformavit. Ann. Mog. ap. Böhmer 2,253. Dominus Albertus rex Rom. obsedit domino Treverensi civitatem et habuit in exercitu suo 400 equos blicaratos et hominum multitudinem infinitam. Ann. Colm. ap. Böhmer 2,10. — Diese aussöhnung erstreckte sich auf das ganze Nassau'sche haus, wie ein von könig Albrecht dem grafen Ruprecht von Nassau (Adolf's sohn) in castris apud Bopardiam 1302 nov. 21 ausgestellten Vidimus zeigt. Vergl. die Kaiserregesten und Joh. Vict. ap. Böhmer 1,343.

1303

ian. 17   . . . befreit den wächter Heinrich Mumme, welcher zur zeit als Arnold von Rulant das schloss Saarburg erobert ganz allein den grossen thurm behauptete von allen steuern. 1302 fer. 5 post octav. Epiphan. — Chart. i. Cobl.

märz 7   **in Novo** bestimmt den vom schultheissen Colin zu Wittlich zu zahlenden erbpacht von dem hofe **castro**   daselbst auf zwölf malter frucht und verpflichtet denselben zum bau einer wohnung für den erzbischof darin. 1302 fer. 5 post Reminiscere. — Chart. i. Berlin.

apr. 2   . . . vergleicht sich mit stadt Trier wegen ernennung der schöffen und des raths wie auch des ungelds. 1303 fer. 3 post Palmarum. — Or. i. Cobl.

— 17   **Treviris** (in palatio) bestätigt dem kloster Marienthal die schenkung des patronatsrechtes der kirche zu Tenttels seitens des ritters Herbrand von der Fels. — Extr. Publicationen de la société de Luxembourg 4,87.

1303

aug. 10	ap. castrum Erbreitstein	vidimirt die bulle des pabstes Honorius III dd. Laterani 3 kal. iul. 1222 für den Prämonstratenser orden. — 1303 in die Laurentii. — Or. i. Cobl.
aug. 11	. . .	belehnt den grafen Wilhelm von Katzenelnbogen nach dem tode seiner gemahlin Irmengard mit den derselben von Heinrich herrn zu Isenburg zur ebesteuer verschriebenen dörfern Bornich und Hausen. Wenk, Hess. Landesgesch. 1,73.
— 22	. . .	verspricht seinem domcapitel, sich nicht in die ernennung der domherrn zu mischen und deren gefälle anzugreifen. 1303 fer. 5 ante Bartholomei. — Or. i. Cobl.
— 22	. . .	incorporirt dem domcapitel zur verbesserung der präbenden die kirche zu Lenningen. Mit datum wie vorher. Or. i. Cobl.
— 22	. . .	verspricht dem domcapitel die privilegien, statuten und gewohnheiten der Trierschen kirche zu halten, deren besitzungen zu schützen, die prälaten und canonici in ihren besitzungen und rechten zu lassen, den hof zu Andernach dem domcapitel zu restituiren und anderes mehr. Blattau Statuta 1,62.
sept. 15	in Confluentia	ratificirt den von den gewählten schiedsrichtern zwischen ihm und der stadt Coblenz gemachten vergleich und sühne wegen der besetzung des stadtraths, baues der erzbischöflichen burg und stadtmauern und berathungsrechtes der bürgerschaft. Günth. Cod. dipl. 3,109.
nov. 8	. . .	beurkundet dass sein streit mit dem archidiakon Hermann von Wilensawe wegen rückgabe des schlosses Byschofstein, welches ihm derselbe zur zeit des kriegs mit dem römischen könig eingeräumt hatte, durch den schultheiss Conrad von Boppard als schiedsrichter entschieden worden, und stellt in folge dessen das schloss dem archidiacon zurück vorbehaltlich des öffnungsrechtes zur zeit eines krieges. Houth. 2,20.
— 19	. . .	bestätigt den vertrag des St. Catharinenklosters in Trier mit dem archidiacon Friedrich von Warnsperch wegen der pfarrcompetenz des rectors der dem kloster incorporirten St. Laurentiuskirche zu Trier. 1303 die 19 nov. — Or. i. Cobl.
dec. 12	. . .	erhebt die bisher mit einem geistlichen besetzte St. Martinskirche zu Oberwesel, wegen ihres reichlichen einkommens, zu einem collegiatstift mit einem probst, dechant und fünf präbendern. Houth. 2,21.
— 20	. . .	restituirt seinem domcapitel den hof zu Andernach. 1303 vigil. Thome. — Or. i. Cobl.
1304		
apr. 7	Treveris	schenkt dem dechant des stifts zu Carden das grosse haus gegenüber dem kirchenthurm daselbst. 1304 fer. 3 post Quasimodo. — Or. i. Cobl.
iun. 21	ap. Stolzenfels	beurkundet die mit der stadt Coblenz geschlossene sühne und sichert ihr ihre freiheiten. Günth. Cod. dipl. 3,112.
— 24	. . .	macht den ritter Jacob von Ulmen zu seinem dienstmann, und verspricht demselben schutz und hilfe auf allen seinen vesten gegen K. herrn von Daun und dessen helfer, besonders gegen den ritter N. von Ulmen genannt »Hicke«, weil er dem erzb. zu ehren die gefangenen H. von Daedenberg und Johann von Ibeweiler freigelassen hat. 1304 die nativ. Johan. Bapt. — Or. i. Cobl.
aug. 4	ap. Andernacum	beurkundet, dass der abtei Rommersdorf durch schultheiss und schöffen des königshofs zu Valinder die sogenannten Benigna'sgüter daselbst zuerkannt worden sind. 1304 fer. 3 post Petri ad vincula. — Or. i. Cobl.
sept. 2	. . .	schliesst eine einung mit der stadtgemeinde Trier zu gegenseitiger hülfeleistung, namentlich soll die stadt bei einem kriege 300 bewaffnete stellen und der erzbischof ihr gegen Richard herrn von Daun und Johann Praudon und deren helfer beistehen. Gallia Christ. 13,360. Houth. 2,27. —
1305		
febr. 3	. . .	verleiht dem St. Catharinenkloster in Trier die weideberechtigung zu Moyerschet, Bevern, Waltrach u. s. w. und befreit es von den »gedingen« daselbst. 1304 crast. purif. Marie. — Cop. i. Cobl.
iun. 2	. . .	besiegelt und bestätigt des edelknechts Hertwin von Waldeck verkauf des zehnten zu Burgen an das capitel des stifts zu Münstermeinfeld. 1305 fer. 4 post ascens. dni. — Chart. i. Cobl.
1306		
mai 29	ap. Palaciolum	schreibt seinem burggrafen auf Sarburg, dass er Heinrich Mumme, dessen frau und kinder abgabenfreiheit für ihre güter ertheilt habe (vergl. 1303 ian. 17) und befiehlt ihm diese freiheit zu respectiren. Houth. 2,34.
oct. 8	Palacioli	befiehlt dem dechant und pleban zu Carden wie auch dem canonicus Gerlach Moyr zu Münstermeinfeld die untersuchung des streites zwischen dem kloster Himmerode und Johann Heynebug von Cochem wegen der klösterlichen güter zu Clotten und Pommern. 1306 sab. post Remigii. Or. i. Cobl.

1307		
iun. 2	in Treveri	ertheilt der St. Terentiuskirche zu Neumünster in Metzer diözese eine indulgenz. 1307 vigil. Petri martyris. — Or. i. Cobl.
aug. 2	in Novocastro	widerruft nach einsicht der privilegien des stifts Carden das gegen dasselbe wegen der incorporation von kirchen erlassene interdict. 1307 crast. Petri ad vincula. — Or. i. Cobl.
nov. 19	. . .	macht sein testament, ernennt zu dessen vollstreckern den archidiacon Johann von Nassau, den grafen Symon von Spanheim, den domdechant Arnold von Ulmen, den archidiacon Heinrich von Paffendorf, den prior der prediger zu Trier und den burggrafen Jacob
1300—7		auf Sarburg, und wählt sein grab bei den predigern zu Trier. Günth. Cod. dipl. 3,121.
sept. 00	. . .	befiehlt seinen burggrafen Heinrich zu Turon und Jacob zu Sarberg, dem schultheissen Colin zu Wytlich und allen seinen burggrafen und amtleuten die dem domcapitel entzogenen güter und gefälle sofort zurückzugeben, ferner noch besonders dem schultheissen zu Wytlich, den Johann von Correche wegen der demselben im vorigen iahre
1307		entzogenen güter zufrieden zu stellen. Ohne iahr, mit fer. 6 post nativitat. beate virginis. — Or. i. Cobl.
nov. 22	. . .	Todestag. Er hinterliess das erzstift in sehr üblem zustand. Gesta Trev. ap. Honth. 816. nov. 23. Necrol. Clarenthal ap. Kremer Orr. Nass. 2,421 hat St. Cäcilientag (22. nov.).

1307—1354. Baldewin. 1307.

dec. 7	Treviris	Wahl Baldewin's, eines sohnes des grafen Heinrich von Lützelburg und der Beatrix von Avesnes. Er war damals 22 iahre alt, bereits probst und canonicus der trierer kirche, und hielt sich seiner studien wegen zu Paris auf. Gesta Trev. ap. Honth. 816. Vergl.
1308		überhaupt über ihn von Stramberg, Rhein. Antiquarius 1 Abth. 4. Bd. s. 629 bis 789.
märz 11	Pictavis	Weihe zu Poitiers als erzbischof durch pabst Clemens V, nachdem er am tage vorher priester geworden war, und ihn der pabst wegen seiner iugend dispensirt hatte. Gegenwärtig war Baldewin's bruder Heinrich, der nachherige römische könig, schon länger am päbstlichen hofe bekannt und nun für seinen bruder wirkend, wie dieser
— 21	——	bald darauf für ihn. Gesta Trev. ap. Honth. 816. Petri Zittaviensis Chron. Aulae regiae in Dobner. Monumenta hist. Bohemiae 5,283. (in loco fratrum predicatorum) übergiebt durch notariatsact sein ganzes aus der väterlichen oder anderweitigen erbschaft stammendes vermögen seinem bruder, grafen Heinrich von Luxemburg. — Ficker, die Ueberreste des deutschen Reichsarchivs zu Pisa. Wien 1855. s. 59.
iun. 2	Treviris	Einzug in Trier. Gesta Trev. ap. Honth. 817.
aug. 1	——	gebietet seinen beamten, die besitzungen und leute des cistercienserklosters Himmerode zu schützen. 1308 die Petri ad vincula. Or. i. Cobl.
nov. 27	Frankfort	Antheil wesentlichen an der königswahl seines bruders Heinrich, grafen von Lützelburg. Gesta Trev. ap. Honth. 822.
— 27	——	notificirt mit andern wahlfürsten dem pabst Clemens V. die vorstehende wahl. Pertz Leges 2.490.
1309		
iun. 6	Aquisgrani	Anwesenheit bei der königskrönung Heinrich's VII. Gesta Trev. ap. Honth. 822.
— 22	——	Zeuge Heinrich's VII für Achen.
febr. 00	Treviris	Anwesenheit mit könig Heinrich VII, mit dem er dann auch Lützelburg besucht. Gesta Trev. ap. Honth. 822 u. 828.
— 16	Sarbourch	beauftragt den landdechant zu Zell, nachzuforschen ob das nonnenkloster Engelport subsidien gezahlt habe. 1308 dominic. Invocavit. — Or. i. Trier.
märz 1	. . .	vergleicht sich mit der bürgerschaft seiner stadt Trier über ihre bisherigen streitigkeiten wegen einsetzung des raths, verkleinerung des weinmaasses, der vor seinem schultheiss anzubringenden klage und des von den forensen zu entrichtenden zolles. Honth. 2.35.
iun. 13	prope Trevir.	(apud baptismum) bestätigt dem collegiatstift zu Kilburg die vom Heinrich 1276 fer. 8 post Pasche geschehene incorporation der kirchen zu Ludesdorf, Ufeningen, Eische und Bumagen. 1309 fer. 6 post Barnabe, mense Iunio. Ind. 7. — Or. i. Cobl.
iul. 25	Erenbretstein	transsumirt könig Heinrich's VII bestätigung der Deutschordenprivilegien d. d. Speier 9. märz 1309. Hennes Urkbuch 339.

1309

aug. 6	. . .	ertheilt der bürgerschaft zu Münstermeinfeld das privilegium, wegen erbe, schulden und iniurien an kein geistliches gericht geladen zu werden wenn sie von anfang an nicht das weltliche gericht versäumt habe. 1309 fer. 4 post Petri ad vincula. Chart. in Cobl.
sept. 16	Spire	giebt seinen willebrief zur belehnung der herzoge von Oestreich mit den landen des Johann Parricida. Lichnowsky Habsb. Reg. 1,329 extr.
nov. 3	. . .	suhnt sich mit Ludwig herrn zu Kirkel und nimmt ihn mit 25 bewaffneten zu seinem helfer an. 1309 crast. animarum. — Extr. i. Cobl. —
— 13	. . .	erlaubt der abtei Himmerode den wiederaufbau ihrer durch krieg zerstörten mühle auf der Quint am Rothenberg. 1309 die Brictii. Chart. i. Cobl.
dec. 25	Colonie	Anwesend auf dem zu weihnachten hier gehaltenen hofe könig Heinrich's VII. Gesta Trev.
1310		ap. Houth. 822.
ian. 19	. . .	verspricht dem ritter Engilbert von Seyn, herrn zu Valinder für seine mannschaft 200 mark, zahlbar in jährlichen raten von 50 mark, wofür Engilbert alsdann iedesmal 5 mark aus seinem allodieu beweisen soll. 1309 fer. 2. post octav. Epiphan. — Baldewin's Urkbuch i. Trier.
— 22	. . .	besiegelt die urkunde des ritters Heinrich von Helfenstein, worin derselbe die burg Sporkenberg und das dorf Dentzenroyde zu offenem trierischen lehen macht und von erzb. Baldewin damit ausser der hohen gerichtsbarkeit, welche sich der erzbischof vorbehält, belehnt wird. Houth. 2,37.
apr. 15	. . .	suhnt sich mit dem ritter Boemund herrn zu Dagstuhl über alle bisherigen irrungen, und trägt ihm die burg Dagstuhl zu lehen auf. 1310 fer. 4 post ramos Palmarum. Or. l. Cobl. — Vergl. Boemund's urk. darüber Houth. 2,41.
— 28	Treviris	(in ecclesia beati Petri) Provincialconcil unter seinem vorsitz gehalten. Houth. 2,42. Blattau Stat. Trev. 1,63.
mai 4	. . .	transsumirt könig Heinrich's dd. Col. 2 non. ian. 1310 der abtei Himmerode ertheiltes privilegium. 1310 fer. 2 post Misericord. domini. — Or. i. Cobl.
— 4	. . .	verleiht die von dem canonicus Cono von Eich resignirte präbende an St. Cumbertstift zu Coln dem Daniel von Bella. 1310 crast. invent. Crucis. Baldewin's Urkbuch i. Trier.
— 23	ap. Meygene	bewilligt dem ritter Theoderich herrn von Kempenich, seine ehefrau Cunegunde mit dem von Trier lehenrührigen schlosse Kempenich zu bewitthumen. 1310 sab. ante dnc. Vocem iocundatis. — Chart. i. Cobl.
— 30	. . .	bestätigt erzb. Boemund's privilegium von 1292 für das kloster Himmerode. 1310 sab. post ascens. Domini. — Or. i. Cobl.
iun. 27	. . .	beurkundet, dass die verordnung wegen sequestrirung der pfarreinkünften, und die statuten des jüngsten provincialconcils gegen die detentoren der pfarrkirchen, auf das domcapitel keine anwendung haben sollen. 1310 sab. post nativ. Johann. bapt. — Or. i. Cobl.
— 30	ap. Baptisterium	ridimirt den kaufbrief des St. Germanstifts zu Speier für erzb. Theoderich über den hof Elre und das patronatrecht zu Eddegen und Lutzelroden, wie auch den bischofs Berenger von Speier bestätigung dieses verkaufs d. d. 1230 mense Iunio, 3 ind. — Mit iahr 1310 crast. Petri et Pauli. — Cop. i. Cobl.
iul. 2	. . .	schenkt der domdechanei das von erzb. Diether zu bauen angefangene haus Ramstein bei Cordel. 1310 fer. 5 post Petri et Pauli. — Or. i. Cobl.
— 00	Frankenfurt	Anwesenheit bei dem hier von Heinrich VII gehaltenen generalparlament. Vergl. Kaiser-Regesten.
— 25	———	giebt seinen willebrief zur erhebung der grafen Bertold von Henneberg und seiner erben in den fürstenstand. Schöppach Henneb. Urkb. 1,60. — An demselben tage und ort gab der erzb. für den grafen von Henneberg noch zwei andere willebriefe, bergwerke und stadtrecht von Wasungen betreffend. Ebend. 45 und 46.
aug. 3	. . .	erneut den Trierer schöffen Wilh. Ernesti zu seinem burggrafen auf Saarburg, und verpfändet ihm mit consens des domcapitels sämmtliche einkünfte nach abzug der besoldung für die besatzung. 1310 fer. 2 post Petri ad vincula. — Or. i. Cobl.
— 18	. . .	verleiht seinem domcapitel das recht der erhebung des gnadeniahres. 1310 fer. 3 post assumpt. Marie. — Or. i. Cobl.
sept. 2	ap. Baptismam	verleiht dem capitel zu Münstermeinfeld gleichfalls das recht zur erhebung des gnadeniahres 1310 fer. 4 post decoll. Johann. Bapt. — und ebenso unter demselben orte und datum dem capitel von St. Castor zu Coblenz. — Or. i. Cobl.
— 15	. . .	verleiht dem St. Paulinstift bei Trier gleichfalls das recht zur erhebung der einkünfte des gnadeniahrs. 1310 crast. exaltat. crucis. Chart. i. Cobl.

9

1310

sept. 17	. . .	schenkt dem Colin von Wittlich ein haus zu Berncastel und behält sich darin im herbste die herberge aus. 1310 fer. 6 post exaltat. crucis. — Baldewin's Urkbuch i. Trier.
— 00	Columbarie	Zusammenkunft mit seinem bruder könig Heinrich VII und von hier aus antheil an dessen Romfahrt. Vergl. von hier an das sehr genaue itinerar des erzbischofs in den Gesta Trev. ap. Honth. 824 bis 829 und die Kaiser-Regesten. — Eine reihe von abbildungen in einem Codex, welche sich auf das leben könig Heinrich's von seiner wahl bis zum tode und besonders auf diesen römerzug beziehen und auf befehl Baldewin's angefertigt wurden bilden einen schatz des provincialarchivs zu Coblenz. — Vgl. auch Böhmer font. 1,877. — Hier genügt die angabe einiger hauptpunkte der reise.
nov. 23	Mediolani	Ankunft.

1311

ian. 6	———	Anwesenheit bei der krönung Heinrich's VII mit der eisernen krone.
mai 19	aut Brixiam	Belagerung von Brescia begonnen. Erst nach vier monaten sept. 18 ergab sich die stadt.
lul. 12	——	Zeuge Heinrich's VII für den Deutschorden.
oct. 21	Janue	Ankunft in Genua und aufenthalt.
nov. 14		Zeuge Heinrich's VII für Montferrat.

1312

febr. 10	———	Einschiffung nach Pisa.
märz 6	Pisis	Ankunft in Pisa.
apr. 23	———	Aufbruch nach Rom.
mai 7	Rome	Ankunft. Der erzbischof bezieht die celle der vier Gekrönten. Dominus vero Baldewinus cellam quatuor coronatorum ad acpl. Trev. habitationem pertinentem intravit, et eam ad sue ecclesie Trev. proprietatem pertinere ad memoriam revocavit utiliter. Gesta Trev. ap. Honth. 827.
iun. 5	———	gewinnt den burggrafen Friedrich von Hammerstein mit 200 mark oder bis zu deren auszahlung mit 4 fuder wein jährlich aus dem zehnten zu Ludisdorf zu seinem vasallen mit der verpflichtung bei persönlicher kriegführung des erzbischofs dessen banner oder andere insignien in der schlacht zu tragen. 1312 die 5. iun. — Extr. i. Cobl.
— 23	———	belehnt den ritter Theoderich herrn von Runkel wegen dessen zu Rom und in Italien überhaupt dem reiche geleisteten dienste der hälfte der trierischen lehen seines schwiegervaters, des ritters Friedrich von Dann, welche letzterer nach dem tode seiner ehefrau Agnes ohne lebensherrliche consens den beiden schwiegersöhnen, dem genannten Theoderich, und dem ritter Heinrich herrn von Pirmont, übertragen hatte; doch solle diese hälfte jährlich nicht 60 pfund kleiner Turnosen übersteigen und Theoderich sechs monate nach der heimkehr ein genaues lehenbekenntnis einreichen und die burghut von Manderscheid übernehmen. 1312 die 23. iuni. — Or. i. Cobl.
— 29	———	Anwesenheit bei der kaiserkrönung Heinrich's VII.
— 30	———	Zeuge Heinrich's VII für das kloster Baumgarten.
aug. 1	Tyburc	Zeuge des protestes Heinrich VII gegen den waffenstillstand mit Neapel.
oct. 00	ante Florentiam	Belagerung von Florenz, die zu ende des monats wieder aufgehoben wird.
nov. 00	. . .	in diesem monat unternimmt der erzbischof mehrere streifzüge, erobert das castellum S. Mariae Novellae und andere burgen, kehrt dann am schluss des monats ins kaiserliche lager zurück.
dec. 23	ap. S. Cassianum	(in castris) incorporirt mit consens kaiser Heinrich's, des patronatsherrn, die kirche St. Michael zu Luxemburg dem kloster Marienthal. — Publication de la société pour la recherche et conservation des monuments historiques dans le grand-duché de Luxembourg 4.87 extr.

1313

febr. 22	ap. Montem Imperialem.	Zeuge Heinrich's VII für Amadeus von Savoi.
märz 19	Pisis	Abschied von seinem bruder dem kaiser, und einschiffung um für kurze zeit heimzukehren.
apr. 21	. . .	vermittelt einen friedensvertrag zwischen Mutius von Modena, kaiserlichem vicar, und Albert Schotus namens der stadt Placentia einerseits, und Albert de Lando statthalter daselbst namens der verbannten andrerseits; wie auch einen andern frieden zwischen dem markgrafen von Malaspina, Conradin, vicars der stadt Bobium und der kaiserlichen parthei einer- und den verbannten und ihrem anhang andrerseits. Doenniges Acta Heinrici VII. 2,70 und 76.
mai 15	Treviri	Rückkunft. Gesta Trev. ap. Honth. 829.

1313		
aug. 24	. . .	An diesem tage starb kaiser Heinrich VII zu Bonconvento südlich von Siena.
sept. 00	circa Confluentiam	Zusammenkunft erste der drei rheinischen erzbischöfe zu ende des sept. wahrscheinlich zu Rense, ohne dass sie sich für diesmal wegen der bevorstehenden königswahl einigen konnten. Petr. Zitt. ap. Dobnef. 5,277 und 337.
1314		
märz 19	Confluentibus	quittirt der stadt Coblenz über die rückzahlung der ihm schuldigen 600 mark. 1313 die 19 martii. — Or. i. Cobl.
märz 28	Wesalie	bewilligt dass graf Wilhelm von Catzenelenbogen seine gemahlin Aleyde auf die dörfer Hussen, Burnebe, Padessberg, Offendail und Werle, welche trierische leben, bewittume. Wenk Hess. Landesgesch. Urkb. 1,299.
iun. 00	ap. Rense	Zusammenkunft zweite der drei rheinischen erzbischöfe, aber auch diesmal keine einigung weil der von Cöln den herzog Friedrich von Oestreich, die beiden andern den könig Johann von Böhmen wählen wollen. Böhmer Regesten Ludwig's des Baier s. 236.
sept. 20	Confluentie	verspricht mit dem erzb. Peter von Mainz, beide als specialbevollmächtigte könig Johann's von Böhmen, den herzog Ludwig von Baiern zum römischen könig zu wählen. Buchner Gesch. von Baiern 5,280 extr.
— 28	Treviris	schreibt dem könig Friedrich von Sicilien auf dessen brief wegen der heirath seiner nichte Beatrix, der tochter seines bru'ers könig Heinrich's selig mit Peter dem ältesten sohne des königs von Sicilien und setzt einstweilen die zeit der übersendung der braut auf nächsten april fest. Wardtwein Nova Subsidia 11.52.
oct. 7	. . .	befiehlt dem schultheissen zu Trier dem nonnenkloster St. Catharinen in Orreo zur wiedererlangung der zehntfrüchte der St. Isidorskirche über der brücke behülflich zu sein, welche der burger Johann de Orreo weggenommen hatte und zu deren rückgabe derselbe in contumaciam verurtheilt worden ist. 1314 die 7. oct. — Or. i. Cobl.
— 20	Frankenfrd.	Antheil an der königswahl Ludwig's dos Baiern.
— 23	———	notificirt mit andern wählern dem künftigen pabst die geschehene königswahl. Olenschlager Staatsgesch. 66.
nov. 25	Aquis	Antheil an der königskrönung Ludwig's. Heinr. Rebdorf ap. Freher 1,610. Gesta Trev. ap. Houth. 830.
dec. 3	. . .	verspricht den Cölnern, sie gegen jeden in schutz zu nehmen, der sie darüber anfeinden sollte, dass sie könig Ludwig in ihre stadt aufgenommen und demselben gehuldigt haben. Lacomblet Urkbuch 3,105.
1315		
ian. 3	. . .	verändert das Benedictinerkloster auf dem Beatusberg bei Coblenz in ein collegiatstift mit zwölf canonicatpräbenden. Günther Cod. dipl. 3,165. Reysach u. Linde, Archiv 1,220.
märz 7	. . .	verordnet wegen des streites zwischen Symon, dem rector der St. Laurentiuskirche zu Trier, und dem nonnenkloster St. Catharinen in Orreo dem diese kirche incorporirt ist, über die unzulänglichkeit der pfarrcompetenz, dass der priester Johann von Tuustorf zwei iahre diese pfarrei behufs ermittelung deren einkünfte verwalten solle. 1314 her. 6 ante dominic. Judica. — Or. i. Cobl.
apr. 26	Bopardie	verbündet sich mit dem erzb. Peter von Mainz zu gegenseitigem schutze und behufs aufrechthaltung der wahl könig Ludwig's. Wardtwein Subs. dipl. 1,431.
aug. 28	Confluentie	bestätigt der prämonstratenserabtei Rommersdorf tausch von gütern zu Niederwinter gegen dergleichen des nonnenklosters Dytkirchen bei Bonn zu Oberbieber. 1315 vig. decollat. Johan. bapt. — Or. i. Cobl.
sept. 3	. . .	stiftet sein anniversarium bei dem collegiatstift zu pfalzel und schenkt demselben zur verbesserung der präbenden die pfarrei Bischofsdron. 1315 die 3. sept. — Or. i. Cobl.
oct. 11	Treviris	(in palatio) befiehlt seinem beamten, das kloster St. Marien ad Martyres zu Trier in dem besitz der hälfte der waldungen zu Tavern zu schützen, welche demselben in dem processe mit dem ritter Peter von der Brücke durch sentenz des trierischen officials zugesprochen worden ist. 1315 die 11. oct. — Chart. i. Cobl.
1316		
febr. 5	. . .	bestätigt die ordination der Benedictinerabtei St. Marien ad Martyres zu Trier über die vertheilung der einkünfte. 1315 fer. 5 post purificat. Marie. — Or. i. Cobl.
— 10	———	(in palatio) stiftet sein und seiner verwandten anniversarium bei der abtei Himmerode, und incorporirt dem krankenhause daselbst die pfarreien Briedel und Pommern. Günth. Cod. dipl. 3,169.
— 20	. . .	vertauscht dem capitel auf dem Beatusberg bei Coblenz seinen hof auf genanntem berge gegen einen hof zu Münstermeinfeld. Reysach und Linde Archiv 1,225.
märz 00	in Bohemiam	Heerfahrt nach Böhmen um seinem von den dortigen grossen bedrängten neffen zu helfen. Dieser heerfahrt schloss sich auch erzb. Peter von Mainz an. Petr. Zitt. ap. Dobner 5,345. Gesta Trev. ap. Houth. 830.

ɣ

1316

märz 9 Nuremberg bestätigt als kurfürst das von könig Ludwig 1316. 5 id. ian. der stadt Augsburg ertheilte privileg, die vierjährige steuerfreiheit u. anderes mehr betreffend. — Ludig Reichsarchiv 13,91.

— 10 ——— gewinnt mit 200 mark Eberhard herrn von Braberg zum vasallen und belehnt ihn mit der hälfte des dorfs Ganderu. Honth. 2,96. Joannis Spicilegium 408.

— 26 Prage Aukunft. Petr. Zitt.

mai 30 ——— Auwesenheit bei der durch erzb. Peter von Mainz verrichteten taufe Wenzel's des erstgebornen könig Johann's von Böhmen, der später als Karl IV römischer kaiser wurde. Petr. Zitt. 346.

aug. 17 —.— Ausfahrt mit könig Johann von Böhmen um Ludwig dem Baiern beizustehen. Petr. Zitt. 347.

— 30 Nurenberg Vereinigung mit Ludwig dem Baier. Petr. Zitt.

sept. 19 Ezzelingen Antheil an dem unentschiedenen treffen zwischen den gegenkönigen Ludwig dem Baiern und Friedrich dem Schönen, worauf die heere auseinander ziehen. Petr. Zitt.

oct. 15 Confluentie verleiht Liesheiden, der frau seines dachdeckers Ewolf zu Erembreitstein, auf lebenszeit
1317 dies aut. 1316 die 15. oct. — Chart. i. Cobl.

iun. 00 Dacheraci Auwesend bei der hier von könig Ludwig gehaltenen zusammenkunft von rheinischen fürsten, herrn und städten. Gesta Trev. ap. Honth. 631 irrig zu 1316.

— 19 ——— Bundniss auf lebenszeit mit könig Ludwig dem Baier, könig Johann von Böhmen und dem erzb. Peter von Mainz gegen den herzog Friedrich von Oestreich. 1317 sunnentags nach St. Vitus. — Baldewin's Urkbuch in Trier.

— 22 ——— Landfrieden von Hert bis Cöln auf sieben iahre zwischen den daselbst versammelten fürsten, herrn und städten. Lacomblet Urkbuch 3,118.

sept. 17 . . . besiegelt der abtei Hemmenrode die urkunde, worin dieselbe auf ihr wiederkaufsrecht an einen dem verstorbenen domenstos Ysinbard von Warnisperch verkauften und aus domcapitel gefallenen zins verzichtet und letzterm noch einige zinsen von häusern zu Trier verkauft. 1317 sab. post exaltat. crucis. — Chart. i. Cobl.

oct. 3 ap. Romesten erlässt seinem iäger H. auf lebenszeit alle zinsen von dessen ländereien zu Curdel und duborum. 1317 die 3. oct. — Daldewin's Urkbuch in Trier.

— 22 . . . vertauscht an sein domcapitel zwei theile vom zehnten zu Osburg gegen des domcapitels mühle mit wiesen und wingerten vor Trier an baptismum, und giebt demselben noch eine hofstatt zu Osburg nebst 40 pfund kleiner turnosen zum bau eines hauses für einen hofmann welcher gleiche rechte wie die dortigen einwohner an wasser wald und weide haben soll. 1317 sabb. post Luce ewangeliste. — Or. i. Cobl.

1318

apr. 20 Pallacioli ertheilt den von graten Johann zu Saarbrücken erbauten burgkapelle eine indulgenz. Kreuer Gesch. des Ardenu. Geschlechts 414.

iun. 15 Confluentie gestattet der meisterin und dem convent der nonnen zu Schiffenberg bei Giessen die verlegung zweier altäre. Baur Urkk. zur Hessischen Landesgesch. 340 extr.

aug. 21 . . . verspricht den herrn von Schonenburg bei Oberwesel, welche ihre burg auf lebenszeit zu seinem offenen haus gemacht haben, seinen schutz und hilfe. 1318 maintags na unser frauwendag dat rime die wurtze wibet. Kindlinger's Sammlung i. München.

— 23 . .— . .— beurkundet sich mit den erzbischöfen Peter von Mainz und Heinrich von Cöln geeinigt zu haben, dass ieder von ihnen dem den er zum könig gekoren hielte dürfe, doch dahin wirken solle, dass keinem ein verlust erwachse; würde einer der beiden gekoren die oberhand gewinnen, so sollen die oder den er ihn gekoren für den oder die andern bei demselben bemüht sein, sie oder den hel ehren zu erhalten; auch solle ihr gelabte wegen des landfriedens aufrecht bleiben. Lacomblet Urkbuch 3,141.

sept. 9 . . . schenkt dem hospital des Deutschordens zu Coblenz eine hofstatt daselbst für sein und seiner familie anniversarium. Hennes Urkbuch 367.

— 20 . .— .— nochmalige ausfertigung aber vorstehende schenkung. Hennes Urkbuch 368.

oct. 00 Scherfstein Lagerung bei Schierstein unterhalb Mainz zum beistand Ludwig des Baiern, der im krieg mit dem grafen Gerlach von Nassau, dem bruder seiner schwägerin Mechtild, Wiesbaden belagerte. Gesta Trev. ap. Honth. 831.

1319

märz 29 ——— ertheilt der kirche zu St. Wendel eine indulgenz. 1319 fer. 5 post annunciat. Marie. — Or. i. Cobl.

apr. 25 Palacioli bestätigt die fundationsurkunde des reclusorium auf dem kirchhofe zu Mertloch. Günth. Cod. dipl. 3,189.

— 27 . . . bestätigt und besiegelt die urk. wonach die abtei Laach au Theoderich v. Arenfels herrn zu Isenburg ihren hof Adinhane gegen den zu Ochtendinch vertauscht. Wegeler Kloster Laach 2,80.

iun. 21 . . . entscheidet eine streitigkeit zwischen dem collegiatstift zu Kylburg und dem dortigen vicepastor Heinrich Wange wegen bestellung des gottesdienstes und der pfarrcompeten. 1319 fer. 5. die 21 iun. — Or. i. Cobl.

1319

jul. 14 . . . entbindet bis auf widerruf die bürgerschaft zu Münstermeinfeld gegenzahlung von 20 mark jährlich von der verpflichtung zum ankauf des erzbischöflichen bannweins fünfzehn tage vor weihnachten, fastnacht und pfingsten. 1319 die 14. iul. — Bald. Urkb. i. Trier.

aug. 10 . . . belehnt den grafen Wilhelm von Katzenelnbogen mit den dörfern Bornich, Husen, Padensberg und Offendal und erlaubt ihm die erbauung einer burg auf dem Richenberg. Wenk Hess. Landesgesch. 1,90.

— 19 Palaeioli ertheilt für die kirche des collegiatstifts zu Kylburg eine indulgenz. 1319 vigil. Laurentii. Chart. i. Cobl.

— 19 . . . gewinnt Conrad Huschmann von Mauderscheid mit 20 pfund denaren und 4 malter korn jährlich zu seinem burgmann auf Mauderscheid. 1319 die 19. aug. — Baldew. Urkb. i. Trier.

sept. 00 super Bruscam Zuzug dem könig Ludwig geleistet als dieser an der Breusch dem heere Friedrich des Schönen ohne ergebniss gegenüber steht. Albertus Argent. ap. Urstis. 2,120 und Gesta Trev. ap. Honth. 832.

oct. 22 Confluentibus gibt seinen consens zur einweihung der kapelle in des klosters Eberbach hof zu Boppard durch einen beliebigen katholischen bischof. 1319 fer. 2 post Luce evang. — Or. i. Cobl.

1320

apr. 29 vidimirt die bulle des pabstes Johann XXII. d. d. Avignon id. dec. pont. 2. an dou erzb. Peter von Mainz, worin letzterm die untersuchung und resp. bestätigung der umwandlung des Benedictinerklosters auf dem Bratusberg bei Coblenz in ein collegiatstift aufgetragen wird, wie auch 2, des erzbischofs von Mainz bestätigung dieser umwandlung d. d. Confluent. 1318, 8 id. mai. — 1320 fer. 3 post Marci. — Or. i Cobl.

mai 00 Creutznach Belagerung im krieg mit dem zu Friedrich dem Schönen haltenden grafen von Sponheim, nachdem schon früher die burg Sprendelingen genommen worden war. Gesta Trev. ap. Honth. 832. Die zeit ergiebt sich aus einer von Ludwig dem Baier beim besuche des lagers 1320 mai 11 in castris apud Crutzenach für erzb. Baldewin ausgestellten urk. bei Günther 3,106.

mai 29 Palaeioli incorporirt auf die bitte des abts und convents von St. Vitus zu Gladbach die pfarrkirche zu Weiler der cella zu Bocholtz. Lacomblet Urkb. 3,144 extr. Fahne Chronik der Abtei Gladbach. 39.

. . Argentine Aufenthalt, wie man voraussetzen darf im september, als Ludwig der Baier und des erzbischofs neffe könig Johann von Böhmen in der nähe waren. Hier empfängt er nach dem am 5. inai erfolgten tode des erzbischofs Peter die postulation auf das erzstift Mainz, das er jedoch schon im nächsten iahr dem vom pabst ernannten Mathias von Buchegg überliess. Gesta Trev. ap. Honth. 832.

nov. 19 . . . bestätigt einen vergleich des collegiatstifts zu Carden mit den erben und der gemeinde zu Treis wegen der wasser- weide- und waldnutzungen daselbst. 1320 crast. octav. Martini. — Or. i. Cobl.

1321

märz 14 Palaeioli erlaubt, dass der leib des heil. Goar, welcher während des kriegs in die kirche des collegiatstifts zu Carden geflüchtet worden war, wieder nach St. Goar zurückgeführt werde. Grebel Gesch. von St. Goar. 423.

apr. 2 ——— willigt nachträglich in die ohne seine erlaubniss und gegen die statuten des provincialconcils geschehene errichtung der beiden altäre St. Georg und St. Antonius in der kirche zu Münstermeinfeld, und erlaubt ein iahrlang auf einem tragbaren altare die heil. messe zu halten bis die bauliche restauration der kirche die einweihung dieser altäre gestatte. 1321 die 2. apr. — Or. i. Cobl.

aug. 4 ——— bestätigt die schenkung eines viertels am zehnten zu St. Isidor bei Trier seitens des Trierer bürgers Johann de Orreo, welcher von ihm damit belehnt ist, an das St. Catharinenkloster in Orreo zu Trier. 1321 die 4. aug. — Or. i. Cobl.

— 7 Treviris bestimmt die gränzen der neu gegründeten pfarrei St. Johannes zu Luxemburg. Bertholet hist. de Luxemb. 5, preuves 106. Publications de la societé de Luxemb. 4,87 extr.

— 31 in Pallaciolo publicirt die erhebung der kirche des hospitals im Grund (Luxemburg) zu einer pfarrkirche unter dem namen S. Mariae super lapides und deren trennung von der St. Michaelspfarrei. Publicat. de la societé de Luxemb. 4,87 extr.

dec. 23 . . . befiehlt dem dechant der christenheit zu Zell und sämmtlichen pfarrern im archidiaconatsbezirk Heinrich's von Paffendorf unter strafe der suspension und excommunication keine erlasse gegen die incorporation der pfarreien Briedel und Pommern anzunehmen oder zu vollziehen. 1321 fer. 4 ante nativ. domini. — Chart. i. Cobl.

1322

ian. 21 ——— befiehlt seinem domcapitel die aufnahme des durch päbstliche briefe mit einem canonicat

1322		providirten Alexander's von Brimsborn, probsten zu Münstermeinfeld, in's capitel. 1321 die 21 ian. — Chart. i. Cobl.
ian. 28	Meyne	(in castro) belehnt Marsilius von der Arken mit der hälfte des thurms zu Gondorf, welche derselbe von Johann dem sohne des wepelings Arnold Greme gekauft hatte. 1321 die 28 ian. — Or. i. Cobl.
aug. 26	. . .	Friedensschluss mit den erben herzog Rudolf's von Baiern (d. h. der herzogin Mechtild geborne von Nassau und ihren söhnen) und den grafen von Nassau und Sponheim, die gegner Ludwig's des Baiern waren und auf Friedrich's des Schönen seite standen. Gesta Trev. ap. Honth. 832. Siehe auch Günth. Cod. dipl. 3,205 u. folg. urk.
— 27	. . .	verspricht mit seinem domcapitel Stalberg, Stalerk, Braunsborn, Bacherach, Steg. Rheinböllen und alles was könig Ludwig der Baier ihm und dem könig Johann von Böhmen verpfändet hat, sobald er 30 tausend und könig Johann 20 tausend pfund heller aus dem zoll zu Bacherach erhoben hätten, herauszugeben. 1322 freit. nach Bartholomei. — Or. i. Cobl.
1323		
ian. 5	Treveri	fundirt zur memorie des Lützelburger hauses einen altar in der St. Niclaskapelle des stifts zu Münstermeinfeld. 1322 vig. Epiphanie. — Or. i. Cobl.
märz 7	——	bewilligt zum bau der stiftskirche zu Münstermeinfeld eine Collecte und indulgenz. 1322 crast. Letare. — Or. i. Cobl.
ian. 5	. . .	verpachtet um 100 malter korn jährlich seinen ganzen fruchtzehnten in der parrochie von Andernach an den rector der kirche daselbst mag. Gerhard phisicus. 1323 in die Bonifacii. Urkb. in Trier.
— 23	——	belehnt den wildgrafen Friedrich von Kirberg mit dem schloss Welstein bei Creuznach, einem burglehen zu Grimburg, dem dinghof Breidenthal und dem dorfe Folmarshoscubach. 1323 uff den abend St. Johannes Bapt. da er geboren wart. Cop. i. Cobl.
iul. 15	——	(in palacio) verlegt das kirchweihfest der St. Castorskirche zu Coblenz vom tage des heil. Hermolaus (27 iuli) auf den sonntag vor St. Jacob und Christofor, und ertheilt für die ganze octave eine indulgenz. Blattau Stat. 1,165.
aug. 14	. . .	incorporirt das kloster Schiffenburg dem Deutschorden zu Marburg, und stiftet bei demselben sein anniversarium. 1323 vigil. assumpt. Marie. — Or. i. Cobl.
sept. 24	——	verspricht mit dem domcapitel den vergleich welchen ihre specialbevollmächtigte Johann graf von Saarbrücken, der domherr Johann von Kerpen und die beiden ritter Wilhelm herr von Munderscheid und Thomas von Siebenborn bis zu Allerheiligen mit Wilhelm von Dorsweiler und dessen bruder Georg zu standen bringen würden, anzunehmen. 1323 die 24 sept. Cop. i. Cobl.
1324		
febr. 10	——	entscheidet einen streit zwischen dem grafen Gerhard von Jülich und dem ritter Cuno von Wunnenberg wegen ersatz eines in des grafen gericht hingerichteten Wunnenbergischen mannes und der schäden in der darüber entstandenen fehde. 1323 fritags nach untage Unser lieben frauentag Lichtmesse. Or. i. Cobl.
apr. 4	——	verkauft um 35 mark dem scholaster des St. Castorstifts zu Coblenz, Werner von Valinder, sein antheil an dessen hause zu Coblenz. 1324 die 4. apr. — Or. i. Cobl.
— 21	. . .	gewinnt Cunen Honesche von Munderscheid mit 4 malter korn jährlich aus der herbstbede daselbst zu seinem vasallen. 1324 apr. 21. Baldew. Urkbuch in Trier.
mai 13	——	verspricht der abtei Metlach die 900 pfund kleiner schwarzer turnose welche sein neffe könig Johann von Böhmen für abgekaufte güter schuldig geworden bis zu weihnachten zu bezahlen oder ihr 45 pfund jahrrente auf güter bei Merzig anzuweisen. 1324 die 13. mai. — Or. i. Cobl.
iul. 3	. . .	überweist zur memorie könig Heinrich's und dessen gemahlin verschiedene fruchtrenten aus seinem hofe zu Polch, nämlich 4 malter den chorherrn und priestern der kirche zu Münstermeinfeld, 12 malter dem altar den sein vicar bedient und 10 malter dem hospital daselbst. 1324 die 3 iul. — Or. i. Cobl.
aug. 1		ertheilt der pfarrkirche zu Wanebach und der dazu gehörigen kapelle zu Steynbule indem er derselben einen ablassbrief mehrerer anderer erzbischöfe und bischöfe bestätigt, gleichfalls eine Indulgenz. 1324 die 1. aug. — Cop. i. Cobl.
— 00	. . .	Krieg zwischen der stadt Metz bis zum 1. october. im bund mit Johann könig von Böhmen, Ferri herzog von Lothringen und Eduard graf von Bar. Ausser verwüstungen ergab er kein resultat. Huguenin Chroniques de Metz (Metz 1838. 4) 40—46 hauptstelle. Petr. Zitt. ap. Dobner 5.396. Gesta Trev. ap. Honth. 833.
— 25	à Remes	(sur Moselle) schliesst mit den drei vorgenannten ein bündniss gegen die stadt Metz. Honth. 2.103. Vergl. Huguenin l. c. wo der ort der vereinbarung Remiche heisst. —

1324		
oct. 6	. . .	ertheilt der kapelle S. Johan. Bapt. im hofe des abts von Metlach zu Trier unterhalb der porta S. Johan. Bapt. indem er ihr ein ablassprivilegium mehrerer anderer erzbischöfe und bischöfe bestätigt, gleichfalls eine indulgenz. 1324 die 8 oct. — Chart. l. Cobl.
— 15	. . .	erneuertes bündniss könig Johann's von Böhmen mit Baldewin gegen Metz, worin er sich ausser dem in dem bündnisse vom 25. aug. enthaltenem noch zur unterhaltung von 150 mann de bonne nacion gewaffnet und beritten auf seine kosten zu Thionville oder noch näher bei Metz verpflichtet, der erzbischof zu 50 dergleichen mann, und die beute unter sie beide nach verhältniss dieser manne, nämlich 3 zu 1, solle getheilt werden. 1324 le 15 iours el mois d'octobre. — Baldew. Urkbuch in Trier.
nov. 15	Biaarain	schliesst gemeinschaftlich mit den in der urk. vom 25 aug. genannten nebst Heinrich Deliu erwähltem und bestätigtem von Metz ein weiteres bundniss gegen die stadt Metz. (Valbonnais) Hist. du Dauphiné 2,201. — Or. i. Cobl.
dec. 20	Treveris	(in camera palatii) beurkundet einen vergleich zwischen dem Marienkloster in Orreo zu Trier und dem wepeling Adolf von Malberg wegen güter zu Guweodorf bei Dudilendorf. 1324 die 20 dec. — Or. i. Cobl.
1325		
apr. 8	. . .	bestätigt ein der pfarrkirche zu Vruysbracht (Freusshurg) von einer anzahl erzbischöfe und bischöfe d. d. Avinioni 1324 mai 10. ertheiltes ablassprivilegium und beschenkt dieselbe gleichfalls mit einer vierzigtägigen indulgenz. — Or. i. Cobl.
mai 19	Bopardie	ertheilt der kapelle im Eberbacher hof zu Boppard indem er die derselben von den bischöfen Cuno von Worms und Ludwig von Mariani verliehene indulgenz bestätigt, eine ähnliche. 1325 die 19. mai. — Or. i. Cobl.
aug. 7	Treveri	belehnt den grafen Johann von Spanheim mit schloss, thal und mühle Winterburg, das derselbe ihm aufgetragen hatte. Günth. Cod. dipl. 3,230. — Gesta Trev. ap. Houth. 833.
sept. 19	. . .	verleiht den thurm mit graben und wall zu Neumagen und den St. Petershof daselbst auf lebenszeit an Gerhard von Blankenheim. 1325 die 19 sept. Extr. l. Cobl.
nov. 15	. . .	besiegelt den vertrag des ritters Heinrich von Hagilhoven mit dem domcapitel über die demselben verpachteten domcapitularischen güter zu Adindorp im Kölnischen. 1325 die 15 nov. — Chart. l. Cobl.
1326		
märz 3	. . .	beurkundet gemeinschaftlich mit könig Johann von Böhmen, Ferris herzog von Lothringen und Eduard graf von Bar auf der einen, und der stadt Metz auf der andern seite, den zwischen ihnen abgeschlossenen frieden. Bertholet Hist. de Luxemb. 6,17. Calmet Hist. de Lorraine 2,579. Houth. 2,104.
apr. 20	. . .	ertheilt der kapelle zu Frauenkirchen indem er ihr ein ablassprivilegium mehrerer erzbischöfe und bischöfe bestätigt, gleichfalls eine indulgenz. 1326 die 20. apr. — Or. i. Cobl.
iun. 24	. . .	ertheilt für die abteikirche zu Rommersdorf, indem er ihr einen ablassbrief mehrerer patriarchen und bischöfe bestätigt, gleichfalls eine indulgenz. 1326 die Johan. Bapt. — Or. i. Cobl.
sept. 22	. . .	ertheilt für den kirchhof des collegiatstifts zu Kylburg ein indulgenzprivilegium. 1326 die 22. sept. — Chart. i. Cobl.
nov. 15	Confluentie	bestätigt die cession von gütern und der pfarrkirche zu Maien seitens des Florinstifts zu Coblenz an das kloster Lonnig. 1326 die 15 nov. — Or. l. Cobl.
dec. 1		versetzt das kloster der regulirten chorherren zu Lonieche nach der vor kurzem mit mauern umgebenen stadt Meyen. Houth. 2,108.
1327		
ian. 10	Treveris	bestätigt die versetzung des klosters Lonnig nach Meyen, wie auch die incorporation der dasigen pfarrkirche und ertheilt dem archidiacon das recht zur vergebung zweier canonicate. 1326 die 10. ian. — Cop. i. Cobl.
— 12		befreit den prior der regulirten chorherren von Lonnig zu Meyen von der iurisdiction des archidiakons. 1326 die 12. ian. — Or. i. Cobl.
märz 21		ertheilt für den altar der heil. Gottesgebärerin und Dreikönige im chor des St. Catharinenklosters in Orreo zu Trier eine indulgenz. 1326 die 21. mart. — Or. l. Cobl.
apr. 2	. . .	befiehlt die besiegelung des reverses des edelknechts Wirich Landir bei dessen aufnahme als bürger und helfer der stadt Trier. Houth. 2,110. Gesch. der Reichsherrschaft Oberstein etc. 1768. s. 70.
aug. 00	Giessen	Antheil an der belagerung und einnahme dieses ortes im krieg des erzbischofs Mathias von Mainz gegen den landgrafen Otto von Hessen. Gesta Trev. ap. Houth. 833. Vergl. Rommel Gesch. von Hessen 2,118. Stälin Gesch. von Würtemberg 3,176.

1327		
. .	Bopardie	Belagerung, etwa im sept., wobei ihn der erzbischof von Mainz unterstützt. Gesta Trev. ap. Houth. 833. — Die stadt muss sich unterwerfen und blieb von da an beim erzstift Trier.
sept. 22	. . .	schenkt seinem koch Arnold Vrunt ein haus zu Trier hinter dem palast. 1327 crast.
1328		Mathei apost. et evang. — Or. i. Cobl.
märz 8	Treveris	beurkundet den mit seinem vasallen, dem ritter Heinrich von Ehrenberg dem jüngern geschlossenen vertrag, wonach letzterer dahin wirken soll dass sein Damberger lehen in ein Trierisches lehen verwandelt werde. (inden Cod. dipl. 2,1034
— 14		vergleicht sich mit dem domcapitel wegen besetzung und vertheilung der einkünfte der St. Gangolfspfarre zu Trier. 1327 die 14 martii. Or. i. Cobl.
— 18	— —	belehnt den grafen Johann von Saarbrücken, herrn zu Commercey ausser seinen frühern lehen noch mit dem berg Spiemont zwischen St. Wendel und Leugesweiler, und erlaubt ihm dessen befestigung. Kremer Gesch. des Ardenn. Geschlechts 436.
— 25		ertheilt der St. Nicolauskapelle im hospital zu Andernach indem er ihr ein ablassprivilegium mehrerer erzbischöfe und bischöfe bestätigt gleichfalls eine indulgenz. 1328 die 25. mart. Chart. i. Cobl.
iun. 00	Starkenberc	Gefangennehmung des erzbischofs während er hier, wohl zu anfang iuni, auf der Mosel voruberführen will durch die gräfin Loretta von Sponheim, frau zu Starkenburg. Nur mit schwierigkeit gelingt es dem könig Johann von Böhmen seinen oheim wieder frei zu machen. Petr. Zitt. ap. Dobner 5,425. Gesta Trev. ap. Houth. 833. — Die zeit der gefangenschaft ergiebt sich aus einer urkunde des Trier. domcapitels d. d. 1328 die 9. iuni wonach dasselbe die domherren Juffrid von Rodemachern, dompropst, Johann von Dune, domdechant, den archidiakon Boemund von Saarbrücken, den domscholaster und probsten zu St. Paulin Johann von Kerpen, den domsänger Niclaus von Hunolstein und Dithard von Ulmen erwählt zur unterhandlung mit der gräfin wegen befreiung des erzbischofs von der gefangenschaft. Chart. i. Cobl.
iul. 7	. . .	söhnt sich mit der gräfin Loretta von Sponheim frau zu Starkenburg. Günth. 3,256.
sept. 9	. . .	An diesem tage starb Mathias von Buchegg erzb. von Mainz. Das domcapitel postulirt nun einmüthig den Baldewin zum erzb., der dann auch die verwaltung des erzstifts antritt und sie neben Trier behält bis er es endlich erst 1337 an den von pabst Johann XXII zu Avignon bereits 1328 oct. 11 zum erzbischof ernannten Heinrich von Virneburg abtritt. Chron Sampetr. ap. Menckeu 3,329 folg. Gesta Trev. ap. Houth. 833.
sept. 15	. . .	Mitbesiegler einer urkunde des ritters Wilhelm herrn von Manderscheid, dessen frau und sohns, worin dieselben der abtei Hemmenrode den ruhigen genuss aller ihrer rechte in den waldungen bei Littiche bestätigen. Houth. 2,112.
oct. 1	Treveris	schreibt dem grafen Wilhelm von Katzenelnbogen, dass er den vicar zu Dynere bei Braunberg in schutz nehme und etwaige klagen gegen denselben beim Trierischen official vorbringen solle. Wenck Hess. Landesgesch. 1,116.
1328		
ian. 11		(in palacio) beurkundet, dass er mit seinem official zu Coblenz über die ausgaben und einnahmen vom 0. mai 1328 an bis jetzt abgerechnet habe. 1328 die 11 ian. — Or. i. Cobl.
— 12		genehmigt als lehnsherr den verkauf der halben vogtei zu Ockevan an der Saar seitens des ritters Garsilius von Vreistorp an das kloster St. Martin bei Trier. 1328 vigil. octavar. Epiphan. Or. i. Cobl.
märz 8	— — —	entscheidet einen streit des abts zu St. Maximin mit prior und convent daselbst wegen des kämmerelamtes. 1328 die 8. mart. Or. i. Cobl.
— 9		erlaubt seinem küchenmeister Thilmann von Rodemachern die dörfer Munzingen, Dylmere, Paizel und Neunig für 600 pfund kleiner Turnosen dem Cuno herrn zu Rollich wieder abzukaufen, giebt ihm dieselben nebst den dörfern Sydelingen und Heiligfeld als Saarburger burglehen und bewilligt ihm einen burgbau zu Siedelingen. 1328 die 9. mart. — Chart. i. Cobl.
apr. 2	. . .	weiset als pfleger des Mainzer stuhls dem Otto von Stolzenberg wegen dienstes die er dem erzb. Mathias geleistet hat sieben pfund an der steuer in Orb an. Reg. Boic. 6,258.
— 8	Sassenhausen	schreibt als verweser und beschützer des Mainzer stuhls dem pfarrer in Frankfurt dass er den dortigen vicepastor und den lector der Carmeliter autorisirt habe in einigen reservirten fällen die absolution zu ertheilen. Böhmer Urkb. der Stadt Frankfurt. 495.
— 25	. . .	Sühne mit den brüdern Johann und Hartrad Wildgrafen von Dune und bündniss gegen den erzb. von Cöln und den probst von Bonn, der sich des erzbisthums von Mentze annimmt. Günth. 3,276.

1329		
ian. 19	Loistein	verpfändet als herr und besitzer des stifts Mainz dem Johann vom Stein und Friedrich von Schonenburg für 1500 pfund heller das amt Waldbickelnheim. Reg. Boic. 6,296 wo Loinstein zu lesen sein wird.
aug. 10	. . .	An diesem tage zerstörten die burger von Mainz das St. Albanskloster vor der stadt. Joannis Rer. Mog. 1,653. — Die Mainzer hielten zum erzb. Heinrich von Virneburg, und besorgten, dass das unmittelbar vor dem stadtgraben liegende kloster der stadtvertheidigung nachtheilig sein könne. In dem krieg welchen Baldewin nunmehr gegen die stadt führte, errichtete er eine festung zu Eltvil am Rhein (deren thurm noch steht) und befestigte die kirche zu Flörsheim am Main, um so den Mainzern die wasserverbindung abzuschneiden. Gesta Trev. ap. Honth. 834. Vergl. unten 1332 ian. 27.
sept. 14	Treveris	belehnt den ritter Johann von Brunshorn ausser seinen burglehen von Treys noch mit 30 pfund heller jährlich aus dem zoll zu Coblenz. 1329 die 14. sept. — Or. i. Cobl.
oct. 4	Montabur	weiset als pfleger und beschirmer der Mainzer kirche den rittern Wibert und Conrad von Merein und dem Rüdeger genannt Dines von Mergentheim wegen schaden, den sie im dienst des erzb. Mathias von Mainz erlitten haben einkünfte in Bischofsheim an. Wardtwein Subs. dipl. 4,249.
— 31	. . .	weiset als pfleger der Mainzer kirche den drei brüdern von Hirzhorn wegen dem im dienst des erzb. Mathias erlittenen schaden von 250 pfund, für gewisse jahre 25 pfund von der steuer in Amorbach an. Reg. Boic. 6,308.
nov. 26	. . .	stiftet und dotirt den St. Georgaltar im Dom zu Trier. 1329 crast. Catharine. Extr. i. Cobl.
dec. 13	Minzinberg	bekennt als pfleger und beschirmer der Mainzer kirche dem edelknecht Hermann Duborn 148 pfund heller schuldig zu sein, und verpfändet ihm dafür die vogtei seiner burg Fürstenau. Wardtw. Subs. dipl. 4,250. Simon Gesch. der Grafen von Erbach 27.
1330		
ian. 10	Treveris	gibt einige erläuterungen und zusätze zu seiner entscheidung wegen des kämmereiamts zu St. Maximin. 1329 fer. 4 post Epiphan. — Or. i. Cobl.
— 23	. .	ertheilt der St. Michaelskirche bei St. Maximin indem er ihr eine indulgenz mehrerer erzbischöfe und bischöfe bestätigt, gleichfalls eine indulgenz. 1329 die 23. ian. — Or. i. Cobl.
febr. 5	. . .	erlässt der Benedictinerabtei Brauweiler die jährliche lieferung aus ihrem hof bei Clotten auf die burg Cochem, wogegen diese auf ihre rechte an den Nederwalt und Esche verzichtet und der erzb. ihr die zollfreiheit bis zur Nette bestätigt. Würdtwein Nova Subsidia 4,53.
apr. 19	———	bewilligt seinem burggrafen auf Grimburg, dass seine burglehen, da er kinderlos, auf seinen neffen Sintram übergehen sollen. 1330 die 19. apr. — Or. i. Cobl.
mai 26	. . .	sendet gemeinschaftlich mit könig Johann von Böhmen und dem herzog von Oestreich vergleichsvorschläge an den pabst wegen anerkennung Ludwig's des Baiers als kaiser. — Raynald § 34 und 35. Böhmer Regesten 194 extr.
iun. 23	. . .	bestätigt die dotation des heil. Kreuzaltars im dom zu Trier mit gütern zu Koene, seitens der testamentsexecutoren des verstorbenen domprobstes Joffrid von Rodemachern. 1330 die 23. iun. — Or. i. Cobl.
aug. 16	———	vergleicht den abt und convent zu Echternach und stellt deren beiderseitige rechte fest. 1330 die 16. aug. — Baldew. Urkb. in Trier.
— 22	———	ertheilt für das Muttergottesbild gegenüber dem chorausgang zu Romersdorf eine indulgenz. 1330 in octava assumpt. Marie. — Or. i. Cobl.
— 24	———	gewinnt den edelknecht Gerhard von Panhusen mit den 10 malter frucht jährlich aus Birkenfeld, welche der ritter Eckilmann von Schowenburg besass, zu seinem burgmann auf Grimburg. 1330 in die Bartholomei. — Baldew. Urkb. in Trier.
sept. 14	———	sühnt sich als beschirmer des Mainzer stifts mit dem Wildgrafen Friedrich von Kirberg wegen der veste Smydeburg, des dorfs Bontinbach und hofs Snippinbach. Kremer Dipl. Beiträge 340.
oct. 2	. . .	bestätigt den vor ihm geschlossenen vergleich des domstifts mit der abtei St. Mattheis wegen der am feste des heil. Eucharius und des heil. Valerius dem domstift zu gebenden mahlzeiten, statt deren das kloster jährlich 15 kleine pfund turnose zahlen soll. 1330 crast. Remigii in capite octobris. — Chart. i. Cobl.
— 31	. . .	vergleicht sich mit dem ritter Cuno von Dune wegen der güter des ritters Eckelmann von Schouwenburg. 1330 fer. 5 ante omnium sanctor. — Extr. i. Cobl.
— 31	. . .	versichert einen jahrzins von 5 pfund kleiner schwarzen turnosen, welchen die abtei St. Mattheiss wegen der St. Albanskapelle und hofs wo die Carthause gestiftet worden, bezieht, auf sämmtliche häuser in der Judengasse zu Trier. 1330 die ultima mensis octobr. — Chart. i. Cobl.

1330		
nov. 23	. . .	beurkundet als vormünder des stubles von Mainz mit Heinrich und Borchard gebrüdern, Tile und Erforde von Hagen edeln knechten übereingekommen zu sein, dass sie ihm und seinem stift mit ihren personen und ihrem haus zum Hagen dienen sollen. Würdtw. Subs. dipl. 4,256.
1331		
ian. 14	. . .	verkauft für 20 pfund kleiner turnosen und eine iahrrente von 4 pfund denaren an den bürger Johann Busche zu Trier ein haus daselbst in der Hinderstengasse, woraus überdies die Carthause 3 pfund 6 soliden, der Deutschorden 12 soliden und das kloster Weilerbetnach zu Trier 2 soliden iährlich beziehen. 1330 die 14 ian. — Or. i. Cobl.
— 21	. . .	schliesst mit den grafen Gerlach und Emich von Nassau, Johann von Seyn und den herren Gerlach zu Limburg und Gyso zu Molsberg ein landfriedensbündniss zum schutze der kaufleute von anfang der grafschaft Seyn bei Eype bis zu Castel am Rhein. Günth. Cod. dipl. 3,293.
märz 16	Aschaffenburg	bekennt als pfleger des Mainzer stuhls sich namens der Mainzer kirche mit Ruprecht Schenk von Schweinsberg dahin verglichen zu haben, dass er demselben 400 pfund heller zahlen solle. Wenck Urkb. 2,318.
apr. 13	Treveris	befiehlt dem Coblenzer official, die ritter von Landseron von der, wegen befestigung der pfarrkirche zu Kempenich während der belagerung der burg Kempenich, wodurch die kirche durch den ritter Simon von Kempenich beschädigt worden war, über sie verhängten excommunication zu befreien. Guden Cod. dipl. 2,1045.
iun. 29	. . .	schliesst als pfleger des Mainzer stifts mit den gebrüdern Symon und Johann grafen von Sponheim ein landfriedensbündniss wegen sichern geleits der kaufleute in ihren gebieten von Mainz bis 2 meilen ienseits Trier. Günth. Cod. dipl. 3,298. — Dasselbe bündniss iedoch mit d. d. 1331 vf St. Peterstag ad vincula (1 aug.) im Urkb. Baldewin's zu Trier.
aug. 9	Covelenze	macht als pfleger und vormund der stifte zu Mainz und zu Speier, eine sühne zwischen abt Heinrich von Fuld und dessen convent auf der einen, und dem grafen Johann von Ziegenhain und den bürgern von Fuld auf der andern seite um alle gewesene missbellung krieg, raub, brand, todtschlag und sonstiges. Schannat Hist. Fuld. 246. — Erscheint hier zum erstenmale als pfleger von Speier, was er doch nach den Gesta Trev. erst 1332 geworden sein soll. Vergl. Remling Gesch. der Erzb. zu Speier 1,593.
— 18	. . .	verwandelt das collegiatstift auf dem Beatusberge bei Coblenz in ein Carthäuserkloster. Gallia Christ. 13,361. Honth. 2,115. Broweri Metrop. Trev. ed. v. Stramberg, 2,387.
— 18	. . .	verordnet wie die gefälle des bisherigen capitels auf dem Beatusberg bei Coblenz zwischen den ehemaligen chorherren bis zu deren ausscheiden oder aussterben, und den neu eingeführten Carthäusern sollen getheilt werden. 1331 die 18 aug. Or. i. Cobl.
oct. 19	. . .	bestätigt die fundation des altars des heil. Franciskus und Anthonius in dem stift zu Münstermeinfeld seitens des clerikers Arnold, eines enkels der matrone Guda von Kalte. 1331 crastino Luce evang. — Chart. i. Cobl.
dec. 30	. . .	beurkundet als herr und beschirmer des stifts zu Mainz laut dem inserirten revers vom heutigen sich und dem stift zu Mainz Wiprecht ritter, Wilhelm Swiker und Dietrich gebrüder herrn zu Twingenberg zu burgmannen auf Wildenberg um 200 pfund gewonnen zu haben. Würdtw. Nova Subs. 5,73.
1332		
ian. 27	Frankenfort	Gerichtssitzung kaiser Ludwig's des Baiern, in welcher erzb. Baldewin aber die rebellion der bürger von Mainz klage führt und deren verurtheilung erhält. Die kaiserlichen urtheilsbriefe sind vom folgenden tage datirt. Vergl. Würdtw. Dipl. Mog. 1,480 und überhaupt Böhmer's Regesten Ludwig's des Baiern, s. 87.
febr. 4	————	verspricht als herr und beschirmer des stifts zu Mainz den burglichen bau zu Flersheim am Main abzubrechen sobald sein krieg mit der stadt Mainz gesühnt sei. Böhmer Urkb. der Stadt Frankfurt 1,511.
märz 25	Treveris	beruft Carthäusermönche nach Trier, giebt ihnen die St. Albanskapelle mit gebäulichkeiten und ländereien und dotirt sie noch mit verschiedenen reuten. 1332 die annunc. Marie. Or. i. Cobl.
apr. 29	————	bestätigt die dotirung des St. Mathiasaltars in der pfarrkirche zu Andernach seitens des edelknechts Nicolaus Schade daselbst. 1332 die 29. apr. — Chart i. Cobl.
mai 1		vermittelt den von Wildgrafen Friedrich von Kirberg als erkorene schiedsrichter eine sühne und sechzigiährigen frieden zwischen den gebrüdern Boemund und Nicolaus von Dagstuhl und genossen einerseits, und den edelknechten Johann und Nicolaus von mo

1332		
		Hayn und dem ritter Wilhelm Flach von Schwarzenberg andererseits. 1332 an Walpurgentag. — Or. i. Cobl.
ian. 21	Mildenberg	thut dem Conrad von Glaschoven seinem pförtner in Wildenberg die gnad, dass nach dessen tod dessen mutter und schwestern seinen von der Mainzer kirche zu lehen gehenden hof bei Dornen lebenslänglich geniessen dürfen. Reg. litt. eccl. Mog. bs. in München 5,216.
iul. 29	. . .	restituirt dem Mattheiskloster bei Trier die hälfte des zehnten zu Bedersdorf welche er um 120 pfund kleiner turnosen dem damit von dem kloster belehnten ritter Marsilius von Saarbrücken abgekauft hatte. 1332 fer. 4 ante Petri ad vincula. — Or. i. Cobl.
.	. . .	Uebernahme der pflege des verschuldeten und in fehden verwickelten hochstifts Speier auf bitte des dortigen bischofs Wulram graf von Veldenz. Gesta Trev. ap. Honth. 834 zum iahr 1332, obgleich Baldewin schon in einer urk. vom 9. aug. 1331 (wenn das iahr richtig ist) sich pfleger von Speier nennt. Baldewin behielt diese pflegschaft während der lebzeit des bischofs Walram und resignirte sie erst unter bedingungen an dessen nachfolger Gerhard von Ehrenberg im mai 1337. Er war also ietzt regent dreier bisthümer. Vergl. wegen dem urtheil das die zeitgenossen darüber fällten Joh. Vitodurano ed. Wyss s. 90 oder ap. Eccard 1,1802.
aug. 00	Nürenberg	Der erzbischof eilt mit seinem neffen könig Johann von Böhmen vom Rheine hierher, auf die nachricht dass Ludwig der Baier den eidam des letztern, herzog Heinrich den älteren von Nieder-Baiern, als hülfeleister von dessen bruder und vetter Otto und Heinrich von Niederbaiern angefallen habe und Straubing belagere. Baldewin macht eine sühne die am 17. aug. dahier von beiden theilen angenommen wurde. Petr. Zitt. ap. Dobner 5,459. Vergl. Böhmer Wittelsb. Reg. s. 119.
— 14	————	bestätigt den lehenbrief könig Ludwig's den Baiers von 1331 für Conrad von Schlüsselberg über burg und stadt Grüningen. Lünig Reichsarchiv 23,1764.
— 19	————	An diesem tage und hier übertrug könig Johann von Böhmen seine reichspfandschaft über Kaiserslautern stadt und burg, und über die burg Wolfstein an erzb. Baldewin. Lehmann Gesch. von Kaiserslautern 34 und 208.
— 21	————	verspricht als pfleger der stifte Mainz und Speier den rheinischen landfrieden vom 22. iuli zu halten. Lehmann Speir. Chronik Ed. von 1711 s. 692. Schaab Gesch. des rhein. Städtebunds 2,128.
nov. 27	Treveris	schenkt dem St. Simeonsstift zu Trier welche bauten welche dessen canonicus und probst zu St. Paulin, Peter von Palzel in seiner curie gemacht hat. 1332 die 27. nov. — Or. i. Cobl.
— 27	. . .	stiftet im St. Simeonsstift zu Trier sein anniversarium mit renten zu Nalbach. 1332 die 27. nov. Extr. i. Cobl.
dec. 14	————	beauftragt als pfleger des Mainzer stuhls die äbte zu Spanheim und Dissibodenberg auf die bitte des Rheingrafen Johann als patron der St. Kilianspfarrkirche in der altstadt von Creuznach mit der translocation dieser pfarre auf die kapelle der insel oberhalb der brücke. 1332 die 14 dec. — Or. i. Cobl.
— 15	————	gewinnt als pfleger von Mainz den ritter Ludwig von Hachenberg und dessen söhne sich und der Mainzer kirche zu erbburgmannen auf Amöneburg. Würdtw. Nova Subs. 5,72.
1333		
ian. 24	————	belehnt Gerlach herrn zu Limburg mit Els, Brechen und Werste, dem zehnten zu Werode, dem halben dorf Nünburne, der vogtei über die kirche zu Lymperg und das dorf Netzbach und einem bürgleben von Montabur. Grässer dipl. Beiträge 2,67. Kremer Orr. Nass. 2,317. — Derselbe gelobte auch als herr und beschirmer des Mainzer stifts dem genannten Gerlach laut urk. d. d. Creuzels 1325 die 20. martii (offenbar mit unrichtigem iahr in Urkb. Baldew. zu Trier) als seinem mann behülflich und berathig zu sein, besonders wegen der stadt Limburg.
märz 21	. . .	ernennt als pfleger des stuhls zu Mainz die brüder von Adelsheim zu seinen amtleuten zu Crautheim und über die cent Ballenburg. Würdtwein Subs. dipl. 4,269.
apr. 25	. . .	beurkundet, dass erzb. Walram von Cöln die gegen ihn etwa erfolgenden päbstlichen befehle wegen des übernommenen erzbisthums Mainz nicht oder doch nur auf die glimpflichste weise vollziehen wolle, und dass dann dadurch der mit Walram und dessen bruder Wilhelm grafen von Jülich eingegangene vertrag wegen der königswahl nicht verletzt werde. Lacomblet Urkb. 3,216.
— 27	. . .	verleiht dem dienstmann Reiner von Dalwig die burg Schowenberg. Reg. Boic. 7,44.
mai 31	Aschaffenburg	bestätigt der stadt Lautern ihre kaiserlichen privilegien besonders das könig Rudolf's d. d. Worms 15 kal. sept. 1276 worin ihr gleiche rechte wie der stadt Speier verliehen

10*

1333		
		werden und die bestätigung dieses privilegs durch könig Ludwig dd. Frankenfurt 7 kal. febr. 1332. Mit iahr 1333 die ultima mai. Urkb. Baldewin's in Cobl.
aug. 1	Treveris	schliesst mit dem domcapitel zu Trier ein schutzbündniss auf 5 iahre und verspricht ihm das öffnungsrecht an seinen burgen und vesten. 1333 die 1. aug. — Or. i. Cobl.
sept. 22	Lutern	macht als pfleger der stifte Mainz und Speier einen landfrieden zwischen Rhein, Mosel und Saar, von Weissenburg bis Coblenz und Saarwerden. 1333 mittw. nach Matheustag. Or. i. Cobl.
— 24	. . .	vertauscht behufs erweiterung und befestigung der stadt Münstermeinfeld mit thürmen und mauern, dem collegiatstift daselbst den grund und boden des alten castrum zur anlegung eines kirchhofs für 4 malter frucht und 20 soliden iahrzins. Günth. Cod. dipl. 3,315.
nov. 17	Treveris	bestätigt der St. Nicolaikirche im Warnet ein ablassprivilegium. 1333 die 17 nov. — Or. i. Cobl.
dec. 8	. . .	verpachtet den Zoll zu Miltenberg an einen Juden. 1333 mittw. nach Niclaus. — Extr. aus Darmstadt.
1334		
ian. 3	———	verkauft den durch das ableben Peter's von Pfalzel, probsten zu St Paulin bei Trier ihm wieder angefallenen wingert im Beining an den cantor Hall von St. Paulin. 1333 die 3. ian. — Cop. i. Cobl.
märz 21		erlaubt als pfleger des Mainzer stuhls auf die bitte Gotfrid's von Randeck ritters, dass dessen mutter Ida ihr burglehen zu Oppenheim an den ritter Nicolaus von Scharfenstein verkaufe. Guden Cod. dipl. 5,616. Würdtw. Subsid. 4,281.
apr. 8		bestimmt dass die von ihm den chorherrn zu Münstermeinfeld verschriebenen 4 malter, die seinem altar daselbst verschriebenen 12 malter und die dem hospital verschriebenen 10 malter frucht iährlich, statt aus dem zehnten zu Mettrich, aus dem Pyrmonter hof zu Girzenach entrichtet werden sollen. 1334 die 8. apr. — Or. i. Cobl.
— 11	. . .	vereinigt sich mit dem erzb. Walram von Cöln, kaufmann und pilgrim in ihren gebieten zu lande und auf dem Rhein zu schützen, sich gegenseitig nicht zu beschädigen, sondern beizustehen, und übergriffe ihrer unterthanen zur untersuchung zu bringen; zugleich wählen beide gemeinsam räthe zur schlichtung entstehender zwistigkeiten. Lacomblet Urkb. 3,231.
— 16	———	erlässt mit conseus des capitels der St. Castorskirche zu Carden eine verordnung wegen der einkünfte des scholasters, incorporation der pfarrkirche zu Ellenz und der feier des seelgeredes für das Luxemburger haus. 1334 die 16 apr. — Or. i. Cobl.
mai 3	———	verpachtet für 3 pfund denaren iährlich das haus Aschaffenburg in der Flandergasse zu Trier, welches durch den tod Peter's von Pfalzel, probsten zu St. Paulin, an ihn zurückgefallen war, an Heinrich Fullepot den puttellarius seines hofs. 1334 die 3. mal. — Or. i. Trier.
— 16	. . .	ertheilt der kapelle zu Stipshausen, indem er ihr eine indulgenz mehrerer anderer erzbischöfe und bischöfe bestätigt, eine gleiche indulgenz. 1334, 17 kal. iun. — Or. i. Cobl.
— 24	. . .	conferirt seinem kleriker Werner von Adeletessen den St. Erasmusaltar im dom nachdem der trier. official dem custos Ludwig von Holfels das augemasste collationsrecht darüber abgesprochen hat. 1334 die 24. mal. — Or. i. Cobl.
aug. 9		beurkundet, dass herzog Heinrich von Braunschweig mit einwilligung seiner gemahlin und ihrer söhne dem erzstift Mainz die hälfte der burg zu Gibuldehausen, der stadt, zu Duderstadt und des gerichts zu Bershausen gegen bereits ausgezahlt erhaltene 600 mark versetzt habe. Schunk Beiträge 2,322.
— 23	. . .	bewilligt als verweser des Mainzer stuhls seinem bargmann Peter Gruel von Bingen die vererbung seiner burglehen. Würdtw. Nova Subs. 5,110.
oct. 18	. . .	vererbpachtet sein haus in der Moselstrasse zu Trier an den fruchtmesser Wetzelo um 28 soliden iahrzins, von denen 20 soliden an die Karthause, 7 soliden an das nonnenkloster Löwenbrücken und 12 denaren an die hofleute des St. Simeonstifts im Calkoven fallen sollen. 1334 die Luce evang. — Or. i. Cobl.
— 00	———	Unterredung merkwürdige mit dem durchreisenden Peter von Zittau abt von Königsaal in Böhmen. Der erzb. sagte: er wisse es wohl, dass viele übel von ihm sprächen weil er die drei kirchen Trier, Mainz und Speier in seiner hand halte (vergl. deshalb Joh. Vitodur. bei 89), aber deus scit quod non ex ambitione, sed intentione pura est de dictis ecclesiis mihi cura, nimia namque fierent in his partibus disturbia, si non tegeret vel regeret dictas ecclesias manus mea. Petr. Zitt. ap. Dobner 5,474.

1334		
nov. 13	prope Sar-bourg	(in villa dicta Martini ecclesia, Trev. dioecesis, in ecclesia ibidem) schliesst mit dem herzog Rudolf von Lothringen einen vergleich wegen ihrer beiderseitigen rechte auf Syrsberg, Moncleir, Merzig, Syrk und andere orte, welche der herzog von der trier. kirche zu lehen tragen, dagegen auf seine rechte zu Neuerburg, St. Wendel, Perl und Overluke verzichten will. 1334 dominica post Martini que fuit dies 13. nov. — Chart. i. Cobl. Vergl. Brower Ann. 2,209.
— 13	———	schliesst mit dem herzog Rudolf von Lothringen ein schutzbündniss auf lebenszeit. Honth. 2,124.
— 13	. . .	schreibt seinem domcapitel dass, obgleich der herzog Rudolf von Lothringen ihm in einem vortrage unter andern auch alle rechte, ansprachen und forderungen auf die jurisdiction zu Perl und Overluke abgetreten habe, es nicht in seiner absicht liege den domcapitularischen rechten zu Perl eintrag zu thun. 1334 die Brictii. — Or. i. Cobl.
— 29	Treveri	verspricht dem ritter Schafrid von Morspach und dem edelknecht Johann Ulmbecher auf die bitte ihres verwandten des ritters Wilhelm von Ackers, dessen burglehen zu Lautern falls er stirbt. 1334 vigil. Andree. — Or. i. Cobl.
dec. 26	———	erlaubt den hofleuten des Deutschordenshofes Sackeshof zu Ochtendung die wald-, wasser- und weidenutzungen gleich den dortigen einwohnern. Hennes Urkb. 395.
1335		
märz 13	———	schenkt dem ritter Otto von Seinheim zwei wingerten im Hamm an der Mosel wogegen letzterer seine güter zu Montheim und seine leute zu Rune, Overker und bei der burg Smydburg zu trier. lehen macht und burgmann auf Baldeneck wird. 1334 die 13 mart. — Baldew. Urkb. i. Cobl.
— 21	. . .	vergleicht meisterin und convent des klosters in Orreo zu Trier mit den priestern und präbendern daselbst wegen vertheilung der pfarreinkünfte von Constorff. 1334 die 21. mart. — Chart. i. Cobl.
— 30	. . .	beurkundet den lehensauftrag des schlosses Altleiningen seitens des grafen Friedrich von Liningen und dessen gemahlin Juditha. Extr. Kremer Gesch. des Ardenn. Geschlechts 2,195. Vergl. den lehensauftrag von vorhergehendem tage bei Hofer Deutsche Urkk. s. 290.
apr. 24	Pingwer	bestätigt dem ebdomadarius in der kirche zu Boppard, Wernher von Lyning seine letztwillige verfügung über 4 stückwingerten in Bopparder gemarkung. 1335 fer. 2 post Quasi modo geniti. — Or. i. Cobl.
mai 26	. . .	macht als pfleger des stifts zu Mainz ein bündniss mit der stadt Mühlhausen in Thüringen auf zehn jahre zu gegenseitiger hülfe. Grasshof Comm. de Mulbusa 140 extr.
— 28	. . .	und das domcapitel zu Mainz geloben der stadt Erfurt während der nachbarlichen befehdung mit 400 reitern beizustehen. Reg. Boic. 7,116.
inn. 19	Aschaffen-burg	belehnt als verweser des stuhls zu Mainz den ritter Conrad Schenk von Erpach mit einem fuder wein jährlich das er von seinen neffen Gerlach und Reinhard von Jaza aus der halben burg Dagesberg gekauft hatte. Guden Cod. dipl. 3,390.
— 20	. . .	ertheilt für den bau und die ornamente der St. Gangolfskirche zu Trier einen ablass. Hansen, Treviris 1,302 extr.
— 21	. . .	beurkundet als pfleger des stuhls zu Mainz, dass er den edelknecht Heinrich Meckesbch von Winden und dessen erben zu burgmannen in Aschaffenburg gewonnen habe. Würdtwein Nova Subs. 5,122.
iul. 19	Treveri	bestätigt die wahl des archidiakons Boemund von Saarbrücken zum probst des St. Paulinstifts bei Trier mit beseitigung der ansprüche des gleichfalls gewählten domsängers Johann de Celobrio (von Zolver). 1335 die 19. iul. — Or. i. Cobl.
. . .	in Tharingiam	Heerfahrt erste nach Thüringen (etwa im iuli und august), besonders gegen den grafen von Honstein, der seinem gegner anhing. Der erzbischof wirft den kirchthurm in Gross Somerda nieder, belagert Tullestede vergeblich und zieht wieder ab. Chron. Sampotr. ap. Mencken 3,334. Gesta Trev. ap. Honth. 834.
aug. 9	. . .	verpfändet dem Hermann Rosemann und andern für 150 mark schuld das dorf Geismar bei Göttingen. Wolf Gesch. von Hardenberg 2,3.
— 11	Treveri	bestätigt die stiftung einer heil. messe an dem St. Laurentiusaltar in der kirche zu Münstermeinfeld seitens des stiftsscholasters Ernest Moyr daselbst. 1335 die 11. aug. — Or. i. Cobl.
— 20	———	schenkt der Carthause St. Alban bei Trier zehn pfund kleiner schwarzer turnosen jahresrente zu Yvilsbach und verschiedene andere renten welche ihm in dem testamente des clerikers Peter von Cöln und Eberhards des plebans von St. Marien an der brücke zu Trier vermacht worden sind. 1335 die 20. aug. — Or. i. Cobl.

1335		
aug. 29	. .	beurkundet die fundation der Carthause St. Alban bei Trier, deren dotirung mit dem hof Ysilsbach an der Ruwer und anderm, und lässt die fundation von der abtei St. Mattheiss von der er den grund und boden dazu acquirirt hatte wie auch vom domcapitel dem official und der stadt Trier besiegeln. Hansen, Beiträge zur Gesch. der einzeln. Pfarreien etc. 145.
sept. 7	. . .	incorporirt der Carthause zu Trier zur vorbesserung ihrer einkünfte die pfarrkirche zu Nickenich bei Andernach. 1335 vigil. nativ. Marie. — Or. i. Cobl.
— 9	. . .	verleiht dem priester Symon Heuzo die erledigte pfarrei Berncastel. 1335 die 9. sept. — Or. i. Cobl.
oct. 30	Aschaffenburg	beurkundet dass er den ritter Zezolf von Magenheim zu seinem und des stifts Mainz burgmann in burg und städtlein Scharberg und Solmen gewonnen habe. Würdtwein Nova Subs. 5,127.
nov. 11	————	beurkundet dass er den ritter Hermann von Lisberg zu seinem und des stifts Mainz erbburgmann in Orb gewonnen habe. Würdtwein Nova Subs. 5,131.
— 27	———	befreit als pfleger des stifts Mainz den in Neckar-Sulm gelegenen hof des klosters Schönthal von allen steuern abgaben und diensten. Kremer Chron. Schönthal. Ms. in Stuttgart 650.
dec. 15	Treviris	bestätigt dem capitel der St. Georgkirche zu Limburg das capitelstatut dass keine person ihrer kirche ohne licenz des dechants und capitels die sacros ordines erhalte. Würdtwein Nova Subs. 3,329.
1336		
jan. 9	. . .	beurkundet als erzbischof von Trier, pfleger und schirmer der stifte Mainz, Speier und Worms seine sühne mit den gemeinern der burgen Waldeck, Schöneckeu, Erenberg und Eltze. Acta Academ. Palat. 6,438. Vergl. den gegenbrief der gemeiner bei Honth. 2,126. — Ueber Baldewin's administration des Wormser bisthums vergl. Schannat Hist. Episcopatus Wormat. 1,394 u 395 und besonders 2,168; auch soll er nach Schannat 1309 schon einmal dies Bisthum verwaltet haben.
— 23	. . .	giebt dem schöffenmeister Ordolf Scholer zu Trier statt der 50 soliden jährlich aus dem dortigen stadt- oder judenzoll seinen wingert zu Isilsbach genannt der Hennen wingert. 1335 Pauli. — Or. i. Cobl.
febr. 4	. . . .	errichtet in gemeinschaft mit dem edelknecht Johann von Kirkel, den rittern Heinrich von der Leyen und Waldemar von Odenbach einen burgfrieden ihres gemein-hauses zu Lievenberg. 1335 sundages nach lichtmisse. — Or. i. Cobl.
— 18	————	bewilligt dem grafen Friedrich von Saarwerden das wiederkaufsrecht über die stadt Bockenheim bei Saarwerden, die halbe burg und das dorf St. Laurentii und Wachten-Limpach mit 300 pfund schwarzer turnose. 1335 sonnt. vff pfaffen fastnacht. — Or. i. Cobl.
— 22	Laynstein	bestätigt der Carthause auf dem Beatusberg bei Coblenz die schenkungen Anselm's des custos von St. Castor daselbst, und übergiebt ihr die durch den tod des kellners Johann Dechant zu Coblenz und des priesters Wernher von Lyning zu Boppard ihm anerfallene güter nebst einer jahresrente von 4½ malter korn aus dem klosterhof auf dem Beatusberg. 1335 die 22. febr. — Or. i. Cobl.
— 26	. . .	beurkundet dass er zu den wäldern der gemeiner auf Eltz die auswendig des bifanges seinen neuen bauen zu Eltz liegen nicht mehr rechte habe und beansprreche als das erzeiht vor der Eltzer fehde gehabt habe. 1335 mittewoche nach Reminiscere. — Or. i. Cobl.
märz 14	. . .	ernennt den ritter Johann von Wartenberg zum richter der burgmannen zu Lastern. 1335 donnerst nach Gregor. Baldew. Urkb. i. Trier.
— 15	. . .	erneuert der stadt Lautern bis auf widerruf das recht zur erhebung des ungeldes gegen zahlung von 400 pfund heller zum davigen schlossbau. 1335 id. mart. — Bald. Urkb. i. Trier.
apr. 6	Aschaffenburg	verpfändet als pfleger von Mainz der familie Hanstein die güter des vicedomats Rastenberg um 300 pfund. Reg. Boic. 7,144.
— 23		übergiebt Conrad Roden die veste Tharou. 1336 die Georgil. Baldew. Urkb. i. Trier.
mai 4	. . .	gestattet dem comthur und den brüdern des Deutschordens zu Marburg ihre kirche zu Schiffenberg durch zwei geeignete priester während dreier jahre versehen zu lassen, doch unbeschadet des nonnenklosters am fusse jenes berges. Baur. Urkk. zur Hessischen Landesgesch. 528 extr.
— 23	. . .	schenkt der pfarrkirche zu Cordel das von dem pastor Peter von Pfalzel am dortigen kirchhofe erbaute haus mit garten gegen einen jährlichen erbzins. 1336 die 23. mai. — Baldew. Urkb. i. Berlin.

1336		
mai 25	. . .	vertauscht der abtei Malmedy 25 malter korn jährlicher rente aus dem zehnten zu Andernach gegen deren hof zu Betzing bei Meyen. 1336 die 25. mai. — Cop. i. Cobl.
— 30	. . .	vermittelt in gemeinschaft mit dem grafen Georg von Veldenz einen vergleich zwischen denen von Stein wegen der burg Stein. 1336 Donnerst. nach der pfingstwoche. — Or. i. Cobl.
jul. 12	. . .	Berennung von Erfurt von heute bis 24 inli durch die erzbischöflichen im verein mit dem markgrafen von Meissen wegen der gefangennehmung des decans von St. Maria, den die bürger endlich wieder frei lassen. Chron. Sampetr. ap. Mencken 3,335. Gesta Trev. ap. Honth. 835. — Der erzbischof war persönlich nicht anwesend.
— 17	Treveris	willigt in den verkauf der hälfte der veste zu Guntrey und des Schutzampt seitens des edelknechts Johann Groise an den bürger Marsilius von der Arken zu Coblenz und ertheilt demselben hierüber wie auch aber die von demselben gekaufte andere hälfte der veste und aber die wingerten bei Urvar jenseits Rheines, die hälfte der fischerei »Salmenworf« mit 5 solidus jahrzins aus dem erzbischöflichen hof zu Coblenz und zwei fuder wein jährlich aus der bede zu Byvelich die belehnung. 1336 die 17 jul. — Or. i. Cobl. — Den betr. lehenrevers des Marsilius von der Arken siehe Günth. Cod. dipl. 3,340.
— 26	. . .	verleibt als pfleger von Mainz dem Johann von Falkenberg ein erbburglehen in der burg Jaxtberg mit einkünften in Hanoldeshausen. Reg. Boic. 7,156.
aug. 28	———	schreibt der gemeinde Ludensdorf dass, da nach dem gemeindebeschluss die dortigen klosterhöfe keinen theil an der von der gemeinde verwirkten busse haben sollen, wenn deren leute nicht dabei gewesen wären als die gemeinde in schaden gekommen — es ihm dünke, dass die hofleute auch nichts mit der forderung derer von Brunnsberg wegen des erstochenen wilden schweines zu schaffen hätten. 1336 fer. 4 ante decollat. Johann. bapt. — Or i. Cobl.
oct. 10	. . .	giebt der Agnes wittwe des Theoderich von Werdorf und deren söhnen für den salzborn bei Orb 120 pfund, und bestellt den Hermann und den Ingebrand (das scheinen also die söhne zu sein) zu erbburgmannen in Awoncherg. Reg. Boic. 7,161.
— 11	———	belehnt Marie von Jülich, die wittwe Heinrich's von Virneuburg als uomper ihrer minderjährigen kinder mit der burg Monreal dem hof Spurzheim und gütern zu Kerig. 1336 die 11. oct. — Or. i. Cobl.
— 19	———	beurkundet als pfleger des stuhls zu Mainz dass magister Bodo von Geismar wie näher angegeben wird mit ihm über die einkünfte der probstei Geismar abgerechnet habe. Würdtwein Dioc. Mog. 3,582.
— 21	———	verschreibt als pfleger des Mainzer stuhls etlichen Juden zu Trier zur tilgung der bei denselben geliehenen 166 pfund grosser turnosen 5 schillinge auf den zoll zu Lanstein zwei turnose und auf den zu Erenfels zwei Turnose. 1336 mont. nach Lucas. — Baldew. Urkb. J. Trier.
nov. 5	. . .	An diesem tage zu Speier wurde Gerhard von Ehrenberg an die stelle des verstorbenen Walram zum bischof gewählt, was denn demnächst die wiederaufhebung der von erzb. Baldewin geführten pflegschaft zur folge hatte. Gesta Trev. ap. Honth. 835. Vergl. Remling Gesch. der Bischöfe zu Speier 2,396.
— 7	———	giebt als verweser des Mainzer stuhls dem Boemund von Gysenheim das von dessen oheim Jakob von Gysenheim besessene burglehen zu Laneck. Guden Cod. dipl. 3,294.
— 12	———	beglaubigt den Boemund archidiacon von Trier, den Simon Philipp de Regalibus von Pistoia, den ritter de Longo Prato und den Rudolf genannt Lose, seinen notar, bei dem päbstlichen stuhl, um die motive zu erklären warum er sich der verwaltung des erzstifts Mainz bisher angenommen habe, und um dasselbe dem pabst zu resigniren. Raynald 1336 §. 59. Guden Cod. dipl. 3,298. — Am 16. dec. zu Avignon acceptirte pabst Benedict XII diese resignation und erliess hierüber daselbst 8 id. ian. pont. anno 3. (1337 ian. 11) or. in Cobl. die bulle mit der bestätigung Heinrich's von Virneuburg als erzb. von Mainz. — Vergl. über die erledigung der streitfrage Chron. Sampetr. ad 1337 bei Mencken 3,336.
— 29	———	gebietet der gemeinde Ludensdorf die dortigen klosterhöfe nach den alten verträgen zu behandeln und namentlich nicht zu strafen welche die gemeinde verwirkt hat die hofleute wenn sie nicht betheiligt waren heranzuziehen. 1336 vigil. Andree. — Or. i. Cobl.
1337		
ian. 22	. . .	verschreibt als pfleger des Mainzer stuhls etlichen Juden zu Trier für die ihnen schuldigen 29 pfund grosser turnosen welche er zur bezahlung seiner kostrechnung zu Mühlhausen geliehen hat, 6 turnose auf den zoll zu Erenfels. 1337 mittw. vor Pauwelstag als er bokeret wart. — Or. i. Cobl.

1337		
märz 5	Treveris	quittirt dem grafen Reynold von Geldern über 1716 kölnische mark und 400 kleine gulden welche derselbe ihm schuldig war. 1336 die 5 mart. — Bald. Urkb. in Coblenz.
mai 21	————	genehmigt als erzb. von Trier die von dem erwählten Gerhard von Speier beurkundete übereinkunft, wonach das von ihm bisher in pflege gehabte hochstift Speier zunächst in die mitverwaltung des sängers Conrad von Cirkel, des canonicus Johann von Trier und des schenken Conrad von Erbach übergeht. Remling Urkundenbuch zur Gesch. der Bischöfe von Speier 1,526. — Vergl. damit die sehr umfassende urkunde des erwählten Gerhard von Speier d. d. 1337 apr. 10 über den abschluss von Baldewin's verwaltung. Ebend. 2,1—18.
— 22	————	erlässt eine verordnung über die kleidung und das geistliche leben der cleriker seiner diözese. Statuimus et ordinamus etc. Hartzheim Conc. Germ. 4.603 Honth. 2,77 mit mai 20. Blattau Stat. Trev. 1,156. Or. i. Cobl. mit 22. mai.
aug. 20	Coblenz	verleiht allen aus dem adel und ritterstande welche sich zu Coblenz niederlassen das privilegium, dass kein weltlicher richter in ihren häusern daselbst arrestationen vornehmen darf. 1337 mittw. nach Mariä Himmelfahrt. — Cop. i. Cobl.
— 27	Treviris	fundirt die pfarrkirche auf dem berge zu Valvey. 1337 die 27. aug. — Chart. i. Cobl.
oct. 27	. . .	bestätigt und besiegelt die urk. der eheleute Heinrich und Patze zu Alve worin dieselben den heil. Dreifaltigkeitsaltar in der pfarrkirche St. Remigli daselbst fundiren. 1337 vig. Simonis et Jude. — Or. i. Cobl.
dec. 3	. . .	schliesst mit Georgen grafen zu Veldenz, Friedrich Wildgrafen herrn zu Kirberg, Schylos herrn zu Daune und Cone von Daune herren zum Steyne ein bündniss zu gegenseitiger hülfe wider Johann Wildgrafen von Daune und dessen helfer. Kromer appr. Beiträge 340. Günth. 3,350.
— 30	. . .	sühnt sich mit ritter Johann von Eltz und dessen helfern wegen der bisherigen fehde und macht ihn zu des erzstifts erbburggrafen auf Baldenelz. Neueres Chart. in Cobl. mit jahr 1337 dinst. nach dem heil. christustag. Vergl. die urk. Johann's von Eltz hierüber bei Günth. 3,354 mit dinst. nach Lucien.
1338		
apr. 6	Covelentze	bewilligt, dass Gerlach herr zu Isenburg die vogtei zu Ochtendung, welche er von ihm zu leben hat, für 750 mark an Nese von Hadamar und den ritter Johann Walpode von Amternach verpfände. 1338 an palmentag. — Or. i. Cobl.
— 8	Treviris	erlässt eine verordnung zur verbesserung der sitten der Benedictinermönche. Inter ceteras etc. Honth. 2,75. Gesta Trev. ed. Wyttenbach 2, animadvers. 14. Blattau Stat. Trev. 1,164.
— 8	————	desgl. über die kleidung und den lebenswandel der cleriker. Licet curis etc. Hartzheim Conc. Germ. 4,318 und besser 600, Honth. 2,76. Blattau Stat. Trev. 1,161.
— 8	————	desgl. über die feier verschiedener festtage. Dignissimum arbitrantes etc. Hartzheim Conc. Germ. 4,320. Blattau Stat. Trev. 1,166.
— 23	————	beurkundet, dass die gemeinheit auf Schonenburg durch die mitbesiegelung der briefe welche die stadt Oberwesel wegen der Judenschlacht ihm gegeben habe, nicht mehr als vorher verbunden sein sollen. 1338 donrst. nach Quasimodo. Or. i. Cobl.
— 25	————	stiftet seine memorie bei dem kloster Herzfeld, indem er die zehndfreiheit dessen hofs zu Ladendorf erneuert. 1338 die Marcl. Or. i. Cobl.
mai 20	————	incorporirt dem Deutschorden zu Trier die pfarrkirche zu Temmeltze bei Machern an der Mosel. 1338 vig. ascens. domini. Or. i. Cobl.
iun. 20	. . .	desgl. der dechaney zu Weilburg die das. pfarrei. — 1338 iun. 20. — Extr. aus Darmstadt.
— 29	. . .	bestätigt einen vergleich zweier geistlichen über die kirche S. Brictii zu Metz. 1338 die penult. iun. — Ebd.
iul. 1	. . .	dispensirt den cleriker Heinrich von Meckeln wegen unehelicher geburt. 1338 iul. 1. — Extr. aus Darmstadt.
— 15	Lonstein	schwört im verein mit Heinrich erzbischof von Mainz, Walram erzbischof von Cöln dann Rudolf, Ruprecht und Ruprecht nebst Stefan (representantes comites palatinum regni cum non sit diffinitam quis eorum comes esse debeat vocem habens), Rudolf herzog von Sachsen und Ludwig markgraf von Brandenburg die angegriffenen ehren rechte gewohnheiten des reichs und auch die ihrigen aufrecht erhalten und sich dabei durch nichts irre machen lassen zu wollen. Böhmer Regesten Ludwig's des Baiern s. 311 aus Nicolaus Minorita.
— 16	Rense	(uf dem velde) Antheil an dem sogenannten Kurverein zur aufrechthaltung der ehre rechte freiheit und des herkommens des reichs im allgemeinen und ihrer fürstlichen ehre an der chur desselben insbesondere. Böhmer Regesten Ludwig's des Baiern s. 241 und 311. — Günth. Cod. dipl. 3,375.

1338		berichtet dem pabste Benedict XII über den kurverein und bittet ihn, Ludwig den Baier gegen geziemende genugthuung wieder in den schoos der kirche aufzunehmen. Cum principes — adhibere. — Ohne ort und datum. Ficker zur Gesch. des Kurvereins zu Rense s. 38. —
aug. 25	Treveris	ernennt den archidiakon Boemund, den official zu Trier und den scholaster mag. Nicolaus von St. Paulin daselbst zu seinen stellvertretern auf der crast. decollat. Johan. bapt. beginnenden diözesansynode. Houth. 2,84.
sept. 2	. . .	schliesst mit Dyderich grafen von Lon und Zyney herrn von Heynsberg und Blankenberg ein bündniss auf lebenszeit zu gegenseitigem schutze und hilfe. Gnoth. Cod. dipl. 3,378.
— 6	Confluentie	verspricht dem könig Eduard von England hilfe mit 500 bewaffneten gegen den könig Philipp von Frankreich und ferner seinen verpflichtungen in dem bündnisse kaiser Ludwig's mit dem könig von England nachzukommen. 1338 die 6. aug. — Bald. Urkb. in Trier. — Vergl. die urk. könig Eduard's hierüber bei Gnoth. Cod. dipl. 3,380. und über die zusammenkunft könig Eduard's mit Ludwig dem Baier, dessen Regesten bei Böhmer s. 285. und Böhmer fontes 1,190 und 1,432.
— 12	. . .	bestätigt das von Agnes der wittwe Zacharias von Enkerich paupereula daselbst gestiftete hospital nachdem graf Johann von Spauheim-Starkenburg als dominus temporalis die von der wittwe dazu bestimmte hofstatt von steuern, abgaben und diensten befreit hat, und übergiebt die weltliche und geistliche verwaltung über dasselbe dem rector der pfarrkirche. — Chart. i. Cobl.
— 25	Treveris	ertheilt der obengenannten wittwe einen erlaubnisschein zur einsammlung von beiträgen für das hospital zu Enkerich in allen kirchen seiner diözese und bewilligt allen spendern einen vierzigtägigen ablass. — Chart. i. Cobl.
— 26		beurkundet dem Wynand vom Steyn das wiederkaufsrecht an den ihm von demselben für 50 gulden verkauften gütern und renten in Cleynicher kirspel. 1338 samst. vor St. Michel. — Chart. i. Cobl.
oct. 13		vermittelt einen vorläufigen frieden zwischen dem grafen Georg von Veldenz und dem Wildgrafen Johann von Dann bis zum austrag ihrer streitigkeiten auf dem angesetzten tage. 1338 dinst. vor Gallus. — Or. i. Cobl.
dec. 4		absolvirt im auftrag des bischofs Gancelin zu Albania einen französischen cleriker seiner diözese von dem laster der simonie. 1338 die 4. dec. — Extr. aus Darmstadt.
— 20	. . .	schliesst mit den grafen von Nassau von Katzenelnbogen und von Wittgenstein und den herren von Mehrenberg, Limburg und Isenburg behufs gegenseitigen schutzes ihrer lande und leute ein bündniss. 1338 am St. Thomasabend. — Baldew. Urkb. i. Trier.
1339		beschränkt und hebt zum theil die excommunicationsstrafen welche in einigen artikeln des provincialconcils von 1310 bestimmt sind, auf. — Animarum periculis etc. — Houth. 2,85. Blattau Stat. Trev. 1,171.
ian. 12	. . .	verwandelt die pfarrkirche St. Maria ausserhalb der stadtmauer von Oberwesel in ein collegiatstift mit einem dechant und sechs canonikern. Houth. 2,129.
— 28		beurkundet dass er weniger zu seinem nutzen als um die schuldenlast des klosters Himmerode zu mindern, demselben das Budelershaus zu Trier abgekauft habe. 1338 die 28. ian. — Or. i. Cobl.
febr. 3		gestattet dem kloster Himmerode den rückkauf des Budelershauses zu Trier für die kaufsumme von 1200 goldgulden. 1338 die 3. febr. — Or. i. Cobl.
märs 12	Frankenfort	giebt seine einwilligung zur erhebung des grafen Wilhelm von Jülich in den markgrafenstand. Lacomblet Urkb. 3,249 note.
— 18	. . .	An diesem tage verpfändete könig Eduard von England dem erzb. Baldewin die krone Englands. Houth. 2,139. Gesta Trev. ap. Houth. 835 und Gesta Trev. ed. Wyttenbach 2,254. Vergl. über deren einlösung Houth. 2,141. Houth. 2,395.
— 20		erlässt mit den herzogen Rudolf von Sachsen Reinald von Geldern, dem markgrafen Wilhelm von Jülich und erzb. Heinrich von Mainz als erkorene schiedsmänner einen ausspruch in dem streite kaiser Ludwig's mit könig Johann von Böhmen wegen der reichslehen Böhmen Lutzelburg Mähren u. s. w. 1339 an Palmabend. — Bald. Urkb. i. Trier.
apr. 19	. . .	schliesst mit den erzbischöfen von Mainz und Cöln ein bündniss. Reg. Boic. 7,244 wo jedoch über den inhalt gar nichts mitgetheilt ist.
— 30	. . .	verleiht dem priester Heinrich von Manderfeld eine vicarie zu Altrey 1339 den letzten apr. — Extr. aus Darmstadt. —
mai 8	Treveris	vergleicht sich mit der äbtissin des klosters de Orreo zu Trier wegen ansetzung ihres

11

1339		
		gemeinschaftlichen patronatsrechtes zu Helperch, Beffort, Schletweiler und Olmeth. 1339 die 8 mai. — Chart. i. Cobl.
mai 13	. . .	bestätigt die urk. seines neffen könig Johann's von Böhmen d. d. 1338 die Mathie über die incorporation der pfarrkirche zu Egole an die carthause St. Alban bei Trier. 1339 die 13. mai. — Or. i. Cobl..
— 26	. . .	verordnet über den präbendegenuss der nicht residirenden chorherren bei dem stift Dietkirchen. 1339 mai 26. — Extr. aus Darmstadt.
Iun. 1	Treveris	erlässt eine verordnung gegen die welche sich an geistlichem und kirchengut vergreifen. Ex credito etc. Hartzheim Conc. Germ. 4,332—334. Houth. 2,73. Blattau Stat. Trev. 1,180.
— 28	———	entscheidet einen streit über eine präbende im Augustinerkloster zu Lantern. 1339 in vigil. Petri et Pauli. — Extr. aus Darmstadt.
aug. 4	. . .	beurkundet dass die zwei turnose zu Coblenz, welche der kaiser den Juden seines erzstifts auf zehn jahre wegen der schuld des grafen Ruprecht von Virneuburg verschrieben hat, los und ledig sein sollen wenn die Juden ihre 12 tausend pfund heller erhoben hätten. 1339 mittw. nach St. Petersdag im auweste. — Chart. i. Cobl.
— 5	. .	beurkundet sich mit dem grafen Ruprecht von Virneuburg, welcher ihm 200 pfund grosser turnosen schuldete, dahin verglichen zu haben, dass ihm derselbe dafür einen theil des thurms zu Virneuburg, die vogtei zu Nachtsheim und ein haus zu Boos als lehen aufgetragen. 1339 donnerst. na St. Petersdag im auweste. — Or. i. Cobl.
— 9	. . .	vermittelt zwischen der abtei Prüm, den gebrüdern Arnold und Gerhard herren von Blankenheim, Hartrad herrn von Schonecken auf der einen und Emund custor von Prüm und dessen helfern auf der andern seite einen frieden und vergleich wegen des hauses Mürlebach. 1339 an St. Laurentiusabend. — Or. i. Cobl.
sept. 25		erlaubt für die parrochianen zu Camelang Sevenich und Pallien wegen grosser entfernung von der pfarrkirche St. Victor ienseits der Trierer brücke die errichtung eines taufsteins in der kirche zu Besselich. — Hansen Beiträge zur Gesch. einzelner Pfarreien s. 121.
nov. 22 1340	. . .	ordnet eine untersuchung an gegen Arnold Wolf canonicus zu St. Simeon in Trier wegen verschiedener verbrechen. 1339 nov. 22. — Extr. aus Darmstadt.
Ian. 14	. . .	bestätigt die urkunde des edelknechts Johann von Weiskirchen dd. 1339 den 9. dec. über die incorporation der pfarrkirche zu Winterich mit der Carthause St. Alban bei Trier. 1339, 19 kal. febr. — Or. i. Cobl.
— 31	———	bestätigt die privilegien des collegiatstifts zu Kylburg und ertheilt ihm ein ablassprivilegium. — 1339 die ultima ianuar. — Extr. aus Darmstadt.
febr. 3	———	genehmigt dass Gerhard von Virneuburg, archidiaeon von Longuion den Trierischen siegler Johann Jäkels zu seinem official annehme. 1339 die 3. febr. — Extr. aus Darmstadt.
— 25	. . .	besiegelt eine urk. der carthause St. Alban bei Trier wonach dieselbe drei pfund denaren iahresrente aus häusern zu Trier an das domcapitel gegen dessen bongert Berkenthein vertauscht. 1339 fer. 6 post Simeonis episcopi. Chart. i. Cobl.
märz 21	———	verordnet eine strenge visitation des archidiaconats Longuion. 1339 die 21. mart. — Extr. aus Darmstadt.
— 31		spricht den Clamau von Guls, einen schiffmann von Cöln aller ansprachen und forderungen frei, nachdem derselbe vor ihm und dem rath zu Cöln seine unschuld dargethan wegen des mit ihm gefahrenen und unterhalb Wolf auf der Mosel ertränkten Juden. — Chart. i. Cobl.
apr. 24	———	bestätigt das von den rittern, edelknechten, schöffen und der gemeinde zu Reme gestiftete hospital und conferirt dem priester Hermann von Westfalen die bei demselben fundirte priesterpräbende. Gauth. Col. dipl. 3,414.
mai 19	———	dispensirt den vicar zu Swappach bei Wetzlar wegen eines angeschuldigten falsums. 1340 fer. 6. post Cantate. — Extr. aus Darmstadt.
Ian. 14		beurkundet, dass er den St. Georgaltar im dom zu Trier errichtet dotirt und habe lassen consecriren, und dass ihm und seinen nachfolgern das collationsrecht darüber zustehen soll. 1340 die 14. iun. Or. i. Cobl.
— 14	———	vergleicht sich mit dem domcustos Ludolph wegen ihres beiderseitigen collationsrechtes auf den St. Erasmusaltar im dom zu Trier. 1340 die 14. inn. Or. i. Cobl.
— 18	Walramsheim	(bei Coblenz) vergleicht in gemeinschaft mit erzb. Heinrich von Mainz als erkorene sühnemänner in dem streite des erzb. Walram von Cöln mit dem grafen Gerlach von Nassau, dieselben dahin, dass sie beide auf ihre foderungen verzichten, die fehde einstellen

1340		
		und der graf sich dem erzb. mit einem reysigen zuge von 50 mann zu einem einmaligen dienste 20 meilen um Cöln verpflichten soll. Lacomblet Urkb. 3,276.
iul. 00	Daun	Belagerung der veste Daun auf dem Hunsrück, und erbauung der beiden vesten Martinstein und St. Johannesberg in gemeinschaft mit dem erzb. Heinrich von Mainz gegen den Wildgrafen Johann von Daun. Gesta Trev. ap. Honth. 835 verglichen mit den urkk. bei Günth. Cod. dipl. 3,418 und 422.
sept. 8	. . .	fordert das St. Castorstift zu Coblenz auf, den um seine person beschäftigten canonicus Wiker von Hirgel von der persönlichen residenz zu dispensiren. 1340 sept. 8. — Extr. aus Darmstadt.
— 18	Treviris	bestätigt die fundation einer heil. messe an dem St. Catharinenaltar in der pfarrkirche zu Meyen. 1340 die 18. sept. — Or. i. Maien.
oct. 10	——	bestätigt die einführung der frohnleichnamsprocession in der St. Laurentiuskirche zu Trier seitens des bürgers Johann Rinzinberg, und ertheilt ihr eine indulgenz. Blattau Stat. Trev. 1,187.
— 18	. . .	ertheilt den beiden von ihm geweihten seitenaltären im chor des predigerklosters zu Letzelburg eine indulgenz. Bertholet hist. de Luxemb. 6,43.
— 29	—	(in palatio) belehnt den grafen Johann von Saya mit der burg Sain und seinen andern erzstiftischen lehen. 1340 die 29 oct. Or. i. Cobl. — Der betr. lehenrevers bei Honth. 2,144.
nov. 10	. . .	verlehnt für acht malter frucht jährlich an Eberhard Scherting von Stein den hof Luprechtsweiler bei Dusselstein nebst der waldhuth. 1340 den 10. nov. — Extr. i. Cobl.
dec. 8	. . .	bestätigt einen tausch von häusern zu Kylburg zwischen dem collegiatstift und seinem burgmann daselbst, dem ritter Johann von Kirdorph. 1340 die 8. dec. Chart. i. Cobl.
— 21	——	Weihe des von ihm neuerbauten Carthäuserklosters oberhalb der stadt Trier. Gesta Trev. ap. Honth. 835.
1341		
febr. 5	——	befreit die bürger zu Hartenfels gegen die verpflichtung die thore mauern und gräben im bau zu erhalten und zu bewachen von bede und schatzung. Honth. 2,140.
— 19	——	belehnt den ritter Johann von Waldecken genannt von Battenberg mit den gütern zu Alken an der Mosel welche derselbe mit seiner frau und seinem bruder Johann der Trier'schen kirche zu lehen aufgetragen hatte. 1340 fer. 2 post Estomihi. — Or. i. Cobl.
mai 10	— ——	bestätigt den kreuzherren zu Ivodi die ihnen von der gräfin Margaretha von Chiny gemachte schenkung zu Virton. Bertholet hist. de Luxemb. 6,47.
— 11	. . .	vertauscht dem collegiatstift zu Pfalzel das sogenannte Vynkenhaus daselbst gegen eine stiftscurie. 1341 die 11. mai. — Or i. Cobl.
— 31	——	ernennt den archidiacon Boemund, den official zu Trier und den mag. Nicolaus, scholaster zu St. Paulin zu seinen stellvertretern auf die am montag nach heil. Sacramentstag beginnenden diözesansynode. Honth. 2,86.
iun. 23	——	gewinnt den ritter Johann von Brautscheid mit 100 pfund heller zu seinem vasallen und verschreibt ihm bis zu deren auszahlung 10 pfund jährlich zu Mandorscheid. 1341 die 23. iun. Extr. i. Cobl.
aug. 10	——	belehnt den ritter Johann von Eltz mit den gütern und renten zu Detzing, welche der erzb. gegen 25 malter frucht jährlicher rente von der abtei Malmedy eingetauscht hatte. 1341 an St. Laurentientag. — Chart. i. Cobl.
sept. 13	— —	schenkt der abtei Hommersdorf zur stiftung seines und seiner familie anniversarium ein haus in der Holzschuhgasse zu Coblenz. 1341 die 13 sept. — Or. i. Cobl.
— 13	——	schenkt dem altar des heil. Silvester in der St. Florinskirche zu Coblenz für die abhaltung einer wochenmesse ein haus in der Holzschuhgasse daselbst neben dem an Rommersdorf geschenktem gelegen. 1341 wie vorher. Or. i. Cobl.
— 17	——	beurkundet dass er auf lebenszeit des königs Philipp von Frankreich guter und treuer freund und bundesgenosse sein wolle. Honth. 2,140. — Unterm 30 iul. hatte ihm könig Philipp dasselbe versprochen. Honth. ibid. u. Or. i. Cobl.
oct. 31	——	bestätigt durch transfixum ein ablassprivilegium für die kapelle St. Nicolaus und St. Catherina in suburbio der veste Herberg und verleiht derselben ein ähnliches. 1341 die ultima oct. — Or. i. Cobl.
nov. 00	Velsburch	Belagerung Einnahme und zerstörung dieser burg im krieg mit dem Wildgrafen von Daun. Während der belagerung erschien der herzog von Lothringen, und schloss, da er den erzb. so stark sah, ein bündniss mit demselben. Gesta Trev. ap. Honth. 835.

11*

1341		
dec. 24	Treviris	ladet den herzog Johann von Brabant und Limburg wiederholt zum lehensempfang der markgrafschaft Arlons auf nächsten montag nach Invocavit (18 febr. 1342) nach Trier. — Honth. 2,147.
1342 febr. 14	———	bewilligt seinem vasallen Symon, dem sohne Jakob's herrn zu Moncleir, falls er ohne kinder zu hinterlassen stürbe, dass seine lehen auf den nächsten erben übergehen sollen, und verzichtet auf alle ansprache wegen übergriffs. 1341 an St. Valentinstag. — Or. i. Cobl.
märz 20	———	Gerichtssitzung im palast daselbst wo der herzog von Brabant, der landgraf von Leuchtenberg, graf Rudolf von Wertheim und einige andere durch urtheil ihrer Trier. lehen entsetzt werden. Honth. 2,148.
Iun. 6	. . .	beurkundet dass in seines neffen, des königs von Böhmen, verkaufsbrief über Freudenberg demselben der rückkauf binnen zwei Jahren mit zehn tausend goldgulden ausbedungen sei, und dass er 12 alte grosse turnose für einen kleinen gulden und 4 gute goldne reale für 5 kleine gulden nehmen solle. 1342 den 8 iuni. — Chart. i. Cobl.
iul. 8	. . .	Friede und sühne mit dem Wildgrafen von Dune, Honth. 2,149 und Günth. Cod. dipl. 3,441; letzterer mit dem richtigen datum 1342 freit. vor Margarethen wie das orig. in Cobl., wogegen Honth. 1342 freit. nach Margarethen hat.
aug. 31	. . .	schliesst gemeinschaftlich mit könig Johann von Böhmen einen vertrag mit dem pfalzgrafen Ruprecht dem ältern und dem jüngeren wegen der pfandschaft Stalberg, Staleck, Bacherach u. s. w. und wegen ernennung der Beyer von Boppard zu amtleuten darüber. 1342 am letzten tag im oust. — Or. i. Cobl.
sept. 12	———	quittirt der abtei Sayn die rückzahlung der ihm schuldigen 30 pfund 17 schilling und 9 heller. 1342 die 12 sept. — Or. i. Cobl.
— 17	———	gewinnt mit 200 schildgulden Johann herrn zu Saffenberg als dienstmann und belehnt ihn mit den frühern allodialwingerten zu Bodendorf. 1342 den 17. Sept. Chart. i. Cobl.
dec. 1	———	schliesst mit den herrn und gemeinern der veste Schonenburg bei Oberwesel ein bündniss wegen gegenseitigen schutzes und ertheilt ihnen zollfreiheit auf dem Rheine. 1342 sonnt. nach Andreas. — Kindlinger's Samml. in Münster.
1343 Ian. 7	. . .	bestätigt einen grafen Heinrich des nonnenklosters in Orreo zu Trier mit den präbendarien daselbst wegen der einkünfte, welche nach der eingerückten urk. von 1229 zur seelsorge der kirche zu Comstorf, welche den präbendarien incorporirt ist, gehören sollen. 1342 die 7 ian. — Or. i. Cobl.
apr. 1	———	vertauscht dem nonnenkloster St. Marien bei Audernach 39 malter frucht jährlicher rente aus dem Audernacher zehnten gegen den hof zu Brechen bei Limburg. 1343 die 1. apr. — Cop. i. Cobl.
mai 1	———	ertheilt zum bau der Moselbrücke zu Coblenz ein indulgenzprivilegium. 1343 die 1. mai. Cop. i. Cobl.
Iun. 23	———	beurkundet dass er auf sechs Jahre für 120 mark denaren jährlich vom capitel der St. Martinskirche zu Worms den zehnten zu Spey und Salzig, dessen gefälle aus dem probsteilichen hofe zu Boppard und andere gepachtet habe. 1343 vig. Job. bapt. — Or. i. Cobl.
sept. 16	. ——	vergleicht dechant und capitel zu Münstermeinfeld mit den vicaren daselbst wegen rückkaufs verschiedener fruchtrenten und deren vertheilung unter sie. 1343 die 16. sept. — Or. i. Cobl.
dec. 28	———	belehnt den edeln mann Hartrad herrn von Schonecken mit der veste Liessheim, den dörfern Weinsheim und Gundesheim, Meren bei Romersheim, Longen auf der Mosel und dem berge dabei. 1343 d. 28. dez. — Or. i. Cobl.
1344 Ian. 20	Meyene	beurkundet die vererbpachtung seiner mühle und wiese zu Ochtendung an den Deutschorden zu Coblenz. Hennes Urkb. des Deutschordens 403.
febr. 5	Treviris	bestätigt die schenkung des patronatsrechtes über die pfarrkirche beatae Mariae ad pontem zu Trier seitens des domcapitels an die Johannitercommende daselbst. Hansen Beiträge zur Gesch. einzelner Pfarreien 102.
märz 31	. . .	ertheilt für den bau und die ornamente der St. Gangolfskirche in Trier einen ablass. — Hansen, Treviris 1.302 extr.
apr. 10	. . .	gestattet dem grafen Wilhelm von Wied, herrn zu Isenburg und Braunsberg, den rückkauf von Dierdorf, vorbehaltlich seiner lehenrechte und 400 gulden baugeldes. 1344 d. 10 apr. — Bald. Urkb. i. Trier.
mai 26	. . .	nimmt die bürger zu Limburg als seine unterthanen in seinen schutz und verspricht ihnen, jährlich nicht mehr als 50 mark pfennige bedegeld zu erheben, welches zur

1344		hälfte an Gerlach herrn zu Limburg fallen soll. 1344 mittw. nach pfingsten. Chart. i. Cobl.
iul. 14	Triere	verpfändet der Blanzflors von Schonecke und deren söhnen Johann und Conrad welche ihm tausend schildgulden zur bezahlung des kaufschillings für Limburg geliehen haben, die veste Thuron, fünf fuder wein- und 80 malter haferrente zu Alken. Günth. Cod. dipl. 3,465.
aug. 20	. . .	ernennt den bischof Nicolaus von Accon auf ein iahr zu seinem vicarius in spiritualibus. Holzer de Proepise. Trev. 37.
sept. 16	Berenkastel	erlässt eine verordnung (statutum Mauritianum) wegen besserer frequentirung des chors und beschränkung der herbstferien bei den collegiatkirchen. Dadum quod etc. — Hartzheim Conc. Germ. 4,346. Honth. 2,80. Blattau Stat. Trev. 1,191.
oct. 4	. . .	befiehlt seinen zöllnern zu Capellen und auf der Mosel die crescenz und den wein der Coblenzer bürger bis zum nächsten iahrestag zollfrei passiren zu lassen. 1344 mont. nach Remigii. — Cop. i. Cobl.
— 10	Treveris	erlässt eine verordnung gegen die unmässigen investiturgebühren. Quoniam frequentibus etc. Honth. 2,81. Blattau Stat. Trev. 1,193.
dec. 4	———	bestätigt die wahl Sigismund's von Widerbach aus dem Dentschorden zum probst des nonnenklosters St. Mariä bei Andernach. 1344 die Barbare. — Cop. i. Cobl.
— 16	—	verkündet der geistlichkeit seiner diözese, dass pabst Clemens VI wie auch mehrere erzbischöfe und bischöfe für den bau der Moselbrücke zu Coblenz ablassbriefe ertheilt hätten, welche mit andern privilegien für dieses werk zu Coblenz verwahrt würden, und erneuert seine indulgenz dafür. 1344 den 16. dez. — Cop. i. Cobl.
1345		
ian. 15	———	bestätigt und besiegelt des vicepastors zu Ilusen bei Maien fundationsurkunde über den St. Marienaltar in der St. Silvesterpfarrkirche daselbst. 1344 die 15 ian. — Or. i. Cobl.
mai 14	———	beurkundet dass, obgleich er über die St. Ludwinswaldungen der abtei Metlach einen förster gesetzt habe, es nicht seine absicht sei für sich und seine nachfolger irgend welche rechte über diese waldungen zu beanspruchen, sondern dass dies nur zum schutze des waldes gegen dessen verheerungen durch die nachbaren geschehen sei. 1345 die 14. mai. Chart. i. Cobl.
— 00	. . .	stellt dem Gerlach herrn zu Limburg einen revers aus wegen einlösung der halbscheid der Juden und der frucht- und geldrenten zu Limburg. 1345 in den heil. pfingsttagen. — Or. i. Idstein.
iun. 7	·	vertauscht dem St. Simeonsstift zu Trier güter und gewisse rechte zu Hesselich gegen dergleichen zu Igel. 1345 die 7. iuni. — Chart. i. Cobl.
— 15	———	ernennt den archidiakon Boemund, den official Rodulf und palastkellner Ludwig von Trier zu seinen bevollmächtigten bei den verhandlungen in der sitzung des Lothringischen landfriedens. Würdtwein Nova Subsid. 12,72.
— 17	Covelentze	verspricht dem edeln mann Symon herrn zu Kempenich, welcher die burg und herrschaft Kempenich zu einem aufgebigen lehen des erzstifts gemacht und von ihm erblich zu lehen empfangen hat, ihn sich selbst sein recht gegen erzstiftische unterthanen, welche der erzbischof nicht bezwingen mochte, durch das erzstift verschaffen zu lassen und ihm gleich andern seiner edeln mannen zu verantworten. Günth. Cod. dipl. 3,471.
— 21	———	beurkundet, dass, obgleich Symon herr zu Kempenich sich mit ihm gegen allermänniglich zur hilfe verpflichtet habe, doch dessen bündniss mit dem grafen Ruprecht von Virnenburg in kraft bleiben solle. 1345 dinst. vor Johann. Bapt. — Chart. i. Cobl.
— 21	———	verspricht dem Johann von Kempenich, bruder Symons, herrn zu Kempenich, wenn derselbe später zu dieser herrschaft gelangen würde, ihm gleich andern des erzstifts edeln zu seinem recht behülflich zu sein. 1345 dinst. vor St. Joh. Bapt. — Chart. i. Cobl.
aug. 2	by Walres-heim	(nydewendig Kobelentze). Hier beschuldigte Adolf, des grafen Ruprecht von Virnenburg sohn, in gegenwart des erzbischofs, welcher mit dem landgrafen Heinrich von Hessen, den grafen Syfrid von Wytgenstein, Philip's von Solms und andern in einem schiffe auf dem Rhein war, den ritter Johann von Eltz, amtmann zu Meyen der brandschatzung an der gräfin von Cleve, worüber es zwischen beiden zum wortwechsel kam und der von Virnenburg griff — »nnd da greif der vorgen. here von Triere nach dem egen. Adolf, und da er yme entwussete da hiss er in halden vmb den frevel den er da begangen hatte.« Günth. Cod. dipl. 3,472.
sept. 27	Confluentie	bestätigt die faundation des St. Florinsaltars in der St. Castorskirche zu Coblenz seitens des canonicus Werner von Bacheim. 1345 die 27. sept. — Or. i. Cobl.
nov. 29	———	vergleicht und sühnet den grafen Wilhelm von Catzenelnbogen mit dem ritter Conrad von

1345		Schoneck wegen ihrer gemeinschaft zu Werly und ihres lebensverhältnisses. 1345 auf
1346		St. Endresabend. — Chart. i. Cobl.
märz 18	Triere	erlässt gemeinschaftlich mit könig Johann von Böhmen als erkorene schiedsrichter einen rechtsspruch in sachen der beiden grafen Wilhelm und Johann von Catzenelnbogen wegen der güter zu Nasteden und Reinheim. — Wenck Hessische Landesgesch. 1,150.
mai 12	——	ladet den Wildgrafen Friedrich von Kirberg wegen des von ihm und den seinen aus dem haus Wildemberg zugefügten schadens und seiner verfallenen erzstiftischen lehen auf den samstag nach Urban vor ein manngericht. Günth. Cod. dipl. 3,482.
— 24	——	schreibt Ludwig dem Baiern, dass er sich in gemässheit der vom papste erhaltenen befehle von ihm lossage. Bronwer Ann. Trev. 2,218. Eine abschrift des deutschen briefes Baldewin's an könig Ludwig von der hand des kurfürstlichen geb. secretairs Peter Meyer von Regensburg. in Coblenz.
— 26	——	bewilligt dem Johann von Sotern und dessen frau Betzele, dass ihre lehen in ermangelung von söhnen ihre töchter erben sollen. 1346 den 26. Mai. — Or. i. Trier.
iun. 28	——	beauftragt den plebau der Marienkirche zu Coblenz mit der untersuchung und event. bestätigung des präbendentausches zwischen dem archidiakon und canonicus prebendatus von St. Castor zu Coblenz, Bornund von Saarbrücken und dem canonicus prebendatus von St. Paulin bei Trier, Rudiger Rodigers von Coblenz. 1346 vig. Petri et Pauli. — Chart. i. Cobl.
iul. 11	Rense	Antheil an der gegenkönigswahl seines grossneffen Karl's königs von Böhmen. Gesta Trev. ap. Honth. 836.
— 11	——	(super Rhenum in pomeriis) benachrichtigt die stadt Biberach von der geschehenen wahl Karl's IV und fordert ihre erklärung darüber. 1346 die 11. iul. — Cop. i. Cobl.
aug. 3	Treviris	ermahnt den stadtrath zu Strassburg, sich dem kriegzug den die herrn und städte des rheinischen landfriedens mit herrn Ludwig von Baiern gegen den grafen Emicho von Leiningen vorbereiten, sich nicht anzuschliessen, weil dieser graf sich dem erwählten könig Karl unterworfen hat. — Wencker Apparatus Archivorum 202.
— 4	. . .	incorporirt der stiftsdechanei zu Munstermeinfeld zur verbesserung ihrer einkünfte die dasige pfarrei. — Günth. Cod. dipl. 3,488.
sept. 3	. . .	bewilligt dem ritter Coenen von Ulmen und dessen oheim Coenen auf ihre lebenszeit bau- und brennholz aus den von ersterem ihm verkauften waldungen der vogtei Prütig gleich den dabei gesessenen nachbarn. — Chart. i. Cobl.
— 21	Mariendal	befiehlt dem schöffengericht zu Lützelburg, einen gewissen Johann Schäfdri zur entrichtung einer dem kloster Mariendal aus einem hause am Breidenweg fälligen rente, anzuhalten. — Publicat. de la societé de Luxemb. 4,87. extr.
oct. 29	Treviris	(in palatio) transsumirt und bestätigt die schenkungsurkunden könig Heinrich's III und IV von 1054 und 1111 über die kirche zu Vilmar an die abtei St. Mattheiss bei Trier. 1346, ind. 14, pont. Clementis VI anno 5, die 29, octob. — Or. i. Idstein.
nov. 4	——	beurkundet dass könig Johann von Böhmen selig ihm für 30 tausend gulden Epternach, Bittburg, Renig und Grevenmachern verkauft habe, und bewilligt dem sohne desselben, könig Karl, das rückkaufsrecht für die gleiche summe. Honth. 2,161.
— 10	——	bestätigt mittelst transfixum die dotirung der Allerheiligen kapelle zu dem Westenbracke seitens des ritters Johann von Numagen und dessen ehefrau Margaretha. — Chart. i. Cobl.
1347		
ian. 13	. . .	verschreibt dem Peter von Gautreve auf lebenszeit den hof zu Ochtendung. 1346 die Agricii. — Extr. i. Cobl.
— 22	. . .	schliesst mit Gerlach herrn zu Isenburg und dessen sohn Johann einen vertrag wegen der von ihm lehenrührigen vogtei, herrschaft, gericht und gütern zu Höhningen wie auch wegen des gerichts zu Ramesbach, Almesbach und Grundeshausen. — (Fischer) Geschlechtsregister der Häuser Isenburg etc. 107.
apr. 23	. . .	bewilligt dem edeln mann Salentin herrn zu Isenburg und dessen gemahlin Catharinen die einlösung einer von denselben ihm für tausend pfund heller verkauften jahrrente von 100 pfund heller. 1347 d. 23. apr. — Or. i. Cobl.
mai 4	——	bewilligt dass Michel von Dingen, sein Jude zu Trier für 350 pfund heller dem Deutschorden 20 pfund jährlich aus seinem hause verschreibe. 1347 den 4. Mai. — Or. i. Cobl.
iun. 3	——	vertauscht der abtei Himmerode eine ihm aus deren hof »die Hart« fallende fruchtrente gegen den hof im Hain bei Freudenkop. 1347 die 3. iun. — Chart. i. Cobl.
— 18	. . .	beurkundet seinen vertrag mit Dyther, dem abt der abtei St. Salvators zu Präm, wegen administration dieser abtei und incorporirung deren gefälle mit der erzbischöflichen tafel. 1347 die 18. iun. — Or. i. Cobl.

1347		
iul. 6	Treviris	giebt den bürgern von Coblenz, die binnen der stadt wohnen und vor Greusau gefangen und gebrandschatzt worden waren, zu volleist ihrer gefangenschaft, sonderlich zu gezeuch harnisch und waffen drei tansend kleine gulden, und befiehlt dem zollschreiber daselbst die auszahlung dieser summe. Günth. Cod. dipl. 3.508. Vergl. die Limburger Chronik zu diesem iahr.
aug. 1	. . .	gewinnt Johann von Adelwilre, genannt von Hunolstein, mit 50 kleinen gulden auf's nene zum burgmann auf Baldenau. 1347 d. 1. aug. — Or. i. Cobl.
— 25	———	befiehlt seinem official, schultheissen und kellner zu Coblenz, Werner den vogt zu Ludensdorf, welcher mit der bannmühle zu Ludensdorf belehnt ist, anzuhalten, die klöster Laach, Himmerode und von Andernach nicht zu zwingen ihren kornbedarf für ihre höfe daselbst auf dieser mühle mahlen zu lassen. 1347 crast. Bartholomei. — Or. l. Cobl.
sept. 20	. . .	incorporirt dem capitel des St. Castorstifts zu Coblenz die probstei und die kirche zu Werle behufs verbesserung der täglichen distributionen, mit vorbehalt unter anderm einer iährlichen abgabe zur huth des schlosses Stolzenfels. 1347 die 20. sept. — Or. i. Cobl.
. . .	. . .	überträgt dem bischof Gerwicus von Balesen auf ein iahr einen theil seiner bischöflichen functionen. — Holzer do pro episcopis Trev. s. 42. nur mit iahr 1347.
1348		
iun. 13	Ditze	(vor dem Hame gein Lymparg wert) besiegelt die sühne der grafen von Dietz mit der stadt Limburg wegen des durch eine fehde mit ihr verursachten todes graf Gerhard's von Diez. Wenk Hess. Landesgesch. Urkb. 1,315.
— 30	. . .	bestätigt die stiftung einer priesterpräbende an der St. Jodocuskapelle zu Lützelburg. — Bertholet, hist. de Loxemb. 6,72.
iul. 12	. . .	verspricht den zwischen ihm und dem grafen Ruprecht von Virnenburg von den schiedsrichtern gemachten vergleich wegen ihrer beider rechte in der Pellenz zu halten. 1348 d. 12 iul. — Chart. i. Cobl.
aug. 1	Vilmar	Belagerung von Vilmar an der Lahn im krieg mit den Mainzischen. Ein vertrag wonach die besatzung versprach die burg in dritte hände zu geben bis zur rechtlichen entscheidung über deren eigenthum endete die belagerung, wurde aber nicht gehalten. Gesta Trev. ap. Honth. 837.
— 28	. . .	bestätigt die stiftung des St. Clarenklosters zu Echternach und nimmt es in seinen besondern schatz. — Bertholet, hist. de Loxemb. 6,79.
sept. 18	. . .	bestätigt die dotation des St. Catharinenaltars in der pfarrkirche zu Meyen seitens des schöffen Heinrich Brunestein und behält sich das collationsrecht dieses altars aus. 1348 sept. 18. — Bald. Urkb. in Trier.
— 29	Trier	gewinnt den Clas von Hunolstein mit 200 pfund auf's nene zu seinem manne, und macht ihn zum amtmann seines theils zum Liebenberg. 1348 d 29. sept. — Or. i. Cobl.
dec. 23	———	beurkundet dass er für sich, den markgrafen Wilhelm von Jülich und seines neffen von Cöln freunde, welche Isembardeu aus dem gefangniss halten, eine sühne und vergleich geschlossen habe mit Wilhelm herrn zu Manderscheid, dessen gemahlin Jenette und deren sohn Wilhelm wegen ihrer bisherigen fehde. 1348 d. 23. dez. — Cop. l. Cobl.
1349		
febr. 17	Coeln	verpflichtet sich gegen die andern kurfürsten, dass er ihnen und dem erwählten könig Karl IV wider graf Günther von Schwarzburg beistehen wolle. Königl Reichsarchiv 4,218.
— 17	———	bewilligt dem königl Karl den rückkauf der ihm um 50 tausend mark silbers verkauften grafschaft Lützelburg und markgrafschaft Arlons für dieselbe summe. — Würdtwein Nova Subsid. 12.74.
— 17	———	verschreibt den rittern und bürgern Johann vom Hirtze, Gerhard Roitstock und andern zu Cöln für die bei denselben geliehenen 40 tausend kleine gulden den Rhein- und Moselzoll zu Coblenz. 1349 dinst. vor cathedr. Petri. — Or. i. Cobl.
aug. 15	. . .	verbindet sich mit bürgermeister schöffen rath und bürgerschaft der stadt Wetzlar gegen die grafen von Solms und deren helfer. Wigand Wetzlar. Beiträge 3,211, verglichen mit dem Or. i. Cobl.
oct. 20	Treveris	incorporirt dem collegiatstift zu Kylburg die pfarrkirche zu Lytiche mit ihren filialen Kleinlytig, Hupperad und Weller; und stiftet damit sein anniversarium. 1349 die 20. oct. — Or. l. Cobl.
nov. 22	. . .	schliesst mit Wilhelm grafen zu Wied herrn zu Braunsberg und Isenbarg eine sühne und frieden, wonach beide vier rathsleute zur schlichtung ihrer forderungen ernennen. 1349 auf St. Cäcilientag. — Or. l. Cobl.
dec. 5	Triere	schliesst mit Gerhard dem ältesten sohne des grafen Ruprecht von Virneburg eine einst-

1349		weilige eahne, und beanftragt seine beiden amtmänner Heinrich von Clotten den burg-
		grafen zu Cochem und Heinrich Mul, den burggrafen zu Meyen, bis kommende licht-
1350		mess mit minne oder reebt sie zu vergleichen. 1349 auf St. Niclausabend. — Chart. i. Cobl.
ian. 5	Trier	entscheidet eine weidestreitigkeit zwischen den gemeinden Mertensdorf und Casel. 1349
		d. 6. ian. — Or. i. Cobl.
febr. 24	——	bevollmächtigt den ritter Wynemar von Gymnich und seinen diener Peter Sarrazin in des
		römischen königs und seinem namen zur unterhandlung mit den Cölner bürgern Johann
		von dem Hirtze, Gobelo Juden, rittern, Arnold vom Palast und andern welche zu
		vasallen der grafschaft Lützelburg gewonnen werden sind. 1349 d. 24. febr. — Or. i. Cobl.
märz 26	——	bestätigt erzb. Diether's urk. vom 19. nov. 1303 über die incorporation der pfarrkirche
		St. Laurentii zu Trier au das nonnenkloster St. Catharinen in Orreo. 1350 d. 26. märz.
		Or. i. Cobl.
apr. 4	. . .	ernennt den schöffen Rule Büuchen zum amtmann in Limburg. 1350 d. 4. apr. — Or. i. Idstein.
— 30	——	verschreibt der Coblenzer bürgerschaft wegen des in seinem dienste (vor Grenaus) erlit-
		tenen grossen schadens noch drei tausend kleine gulden aus dasigem zolle ausser den
		ihr bereits verschriebenen 3 tausend gulden, jedoch solle sie auf seine gelder ver-
		zichten, wenn ihr könig Karl 5 tausend gulden aus diesem zolle verschreiben würde.
		— Houth. 2,173.
mai 13	——	bestätigt transfixum die fundationsurk. des heil. Kreuzaltars in der pfarrkirche
		zu Wittlich. 1350 den 13. mai. — Or. i. Cobl.
iun. 16	. . .	verpfändet dem sattler Conrad Waltmann zu Trier für die demselben schuldigen 88 pfand
		denaren ein haus in der Judengasse daselbst. 1350 d. 16. brackmonats. — Or. i. Cobl.
— 20	- ——	bestätigt die incorporation der pfarrkirche zu Echternach an die St. Willibrordsabtei.
		1350 d. 20. iuni. — Or. i. Luxemb.
iul. 5	——	quittirt dem canonicus Theoderich von Dune zu Trier über den empfang von 500 malter
		korn. 1350 d. 5. iul. — Or. i. Cobl.
sept. 8	——	beurkundet, dass in seinem streite mit scheffeumeister, scheffen, amtmeister und bürger-
		schaft zu Trier von beiden seiten drei rathleute zur ausgleichung gewählt werden
		sollen. 1350 vff unser frouwentag nativitatis den man nennet zu halben eteumaude.
		— Or. i. Cobl.
— 16	Lützelnburg	bestätigt das testament Wilhelm's von Helfenstein des probsten des St. Castorstifts zu
		Coblenz. 1350 d. 16. sept. — Chart. i. Cobl.
nov. 1	Treveris	nimmt den mag. Rudolf Losse, official zu Trier, in die trierische ritterschaft auf, da der-
		selbe seine vier ahnen aus dem ritterstande durch zeugnisse des markgrafen von
1351		Meissen, der städte Mülhausen und Eisenach und anderer nachgewiesen habe. 1350
		die 1. nov. — Or. i. Trier.
ian. 4	——	ernennt den grafen Johann von Sponheim zum obersten amtmann des erzstifts zwischen
		Mosel und Rhein, namentlich in den ämtern Saarburg, Grimburg, St. Wendel, Ober-
		stein, Schmidtburg, Berncastel, Zell und Baldeneck. 1350 fer. 3 post circumcis. dni.
		— Cop. i. Cobl.
— 9	——	bewilligt dass der edelknecht Heinrich Mul von der Nawerburg seine frau Hilla mit
		seinem burglehen zu Neuerburg bei Wittlich, seinem theil an dem dorfe Pulenbach,
		und mit 50 malter frucht jährlicher reute bewitthume. 1350 die 9. ian. — Or. i. Cobl.
febr. 3	——	incorporirt dem St. Florinstift zu Coblenz die pfarreien Obermendig und Flacht. — Günth.
		Cod. dipl. 3,549.
— 27	- ——	publicirt die klageartikel gegen schöffenmeister, schöffen, amtmeister und bürgerschaft zu
		Trier wegen deren eingriffe in seine rechte. 1350 vff den sondag vor Invocavit den
		man nennet die alde vasnacht. — Or. i. Cobl.
märz 4	——	beurkundet, dass die oberste und niederste burg zu Covern von altersher und ehe er sie
		gekauft habe ein erzstiftisches lehen gewesen sei, und dass dies auch Salentin herr
		zu Isenburg wenn es nöthig am gericht zu Covern bekennen wolle. 1350 d. 4. märz.
		Or. i. Cobl.
apr. 2	prope En-	(supra Renum) verbessert die lehen des ritters Ludwig burggrafen zu Hammerstein mit
	gers	10 goldschilden jährlich aus dem zoll zu Cochem. 1351 die 2. apr. — Or. i. Cobl.
— 2	. ——	vereinigt sich mit dem erzb. Wilhelm von Cöln, der zuerst genannt ist, auf die bitte des
		grafen Wilhelm von Wied, zur befreiung des markgrafen Wilhelm von Jülich aus der
		gefangenschaft sohne und wegen dessen lande. — Günth. Cod. dipl. 3,556.
— 30	Treviris	incorporirt dem Prämonstratenser kloster Romersdorf zur vermehrung des gottesdienstes
		und zur restauration der kirche die pfarrei Heimbach. — Günth. Cod. dipl. 3,560.

1351		
mai 2	Moncleyr	Belagerung dieser burg an der Saar in der fehde gegen Jakob von Moncleyr. Nach ernstlichem kampf zieht sich der erzb. nach Coblenz zurück, wo dann der graf von Sain die eigenthumsrechte der Trierer kirche anerkennt. Später kehrt der erzb. zur belagerung zurück, die eifrig betrieben wird bis zur vertragsmässigen übergabe am 22. dec. Gesta Trev. ap. Honth. 836.
inn. 9	. .	gewinnt den ritter Johann von Brunsberg mit 10 gulden jährlich zum burgmann auf Hartenfels. 1351 fer. 5. in septimana pentecost. — Or. i. Idstein.
oct. 18	Covalentz	verleiht dem kaplan des St. Silvesteraltars in der St. Florinskirche zu Coblenz ein häuschen in der Holzschuhgasse daselbst für denselben jahrzins von 6 soliden welchen der goldschmitt Willokin bisher davon gegeben hatte. 1351 d. 12. oct. — Or. i. Cobl.
nov. 4	Triare	schenkt seinem getreuen Peter Sarrasine von Echternach den hof Ralant in St. Dyderichsgasse zu Trier vorbehaltlich eines jahrzinses von 5 soliden daraus. 1351 d. 4. nov. — Bald. Urkb. i. Cobl.
1352		
febr. 22	. . .	schliesst für sich sein erzstift und die grafschaft Lützelburg die ihm der Römische könig befohlen hat, mit dem pfalzgrafen Ruprecht dem ältern, dem markgrafen Wilhelm von Güliche, dem grafen Diederich von Lon und dem grafen Gerhard zu dem Berge einen zweijährigen landfrieden, wozu sie Johann herrn an der Schleiden als Obermann gekoren. 1351 nach gewohnheit zu schreiben im stift zu Trier d. 22. febr. — Or i. Cobl. — Gesta Trev. ap. Honth. 839. — Unter demselben datum trat Cuno von Falkenstein vormunder des stifts zu Mainz gleichfalls diesem landfrieden bei. Günth. Cod. dipl. 3,570.
apr. 4	———	bewilligt dem grafen Heinrich von Veldenz seine gemahlin Agnes mit dem vom erzstift zu lehen gehenden hof Syon zu Armsheim zu bewithumen. Acta Acad. Palat. 4,372.
mai 5	———	bestätigt vermittelst transfixum die stiftung der St. Michaelskapelle auf dem kirchhofe zu Nickenich seitens des edelknechts Syfrid von Nickenich, und giebt der Carthause bei Trier als pfarrherrn daselbst das collationsrecht über dieselbe. 1352 d. 5. mai. — Or. i. Cobl.
— 29		schliesst mit Gerhard dem vogt von Hunolstein einen vertrag wegen der dem grafen Johann von Spanheim und von Salm auf der veste Hunolstein zu leistenden hilfe. 1352 dinst. na pingestag. — Or. i. Cobl.
inn. 3	Duna	(in Eiftia) Eroberung dieser burg im verein mit dem erzb. Wilhelm von Cöln und deren schleifung wegen der daraus von Schyls herrn zu Dune verübten strassenräubereien und störungen des landfriedens. Gesta Trev. ap. Honth. 839 und folgende seiten.
. . .		schliesst mit dem erzb. Wilhelm von Cöln einen vertrag wegen theilung der burg und des thals Daun unter sich, welche sie wegen der von Schyls herrn zu Dune daraus verübten strassenräubereien geschleift haben. — Cop. i. Cobl. ohne datum. — Da nach Günth. Cod. dipl. 3,580 Heinrich herr zu der Sleyden als landvogt des römischen reiches zwischen Rhein und Maass untern 20. iuni 1352 zu Baldewin einen aufruf zur hilfe gegen die landfriedensstörer in der Eifel und Jenseit Rheines erliess und am 20. iuli die unterwerfung der ritter zu Ulmen geschah aus deren häusern gleichfalls räubereien stattgefunden (vergl. Günth. 3,581) so scheint die eroberung Daun's auch erst einen monat später als die Gesta berichten anzunehmen zu sein und wohl in den iuli zu setzen.
aug. 29	Confluentie	setzt die zahl der klosterfrauen in Stuben wegen unzulänglicher einkünfte des klosters von vierzig auf dreissig herab. 1352 d. 29. aug. — Or. i. Cobl.
oct. 10	Trier	belehnt den grafen Heinrich von Nassau und dessen gemahlin Meyne mit der burg Nassau, mit Beilstein zwischen Wetzlar und Dierdorf und mit der veste Mengerskirchen welche derselbe für 1200 kleine gulden dem erzb. aufgetragen hatte. 1352 d. 10. oct. Bald. Urkb. in Cobl.
1353		
ian. 17	———	beurkundet, dass die ihm von dem markgrafen Wilhelm von Gülich verpfändete stadt Hillesheim in der Eifel jederzeit von demselben eingelöst werden könne. 1352 den 17. ian. — Chart i. Cobl.
— 17	———	incorporirt seiner domkirche die pfarrei Eich mit consens des St. Castorstifts zu Coblenz dessen probst das collationsrecht über dieselbe zustand. 1352 die 17. ian. — Or. i. Cobl.
märz 8	. . .	beurkundet einen schiedsrichterlichen ausspruch zu gunsten des collegiatstifts zu Kylburg in sachen der abtei St. Marien zu Trier gegen dasselbe wegen des patronatrechtes zu Tavern. 1352 d. 8. mart. — Or. i Cobl.
apr. 7	———	belehnt den pastor Heinrich von Dudendorf genannt von Narburg, dessen sohn und das capitel zu Carden gegen 5 soliden alter grosser turnosen jährlich mit Peter Ritters haus zu Carden. 1353 d. 7. apr. — O. i. Cobl.

12

1353		
iul. 3	. . .	An diesem tage ertheilte der Cardinalpriester Egidius tit. S. Clementis dem alten und kranken erzb. Baldewin eine fastendispens. d. d. Avinioni 5 non. iul. pont. a. primo pap. Innocent. VI. — Or. i. Cobl.
— 9	. . .	An diesem tage ernennt Peter cardinalbischof von Ostia und probst von St. Martin zn Worms den Baldewin zu seinem vicar und verwalter der Wormser probstei zu Boppard. 1353 die 9. iul. — Or. i. Cobl.
aug. 10	Welsch- billiche	bewilligt dem edeln mann Symon herrn zu Waldeck und dessen gemahlin Lyse das wieder- kaufsrecht an dem ihm um 700 schildgulden verkauften hause und hof zu Treys an der Mosel. 1353 mandages na vnser frauwendag assumptio. — Or. i. Cobl.
nov. 5	. . .	schliesst mit scheffenmeister, scheffen, amtsmeister und bürgerschaft zu Trier eine geduld und waffenstillstand auf sechs iahre. Brower Ann. 2,225, und Honth. 2,174 die urk. der stadt hierüber.
dec. 00	Moguntie	Antheil an dem Reichstag König Karl's IV hier zu Weihnachten wo er tags vorher im dome die vesper und in der kapelle des königs am festtage selbst die erste messe las und dem könige die heil. communion ertheilte, bis in den ianuar verweilte und bestätigung vieler privilegien erhielt. Gesta Trev. ap. Honth. 839.
1354		
ian. 14	Confluentie	gestattet den bau einer kapelle auf dem Deutschordenskirchhof zu Coblenz. Hennes Urkb. 408. —
— 18	Treviris	Rückkehr vom kaiserlichen hoftag zu Mainz. — Gesta Trev. ap. Honth. 839.
— 21		Todestag Baldewin's. Nach den urkunden des Domstifts, der Liebfrauenkirche, des St. Paulinstifts und St. Barbarenklosters zu Trier von 1362 aber das für denselben in die obitus que est in crastino beate Agnetis virginis zu haltende anniversarium wäre es der 22. ianuar; dagegen haben die Gesta ap. Honth. 839. den St. Agneten- tag, also 21. ianuar und diesen tag giebt auch das Wahlinstrument Boemund's an. Urkb. i. Cobl.

1354—1362. Boemund II. 1354.

febr. 3	Treviris	Wahl Boemund's von Saarbrücken aus dem geschlechte von Ettendorf. Er war archidiakon zu Trier und elemosinarius der kirche zu Metz. — Vergl. über ihn von Stramberg Rhein. Antiquar, 2. Abth. 5. Band, s. 24 bis 32. — Am 23. ianuar (fer. 5. ante convers. Pauli) citirte das domcapitel die abwesenden domherrn zur wahl in crast. purifical. beate virginis aus welcher einstimmig der bejahrte Boemund hervorging, der sich zu der zeit als rath kaiser Karl's IV pro quibusdam arduis negociis Carolum et statum patrie tangentibus zu Metz aufhielt. Urkk. i. Cobl.
— 10	Metis	(in curia habitationis Boemundi, in camera qua ipse dormire consuevit) Ueberreichung des wahlinstruments an Boemund in gegenwart eines notars durch Walter von Redelingen, kaplan des St. Erasmusaltars, welcher d. d. 6. febr. vom domcapitel damit beauftragt worden war. 1353 ind. 6 iuxta stil. scrib. in civitate Trev. pont. Innocent. pp. 6 anno 2. die 10. febr. in ultima hora diei in crepusculo. Or. instrument i. Cobl.
märz 8	———	(in aula domus elemosinarie ecclesie Metens. que domus hospitale clericorum vulgariter nuncupatur). Erklärung Boemund's in gegenwart von vier genannten Metzer canoni- kern und zweien notaren, dass er die wahl annehme. 1353 ind. 7. die 8. mart. circa noctis crepusculam. — Notar. Instr. i. Cobl.
— 31		(in domo officii elemosinarie Metens. ecclesie que dicitur domus hospitalis b. Nicolai pauperum clericorum) Aufbruch Boemund's mit den beiden unten genannten trier. domherrn, instruktoren und gefolge zur reise an den päbstlichen hof. 1354 ind. 7. die ultima mart. mane circa auroram. — Not. Instr. i. Cobl. — Am 17. märz hatte das domcapitel die beiden domherrn Walter de Amantia und Theoderich von Ham- merstein mit überbringung des wahlinstruments an den pabst bevollmächtigt und am 26. märz den pabst aufs neue um die bestätigung Boemund's gebeten und ausführlich dargethan, dass das gerücht, als habe Baldewin grosse schätze hinterlassen, unbegründet sei. — Orr. i. Cobl.
mai 2	ap. Villam Novam	(Avinion. diocces.) Bestätigung Boemund's als erzbischof durch pabst Innocenz VI (obgleich sich der pabst noch zu Baldewin's lebzeiten die besetzung des trier. stuhls nach

1354		
		‚ò denen tode vorbehalten, was aber das domcapitel nicht gewusst habe) durch bulle d. d. 6. non. mai. pont. a. 2. — Or. i. Cobl. nebst 8 bullen d. eod. d. an die vasallen der trierischen kirche den clerus und das volk der stadt und diözese Trier hierüber, ebendas.
mai 19	ap. Villam Novam	An diesem tage ertheilt pabst Innocenz VI dd. ap. Villamnovam 14 kal. iun. pont. 2. dem erzb. Boemund für die rückreise nach Trier einen schutz- und geleitsbrief. — Or. i. Cobl.
iul. 3	Covelentz	belehnt Peter von Gintreve mit Heinrich's von Achtersyan burglehen der alten burg zu Covern und einem mannleben bestehend in zwei wiesen zu Drackenach. — Chartul. i. Cobl.
— 22	Triere	verspricht alle ingesessene, burgmanne und bürger der stadt Hillesheim bei ihren alten rechten und gewohnheiten zu lassen. 1354 vp St. Marien Magdalenentag. — Or. i. Cobl.
sept. 10	——	ernennt Nicolaus bischof von Akkon zu seinem vicarius in pontificalibus. — Honth. 2,191.
— 17	. . .	bestätigt den 1353 nov. 5. zwischen Baldewin und der stadt Trier geschlossenen vertrag. 1354 die mercurii post exaltat. Crucis. — Or. i. Trier.
— 20	.	bestimmt mit andern vom domcapitel ernannten schiedsrichtern wie die vacanten güter und gefälle des domcapitels unter die domherren sollen vertheilt werden. 1354 die 20. sept. — Or. i. Cobl.
— 24	Covelentz	schliesst mit den erzbischöfen Wilhelm von Cöln und Gerlach von Mainz auf zehn iahre ein landfriedensbündniss. — Lacomblet Urkb. 3,436. Des erzb. von Mainz urk. hier, über siehe Honth. 2,182.
— 30	. . .	besiegelt die urk. Gerard's von Bastenach, sängers zu St. Paulin und Heinrich's Kempe, chorherrn zu St. Simeon in Trier, worin dieselben versprechen bis nächsten martinstag die bürgschaft des capitels zu St. Simeon über eine vereinbarte summe geldes für die »Lodyen« von Salbach, an Johann von Ywilre auszuhändigen. 1354 am letzten tag Sept. — Chartul. i. Cobl.
oct. 9	Trier	nimmt den Juden, meister Symon, zu seinem hofarzt an, verleiht ihm auf acht iahre ein haus in der Judengasse zu Trier gegen 5 soliden iahrzins, und befreit ihn von steuern. 1354 an St. Dyonisiustag. — Or. i. Cobl.
nov. 4	——	verspricht die in dem vertrage mit Johann herrn zu Westerburg wegen öffnung der vesten Westerburg, Cleberg und Schadeck enthaltenen artikel zu halten. 1354 dinst. nach Allerheiligen. — Temporale Boemund's in Cobl.
1355		
ian. 22	——	beurkundet dass Jakob von Kempte, bürger zu Trier, ihm 300 gulden so lange dessen sohn Giselbrecht amtmann zu Celle im Hamm sein würde geliehen habe. 1354 vf St. Vincentiustag. — Temporale i. Cobl.
— 23	——	bestätigt der Begine Punzeta von Luccembnrg vermächtniss an das kloster S. Mariae ad Martyros in Trier nachdem es von deren intestaterben anerkannt worden. 1354 die 23 ian. — Or. i. Cobl.
febr. 5	. . .	schliesst mit Ludwig herrn zu Kirkel, dem ritter Baldemar von Odenbach und Heinrich von der Leyen einen burgfrieden für ihr gemeinschaftliches haus Liebenberg. 1354 nach trier. Stil vff dunrestag na lichtmisse. — Or. i. Cobl.
märz 2		vergleicht sich mit dem grafen Heinrich von Veldenz, und verpflichtet sich demselben 2 tausend gulden nebst 320 gulden für die verluste der diener des grafen auf dem Lieshelmer zuge zu bezahlen, dagegen sollen die forderungen des grafen wegen der dörfer Steinberg und Dickenhart dem ansspruche von schiedsleuten unterworfen werden und der graf seine vermeintlichen rechte an den dörfern Lyve und Troniche binnen einem iahre beweisen oder davon abstehen. 1354 mandag na Reminiscere. — Or. i. Cobl.
— 20	.	bestätigt seines vorgängers erzb. Baldewin's verordnung von 1352 über die zahl der nonnen zu Stuben. — Or. i. Cobl.
mai 17		verspricht seinem getreuen und heimlichen rath, dem grafen Gerhard von Virneuburg, mit dem er wegen aller ansprüche und forderungen an die Pellenz, zu Münster und Mendig auf acht iahre eine gedult geschlossen, wenn dieselbe in dieser zeit daselbst erbschaft erlange, nach dem ansspruche eines manngerichts recht und bescheidenheit zu thun. Günth. 3,618.
iul. 5	——	verleiht dem cleriker und notar Lambert von Arlon auf lebenszeit für 40 soliden iahrzins ein haus zu Trier. — Temporale i. Cobl.
— 24	——	mortificirt dem grafen Johann von Saarbrücken herrn zu Comercey die urkunden über die verpfändung seiner grafschaft an erzb. Baldewin und den kauf von Schifwilre. Kremer Gesch. des Ardenn. Geschlechts 2,487.
aug. 17		gewinnt mit tausend gulden Arnold von Blankenheim, herrn zu Gerolstein mit 10 mann »mit gleen wol gerieden« und erzuget« zum helfer und diener. 1355 mandages na vnser frouwendag assumptio. — Or. i. Cobl.

12*

1355		
oct. 3	Trier	verleiht dem edeln mann Niclas von Hunoldestein auf lebenszeit seine veste zu Numagen an der Mosel. 1355 samst. nach St. Remeys. — Or. i. Cobl. Vergl. den revers hierüber bei Houth. 2,188.
dec. 5	Cochme	beßehlt dem Johann von Eltz, seinem amtmann zu Münstermeinfeld, die einwohner von Kerne zu dem herkömmlichen wachtdienst in Münster anzuhalten. 1355 vf St. Niclaisabend. — Chartal. i. Cobl.
— 14	Limburg	Aufbruch mit grossem gefolge und 120 pferden zu dem von kaiser Karl IV in Nürnberg gehaltenen reichstag. Siehe das genaue itinerar des erzbischofs von Peter Mayer in Gest. Trev. ed. Wyttenbach et Müller 2, Animadversiones s. 18.
— 22	Nürnberg	Ankunft des erzbischofs um die vesperzeit hierselbst und aufenthalt von 23 tagen hier. Ebdas.
1356		
ian. 4 5	——	Zeuge Karl's IV für Cöln. Lacomblet Urkb. 3,460 und 463.
— 7	——	desgl. für Mainz. — Würdtwein Nova Subsidia 7,282.
— 7	——	beurkundet mit den kurfürsten von Sachsen und von der Pfalz kaisers Karl IV revocation aller der stadt Cöln ertheilten privilegien in soweit sie des röm. reichs hoheit und des erzstifts Cöln gerechtsame präjudiciren können. Lünig Reichsarchiv 16,931 extr.
märz 8	Treveri	verkauft der Carthause St. Alban bei Trier für 600 gulden verschiedene frucht-, hühner-, eier- und geldrenten welche er aus deren hofgütern zu Pfalzel bezog, 1355 die 8. mart. more Trev. — Or. i. Cobl.
— 8	——	verkauft für tausend pfund dem domdechant Nicolaus von Pittingen und dem domcustos Ludolf von Holvel 40 pfund jährlicher rente aus dem vom domcapitel ihm überlassenen zoll zu Trier, und stellt dafür sein haus »zu Rolant« in Trier zu unterpfande oder »angriff«. — Or. i. Cobl.
— 27	Palaciolo	verpachtet auf 9 jahre ein feld zu Merzig für die hälfte der crescenz an Johann von Keimpte, den probst des klosters zu Merzig. 1356 dominica Oculi. — Temporale i. Cobl.
— 27	——	quittirt dem bürger Heinrich Volpot zu Trier dem er auf 4 jahre den zoll zu Cochme übergeben über dessen abrechnung von 3 jahren. — Temporale i. Cobl.
— 30	Triere	vergleicht Agnes von Dune frau zu Oberstein mit ihrem sohne Emich wegen des witthums. 1356 mittw. vor Letare. — Temporale i. Cobl.
mai 3	Berncastel	verleiht dem grafen Heinrich von Veldenz auf lebenszeit die burg Castel an der Bliess. Houth. 2,192.
iun. 16	——	verbessert seines burgmanns Jakob Mümming von Kirberg burglehen zu Cochme mit 4 malter korn und einem halben fuder wein jährlich. 1356 fer. 5 in septimana Pentecost. — Temporale i. Cobl.
iul. 4	Sarburg	verleibt seinem pförtner Johann von Dune für 20 soliden jährlich auf lebenszeit ein haus in der Judengasse zu Trier. — Temporale i. Cobl.
— 16	Berncastel	ertheilt zur förderung des Moselbrückenbaues zu Coblenz ein ablassprivilegium. — Copie i. Cobl.
— 29	. . .	sühnt sich mit dem grafen Johann von Spanheim wegen der bisherigen fehde in betreff des neuen hauses unter Starkenburg auf der Mosel, ungehinderter schiffahrt, der trierischen leute im Cröverreich und anderes mehr. 1356 fryt. nach St. Jakobstag. — Copie i. Cobl. — Vergl. die urk. des grafen hierüber bei Houth. 2,194. und über die fehde auch Broweri Annal. 2,230.
aug. 25	——	schreibt dem domstift, dass er seinem bruder Robert den probst von St. Paulin, den probst Johann von Pfalzel und den official Albert mit der bestimmung der strafe für den canonicus Theoderich von Dune wegen misshandlung des canonicus Herbrand von Dysferdingen beauftragt habe. — Or. i. Cobl.
sept. 20	Covelentze	beurkundet er den Wernher Knebel von Katzenelnbogen mit 180 gulden oder 18 gulden jährlich aus dem zoll zu Coblenz zum mann behalten habe. 1356 St. Mathewsabend. — Temporale i. Cobl.
— 22	Covern	verleiht seinem noitstalmacher (carpentario) Peter Backe und dessen frau auf lebenszeit das haus Budelersgraß zu Trier. 1356 donnerst. vor St. Michel. — Temporale i. Cobl.
— 28	. . .	erlaubt wie sein vorgänger erzb. Baldewin dem Simon herra zu Waldeck die einlössung des für 700 schildgulden dem erzstift verkauften guts zu Tryt. 1356 vff St. Michelsabend. — Temporale i. Cobl.
— 30	Triere	gewinnt mit 58 mark pfennige den schöffen Richolf Zacharia zu Coblenz als lehenmann. 1356 vf St. Remigiusabend. — Temporale.
nov. 9	——	beurkundet mit probst dechant und capitel der St. Paulinskirche bei Trier die öffnung

1356		
		und wiederverschliessung des grabes des heil. Palmatius in dieser kirche vor kaiser Karl IV. — Hansen Beiträge zur Gesch. einzelner Pfarreien s. 160. Schmitt die Kirche des heil. Paulin s. 474.
nov. 10	Triere	vermehrt das einkommen seines neffen Tilmann vom Steyne, amtmanns zu Smydeburg mit einigen frucht- und weinrenten aus der kellerei Berncastel. — Temporale.
— 17	Metis	Einzug hierselbst gegen abend mit kaiser Karl IV, der kaiserin und grossem gefolge zu dem hier beginnenden reichstage. Peter Mayer in Gest. Trev. ed. Wyttenbach, 2 animadvers. s. 19.
— 29	————	giebt seinen consens dazu, dass kaiser Karl IV der krone Böhmen das lehen Pläuen incorporire. 1356 vig. Andree. — Temporale.
dec. 10	————	belehnt seinen dienstmann Johann von Heiltfalt mit ländereien zu Heiltfalten in der vogtei von Sydelingen. 1356 sabb. post Nicolai. — Temporale.
— 11	————	beurkundet dass dem könig von Böhmen seit zeit die würde und rechte eines kurfürsten des reichs zustehen, dass derselbe des heil. Röm. reichs oberster schenke sei und dies amt vor einem kaiser und könig »in erbaren hoven in königlicher cronen« nicht schuldig sei auszuüben, es sei denn dass er es thun wolle mit seinem guten willen »doch mag derselbe könig von Böheim in gegenwärtigkeit der Röm. kaiser und könige in solchen erbaren hoven gekrönet sitzen, steen und gehen nach seiner willkür.« 1356 dominica ante Lucie. — Lateinisch und deutsch ausgefertigt im Temporale.
— 21	————	bewilligt dass Arnold herr zu Pittingen seine gemahlin Margretha, die tochter Gerhard's von Grantpreid herrn zu Kutche selig, auf seine trierischen lebengülten zu Covern bewittbume. 1356 ipso die beati Thome. — Temporale.
— 27	————	beurkundet die entscheidung in dem auf dem reichstage hierselbst zwischen dem herzog Rudolf von Sachsen und dem herzog Wenceslaus von Luccemberg wegen vortragung des reichsschwertes entstandenen streite, welches recht der letztere als herzog von Brabant und markgraf beanspruchte. 1356 die Johannis Ev. — Temporale i. Cobl.
— 30	————	gibt seinen consens zu der schenkung des patronatrechts der pfarrkirche zu Leutkirchen in Constanzer Diözese seitens des kaisers Karl IV an das kloster Stambs in Brixener Diözese. — Temporale.
1357		
ian. 3	————	beschwört den Lothringen'schen landfrieden nachdem sein erzstift darin aufgenommen worden und ernennt seinen bruder den ritter Reinbold von Saarbrücken und Thomas von St. Johann familiarem für sich zu gubernatoren demselben. — Honth. 2.198. Gallia Christ. 13,362.
— 10	Trier	Rückkehr über Lützelburg von dem reichstag zu Metz. Gesta Trev. ed. Wyttenb. 2, animadvers. s. 20.
febr. 24	————	befiehlt dem dechant der christenheit zu Ochtending behufs erzbischöflicher bestätigung der wahl Wigand's als abt zu Laach sich in das kloster zu verfügen und die proclamation des edicts wegen etwaiger einwendungen gegen diese wahl vorzunehmen. — Weg der Kloster Laach 2.93.
märz 2	. . .	dotirt Agnes von Kirberg die gemahlin Emich's von Oberstein mit dem drittel der neuen burg auf Oberstein und dem viertel des dorfs und der güter im burgfrieden. — Temporale.
— 18	————	vergleicht sich mit Gerhard vogt zu Hunoldestein wegen ihrer gegenseitigen forderungen, dahin dass sie dieselben zur untersuchung und beilegung genannten rathleuten anheimstellen. — Or. i. Cobl.
— 23	————	(in palacio) bestätigt die von der abtei S. Marine ad Martyros zu Trier wegen der von Anna der wittwe Gerhard's von Blankenheim daselbst gestifteten messe gemachten bestimmungen. — Or. i. Cobl.
— 26	————	überweist seinem küchenmeister, dem schöffen Johann Walrav zu Trier für die demselben schuldigen 1700 gulden die erledigten turnose am Rheinzoll zu Coblenz. — Temporale i. Cobl.
— 29	————	verbietet dem Heinrich herrn zu Dune die veste Dune in fremde hände zu wenden wie er solle vorhaben. — Temporale.
— 29	. . .	bestätigt den vom pastor Symon zu Berncastel zu der dortigen vicarie ernannten priester Wilhelm, des frühern schultheissen sohn, und zählt die güter und einkünfte dieser vicarie auf. — Or. i. Cobl.
apr. 4	. . .	schliesst mit dem kurfürsten Ruprecht von der Pfalz auf sechs iahre ein landfriedensbündniss. 1357 dinst. na Palmedag. — Copie i. Cobl.
— 7	. . .	bestätigt seinem kellner zu Wittlich, Wilhelm rector der kirche zu Altrey ein ihm verpfändetes Judenhaus zu Wittlich. — Temporale i. Cobl.

1357

apr. 21	Treviris	beurkundet den beiden Meyener schöffen Johann Meyen und Arnold von Covern, welche einen schuldbrief Heinrich's von Covern besiegelt hatten, den der Meyener kellner Gobelin Pessirsack bestreitet, dass des letztern aussage ihrer ehre nicht schaden solle. 1357 fer. 6 post Quasimodo. — Temporale i. Cobl.
— 29	—	genehmigt den austrag mit dem bürger Johann Snorring zu Wesel wonach derselbe dem erzbischof 60 gulden zahlen soll, weil er sich in gerichtlich verhaftetes gut gesetzt hatte. 1357 frit. nach Marcus. — Temporale i. Cobl.
mai 1	———	ernennt den priester Johannes de auro zum rector des hospitals in Monthabur. — Temporale i. Cobl.
— 5	. . .	genehmigt dass Johann Winant von Zell für 50 gulden an seinen bruder Wyrich einen theil seines burglehen hauses auf Neuerburg verpfände. 1357 fer. 6 post Walpurgis. — Extr. im Temporale.
— 6		beurkundet dass er um 4000 gulden von Heinrich herrn zu Dune in der Eifel die vorderste burg zu Dune genannt Naustein vorbehaltlich des rückkaufsrechtes gekauft habe. — Or. i. Cobl.
— 10	Sarburg	quittirt dem Hessen von Esch nachdem er demselben 20 malter an den von wegen des edelknechts Johann von Dalen seinem schultheissen Peter Lunkeback zu Saarburg schuldigen 100 malter frucht nachgelassen über den rest. — Temporale i. Cobl.
— 16	. . .	verweist den ritter Heinrich Beyer, seinen amptmann zu Boppard wegen zahlung der demselben schuldigen 250 gulden auf den dortigen zoll. — Temporale.
— 17	Treveris	verspricht dem Johann herrn zu Schoneck die demselben noch schuldigen 360 gulden dienstgeldes seinem bruder Gerhard selig in zwei terminen zu bezahlen. 1357 vig. ascens. dni. Temporale.
— 17	———	gestattet die wiedereinlösung der ihm für 4000 gulden von Heinrich herrn zu Dune verpfändeten vordersten burg Naustein damit mit derselben oder auch einer andern bessern münzworte. 1357 mittw. in der crutzwochen. — Or i. Cobl.
— 19	—·—	belehnt den ritter Johann herrn zu Schoneck mit den lehen seines verstorbenen bruders Gerhart. 1357 uff unsers herrn uffartstag. — Temporale.
— 31	Berncastel	belehnt Johann herrn Georgen Sarbaren sohn mit den trierischen lehengütern seines vaters zu Grotzire. — Temporale.
iun. 15	Treveris	bestätigt die fundation der kapelle zu Bleckhusen und stellt deren verhältniss als filial zur mutterkirche in Manderscheid fest. — Temporale.
— 22		belehnt Friedrich Henchin von Diebelich mit 2 wingerten zu Cobern als burglehen daselbst. — (Günth. 3,630) extr.
iul. 1	———	belehnt den ritter Johann von der Vels seinen burgmann zu Sarburg mit den lehen welche Niclas der sohn des ritters Tilmann von Budeumchern und dessen frau Jutta von der Vels mit bewilligung des ritters Dyderich von Budelingen des bruders Niclasen, dem erzstift aufgetragen hatte. 1357 samst. na Peter und Pauli. — Temporale.
aug. 2 1358	———	vergleicht die gemeinden Manderscheid und Lytghe wegen der waldungen weide und wassers. 1357 mittw. nach vincula Petri. — Temporale.
ian. 21	Trier	vergleicht sich mit dem herzog Wenzislaus von Lützelburg wegen ihrer gegenseitigen forderungen aus Baldewin's zeit her. 1357 nach trier. stil 21 ian. — Chartul. i. Cobl.
febr. 6		überträgt dem ritter Arnold von Blankenheim herrn zu Gerolstein das amt Hillesheim oder 3000 gulden falls er dasselbe aufkündigen würde, wogegen dieser dem erzbischof seine burgen öffnet und sich mit zehn gleren wolgerüsten und erzogen zu dienen verpflichtet. 1357 nach trier. stil dinst. na lichtmess que fuit 7 die febr. — Temporale.
märz 22	—	bekennt dass Gerhart Vogt herr zu Hunoldstein sich mit ihm wegen ihrer bisherigen streitigkeiten über die herrschaft Hunoldstein dahin verglichen habe, dass sie dieselben dem ausspruche dreier schiedsmänner anheim stellen sollen. — Honth. 2,205.
mai 1	———	befreit seinen Erbjuden Jakob von St. Wendelin nachdem derselbe ihm 40 gulden gezahlt auf drei iahre von steuern schatzung und volleiste. — Temporale.
— 21	. . .	verlängert dem grafen Adolf von Nassau, dem er wegen des ankaufs von Welmich 1500 gulden schuldet, die erhebung eines auf ein iahr verliehenen grossen turnus am zoll zu Boppard auf 4 iahre. 1358 mandags nach pinxstage. — Temporale.
— 31	Covelentz	belehnt Gerhard herrn zu Ehrenberg mit einem gut zu Stremich, welches derselbe früher von dem markgrafen von Jülich zu lehen trug. — Guden Cod. dipl. 2,1140.

1358

mai 31	Confluentie	erlässt dem Karthäuserkloster auf dem Beatusberg bei Coblenz die rückerstattung der vorschüsse an geld, frucht und wein, welche erzb. Baldewin demselben gemacht hatte. — Or. i. Cobl.
iun. 8	———	befiehlt dem kloster Laach die von den erzbischöfen Heinrich, Boemund und Baldewin festgesetzte zahl von 30 mönchen nicht zu überschreiten. — Wegeler Kloster Laach 2,94.
iul. 11	Treviris	conferirt dem priester Arnold Kickutz die kapelle der heil. Maria Magdalena zu St. Wendel. — Temporale.
— 16	———	bewilligt, dass Richard herr zu Dune seine gemahlin Irmeswande mit seinem theil der veste zu Aldenburg und seinen trierischen lehen zu Sarmersbach und Mertzbach bewitthume. 1359 maandag na Margretha. — Or. i. Cobl.
— 25	———	erhebt die bisher wegen ihrer geringen einkünfte selten von einem canonicus des klosters Sprenkirsbach bediente St. Clemenskapelle zu Keyrupt in der pfarrei Zell, da dieselbe nun zum unterhalt eines priesters hinlänglich dotirt ist zu einem beneficium perpetuum ecclesiasticum, und verleiht dem abt zu Sprenkirsbach das collationsrecht darüber. — Günth. Cod. dipl. 3,635.
— 29	———	verleiht seinem innigen knecht Beldekin von Wyttlich auf lebenszeit ein Judenhaus zu Wyttlich. 1358 samst. nach St. Jacob. — Or. i. Cobl.
— 31	———	beurkundet, sich mit Niclas von Hunoltstein wegen der demselben für geleistete dienste schuldigen 400 gulden dahin verglichen zu haben, dass er ihm statt des geldes 4 fuder wein und 7 pfund heller iahrzinsen zu Numagen überweisen soll. — Or. i. Cobl.
aug. 25	———	verpachtet seinem schneider Heinrich von Bettingen auf lebenszeit für 40 soliden iahrzins ein haus mit der kleinen Judenschule zu Trier. 1358 crast. Bartholomei. — Temporale.
— 31	———	beurkundet und beschwört die mit den herrn von Monclair an diesem tage geschlossene sühne ihrer bisherigen kriege und fehden wegen der burg Monclair. 1358 nff St. Paulinstag. — Or. i. Cobl.
sept. 10	Confluentie	ertheilt der kapelle des heil. Nicolaus im hospital des klosters Laach indem er derselben ein d. d. Avinioni 1357 iun. 20 von zwölf bischöfen ertheiltes ablassprivilegium bestätigt gleichfalls eine vierzigtägige indulgenz. Wegeler Kloster Laach. 2,94 extr.
— 17	———	gestattet die einweihung der von erzbischof Wilhelm von Cöln neuerbauten kapelle im schlosse Wied durch den gen. erzb. oder einen andern bischof. Lacomblet Urkb. 3,489.
nov. 29	———	bestätigt die verpachtung der »lache« zu Lützelcovelentz seitens Hermann's von Brandenberg an den bürger Johann von Dern zu Covelentz. 1358 vig. Andree. — Extr. im Temporale.
dec. 29	Trire	beurkundet, dass nach dem verbundbriefe der drei geistlichen kurfürsten die drei zur schlichtung etwaiger streitigkeiten ernannten rathleute 2 monate zu Covelentz ihren sitz nehmen und sich während dieser zeit nicht von da entfernen sollen. 1358 samst. na Christtag. — Temporale.
— 31	———	bewilligt dem grafen Johann von Spanheim seine gemahlin Else, die tochter des grafen Walram von Spanheim auf 300 pfund geldes iährlicher rente und die hälfte der burg Birkenfeld zu bewitthumen. 1358 mont. nach Christtag. — Chartul. i. Cobl.

1359

apr. 13	Mentze	consentirt auf dem reichstage hierselbst in die verschreibung eines turnosen an dem zoll zu Boppard seitens des kaisers Karl IV an den pfalzgrafen Ruprecht den iüngern. 1359 samst. vor Palmtag. — Or. i. Cobl.
— 29	Coverna	genehmigt, dass Arnold herr zu Pittingen seine gemahlin Margretha auf sein theil der veste Covern bewitthume. — Temporale.
mai 5	Confluentie	ertheilt der St. Florinskirche zu Coblenz indem er ihr ein von 19 bischöfen dd. Avinione 1357 mai 5 verliehenes ablassprivilegium bestätigt ein gleiches. — Or. i. Cobl.
— 11	Trire	verleiht den brüdern Wernher und Johann Hutzingen von der Nuwerburg ausser ihren sonstigen lehen noch ein burglehen der veste zu der Nuwerburg bei Wittlich.. 1359 samst. vor Jubilate. — Copie i. Cobl.
— 22	———	conferirt dem official zu Trier und canonich der kirche zu Verdun, mag. Albert de Saponguez den vacanten St. Georgaltar im Dom zu Trier. — Chartul. i. Cobl.
— 25	———	verleiht seinem lieben getreuen dem ritter Heurich Beyer von Boparten, herrn Simons sohn, solche zwei theile wingert genannt die Raprechts-Helde zu Rhense, welche derselbe und seine fran Liese ihm für 500 kleine gulden verkauft hatte, zu mannlehen. Honth. 2,210.
iun. 2	———	verleiht seinem lieben getreuen pallastkellner dem canonicus Heinrich Kempe von St. Simeon auf lebenszeit eine verbrannte hofstatt bei Pallien. — Temporale.
— 28	Covelentz	beurkundet, dass kaiser Karl IV ihm auf 66 iahre erlaubt habe auf der Moselbrücke zu

1359		
		Covelentz behufs deren herstellung einen zoll zu erheben. 1359 freit. nach Johann Baptisten. — Temporale.
nov. 13	gen Kube	(an der Putzbach) schliesst mit dem kurfürsten Ruprecht von der Pfalz auf drei ihre ein bündnis zur sicherheit der lande zwischen der Nahe und Mosel und zu gegenseitiger hilfeleistung. — Günth. Cod. dipl. 3,634.
dec. 6	Treveris	genehmigt, dass Johann herr zu Bolchen und Useldingen seine gemahlin Irmetsondis von Blankenheim auf seine trierischen leben zu Duningen Wolfsfeld Alstorf Wys bei Bydburg und Amele bei St. Vith bewitthume. — Or. i. Cobl.
1360		
ian. 12	Cochme	bewilligt der gemeinde zu Covern behufs befestigung des thals daselbst die erhebung einer accise bis auf widerruf. Günth. Cod. dipl. 3,657.
— 14	———	bestätigt das testament Heinrich's von Anderanch, scholasters des stifts St. Castors zu Carden. Or. i. Cobl.
— 21	. . .	bestätigt die dotation der kapelle des St. Jakobshospitals zu Trier seitens Peters von Donve und dessen frau Clara. bürgers zu Trier. — Hansen Beiträge s. 40 n. Treviris 1,233, verglichen mit dem Temporale welches 21 ian. hat.
apr. 4	Treveris	ernennt den Mainzer domherrn Cuno von Falkenstein zu seinem coadjutor. — Or. i. Cobl.
mai 3	———	vergleicht den Deutschorden zu Covelentz mit den herrn von Helfenstein und der gemeinde Niederberg wegen des weidrechts des Deutschordenshofes zu Mallendar in der gemarkung von Niederberg. — Copie i. Cobl.
iun. 8	Sarburg	ertheilt der pfarrkirche zu St. Wendel ein 40tägiges ablassprivilegium. — Or. i. Cobl.
— 28	———	verleiht seinem zimmermann und innigen diener Peter Backe auf lebenszeit ein haus bei dem Camphof zu Trier gegen einen schildgulden iährlichen zinses. 1360 vf St. Peters und Paulsabend. — Temporale.
iul. 6	. . .	notificirt den herrn zu Wirtenberg dass er sich auf befehl könig Karl's IV damselben zu hilfe und dienst gegen sie verbunden habe. 1360 sexta iulii. Chartul. i. Cobl.
— 29	Trier	erlaubt seinem diener Gerhard Plate von Longwich einen fünf schuh weiten erker über seiner hausthür zu bauen und verbietet ihm dagegen den zu bauen begonnenen »umlauf« an seinem hause zu Longwich. 1360 mittw. nach St. Jakobstag. — Chartul. i. Cobl.
aug. 23	———	bestätigt die fundation eines altars in der veste Grevenburg seitens des grafen Johann von Spanheim und erhebt denselben wann er geweiht sein wird zu einem beneficium ecclesiasticum. — Or. i. Cobl.
oct. 15		ertheilt den pfarrkirchen zu Ediger Eller, Dremm, Dertrich und Lehmen indem er denselben ein dd. Avinione 1360 pont. Innoc. VI. a. 8. von 24 bischöfen verliehenes ablassprivilegium bestätigt ein ähnliches. — Or. i. Cobl.
nov. 6	———	ernennt den bischof Nicolaus von Acron zu seinem vicarius in pontificalibus. — Temporale.
— 14	———	supprimirt die probsteistelle im collegiatstift b. Mariae zu Präm und incorporirt deren einkünfte dem capitel zur verbesserung der präbenden. — Or. i. Cobl.
— 18		verordnet dass die zahl der conventualen im kloster St. Matheis bei Trier nicht ein und dreissig übersteigen und keiner derselben sich ohne specielle erlaubnis des abtes ausserhalb des klosters aufhalten soll. — Or. i. Cobl.
1361		
febr. 3	. . .	giebt seinen consens zu dem verkauf des zehnten zu Ueln seitens des ritters Friedrich herrn zu der Fels an die präbender der Liebfrauenkirche beim Dom zu Trier. 1360 des andern tags nach unser frauenntag purificationis. — Chartul. i. Cobl.
märz 1	. .	ernennt gemeinschaftlich mit seinem coadjutor Cuno von Falkenstein den Johann herrn zu Westerburg zum amtmann von Montabaur und Limburg. — Temporale.
iun. 3	— ———	schenkt 100 gulden zu einer ewigen lampe in der pfarrkirche zu St. Wendel. — Or. i. Cobl.
oct. 20	— — —	genehmigt das statut des St. Castorsstifts zu Coblenz dass nur ein canonicus dieses stifts
1362		pfarrer von Coblenz sein solle. — Or. i. Cobl.
febr. 3	. . .	vergleicht sich mit Arnold herrn zu Pittingen und dessen gemahlin Margareta wegen des collationsrecht der St. Mathiaskapelle auf der oberburg zu Covern, dass dasselbe zweimal dem erzbischof und einmal den genannten eheleuten und deren erben zustehen soll. Günth. 3,676.
märz 13	Nurenberg	beurkundet sich mit andern seinen mitkurfürsten eidlich verbunden zu haben »wegen kuntlichen wiederdriest der dem heil. reich von den herzogen von Oestreich oft wiederfahren ist« nach dem tode kaiser Karl's keinen der herzoge von Oestreich zum Römischen könig zu wählen. — Houth. 2.222.
— 23	- ———	citirt den herzog von Oestreich, indem er ihm abschrift eines von letzterm an Meinhart herzogen von Baiern und grafen zu Tirol gerichteten schreibens überschickt, zu seiner

1362	
	verantwortung wegen der darin enthaltenen beschuldigungen vor einen fürstentag. — Honth. 2,223.
märz 23 Nuremberg	befiehlt demselben den zu Wien in gefangenschaft haltenden patriarchen von Agley in freiheit zu setzen und sich desswegen vor einem fürstentag zu rechtfertigen. — Honth. 2,223.
mai 00 . . .	Resignation Boemund's auf den erzbischöflichen stuhl zu Trier zu gunsten seines coadjutors Cuno. Schon zu ende des jahres 1361 oder anfang von 1362 war Boemund beim päbstlichen hofe um genehmigung zu seiner resignation eingekommen, worauf pabst Innocenz VI den erzbischof von Prag und den bischof von Strassburg d. d. Avinioni 6 kal. febr. pont. a. 10 (1362 ian. 27) mit der untersuchung der gründe beauftragte (Or. in Cobl.), in deren folge der pabst die resignation annahm und dd. Avinioni kal. ian. pont. a. 10 (1362 iun. 1.) den bischof zu Strassburg und den abt zu St. Matheis bei Trier beauftragte dem Boemund eine hinreichende competenz aus den erzstiftischen tafelgütern zu ermitteln, nachdem er dd. Avinioni 3 kal. iun. pont. 10 (1362 mai 30) dem erwählten Cuno, da derselbe noch diakon war, erlaubt hatte sich nach einander die erforderlichen höhern priesterlichen weihen durch eines bischof unter assistenz zweier andern ertheilen zu lassen. Orr. in Cobl. — Boemund zog sich nach Saarburg zurück nachdem ihn noch der pabst dd. Avinioni 8 kal. iul. pont. 10 (1362 iun. 24) durch zwei bullen von aller bischöflichen iurisdiction befreit und unmittelbar dem Römischen stuhl untergeben wie auch ihm erlaubt hatte überall in trierischer diözese in pontificalibus zu celebriren, (Orr. in Cobl.) Am 9. aug. 1362 war durch die päbstlichen commissarien Johann den abt von St. Matheis und Robert den probst von St. Paulin zu Trier, letzterer vom bischof zu Strassburg hierzu subcommittirt zwischen Boemund und dem erwählten Cuno der definitive vertrag wegen des erstern competenz zu stande gekommen und wurden ihm ausgesetzt: schloss und berg Saarburg mit der fischerei in der herrschaft, schloss und dorf Pfalzel, dorf Byvern mit den äckern »die Achten und Pichter« mit ausnahme der zehnten und fruchtrenten, beholzigung- und weidrecht im ganzen erzstift, das »Bodelers« und »Schwarzenberg« haus zu Trier, 200 malter waizen und 300 malter korn, 20 fuder Rhein- und 90 fuder Moselwein, 30 fette schweine und 6000 gulden jährlich aus dem Rheinzoll zu Capellen oder Boppard. — Or. in Cobl. — 1367 febr. 10 (auf St. Scholasticatag) starb Boemund zu Saarburg und wurde im Dom zu Trier beigesetzt. Gesta Trev. ap. Honth. 813. Brower, Ann. 2,239. Necr. Maximin.

1360—1388. Cuno II.

1360—1362 Coadjutor. 1360.

1360	
apr. 4 . . .	Ernennung Cuno's zum coadjutor erzb. Boemund's, siehe oben. Er war domherr zu Mainz und hatte bereits seit 1346 neun jahre lang unter erzb. Heinrich von Virnenburg das Mainzer erzstift verwaltet. Seine eltern waren Cuno von Falkenstein-Minzenberg und Johanna von Saarwerden. 1320 sein geburtsjahr. Vgl. Gesta Trev. ap. Honth. 840 u. ed. Wyttenbach 2,276. Brower Ann. 2,235. von Stramberg Rhein. Antiquar. 3 Abth. 2. Bd. s. 34 u. folg.
1361	
märz 4 . . .	ernennt mit erzb. Boemund den Johann herrn zu Westerburg zum amtmann von Montabaur und Limburg, sieh oben.
mai 24 . . .	gelobt eidlich alle mit erzb. Boemund wegen dessen cession des erzstifts verhandelten gegenstände und briefe fest zu halten. — Or. i. Cobl.
. . Gretenstein	Belagerung und schleifung dieser burg bei Limburg welche Philipp von Isenburg herr zu Grensau erbaut hatte. Limburger Chronik und Philipp's unterwerfungsurk. Honth. 2,217 vom 13 febr. 1362.
1362	
märz 2 . . .	beurkundet und bestätigt die von Johann Wickenbeuwer, burgmann zu Meyen in seiner und der dasigen schöffen gegenwart geschehene bessere dotirung der burgkapelle daselbst. — Or. L Cobl.

13

1362		
märz 19	Nürnberg	erlässt als coadjutor Boemund's mit den andern kurfürsten einen ausspruch in den misshelligkeiten zwischen dem burggrafen Friedrich und der stadt Nürnberg. Lünig Reichsarchiv 0,232.

1362—1388. Cuno als Erzbischof. 1362.

mai 30	. . .	Pabst Innocenz VI erlaubt d.d. Avinioni 3 kal. iun. pont. a. 10 dem erwählten Cuno, welcher noch diakon, sich nach einander die erforderlichen höhern priesterlichen weihen von einem bischof in assistenz zweier andern ertheilen zu lassen. Or. i. Cobl.
aug. 8	Treviris	Vertrag zwischen Cuno dem erwählten und Boemund dem resignirten erzbischof wegen des letztern competenz. Or. i. Cobl.
sept. 6	Covelentz	sühnt sich als electus mit dem grafen Adolf von Nassau wegen der hälfte der veste Lurenburg als trierischem lehen. — Temporale Cuno's in Cobl.
— 21	Palaciolo	erlaubt als electus dem bischof Boemund, resignirtem erzbischof, die ausübung der pontificalien in seiner diözese. — Or. i. Cobl.
— 28	Trier	vermittelt eine sühne zwischen dem grafen Johann von Saarbrücken und den brüdern Gerhart und Niklas Vogt zu Hunolstein. Kremer Gesch. des Ardenn. Geschl. 2,499.
1363		
märz 6	Ehrenbretstein	verbessert die lehen Cuno's von Winnenberg herrn zu Beilstein ausser andern mit einem burglehen zu Treyss das sein anuktherr Gerlach von Braunhorn herr zu Beilstein besessen hatte. — Copie i. Cobl.
apr. 24	Treviris	beauftragt auf die klage des collegiatstifts zu Kylburg, dass Johann der sohn Wilhelm's herrn von Manderscheid mit unrecht sich in besitz der kirche zu Lytig gesetzt habe, den pfarrer zu Wittlich denselben davon abzumahnen oder seine rechte vor gericht zu beweisen. — Or. i. Cobl.
mai 20	. . .	vergleicht sich mit dem herzog Wenzeslaus von Lützelburg wegen der geschehenen übergriffe ihrer beider amtleute und unterthanen, und erneuern zur schlichtung künftiger streitigkeiten 3 schiedsrichter von jeder seite. 1363 uff h. pinstabend. — Temporale.
— 27	Erembrechtstein	belehnt den Johann von Clotten mit 6 malter korurenten zu Bell, welche ihm Fritz von Clotten aufgegeben hatte. — Günth. 3,701 extr.
iul. 4		bestätigt die fundation des St. Agnetenaltars in der pfarrkirche zu Boppard seitens des edelknechts Ingebrand von Boppard. — Temporale.
— 18	Trier	bekennt, dem bischof weiland erzbischof Boemund 2000 gulden schuldig zu sein, und verspricht dies geld monatlich mit 150 gulden aus der zollkiste zu Capellen zurückzuzahlen. Or. i. Cobl.
— 31		gelobt den lehen kaufbrief über die herrschaft Freilstein (siehe Günth. 3,703) enthaltenen bedingungen namentlich die wegen der etwa ledig werdenden güter und gülten zu vollführen. 1363 mandag na St. Jacob. — Or. i. Cobl.
aug. 7		gestattet dem edeln Salentin von Seyn grafen zu Wytchenstein und herrn zu Homberg den rückkauf der herrschaft Valendir (der betr. kaufbrief: Günth. 3,708.) Temporale.
sept. 15	Ehrenbreitstein	beauftragt als administrator ecclesie Colon. per sedem apostolicam deputatus den Florentius von Wevelinghoven, subdiacon im dom zu Cöln, und den ritter Rulmann von Sintzig herrn zu Arendahl mit der verwaltung der tafelgüter eines erzbischofs von Cöln. Houth. 2,230.
nov. 11	. . .	bestätigt die urkunde vom 20. oct. 1363 worin die gebrüder Johann probst des St. Georgenstifts zu Limburg und Gyso herr zu Molsberg ihr patronatrecht zu Brechen der pfarrkirche zu Montbabur schenken. — Annalen des Vereins für Nassauische Geschichte und Alterthum 3,56.
— 27	Paltzel	bewilligt der stadt Wittlich bis auf widerruf die erhebung des ungeldes zur stadtbefestigung. 1363 macutags na St. Katherinen. — Temporale.
dec. 1		verleiht an Niclas seinen pallastwächter zu Trier auf lebenszeit ein haus in der Hegelputzer gasse daselbst. Temporale.
1364		
märz 4	Limparg	vermittelt eine sühne zwischen Johann grafen zu Saarbrücken herrn zu Comercei und dem ritter Berthold von Soetern. Kremer Gesch. des Ardenn. Geschl. 2,500.
— 8	Ehrenbrechtstein	bestätigt das statut des St. Castorstifts zu Coblenz in betreff der besetzung der pfarrkirche Unser lieben Frau daselbst mit einem canonicus des stifts. Or. i. Cobl.
— 13		bewilligt der stadt Cochem zum stadtbau die hälfte des ungeldes daselbst. Günth. 3,710.
— 23	Hymmenrode	verleiht der abtei Himmerode während ihres kirchweihfestes den 1. iuni das ausschliessliche schankrecht. 1363 die 23. marcii que fuit in vig. Pasche. — Or. i. Cobl.
apr. 6	Erembrechtstein	bestätigt die fundation des St. Michaelsaltars auf dem ossatorium zu Meyen seitens der wittwe Nesa Ernest daselbst, erhebt ihn zu einem beneficium ecclesiasticum und verordnet dessen einweihung durch seinen weihbischof. Copie in Cobl.

1364

aug. 18	. . .	nimmt seinen neffen Otto von Kirberg gleich andern erzstiftischen edelleuten in seinen schutz. 1364 sont. na vnser frauwendag assumption. — Copie l. Cobl.
sept. 22	Paltzel	söhnt sich mit der stadt Trier und stellen beide theile ihre bisherigen streitigkeiten der entscheidung kaiser Karl's anheim. 1364 sondag na St. Matheusdag d. 22. im evenmaende. — Or. i. Cobl.
oct. 9	Erembretstein	überreicht dem kaiser Karl IV seine klagepunkte gegen die stadt Trier. 1364 mittw. an St. Dionisiustag. — Or. i. Cobl.
— 14		bestätigt die verordnung seiner vorgänger dass die zahl der mönche zu Laach 30 nicht übersteigen soll. — Extr. Wegeler Kloster Laach 2,96.
— 31	Wittlich	erlässt an kaiser Karl auf die von der stadt Trier gegen ihn eingereichten klageartikel seine beantwortung derselben. — Or. i. Cobl.
nov. 3	. . .	verleiht seinem pallastkellner Gobel zu Trier und dessen bruder Peter von Noviant auf lebenszeit ein haus zu Saarburg. — Temporale.
dec. 30	Prage	gibt seinen consens als kurfürst des reichs zu kaiser Karl's IV bestätigung des burggrafenthums Nürnberg für den burggrafen Friedrich von Nürnberg. 1365 secundum stil. Pragens. fer. 2 post nativ. Christi. — Temporale.
— 30	———	gibt auf kaiserlichen befehl seinen consens zu dem verkauf der veste Camerstein und mark Swabach bei Nürnberg seitens des grafen Johann von Nassau herrn zu Hadamar an den burggrafen Friedrich von Nürnberg. 1365 maendag nach Christtag. — Temporale.
— 30	. . .	schliesst mit kaiser Karl IV und dem könig Wenzeslaus von Böhmen einen vertrag wegen sichern geleits durch Böhmen. 1364 maendages vor iaresdag. — Temporale.
— 31	Berve	bestätigt als kurfürst des reichs das von kaiser Karl IV dem landgrafen Johann von Leuchtenberg verliehene bergwerksprivilegium. 1365 secundum stil. scribendi dyoc. Pragens. fer. 3 ante circumcision. dul. — Temporale.
1365		
ian. 22	Erinbrechstein	schreibt an schöffenmeister schöffen und bürger zu Trier, dass kaiser Karl auf ihre beiderseitigen anlassbriefe und compromisse einen urtheilsspruch erlassen habe, welchen ihnen zu überbringen der ritter Dyderich Walpode und Johann von Liebenstein der lange von ihm beauftragt seien, und ermahnt sie laut dieses kaiserlichen urtheils ihm ihrer stadt briefe besiegelt darüber zu übergeben. 1364 fer. 4 in crast. Agnetis stil. Trev. — Or. i. Cobl.
märz 8	———	bestätigt wiederholt das statut des capitels von St. Castor zu Coblenz wegen besetzung der pfarrkirche von Liebfrauen daselbst. Or. i. Cobl.
apr. 29	———	entscheidet einen streit zwischen dem capitel von St. Florin zu Coblenz und dem canonicus Sebert Snabil von St. Castor daselbst wegen der kirche zu Obermendig. 1365 penultima die apr. que fuit fer. 3 ante Philippi et Jacobi. — Or. i. Cobl.
iun. 16	Trire	gelobt die haltung der in der söhne mit der stadt Trier von kaiser Karl stipulirten artikel. 1365 suntag nach St. Vitus, vff den 16. iuni. — Or. i. Cobl.
oct. 6	Palacioli	erlaubt dem bischof weiland erzbischof Boemund in der kapelle auf schloss Saarburg messe zu lesen oder lesen zu lassen. — Or. i. Cobl.
dec. 23	Erinbrechstein	beurkundet, dass er, obgleich der erzbischof von Cöln und auch er sich mit der stadt Audernach gesöhnet, doch noch ein iahr in dem bündniss das er mit genanntem erzbischof gegen die stadt geschlossen habe, verbleiben wolle. 1365 dinst. na St. Thomas. — Or. i. Cobl.
— 26	Keympte	bewilligt dem ritter Ludwig Zant von Merl, seine frau Lyse auf trierische lehenstücke zu Kenfass Alf Retterath und Merl dotiren zu können. Extr. Günth. 3,724.
— 29	. . .	gelobt aufs neue die in dem erneuerten pfandbriefe der gebrüder Cuno und Gerlach herren zu Winnenburg und Beilstein über die halbe herrschaft Beilstein enthaltenen artikel zu halten. — Or. i. Cobl.
1366		
ian. 2	Erembretstein	genehmigt die ehe eines erbgenen Juden mit einer gefreiten Jüdin und bestimmt dass deren ungraden kinder erben, die grade anzahl aber frei sein sollen. — Temporale.
— 8	Palacioli	erlaubt dem Heinrich herrn zu Daue den wiederkauf der ihm für 300 gulden verkauften weingülten zu Pomer. Temporale.
— 10		quittirt dem Heinrich herrn zu Daue und dessen gemahlin Katherine über 600 gulden welche dieselben ihm schuldig waren. — Temporale.
— 12	Sarburg	überweist mit consens seines domcapitels dem resignirten erzbischof Boemund gewisse schlösser und einkünfte des erzbischöflichen tisches zum unterhalt. 1366 sec. stil. Trev. die 12. ian. — Temporale. Hontb. 2,237.
— 12		überweist demselben die rückzahlung der wegen einlösung der herrschaft Valendir demselben schuldigen 2000 gulden auf den zoll zu Capellen. — Temporale.

13*

1366		
ian. 13	Palacioli	verleiht dem archidiakon Robert von Saarbrücken wegen dessen bedeutenden ausgaben behufs reparatur des ihm auf lebenszeit verliehenen schlosses Schwarzenberg, auf lebenszeit das dorf Weiler welches früher zu dieser herrschaft gehörte. — Temporale.
— 14	——	befiehlt dem zollschreiber zu Capellen dem bischof Boemund monatlich 30 gulden bis zur tilgung der 2000 gulden zu zahlen welche ihm letzterer zum ankauf der herrschaft Vallendar geliehen hatte. — Or. i. Cobl.
— 15	——	verpachtet auf 2 iahre den zoll zu Trier um 425 pfund heller iährlich an das. bürger. — Obgleich 1366 ian. 15 stil. Trev. im Temporale doch wohl hierher gehörig.
— 30	Erembret-stein	vermittelt einen vergleich zwischen Karl Schenken von Liebenstein und dessen frau Elsen einer- und den testamentsexecutoren Heinrich's Putzack von Boppard, Elsens vaters selig, andrerseits wegen dessen vermächtnisse. 1365 fer. 6 ante purif. Marie. — Temporale.
— 31	——	bescheinigt den testamentsexecutoren Heinrich's Putzack die vollziehung des testaments. 1365 sabb. ante purif. Marie. — Temporale.
febr. 7	——	verspricht die reparaturen an der dem bischof Boemund zur hälfte überlassenen mühle zu Saarburg allein auf seine kosten zu übernehmen. — Or. i. Cobl.
märz 13	. . .	vidimirt auf die bitte der städte Wesel, Coblenz und Bonn den denselben d. d. 1358 sond. nach Egidii von der stadt Andernach ausgestellten sühnebrief. — Or. i. Cobl.
apr. 11	Erem-brechtstein	erlässt eine verordnung wegen vertheilung der einkünfte des St. Florinstifts zu Coblenz unter die stiftsherrn. — Or. i. Cobl.
— 22	Covelentz	sühnt sich mit der stadt Andernach. 1366 St. Georgenabend. — Temporale.
— 27	Erem-brechtstein	verordnet, dass der erzbischöfliche vicarius in St. Castorskirche zu Carden die rechte und pflichten eines dasigen stiftsherrn haben solle. Or. i. Cobl.
ian. 29	Stoltzenfels	gibt seinen consens zu kaiser Karl's IV verschreibung eines grossen turnoses am zoll zu Mainz an den kaiserlichen kammermeister Thymen herrn zu Culditz. 1366 die Petri et Pauli. — Temporale.
iul. 20	. . .	bewilligt dem Salentin von Seyn grafen zu Witchenstein das wiederkaufsrecht an den ihm von letzterm für 608 gulden verkauften renten aus der herrschaft Valender. 1366 maendag na der zwielf aposteln dage divisio. — Temporale.
sept. 12	Erembret-stein	belehnt Sander von dem Werde, seinen schultheissen zu Munstermeynfeld, mit der hälfte eines hauses zu Poliche das derselbe von Jurg von Polich gekauft hatte und trierisches mannlehen ist. 1366 sabb. post nativ. Marie. — Temporale.
dec. 15	. . .	vergleicht das nonnenkloster Mergenburg mit den gemeinden Hunrheim Grintkamp und Wispelscheid wegen der weidrechte des klösterlichen hofs Boynsburen. 1366 fer. 3 post Lucie. — Temporale.
— 22	——	verpachtet einer Jüdin und deren kindern ein Judenhaus zu Covelentz für 2 alte grosse turnose iahrzins. 1366 des andern dags na St. Thomas. — Temporale.
— 23	Colonie	An diesem tag nimmt erzb. Engelbert von Cöln den Cuno zu seinem coadiutor an. Lacomblet, Urkb. 3,509.
— 24	. . .	beurkundet seine versprechen die er beim antritt der verwaltung des bisthums Cöln zu erfüllen gelobt hat. Lacomblet, Urkb. 3,570.
1367		
ian. 4	. . .	verzichtet auf alle aussprache und forderungen an den erzbischof Gerlach von Mainz wegen der gefangennahme Johanns von Schoneuburg und anderer zu Westheym. Honth. 2.237.
— 14	Nusssie	bestätigt als coadiutor von Cöln die privilegien der stadt Neuss. 1367 fer. 5 in crast. octav. Epiphanie que fuit dies 14. ian. — Temporale.
— 17	——	bestätigt als coadiutor Coloniens die privilegien der stadt Rees, 1367 dominica post octav. Epiphanie. — Temporale.
— 21	Colonie	verleiht als coadi. Colon. an Constantin von Lyssenkirchen, grafen zu Airsburg den Deutschordenshof zu Hersel und befreit diesen hof von allen abgaben. 1367 die Agnetis. Temporale.
— 23	. . .	bestätigt als coadi. Colon. der stadt Bonn nach der huldigung ihre privilegien. 1367 satersdag nach Agneten. — Temporale.
— 25	. . .	desgleichen die privilegien der stadt Arwilre. — Temporale. Or. i. Ahrweiler.
febr. 8	Palacioli	ertheilt während seiner administration der abtei St. Maximin deren abt Otto zollfreiheit zu Trier. — Temporale.
— 11	——	schliesst mit dem abt Otto von St. Maximin einen vertrag wegen der administration

1367

		dieser abtei seitens des erzbischofs und wegen lebenslänglichen unterhalts des abtes. Temporale.
febr. 11	Palaciuli	ratificirt das testament Roberts von Saarbrücken, archidiakons von St. Castor zu Carden. — Or. l. Cobl.
— 11	. . .	gestattet dem kloster St. Maximin bei Trier während seiner verwaltung desselben einen mönch zu den klösterlichen jahrgeldingen abzuordnen. Gallia Christ. 13.368. Honth. 2,242.
— 15	Meyen	bestätigt als coadj. Colon. die privilegien der stadt Andernach. 1366 nach trier. stil den 15. febr. — Or. i. Cobl.
märz 25	Lynse	vererbpachtet als coadj. Colon. die fischerei im Rheine bei Linz. 1367 die annunciat. Marie. — Temporale.
apr. 14	Paltzil	vergleicht sich mit dem ritter Arnold von Velsperg und den edelknechten Johann von Swartzemberg und Bertram von Gudinberg wegen ausübung ihres patronatsrechtes zu Bernenstel. — Or. i. Cobl.
mai 12	Erenbret-stein	verpachtet ein Judenhaus zu Covelentz für 2 mark jährzins an eine Jüdin und deren kinder auf lebenszeit. — Temporale.
— 21	————	sühnt als vormünder des erzb. Engelbert von Cöln die bürgerschaft von Andernach welche in der stadt geblieben mit der die daraus gezogen war. — Or. i. Cobl.
iul. 11	. . .	beurkundet ähnlich wie am 24 dec. 1366 seine versprechen die er bei übernahme der verwaltung des erzstifts Cöln gelobt hat zu erfüllen. Entr. Lacomblet, Urkb. 3,571.
aug. 26	Keympt	vererbpachtet dem nonnenkloster Marienburg die Winthersmühle unter Arras. 1367 Donrest. nach Bartholom. Temporale.
— 29	Cochme	vererbpachtet dem schöffen Peter, Cilien sohn, zu Cochme für eine mark jährzins eine hofstatt daselbst. 1367 uff St. Johannist. als er entheubt wart. — Temporale.
sept. 28	Gudisberg	vermittelt als coadj. Colon. eine sühne zwischen dem ritter Walrave van me Rode, vogt zu Gusten, und Engelbert von Orsbeck, wegen eines wortwechsels und deshalb erfolgten zweikampfs zu Bonn. 1367 vp St. Michelsabend. — Temporale.
oct. 20	Wesalie	belehnt als coadj. Colon. den ritter Heinrich von Fleckenstein alias genannt von Bickenbach mit schloss und stadt Saltz. 1367 fer. 4 post Luce Evang. — Temporale.
— 24	Bopard	schliesst mit der stadt Trier einen vertrag zu deren schutz und vertheidigung wonach dieselbe an ihn dafür jährlich 3000 pfund zahlen soll. 1367 sondag vor Symon und Judentag. — Temporale.
— 24	————	belehnt als coadj. Colon. den Johann zum Humbrecht, bürger zu Mainz mit 10 pfund heller, welche demselben von seinem schwiegervater dem edelknecht Johann Meysewyn von Spanheim übertragen worden. 1367 crast. Severini. — Temporale.
— 26	Ehrenbret-stein	beauftragt als coadj. Colon. die landdechanten von Zülpich Bergheim und Neuss, und die pfarrer zu Vryssheim, Ramerskirchen und Woryuk mit der untersuchung und richtigstellung der güter, welche der verstorbene domprobst Wilhelm von Sleyden zu Cöln zur dotation eines altars im Dom daselbst bestimmt hat. 1367 fer. 3 post Severini.
— 31	Gudesberg	verschreibt dem dombäcker Folrad vom Hane statt eines hauses zu Cöln auf lebenszeit 10 gulden jährlicher rente. 1367 vigil. omnium sanctor. — Temporale.
nov. 20	Erembret-stein	beurkundet als coadj. Colon. dass Rulmann herr zu Arendal, obgleich derselbe die urkunden über das amt Wyd und Lyns womit er sich verpflichtet hatte, ausgeliefert habe, doch derselbe dem domcapitel zu Cöln wegen der pension und leibzucht verbunden bleiben soll. 1367 samst. na St. Elisabeth. — Temporale.
dec. 20	————	bestätigt als coadj. Colon. die in dem testamente des domprobsten Wilhelm von Sleyden zu Cöln gemachte fundation eines altars im Dom daselbst, nachdem die dazu vermachten grundstücke für richtig befunden worden. 1367 vigil. Thome. — Temporale.
— 20	————	übergibt der domkirche zu Trier das ihm für dieselbe vom kaiser Karl IV geschenkte haupt der heil. Helena und verleiht für die verehrung dieser und der andern daselbst befindlichen reliquien einen vierzigtägigen ablass. — Or. i. Cobl.
1368		
ian. 7	Munster-meynfeld	belehnt Heinrich von Mertloch mit 12 morgen ackerland zu Gappenach, welche Johann von Gappenach des ritters Arnold Hering sohn, aufgelassen hatte. — Temporale.
— 15	Gudesberg	verzichtet auf alle rache an den ritter Heinrich von Lindauwe wegen dessen fehde mit der stadt Limburg und gefangennehmung eines trierischen geistlichen, nachdem sich derselbe mit der stadt gesühnt hat. 1367 nach trier. stil dinst. vor Agneten. — Temporale.
febr. 2	Franken-ford	beschwört und besiegelt mit den kurfürsten von Mainz und der Pfalz, dem pfalzgrafen Ruprecht dem iüngern und den städten Mainz, Worms, Speyer, Frankfurt und andern

1368		
		den von kaiser Karl IV daselbst errichteten vierjährigen landfrieden von 12 meilen um Bingen herum. Honth. 2.243.
febr. 3	. . .	verspricht als coadj. Colon. dem ritter Adolf Hus genannt Renner von Wevelinchoven. welcher von dem kölnischen domherrn und amtmann des schlosses Hilkeroyde, Gerard von Bylstein, zum unteramtmann daselbst eingesetzt worden, und 1600 gulden zur einlösung dieses an den ritter Hermann von Lievendal für 2500 goldschilde und 2500 goldgulden verpfändet gewesenen schlosses vorgestreckt, bis zur rückerstattung des geldes ihn in dieser stelle zu lassen. 1368 crast. purificat. Marie. — Temporale.
— 8	Wesalie	bestätigt der bürgerschaft zu Oberwesel ihre kaiserlichen privilegien und verspricht ihre steuer von den christen nicht über 200 mark zu erhöhen. 1367 secund. stil. Trev. die 8. febr. — Temporale.
märz 9	. . .	quittirt als coadj. Colon. dem domcapitel zu Cöln über die auszahlung seiner pension aus dem zoll zu Neuss. 1368 fer. 5 post Reminiscere. — Temporale.
— 19	Urdingen	bewilligt als coadj. Colon. der stadt Rees auf 3 iahre eine accise- und weggelderhebung. 1368 dominic. Letare. — Temporale.
— 28	Colonie	beﬁehlt sub sigillo coadiutorie dem kellner zu Coblenz die 25 malter frucht welche er aus dem hof zu Betzine an den Malmedyer hof zu Andernach iährlich zu entrichten habe, an den dechant Tilmann de Cirlo von St. Aposteln in Cöln zu liefern. — Temporale.
apr. 1	Godisberg	bewilligt dem Robin von Bicken und Arnold von Wermerode für die 4000 gulden kaufgeldes der herrschaft Freusburg die erhebung des grossen turnosen am zoll zu Capellen, den der kaiser dem grafen Johann von Seyn verliehen hatte, und verspricht den Syfrid von Selbach oder den ritter Conrad von Wederbach zum amtmann von Freusburg zu ernennen. — Temporale.
— 6	. . .	trifft eine schon von erzb. Boemund beabsichtigte aber durch dessen tod nicht zur ausführung gekommene bestimmung wegen vermehrung des gottesdienstes an den altären St. Nielans, St. Agnes, St. Georg und St. Trinitatis in der domkirche zu Trier. Gesta Trev. ap. Honth. 845 u. ed. Wyttenbach 2,292.
— 13	Sarburg	belehnt Wilhelm den bruder seines pfaffen, des schulmeisters Dyderich von den Burgedor zu St. Florin in Coblenz mit des letztern lehen zu Wolken, Covelentz, Walrisheim und Kessilnheim. — Temporale.
— 23	Erembreit-stein	belehnt Heinrich von Poliche mit seines schwiegervaters Jacob Pletzen von Niederlanstein Montabaurer burglehen zu Hilgerode und Dyrembach. — Temporale.
mai 20	Colonie	bestätigt als coadj. Colon. den leuten und »hiermannen« seines hofs zu Helden und Hain ihre privilegien namentlich des erzb. Sifrid's von 1292 welches ihnen die rechte des hofs zu Zouze verleiht. 1368 sabb. post ascens. dni. Temporale.
iun. 7	Erembrin-stein	vererbpachtet seinem münzwarter meister Niclas dem goldschmitt zu Covelentz ein haus mit zugehör daselbst ohne zins so lange er der münze wartet, dann um 11 mark 3 soliden iahrzins. Temporale.
— 15	. . .	verschreibt dem meister Johann von Boppard, einem schmitt zu Covelentz, welcher in seinem dienste ein auge verloren 5 gulden iährlich aus dem zoll daselbst. 1368 die 5. Viti. — Extr. im Temporale.
— 19	Keympt	(im Hamm) vererbpachtet an Hermann Kelner von Münstermeynfeld, den diener Jacob's von Keympt seines schultheissen im Hamm, für 15 soliden iahrzins ein haus zu Celle. — Temporale.
— 24	Berncastel	verpachtet seinem ﬂeischer und dessen frau zu Trier auf lebenszeit eine olke zu Ruland binnen Trier. 1368 uff Johannis Bapt. als er geboren wart. — Temporale.
iul. 14	Hilkeroyde	belehnt als coadj. Colon. den bürger Wilhelm von den Trappen zu Neuss mit den gütern genannt de Busco im bezirk von Hilkeroyde. 1368 crast. Margrete. — Temporale.
aug. 28	. . .	An diesem tage publicirt das kölnische domcapitel den erzstiftischen beamten und unterthanen, dass es sede vacante nach dem tode erzbischof Engelbert's dessen coadjutor, erzbischof Cuno von Trier zum momper procurator und generaladministrator in spiritualibus et temporalibus ernannt habe, und beﬁehlt ihnen demselben gehorsam zu leisten. — Temporale.
sept. 17	. . .	verlehnt dem geschwornen hausdecker der erzbischöfe Engelbert und Wilhelm, meister Conrad, die alte küche unter des bischofsaal zu Cöln. 1368 vp St. Lambrechtzdag. Temporale.
oct. 24	. . .	vergleicht sich mit dem herzog Johann von Lothringen wegen der gemeinschaft an der burg Moncleir auf der Saar — Or. l. Cobl.

1368		
oct. 25	. . .	ernennt mit seinem domcapitel und andrerseits mit dem herzog Johann von Lothringen schiedsrichter zur beilegung ihrer streitigkeiten wegen des vom erzbischof nach einer urkunde Baldewin's vom 13. nov. 1334 behaupteten, vom herzog aber bestrittenen lehnsnexus verschiedener schlösser. — Or. i. Cobl.
nov. 9	Erembreit-stein	giebt als kurfürst des reichs seinem cousons zur ertheilung von fürstenrecht und freiheit an den grafen Johann von Nassau herrn zu Merenberg seitens k. Karl's IV zu Würzburg 1366 freit. vor St. Michel. — Lünig Reichsarchiv 11,460.
dec. 3	. . .	recensirt die von seinem rechner dem Everhard von Kettwich scholaster von St Aposteln zu Cöln gestellten rechnungen wegen seiner coadjutorie unter erzb. Engelbert. — Houth. 2,248.
1369		
ian. 4	Paltzel	verschreibt dem Dylmann Kemper von Echternach, siegler des hofs zu Trier, welcher ihm 600 gulden geliehen hat, auf sechs iahre 100 gulden iährlich aus den einkünften des siegels. 1368 sec. stil. Trev. fer. 5 post circumcis. dni. — Temporale.
märz 21	. . .	verspricht als administrator Colon. dem ritter Johann von Holtzbudge, welcher ihm 6000 gulden zur abfindung der ansprüche des Ayliffs von der Mark grafen von Cleve auf das schloss Ude und land Kempen vorgestreckt hat, ihn bis zur rückerstattung dieses geldes als amtmann daselbst zu belassen. 1369 gudest. na St. Gertrude. — Temporale.
apr. 23	. . .	verlängert gemeinschaftlich mit seinem domcapitel und dem herzog Johann von Lothringen den termin wegen schiedsrichterlicher entscheidung ihrer streitigkeiten bis zu kommenden Martinstag. — Or. i. Cobl.
mai 5	———	erlässt für abt und convent der Benedictinerabtei zu Epternach in folge der durch erzb. Baldewin erlassenen ordinationen entstandene streitigkeiten neue ordinationen. — Temporale.
— 10	. . .	Uebertrag der grafschaft Arnsberg an Cöln. Lacomblet Urkb. 3,589; in folge derer Cuno
. . .	. . .	gelobt als vicar. Colon. dieses land nie an die grafen von der Mark noch an einen der mit denselben verwandt oder verbunden sei kommen zu lassen, die untersassen und unthanen bei ihren rechten zu lassen und die vertriebenen nicht wieder aufzunehmen. Ohne datum. Temporale.
— 24	. . .	verspricht als administrator und mumper des gestichts von Cöln den Westfälischen städten Suyste, Brylon, Ruden, Geyseke, Werle, Wuersteyn, Attendern, Calenhart, Bedelike, Mersberg, Volcmerssen, Smalenberg und Olepe, welche zum ankauf der grafschaft Arnsberg eine summe geldes hergegeben hatten, die rückerstattung desselben falls der kauf später wieder rückgängig werden sollte. 1369 donrst. na bell. Pinxtdag. — Temporale.
— 24	. . .	bewilligt als administrator Colon. der stadt Soest welche zu demselben ankauf 3500 gulden gegeben die mühlen-accise und getreide-ausfuhr auf 3 jahre. Temporale.
— 24	. . .	bestätigt derselben ihre alten rechte im wald von Arnsberg. Temporale.
— 24	. . .	verleibt derselben bis zur rückzahlung der zum ankauf von Arnsberg ihm vorgestreckten 500 gulden die zu dieser grafschaft gehörige freigrafschaft von Heppen. — Temporale.
— 25	Popilsdorf	verspricht als administr. Colon. dem kölner domcapitel die ihm zur befestigung des schlosses Zülpich vorgeschossenen 500 gulden in einem iahr wieder zurückzuzahlen. 1369 fer. 6 post Pentecost. — Temporale.
iun. 3	. . .	verpachtet für 5 soliden iahrzins ein Judenhaus zu Trier an einen Juden. — Temporale.
— 22	. . .	bestätigt als administr. Colon. mit dem domcapitel die privilegien und rechte der grafschaft Arnsberg nachdem dieselbe die huldigung geleistet. — Temporale.
— 24	. . .	befiehlt als administ. Colon. mit seinem domcapitel allen beamten und unterthanen des marschallamtes in Westfalen dem grafen Godfrid von Arnsberg als ihrem marschalk zu gehorchen. — Temporale.
— 25	. . .	ernennt als administr. Colon. mit seinem domcapitel den grafen Godard von Arnsberg zum marschalk von Westfalen, welches amt derselbe von Johann von Patberg mit 6500 schildgulden eingelöst hat. 1369 des nesten dages na St. Johannesdag zu mitsommer. — Temporale.
— 27	. . .	verspricht als administr. Colon. dem Juden Bunnen Schoiff zu Gulche die bei demselben gelehnten 800 Muttime in 4 iahresterminen zurückzuzahlen und stellt dafür den ritter Werner von Bacheim erbkämmerer, und Johann Wolff von Ryndorf als bürgen. — Temporale.
iul. 19	Gudesberg	verleibt seinem iunigen diener Peter Aldelersse und dessen tochter Katherine auf lebenszeit ein haus in der Hegelputzer gasse zu Trier. 1369 donrst. vor St. Jacobdag. — Temporale.

1369		
iul. 30	. . .	An diesem Tage ernennt pabst Urban V d. d. apud Montem Flasconem 3 kal. aug. pont. 7. den erzb. Cuno zum vicarium generalem in spiritualibus et temporalibus des erzstifts Cöln nach dem tode Engelbert's. — Temporale.
aug. 2	Berncastel	verleiht bis auf widerruf dem Heinrich Mul, amtmann zu Wittlich, die schäferei zu der Nuwerburg. — Temporale.
— 2	——	vererbpachtet die sieben neu errichteten fleischbänke auf dem markte zu Berncastel. — Temporale.
— 8	Palacioli	bestätigt die fundation des St. Martins- und Lubentii-altars in der St. Simeonskirche zu Trier seitens seines caplans Gerhard von Bastogne, cantors des St. Paulinstifts, und dessen bestimmungen wegen des collationsrechtes uber diesen altar. — Or. i. Cobl.
— 9	——	bewilligt, dass Diederich herr zu Boiucheringen das haus zum Rindertanz in der Flandergasse zu Trier, welches erastiftisches lehen, an Wilhelm von Ursfeld, seinem schreiber und innigen diener verpachte. 1369 uff St. Laurentiiabend. — Temporale.
— 9	——	verpachtet für 40 soliden iahrzins seinem hauskaplan Niclaus von Frideberg auf lebenszeit ein haus zu Trier. — Temporale.
— 9	——	bewilligt, dass Leeser des Judenmeisters sohn von Worms eine erbeigne Jüdin zu Trier ehelige, doch dass die beiden ersten wie sämmtliche kinder der graden zahl aus dieser ehe dem erzstift erbeigen sein sollen. — Temporale.
— 12	Baldeneck	genehmigt dass Gerhart von Ehrenberg seine frau Mettila auf trierische lehengüter zu Stromich bewitthume. — Gudeu Cod. dipl. 2,1166.
sept. 9	. . .	ubergiebt als administrat. Colon. dem Heydenrich Wolff von Ladinchosen, burgmann zu Werle, bis auf widerruf die bewachung des thurms der burg zu Nehem. 1369 crast. nativ. virg. gloriose. — Temporale.
— 11	Gudesberg	verleiht als administ. Colon. dem Cölner domdechant Symon von Solmez bis auf widerruf den steinern thurm zwischen Hersel und Wedich worauf eine windmühle gestanden. — Temporale.
— 23	zu dem Brule	verschreibt als gemeiner vicarius des gestlichts von Cöln in geistlichen und weltlichen sachen und als sunderlich vom heil. stuhl zu Rom hierzu gesetzter commissarius, dem grafen Godart von Arnsberg burg stadt und amt zu dem Brule mit allem zugehör ausser den Juden, an 6400 kleine gulden iährlich aus dem zoll zu Neuss oder Bonn, und der gemahlin des grafen, Anna von Clere das ihr von ihrem manne verschriebene witthum nebst zehn fuder guten wein iährlich und die burg zu Hachgen als wittwensitz falls sie in Westfalen wohnen wolle. 1369 sont. na St. Mattheus des h. apost. und evang. — Temporale.
— 23	——	verspricht als administr. Colon. demselben grafen die noch von wegen des ankaufs der grafschaft Arnsberg schuldigen 5000 gulden binnen einem iahre auszuzahlen. — Temporale.
— 23	——	verspricht der stadt Neuss sie wegen ihrer burgschaft bei dem ankauf von Arnsberg schadlos zu halten. — Temporale.
— 30	. . .	versichert als administ. Colon. das Cölner domcapitel wegen seiner burgschaft bei dem kauf von Arnsberg auf den zoll zu Neuss. 1369 des nesten dages nach St. Michelsdag. Temporale.
dec. 9	Erembrechtstein	bestätigt die von dem Andernacher pfarrer Johann von Irlich im bezirk seiner pfarrei gestiftete kapelle nebst priesterwohnung zu Foruich und dessen reform des hospitals daselbst. — Gauth. Cod. dipl. 3,789.
— 31	Paltzel	verpachtet auf gulden iahrzins an den bürger Heintze Cruder zu Trier das haus Helfenstein in der Jacobsgasse daselbst. — Temporale.
1370		
ian. 21	. . .	bessert als administ. Colon. dem Heidenrich Wolf von Ladinchosen für seine bemühungen beim ankauf der grafschaft Arnsberg dessen burglehen zu Neheim mit 20 gulden iährlich. 1370 die Agnetis. — Temporale.
— 22	Gudesberg	ernennt als administ. Colon. den edelknecht Heinrich von Weuigerdorf zum burgmann auf Schonenstein. 1370 iuxta stil. Colon. die Vincentii. — Temporale.
— 22	——	bewilligt die ehe einer trierischen hörigen mit einem hörigen des grafen Wilhelm von Catzenelnbogen und sollen die kinder der graden zahl dem erzstift und die der ungraden zahl dem grafen gehören. 1369 nach trier. stil dinst. na Agneten. — Temporale.
— 26	. . .	verschreibt als administr. Colon. dem edelknecht Henkin Hynkelbeym für die 60 mark welche demselben der graf von Arnsberg schuldet, 6 mark iahrrente aus der bede dieser grafschaft. 1300 crast. convers. Pauli. — Temporale.

1370		
febr. 5	Gudesberg	verspricht Annen von Cleve gräfin von Arnsberg die ihr nach dem kaufvertrag über die grafschaft zukommenden 1000 gulden nächsten Martini auszuzahlen. 1370 nach köln. stil. uff St. Agathen. — Temporale.
— 8	——	giebt als administr. Colon. dem ritter Goswin von Zevel ausser seinen bisherigen 25 gulden noch jährlich 100 schildgulden auf lebenszeit zu mannleben. — Temporale.
— 10	——	befiehlt als administr. Colon. den amtleuten und städten der grafschaft Arnsberg dem Domcapitel, falls dasselbe wegen seiner bürgschaft bei dem kauf der grafschaft in schaden käme, als ihrem pfandherrn zu huldigen. 1370 die Scolastice. — Temporale.
— 17	. . .	verpflichtet sich als vicarius Colon. zur haltung der dem grafen von Arnsberg noch nicht verbrieften drei puncte: dass der graf so lange er lebe die geistlichen beneficien der grafschaft vergeben, dass das erzstift die vom grafen seit der ersten kaufverhandlung gemachten verpfändungen übernehmen soll, und wegen des grafen testament. 1370 sonnt. Exurge. — Temporale.
— 21	——	verschreibt als vicar. Colon. dem ritter Hermann von Lievendal, welcher sein schloss Lievendal zu des erzstifts offenem haus und lehen gemacht, 1000 gulden auf güter bei Wevelkoven. 1370 vigil. Petri ad cathedram. — Temporale.
märz 20	Wesel	schliesst mit dem erzbischof Gerlach von Mainz und dem Rheinpfalzgrafen Ruprecht den ältern einen vertrag binnen zehn jahren die Rheinzölle in ihren landen und im erzstift Cöln nicht zu erhöhen. — Montb. 2,249.
— 27	. . .	An diesem tage erlässt pabst Urban V zwei bullen d. d. Rome ap. Sanctum Petrum 6 kal. apr. pont. a. 8 an das Domcapitel und die vasallen des erzstifts Cöln mit der anzeige dass er nach dem tode erzb. Engelbert's, auf zwei jahre den Cuno, welcher bereits unter Engelbert als coadiutor das erzstift laudabiliter rexit et feliciter gubernavit, zum verwener bestellt habe. — Or. L Cobl.
— 31	Gudesberg	belehnt als administrat. Colon. den Hermann von Attendorn mit Gerlach's Meyer burglehen zu Menden. 1370 dominice Judica. — Temporale.
apr. 3	——	bestätigt als vicar. Colon. der stadt Wynterberg die ihr nach ihrer zerstörung durch den grafen von Arnsberg ertheilten privilegien der erzbischöfe von Cöln, namentlich das erzb. Wilhelm's von 1357 über die ihr verliehene zehnjährige abgabenfreiheit und rechte von Hallenberg, und verlängert ihr die abgabenfreiheit auf weitere fünf jahre. — Temporale.
— 4	——	ernennt als vicar. Colon. den bischof Heinrich von Paderborn zu des erzstifts marschalk in Westfalen. 1370 donrst. vor Palmen dat ist vp heil. Ambrosiusdag. — Temporale.
— 13	——	befiehlt als vicar. Colon. den mannen und untersassen im lande von Arnsberg und in der veste Recklinchusen dem bischof Heinrich von Paderborn als des erzstifts marschalk in Westfalen zu gehorben. 1370 vp den heil. Paischavent. — Temporale.
— 13	——	befiehlt als vicar. Colon. seinen amtmann zu der Nordernae, seinen burgleuten zu Ruden zu der Hovestat zum Copelenberg und zu Almen wie auch den bürgern zu Lude, dem bischof Heinrich von Paderborn, welcher mit 8000 gulden das marschalkamt von dem grafen Godart von Arnsberg eingelöst habe, nach dem darüber ausgestellten urkunden auf dessen gesinnen, zu huldigen. dat. wie vorher. — Temporale.
mai 15	uff der Bolauwe	schliesst mit Wenzeslaus von Böhmen herzog zu Lützelburg auf drei jahre ein landfriedensbündniss. — Or. i. Cobl.
— 19	Wittlich	entscheidet eine streitigkeit seines kaplans des stiftsherrn Johann von Alou zu Carden mit der gemeinde daselbst wegen der abgaben eines hauses. 1370 sonnt. vocem iocanditatis. — Or. i. Cobl.
iul. 8	Gudesberg	ermässigt als administr. Colon. der bürgerschaft zu Reymbach, weil sie ihm in der stadt eine neue windmühle gebaut, das zu entrichtende molder von 1½ viertel auf 1 viertel von jedem malter frucht. 1370 die Kyliani et socior. — Temporale.
— 10	——	belehnt als administr. Colon. den edelknecht Reynart Hoerchyn von Syntsteden mit 60 morgen ackerland bei Ynevelt, welche Hostader burglehen und derselbe von dem ritter Hermann Hunt von Hemerde gekauft hat. 1370 fer. 4 post Kiliani. — Temporale.
— 15	——	verleiht als administr. Colon. dem sagittario Peter Poppe, welchen er zur bedienung und reparatur der balisten und geschosse auf Arnsberg und Nehem bestellt hat, auf lebenszeit das malenland und hovesland bei Nehem. 1370 die division. apostolor. — Temporale.
— 18	——	verleiht als administr. Colon. dem bürger Conrad Krose zu Marsberg (Stadtberg) das gangrafenamt daselbst mit dem schwerte. — Temporale.
sept. 12	Lechnich	nimmt als administr. Colon. den zimmermann, meister Wilhelm Kentyn von Murse zum aufseher über die kriegswerkzeuge an. — Temporale.

14

1370		
sept. 17	Lechnich	belehnt als administr. Colon. Gosswin von Hambruych, bürger von Berken, mit der hälfte einer windmühle auf dem hof Hambruych und mit dem Hambruycher wörth. 1370 die Lamberti. — Temporale.
— 28	Gudinberg	schreibt als administrat. Colon. dem grafen Otten von Eversteyn, dass er dem bischof Heinrich von Paderborn erlaubt habe das von erzb. Wilhelm an ihn für 250 mark verpfändete amt von Lade einzulösen. 1370 vp St. Michelsabent. — Temporale.
nov. 13	. . .	An diesem tage wird der vom kölner domcapitel zum erzbischof gewählte Friedrich von Saarwerden von pabst Urban V bestätigt. Lacomblet Urkb. 3,602.
— 17	. . .	verweist als administr. Colon. den ritter Reynard von Berge wegen beanspruchten mannlehens an den spätern erzbischof. 1370 sonnt. na St. Martinstag. — Temporale.
dec. 11	. . .	verlehnt den kindern seines thorwärters Ernst zu Berncastel ein früheres Judenhaus daselbst um 10 soliden iahrzins mit dem vorbehalt falls wieder Juden nach Berncastel zu wohnen kämen, dies haus auf verlangen gegen ersatz der baukosten denselben zurückzustellen. 1370 mittw. na St. Nicolaustag. — Temporale.
— 20	. . .	überträgt als administr. Colon. dem ritter Rutger dem Ketteler die burg Hachgen zur bewachung. 1370 vp St. Thomasabent. — Temporale.
— 21	Sarburg	erneuert Petern dem sohn des verstorbenen kellners Heinrkin zu Sarburg die von erzb. Boemund geschehene schenkung seiner väterlichen güter welche von erzb. Baldewin wegen rückstände seines vaters eingezogen worden waren, da er die urkunde über diese schenkung verloren als graf Friedrich von Lhningen der ältere Sarburg ermiegen hatte. 1370 uff St. Thomastag. — Temporale.
1371		
ian. 13	Erembreitstein	bewilligt Elsen der tochter des ritters Heinrich Heyer von Boppard und ehefrau Tilmann's vom Hane ihr wittham auf die lehen zu Naukirchen Lebach Michelnbach Bartimbach und Bischfeld womit er beide eheleute nach des wildgrafen Otten von Kirberg tode begnadet hatte, und die nun durch Elsebeth's von Schaunloy ableben ledig geworden sind. Temporale.
febr. 12	. . .	An diesem tage stirbt erzbischof Gerlach von Mainz und der grössere theil (maior et sanior) des Domcapitels wählte den Cuno zum nachfolger welcher aber die wahl nicht annahm. — Anonymi Chronicon ap. Wurdtwein Nov. Subs. 8,397. Gesta Trev. ap. Honth. 844.
märz 9	———	verspricht der stadt Cöln welche sich ihm mit 50 reisigen mannen mit huben und gleen wohl gerieden und erzuget und mit 20 schützen nebst werkleuten und büchsen zur bekriegung des grafen Wilhelm von Wied wegen dessen beraubung von kaufleuten auf dem Rheine, verbunden hat, sich nicht mit dem grafen zu sühnen bevor nicht die stadt in der sühne einbegriffen sei. 1371 dominic. Oculi. — Temporale. Die urkunde der stadt wegen dieses bündnisses sieh. Honth. 2,250.
apr. 25	vur Deyrdorf	(in dem velde) genehmigt als administr. Colon. dass Hermann herr zu Wildenberg seine kölnische lehenstücke bei Wissen um 1759 gulden an den ritter Symon von Isengarten verpfände. 1371 vp St. Markus. Temporale.
— 27	. . .	verspricht dem grafen Wilhelm von Wied, wenn er alle punkte des vertrags wegen des für die beraubung der kaufleute zu leistenden schadenersatzes erfüllt habe, die zum unterpfand erhaltene herrschaft Dyrdorf zurückzustellen. 1371 sonnt. nach Marcus. — Temporale.
— 27	. . .	beurkundet dass obgleich er Dyrdorf mit allem zugehör nach dem vertrage mit graf Wilhelm inne haben soll, doch der zu dasigem kirspel gehörige hof zu Rode dem grafen verbleiben soll. dat. wie vorher. — Temporale. Den betr. vertrag sieh bei Honth. 2,251.
mai 6	Erembreitstein	belehnt den grafen Wilhelm von Wied von wegen seiner gemahlin Liesen, einer tochter Gerlach's herrn zu Isenburg mit der hälfte der lehenstücke seines schwiegervaters, Cop. i. Cobl. — (Fischer) Geschlechtsregister der Häuser Isenburg Wied und Runkel s. 132 mit 1. mai.
— 6	———	belehnt Salentin herrn zu Isenburg von wegen seiner gemahlin Alheiden ebenfalls einer tochter des vorgenannten Gerlach's mit der andern hälfte der lehenstücke des letztern. — Or. i. Cobl.
iul. 2	Godesberg	entlässt alle amtleute kellner und burgleute des erzstifts Cöln ihrer eide und pflichten gegen ihn und beheilt ihnen dem erzbischof Friedrich zu huldigen, ausgenommen sind die von Audernach Nette Linz Aldenwied Nuwerburg Lare Schonestein Arwylre Are Narberg Rolandseck Thuron und Zelting indem er diese schlösser noch für seine foderung an erzbischof Friedrich inne behält. — Temporale.

1371		
aug. 8	Palacioli	entscheidet eine streitigkeit des pfarrers von St. Laurentius zu Trier mit dem nonnenkloster St. Katharinen in Orreo daselbst wegen einer dem kloster zu zahlenden rente. — Or. i. Cobl.
— 10	. . .	schliesst mit Wenceslaus von Böhmen, herzog zu Luxenburg einen vertrag wegen der zu Trier und Luxenburg zu schlagenden münzen. — Honth. 2,255.
— 25	Erembreitstein	erlässt einen ausspruch in der pfalzgrafen, grafen von Lyningen, Spanheim, Catzenelnbogen, Veldenz und anderer fehde mit dem grafen Walrav von Spanheim wegen der vesto Aldeubeumburg, Numburg und der Bolandischen forderungen. 1371 neest na St. Bartholomeustag. — Temporale.
sept. 5	. .	beurkundet seinem domcapitel die ritterliche abstammung des chorbischofs Diderich von Güls. — Chartul. l. Cobl.
— 25	. . .	ernennt mit seinem domcapitel einer- und der herzog Johann von Lothringen andrerseits zur beilegung ihrer streitigkeiten wegen auslegung gewisser urkunden über Moncleir neue schiedsrichter, da einer der früher ernannten, der domprobst Conrad, gestorben ist. — Or. i. Cobl.
oct. 31	. . .	bestätigt und besiegelt einen kaufcontract seines domcapitels mit St. Willibrord's abtei zu Epternach über 72 pfund denaren für die altäre der heil. Nicolaus, Georg, Agnes und Dreifaltigkeit im Dom. — Chartul.
nov. 6	Munstermeynfeld	belehnt den ritter Sander vom Werd mit dem hause genannt die burg zu Poilche, welches derselbe von Georg von Poilch gekauft hat. 1371 mitw. na alrebeiligen. — Temporale.
— 29	Paltzel	verspricht Elsen der wittwe Diederich's herrn auf der oberburg zu Ulmen die urkunden über das gut von Absentze, die sie ihm übergeben, wieder zurückzustellen wenn der erzbischof von Cöln die pfandschaft über die herrschaft Ulmen bestätigt habe. 1371 uff St. Andreasabend. — Temporale.
— 30	——————	gestattet derselben Else die wiedereinlösung der ihm für 2100 gulden verpfändeten obern burg und herrschaft zu Ulmen. 1371 uff St. Andreastag. — Temporale.
— 30	—— —	bewilligt derselben einen theil dieser burg zur wohnung nebst der hälfte der einkünfte aus der herrschaft, und verfügt wegen der besatzung der burg. — dat. wie eben. — Temporale.
1372		
ian. 20	Lyns	quittirt dem erzbischof Friedrich von Cöln über 3700 gulden die ihm für die monate iuli bis december verflossenen iahre aus dem zoll zu Bonn bezahlt worden sind. — Temporale.
febr. 25	Paltzel	bewilligt dem Heinrich Mal von der Nuwerburg dass seine borglehen zu der Nuwerburg beim abgang von söhnen auf die töchter vererben. 1371 uff St. Mathiasdag des heil. apostolu. — Temporale.
märz 2	Erembretstein	beurkundet dem Emich von Dune herrn zum Oberstein und dessen gemahlin Agnes das wiederkaufsrecht auf die ihm von denselben um 1400 gulden verkaufte vogtei mit güter zu Bridel. — Tempor.
— 8	. . .	vereinigt sich mit dem erzb. Friedrich von Cöln zwei iahre lang münzen von gold und silber in einem angegebenen feingehalt prägen zu lassen, und bestimmen beide darnach den werth der in umlauf befindlichen goldmünzen die in ihren landen noch geltung haben sollen. Lacomblet Urkb. 3,612. Günth. Cod. dipl. 3.755.
— 9	. . .	benachrichtigt die stadt Linz von vorstehendem münzvertrag und publicirt die darin enthaltenen artikel. 1371 fer. 2 post Letare. — Or. in Linz.
apr. 15	. . .	genehmigt dass Friedrich von Kirberg ein viertel von Welstein um 1500 gulden an den grafen Heinrich von Spanheim verpfände. — Extr. im Temporale.
— 24	—— —	beurkundet dem Arnold herrn zu Pittingen und dessen sohnen Arnold, Gerhard und Ludwig das wiederkaufsrecht an dem ihm von demselben um 1900 gulden verkauften antheil von Covern. 1372 St. Marcusabend. — Temporale.
aug. 24	Sarburg	verleiht dem Godelmann von Grymberg, seinem amtmann zu Sarburg, eine hofstatt daselbst zu einem Sarburger burglehen. 1372 uff St. Bartholomeus. — Temporale.
sept. 2	Paltzel	beurkundet dass der ritter Johann von Soetern seine dörfer und leute in der pflege von Grimburg und St. Wendelin in den erzstiftischen schirm gegeben habe, und es beiderseits iederzeit freistehen solle dies schirmverhältniss wieder aufzulösen. — Temporale.
— 12	. . .	prolongirt mit seinem Domcapitel einer- und dem herzog Johann von Lothringen andrerseits nochmals die schiedgerichtliche entscheidung ihrer beiderseitigen streitigkeiten bis nächsten Remigil. — Or. i. Cobl.
dec. 3	Erembretstein	beurkundet dem Wilhelm grafen zu Wied, dessen gemahlin Lyse, dem Salentin herrn zu Isenburg und dessen gemahlin Albeid das wiederkaufsrecht an der ihm von denselben

14*

1372		
		um 2000 gulden verkauften herrschaft Arenfels und vogtei Hoyngen. — Temporale. Der betr. kaufbrief von selbem datum bei Günth. 3,767.
dec. 27	Paltzel	verpachtet an den bürger Gobeln zu Trier auf zwei iahre den zoll daselbst um 800 pfund pfennige. 1372 uff St. Johannes des heil. apost. und evang. — Temporale.
— 27	—.——	ertheilt einigen Lombardeu, bürgern der stadt Asti auf neun iahre ein schutz- und handelsprivilegium in der stadt Oberwesel. — Temporale.
— 29	——	beurkundet dass die Lombarden zu Oberwesel ausser 11 tausend gulden nichts weiter für ihr privilegium zahlen sollen. Temporale.
1373		
ian. 3	——	gewinnt mit 60 gulden iahresrente den ritter Johann von Beldersheim den ältern auf's neue zu seinem dienstmann. Temporale.
— 18	Witlich	belehnt, in folge der von kaiser Karl IV dem erzb. Baldewin ertheilten befugnis die reichslehen im erzstift und eine meile daherum zu vergeben, den Symon von dem Burgelor mit einem burgsess, haus und gut zu Hammerstein welches dessen schwager Johann von Covelentz genannt von Hammerstein besessen hatte. — Temporale.
— 26	Erembretstein	genehmigt dass Friedrich der Vette von Lemen seiner frau Lyse den hof auf Lameuer berg als witthum verschreibe. Temporale.
febr. 4	——	beurkundet der Johanne von Sarbrücken gräfin zu Nassau frau zu Merenberg und ihren kindern das wiederkaufsrecht an der ihm um 2000 gulden verkauften veste Kirchpurg und dörfer Hocustaden und Meynsfelden. 1372 na trier. stil off fridag na liehtmess. — Temporale.
— 4	——	verspricht in folge seines ankaufs der hälfte von Kirchpurg den grafen Gerhard von Dietz in dessen andern hälfte nicht zu beeinträchtigen. Dat. wie vorher. — Temporale.
märz 3	. . . .	verleibt an Ida vom Steyn, die wittwe Richard's von Eych solange sie wittwe bleibt seine hälfte des hauses Numagen bei der burg zu Borucastel mit der verpflichtung 800 pfund heller daran zu verbauen. 1372 Doorst. na Eschdag. — Temporale.
— 20	Witlich	vermittelt eine sühne zwischen dem grafen Johann von Saarbrücken und dem chorbischof Jorg von Veldentz und ihren helfern und dienern in der bisherigen fehde. Kremer, Ardenn. Gesch. 2,529.
— 27	Erembretstein	beurkundet dem grafen Heinrich zu Salmen im Oesling und dessen gemahlin Philippa das wiederkaufsrecht an der ihm um 4000 gulden verkauften herrschaft Bridel auf der Mosel. — Temporale.
— 31	. . .	gibt seinen consens zu der dotirung Johannettens der frau Johann's von Eltz auf einen theil der burg Eltz, auf die höfe zum Rode, auf dem berg und zu Weirsheim und auf güter zu Liemen. — Temporale.
apr. 26	——	belehnt die gebrüder Rulmann und Gerhard von Bubenheim, neffen des Johann von Lairheim cantors zu Lymupurg mit 20 malter kornrente aus dem hof Illumenrod bei Lympurg welche letzterer auf lebenszeit geniesst. 1373 na trier. stil uff dinst. na St. Marcusdag. — Temporale.
— 29	——	bewilligt der ihm verpfändeten stadt Arwilre auf 12 iahre die forterhebung des ungeldes zu den stadtbauten. Günth. Cod. dipl. 3,779.
mai 21	Paltzel	vergleicht die gemeinde Dremm mit den dörfern Clitting und Urschmitt wegen der weidegerechtigkeit. — Or. i. Cobl.
iun. 13	—.——	genehmigt dass Johann von Urley die Greta von Lyatzer auf des ritters Wilhelm von Urley leben zu Wiltingen, Trittenheim und Welen bewitthume. — Extr. im Temporale.
iul. 25	—.—.—	notificirt seinem domcapitel die ritterliche abstammung von vier anichen des Henne, sohnes seines burggrafen des ritters Johann zu Cochme behufs dessen aufnahme in's capitel. Günth. Cod. dipl. 3,777.
aug. 9	. . .	genehmigt dass Heinrich von Milewalt seine frau Albeide auf den dritten theil eines wingarts zu Wesel bewitthume. 1373 vigil. Laurentii. — Extr. im Temporale.
— 15	Erembretstein	gieht seinem innigen diener Bartholomeus von Winningen des Roelff von Waldeck leben zu Winningen. 1373 uff vnser frauwendag assumptio. — Or. i. Cobl.
sept. 7	Palacioli	genehmigt dass der ritter Hartmud Beyer von Boppard seine frau Greta auf eine mühle, wingerten, zinsen und den hof Odewilre zu Wesel bewitthume. — Temporale.
— 20	Erembretsteyn	ernennt als mit dem erzbischof von Cöln und bischof von Strassburg vom päbstlichen stuhle bestellter richter und conservator für den Predigerorden ausserhalb Frankreichs, den archidiakon cantor scholaster und cellerar des Baseler Doms, den probst zu Chur, den dechant zu Lutenbach, probst und dechant von St. Peter zu Basel zu seinen bevollmächtigten. 1373 vigil. Mathei apost. et evang. — Or. i. Cobl.

1373		
oct. 22	Erembret- stein	beurkundet der gräfin Johanne von Nassau, frau zu Merenberg, und ihren kindern das wiederkaufsrecht an dem ihm für 1000 gulden verkauften dorf Dussenauwe anl der Lahn. 1373 samst. na Lucas. — Temporale.
nov. 15	. . .	vererbpachtet an seinen innigen diener Helferich von Partenheim den westen hof zu der Schuren bei Loucamp oberhalb Berncastel. 1373 dinst. na Mertinsdag. — Or. i. Cobl.
dec. 9	———	verspricht dem grafen Johann von Seyn, nicht ohne dessen einwilligung dessen leute in Cunen-Engers aufzunehmen wenn er dasselbe zu einer stadt oder freiheit machen würde. — Or. i. Cobl.
1374		
febr. 3	- —–	bewilligt dem ritter Antilmann von Graseweg zollfreiheit für 25 fuder wein jährlich am zoll zu Oberlanstein. — Temporale.
apr. 10	. . .	verpachtet dem canonikus Mathys seinem kelner zu Kilburg auf lebenszeit eine mahlmühle daselbst. 1374 Mand. na Quasimodo geniti. — Temporale.
iun. 5	Lympurg	Gerichtssitzung Cuno's mit Johann herrn zu Lympurg in Gegenwart des erzbischofs von Cöln aber beider gerechtigkeit daselbst. Houth. 2.258 note a. Limburger Chronik ap. Houth. 1097 mit iahr 1374 mont. nach leichnamstag, welches der 5 iuni ist wie auch Broweri Ann. 2.244 annehmen und nicht der 5 mai wie bei Houtheim.
— 9	Erembret- stein	nimmt den chirurgen, meister Johannes Beraldi de Nemanso wegen seiner grossen kenntnisse, erfahrungen und ausgezeichneten rufs in der medicin und chirurgie mit 25 goldgulden iahrgehalt zu seinem hofmedicus und chirurgen an. — Temporale.
— 10	Paltzel	beurkundet dem Johann herrn zu Lympurg das wiederkaufsrecht an der ihm von demselben für 2900 gulden verkauften hälfte der Juden und herrschaft zu Lympurg. — Temporale.
iul. 1	Lynsensi	(in castro) quittirt dem erzbischof Friedrich von Cöln aber 29596$\frac{1}{4}$ gulden abschläglicher zahlung weit der 3 letzten iahren auf 73607$\frac{1}{4}$ gulden wofür ihm kölnische ämter und zölle verpfändet sind. — Temporale.
— 1	———	(-) desgl. aber 25259 gulden aus dem zoll zu Bonn auf die ihm schuldigen 52000 gulden. — Temporale.
— 3	. . .	genehmigt die dotirung Katherinen's von Wyskirchen, der ehefrau des Thomas von Schouwenburg. auf den zehnten und hof zu Thole, auf 3 schulen bei Schouwenberg und auf güter zu Mercingen. 1374 fer. 2 post Petri et Pauli. — Extr. im Temporale.
— 10	Paltzel	vererbpachtet um 4 malter korn und 4 malter hafer jährlich seinen hof zu Welschpillich an Johann von Medernach. — Temporale.
aug. 2	Erinbret- steyn	beurkundet den erben des grafen Gerhard von Virnenburg nach dessen tode das wiederkaufsrecht an den ihm von demselben verkauften gericht und rechte zu Münstermeinfeld, Thumbe, Lonebe und auf Bovenheimer berg. — Or. i. Cobl.
sept. 9	———	verleiht dem nonnenkloster zu der Stoben auf der Mosel das ausschliessliche recht des weinzapfs auf dessen kirmess. 1374 samst. na unser frauwendag als sie ward geboren. — Or. i. Cobl.
— 14	- —–	vererbpachtet den drittel trauben 2 wingerten hinter der mühle zu Malender an Gerlach Huych von Mulen. 1374 uff des heil. crucesdag exaltatio. — Temporale.
nov. 6	- —–	genehmigt dass Hermann von Eych seine frau Sophia auf lehenwingerten zu Lützelcovelentz bewitthume. — Temporale.
— 6	Mentze	befreit den Juden Samuel von Meyen zu Mentze wohnhaft von der erbeigenschaft zum erzstift Trier. 1374 mittw. na allerheiligentag. — Temporale.
— 10	- —–	ertheilt demselben Juden gegen jährliche 10 gulden sicheres geleit durchs erzstift. — Temporale.
— 10	. . .	schliesst mit dem erzbischof Friedrich von Cöln einen münzvertrag wegen verdrängung der in ihren landen überhand nehmenden schlechten münzen. — Scotti Samml. der Gesetze etc. 1.90.
— 14	Lyns	quittirt dem erzb. Friedrich von Cöln aber 14329 gulden abschläglicher zahlung auf die 20,000 gulden, welche er demselben zum ankauf von burg, stadt und zoll Berka geliehen hat. — Temporale.
— 28	Palacioli	ernennt den Johann Herbords von Lyns, baccalaur des canonischen rechts, zum official des gerichts zu Trier. — Houth. 2.263.
— 30		erlässt eine verordnung über die abhaltung des gottesdienstes in der St. Paulinspfarrkirche zu Bischofsdron und deren filialen zu Moerbach, Heyntzerod und Guntzerod. — Temporale.
dec. 22	- —–	befreit den Juden Gottschalk von Montabur mit seinem hausgesinde auf 3 iahre gegen iährliche entrichtung von 20 gulden von schatzung, volleist und steuer. — Temporale.

1375

febr. 4	. . .	quittirt dem bischof Adolf von Speier und dem stift Mainz die rückzahlung von 10000 gulden welche sie dem erzstift Trier schuldig waren. 1374 nach trier. ull, sund. na lichtmisse. — Temporale.
— 8	Erembret-stein	verlegt die jahresfeier der einweihung der St. Catharineukapelle auf St. Castors kirchhofe zu Coblenz von dem tage der heil. Perpetua und Felicitas (7. märz) auf den darauf folgenden sonntag und ertheilt für dieselbe ein 20tägiges ablassprivilegium. — Or. i. Cobl.
— 11		beurkundet den brüdern Cuno und Gerlach herrn zu Wunnenburg und Heilstein das wiederkaufsrecht an den ihm verkauften rechten zu Senheim, samstags gericht binnen den vier orten des marktes zu Cochem und zoll daselbst. Or. i. Cobl.
märz 13		beauftragt den abt zu St. Maximin mit der installation des conventualen Johann von Poelich als abt zu Metlach. 1374 zill. Trev. fer. 3 post Invocavit. — Chartular.
apr. 7	Paltzel	genehmigt dass Niclas vogt und herr zu Hunoltstein seine gemahlin Else die tochter des Raugrafen Philipp selig, auf den hof Achtelspach bewitthume. — Temporale.
— 17		genehmigt, dass Heinrich, der sohn des ritters Heinrich Maur von Boppard, seine frau Greta, die tochter Goswin's von Wylre herrn von Meysenburg, auf die hälfte der dörfer Isenach und Geilsheim und auf sein burglehen zu Welschpillirhe bewitthume. — Extr. im Temporale.
mai 15	. . .	genehmigt die witthumsverschreibung auf wingerten zu Wesel für Anna die tochter des ritters Radewin von Stromberg und frau Johann's von Brubach. 1375 fer. 8 post Servatii. — Extr. im Temporale.
iun. 7		vererbpachtet ein haus in der Judengasse zu Coblenz an den Juden Jakob Bonefant. — Temporale.
— 12		genehmigt die dotirung Elisabeth's der ehefrau des ritters Hugo von Wachenheim mit der hälfte der burg Wachenheim in Wormser diözese. — Extr. im Temporale.
— 12	. . .	desgl. die der Elisabeth, ehefrau Folkmar's Schotten von Wachenheim mit der andern hälfte dieser burg. — Extr. im Temporale.
— 23	Erembrecht-stein	verpflichtet sich, die ihm verpfändeten städte und vesten Königstein, Neufalkenstein, Hofheim und Norings für die pfandsumme von 10500 gulden, womit er Agnes, frau zu Falkenstein und deren söhne aus der gefangenschaft der herrn von Reifenberg, worin dieselben bei eroberung der veste Königstein gekommen waren, ausgelöst hatte, wieder abzulösen zu lassen. Or. i. Cobl.
— 24	:	gestattet die errichtung eines tauf-steins in der kapelle zu Oberfell unbeschadet der rechte der pfarrei Oberlehnen. — Günth. 3,793.
— 24	. . .	genehmigt die dotirung Nesens, der ehefrau des ritters Heinrich Meynefelder von Erembretstein mit gütern zu Udelburne. — Extr. im Temporale.
iul. 30	Palacioll	erlässt eine verordnung wegen vertheidung der pensionen unter die canoniker des St. Paulinstifte bei Trier. — Temporale.
sept. 17	Erembret-stein	verspricht den hausgenossen der veste Dagstuhl ihnen den durch seinen enthalt daselbst etwa entstehenden schaden zu ersetzen. — Temporale.
nov. 9		bestätigt das testament Heinrich's von Küthge, eines canonicus vom St. Castorsstift zu Coblenz. — Or. i. Cobl.
— 20		verleiht seinem caplan Richard von Kalkesrevothe auf kaiserliche präsentation die probstei der Marienkirche zu Wetzlar. — Temporale.
dec. 2		bestätigt die im testamente des clerikers Evorard von Cruft geschehene stiftung einer frühmesse in der pfarrkirche zu Moselweiss, und überträgt dem capitel des St. Castorsstifts zu Coblenz als patrone dieser pfarrei das collationsrecht über diese messe. — Or. i. Cobl.
— 12	:	verspricht dem Diedrich herrn zu Runkel und dessen gemahlin Jutta die burg Runkel, welche dieselben ihm an stelle der von ihnen für 1000 robertsgulden an Heinrich Mul von der Nuwerburg verpfändeten burg- und mannlehen nämlich des dorfs Miurelheige, des zehnten zu Rile und des zehnten zu Fünderich als lehen aufgetragen haben, bei ablösung der pfandschaft wieder als allodium zurückzustellen. — Temporale.
- 15	_	verbessert des Hennen von Hane burglehen zu Meyen mit einer hofstatt daselbst. — Temporale.
— 15		verleibt seinem diener Johann vlier das haus »die smitte« zu Münstermaynfeld. — Temporale.
— 20	:	beurkundet dem Salentin herrn zu Isenburg und dessen gemahlin Alheiden das wiederkaufsrecht an den ihm für 300 gulden von denselben verkauften gütern renten zenten

1375		und rechten Colln's herrn zu Ulmen auf der obern burg. 1375 uff St. Thomas abend. — Or. i. Cobl.
1376		
ian. 18	Erembret-stein	verpachtet seinen hof bei der kirche zu Covern für zwei mark iährlichen zins an Gobeln Gotzen und dessen frau Karismen auf lebenszeit. — Temporale.
— 23	————	verleiht seinem innigen diener Peter Snyder und dessen sohn Johann pastor zu Noviant seinem kellner zu Ehrenbreitstein wie auch des erstern ehefrau Hedwig, allen dreien auf lebenszeit ein haus mit garten zu Coblenz auf dem graben. Temporale.
— 29	Paltzel	ernennt Thielen Heyutzen sohn von Diepach zu seinem burgmann auf Saarburg und giebt ihm eine hofstatt daselbst als burglehen. — Temporale.
febr. 6	— —	ertheilt der Carthause St. Alban bei Trier ein 40tägiges Ablassprivilegium. — Or. i. Cobl.
— 8		verpachtet für 100 gulden den hof Wildenberg zu Celle im Hunn auf solange als ihm derselbe von Cuno und Gerlach herrn zu Wunnenberg verpfändet bleibt. — Temporale.
— 16	————	verpachtet um 50 soliden iahrzins sein steinern haus mit hof zu Entsche an seinen diener Johann von Entacke, dessen frau und ältestes kind auf lebenszeit. — Temporale.
— 24	— —	befiehlt seinem official zu Trier, den herzog Wenczelaus von Lützelburg und dessen amt-leute wegen gewaltsamer pfändung der güter welche die triersche gei-tlichkeit im Luxemburgischen besitzt und steuerfrei sind, zu excommuniciren. — Or. i. Cobl.
apr. 7	Erembret-stein	verleiht seinen beiden kellnern Herwich zu Montabur und Christian zu Limburg auf lebens-zeit die güter, welche der kellner zu Montabur Johann von Revenach selig hinter-lassen hat. — Temporale.
— 25	— — -	mortificirt die verloren gegangenen urkunden über die verpfändung von 100 malter korn-rente um 600 gulden seitens des grafen Heirich von Spanheim an ihn ehe er erz-bischof geworden war. — Temporale.
iun. 12	Franken-ford	gelobt dem zum römischen könig gewählten Wenzelaus könig von Böhmen, lebenslänglich seinen beistand und ihn stets für den rechtmassigen römischen könig und den zu wählenden kaiser zu halten. 1376 vf vnsers herrn lichamstag. — Temporale.
— 20		bewilligt dass Wernher von der Leyen seine ehefrau Sophie auf den halben zehnten zu Uchtending bewitthume. — Extr. im Temporale.
— 28	Erembret-stein	quittirt dem erzb. Friedrich von Cöln über 49031 gulden den rest der ihm schuldigen gelder und stellt die ihm verpfändeten kölnischen zölle städte und ämter wieder zurück. 1376 vigil. Petri et Pauli. — Temporale.
iul. 7	Ache	Rechtsprecher Karl's IV mit andern kurfürsten und fürsten in sachen des erzbischofs Friederich gegen die stadt Cöln. — Lacomblet, Urkb. 3,667.
aug. 22	Paltzel	bestätigt das testament Hugo's des kaplans des altars st. Symonis und Judä in der St. Simeons-kirche zu Trier. — Or. i. Cobl.
sept. 4	——	ertheilt dem St. Paulinstift bei Trier für die daselbst eingeführte tägliche absingung der antiphona cum collecta de beata et gloriosa virgine Maria ein vierzigtägiges ablass-privilegium. — Or. i. Cobl.
— 9	. . .	schliesst mit Wilhelm dem herzog von Gnilge und Gelre auf drei iahre ein landfriedens bündniss. 1376 des andern dages un vnser frauwen dage als sy geboren wart. — Temporale.
— 12	Treverensi	(ecclesie in capitulo) incorporirt der Carthause St. Alban bei Trier die pfarrkirche St. Lubentii zu Covern. Gnath. 3,799.
oct. 9	. . .	befreit die unterthanen des herzogthums Lützelburg von der zolleutrichtung bei Pfalzel. — Or. i. Cobl.
nov. 16	Paltzel	vergleicht den Deutschorden zu Trier mit Getzo, der wittwe Reynhers seines burggrafen zu Berncastel wegen des hofs zu Noviant. 137d sonnt. un St. Mertin. — Or. i. Cobl.
— 28	Erem-brechtstein	beurkundet die einweihung des altars St. Mathias und Thomas in der schlosskapelle zu Erembrechtstein durch seinen weihbischof Johann Tramicensem episcopum. Holzer de Proepue. s. 46.
dec. 6	————	beurkundet dass er selbst nad Johann von Hexheim der probst zu Pfalzel wie auch dessen bruder Heinrich und neffe Heune von Hexheim auf ihre gegenseitigen forderungen von wegen Herbord's von Hexheim als ihres resp. vetters resp. vetters und oheims verzichtet haben. 137d vff vnser frauwendag conceptio. — Temporale.
— 20	————	macht Winrich von Junkerod zu seinem burgmann zu Hillesheim und belehnt ihn auf lebenszeit mit dem zinz den er von seiner ehefrau Bela gut daselbst zu entrichten hatte. 1376 uff St. Thomasabd. — Temporale.
— 27	Palatioli	nimmt die Lombarden die gebrüder Thomas und Michael, ferner Monicles de Asinariis und Albertin de Monteña, bürger von Asti, auf neun iahre in seinen schutz. erlaubt ihnen zu Ober-Wesel zu wohnen und ertheilt ihnen ein handelsprivilegium. Honth. 2,276.

1377

ian. 31	Palacioli	erlaubt auf bitte des Carmeliter generals und provincials durch Alemannien den von denselben dazu verordneten ordensbrüdern beichte zu hören im erzstift. — Temporale.
febr. 7	Mertzige	schliesst mit dem herzog Johann von Lothringen auf vier iahre ein landfriedensbündnis. Honth. 2,263.
— 7	——	schliesst mit demselben einen vertrag wegen der bisherigen gränz- iurisdiktions- und anderer irrungen namentlich wegen Moncleir, Motten, Schwarzenberg, St. Wendel und Büschfeld und erneuern die früheru verträge von 1368 den 24. oct. und 1334 den 13. nov. — Temporale.
— 16	. . .	vermittelt mit dem Johanniterordensmeister Conrad von Brunsberg, beide als ernannte schiedsrichter eine sühne zwischen dem erzbischof Friedrich und der stadt Cöln. — Lacomblet Urkb. 3,695.
märz 5	Erembreitstein	erhebt die bisher zur pfarrei Bruttig gehörige kapelle zu Ernst auf der Mosel zu einer eignen pfarrkirche. Günth. 3,801.
— 8	——	bewilligt dass Meffrid von Braembach sein haus zu Molsberg gegen Johann's von Berenrode haus daselbst, welche beide häuser Molsberger burgleben sind, vertauschen könne. — Temporale.
— 8		verschreibt der Margaretha von Falkenstein, einer nonne zu Marienburg, auf lebenszeit 4 fuder wein iährlich, welche Emich herr zu Oberstein bürgern zu Bridal verpfländet und er der erzbischof mit 420 gulden wieder ausgelöst hatte. — Temporale.
apr. 5	. . .	bewilligt dass sein schwager Johann graf von Seyn die dem Arnold von Wermetrode, amtmann zu Montlabur schuldigen 1020 gulden auf seinem halben turnos am zoll zu Capellen versichere. — Or. i. Cobl.
mai 9	. . .	verleiht der Margaretha von Falkenstein, nonne zu Marienburg, auf ihre lebenszeit ein haus in der Judenergasse zu Trier und einen wingert zu Merl. — Temporale.
— 27	Paltzel	nimmt Johann herrn von Rodemachern für 50 gulden dienstgeld iährlich, ablöslich mit 500 gulden, zu seinem dienstmann an. — Or. i. Cobl.
iun. 3	. . .	bewilligt dass graf Friedrich von Kirburg die Anastasia von Lysingen auf zwei viertel des schlosses Weldesteyn bewithume. — Extr. im Temporale.
— 14	. . .	sühnt sich auf die vermittelung des bischofs Dietherich von Metz und des herzogs Johann von Lothringen mit scheffenmeister, schöffen und bürgern gemeinlich der stadt Trier wegen verschiedener streitigkeiten, namentlich wegen des zolls und geleits zu Pfalzel, der gerichtsbarkeit des erzbischöflichen schultheissen über die bürger, des sends und der sendschöffen, schlagen der münzen, des ungelds, der fischerei und anderm mehr. — Or. i. Cobl.
— 27		verleiht seinem diener Johann Russe von Bruchenbrucken, dessen ehefrau Lukarde und deren sohn Dern, allen dreien auf lebenszeit das haus Ralaut in St. Dyderichsgasse zu Trier. 1377 samst. nach St. Johannis Baptisten als er geboren wart. — Temporale.
iul. 7	Erembreitstein	(in castro) genehmigt dass der ritter Heinrich von Paffendorf genannt Meynenfelder seine ehefrau Nesa auf burgleben bewithume. Extr. im Temporale.
— 9	. . .	genehmigt dass der ritter Theoderich Walpode seine ehefrau Oelken auf seine lehen der herrschaft Valinder bewithume. — Extr. im Temporale.
— 20	——	bestätigt das testament des kaplans vom heil. geistaltar des St. Floriusstifts zu Coblenz, Gerlach's des sohns Thilmann's Suneschyss. — Chartul.
sept. 8	Wesel	giebt dem pfalzgrafen Ruprecht dem iüngern die veste stadt und den hof zu Aldensiemern als mannlehen. Temporale. Der betr. lehenrevers steht bei Günth. 3,808.
— 19	Keympte	giebt dem Ludwig von Tholey auf lebenszeit ein haus zu Keympt im Hamm zu mannlehen. — Temporale.
oct. 1	Erembreitstein	ertheilt dem Wernher Setzpaut von Drake nach dem tode seines vetters des ritters Johann Setzpaut von Drake die anwartschaft auf dessen mannlehen von 10 gulden iährlich aus dem zoll zu Boppard. 1377 uff St. Remeys. — Temporale.
— 11	——	bestätigt dem St. Simeonstift zu Trier die in dem testamente erzb. Baldewin's demselben gemachte schenkung des hauses zum Rinderdantz in der Flandergasse daselbst. — Or. i. Cobl.
— 24	——	giebt dem ritter Reinher burggrafen zu Berncastel als dadiges burgleben das halbe haus Neumagen daselbst, dessen andere hälfte Ida von Eich auf lebenszeit besitzt. 1377 uff St. Symon und Judentag. — Or. i. Cobl.
nov. 25	——	verpachtet seinem armen mann Johann von Boeche und dessen ehefrau Petersen auf beider lebzeit den hof von Eveshusen zu Trys. 1377 die Katherine. — Temporale.

1378

ian. 4	Paltzel	quittirt der Carthause auf dem Beatusberg bei Coblenz über die rückzahlung der derselben geliehenen 500 gulden. — Or. i. Cobl.
— 13	Sarburg	erneuert dem ritter Johann von Brantscheid, seinem amtmann zu Kilburg, wegen beschädigung des siegels an der urkunde des erzbischofs Baldewin von 1341 wonach derselbe erzbischöflicher vasall wird, diese urkunde. — Temporale.
febr. 10	Paltzel	verleiht seinem Juden Abraham zu Cochme ein haus zu Trier. — Temporale.
märz 9	. . .	bestätigt einen vergleich zwischen dem St. Florinstift zu Coblenz und der abtei Laach wegen güter zu Obermendig und zehnten zu Betzenroth und Kesselthal. — Or. l. Cobl.
ian. 25	. . .	belehnt den Heinrich herrn zu Dune mit einem theil der veste und herrschaft Dune in der Eifel nebst der vogtei zu Cröv, Ryle, Kynheim und Bengel. 1378 fridags na St. Johanns Bapt. als er geboren wart. — Temporale.
iul. 2	. . .	genehmigt als lehensherr, dass der ritter Peter von Eich für 150 gulden an Heinrich Mul von der Nuwerburg 8 malter kornrente aus dem zehnten zu Altrey verkaufen könne. — Or. i. Cobl.
aug. 1	Erembret-stein	fundirt zur memorie seines familiaris Herbord von Uexheim eine neue vicarie am St. Marien-altar in St. Castorskirche zu Coblenz. — Or. i. Cobl.
— 7	——	dotirt den St. Mathiasaltar in der schlosscapelle zu Ehrenbreitstein mit einem hause in der Georgengasse zu Coblenz. — Temporale.
oct. 16	Paltzel	befiehlt dem grafen Wilhelm von Katzenelnbogen den neuerrichteten zoll zu Husen, St. Gewer gegenüber, abzustellen. 1378 die beati Galli. — Temporale.
— 31	——	giebt als kurfürst des reichs seinen consens zu der verpfändung der landvogtei Elsass seitens kaiser Karl's IV an den herzog Wenceslaus von Luxemburg. 1378 den lesten dag Oktober. — Temporale.
— 31	op der Dellauwe	nebst Wenzeslaus von Deheim, herzog von Lucelinburg beauftragen den erzbischof Friedrich von Cöln mit der untersuchung und schlichtung ihrer streitigkeiten. 1378 vp sondag aller heiligen avent. — Temporale.
nov. 2	Paltzel	vererbpachtet an den bürger Sebrecht Metzeler zu Witlich eine hofstatt daselbst. — Temporale.
— 6	Erembret-stein	befiehlt abermals dem grafen Wilhelm von Katzenelnbogen binnen acht tagen die aufhebung des vor dem schlosse zu St. Gewers-Husen errichteten rheinzolles. 1378 fer. 2 ante Martini. — Temporale.
— 9	——	nimmt den zimmermann Cleschin Amesse auf lebenszeit gegen 25 gulden jährliches dienstgeld in seine dienste. — Temporale.
— 10	——	ertheilt der Carthause bei Coblenz ein 40tägiges ablassprivilegium. — Or. i. Cobl.
— 16	——	befreit die zu wasser durchs erzstift fahrenden Juden an den zollstätten von der würfelabgabe. — Temporale.
1379		
ian. 14	Welsch-pilliche	verpachtet an den bürger zu Welschpilliche, Welther von Hove, dessen frau und tochter, auf aller drei lebenszeit seinen hof daselbst. — Temporale.
— 25	Paltzel	vorerbpachtet dem bürger Peter Vassbender zu Cell im Hamm ein haus daselbst, genannt »der Juden thurn.« 1378 uff St. Paulusdag conversio. — Temporale.
— 31	——	nimmt den schüsselmacher Gursilius von Liessendorf für jährlich 4 malter korn dienstgeld aus der kellerei zu Saarburg zu seinem diener an. — Temporale.
febr. 27	Franken-ford	beschwört den von könig Wenzeslaus mit den kurfürsten und reichsständen an heutigem tage geschlossenen verein zur anerkennung und unterstützung des pabstes Urban VI gegen den als gegenpabst Clemens VII erwählten cardinal Robert von Genefe. Honth. 2,286.
märz 25	Palacioli	bestätigt die fundirung des Marienaltars in der pfarrkirche zu Bacharach seitens Katherinen, der wittwe Peters von Cub, bürgers daselbst, und erhebt diesen altar zu einem beneficinm ecclesiasticum. — Temporale.
apr. 18	Paltzel	vererbpachtet dem müller Hennen zu Baldeneck seine mühle daselbst. — Temporale.
mai 11	Erembret-stein	belehnt den ritter Conrad von Schonecke den ältern mit den gütern, renten und leuten, welche demselbe ihm mit dem burggrafenamt der veste Rusemberg für 1500 gulden aufgetragen hatte. — Temporale.
— 16	——	vererbpachtet an Peter von Afflicheym genannt Flemyng ein stück ackerland genannt »das bischofsstück« in Nyderuberger gericht. — Temporale.
— 18	——	desgl. an Johann, Peter's sohn vom Deutschen hof seinen grossen hof zu Offtending um 90 malter korn jährlichen zins, und
— 18	— - -	desgl. an dessen bruder Peter den kleinen hof genannt »der vadyenhof« zu Offtending um 40 malter korn jährlich. — Temporale.

15

1379		
mai 25	Erembretstein	verleiht dem Johann von Clotten, seinem burggrafen zu Cochem wegen der in seinem dienste gehabten anslagen, auf zwölf iahre die mühle in der Mosel daselbst. 1379 uff St. Urbansdag. — Temporale.
iun. 8	— —	dotirt die kapelle bei seiner neu gebauten burg zu Engersch, zun Cnnenengers genannt und erhebt sie zu einem beneficium ecclesiasticum. — Günth. 3,821.
— 13		bestätigt das testament Theoderich's von Bylstein, canonichs zu St. Florin in Coblenz. — Chartul. i. Cobl.
— 18		desgl. des dechants Thilman von Lanstein daselbst. — Ebendas.
— 24		bestätigt den verkauf eines Judenhauses zu Coblenz an einen Juden. 1379 uff St. Johans Bapt. dag als er geboren wart. — Temporale.
ial. 25	Hatstein	Belagerung und unterwerfung dieser burg auf St. Jacobstag durch erzbischof Cuno. Anonymi Chron. ap. Wärdtwein Nova Subs. 8,395. Am mittwoch nach assumpt. Mariae (aug. 17) sühnen sich die gemeiner und haugenossen durch urkunde mit den belagerern: dem römischen könig Wenzeslaus, dem erzb. Cuno, dem pfalzgrafen Ruprecht dem Altern, mit Philipp herrn zu Falkenstein und Mintzenberg, Ulrich herrn zu Hanau, junker Philipp von Falkenstein herrn zu Mintzenberg und den städten Frankfurt, Friedberg, Geylenhusen u. Limburg. — Or. i. Cobl.
sept. 1	Erembretstein	incorporirt dem kloster Lonnig die St. Marienkapelle auf der burg zu Meyen mit ihren sämmtlichen einkünften, und verordnet dass der gottesdienst wegen geisteskrankheit des burgkaplans Johann Wickenhewer täglich von einem geistlichen dieses klosters gehalten werde. — Or. i. Cobl.
— 2		incorporirt dem capitel der stiftskirche b. Mariae zu Pfalzel die probsteilichen einkünfte zu Cochem, Cond, Huntzerath und Dritten. — Or. i. Cobl.
oct. 13	Pfaltzel	verschreibt dem Boemund von Saarbrücken falls derselbe seinen vetter den domprobst Ruprecht überlebe, auf lebenszeit die veste und herrschaft Schwartzenberg. — Temporale.
— 24	Sarburg	bewilligt dem Ruprecht von Moncler die vom erzstift lehenrührige vogtei zu Taven und Rode um 631 gulden an den ritter Peter von der Leyen zu verpfänden. 1379 mont. nach St. Lucas. — Temporale.
nov. 8	Palacioli	bestätigt das testament des verstorbenen archidiakons Arnold von Saarbrücken. — Chartul. i. Cobl.
— 30	Erembretstein	beurkundet seinem domcapitel die adliche herkunft des stiftsherrn zu Dietkirchen, Diederich von Crammenau, behufs dessen reception ins domcapitel. 1379 uff St. Andreas. Or. i. Cobl.
1380		
ian. 6		beauftragt den official zu Trier mit der vollstreckung einer päbstlichen provision für den armen cleriker Matheus von Meyen auf ein kirchliches beneficium das der domdechant zu vergeben habe. — Or. i. Cobl.
— 22		belehnt den Johann herrn zu Lympurg mit der früher vom reich lehenrührigen burg und stadt Lympurg. — Temporale.
— 24		verspricht dem Gerhard von Kirberg ihn falls Johann herr zu Lympurg ohne lebenserben stürbe, mit burg und stadt Lympurg zu belehnen. — Temporale.
— 29		verspricht dem Johann herrn zu Lympurg, nachdem er demselben noch 2000 gulden über die 28000 gulden kaufgelds der hälfte von stadt und herrschaft Lympurg gegeben, nach 6 iahren den wiederkauf um 30,000 gulden zu gestatten. An demselben tage schliessen beide einen vertrag, wonach sich der erzbischof zur herbeischaffung des kaiserlichen willebriefs für die belehnung Johann's durch den erzbischof verpflichtet. Grässer Diplomat. Beiträge 2,75 u. 76.
febr. 14		bestätigt das testament des Niclaus von Güls, vicars vom St. Magdalenenaltar in St. Castorskirche zu Carden. — Or. i. Cobl.
märz 8	. . .	genehmigt als lehenherr, dass Arnold herr zu Pittingen und Dagestal, ritter, und dessen gemahlin Margareta den dritten theil der burgen zu Covern mit allem zugehör für 2900 gulden dem trierischen domstift verkaufen. Günth. 8,828.
apr. 4	Paltzel	vererbpachtet seinem meyer zu Paltzel eine hofstatt daselbst, und
— 4		desgl. eine daselbst an seinen steinmetzen Heyntzen von Trier. — Temporale.
iun. 9		publicirt dem bardecan und clerus zu Trier die wahl des domscholasters Egidius von Mylberg zum domprobst. — Or. i. Cobl.
ial. 1	Cochme	(in castro) belehnt den grafen Symon vom Spanheim und Vianden mit den lehen der grafschaft Spanheim. — Extr. im Temporale.
— 6	Coblenz	Mitbesiegler und vermittler der sühne zwischen Hermann Breder, Cuno Schultheis von

1380

Limburg und Zacharias von Hergisbach nebst deren helfern einerseits und den rittern Johann und Friedrich von Stein, gebrüdern, Johann und Heinrich Stren gebrüdern von Catzenelnbogen, Markolff Kesselhuht dem ältern und jüngern von Catzenelnbogen andrerseits wegen der durch die ermordung Diederieb's von Staffel auf dem feide zwischen Heimbach und Bendorf zwischen beiden theilen entstandenen fehde. Honth. 2,290.

jul. 15	Erembret-stein	verspricht dem probst zu Aachen, herrn Wilhelm von Wied, welchem er die veste Dierdorf mit zugehör übergeben hat, falls derselbe oder dessen erben ihm dieselbe wieder zurückstellen werden, ihm oder den erben auch die briefe und gelöbnisse des probstes wegen des raubes seines vaters der ermordung Wilhelm von Wied auf dem Rheine, zurückzustellen. 1380 sonnt. na Margareten. — Temporale.
— 30	. . .	schliesst mit dem abt Dietherich zu Prüm einen vertrag wegen incorporirung dieser abtei mit den erzbischöfflichen tafelgütern. Or. i. Cobl.
sept. 26	. . .	verträgt sich mit Heinrich von Boirlor wegen des demselben von Colyn von Ulmen für 200 gulden verpfändeten halben theils lehenrechtes zu Lutzenroed dahin, dass derselbe davon die hälfte als lehen behalten solle. — Temporale.
— 26	. . .	belehnt Heinrich von Boirlor mit dem Snydewind's bargleben der obern burg zu Ulmen, das derselbe von Thiele Rusche gekauft hat. — Temporale.
oct. 6	Munster-meynfeld	belehnt den Cuno von Frankenstein mit weiland des ritters Heinrich Boven von Ulmen haus bei der obern burg zu Ulmen. — Temporale.
— 6	———	bestätigt durch transfixum das testament des pastors Winand zu Ettaring. — Or. i. Cobl.
— 8	Erembret-stein	verleiht dem priester Johannes Institutor von St. Wendel die daselbst vacante St. Magdalenenkapelle. — Temporale.
— 18	———	bewilligt, dass der graf Adolf von Virnenburg seinen natürlichen bruder Ruprecht mit dem vom erzstift lehenrührigen hause oder hof zu Boos belehne. — Extr. Günth. 3,831.
nov. 23	Paltzel	verpachtet an Thilman, Richard's sohn von Burne, dessen frau und kinder auf lebenszeit das Balduinshaus zu Wyls bei Trier. — Temporale.
— 26		bewilligt dass sein burgmann zu Meyen, Syfrid Buych, seinen schwager Peter von Revenach, in die gemeinschaft seiner burgleben aufnehme. 1380 mont. na Katherinen. — Temporale.
dec. 6	———	befiehlt den gebrüdern Heinrich und Friedrich grafen zu Veldentz auf lebenszeit in amtsweise die burg Castel an der Blies. 1380 uff St. Niclasdag. — Temporale.
1381		
jan. 9	———	verleiht seinem erbeignen Juden Godeschalk von Monthabur, dessen frau und kindern 3 häuser in der Judengasse zu Trier für 70 gulden und einen jährlichen zins von 1 gulden. Temporale.
febr. 14	Colne	vermittelt eine sühne zwischen dem erzbischof Friedrich von Cöln und dem grafen Adolf von Cleve, und
— 14	———	desgl. zwischen dem genannten erzbischof und dem grafen Johann von Nassau. — Lacomblet. Urkb. 3,746 u. 747.
märz 3	Erembret-stein	genehmigt dass die Jüdin Gerynne ihre beiden häuser in der Judengasse zu Coblenz an den Juden Fantine den sohn Jakob's Bonefant verkaufe. — Temporale.
— 12		ertheilt den schwestersöhnen des kellners Berwig zu Monthabur die anwartschaft auf die demselben auf lebenszeit verliehenen güter des frühern kellners daselbst Johann von Revenach. — Temporale.
mai 10	Paltzel	beurkundet dem Johann herrn zu Kirkel das wiederkaufsrecht an dem ihm von demselben für 750 gulden verkauften antheil St. Wendels. — Temporale.
— 10		verzichtet auf allen schadenersatz wegen der von demselben neulich zu St. Wendel gefangenen Juden. — Temporale.
jun. 5	Erembret-stein	vergleicht sich mit Emmerich von Waldeck wegen dessen ansprachen und forderungen an ihn in betreff der vogtei zu Buylche und Moorshusen, und verleiht demselben die letztere zu mannlehen. — Temporale.
— 23	. . .	schliesst mit den andern drei rheinischen kurfürsten und dem rheinpfalzgrafen Ruprecht dem jüngern auf 6 jahre ein bündniss zu gegenseitiger hilfe und zum schutze ihrer lande und leute. — Günth. 3,836.
— 23	. . .	desgl. mit demselben vertrag, dass während der dauer obigen bündnisses keiner von ihnen in einen städte- oder gesellschaftsbund eintreten und dass diese bünde in ihrem lande verboten sein sollen. — Lacomblet Urkb. 3,760.
aug. 7	uff der Bellauwe	verlängert mit dem herzog Wenzeslas von Lucemburg das zwischen ihnen bestehende landfriedensbündniss auf weitere 8 jahre. — Or. i. Cobl.

1381		
aug. 10	Paltzel	verleiht dem Rorich von Frucht, canonicus zu St. Florin in Coblenz und kellnern zu Pfalzel, auf lebenszeit seinen hof bei Pallien auf der Leyen gegenüber von Trier. 1381 vff St. Laurentiustag. — Temporale.
— 16	————	verleiht seinem innigen diener Johann Ruysse von Broechenbrucke, dessen frau Lucarde und sohn Beruen, allen dreien auf lebenszeit die durch den tod der ehefrau Peter's Sarrasin erledigten güter zu Contz zu manuleben. — Temporale.
sept. 13	Erembrett- stein	ernennt den Coblenzer schöffen Heynemann Snabel zu seinem dachdecker in Coblenz und Erenbreitstein. — Temporale.
— 13	————	befreit weiland des ritters Gerhard von Meyen thurm zu Meyen genannt »Gerhardsthurn« welcher dortiges burglehen, nachdem Johann von Wynsheim, der ehemann von Gerhard's enkel, ihn mit 4 mark verursasst hat, von dieser lebenspflicht. — Temporale.
nov. 7	————	vererbpachtet dem Wygand Hunrevaydt einen garten bei Molsberg. 1381 uff St. Wilbrords- tag. — Temporale.
— 27	————	belehnt Diederich Huysten von Ulmen mit den lehen der herrschaft Covern welche dessen schwager Johann von Rupach selig besass. — Temporale.
— 30	————	verleiht dem probst Johann zu Merzig auf lebenszeit einen thurm mit haus nebst einem drittel des ofens zu Senheim. 1381 uff St. Andreastag. — Temporale.
— 30	————	erhebt den von Carl von Mertloch, dem dechanten des St. Castorsstifts zu Carden, und dem plebau Jakob zu Gappenach gestifteten St. Nicolausaltar in der pfarrkirche zu Mertloch zu einem beneficium ecclesiasticum. — Temporale.
1382		
ian. 5	Palacioli	bestätigt und besiegelt den vergleich zwischen Godfrid von Brunecke, probst der kirche St. Martini und St. Severi zu Münstermoifeld und domherra zu Trier einerseits und dem domprobst Egidius von Mylberg und dem trierischen domcapitel andererseits wegen der domprobstei, worin der von Brunecke nach des von Mylberg tode folgen soll. — Chartul. i. Cobl.
— 17	Cochme	gewinnt den Thielchin von Dune genannt von Zolver und dessen beide söhne Thielchin und Cuno mit 25 gulden iährlich aus dem zoll zu Cochmo zu seinen mannen. — Temporale.
febr. 4	Erembrett- stein	genehmigt dass Marsilius von der Arken seine ehefrau Elisabeth von Guls auf die hälfte seiner trierischen lehen bewitthume. — Temporale.
— 15	————	beauftragt seinen weihbischof Berthold episcopum Thephelicensem mit der einweihung des von Conrad von Kuningstein, dechanten der St. Peterskirche in Mainz gestifteten St. Andreasaltars in der collegiatkirche zu Eigenstein. Holzer de Proepisc. s. 49 und Temporale.
apr. 7	Sarburg	verpachtet auf 2 iahre um 200 gulden iährlich den zoll zu Trier an dortige bürger. 1382 maendag na dem heil. oesterdag. — Temporale.
— 11	————	verbessert das Sarburger burglehen Sintelmann's von Saarburg mit 4 malter korn und einem schwein iährlich. — Temporale.
— 30	Witlich	vererbpachtet an Friedrich Fulre, bürger zu Wittlich, ein haus daselbst. — Temporale.
mai 1	————	vererbpachtet auf so lange an Brydal innehat seinem schultheissen Weruher daselbst vier frohnländereien. — Temporale.
iul. 7	Franken- ford	nimmt den wundarzt Johann von Lanel zu Coblenz gegen 4 malter korn und 4 ohm wein iahrgehalt zu seinem diener an. — Temporale.
— 28	Erembreitt- stein	belehnt seinen kammerknecht Johann von Driest mit den erledigten lehen des ritters Sander von dem Werde. 1382 mandag na St. Jacob. — Temporale.
sept. 2	...	bestätigt einen vergleich zwischen dem probst und dem dechant des St. Martinstifts zu Worms über die theilung der stiftsgefälle. — Or. i. Cobl.
— 18	...	genehmigt als lehnherr, dass Hermann von Eych und dessen frau Sophie für 500 gulden an das domcapitel zu Trier 10 malter korn erblicher iahrrente aus dem zehnten zu Altrey bei Wittlich verkaufen, und besiegelt den kaufbrief hierüber. — Chartul. i. Cobl.
oct. 18	————	schreibt sämmtlichen pfarrern, priestern, clerikern und notaren seiner diözese dass er die gegen sein domcapitel erlassenen sentenze und excommunication wegen verweigerter reception des Jakob Hautswin ins capitel einstweilen sistirt und eine weitere frist bis zu St. Nicolaustag dem domcapitel gesetzt habe. 1382 die b. Luce. — Or. i. Cobl.
— 21	————	belehnt den Johann herrn zu Dune mit den mann- und burglehen seines vaters Heinrich selig. — Or. i. Cobl.
nov. 9	————	ertheilt den vier söhnen der drei schwestern des ritters Johann von Liebenstein nämlich Heinrich dem sohne des ritters Rutger von Bacheim, dem Wernher's von Liebenstein, ritters, den man nannte Enkelen sohne, und Heinrich und Johann Zurnen von Schonen-

1382		
		burg söhnen, die antwartschaft auf des ritters Johann von Liebenstein mann- und burglehen. — Temporale.
dec. 2	Erembretstein	bestätigt die fundation des St. Johannes Evangelisten altars in der pfarrkirche St. Marien zu Coblenz durch testament Johanns Crehaene, chorherrn des St. Georgenstifts zu Limburg. — Temporale.
— 8	———	ermahnt das domcapitel zu Trier nun den Jacob Hunschwin, da derselbe seine abkunft von vier ahnen guter ritterart durch zeugen erwiesen habe, in den genuss seiner präbende zuzulassen. 1382 die conception. Marie. — Or. i. Cobl.
— 23		schreibt der geistlichkeit zu Trier dass er die excommunication seines domcapitels wegen der verweigerten aufnahme des von ihm zu einer dompräbende beförderten Jakob Huntswin des St. Lubentinsstifts zu Ditkirchen einstweilen sistirt und dem domcapitel eine neue frist gesetzt habe. Or. i. Cobl.
— 30	Paltzel	vergleicht die beiden gemeinden Manderscheid und Lytghe wegen des eckerichs im Lytgher walde. 1382 fer. 3 post nativ. christi. — Copie i. Cobl.
1382		
ian. 9	Erembretstein	sühnt sich mit Johann von Plettenbracht genannt Heydemoele und dessen helfern, und giebt ihm 5 ohm wein iährlich als burglehen zu Vallendar. — Or. i. Cobl.
— 9	———	erhebt den von Johann von Revenach, pastor und kellner zu Monthabur und Berwich von Monthabur canonicus des St. Florinsstifts zu Coblenz dotirten St. Marienaltar in der pfarrkirche zu Monthabur zu einem beneficium ecclesiasticum. — Temporale.
— 14	Meyen	genehmigt die witthumsverschreibung des grafen Adolf von Virneburg selig für seine gemahlin Jutta von Randerod. — Temporale.
— 21	Erembretstein	erhebt den von seinen beiden kellnern zu Monthabur, Berwich von Monthabur, canonicus des St. Florinsstifts zu Coblenz, und Johann von Revenach selig, rector der pfarrkirche zu Monthabur in letzterer pfarrkirche dotirten St. Magdalenenaltar zu einem geistlichen beneficium. — Temporale.
— 21		desgl. den St. Thomasaltar daselbst. — Temporale.
märz 4	Paltzel	vererbpachtet an Johann Boppe von Wirtzburg eine mühlenstatt in Drittenheymer throuchen. — Temporale.
apr. 4	———	befiehlt den pfarrern, priestern und notaren der stadt Trier falls sein domcapitel bis zum tage nach iubilate (apr. 13.) den Jakob Huntswin nicht ins capitel aufgenommen habe, mit vollziehung der gegen dasselbe erlassenen und bisher sistirten sentenze und excommunicationsdecrete vorzuschreiten. — Or. i. Cobl.
ian. 28	Erembretstein	bestätigt die dotation des St. Marienaltars in der pfarrkirche zu Pulch durch das testament des ritters Sander von Wörth, und erhebt ihn zu einem beneficium ecclesiasticum. — Or. i. Cobl.
— 30	———	erhöht dem Johann herrn zu Wildenberg sein burglehen der veste Hartenfels von 20 pfund heller auf 20 gulden iährlich. 1383 dinst. na St. Peter u. Paul. — Temporale.
iul. 18	Paltzel	belehnt Johann Welther von Clotten als momper Latters des sohnes seines kellners Latters zu Cochme selig, mit 5 malter korn iährlich zu Clydang, welche Cochmer burglehen sind. — Temporale.
— 21		beurkundet. von Huward herrn zu Elter und Stirpenich, truchsessen des herzogthums Lützelburg namens des herzogs Wenzeslaus, 1200 gulden wiederkaufsgeld für die herrschaft Schonecke, 650 gulden für den schaden den Engilbrecht von Schonevorst der abtei Sprenkirsbach gethan und 58 gulden welche er noch an rückständigen gefällen der genanten herrschaft zu fordern hatte, erhalten zu haben. — Or. i. Cobl.
— 24		genehmigt das lehen des ritters Heinrich von Wittlich, falls er auch keine töchter hinterlasse, an die älteste tochter dessen bruders Godfrid seines amtmanns zu Wittlich fallen. — Temporale.
aug. 26	Erembretstein	erhebt die zu Pedernach von der gemeinde dotirte kapelle zu einem beneficium ecclesiasticum. — Temporale.
oct. 20	———	befiehlt den christgläubigen seiner stadt Coblenz die feier des St. Florins- und Castorstags, da beide heiligen patrone der stadt und auch deren reliquien daselbst aufbewahrt werden, und bewilligt dafür einen ablass. Günth. 3,854.
— 25	. . .	bestätigt die fundation zweier vicarien in der pfarrkirche zu Andernach seitens des priesters Waltheim Frech. — Temporale.
nov. 22	———	verpachtet dem Conrad von Linden, probst von St. Martin zu Worms, seinem secretair auf lebenszeit ein haus in der Judengasse zu Coblenz. 1383 St. Cäcilientags. — Temporale.

1384		
märz 23	Erembreit-stein	belehnt den bürger Godfrid von der Hohermünne zu Coblenz mit einem wingert auf der Virming daselbst. — Extr. im Temporale.
apr. 14	——	beurkundet dem Johann herrn zu Kirkel das wiederkaufsrecht an dem demselben am 750 gulden abgekauften theil von St. Wendel and Liebenburg. — Cop. i. Cobl.
mai 11	Paltzel	bewilligt dem Gobel von Dallheym seinem unterschultheissen zu Sarburg seine ehefrau Else auf sein dortiges burgleben zu bewitthumen. — Temporale.
iun. 16	Erembret-stein	notificirt dem St. Florinstift zu Coblenz die ernennung seines verwandten Wernher von Falkenstein zum dasigen probst. — Or. i. Cobl.
— 30	——	verpachtet seinem Julen Moisse, dem sohne Jakob's Bonefants auf 6 iahre den moselzoll zu Coblenz um 2200 gulden iährlichen pachtgeldes. — Temporale.
aug. 9	Paltzel	verleiht herrn Gotzfrid von Hoenloch auf seine lebenszeit den thurm mit gebäuden und garten bei der Carthäuserkirche zu Trier. — Temporale.
— 15	Erembret-stein	verlehnt das an Peter Aldderssen selig und dessen tochter Katherine auf lebenszeit ver-liehene haus in der Hugelpatzergasse zu Trier auch auf lebenszeit an der letztern ehemann Clas von Kieren. 1384 die assomption. Marie. — Temporale.
— 24	——	bewilligt die Sarburger burgleben seines thorwärters Berne Ruyssen von Bruchenbruck falls derselbe ohne leibeserben sterbe, dessen stiefsohn Erwin von Laenstoyn. 1384 uff St. Bartholomäustag. — Temporale.
sept. 17	——	erhöht die accise zu Monthabur und verleiht sie auf ewige zeiten der stadt zu ihrer befestigung. — Temporale.
nov. 6	——	bewilligt dem Hermann von Eych seine ehefrau Sophie auf lehenwingerten zu Lützel-coblenz zu bewitthumen. — Extr. im Temporale.
— 22	. . .	beurkundet den von könig Wenzel laut urkunde von heutigem datum d. d. Luxemburg 1384 le premier mardi apres la fête de st. Elisabeth für 30 tausend gulden an ihn geschehenen verkauf der herrschaft Schöneck, und gestattet demselben deren rückkauf. Bertholet hist. de Luxemb. 7,49. —
dec. 7	Covelentz	verspricht dem abt Dietherich von Prüm ihn bei seinen rechten in der herrschaft Schön-ecken zu belassen. — Or. i. Cobl.
— 31	Paltzel	beurkundet dass könig Wenzel und er die urkunden über die herrschaft Schönecken dem abt Rorich von St. Maximin in verwahr gegeben haben, und verspricht wegen etwaigen verlustes dieser urkunden an den abt keine ansprache zu erheben. — Temporale.
1385		
ian. 1	——	bewilligt dass der ritter Johann vom Geysbusch 20 malter haferrente aus seinem lehengut zu Langenfeld an Johann vom Hane, burgmann zu Meyen verkaufe. — Or. i. Cobl.
— 6	——	verleiht seinem männer Gerhard von der Mulen das erledigte wächteramt im pallast zu Trier. 1384 iuxta stil. Trev. die epiphan. dni. — Temporale.
febr. 28	Erembret-stein	vererbpachtet seinem diener Conrad Setzpand die mühle auf der Dyme unter Wildenberg bei Trys. — Or. i. Cobl.
märz 25	——	schreibt seinem domcapitel, dass er zufolge päbstlichen indults dem cleriker Heinrich, dem sohne Heinrich's von Fleckenstein herrn zu Dagstul die anwartschaft auf die nächst vacant werdende dompräbende ertheilt habe. — Chartul. i. Cobl.
apr. 24	——	vergleicht den Raugrafen Philipp herrn zu der alten und neuen Beumburg mit Thiel-mann herrn zu Heyntzenberg wegen des theiles am hause zu Namagen welches der frau von der Veln und dem Johann von Namagen sellg gehörte. — Or. i. Cobl.
iun. 13	Paltzel	ertheilt dem Johann, seines thorwärters Heinrich Strunk sohne, auf lebenszeit ein Saar-burger burgleben. — Temporale.
— 14	——	beurkundet dem Raugrafen Philipp und dessen gemahlin Anna das wiederkaufsrecht innerhalb einem iahr an dem ihm für 1200 gulden verkauften theil der herrschaft Namagen. — Or. i. Cobl.
iul. 10	Erembret-stein	besiegelt die eheberedung des ritters Johann von Clotten, seines burggrafen zu Cochem und seines marschalks Johann Moyr für ihre beiden kinder Diederich Moyr und Jutta von Clotten. — Or. i. Cobl.
— 31	——	entscheidet einen streit der stadt Wesel mit ihren amtsortschaften wegen der ausser landes dem erzstift zu folgenden kriegsfuhren und wagen. — Temporale.
aug. 11	——	verleiht seinem schultheissen zu Brechen, Jakob von Revenach, ein haus zu Brechen bis auf widerruf. — Temporale.
sept. 19	Paltzel	verleiht seinem diener Clas Plate von Longuich auf lebenszeit ein Saarburger burgleben, und ebenso an demselben tage und ort dem Johann von Densbur genannt vom Dra-chen ein gleiches. — Temporale.

1385		
nov. 22 1385	Erembret- stein	vererbpachtet seinen erbeignen Juden, den brüdern Abraham von Cochem und Seligmann, ein haus in der Judengasse zu Coblenz. — Cop. I. Cobl.
ian. 5		bestätigt einen zwischen dem ritter Johann vom Geisbusch, dessen ehefrau Anna und sohn Heinrich gemachten matbescheid über ihr erb, eigen, lehen und burglehen. 1385 uff fridag nach iaresdag. — Or. i. Cobl.
— 12	. . .	bewilligt dem Theoderich, dem sohne des marschalks Johann's von Kesselstad, seine ehe- frau Jutta, die tochter des burggrafen auf Cochem auf die hälfte des zehnten zu Dievelich zu bewitthumen. — Exit. i. Temporale.
märz 6	——	verleiht seinem keilner Wirich zu Wittlich auf lebenszeit ein haus mit hofraithe zu Rile. — Temporale.
mai 7	——	erhebt die von Heinrich, Hartmod's sohn von Nyderenberg bei Wesel fundirte vicarie beate Marie in der pfarrkirche zu Nyderenberg zu einem beneficium ecclesiasticum. — Tempor.
ian. 8	. . .	schliesst mit den übrigen rheinischen kurfürsten einen münzverein. Würdtw. Dipl. Mog. 2.217. Scotti, Samml. 1,97.
iul. 20	Palacioli	erhebt den von Richer la honclee dotirten St. Eutropiusaltar in der collegiatkirche zu Ivodun zu einem beneficium ecclesiasticum. — Temporale.
sept. 11	Erembret- stein	ertheilt dem St. Castorstift zu Carden neue regeln und statuten. — Or. i. Cobl.
— 11		desgl. dem collegiatstift zu Pfalzel neue regeln über die vertheilung der pensionen. — Or. i. Trier.
— 24	Capellen	vererbpachtet dem Johann von Boppard, seinem zollschreiber zu Capellen eine hofstatt hierselbst. — Temporale.
— 29	Erembret- stein	vererbpachtet einer Jüdin ein haus in der Judengasse zu Covelentz um 4 mark iahrzins. — Temporale.
dec. 1	——	vergleicht Conrad von Lynden, den probst der St. Martinskirche zu Worms namens der probstei mit den sechs chorherren der St. Severspfarrkirche zu Boppard wegen der letztern unterwürfigkeit gegen den probst, wegen verleihung der beneficien und ver- waltung der parochialia. Günth. 3,862.
— 10	.	erlaubt seiner erbeignen Jüdin Belen, der tochter des Juden Abraham zu Cochem, sich mit einem Andernacher Juden zu verehelichen, vorbehaltlich dass ihre kinder des erzstifts erbeigen werden. — Temporale.
1387		
febr. 10	——	vererbpachtet an Heintzen von Dierdorf seine mühle zu Baldeneck. — Temporale.
apr. 23	Wesel	verbindet sich mit den übrigen rheinischen kurfürsten, dass keiner von ihnen ohne der andern zustimmung bewilligen solle, dass könig Wenzel das reich einem andern abtrete. Lacomblet Urkb. 3,808.
iul. 26	Erembret- stein	vererbpachtet der Jüdin Reynete ein ihm von seinem heimlichen dem probst Conrad von Lynden zurückgegebenes haus in der Judengasse zu Covelentz. — Temporale.
— 28	——	verbiethet den mönchen zu Laach fernerhin ausserhalb der klostermauern zu wohnen. Wegeler Kl. Laach 2,100.
sept. 14	——	verleiht dem ritter Dieman von Sottenbach ein haus zu Molsberg als dortiges burglehen. Temporale.
— 26	—.—	verzichtet auf eine rente, welche ihm die Carthause bei Trier aus ihrem hofe zu Pfalzel zu entrichten hatte. Temporale.
— 26	—.—	erhebt den von dem bürger Heinrich Meyfranke zu Wesel in dortigem hospital fundirten heil. Geistaltar zu einem beneficium ecclesiasticum. — Temporale.
oct. 4	.. ——	desgl. den in der pfarrkirche zu Monthabur neu hinlänglich dotirten St. Catharinenaltar zu einem beneficium ecclesiasticum. — Temporale.
1388		
ian. 6	. . .	An diesem tage willigt pabst Urban VI laut bulle d. d. Paruail 8 id. ian. pont. a. 10 in die resignation Cuno's auf den erzbischöflichen stuhl und zeigt ihm an, dass er den erzb. Friedrich von Cöln und die äbte von St. Maximin und St. Mergen bei Trier beauftragt habe deshalb mit dem erzbischof zu verhandeln. — Or. i. Cobl.
— 30	Palacioli	schlichtet einen streit zwischen der abtei Himmerode und den söhnen Heinrich's Muyl von Wittlich wegen des maasses worin eine kornrente aus dem abteilichen hofe zum Rode bei Klein-Rore geliefert werden soll. — Or. i. Cobl.
febr. 6	——	beurkundet dem Richart von Velsberg das wiederkaufsrecht an dem dem erzbischof für 800 gulden verkauften Brackergut zu Merzig. — Or. i. Cobl.
— 6	—	verschreibt dem Ulrich von Rapoltzwilre auf lebenszeit 2 malter korn iährlicher renta aus der kellerei St. Wendel. — Temporale.

1388		
febr. 13	Berncastel	verschreibt seinem diener Mertin Domherrn sohn von Paltzel 10 gulden iahrrente aus dem fischeramt zu Paltzel. — Temporale.
apr. 13	. . .	dehnt die leben der bröder Diederich und Wilhelm von dem Burgedor falls sie ohne leibeserben sterben würden auch auf ihre andern erben aus. — Extr. Günth. 3,873.
1362-88		
. . .	. . .	ertheilt für die unterstützung einer Jüdischen familie, welche die christliche taufe empfangen und all ihr im Judenthum besessenes vor der kirchenthür niedergelegt hatte, eine zwauzigtägige indulgenz. Ohne datum. Chartul. i. Cobl.
. . .	. . .	ertheilt das recht zur absolution eines vikars, welcher beim messelesen unbewusst den leib Christi ohne dessen blut consecrirt hatte, indem ihm der ministrirende schüler wasser statt wein in den kelch gegossen, nach anhörung dessen beichtvaters. Ohne dat. Chartul. i. Cobl.
. . .	. . .	absolvirt den trier. cleriker Hermann von Hachenberg von der über ihn verhängten suspension, indem derselbe rechtsunkundig ohne erzbischöfliches dimissoriale sich vom erzbischof von Mainz zu dessen vicarius in pontificalibus ad minores hat ernennen lassen, und ertheilt ihm nun hierzu die dispens. Ohne dat. Chartul. i. Cobl.
1388		
mai 21	Welmich	(in arce) Tod Cuno's donnerstags in der pfingstoctav auf dieser von seinem vorfahr dem erzb. Boemund zu bauen begonnenen und von ihm vollendeten burg am Rhein. Seine eingeweide wurden in der pfarrkirche zu Welmich beigesetzt und sein leichnam von erzb. Wernher in der St. Castorskirche zu Coblenz bestattet, wo noch jetzt ein prächtiges Mausoleum seine ruhestätte bezeichnet Gesta Trev. ap. Honth. 846 und ed. Wyttenbach 2,291. v. Stramberg Rhein. Antiquar 3. Abth. 2. Bd. Seite 75. Brower. Ann. 2,254. Das Marienberger Necrolog hat den 18. mai als sterbtag.

1388—1418. Wernher. 1388.

1388		
apr. 3	. . .	Provision Wernher's mit dem erzstift Trier. Nota im Temporale. Er war ein grossneffe seines vorgängers erzb. Cuno, aus dem Falkenstein'schen geschlecht, archidiakon, probst von St. Florin zu Coblenz und von St. Paulin bei Trier, schon von erzb. Cuno bei dessen lebzeiten zum nachfolger bestimmt. Vergl. oben. Gesta Trev. ap. Honth. 844 u. folg. ferner Gesta Trev. ed. Wyttenbach 2,289 u. 295 u. folg. — v. Stramberg Rhein. Antiq. 2. Abthl. 4. Bd. S. 153—162.
— 10	Covelentz	(auf St. Florinshof) Huldigung der einwohner dieser stadt, nachdem sie der ebenfalls gegenwärtige erzb. Cuno ihres eides gegen ihn, entbunden. Note im Temporale.
— 16	Monthabur	Huldigung und bestätigt der stadt Monthabur die ihr von erzb. Cuno gegebene urkunde über die accise. — Temporale.
— 17	Lympurg	Huldigung hierselbst in gegenwart erzb. Cuno's, und erlaubt der bürgerschaft die wage und accise von gesalzenen fischen und lynwade zehn iahr lang zu erheben. — Note im Temporale.
— 18	————	bestätigt der stadt Limburg ihre privilegien. — Temporale.
mai 10	Paltzel	führt zur verwendung an die befestigung der veste und freiheit St. Wendelin daselbst eine wein-accise ein. — Temporale.
— 14	Hillesheym	verspricht, alle ingesessenen, burgmannen und bürger der stadt Hillesheim bei ihren hergebrachten rechten und gewonheiten zu lassen. — Or. i. Cobl.
aug. 17	Erembret-	belehnt seinen kammerknecht Johann von Dieste gleichwie erzb. Cuno selig gethan, ebenfalls mit den mannlehen des ritters Sanders von Werde. — Temporale.
	} stein	
sept. 6	Berncastel	befreit bis auf widerruf, Philipp's von der Nuwerburg güter in der centenerie von Berncastel und zu Graeche von bede und schatzung. — Temporale.
— 9	Cochme	ersucht als electus den abt zu St. Maximin, ihm zehn gute fette ochsen und 40 hämmel nach Pfalzel in die kellerei zu schicken, da er ein gross volk von reysigen leuten halten müsse um am schlösser und land zu bestellen. 1388 fer. 5 post nativ. Marie. Chartular i. Cobl.
— 9	————	bestätigt dem Lucarde von Ulmen, einer clausnerin zu Cochem, die ihr von erzb. Cuno ausgesetzten 3 malter korn und ein halb fuder wein iährlich. — Temporale.
— 00	. . .	(circa fest. St. Matthaei) Priester- und bischofsweihe Wernher's. Gesta Trev. ap. Honth 847.

1388		
sept. 24	Cochme	erlaubt Belen, der tochter seines erbeignen Juden Abraham zu Cochem, und deren ehemann den beliebigen aus- und eingang im erzstift, jedoch soll sie wenn sie ausserhalb wohnet 4 gulden zahlen. 1388 fridag na St. Matheus des heil. apost. u. evang. — Temporale.
nov. 2	Monthabur	restituirt dem pfarrer hierselbst das collationsrecht über die drei altäre der heil. Maria, Dreikönige und Thomas. — Temporale.
dec. 7	———	nimmt den Symon von Limpurg für 25 gulden iährliches dienstgeld zu seinem bachsenschützen an. — Temporale.
— 9	———	verschreibt der Else Henkelsen zu Monthabur auf lebenszeit 10 malter korn iährlich aus der kellerei, das Duphaus und den weiher Trabensuwe daselbst. 1388 mittw. na St. Niclas. — Temporale.
— 28	Erembretstein	beurkundet dem Wilhelm herrn zu Malberg und dessen beiden söhnen Johann und Wilhelm das wiederkaufsrecht an den ihm von denselben für 2400 gulden verkauften dörfern Mersenfeld und Bettenfeld nebst des waldes Hoynscheid. — Or. i. Cobl.
1389		
ian. 25	Palácioli	verpachtet dem Lempghin von Liessendorf und dessen fran Mettein den hof zu Welschpillich. — Temporale.
mai 18	Erembretstein	verpachtet an Nicolaus von Friedeberg, Moselzollschreiber zu Coblenz, auf lebenszeit ein haus zu Trier um 40 soliden iahrzins. — Temporale.
— 25	———	vererbpachtet seinem schaltheisen Baldewyn zu Reterold einen hof und mühle daselbst. 1389 uff St. Urban. — Temporale.
ian. 7	Palacioli	bestätigt die fundation der St. Katharinenkapelle zu Vertonno in der parrochie Jamongue. — Temporale.
iul. 6	. . .	restituirt dem erzb. Friedrich von Cöln nach auszahlung des pfandgeldes von 5000 gulden die veste und das amt Celtank, und verspricht die ausgleichung ihrer streitigkeiten wegen Andernach schiedsrichtern zu überlassen. — Temporale.
aug. 12	Cochme	(in castro) beurkundet dass Johann von Monreal, sein burggraf und kellner zu Cochme vor ihm rechnung über die kellereigefälle der verflossenen iahren abgelegt habe. — Guden Cod. dipl. 2,1190.
— 16	Sarburg	bewilligt dass Matheus von Redelingen seine ehefrau Schennette die tochter Hensselin's von Malostad auf ein Sarburger burglehen bewitthume. 1389 fer. 2 post assumption. Marie. — Extr. in Temporale.
sept. 3	Erembretstein	bewilligt dass Wernher von Sterrenberg seine ehefrau Else von Loven auf trierische lehengüter bewitthume. — Temporale.
— 10	Monasteriimeynefelt	desgl. dass ritter Johann Peter von Eltz seine ehefrau Odilie von Winningen auf den zehnten zu Sasche bewitthume. — Temporale.
oct. 3	Sarburg	schlichtet einen streit der abtei St. Maximin zu Trier mit der Carthause bei Coblenz über äcker zu Rübenach, welche St. Maximiner hofgut und die Carthause angekauft hatte. 1389 sondag na S. Remeys. — Or. i. Cobl.
nov. 18	Erembreitstein	belehnt die gebrüder Johann und Heinrich, herrn zu der Vels mit der veste Somernawe. — Temporale.
— 25	———	genehmigt gleich erzb. Cuno die vertauschung zweier häuser zu Meyen wovon eines dasiges burglehen ist, zwischen Johann von Kottenheim und seinem kellner Johann Dorffer. 1389 uff St. Kathrinen. — Temporale.
1390		
ian. 1	———	bewilligt um 35 gulden dem Juden Lieser auf drei iahre den freien aufenthalt mit seiner familie zu Wesel und im erzstift. 1389 trier. stil. uff den heil. iairstag. — Temporale.
— 2	———	gewinnt den Conrad von Duyssenbach genannt Kolbe auf lebenszeit für 3 ohm wein und 3 malter korn iährlich aus der kellerei Covelentz zu den erzstifts mann. 1389 trier. stil. sondag na heil. iairstag. — Temporale.
febr. 23	——	ertheilt für die fortbau der Moselbrücke zu Coblenz ein ablassprivilegium. — Cop. i. Cobl.
märz 15	Nyderenberg	(bei Wesel) verspricht den gemeinern des schlosses Schonenburg ihnen den durch seinen enthalt daselbst im kriege gegen die stadt Wesel erwachsenden schaden nach dem aussprache von 4 schiedsleuten zu vergüten, und sie in seiner nähme mit der stadt einzubegreifen. 1389 trier. stils dinst. in halbfasten. — Temporale. — Ueber die belagerung Wesel's durch den erzbischof siehe Limburger Chronik ap. Hooth. 1104.
— 15	———	beschwört für die dauer seines enthaltes auf Schonenburg den dortigen burgfrieden. — — Kindlinger'sche Sammlung in Münster.
— 15	———	verspricht mit stellung von bürgen nach beilegung seines krieges mit Wesel die veste Schonenburg zu räumen. — Kindlinger.
— 15	———	verspricht den gemeinern auf Schonenburg die porten, graben und landwehren der dörfer

16

1390		Perscheid und Dillenhoben zu schleifen damit sie nicht ihrer burg gefährlich werden können. 1389 trier. stil. dinst. na sonnt. Letare. — Temporale.
Jul. 13	Erembreitstein	bewilligt der Jüdin Reinechen zu Covelentz wie schon erzh. Boemund gethan, die hinterlassenschaft ihrer mutter an sich zu nehmen und gleich andern pachtjuden im erzstift zu wohnen. 1390 vff St. Margrethen. — Temporale.
dec. 20	Covelentz	weist den grafen Walram von Nassau mit seiner klage gegen die stadt Limburg ab, in welcher einer seiner armen leuten namens Enolf getödtet dann gedabet und gehenkt worden war, weil derselbe durch ermordung eines geweihten diakons des landrechts für verlustig erklärt war. 1390 dinst. des heil. Thomas abend. — Or. i. Idstein.
1391		
ian. 11	Paltzel	beurkundet dem Hermann von Ippelbar das einlösungsrecht an den von demselben für 200 gulden an den ritter Eckebrecht von Darenkheim verpfändeten und von dem erzbischof eingelösten leuten zur burg Elies Castel gehörig. 1390 trier. stil. mittw. na dem dritzehnden dag. — Temporale.
— 11	——	bewilligt dass Ordolf Rowas von Boofort seine ehefrau Margaretha, die tochter Michaels von Virscheid, auf den hof zu Nefel bewitthume. — Extr. im Temporale.
— 26	Bopardie	schliesst mit den übrigen rheinischen kurfürsten einen münzvertrag. Scotti 1,102.
märz 22	Erembreitstein	beurkundet den grafen Walram von Nassauw das wiederkaufsrecht an dem ihm von demselben für 1400 gulden verkauften viertel des dorfes und gerichtes Duysneauwe. 1391 wittw. na Palmedag. — Temporale.
mai 17	Paltzel	gebietet seinen amtleuten zu Wittlich, Manderscheid und Kilburg niemanden auf der kirmesse zu Himmerod als diesem kloster allein den weinschank zu gestatten. Or. i. Cobl.
— 25	Wittlich	bewilligt dass der ritter Heinrich von der Vels sein theil an der hälfte des schlosses Someraawe an Johann und Peter von der Vels die söhne seines bruders verkaufe. 1391 vff vnsers herrn lychamsdag. — Temporale.
iun. 22	Erembreitstein	belehnt Gotfried herrn zu Hoenloch mit dem schlosse Dierberg. 1391 donrst. nach St. Viti und Modesti. — Cop. i. Cobl.
aug. 11	. . .	bewilligt dem Fulker von Starkenberg seine ehefrau Agnes von Trys auf güter zu Enkerich zu bewitthumen. 1391 crast. Laurentii. — Extr. in Temporale.
— 18	Welschpillich	befreit das haus seines sieglers Hermann von Nuwenburg zu Trier von einem darauf haftenden iahrzins von 30 schilling. — Temporale.
— 26	Paltzel	belehnt Wilhelm von Irank, bürger zu Sarburg mit 4 malter korn iährlich als Sarburger burglehen. 1391 samst. na Bartholomeus. — Temporale.
sept. 19	Erembreitstein	erhebt den von dem pastor Wynand zu Ettringen in der neuen kirche zu Meyen fundirten St. Marienaltar zu einem beneficium ecclesiasticum. — Temporale.
oct. 11	Stoltzenfels	bestätigt der bürgerschaft zu Wesel ihre privilegien, und verspricht, nicht über 200 mark iährlich von den christen daselbst als steuer zu nehmen. 1391 mittw. na St. Dyonisius. — Temporale.
— 13	Erembreitstein	ertheilt seinem geheimen secretair und probst des St. Florinstifts zu Coblenz, Johann von Limpurg, das recht durch testament oder schenkung unter lebenden über das seinige zu verfügen. — Temporale.
dec. 7	Palacioli	präsentirt dem Benedictiner nonnenkloster St. Scholastica zu Juvigny in folge inhalts des pabstes Bonifaz IX d. d. Rome ap. S. Petrum id. nov. pont. a. 1. den priester Matheus von Meyen zu einem vacanten beneficium. — Chartul. In Cobl.
1392	.	
märz 10	Meyen	vererbpachtet an die ehelente Hentze und Grete von Airbach seine mühle zu Airbach. — Temporale.
— 20	Stoltzenfels	erhebt den genügend dotirten Marienaltar in der pfarrkirche zu Dampscheid zu einem beneficium ecclesiasticum. — Temporale.
mai 23	. . .	vererbpachtet dem Hans von Bensheim, bürger zu Münstermeynefeld, eine hofstatt daselbst. — Temporale.
— 31	Erembreitstein	bewilligt, dass Gerlach Beltz von Boppard seine ehefrau Deeligen Grayls auf sein »forster« theil zu Camp und das salmenwasser »Clode« bei St. Goar bewitthume. — Extr. im Temporale.
iun. 7	——	bewilligt dass Heinrich Zymar von Spanheim seine ehefrau Else von Crutzenach auf sein Cochemer burglehen bewitthume. — Extr. in Temporale.
— 7	Stoltzenfels	bestätigt das testament Regina's, der tochter Johann's Plantsch von Poelch, einer nonne zu Staben. — Or. in Cobl.
nov. 3	Erembreitstein	beurkundet, dass er von Lyse von Lassenich, der wittwe von Pirmond, um 55 gulden die dörfer Obernstadefelt und Wydenbaych gepachtet, dass diese pacht nach deren tode

1392		
		aufhören und die dörfer an Heinrich herrn zu Pirmond fallen sollen. 1392 sonst. an allerheyligen. Temporale.
nov. 12	Erembret-stein	erhebt den von Lisa, der wittwe des ritters Heinrich Beyer im kloster Marienberg bei Boppard fundirten St. Eucharinaltar zu einem beneficium ecclesiasticum. — Tempor.
dec. 15	Witlich	vererbpachtet dem Hennekin Heyen seine mühle auf der Salm bei Lietghe. 1392 sonst. zu Lurien. — Temporale.
— 18	Erembret-stein	beurkundet dem edeln Johann von Saye grafen zu Wytgbonstein herrn zu Homburg das wiederkaufsrecht an 3 theilen der herrschaft Valender mit 12 tausend gulden. — Temporale.
— 30	. . .	verleiht zufolge päbstlichen indults dem cleriker Otto, dem sohne des Baugrafen Philipp, die durch die heirath des domherrn Johann von Oer vacant gewordene präbende am dom zu Trier. — Or. i. Cobl.
— 38 1393	Berncastel	macht Thyse von Alken zu seinem burgmann der veste Alken. 1392 trier. stil. uff aller kindeltag. — Temporale.
ian. 6	Witlich	erlässt der abtei Hymmerode 5 malter korn und 5 malter hafer an deren 14 malter korn und 30 malter hafer iährlichen pachts aus dem hof zu der Hart. — Temporale.
— 31	Meyen	schreibt dem collegiatstift St. Martini und Severi zu Münstermaifeld, dass er seinen secretair, den canonikus Friedrich Schauard zu seinem capellan daselbst ernannt habe. — Or. i. Cobl.
märz 6	Wittlich	beurkundet, dass ihm der abt Diederich von Prüm für 600 gulden auf 3 iahre den enthalt auf schloss Schoneberg in der Eifel bewilligt habe. — Or. i. Cobl.
aug. 3	Munster-meyafeld	verspricht dem Gyse von Dille dass seine leben an den künftigen ehemann einer seiner töchter fallen sollen. Temporale.
sept. 12	Erembret-stein	erlässt seinem diener Johann Felkelchin von Butzbach bis auf widerruf den von einem wingert zu Covelentz zu liefernden drittel trauben. — Temporale.
— 26	Cochme	beurkundet dass die kinder einer trierischen hörigen welche einen hörigen des Johann von Monreal geheirathet hat, diesem, und die einer hörigen des von Monreal welche einen erzstiftischen geheirathet, ihm gehören sollen. Tempor.
nov. 7	Wittlich	schreibt dem Johann herrn zu Vinstingen das was er an gütern, schlössern, landen und leuten mit Heinrich von Welchenhosen in gemeinschaft habe, zu theilen, da der letztere des erzbischofs feind ist und ihn wider recht bekrieget. — Chartal. i. Cobl.
— 11 1394	im Hamme	giebt dem Johann von Dune 3 malter korn iährlich aus der kellerei Wittlich zu manzleben. 1393 uff St. Mertinsdag. — Temporale.
mai 20	Covern	bewilligt dem ritter Johann von Eltz wenn er ohne söhne stirbt seine lehen den hof Wyersheim und zum Rode, wingerten, waldungen und wiesen in der Eltz, sein gut zu Lemen und Kackenesse an seine beiden schwestern Elichin und Gutghin und deren kinder zu vererben. — Temporale.
ian. 22	Stoltzenfels	genehmigt dass Friedrich Waltlode von Waltmanshusen dem ritter Wernher von der Leyen 6 malter frucht iährlicher rente aus dem lehenhof zu Girsenach auf acht iahre verkaufe. — Temporale.
iul. 29	Erembret-stein	bewilligt dass Rolnker herr zu Westerburg seine gemahlin Katharine von Nassau auf veste und thal Schadeck bewittbume. — Temporale.
aug. 29 1395	Stoltzenfels	desgl. Johann Schonhals von Albrechtrode seine ehefrau Pauline von Ulmen auf 12 gulden iahrrente aus dem zoll zu Capellen. — Temporale.
ian. 19	Cochme	verlegt die kirmes der abtei Himmerode vom ersten tag im Brachmonat auf den Frohnleichnamstag. — Or. i. Cobl.
apr. 26	Boppard	nimmt den grafen Symon von Spanheim und Vyanden in seine heimlichkeit auf und giebt ihm 3 tausend gulden nebst 100 gulden iahrrente aus dem zoll zu Boppard. 13·5 mont. nach Marcus. — Temporale.
mai 31	Ehrem-breitstein	präsentirt seinem domcapitel den cleriker Wernher de Petra zu einer präbende. — Chartal. i. Cobl.
ian. 17	Keympt	befreit Johann's von Lieser güter im amt Wittlich von schatzung und volleist. — Temporale.
iul. 6	Erembret-stein	verkauft dem Hennes von Rode, seinem fassbender zu Paltzel, ein haus in der Flandergasse zu Trier. — Temporale.
— 29	Meyen	vererbpachtet seinem kellner, dem bürger Johann Dorfer zu Meyen eine hofstatt daselbst. — Temporale.
aug. 15	Erembret-stein	bewilligt, dass sein diener Heinrich von Staelhoven ein haus in der vorburg zu Erembretstein an seinen diener Heyntze von Meysenburg abtrete. 1395 die assumption. Marie. — Temporale.

16*

1395

aug. 15	Erembret-stein	schreibt den grafen Johann und Philipp von Nassau, und verweigert seine einwilligung zur befestigung von Duyssenau. Dat. wie vorher. — Chartul. i. Cobl.
— 24		verpachtet seinem kellner Johann zu Kylburg auf lebenszeit eine mühle daselbst. — — Temporale.
dec. 4	Paltzel	verpachtet auf zwölf jahre an Heynemann an Meenremule eine mühle in Welschpillich und zwei mühlen ausserhalb diesem ort. 1395 vff S. Barbaren. — Temporale.
— 6	——	beauftragt seinen official zu Trier mit der untersuchung und resp. bestätigung des tausches zwischen Johann von Arnsteyn dem pastor von St. Lamberti bei Saarburg und Heinrich von Bettinberg pastor von St. Petri zu Welschpillche aber beider benoticien. — Or. i. Cobl.

1396

märz 6	Confluentie	verkauft der abtei Himmerode wieder für tausend gulden das von derselben an erzb. Baldewin verkaufte Rudellershaus zu Trier. — Or. i. Cobl.
— 17	Bereucastel	verbessert die lehen Peter's herrn zu Cronenberg und zu der Nuwerburg mit 100 gulden und 2 fuder wein jährlich. — Or. i. Cobl.
iun. 15	. . .	schliesst mit dem erzb. Friedrich von Cöln auf vier jahre ein bündniss behuf gegenseitigen schutzes und sicherheit ihrer lande und leute. Honth. 2.296.
— 16	Andernach	verbündet sich mit dems. erzbischof behuf kriegshülfe gegen Reinold von Jülich und Geldern. Lacomblet, Urkb. 3.908.
sept. 10	Cochme	verleiht an Lutter den sohn weiland seines kellners Lutter zu Cochme die 5 malter kornrente zu Clydang, welche dessen vater bezogen, gleichfalls als Cochmer burglehen. — Tempor.
— 30	Stoltzenfels	bewilligt dem ritter Johann Ramilan von Covern beim abgang von söhnen für seine töchter die nachfolge in seinen trierischen lehen. — Temporale.
. . .	. . .	erlässt eine verordnung wegen des feilhaltens auswärtiger fleischhauer und schuhmacker in der stadt Coblenz, da hierüber zwischen rittern, wohlgebornen leut und etlichen gemeinen bürgern daselbst einerseits und den metzlern und schuhmachern der stadt andrerseits streit entstanden war. Nur mit jahr 1396 im Temporale.

1397

ian. 31	Erembret-stein	beurkundet dass die kinder aus der ehe einer trierischen hörigen mit einem manne aus der grafschaft Sayn, letzterer, und die aus der ehe eines trierischen mit einer frau aus dieser grafschaft dem erzstift gehören sollen. — Temporale.
febr. 9	——	schenkt ein haus in der vorburg zu Erembretstein welches Heinrich von Stailhoben sel. seinem knecht Heynschin von Meysenburg auf lebenszeit verliehen hatte, nach des letztern tode dem caplan des St. Petersaltares in der kapelle daselbst zur wohnung. — Temporale.
märz 9	Palacioli	confert als metropolitanus dem trier. cleriker Johann Clementis, cum iam dudum ecclesia Metensis detestabilis hodierni scismatis tum in capite quam in membris laqueo fuerit et adhuc sit involuta et in erroris demum abducta die erledigte pfarrei Altdorff, deren collation eigentlich den abt des klosters von heil. Kreuz zu Bonnonville si alias prefato scismate non furet maculatus, zustehe. — Or. i. Cobl.
— 10	. . .	bewilligt dem Johann von Wielsacker seine ehefrau Gertrud auf güter zu Mollberg und zehnten zu Lietgbe und Wielsacker zu bewitthumen. — Extr. i. Cobl.
apr. 7	Stoltzenfels	verschreibt Elen der wittwe seines kellners Mathys von Revenach zu Monthabur statt 160 gulden, auf 15 jahre jährlich 10 gulden aus dieser kellerei. — Temporale.
mai 28	Erembret-stein	befreit die abgebrannte stadt Wittlich auf 25 jahre von aller schatzung und steuer. — Temporale.
iun. 6	——	bewilligt die vererbpachtung des lehenwingerts Ortenberg in der Aberbach seitens des ritters Johann Schonenburg von Schonenburg. — Temporale.
— 8	——	verleiht seinem diener Hennen von Polich, dessen ehefrau und ältestem kinde auf lebenszeit ein haus zu Münstermeynefeld. — Temporale.
— 10	——	ernennt die gebrüder Rorich und Hermann von Iseren zu burgmannen seines schlosses zu Keysersesch. — Temporale.
iul. 18	Munster	belehnt Jakob Ungnaden von Esch mit der »Brochenwiese« bei Ordorf. 1397 mittw. nach Margretha. — Temporale.
oct. 14	Erembret-stein	giebt dem ritter Johann Romilan von Covern ein haus in Poelche und ein wörth auf der Nette bei Welling zu mannlehen. — Or. i. Cobl.
nov. 8	Bacherach	verbündet sich mit den beiden Rheinpfalzgrafen Ruprecht dem ältern und jüngern zu einem gemeinschaftlichen kriegszuge gegen die raubschlösser Montfort, Kaldenfels und Altenwolfstein. 1397 samst. nach Allerheiligen. — Or. i. Cobl.
— 28	Erembret-stein	nimmt Henzen Larbecher zu seinem werkmeister an, und verschreibt ihm 10 gulden dienstgeld jährlich aus dem zoll zu Capellen. 1397 fer. 4 post Catharine. — Temp.

1398

ian. 2	Frankfurt	giebt als kurfürst des reichs seinen consens zu dem von könig Wenzel d. d. Klingenberg 1394 donnerst. nach Bartholomens der stadt Nürnberg ertheilten acciseprivilegium.
— 2	———	desgl. dass dass Nürnberg niemals vom reiche versetzt, verkümmert noch vergeben werden solle.
— 2	——	desgl. dass die von der stadt Nürnberg jährlich zu zahlenden 2000 gulden ausschliesslich zu des königs kammer gezahlt werden sollen.
— 2	———	desgl. dass der stadt Nürnberg das wald- und forstatromeramt auf dem lande da St. Laurentien pfarrei gelegen verbleiben soll. — Extr. i. Temporale.
— 16	Erembretstein	bestätigt als ein kurfürst des reichs könig Wenzel's verpfändung der landvogtei zu Schwaben um 14 tausend gulden an den markgrafen Bernhard von Baden. — Temporale.
— 19	———	verspricht dem ritter, burggrafen Ludwig von Hammerstein dass sein theil an dieser burg, wenn er ohne leibeserben sterben würde, an seine schwester Fybe, welche an Hermann von Wildenburg verheirathet, und an deren männliche nachkommenschaft als lehen kommen solle. dipl. 3,931.
febr. 6	Treviris	ertheilt dem clerus seiner diocese das recht zu freiwilligen testamenten. Militantis ecclesie — ad impleturum. Honth. 2,303. Gesta Trev. ed. Wyttenbach 2,301. Blattau Stat. Trev. 1,206.
— 12	Mentze	verbündet sich mit dem kurfürsten von Mainz und von der Pfalz zur sicherheit ihrer lande zu einem kriegszuge gegen die vier raubschlösser Monfort, Kaldonfels, Altenwolfstein und Danneuberg. 1398 dinst. vor Valentin. — Or. i. Cobl.
märz 3	. . .	Theilhaber und mitunterzeichner des von kurfürsten und städten zu Frankfurt geschlossenen fünfjährigen landfriedens. Senkenberg Samml. der Reichsabschiede 1,100. Lünig Reichsarchiv 2,16.
apr. 11	Erembretstein	verschreibt dem edeln Johann herrn zu Dune in der Eifel welcher ihm sein theil der veste und herrschaft Dun, die vogtei zu Crov, Ryl, Kynheim, Kynheimerburen, Bengel und Kynnel nebst andern besitzungen aufgetragen hat, jährlich 275 gulden aus dem zoll zu Capellen und 50 malter korn. — Temporale.
iun. 7	Covelentz	bestätigt die stiftung einer heil. messe am altar st. crucis in der pfarrkirche zu Linz seitens Hilla der wittwe Jakob's von Hammerstein. — Or. in Linz.
— 24	. . .	bewilligt dem ritter Fulker von Ellentz falls er ohne söhne zu hinterlassen stürbe, sein Saarburger burglehen auf seine älteste tochter Irmegard zu vererben. 1398 nff Johannis bapt. — Temporale.
— 25	Erembretstein	giebt seinem kammerknecht Wygand von Esch von den 20 malter frucht welche derselbe jährlich aus dem hofe zu Salmenror als erbpacht zu entrichten hat, 15 malter zu manualen. — Temporale.
iul. 24	Paltzel	schenkt der abtei Mettlach das »Bränigess haus zu Saarburg. — Chartul. i. Cobl.
aug. 13	Sarburg	gebietet seinem amtmann und kellner zu Saarburg und vorschober zu Zerff die in letzterm orte fallenden bussen und gefälle an das St. Paulinstift zu Trier ungehindert verabfolgen zu lassen da letzteres seine jurisdictionsrechte daselbst bewiesen habe. — Tempor.
— 29	Cochme	verleiht dem bürger Friedrich Schnaard in Trier auf lebenszeit das lauwermeister-amt daselbst. 1398 donnerst. nach Bartholomens. — Temporale.
sept. 2	Erembretstein	belehnt den Johann Sack von Bacherach, den ehsam Hentzels der wittwe Gisen Snabels, und dessen ehefrau Ide auf lebenszeit mit den gütern und zinsen zu Erembretstein, Mulen im thale und Nydernburg worauf genannte Hentzel bewitthumbt worden war. — Temporale.
— 33	Covelentz	beurkundet dem Niclas vogt und herrn zu Hunoltstein das wiederkaufrecht an der ihm von demselben für 6 tausend gulden verkauften halben herrschaft Hunoltstein. — Or. i. Cobl.
oct. 2	Erembretstein	(in castro) befiehlt dem probst, dechant und capitel der St. Salvatorskirche zu Präm, sowie dem angeblich daselbst zum abt gewählten Friedrich von der Schleiden und allen angehörigen der abtei binnen sechs tagen, den eingerichten kaiserlichen und päbstlichen briefen wegen incorporirung der abtei Prüm mit den erzbischöflichen tafelgütern, folge zu leisten. — Or. i. Cobl.
— 6	———	bestätigt für ewige zeiten seine verordnung von 1396 über den fleischverkauf in der stadt Covelentz. — Or. i. Cobl.
dec. 4	. . . .	vertauscht mit der karthause St. Alban bei Trier ein haus zu Covern gegen ein anderes daselbst. 1398 die Barbare. Or. i. Cobl.
1399		
märz 30	. . .	An diesem tage verpflichtete sich der bischof Friedrich von Utrecht gegen das trier.

1399		
		domcapitel falls er zu dem erzstift gelangen sollte, sei es in mompperschaft oder durch provision, die ihm von demselben vorgelegt werdenden briefe zu acceptiren und zu vollziehen ehe er zu einem schloss oder land des erzstifts zugelassen werde. Or. in Cobl. mit jahr 1399 sonnt. nach palmarum. — Das schreiben des domcapitels an den pabst behufs bestätigung des bischofs von Utrecht als coadjutor Wernher's, welcher durch krankheit und geistesabwesenheit zur regierung unfähig sein solle, siehe bei Houth. 2,311 ohne datum und ebendas. 2,338 über die dadurch im erzstift entstandenen wirren.
apr. 11	Bopard	verpflichtet sich mit den 3 übrigen rheinischen kurfürsten zur aufhebung der zollbefreiungen. 1399 fer. 6. post Quasimodo genitL — Or. i. Cobl.
— 13	—	vereinigt sich mit den andern rheinischen kurfürsten darüber, wie viel ohm wein auf ein zollfuder und wie viel tarnose auf einen gulden zu rechnen seien, auch dass die zollbeamten nicht handelsgesellschafter sein dürfen. — Lacomblet, Urkb. 3,943.
— 13	— —	desgl. wegen abstellung der von dem herzog von Berg errichteten neuen zöllen zu Düsseldorf und Kaiserswerth. — Mone Zeitschr. für Gesch. des Oberrheins 9,21.
iun. 2	Erembretstein	verleiht dem Friedrich Brenner von Lanstein. seinem amtmann zu Welmich auf lebenszeit ein durch den tod Rule's von Welmich und dessen ehefrau Bylat ledig gewordenes haus mit garten daselbst. — Temporale.
iul. 26	—	giebt dem Cuntze von Steyn, genannt »Stäber« eine hofstatt zu St. Wendelin zu dortigem burglehen. — Temporale.
sept. 8	—	belehnt seinen rath. den ritter Friedrich von Sassenhausen mit dem rothen hause vor der Judengasse zu Covelentz, welches derselbe einem Juden abgekauft hatte. — Tempor.
— 15	Meintze	Kurverein wegen der wahl eines römischen königs an die stelle Wenzel's. — König Reichsarchiv 5,219 u. 220.
— 17	—	vereinigt sich mit den übrigen rheinischen kurfürsten, keine neue zollauflage auf dem Rhein zwischen Strassburg und Rees künftig zu gestatten. Lacomblet, Urkb. 3,943.
— 19	— —	schliesst mit denselben einen münzvertrag. Guden Cod. dipl. 3,648. Scotti, Samml. 1,106. Würdtwein Diplomat. Mogunt. 2,242.
oct. 3	Palacioli	befreit die stadt Welschbillich bis auf widerruf von allen andern fuhren, ausser den weinfuhren zu dortigem schloss und der des amtsweins und der 40 fuder brennholz für den amtmann daselbst, verpflichtet sie aber zur zahlung der herkömmlichen frucht- und geldzinsen und 15 gulden jährlich an der stadt zu zehrauen. — Temporale.
dec. 6	Erembretstein	macht den Everhard von Ellentz zu seinem burgmann auf Sarburg mit der verpflichtung mit zwey reysigen pferden daselbst zu hausen, und verschreibt ihm dafür 5 malter korn jährlich aus der dortigen kellerei. — Temporale.
— 21	—	belehnt den Friedrich von Kesslstadt anstatt 6 malter korns und 20 malter hafer jährlich aus dem erzstiftischen hofe zu Valender, mit 14 malter korn jährlich aus dem Deutschordenshof Eynsberg auf dem Clottener berg. — Temporale.
— 22 1400	—	vererbpachtet seinen dinglichen freien hof und haus zu Valender an Heynemann Kayckfoes. 1399 mont. nach Thomas. — Temporale.
ian. 2	— —	bestätigt dem rheinpfalzgrafen Ruprecht den an dessen vater von kaiser Karl verliehenen turnos am zoll zu Boppard. — Or. i. Cobl.
febr. 6	Frankeford	ladet gemeinschaftlich mit den andern kurfürsten den herzog Friedrich von Braunschweig-Lüneburg zur fürstenversammlung auf den 26. mai nach Frankfart ein um über des reichs und der kirche gebrechen und nothdurft zu berathen. Guden Cod. dipl 3,652.
— 20	. . .	bewilligt den beiden burgmännern auf Montabaur, Johann von Rodeheym und Rorich von den Erlen ihre burglehen für 80 gulden auf vier jahre an Gerhard von Schonenborn zu verpfänden. — Extr. in Temporale.
märz 7	Erembretstein	bewilligt dem grafen Ruprecht von Virnenburg seine gemahlin Agnes von Solms auf die hälfte der burg und stadt Monreal zu bewitthumen. — Or. in Cobl.
mai 3	—	bestätigt den vergleich zwischen den vom pabst bestätigten Andreas von Zweibrücken abt zu Wadgassen und den von einem theil des convents gewählten abt Lambert von Vorwilre, wornach ersterer gegen 400 gulden und eine lebenslängliche pension resignirt, und letzterer nunmehr einstimmig als abt gewählt wird. — Or. i. Cobl.
iun. 15	Confluentie	verordnet, dass der vikar Johann von Sobernheim und dessen nachfolger bei der Marienkirche ausserhalb Wesels, welche früher die pfarrkirche war und wo der pfarrdienst bisher unter den einzelnen vikaren abwechselte, von nun an allein den pfarrdienst versehen und im range gleich nach den chorherren daselbst rangiren soll. — Tempor.

1400

ian. 23	Confluentie	stiftet für seinen vorgänger und oheim, den erzbischof Cuno, in der St. Castorkirche zu Coblenz wo derselbe begraben liegt, ein anniversarium. — Or. i. Cobl.
aug. 10	. . .	entbindet in gemeinschaft mit den kurfürsten von Mainz und von der Pfalz den erzbischof von Cöln von der in ihrem bündnisse wegen neuer königswahl zugesagten hülfe, wenn der herzog Wilhelm von Geldern und Jülich oder dessen bruder Reinold mit welchen der kölner erzbischof bereits früher ein bündniss geschlossen hatte, ihr feind werden sollte. — Lacomblet Urkb. 3,955.
— 20	Laynstein	notificirt mit den übrigen kurfürsten der stadt Speier die absetzung könig Wenzel's. Lünig Reichsarchiv 5,222.
— 21	———	gelobt mit den andern rhein. kurfürsten dem von ihnen an die stelle Wenzel's gewählten könig Ruprecht rath und beistand in allen reichssachen. Würdtwein Nova Subs. 2,394.
— 21	prope Rense	(in sede regali) verkündet mit den andern geistl. kurfürsten die wahl des pfalzgrafen Ruprecht zum römischen könig. Würdtw. Nova Subs. 2,402.
— 21	———	(in campis) desgl. mit den übrigen kurfürsten der stadt Speier diese wahl. Lünig Reichsarchiv 14,492. Ebenso auch noch andern reichsstädten. vgl. Chmel. Regesten K. Ruprecht's.
— 25	Trier	erlässt für das weltliche gericht zu Trier eine neue und verbesserte gerichtsordnung. Hontb. 2,312.

1401

mai 1	Stoltzenfels	verpachtet dem bürger Heinrich Scholer zu Cochme auf drei ihre den Moselzoll daselbst um 350 gulden jährlich und mit der verpflichtung, wenn der erzbischof zu Cochme residire, den käs und die schüsseln für dessen hofhalt zu liefern. 1401 die Philippi et Jacobi. — Temporale.
iul. 25	———	vererbpachtet dem schöffen Syfrid Posser zu Moyen eine hofstatt daselbst. 1401 vff St. Jakob. — Temporale.
aug. 21	. . .	desgl. seinem amtmann Friedrich Brenner zu Welmich ein haus mit garten zu Welmich. 1401 sonnt. nach assumpt. Marie. — Temporale.
nov. 11	———	beurkundet den rückkauf der halben herrschaft Hunolstein um 6000 gulden von seiten des Niclas vogts und herrn zu Hunoltstein, und mortificirt den frühern kaufbrief hierüber. 1401 vff St. Mertinstag. — Or. i. Cobl.
dec. 31	———	giebt den gebrüdern Wynrich und Peter Federwusch von Hillesheim eine hofstatt zu Hillesheim als dortiges burglehen. 1401 tabb. post innocentum. — Temporale.

1402

ian. 9	———	bewilligt dem Johann Fleming dem jungen seine ehefrau Katherine Kutzmans mit zehn mark rente aus dem zoll zu Coblenz und mit einer hofstatt auf der veste Erembretstein zu bewitthumen. 1401 fer. 2 post Epiphan. — Temporale.
— 31	———	vererbpachtet der abtei Himmerode eine mühlenstatt in der Mosel gegenüber Kesten und oberhalb Filzen gelegen. — Or. i. Cobl.
febr. 11	———	schreibt dem grafen Symon von Spanheim-Vianden dass er mit dem ritter Johann von Steyne und dessen söhnen Johann dem jungen und Gerhard in krieg gekommen, und befiehlt ihm binnen 6 wochen und 3 tagen alles was er mit denselben zu Cleinich und anderswo in gemeinschaft hat, zu theilen. 1401 stül. Trev. tabb. post diem Cinerum. — Chartul. in Cobl.
— 23	———	verschreibt dem grafen Ruprecht von Virnenburg auf lebenszeit die herrschaft Schonecken in der Eifel jedoch mit ausnahme der dazu gehörigen mannen und burgmannen wie auch der dörfer Sweich und Mernke mit ihren gefällen auf der Mosel. 1401 trier. stüls vff St. Mathysabend. — Or. in Cobl.
— 24	———	beurkundet demselben grafen, dass dessen leute in der Pellenz für die erzbischöflichen burgban von Werneseck nicht zu weitern diensten als früher sollen herangezogen werden. 1401 trier. stüls vff St. Mathys. — Chartul. in Cobl.
märz 1	———	verschreibt seinem diener Wilhelm Pollierer 20 gulden jährliches dienstgeld aus dem zoll zu Capellen. — Temporale.
— 11	Erembreitstein	giebt nähere erläuterungen zu einem artikel in seiner verordnung über das freie testiren der geistlichen. Blattau Stat. Trev. 1,221.
— 27	———	vererbpachtet seinem kämmerer Wygand von Esch eine hofstatt zu Wittlich. — Temporale.
— 30	Stoltzenfels	bewilligt dem Philipp von Dune herrn zu Oberstein seine gemahlin Bele von Beumburg auf sein theil des schlosses Oberstein zu bewitthumen. — Extr. in Temporale.
apr. 3	———	erhelt dem probst Ludwig zu Machern bei Wasserpillich erbaute und dotirte kapelle zu Machern, auf die bitte von dessen wittwe Jutta zu einem beneficium ecclesiasticum, und erlaubt die einweihung dieser kapelle durch seinen weihbischof. — Tempor.

1402		
apr. 10	Stoltzenfels	bewilligt seinem speisor Johann Huner von Homburg seine ehefrau Patze von Schonenburg auf ländereien in Gretziger gericht, auf das rothe haus zu Coblenz und andere besitzungen zu bewitthumen. — Temporale.
mai 2	———	desgl. dem Riclaus vogt und herrn zu Hunoltstein seine gemahlin Ida von Erpach auf ein viertel der herrschaft Hunoltstein zu bewitthumen. 1402 dinst. nach vocem iocunditatis. — Or. i. Cobl.
— 9	‚ —	bestätigt bei gelegenheit der ernennung Cuno's von Falkenstein des obersten vicars am St. Castorstift zu Coblenz zum pastor der Liebfrauonkirche daselbst ein von dem capitel dieses stifts 1361 gemachtes statut wegen besetzung dieser pfarrei. Or. i. Cobl.
— 9		bewilligt dem Cuno von Falkenstein den beliebigen rücktritt von der pfarrei zu Liebfrauen auf seine frühere vicarie. — Temporale.
oct. 6	———	giebt dem ritter Reynhard von Berncastel die zehnten, gülten und güter im hochgericht Kleynche, welche derselbe von Heinrich von Klingelbach bisher zu leben hatte, nun als erbstiftisches mannleben. — Temporale.
nov. 27	— — —	belehnt seine niftel, die gräfin Anna von Katzenelnbogen und Nassau mit ihren trierischen leben. — Temporale.
1403		
febr. 2	Erembretstein	bestimmt die jährliche steuer der gemeinde Nydernberg bei Wesel auf 150 gulden und bestätigt die alten freiheiten und gewohnheiten dieses orts. 1402 trier. uff vff vnser frauwendag purificat. — Temporale.
— 9	Stoltzenfels	giebt seinem truchsess Johann Felkelghin vom Hane und dessen ehefrau Styne Pussers auf lebenszeit verschiedene zinsen aus häusern zu Meyen. — Temporale.
— 13	— — —	belehnt Friedrich von dem Bockeler, seinen centener zu Trier, auf lebenszeit mit dem gut und den weinrenten zu Welen, welche burglehen der veste zu der Nuwerburg sind, und worauf seine ehefrau Greta von ihrem ersten ehemann Johann von Platten bewitthumt worden war. — Temporale.
— 19	———	belehnt Anna von Heyger auf ihre lebenszeit mit dem von der herrschaft Molsberg lebenrührigen zehnten zu Heystermerke, den ihr verstorbener ehemann Henne von Linnen innegehalt hatte. — Temporale.
iun. 7	Erembretstein	verordnet, dass wenn die kaplane der beiden altäre St. Petri und Mathiä im schlosse zu Erembretstein nach Johanni sterben, deren erben die ganzen jahreseinkünfte, wie es im St. Castorstift zu Coblenz gebräuchlich, erhalten sollen. — Temporale.
iul. 4	Stoltzenfels	giebt dem Johann von Bubingen das durch den tod Johann Strunk's erledigte burglehen der veste Saarburg. — Or. i. Cobl.
— 7	— . —	erhebt den genügend dotirten St. Niclasaltar in der pfarrkirche zu Berncastel zu einem beneficium ecclesiasticum. — Temporale.
sept. 3	Erembretstein	giebt seinen consens zu dem von Heinrich Grün dem scholaster der St. Martins- und Severskirche zu Münstermalfeld begonnenen bau von seiner wohnung über die strasse nach der kirche. — Or. i. Cobl.
— 18	Trier	söhnt sich mit Peter herrn zu Cronenburg und zu der Nuwerburg wegen ihrer bisherigen fehden. Hansen, Treviris 1.41.
— 28	. . .	verzichtet auf alle ansprachen an die stadt Trier welche den wegen »verzelagung und gedinge« in die domfreiheit geflüchteten Thielman Unbescheiden darum in ihre gewalt und gericht geführt hatte. — Temporale.
oct. 3	Stoltzenfels	vererbpachtet dem ritter Friedrich von Sassenhusen, seinem amtmann zu Coblenz eine hofstatt in der Judengasse daselbst. — Temporale.
dec. 27	Erembretstein	bewilligt dem Heydenrich von Mielewalt seine ehefrau Jutta von Rychensteyn auf ein viertel des dorfs Meynsburne zu bewitthumen. — Extr. im Temporale.
1404		
febr. 28	Stoltzenfels	bestätigt des grafen Symon von Spanheim-Vianden und der wittwe Elisabeth von Spanheim, herzogin in Baiern und frau zu Grymberg schenkung ihres patronatrechtes über die kirche zu Nussbaum an die Hospitaliter zu Vianden. — Temporale.
märz 8	Dopardie	schliesst mit den andern rheinischen kurfürsten auf zehn jahre einen münzvertrag. — Guden Cod. dipl. 4,35.
mai 14	Stoltzenfels	belehnt Grete, die wittwe Johann's Mul von der Nuwerburg mit den burglehen ihres verstorbenen ehemannes. — Temporale.
iul. 3	Erembretsteyn	erlaubt dem capitel der kirche St. Martin und Severi zu Münstermaifeld das statut des St. Castorstifts zu Coblenz wonach die erben eines nach St. Johannis Baptisten tag verstorbenen beneficiaten dessen volle jahrespräbende erhalten sollen, auch für sich anzunehmen. — Or. i. Cobl.

1404		
ial. 23	Stoltzenfels	bewilligt, dass die leben des ritters Johann von Liebenstein, welche nach dessen tode an die vier söhne seiner drei schwestern fallen sollten (siehe 1382 nov. 9.) da dieselben vor ihm gestorben, nun an Rollman vom Geyspusch den verlobten seiner wittwe Agnes einer tochter des ritters Welther von Trys kommen sollen. 1404 mittw. nach Marien Magdalenen. — Or. i. Cobl.
— 23	——————	belehnt Rolman von dem Geissbusch mit der hälfte des zehnten zu Dievelich, welche seine mutter Anna, die wittwe Johann's vom Geissbusch besass. — Dat. wie vorher. — Temporale.
— 26	——————	befreit die bürgerschaft zu Saarburg von der zahlung ihrer bisherigen vollbist und schatzung, und erhöht dagegen das ungeld daselbst. 1404 samst. nach St. Jakob. — Temporale.
— 27	——————	befreit die güter Godelmann's von Grymberg wegen der in der erzbischöfl. fehde mit Jeckel Borabach erlittenen verluste und gefangenschaft von steuern, wogegen derselbe mit seinem harnisch und zwei reisigen pferden zu Grimberg auf erfordern dienen soll. 1404 sonnt. nach St. Jakob. — Or. i. Cobl.
sept. 10	. . .	gestattet dem Thielmann von Grymberg, seinem amtmann zu Swartzenberg die wiederherrichtung der weiherstätte und mühle zu Thielmanswilre. 1404 fer. 4 post nativ. Marie. Extr. im Temporale.
— 20	——————	verordnet dass der dechant zur unterscheidung von den andern kanonikern bei der kirche zu Wetflar mitras sive pileos chorales ex pellibus variis cornua habentes tragen soll. Guden 5,275.
oct. 28	Trevaris	schliesst mit dem herzog Ludwig von Orleans als momper des herzogthums Luxemburg einen vergleich über alle ihre bisherigen irrungen in betreff dieses herzogthums namentlich wegen der herrschaft Schoeneck. 1404 die Simonis et Jude. — Or. i. Cobl.
1405		
ian. 6	Stoltzenfels	bewilligt dem Trierer bürger Johann Scholer seine ehefrau Clara, die tochter Jakob's Wolff mit der Hungerburg zu bewittbumen. 1404 stil. Trev. die epiphan. — Extr. im Temporale.
märs 11	Erenbreitstein	bestätigt das statut des capitels der St. Georgkirche zu Limburg über die verwendung der gefälle des gnadeniahrs. Würdtw. Nov. Subs. 3,334.
— 23	Stoltzenfels	giebt seinem marschalk Wilhelm von der Arken noch verschiedene zinsen zu Molen im thal und zu Nydernberg zu manniehen. 1404 trier. stils mont. oculi. — Temporale.
mai 21	——————	gewinnt den Rudolf von Moirsperg mit 3 fuder wein jährlich aus der kellerei Saarburg aufs neue zu seinem manne. — Temp.
iun. 8	Erenbretstein	erlaubt dem Johann von Dune statt vor dem official zu Trier da ihm der weg dorthin erschwert und unsicher gemacht ist, seine processe vor dem official zu Coblenz zu führen. — Or in Cobl.
— 20	Stoltzenfels	verschreibt seinem schmitt Johann von Kyderich jährlich 10 gulden liedlohn aus dem zoll zu Covelentz. — Temporale.
— 20	——————	verleiht seinem diener Wigand von Esch auf lebenszeit für sich, seine frau und seine drei kinder ein haus am Hegelpötz zu Trier. — Temporale.
— 22	——————	vidimirt eine von pabst Innocenz VII d. d. Rome ap. st. Petrum kal. febr. pont. a. 1. an den dechant zu Wetlar erlassene bulle. deren inhalt iedoch nicht weiter angegeben wird. — Or. i. Cobl. mit iahr 1405 fer. 2 post corporis Christi.
iul. 24	——————	verlegt die drei iahrmärkte zu Meyen mit allen ihren privilegien von den festtagen Mariä Verkündigung, Mariä Himmelfahrt und Mariä Geburt auf den sonntag Laetare zu mitfasten, auf den sonnt. nach Mariä Himmelfahrt und den sonnt. nach St. Lukas. 1405 freit. nach Marie Magdalene. — Or. i. Maien.
aug. 6	——————	genehmigt dass der ritter Philipp Boss von Waldeck sein amtmann zu Boppard die 10½ gulden iahrrente aus der kellerei St. Wendel, welche derselbe von Johann dem sohne weiland Johann's Raubesack von Lichtenberg gekauft und dem vater Johann Raubesack von erzbischof Boemand für 106 gulden verkauft worden sind, wieder für diese summe an den heil. Wendel zu St. Wendel verkaufe. 1405 uff Sixtus. — Temp.
— 13	——————	stellt über die verlegung der 3 iahrmärkte zu Meyen (iuli 24. ial.) nochmals eine urk. unter dem grösseren erzbischöflichen siegel aus und bestätigt darin ein 40tägiges ablasprivilegium für dieselben. — Or. i. Maien.
sept. 14	——————	gewinnt seinen thürwächter Clenghin von Partenheim mit 5 ohm wein iährlich aus dem zoll zu Wesel aufs neue zum manne. 1405 uff des heil. crucestag exaltatio. — Temp.
dec. 31	——————	verzichtet auf allen ersatz wegen der gefangennahme von Meyener bürger und wegnahme deren vieh durch den grafen Gerhard von Blankenheim nachdem derselbe alles wieder zurückgegeben hat. 1405 vigil. circumcis. domini. — Or. i. Cobl.

17

1406

ian. 16	Stoltzenfels	erhebt den genügend dotirten Marienaltar in der pfarrkirche zu Holrcheim zu einem beneficium ecclesiasticum. — Temporale.
— 26	———	übergiebt seinem diener Johann Hussener dem jungen auf lebenszeit die veste Wildemburg bei Tryx in amtsweise, welche durch den tod der frau Johanne von Wildemburg dem erzstift heimgefallen ist. — Temporale.
febr. 2	Erembret-stein	belohnt Carissima, die wittwe des ritters Heinrich von Bacheim, und ihren sohn Johann mit dem hof zu Saltzig. — 1405 still. Trev. die purificat. Marie. — Extr. im Temp.
— 13	. . .	bewilligt dem Friedrich von Moncler seine ehefrau Hildegarde von Criechingen auf den lehenhof Mackenhoven zu bewitthumen. — Extr. im Temporale.
apr. 1	. . .	schliesst mit dem herzog Carl von Lothringen zu nutzen ihrer beider lande und leute auf fünf jahre ein bündniss. Honth. 2,344.
dec. 8	. . .	bewilligt dem Paul von Waldeck seine ehefrau Demud von Eltz auf den zehnten zu Damscheid, Kleslbach und Hane zu bewitthumen. — Extr. im Temporale.
1407		
ian. 26	Stoltzenfels	giebt dem Johann Hussener von Ursfeld dem jungen die veste Wildenberg bei Treis mit allem zugehör, welche er demselben nebst den lehen Johann's von Spanheim zu Seenheim und 2 fuder wein aus der kellerei im Hamm und 9 malter korureute die Setzpand's kinder besassen, für 500 gulden wiederlöslich verschrieben hatte, nun mit den gütern Emmerich's von Lieser selig zwischen Lieser und Maruak zu erblichem mannlehen. — Temporale.
mai 1	Erembret-stein	genehmigt dass Kulmann von Partenheim, sein amtmann zu Baldenauw, seine künftige ehefrau Margaretha die tochter Welther's von Dreyse auf 2 fuder weinrente zu Carden bewitthume. 1407 die Walpurgis. — Temporale.
— 10	———	verpfändet seiner schwägerin Else, der wittwe des grafen Philipp von Falkenstein, bis zur einlösung des von deren gemahl selig dem Johann von Haltzhusen zu Frankfurt für 1050 gulden versetzten silbergeschirrs, welches ihr vertragsmässig zukommen soll, den halben frohhof zu Lich. — Temporale.
— 11	———	vergleicht sich als momper der herrschaften seines vorgenannten verstorbenen bruders Philipp mit dessen hinterlassenen wittwe Else von Eppenstein über deren witthum. Honth. 2,347.
— 14	Stoltzenfels	verschreibt seinem koch, dem meister Johann und dessen frau Else Meyeners auf lebenszeit 50 mark pagament oder 33 mark brabandisch, und 4 weisspfennig jährlich aus der weihnachtsbede zu Covelentz. 1407 uff pingstabend. — Temporale.
— 15	———	verbessert die leben seines dieners Welter von Clotten mit einem mannlehen des schmitt Johann von Boparel zu Cochme, bestehend in 5 gulden jährlich aus den Cochmer zollgefällen. 1407 uff den heil. pingstag. — Temporale.
— 16	———	befiehlt dem abt zu Himmerode dem nonnenkloster zu Wallersheim in spiritualibus et temporalibus vorzusehen, indem er die urkunde erzb. Heinrich's d. j. Confluentie 1278 crast. palmarum welche durch alter sehr gelitten, renovirt und bestätigt. 1407 crast. penthecost. — Or. i. Cobl.
— 27	———	bestätigt den verkauf der mühle auf der Dyme unter der veste Wildenburg an Johann Hussener von Ursfeld seitens der sühne Conrad's Setzpands. — Or. i. Cobl.
iun. 10	———	beurkundet als momper der grafschaft Falkenstein mit graf Philipp von Falkenstein dem erzb. Johann von Mainz das wiedereinlösungsrecht an der vom erzbischof dem verstorbenen grafen Philipp von Falkenstein verpfändeten burg und stadt Hofheim. — Temporale.
— 30	Wernhers-ecke	desgl. als solcher dem abt zu Fulda das einlösungsrecht an dem schlosse Bingenheim. 1407 crast. Petri et Pauli. — Temporale.
iul. 31	Stoltzenfels	bewilligt dem ritter Philipp Hosse von Waldeck, seinem amtmann zu Boppard, seine ehefrau Irmegarde von Isenburg auf 15 gulden jahrrente aus dem zolle zu Boppard zu bewitthumen. — Temporale.
sept. 2	. . .	bewilligt dem Rychwin von Mielen seine ehefrau Lyse von Merenberg auf 2 fuder wein zu Boppard und 10 pfund heller jährlich aus dem Coblenzer zoll zu bewitthumen. — Extr. im Temporale.
— 17	. . .	vergleicht sich mit Johann herrn zu Vinstingen Falkenstein und Dettingen wegen des schadens und brand den derselbe in der fehde mit Peter von Cronenberg zu Mäden, Steinheim und an andern orten erlitten. 1407 sabb. post exaltat. crucis. — Tempor.
oct. 3	. . .	belehnt Johann Boess von Waldeck den iungen, des ritters Philipp sohn und enkel des ritters Emich von Burenzheim mit des letztern lehen. — Extr. im Temporale.

1407		
oct. 11	Conftantie	giebt als kurfürst des reichs seinen consens zu allen von könig Ruprecht und dessen vorfahren im reich dem bischof Raban von Speier und dessen vorfahren für das stift Speier ertheilten privilegien nud urkunden. — Temporale.
— 23	Stoltzenfels	bewilligt seinem heimlichen Johann Husener von Ursfeld dem iungen seine ehefrau Elye, die tochter Diederich's herrn zu Esch auf 40 gulden iahrrente aus lebengütern zu Trys, Seenheim und Lieser zu bewitthumen. — Temporale.
nov. 4	——	beurkundet dass des verstorbenen ritters Johann Brenner Stolzenfelser burglehen worüber dessen tochter Grete mit dessen schwestersohn Johann von Brandenburg in streit gekommen, ersterer verliehen worden sei. — Temporale.
dec. 2	——	verleiht seinem diener Mertin Raid auf lebenszeit 3 malter korn iährlich zu Cochme. — Temporale.
— 31	Erembret-stein	verschreibt seinem diener Heinrich von Monthabar, genannt »Frauwenknecht« so lange er sich reysig hält und ihm dienet 4 malter korn iährlich aus der kellerei Monthabar. — Temporale.
1408		
ian. 8	Bacherach	schliesst für sein stift und die grafschaft Falkenstein und herrschaft Minzenberg als momper mit dem erzb. Johann von Mainz auf 6 iahre ein landfriedensbündniss. 1408 dominica infra octavas Epiphanie. — Or. i. Cobl.
— 16	Stoltzenfels	vorerbpachtet dem schöffen Syfrid Pusser zu Meyen einen acker in dortiger flur um darauf eine leyengrube anzulegen gegen den zwölften leyen wie gebränchlich. — Tempor.
— 26	——	vertauscht dem Deutschorden zu Coblenz verschiedene zinsen gegen dessen wingert unterhalb des schlosses Stoltzenfels worauf er einen weiher anlegen will. — Temporale.
— 27	——	giebt demselben für einen wingert unter Stoltzenfels worauf er einen weiher anlegen will, 5 mark iährlich aus zwei häusern in der Hänregasse zu Coblenz. — Temp.
— 27	——	stellt seine beiden zollschreiber zu Capellen und Boppard den Heinrich von Gulpen genannt von Hodesheim für die bezaltung der demselben wegen abgekaufter 200 malter hafer schuldigen 200 gulden bis zu nächsten mittfasten als bürgen. — Temporale.
— 27	——	verordnet dass die kapläne des St. Marien- und Nicolausaltars in der pfarrkirche zu Oberlanstein, wie auch der rector des hospitals daselbst und der heil. Geistkapelle auf dem Martinsberg an gewissen festtagen dem pastor beim gottesdienst assistiren sollen. — Temporale.
febr. 14	——	bewilligt seinem heimlichen Johann Husener von Ursfeld dem iungen seine ehefrau Elgin, die tochter Diederich's herrn zu Esch auf renten aus der kellerei zu Esch, in Münstermeinfeld, aus der mühle unter Wildenburg, zu Senheim und Lyser zu bewitthumen. — Temporale.
— 16	Erembret-stein	verleiht seinem heimlichen Niclas, dem dechant von Unser frauwen zu Wesel, und dem Heinrich Siemeler von Wulfersheim, auf lebenszeit ein haus mit länderaien zu Pessendorf womit weiland Cunemann Siemeler belehnt war. — Temporale.
märz 1	Stoltzenfels	verschreibt dem bürger Lutzen, Ludwigs Pythan sohn, von Valender, dem er für abgekauftes fleisch und wein 400 gulden, und 100 gulden für schweine welche der ritter Richard Hart sein amtmann zu Hillesheim demselben abgekauft hat, schuldig ist, seinen antheil am ungelt zu Coblenz. — Temporale.
apr. 3	Erembret-stein	verpachtet auf 5 iahre den moselzoll zu Coblenz um 1200 gulden iährlich an den Cölner bürger Wolther von dem Dicke und den Coblenzer schöffen Johann Sale. — Tempor.
— 4	Oberlan-stein	verbündet sich mit den beiden andern geistlichen kurfürsten zu einem kriegszuge gegen Wilhelm herrn von Reichenstein und dessen helfer und zur zerstörung der veste Reichenstein, weil derselbe den ritter Frank von Cronenberg mit andern auf der rückkehr von einem turnir zu Andernach gefangen und beraubt hatte. — Guden, Cod. dipl. 4,54.
— 9	Erembret-stein	befiehlt seinen amtleuten und zöllnern auf der Mosel: zu Coblenz, Cochem und Pfalzel die güter des Coblenz fuel Coblenz frei passiren zu lassen. — Or. i. Cobl.
mai 18	Stoltzenfels	ernennt den Johann Drömser von Rudisheim zu seinem amtmann auf Sternenberg. — Or. i. Cobl.
— 25	Erembret-stein	vererbpachtet seinem kammerknecht Wygand von Esch den hof zu Salmenror. — Temp.
— 25	——	bewilligt demselben seine ehefrau Grete auf 15 malter frucht iährlich zu bewitthumen. — Temporale.
iun. 3	——	giebt dem Barthel von Brydal des verstorbenen schultheissen Wernher sohn ein haus zu Brydal nebst einem fuder wein iährlich zu manuhaben. — Temporale.
— 20	——	belehnt durch Johann Husener den Heinrich Brand von Buxberg mit 4 mark denaren iährlich zu Els als burglehen der herrschaft Limburg. — Extr. im Temporale.

17*

1408		
sept. 2	Wernhers-eck	bestätigt ein statut des St. Castorstifts zu Carden über den genuss der präbenden. — Or. i. Cobl.
— 20	. . .	antwortet dem grafen Johann von Spanheim auf dessen klage wegen hinderung in dessen gerechtigkeit die weinmasse und ellen auf dem markt zu dem Wüstenbrude zu stellen, dass ihm hiervon nicht wissig sei. 1408 vigil. Mathei. — Chartul. in Cobl.
oct. 10	Stoltzenfels	erlässt dem probst des stifts zu Münstermeynfeld die primos fructus des folgenden jahrs aus der probstei wegen der für winterkleider verausgabten 200 gulden. 1408 crast. Dionisii et socior. — Extr. im Temporale.
— 23	——	verleiht dem Heinrich von Monthabur 4 ohm wein iährlich auf lebenszeit zu Erembreitstein. — Extr. im Temporale.
— 24	——	belehnt den Wentz von Loenstein, schwestersohn seines marschalks Wilhelm von der Arken mit der lehen burg- und mannlehen. — Temporale.
— 26	——	desgl. den Hans von Wolbenstein mit den von seinem vater Everhard besessenen 8 pfund heller zu Castel und 10 pfund zu Klein-Urmerstein. — Extr. im Temporale.
nov. 10	Erembret-stein	bewilligt dem Engelbrecht Soewe von Monthabur seine ehefrau Agnes, die tochter Heinrich's von Ellar, auf zehnten zu Frühendietz, Dirlebach, Vachingen, Wenichenfreutze und Gergenhusen zu bewittumen. — Temporale.
— 12	——	verspricht dem ritter Arnold von Sürk die lehen des ritters Beumund von Edendorf herrn zu Hoenfels im falle dessen kinderlosen ablebens. 1408 crast. Martini. — Temporale.
— 12	. . .	verpachtet dem bürger Franz Smeltzer zu Coblenz auf 4 iahre die gold- und silbermünze daselbst. — Extr. im Temporale.
— 12	——	desgl. an Thilgen von der Winterbach auf 2 iahre die münze zu Wesel. — Extr. im Temp.
— 30	Stoltzenfels	bewilligt dem ritter Johann Duesse von Waldeck und dessen ehefrau Margretha von Yppelborn ihrem resp. bruder und schwager Hermann Iloess von Waldeck für 800 gulden und für 12 iahre ihre lehengüter zu Bliescastel, die früher der ritter Hermann von Ippelborn besass, zu verpfänden. — Temporale.
dec. 24	Erembret-stein	belehnt als herr und momper der grafschaft Falkenstein und herrschaft Mintzenberg den Henne von Beldersheim genannt Groppe mit einem haus zu Gredel. 1408 fer. 2 post Thome. — Temporale.
— 27		bestimmt gleichfalls als solcher die iahresbede der bürgerschaft zu Lych auf 300 gulden. 1408 uf St. Johannes Evang. — Temporale.
1409		
ian. 7	——	verleiht dem ritter Johann Romilian von Covern wegen der für die herrschaft Mintzenberg geleisteten dienste den alten turnus am zoll zu Capellen, welchen der erzbischof als momper dieser graf- und herrschaft vom reich inne hat. — Temporale.
— 21	——	bestimmt die von dem dorf Trittenheim zu entrichtende iährliche herbstweinbede auf 4 fuder. — Temporale.
febr. 21	Stoltzenfels	belehnt den ritter Arnold von Sirk nach dem tode von dessen oheim dem ritter Beumond von Edendorf mit dessen lehen. — Temporale.
märz 3	Erembret-stein	belehnt den Ailff grafen zu Nassau-Dietz mit dem vom reich herrührenden theil der burg, stadt und herrschaft Limburg. Temporale.
— 6	. . .	verzeiht dem Johann von Schonenbach, seinem siegler zu Coblenz wegen begangener brüche, und verzichtet auf alle forderungen an ihn wegen des siegelamts und der münze. — Temp.
— 8	——	ernennt (in folge des rechts eines erzbischofs an iedem collegiatstift seiner diozese zwei kaplane zu ernennen welche im genusse der präbende bleiben aber von der persönlichen residenz befreit sind) den domprobst Otto von Ziegenhain an die stelle des domherrn Friedrich von Steyn zu seinem kaplan. — Or. i. Cobl.
— 23		verleiht seinem kammerknecht Wigand von Esch von den 20 malter frucht welche ihm derselbe iährlich aus dem hof zu Salmerohr zu liefern hat, 15 malter zu mannlehen. — Or. i. Cobl.
— 25	. . .	verleiht an Symon von Boppard, kanonikus von St. Florin zu Coblenz auf lebenszeit einen stall zu Boppard, den dessen verstorbener bruder Mathys, sein kanzler, bisher besessen hatte. — Temporale.
— 26	Andernach	schliesst mit dem erzb. Friedrich von Cöln eine suhne und vergleich wegen des hauses Ulmen, schlosses Wernherseck, der güter welche Andernacher bürger im trierischen haben, wegen des geistlichen gerichts zu Andernach und anderm mehr. Houth. 2,350.
— 26	Erembret-stein	bestätigt die stiftung von 3 wochenmessen in der St. Michaelspfarrkirche zu Lützelburg seitens Nicolaus Bezzelins von Lützelburg stiftsherrn von St. Martin und Severskirche zu Münstermeifeld. — Temporale.

1409		
apr. 14	Stoltzenfels	befreit den Peter von Urber genannt Duyte solange derselbe zu Ellentz wohnt und sich mit pferden und harnisch reysig hält, von schatzung und steuern, verleiht ihm gleich den bürgern daselbst die nutzrechte an wasser, weide und wald, und 3 malter korn iährlich aus der kellerei Cochem. — Temporale.
— 16	. . .	verschreibt als herr zu Falkenstein und Mintzenberg dem Hesse Gryn von Sodel auf lebenszeit 16 gulden iährlich aus dem ungeld zu Mintzenberg. — Temporale.
— 17	———	beurkundet dass der hof zu St. Wolfrid von wegen der burg und herrschaft Bliescastel trierisches lehen sei und denselben der ritter Friedrich von Sirk zu lehen habe. — Temporale.
— 17	. . .	verpachtet auf ein iahr die münze zu Wesel an den frühern pächter Thilmann, und die zu Coblenz an Faemgin von der Winterbach. — Extr. im Temporale.
— 19	———	verschreibt dem Diederich von Staffel, falls derselbe Dielgen, die wittwe Wilhelms von der Arken heirathet, das amt Cunenengers bis zur rückzahlung der bei dem von der Arken geliehenen 800 gulden. — Temporale.
mai 3	———	bewilligt dem Wernher von Lodenstorf genannt Revenecher 10 malter kornrente zu Revenach, welche trierisches lehen, an des erzbischofs diener, den bürger Hermann Barbierer zu verkaufen. — Temporale.
— 3	. . .	bestätigt die frühern ablasprivilegien für den bau der moselbrücke zu Coblenz und ertheilt ein neues dafür. — Günth. Cod. dipl. 4,130.
— 8	———	verschreibt seinem rath, dem ritter Wernher von der Leyen, auf lebenszeit 2 fuder wein aus der bede zu Guntreve und 40 gulden iährlich aus dem siegel zu Covelentz. — Tempor.
— 14	———	verschreibt seinem rath und amtmann zu Covelentz, dem ritter Friedrich von Samenhusen, für die in seinem dienste erlittenen verluste an pferden und andern, iährlich 200 gulden aus dem ungeld zu Covelentz. — Temporale.
— 16	Erembretstein	belehnt Wolff von Hatzstein den ältern, von wegen der herrschaft Limburg mit dem schloss Hatzstein und dem halben dorf Arnshene. — Extr. im Temporale.
— 30	———	sühnt sich mit dem Giselbrecht Stomp von Siemern wegen ihrer bisherigen fehde. 1409 des andern dags na St. Maximin. — Temporale.
— 31	———	schlichtet die streitigkeit zwischen der geistlichkeit und der gemeinde zu Wesel wegen der von ersterer zu zahlenden erbschaftssteuer. — Temporale.
iun. 1	———	verpachtet dem Heinrich Scholer den demselben am 1. mai 1407 auf 4 iahre für 350 gulden iährlich bereits verpachteten moselzoll zu Cochem, noch auf 3 iahre. — Temp.
— 2	———	schliesst als herr und momper der grafschaft und herrschaft Falkenstein und Mintzenberg, einen ehevertrag zwischen Diethard von Isenburg herrn zu Büdingen und Elsghin von Solms, der tochter seines schwagers und seiner schwester Otten und Agnes grafen und gräfin von Solms. Guden 5,1035.
iul. 3	———	bewilligt dem Ulrich von Smydeburg seine ehefrau Aleyde von Nattenheim auf die mit seinem bruder Fritzschen in gemeinschaft besitzenden und zum schenkenamt gehörigen güter zu Beymode, Rinsfeld, Moirscheid, Oisburg, Tomme, Schwindorf und Waltrach zu bewidthumen. — Temporale.
— 4	———	verschreibt dem Engelbrecht Suyme 2 malter korn iährlich aus der kellerei Monthabur. — Temporale.
— 24	———	belehnt den Wilhelm von Orwich genannt Pliecke mit burglehen zu Wittlich und Kylburg.
aug. 9	Stolzenfels	belehnt die brüder Emich und Philipp von Dune herrn zum Oberstein mit den nach dem tode der Wildgrafen Otto und Gerhard von Kirberg dem erzstift heimgefallenen lehen, insbesondere mit der veste Wildenburg und zugehör. Günth. Cod. dipl. 4,135.
— 13	———	verspricht dem Heinrich und Friedrich von Fleckenstein ersatz des schadens den sie durch zum enthalt seiner leute auf der burg Dagestal erleiden würden. — Or. i. Cobl.
— 13	———	gleiches verspricht er dem Johann herrn zu Crichingen. — Or. i. Cobl.
— 13	———	sühnt sich mit Johann herrn zu Crichingen wegen Dagstal und verzichtet auf alle desfallsigen forderungen. — Temporale.
— 15	. . .	schliesst mit den beiden andern rheinischen erzbischöfen einen münzvertrag. Scotti Samml. 1,119.
sept. 12	———	befiehlt dem Heinz von Hexheim an Reinhard herrn zu Westerburg und Schauwenburg den Falkensteinischen turnos am zoll zu Mentz zu übergeben. 1409 fer. 5 post nativ. Marie. — Temporale.
oct. 17	Erembretstein	erhebt den von den beiden schöffenmeistern zu Meyen, Sifrid Posser und Nicolaus Meyen in der pfarrkirche St. Clemens daselbst dotirten Johannesaltar zu einem beneficium

1409		
		ecclesiasticum und giebt den schöffenmeistern das präsentationsrecht darüber. — Or. I. Cobl.
nov. 20	Stoltzenfels	belehnt Hennekin Westveling mit dem durch Peters Moir von Münstermeinfeld tol erledigten haus, hof und mühle zu Schrumpe. — Temporale.
dec. 18 1410	Ezembret-stein	vertauscht mit dem Deutschorden zu Covelentz die hofstatt »der saal« zu Ochtending gegen ein stück land daselbst. — Temporale.
ian. 14	—	räumt dem grafen Gerhard von Seyn auf lebenszeit für 6000 gulden, ablösslich für die-selbe summe, schloss, dorf, gericht und herrlichkeit Valender ein. — Temporale, nach Günth. 4,133 mit unrichtigem monatstag (die prima).
— 14	—	gewinnt denselben grafen Gerhard mit 200 gulden jährlich aus dem zoll zu Boppard zu seinem mann. — Temporale.
— 20	—	schenkt an den St. Petersaltar auf der veste Erenbretstein einen zehrzins von 6 solidos aus einem hause unterhalb der veste. — Temporale.
— 26	. . .	besiegelt als herr der grafschaft und herrschaft Falkenstein und Mintzenberg eine eben-kaufwerk. Anna's von Falkenstein etwan gräfin zu Swartzburg für das spital zum Hane im Dreyeich. Guden 5,808.
febr. 20	Stoltzenfels	verleiht dem Friedrich von Eltz für den lehensauftrag seines dritten theils am schlosse Eltz, auf lebenszeit 20 malter korn aus der kellerei Münster und 3 stück wein jähr-lich zu Alken. — Temporale.
märz 30	. . .	schliesst in gemeinschaft mit dem ritter Ludwig burggrafen zu Hammerstein einen burg-frieden zu Hammerstein. Günth. 4,142.
mai 9	—	verleiht seinem boscher zu Capellen, dem barger Heintze Kalkburner zu Meinz und dessen sohne Hermann weil sie ihr haus zu Meintz zur herberge für des erzbischofs freunde (von Falkenstein) geöffnet, 2 theile am zehnten und verschiedene fruchtrenten zu Harz-heim. — Temporale.
iun. 7	Erembret-stein	befreit die güter Reynarts Snetze bei Münstermeynefeld, welche Ihm seine ehefrau, die tochter Clas Meyener's zugebracht hat, auf seine lebenszeit von schatzung, bede, diensten und achten. — Temporale.
aug. 16	—	verbessert das Badensteiner burglehen Heinrich's von Staffel mit 10 gulden jährlich aus der kellerei Monthabur. 1410 des andern tages na vaser frouwen dag assumptio. — Temp.
sept. 3	. . .	präsentirt dem probst von St. Marien ad gradus zu Mainz den Ortwin Lupolt von Umstatt zur pfarrei Markebel. — Guden, Cod. dipl. 5,873. Würdtwein Dioces. Mog. 3,136.
— 17	Franken-furde	gewinnt als herr der grafschaft und herrschaft Falkenstein und Mintzenberg den Johann Fulnstorffer genannt Oppenheimer mit 15 malter korn jährlich aufs neue zum manne. Guden 5,876.
— 20	—	verkündet in gemeinschaft mit dem kurfürsten Ludwig von der Pfalz und dem burggrafen Friedrich von Nürnberg der stadt Frankfurt die wahl könig Sigismund's von Ungern zum römischen könig. — Olenschlager, Neue Erläuterung der goldenen Bulle 2,133.
— 27	—	ebenso der stadt Speier. — König Reichsarchiv 7,408.
— 30	Erembret-stein	verleiht dem Heinrich von Schonenburg genannt von Smedeburg die durch den tod Symon's Granz von Cube erledigten 2 fuder wein jährlich zu mannlehen. — Temporale.
oct. 1	—	ernennt Johann Gudeler den dechant der Marienkirche zu Kylburg und Erwin von Capellen den brückenmeister zu Coblenz, zu seinen commissarien behufs entscheidung der in folge der Constitutio Clementina entstehenden streitigkeiten, und befiehlt seiner diöcesan-geistlichkeit unter strafe der excommunikation den mandaten beider commissarien folge zu leisten. — Temporale.
— 13	—	bestätigt eine vom amtmann und der bürgerschaft zu Covelentz wegen des fleischverkaufs erlassene verordnung, und bestimmt zugleich wie es mit dem fleischverkauf auswärtiger metzger in der stadt soll gehalten werden. — Temporale.
nov. 7	—	giebt dem Reynhard herrn zu Westerburg und Schauwenburg auf lebenszeit das schloss Wellestein zu mannlehen. — Temporale.
— 21	. . .	bewilligt dem Cuno herrn von Pirmond seine ehefrau Greta von Schonenburg auf den zehnten und ein haus zu Manderscheid und auf 23 ohm wein jährlich aus der bede zu Eller und Edegre zu bewitthumen. 1410 fer. 6 post Elisabeth. — Extr. im Temp.
dec. 8	. . .	verleiht dem Bolmann von Partenheim und dessen ehefrau Margaretha als ersatz für den schaden und die gefangenschaft welche derselbe als sein amtmann zu Baldenauwe erlitten hatte, 6 malter frucht und 6 ohm wein jährlich auf lebenszeit aus der kellerei zu Berncastel. 1410 die conceptio. Marie. — Extr. im Temporale.

1410		
dec. 28	Paltzel	genehmigt dass der Jude Micheil zu Covelentz auf seine beiden häuser in der Judengasse daselbst, welche bereits mit erzbischöflichen zinsen belastet, noch 200 gulden bei dem bürger Hermann Wolf lehne. — Or. in Cobl.
1411		
ian. 6	Baymstein	verpachtet nach ablauf der bestehenden pachtzeit auf St. Remigiitag 1412 den zoll zu Trier auf 6 iahre an andere bürger daselbst um 110 gulden iährlich. 1410 trier. stils uff der heil. drier kunige dag. — Temporale.
märz 4	Erembretstein	verspricht seinem heimlichen dem Johann von Ursfeld dem jungen, genannt Husener, wenn er die demselben für 500 gulden verpfändete veste Wildenburg wieder einlösen würde, auch 300 gulden baugeld zu erstatten. — Temporale.
— 8	Stoltzenfels	verschreibt seinem diener Christian von Mailner auf so lange er sich mit einem pferde reynig hält 4 malter korn iährlich aus der kellerai zu Paltzel. — Temporale.
— 9	——	schreibt der stadt Frankfurt dass ihn könig Sigismund zu seinem machtboden verordnet habe, und er ihr den Friederich von Sassenhusen und Heinrich Muyl, ritter, wie auch Richwin von Melen seinen marschalk zugesandt um sich mit ihr wegen reichssachen zu bereden. — Oleenschläger Neue Erläut. der gold. Bulle 2,202.
— 11	. . .	schreibt nebst dem kurfürst Ludwig von der Pfalz der stadt Frankfurt und verbiethet ihr die von Kurmainz daselbst ausgeschriebene neue wahl eines römischen königs zu gestatten. — Oleenschläger ebendas. 2,204.
— 23	Erembretstein	erhebt den von Eberhard von Montzauheim, einem einwohner zu Diepach dotirten St. Catharinenaltar in dortiger kapelle zu einem beneficium ecclesiasticum. 1410 stil. Trev. fer. 2. post Letare. — Temporale.
apr. 14	——	verspricht dem ritter Wilhelm von Helfenstein, amtmann zu Cunenengers ihn auf lebenszeit in diesem amt zu lassen. — Temporale.
— 25	——	beurkundet die abrechnung mit Cunemann seinem kellner zu Wittlich und Berncastel über dessen dienstverwaltung seit 1409. — 1411 die Marci evang. — Temporale.
— 28	——	bestätigt dem Johann Waldecker seinem schultheiss im Hamm die 2 drittel am fruchtzehnten daselbst womit ihn der verstorbene Johann herr zu Dune belehnt hatte. — Temporale.
— 29	——	verschreibt dem pastor Cunemann zu Berncastel, welcher noch als früherer kellner zu Wittlich tausend gulden zu fordern hat, auf lebenszeit den wein- und fruchtzehnten in der pfarrei Noviant und Cus. — Temporale.
mai 24	——	befreit die gesammte erzstiftische Judenschaft auf 2 iahre von schatzung und steuer, und bewilligt ihr auf 6 iahre ungestörten handel und wandel. — Temporale.
iun. 11	vor Frankfurt	Ankunft des erzbischofs im feldlager daselbst auf frohnleichnamstag. und aufbruch desselben mit seinem volke am sonntag darnach (14 iuni). — Oleenschläger Erläuter. der goldnen Bulle 2,214 u. 217.
— 23	. . .	verbündet sich mit dem erzbischof Johann von Mainz, einem neu gewählten könige erst nach bestätigung ihrer privilegien gehorsam zu leisten. 1411 vig. nativ. Johan. Bapt. — Or. i. Cobl.
— 26	Butzbach	verspricht seinem neffen dem grafen Philipp von Nassauw den ruhigen besitz seines theils an dem schlosse Welstein so lange die pfandschaft dauert. 1411 die Johannis et Pauli. Temporale.
iul. 16	Vilwil	verkauft für 6 tausend gulden der stadt Covelentz seine hälfte an der dortigen accise. 1411 tags na der aposteln theilung. — Temporale.
aug. 11	Erembretstein	überträgt die dem ritter Friedrich von Saessenhusen auf seine hälfte am ungeld zu Covelentz verschriebenen 200 gulden, da er diese hälfte an die stadt verpfändet, auf den zoll zu Capellen. 1411 crast. Laurentii. — Temporale.
sept. 6	——	verschreibt dem grafen Beinhard von Nassauw für die 2 tausend gulden welche er demselben schuldig ist, 200 gulden iährlich aus dem zoll zu Capellen und das schloss Molsberg. — Temporale.
— 8	——	gewinnt Bernhard Messewin von Spaenheim mit 15 pfund iährlich aus dem siegel zu Trier, welche der ritter Everhard von Spaenheim, dessen oheim, besessen hatte, zu seinem manne. 1411 uff vaser lieben frauwendag nativitas. — Temporale.
— 18	. . .	mortificirt alle etwa noch späterhin producirt werdende schuldbriefe aber die grafschaft Blankenheim, da er die schuld Johann's von Loben herrn zu Heinsberg und Lehenberg, des sohnes Wilhelm's von Loben grafen zu Blankenheim, bei dem Juden Abraham zu Cochem eingelöst habe. — Or. i. Cobl.
dec. 18	——	verschreibt dem Erwin von Lacustein genannt Stoppelrode bis zur auszahlung der demselben wegen seiner gefangenschaft und verluste an hengsten und pferden in der

1411		Cronenburger fehde schuldigen 302 gulden, den neuen kornzehnten zu Nyderlanstein. 1411 uff Luzientag. — Temporale.
1412		
Jan. 8	. . .	schliesst mit Reinhart herrn zu Hanauw einen burgfrieden der schlösser Mintzenberg, Assenheim und zum Hume. 1412 fer. 6 post Epiphan. stil. Mogunt. — Temporale.
febr. 26	Erembret-stein	verschreibt dem ritter Wilhelm von Helfenstein für in seinem dienste verlorene hengste und pferde 200 gulden jährlich aus dem zoll zu Cunenstein auf lebenszeit. 1411 trier. stil. des andern tags na St. Mathys des aposteln. — Temporale.
— 27	——	verleiht seinem thorwärter Johann vom Hane genannt Felkelgin und dessen ehefrau Eisen, beiden auf lebenszeit, zwei wiesen am Kehlerborn bei Esche und eine hecke an Renser Roderen an der heide. — Temporale.
märz 25	——	erlaubt seinem heimlichen dem Johann von Orsfeld dem jungen genannt Hasener die anlegung eines fachs in der Mosel oberhalb Trys zwischen dem Pomerwerd und dem berg Aelventsch, und bewilligt ihm holz und reyser dazu aus dem Treiser wald. 1412 die annunciat. Marie. — Temporale.
— 27	——	giebt demselben 10 ohm weinrente zu Turnich und 10 pfund goldgulden zu Roderchme welche er mit seinem oheim Johann Schilling von Lanstein theilen soll. — Tempor.
apr. 8		bewilligt dem Sifard von Dudenberg seine ehefrau Greta von Selbach auf seine lehenguter zu Nickenich zu bewitthumen. Temporale. Extr. Günth. 4,163.
— 14	. . .	schliesst mit dem herzog Reynolt von Gülge und Geire auf lebenszeit ein bündniss zu gegenseitiger hilfeleistung und schutze ihrer lande. — Temporale.
— 14	. . .	desgl. mit dem herzog Adolf von dem Berg. — Temporale.
— 20	——	verleiht seinem heimlichen, dem probst Johann Meyener zu Munstermeynefeld, auf lebenszeit seinen thurm, haus und hofralithe auf dem Niederwörth bei Valender an St. Gangolfskapelle. 1412 fer. 4 post Misericord. — Temporale.
mai 1	. . .	schliesst mit dem herzog Karl von Lothringen auf fünf jahre ein schutzbündniss. 1412 uff St. Philipp und Jakobstag. — Or. in Cobl.
— 9		bekennt dass graf Ruprecht von Virnenburg die von graf Gerhard selig dem erzstift verpfändeten gerichte zu Munstermeynveld, Tumbr, Longhe und auf Boyenheimer berge mit 2 tausend schwere Mainzer gulden eingelöset habe, und mortifieirt die frühern pfandbriefe hierüber. — Günth. 4,154.
— 9	——	entlässt waltpode, heimburger, geschworne und gemeinden auf den gerichten zu Munstermeynevelt, Tumbe, Longhe und Boyenheimer berg ihrer eide und hulde an den erzstift, und verweist sie damit an den grafen Ruprecht von Virnenburg der sie wieder eingelöset habe. 1412 fer. 2 post Vocem jocunditatis. Or. i. Cobl.
— 11	——	ertheilt der stadt Meyen nachdem dieselbe ihm eine dreijährige volleist vorausbezahlt, freiheit von der volleist auf 3 jahre und verspricht, ihre güter in der schatzung nicht zu höhen. — Or. in Maien.
— 12		schliesst mit dem kurfursten Ludwig von der Pfalz auf 5 jahre ein landfriedensbündniss. 1412 uff unsers herrn offartdag. — Temporale.
jun. 2	— —	genehmigt dass sein kammerknecht Wigand von Esch eine in erbpacht habende hofstatt an Else von Brandenburg verkaufe. — Temporale.
— 12		nimmt den Radolf von Euselingen genannt Trumme in seine kriegsdienste und verschreibt ihm jährlich 4 malter korn aus der kellerei Welschpillig und zwei röcke. — Temp.
— 23	.	An diesem tage ernennt pabst Gregor XII den erzb. Weroher durch bulle d. d. Gaiete 10 kal. jul. pont. a. 6 zu seinem legaten für die provinz und diöcese Trier. — Or. i. Cobl.
— 24	— —	verleiht dem ritter Folker von Ellentz für den in seinem dienst erlittenen schaden namentlich an verlornen hengsten und pferden auf so lange die renten zu Loissheim bis er ihn zum amtmann zu Saarburg oder anderswo ernenne. 1412 die nativ. Johan. bapt. — Temporale.
jul. 13		verschreibt seinem diener Bern Ruywo von Buchenbrucke für den in seinem dienste erlittenen schaden an hengsten und anderm jährlich 4 malter korn, 4 ohm wein und ein schwein auf lebenszeit aus der kellerei Saarburg. 1412 die Margarethe. — Temp.
— 22	— — —	incorporirt die untere klasse zu Carden mit consens der einzigen klausnerin darin, dem capitel des St. Castorsstifts daselbst. Günth. 4,157.
— 23	— — —	bestätigt die zunftartikel des wollenhandwerks zu Limburg. 1412 des andern dags na Marien Magdalenen. — Temporale.
— 23		ernennt mit bewilligung Reinhard's herrn zu Westerburg und Schauwenburg welchem er auf lebenszeit das schloss Welstein verliehen hat, den Johann Stomp von Waldeck zum burgmann darauf. — Temporale.

1412		
aug. 20	Erembret-stein	bestätigt die von der stadt Boppard in der kirche des dortigen Carmeliterklosters gestiftete frühmesse. — Temporale.
— 21		verleiht dem Cölner bürger Walther von Dick und dem Coblenzer schöffen Johann Sel unter den frühern bedingungen noch auf ein iahr den moselzoll zu Coblenz, da dessen einkünfte in den letzten iahren wegen misswachs, errichtung des zolls zu Cunen-Engers und ertheilter zollbefreiungen geschmälert worden waren. — Temporale.
— 23		verpachtet dem bürger Heinrich Schuler zu Cochem nach ablauf der jetzigen pachtzeit am 1. mai 1414 auf weitere 3 iahre den moselzoll zu Cochme für 350 gulden iährlich. 1412 vigil. Bartholomei. — Temporale.
sept. 30		verschreibt seinem schenk Clesgin von Partenheim und dessen ehefrau Clara von Langquaich auf lebenszeit für die denselben schuldigen 200 gulden, iährlich 2 fuder wein aus der kellerei Berncastel, und verspricht die denselben noch ausserdem schuldigen 200 gulden in 2 iahren zurückzuzahlen. Temporale.
dec. 30		bewilligt dem Philipp Flach von Swartzenberg seine ehefrau Margaretha auf 14 gulden iährlich aus dem Bopparder zoll zu bewitthumen. — Temporale.
1413		
ian. 6		bewilligt der Else von Runkel, gemahlin Reinhard's iungherrn zu Westerburg, den besitz des schlosses Schadeck, das des iungherrn vater Reinhard herr zu Westerburg und Schauwenburg zu leben trägt. 1412 stil. Trev. die Epiphanie. Temporale.
— 7		bewilligt seinem heimlichen, dem ritter Johann Romlian von Covern die lebensnachfolge auch für seine töchter in dem haus zu Polich. — Temporale.
— 7		beurkundet, dass des vorgenannten Johann Romlian's turnose vom zoll zu Capellen auf den von Cunen-Engers verlegt ist. — Temporale.
febr. 13		bewilligt dem Hertwin Gauwer von Gulse seine ehefrau Jutta von Alken auf seine lebengüter zu Carden und Covern zu bewitthumen. — Temporale.
mai 16	. . .	bewilligt dem Johann von Swartzenberg seine ehefrau Katherine von Than auf die halbscheid seiner Berncasteler burglehengüter zu bewitthumen. 1413 fer. 3 post Jubilate. — Extr. im Temporale.
— 25	. . .	schliesst mit den andern drei rheinischen kurfürsten einen vertrag wegen beschränkung der bisherigen zollbefreiungen auf dem Rhein. Bonth 2,353.
ian. 6	. . .	verspricht dem Cölner bürger Gobelin am Drachenportz die demselben für kleider schuldigen 497 gulden 10 albus auf nächste Frankfurter messe zu bezahlen. — Extr. im Temporale.
— 14		bestätigt die fundation des Marienaltars in der pfarrkirche zu Marville, und dessen dotation behufs unterhalts eines priesters. — Temporale.
iul. 2	. . .	stellt dem Heinrich grafen von Nassau herrn zu Bylstein bürgen für die auszahlung von 2200 gulden bis nächste fastnacht. Extr. im Temporale.
— 4		versichert die dem dechant Johann Godeler zu Kylburg als kellner daselbst schuldig gebliebenen 240 gulden 6 heller auf der nächste volleist im amt Wittlich. — Temp.
— 4	. . .	ertheilt für das von der bürgerschaft zu Bacherach eingeführte salve regina ein ablassprivilegium. — Extr. im Temporale.
— 10	. . .	ersucht den ritter Heinrich Mayll sein bürge für eine dem Emich von Stein schuldige geldsumme zu werden. 1413 fer. 2 post Kiliani. — Extr. im Temporale.
— 26	Stoltzenfels	befreit den Johann von Gontzelnberg genannt Nytzwert auf so lange er sich zu St. Wendel beritten und reysig hält, von schatzung, bede, steuern, diensten und echten, jedoch solle er wege und stege machen wie die andern bürger daselbst. 1413 crast. Jacobi. Temporale.
aug. 11	Welmich	verschreibt dem Wilhelm von Cloberg, bei dem er tausend gulden gelieben, dafür 2 alte turnose am zoll zu Boppard. 1413 crast. Laurentii. — Temporale.
— 29	Erembret-stein	verschreibt seinem kellner Lentzyn Ferber 534 gulden 4 weisspfennig 4 heller aus der nächsten volleist zu Meyen. 1413 die decollation. Johan. bapt. — Extr. im Tempor.
sept. 10	. . .	belehnt den ritter Claes Huyste von Ulmen erblich mit dem seinem amtmann zu Daune, dem ritter Diederich von Kesselstatt, besessenen zu herrn Baven haus zu Ulmen gehörigen lehen. — Wigand, Wetzlar. Beiträge 2,106.
oct. 6		ertheilt dem Salentin herrn zu Isenburg den alten bis auf widerruf das privilegium, dass dessen güter im amt Covelentz und Monthabor nicht mit gerichtlichem kummer belegt werden dürfen. — Temporale.
— 9		verschreibt seinem diener Henne von Speye, dem jungen, bürger zu Covelentz, auf lebenszeit 20 gulden iährlich aus dem zoll zu Cunen-Engers. — Temporale.

18

1413		
oct. 9	Erembrot-stein	desgl. dem Friedrich von Saessenhasen ebenso 200 gulden und falls das ungeld zu Cove-lentz wieder eingelösst würde, aus diesem. 1413 die Dionisii. — Extr. im Temporale.
— 11	———	spricht seinen schultheiss zu Monthabur, den Hermann von Schuren, aller anfertigung wegen brüchten los, welche er sollte begangen haben. 1413 fer. 4 post Dionisii. — Temporale.
— 12	———	verspricht demselben, ihn nicht seines dienstes zu entlassen er habe ihm dann zuvor 100 gulden gegeben. — Temporale.
— 20	———	bestätigt einen häusertausch zu Covelentz, zwischen Nicolaus Gryn, dem dechant von Lieb-frauen bei Wesel, und Johann Kuter, dem vicar des St. Petersaltars in der Florins-kirche zu Covelentz. — Or. i. Cobl.
nov. 12	———	verspricht dem Cölner bürger Gobelin an Drachenportz die demselben für winterkleider schuldigen 1275 gulden 6 heller nächste Frankfurter fastenmesse zu bezahlen, und stellt ihm dafür bürgen. — Extr. im Temporale.
— 13	———	giebt seinen consens als kurfürst des reichs zu der römischen königs Sigmund verpfändung der landvogtei im Elsass um 25 tausend gulden an den kurfürsten Ludwig von der Pfalz. 1413 mont. nach Mertinstag. — Temporale.
dec. 27	———	überweist dem Johann von Marpurg seinem siegler zu Trier zur bezahlung der erzbischöf-lichen dienstmannen 600 gulden welche die stadt Trier zu Martini zu zahlen hat. 1413 die Johann. apost. et evang. — Temporale.
— 27	———	bewilligt dem Thys von Wynningen seine lehengüter auf zwölf jahre an den Coblenzer bürger Coutzgin von Engers zu verpfänden. Dat. wie vorher. Temporale.
— 27	. . .	verschreibt als herr von Falkenstein und Mintzenberg seinem amtmann zu Falkenstein, Johann von Lewenstein genannt von Randeck und dessen ehefrau Margaretha für 1050 gulden amts- und pfandweise das schloss Falkenstein und jährlich 90 gulden aus dem dorf Freymersheim. Dat. wie vorher. Temporale.
1414		
febr. 8	———	befreit die bürgerschaft zu Welmich auf acht jahre von der gestellung der schützen, wogegen sie jährlich wenigstens 40 gulden an den beiden thürmen und den mauern ihres thals während dieser zeit verbauen soll. — Temporale.
— 8	———	bewilligt dass Johann von Ulmen seinen heimlichen Johann von Ursfeld des jungen genannt Huscuer, dem er seine tochter Lyse zur ehe gegeben, in die gemeinschaft seiner lehen- und allodialgüter nehme, und belehnt letztern damit. 1413 trier. stil. dunrst. na vnser frauwendag purificatio. — Temporale.
— 8	———	belehnt in vorhergehender weise auch dem Johann von Ulmen mit seinen lehengütern. Dat. wie vorher. Temporale.
märz 1	———	befiehlt seinem siegler zu Trier dass er den Heinrich von Cochme, früher kellner zu Saarburg, dem er die aus seinem kellereidienste noch zu fordern habende 600 gulden auf das sestergeld zu Trier verschrieben, da Jacob und Heinrich von Seelheim am nächsten Remigiitag ihre darauf verschriebenen 800 gulden erhoben haben würden, alsdann in sein theil desselben zu setzen. 1413 stil. Trev. fer. 5 post Invocavit. — Temporale.
— 4	———	verschreibt dem Heinrich von Cochme, canonikus des St. Florinstifts zu Coblenz, welcher für das erzstift 600 gulden aufgebracht, die einkünfte des nächsten halben jahrs aus dem moselzoll zu Cochme. — Temporale.
— 10	———	ertheilt dem ritter Dederich von Kesselstadt die exspectanz auf die lehen zu Wynningen und Müden welche der verstorbene ritter Rudolf von Waldeck besessen und zur zeit Bartholomeus von Wynningen als männlehen hat. 1413 trier. stil. sambst. na Remi-niscere. — Temporale.
apr. 2	———	belehnt den Johann von Ursfelt den jungen genannt Husener mit den lehen bei Soren, Dille und Rune welche weiland der ritter Wynant Beheymer von Dille, und mit einem wingert bei Bry an der Thuberbach den Heyntze Mayl von St. Goar besessen hatten und welche verstohlen waren. 1414 mant. na Palmtag. — Temporale.
— 10	- - -	bewilligt den weltlich bleibenden töchtern des ohne männliche leibeserben verstorbenen Wilhelm Wabe von Lehmen die nachfolge in dessen lehen. — Temporale Extr. Günther 4,169.
— 16	-- ---	bewilligt als graf zu Falkenstein und herr zu Mintzenberg dem Johann von Hoenwissel seine ehefrau Yrmolyna von Saessenhusen auf den zehnten zu Nyderahirgern zu bewitthumen. — Extr. im Temporale.
— 19	- - -	genehmigt, dass Friedrich Waltpode von Waltmanshuysen seine Sternenberger burgleben an Friedrich von Liebenstein verkaufe. 1414 fer. 5 post Quasimodogeniti. — Temp.

1414		
mai 11	Erembreit-stein	verschreibt die seinem koch, meister Johann und dessen frau Else Meyenern verschriebenen 33 mark auch für dessen zweite ehefrau Petze von Monthabur. — Temporale.
— 12	———	verleiht dem Johann Schilling von Lansteyn, seinem amtmann zu Pfalzel, auf lebenszeit den hof Grunhaus, jenseits der Mosel, St. Marien zu Trier gegenüber gelegen. — Temporale.
— 15	———	belehnt den Johann von Swartzenberg von wegen seiner frau Katherine von Dan mit der burg Wartenstein. — Temporale.
— 21	———	bewilligt dem Wilhelm von Orwich dem iungen genannt Plick seine ehefrau Regine, die tochter Wilhelm's von Damagen auf ein haus zu Wittlich und 5 malter korn iährlich aus dasiger kellerei zu bewittbumen. 1414 fer. 2 post ascens. dui. — Temporale.
— 22	. . .	schliesst mit Johann herrn von der Sleiden einen burgfrieden des schlosses Schonenburg in der Eifel. — Or. i. Cobl.
— 26	———	verleiht dem Symon von Derncastel und dessen sohn Symon auf lebenszeit 1 fuder wein und 6 malter korn iährlicher rente aus den gefällen zu Platten. 1414 vig. penthecost. Temporale.
— 26	———	verpachtet den von dem verstorbenen Johann Waldecker, seinem schultheisen im Hamm, verpachteten hof zu Masersbusen an den frühern pächter auf lebenszeit. Dat. wie vorher. — Temporale.
— 30	———	bewilligt dem Johann Kolb von Loirch genannt Smirlyn ein haus zu Bylstein und 3 gulden iahrsreute aus dem zoll zu Cochme, welche trierische leben, an Sifrid von Loirch zu verkaufen. — Temporale.
iun. 1	. . .	stellt dem Gobellin von der Drachenportzen einen schuldschein aus über 683½ gulden 5 albus zahlbar auf nächste Frankfurter messe. — Extr. im Temporale.
— 30	———	vererbpachtet seinem wagenmeister Friedrich von Anche ein haus in der vorburg zu Erembretstein. — Temporale.
iul. 28	———	verleiht dem Godard von Aichen, seinem kellner zu Erembretstein, dessen ehefrau, sohn und schwiegertochter, allen auf lebenszeit, die von Stynen, der wittwe Wolthers von Diest besessenen güter. 1414 sab. post Jacobi. Temporale.
aug. 4	Stoltzenfels	verkauft den testamentsexecutoren des domdechants Gerlach von Limpurg für 5 tausend gulden sein antheil am sestergeld zu Trier. 1414 sabb. post vincula Petri. — Or. i. Cobl.
— 24	Berncastel	verschreibt dem Diederich von Staffel und dessen ehefrau Dielgen, welchem er mit anrechnung der seinem marschalk Wilhelm von der Arken selig der genannten Dielgen erstem ehemanne schuldigen 800 gulden, tausend gulden schuldet, bis zu deren rückzahlung 100 gulden iährlich aus der accise zu Monthabur. 1414 vff St. Bartholomeustag. — Temporale.
oct. 10	———	verspricht dem grafen Ruprecht von Virnenburg und dessen gemahlin Agnes von Solms welche ihm schloss Virnenburg und schloss und herrschaft Schoneck in der Eifel für 40 (sage vierzig) gulden verpfändet haben, die einlösung für die gleiche summe zu gestatten. — Or. i. Cobl.
nov. 6	Aiche	giebt als kurfürst seinen consens zu den briefen des römischen königs Sigismund worin derselbe dem pfalzgrafen Ludwig verspricht die verschiedenen pfandschaften nur im ganzen einzulösen. 1414 dinst. nach Allerheiligen. — Temporale.
dec. 4	Cochme	vererbpachtet an Johann den sohn Giso's von Unse die mühle am Saxler weiher. 1414 die Barbare. — Temporale.
— 30	Erembret-stein	belehnt den Thym von Alken, seinen amtmann zu Thoron, und dessen ehefrau Grete von Boech auf lebenszeit mit den mannlehen des verstorbenen Johann von Hexheim genannt Wortzel zu Herswiesen, Burgen, Munster und Alken. 1414 trier. stil. sond. na Johannes evang. — Temporale.
1415		
ian. 12	———	verspricht dem gewandschneider und Cölner bürger Gobeln von der Drachenportzen, welchem er iar tücher und winterkleider für seine hofdienerschaft nach bezahlung von 258 gulden 4 weisspfennig noch 1140 gulden schuldet, dies geld nächste Frankfurter messe zu bezahlen, und stellt dafür bürgen. — Temporale.
— 26	. . .	verschreibt seinem kellner Arnold zu Wittlich 545 gulden 10 weisspfennig 10 heller aus den ersten früchten aller beneficien am officialat zu Trier. 1414 still. Trev. crast. conversion. Pauli. — Extr. im Temporale.
febr. 2	. . .	bewilligt dem ritter Wilhelm von Oyrley seine lebenrenten zu Weelen, Lieser, Moutzel und Kenten auf zehn iahre an Ailff von Basenheim um 800 gulden zu verpfänden. 1414 stil. Trev. die purificat. Marie. — Extr. im Temporale.

18*

1415		
febr. 20	Erembret-stein	erlaubt den leuten im schloss und thal Schoeneck in der Eifel bei kriegszeiten in ihrer neuen kapelle statt in der pfarrkirche mit ausnahme der hohen festtage, den gottesdienst zu besuchen und die sakramente zu empfangen. 1414 stil. Trev. fer. 4 post Invocavit. — Temporale.
— 21	———	bewilligt seinem hofschmitt Heintze Loge ein demselben auf lebenszeit verliehenes haus zu Trier zu verkaufen. — Temporale.
märz 10	———	belehnt den ritter Friedrich Waltpode von Ulmen mit dem theil des zehnten zu Dievelich welchen er und seine mutter Anna von Wynningen an Rolmann von Geyspuysch überlassen und letzterer ihm zurückgegeben hatte. — Temporale.
— 21	———	ernennt den Conrad Kolbe von Boppard, den alten, und nach dessen tode seinen sohn Conrad auf lebenszeit zum amtmann zu Baldeneck. 1414 stil. Trev. fer. 5 post Judica. — Temporale.
— 22	———	verschreibt dem Thys von Wynningen auf lebenszeit 6 malter korn und 1 fuder wein jährlich aus der kellerei Covern. — Temporale.
apr. 2	———	ebenso dem Johann von Cuse genannt Fornagel 2 fuder wein aus der kellerei im Hamm. 1415 fer. 3 post Pasche. — Temporale.
— 2	———	giebt dem Diederich von Gammersbach ein haus zu Kylburg als dasiges burglehen. Dat. wie vorher. — Temporale.
— 6	———	ernennt den Thyss von Alken auf lebenszeit zum amtmann des schlosses, thurms und seines halben theils der stadt zu Alken. Temporale.
— 8	———	verschreibt dem Johann von Remagen, dechant und kellner zu Pfalzel die demselben schuldigen 321 gulden 12 weisspfennig auf den zoll zu Trier. 1415 fer. 2 post Quasimodo. — Temporale.
— 10	———	bewilligt einem Coblenzer Juden, dem durch scheffenurtheil erb und gut des ritters Rollmann von Sintzghe in Coblenzer amt überwiesen worden, dasselbe zu verkaufen oder zu verpfänden. — Temporale.
— 25	———	verpachtet dem Heinrich Scholer zu Cochme für 350 gulden jährlich den dortigen moselzoll nach ablauf der jetzigen pachtzeit im jahr 1417 auf weitere 3 jahre. — Tempor.
mai 12	———	befiehlt seinen amtleuten und zöllnern auf dem Rhein, der Mosel und Saar die güter der Carthause bei Trier zollfrei passiren zu lassen. — Temporale.
— 22	. . .	errichtet mit Johann von der Sleiden herrn zu Junkerad einen burgfrieden ihrer gemeinschaftlichen veste Schoenenberg in der Eifel. — Or. j. Cobl.
jun. 3	———	giebt als kurfürst seinen consens zu des röm. königs Sigismund verschreibung der mark Brandenburg sammt der kur und dem erzkammermeisteramt an den hochgebornen fürsten den burggrafen Friederich zu Nürenberg. — Temporale.
— 4	———	desgl. zu könig Sigismund's dem kurfürsten Rudolf von Sachsen ertheilten bestätigung der in der guldnen bulle enthaltenen bestimmung, dass der älteste sohn eines kurfürsten zu Sachsen, erbe des erzmarschalksamts mit der kurwürde und der lande des herzogthums Sachsen sein soll. — Temporale.
— 14	———	verpachtet den zoll zu Trier nach ablauf der jetzigen pachtzeit im jahr 1418 auf 3 jahre an andere Trierer bürger um 110 gulden jährlich. 1415 freit. na Barnabas. — Temporale.
— 14	———	quittirt obigen bürgern über die vorausbezahlte pachtsumme von 330 gulden. 1415 fer. 6 post Barnabe. — Temporale.
— 27	———	verschreibt dem ritter Philipps Boesse von Waldeck für seine forderungen 200 gulden aus dem Bopparder zoll zu weihnachten. — Temporale.
— 30	———	giebt als kurfürst seinen consens zu des königs Sigismund verpfändung der reichssteuer von der stadt Rotlingen für 3 tausend gulden an Johann Kirchem. — Temporale.
jul. 2	———	verspricht seinem amtmann zu Arensfels, dem ritter Friedrich vom Steyn bei Nassau, ersatz der an dem schlosse Arenfels verbauten 800 gulden, wenn er ihn seiner amtmannschaft daselbst entlasse. 1415 die visitat. Marie. — Temporale.
— 8	———	giebt als kurfürst seinen consens zu könig Sigismund's verpfändung der landvogtei im obern und untern Schwaben und der burg Ravespurch um 8 tausend gulden an Johann Truchsess zu Wiltpurg. — Temporale.
aug. 3	Monasterii-meynfeld	überträgt dem Thylgin und Faessgin von der Winterbach, bürgern zu Wesel und Covelentz, nochmals auf 3 jahre die münze zu Covelentz, Wesel und Obenbach um gold- und silbergeld dort zu schlagen. 1415 die inventionis Stephani. — Temporale.
— 10	———	bewilligt dem Salentin dem alten und jungen, herrn zu Isenberg, des letztern tochter Katherine, die gemahlin Frank's von Cronenberg auf ihre lehengüter zu Mude, Gyrs-

1415		
		berg und Gundelsheim wegen des derselben ausgesetzten wittlhums zu versichern. 1415 vff St. Laurentius. — Temporale.
aug. 18	Cochme	verbiethet der gräfin Elisabeth von Spanheim-Vyanden, herzogin von Baiern, niemanden in die gemeinschaft ihrer trierischen leben aufzunehmen. 1415 dominic. post assumpt. Marie. — Temporale.
sept. 6	Keympts	bewilligt dem Johann Ganwer von Birkenfeld seine ehefrau von Rupersberg auf 20 gulden aus den zehnten zu Rnyntzenberg, Elnberg, Gulderberg, Dyntzwilre und Elchwilre zu bewitthumen. — Extr. im Temporale.
— 14	Berncastel	genehmigt dem Johann von Buritzheim dass er den Rollmann von Parthenheim in sein viertel der niedern burg und des hauses zn Berncastel, welche trier. leben, hat aufgenommen. 1415 uff des heil. crutzes dag als daz erhaben wart. — Temporale.
— 10	—————	verleiht dem Johann von Poelche auf lebenszeit ein haus auf der burg zu Tryss und 4 ohm wein jährlich aus der kellerei im Hamm. 1415 fer. 5 post exaltat. crucis. — Temporale.
— 22	—————	bewilligt dem Theismann von Redlingen seine ehefrau Schanuette von Mailstadt auf ein drittel vom zehnten zu St. Erasmus und Perdenbach nnd auf einen wingert zu Sarburg zu bewitthumen. 1415 dominic. post Mathei. — Extr. im Temporale.
nov. 3	. . .	verleiht dem Johann von Hoircheim genannt Voyss auf lebenszeit einen wingert in der gemarknng von Niederlanstein. — Extr. im Temporale.
— 18	Erembreitstein	giebt seinem amtmann zu Schonenberg, dem ritter Clas Huysten von Ulmen zu erblichem mannleben die ihm bisher auf widerruf verschriebenen güter und gülten weiland Heinrich's Boven von Ulmen, welche zum schloss Ulmen gehören. — Temporale.
— 21	—————	ertheilt der bürgerschaft zu Corbme das privilegium, dass daselbst nur wein von eignem wachsthum der bürger verzapft werden soll. 1415 fer. 5 post Elizabeth. — Tempor.
dec. 21 1416	Wernberseck	belehnt den Johann von Wied herrn zu Isenburg mit 100 gulden manngeld aus dem zoll zu Boppard. — (Fischer) Geschlechtsregister der häuser Isenburg u. s. w. 234.
ian. 11	Brechen	bestätigt dem metzlerhandwerk zu Limburg die von Gerlach herrn zu Limburg ertheilten freiheiten und privilegien. — Temporale.
— 20	Erembreitstein	verlegt als herr der graf- und herrschaft Falkenstein und Mintzenberg die 600 gulden iahresrente welche dem grafen Gerhard von Sayn bei seiner beirath mit Anna von Solms auf Hobheim als hilligguet verschrieben worden waren, da er diesen ort an Frank von Croneuberg verpfändet hat, auf schloss und stadt Assenheim im falle er vom grafen von Sain die herrschaft Valender einlösen würde. — Temporale.
märz 2	—————	erlaubt dem Lamprecht von Castel seinem bergmann zu Castel bis auf widerruf die wohnung in dem von demselben ohne erlaubniss auf dieser burg erbauten hause. 1415 stil. Trev. fer. 2 post Estomihi. — Temporale.
— 19	—————	ertheilt dem Thiele von Lympurg die anwartschaft auf die seinem verstorbenen barbier Hermann von Lympurg und dessen tochter auf lebenszeit verliehenen 10 malter korn iährlich zu Kevenach. 1415 stil. Trev. fer. 5 post Reminiscere. — Temporale.
— 26	. . .	bewilligt dem Emmerich Wolffskel von Vaitsberg seine ehefrau Katherine von Hoensteyn auf 15 gulden iährlich aus dem zoll zu Cunen-Engers zu bewitthumen. — Extr. im Temp.
— 27	Erembreitstein	schreibt dem nonnenkloster zu Dierstein bei Dietz, dass es 64 gulden von den ihm zu zahlenden vier subsidien für sich behalten solle, indem er soviel dem Emmerich Wolffskele von Faitzberg für dessen tochter Barberten behuf deren aufnahme als klosterjungfrau bei ihnen angewiesen habe, und benachrichtigt unter demselben datum 2, den Johann von Mintzenberg, seinen siegler hiervon. 1416 fer. 6 post Oculi. Temporale u. gedr. Honth. 2,355.
apr. 11	. . .	bewilligt dem Wernher von Sternenberg einen lehenwingert gegenüber Saltzge an den Bopparder burger Gobelin von Birlebach zu verpachten. — Extr. im Temporale.
— 12	—————	eruennt an die stelle des kranken bischofs Conrad von Azotus den bischof Wilhelm von Ascalon bis auf widerruf zu seinem generalvikar in pontificalibus. — Honth, 2,354.
— 20	—————	verleiht dem Heinrich von Eller dem iungen auf lebenszeit 6 malter korn iährlich aus der mühle zu Nyderbrechen. 1416 fer. 2 post Pasche. — Temporale.
— 27	. . .	bewilligt dem Arnold von Kethge seine ehefrau Elygben von Ulmen auf 12 gulden iährlieh aus dem zoll zu Cunen-Engers zu bewitthumen. 1416 fer. 2 post Marci evang. — Extr. im Temporale.
mai 13	Erembreitstein	gewinnt den Johann von Steyne genannt »Scheue« mit 6 gulden iährlich aus dem zoll zu Boppard zu seinem manne. 1416 fer. 4. post Jubilate. — Temporale.

1416		
mai 31	Maguntie	schliesset mit dem erzb. Johann von Mainz auf zehn jahre ein schutz- und freundschafts-bündniss. 1416 dominic. Exaudi. — Temporale.
iun. 22	Cochme	bewilligt dem Thyss von Wynningen seine frau Fihe von Liemen auf ein haus zu Wynningen zu bewitthumen. — Extr. im Temporale.
— 29	———	bewilligt dem Thyss von Alken seine mann- und burglehen, falls er ohne kinder zu hinter-lassen sterbe, auf seines bruders kinder zu vererben. 1416 die Petri et Pauli. — Temporale.
— 29	———	verschreibt demselben, welcher seinem neffen dem Trier. domprobst grafen Otto von Ziegen-hain 1000 gulden und ihm, dem erzbischof, 386 gulden geliehen, den halben zoll zu Cunen-Engers und zu Boppard um sich daraus bezahlt zu machen. Dat. wie vorher. — Temporale.
iul. 2	———	verleibt dem in die stadt Cochme gezogenen armbrustmacher Wilhelm von Berencastel iährlich 3 malter korn und 3 ohm wein aus der kellerei daselbst. — Temporale.
— 2	———	ernennt den Peter von Hillesheim genannt Federwisch zu seinem burgmann auf Hilles-heim und befreit dessen haus welches derselbe zu burglehengut gemacht und seine sämmtlichen güter von steuern, bede und schatzung. — Temporale.
— 5	. . .	beurkundet dass Falkenstein und herr zu Minzenberg, dass er das patronatrecht über die kirche zu Oberneschbach, welches er dem erzb. Theoderich von Cöln als ersatz für das mit dessen consens als lehenherrn dem kloster Arnsburg übergebene patronatrecht über die kirche zu Bretzenheim aufgetragen hatte, von diesem zu lehen erhalten habe. — Günther 4,177.
— 8	Cellis	(in Hammone) schenkt als solcher als vorben zu seinem und seiner verwandten seelenheil dem cistertienser kloster Arnsburg das patronatrecht über die pfarrkirche zu Bretzen-heim. — Or. i. Coblenz.
— 8	. . .	ertheilt dem Gerhard von Wilhelmrode dem bruder Jakob's von Mude, seines kellners zu Monthabur so lange er sich mit einem pferde gewaffnet hält, freiheit gleich den andern bürgern zu Monthabur. 1416 fer. 4 post visitat. Marie. — Extr. im Temporale.
— 11	Keympt	(in Hammone) giebt seinem heimlichen und getreuen dem Johann von Urtfeld dem iungen genannt Husener die veste und herrschaft Wildenberg zu einem Treiser burglehen. — Or. in. Cobl.
— 25	Erembret-stein	befreit die abtei St. Salvators zu Prüm von allen steuern, beden und subsidien. — Or. in Cobl.
aug. 1	. . .	genehmigt, dass Johann Sack von Dacherach ein haus in der vorburg zu Erembreitstein nebst garten und wingert, welche dasige burglehengüter sind, verpachte. — Extr. im Temporale.
— 2	Boppart	vermittelt eine sühne zwischen dem erzb. Johann von Mainz und dem kurfürsten Ludwig von der Pfalz wegen Stromberg, Guntheim und anderer streitigkeiten. 1416 sont. na vincula Petri. — Temporale.
sept. 23	Dinge	schliesst mit den andern rheinischen kurfürsten ein bündniss zu gegenseitigem schutz ihrer lande und leute. — Günther 4,179.
oct. 17	Erembreit-stein	verbietet dem grafen Ruprecht von Virneuburg mehr wie 500 gulden an dem schlosse Schonecke zu verbauen. 1416 crast. Galli. — Temporale.
— 28	———	befreit die bürgerschaft zu Welschpillig auf 24 iahre und dann bis auf widerruf von der halben schaft, wogegen sie iährlich 15 gulden an ihren porten, thürmen und mauern verbauen soll. — Temporale.
dec. 18	Mintzen-berg	vererbpachtet einem Juden ein haus in der Judengasse zu Trier und erlaubt ihm über sein väterliches ererbtes vermögen durch verkauf und verpfändung zu verfügen. — 1416 die Lucie. — Temporale.
— 26	. . .	bewilligt dem Wilhelm Wolff von Spanheim seine ehefrau Sophia von Eych auf seine ein-künfte in Foenssfelder markung zu bewitthumen. 1416 die Stephani prothomart. — Extr. im Temporale.
1417		
ian. 8	Erembreit-stein	ernennt seinen secretär Simon Muthle von Boppard, probsten des St. Simeonstifts zu Trier zu seinem generalvikar in spiritualibus. Honth. 2,354.
— 16	Stoltzenfels	beurkundet dem Johann von Orley das wiederkaufsrecht an seinen dem Simeonstift zu Trier für 723 gulden verkauften zehnten und kirchensatz zu Heidweiler, Weiler, Greffenroid u. s. w. falls dieselben vom erzstift eingelöst würden. Copie in Cobl.
— 27	Erembreit-stein	verschreibt dem Jeckelin Birenbach von Lichtenberg, welcher an dem schloss Liebenberg 250 gulden verbaut hat, dafür 25 gulden iährlich aus der kellerei St. Wendelin. — Temporale.

1417		
märz 6	Bopardie	bewilligt dem Johann Hubenrys von Odenbach seine ehefrau Margaretha auf ein haus zu Castel zu bewitthumen. — Extr. im Temporale.
— 15	Erembreitstein	schliesst mit dem grafen Johann von Spanheim eine sühne und vergleich wegen des von letzterm einigen bürgern zu Butzbach zugefügten schadens, wegen wildschadens zu Brydal, der weide zwischen Brydal und Enkerich, der schatzung zu Rile und wegen der bede zu Wynnyngen. — Temporale.
apr. 3	———	bewilligt seinen zollbeamten zu Engern die weinzapfsgerechtigkeit wie sie die dortigen bürger besitzen. 1417 sabb. post Judica. — Temporale.
— 3	———	schliesst mit seinem heimlichen, dem Johann von Urofelt dem jungen genannt Husener, herrn zu Ulmen, einen vertrag wegen gegenseitigen schutzes und hilfe für einen abgegränzten bezirk des schlosses und thals Ulmen. 1417 uff palmabend. — Temporale.
— 21	———	ertheilt dem Arnold von Sirk die anwartschaft auf die lehen Johann's von Moncler falls derselbe ohne leibeserben stirbt, und wenn Arnold zwei söhne hinterlasse, solle einer die Sirk'schen der andere die Moncler'schen lehen erben. — Temporale.
— 25	———	vererbpachtet dem Henne von Longistein genannt Swicker ein haus mit gütern zu Paffendorf welches seinem schreiber Heinrich Siemeler auf lebenszeit verliehen aber von demselben verlassen worden war. 1417 uff St. Marcus. — Temporale.
mai 3	Constantie	(provincie Magantine) bestätigt und besiegelt mit den übrigen kurfürsten die kaiserliche ratifikation (von heutigem datum) des bündnisses, welches die gesandten k. Sigismund's d. d. in civitate Cantuariensi in Anglia 1416 aug. 15 mit dem könig Heinrich von England wegen ausrottung der ketzerei und reformation der kirche abgeschlossen hatten. — Tempor. in Cobl.
— 7	Erembreitstein	belehnt die gebrüder Johann und Friedrich von Brandenburg mit dem hof Altzdorf bei Biedeburg, dem haus Leyen und gütern zu Wulffeld, Wyse, Kyrsenbach, dem dorf Rode bei Schonendorf und andorm, wie auch mit den mannlehen Johann's von Wyltz. — Temporale.
— 17	———	schreibt dem grafen Ruprecht von Virnenburg nächsten samstag den 22. mai persönlich der ablesung des weisthums auf Bovenheiner berg beizuwohnen da auch er, der erzbischof in person daselbst erscheinen werde. 1417 fer. 2 post Vocem iocunditatis. — Temporale.
— 20	———	bewilligt dem Nicolaus Huyst von Ulmen seine ehefrau Nyngela von Morenhoven auf die hälfte seiner lehengüter zu Valvey, Ernich und Prollhge zu bewitthumen. 1417 die ascension. dni. — Extr. im Temporale.
iun. 5	· · ·	bewilligt dem Johann Sack von Bacherach die wiederverpachtung seiner hofstatt zu Molen im thal, welche Erembreitsteiner burgleben. — Extr. im Temporale.
iul. 12	———	giebt dem Ikonkin Korugin von St. Vit ein haus mit garten und äckern zu Schoneck zu dasigem burglehen. — Temporale.
aug. 2	Covelentz	schliesst mit den andern rheinischen kurfürsten und dem herzog Reynhald von Gülche und Gelren ein schutzbündniss auf lebenszeit. — Month. 2,357.
sept. 14	Berencastel	bewilligt den chorherrn des Liebfrauenstifts zu Wesel gleich denen des St. Florin- und Castornstifts zu Coblenz die ganzen iahrseinkünfte ihrer präbende für die erben wenn sie nach Johanni sterben. — Temporale.
oct. 19	Erembreitstein	befiehlt dem Friedrich Walpode selb dritte mit gleenen wol erzuget und beritten (ähnlich auch andern vasallen) auf den sonntag nach St. Martin zu Bievenach sich zu einem noch heimlich zu haltenden kriegszuge zu versammeln. 1417 crast. Luce evang. — Chartal. i. Cobl.
— 31	———	ersucht den erzbischof von Mainz am 10 bewaffnete auf den sount. nach Elisabethstag nach Beltheim zu einem kriegszug zu senden. 1417 fer. 5 post Luce evang. — Chartal. in Coblenz
— 29	Bopardie	ertheilt als herr der grafschaft und herrschaft Falkenstein und Mintzenberg dem Peter Hemmynk, als herren von Hano freiheit für seinen hof gleich den burgleuten daselbst wie auch einige renten als burglehen. Guden 5,883.
nov. 1	Erembreitstein	verschreibt dem Henne von Crombach genannt von Stockheim 4 gulden ährlich auf lebenszeit auf die leute auf der Elben in den Branscheide nachdem derselbe auf den ersatz des ihm in des erzbischofs fehde mit dem ritter Emmerich Kobel von Ryffenberg zugefügten schadens verzichtet hat. 1417 uff allerheiligentag. — Temporale.
— 28	———	verleiht seinem kammerknecht Henkin Westfelink, dessen frau und kindern auf lebenszeit etliche güter zu Oetendink. 1417 fer. 3 post Elizabeth. — Temporale.
— 25	———	belehnt seinen heimlichen, den ritter Heinrich Muyl von der Nuwerburg nachdem der-

1417		
		selbe auf 10 gulden jährlich aus der bede zu Platten, welche burgleben des schlosses Esch sind, verzichtet hat, mit dem hof zu Wittlich den derselbe bis jetzt für 16 malter frucht jährlich in pacht hatte. 1417 uff St. Katherinentag. — Temporale.
dec. 2	Covelentze	schliesst mit den andern rheinischen kurfürsten und dem herzog von Gulche auf zwölf jahre einen münzverein. — Hontheim 2,359.
— 3	. . .	Besiegler des pfandbriefs des grafen von Seyn worin derselbe seinen zolltarnos zu Canen-Engers für 150 gulden an Franko von Cruoenberg verpfändet. 1417 fer. 6 post Andree. — Extr. im Temporale.
— 11	Erembreit-stein	giebt seinem heimlichen, dem ritter Conrad Beyer von Boppard statt des von demselben behufs vergrösserung der kellerei cedirten hauses zu Wesel, 16 gulden iahrrente aus dem zoll zu Boppard zu lehen. 1417 samst. nach conception. Marie. — Temporale.
— 25	——	belehnt den Johann von Hademar mit den mann- und burgleben seines verstorbenen vaters, des ritters Syvard von Hademar. 1417 die nativ. Christi. — Temporale.
— 27	. . .	bewilligt dem Hertwin von Wynningen seine ehefrau Lukarde von Airssberg auf 4 fuder wein iährlich und ein haus zu Wynnyngen zu bewitthumen. 1417 fer. 2 post nativ. Christi. — Extr. im Temporale.
1418		
febr. 0	——	giebt dem Johann von Hoircheym genannt Foiss einen wingert in Nyderlansteiner gemarkung welcher durch den tod Henne's Hofemeisters von Heymbach ledig geworden war, zu mannlehen. — Temporale.
— 12	——	vertauscht mit der abtei St. Mergen der alten bei Trier den hof Grünhaus jenseits der Mosel gegen eine wiese im Dreckenacher thal. — Or. in Cobl.
— 27	——	erlaubt seinem heimlichen, dem Johann Boesse von Waldeck, ein Judenhaus zu Cochme und einen weiher in der Enderbach von dem Coblenzer bürger Contzgin von Engers aanzukaufen. 1417 stil. Trev. dominic. Oculi. — Temporale.
febr. 28	——	giebt seinem heimlichen, dem ritter Johann Romlian von Covern die St. Mergenwiese in Dreckenacher thal zu mannlehen. 1417 stil. Trev. fer. 2 post Oculi. — Temporale.
märz 1	——	begnadigt einen vom gericht verurtheilten bürger zu Boppard und nimmt ihn wieder in die stadt auf. — Temporale.
— 10	——	giebt seinen consens zu dem verkauf des hauses des Juden Abraham zu Cochem und eines weihers in der Enderbach an seinen heimlichen, den Johann Boiss von Waldeck. 1417 stil Trev. fer. 5 post Letare. — Temporale.
— 12	——	vergleicht sich mit Johann von Smedeburg wegen der lehen des verstorbenen ritters Clas von Smedeburg, dass die hälfte der ansseudörfer in der vogtei Raanon dem erzstift verbleiben solle. Or. l. Cobl.
— 15	. . .	giebt seinen consens zu dem verkaufe eines Judenhauses zu Trier von seiten des Coblenzer bürgers Contzgin von Engers an Johann von Manderscheid. 1417 stil. Trev. fer. 3 post Judica. — Extr. im Temporale.
— 15	. . .	dergl. zu dem verkaufe zweier Judenhäuser zu Coblenz an Henne Schelart. Dat. wie vorher. Extr. l. Temporale.
— 28	——	vererbpachtet die mühle in Schrumpsthal an die gemeinde Hatzenport. — Temporale.
— 29	——	verspricht seinem amtmann zu Arenfels, dem ritter Friedrich von dem Steyne bei Nassau, ihn lebenslänglich in diesem amte zu lassen und nach seinem tode seinen erben 300 gulden langvid zurückzuerstatten. — Temporale.
apr. 17		verspricht die bei dem verstorbenen grafen Raynhard von Nassau geliehenen 2 tausend gulden an dessen neffen, den grafen Johann von Nassau in 3 terminen zurückzuzahlen. 1418 dominic. Jubilate. — Temporale.
mai 2	——	belehnt den Johann grafen zu Hoembarg, herrn zu der Vels mit dem schlosse Nevo und einigen gütern im gericht von Bremme, welche der ohne leiberben verstorbene Hermann von Scharpenecke zu lehen besessen hatte. — Günth. 4,196.
iul. 26	Bacherach	belehnt Johann vom Steyne mit den leben seines verstorbenen vaters, des ritters Johann zu Wesel und Mannebach. — Temporale.
— 29	——	vermittelt in gemeinschaft mit den kurfürsten von Mainz und der Pfalz eine sühne und vergleich zwischen dem grafen Adolf von Nassau und den gebrüdern Godfrid und Eberhard herrn zu Eppenstein wegen der landgerichts zu Mechtelnhausen, des schlosses Ortenberg und anders. — Senkenberg Selecta juris etc. 2,383.
aug. 14	Erembreit-stein	gewinnt den Contze vom Steyne genannt Stuber mit 4 malter korn iährlich aus der kellerei St. Wendelin aufs neue zum manne. 1418 vigil. assumption. Marie. — Temp.
sept. 7	——	erlaubt der Carthause St. Alban bei Trier die fischerei bei ihrem hofe Grünhaus in den daselbst am Moseluter gemachten gräben. 1418 vig. nativ. Marie. — Or. l. Cobl.

1388—1418		
. . .	. . .	vererbpachtet dem bürger Johann Durffer zu Meyen und genossen den berg bei Nytz um erz zu graben gegen entrichtung des zehnten, und gestattet ihnen brennholz, das kohlenbrennen, wasser und weide in seinen waldungen. Ohne datum im Temporale.
nov. 8	Stoltzenfels	befreit den Elias von Gummersbach von schatzung und bede so lange derselbe sich reysig hält und des grafen Ruprecht von Virneburg gebroit iuniger diener ist. Ohne iahr nur mit crast. Willibrordi. im Temporale.
1418 oct. 4	Tharmberg	Todestag Wernher's auf der burg bei Welmich. Er wurde in St. Castorskirche zu Coblenz wo noch sein grabmal gegenüber dem Cuno's beigesetzt. Gesta Trev. ed. Wyttenb. 2,298.

1418—1430. Otto. 1418.

— 13	Treviris	Wahl Otto's, des schwestersohnes erzb. Wernhers, aus dem geschlechte der grafen von Ziegenhain und Nidda, welches mit Otto's bruder, Johann dem starken am 14. febr. 1450 erlosch. Er war bisher domprobst zu Trier. Gesta Trev. ap. Honth. 847. und ed. Wyttenbach 2,311. von Stramberg, Rhein. Antiquarius, Abth. 2, bd. 4, s. 163 etc.
nov. 9	Berncastel	proclamirt als electus die wahl Peters von Hubeyn zum abt von S. Willibrord zu Echternach und etwaige einwendungen gegen diese wahl am 1. dez. vorzubringen. 1418 scr. 4 post Willibrordi. Chartul. in Trier.
dec. 28 1419	Monastorti- meynfeld	verspricht der stadt Monthabur ihre iährliche steuer nicht über 200 gulden zu erhöhen und bescheinigt den empfang derselben für das folgende iahr. 1418 die beator. Innocentum. — Temporale, wonach das datum bei Honth. 2,365 zu berichtigen. —
ian. 15	. . .	genehmigt den vertrag Rollmanns vom Geisebusch mit seiner schwägerin Elisabeth von Schöneck, der wittwe seines bruders Heinrich, wegen überlassung des hauses zum Geissbusch als wittwensitz. — Temporale u. Extr. Günther 4,199.
— 31	Confluent.	befreit die abtei Altenberg vom zoll zu Boppard, Conenengers und Covelentz. Or. in Düsseldorf.
febr. 3	Erembret- stein	belehnt den Johann von Settenbach genannt „Bobeghin" mit dem schloss Crampurg und seinen übrigen burg- und mannlehen. — Temporale.
— 14	Hillesheim	bestätigt den eingesessenen, burgmannen und bürgern dieser stadt ihre alten rechte und gewohnheiten. — Or. in Cobl.
— 21	Palacioll	vergleicht sich mit Ailff von Roede genannt Ketzer wegen der demselben von erzbischof Wernher verliehenen 20 gulden manngelds aus dem zoll zu Covelentz dahin, dass er dies geld mit 100 gulden einlösen könne. 1418 stil Trev. fer. 3 post Exurge. — Temporale.
mrz. 12	. . .	Weihe Otto's durch den bischof von Worms und von Verdun am tage des heil. Gregorius (d. 1. am sonnt. Reminiscere). Gesta Trev. ed. Wyttenbach 2,311 note. Brower. Ann. Trev. 2,267.
— 21	Trevir.	(in domo Carthusiensis.) ertheilt dieser Carthause ein vierzigtägiges ablassprivilegium. — Or. in Cobl.
— 26	———	Feierlicher Einzug Otto's als erzbischof am sonntag Laetare. — Broweri Ann. 2,267.
— 26	———	(in capitulo nostro ecclesie) beschwört dem domcapitel seine wahlcapitulation. Günth. 4,199. Or. in Cobl.
apr. 6	Palacioli	belehnt die gebrüder Friedrich und Symon von Rudisheim von wegen der herrschaft Limburg mit dem halben kirchensatz zu Berstatt und dem drittel vom zehnten dieser pfarrei mit ausnahme des dorfs Waembach. 1419 die Sixti pape. (aug. 6. ?). — Temporale.
— 8	Trier	verkauft mit bewilligung seines domcapitels dem Johann Kemmerer von Dallburg 325 gulden iährlicher rente aus dem zoll zu Engers um 6500 gulden, und stellt dafür die stadt Berncastel als bürgen. — Temporale.
— 10	———	belehnt den Diederich von Welchenhusen mit burglehen zu der Newerburg und mit andern mannlehen. 1419 mont. nach Palmtag. — Temporale.
— 12	. . .	verkauft den gebrüdern Hans und Diethar Kemmerer 200 gulden iährlicher rente aus dem zoll zu Engers um 4000 gulden, wofür die stadt Monthabur bürge wird. — Extr. im Temporale.

19

1419		
apr. 20.	. . .	qnittirt seinem domstift aber die auszahlung des letzten mit dessen consens ausgeschriebenen subsidium caritativum. Or. in Cobl.
— 23	. . .	giebt als kurfürst seinen consens zu könig Sigismunds erneuerung und bestätigung der reichspfandschaften, namentlich in des reichs städten zu Wymperg und schwäbisch Hall, in den drei dörfern genannt Schenelentz und anderm für seinen schwager den reichserbkämmerer Conrad herrn zu Wymsperg. — Temporale.
— 24	. . .	desgl. zur verpfändung der reichssteuer zu Ulm für 10 tausend gulden an denselben, und an selbem tage zur verleihung der stadt Wymsperg als mannlehen an denselben. — Temporale.
mai 10	Erembreit-stein	bewilligt dem ritter Johann Romlian von Cuvern, dass falls er ohne männliche leibserben sterben sollte, seine töchter die lehen erben können. Extr. Günth. 4,209.
— 10		bestätigt demselben den ihm von könig Ruprecht und Sigismund verliehenen turnos am zoll zu Cunen-Engers. — Temporale, gedr. Longard, Ausführung der Ansprüche des Grafen von Eltz aus dem Rheinzoll zu Engers. S. 69.
— 14	Hoyngen	giebt dem Heinrich von Ittenbach genannt Wolffinger ein haus mit garten zu Meyen als mannlehen, welches vorher Johann Hertzog von Polich besass. — Temporale.
— 20	— —	erlässt in sachen der erzbischöfe von Cöln und Mainz, des Rheinpfalzgrafen Ludwig, des herzogs von Jülich und der stadt Cöln wegen des stapels und leinpfads zu Cöln, des bollwerks zu Deutz und des pfahlwerks im Rhein einen ausspruch in minne, worauf binnen einem monat der schiedsspruch erfolgen soll. — Lacomblet, Urkb. 4,133. Temporale.
iun. 8	Sarburg	verpachtet die klostermühle zu Mertzghe an der steinern brücke an ebeleute daselbst auf lebenszeit. — Temporale.
— 15	Sprenkirs-pach.	erlässt einen ausspruch in sachen der erzbischöfe von Cöln und Mainz und anderer (vergl. 20. mai) gegen die stadt Cöln. Mone Zeitschrift für die Gesch. des Oberrheins 9,25, — Temporale.
— 23	Confluentie	bewilligt dem Valentin herrn zu Isenburg dem alten, dass die leute des dorfs Metterich bei Covelentz von den weinen ihres eignen wachsthums welche sie den Rhein hinabfahren nur den halben zoll entrichten sollen. — Temporale.
— 28	Erembret-stein	schliesst mit Johann von der Sleyden herrn zu Junkerode einen burgfrieden des schlosses Schonenburg in der Eifel. 1419 uff Peter u. Pauwels abend. — Or. in Cobl.
aug. 2	Wesalie	verschreibt auf ersuchen des ritters Heinrich Kemmerer von Worms dessen 10 gulden iährlichen manngelds aus dem zoll zu Boppard an Henne von Almesheim. — Temporale.
— 26	. . .	gewinnt den Wilhelm von Schoneburg mit der lehen des ritters Thomas von Schanwenburg zu des erzstifts lehen- und burgmann zu St. Wendel. — Or. in Cobl.
— 31	Confluentie	giebt dem Erwin von Lacenstein genannt Stoppelrode länderreien und 6½ mark iährlich zu Meyen als dasiges burglehen. 1419 die Pauliui. — Or. in Cobl.
sept. 7	Ladistorff	verspricht dem grafen Ruprecht von Virneuburg die von demselben ihm für 6000 gulden verpfändeten gerichte und rechte zu Munstermeinfeld, Thum, Loynche und auf Bovenheimer berg (vergl. des grafen pfandbrief: Günth. 4,211.) zugleich mit der herrschaft Schonecke wiedereinzulösen zu erlauben. 1419 uff unser frauwen abend nativitas. — Temporale.
— 10	Wesel	vergleicht auf einem gütlichen tage hierselbst den Rheinpfalzgrafen Ludwig mit dem grafen Johann von Spanheim wegen des pfalzgrafen fünften theils an der vordern grafschaft Spanheim. Günth. 4,213. Or. in Coblenz.
— 11	— —	bestätigt dem pfalzgrafen Ludwig den alten turnos am zoll zu Boppard welcher dem könig Ruprecht verliehen worden war. 1419 mandag nach unser frauwendag nativitas. — Or. in Cobl.
— 13	Erembreit-stein	verspricht den gebrüdern Wilhelm und Diederich von Staffel das ihren ältern für 400 pfund heller von seinen vorgängern, den erzbischöfen Baldewin, Cuno und Wernher, verpfändete schloss Baldenstein bei ihren lebzeiten nicht einlösen zu wollen. 1419 fer. 4 post nativit. Marie. — Temporale.
— 16	. . .	bewilligt dem Gerhard Huysmann von Andernach seine ehefrau Bela auf seinen hof und die hälfte der vogtei zu Gretzige zu bewitthumen. 1419 sabb. post exaltat. crucis. — Extr. im Temporale.
— 20	— —	vergleicht den erzbischof Diedrich von Cöln mit der stadt Cöln wegen der gerichtsbarkeit, der freiheiten der geistlichkeit, der accise, des leinpfads und anderes mehr. 1419 uff St. Mathens abend des heil. aposteln und evang. — Temporale.
nov. 2	Monthabur	nimmt den Conrad erwählten von Mainz in den von den rhein. kurfürsten und dem herzog Reinhalt von Jülich geschlossenen münzverein auf. — Würdtwein Dipl. Mogunt. 2,260.

1419		
nov. 8	Monthabur	beurkundet dem Diedrich herrn zu Ronkel das einlösungsrecht an dem ihm für 100 gulden verpfändeten dorf Mynrelytghe. — Temporale.
— 22	. . .	ertheilt dem Johann von Hadenheim seiner ältern burglehen der hintern barg zu Mailberg. 1419 uff St. Cecilientag. — Temporale.
1420		
febr. 22	Covelentz	schenkt einem getauften Juden ein haus mit gärtchen hierselbst. — Temporale.
märz 13	Treueris	schenkt der abtei Wadgassen das an ihn verfallene theil zu Spiessen, welches Schoffrid von Zweibrücken für 100 gulden an den grafen Wallrav von Zweibrücken verkauft und dessen sohn Eberhard ohne lebensherrlichen consens der abtei gegeben hatte. 1419 fer. 4 post dominic. Oculi stil. Trev. — Or. in Cobl.
— 20	Sarburg	verpachtet einem müller und dessen frau auf lebenszeit eine mühlenstatt, genannt Bischtum, zu Mertzig um eine mahlmühle daselbst zu erbauen, und 2. vorerbpachtet die Enuelsmühle daselbst. 1420 fer. 4 post Letare. Tempor.
apr. 4	. . .	verschreibt der Carthause St. Alban bei Trier statt der 900 gulden kaufgelds für einen hof zu Paltzel 50 malter korurente und 7½ gulden jahrrente aus der kellerei Paltzel für eine ihr abgekaufte wiese in der „Leiven" bei Trier. — Temporale.
— 6	Treveris	verschreibt dem Martin von Erenbreitstein 6 malter korn jährlich aus der kellerei Sarburg wofür derselbe sich lebenslänglich mit einem reynigen pferde gerüstet zu dienste verpflichtet und auf seine forderungen an das thoramt zu Sarburg namens seiner frau verzichtet. — Extr. im Temporale.
— 11	Paltzel	bescheinigt dem herzog Karl von Lothringen die zurückerstattung der seinem vater Johann von erzbischof Cuno geliehenen 3000 gulden. 1420 donrst. nach Oistervlag. — Temporale.
— 23	Monthabur	vergleicht als momper seiner niftel Anna von Solms, wittwe des grafen Gerhard von Seyn, dieselbe mit ihren beiden söhnen Diederich und Gerhard grafen zu Seyn wegen des witthums. 1420 dinst. nach Misericordia dni. — Cop. in Cobl.
mai 6	Cochme	bewilligt dem Richard von Eltz beim abgang männlicher nachkommen für seine töchter die nachfolge in den trierischen lehen. — Honth. 2,365. Or. in Cobl.
iul. 20	Lymporg	bewilligt dem Reynhart herrn zu Westerburg seinen lehenhof zu Lymporg an den schöffen Otto Eschenauwer und dessen sohn auf lebenszeit zu verpachten. — Im Temp.
— 20		belehnt von wegen der herrschaft Covern den Friedrich von Eltz mit wingerten zu Kackenesse und Lymen, einem drittel am zehnten zu Suyrche und einem theile der kirchengift der niedersten kirche zu Lymen, und bewilligt ihm seine ehefrau Guytten von Kottenheim darauf zu bewitthumen. — Temporale.
— 22	Erembretstein	ertheilt dem Johann Gleasern zu Capellen lebenslängliche steuerfreiheit. 1420 die Marie Magdalene. — Extr. im Temporale.
aug. 27	Paltzel	schliesst mit Hermann von Nyckendig, seinem amtmann zu Grymberg, einen vertrag wegen der besatzung dieser burg und der zu beziehenden amtseinkünfte. 1420 dinst. nach Hartholemeus. — Temp.
sept. 1	———	bewilligt seinem heimlichen, dem ritter Richard Hurte von Schonecke, seine ehefrau Lyse von Covern auf trierische lehen zu Hillesheim zu bewitthumen. — Or. i. Cobl.
— 3	Sarburg	bewilligt dem Emich von Dune herrn zum Oberstein, falls er vor diesem sterben würde, absogleich die wiedereinlösung der sechsteln am thal Oberstein, an den dörfern Hoffsteden Freysen und Nunlburn, und der hälfte des Ydartbals, Bollenbachs und Revengersboren für 500 gulden, stürbt aber jener vor dem erzbischof, den erben erst 6 iahre nachher; in gleicher weise bewilligt er auch dem Philipp von Dune, Emichs bruder, die wiedereinlösung des sechstels der leute im Ydertbal zu Dieffenbach und Hertelrode um 100 gulden. — Temporale.
— 5	Weischpillich	bestätigt dem ritter Diederich von Kesselstatt und dessen tochter Ylia das denselben auf lebenszeit von erzb. Wernher als mannlehen verliehene „Porthuyss" auf der burg Clotten mit 4 malter korn jährlich aus der kellerei Cochem. — Temporale.
— 10	Sarburg	quittirt über 700 gulden abschlagszahlung auf die rückkaufssumme eines theils der herrschaft Hunoltstein, dem Niclas vogt zu Hunoltstein. 1420 fer. 3 post. nativ. Marie. — Or. in Cobl.
— 14	———	nimmt den Heinrich Frauwenknecht auf lebenszeit zu seinem domesticus familiaris des schlosses Sarburg an, und verschreibt ihm jährlich ein winterkleid mit kaputze und 4 gulden aus der kellerei daselbst. 1420 exaltat. crucis. — Extr. im Temporale.
— 16	Treueris	verspricht dem Cuntgin von Brantscheit die demselben schuldigen 3207 gulden bis Petri kettenfeier zurückzuzahlen, und stellt dafür bürgen. — Extr. im Tempor.
— 19	———	giebt dem Johann Westfeling dem iungen auf lebenszeit den hof „die Heide" in der herrschaft Isenburg als mannlehen. 1420 fer. 5 post exaltat. crucis. — Tempor.

19*

1420		
sept. 22	Treulris	vergleicht den Richard von Eltz mit Oilkin, der wittwe des ritters Johann von Eltz, wegen ihres witthums. — Guden Cod. dipl. 2,1257.
— 23	———	bewilligt dem herzog Stephan seine gemahlin Anna von Veldenz auf stadt und schloss Siemern zu bewitthumen. — Extr. im Temp.
— 26	———	ertheilt dem Carthäuserkloster zu Muynghusen bei Arnheim zollfreiheit für 13 fuder wein jährlich. — Tempor.
— 28	———	verkauft dem grafen Johann von Katzenelnbogen für 4000 gulden mit vorbehalt des wiederkaufsrechtes die von dem abt zu Prüm dem erzbischof Cuno verkauften herrschaften zu St. Gewer und auf den dinghöfen zu Paltzfeld, Dieverheim, Nasteden und Dachel mit ausnahme des salmenwassers oberhalb St. Gewer. — 1420 in profesto Michaelis. — Tempor.
— 29	———	bewilligt dem Johann Mont von Liessheim sein drittel am zehnten zu Eilsetz auf 6 jahre für 100 gulden an Congin von Brantscheit zu verpfänden. 1420 die Michaelis. — Extr. l. Temp.
. .	———	befiehlt seinem kellner zu Paltzel die 2 fuder wein jährlich, welche Heinrich herr zu Schoneck dem St. Margarethenaltar im Dom verkauft hat, aus dessen gefällen zu Sweich zu liefern. — Tempor. ohne tag.
oct. 3	Sarburg	vererbpachtet an Styne die brüche, wittwe Johanns von der Hoerminnen, ein haus zu Münstermeisfeld. — Tempor.
— 3	———	erlässt dem Jeckel Rubart zu Meyen die hälfte des zinses von seinem abgebrannten hause. — Tempor.
— 13	Hymmeroide	bewilligt der abtei Marienstatt zollfreiheit zu Covelentz und Engers für ihre weine aus den abteilichen höfen zu Covelentz, Ley und Metterich. — Tempor.
— 15	. . .	verspricht seinem münzmeister Thilmann von der Wynterbach ihn ohne vorherige rechtfertigung nicht für einen ungerechten münzmeister zu halten wie auch seine erben nicht anzugreifen wenn sie ordentliche rechnung ablegten — Tempor. Extr. Chron. Monetar. ap. Honth. 1178.
— 27	. . .	belehnt den Johann von Atzenroid auf lebenszeit mit 6 gulden jährlich aus dem zoll zu Cochme. — Extr. im Tempor.
nov. 11	. . .	vererbpachtet seinen hof zu Durrenbach im gericht von Halspurn. — 1420 St. Martinsdag. — Tempor.
— 30	Monthabur	giebt dem Gerhard von Bicken die Styne von Walterod mit ihrer nachkommenschaft zu mannleben. 1420 St. Andreastag. — Or. l. Cobl.
— 30	———	desgl. dem Salentin herrn zu Isenburg das neue haus zu Montabur als mannlehen. Dat. wie vorher. — Or. l. Cobl.
1421		
ian. 7	Sintzich	bestätigt der stadt und pflege Sintzig die ihr von den herzogen von Berg ertheilten privilegien. Copie in Linz.
— 30	Cochme	verleiht dem balbstarius Wilhelm von Berenkastel auf lebenszeit ein haus zu Cochme nebst jährlich 4 gulden 3 malter korn und 4 klafter holz, wofür derselbe jährlich eine gute baliste liefern soll. 1420 stil. Trev. crast. Valerii. — Extr. im Tempor.
febr. 10	. . .	verleiht seinem barbier Arnold von Auderuach auf lebenszeit einen bungert zu Münstermeynfeld. 1420 stil. Trev. crast. Invocavit. — Extr. im Tempor.
mrz. 2	Boppard	erlässt gemeinsam mit den andern rhein. kurfürsten ein einladungsschreiben an die stadt Erfurt zur beschickung des reichstags in Nürnberg. — 1421 dom. Letare. Länig, Reichsarchiv 14,460.
— 2	———	vermittelt zwischen dem erzb. Conrad von Mainz, dem kurfürsten Ludwig und dessen sohn Ruprecht von der Pfalz ein schutz- und landfriedensbündniss auf lebenszeit, und kassirt 2, daselbst am folgenden tage das von dem erzbischof von Mainz mit den städten Mainz, Worms und Speier gemachte bündniss, und erlaubt dem erzbischof, sich nur mit der stadt Mainz zu verbünden. Senkenberg, Select. 2,184 und 200.
— 14	Keympt	(in Hammone) erlaubt dem Carthäuserkloster Bethleem zu Roremund bis auf widerruf 4 fuder wein jährlich zollfrei den Rhein und die Mosel herabzufahren. 1420 stil. Trev. fer. 6 ante Palmar. — Extr. im Tempor.
— 19	. . .	verzichtet in folge dessen, dass die Juden zu Trier und im erzstift bei ihrer ausweisung ihm ihre schuldforderungen cedirt hatten, auf die berichtigung der Judenschulden Johanns von Steyn. 1421 fer. 4 post Palmar. — Temporale.
apr. 2	Erembretstein	giebt dem pastor Conemann zu Berenkastel 3 mannwerk zu Briedal, und bestätigt ihm des erzb. Wernhers urkunde über den zehnten zu Cus und Noviant. — Extr. im Tempor.

1421		
apr. 28	Nuremberg	schliesst mit den andern rheinischen kurfürsten einen vertrag wegen der dem kaiser Sigismund gegen die ketzer in Böhmen zu leistenden hülfe. — Guden Cod. dipl. 4,132. Or. in Cobl. — Bei Schannat Sammlung 1,136 mit fer. 2 post vocem incunditatis (also apr. 28).
mai 13	. . .	verschreibt dem ritter Syfrid Walpod von Bassenheim für die bei demselben geliehenen tausend gulden, 50 gulden iahrzins aus dem ungeld zu Boppard. — Or. in Cobl.
— 13	. . .	ernennt denselben auf lebenszeit zu seinem amtmann des schlosses Wernerseck. — Temporale.
— 21	Wurtzburg	verbindet sich mit den andern rhein. kurfürsten den landgrafen in Thüringen und markgrafen zu Meissen zur hülfe gegen die böhmischen ketzer. Müller, Reichstagstheater 1,302. Dumont, Corps dipl. 2⁵,158.
— 26	Wesel	genehmigt, dass der graf Ruprecht von Virnenburg das ihm von Heinrich vom Geispusche für 600 gulden verpfändete gericht und herrlichkeit von Langenfeld, für dieselbe summe wieder an Johann von Hargarden genannt von Reunenborg verpfände. — Günth. 4,231v — Or. in Cobl.
iun. 1	Covelentz	giebt dem Johann Walpode von Bassenheim, welchem bereits erzb. Werther die hälfte der burg Buyschenburg auf lebenszeit verschrieben hatte, ein drittel dieser burg und des hofs Fuylenburg zu erblichem mannlehen. — Temporale.
— 5	Mentze	giebt mit den andern rheinischen kurfürsten seinen consens zu der verleihung eines tornosses am Rheinzoll zu Boppard seitens des kaisers Sigismund an Albrecht von Hoeloch. Tempor.
— 6	———	desgl. eines solchen zu Engers an Johann und Godfrid von Cziegenhain. — Extr. im Tempor.
— 10	Erembreitstein	verkauft mit consens des domcapitels dem tausend gulden eine iahresrente von 250 gulden aus der steuer zu Wesel. — Temporale.
— 24	Palacioli	ertheilt der stadt Boppard wegen ihrer bürgschaft für das bei dem verstorbenen Johann von Waldeck von ihm geliehene capital von 2400 gulden und verschriebener iahrzinsen von 200 gulden aus dem roll daselbst eine schadlosverschreibung. 1421 die Johan. bapt. — Or. in Cobl.
iul. 9	Berncastel	beurkundet dass die testamentsexecutoren des domdechants Gerlach von Lympurg ihm noch 500 gulden auf das denselben vom erzb. Werther für 5 tausend gulden verschriebene testergeld zu Trier geliehen haben und dieses daher später mit 5500 gulden einzulösen sei. — Tempor.
— 10	———	reversirt sich gegen sein domcapitel dass die ihm von letzterm bewilligte steuer zur hülfe gegen die böhmischen ketzer ihm kein recht auf künftige steuererhebung vom domcapitel gebe. — Or. in Cobl.
— 30	Coveleutze	ernennt die gebrüder Conrad und Diederich von Broille zu seinen erblichen burggrafen und amtleuten des schlosses Kaldenborn in der Eifel. — Günth. 4,242. Tempor.
aug. 3	———	bewilligt dem Conrad Cluyr, seinem zollschreiber zu Cunen Engers, das von dem verstorbenen burggrafen Ludwig vom Hammerstein an Johann Karrauwes verpfändeten hof zu Gendersdorf, mit 400 gulden einzulösen. — Or. in Cobl.
— 4	. . .	belehnt den Hermann von dem Wyher zu Nyckendig aufs neue mit länderien bei Keyl und Preden. — Tempor.
— 4	———	bevollmächtigt seinen heimlichen, den ritter Syfard Waltpode von Bassenheim, statt seiner, indem er wegen des zugs nach Böhmen persönlich verhindert sei, in der ihm von dem herzog Adolf von Berg verkauften hälfte von Syntzig (den kaufbrief siehe bei Günther 4,233) die huldigung in empfang zu nehmen. — Or. in Cobl.
— 5	———	belehnt den Symon vom Burgdor zu Coveleutz als momper Liesen und Elsen, der tochter Godarts Sack von Dievelich, mit dem Judenkirchhof zu Coveleutz. — Temporale. Extr. Günth. 4,243.
— 5	. . .	verspricht die stadt Boppard an der auszahlung von 120 gulden iahrrente welche er dem ritter Syfard Walpode von Bassenheim aus dem dortigen ungeld verschrieben hat, nicht zu hindern. Or. in Cobl.
— 22	Nurenberg	erlässt gemeinschaftlich mit sämmtlichen kurfürsten ein trostschreiben an Zdeslawen Tluxa von Burtzenitz, burggrafen, Johann von Leitkoes und andere ritter und knechte die auf dem Karlestein belagert sind, und versprechen ihnen baldige hülfe und rettung. Dieselben kurfürsten erlassen ein zweites schreiben an die namentlich aufgeführten banuerherren und alle andern landherren, ritter und knechte die auf dem tage zu der Lippen zusammen kommen werden, worin sie dieselben aufmuntern die auf der versammlung zu Czaslaw bewiesene treue zum christlichen glauben und ihrem erbherrn auch auf diesem tage festzuhalten, und ihnen baldige hülfe versprechen. Beide schreiben

1421		
		vff fritag nach vaser frauwen tag assumptio jedoch ohne iahresangabe — aber wohl hierher zu setzen. Chartular in Cobl.
aug. 27	Eger	verspricht, als pfandherr der halben herrschaft Syntzig, dem ritter Richard Hurt von Schouecke, welchem der herzog Adolf von Berg 700 gulden iährlich daraus verschrieben hatte, ihn im besitz des amts und der pfandschaft daselbst zu lassen. Or. in Cobl.
sept. 00	in Bohemi-am	Grosser heereszug gegen die Hussiten, dem erzb. Otto mit andern kurfürsten persönlich beiwohnte, welcher aber ganz vergebens gewesen — dann man keyn flande gesehen vnd danuacht gewichen ist. Nach Peter Maier zum iahr 1421. Chron. Elwacense ap. Pertz Script. 10,44.
dec. 30 **1422**	Palacioli	bewilligt dem Welter von Clotten seine ehefrau Greta von Wych auf wingerten zu Clotten, Cond, Cochme und Seel zu bewitthumen. — Extr. im Tempor.
ian. 14	Monthabur	bewilligt dem Johann von Sottenbach genannt Bubegin seine ehefrau Demode von Irmetrode auf seine trierischen lehen zu bewitthumen. — Extr. im Temporale.
febr. 15	. . .	bewilligt der stadt Monthabur bis auf widerruf eine accise zur bezahlung ihrer schuldverschreibungen. 1421 crast. Valentini. — Temporale.
mrz. 10	Covelentz	verleiht den Deutschordensbrüdern des hospitals zu Coblenz zollbefreiung auf Rhein und Mosel für ihre güter innerhalb trier. gebiets. 1421 mrz. 10 still. Trev. Peter Mayer's Stadtbuch von Coblenz.
— 17	Stoltzenfels	ertheilt gleichlautend wie vorher nochmals der stadt Monthabur ein accise-privilegium. 1421 trier. still. uff St. Gertruden. — Temporale.
— 20	. . .	erneuert die von seinem vorgänger, erzb. Wernher und dem pabst Clemens VI. für die vollendung der Moselbrücke zu Coblenz ertheilten ablassprivilegien. — Or. in Cobl.
— 28	Treveris	erneunt den dr. Wilhelm von Wege, dechanten des St. Paulinstifts und den licent. iuris Matbias von Kettenheim zu visitatoren des luxemburgischen und französischen theils seiner diözese. 1422 crast. solempnitatis resurrectionis dni. — Or. in Trier.
apr. 1	Wesalie	verleiht dem Johann Willekyn von Covelentz auf lebenszeit den thurm mit haus und hofstatt an St. Gangolpfs kapelle auf dem Niederwerth bei Valender. — Temporale.
— 2	———	bewilligt dem wepeling Otto Feist von Schonenburg seine ehefrau Gutta von Katzenelbogen auf einen wingert bei Wesel zu bewitthumen. — Extr. im Tempor.
— 6	. . .	verspricht dem herzog Karl von Lothringen 3000 gulden von den 40 tausend gulden welche der herzog Adolf von Berg als lösegeld von seiner gefangenschaft zu zahlen hat, auf sich zu übernehmen. 1422 den 6. april d. i. maintags na Palmtag. — Temporale.
mai 9	Wesel	vermittelt mit den andern rheinischen kurfürsten und dem bischof Raban von Speier einen frieden und vergleich zwischen dem grafen Johann von Katzenelnbogen, den gebrüdern Godfrid und Everhard von Eppenstein, dem Diether von Isenburg einerseits und dem grafen Adolf von Nassau andrerseits. — Or. in Cobl.
— 9	. . .	giebt als kurfürst seinen consens zu könig Sigismunds verpfändung der reichssteuer zu . Rutlingen an Johann Kirchen kaiserlichen prothonotar um 600 mark löthigen silbers und 400 Venediger dukaten. — Tempor.
— 12	———	belehnt den kurfürsten Ludwig von der Pfalz mit der burg Brohl, den pfälzischen gütern . auf dem Meyrnfelde, den leuten und gütern in den thälern Bacherach und Diepach und anderm. — Günth. 4,243. Or. in Cobl.
— 22	Munster-meinfelt	bestätigt einen ackertausch seines verstorbenen kellners hierselbst des priesters Jakob Sloyer zu Loev. 1422 crast. ascension. dni. — Tempor.
— 27	Wittlich	erneuert noch auf 10 iahre der abgebrannten stadt Wittlich das ihr von erzb. Wernher auf 25 iahre verliehene privilegium der steuerfreiheit. — Temporale.
— 27	. . .	befreit die durch die pest hart betroffene stadt Cochem auf zehn iahre von schatzung und steuern. — Günther 4,245 und Honth. 2,373 ohne datum. Temporale.
ian. 1	Treveris	belehnt den Heinrich von Pittingen und dessen neffen Theoderich mit der burg Covern. 1422 crast. Penthecost. — Extr. im Temporale.
— 1	. . .	bestätigt der Carthause St. Alban bei Trier den aukauf einer rente von 4 ohm wein zu Emmel, welche Johann von Hontheim vom erzstift sollte zu lehen tragen. — Or. i. Cobl.
— 5	———	incorporirt mit bewilligung der abtei St. Maximin als patronatsherrn, der probstei des Simeonstifts zu Trier die pfarrkirche zu Wasserpilche. — Chartul. i. Cobl.
— 6	———	ertheilt für das weltliche gericht zu Trier verschiedene neue satzungen. — Honth. 2,366. Scotti Trier. Verordnungen 1,134. Extr. im Tempor.
— 7	Confluentie	erneuert nach der visitation des stifts zu Münstermeinfeld dessen statuten. Blattau 1,236.

1422		
inu. 14	Bertrich	befreit zwei mühlen in der Uwe bei Lutzenrode von der entrichtung ihres bisherigen pachtes. — Temporale.
aug. 81	Nürnberg	fordert mit den andern kurfürsten den abt zu Fulda zur hilfe gegen die Hussiten auf. Schannat, hist. Fuld. 2,290. und 2, hierselbst am folgenden tage in ähnlicher weise den abt zu Hebenhausen. Besold. Monum. Wurtenb. 256. Extr. Georgisch, Regest. 2,983.
sept. 11	Stoltzenfels	bewilligt dem Wilhelm von Abentrode 9 gulden iahrrente zu Montbabur um 109 gulden an die gebrüder Gerhard und Reynhard Bolen von Irmetrode auf sechs iahre zu verpfänden. — Extr. im Tempor.
— 23	. . .	verkauft mit bewilligung des domcapitels zur aufbringung des geldes für den kriegszug gegen die böhmischen ketzer seine gefälle zu Covern und Dievelich im betrage von 100 gulden iährlich ungefähr, um 2500 gulden an die Carthause St. Alban bei Trier. — Tempor. An diesem zweiten zuge gegen die Hussiten, dem auch den Gesta Trev. auch erzb. Otto persönlich sollte beigewohnt haben und der auch vergeblich war, konnte er iedoch nicht theil nehmen, da die herzogin Elisabeth von Görlitz zu Wasserpillich des heil. reichs und gemeine landstrass verbauet hatte um daselbst zoll zu erheben und daraus durch die gebrüder von Gymnich dem erzstift viel schaden geschah, weshalb erzb. Otto mit heeresmacht vor Wasserpillich zog, dasselbe belagerte, eroberte und zerstörte. Peter Maier zum iahr 1422.
— 24	Coeln	beurkundet dem herzog Adolf von Berg das einlösungsrecht an der ihm heute zu Cöln von demselben für 7000 gulden verpfändeten andern hälfte von Syntzich. — Tempor.
— 20	. . .	beurkundet mit dem vorgenannten herzog Adolf und dessen sohn Ruprecht, dass sie sämmtliche urkunden und pfandverschreibungen über Syntzich bei dem abt von St. Martin zu Cöln deponirt haben. 1422 saterst. nach Mauritii d. 20. sept. — Or. in Cobl.
— 28	Wittlich	bewilligt dem Heinrich Mul von der Neuerburg seine ehefrau Alheid von Sassenheim auf seines verstorbenen vaters, des ritters Heinrich Mul, lehen zu bewitthumen. — Extr. im Tempor.
oct. 3	. . .	beurkundet den rückkauf der fischerei bei der brücke zu Trier seitens der Carthause St. Alban an ihn. — Or. in Cobl.
— 5	. . .	verspricht dem Conigin von Brantzebeit dem er 450 gulden schuldet, dies geld bis pfingsten zurückzuzahlen. — Extr. im Tempor.
— 6	Palaçioli	belehnt den Philipp von Soetern mit 4 ohm wein iährlich zu Urtzge welche mannleben der herrschaft Dun sind. — Or. in Cobl.
— 12	——	verpachtet dem bürger Heinrich vom heil. geist zu Trier und dessen frau auf lebenszeit ein Judenhaus daselbst; desgl. 2, dem glaser Hanswo, 3, dem barbier Johann Loeff, 4, dem schuster Contzen Roirbach, 5, dem töpfer Martin von Bintzfeld, 6, der Gutgin Keirsmann und 7, seinem vertrauten Durkard von Sarburg, iedem ein solches. — Tempor.
— 12	.	desgl. dem steinmetz Reynher von Altzey und dessen frau das Judenhospital zu Trier. — Extr. im Tempor.
— 12	——	verleiht seinem unterschultheiss Heynemann zu Paltzel und dessen ehefrau Eilgin auf lebenszeit die „alte pisterie" vor dem schlosse zu Paltzel. — Extr. im Tempor.
— 16	——	belehnt seinen diener den barbier Arnold von Andernach mit einem Judenhause zu Trier, das derselbe gekauft hatte. — Temporale.
nov. 2	——	verschreibt dem Thyss von Alken amts- und pfandweise das schloss Thuron mit der stadt Alken falls er demselben nicht die schuldigen 1200 gulden bis ostern zurückzahlen würde. Tempor.
dec. 8	——	ermahnt richter, schöffen und gemeinde von Lutzelburg unter androhung kirchlicher strafen, dahin zu wirken, dass die von dem ritter Erhard von Gymnich arrestirten geistlichen gefälle restituirt werden. 1422 fer. 5 post Andreae. — Concept in Cobl.
— 10	Pingwie	bewilligt dem Reynhard herrn zu Westerburg und Schauwenburg seine gemahlin Margaretha von Lyningen auf Schadeck und 300 gulden iährlich aus dem Bopparder zoll zu bewitthumen. — Extr. im Tempor.
— 14	Covelentz	vergleicht den grafen Ruprecht von Virnenburg mit dem Craft von Saffenburg wegen des witthums von Metzen, der frau Wilhelms von Saffenburg und wegen des hilligscontrakts zwischen Philipp von Virneburg und Katharinen von Saffenburg. — Chartul. in Cobl.
— 19	Tranrebach	bewilligt dem grafen Johann von Spanheim, falls er ohne leiberben sterbe die hälfte seiner trierschen lehen an den markgrafen Bernhard von Baden zu vererben. Günth. 4,251.
— 20	. . .	belehnt den Johann vom Kirchhofe zu Covelentz mit wingerten, einem forst, einer rente von 260 heringe und 100 böckingen daselbst, mit der acht zu Kesselheim, Wallersheim

1422		
		und Bovenheim, einem Coverner burglehen und andern lehen seines verstorbenen vaters Lamprecht. — Tempor.
dec. 28	. . .	verkauft den testamentsexecutoren des domscholasters Arnold von Hohingen 250 gulden jährlich aus dem Engerser zoll um 5000 gulden. — Tempor.
— 28	Trier	desgl. dem Rorich von Merxheim 100 gulden jährlich aus dem Bopparder zoll um 2000 gulden. — Tempor.
— 29	Sarburg	verpachtet seine mühle von Velspergh genannt die Rytzenmühle zu Meruge. — Tempor.
1423		
Jan. 8	———	ermahnt wiederholt richter, scheffen und gemeinde zu Lützelburg unter repressalien drohung zur restitution der gebrandschatzten geistlichen gefälle, besonders der zuletzt der abtei St. Matheis zu Kunigsmachern genommenen früchten. 1422 stil. Trev. dominic. post Circumcis. dni. — Concept in Cobl.
— 11	Confluentio	erhebt den in der pfarrkirche zu Valendre genügend dotirten St. Marienaltar zu einem beneficium ecclesiasticum. — Tempor.
febr. 22	— — — —	belehnt den burggrafen Johann zu Ryneck und dessen ehefrau Catherine von Broech nach dem tode Diederichs von Dune herrn zu Broech mit der herrschaft Broech und dem thurm und hof zu Cluszart. — Tempor.
mrz 7	Monthabur	bewilligt dem Christian Nuwer seine ehefrau Catherine von Andernach mit seinen 7 mark lebengelds zu bewidhumen. 1422 stil. Trev. dominice Ocull. — Extr. im Tempor.
— 13		ernennt den ritter Friedrich vom Steyn auf lebenszeit zu seinem amtmann auf Argenfels. Or. in Cobl.
apr. 12	Covelentz	schenkt seinem familiaris Hartmann von Covelentz ein haus daselbst. — Tempor.
— 26	Trever.	(in ecclesia) Provinzialconcil unter dem vorsitz Ottos. Honth. 2,367. Blattau Statut. 1,222.
— 29		Mitbesiegler seines schiederichterlichen compromisses in der fehde mit dem ritter Erhard von Gymnich, 1423 donrst. nach Jubilate. Or. in Cobl.
mai 10	Bopparten	erlässt mit dem erzb. Dietrich von Cöln einen anspruch in dem streite zwischen dem erzb. Conrad von Mainz und dem Rheinpfalzgrafen Ludwig wegen des erstern ernennung durch könig Sigismund zum verweser und statthalter des reichs in deutschen landen, dass der erzbischof dieses amt dem pfalzgrafen abgeben solle. — Lünig Reichsarchiv 8,147 mit lahr 1433 und Dumont, Corps dipl. 2 b,265.
— 13		vereinigt sich mit den übrigen rheinischen kurfürsten dahin, dass sie auf ihren kurfürstentagen vor beendigung der ausgeschriebenen sachen keine andere vornehmen und auch einzeln keine zollfreischeine mehr anstellen wollen. Honth. 2,872. Scotti 1,135. — Tempor.
— 13	— — — —	giebt seinen consens zu des kaisers verpfändung der reichssteuer der Elsasssachen städte an den erzbischof von Cöln um 32 tausend gulden. — Extr. im Tempor.
aug. 9	Covelentz	gestattet der bürgerschaft von Covelentz, Lötzelcovelentz, Weiss und Neuendorf ihre weine statt zu Cauveongers am zoll zu Covelentz zu verzollen. — Tempor.
— 20	Covelentz	bewilligt für die hierselbst an den donnerstags- und drei kirmesmarktagen ein- und ausgehenden waaren accisefreiheit. — Or. in Cobl.
— 29	. . .	beantwortet den erzb. Dietrich von Cöln ansprache wegen der bei Wintern in der Virnenburger fehde erlittenen schäden. 1423 uff St. Johannstag als er enthoubt wart. — Or. in Cobl.
oct. 1	Trier	erlässt einer wittwe auf lebenszeit die entrichtung eines zinses von ihrem hause hierselbst. — Tempor.
nov. 1	Covelentz	gestattet seinem schultheis Gerhard Noyss zu Cumen-Engers den überbau eines hauses daselbst auf die strasse. — Tempor.
— 9	Lanstein	vergleicht in gemeinschaft mit erzb. Conrad von Mainz, der zuerst genannt ist, die gebrüder Johann Engelbrecht und Johann grafen zu Nassau mit Gottfrid herrn zu Eppenstein wegen des letztern erbansprüche von wegen seiner gemahlin an die grafschaft Nassau und Vianden. Senkenberg Selecta 2,434.
— 23	Cochme	giebt seinem schultheiss Friedrich zu Carden einen acker daselbst in erbpacht. 1423 die Clementis. — Temporale.
— 23	———	verleiht dem Henne von Poeliche statt des demselben auf lebenszeit von erzb. Warnher verschriebenen hauses auf der burg zu Trys und 4 ohm wein jährlich einen bongert, du fünaus oul wingert mit dem portant daselbst. Dat. wie vorher. Temp.
dec. 2	Bernkastel	nimmt den schlosser Wilhelm von Friburg im Ochtlande, welcher sich zu Bernkastel verheirathet hat, auf lebenszeit zum diener an und verschreibt ihm 4 ohm wein und 4 malter korn jährlich aus dortiger kellerei. — Tempor.

1423		
dec. 8	Bernkastel	verschreibt dem Peter Sure von Pumer, seinem kellner zu Stoltzenfels, auf lebenszeit einen driesch und ein mannwerk zu Pumer nebst 4 ohm wein und 3 malter korn jährlich. — Tempor.
— 15	——	belehnt Johann von Dune genannt Kamppuchel mit dem von seinem vater Schilken besessenen hause zu Dune in der Eifel als burglehen daselbst. — Tempor.
— 16	——	vermittelt einen vergleich zwischen der abtei St. Matheis bei Trier einerseits und den dörfern Hentern, Pellink und Crittenach andererseits wegen der schaffhafer. — Or. in Cobl.
— 27	Trier	bestätigt des erzb. Wernhers verpfändung des sestergeldes zu Trier für 5000 gulden an die testamentsexecutoren des domdechants Gerlach von Limburg, und verspricht bei dessen einlösung auch die ihm bei seiner wahl geliehenen 500 gulden zurück zu zahlen. 1423 St. Johannstag des heil. apost. u. evang. — Or. in Cobl.
— 28	——	verkauft an die testamentsexecutoren des domscholasters Arnold von Honecke um 5300
1424		gulden einen jahrzins von 212 gulden aus dem Engerser zoll. — Chartul. i. Cobl.
ian. 1	Paltzel	belehnt seinen schwager Albrecht von Hohenloch mit einem demselben von kaiser Sigismund verliehenen alten turnos aus dem zoll zu Boppard. 1423 trier. stils uff heil. iarstag circumcisio domini. — Or. in Cobl.
— 12	Byngen	ernennt Hermann Buesse von Waldeck den iungen zu seinem amtmann von Wesel und Nydernberg, verschreibt ihm und seiner frau Schaunetten von Lichtenberg, von denen er 1000 gulden geliehen, iährlich 50 gulden aus seiner iährlichen steuer von 150 gulden der gemeinde Nydernberg, und verspricht ihm solange er dies geld nicht zurückgezahlt, ihn in diesem amt zu lassen. — Tempor.
— 14	——	vereinigt sich mit den übrigen rheinischen kurfürsten niemand an den Rheinzöllen zollfrei passiren zu lassen. 1424 fryt. nach dem achtzehnten tag octava Epiphanie dni zu latine. — Or. in Cobl.
— 17	——	schliesst mit den übrigen kurfürsten einen verein wider die ketzer in Böhmen. — Müller, Reichstagstheater 1,299. Dumont, Corps dipl. 2b,178. Or. in Cobl.
— 18	——	erkennt mit wissen und willen der andern kurfürsten den von kaiser Sygmund mit dem herzogthum Sachsen, der kur und dem erzmarschalkamte beliehenen Friedrich landgrafen von Doringen und markgrafen zu Myssen als kurfürsten an, und nimmt ihn in den kurfürstenrath auf. 1423 trier. stils dinst. nach St. Anthonius des beichtigers. — Temporal. Vergl. Müller Reichstagstheater 2,451.
febr. 4	Covelentz	bewilligt seinem goldschmied Gerlach Haller von Güls ein haus in der Burggasse zu Covelentz, das er demselben gegeben hatte, an den St. Georgenaltar in Florinskirche daselbst zu schenken. — Or. in Cobl.
— 17	——	suspendirt auf den wunsch der abtei St. Matheis bei Trier die verordnung eines frühern abts wegen incorporation einer klosterpräbende an den Allerheiligenaltar daselbst, so lange dieser altar von einem weltpriester bedient wird. Or. in Cobl.
mrz. 4	——	erlaubt die einweihung der kapelle zu Niederhammerstein durch einen katholischen bischof. 1423 die sabbati 3 martii. suil. Trev. (der 3. märz 1424 fiel auf einen freitag, daher den 4. märz angenommen). Or. in Hammerstein.
— 15	——	ertheilt unter bestätigung früherer ablassprivilegien für den Moselbrückenbau zu Covelentz ein neues. — Or. i. Cobl.
— 25	——	bewilligt dem Johann von Sleyden herrn zu Junkerode seine gemahlin Katherine von Saffenberg auf 200 gulden iahrrente aus dem hof Manderfeld, die schaffbede zu Auwe und auf andere trier. lehen zu bewitthumen. — Extr. im Tempor.
apr. 5	——	ersucht den herzog von Lothringen seine räthe, den ritter Arnold von Sirk und den Heinrich Hase nächsten mittw. nach Palmtag (19. apr.) nach Trier auf den tedingstag wegen aushändigung der briefe über Wusserpilch seitens des ritters Erhard von Gymnich zu schicken. 1424 fer. 4 post Letare stil. Trev. — Concept in Cobl.
— 25	Treveris	ersucht die zu Luxemburg tagenden stände, den ritter Erbard von Gymnich mit dem er sich gesühnet, zu bestimmen dem deshalb zu Trier neulich gemachten anlass und compromiss nachzukommen, und falls derselbe sich dessen weigern und es mit ihm wieder zu fehde käme, demselben ferner keine hilfe zu leisten. 1424 fer. 3 post Pasche. Concept in Cobl.
mai 27	. . .	ersucht den ritter Hans von Parspork, truchsessen des herzogthums Luxemburg um endliche nachricht wegen der missel mit dem herzogthum und dem ritter Erhard von Gymnich. 1424 sab. post Cantate. Concept in Cobl.

1424		
mai 29	. . .	bewilligt dem edelknecht Syfrid Rollman vom Thurn seine ehefrau Else von Lewenstein auf 15 gulden lahresrente aus dem Engerser zoll zu bewitthumen. Extr. im Tempor.
jun. 10	Confluentia	ersucht den truchsess des herzogthums Luxemburg um die übersendung der schriftlichen ausfertigung des mit den gebrüdern Wynmar und Erhard von Gymnich gemachten vergleichs an den domprobst zu Trier. 1424 vigil. Pentecost. Concept in Cobl.
— 11	. . .	verschreibt dem Jeckeln Rurubach von Lichtenberg auf lebenszeit dafür, dass derselbe ihm testamentsweise seine lehen und die pfandschaft des schlosses Liebenberg übergeben hat, zwölf fuder wein und 15 malter frucht aus der kellerei Bernkastel wie auch 50 gulden jährlich aus dem siegelamt zu Trier. 1424 uff Pingstag. Tempor.
— 15	Palacioli	ersucht wiederholt den truchsess zu Luxemburg um übersendung des besiegelten vergleichs mit den gebrüdern von Gymnich, wie auch mit Johann von Jlane ernstlich zu bestellen, dass ihm, dem erzb. das bollwerk zu Wasserpilch laut der besiegelten briefe übergeben werde. 1424 fer. 5 post Pentecost. Concept in Cobl.
— 19	—	schreibt dem Hanns von Parsperg, truchsessen des herzogthums Luxemburg, dass er möge des ewigen hin- und herhaltens, Wasserpillich eingenommen habe, und ersucht ihn nochmals ernstlich um unverzügliche übersendung der besiegelten beredung mit den gebrüdern von Gymnich. 1424 die Gervasii et Prothasii. Concept in Cobl.
— 20		kündigt dem ritter Erhard von Gymnich die ihm nach dem anlassbrief gesetzte vierzehntägige frist mit nächstem mittwoch nach visitat. Mariae (5. lal.) da er seinen verpflichtungen gemäss dem anlass nicht nachgekommen und auch nicht auf dem ihm gesetzten tage zu Trier erschienen sei. 1424 fer. 3 post duc. Trinitatis. Concept in Cobl.
— 23	Treveris	ersucht richter, schöffen und gemeinde zu Lützelburg falls er wieder mit Erhard von Gymnich in fehde käme, demselben keine unterstützung zu gewähren und theilt ihnen ausführlich seine beschwerden gegen denselben mit: derselbe habe, als er noch hauptmann des landes Lötzelburg gewesen, dem domcapitel, amtmann zu Hlzel und trierischen unterthanen ihr eigenthum nehmen lassen, auch etliche treffliche baue zu Wasserpilch gebaut und dadurch die landstrasse gesperrt, auch wider des reichs und erzstifts privilegien ein fahr daselbst errichtet, da aber alle ermahnungen zur abstellung dieser beschwerden fruchtlos geblieben, sei er, der erzbischof, mit ihm in fehde gekommen und nach Pillich gezogen, sodann noch ein lahr und sieben wochen gednlt gehabt dass die sachen beigelegt würden, jedoch wäre Erhard immer einem gütlichen austrag ausgewichen. 1424 vigil. nativ. Johan. bapt. Concept in Cobl.
— 24	Sarburg	ersucht den Johann herzog in Baiern, sohn zu Hennegau, Holland, Seland etc. dem Erhard von Gymnich keine unterstützung aus dem lande Lützelburg zu gestatten, wenn er mit demselben in fehde käme, und erbietet sich seine sonstigen irrungen mit Lützelburg einem rechtsspruch der rheinischen kurfürsten zu unterwerfen. 1424 die Johan. bapt. Concept in Cobl.
lul. 25	Stoltzenfols	ersucht den erzbischof von Cöln um seine vermittelung in den Luxemburgischen streitigkeiten. 1424 festo Jacobi. Concept in Cobl.
aug. 9	Confluent.	genehmigt die vergrösserung des kirchhofs zu Linz und beauftragt seinen weihbischof mit dessen einweihung. Or. in Linz.
— 22	Bernkastel	ersucht den herzog Johann von Baiern unter rücksendung dessen antwortschreibens um eine bestimmtere antwort wegen der Luxemburger übergriffe. 1424 in octavis assumpt. Marie. Concept in Cobl.
— 29	Palacioli	verpachtet ein Judenhaus zu Trier an den schuster Theoderich von Dudeldorf. 1424 die decollat. Johan. Extr. im Temporale.
sept. 3	—	ersucht richter und schöffen zu Lützelburg, dahin zu wirken, dass der trier. geistlichkeit ihre gefälle ausgeliefert werden, und die händel zum gütlichen austrag kommen. 1424 dinc. post Egidii. Concept in Cobl.
— 15	Treveris	(monaster. S. Maximini) Besiegler und bestätiger der urkunde, womach die abtei St. Maximin der carthause St. Alban ihren hof mit allen berechtigungen zu Kenn für 3750 Mainzer gulden verkauft. Chartal. in Trier.
— 29	Kempenich	Belagerung und auf St. Michels-tag einnahme dieser burg. Brower, Ann. 2,270. Gesta Trev.
oct. 22	Yselsbach	schliesst mit dem herzog Carl von Lothringen eine gütlichkeit auf ein jahr, während welcher zeit sie sich zu einer zusammenkunft behufs beilegung ihrer streitigkeiten verpflichten. 1424 sunt. nach Lukas. Tempor.
nov. 1	Covelentz	giebt seinem barbier Arnold von Andernach ein bisher als mannlehen besessenes haus in der Barrgasse zu Covelentz als eigenthum, wie auch seinen consens zu einem etwaigen tausche desselben. 1424 uff Allerheiligen. — Temporale.

1424		
nov. 10	Syntzge	ertheilt dem herzog Adolf von Guylgh und Berg einen revers wegen der ihm von dem herzog am vorhergehenden tage für 13000 gulden verpfändeten hälfte von Syntzge und Remagen. Temporale.
— 11	——	errichtet mit dem vorgenannten herzog Adolf einen burgfrieden von Syntzge und Remagen. — Tempor.
— 30	Covelentz	vergleicht die gebrüder Peter und Johann von Schoneck mit den gebrüdern Richard und Johann von Bürentzheim in betreff der letztern ansprüche von wegen ihrer mutter. 1424 vff St. Endrestag. Chartul. in Cobl.
• • • 1425	. . .	verschreibt horrn Heinrich Sure weiland kollnern zu Limburg 25 gulden jährlich auf lebenszeit aus dieser kellerei. Nur mit iahr 1424 im Tempor.
ian. 8	Paltzel	ertheilt dem Jakob von dem Baumgarten genannt Dumegin ein mannlehen der herrschaft Kempenich. — Or. in Cobl. Extr. Günth. 4,262.
— 9	. . .	bewilligt dem Gotfrid von Ellenbach dem langen seine ehefrau Else von Wolfistein auf ein Manderscheider burglehen und andere lehengüter zu bewitthumen. 1424 stil. Trev. fer. 3 post Epiphan. — Extr. im Tempor.
— 10	——	giebt dem Johann von Schwartzenberg noch die veste Hausbach zu mannleben. Cop. in Cobl.
— 29	——	ersucht die Lothringenschen räthe bei dem herzog zu wirken, dass die von Arnold von der Motten und Anthonis von Wyncheringen während der friedensverhandlungen gemachten brandschatzungen ersetzt würden und das verabredete wegen bestellung von Wasserpillich geschehe. fer. 2 post convers. Pauli. Concept in Cobl.
febr. 12	Lympurg	erlaubt dem schneiderhandwerk hierselbst sich als zunft zu constituiren. — Tempor.
— 16	Confinentie	erbietet sich dem herzog von Lothringen zu einem rechtlichen austrag auf die klage Erhards von Gymnich, dass er demselben mit unrecht Wasserbillig genommen habe, und ersucht den herzog den hofmeister Heinrich Hase auf mittwoch nach Invocavit (28. febr.) nach Trier zu schicken um sich wegen gemeinschaftlicher besetzung von Wasserbillig zu einigen. 1424 stil. Trev. fer. 6 post Valentin. Concept in Cobl.
mrz 17	Monthabur	schliesst eine sühne und vergleich mit Gilbrecht von Schonenborn und dessen helfern, wonach derselbe auf seine forderungen von wegen seiner frau verzichtet. — Or. in Cobl.
— 24	Confinentie	beauftragt als päbstlicher commissarius den abt zu Laach mit der untersuchung des gutsverkaufes seitens der abtei Stablo an das Florinstift zu Coblenz. 1424 stil. Trev. sabb. post Letare Jerusalem in Quadragesima. — Or. in Cobl.
apr. 4	——	verschreibt seinem rath, dem ritter Richard Hurt von Schonecken, bei dem er 2000 gulden behufs einlösung des schlosses Alken geliehen, für diese summe in amtsweise Hülesheim und Manderscheid. — Or. in Cobl.
— 24	Stoltzenfels	bewilligt dem edelknecht Theoderich von Monreal seine ehefrau Lyse auf die hälfte eines hauses mit zugehör zu Nuynheim zu bewitthumen. — Tempor.
— 24	. . .	gewinnt den ritter Friedrich vom Steyn und dessen bruder Johann mit den 20 gulden jährlichen manngelds aus dem zoll zu Engers welche die brüder Gallen Diedrich und Ruprecht von Sonnenberg bezogen hatten, aufs neue zu mannen. — Tempor.
— 24	. . .	bekrundet dass sein rath, der ritter Syfard Waltpode von Bassenheim, bereits die ihm erlaubten 500 gulden auf den ihm in amtsweise verschriebenen schlosse Wernherseck verbaut habe. 1425 dinst. nach St. Georg. — Tempor.
— 25	——	verschreibt demselben wegen der an schloss Wernherseck verbauten 800 gulden die bede und das ungeld zu Boppard. — 1425 uff St. Marxtag. — Tempor.
• •	in Hierosolymam	Reise nach Jerusalem, heimlich und ohne wissen des domcapitels nur von sechs vertrauten begleitet um seine andacht am grabe des erlösers zu verrichten, von wo er gegen die mitte octobers zurückgekehrt sein soll. — Gesta Trev. ap. Hontheim 848 und ed. Wyttenbach 2,312 u. 313 anmerk. b. —
ian. 12	. . .	schliesst mit den übrigen rheinischen kurfürsten auf zwölf iahre einen münzverein, wie auch 2, nochmals mit denselben und der stadt Cöln. — Tempor. u. Würdw. Dipl. Mog. 2,279. Chron. Monetar. ap. Honth. 1178. Scotti Trier. Verordn. 1,135.
aug. 15	Meutze	bekrundet mit den andern rheinischen kurfürsten, dass sie mit Conrad herrn zu Winsperg von befehl des königs Sigismund wegen der zu schlagenden gold- und silbermünzen ein übereinkommen getroffen haben, in folge dessen sie die ausfuhr von gold und silber verbiethen und befehlen, dasselbe in des königs oder der kurfürsten münze zu liefern. Würdtw. Dipl. Mog. 2,287. Chron. Monetar. ap. Honth. 1179. Tempor.
oct. 26	Covelentz	giebt dem Syfart von dem Bungarten den hof Romershoven im stift Cöln zu erblichem mannleben der herrschaft Kempenich. — Tempor.

20*

1426		
jan. 1	Trier	verkauft mit consens seines domcapitels an Frank von Cronenberg 660 gulden jahrzins aus dem soll zu Conen-Engers am 12,000 gulden. 1425 stil. Trev. uff heil. jartag. — Temporale.
— 22	. . .	verschreibt seinem diener Hermann Brune von Kunlingen genannt von Tranrebach, welcher mit ihm nach Jerusalem gewallfahrt war und ihn auf dem wege wohl gepflegt hat, die meierei zu Numagen nebst 8 ohm wein, 3 malter korn, 3 malter hafer und 1 schwein jährlich auf lebenszeit. — Tempor.
— 23	Confluentie	bewilligt dem Sifrid Rollmann vom Thorne seine ehefrau Else von Lewenstein auf zwei wingerten unterm schlosse Sternberg zu bewitthumen. — Extr. im Tempor.
— 23	Montha-bayr	giebt seinem koch Clais vom Steyne auf lebenszeit das durch den tod seines kammerknechts Clais von Esch erledigte haus mit garten und wingert zu Gontreve als mannsleben. 1425 trier. stils Agneten. — Temporale.
apr. 9	. . .	giebt dem Heylen von Welschpilch und dessen frau Elsgin Viewers auf lebenszeit ein häuschen zu Trier. — Extr. i. Tempor.
— 9	. . .	giebt mit rath des bischofs Johann von Azoten, des abts Johann von St. Mattheis und anderer seiner kanzlei eine gebührentaxe. Or. in Cobl.
mai 7	Covelentz	befiehlt seinem unterschultheiss zu Boppard die güter, gülten und zehnten zu Weiler und im Boppardar Hamm, welche er, der erzbischof, dem Conrad von Husistam abgekauft habe, von der probstei des St. Martinstifts zu Worms, von der dieselben lehen sind, zu leben zu empfangen. — Or. in Cobl.
— 7	————	verschreibt dem Conrad von Husistam 400 gulden jährlicher leibrente aus dem ungeld zu Covelentz, und
— 7	————	erlaubt der stadt Covelentz sein antheil am ungeld daselbst für sich einzuziehen und daraus die eben verschriebenen 400 gulden anzuzahlen. — Tempor.
— 11	Limpurg	verspricht dem grafen Johann von Nassawe herrn zu Hilstein und dessen gemahlin Metzen von Isenburg, ihnen jederzeit die wiedereinlösung der ihm von denselben für 1300 gulden verpfändeten stadt und veste Mengirskirchen zu gestatten. — Tempor.
— 11	————	giebt der obengenannten gräfin auf ihre lebenszeit den hof Koedingen in der herrschaft Mengirskirchen. — Tempor.
aug. 1	Covelentz	genehmigt durch transfix, dass Symon Duroiff, kanonich der St. Severskirche zu Boppard und kapellan der St. Martinskapelle vor der stadt, den geistlichen schwestern der St. Martinsklause daselbst ein haus mit garten gegen einen jahrzins überlasse. 1426 uff St. Peterstag ad vincula. Or. in Cobl.
— 16	————	bestätigt der abtei Brauweiler die zollfreiheit an seinen Rhein- und Moselzöllen. 1426 crast. assumpt. Marie. — Temp.
sept. 14	Cochme	bewilligt dem Doderich, ältesten sohn zu Manderscheid, und dessen gemahlin Irmegart das wiederkaufsrecht an dem dem erzbischof für 150 gulden verkauften zinsen- und wingertantheil im Cochemer gericht. 1426 die exaltat. Crucis. — Or. in Cobl.
oct. 14	Covelentz	verschreibt dem Johann Walpode von Bassenheim, dem er 3000 gulden schuldet, hierfür amts- und pfandweise sein theil von Sintzig und Remagen. — Or. in Cobl.
dec. 10	. . .	schliesst mit dem erzb. Dieterich von Cöln einen burgfrieden für das gemeinschaftliche schloss und stadt Sintzige mit zugehörigen dörfern und für Remagen. — Günth. 4,285. Or. in Cobl.
— 27	Lympurg	vermittelt einen vergleich zwischen bürgermeister, schöffen und rath einerseits und der bürgerschaft dieser stadt andrerseits wegen der wahl der zwölfer und bürgermeisterwahl und wegen erhebung der bede. 1426 trier. stils uff S. Johannes evang. — Temporale.
— 29	Monthabur	ertheilt dem meister Peter Scheckenmacher, einem burger zu Limburg, wegen geschicklichkeit in seinem handwerk, die personalfreiheit. 1426 sonnt. nach Cristtag. — Tempor.
— 31	Stoltzenfels	schliesst mit dem stift Kaiserswerth einen vertrag wegen compensirung der von dem stift auf die burg Hammerstein und von den dortigen burgmännern an das stift zu liefernden abgaben. Or. in Hasselburf.
1427		
febr. 1	. . .	bewilligt dem schöffen Kupel zu Limburg nachdem er ihn wieder zu gnaden aufgenommen, die freizügigkeit und statt des persönlichen kriegsdienstes einen knecht zu stellen, und verspricht, ihn nicht über 12 gulden in die bede anzusetzen. — Tempor.
mrz. 5	prop. Tre-vir.	(in claustro Carthusiensi) revocirt alle von seinen vorgängern gegen die abtei St. Mattheis bei Trier erlassenen sentenze, strafen und geistlichen censuren. — Or. in Cobl.
— 13	Sarburg	belehnt nach dem tode Johanns von Moncler den ritter Arnold von Sirk mit dessen lehen. 1426 trier. stils dinst. nach Reminiscere. — Temporale.
— 19	—	desgl. den Ludwig Zant von Merl namens seiner schwägerin Hildegarte, der wittwe seines

1427		
		brudern Friedrich mit deren theil an der schener unterhalb der veste zu der Nuwerburg. 1426 trier. stils mittw. nach Reminiscere. — Temporale.
mrz. 26	Paltzel	vergleicht den Wygand von Erffurtzhusen und dessen ehefrau Alheid von Ourley mit ihrem resp. schwager und bruder Wilhelm von Ourley herrn zu Beffort wegen Alheidens mitgift und erbtheil. 1426 trier. stils den 25. märz. Chartul. in Trier.
— 25	Trier	belehnt den Wilhelm von Wiltecker mit den fruchtrenten und benchen zu Eysgendorf, welche ihm derselbe bei ablösung seiner 6 gulden manngelds aus dem zoll zu Wittlich aufgetragen hatte. Dat. wie vorher. Tempor.
— 27	—	nimmt den pastor, die kaplane und altaristen der kirche zu St. Wendel in seinen besondern schutz und ertheilt ihnen testamentsfreiheit. — Or. in Cobl.
apr. 11	—	ertheilt dem capitel des St. Martinstifts zu Worms eine schadlosverschreibung wegen dessen einwilligung zum verkauf der von der probstei-lehen-rührigen güter und gefälle zu Würe seitens Conrads von Husilstam; Vgl. 1426 mai 7. — Temporale.
— 27	Frankfurdie	erlässt gemeinschaftlich mit den übrigen kurfürsten ein ausschreiben, dass sich die kriegsvölker zu dem zuge gegen die Hussiten in Böhmen auf nächsten Peter und Paulstag bei Nürnberg sammeln sollen. — Guden Cod. dipl. 4,158.
ian. 6	Confluentie	ertheilt dem capitel der St. Martins- und Severskirche zu Münstermaifeld neue statuten. — Blattau, 1,236. Tempor.
— 9	—	verschreibt Neuen, der wittwe des Gobeln von Kynheim, einer natürlichen tochter des verstorbenen Johanns herrn zu Dune, für die verzichtleistung auf die ihr von ihrem vater als witthum verschriebenen leben der herrschaft Dune, eine lebenslängliche wein- und kornrente aus der kellerei Cochem. 1427 montags nach Pfingstag. — Or. in Cobl.
— 12	Muntha-bayr	verschreibt dem Marsilius von Ryffenberg und dessen ehefrau Philen, von denen er 1500 gulden geliehen, hierfür 150 gulden jährlich aus der kellerei Boppard. 1427 dunrestag in den Pingstheiligentagen. — Temporale.
— 24	. . .	schliesst mit den grafen Philipp von Nassau-Saarbrücken und Johann von Catzenelnbogen auf lebenszeit einen landfrieden diesseits Rheines da Montabaur gelegen ist und auf dieser seite der Höhe. — 1427 die Johan. bapt. — Or. in Cobl.
nov. 26	Frankfurt	vertauscht an den grafen Philipp von Nassau-Saarbrücken sein viertel des dorfs Haselbach bei der Eichelbach gegen dessen viertel des dorfs Ysembach bei Selters. 1427 vff St. Katherinentag. — Temporale.
— 29	Confluentie	communicirt dem capitel der St. Florinskirche hierselbst den von denen dechant künftig abzulegenden iurament. — Or. in Cobl.
dec. 2	Frankfurt	erlässt mit den andern kurfürsten an die stadt Erfurt den befehl, laut dem zu Frankfurt gemachten anschlag wider die Hussiten, ihr contingent an einen bestimmten ort zu schicken. Lünig, Reichsarchiv 14,461.
1428		
ian. 6	Heidelberg	beurkundet, dass seine vereinigung mit andern kurfürsten dem anderk ihm erab. Dietrich von Cöln eingegangenen verträgen nicht präjudiciren soll. 1428 vf Dreyerkonig. Or. in Düsseldorf.
— 26	. . .	verleiht dem Johann Rewe von Smiedeburg ein drittel vom fruchtzehnten zu Niederberg, Urber, Wiebelsheim, Boich und Birkeym als Kempenicher, und den traubendrittel des wingerts Hainboich in Weseler gemarkung als Triersches lehen. 1427 trier. stils mont. nach Paswelstag als er bekert ward. — Copie in Cobl.
febr. 6	Cöln	vereinigt sich mit den übrigen drei rhein. kurfürsten wider die errichtung neuer Rheinzölle und zur sicherheit des Rheins und leinpfads. 1428 vf Dorotheen. Or. in Düsseldorf.
— 26	. . .	genehmigt den vergleich der abtei St. Maximin mit Heinrich von Brysge, dem abteilichen schaltheis und erzbischöflichen schöffen zu Trier, wegen schadenersatzes für denselben, als er auf befehl der abtei ins Luxemburgische geritten und von den von Kriechingen gefangen genommen worden war. 1427 trier. stil des nehesten nach St. Mathysdag. — Chartul. in Cobl.
mrz. 6	Palacioli	beauftragt seinen official zu Coblenz mit der execution der bestätigung eines statuts in betreff der wohnung der stiftsherrn zu St. Florin in Coblenz seitens des cardinallegaten Heinrich. — Or. in Cobl.
— 10	. . .	verschreibt dem Wilhelm Plick von Oirwich und dessen frau Regine von Bumagen welche an ihn das dorf Smytte bei Ulmen abgetreten haben, dafür 10 malter frucht jährlich aus dem hofe genannt Kirchhove bei Wittlich. — Temporale.
apr. 7	Treveris	beurkundet mit seinem domcapitel den letztern appellation gegen die von dem päbstlichen legaten, dem cardinal Heinrich von England, in folge dessen visitation vom 16. dez. 1427 dem domcapitel auterm 18. febr. 1428 ertheilten ordinationen wegen abänderung des iuraments, und dass dem bischof Conrad von Metz, dem domdechant zu Cöln und

1428		
		trierischen archidiakon Ulrich von Manderscheid, und dem dechant zu Speier mag. Nicolaus Dorgmann diese angelegenheit zu einem compromiss übergeben worden. Or. in Cobl.
apr. 20	Ehrenbreytstein	vermittelt einen vergleich zwischen Lamprecht abt und convent zu St. Maximin einerseits und ihrem frühern abt Heinrich (von Seyn) wegen der dem letztern ausgesetzten competenz, wonach derselbe der abtei das schloss Velle mit zugehör zurückgiebt. 1428 fer. 2. post Jubilate. — Chartul. in Cobl.
mai 22	Dingen	erlässt mit den andern kurfürsten an die stadt Erfurt ein anderweitiges schreiben, dass sie das wider die Hussiten gesammelte geld nebst einem rathsfreunde nach Nürnberg schicken möchte. Lüniq, Reichsarchiv 14,462.
iun. 19	Confluentie	schreibt seinem domcapitol dass dem cardinal von England der compromiss genehm wäre. Or. in Cobl.
— 29	Lympurg	desgl. demselben, dass er sich mit dessen bevollmächtigten, dem domscholaster Jakob wegen des compromisses beredet habe und er nächstens nach Trier kommen werde um weiter darüber mit ihnen zu reden. 1428 die Petri et Pauli. Or. in Cobl.
nov. 11	. . .	giebt dem Salentin von Arendail 15 gulden jährlich aus dem zoll zu Coyelentz welche dessen ältern und brader besessen hatten, als mannlehen. 1428 uff St. Mertinstag. — Tempor.
— 25	Trier	bessert dem ritters Arnold von Sirk burglehen zu Saarburg mit einem von Oswald von Bellenhusen besessenen hause daselbst. 1428 uff St. Katherinentag. — Tempor.
— 26	———	(in stupa habitation. aepl.) fordert durch Thilmann von Lynr, probst von St. Florin zu Coblenz, den domdechant-scholaster-custos- und cantor, welche er auf den bericht einer deputation der stadt Trier, dass die reliquien des doms sollten weggeführt werden, vor sich citirt hat, zur erklärung hierüber auf, welche aber verweigert wird. — Temporale.
— 30	Paltzel	verschreibt dem Jeckel Bornbach von Lichtenberg, welcher auf das schloss Liebenberg bei St. Wendelin verzichtet hat, dafür auf lebenszeit 50 gulden jährlich aus dem siegelamt zu Trier. 1428 die Audroe. — Tempor.
dec. 6	Treveris	erthellt dem chorbischof Wernher von der Leyen und dem domherrn Nicolaus von Brack einen sichern geleitsbrief nach und von Trier, gültig bis zum christtag. 1428 die Nicolai. Or. in Cobl.
— 28	———	beschwört dem domcapitel die neue vom päbstlichen legaten entworfene wahlcapitulation. — Or. in Coblenz.
— 29	. . .	bestätigt die neuen statuten des domcapitels. — Blattau 1,245.
— 31	———	attestirt dem domcapitel die adelige abstammung Georgs von Hoenloch. 1428 stil. Trev. fer. 6 post natalis Christi. — Chartul. in Cobl.
1429		
apr. 16	. . .	Mitbesiegler des burg- städte- und landfriedens zwischen dem herzog Adolf von Jülich und Johann von Loen herrn zu Jülich. Kremer Jülich-Bergische Gesch. 1,101.
— 16	Coeln	bestimmt mit dem grafen Ruprecht von Virnenburg, beide als gewählte schiedsrichter zwischen dem herzog Adolf von Jülich-Berg und dem Johann von Loen herrn zu Heinsberg, da in ihrem letzten schiedsspruch die sache wegen der geistlichen lehen nicht gehörig aufgeklärt sei und dieselben sich hierüber nicht befriedigen können, einen tag in Cöln wo dieser gegenstand geprüft und entschieden werden soll. Or. in Düsseldorf.
iun. 2	Erembretstein	erlässt mit dem grafen Ruprecht von Virnenburg einen schiedsspruch zwischen dem herzog Adolf von Jülich und Johann von Loen herrn zu Heinsberg wegen der dem letztern für seine kriegskosten gegen Geldern und sein antheil an Jülich verschriebenen 9000 gulden, welche auf die hälfte herabgesetzt werden. — Lacomblet Urkbch 4,219.
— 29	. . .	besiegelt die urkunde Arnolds von Sirk herrn zu Frauenberg worin derselbe den testamentsexecutoren des chorbischofs Brans von Hammerstein um 1000 gulden 40 gulden jahrrente zu Eygel verkauft und auf seine besitzungen in der meierei Ferdenbach und St. Erasmus versichert. 1429 trier. stils uff Peter und Paulstag. Chartul. in Coblenz.
sept. 12	Sarburg	ernennt den Johann Hysschen von Wysskirchen zum amtmann seines theils am schlosse zu Helffedingen. 1429 mant. nach Unser lieben frauwen tag als sie geboren wart. — Tempor.
oct. 10	Erembreitstein	befiehlt seinem kellner zu Pfalzel die aus dem dorf Platten bisher in die kellerei Wittlich gelieferten 20 malter korn jährlich an das stift zu Pfalzel zu liefern. — Cop. in Cobl.
dec. 6	. . .	ertheilt für das collegiatstift St. Marien zu Wesel neue statuten. Blattau Stat. Trev. 1,246. Tempor.

1429		
dec. 21	Erembreit-stein	begehrt von dem grafen Johann von Witgenstein die öffnung des Sain'schen theils zu Hoemberg, welche seinem marschalk Wilhelm von Staffel und etlichen amtleuten, die im felde gegen seine feinde waren, am vergangenen mittwoch in der fronfasten (dec. 14) verweigert worden war. 1429 ipsa die Thome apost. Concept in Cobl.
1430 febr. 13	Confluentie	Todestag Otto's nach seiner grabschrift im dom zu Trier, wohin seine leiche geführt worden. Brower, Ann. 2,273. Gesta Trev. ed. Wyttenbach, 2,317. Trithem. Chron. Sponhem. u. Ann. Hirsaug. — Necrol. Clarenthal ap. Kremer Orr. Nass. 2,413 hat den St. Valentinstag (14. febr.) als todestag.

1418—1430

Undatirte Urkunden Otto's.

. . . . . . bewilligt dem Friedrich Zant von Merl seine ehefrau Hillegard auf ein drittel am zehnten zu Rockerait, auf seine güter zu Kentfuss und Alve, auf wingerten auf St. Stephansberg und 6 malter korn jährlich im Hamm aus dem hof zu Stremich zu bewitthumen. — Tempor.

. . . . . . desgl. dem Johann Pyner von Katzenelbogen seine ehefrau Elisabeth von Leye auf sein Sternburger burglehen zu bewitthumen. — Tempor.

. . . . . . giebt dem Sybrecht von Hoyngen den von der herrschaft Kempenich zu lehen gehenden Kempenicher hof zu Scel bei Cochme zu mannlehen. — Tempor.

. . . . . . bewilligt dem Friedrich von Kesselstat seine ehefrau Jietzgin von Dune auf einen wingert in Plantetze, auf den Kamerait am kirchhofe und einen andern, auf einen wingert in Kollait an dem Syffe und auf 6 malter korn jährlich zu Kern und Irlich zu bewitthumen. — Tempor.

. . . . . . desgl. dem Syfrid Kolmann vom Thorne seine ehefrau Elisabeth von Lewenstein auf 15 gulden jährlich aus dem Engerser zoll zu bewitthumen. — Tempor.

. . . . . . giebt dem Theoderich von Staffel bis auf widerruf ein haus genannt die kelnerie zu Monthabur „a subteriori porta incipiens glych wantrecht usc." — Tempor.

. . . . . . verpachtet dem Johann von Lyser und dessen frau auf lebenszeit ein Judenhaus zu Trier. — Tempor.

. . . . . . bewilligt dem Johann Willekin von Covelentz seine ehefrau Elgina Moyrs mit dem thurm, haus und hofstalt auf der insel bei Vallendar, mit einem hof zu Passendorf und einem backhaus in Meien, welche trier. lehen sind, zu bewitthumen. — Tempor.

. . . . . . befreit die vier dörfer Carden, Lemen, Guntreve und Dyevelich auf zehn jahre gegen zahlung von 80 gulden jährlich von der gestellung der schützen, wozu sie gleich den andern Moseldörfern des amts Munstermaifeld nämlich Moden, Kern, Löve und Nydderfell verpflichtet sind. — Temporale.

1430—1436. Ulrich. 1430.

1430 febr. 27	. . .	Nach dem tode Otto's von Ziegenhain wählte ein theil des domcapitels (maior pars) den domscholaster Jakob von Sirk und der andere theil mit dem dompropst Friedrich von Crüt an der spitze den Ulrich von Manderscheid, domdechant zu Cöln, zum erzbischof. Gesta Trev. Brower Ann. u. von Stramberg Rhein. Antiquar 2. Abth. 4r Bd. S. 174. Trier. Chronik v. 1824 s. 82.
mai 00	in Romam	Beide gewählten, Jakob und Ulrich, reisen behufs bestätigung ihrer wahl nach Rom post festum Pasche in diebus rogationum. Papst Martin V cassirte jedoch beider wahl und ernannte den greisen bischof von Speier, Raban von Helmstett zum erzbischof von Trier. Gesta Trev. ap. Honth. 849 und ed. Wyttenbach 2,319. — Von Rom zurückgekehrt resignirte Jakob von Sirk und Ulrich wurde auf neue zu Coblenz durch einen compromiss einstimmig gewählt und behauptete sich hartnäckig bis zum jahr 1436 als erwählter ohne je die weihe noch päbstliche bestätigung zu erhalten gegen Raban. Brower Ann. 2,273.
jul. 10	Berncastel	verspricht dem dechant und capitel des doms zu Trier, welche ihn heute datum dieses briefs zum erzbischof gewählt, wenn sie insgesammt oder einzeln wegen dieser wahl in streit oder schaden kämen, sie desselben schadens zu entheben. — Or. in Cobl.

1430

Datum	Ort	
jul. 24	. . .	verspricht dem domscholaster Jakob von Sirk für dessen freiwilligen zurücktreten vom erzbischöflichen stuhl worn ihn ein theil des domcapitels gewählt hatte, die probstei zu Bonn bis nächsten Johanns Baptisten tag zu verschaffen, und im falle dies bis dahin nicht geschehen jährlich 2000 gulden aus dem zoll zu Engers solange bis er in den besitz dieser probstei gelange, und stellt demselben dafür bürgen mit der verpflichtung zum einlager. 1430 vigil. Jacobi. — Concept in Cobl.
. . .	. . .	verschreibt dem domscholaster Jakob von Sirk und dessen vater Arnold von Sirk herrn zu Meysenberg, wegen des erstern verzicht auf das erzstift, worn derselbe vom meisten theil des domcapitels gewählt worden, und für beider anlagen behufs behauptung dieser wahl und der reise nach Rom 17000 gulden wovon 7000 nächsten Johannes Baptisten tag und die übrigen 10,000 gulden auf demselben tag in den 3 nächsten jahren bezahlt werden sollen. — Or. in Cobl. ohne datum.
— 26	. . .	verspricht dem Arnold von Sirk herrn zu Meysenperge sobald sich ihm der grösste theil des erzstifts unterworfen habe, einen lehenbrief über das trier. theil am charm und berg zu Monkler auszufertigen. 1430 des andern dages nach St. Jakobsdage. — Or. in Cobl.
— 29	. . .	verspricht (als domdechant zu Cöln und nu zur zeit herr und verweser des stifts Trier) dem trier. domcapitel, dahin zu wirken, dass Friedrich von Cröve auf die domprobstei verzichte. 1430 samst. vor Petersdag ad vincula. — Chartul. in Cobl.
aug. 9	Bopart	bestätigt der stadt Boppard ihre alten rechten, freiheiten und gewohnheiten. 1430 St. Laurentien abend. — Or. in Coblenz.
sept. 15	Wytlich	(in castro) erlässt vor dr. Niclaus von Cus und vor notaren und andern zeugen eine protestation gegen die päbstliche provision des bischofs Raban von Speier mit dem erzbisthum Trier, da er selbst in aller form rechtens zum erzbischof gewählt worden sei. — Or. in Cobl.
oct. 27	. . .	belehnt den Friedrich von Kylburg, den Georg von Wawer und Johann von der Are mit ihren von der herrschaft Schönecken herrührenden lehen, sodann den Georg von Wawer mit dem zehnten zu Wilre bei Dyvels und dem Dame von Gunderstorff mit 4 malter fruchtrente zu Wittlich als trierischen lehen. 1430 vig. Simonis et Jude. — Extr. im Tempor.
nov. 2	. . .	leistet dem domcapitel als erwählter den vorschriftsmässigen iurament. 1430 crast. omnium sanctor. — Or. in Cobl.
— 11	Erembreit-stein	giebt dem Wilhelm Humbrecht von Schonemberg eine hofstatt zu Merpedingen, Heydenweiler und Tholey, zehnten und Acker zu Tholey und 5 pfund heller zu Winterbach als mannlehen nebst einem burglehen der veste Schmidburg und St. Wendels. 1430 die Martini episc. — Or. in Cobl.
— 27	Covelentz	gewinnt den iunggrafen Ruprecht von Virnenburg zu seinem manne und giebt ihm jährlich 100 gulden aus dem Engerser zoll zu mannlehen. 1430 mont. nach Katherinen. Chartular in Cobl.
dec. 4	Berncastel	schliesst, wie früher erzb. Baldewin, mit dem grafen Johann und der grafschaft Sponheim ein landfriedensbündniss. 1430 mondag vor Niclastag. — Or. in Cobl.
— 10	Paltzel	vermittelt eine sühne und vergleich zwischen dem grafen Ruprecht von Virnenburg und der stadt Trier. 1430 sondag nach unser lieben frauwen tag conception. — Or. i. Cobl.
— 14	Sarburg	giebt dem Wigand von Elffershausen wie sein vorgänger erzb. Otto das drittel vom zehnten zu Contzge als mannlehen. 1430 donrstag nach Lucien. — Or. in Cobl.
— 14	. . .	giebt demselben ein burglehen der veste Sarburg. 1430 crast. Lucie. — Or. in Cobl.

1431

Datum	Ort	
ian. 1	Remagen	bestätigt die privilegien der stadt Remagen. 1430 uff iarstag. Copie in Linz.
— 8	. . .	belehnt den Johann von Ayrsberg namens der minorennen Hertwin und Johann von Wynningen mit burglehen der veste Thuron und einem haus nebst zwei wingarten zu Alken. 1430 fer. 2 post Epiphan. — Extr. im Temporale.
— 21	Erenbreit-stein	(in castro) appellirt in folge der vom bischof zu Würzburg im auftrag pabst Martins V. trotz seiner protestation am 15. sept 1430 gegen ihn publicirten sentenze a papa male informato ad papam melius informandum und an das nächstzusammenkommende concil zu Basel. — Or. in Cobl.
merz. 9	. . .	wiederholt in erweiterter form die dem Jakob von Sirk 1430 jul. 24 gemachte verschreibung der probstei zu Bonn oder 2000 gulden aus dem zoll zu Engers unter verpfändung dieses zolls und der burg daselbst, indem er erwähnt, dass sie beide nach ihrer wahl

1431		
		behufs der confirmation nach Rom gereist seien, der pabst aber das erzbisthum dem bischof von Speier gegeben habe ohne sie durch richterlichen ausspruch dessen zu entheben, nach ihrer heimkehr habe sich deshalb im erzstift grosse uneinigkeit erhoben indem ein theil ihm, ein anderer dem Jakob angehangen habe, weshalb ein grosser tag nach Coblenz ausgeschrieben worden, wo Arnold von Sirk um die alten wahlrechte des domcapitels zu erhalten, seinen sohn Jakob bestimmt habe zu verzichten und er hierauf nochmals vom domcapitel gewählt worden sei. 1430 vrytag in der fasten vur Letare trier. stils. — Or. in Coblenz.
apr. 10	Erembreitstein	verschreibt dem bischof Raban von Speier für dessen verzicht auf das erzstift nach einem ausspruch kaiser Sigismunds jährlich 3000 gulden aus dem zoll zu Boppard zu leibgeding und stellt darüber bürgen. — Or. in Cobl.
mai 9	——	bestätigt die umwandlung der Benediktiner abtei Rutile in ein Carthäuserkloster. 1431 vig. ascens. dni. — Or. i. Trier.
jul. 26	——	bestätigt die von seinem vorgänger erzb. Otto geschehene umwandlung der St. Georgenklasse auf dem Niederwörth bei Vallendar in ein Augustiner chorherrnstift. — Chartul. i. Cobl.
aug. 14	Meyen	vertauscht mit der abtei Laach eine trierische hörige gegen eine abteiliche. 1431 vig. assumpt. Marie. — Or. in Cobl.
sept. 7	Covelentz	bestätigt dem mag. Nicolaus von Cus, dechanten von St. Florin zu Covelenz, auf lebenszeit die demselben für die resignation auf die dechanei des Liebfrauenstifts bei Wesel von erzb. Otto verschriebenen 60 gulden jahresrente aus dem zoll zu Covelenz. 1431 vff vnser lieben frauwen abend als sie geboren wart. Or. in Cobl.
nov. 30	. . .	schliesst mit dem grafen Ruprecht von Virnenburg einen vertrag wegen schlichtung der streitigkeiten ihrer beiderseitigen untermassen und dass die aus erzstift verpfändete grosse Pellenz in den nächsten sechs jahren nicht eingelöst werden solle. 1431 uff St. Andreas. — Or. in Cobl.
dec. 1	Cochme	verschreibt dem grafen Ruprecht von Virnenburg für dessen sämmtliche forderungen an das erzstift 20,000 gulden und verpfändet ihm dafür schloss und thal Hammerstein. — Or. in Cobl.
— 1	——	verspricht demselben das schloss und die herrschaft Schönecken in der Eifel spätestens bis Mariä lichtmess zu übergeben. — Or. in Cobl.
— 29	Coeln	vermittelt mit dem erzb. Conrad von Mainz in dem misshelligkeiten zwischen dem erzb. Diether von Cöln und dem herzog Adolf von Jülich, dass dieselben dem bestehenden bündniss gemäss schiedsrichterlich geschlichtet werden sollen. 1432 samst. nach Christtag. Or. in Düsseldorf.
1432		
sept. 9	. . .	setzt den ritter Arnold von Sirk dem er am verfalltag die schuldigen 17000 gulden nicht zurückgezahlt hatte, in den genuss des halben zolls zu Boppard. 1432 dinst. nach vnser liebfrauwendag nativitas. — Copie in Cobl.
oct. 30	. . .	schliesst mit dem grafen Johann von Sponheim ein bündniss zur bekriegung der feindlichen stadt Trier. 1432 fer. 5 post Symon et Jude. — Or. in Cobl. — Ueber den man folgenden krieg mit der stadt, welche ihn vom pabst ernannten Rahan anhing, siehe Gesta Trev. ed. Wyttenbach 2,321 Anmerk. a, — Brower Ann. 2,275 u. Trier. Chronik 1824 s. 32 u. folg.
nov. 21	Wittlich	ersucht das trier. domcapitel um baldige ausschreibung eines gütlichen tages in seinen gebrechen mit der stadt Trier, da er nächstens nach dem Rhein wolle gehen. 1432 fer. 6 post Elisabeth. Or. in Cobl.
1433		
jan. 8	Palacioli	schreibt der stadt Trier auf deren klage über das feindliche benehmen seiner freunde gegen sie wie er dazu durch sie gezwungen werde. 1432 stil. Trev. fer. 5 post Epiphan. dnl. Concept in Cobl.
— 28	——	desgl. warum er mit ihr zu kriege gekommen indem er ihr alle seine klagen vorhält. Concept in Cobl.
febr. 12	——	erlässt eine replik und rechtfertigung auf die von der stadt Trier gegen ihn publicirten klagen. Concept in Cobl.
apr. 29	Erembreitstein	bittet das concil zu Basel den briefen des domdechants und anderer domherren, welche ihm feindlich gesinnt, nicht zu glauben, sondern ihm zu seiner rechtfertigung mitzutheilen. Mariene Collect. ampl. 8,584. Honth. 2,384.
mai 25	——	verschreibt dem Thys von Alken dem er für korn, wein und andere victualien und darlehen an 4000 gulden schuldet, jährlich 240 gulden aus dem nageld zu Coblenz und stellt darüber bürgen. — Or. in Cobl.

21

1433

aug. 14	Paltzel	antwortet auf die Lothringensche beschwerde wegen sperrung des stroms zwischen Wasserpillch und Contzerbrück, dass er dies gethan um der feindlichen stadt Trier die proviantzufuhr abzuschneiden. 1433 fryt. nach Laurentii. Concept in Cobl.
— 18	ad. Trever.	Neuer kriegszug Ulrich's gegen die stadt Trier auf St. Helenentag und achttägige beschiessung der stadt vom Martinsberg aus ohne sie einzunehmen. Kyriander in Gest. Trev. ed. Wyttenbach 2,321 Anmerk. a.
1434		
ian. 11	Monasteriomeynfeld	belehnt den Philipp Mul von Ulmen mit 1½ ohm weinrente ans dem stiftshof zu Edeger. — Or. iu Cobl.
febr. 2	Culne	verweigert der stadt Trier auf deren schreiben, dass das concil zu Rasel und der kaiser ihm die einstellung der fehde gegen sie befohlen habe, jede weitere antwort. 1433 trier. stils au vuser frauwen tag purificat. Concept in Cobl.
— 15	———	bezieht sich auf ein neues gesuch der stadt Trier auf voriges bescheid. Concept in Cobl.
— 16	———	verspricht dem lunggrafen Ruprecht von Virnenburg ihn wegen seiner ihm, dem erwählten, geleisteten burgschaften schadlos zu halten. — Or. in Cobl.
— 16	———	verlangt von der stadt Trier mittheilung der ursache warum sie drei seiner diener und helfer gefangen halte. Concept in Cobl.
mrz. 6	Cochme	befiehlt den untersassen und einwohnern des dorfs Luydesdorf dem grafen Ruprecht von Virnenburg zu huldigen. 1433 sabb. post Oculi stil. Trev. — Or. in Cobl.
— 6	———	bewilligt dem grafen Ruprecht von Virnenburg 1500 gulden an dem ihm verpfändeten schlosse Hammerstein zu verbanen und verspricht ihm ersatz der baukosten. Gauth. 4,343. Or. in Cobl.
mai 3	Erembretstein	giebt dem Arnold vogt zu Carden einen hof zu Borne bei Hillesheim zu mannlehen und eine mühle bei diesem hofe nebst einer hofraithe zu Hillesheim als dortiges burglehen. — Or. in Cobl.
nov. 10	. . .	verspricht dem Ludwig von Cassel genannt vom Cluppel, einem burger zu Cöln, die bei demselben geliehenen tausend gulden zu nächstem lichtmess zurückzuzahlen und stellt darüber bürgen. 1434 in profesto Martini. Or. in Cobl.
dec. 20	———	belehnt seinen rath Johann von der Leyen mit dem von demselben bisher amtsweise besessenen theil des schlosses Ulmen. 1434 uff St. Thomas abend. — Or. in Cobl.
. .	Confluentie	verspricht dem Johann von Sparmon genannt von Wypre für seine verluste an hengsten und anderm in seinem dienste gegen die stadt Trier als er in diesem kriege zu Pfalzel gelegen, bis zu Aschermittwoch nächstens 120 gulden auszuzahlen. Nur mit Jahr 1434. Concept in Cobl.
1435		
ian. 30	Erenbreitstein	bittet gemeinschaftlich mit seinen bürgen den Cölner bürger Ludwig von Cassel genannt vom Cluppel um anstand wegen rückzahlung der demselben schuldigen 1000 galden. — Or. in Cobl.
mrz. 10	———	schreibt der stadt Coblenz ihm ihre fünf schützen noch vierzehn tage auf ihre kosten zu Wiesenstein zu lassen. 1434 donrst. nach Invocavit tr. stils. — Or. in Cobl.
— 21	. . .	schliesst mit Elisabeth von Görlitz, pfalzgräfin bei Rhein, herzogin in Baiern und Luxemburg, auf drei jahre ein landfriedensbündniss für die lande Trier und Luxemburg. — Or. in Cobl.
apr. 5	———	belehnt den lunggrafen Ruprecht von Virnenburg mit dem schloss Schonemberg im Oissling und zugehör. Chartular in Cobl.
— 13	———	ersucht mit seinen bürgen den Cölner bürger Ludwig von Cassel um abermaligen anstand für die rückzahlung der demselben schuldigen 1000 gulden. — Or. in Cobl.
— 23	———	beurkundet, dass er sich mit Cuno von Pirmont und dessen söhnen wegen ihrer beiderseitigen ansprüche auf das schloss Trys auf den ausspruch von schiedsrichtern geeinigt habe, und könne er seine rechte nicht beweisen, so solle er den Cuno damit belehnen und zum erblichen burggrafen machen. Or. in Cobl. Vergl. Cuno's urkunde hierüber bei Günth. 4,350.
— 25	. . .	schliesst mit genanntem Cuno und dessen söhnen ein bündniss, wonach diese ihm mit ihren schlössern Pirmont und Ehrenberg gegen den bischof von Speier, die brüder von Schoeneck und seine sonstigen feinde helfen und gegen 3000 gulden auf ihre ansprüche an das dorf Entsche, den zehnten zu Diefellich, das dorf Trys und anderes verzichten sollen. Günth. 4,352. Or. in Cobl.
apr. 26	Wittich	beauftragt seinen official mag. Nicolaus Domer mit der trennung der pfarrkirche von Latzerath von der zu Stroitzbasch. Günth. 4,354.
mai 23	Colonie	ersucht mit seinen bürgen wiederum den Cölner bürger Ludwig von Cassel um zahlungs-

1435		aunstand für die demselben schuldigen 1000 gulden. 1435 fer. 2 post Vocem Jocundidatis. Or. in Cobl.
iun. 24	Cochmo	belohnt seinen rath Heinrich Mul von der Nawerburg mit einem weiher bei dieser burg. 1435 uff Johann bapt. tag. Or. in Cobl.
sept. 15	. . .	verspricht mit seinen bürgen dem Cölner bürger Ludwig vom Cloppel die schuldigen 1000 gulden nächsten Martini zurückzuzahlen. 1435 fer. 5 post exaltat. Crucis. Or. in Cobl.
oct. 4	Bopart	verspricht dem junggrafen Ruprecht von Virnenburg, welcher ihm ein theil des schlosses Falkenstein verpfändet hat, auf verlangen die hierüber sprechenden urkunden uneatgeldlich herauszugeben. 1435 dinst. nach Remeiss. — Or. in Cobl.
nov. 22	. . .	verspricht dem Cölner bürger Ludwig von Cassel die schuldigen 1000 gulden deren zahlungstermin längst verflossen, nun zu Weihnachten zu berichtigen, und stellt dafür die früheru bürgen. 1435 die Cecilie. Or. in Cobl.
— 22	. . .	gelobt dem junggrafen Philipp von Virnenburg ihn wegen der für ihn übernommenen bürgschaften schadlos zu halten. 1435 vp Ceciliendag. Or. in Cobl.
dec. 7	Sant Gewer	übergiebt alle briefe, privilegien, handfesten, register und bücher des erzstifts welche in seinen händen den erzbischofen von Cöln und Mainz und dem bischof von Worms, und legt lu deren hände die ordnung der trier. wahlhändel und besetzung des erzbischöflichen stuhls. Würdtwein Nova Subs. 2,4.
— 24	————	(in domo hospitii aepi. Theodor. Colon.). Aufhebung der aber Ulrich verhängt gewesenen excommunication durch den bischof Friedrich von Worms namens des Basler Concils. Or. in Cobl.
— 24		beurkundet dass der rechtungsbrief den seine widerparthei mit ihrem, des domcapitels und der stadt Wesel insiegel besiegelt übergeben hat und den die stadt Trier auch besiegeln sollte, wenn er von letzterer nicht besiegelt würde doch in kraft bleiben solle, und dass er auch alle seine von sich besiegelten briefe in allen stücken vollführen wolle. Würdtwein Nova Subs. 2,28.
. . .		verspricht mit seinen bürgen die 2000 gulden welche einige Cölner bürger für ihn bei Heinrich Engelbrecht und Ewalds von Bacherach daselbst geliehen haben, bis nächsten sonntag in der fasten zurückzuzahlen. 1435 np sent. . . . Or. in Cobl.
1436		
febr. 8	————	An diesem tage publiciren die erzbischöfe von Cöln und Mainz und der bischof von Worms die entscheidung der nenne, wonach Raban als erzbischof proclamirt und dem Ulrich eine leibrente und schloss Stolzenfels als wohnung angewiesen wird. Würdtw. Nova Subs. 2,52. Or. in Cobl.
mai 1	. . .	beurkundet dass er für sich, seine helfer und helfershelfer auf gebot des kaisers Sigismund mit der stadt Trier eine sühne und frieden gemacht habe. Gesta Trev. ed. Wyttenb. 2, Animadvers. s. 24. Or. in Trier.
— 13	Coeln	gibt dem herzog Adolf von Jülich, dem er zur zeit als er das bisthum Trier innehatte 5000 gulden an der trier. pfandsumme auf Sinzig und Remagen erlassen, die vormundschaft unter vorbehalt einer rente an die wittwe und söhne des Johann Walpot gänzlich zurück, nachdem er in folge eines befehls des Basler concils das erzbisthum gegen gewisse von den erzbischöfen von Mainz und Cöln und dem bischof von Worms vereinbarte bedingungen abgetreten, welche ihm aber nicht gehalten worden, wogegen sich der herzog ihm und seiner parthei zur hilfe und zum vollzug der gedachten bedingungen verbindet. — Or. in Düsseldorf.
iun. 23	. . .	kömmt mit der stadt Trier dahin überein, dass die städtischen urkunden von erzb. Baldewins zeit an, welche er in händen, dem grafen Ruprecht von Virnenburg übergeben und nicht eher von demselben ausgeliefert werden sollen als bis die stadt mit dem domcapital und der geistlichkeit geahnt sei. 1436 uff St. Johannis abend baptisten. Or. in Cobl.
1430— 1436		
mai 3	Boppard	befiehlt der stadt Coblenz die sendung von zehn bis zwölf wohlgerüsteten schützen auf nächsten samstag nach Camp unter den befehl seines amtmanns Hermann von Nyckendich. Dat. uff Creuzerfindung; ohne iahr. — Or. in Cobl.
iul. 13	Palaciolı	mahnt den herzog von Lothringen, auf das gerücht dass derselbe mit dem bischof von Speier in die stadt Trier reiten und denselben gegen ihn einführen wolle, von diesem schritte ab. Ohne iahresangabe. Concept in Cobl. Beide schreiben werden wohl ins iahr 1483 gehören.

21*

1430— 1436		Ulrich erkrankt auf der reise nach Rom und stirbt bei Thurgau in der Schweiz. Gesta Trev. ed. Wyttenb. 2,325. Das Basler concil verleiht 1438 oct. 2. die durch seinen tod erledigten beiden präbenden zu Trier und Cöln an Wilhelm de Channey domherrn zu Lyon. Or. in Cobl.

1430—1439. Raban. 1430.

1430	. . .	Ernennung Rabans von Helmstatt, bischofs zu Speier, zum erzbischof von Trier durch pabst Martin V. zu mitte des iahrs 1430, welcher durch breve d. d. Rome ap. sanctos apostolos non. iul. pont. a. 13 den Raban bereits erzb. von Trier nennt und ihm befiehlt den von elf kanonikern gewählten Jakob von Sirk an des erzstifts gütern und gefällen theil nehmen zu lassen. Or. in Cobl. — Vergl. über ihn wie bei seinem gegner Ulrich Gesta Trevir. Brow. Ann. und von Stramberg, Rhein. Antiq. Abth. 2
1431		Bd. 4. s. 175 u. f.
iul. 7	Heydelberg	belehnt den kurfürsten Ludwig von der Pfalz mit der burg Droel, der vogtei Ladistorff, der veste Stalberg und den andern trier. lehen der pfalzgrafen. 1431 samst. nach Ulrich. Or. in Cobl.
— 7 1432		bestätigt demselben den alten turnos am zoll zu Boppard. 1431 wie vorher. Or. in Cobl.
apr. 29	Spire	(in curia habitationis Rabani de Helmstat cantoris ecclesie Spirensis) ernennt den professen Wilhelm von Helmstad in der abtei St. Maximin zu seinem generalvicar in spiritualibus
1433		exceptis dumtaxat pontificalibus. Or. in Cobl.
mrz. 29	. . .	verspricht bürgermeistern, schöffen und rath der stadt Trier auf deren anzeige, dass herr Ulrich von Manderscheid wegen ihrer anhänglichkeit an den römischen stuhl und ihm als rechtmässigen erzbischof ihr feind geworden sei, seine hülfe und ohne ihr wissen keine sühne mit Ulrich einzugehen. Or. in Trier.
mai 1	. . .	schliesst mit der stadt Trier ein bündniss zur hülfe gegen Ulrich von Manderscheid. Trier. Chronik 1819. S. 94. Or. in Trier.
iul. 1	. . .	verspricht sich mit dem trier. domcapitel in zwei iahren die 7500 gulden abzutragen, welche er mit dessen consens auf dieses stift geliehen hatte um das erzstift Trier in seinen gehorsam zu bringen. 1433 fer. 4 ante visitat. Marie. Or. in Cobl.
— 10	Sirke	vergleicht sich mit dem trier. domcapitel wegen der bisherigen wahlstreitigkeiten, und beschwört demselben die wahlcapitulation. Or. in Cobl.
— 12	———	hebt das von dem apostolischen kommissar gegen die anhänger Ulrichs aus dem domcapitel verhängte interdikt auf, da dieselben sich ihm unterworfen haben. Or. in Cobl.
— 15	———	beauftragt den domdechant Thielmann von Hagen die von dem päbstlichen commissar, dem bischof Johann von Würzburg excommunicirten von dieser excommunication zu absolviren. 1433 ipso die division. apostolorum. Or. in Cobl.
— 27	Treviris	Ankunft Rabans hierselbst, das er aber nach sechs tagen wieder verlässt. Gesta Trev. ed. Wyttenbach, 2,321. Trier. Chronik 1824 s. 41.
dec. 12	Basilee	verspricht dem vater des zum erzb. von Trier erwählten Jakob von Sirk die anerkennung der demselben von Ulrich verschriebenen 17000 gulden, wenn er zum erzstift kommt. 1433 sabb. ante Lucie. Or. in Cobl.
— 12	———	gelobt der bulle des pabstes Eugen IV. d. d. Rome ap. st. Petrum 15 kal. dec. 1432 folge zu leisten und dem Jakob von Sirk, probsten zu Würzburg und scholastern zu Trier, eine lebenslängliche pension von 2000 goldgulden anzuweisen. Or. in Cobl.
— 13 1434	———	belehnt nach cassirung der frühern verzichtleistungsbriefe der herrn von Moncler den Arnold von Sirk herrn zu Moncler und Meynsberg als neue mit dem noch stehenden thurm zu Moncler und dem berge. 1433 die Lucie. Or. in Cobl.
apr. 23	———	(ap. domum fratrum ord. S. Johan. Hierosol.) Gegenwärtig bei kaiser Sigismund, als Anton comte de Vaudemont sich als erbe des herzogs von Lothringen präsentirt. Dumont, Corps dipl. 2ᵇ,281.

1434		
inl. 17	Udenheim	ersucht den kurfürsten Ludwig von der Pfalz um hilfe und beistand gegen Ulrich von Manderscheid, der vom kaiser in die acht erklärt worden und ihm das erzstift Trier vorenthalte, obgleich ihn pabst Martin selig damit providirt, pabst Eugen bestätigt, das Basler concil als rechtens erzbischof erklärt und der kaiser mit den regalien belehnt habe. 1434 samst. nach Margaretha. Concept in Cobl.
sept. 13	Bacharach	mortificirt die verschreibung welche die stadt Wesel nach des erzb. Wernher krieg mit ihr in folge ihrer sühne angestellt hat, restituirt der stadt das an den erzbischof abgetretene dorf Niederburg, und verspricht, sie bei ihren kaiserlichen und königlichen privilegien zu schützen. 1434 vff monntag des heil. Creuzabend exaltationis. Alte Copie in Cobl.
dec. 1 1435	. . .	ernennt die brüder Hermann und Johann Boos von Waldeck zu erblichen amtleuten des schlosses Baldeneck und dessen zugehör. Extr. Günth. Urkb. 4,347. Or. in Cobl.
ian. 10	Heppen- heim	berichtet dem könig Sigismund über die eidesleistung des erwählten Dietherich erzbischofs von Mainz. Guden Cod. dipl. 4,217.
— 25	Eltevil	schliesst mit den übrigen rhein. kurfürsten einen münzverein. Würdtwein, Dipl. Mog. 2,297.
— 27	Utenheim	ernennt den Johann herrn zu Schoneck und Olbrück zum amtmann von Wesel und falls die stadt Boppard in seinen gehorsam gekommen auch hiervon. 1434 trier. stils dornst. nach Paulstag der bekeret wart. Or. in Cobl
— 27	——	belehnt die brüder Johann und Peter herrn zu Schoeneck und Olbrück mit burg und herrschaft Kempenich, dem Galgenscheidergericht und dem busch „Forst". Günther, Urkb. 4,347. Or. in Cobl.
febr. 25	——	belehnt den Johann Studigel von Dytsch mit 30 gulden iährlich aus dem zoll und der wage zu Trier. 1434 frit. nach Mathein des heil. apostelstag trier. stils. Cop. in Cobl.
mrz. 3	——	hebt in folge päbstlichen auftrags fünf kanonikate und mehrere vikarien bei der kirche zu Wetzlar auf. Guden Cod. dipl. 5,281.
inl. 30	Wesalie	erlaubt dem Prämonstratenser nonnenkloster Aldenburg die ausstellung des heil. sakraments in einer geweihten monstranz auf dem hochaltar, da es nicht täglich eine heil. messe halten könne. Guden Cod. dipl. 4,221. Blattau Stat. Trev. 1,272.
nov. 14	——	verspricht dem Philipp von Catzenelnbogen bis nächsten pfingsten die auszahlung der ihm für seine hilfe gegen herrn Ulrich schuldigen dienstgelder. 1435 monntag nach Mar- tinsdach. Temporale.
dec. 7	S. Gewer	übergiebt den erzbischöfen von Cöln und Mainz und dem bischof von Worms die städte des erzstifts Trier die in seiner gewalt, und legt in deren hände die ordnung der wahlhändel und die ernennung des erzbischofs von Trier. Würdtw. Nova Subs. 2,16. Chartul. in Cobl.
— 24 1436	·———	gelobt (wie sein gegner Ulrich an diesem tage) die haltung der artikel in seinem beredungs- und verteidigungsbrief in betreff der stadt Trier. Würdtw. Nova Subs. 2,27.
febr. 8		An diesem tage wird dem Raban der alleinige besitz des erzstifts zuerkannt. Würdtw. Nova Subs. 2,52. Sieh oben bei Ulrich.
mrz. 31	Reense	ratificirt dem domcapitel die entscheidung der erzbischöfe von Cöln und Mainz und des bischofs von Worms wonach dem Ulrich von Manderscheid für seine resignation auf das erzstift ein iahrgehalt von 2000 gulden aus dem zoll zu Engers und das schloss Stolzenfels mit thal und zugehör als wohnung angewiesen wird. Würdtw. Nova Subs. 2,64. Or. in Cobl.
— 31	. . .	verspricht Ulrichs von Manderscheid schulden im betrag von 40,000 gulden auf das erzstift zu übernehmen und die bürgen schadlos zu stellen. Würdtw. Nova Subs. 2,74.
— 31	. . .	desgl. nichts von des erzstifts landen, leuten, schlössern, städten ohne wissen des domcapitels in den nächsten sechs iahren zu verpfänden oder zu verkaufen. Würdtw. Nova Subs. 2,77.
— 31	. . .	gelobt die haltung der einzelnen punkte in dem nach rath und unterweisung der neuen von den erzbischöfen von Cöln und Mainz und dem bischof von Worms erlassenen ausspruch. Würdtw. Nova Subs. 2,79. Or. in Cobl.
mai 20	Erembreit- stein	beurkundet, dass er in folge des ausspruchs zu St. Goar gegen seinen widersager Ulrich von Manderscheid das schloss Erembreitstein eingenommen, und nach vorheriger besprechung mit dem stadtrath von Covelentz sich am mittw. nach Cantate (mai 9) mit gefolge in die stadt begeben habe um sich huldigen zu lassen, als plötzlich auf dem platze ein rumor und geschrei erfolgt sei, das versammelte volk fortgelaufen und zu den waffen gegriffen habe, weshalb er sich mit seinen freunden ohne die huldigung

1436		
		empfangen zu haben in die dortige burg zurückgezogen und zu schiffe nach Erembreitstein geeilt sei, wo am folgenden morgen etliche vom stadtrath zu ihm gekommen und sich wegen dieses vorfalls entschuldigt hätten, und dass hierauf am folgenden freitag (mai 11) auf sein verlangen auch die von der ritterschaft, bürgermeister, schultheiss, schöffen und die vom rath der stadt eidlich ihre unschuld beschworen hätten. 1436 sonnt. Exaudi. Concept in Cobl. Die Gesta Trev. erzählen dies zum jahr 1434.
jun. 7	Erembreitstein	ersucht den erzbischof von Cöln, da der herzog Adolf von Jülich-Berg den unterthanen zu Sintzig und Remagen verbothen habe ihm zu huldigen, indem derselbe behaupte die verschreibung über beide städte zurückerhalten zu haben, was aber nur mit unrecht von Ulrich von Manderscheid, dem erwählten, geschehen sein könnte und ihm nicht bewusst, ihn in seine hälfte gemäss des burgfriedens einzulassen; 2. der ausmache Ulrichs dass demselben nicht gemäss dem St. Guarer ausspruch von ihm genüge gethan sei, keinen glauben zu schenken. 1436 ipso die Corporis Christi. Concept in Cobl.
— 25	——	schreibt der stadt Trier, dass sie sich wegen ihrer streitsache mit der dortigen geistlichkeit noch bis Mariägebort gedulden möge, indem er sich alsdann zu ihr hinauf verfügen wolle. 1436 crast. nativ. Johan. bapt. Concept in Cobl.
jul. 17	Spire	übersendet dem grafen Wilhelm von Wied, dem ritter Friedrich vom Steyn und dem rentmeister Hartmann von Covelentz nach einem ihm heute hier übermittelten entwurf einen geleitsbrief zu einem tage in Andernach, worüber auch ihm die von Boppard und Covelentz geschrieben hätten, sodann theilt er ihnen mit, dass wenn er morgen zum pfalzgrafen komme er ihr und der städte begehren vorbringen, und was da erfolge, durch seine freunde nächsten samstag (jul. 21) nach Mainz berichten wolle. 1436 dinst. nach der zwölfbodenscheidung. Concept in Cobl.
aug. 6	Engers	belehnt den Philipp Mul von Ulmen als erben seiner nichte Elsgin Wiltzwyn mit dem von Clesgin von Hillesheim besessenen hofe zum Born bei Hillesheim. Or. in Cobl.
— 22	Erembreitstein	giebt dem Arnold vogt zu Carden das von dem ritter Wilhelm Blassen von Arras besessene halbe fuder wein jährlich zu Pamer und den hof zu Elsetze namens seiner ehefrau Catherine der tochter Walrabs von Romerstorf wie auch den hof zu Burne als mannlehen und die mühle daselbst und hofraithe zu Hillesheim als burglehen. Or. in Cobl.
sept. 5	——	belehnt den Heinrich von Cruve mit einem haus und burgsess zu der Nuwerburg, einem theil der burg Lievenberg, mit der mühle an Hofeln, dem obersten thurm der burg zur Layen, dem „wilden bau" zu Uerzig und haus und garten zu Sarburg. 1436 mitw. nach Egidien. Or. in Cobl.
— 24	· · · ·	verspricht dem Hermann von dem Wyher zu Nickendich, seinem amtmann zu Wittlich, dem er für die unter erzbischof Otto geleisteten dienste 1200 gulden schuldet, ihn so lange dies geld nicht bezahlt werde, in diesem amte zu lassen. Or. in Cobl.
— 27	——	giebt dem Henncgen von Grymburg genannt von Droneck dem sohne Peter Sylenschyts selig ein burglehen von Grimburg. Or. in Cobl.
— 30	——	warnt die stadt Trier, die grafen von Virnenburg und Dauen von Gaudersdorf mit ihren helfern nicht in die stadt aufzunehmen, da dieselben seine feinde und zum theil im bann und kaiserlicher acht sind. 1436 crast. Michaelis. Concept in Cobl.
oct. 5	——	fodert die stadt Trier auf, falls die Armiaken ins erzstift einfallen sollten, seinem hofmeister und marschalk auf dessen requisition zu hülfe zu ziehen. 1436 fer. 6 post Remigii. Concept in Cobl.
nov. 1	Andernach	verschreibt dem ritter Friedrich vom Steyn 80 gulden jährlich aus dem Engerser zoll für die 500 gulden, welche derselbe ihm zur abtragung der von erzb. Ulrich auf das erzstift aufgenommenen 40 tausend gulden, geliehen hat. 1436 uff Allerheiligen. Or. in Cobl.
— 1	——	desgl. demselben das Hammersteiner theil am zehnten zu Engers. Weiss und Sein für die 800 gulden welche erzb. Ulrich ihm schuldete. Dat. wie vorher. Or. in Cobl.
— 5	Erembreitstein	verleihet dem kommendator und brüdern des deutschen hauses zu Coblenz exemtion ihrer güter von der zollentrichtung auf Rhein und Mosel, Trier. gebietes. Pet. Mayer Stadtschreiber v. Cobl.
— 16	——	desgl. dem Diether Kemerer, oberschultheissen zu Oppenheim 100 gulden jährlich aus dem Engerser zoll für die 2000 gulden welche er demselben schuldet. 1436 frit. nach Martin. Or. in Cobl.
— 22	Boparten	verschreibt dem Niclas vogt und herrn zu Hanoltstein falls er demselben die bei ihm

1436		
		geliebenen 6000 gulden bis zu nächsten Petri Stuhlfeier nicht zurückgezahlt haben würde, schloss und stadt Berncastel und Baldenau. 1436 donrst. nach St. Elsbeth. Or. in Cobl.
nov. 22	Covelentz	verschreibt dem landgrafen Ludwig von Hessen für 22,000 gulden die schlösser und ämter Limburg, Molsberg und Niederbrechen. Or. in Cobl.
— 25	. . .	errichtet mit demselben einen burgfrieden der vesten Limburg, Molsberg und Brechen. 1436 St. Katherinentag. Or. in Idstein.
1437		
ian. 16	St. Wende-lin	belehnt den Clas von Oberstein genannt Stüber mit einem hause zu St. Wendel. 1436 trier. stils mittw. nach dem zwölften tag. Cop. in Cobl.
febr. 16	Erembreit-stein	ernennt den Johann Studigel von Bitsch auf lebenszeit zum amtmann der veste Liebenberg, und erlaubt ihm an der ausgebrannten burg 400 gulden zu verbauen. 1436 samst. nach Estomihi. Or. in Cobl.
mrz. 9	———	giebt dem Godfrid von Ellenbach ein burglehen von Manderscheid und St. Wendel. 1436 stil. Trev. samst. vor Letare. Or. in Cobl.
— 11	Wesel	verspricht dem Speirer domcapitel die mit dessen bewilligung zur erlangung des erzstifts für 18000 gulden verpfändeten burg und stadt Grumbach, rheinzoll zu Udenheim und landzoll zu Kynehusen in drei iahren einzulösen. 1436 montag nach Letare. Or. in Cobl.
— 25	Udenheim	übersendet dem erzbischof von Cöln, dem herzog von Jülich und dem grafen von Moers zufolge deren anlasses an St. Peters abend ad cathedram (21. febr.) seine ansprache an den grafen Ruprecht von Virnenburg. Concept in Cobl.
apr. 8	. . .	übernimmt die von erzb. Ulrich bei Johann vom Geyssbach zu Cöln geliehenen 1000 gulden und stellt für deren rückzahlung bürgen. Or. in Cobl.
— 15	Spire	ersucht den Johann Rollmann um ausstand wegen der demselben noch zu zahlenden 185 gulden. 1437 fer. 2 post Misericord. dni. Concept in Cobl.
mai 7	Pfalcel	verschreibt dem Henne von Aldendorf und dessen ehefrau Nese von Spanheim für die an ihre resp. schwäger und brüder Walrav und Hermann von Spanheim wegen der veste Schmidberg gemachten verschreibungen, 300 gulden oder 18 gulden iährlich aus der kellerei Wesel. 1437 dinst. nach Vocem jocunditatis. Or. in Cobl.
— 10	Mentz	sichert dem Godhart von Esch, seinem amtmann zu Berucastel und Esch bis zur bezahlung der demselben schuldigen 800 gulden die amtmannschaft. 1437 uff Pingstag. Temporale.
iul. 17	Erembreit-stein	committirt seinem generalvicar in pontificalibus, Johann bischof von Azoten zur einkleidung der professen Irmegard von Zivel im kloster Engelport. 1437 ipso die Alexii confes. Chartul. in Cobl.
— 18	by Ander-nach	(vf der Nethen) schliesst eine sühne mit den grafen von Virnenburg und verpfändet ihnen die herrschaft Schoenenberg im Oysseling für 15000, die hälfte von Hammerstein für 5000, Kempenich für 5000 und die hälfte von Dune für 5000 gulden. Günth. Cod. dipl. 4,366. Or. in Cobl.
— 18	. . .	vergleicht sich mit demselben wegen zahlung der von ihnen für den erwählten von Manderscheid übernommenen bürgschaften, und verspricht diese summen eventualiter auf die ihnen verpfändeten schlösser und herrschaften zu schlagen. Temporale.
aug. 10	Erembreit-stein	bestätigt die von erzb. Otto geschehene umwandlung der St. Georgsklause mit St. Gangolfskapelle auf der Rheininsel bei Valender in ein kloster regulirter chorherren Augustiner ordens und dessen vereinigung mit der klause zu Kärlich. Günth. Cod. dipl. 4,368. Tempor.
— 18	———	verschreibt seinem hofmeister Jorg von Bach für 2000 gulden welche ihm derselbe zur bezahlung der 40,000 gulden schulden Ulrichs von Manderscheid geliehen hat, 100 gulden iährlich aus der kellerei Cobern, und ernennt ihn zum amtmann daselbst. 1437 sont. nach unser lieben frauentag assumptio. Or. in Cobl.
— 27	Boparten	verschreibt seinem vetter Wiprecht von Helmstat für die demselben schuldigen gelder burg und stadt Welmich. 1437 dinst. nach Bartholomäus. Or. in Idstein.
sept. 17	Trier	verschreibt dem Johann herrn zu Schoneck und Olbrück seinem amtmann zu Boppard und Wesel 60 gulden iährlich aus der Bopparder bede für die demselben aus dem kriege zu Wesel und Schoneck schuldigen 1000 gulden. 1437 vff St. Lampertstag. Temporale.
— 17	———	bestätigt der abtei Himmerode ihre privilegien. Or. in Cobl.
— 17	Covelentz	schliesst mit den übrigen rheinischen kurfürsten auf sechs iahre einen münzverein. Würdt-wein Diplomat. Mog. 2,297. Or. in Cobl.

1437		
sept. 29	Erenbreit-stein	sichert dem Heinrich vom Walde genannt Brand, seinem amtmann zu Münstermaifeld so lange er demselben 200 gulden schulde, dies amt. 1437 vff St. Michelstag. Or. in Cobl.
— 29		desgl. dem Eberhard von der Arken für dieselbe summe das amt Meyen. Or. in Cobl.
— 30		verschreibt dem Gorhard von Schonenberg bei dem er 100 gulden geliehen, hiefür 10 gulden jährlich und ernennt ihn zu seinem zöllner zu Pfalzel. 1437 mendag nach Michelstag. Or. in Cobl.
nov. 1	Andernach	verschreibt dem ritter Friedrich vom Stein, amtmann zu Argenfels, für 364 gulden ein fuder wein jährlich zu Hönningen auf lebenszeit. 1437 uff Allerheiligen. Or. in Cobl.
— 5	Frankefort	befiehlt denen von (Trier) seinen geschwornen knecht Jeckel, pallastkellner zu Trier, unverzüglich der haft im thurm zu entlassen und ihre beschwerden gegen denselben ihm vorzubringen. 1437 dinst. nach Allerheiligen. Concept in Cobl.
dec. 15	. . .	errichtet mit dem grafen Ruprecht von Virnenburg einen burgfrieden der veste und stadt Hammerstein. Or. in Cobl.
— 15	. . .	desgl. mit demselben einen der veste Dune in der Eifel. Or. in Cobl.
— 26	Spyre	verpachtet dem Thilmann von Heydt und dessen ehefrau Kunegunde auf lebenszeit ländereien beim „Duuße" buyssent der stadt Trier gegen den drittel der crescenz. 1437 trier. stils vff St. Steffanstag. Or. in Cobl.
— 26		verleiht dem metzler Theess zu Trier das metzleramt daselbst und ernennt ihn zum metzlermeister. Temporale.
1438		
jan. 5	Cochme	verpfändet dem Dietrich herrn zu Manderscheid und Daun für 2000 gulden statt des schlusses und der herrschaft Saarburg die halbe herrschaft Daun in der Eifel. 1437 trier. stils svend. vor dryer konynge dag. Or. in Cobl.
— 6	Spire	verpfändet bürgermeistern, schöffen, rath und ganzer gemeinde der stadt Trier für tausend gulden wage und zoll daselbst, jedoch solle die stadt dem Johann von Bitsche genannt Studigel jährlich 30 gulden daraus bezahlen, welche der erzbischof demselben verschrieben hatte. 1437 trier. stils vf dryer koningtag. Or. in Trier.
mrz. 4	Udenheim	belehnt seinen marschalk Johann vom Oberstein mit einem viertel am zehnten zu Tolen nydwendig Schauwenburg. 1437 stil. Trev. dinst. nach Invocavit. Or. in Cobl.
— 9	Frankfordie	Ankunft hierselbst mit den übrigen kurfürsten zur wahl könig Albrechts II. Würdtwein Diplomatar. Mogunt. 1,528.
— 13		ertheilt der stadt Trier für ihre abgeordneten zu dem auf mittwoch nach halbfasten (26. märz) in Bernkastel angesetzten gütlichen tage (wegen der gebrechen mit der geistlichkeit) einen geleitsbrief. 1437 stil. Trev. donrst. nach Reminiscere. Concept in Cobl.
— 17		verpflichtet sich mit den übrigen kurfürsten, sich während des interregnums und der wahlzeit weder für den pabst Eugen IV. noch das concil zu Basel zu erklären, sondern erst nach vollzogner kaiserlichen wahl zugleich mit ihrem oberhaupt überlegen und beschliessen zu wollen wessen parthei zu ergreifen sei. Lünig Reichsarchiv 15,284. Müller, Reichstagstheater 1,30. Dumont, Corps dipl. 3,48.
— 18		(in ecclesia S. Bartholomaei) Antheil an der königswahl Albrechts II. Müller, Reichstagstheater 1,2.
— 20		schliesst mit den übrigen rheinischen kurfürsten einen vertrag, niemanden dem es nicht von recht, alter gewohnheit oder verschreibung gestattet sei, an den Rheinzöllen zollfrei passiren zu lassen. 1438 donrst. nach Oculi. Or. in Cobl.
— 20		vereinigt sich mit den übrigen kurfürsten wegen verhüthung eines durch die zwietracht zwischen dem pabst und concil zu Basel etwa entstehenden schismas. Guden. 4,235. Dumont, Corps dipl. 3,48. Lünig Reichsarchiv 5,237. Müller, Reichstagstheater 1,30. Wencker, Apparat. archiv. 335. Schneider, Gräfl. Erbach. Stammtafel 2,176.
— 21		erklärt sich mit den übrigen kurfürsten bis zur wahl des (römischen königs neutral in dem schisma zwischen pabst Eugen IV. und dem Basler concil, und suspendiren solange die publikation der beiderseitigen bullen. Attendentes — in se dividatur. Concept in Cobl.
— 21		übersendet im verein mit den übrigen kurfürsten vorstehende vereinigung an die metropoliten und bitten dieselben mit ihren suffraganen, prälaten und geistlichkeit dieser eintracht beizutreten. Würdtwein Subs. 7,170.
— 21		errichtet mit den übrigen kurfürsten einen landfrieden. Lünig Reichsarchiv 5,228. Koch Samml. der Reichstagsabschiede 1,153. Schneider, Gräfl. Erbach. Stammtafel 2,181. Goldast Reichssatz. 2,144.

1438		
mrz. 29	Bopart	verleiht dem Johann von Esch die älterlichen burglehen zu Esch und zu der Nuwerburg. 1438 samst. nach annunciat. Temporale.
apr. 2	———	verschreibt dem Johann von der Leyen für 1300 gulden das amt Keysersesch. 1438 mitw. vur Palmdag. Or. in Cobl.
— 13	Engers	ermahnt die stadt Trier auf die wiederholte klage der geistlichkeit gegen sie, binnen kurzem einen tag behufs beilegung ihrer zerwürfnisse festzusetzen. 1438 in secunda vigilia festi Pasche. Concept in Cobl.
— 15	———	verpfändet dem bischof Johann von Lüttich für 60,000 gulden die schlösser und städte Erembreitstein und Cochem wie auch die hälfte des schlosses und zolls zu Engers mit dem vorbehalt dass diese pfandschaft erlöschen solle, wenn der bischof vom pabst als sein coadjutor bestätigt werde und ein halbes iahr das erzstift innehabe. 1438 dinst. nach Ostern. Or. in Cobl.
— 15	———	nimmt den bischof Johann von Lüttich vorbehaltlich der päbstlichen bestätigung zu seinem coadjutor an, und erlaubt ihm nöthigenfalls noch 12000 gulden auf obige pfandschaft von 60,000 gulden zu schlagen. Dat. wie vorher. — Am 27. iuni erfolgte die päbstliche bestätigung für den coadjutor d. d. Ferrarie 5 kal. iul. pont. a. 8. — Orr. in Cobl.
— 16	———	bevollmächtigt den cantor Johann Flach von Schwarzenberg, den Endres vom Steyn, beide domherrn zu Speier, den Wyprecht von Helmstatt amtmann des stifts Speier am Bruhein und den Hans von Helmstatt, amtmann zu Lauterburg, zur empfangnahme der vom bischof von Lüttich zu zahlenden 60,000 gulden. 1438 mytw. nach Ostern. Or. in Cobl.
— 24	Spire	ersucht die trier. domherren Johann von Lewenstein genannt Randeck, Heinr. Griffenclae und Gerhard von Crampurg dem vom domcapitel auf vigil. Philippi et Jacobi (30. apr.) angesetzten tage zu Berncastel beizuwohnen. 1438 fer. 5 post Georgii mart. Concept in Cobl.
— 27	———	schreibt der stadt Trier, dass er wegen ihrer streitigkeiten mit der geistlichkeit nächstens einen gütlichen tag bestimmen werde. 1438 sondag Misericord. dni. — Or. in Cobl.
mai 3	Berncastel	beurkundet dass sein domcapitel den vertrag mit dem bischof von Lüttich wegen annahme zum coadjutor in weltlichen sachen genehmigt habe. 1438 uff invention. crucis. Temporale.
— 4	Bopparten	quittirt dem bischof von Lüttich über die erste zahlung von 10,000 gulden auf abschlag der 60,000 gulden. 1438 sond. Jubilate. Or. in Cobl.
iun. 1	Kestemburg	(in Spirer bischtum) desgl. über die zweite abschlagszahlung von 10,000 gulden. 1438 uff pfingstdag. Or. in Cobl.
iul. 1	Cube	giebt dem hiesigen zollschreiber Niclaus von Germersheim ein haus zu Wesel als mannlehen. 1438 uff unser lieben frauwen abend visitationis. Or. in Cobl.
— 12	Bopart	schliesst gemeinschaftlich mit dem domcapitel den vertrag mit dem bischof Johann von Lüttich wegen dessen annahme zum coadjutor in weltlichen sachen. 1438 samst. nach Kilian. Temporale. Au demselben tage d. d. Coevelentz verschreibt der bischof von Lüttich als coadjutor dem Jorg von Bach für 2000 gulden amt und kellerei Covern auf 5 iahre. Or. in Cobl.
— 18	Erembreitstein	vergleicht sich mit dem ritter Richard Hurt von Schoueck wegen dessen forderungen an ihn und verschreibt ihm 4000 gulden auf die schlösser Manderscheid und Hillesheim. Or. in Cobl.
— 18	———	verspricht demselben falls er ihm die für herrn Ulrich von Manderscheid angelegten gulder nach einem iahr nicht zurückgezahlt haben würde, dieselben auf die 4000 gulden zu schlagen wofür ihm die schlösser Hillesheim und Manderscheid verschrieben sind. Temporale.
— 19	———	publicirt dem erzstift die ernennung des bischofs von Lüttich als coadiutor in weltlichen dingen. 1438 samst. nach Margretha. Or. in Cobl.
— 20	———	verspricht dem Goifrid von Esch, amtmann zu Berncastel, die ihm für verlaste an pferden und anderm schuldigen 410 gulden bis nächste ostern anzumahlen. 1438 sont. nach der Aposteln scheidungstag. Temporale.
— 22	Mulnheim	(im thal unter Ehreubreitstein) An diesem tage und hier bewilligen der coadiutor und das domcapitel dem erzb. Raban noch auf ein iahr nach seinem tode die verfügung über die einkünfte des zolls und der kellerei Boppard. 1438 dinst. St. Marien Magdalenen. Temporale.

22

1438		
aug. 19	Erembreit-stein	bestätigt dem Gotfrid herrn zu Eppenstein eine verschreibung erzb. Ulrichs über 2000 gulden auf Haselbach und Iggenbach. 1438 diesst. nach vaser lieber frauwendag assumption. Or. in Cobl.
— 21	Andernach	bestätigt der stadt Meyen ihre privilegien, verspricht ihr sie bei der von erzb. Otto bestimmten schatzung von 200 gulden zu lassen und ihre bürger nur nach schöffenurtheil zu richten. 1438 donrst. nach assumpt. Marie. Or. in Maien.
— 23	Boparten	schreibt dem Wilhelm von Rychenstein dem jungen, sich wegen der güter zu Irlich, welche erzb. Otto seinem vater solle entzogen haben, an seine räthe, den von Ilongisperg, den hofmeister Jorg von Bach und Johann von Entzberg zu wenden, da er selbst jetzt im begriff sei nach seinem bisthum Speier zu reisen. 1438 uff Barthol. abd. Concept in Cobl.
— 25	— —	belehnt den Godfrid von Hatzfeld mit 10 gulden manngeld jährlich aus dem Bopparder zoll. 1438 mondag nach Bartholomeus. Or. in Cobl.
nov. 16	Udenheim	schreibt seinem hofmeister Jorg von Bach und dem Hans von Entzberg, ihm ihre meinung wegen des vom herzog Otto (von Baiern) verlangten verzichtbriefs auf die leute von Fankel mitzutheilen, und wann letztere huldigen sollen. 1438 sont. nach Martin. Concept in Cobl.
dec. 0	—	verspricht dem kurfürsten Ludwig von der Phalz, an ihn keine ansprache zu erheben, weil er etliche leute von Fankel wegen verweigerter huldigung gefangen und nach verbürgung von 1200 und späterer bezahlung von 600 gulden wieder frei gelassen hatte. 1438 uff samst. St. Niclastag. Concept in Cobl.
1439		
ian. 13	Bopart	überträgt die Ehrenbreitsteiner burglehengüter des Johann von Bacherach auf dessen bruder den steinmetz Thynen von Nyderlanstein. 1438 trier. stils uf den achten tag des zwölften. Or. in Cobl.
febr. 6	— —	beurkundet dem capitel des St. Florinstifts zu Coblenz, dass dessen güter nicht mit erzbischöflichen schuldverschreibungen beschwert seien und deshalb von niemanden wegen solcher angetastet werden sollen. 1438 trier. stils fryt. nach vaser lieben frauwen dag purificat. Or. in Cobl.
marz. 16	Mentze	verspricht seinem oheim Ulrich von Melntzingen für die in seinem dienste gehabten kosten 1000 gulden auf nächste weihnachten anzuzahlen oder auf erzstiftische schlösser zu verschreiben. 1438 mend. nach Letare. Temporale.
— 24	— —	bewilligt dem päbstlichen prothonotar und Wurzburger dompropst Jakob von Sirk unter belohnung, dass derselbe wegen der hoffnung nun zum erzstift zu gelangen auf keine seiner forderungen an dasselbe verzichtet habe, die freie testamentarische verfügung über die 15000 gulden, welche derselbe noch am erzstift zu fordern hat. Temporale.
— 27		An diesem tage verschreibt das domstift dem erzb. Raban aus dankbarkeit nach seinem abgang vom erzstift den lebenslänglichen niessbrauch von amt und zoll Boppard, 1000 gulden aus dem zoll zu Engers, den salmenfang zu St. Goar und anderes. Temporale.
— 28	. . .	verspricht den grafen Ruprecht von Virnenburg und Bernhard von Solms, dem Engelbrecht von Oirsbeck und Johann von Ryntzheim ihnen auf verlangen ihre vertragsmäsigen forderungen zu berichtigen. 1439 uff Palmabend. Temporale.
— 28	. . .	erneuert dem bischof Johann von Lüttich die pfandschaft von Ehrenbreitstein, Cochem und Engers wegen der ihm von demselben zu leihenden 60,000 gulden wovon einige termine ihm bereits bezahlt worden. Dat. wie oben. Or. in Cobl.
— 28	.	verspricht demselben, welcher ihm 60,000 gulden geliehen und nun von der coadiutorie zurückgetreten, 16,100 gulden zu bezahlen und verschiedene verschreibungen desselben in gleichem betrage auf sich zu nehmen. Dat. wie vorher. Or. in Cobl.
— 28	. . .	bestätigt die verschreibungen des gewesenen coadiutors auf den halben zoll zu Engers an den kaufmann Heinrich Engelbrecht für 6900 gulden und an den bürger Johann vom Geislusch zu Coln für 1101 gulden. Dat. wie vorher. Or. in Cobl. An diesem tage hatte der bischof von Lüttich (laut urk. im Tempor.) auf die coadiutorie verzichtet vorbehaltlich seiner foderung von 60,000 gulden und der dafür verpfändeten schlösser, auch in einer andern urk. (Temporale) gelobt, dafür zu sorgen, dass Engelbrecht nach empfang des geldes vom zoll zu Engers abstehe.
apr. 1		verschreibt seinem rath Ulrich von Mentzingen und dessen ehefrau Mechtilgin von der Horst für die bei denselben geliehenen 6000 gulden, jährlich 330 gulden aus dem Moselzoll zu Covelentz und schloss und amt Erembreitstein. 1439 gudestag nach Palmtag. Temporale.

1430		
apr. 10	. . .	An diesem tag leistet Jakob von Sirk den eid als coadjutor. Temporale.
— 17	Mentze	entlässt die erzstiftischen beamten und unterthanen ihres eides an ihn und befiehlt ihnen dem Jakob von Sirk als coadjutor und momper des erzstifts zu gehorchen. 1439 fryt. nach Quasimodogeniti. Temporale.
— 17	—————	überlässt dem coadjutor Jakob von Sirk die sämmtlichen einkünfte des erzstifts, und begnügt sich mit den ihm vom domcapitel verschriebenen der stadt und kellerei Hoppard, 1000 gulden jährlich aus dem Eugerser zoll, dem salmenfang bei St. Goar, zwei fuder wein und vier fuder heu jährlich aus der kellerei Wesel. Dat. wie vorher. Temporale.
mai 19	. . .	An diesem tag bestätigt der pabst Eugen IV. die resignation Raban's zu gunsten Jakobs von Sirk. Remling, Urkundenbuch zur Gesch. der Bischöfe von Speier 2,214. Pückert, die kurfürstl. Neutralität. S. 90.
nov. 14	Speier	Todestag Rabans hierselbst, nachdem er auch dies stift seinem vetter Reinhart von Helmstatt resignirt und sich ins privatleben zurückgezogen hatte. Er liegt im dortigen dom begraben. Lehmann, Speirer Chronik S. 834. Brower Ann. 2,279; nach Wardtwein Nova Subs. 1,190 aus einer inschrift im Speirer dom wäre der 4. november sein todestag.

1439—1456. Jacob I. 1439.

Coadjutor.

1439		
apr. 10	. . .	Jakob von Sirk, prothonotarius des heil. stuhls zu Rom. domprobst zu Würzburg und „mercer churbischof" des doms zu Trier schwört dem erzb. Raban von Trier den jurament als dessen coadjutor. Temporale. Er war schon nach dem tode erzb. Ottos zum erzbischof gewählt worden, resignirte aber. Siehe oben. Vergl. über ihn Gesta Trev. ap. Honth. 850. Id. ed. Wyttenbach, 2,326 etc. und von Stramberg, Rhein. Antiquarius 2. Abth. Ir Bd ss. 184—214.
— 10	. . .	gelobt den abgetretenen erzb. Raban in allen erzstiftischen sachen zu vertreten und gerichtlich zu verantworten. Temporale.
— 10	. . .	verspricht, statt der vom pabst ihm wegen seiner frühern wahl zum erzbischof auf die erzbischöflichen tafelgüter angewiesenen pension, mit den von erzb. Raban ihm verschriebenen 15 tausend gulden zufrieden zu sein. Tempor.
— 17	. . .	verspricht als coadjutor und momper in geistlichen und weltlichen sachen des erzb. Rabans, letzterm die geistlichen gefälle bis zum tage seiner ernennung verabfolgen zu lassen. 1439 fryt. nach Quasimodogeniti. Temporale.
— 28	Erenbreit-stein	bescheinigt den empfang der von erzb. Raban ihm ausgehändigten register, briefe und urkundenbücher. 1439 dinst. nach Jubilate. Tempor.
mai 6	Sarrburg	(in castro) publicirt als des erzb. Raban tutor et mamburnus in spiritualibus et temporalibus das mandat könig Albrechts d. d. Wien 1439 in dem streite zwischen dem clerus und der stadt Trier. Or. in Trier.
— 14	. . .	ertheilt seinem vater und bruder Arnold von Sirk und dem ritter Werry von Fleville amtmann des herzogthums Lothringen in deutschen landen eine schadlosverschreibung wegen ihrer bürgschaft für 2000 gulden, welche bei dem abt von St. Vincenz zu Metz und bei Johann herrn zu Rodemachern behufs abtragung der 15 tausend gulden an das Speirer domcapitel, geliehen worden waren. 1439 uff unsers hern offartdag. Or. in Cobl.
— 14	. . .	verspricht seinem neffen Johann herrn zu Rodemachern, Cronenburg und der Nawerburg die bei demselben geliehenen pfänder von 140 mark silbers gewicht nächsten Remigii (1. oct.) zurückzustellen und stellt ihm deshalb bürgen. Dat. wie vorher. Temp.
— 14	. . .	verspricht dem Jakob des schultheissen Heinrich sel. sohn von Sirk die bei demselben geliehenen 150 gulden nach einem jahre zurückzuzahlen. Dat. wie vorher. Temporale.

24*

1439		**Coadjutor.**
mai 15	. . .	ertheilt dem abt Johann zu St. Matheiss bei Trier vollmacht gelder für ihn aufzunehmen. 1439 frit. nach vnsers herren offartzdag. Tempor.
— 16	. . .	verschreibt dem kellner Thilmann zu Saarburg 12 gulden aus dem dortigen zoll für die bei demselben geliehenen 300 gulden. 1439 samst. nach vnsers hern offartzdag. Temporale.
— 16	. . .	versichert die abteien St. Maximin und St. Martin und die collegiatstifte St. Paulin und St. Simeon zu Trier wegen der bei denselben zur abtragung erzstiftischer schulden geliehenen je 600, 150, 400 und 400 gulden auf den zoll zu Coblenz. Chartular in Cobl.
— 17	. . .	verspricht dem Oswald von Bellenhusen und dessen ehefrau Agnes von Ellentz die bei demselben geliehenen 500 gulden nächsten Martini zurückzuzahlen oder 4 procent davon jährlich zu geben, und verpfändet ihnen dafür die einkünfte der kellerei Saarburg. 1439 uff sondag Exaudi. Temporale.
— 17	. . .	verschreibt dem Rorich von Merxheim 50 gulden jahrzins aus der kellerei Berncastel für ein capital von 1000 gulden. Dat. wie vorher. Tempor.
— 21	. . .	verschreibt dem St. Castorstift zu Coblenz für die bei demselben geliehenen tausend gulden die nächst fälligen geistlichen subsidiengelder. 1439 donrst. vor Pingstag. Tempor.
— 23	Erembreitstein	verspricht seinem neffen Johann von Wied herrn zu Isenburg nächsten Martini die zurückzahlung der bei demselben geliehenen tausend gulden, und stellt bürgen. 1439 samst. heil. Pingstabend. Tempor.
— 23	——	bestätigt den verkauf der vogtei zu Weydenhayn seitens des St. Castorstifts zu Coblenz an Johann von Huchelnheim. Dat. wie vorher. Tempor.
— 25	——	verschreibt seinem zollschreiber zu Engers, dem canonicus Symon von Wyss die bei demselben geliehenen tausend gulden auf den halben zoll zu Engers. 1439 mandag in der Pingstwoche. Tempor.
— 28	——	verspricht dem Johann Sunder von Synheym auf nächste Pfingsten die bei demselben geliehenen 1500 gulden zurückzuzahlen. 1439 dornst. in der Pingstwoche. Tempor.
iun. 1	——	verspricht dem Diederich herrn zu Runkel, sobald er vom pabste seine bestätigung erhalten habe, ihn in den besitz des demselben für 5600 gulden verkauften viertels von Limburg, Niederbrechen und Molsberg zu setzen. 1439 fer. 2 ante Corporis Christi. Tempor.
— 3	——	verschreibt dem Dayme von Gunderstorff 60 gulden jahrzins und das amt Cochme für die bei demselben geliehenen 1200 gulden. 1439 mittw. nach dem sondag der heil. Dryvaldicheit. Temp.
— 5	Cochme	übernimmt die zahlung der von Johann Husener dem bürger Heinrich Swan zu Cochme schuldigen 34 gulden bis nächsten Martini. Tempor.
— 6		verschreibt dem bürger Heinrich Engelbrecht zu Cöln, welcher ihm 1200 gulden behufs anschaffung kostbarer kirchenornamente geliehen, bis zur abtragung dieses geldes den vom coadjutor dem bischof Johann von Lüttich, und erzb. Raban ihm bereits verschriebenen halben zoll zu Engers. Tempor.
— 7	. . .	bewilligt dem schöffen Peter Zynnen zu Boppard für die bei demselben geliehenen tausend gulden befreiung vom zollgeld zu Engers bis zu dieser summe. 1439 sond. nach vnsers herren lichnamstag. Temporale.
. . . . . .	. . .	verschreibt dem Wilhelm von Eltz 80 gulden jährlich aus der kellerei zu Münstermaifeld für die bei demselben geliehenen tausend gulden. Ohne datum. Tempor.
. . . . . .	. . .	verspricht dem schöffengericht zu Boppard die bei demselben geliehenen 2000 gulden depositengelder der stieftochter Johann Brumssers binnen vier wochen nach mahnung des gerichts zurückzuzahlen. Ohne datum. Tempor.
. . . . . .	. . .	verspricht dem Heinrich Hase die demselben schuldigen 800 gulden nächsten Christtag zurückzuzahlen. Ohne datum. Tempor.
. . . . . .	. . .	verschreibt dem grafen Wilhelm von Wied herrn zu Isenburg 200 gulden jährlich aus dem zoll zu Engers für die bei demselben geliehenen 2000 gulden, und ernennt ihn bis zur abtragung dieser summe zum amtmann des schlosses Engers. Ohne dat. Tempor. Der betr. amtsrevers des grafen ist d. d. exaltat. crucis (14. sept.). Or. in Cobl.
		Erwählter und Bestätigter.
iun. 12	. . .	verschreibt als erwählter und bestätigter dem Ludegin Saach für erlittenes gefängniss, kosten und schaden 150 gulden zahlbar in drei jährigen terminen. Tempor.

1439		**Erwählter und Bestätigter.**
inn. 12	. . .	vergleicht das St. Mathiaskloster bei Trier mit den gebrüdern Jakob und Clas von Keympt wegen deren geldforderung an das kloster. Or. in Cobl.
aug. 17	Wessel	schliesst mit dem kurfürsten Ludwig von der Pfalz auf vier Iahre ein schutzbündniss. 1439 mont. nach assumption. Or. in Cobl.
. .	. . .	verschreibt dem capitel zu Münstermaifeld für die bei demselben geliehenen 500 gulden die einkünfte der vacant werdenden beneficien, welche dem erzb. zufallen sollten. Ohne datum. Tempor.
. .	. . .	stellt als erwählter und bestätigter dem Wailraiff von Herstorff wegen rückzahlung der demselben schuldigen 300 gulden auf Remigii (1. oct.) bürgen. Ohne datum. Tempor.
		Erzbischof.
aug. 30	Meyns-berg	W e l h e Jakobs als erzbischof in der kapelle des grossen thurms dieser burg seiner familie, da die pestilenz im ganzen erzstifte herrschte in die martyrum Felicis et Adaucti (aug. 30). Kyriander Annal. Aug. Trev. 205, während Broweri Annal. 2.479 in die martyrum Felicis et Regulne undecimo septembr. Vergl. sein testament vom 30 len. 1456 und folg. urk. wo er schon am 8. sept. sich erzbischof schreibt.
sept. 8	Keisers-esche	bescheidet als erzb. den Johann Hart von Schoneeken wegen vorenthaltung des schlosses und der stadt Kyllburg auf einen gütlichen tag samst. nach St. Lamprecht (19. sept.) nach Ehrenbreitstein. 1439 uff unser lieben frauwentag als sie geborn wart. Original-verhandlung in Cobl.
— 21	Stoltzenfels	mahnt den bischof Johann von Lüttich von seinen unbeweislichen forderungen ans erzstift (wegen der coadjutorie) abzustehen. 1439 ipso die Mathei ap. et evang. Temporale.
oct. 4	Coveleutz	belehnt den Conrad Reding als momper Peter's des minderjährigen sohnes Jakobs von dem Boumgarten genannt Dumgin mit den väterlichen lehen. 1439 sont. nach Remigii. Or. in Cobl.
nov. 11	Frankfort	erneuert mit den übrigen kurfürsten wegen des zwischen dem pabst Eugen IV. und dem Basler concil noch anhaltenden schisma's den frühern kurverein. Müller's Reichstags-theater 1.18. Lünig Reichsarchiv 15,303. Dumont. Corps dipl. 3.74. Guden. Cod. dipl. 4,249. Günther Cod. dipl. 4,391. Lacomblet Urkb. 4,277. Or. in Cobl.
— 13	Maguntie	schliesst mit dem erzb. Diederich von Cöln ein bündniss auf lebenszeit. Tempor. Ebenso mit dem erzb. Diederich von Mainz. Tempor.
— 14	. . .	gelobt bürgermeistern, schultheisen, schöffen, rath und ganzer gemeinde der stadt und mark Wesel sie wie die römischen könige in ihren rechten und guten gewohnheiten zu schützen, und jährlich nicht mehr als 200 mark steuern von den christen zu erheben. 1439 samst. nach Martinstag. Concept in Cobl.
dec. 1	Ladistorf	ersucht den erzb. Diederich von Cöln, dessen absagebrief wegen beiwohnung der am morgigen tage zu Remagen von ihm beabsichtigten besitznahme seines halben theils von stadt, schloss und vestung Syntzig und Remagen und beschwörung des burgfriedens ihm erst heute hier auf der reise dahin zugekommen, um baldige festsetzung eines andern tags zu dienste zweck. 1439 dinst. nach Andreas. Concept in Cobl.
— 8	Confluentie	befiehlt dem capitel des St. Florinstifts zu Coblenz, dass es dem probst Thilmann von Lynn, welchen bereits erzb. Raban zum erzbischöflichen kaplan ernannt und er bestätigt habe, die einkünfte seiner präbende ausländige. 1439 die conception. Marie. Or. in Cobl.
— 20	Lonstein	vereinigt sich mit den beiden andern geistlichen kurfürsten zu einer einstimmigen wahl eines römischen königs auf dem nächsten donnerstag nach Pauli bekehrung (28. ian.) angesetzten wahltage zu Frankfurt. Guden Cod. dipl. 4,253. Günther 4,395. Lacomblet 4,279. Or. in Cobl.
— 21	Erembreit-stein	gebietet seinen amtleuten und zöllnern auf dem Rhein, der Mosel und Saar die provision der Carthause bei Trier bis auf widerruf zollfrei passiren zu lassen. 1439 vff St. Thomastag. Or. in Cobl.
— 30	Sarburg	vermittelt eine eheberedung zwischen seinem vater Arnold von Sirk herrn zu Monkler und Meynsberg einerseits und Burkhard herrn zu Vinstingen andererseits, wonach ersterer seine jüngste tochter Schannette mit 8400 gulden mitgift dem letztern zur ehe geben soll. 1439 trier. stil vff mitw. nach Cristag. Copie in Cobl. Wahrscheinlich ins iahr 1440 und also dec. 28 zu setzen.

1440

ian. 5	. . .	überträgt dem Wilhelm von Helmstatt, abt von St. Martin bei Trier die verwaltung der heruntergekommenen abtei Metlach, nachdem der auf den 1439 sept. 28 verstorbenen abt Peter von Boenstorff gewählte Peter von Lins, mönch zu St. Marien ad Martyr abgelehnt hatte. 1439 stil. Trev. fer. 3 post circumcis. dni. Chartul. in Cobl.
— 20	Confluentie	bestätigt das von papst Clemens VI. für den Moselbrückenbau zu Coblenz ertheilte ablass-privilegium und ertheilt für denselben ein gleiches. Or. in Cobl.
— 21	Meyen	bewilligt der stadt Meyen, welche durch krieg, misswachs, sterben und andere widerwärtig-keiten in grosse beschwernisz und armuth gerathen, eine accise zur bezahlung ihrer schulden, zum stadtbau und andern nutzen. 1439 trier. stil nff St. Agneten. Or. in Maien.
— 28	Frankfurt	Anfang des reichstags behufs wahl eines röm. königs, dem erzb. Jakob beiwohnte. Müller Reichstagstheater 1,3.
— 31		belehnt den Rheinpfalzgrafen Ludwig mit der burg Broel, vogtei Lndestorff, burg Stalberg und den andern trier. lehen der pfalzgrafschaft. 1439 trier. stils, sont. vur lichtmesse. Or. in Cobl.
febr. 2		Antheil an der wahl des röm. königs Friedrich. Müller Reichstagstheater 1,7. und notificirt mit den andern kurfürsten dem erwählten Friedrich diese wahl. Spiess, Archivische Nebenarbeiten 1,170.
— 3		schliesst mit dem herzog Wilhelm von Sachsen vonwegen des herzogthums Luxemburg ein bündnisz auf lebenszeit. 1440 fer. 4 post purif. Marie. Or. in Cobl.
— 5		verspricht mit dem herzog Wilhelm von Sachsen in folge ihres bündnisses dahin zu wirken, dass sich die herzogin Elisabeth von Görlitz wegen des landes Luxemburg mit ihm einige, wogegen der herzog verspricht, sobald er dies land in händen habe, dem erzbischof und Sirk'schen hause alle verschreibungen darauf zu erneuern, sich für die erlangung des wittbums der herzogin Elisabeth aus den händen des herzogs von Burgund zu verwenden, und anderes mehr. 1440 vff St. Agatheutag. Or. in Cobl.
— 21	Covelentz	giebt dem Jurg von Sain, grafen zu Wittgenstein die herrschaft Vallendar zu mannlehen. 1440 sonnt. Reminiscere. Lünig, Reichsarchiv 23,994.
— 29	Pultzel	belehnt den Johann Studigel von Ditsch mit 30 gulden jahrrente aus dem zoll und der wage zu Trier, ablöslich mit 400 gulden. Chartular in Cobl.
mrz. 2		belehnt den Colin von der Nuwerburg mit den burglehen der veste zu der Nuwerburg und Munderscheid, welche dessen vorfahren besessen haben. Or. in Cobl.
— 4		schreibt dem capitel des St. Simeonstifts zu Trier das erlediget werdende kanonikat daselbst dem cleriker Johann de Vivario zu Nickendig zu geben, da derselbe seine primariae preces habe. Würdtwein, Subsidia 3,73.
— 24	prope Trever.	(in domo Carthus.) ertheilt dieser Carthause ein vierzigtägiges ablassprivilegium. 1440 die 24 martii. Or. in Cobl.
mai 9	Palacioli	verleiht dem cleriker Werner Rorichs von Limburg die vakante pfarrei Thalfang. Or. in Cobl.
— 10		committirt auf ersuchen des Katharinenklosters zu Trier den Nicolaus von Cus, probsten zu Münstermaifeld, und den dechant von St. Paulin bei Trier behufs aufhebung der pfarrkirche St. Isidor, welche in der fehde der stadt Trier mit Ulrich von Manderscheid verbrannt, ihrer einkünfte und pfarrkinder beraubt worden, mit der untersuchung derer verhältnisse. Or. in Cobl.
iun. 5	Erenbreit-stein	verschreibt dem capitel des stifts zu Münstermaifeld für die demselben schuldigen 500 gulden die erzbischöflichen gefälle vakanter beneficien daselbst. Or. in Cobl.
— 8	Meyen	Besiegler eines zwischen ihm und dem ritter Richart Hurt von Schonecken durch den grafen Bernhart von Solms und Niklas vogt und herrn zu Hunolstein gemachten vergleichs wegen der schlösser Manderscheid, Hillesheim und Schmidburg. Or. in Cobl.
— 28	Paltzel	schliesst mit dem ritter Richard Hurt von Schoenecken einen vergleich, und verschreibt demselben für die ihm schuldigen 4000 gulden die schlösser und herrschaften Manderscheid und Hillesheim. 1440 uff St. Peters und Pauls abd. Or. in Cobl.
iul. 6		belehnt den Niclas Vogt zu Hunolstein mit der burg und vogtei Hunolstein. 1440 mitw. nach St. Ulrich. Or. in Cobl.
— 11		schlichtet mit dem domdechant Peter von Mainz und Arnold dem jungen von Sirk, sohn zu Moncler, als erkorene schiedsmänner den streit der sieben kirchen zu Trier mit der stadt wegen der privilegien und schatzungsfreiheit der geistlichkeit. 1440 mont. nach St. Kilian. Or. in Cobl. und 2, erlaubt in folge dieser sühne der stadt Trier

1440		
		die erhebung des zehnten pfennigs von allem in den nächsten sechs iahren von der geistlichkeit der sieben kirchen verkauft werdenden wein in der stadt. D. eod. die. Chartul. in Trier.
iul. 26	Paltzel	transsamirt auf die bitte der geistlichkeit den anlassbrief d. d. Paltzel 1440 mai 10 welchen das domcapitel, die abte, priore, convente, pröbste, dechante und capitel der gotteshäuser, stifte und kirchen binnen und byssen der stadt Trier in ihren streitigkeiten mit schöffeumeister, bürgermeister, schöffen, rath, meistern von den ämtern und bürgerschaft der stadt Trier vor ihm gemacht haben. 1440 anders dags nach Jakobi. Chartul. in Trier.
aug. 23	——	bestätigt die von erzb. Theoderich geschehene incorporation der pfarrei Wiltingen an die abtei St. Marien ad Martyros zu Trier. Or. in Cobl.
— 24	——	belehnt den Gerhard herrn zu Rodemachern, Nuwerburg und Crouenburg mit gütern und renten zu Bolchen und Useldingen. 1440 uff St. Bartholomeustag. Or. in Cobl.
— 24	———	verkauft dem grafen Philipp von Catzenelnbogen 850 gulden iahrrente aus dem Bopparder zoll um 17000 gulden. Tempor.
— 29	——	schreibt den herzogen Friedrich und Wilhelm von Sachsen, dass er ihren gesandten in Lutzemburg, dem ritter Eberhard von Schnauwemberg, welcher jetzt auf der rückreise zu ihnen, aber den stand der Lutzemburgischen angelegenheit unterrichtet habe. 1440 die decollation. Joh. Bapt. Concept in Cobl.
— 30	——	beauftragt seinen weihbischof Johann bischof von Azoten und den Nicolaus von Cau probsten zu Münstermaifeld, mit der incorporation der St. Isidorskirche zu Trier zu das St. Catharinenkloster daselbst. Or. in Cobl.
sept. 9	——	verspricht der stadt Boppard, welche sich in betreff einer dem grafen Philipp von Catzenelnbogen für 17000 gulden ausgesetzten iahrrente von 850 gulden aus dem Bopparder zoll mit verschrieben hat, so lange er dem grafen dies kapital schulde, den zoll nicht von Boppard zu verlegen. 1440 frit. nach vnser lieben frauwen geburt. Or. in Cobl.
— 21	Colne	erbietet sich dem Johann Hurt von Schoneck auf dessen beschwerde zu einem gütlichen austrag ihrer sache vor genannten rittern und räthen. 1440 uff St. Matheus Apost. u. Evang. Or. in Cobl.
oct. 14	Paltzel	antwortet dem Johann Hurt von Schoneck auf dessen wiederholte klage dass ihm trotz seiner verschreibungen amt und pfand Kilburg vom erzbischof abgenommen worden — dass ihm kein recht darauf zustehe, dasselbe auch nicht auf dem rechtlichen tage bewiesen, und erbietet sich wenn jener verschreibungen in händen, die sache vor schiedsrichter zu bringen. 1440 uff St. Calixt. Originalverhandlungen in Cobl.
— 14	——	befiehlt gemeinschaftlich mit der herzogin Elisabeth von Baiern und Lutzemburg dem schultheiss, meiern, schöffen und bürgern zu Freudenberg, dem Arnold von Sirk, herrn zu Monkleir und Meinsburg als ihrem erbburggrafen zu huldigen. Dat. wie vorher. Chartul. in Trier.
— 19	——	schenkt der kirche zu St. Wendel den platz „Kuff" vor der kirche um darauf eine halle und kaufhaus zum schutz der kaufmannswaaren zu erbauen. 1440 uff St. Lukas. Copie in Cobl.
nov. 1	Erembretstein	bestätigt der abtei Himmerode alle ihre namentlich aufgeführten privilegien und besitzungen. Or. in Cobl.
— 13	Covelentz	erbietet sich dem Johann Hurt von Schoneck auf dessen wiederholte klage wegen Kilburg vor verschiedenen genannten fürsten und edeln zum austrag. 1440 uff St. Brictius. Or. in Cobl.
dec. 10	Paltzel	vermittelt einen vergleich zwischen seiner muhme, der herzogin Elisabeth von Goerlitz, und seinem neffen, dem grafen Rupprecht von Virnenburg, wonach dieselbe letzterm für dessen forderungen an sie 7000 gulden zahlen soll. 1440 samst. nach vnser lieben frauwen tag concept. Or. in Cobl.
— 12	——	antwortet dem Johann Hurt von Schoneck auf dessen schmähschrift und erbietet sich wiederholt die sache wegen Kilburg vor schiedsrichter zu bringen und solange Kilburg in neutrale hände zu stellen. 1440 uff St. Lucienabend. Or. in Cobl.
— 20	Trier	übergiebt gemeinschaftlich mit Elisabeth von Görlitz, herzogin zu Baiern und Luxemburg seinem vater Arnold von Sirk Freudenberg und Freudenkop und ernennt ihn zum erblichen burggrafen daselbst. Obgleich das transsumpt von 1443 in Cobl. wie auch

1441		
		die Maximin'schen druckschriften wegen Freudenberg 1439 nf Thomas abend haben, so ist doch richtiger 1440 anzunehmen, da auch die urk. Elisabeths von 1440 mont. vor Christtag (dec. 19) datirt ist.
ian. 14	Covelentz	citirt den Johann Hurt von Schoneck wegen der Kilburger klage auf nächsten lichtmess (2. febr.) vor den reichstag in Mainz. 1440 trier. stils samst. nach dem achtzehnten tag. Or. in Cobl.
— 27	———	beurkundet, dass Jorg von Sayn graf zu Wittgenstein mit 4000 gulden ein theil der von seinem vater Johann 1392 dec. 18 für 12000 gulden dem erzstift verkauften drei theile der herrschaft Vallendar zurückgekauft habe. 1440 trier. stils freit. nach Pauli bekehrung. Copie in Cobl. Lünig, Reichsarchiv 11,407.
febr. 2	Mentze	Beginn des reichstags zu Mainz, dem erzb. Jakob beiwohnte. Müller's Reichstagstheater 1,56.
— 11	———	schliesst mit dem erzbischof Dietrich von Mainz eine einung und schutzbündniss, und erhält von letzterm die aufsicht und regierung der kanzlei könig Friederichs. 1441 samst. nach Dorotheen. Or. in Cobl.
— 13	———	verschreibt den gebrüdern und vettern von Helmstätt 200 gulden jährlich aus dem zoll zu Boppard bis ihnen die an erzb. Raban geliehenen 4000 gulden zurückbezahlt werden. 1440 trier. stil. mont. vor St. Valentin. Or. in Cobl.
— 14	———	fordert den Johann Hurt von Schoeneck auf, seine klage gegen ihn hier vor den fürstentag zu bringen. 1440 vf St. Valentin, trier. stils. Orig.verhandl. in Cobl.
— 14	. . .	verschreibt dem Dietherich herrn zu Runkel für die bei demselben geliehenen 4500 gulden, jährlich 225 gulden aus dem zoll zu Boppard. Tempor.
mrz. 27	— ———	fordert den Johann Hurt von Schoneck wiederum auf seine klage wegen Kilburg vor einen rechtstag zu bringen. 1441 mont. nach Letare. Or. in Cobl.
apr. 4	Munster-maifeld	citirt den Johann Hurt wegen brandschatzung und fehde vor gericht. Or. in Cobl.
— 23	Mentze	antwortet dem Johann Hurt von Schoeneck auf dessen am Palmtag in die porte zu Meyen gestochenen brief, er solle sich bis pfingsten gedulden wo der erzbischof von Cöln einen gütlichen tag nach Andernach zwischen ihnen anberaumt habe. 1441 vf St. Jorgentag. Orig. Verhandl. in Cobl.
mai 2	. . .	verpfändet dem Wilhelm von Staffel, dem alten, und dessen beiden söhnen Dietherich und Wilhelm für die denselben schuldigen 400 gulden sein theil am städtchen Hasselbach. Tempor.
— 20	Covelentz	verspricht dem Cune von Pirmont und dessen söhnen, die von denselben an den erwählten Ulrich von Manderscheld geliehenen tausend gulden in drei terminen zurückzuzahlen. 1441 samst. nach Cantate. Or. in Cobl.
— 20	———	verschreibt dem Dietherich herrn zu Runkel für die bei demselben geliehenen 600 gulden womit er das amt der herrschaft Limburg und Molsberg von dem ritter Gerhard von Schonenborn eingelöset hat, 30 gulden jährlich aus der dortigen kellerei. Dat. wie vorher. Tempor.
iul. 5	Wien	verspricht die urk. könig Friedrichs vom 27. iuni, worin derselbe der herzogin Elisabeth von Görlitz versprochen hat, den herzog von Burgund mit keinen reichslehen zu belehnen oder mit ihm zu unterhandeln bis die herzogin zu ihrem witthum in Brabant, Holland und Seeland gelangt sei, ohne wissen des königs nicht zu überliefern. Extr. Chmel, Regesten Friedrichs und Lichnowsky, Gesch. des hauses Habsburg 6, Regest. 237.
— 25	Neustadt	verspricht für das nächste kur- oder fürstenthum dem herzog Albrecht von Oestreich oder einem sohne des königs seine stimme zu geben, da dieser verhiess seinem bruder Arnold von Sirk 2000 gulden jährlich von den nächst zu verfallenden reichslehen zu geben. Extr. Chmel, Reg. Friedrichs und Lichnowski 6, Reg. 251.
— 31	———	leistet den eid als römischer kanzler. Chmel, Reg. Friedrichs und Lichnowsky 6, Reg. 260.
oct. 11	Boppart	verkauft mit consens seines domcapitels dem Dietherich Bayer von Boparten, seinem oheim, 260 gulden jahresrente aus dem zoll zu Boppard um 2600 gulden. 1441 mittw. nach Dyonisius. Tempor.
— 18	Erenbreit-stein	genehmigt dass Gunter von Lutenberg seine ehefrau Else auf seine trier. lehen bewitthume. 1441 nf St. Lukastag. Temp.
nov. 12	. . .	verschreibt dem ritter Friedrich vom Stein dem ältern für den demselben von Jorg von Sayn grafen zu Witgenstein verliehenen hof zu Hoyngen 10 gulden jährlich aus dem zoll zu Engers. 1441 sont. nach St. Mertin. Tempor.

1441		
dec. 10	Covelentz	verkauft mit consens seines domcapitels dem Frank von Cronenberg dem alten, 450 gulden iahrrente um 7500 gulden. 1441 mnt. nach vnser lieben frauwentag conceptionis. Tempor.
— 12	Munstermeynfelt	Hegung des hochgerichts hierselbst durch erzb. Jakob und graf Ruprecht von Virnenburg, welche ihren streit wegen eines von erzb. Raban einseitig aufgenommenen weisthums des Pellentzer gerichts dem ausspruch der geschwornen unterwerfen. Tempor.
. .	Palaciolt	beauftragt den bischof Johann von Azoten, seinen vikar in pontificalibus, den Nicolaus von Cus, probst zu Münstermaifeld, und den official zu Trier mit der visitation der collegiatstifter St. Simeon und St. Paulin. Nur mit iahr 1441. Chartul. in Cobl.
	——	befreit seinen diener Heyntze von Wittlich zu Paltzel und dessen ehefrau von schatzung und steuer. Tempor.
1442		
ian. 22	Covelentz	bevollmächtigt den grafen Wilhelm von Wied in seinem namen die huldigung zu Synzig in empfang zu nehmen und den burgfrieden daselbst zu beschwören. 1441 maent. nach Sebastian, trier. stil. Or. in Cobl.
— 23	Munstermeynfelt	Gegenwärtig auf dem hochgerichtstag hierselbst, wo die geschwornen die richtigkeit des vom grafen von Virneuburg angefochtenen Pellentzer weisthums bearkunden. Tempor.
— 28	Berncastel	sichert dem grafen Gerhard von Seyn, probst zu Aachen, auf den unbeerbten todesfall seines bruders, des grafen Diederich, dessen trier. lehen zu. Günth. Cod. dipl. 4,403. Or. in Cobl.
marz. 2	Covelentz	entlässt den Johann von der Marken herrn zu Arberg seiner mannschaft, nachdem derselbe die 2000 gulden womit erzb. Wernher den Johann und Eberhard von der Mark als vasallen gewonnen hatte, ihm zurückgezahlt. 1441 trier. stils fryt. nach Reminiscere. Copie in Cobl.
— 4	——	vergleicht seinen hofmeister Johann von Eltz mit Johann von Langenau, seinem amtmann zu Cochem, wegen der verlassenschaft des Thyse von Alken. Guden Cod. dipl. 2,1266.
— 17	Trier	(im kloster St. Maximin) vermittelt einen waffenstillstand bis ende des monats inni zwischen der herzogin Elisabeth von Görlitz und den gesandten des herzogs Philipp von Burgund und ihren sulagorn auf der einen, und dem gesandten der herzoge Friedrich und Wilhelm von Sachsen, der stadt Luxemburg und ihren sulagorn auf der andern seite. 1441 trier. stil. samst. na halffasten. Or. in Cobl.
apr. 1	Covelentz	genehmigt die unterverpachtung eines hauses mit scheuer zu Munstermelfeld, das erzb. Otto selig verpachtet hatte. Temporale.
— 4	——	verkauft mit consens des domcapitels dem Diether von Isemburg herrn zu Budingen 150 gulden iahrrente aus dem zoll zu Boppard um 3000 gulden. 1442 mittw. nach Ostern. Temporale.
— 8	. . .	zeigt der stadt Boppard vorstehende verschreibung an, und befiehlt ihr darüber zu wachen, dass die darin enthaltenen punkte ausgeführt werden. Or. in Cobl.
mai 27	Frankfurt	Antheil an dem acht tage nach pfingsten begonnenen reichstag könig Friedrichs. Eberh. Windeck ap. Mencken 1,1294.
iun. 17	Aachen	Antheil an der königskrönung Friedrichs hierselbst. Müller Reichstagstheater 1,77.
— 17	——	belehnt den grafen Friedrich von Zweinbrücken herrn zu Bitsch mit den älterlichen lehen. 1442 mnt. nach St. Vytstag. Tempor.
— 21	——	Zenge Friedrichs IV für Achen. Chmel Regesten Friedr. Anh. s. 18.
— 24	Covelentz	verkauft mit consens seiner domcapitels den gebrüdern Hennen und Antes Kuypen 70 gulden iahrrente zu Wesel um 1400 gulden. 1442 uff St. Johannes baptisten. Or. in Cobl.
iul. 1	——	erhebt wegen gänzlicher veródung des dorfs Castel die kapelle unter der veste Freudenberg, statt der bisherigen pfarrkirche, zur pfarrkirche dieses orts mit dem namen pfarrkirche von Freudenberg, und bestimmt dass die alte kirche zu Castel im bau erhalten und wöchentlich wenigstens eine messe darin soll gehalten werden und stets filiale von der von Freudenberg sein solle. Or. in Cobl.
— 18	Frankfurt	die Zenge k. Friedrich's für den Deutschorden. — Histor. dipl. Unterricht etc. No. 22.
— 22	. . .	bescheidet abschläglich den bischof Johann von Lüttich auf dessen von der beiden schiedsrichter, den erzb. Diederich von Cöln und Gerhard von Loon herrn zu Jülich, gebrachte klage und forderungen wegen der trier. coadjutorie. 1422 uff mnt. St. Marien Magdaleuentag. Concept in Cobl.
aug. 1	. . .	verkauft mit consens seines domcapitels dem grafen Philipp von Catzenelnbogen 50 gulden iahrrente aus dem zoll zu Boppard um 1000 gulden. 1442 uff St. Peterstag ad vincula. Tempor.

1442		
aug. 8	Frankfort	nimmt (während des reichstags hierselbst) den Peter Kule von Frankfurt zum diener an und verleiht ihm bis auf widerruf den erzstiftischen hof „Muntzhof" daselbst. Tempor.
— 16	—	giebt als kurfürst seinen willebrief zu kaiser Friedrichs bestätigung der privilegien des hauses Oestreich. Aeneae Sylvii hist. Friderici III. Argentorati 1685 fol. diplomata s. 14. — Vorläufige Beantwortung etc. 2.146.
— 18	Maguncie	Besiegler des mit dem erzb. von Cöln wegen Sinzich und Remagen gemachten compromisses. Copie in Cobl.
. . .	. . .	bestätigt die wahl des priors Rudolf von Lehmen zum abt in Laach. Or. in Cobl. nur mit iahr 1442. Die introduction des abts geschah am 8. october.
oct. 16	Paltzel	genehmigt dass Cuno von Bassenheim ein drittel des hauses und der veste Furne, welche trier. lehen, um 415 gulden an Dietberich von Iune genannt von Clussart verpfände. 1442 vfi St. Gallen. Tempor.
— 18	— —	schwört dem domcapitel den iurament mit vorbehalt und protestation wegen etwa eingerückter ungehöriger punkte. 1442 in die Luce evang. Or. in Cobl.
dec. 2	Andernach	verlängert mit dem erzb. Dietrich von Cöln den termin für den in ihrer streitigkeit wegen Syntzich und Remagen von dem grafen Philipp von Catzenelnbogen gemäss ihres kompromisses zu machenden unspruch bis Palmsonntag (1443 apr. 14). 1442 sont. nach Andreas. Concept in Cobl.
1443		
ian. 28	Coveientz	belehnt den Friedrich vom Stein mit den lehenngütern der herrschaft Molsberg und mit dem hof zu Pyffenstertz, welche dessen vorfahre, der ritter Friedrich vom Steyn, besessen hatte. 1442 mont. nach Pauels bekerung, trier. stil. Tempor.
apr. 13	Trevirim	Einzug in Trier magnâ populi ac senatus gratulatione. Broweri Annal. 2,281. Die urk. über die aussöhnung mit der stadt vom 2ten ian. siehe bei Honth. 2,395.
— 25	— — —	bewilligt den Heinrich von Moirsheim seine ehefrau Mechtilde, die tochter Ulrichs Bettendurffers, auf 10 gulden iahrrente aus dem soll Boppard zu bewitthumen. 1443 die Marci ewang. Extr. im Tempor.
mai 5	Paltzel	verpachtet auf sechszehn iahre an Clas von Daleden eine mühle zu Yrank. Tempor.
— 6	Trier	verleiht dem doktor und bürger, meister Johann Zerstereus m Trier, und dessen sohn Johann das haus Rolant daselbst auf lebenszeit. Tempor.
— 14	Confluentie	spricht im kaiserlichen auftrag die stadt Speier von den ansprachen und forderungen Niclasens Vogts zu Honoltstein an sie frei, da letzterer auf dem angesetzten rechtlichen tage nicht erschienen war. 1443 tertia post Jubilate. Tempor.
— 25		belehnt den edeln Gierlach von Isenburg den jungen und Hildegarde von Sirk seine verlobte hausfrau mit der hälfte der burg Grensau und zugebör. Ginth. 4,424. Or. in Cobl.
— 28	Wesel	belehnt den markgrafen Jakob von Baden und den grafen Friedrich von Veldenz, beide als grafen von Spanheim, mit den trier. lehen dieser grafschaft. 1443 dinst. nach Urban. Gesch. der Reichsherrschaft Oberstein. s. 46.
iun. 28	Treveris	bewilligt dem Winand Untz von Seeheim seine ehefrau Clara von Ley auf acht lehen zu Hansor und Blaukeursit zu bewitthumen. 1443 vigil. Petri et Pauli. Tempor.
iul. 17	—	erneuet den Heinrich von Croeve zu schiern vogt und amtmann zu Croer im reich. 1443 mitw. nach Magareten. Tempor.
aug. 3	Coveientz	ertheilt dem priester Johann von Valender eine generalquittung über seine rechnungsablage als kellner zu Ehrenbreitstein, zollschreiber und kellner zu Boppard, küchenschreiber, siegler und zollschreiber zu Coveientz und als zollschreiber zu Engers. 1443 sampst. nach Peterstag ad vincula. Tempor.
— 9	— —	vermittelt einen vergleich zwischen den klöstern Lauch, Himmerode und Liebfrauen bei Andernach einerseits und der gemeinde zu Leudesdorf andererseits wegen exemtion der klosterhöfe daselbst von den gemeindelasten. 1443 uff St. Laurentiusabend. Or. in Cobl.
— 27	. . .	schiedsrichtet zwischen der herzogin Elisabeth von Görlitz und dem herzog Wilhelm von Sachsen wegen der succession zu Luxemburg und Chiny. 1443 fer. 3 post Barthol. — Lünig, Cod. dipl. Germ. 2,1690.
sept. 5	Trier	(im obersten saal des pallasti) entscheidet einen streit zwischen der pfarrkirche und der gemeinde zu Mertzig wegen vertheilung des opfergeldes in dortiger hospitalskirche. 1443 dourst. vor vnser lieber frauwentag als sie geboren wart. Tempor.

1443		
sept. 8	. . .	erthailt für das Simeonstift zu Trier bei gelegenbeit der visitation derselben neue statuten. Or. in Trier.
— 11	Paltzel	befiehlt dem Bernhart von Palast herrn zu Ralant die güter und gülten zu Bitzen und Meningen, welche die herrn von Velsberg von der herrschaft Monkleir zu leben gehabt und an ihn durch seine ehefrau Engin von Velsberg vererbt sind, von Arnold von Sirk, herrn zu Monkleir und Meynsberg, zu leben zu empfangen. 1443 mittw. nach nativ. Marie. Copie in Cobl.
— 20	Trier	ernennt seinen hofmeister Johann von Eltz zum erblichen burggrafen des hauses NeuEltz oberhalb der veste Eltz. 1443 vff St. Matheus abend des ewang. Temp.
— 27	. . .	befreit seinen diener Johann Walduff zu Sarburg und dessen frau auf lebenszeit von schatzung und stener. 1443 fryt. vur St. Michel. Temp.
oct. 31	——	(in camera superiori dormitorii palatii) Uebergabe der beiden urkunden von 1439 (wohl richtiger 1440) dec. 20 worin erzb. Jakob und Elisabeth von Görlitz den Arnold von Sirk zum erbburggrafen von Freudenberg machen und der Elisabeths allein hierüber von 1440 mont. vor Christtag (dec. 19.), von seiten des erzbischofs an den trier. official behufs transsumirung derselben. Or. Instrument in Cobl. u. gedr. Vertheidigte Medietät und Landsässigkeit der Abtei St. Maximin wegen Freudenberg. fol. 1774, 2,39.
— 00	Lutzemburg	Reise nach Luxemburg zu ende oktobers um zwischen den herzogen von Sachsen und Luxemburg-Burgund wegen Luxemburg und Chiny einen frieden zu stande zu bringen, und nach einigen tagen von hier nach dem schloss Septfontaines. Bertholet, hist. de Luxemb. 8, preuves 51.
nov. 5	Treveris	Empfang der gesandten zur fortführung dieser friedensunterhandlungen. Bertholet ibid. 8,52.
— 10	——	ersucht den grafen Roprecht von Virnenburg um die anzahlung der ihm schuldigen 500 gulden an die freunde des herzogs von Burgund welche jetzt nach Wois reiten, oder an den siegler zu Trier. 1443 uff sonnt. St. Mertinsabend. Concept in Cobl.
		bewilligt dem Godhard von Esch seine ehefrau Else Kolb von Boppard auf sein theil der vogtei zu Pisport, der veste Esch und anderer leben zu bewitthumen. Nur mit ihr 1443. Tempor.
. . . .	. . .	desgl. dem Niklas von Ketge seine ehefrau Katharine auf den hof zu Sebastianengers zu bewitthumen. Nur mit ihr 1443. Temp.
dec. 22	Hesperingen	Reise nach dieser burg behufs fortführung der friedensvorhandlungen zwischen den herzogen von Sachsen und Luxemburg. Bertholet, hist. de Luxemb. 8,54.
— 29	Lutzemburg	(in monasterio b. Mariae virg. ord. Benedict.) Mitbesiegler des von den gesandten der herzoge von Sachsen, der herzogin Elisabeth von Luxemburg und des herzogs Philipp von Burgund verhandelten friedens. Bertholet, hist. de Luxemb. 8,60.
1444		
ian. 7	Trevir.	beauftragt den abt Johannes von St. Matheis und den dr. Heinrich von Limburg mit der untersuchung der klage des abts Lambert von St. Matheis gegen den pleban Conrad zu Löve wegen des kleinen zehnten zu Mörtz. Chartul. in Trier.
— 10	——	verspricht gemeinschaftlich mit seinem vater Arnold von Sirk, dem Antoyne seigneur de Croy, conte de Porcien, die restirenden 3344 thaler von den 10,000 thalern welche der dumprobst Philipp von Sirk, sein bruder, von wegen des königs von Sicilien zu zahlen hatte, in einem bestimmten termine abzutragen. Or. in Cobl.
— 27	Oovelentz	vergleicht Johann Vogt zu Sienheim mit den gebrüdern Johann und Heinrich von Airsberg wegen der güter des verstorbenen Claes von Sienheim. 1443 still. Trev. macnt. nach Paulibekerung. Tempor.
— 28	Erembreitstein	belehnt den Eberhard von der Arken mit der burg und gütern zu Guntrove, mit ländereien zu Roever auf dem Maifeld und andern als manulehen und mit einem burglehen der veste Thurun. 1443 trier. stils dinst. nach Paulibekerung. Or. in Cobl.
— 30	——	bewilligt der abtei St. Matheis bei Trier bis zum betrag von 2000 gulden güter zu verpfänden. 1443 trier. stils donrst. nach St. Paulostag conversionis. Tempor.
— 31	——	belehnt den Everhard von der Arken mit den 4 mark aus der burgbede zu Sternenberg die ihm erzb. Otto verliehen hatte. 1443 trier. stils fryt. vur vaser lieben frauwen tag lichtmisse. Tempor.
— 31	——	belehnt den Johann Stadigel von Bytzch mit den 50 gulden manngelden aus dem zolle zu Engers, womit erzb. Raban den Raban Hoiffart von Kirchheim belehnt hatte und die Johann Stadigel mit 500 gulden eingelöset. Or. in Cobl.
febr. 1	——	verschreibt der Paetse von Schonemberg für die güter und gülten zu Kerlich und

23*

1444		
		Andernach welche dieselbe ihm cedirt hat, 3 fuder wein, 20 malter korn und 20 gulden jährlich auf lebenszeit aus der kellerei Erembreitstein, und nach ihrem tode die hälfte dieser renten ihrer dienstmagd. 1443 trier. stils vff unser lieber frauwen abend purificat. Tempor.
febr. 1	Covelentz	giebt als kurfürst des reichs seinen consens zu der erhebung Caspars Slick herrn von Weisenkirchen in einen höhern adelstand des reichs. Monh. 2,397. Tempor.
— 1	„ „	desgl. zu der verschreibung von 200 gulden aus der halben judensteuer zu Nuemburg und der reichssteuer zu Rotenburg auf der Tauber an denselben Caspar Slick. Tempor.
— 13	Treveris	schliesst mit dem könig Karl VII von Frankreich und dem Dauphin Ludwig ein bündniss. Monh. 2,398. Tempor.
apr. 20	Dingen	schliesst mit den übrigen rheinischen kurfürsten auf sechs jahre einen münzverein. Monh. 2,401. Wardtwein, Diplomatar. Moguat. 2,164. Chron. Monetar. ap. Monh. 1179. Scotti Trier. Verordn. 1,110. Or. in Cobl.
mai 1	„ „ „	bewilligt die auftragung des schlosses Kallenborn von seiten Diederichs von Brohl an seinen amtmann Johann von der Leyen den ältern, und belehnt letztern damit. Günth. 4,435. Tempor.
— 9	Erembreit- stein	ernennt den Wilhelm von Obernbrechen auf lebenszeit zum schultheiss in Obernbrechen. Tempor.
— 9	„	desgl. den Peter von Baldenstein genannt Broich zum schultheiss in Niederbrechen. Extr. im Tempor.
— 16	— ——	entscheidet eine erbschaftsstreitigkeit zwischen den gebrüdern Johann und Engel von Leye und andern wegen der immobilien der verstorbenen Gertrud, frau Jakobs zum Rotart in Covelentz. Tempor.
— 25	„ „ „	vermittelt einen vergleich zwischen dem kapitel des St. Castorstifts zu Covelentz und Heinrich von dem Walde genannt Brant über güter und zehnten zu Werl. 1444 vff samst. St. Urbanstag. Or. in Cobl.
— 27	—— · ·	restituirt seinem vater Arnold von Sirk eine wiese im Mannenbacher thal, welche des erzb. Otto amtleute zu Saarburg sich angeeignet hatten, nachdem sich herausgestellt dass diese wiese Johann von Urstorff von seinem vater zu lehen hatte. 1444 mitw. vor dem heil. Pingstage. Copie in Cobl.
iun. 16	Covelentz	antwortet den grafen Ruprecht und Wilhelm von Virnenburg auf deren beschwerde wegen beeinträchtigung ihrer jagd in der Pellenz durch die erzbischöflichen amtleute, dass dieselben nur nach dem weisthum und gemeiner lehenschaft handelten. 1444 dinst. nach St. Vytstag. Ebenso schreibt er auch dem grafen von Moers d. und. dat. Concepte in Cobl.
— 24	Mentz	verschreibt dem Ludwig Zant von Merl und dessen ehefrau Carismen von Sintzig für die denselben schuldigen 900 gulden das schloss Haldenauwe ant- und pfandwelse. 1444 vff St. Johanstag des heil. deuffers als er geboren wart. Tempor.
— 24	— — ·	desgl. dem Daniel von Kellenbach für 1200 gulden das amt im Hamm. Dat. wie vorher. Tempor.
sept. 21	Nürenberg	giebt (auf dem reichstage hierselbst) seinen willebrief zu könig Friedrichs bestätigung des vergleichs der markgrafen von Brandenburg mit dem Deutschen orden wegen der Neumark. Extr. Riedel Cod. dipl. Brandenb. II, 4,314.
nov. 15	gen Strass- burg	Aufbruch vom einem convent zu Speier mit dem erzb. von Cöln, dem herzog Albrecht von Oestreich u. andern gegen die Franzosen. Müller, Reichstagstheater 1,267.
— 16	„ „ „	ernennt Johann von der Leyen den jungen zum amtmann der städte und schlösser Cochme, Keysersesch und Ulmen nebst zugehöriger dörfer. 1444 unent. nach Mertinstag. Tempor.
— 21	Paltzel	erlaubt dem erzbischof von Mainz und dem kurfürsten von der Pfalz, ihren zoll von dem was über den Hunsrücken auf die Mosel und von da den Rhein hinabgeführt wird, statt zu Gernsheim, Oppenheim, Ehrenfels, Bacherach, Caub oder Lahnstein, zu Trein oder sonst auf der Mosel erheben zu lassen. 1444 samst. nach Elizabeth. Or. in Cobl.
1445		
iun. 13	Erembreit- stein	bestätigt die statuten der 1411 zu Coblenz sich gebildeten bruderschaft zur christlichen beerdigung armer verstorbener fremden. Günth. 4,439. Tempor.
— 13	„	desgl. die von seinem generalvikar, dem bischof Gerhard von Salone, dieser bruderschaft ertheilte indulgenz. 1444 stil. Trev. octava Epiphanie. Tempor.
— 17	„	genehmigt dass Johann von Helffenstein der junge seine Modsberger burglehen: den halben hof zu Gryssborn und den hof zu Walmeroide an Wilhelm von Staffel den jungen übertrage, und belehnt letztern mit denselben. 1444 trier. stils vff Anthoniustag. Tempor.

1445		
jan. 22	Erembreit-stein	ernennt den Wilhelm von Staffel den jungen zum amtmann zu Niederlanstein. 1444 vff — St. Vincenz. Or. in Idstein.
— 25	——	antwortet dem erzbischof von Cöln in der sache Wilhelm's herrn zu Rychenstein in betreff schloss und herrschaft Hammerstein und eines behaupteten köln. lehens daselbst. 1444 stil. Trev. die conversion. Pauli. Concept in Cobl.
— 26	——	bestätigt der Elsgin von Ulmen die witthumsverschreibung ihres ersten ehemanns Arnold Unbescheiden von Nuwenheim bei ihrer zweiten verheirathung mit Peter von Dreckenach, stadtfrohnen zu Coveleots. 1444 trier. stils vff St. Pauelstag als er bekirt wart. Tempor.
febr. 7	Treveris	übersendet dem Friedrich von Lyningen, scholaster zu Strassburg und domherrn zu Trier, die antwort das trier. domcapitels auf dessen schreiben, das derselbe bei seiner vorjährigen anwesenheit mit dem erzbischof von Cöln zu Strassburg, als die Armeniaken im Elsass waren (nov. 1444) ihm mitgegeben hatte. (Betrifft dessen aufnahme ins domkapitel). 1445 febr. 7. Or. in Cobl.
— 8	. . .	An diesem tage beauftragt der pabst Eugen IV die bischöfe von Tournay und Arras, indem er ihnen die ernennungsbulle des bischofs Johann von Cambray zum erzbischof von Trier überschickt, den juramentum fidelitatis von demselben in empfang zu nehmen und ihn seines bisherigen bisthums zu entheben. Romo ap. S. Petrum 1445. 6 id. febr. pont. a. 15. Am folgenden tage 5 id. febr. schreibt er dem bischof von Utrecht, dass er die erzbischöfe von Cöln und Trier, Theoderich von Mörs und Jakob von Sirk, als häretiker und schismatiker ihrer bisthümer entsetzt und letztere dem Adolf von Cleve und dem bischof Johann von Cambray übergeben habe. Müller, Reichstagstheat. 1,227. Honth. 2,406. Auch übersendet der pabst dd. Rome ap. S. Petrum 1445, 4 id. febr. dem general der Augustiner Eremiten die absetzungsbullen der beiden erzbischöfe, befiehlt ihm die publicirung dieser absetzung und benachrichtigt ihn von der ernennung der beiden andern. Orr. in Cobl.
merz. 7	Erembreit-stein	bestätigt das von seinem vorgänger erzb. errichtete vereinigung der St. Georgenklause mit der St. Gangolfskapelle errichtete Augustiner chorherrn kloster auf der Rheininsel bei Valender (Niederwerth). Günth. 4,441 mit mangelhafter datirung (vergl. 1446 febr. 20). Tempor. mit 1444 mor. Trev. merz 7.
— 12	——	verschreibt dem ritter Syfart Walpode von Bassenheim auf lebenszeit für seine forderung von 700 gulden aus erzb. Otto zeit, 70 gulden jährlich aus dem ungeld zu Boppard. 1444 trier. stils fritags nach Letare. Or. in Cobl.
— 12	——	ernennt den Johann von Frankfurt, scholaster des St. Castorstifts zu Coblenz, zu seinem generalvikar in spiritualibus. 1444 stil. Trev. die Gregorii pape. Tempor.
apr. 5	Treveris	(in loco capitulari superiori ecclesie) Antheil an dem generalcapitel des domstifts worin über den domdechant Egid von Kerpen, den scholaster Friedrich von Soetern und Adam Fuel von Irmentrude die exclusio a capitulo ausgesprochen wird. Chartul. in Cobl.
— 5	Treveris	verspricht dem domcapitel, welches ihm die einkünfte der excludirten domherren überwiesen hat, es wegen der prozesskosten schadlos zu halten und sich nicht ohne sein wissen und willen mit den excludirten zu sühnen. 1445 die lune post Quasimodogeniti. Concept in Cobl.
— 8	Hymmel-rode	(in monasterio) erlässt nach visitation dieses klosters eine reformationsordnung für dasselbe. Or. in Cobl.
— 15	. . .	belehnt den Goswin von der Winterbach mit dem von seinem vater Fayn besessenen hause zu Wesel. Tempor.
— 16	Confluentie	beauftragt den probst des St. Simeonstifts zu Trier, Goswin Amyl, mit der untersuchung der klage des grössern theils vom domcapitel gegen Egidius von Kerpen wegen eines von letzterem an die domthüre gehefteten mandats. Chartul. in Cobl.
— 21	Erembreit-stein	weist die gebräder Heinrich und Johann, söhne zu Pirmont, mit ihren ansprüchen an Trys und andere erzstiftische güter und gülten ab. 1445 mittw. nach Jubilate. Concept in Cobl.
— 30	Trier	ertheilt den domherren Schilz von Kerpen und Friedrich von Soetern nebst ihren freunden sicheres geleit zu dem von den prälaten der sechs kirchen zu Trier angesetzt werdenden götlichen tage behufs beilegung ihres streites mit dem domcapitel. 1445 fryt. nach Marstag. Or. in Cobl.
mai 6	——	desgl. denselben nochmals 1445 donrst. nach heil. Crutzdag Inventionis. Or. in Cobl.
— 11	——	verschreibt der Alheiden Hennen tochter von Offenheim, welche auf das ihr von erzb.

1445		
		Otto nach dem tode ihres vaters Peters Dorcheim von Monthabur, domvikars, auf lebenszeit verliehene haus Sarburg zu Trier verzichtet hat, 2 gulden jährlich aus dem siegel daselbst. Tempor.
mai 15	. . .	ernennt den Dietherich, sohn zu Ryneck, zum amtmann von Welschpillich. 1445 vff Pinxtabend. Tempor.
— 26	Erembreitstein	bescheidet den gebrüdern Heinrich und Johann von Pirmont, da sie auf ihre ansprüche an gewisse erzstiftische güter nicht abstehen, auf St. Kilian (iul. 8.) einen gütlichen tag nach Coblenz, indem ein solcher wegen des Pfalzgrafen hochzeit und des zu Johanni nach Frankfurt ausgeschriebenen kurfürstentags nicht früher stattfinden könne. 1445 uff St. Urbanstag. Concept in Cobl.
iul. 2	Frankfurt	schreibt den beiden gebrüdern von Pirmont dass wegen unvermutheter längern dauer seines aufenthalts hierselbst der ihnen bestimmte gütliche tag auf St. Kilian nicht stattfinden könne, und dass er gleich nach seiner rückkehr einen neuen tag festsetzen werde. 1445 an unser lieben frauwentag visitationis. Concept in Cobl.
— 6	————	erlässt einen ausspruch in sachen des kurfürsten Ludwig von der Pfalz gegen schutkheiss und schöffen zu Niederheimbach jenseits der bach, wegen eines daselbst in der nacht wider recht und herkommen ertränkten mannes. Or. in Cobl.
— 22	Erembreitstein	bestimmt den gebrüdern von Pirmont einen gütlichen tag freitags nach Laurentii (aug. 13) in Coblenz. 1445 die Marie Magdalene. Concept in Cobl.
— 27	Cochme	befiehlt den grafen von Virneburg ihren amtmann von Gummersbach zum schadenersatz anzuhalten wegen der von ihm gepfändeten vier Meyener bürger. 1445 fer. 3 post Jacobi. Concept in Cobl.
aug. 13	Covelentz	setzt den gebrüdern von Pyrmont einen andern gütlichen tag über vierzehn tagen wiederum hier an, da sie auf den heutigen ihre ansprüche an Treyss und die güter der Fryhen von Trys nicht wollen fahren lassen. 1445 uff frit. nach Laurentius. Concept in Cobl.
— 15	. . .	vermittelt einen vergleich zwischen Clas von Ketge und dessen nichte Elgin einerseits und Peter von Dreckenach und dessen frau Else andererseits wegen der an letztern als wittham verschriebenen güter zu Nuynheim. 1445 uff unser lieben frauwen tag assumptionis. Or. in Cobl.
— 24	Erembreitstein	bewilligt die 20 gulden iahrreate aus dem Bopparder zoll welche Heinrich Hase von Dietelich behält, nach dessen tode auch der schwester desselben Lukarde. 1445 vff St. Bartholomeus. Tempor.
— 24	————	bescheidet den grafen Ruprecht und Wilhelm von Virnenburg wegen der bei der fischerei gepfändeten vier Meyener bürger einen gütlichen tag, dinst. nach St. Egidien (sept. 7) zu Niedermendig. Concept in Cobl.
— 25	————	begehrt aufs neue von den gebrüdern, grafen Ruprecht und Wilhelm von Virnenburg, die rückzahlung der ihnen anich geliehenen 500 gulden. 1445 mittw. nach Bartholomeus. Concept in Cobl.
— 30	————	fordert den grafen Ruprecht von Virnenburg, welcher ihm den nächsten gütlichen tag zu Niedermendig abgeschrieben, auf, die gefangenen Meyener bürger frei zu geben und binnen einem monat einen andern tag anzuberaumen. 1445 maent. nach decollat. Johan. Concept in Cobl.
sept. 9		beauftragt den Johann Korich, canonikus des St. Castorstifts zu Coblenz mit der execution der gegen den renitenten domherren Egidius von Kerpen, und 2, der gegen den scholaster Friedrich von Soetern erlassenen sentenzen. Chartul. in Cobl.
— 11	Covelentz	entscheidet einen streit des capitels der Florinskirche zu Covelentz mit den gemeinden Kerlich und Mülenheim wegen verkauf des „vormostes". 1445 sampst. nach unser lieben frauwen tag nativitat. Temp.
— 21	Erembreitstein	bescheidet abschläglich die gebrüder von Pyrmont auf ihr begehren eines neuen gütlichen tags, und ermahnt sie von ihrer forderung abzustehen. 1445 an St. Matheustag den heil. apostel u. evang. Concept in Cobl.
— 26	Confluent.	ertheilt für den heil. Kreuzaltar in der Florinskirche zu Coblenz ein ablassprivilegium. Or. in Cobl.
— 29	Hamerstein	bescheidet den gebrüdern von Pirmont einen neuen gütlichen tag sonnt. nach St. Gallus (oct. 17) in Coblenz. 1445 uff St. Michelstag. Concept in Cobl.
oct. 16	Paltzel	verspricht den beiden trier. domherren Conrad von Brunsberg und Friedrich Meynfelder die ihnen für 2000 gulden verschriebenen 80 gulden iahrreate binnen einem iahre

1445		einzulösen oder sie in den genuss des halben zolles zu Engers zu setzen. 1445 uff St. Gallentag. Or. in Cobl.
oct. 23	Paltzel	ernennt den domprobst Philipp von Sirk an die stelle Johanns von Lewenstein genannt von Randeck zu seinem kapellan am domstift. Or. in Cobl.
dec. 9	Treveris	(in palacio) ernennt den domherrn Johann Beyer von Boppard an die stelle Walthers von Brücken zum archidiakon. Or. in Cobl.
— 22	—	(in generali capitulo) bestätigt das domkapitularische statut, welches die zahl der dom-
1446		canonici auf sechzehn herabsetzt. Blattau Stat. Trev. 1,274. Chartul. in Cobl.
ian. 9	. . .	verschreibt dem Thomas von Soetern, welcher ihm tausend gulden behufs ablösung der 100 gulden manngeldes des grafen Dietherich von Seyn aus dem zoll zu Engers geliehen hat, dieses manugeld. 1445 trier. stils. sont. nach der heil. dryer koningtag. Tempor.
— 25	Covelentz	erbiethet sich den gebrüdern von Pirmont aufs neue zu einer richterlichen entscheidung da sie von ihren klagen und beschuldigungen gegen ihn nicht abstehen. 1445 stil. Trev. uff Paulsbekerung. Concept in Cobl.
— 27	—	beauftragt seine räthe mag. Thielmann, probsten von St. Florin zu Coblenz, Johann von Schoneck und Johann von Eltz, da die gebrüder von Pyrmont nicht anfhören ihn in schriften und worten zu verleumden, mit der richterlichen entscheidung in dieser sache. 1445 stil. Trev. donrst. nach Paulusbekerungstag. Concept in Cobl.
febr. 8	Paltzel	bewilligt seinem schwager und seiner schwester Burkhard herrn zu Vinstingen und Falken-stein und dessen gemahlin Schennette von Sirk den wiederkauf des ihm für 500 gulden verkauften achten theils an burg und herrschaft Bettingen. Or. in Cobl.
— 20	Erembreit-stein	bestätigt die umwandlung des St. Georgenklosters auf der Rheininsel bei Valinder durch erzb. Otto selig in ein kloster regulirter chorherren St. Augustinerordens und stellt es unter das capitel von Wimlesheim. Tempor.
— 23	—	ermahnt den grafen Ruprecht von Virnenburg zur rückgabe der von seinem vogt von Leirstal den unterthanen zu Mannebach im wald genommenen pfänder. 1445 stil. Trev. mitw. nach Petri ad kathedram. Concept in Cobl.
mrz. 21	Frankurt	schliesst (auf dem kur.fürstentag hierselbst) mit den übrigen kurfürsten des reichs wegen des anhaltenden schismas aufs neue kurverein. Dumont, Corps dipl. 3,154. Guuth. 4,453. Müller, Reichstagstheater 1,805. Schneider, Gräfl. Erbach. Stamm-tafel 2,219. — Or. in Cobl.
— 21	—	desgl. wegen der punkte welche in dem streite des pabstes Eugen mit dem concil zu Basel beiderweits anzuerkennen sind. Guden Cod. dipl. 4,290. Dumont, Corps dipl. 3,152. Schneider, gräfl. Erbachische Stammtafel 2,216. Müller, Reichstagstheater 1,275. Or. in Cobl.
— 21	—	beurkundet mit dem erzb. Dietherich von Cöln, dass sie die entscheidung ihres streites (wegen Sintzig) dem kurfürsten Ludwig von der Pfalz zu übertragen sich geeinigt haben. 1446 mont. nach Oculi. Or. in Cobl.
— 26	—	bewilligt dem Johann von Helfenstein dem alten die verlobte seines sohnes Johann, Katherine die tochter Johanns von Gymnich herrn zu Weinsberg, auf die hälfte der veste Sporkenburg mit zugehör zu bewithumen. 1446 samst. nach unser lieber frauwentag annunciation. Or. in Cobl.
— 26	—	verkündet in gemeinschaft mit den andern rheinischen kurfürsten, dass sie sich mit dem herzogs Friedrich von Sachsen machtboden vereinigt haben noch eine zeitlang in der einung zu bleiben welche sie in der heil. kirchen machen gemacht, und dass sie auf den ersten september wieder nach Frankfurt zusammen kommen wollen solche sache zu beendigen. 1446 saterst. nach Oculi. Or. in Cobl.
apr. 3	. . .	beurkundet, dass Friedrich von Fleckenstein, welcher von könig Friedrich noch in der minderjährigkeit mit seinen reichslehen unter dem vorbehalt nach vollendetem vier-zehnten jahre den lehenseid in die hand des erzbischofs zu erneuern, dies nun wirklich gethan habe. 1446 sont. vor Ambrosius. Or. in Cobl.
— 16	Trevir.	(in loco capitulari eccles.) erlässt mit seinem domcapitel eine protestation und appellation wider die von pabst Eugen gegen ihn erlassene bann- und absetzungsbulle. Or. in Cobl.
— 26	. . .	beurkundet seinem domstift, dass dem domcapitel die ihm auf drei jahre verliehene befugniss der besetzung der erledigten präbenden Friederichs von Soetern und Egidii von Kerpen und der andern, nach dieser zeit bei besetzung von pfründen nicht präjudicirlich sein solle. 1446 fer. 3. post Quasimodogeniti. Or. in Cobl.

1446

Datum	Ort	
mai 10	Bernkastel	belehnt den pfalzgrafen Friedrich in gemeinschaft mit dem markgrafen Jakob von Baden, beide als grafen von Spanheim, mit den trier. leben dieser grafschaft. 1446 dinst. nach Jubilate. Gesch. der Reichsherrschaft Oberstein. s. 33.
— 11	———	belehnt den Rheinpfalzgrafen Stephan mit der burg Ehrenberg, der veste und dem dorf Wachenheim, mit 147 pfund heller, der hälfte von Rheinböllen, dem neuen und alten gericht auf dem Hunsrücken. 1446 mittw. nach Jubilate. Or. in Cobl.
— 23	Cochme	verschreibt dem armbruster Hans von Pantzwyire welcher sich in seinem dienst zu Cochme niederlässt 3 malter korn und 4 wagen brennholz jährlich nebst ein haus und thurm an der stadtmauer zur wohnung. 1446 mont. nach Jubilate. Or. in Cobl.
— 31	Erembreit-stein	ernennt den domherrn Friederich Meynfelder an stelle des Friederich von Soetern zum scholaster des doms. Or. in Cobl.
— 31	———	verweist die gebrüder von Pirmont mit ihren wiederholten ansprüchen auf den rechtsweg. 1446 dinst. nach Exaudi. Concept in Cobl.
iun. 1	- - -	ersucht seine räthe Thilmann von Lyns probst von St. Florin zu Coblenz, Johann von Schoneck und Johann von Eltz, indem er ihnen die briefe der brüder von Pirmont übersendet, um ansetzung eines rechtlichen tages in deren sache. 1446 mittw. vor dem heil. Pfingstage. Concept in Cobl.
— 18	Covelentz	bewilligt dem Bernhart von Kottenheim seine Meyener burglehen an Wilhelm von Hilesheim zu verkaufen. 1446 samst. nach vnsers herren lichamstag. Tempor.
— 20	Erembreit-stein	cedirt seiner niftel Margarethe von Lyungen frau zu Westerburg seine rechte an Heintze von Dorndorfs frau und kinder. 1446 mant. nach vnsers herren lichamstag. Tempor.
— 26	Covelentz	verspricht seinem neffen, dem grafen Johann und dessen gemahlin Elisabeth die noch schuldigen 5300 gulden von den 12 tausend gulden nächste Michaeli zurückzuzahlen, und stellt ihm deshalb bürgen. 1446 samt. nach Johann baptisten im mitsommer. Or. in Cobl.
— 30	Erembreit-stein	erbietet sich den gebrüdern von Pirmont auf deren wiederholte beschuldigung dass er ihnen ihr enkelich und mütterlich anerstorbene erbe vorenthalte, vor dem pfalzgrafen Ludwig und dessen räthe zu recht zu stehen. 1446 donrst. nach Peter und Paul. Concept in Cobl.
iul. 8	Wesel	schlägt dem Albrecht von Berwangen, amtmann zu Trarbach, in den weidgangsirrungen zwischen Briedel und Enkirch den Dietrich von Manderscheid als obmann vor, und 2, benachrichtigt letztern davon. 1446 uff frit. St. Kilianstag. Concept in Cobl.
— 8	———	bittet den pfalzgrafen Ludwig um tagsatzung in seiner sache mit den gebrüdern von Pirmont und 2, benachrichtigt letztere hiervon. 1446 an St. Kilianstag. Concept in Cobl.
— 15	———	ertheilt dem Egidius von Kerpen, dem Adam Foel, archidiakon zu Dietkirchen, dem Friederich von Soetern, Johann super latum lapidem von Trier und dem kleriker Hertwich Kolb von Frankfurt, notar, und deren anwälten einen geleitsbrief nach Trier, woselbst der prozess gegen sie wegen der publicirung päbstlicher bullen wider den erzbischof anhängig ist. 1446 in die division. apostolor. Concept in Cobl.
— 18	———	ernennt den Conrad Heuwer von St. Vith, official zu Trier, zu seinem prokurator in obigem prozesse. 1446 crast. Alexii. Concept in Cobl.
aug. 9	Confluentie	ersucht nochmals den amtmann zu Trarbach in den irrungen zwischen Briedel und Enkirch den Dietrich herrn zu Manderscheid als obmann anzunehmen. 1446 ler. 3 ante Laurentii. Concept in Cobl.
— 18	Paltzel	entscheidet einen streit zwischen Oswald von Hellenhusen, seinem amtmann zu Saarburg, und dem brudermeistern der kirche daselbst wegen eines stalles mit zwei speichern an dem hause welches der ritter Folker von Ellentz der frühmesse geschenkt hatte. 1446 donrst. nach vnser lieben frauwentag assumptionis. Or. in Cobl.
sept. 0	Frankfurt	Antheil an dem reichsconvent hierselbst. Müllers Reichstagstheater 1,343.
oct. 27	Confluent.	ersucht den grafen Rupert von Virnenburg nichts gegen die trierischen unterlassen zu Poilch vorzunehmen, da er ihm deshalb einen rechtlichen tag ansetzen wolle, und 2, ihm die seinem anickherrn geliehenen 500 gulden binnen acht tagen nach Coblenz anzuzahlen. 1446 vigil. Symonis et Judae. Beide Concepte in Cobl.
— 27	———	
nov. 7	Erembreit-stein	antwortet dem grafen Ruprecht von Virnenburg auf dessen beschwerde wegen von den leuten in der Pellenz geforderten diensten, dass ihm dieselben von je her dazu verpflichtet seien und er sich deshalb zu einem rechtstage erbiete, sodann mahnt er ihn an die rückzahlung der 500 gulden. 1446 mont. nach Allerheiligen. Concept in Cobl.

1446		
nov. 18	Confluent.	ersucht den grafen von Virnenburg um freilassung eines zu Monreal im stock gefangen haltenden trier. untersassen. 1446 fer. 6 ante Katherine. Concept in Cobl.
— 19	Andernach	Gotdicher tag zu Andernach vor dem erzb. Diedrich von Cöln zwischen dem erzb. Jakob und junker Wilhelm herrn zu Rychenstein. Letzterer fordert von Trier die herrschaft und burg Hammerstein nebst einem wingert daselbst, der köln. leben sein soll; dagegen erzb. Jakob hof, gericht und lehngüter zu Syntzge, Koningsfeld etc. etc. welche erzb. Otto dem vater des junkers zu lehen verschrieben und dieser nach seines vaters tode binnen jahr und tag nicht gemuthet hatte. Es wird bethedingt dass einer dem andern seine ansprachen bis Christtag und die antwort darauf bis den tag nach Lichtmess nach Andernach überschicken soll. 1446 vf Elizabethtag. Or.Verhandl. in Cobl.
dec. 7	Covelentz	übersendet dem Wilhelm herrn zu Richenstein seine ansprachen schriftlich. 1446 vf vnser lieber frauwen abend conceptio. Or.Verh. in Cobl.
— 10	——	mahnt den grafen Ruprecht von Virnenburg aufs neue an die bezahlung der 500 gulden und die freilassung der gefangenen trier. untersassen. 1446 samst. nach St. Barbaren. Concept in Cobl.
— 11	Erenbreit-stein	mahnt wiederholt den grafen Ruprecht von Virnenburg an die rückzahlung der 500 gulden und freilassung der gefangenen, und erklärt sich, wenn dies geschehen sei, bereit zu einem gütlichen tage mit ihm. 1446 sonnt. nach vnser frauwentag conceptiou. Concept in Cobl.
— 12	——	kündigt den gebrüdern Ruprecht und Wilhelm grafen von Virnenburg ihre trier. leben, welche sie nicht in der gebührlichen zeit gemuthet hatten, auf. 1446 St. Lucienabend. Concept in Cobl.
— 28	Trier	erbietet sich dem erzb. Dietherich von Cöln, welcher für den grafen Ruprecht von Virnenburg sich verwandte, zu einem gütlichen tage in diesen sachen vor ihm zu Andernach. 1446 uff der heil. kindeltag. Concept in Cobl.
— 31	——	antwortet abschläglich dem erzbischof von Cöln auf dessen ersuchen wegen freilassung der gefangenen Virnenburgischen leute. 1446 in vigil. circumcision. dni. Concept in Cobl.
1447		
Ian. 14	Bernkastel	fordert den grafen Ruprecht von Virneburg auf, zu verfügen dass der am dinst. nach Iahrstag bei Yrank auf freier landstrasse von Tylmann von Naynkirchen genannt Hesse und Eberhard Oblacker beraubte und ins gefängnis nach Monreal gebrachte Luxemburger bürger frei gelassen und ihm das geraubte zurückgegeben werde. 1446 stil. Trev. samst. nach dem achtzehnten tag. Or. in Cobl.
— 31	Trier	schliesst mit der stadt Trier ein bündnis zur wahrheit welche aus dem schisma die kirche durch zwei päbste und zwei concilien entstehen möchten. Or. in Cobl.
febr. 1	Paltzel	überschickt dem Wilhelm herrn zu Richenstein auf dessen ansprache seine schriftliche entgegnung. 1446 trier. stils vff vnser lieber frauwen lichtmess abd. Or.Verhandl. in Cobl.
— 5	. . .	An diesem tage verspricht pabst Eugen d. d. Rome ap. S. Petrum non. febr. pout. a. 16, incarnat. dne. a. 1447, die beiden abgesetzten erzbischöfe Theoderich von Cöln und Jakob von Trier, wenn sie zum gehorsam zurückkehren und ihn als wahren statthalter Christi anerkennen würden, wieder in ihre bisthümer einzusetzen. Houth. 2,408. Lunig, Reichsarchiv. 16, 220. Mullers Reichstagstheater 1,352.
— 8	Erenbreit-stein	legt in die hand des erzbischofs von Cöln die schlichtung seiner händel mit dem grafen Ruprecht von Virneuburg, und erbietet sich zur freilassung der gefangenen Virnenburgischen leute. 1446 fer. 4 post Dorothee. Concept in Cobl.
— 9	——	vergleicht sich mit Niclaus Vogt zu Hunolstein wegen des hochgerichts zu Beracastel. 1446 trier. stils dourst. nach vnser lieben frauwen lychtmisstag. Or. in Cobl.
— 9	Beracastel	belehnt denselben mit dem niedersten thurm zu Hunolstein. 1446 trier. stils vff St. Apollonientag. Or. in Cobl.
mrz. 9	Engers	schreibt dem grafen von Virneuburg wiederholt wegen der zwischen ihnen obschwebenden streitigkeiten, und erbietet sich in betreff der wegen Gerhart Foele dem anspruch der rheinischen kurfürsten zu unterwerfen. 1446 stil. Trev. dourst. nach Reminiscere. Concept in Coblenz.
— 16	Covelentz	vergleicht sich mit Johann Hurt von Schoneaken wegen dessen forderungen und ansprachen, und verschreibt demselben für die ihm schuldigen 5000 gulden die schlösser, städte

24

1447		
		und herrschaft Manderscheid und Hillesheim in amts- und pfandweise. 1446 trier. stil. donrst. nach Oculi. Tempor.
apr. 2	Monster	schreibt dem grafen Ruprecht von Virneuburg, dass er sich jetzt nicht verpflichtet halte ihm weitere antwort zu geben, sondern auf dem tage den der erzbischof von Cöln bestimmen werde sei er gerne dazu bereit, und hätte er gemeint dass ihm wegen der 500 gulden und andern forderungen wohl austrag geschehen werde. 1447 die Palmar. Concept in Cobl.
— 12	Palaciol.	verleiht dem scholaren Johann von Vinstingen die durch die entfernung des domherrn Egidius von Kerpen erledigte präbende. Or. in Cobl.
— 21	Trier	erlässt einen urtheilsspruch in sachen der gemeinden Schellingen, Kelle, Hedenrait, Cuickart, Heidt und Ilover gegen die gemeinde Wilre wegen der zu liefernden sendhafer. Concept in Cobl.
— 23	——	beurkundet dem domcapitel die adlige abstammung seines vetters Johann von Vinstingen des jungen väterlicher und mütterlicher seite bis zu den urgrosseltern hinauf. 1447 uff St. Jorgentag. Chartul. in Cobl.
— 23	——	ernennt den Johann von Arlun, kanonikus der St. Simeonskirche, zum siegelträger des hofs zu Trier. Tempor.
— 26	Palaciolo	(in castro nostro) bestätigt die ordination seines protonotars Jakob von Lyns, pastors zu Bernkastel, vom 20. apr. zwischen den sechs kaplänen der altäre in der pfarrkirche zu Bernkastel über eine frühmesse daselbst. Tempor.
— 28	——	verschreibt dem Hermann vom Wyher zu Nickendig für die demselben schuldigen 1200 gulden die stadt Keyserseche mit zugehörigen dörfern amts- und pfandweise. 1447 frit. nach Marcus. Or. in Cobl.
mai 5	Sarburg	entscheidet einen streit der gemeinde Waltrach mit Orsberg, Reynsfeld und Kell wegen des eckerichs in den erzstiftischen waldungen. 1447 fryt. nach des heil. Crutzes tag inventionis. Tempor.
— 14	Paltzel	desgl. zwischen der äbtissin zu Oeren und der gemeinde Casel wegen eines steinbruchs. 1447 dnc. Vocem iocunditatis. Or. in Cobl.
jun. 28	Bituricis	theilt dem französischen könige die punkte mit, worüber er mit seinen mitkurfürsten von Cöln, von der Pfalz und von Sachsen wegen beilegung des schisma übereingekommen. Month. 2,409.
sept. 9	. . .	An diesem tage absolvirt pabst Nikolaus V. d. d. Rome ap. S. Petrum 1447. 5 id. sept. pont. a. 1. den erzb. Jakob von allen censuren womit ihn pabst Eugen IV. belegt hatte, und restituirt ihn in sein erzstift. Or. in Cobl.
oct. 6	——	(in civitate) ernennt den cleriker Johann von Manderu zum vikar des Marienaltars in der St. Castorskirche zu Coblenz. Or. in Cobl.
nov. 17	Erembreit-stein	bewilligt dem Johann Waldecker von Zell seine ehefrau Rycharde von Keympt auf einen wingert bei Driedel zu bewithumen. 1447 fer. 6 post Martini. Extr. im Tempor.
— 22	——	befiehlt dem grafen Ruprecht von Virneuburg binnen acht tagen die wiedererstattung des während seines aufenthaltes ausser landes den erzstiftischen unterthanen zu Poilch geraubten. 1447 mittw. nach Elizabeth. Concept in Cobl.
— 23	——	ersucht den erzbischof Theoderich von Cöln um seine mitwirkung in vorstehender sache bei dem grafen von Virneuburg. 1447 ipsa die Clementis. Concept in Cobl.
— 25	. . .	erneuert seine aufforderung an den grafen von Virneuburg wie vorher. 1447 uff St. Katherinen. Concept in Cobl.
dec. 4	. . .	An diesem tage kassirt pabst Nikolaus V. dd. Rome ap. S. Petrum 1447 pridie non. dec. pont. a. 1. die von pabst Eugen IV gegen erzb. Jakob ausgesprochene absetzung und restituirt ihn als erzb. — Vergl. 1447 sept. 9. Or. in Cobl.
— 17	——	genehmigt dass sein bruder Philipp von Sirk, herr zu Monkler und Furpach, hans wingert und garten zu Guntreve, womit derselbe nach dem tode Clasens vom Steyne belehnt worden war, an Johann Studigel von Bitsch in afterleben gebe. 1447 sonnt. nach Luzien. Or. in Cobl.
1448 febr. 10	Andernac.	stellt gleich seinen vorgängern die klausnerinnen zu Brule unter den abt zu Marienstatt, und beauftragt den pleban zu Brule mit der ausspendung der heil. sakramente an dieselben. Or. in Cobl.
— 28	Trier	verkleinert das bisher zu Saarburg gebräuchliche weinmaass und setzt es dem zu Trier gleich. 1447 trier. stilo, mittw. nach Oculi. Tempor.

1448		
mrz. 12	Colue	verlängert mit dem erzb. Dietherich von Cöln den termin zur ausgleichung ihrer zweiunge wegen Sintzig auf drei jahre, da letzterer wegen des kriegs mit dem hertzog von Cleve und der stadt Soest dem frühern anlass zu Frankfurt nicht nachkommen konnte. 1448 dinst. nach Judica. Or. in Cobl.
apr. 3	Covelentz	zeigt der erzstiftischen ritterschaft an, dass er sich zu einem rechtlichen austrag mit dem grafen Johann von Nassau herrn zu Bylstein vor den pfalzgrafen erboten habe. 1448 mittw. nach Quasimodo geniti. Concept in Cobl.
mai 9	Sarburg	Mitbesiegler des von Friedrich grafen von Zweynbrücken herrn zu Bitsch und seiner gemahlin der Raugräfin Anna mit Philipp von Sirk, herrn zu Munkler und Fourpach, gemachten billigsvertrags, wonach der erstern ältester sohn Hannemann die Else von Sirk, tochter des verstorbenen Arnold von Sirk, obgenannten Philipps bruders, heirathen soll. 1448 donrst. vor Pingstag. Or. in Cobl.
— 14	Trier	weist den Schyltz von Bydburg genannt Geisgin ab mit seinen forderungen und erbietet sich ihm zu einem rechtlichen tage. 1448 dinst. nach Pingtag. Concept in Cobl.
— 15	——	(in palatio) übergiebt die verlassene St. Nikolauskapelle zu dem Wüstenbrühl in der pfarrei Hermeskeyl und im gerichtsbezirk des schlosses Grimburg mit ihren einkünften brüdern von der dritten regel des heil. Franziskus, und dem abt von St. Matheis bei Trier das visitationsrecht über sie. Copie in Cobl.
jun. 13	Erembreit-stein	ernennt den Otto Walpoden von Bassenheim zum amtmann von Coblenz und zugehöriger dörfer. Or. in Cobl.
— 19	——	begehrt von dem grafen Heinrich von Nassau, dompropsten zu Mainz und probsten zu Bonn, die öffnung des schlosses Liebenscheid, welches des erzstifts offen ledig eigen und lehen ist. 1448 mittw. nach Viti et Modesti. Concept in Cobl.
. .	. . . .	beauftragt den Wilhelm von Manderscheid herrn zu Keyl und Wartenstein, seinen amtmann zu Kilburg, mit dem Godhard von Esch und Johann Stuydegel einen rechtlichen tag wegen Schyls Geysgin zu verabreden und zwar nach Dudeldorf vor dem sanst. nach Johann bapt (jun. 29.), da an diesem tage beide einen ähnlichen zu Donnemand bei Veldenzer thal zu besuchen hätten, und
		2, benachrichtigt auch den genannten Schyls und die beiden andern hiervon. Concept ohne datum in Cobl.
jul. 10	Cochme	belehnt seinen schwager und seine schwester Wilhelm von Manderscheid herrn zu Keyl und Wartenstein und Hildegarte von Sirk dessen gemahlin mit dem neuen haus zu Kylburg und den beiden wüsten höfen auf Dudemberg und Swickerode. Tempor.
— 14	Paltzel	verschreibt dem Dietherich von Dane genannt von Clusaart für die bei demselben geliebenen 275 gulden die meyerei zu Numagen. 1448 sont. nach Margareten. Or. in Cobl.
— 15	. . .	belehnt den Johann herrn zu Crichingen mit einem theil der veste Dagstul. 1448 uff der zwölfaposteln scheidung tag. Tempor.
— 30	Erembreit-stein	appellirt an den Römischen könig auf den ausspruch des kurpfälzischen gerichts gegen die grafen von Virnenburg wegen einsetzung in die pfandschaft Dreizenbeim ohne dass dem erzstift die pfandsumme von 7000 gulden und die pfandschaft Bechtheim für 2000 gulden erstattet sei. Or. in Cobl.
aug. 19	Monthabur	ernennt seinen secretair Johann Eppenstein zu seinem procurator und anwalt in obiger appellation wegen Dretzenheim. 1448 mont. na unser frauwentag assumption. Or. in Cobl.
— 22	Erembreit-stein	antwortet den gebrüdern Johann und Heinrich grafen zu Nassau auf deren beschwerde wegen den leben Johann von Nassau entzogenen schlosses Grenzau, dass dieses in form rechtens geschehen sei, da das schloss nach dem tode Philipps von Isenburg als lediges leben dem erzstift anheimgefallen. 1448 donrst. vor Bartholomeus. Concept in Cobl.
sept. 18	——	bescheidet dem Schyls von Bydburg genannt Geisgin einen gütlichen tag auf mittw. nach Michelstag (oct. 2) zu Dudeldorf, da ihm nicht gelegen sei seine freunde nach Lützelburg, wie Schyls gewünscht, zu schicken. 1448 fer. 4 post exaltat. crucis, und 2) benachrichtigt auch unter demselben datum den von Manderscheid hiervon. Concept in Cobl.
— 29	Covelentz	belehnt den ritter Raimann vom Geissbusch mit der veste Geisspusch bei Monreal. 1448 uff St. Michelstag. Or. in Cobl.
nov. 9	Monthabur	mahnt Dietherich herrn zu Runkel — da er ihn, wie auch den von Solms und Frank von Cronenberg den alten, schon zweimal ersucht habe reyzige nach Limburg zu schicken um der stadt gegen die bedrückungen aus der grafschaft Dietz zu helfen, sie aber

24*

1448		
		geboten hätten ihnen erst eine beredung in Limburg zu bescheiden, was er auch gethan, nun aber auf seinem ritt dahin ihr schreiben wegen hinausschiebung dieses tages erhalte, und hiermit den tag auf sonntag nach Martini (nov. 17) in Limburg verlege — alsdann dort zu erscheinen, wie er es nach den beiden andern geschrieben habe. 1448 samst. vor Martini. Concept in Cobl.
nov. 11	Erembreitstein	bescheidet dem Heinrich und Johann von Pirmont einen rechtlichen tag mittwochs nach dreykönig (jan. 8) im pallast zu Trier. 1448 uff St. Martinstag. Concept in Cobl.
— 14	——	bewilligt dem Allerheiligenkloster zu Wesel welches sich neuerdings zur observanz des St. Bernhardsorden reformirt, jährlich ein fuder wein aus der kellerei Wesel solange die abtissin Katherine von Wiltz lebt. 1448 donrst. nach Brictius. Tempor.
— 24	——	erlaubt dem Johann Studivel von Ditsch ausser den von erzb. Raban ihm bereits erlaubten 400 gulden noch weitere 400 gulden an dem schlosse Lewenberg bei St. Wendel zu verbauen. 1448 vff St. Katherinenabend. Or. in Cobl.
dec. 1	——	verlangt von dem grafen Johann von Nassau die öffnung der schlösser Bylstein, Mengerskirchen und Liebenscheid. 1448 sont. nach Endres, Concept in Cobl.
— 2	——	schreibt dem dechant und capitel des St. Cassiusstifts zu Bonn, dass sich ihr probst graf Heinrich von Nassau, welcher ihn zu St. Anthonien in Cöln verunglimpft habe (wegen des grafen Johann) auf dem daselbst vor weihnachten stattfindenden rechtstage stellen solle. 1448 fer. 2 post Andree. Concept in Cobl.
— 4	——	erlässt eine klagschrift wider den pfalzgrafen Ludwig, herzog in Baiern, dessen amtmann zu Creuznach trier. unterthanen zu Zell gewaltsam ihr vieh abgenommen, angeblich weil sie eine wildhege des pfalzgrafen zerstört, und soll der erzbischof von Cöln als „gemeiner für dieses jahr" zufolge des kurfürstenvereins über den auf 600 gulden gewertheten ersatz entscheiden. 1448 vf St. Barbaren. Or. in Düsseldorf.
— 4	——	bescheidet den gebrüdern von Pyrmont nochmals den tag wie am 11. nov. da sie diesen brief nicht erhalten hatten. Dat. wie vorher. Concept in Cobl.
— 29	Andernach	ersucht den grafen Dietherich von Seyn die auf die trier. unterthanen von Bedendorf und Hummerstein gelegte schatzung (da dieselben dazu nicht verpflichtet sein sollen) bis zu ihrer zusammenkunft zu sistiren. 1448 sont. nach Cristag. Concept in Cobl.
1449		verschreibt dem Johann von Kriekenberg genannt Spore von Hirten und dessen ältesten sohne Johann auf lebenszeit jährlich 20 gulden. Nur mit jahr 1448. Extr. im Tempor.
jan. 9	Trever.	(in palacio) schreibt dem erzb. von Cöln wegen restituirung des in den irrungen über Zeltkank und Urtzig von dem vogt zu Hunolstein geplünderten. 1448 stil. Trev. fer. 5 post Trium regum. Concept in Cobl.
— 18	Palacioli	beauftragt die äbte von St. Matheis und St. Marien ad Martyros wie auch den official zu Trier mit der aufsicht und untersuchung der aussätzigen. 1448 stil. Trev. sabb. post Anthonii. Or. in Cobl.
— 19	——	schreibt dem mag. Nicolaus von Cus an den sich graf Ruprecht von Virnenburg wegen seiner trier'schen händel gewandt hatte, wie es sich damit verhalte. 1448 stil. Trev. dnc. post Anthonii. Concept in Cobl.
— 27	Erembreitstein	schreibt demselben in derselben angelegenheit, dass er donrst. nach Scholastika (13. febr.) abends zu Coblenz sein wolle um den rechtlichen tage daselbst zu warten. 1448 fer. 2 post convers. Pauli. Concept in Cobl.
febr. 6	——	schreibt dem grafen Heinrich von Nassau, welcher ihm montag nach christtag (30. dec.) seine lehen, mannschaft, eide und hulde aufgesagt, er habe sein schreiben zu Andernach erhalten, doch solle er auch auf die lehenguter verzichten alsdann wolle er ihn seiner eide entlassen. 1448 stil. Trev. am Dorotheentag. Concept in Cobl.
— 6	——	setzt den ernannten schiedsrichter in seinem streite mit dem von Eppenstein (wegen lehensempfangs eines theils der grafschaft Dietz, wegen 8000 gulden die des von Eppenstein anherr dem erzstift schuldete und wegen des erzstifts eigenthumsrecht an den vesten und dörfern Haselbach und Isembach) seine klage auseinander und berichtet über sonstige politische gerüchte und bevorstehende verhandlungen. 1448 stil. Trev. quinta post purificat. Concept in Cobl.
— 11	——	befiehlt dem grafen Johann von Nassau Saarbrücken die rückerstattung des am dinst. nach lichtmess (4. febr.) in den Furpachischen dörfern geraubten. 1448 stil. Trev. dinst. vor Valentin. Concept in Cobl.

1449		
febr. 14	Meyen	bewilligt seinem rath Gerhard von Lone herrn zu Gulcke und grafen zu Blankenheim falls er ohne männliche leibserben stürbe die lehensfolge für seine älteste tochter. 1448 trier. stib an St. Valentinstag. Or. in Cobl.
— 14	————	belehnt denselben mit seinen Blankenheimischen lehen. Dat. wie vorher. Or. in Cobl.
— 21	Cochem	ersucht den mag. Nicolaus von Cus den mit dem grafen Ruprecht von Virnenburg freit. vor Reminiscere (7. märz) angesetzten tag auf donrst. nach Reminiscere (13. mrz.) zu verlegen. 1448 stil. Trev. in profesto Petri ad cathedram. Concept in Cobl.
— 24	Paltzel	befiehlt dem grafen Johann von Nassau-Saarbrücken abermals die herausgabe des in den Forpachischen dörfern geraubten. 1448 stil. Trev. vff Mathystag. Concept in Cobl.
mrz. 2	————	befiehlt dem grafen Heinrich von Nassau wiederholt die wiederherstellung der bei Limburg ausgeworfenen marksteine, ersatz des den trier. unterrassen aus seinen schlössern zugefügten schadens oder sich vor einem rechtstage zu stellen. 1448 stil. Trev. vff sonnt. Invocavit. Concept in Cobl.
— 6	Trier	erlässt an den grafen Johann von Nassau-Saarbrücken den wiederholten befehl wegen herausgabe des zu Forbach geraubten. 1448 stil. Trev. donrst. nach Invocavit. Concept in Cobl.
— 24	Paltzel	verschreibt dem Heintze von Hayne für das ihm von erzb. Otto auf lebenszeit verliehene haus bei der burg zu Paltzel, welches derselbe behufs erweiterung des platzes hatte abbrechen lassen, 1½ malter korn jährlich aus der kellerei daselbst. 1448 stil. Trev. an vnser lieben frauwen abend annunciat. Tempor.
— 25	Eberhards-clausen	Einweihung der kirche hierselbst durch erzb. Jakob am feste Mariä verkündigung. Brower, Ann. 2.285 und urk. 1451 febr. 4.
— 30	Erembreit-stein	erklärt sich dem grafen Heinrich von Nassau bereit, auf dessen entgegnung dass ihm nach von trier. unterthanen übergriffe geschehen, ihre beiderseitigen beschwerden vor ein schiedsgericht zu bringen. 1449 um sonnt. Judica. Concept in Cobl.
apr. 1	————	droht dem grafen Johann von Nassau-Saarbrücken mit repressalien wenn er in 14 tagen das geraubte nicht zurückgebe. 1449 dinst. nach Judica. Concept in Cobl.
— 12	————.	giebt dem herzog Johann von Cleve die veste Neustadt nebst einer rente von 400 gulden aus dem kirchspiel Gummersbach zu mannlehen. 1449 vff osterabend. Or. in Düsseldorf.
— 30	. . .	befiehlt dem Philipp von Steyne, welcher mit dabei gewesen sein soll als gestern des erzbischofs diener, indem sie das vom grafen Heinrich von Nassau aufgesagte theil der burg Nassau in besitz nehmen sollten, überfallen und gefangen wurden, dahin zu wirken dass dieselben des gefängnisses enthoben werden, widrigenfalls er ihm hiermit drei rechtliche tage in der burg zu Coblenz ansage. 1449 off sonnt. Quasimodo. Concept in Cobl.
mai 4	. . .	errichtet mit den gebrüdern Burkart und Symon herrn zu Vlustingen und dem Peter Bastard von Vinstingen als gemeiner des schlosses Bettingen einen burgfrieden. Or. in Cobl.
— 8	Paltzel	bewilligt seinem neffen Symond herrn zu Vinstingen und Valkenstein nach fünf jahren den rückkauf des ihm für 600 gulden verkauften achten theils der herrschaft und des schlosses Bettingen nebst des öffnungsrechtes zu Falkenstein. Or. in Cobl.
— 10	Covelentz	ersucht den grafen Heinrich von Nassau um antwort auf sein schreiben vom 30. märz, und um freilassung der gefangenen. 1449 vff sampst. vor Cantate. Concept in Cobl.
iun. 6	Trier	fordert den grafen Johann von Nassau-Saarbrücken auf, sich auf dem von den von Vinstingen und von Bitsch wegen der Forbacher räuberei auf St. Jakobstag (iul. 25.) anberaumten tage zu stellen, wo ihm auch mitgetheilt solle werden was er vom erzstift für lehen habe. 1449 fryt. nach pfingsten. Concept in Cobl. welches ursprünglich datirt war: Covelentz fryt. nach vnsers herren vffartstag (mai 23).
— 9	Erembreit-stein	erlässt an den grafen Heinrich von Nassau ein wiederholtes mahnschreiben wegen seines feindlichen betragens, und erbietet sich ihren streit dem ausspruche eines zu wählenden kurfürsten anheimzustellen. 1449 mant. nach der heil. Dryvaltikeyt. Concept in Cobl.
— 24	————	acceptirt den vom grafen Heinrich von Nassau als schiedsrichter in vorschlag gebrachten pfalzgrafen, und verspricht, letztern um einen rechtlichen tag zu bitten. 1449 uff St. Johann Bapt. tag. Concept in Cobl.
iul. 4	Covelentz	belehnt den Wigand von Steynenbach mit 12 gulden iahrrente, ablöslich mit 120 gulden, als burglehen von Montabaur. 1449 frit. nach vnser lieben frauwentag visitationis. Tempor.

1449		
iul. 23	Palacioli	ertheilt für die abtei Sprenkirabach verschärfte statuten und befiehlt ihr strenge beobachtung der regel des heil. Augustin. Tempor.
— 24	————	publicirt die von dem cardinal legat Johannes von St. Angeli gegen die beiden domherren Johann Zandt und Heinrich von Ryneck erlassene exkommunikation. Concept in Cobl.
aug. 19	Cochme	Tagsatzung fer. 3 post assumpt. Marie hierselbst in dem Sale mit den von Pirmont. Originalverfolg in Cobl.
— 20	————	befiehlt dem Dietherich Robin von Lontzen sich auf dem zu Egidii (sept. 1) in Andernach stattfindenden tage (mit dem erzb. von Cöln wegen der streitigkeiten von Uerzig und Celtank) mit sämmtlichen akten einzufinden. 1449 vff St. Bernhartstag. Or. in Cobl.
sept. 9	Confluentie	(in loco capitulari ecclesie S. Castoris in generali capitulo nostro) besiegelt und bestätigt die statuten des wegen exkommunikation der stadt Trier hier zusammengetretenen generalkapitels über die verwahrung des domschatzes, die von den domherren bei ihrer aufnahme ins capitel zu luistende iuramente und anderes. Chartul. in Cobl.
oct. 18	————	verschreibt dem Heinrich Hase von Dievelich, nachdem derselbe auf die seinem anich, dem ritter Conrad unter den Judon, von kaiser Adolf zu Boppard und dann von erzb. Boemund zu Covelentz verschriebenen zwei fuder wein verzichtet hat, dieselben jährlich auf lebenszeit aus der kellerei Boppard. 1449 sanst. nach St. Gallentag. Tempor.
nov. 18	Paltzel	befiehlt dem Johann von der Mark herrn zu Arburg und dessen sohne Wilhelm die einstellung ihrer fehde gegen die stadt Meyen, und die freilassung der gefangenen Meyener bürger. Concept in Cobl.
— 27	Stoltzenfels	erneuert den befehl vom 18. nov. an Johann und Wilhelm von der Mark, welchen diese refusirt hatten. 1449 donrst. nach Katherine. Concept in Cobl.
dec. 28	Wittlich	schreibt den beiden von der Mark nochmals wie oben, da ihm auf seine beiden schreiben noch keine antwort geworden. 1449 an der kyndelentag. Concept in Cobl.
1450	. . .	erlässt eine ordnung für die geistlichen gerichte zu Trier und Coblenz. Blattau, Stat. Trev. 3,279.
ian. 5	Sarburg	schenkt der gemeinde Lucken, welche ihm etliche grundstücke hinter dem schlosse Sarburg behufs anlage von weihern abgetreten, das modumland auf dem Luckener berg, und befreit sie auf ewige zeiten von schatzung, steuer, bede und zinsen. 1449 trier. stils an der heil. Dryerkunige abend. Or. in Cobl.
— 6		bewilligt dem Oswald von Bellenhusen seines sohnes Oswald ehefrau Leene von Swartzenberg auf 50 gulden jährlich aus dem zoll zu Engers, acht malter korn zu Mannenbach und etliche wingerten bei Contz zu bewithumen. 1449 trier. stils uff der heil. Dryer kuninge tag. Tempor.
— 9	Palacioli	ertheilt in folge auftrags des päbstlichen legaten, kardinaldiakons Johann von St. Angeli, erlaubniss zur kirchlichen trauung Hannemann's von Bitsch mit Elisabeth von Sirk, welche im vierten grade verwandt sind. 1450 ind. 13. die 9. ian. pont. Nicolai V pape anno 4. Or. in Cobl.
— 10	————	antwortet dem grafen Ludwig von Hessen, welcher sich für den grafen Heinrich von Nassau bei ihm verwandt und abschrift des vom erzb. Dietherich von Cöln gemachten abschieds übersehickt hatte, diese abschrift sei falsch und graf Heinrich habe sich mit schande und unglimpf von jenem tage entfernt, und setzt ihm sodann weitläufig seine beschwerden auseinander. 1449 stil. Trev. sanst. nach Dryerkonigtag. Concept in Cobl.
— 11	————	befiehlt dem Johann von der Mark herrn zu Arberg, welcher noch immer ansflüchte macht, die freilassung eines gefangenen Meyeners. 1449 stil. Trev. sonst. nach Dryerkoninge. Concept in Cobl.
— 19	Erembreitstein	publicirt auf die vom grafen Heinrich von Nassau verbreitete falsche abschrift des Andernacher abschieds eine getreue desselben. 1449 stil. Trev. mont. nach Anthonius. Concept in Cobl.
febr. 11	Palacioli	bestätigt die fundation der heil. Dreifaltigkeitsaltars in der pfarrkirche zu Cluseart. Tempor.
— 22	Erembreytstein	verspricht dem dem licentiat Niklas von Malmen, dechanten zu Carden, für ein abgekauftes pferd schuldigen 75 gulden bis Martini zu bezahlen. Or. in Cobl.
— 24	. . .	verwandelt die klasse zu Hesselich in ein nonnenkloster von der dritten regel des heil. Franziskus, und incorporirt ihm die einkünfte des hochaltars. 1449 trier. stils uff St. Mathystag des heil. aposteln. Or. in Cobl.
— 25	. . .	bewilligt dem Heinrich Brant von dem Walde eine leben hofraithe zu Wynningen in pacht zu vergeben. 1449 stil. Trev. uff mittw. nach St. Mathystag. Tempor.

1450		
. .	. . .	überträgt vor seiner reise nach Rom dem dr. Johann Speje, dechanten von St. Castor zu Coblenz, während seiner abwesenheit die obsicht wegen der beneficien tausche, worm er sich des siegels seines geheimsekretairs Johann Jux bedienen solle, widrigenfalls seine bestimmungen nicht gültig sein sollen. Ohne dat. Chartul. in Cobl.
. .	. . .	ebenso seinem bruder, dem domprobst Philipp von Sirk, die aufsicht und bestätigungen in betreff der probst- und dechantswahlen und anderes, mit rath des vikars Hetwig von Boppard, des Johann von Frankford dechanten von St. Martin zu Wesel, des Gonwius Mayl probsten von St. Simeon zu Trier, des Johann Spey dechanten von St. Castor zu Coblenz und seines secretairs Johann Jux, auch solle er sich bei seinen verfügungen des siegels des letzteren bedienen. Ohne dat. Chartul. in Cobl.
. .	. . .	schreibt ebenso dem dr. Helwig von Boppard, officialen zu Coblenz, den er zu seinem vicarius in spiritualibus ernannt hatte, als welchem seine amtsbefugnisse vor, indem er dem erzb. Gerhard von Cöln für die dauer seiner abwesenheit die weihe der kirchen und anderes zum officium pontificale gehörige übertragen habe, und dass er sich bei seinen expeditionen des siegels das sein geheimsecretair Johann Jux, kanonikus von St. Castor zu Carden, in händen habe, bedienen solle. Ohne dat. Chartul. in Cobl.
mai 00	Rome	Aufenthalt hierselbst, wohin er mit dem bischof Conrad von Metz und einem gefolge von 140 reitern wegen des vom pabst Nicolaus V ausgeschriebenen iubiläums gereist war, und vom pabst verschiedene vergünstigungen (siehe Houth. 2,412 n. folg.) unterm 12. 15. und 17. mai erhielt. Gesta Trev. ap. Houth. 851. ed. Wyttenbach 2,331. Brower Ann. 2,285.
. .	. . .	beantwortet das schreiben des domcapitels zu Brixen vom 29. iuni wegen der päbstlichen nomination des cardinals Nicolaus von Cus zum bischof von Brixen. Ohne dat. Rossmann, Betrachtungen über das zeitalter der Reformation, Jena 1858. 8vo. S. 394. Vergl. auch die daselbst folgenden schriften aus dem Cobl. archiv.
iul. 29	Paltzel	belehnt den Bernhart von Palant, herrn zu Kulant, mit dem halben dorf Polembach. 1450 mitw. nach St. Jakob. Copie in Cobl.
oct. 17	Covelentz	fordert den Johann von Numagen zur verantwortung und satisfaktionsleistung auf, wegen beraubung und brandschatzung der leute zu Eich und Walstorf am mittwoch vor Dionisius (oct. 7.) aus dem schlosse Malberg, und 2, befiehlt dem Diederich von Brantscheit genannt Geburgin, amtmann zu Schouwemberg, welcher den enthalt auf dem schlosse Malberg gestattet hatte, unverzüglich zu verfügen, dass das geraubte zurückgegeben werde. Beide 1450 samst. nach Gallentag. Concepte in Cobl.
— 20	Erembreit-stein	bestätigt dem ritters Heinrich von Dachsym seligen witthumsverschreibung für seine ehefrau Katherine von Harff, welche derselbe ihm schon zur zeit als er mit ihm nach Rom sollte reiten vorgelegt hatte. 1450 dinst. nach Lukas. Tempor.
nov. 24	Witlich	wiederholt seinen befehl an den Johann von Numagen (wie auch an den von Sombreff) wegen herausgabe des zu Eich, Walstorff und Wyler geraubten. 1450 rff Katherinenabend. Concept in Cobl.
dec. 16	Cochem	bescheidet abschläglich die gebrüder Ruprecht und Wilhelm grafen von Virnenburg auf ihre behaupteten ansprüche auf weine zu Sweych und Mering, welche dem Johann Hurt in das schloss Schoneck zu liefern wären. 1450 fer. 4 post Lucie. Concept in Cobl.
— 21	Palacioli	erlaubt dem domcapitel unter dispensation des statuts von 1445 erast. Thome (22. dec.) welches die zahl der domherrn auf sechszehn festsetzt, die aufnahme eines siebenzehnten. Or. in Cobl.
— 27	———	befiehlt unter drohung von repressalien dem Wilhelm von Sombreff herrn zu Kerpen die rückgabe des am Kerpen geschehenen raubes und brandschatzes zu Eich, Walstorff und Wyler im hochgericht von Danu. 1450 stil. Trev. sont. nach Cristag. Or. in Cobl.
— 30	———	verschreibt dem Dietherich von Luntzen genannt Robyn für 2000 gulden die stadt Wittlich mit zugehöriger pflege amts- und pfandweise. 1450 trier. stils mitw. nach Cristag. Or. in Cobl.
— 31	———	ertheilt der geistlichkeit in der herrschaft Blieskastel das privilegium frei zu testiren gleich der übrigen weltgeistlichkeit des erzstifts, wofür dieselbe zweimal im iahre in die kapelle vor der burg oder in die pfarrkirche zu Blieskastel zum gottesdienst kommen soll. 1450 donrst. nach dem heil. Cristtag. Tempor.
1451		
ian. 4	———	antwortet dem Johann von Falkenhan genannt Spiess, welcher in fehde mit dem pfalzgraf

1451		
		Friedrich und dem markgrafen Jakob von Baden als grafen von Spanheim ihn um abtheilung seiner gemeinschaft an gütern mit denselben ersucht hatte, dass er keine gemeinschaft mit denselben habe und er allein im Cröverreich oberster vogt und schirmer sey, daher ihn auch vor allem brand und raub daselbst warne. 1450 still. Trev. mont. nach jahrestag. Concept in Cobl.
ian. 13	Paltzel	bescheidet dem Wilhelm von Sombreff herrn zu Kerpen einen tag auf freitag vor Lichtmess (ian. 29) nach Daun wegen Eich, Walstorff und Wyler. 1450 still. Trev. vff den achtzehnten tag. Or. in Cobl.
— 14	———	bewilligt der von ihm auf Mariä zum sechs iahre eine weinaccise. 1450 trier. stils donrst. nach dem achtzehnten tag. Tempor.
— 20	Trier	erlaubt dem Johann Studigel von Ilitsch ausser den ihm bereits von erzb. Raban bewilligten 400 gulden noch 400 gulden an dem schlosse Lewenberg bei St. Wendel zu verbauen. 1450 trier. stils mittw. nach St. Anthoniustag. Or. in Cobl.
— 24	Paltzel	warnt wiederholt den Johann von Falkenhain genannt Spiess vor raub und brand im Cröverreich. 1450 still. Trev. mond. nach Vincentius. Concept in Cobl.
febr. 1	Treviris	(in loco capitulari superiori ecclesie) ertheilt bei gelegenheit der visitation dem domcapitel neue statuten. Blattau, Stat. Trev. 1,309. Chartular in Cobl.
— 4	Palacioll	ertheilt der von ihm auf Mariä verkündigung 1448 gewrihten und von dem armen Eberhard in der nähe der burg Eich aus frommem gaben errichteten kapelle (Eberhardsklausen) ein ablassprivilegium, und bestimmt den antheil des pastors zu Pisport, in dessen pfarrei die kapelle gehört, aus den opfern. Or. in Cobl.
— 6	———	verschreibt seinem suffragan, dem bischof Huprecht zu Asoten 150 gulden iährliche compenenz aus dem zoll zu Engers bis er ihn mit hinlänglichen beneficien versehen hat. Houth. 2,417.
— 0	. . .	bestimmt dem Johann Hurt von Schoneck und dem von Sombreff wegen der Hillesheimer und Castellberger fehde einen tag dinstags nach Mathys (mrz. 2) nach Cochem (welchen Johann Hurt laut schreiben vom 9. febr. acceptirt). Ohne zeit und ort. Chartular in Cobl.
mrz. 16	Cochem	Mitbesiegler des hierselbst mit Wilhelm von Sombreff, in ihrer beider gegenwart getroffenen anlasses wegen Eich etc. wornach beide ihre ansprache und widerantwort auf den mittw. nach Judica (apr. 14) nach Daun dem Diederich sohn zu Manderscheid und dem Henrich herrn zu Pirmont und Eremberg zum spruch schicken sollen. 1450 still. Trev. fer. 3 post Invocavit. Or. in Cobl.
apr. 28	Erembreit-stein	benachrichtigt den Johann Hurt von Schoneck, er werde seine räthe zu einem gütlichen tage in Coblenz auf mittw. nach Jubilate (mai 19.) beordern. 1451 mittw. nach heil. Oistertag. Concept in Cobl.
mai 2	Confluent.	erlässt für das St. Castorstift hierselbst neue statuten. Blattau, Stat. Trev. 1,329.
— 19	———	setzt dem Johann Hurt von Schoneck, da derselbe auf dem heutigen gütlichen tage wie auch auf den frühern zu Cochem und Daun nicht erschienen war, einen neuen an nach Coblenz auf freit. nach unsers herrn Auffahrtstag (ian. 4) wegen der seit vier iahren unterlassenen muthung einiger nach Schoneck und Hillesheim gehöriger lehen. 1451 mittw. nach Jubilate. Concept in Cobl.
— 24	Paltzel	benachrichtigt den Johann Hurt nochmals von der aussetzung eines neuen tages. 1451 mandag nach Cantate. Concept in Cobl.
— 25	———	antwortet demselben auf dessen verlangen wegen verlegung dieses tages, dass es wegen anderer geschäfte nicht geschehen könne. 1451 dinst. nach Cantate. Concept in Cobl.
iun. 4	Covelentz	bestimmt dem Johann Hurt nun einen gütlichen tag in Cochem auf den samst. nach unsers herrn Lychnmus tag (iun. 26). 1451 freit. nach vnsers herrn Uffahrtstag. Concept in Cobl.
— 27	Cochem	verkündigt dem Johann von der Mark herrn zu Arberg, falls er nicht unverzüglich den dem erzstift zugefügten schaden kehre und deren vierzehn tagen zu einem tage komme, fehde. 1451 sont. nach vnsers herrn Lychnmustag. Concept in Cobl.
iul. 1	Erembreit-stein	belehnt seinen bruder, den domprobst Philipp von Sirk mit den dörfern und der vogtei zu Metlach, Ursfeld, Verchingen und Uderen, welche der graf Johann von Nassau-Saarbrücken vom erzstift zu lehen und die herren von Moncler zu afterlehen besassen, nachdem ihm graf Johann zu Andernach die lehenschaft gekündigt hatte. 1451 donrst. nach Johann Bapt. zu mitsommer. Or. in Cobl.

1451		
iul. 1	Paltzel	bescheidet dem Johann· von Numagen wegen der brandschatzung von Eych etc. einen gütlichen tag donnerst. nach Margretha (iul. 15) nach Trier. 1451 vff vnser lieben frauwen abend visitationis. Concept in Cobl.
— 7	———	(in castro) beauftragt den dechant von St. Simeon zu Trier mit der ausführung des beneficientansaches zwischen Hermann Wolffgin, rektor der St. Lampertspfarrkirche zu Sarburg und Johann Molitor, vikar des St. Peter und Paulaltars im kloster zu Luxemburg. Or. in Cobl.
— 13	———	weist dem Johann Hurt von Schoneck mit seiner weitläuftigen rechtfertigungsschrift ab, da alles gegen ihn auf den tagen nach recht verhandelt worden und er sich dort nicht gerechtfertigt habe. 1451 nff St. Margrethen. Concept in Cobl.
aug. 12	———	erbietet sich dem Johann Hurt wegen des gegen ihn vorgenommenen zu einem tage nach Cochem, und falls dieser so entscheide auch zur abstellung des geschehenen. 1451 donrst. nach Laurentius. Concept in Cobl.
— 12	———	antwortet dem herzog Gerhart von Jülich, welcher den Johann Hurt in schutz genommen, dass der zehnte zu Hillesheim stets ein erzstiftisches lehen gewesen sei. Dat. wie vorher. Concept in Cobl.
sept. 16	———	weist den Johann Hurt mit seinen beschwerden wegen der ihm arrostirten güter ab, und erbietet sich deshalb zu einem tage nach Cochem oder Wittlich. 1451 fer. 5 post Exaltat. Crucis. Concept in Cobl.
— 24	———	bescheidet dem Johann Hurt einen tag in Wittlich auf freit. nach Franziskus (oct. 8). 1451 fer. 6 post Mathei. Concept in Cobl.
— 24	———	bestätigt die wahl des Johann von Utrecht als abt zu St. Matheis bei Trier. Dat. wie vorher. Or. in Cobl.
oct. 2	———	ersucht domcapitel, bürgermeister und rath der stadt Lüttig um ihre vermittelung dass Johann von der Mark ihm den gemachten schaden kehre oder zu einem tage komme. 1451 samst. nach Remeys. Coucept in Cobl.
— 8	Wittlich	vergleicht sich auf dem heutigen göttlichen tage mit dem Johann Hurt zu einer neuen tagfahrt behufs beilegung ihres streites wegen einiger lehengüter. 1451 frit. nach Franziskus. Or. in Cobl.
— 27	Paltzel	schreibt dem Walrave Scheyffart von me Roede, wenn er glaube nach dem tode seiner frau noch einiges recht auf die burg Ulmen zu haben, dies vor ihm nachzuweisen. 1451 uff Symon und Juden abend. Concept in Cobl.
— 31	. . .	sendet gemäss des Wittlicker compromisses seine ansprachen gegen Johann Hurt nach Schoneck. 1451 sonnt. nach Symon und Judas. Or. in Cobl.
nov. 4	———	belehnt den grafen Johann von Nassau-Dietz mit seinem antheil an der grafschaft Dietz. Lünig Reichsarchiv 22,641. Müller Reichstagstheater 3,04.
— 8	———	erneuert dem Clais von Nattenheim eine schuldverschreibung über 3500 gulden verzinslich mit 300 gulden aus dem Engerser zoll, welche erzb. Otto dem Johann herrn zu Sleyden und dessen gemahlin Anna von Blankenheim ausgestellt, von diesen Diederich sohn zu Manderscheid herr zu Sleyden durch seine gemahlin Lyse von der Sleyden geerbt, und dieser dem von Nattenheim übertragen hatte. Tempor.
— 16	———	erbietet sich dem Walrav Scheiffart von me Roede wegen seiner behaupteten ansprüche auf Ulmen dem urtheil eines manngerichts zu unterwerfen. 1451 dinst. nach Martinstag. Concept in Cobl.
— 21	———	antwortet dem grafen Ruprecht von Virnenburg auf dessen wiederholte forderung der weine von Schweich und Mering, etwas schriftliches vorzulegen dass er dazu verpflichtet sei. 1451 mont. nach Elsbethen. Concept in Cobl.
— 25	Wittlich	Gegenwart des erzbischofs hierselbst zu dem mit Johann Hurt bestimmten tage, wo aber, da der letztere nicht erschienen war, ein anderer tag auf dinst. nach iarstag (1452 ian. 4) beliebt wird. 1451 vff Katharinen. Chartul. in Cobl.
— 26	———	antwortet dem erzb. Theoderich von Cöln welcher wegen des dem Scheyffart van me Roede genannt von Kaltzecke nach dem tode seiner frau entzogenen lehens Ulmen einspruch erhoben, dass dies ein trierisches und nicht wie jener behauptete ein kölnisches lehen sei, und erbietet sich deshalb zu einem göttlichen tage. 1451 fer. 6 post Katherine. Concept in Cobl.
dec. 1	Paltzel	bescheidet den grafen Ruprecht von Virnenburg mit seiner unbegründeten weinforderung wiederholt abschlägig. 1451 mitw. nach Andreas. Concept in Cobl.

25

1451		
dec. 2	Paltzel	kündigt den gebrüdern Ruprecht und Wilhelm grafen zu Virnenburg das ihnen anichherrn grafen Ruprecht von erzb. Weruber verpfändete schloss und herrschaft Schoneck auf, und ladet sie ein mittw. nach Christtag (dec. 29) ihr pfandgeld in Trier in empfang zu nehmen. 1451 donrst. nach Andreas. Concept in Cobl.
— 4	———	ersucht den herzog von Burgund dem gubernerer zu Lutzelburg zu befehlen keine eingriffe ins Trierische, namentlich wegen der herrschaft Bruch und dem auf diese gelegten päbstlichen interdikt, zu thun, und übersendet ihm den ganzen schriftwechsel in dieser sache. 1451 an St. Barbarentag. Concept in Cobl.
— 8		antwortet dem Walrave Scheyffart von me Roode auf dessen erbieten zu einem tage in Coblenz oder Andernach wegen Ulmen, dass er nach diesem „bogezyt" hinab an den Rhein kommen werde und ihm vierzehn tage vorher einen tag ankündigen wolle. 1451 an unser lieben frauwentag conception. Concept in Cobl.
— 20	———	antwortet dem Johann Hurt von Schoneck auf dessen klage wegen gefangennahme seines schultheissen Dielgin von Dreys, er müsse erst unerichet von seinem amtmann zu Daun darüber abwarten. 1451 an Thomas abend. Chartul. in Cobl.
— 24	—	stellt den gebrüdern grafen von Virneuburg frei das pfandgeld (von Schoneck) zu Trier oder Pfalzel an dem bestimmten tage (dec. 29) in empfang zu nehmen und sichert ihnen freies geleit. 1451 uff den heil. Cristabend. Concept in Cobl.
1452		
ian. 3		erlässt ein ausführliches rechtfertigungsschreiben an den pabst Nicolaus V. welcher ihn d. d. Rome ap. S. Petrum 7 kal. octob. 1451. pont. a. 5 auf die klage des provinzials und der brüder des Minoritenklosters zu Coblenz wegen ihrer vertreibung und einführung der brüder de observantia zur verantwortung aufgefordert hatte. Concept in Cobl. Vergl. Gesta Trev. ap. Honth. 852 und ed. Wyttenb. 2,333.
— 15	———	verleiht dem Mainzer cleriker Friedrich Eschbach in folge eines päbstlichen indults ein beneficium beim St. Martinsstift zu Wesel. Or. in Cobl.
— 15	. . .	schreibt dem Johann Hurt dass der schultheiss von Dreys nicht von den trierischen gefangen worden sei, und beschwert sich wegen des Hurten verhalten gegen den Wittlicher compromiss. 1451 stil. Trev. samst. nach dem achtzehnten tag. Chartul. in Cobl.
— 22	. . .	bescheidet dem Walrav Scheyffart von me Roode, da er wegen der pestilenz noch nicht willens sei sobald den Rhein hinabzukommen, auf donnerst. nach St. Valentin (febr. 17) zu Cochem einen tag wegen Ulmen. 1451 stil. Trev. samst. St. Vincentiustags. Concept in Cobl.
— 25	. . .	Mitberiegler der urkunde seines bruders, des dompropsten Philipp von Sirk, wonach derselbe um 900 gulden dem trier. domkapitel 36 gulden jahrrente, versichert auf die einkünfte zu Ryol, verkauft. 1451 uff Paswehtag conversio trier. stils. Or. in Cobl.
— 26	———	erbietet sich dem Cornelius Bastart von Burgund, gubernour des landes Lutzelburg, an einer zu bestimmenden malstatt zum beweise dass die herrschaft Bruch von alters her zum erzstift gehöre, und solle jener auch die behaupteten Latzelburger ansprüche daran schriftlich vorlegen. 1451 stil. Trev. erast. Pauli conversion. Concept in Cobl.
— 28	———	Mitbesiegler des compromisses mit Wilhelm von Sombreff, wonach beide partheien den termin wegen des entscheidsspruch bis Johanni hinausschieben falls sie sich nicht bis dahin unter sich geeinigt haben. 1451 in Cobl.
febr. 1	. . .	wiederholt seine antwort vom 26. nov. 1451 an den erzb. von Cöln da derselbe diese nicht will erhalten haben. 1451 stil. Trev. uff lichtmess abend. Concept in Cobl.
— 4	———	erbietet sich dem Johann Hurt wegen des schultheissen von Dreys zu einem gütlichen tage. Frit. nach Blasius. Chartul. in Cobl.
— 0	———	sagt dem Walrav Scheyffart den tag zu Cochem ab, da er dem erzbischof von Cöln einen zugesagt habe. 1451 stil. Trev. nach St. Blasiustag. Concept in Cobl.
— 12	———	erbietet sich dem ritter Engelbrecht Nyt von Bürgel (auf dessen schreiben zu gunsten Johanns Hurt) von ihm, dem Dietherich herrn zu Manderscheid, Johann von Eltz und Johann Studigel zu einem gütlichen tage zwischen jetzt und sonnt. Oculi (mrz. 12) nach Wittlich oder Cochem. 1451 stil. Trev. samst. vor Valentin. Chartul. in Cobl.
— 13	———	theilt dem Dietherich herrn zu Manderscheid und andern, welche sich für Johann Hurt verwendet hatten, die betr. verhandlungen mit und dass ders. keinem rechtlichen tage nachgekommen sei. 1451 sont. vor Valentin stil. Trev. Chartul. in Cobl.
— 15	———	antwortet ablehnend dem erzb. von Cöln auf dessen ansinnen, dem Walrav Scheyffard vorerst Ulmen herauszugeben und dann einen gütlichen tag zu beschicken. Concept in Cobl.

1452		
febr. 15	Palacioli	bescheidet den dem obengenannten Walrav auf mont. nach Reminiscere (mrz. 6.) in Coblenz einen tag. 1451 stil. Trev. dinst. nach Valentin. Concept in Cobl.
— 17	———	giebt seinem schwager Johann von Ruldingen herrn zu Deasbur und dessen gemahlin Margretha von Sirk, nach dem tode seines andern schwagers Wilhelm von Manderscheid und dessen gemahlin Hildegarde von Sirk das neue hans zu Kylburg gleichfalls zu leben. 1451 trier. stils dornst. nach Valentin. Tempor.
— 19	———	belehnt den Diedrich sohn zu Manderscheid herrn zu Sleyden und dessen söhne von Lysen von der Sleyden geboren mit drei fuder wein jährlich zu Covern, und 2,
— 19	———	demselben mit den dörfern Holtzheim, Voischen, Bercheim und Nuwendorf. 1451 trier. stils samst. nach Valentin. Orr. in Cobl.
mrz. 2	Erembreitstein	abergiebt dem Wilhelm Sander von Stenheim auf lebenszeit seinen burglichen berg zu Heyntzenberg in amtsweise mit der verpflichtung den durch brand verwüsteten ban wieder herzustellen. 1451 trier. stils dornst. nach Invocavit. Or. in Cobl.
— 4	———	antwortet dem Niklas Voyd zu Hunoltstein auf dessen klage dass Friedrich von Numagen ein ihm gehöriges dorf überfallen, gebrandschatzt und geplündert habe und auf schloss Grimburg geherbergt worden sei, — er habe deshalb von seinem amtmann daselbst bericht erfordert und solle sich bis zu dem rechtlichen tage freit. vor Palmtag (mrz. 31) gedulden. 1451 stil. Trev. samst. nach Invocavit. Concept in Cobl.
— 9	———	bescheidet dem Walrav Scheyffard von me Roede, da derselbe sich auf dem letzten tage unverrichteter dinge entfernt, einen andern dinst. nach Judica (mrz. 28) zu Coblenz, und verspricht vo möglich selbst beizuwohnen. 1451 stil. Trev. dourst. nach Reminiscere. Concept in Cobl.
— 9	———	schreibt dem erzb. von Cöln in derselben sache und erbietet sich ihm zu einem tage in Andernach auf dourst. nach Misericordia (apr. 27). Concept in Cobl.
— 12	Corelentz	antwortet dem Diederich herrn zu Runkel auf dessen mahnung zur rückzahlung einer geldsumme an seinen eidam Gotfrid herrn zu Eppenstein, er wolle noch vor ostern (apr. 9) den Frank von Cronenberg den alten um aufstand ersuchen und verweigere derselbe dies, es bei andern aufnehmen. 1451 stil. Trev. sont. Oculi. Concept in Cobl.
— 26	Duremberg	(in castro prope Welmich) antwortet wiederum abschläglich dem erzb. Theoderich von Cöln, welcher verlangte dass bevor er den tag zu Andernach beschicke der Walrave Scheyffart erst in besitz der burg Ulmen gesetzt werde. 1452 crast. annunciat. Marie. Concept in Cobl.
apr. 5	by Trier	(zu den Carthusern) ladet den Friedrich von Numagen auf die klage des von Hunoltstein (siehe oben mrz. 4) auf einen tag sont. nach Quasimodo (apr. 17) nach Trier. 1452 mittw. nach Palmtag. Concept in Cobl.
— 20	Paltzel	verschreibt dem kardinal Nicolaus von Cus für ein bei demselben geliehenes kapital von 8000 gulden 400 gulden jahreszinsen, wovon 300 gulden an den kardinal und 100 gulden an den Trierer schöffen Paul von Bryxge und dessen Ehefrau Clara von Cus (des kardinals schwester) gezahlt werden sollen. Or. in Cobl.
mai 6	Cube	belehnt den Pfalzgrafen Friedrich mit der burg Broel, der vogtei Ludistorf, burg Stalburg und den andern trier. leben der Pfalzgrafen. 1452 samst. nach des heil. Crutzes tag inventionis. Or. in Cobl.
— 7	———	schliesst mit demselben ein lebenslängliches bandniss zum schutze ihrer lande. Kremer, Gesch. des Kurf. Friedr. von der Pfalz, 2,65.
— 17	Palacioli	schreibt dem kardinal G. tituli S. Sabinae in betreff eines zu Mainz während der provinzialsynode vor der thür des kardinals tit. S. Petri ad vincula gefundenen famosen libells in bezug auf die indulgenzgelder und anderes. Tempor.
— 22	———	bescheidet den Walraben Scheyffart vom Roede genannt von Kulsecker zu sich nach Ehrenbreitstein auf den nächsten St. Vytstag (inn. 15) um sich mit ihm wegen Ulmen zu einigen. 1452 mandag nach unsers herrn Vffartstag. Concept in Cobl.
jun. 7	Manderscheid	einigt sich mit den gebrüdern Raprecht und Wilhelm grafen von Virnenberg nachdem bereits verschiedene gütliche tage ohne erfolg gewesen, nun zu einem neuen noch näher zu bestimmenden tage in Cochem, wo ihre streitigkeiten durch ernannte schiedsrichter sollen geschlichtet werden. 1452 uf mitw. unsers herrn lychams avent. Or. in Cobl. Am 14. dec. (fer. 5 post Lucie 1452) kam zu Cochem der schiedsrichterliche vergleich zu stande. Or. in Cobl.
— 7	. . .	verschreibt der stadt Cöln für tausend gulden die hälfte des zolls zu Engers. Or. in Cobl.

25*

1452

Jun. 10	. . .	Mitbesiegler des compromisses mit Wilhelm von Sombreff wegen hinausschiebung des termins von Johanni bis Martini für die entscheidsleute, Diedrich herrn zu Mande:-scheid und Heinrich von Pirmont. 1452 samst. vur Vytstag. Or. in Cobl.
— 10	Erembreit-stein	verspricht, den grafen Gerhard von Seyn wegen lehensempfange der burg und des thals Seyn vom erzstift, in den nächsten zwei iahren zu verantworten gegen iedermann. Königl Reichsarchiv 23,1000). Or. in Cobl.
— 10	Covelenta	schliesst mit dem grafen Ruprecht von Virnenburg ein bündniss gegen den Johann Hurt von Schoenecken und verbündet sich mit demselben zu einem kriegszug vor Hillesheim und Castelberg. (Vgl. Brower, Ann. Trev. 2,287.) — 1452 samst. vor St. Vitus. Or. in Cobl.
— 24	Erembreit-stein	kündigt dem Johann Hurt, da alle anlasse, compromisse und gütliche tage umsonst, endlich fehde an. 1452 samst. St. Johann bapt. tag. Chartul. in Cobl. — Dieser nebst einem andern brief, worin demselben von wegen des grafen Ruprecht von Virnenburg feind-schaft angekündigt wird, wurde dem Johann Hurt am folgenden sonntag (iun. 25) vor sonnenuntergang in Hillesheim eingehändigt, nachdem der bote ihn um die fünfte stunde auf Castelberg nicht getroffen hatte. Am zweiten tage auf diesen sonntag kamen nach sonnenaufgang des erzbischofs kriegsleute zur belagerung der schlösser Mander-scheid, Castelberg und Hillesheim und nahmen eins nach dem andern ein. Gleichzeitige note im Chartul. in Cobl.
iul. 4	——	schreibt an bürgermeister und rath der stadt Lüttich in betreff seiner fehde mit Johann von der Mark, und dass er bereit sei diese sache vor einen gütlichen tag zu Bonn oder anderswo zu bringen. 1452 dinst. nach unser lieben frauwentag visitationis. Concept in Cobl.
— 5	— — —	bescheidet dem Walrav Scheyffart vom Roede in seiner sache einen gütlichen tag mont. nach der zwölfboten scheidungs-tag (iul. 17) in Coblenz. 1452 mittw. nach unser lieben frauwentag visitationis. Concept in Cobl.
— 8	——	befiehlt den gebrüdern Diedrich und Peter von Rümeck, welche ihren bruder Heinrich, der als domprostos mit geld, siegel, briefe, bücher, kleinode und anderes im dom entwenden helfen und deshalb mit seinen genossen vom pabst in bann gethan und seiner geistlichen würden entsetzt worden, lange zeit zu Bruch enthalten und auch dies haus dem erzstift zu entfremden gesucht haben, — ihm binnen vierzehn tagen deshalb abtrag, wandel und kehrung zu thun. 1452 uff St. Kilian. Concept in Cobl.
— 8	——	befiehlt dem Niklaus Vogt zu Hunolstein kehrung der von ihm verübten räubereien und beschädigungen. Dat. wie vorher. Concept in Cobl.
— 17	- - - -	antwortet dem Johann Hurt auf dessen beschwerde vom mittw. nach visitat. Marie (iul. 5) wegen seiner befehdung und wegnahme der schlösser Manderscheid und Hillesheim, wie er, der erzbischof, durch seine übergriffe als amtmann von ihm dazu genöthigt worden sei. 1452 mont. nach der zwölfboten scheidungstag. Chartul. in Cobl.
— 18	— —	erneuert seinen befehl an Niklas Vogt zu Hunolstein (sieh. vorher). 1452 dinst. nach der Aposteln scheidungstag. Concept in Cobl.
— 21	——	schreibt dem grafen von Sayn welcher sich für die beiden brüder von Ryneck bei ihm verwandt hatte: wie dieselben ihren bruder Heinrich — der als domcastor sich ihm und dem domcapitel freventlich widersetzt und bürger zu Trier aufzuwiegeln gesucht habe, ein dem bruder und bruders kindern des erzbischofs vom domkapitel für ihre briefe und kleinode eingeräumtes und verschlossenes gewölbe erbrochen und beraubt habe und deswegen aus päbstlicher gewalt seiner geistlichen lehen, ämter und würden entsetzt und mit dem banne belegt worden sei — in des erzstifts eigenthum zu Bruch beherbergt und in seiner bosheit bestärkt hätten, ja sogar Peter von Ryneck versucht habe die herrschaft Bruch dem erzstift zu entfremden und nach Luxemburg zu bringen. 1452 uff St. Marien Magdalenen abend. Concept in Cobl.
— 24	Cochme	belehnt den Peter von Merloch genannt Nebe mit der halben vogtei zu Merloch und der vogtei zu Ynch. 1452 uff St. Jakobsabend. Concept in Cobl.
aug. 14	Erembreit-stein	acceptirt das erbieten des Niklas Vogt zu Hunolsteyn seine klage wegen des thurms zu Hunolstein und der veste Nümagen dem Rheinpfalzgrafen zur entscheidung zu über-tragen. 1452 uff unser lieben frauwen abend assumptionis. Concept in Cobl.
— 19	Andernach	gelobt gemeinschaftlich mit Johann von der Mark den entscheid der vier schiedsmänner in ihrem streite zu halten. 1452 samst. nach unser lieben frauwentag assumptio. Concept in Cobl.

1452		
sept. 1	Colne	(zu den Predigern) Verhandlung hier auf freit. nach decollat. Johannis vor dem herzog Gerhart von Gulge und Berg zwischen dem mit einem gefolge von grafen und herrn persönlich anwesenden erzbischof und dem Johann Hurt, die zu keinem resultate führte, worauf der erzbischof am sonntag darnach (sept. 3) schied. Orig. Verhandl. in Cobl.
— 27	Erembreit-stein	ersucht den Johann von der Mark dahin zu wirken, dass Peter von Rodingen ein insasse zu Arburg, welcher dem dorf Vicksom feldie geschrieben, vieh geraubt und nach Arburg geführt habe, das geraubte zurückgebe und seine ansprache gegen die gemeinde vor einem gütlichen tag bringe. 1452 mitw. vor St. Michelstag. Concept in Cobl.
oct. 21	——	schreibt an Johann von Lyser, probst der kirche S. Mariae ad gradus zu Mainz über den streit des grafen Gerard von Sain probsten zu Aachen mit der stadt daselbst wegen einiger novalien, über die besetzung dieser probstei mit seinem bruder dem domprobst Philipp statt Friederichs von Nuenahr und anderes. Concept in Cobl.
— 22	——·	schreibt dem Salentin sohn zu Isenburg domdechanten zu Cöln und dem Gerhard von Cleve grafen zu der Mark, dass er morgen am montag nach Trier reiten wolle und daher keinen tag wegen des von Arburg beschicken könne, auch wolle er bei der zu Andernach besiegelten einung verbleiben. 1452 sonnt. nach Lukas. Concept in Cobl.
— 28	Berncastel	bescheidet dem Niklas Vogt zu Hunoltstein auf den andern tag nach St. Elisabeth (nov. 20) einen gütlichen tag in Coblenz. 1452 an St. Simon und Judentag. Concept in Cobl.
— 31	Erembreit-stein	verleibt dem Walrav Scheyvart vom Rode genannt von Knylsecke auf lebenszeit die veste und herrschaft der Oberburg zu Ulmen. 1452 an Allerheiligen abend. Or. in Cobl.
nov. 4	——·—	benachrichtigt den Johann von der Mark herrn zu Arberg, dass er gemäss des zu Andernach gemachten anlass ihm zu Martini die tausend gulden im kloster der Myunerbrüder zu Andernach auszahlen wolle. 1452 samst. nach Allerheiligen. Concept in Cobl.
dec. 13	Cocheim	verschreibt dem Wyrich von Daun herrn zu Oberstein für die demselben schuldigen 2200 gulden stadt und schloss St. Wendel mit zugehörigen dörfern. 1452 vff St. Lucientag. Or. in Cobl.
— 30	Erembreit-stein	fordert den freigrafen zu Iserlohn auf die gegen die einwohner zu Coblenz erlassene ladung vor den freistuhl zu Limburg zurückzunehmen, da nach kaiserlichem privilegium die unterthanen des erzstifts vor kein auswärtiges gericht sollen gezogen werden. 1452 trior. stils samst. nach Kristag. Or. in Cobl.
1453		
jan. 28	Confluentie	erthält gemeinschaftlich mit dem Rheinpfalzgrafen Friedrich, dem probst Johann von Lyser ein begleitschreiben an den pabst Nikolaus um mit demselben wegen verschiedener sachen, namentlich wegen besetzung der Achener probstei mit einem anmündigen (Friedrich von Neuenahr) zu verhandeln. Concept in Cobl. Vergl. Rossmann, Zeitalter der Reformation s. 398.
febr. 1	Stoltzenfels	schliesst (gemeinschaftlich mit seinem bruder dem domprobst Philipp) eine eheberedung mit dem grafen Gerhard von Seyn wegen der tochter seines verstorbenen bruders Arnold, Elsa von Sirk vermittelst gräfin von Zweybrücken und Bitsch. Lünig Reichs-archiv 23,1000. Seyn. Deductionsschrift gegen Trier 2,70. Copie in Cobl.
— 1	——	belehnt seinen schwager den grafen Gerhard von Seyn vom wegen seiner niftel Elsen von Sirk, gräfin zu Seyn, mit dem alten thorhus am zoll zu Engers, welchen der erzbischof von dem grafen Johann von Ziegenhain gekauft hatte. Or. in Cobl.
— 1	——	desgl. denselben mit 100 gulden jährlich aus dem zoll zu Engers ablöslich mit 1000 gulden. Lünig Reichsarchiv 23,999 und Seyn. Deduktion 2,74.
— 2	——··	benachrichtigt den Niklaus von Merl, seinen zöllner zu Engers, dass er die durch den tod Heiderichs Wolfskel von Veutzberg ledigen 15 gulden jährlich aus dortigem zoll, dem Johann Stadigel von Bitsche zu mannlehen gegeben habe. 1452 stil. Trev. die purification. Marie. Or. in Cobl.
mrz. 10	Bopardie	besiegler das heute hierselbst mit dem grafen Philipp von Catzenelnbogen und dem Godfrid herrn zu Eppenstein gemachten vergleichs, wonach er jedem derselben ein viertel der grafschaft Dietz zu 1600 und seinen lebenherrlichen consens zum verkauf eines viertels von seiten Godfrids an Philipp geben soll. Wenk, Hess. Landesgesch. Urkb. 1,256.
· · ·	· · · ·	ersucht auf die klage der unterthanen zu Nieder- und Oberhammerstein den grafen von Seyn dieselben mit schatzung zu verschonen und sie bei ihrem alten herkommen und gewohnheit zu lassen, auch nicht zu gestatten, dass den feinden die zu Schonenstein liegen und in Hachenburg hafer sollen gekauft haben, dies ferner aus seinen städten geschehe. Ohne zeit und Ort. Concept in Cobl.

1453

apr. 23	Erenbreit-stein	erneuert dies gesuch wegen der unterlassen an den grafen von Seyn. 1453 sonst Jubilate. Concept in Cobl.
— 29	———	erklärt sich dem Diederich herrn zu Runkel bereit, auf dessen beschwerde wegen eines vom gericht zu Monthabar auf seine güter gelegten arrestes, ihn als ernst. edelmann zu verantworten. 1453 sonst. Cantate. Concept in Cobl.
mai 1	———	befiehlt seinem amtmann und kellner zu Monthabar die aufhebung des von dortigem gericht auf des Diederich herrn zu Runkel güter das. und zu Elperskirchen gelegten arrestes zu bewirken, da derselbe sich vor seinen räthen zum austrag erboten habe. 1453 dinst. nach Cantate. Concept in Cobl.
iun. 16	Wormatie	schreibt dem probst dechant und kapitel seiner domkirche, wie er mit Johann Hurt von Schoneck in fehde gekommen wäre, und dass derselbe seit seiner regierung noch keines seiner leben gemuthet auch verschiedenen göttlichen tagen nicht nachgekommen sei. 1453 sab. post Viti. Or. in Cobl.
— 17	———	bewilligt dem Thys von Rengstorff, einem bürger zu Frankfurt, 150 gulden an dem erzbischöflichen münzhof daselbst zu verbauen. 1453 sunt. nach St. Vytstag. Tempor.
iul. 4	———	spricht in gemeinschaft mit dem Rheinpfalzgrafen Ludwig, dem markgrafen Albrecht von Brandenburg, dem bischof Reinhart von Speier und dem Deutschordensmeister Jobst von Venningen eine theyding oder compromiss zwischen dem erzb. Ditrich von Mainz und dem Rheinpfalzgrafen Friedrich. Kremer, Gesch. des Kurf. Friedr. I. von der Pfalz 2,94. Vergl. Brower, Ann. Trev. 2,288.
— 13	. . .	giebt seinen lehensherrlichen consens dazu, dass Gotfrid herr zu Eppenstein und seine gemahlin Agnes von Runkel ihr halbes theil (nämlich ein viertel) an der grafschaft Dietz für 3000 gulden an den grafen Philipp von Catzenelnbogen verkaufen können. Wenk, Hess. Landesgesch. Urkb. 1,253.
— 22	Treveri	verwandelt das nunnenkloster St. Magdalene zu den Reuerinnen in Trier in ein kloster St. Claren ordens. Cop. in Cobl.
— 28	Paltzel	ersucht den Gerlach herrn zu Isenburg sein bürge zu werden bei Cuno von Schonecke für 3000 gulden, und die schuldverschreibung darüber mit zu besiegeln. 1453 samst. nach St. Jakobstag. Or. in Cobl.
— 29	———	nimmt den Sifrid Blick von Lichtemberg für 500 gulden aufs neue zum manne an, und verschreibt ihm statt dieses geldes 50 gulden jährlich aus dem zoll zu Engers. 1453 sont. nach St. Jakobstag. Tempor.
aug. 2	———	belehnt namens des kaisers Friedrich seinen schwager Hamann grafen von Lyningen und zu Ruzingen, herrn zu Furpach, und dessen nachkommen von seiner gemahlin Albest von Sirk welche die herrschaft Furpach erben, mit dem reichslehenbaren schloss Huemburg im Westrich, welche durch den tod Johannes von Hoemburg, des letzten grafen dieses stammes, namens und wappens wieder an das reich gefallen war. Or. in Cobl.
— 4	Erenbreit-stein	ernennt den Cuno von Schoneck zu seinem amtmann zu Meyen. 1453 samst. nach St. Petertag ad vincula. Or. in Cobl.
— 16	Covelentz	macht einen vergleich zwischen der stadt Boppard und dem dorfe Camp wegen des ganggeleits und bodengelds. 1453 dinst. nach unser lieben frauwentag wurtzwihung. Or. in Cobl.
— 22	———	benachrichtigt den Engerser zöllner Nikolaus von Merl, dass er die dem andächtigen Symon von Wyn schuldigen 1000 gulden auf ein viertel des zolls bewiesen habe. 1453 die Mercurii ante Bartholomei. Or. in Cobl.
— 22	———	antwortet dem grafen Ruprecht von Virnenburg, welcher ihn um die übergabe seines theils an Castelburg am nächsten montag (aug. 27) ersucht hatte, dass er zur übergabe des halben theils welches Johann Hurte gehabt bereit sei. 1453 mittw. nach unser lieben frauwentag assumption. Concept in Cobl.
— 24	Bopart	wiederholt seine vorstehende antwort an den grafen von Virnenburg auf dessen erneuertes schreiben. 1453 vff St. Bartholomeus. Concept in Cobl.
— 31	Palacioli	antwortet dem grafen Ruprecht von Virnenburg, welcher sich einige renter auf morgen von Hymmeurode aus zum schutz nach Pfalzel zu bestellen den ihm angesetzten tage erboten hatte, dass ihm dies nicht möglich sei da er alle seine bei sich gehabten reysigen bereits an andere orte ausgeschickt habe, und er wolle ihm daher einen andern tag in einem nähergelegenen orte wo er sicher hinkommen könne ansetzen. 1453 die Paulini. Concept in Cobl.

1453		
sept. 7	Paltzel	erbietet sich dem grafen Ruprecht von Virnenburg zur zahlung des geldes welches sich für die hälfte der pfandschaft Castelburg so Johann Hurt gehabt hatte gebühret, oder diese angelegenheit auf dem tage zu Cochem auf St. Mathenstag .(sept. 21) den theidingsleuten zur entscheidung anheimzustellen. 1453 vff vnser lieben frauwen abend nativitas. Unter demselben datum erlässt er an den grafen noch mehrere schreiben worin er 1, ihn fragt ob der tag zu Cochem ihm gelegen sei; 2, um auszahlung der 600 gulden ersucht, und 3, denselben auffordert die briefe welche Johann Hurt von Schoneck seinem anichherrn, dem grafen Ruprecht von Virnenburg in betreff der wiederlösung der herrschaft Schoneck gegeben hatte, gemäss ihrer einung und bündnisses gegen Johann Hurt den alten und jungen, binnen acht bis zehn tagen bei dem domprobst Philipp von Sirk und Diederich herrn zu Manderscheid zu hinterlegen und des jungen Hurten feind zu sein. Concepte in Cobl.
— 8	———	vermittelt einen frieden und vergleich zwischen dem könig Ladislaus von Ungarn und Böhmen und dem herzog Philipp von Burgund wegen des herzogthums Luxemburg und der grafschaft Chiny. Bertholet hist. de Luxemb. 8,78. Or. in Cobl.
— 8	. . .	stellt dem kaiser Friedrich wegen der ihm ertheilten anwartschaft auf den halben zoll zu St. Gewer, falls graf Philipp von Katzenelnbogen ohne eheliche leibeserben sterben wollte, einen revers aus, dass er alsdann dem kaiser die einkünfte des ersten jahres überlassen wolle. Chmel Regesten Friedrichs s. 313 mit d. d. Coblenz (?), extr.
— 20	Trier	giebt mit consens seines domcapitels seinem hofmeister, rath und getreuen Johann von Eltz das von erzb. Baldewin erbaute haus NeuEltz oberhalb der veste Eltz mit bäschen und allem zugehör zu erblichem lehen und macht ihn zu des erzstifts erbburggrafen darauf. Günth. 4,495. Tempor.
— 29	———	stellt mit seinem domcapitel einen revers aus, dass sie, falls der zoll zu St. Gewer erledigt und die hälfte ihnen verliehen würde, den kaiser an der vorbehaltung der andern hälfte nicht beirren wollen. Chmel Reg. Friedrichs s. 313 extr.
oct. 1	Paltzel	acceptirt die von dem grafen Ruprecht von Virnenburg vorgeschlagenen drei tedingsmänner. 1453 an St. Remeystag, und in einem zweiten ausführlichen schreiben verweist er dem grafen seine drohworte. 1453 mont. nach Michelstag (oct. 1). Concepte in Cobl.
— 6	———	belehnt seinen getreuen Hans Liechtenstein von Bohel mit einem haus, zwei bongerten und sechs malter roggen jährlich zu Manderscheid als dasigem burglehen. 1453 samst. nach Remeystag. Or. in Cobl.
— 15	Erembreit- stein	bittet den pabst in sachen des clerus der stadt Cöln gegen den dortigen stadtrath wegen vereinigung gewisser beneficien zum vortheil der universitätsprofessoren an entschektung. Concept in Cobl.
nov. 11	———	ersucht den grafen Ruprecht von Virnenburg den frieden mit Eberhard von Arberg noch bis nächsten gadestag (nov. 14) sonnenuntergang zu verlängern. 1453 uff St. Mertinstag. Concept in Cobl.
— 13	———	schreibt demselben — er hätte es gerne gesehen wenn der friede mit dem von Arberg auf dem tage zu Andernach noch bis halbfasten verlängert worden wäre — und erbietet sich zur fernern vermittelung eines solchen. 1453 dinst. nach Mertinstag. Concept in Cobl.
— 23	———	schreibt dem cardinal tit. S. Angeli in betreff des für den pabstlichen kämmerer Godfrid de Waga erbetenen archidiaconats an der kirche zu Lüttig, das der cardinal tit. S. Petri abtreten solle. Rossmann, Betrachtungen über das Zeitalter der Reformation, s. 398 mit nov. 24. Concept in Cobl. mit nov. 23.
. .	———	bestätigt die übertragung des präsentationsrechtes über den Marienaltar in der pfarrkirche zu Hundesaugel und über den Stephansaltar in der collegiatkirche zu Gemünden seitens derer von Sottenbach an den ritter Daniel von Moderspach. Nur mit jahr 1453 im Temporale.
dec. 15	Cochme	antwortet der verwittibten gräfin Elizabeth von Blankenheim auf deren beschwerde wegen pfändung zu Nelterrode, dass er seinem amtmann Wilhelm Sander befohlen habe davon abzulassen. 1453 samst. nach Lucien. Or. in Cobl.
— 22	Paltzel	verspricht dem Johann herrn zu Schoneck, Oilbruck und Bärentzheim dem jungen, Peters sel. einzigem sohne, welcher dem erzstift seine rechte auf die herrschaft Schoneck auf dem Hundsruck, zu Cumbe, Adendorf, Kempenich, an das Galgenscheider gericht und den wald Forst abgetreten hat, falls er sich verheirathen und kinder erhalten

1454		
—		wärde, die belehnung mit obigem jedoch mit ausnahme des Galgenschneider gerichts und waldes Furst. Or. in Cobl. Die abtretungsurk. von demselben tage siehe Günth. 4,501 und folg.
ian. 3	Berncastel	verspricht dem pfalzgrafen Ludwig, falls ihm der bischof von Verdun seine lehenrechte aber die burg Veldentz und die übrigen Verdun'schen lehen des pfalzgrafen in der grafschaft Veldentz übertrage, einen platz in der burg Veldentz zur abhaltung der manngerichte einzuräumen. 1453 stil. Trev. donnerst. nach circumcision. dni. Temporale.
— 20	Cocheim	entscheidet einen streit des nonnenklosters zu der Stuben mit den gemeinden Oyrsmidt und Clotdank wegen einer neuen mühle in der Erden zu gunsten des klosters. 1453 trier. stils uff St. Fabian und Sebastianstag. Temporale.
— 21	——	bewilligt der stadt Cocheim dinstags einen wochenmarkt mit der gewöhnlichen marktfreiheit. 1453 trier. stils uff St. Agnetentag. Temporale.
mrz. 24	Mentz	schreibt dem grafen Ruprecht von Virneuburg, dass er wegen der obschwebenden verhandlungen zwischen könig Laszlaen von Ungarn und Böhmen und dem herzog von Burgund, den mit ihm festgesetzten tag zu Covelentz am nächsten donnerstag nicht beschicken könne und ihn daher gemäss ihrer abrede auf den donnerst. nach halbfasten (apr. 4) verlege. 1453 stil. Trev. am sonnt. Oculi. Concept in Cobl.
apr. 27	. . .	verspricht dem Cölner bürger Johann von Mourval die bei demselben geliehenen 500 gulden bis zu ende des nächsten monats aus dem zoll zu Engers zurückzuzahlen. 1454 sampst. nach dem hell. Ostertag. Or. in Cobl.
mai 12	. . .	verschreibt dem grafen Johann von Salm und dessen gemahlin Margretha, der jüngsten tochter seines verstorbenen bruders Arnold von Sirk, bis zur auszahlung der 6000 gulden heiligsgelder die zinsen davon aus den herrschaften Sirk und Monkler. Or. in Cobl.
— 13	Erembreitstein	verschreibt dem Dietherich von Lontzen genannt Robyn für die demselben schuldigen 1040 gulden den halben Mandersheid mit zugehör in amts- und pfandweise. 1454 uff mantag nach Jubilate. Or. in Cobl.
iun. 3	——	verspricht der stadt Boppard, welche bei einer verschreibung von 100 gulden jahrrente aus dem zoll daselbst an Catherine Mailborn für ein kapital von 2000 gulden mitschuldwalter und mitschuldner geworden war, sie deshalb schadlos zu halten. 1454 mont. nach Exaudi. Or. in Cobl.
iul. 15	Bopart	ertheilt dem Conen von Schoneck die anwartschaft auf das antheil Johanns von Schoneck des jungen an der burg und herrschaft Schoneck auf dem Hundsruck, falls derselbe ohne männliche leibserben stirbt. Günth. 4,509. Or. in Cobl.
aug. 14	Covelentz	vergleicht den Heinrich von Plettemberg, probsten zu Hirtzenauwe, mit der stadt Boppard wegen eines weidgangs bei Bey. 1454 uff unser lieben frauwen abent assumptionis. Temporale.
sept. 4	Paltzel	verschreibt dem pastor Johannes zu Uerzig den Orsbecker hof bei der Nuwerburg für 300 gulden, welche ihm derselbe behufs einlösung dieses hofs aus den händen des ritters Heinrich von Cröve, dem der hof von dem ritter Wilhelm von Orsbeck zu des erzb. Wernhers zeiten verpfändet worden war, gegeben hatte, und für die 191 gulden welche er dem pastor als kellner zu Wittlich schuldig geblieben war. 1454 mitw. nach St. Egidien. Or. in Cobl.
— 4	——	belehnt den Colin von der Nuwerburg mit seinen älterlichen lehen, namentlich mit den burglehen der vesten zu der Nuwerburg, Manderscheid und Schoneck in der Eifel. Dat. wie vorher. Or. in Cobl.
sept. 5	——	vererbpachtet die eisenschmiede auf der Salm oberhalb Himmerode gegen einen pacht von 36 zentner eisen iahrlich. Tempor.
— 11	——	übersendet dem pfalzgrafen und dessen räthen seine klageartikel gegen den grafen Johann von Nassau-Saarbrücken. 1454 mittw. nach unser lieben frauwen tag nativitas. Concept in Cobl.
— 28	Wesel	belehnt den markgrafen Karl von Baden in gemeinschaft mit dem pfalzgrafen Friedrich, beide als grafen zu Spanheim mit lehen dieser grafschaft. 1454 uff Michelsabend. Gesch. der Reichsherrschaft Oberstein, s. 48.
oct. 00	Frankfurt	Ankunft zu anfang octobers auf dem hierselbst wegen des türkenzugs ausgeschriebenen reichstag. Müller, Reichstagstheater 1.474.
— 21	——	ertheilt seinem münzmeister Erwyn von Steg gegen entrichtung des zehnten auf zwey

1454		
		ihre das privilegium zum erzgraben an dem berg Falkenley und im gericht Keufam. 1454 uff der Eilfftusent innkfrauwen tag. (Or. in Cobl.
oct. 28	Frankfurt	ersucht die gebruder Dietherich, Peter und Johann den jungen von Ryneck, indem er ihnen des domkapitels antwort auf ihre beschwerde wegen der leute zu Speicher übersendet, die sache bis zu seiner rückkunft ruhen zu lassen. 1454 uff mittw. nach St. Lucas. Concept in Cobl.
— 29	——	schliesst mit den andern Rheinischen kurfursten auf zehn ihre einen münzverein. 1454 dinst. nach Symon und Juden tag. Or. in Cobl. Vergl. Scotti Trier. Verordn. 1,145 welcher darnach zu berichtigen.
nov. 5	Erembreit-stein	verschreibt dem Friedrich Zand, vogt im Hamm, und dessen ehefrau Margretha von Rüdesheim, denen er tausend gulden schuldet, hiefür schloss und thal Hammerstein mit zugehörigen dörfern nebst Leudesdorf amts- und pfandweise. 1454 dinst. nach Allerheiligen. Or. in Cobl.
— 26	Stoltzenfels	inkorporirt wegen der geringen einkünfte der St. Georgenpfarrkirche im thal Hammerstein dem pastorat die einkünfte des St. Catharinenaltars. 1454 crast. Catharine. Or. im dortigen pfarrarchiv.
dec. 7	Paltzel	verkauft dem grafen Wilhelm zu Wied herrn zu Isenburg und dessen gemahlin Philippe für 2000 gulden 200 gulden jährliche leibzuchtagelder aus dem Engerser zoll. 1454 samst. nach St. Niclastag. Temporale.
— 10	Trier	gestattet dem erzbischof Dietrich von Mainz von dem was über den Hannerücken auf die Mosel und dann den Rhein hinab zur umgehung der alten zölle verfahren wird, den sonst zu Ehrenfels und Lahnstein erhobenen zoll nun zu Treys oder an einem andern orte auf der Mosel erheben zu lassen. 1454 dinst. nach St. Niclastag. Or. in Cobl.
— 10	——	ebenso auch dem pfalzgrafen den sonst zu Bacherach und Caub erhobenen. Dat. wie vorher. Or. in Cobl.
— 24 1455	Paltzel	verschreibt dem Ludwig Zand, vogt im Hamm, für die demselben schuldigen 2000 gulden das amt und die pfege im Hamm. 1454 an des heil. Cristsabend. Or. in Cobl.
ian. 5	Erembreit-stein	bevollmächtigt den grafen Wilhelm von Wied, den mag. Johann von Lieser probsten von Liebfrauen zu Mainz, den Johann von Schoeneck den alten, den Johann Stadigel von Bitsch und den Damen von Gundersdorf zu dem behuf beilegung der streitigkeiten mit dem grafen von Nassau in Bacherach stattfindenden tage, da er selbst wegen seiner reise zum reichstag in Nuwerstadt verhindert ist. 1454 mil. Trev. an der heil. Dryer kuning abend. Or. in Cobl.
ian. 6	——	verschreibt dem Godhart Wolff von Ryndorf statt der 10 gulden mannlehengelds 10 gulden leibzuchtgeldes jährlich aus dem zoll zu Engers. 1454 trier. stils an der heil. Dryer kuningtag. Temporale.
— 10	——	erlässt gemeinschaftlich mit dem domprobst Philipp von Sirk an den pfalzgrafen und dessen räthe seine nachrede auf des grafen Johann von Nassau-Saarbrück antwort in ihren streitigkeiten wegen des lothringenschen landzolls zu Forbach nach anderm. Concept in Cobl.
— 10	——	verschreibt dem Wallrav von Coppenstein und dessen ehefrau Margretha von Waldeck für die bei denselben geliehenen 1600 gulden das schloss und amt Baldenau. 1454 trier. stils am fryt. nach der heil. Dryer kuning tag. Or. in Cobl.
— 00	in Austrien	Abreise (circa fest. Epiphan.) auf den zum 2. febr. in Neustadt in Oestreich ausgeschriebenen reichstag. Gesta Trev. ap. Honth. 862. ed. Wyttenb. 2,334. Vergl. über diesen reichstag und Jakobs wirken daselbst auch Müller's Reichstagstheater 1,509 etc.
mrz. 14	Wien	erneut gemeinschaftlich mit könig Laslauw von Hungern und Beheim, herzogen zu Oestreich und Lutzelburg den Philipp von Sirk, grafen zu Moseler und herrn zu Forpach, zum erblichen burggrafen der veste, stadt und berrschaft Freudenberg und Freudencopp. — Vertheidigte Mediatät der Herrschaft Taben und Freudenberg 2,49. Tempor.
— 15	——	belehnt seinen mitkurfürsten könig Ladislaus von wegen des herzogthums Luzenburg mit der markgrafschaft von Arlun, mit dem obersten marschallamt der trier. kirche, mit 72 mutterkirchen und deren patronatsrechten, schönten und zugehör, mit der vogtei über die hofe und güter des klosters St. Maximin ausserhalb Triers und mit der stadt Bidburg. Tempor. Honth. 2,421. Gallia Christ. 13,364. Vergl. auch Gesta Trev.
— 15	——	dsgl. demselben mit der stadt Diedenhoven, da dieselbe auch zu obengenannten vogteien gehört. Temporale. Den betr. revers siehe Honth. 2,433.

26

1455		
mai 14	Vienne	(Pataviens. dioces.) vermittelt mit dem ritter Johann von Parsberg und Friedrich Maurkircher kanonikus zu Frisingen, beide räthe des pfalzgrafen Ludwig, einen compromiss zwischen dem könig Ladislaus von Ungarn und Böhmen und dem herzog Philipp von Burgund wegen des herzogthums Luxenburg, der grafschaft Chiny und vogtei im Elsass. Bertholet hist. de Luxemb. 8,92. Copie in Cobl. Extr. v. Lichnowsky Gesch. des Hanses Habsburg, Reg. No. 1986.
iun. 24	Erembreit-stein	bestimmt seinen bruder, den domprobst Philipp von Sirk, und nach demselben die inhaber der herrschaft Sirk und Monkler zu halter und nutzniesser aller briefe und verschreibungen, welche er durch „eigene vernunft und vorsichtigkeit zu latein der propriam industriam genannt", erworben, und welche ihm pabst Nicolaus V und das domcapitel erlaubt haben zu kehren und zu wenden an wen es ihm beliebe. 1455 uff St. Johanstag zu mitsommer. Or. in Cobl.
— 29	Palacioli	ernennt den domherrn Johann Beyer zum archidiakon tit. St. Lubentii in Diekirchen. 1455 in ipso festo Petri et Pauli. Chartul. in Cobl.
iul. 8	Erembreit-stein	bestätigt die statuten der Marianischen bruderschaft bei der pfarrkirche zu Cochme. Temporale.
— 8	——	genehmigt, dass Wilhelm von Dadenburg einige renten aus seinem lehenhof zu Nickenich an die Carthause St. Alban bei Trier verkaufe. 1455 dinst. var Margrethentag. Or. in Cobl.
aug. 23	Paltzel	beurkundet seinem domkapitel die adelige abstammung des grafen Friedrich von Lyningen väterlicher und mütterlicher seits bis zu den urgrosseltern hinauf. 1455 an St. Bartholommäs abend. Chartul. in Cobl.
— 25	——	bestätigt dem nonnenkloster von der dritten regel des heil. Franziskus zu Trier die schenkung der kapelle zu Villzen an der Mosel mit dem „Velen" wingert behufs einführung eines klosters daselbst, unbeschadet der rechte der mutterkirche zu Winterich. 1455 fer. 2 post Bartholomei. Temporale.
sept. 2	——	An diesem tage und ort nimmt bischof Conrad von Metz den erzb. Jakob zu seinem coadjutor, mompar und verwesor des bisthums Metz in weltlichen sachen an. Or. d. d. Paltzel uff dinst. nach St. Johanstag decollationis in Cobl.
— 14	——	bestätigt die bruderschaft des heil. Sakraments in der Carmeliterkirche zu Trier. Temporale.
— 14	——	schreibt seinem domstift, welches ihm etliche schriften des herzogs Ludwig grafen zu Veldens übersandt hatte, worin letzterer sich beschwert dass der erzbischof sein feind und des pfalzgrafen helfer geworden sei — ausführlich wie oft er den herzog zum frieden ermahnt und sich zur beilegung des streites vergeblich erboten habe, und er sich deshalb nicht mehr für den pfalzgrafen habe entziehen können. 1455 uff des heil. Crutztag exaltation. Or. in Cobl.
— 19	Erembreit-stein	verschreibt den gebrudern Ruprecht und Wilhelm grafen zu Virnenburg, nachdem er von den 30 tausend gulden, welche erzb. Raban gemäss einer rachtung dem grafen Ruprecht und dessen söhnen Philipp und Ruprecht schuldete, 5 tausend gulden abgelöst hat, aufs neue die herrschaft Schonenberg im Oissling für 15 — die herrschaft Kempenich für 5 — und die hälfte der herrschaft Done für 5 tausend gulden. 1455 frit. nach des heil. Crutztag exaltation. Temporale.
— 19	. . . .	beurkundet dem grafen Ruprecht von Virnenburg das einlösungsrecht seiner theils an den gerichten zu Münstermaifeld, Thomme, Lonnig und auf Bubenhaimer berg in der Pellenz, das er ihm für 6000 gulden verpfändet hatte, welches geld auf die pfandschaft von Rixoneck in der Eifel geschlagen worden war. 1455 freit. nach St. Lamprechtstag. Tempor.
— 20	——	belehnt den grafen Ruprecht zu Virnenburg und Nuwenair herrn zu Saffemberg mit schloss und thal Monreal, mit dem thurm zu Virnenburg auf der burg, mit vogtei und gericht zu Nuolnheim, dem haus zu Bosse, hof Spurzenheim und anderm. 1455 samst. nach St. Lambrecht. Or. in Cobl.
— 20	——	verpfändet den gebrudern Ruprecht und Wilhelm grafen von Virnenburg für 14 tausend gulden die herrschaft Schoneck in der Eifel. Dat. wie vorher. Or. in Cobl.
— 20		macht eine billigkeitsredung zwischen dem grafen Ruprecht von Virnenburg und Nuenar, herrn zu Saffemberg, und dem grafen Hamann von Lyningen und Ruxingen, herrn zu Furpach, wonach des letztern älteste tochter Else des erstern ältesten sohn, den inuggrafen Philips von Virnenburg herrn zu Sombreff, heirathen soll. Datum wie vorher. Chartular in Cobl.

1455		
oct. 16	Erembreit-stein	erhält bürgermeistern, rath, burgern und inwohnern gemeinlich der stadt Mainz auf zehn jahre sein gut, frei, strack, sicher, ungeverlich vorwort und geleide durch das erzstift zu wasser und zu land. Honth. 2,422.
— 31	Paltzel	schreibt seinem mit der einziehung verfallener lehen zu Wesel beauftragten commissar, dass, falls Johann Heyderich Mylwalt oder andere darüber ein geschrei erheben würde und man dem nachkommen wollte, davon abzulassen und heimzukehren, andernfalls aber seinem befehl zu folgen und den weinzehnten in empfang zu nehmen. 1455 off Allerheilligen abend. Concept in Cobl.
nov. 5		giebt der stadt und pflege Boppard wegen ihrer bürgschaft für ihn bei mehreren bürgern von Cöln über 9000 gulden kapital und 100 gulden jahrespension aus dem Engerser zoll eine schadlosverschreibung auf ihre bede und ungeld. 1455 mittw. nach Allerheilligen. Tempor.
— 14		verschreibt dem Thomas von Sotern und dessen ehefrau Ermgarten von Bellenhusen für 1200 gulden schloss Smydburg mit zugehör amts- und pfandweise. 1455 frit. nach Mertinstag. Or. in Cobl.
— 16		vergrössert das fuder wein in den gemeinden Zell, Keympt, Merl, Pünderich und Coren im Hamm, das bisher 20 bürden enthielt und kleiner war als an andern orten, um eine bürde im handel. 1455 sont. nach Mertinstag. Temporale.
dec. 18		schreibt dem grafen von Catzenelnbogen, dass seinem vasallen Johann Heiderich von Lorich genannt Mylwalt, der sich in die heimgefallenen lehen, nämlich etliche zehnten in Weseler gemarkung, gesetzt habe (vgl. oben oct. 31), vom geistlichen gericht dieselben abgesprochen worden. 1455 donnerst. nach Lucien. Concept in Cobl.
— 18		stellt auf verlangen des erzherzogs Albrecht von Oestreich einen zeugniss- und kundschaftsbrief aus hinsichtlich des gerüchtes, dass der erzherzog nach der römischen krone gestrebt habe. Chmel Material. zur Oestr. Gesch. 2,91 und extr. in dessen Reg. Friedrichs s. 347.
1456		
ian. 23		bestätigt die fundation des St. Nicolaus altars in der pfarrkirche zu Bischoffsdron und erhebt ihn zu einem beneficium ecclesiasticum. Temporale.
— 27		macht seines bruder den domprobst Philipp und die inhaber der herrschaften Sirk und Moncler zu erben seiner speciell genannten briefe und verschreibungen (vgl. oben 1455 ian. 24). 1455 trier. stils dinst. nach St. Paulus bekerungtag. Or. in Cobl.
— 30		verschreibt dem Johann Stadigel von Bitsch solche 50 gulden iahrrente aus dem Engerser zoll, welche erzb. Raban dem Raban Hoiffart von Kirchheim für 500 gulden verschrieben und zu deren ablösung jener ihm diese summe vorgestreckt hatte. 1455 trier. stils fryt. nach St. Paulus tage conversionis. Or. in Cobl.
— 30		macht sein testament, worin er seine grabstätte im chor der Liebfrauenkirche neben dem dom bestimmt, ferner in der kapelle des schlosses Meyszberg im grossen thurm wo er sich nach der päbstlichen bestätigung, da im ganzen erzstift die pestilenz gewerrscht, habe consekriren lassen eine ewige messe stiftet, und verordnet dass sein herz vor dem Stephansaltar im dom zu Metz (mit einem genau beschriebenen grabstain) und seine eingeweide in dem familiengrab in der kirche zu Metlach beerdigt werden sollen. Dat. wie vorher. Or. in Cobl.
— 31		errichtet mit den grafen Hamann von Lyningen und Gerhard von Saya, den ehemännern der beiden ältern töchter seines verstorbenen bruders Arnold, Alheiden und Elsen, zufolge deren ehevertrags eine erbfolgeordnung für die herrschaften Sirk und Moncler. 1455 trier. stils sampst. nach St. Paulis bekerungstag. Or. in Cobl.
febr. 6		verspricht seinem bruder, dem domprobst Philipp von Sirk, herrn zu Monkler und Forbach, und dessen erben, dass sie vom erzstift nicht im besitz des von kaiser Friedrich verliehenen turnus und zoll zu Boppard sollen gestört werden. Or. in Cobl. Lünig, Reichsarchiv 23,1002.
mrz. 3		verspricht dem Niclas Loirbenher, kellner zu Wesel, dem er nach der letzten rechnungsablage noch eine merkliche geldsumme schuldet, ihn nicht von diesem amte zu entlassen bevor er ihm diese summe berichtigt habe. Temporale.
— 12		genehmigt, dass Hermann von dem Wyber zu Nickendig und dessen ehefran Schenette dem Sebrecht von der Are und dessen ehefran Elgin 33 gulden leibzuchtsgelder auf den lehenhof zu Kelle versichern. Tempor.

26*

1456 mrz. 30	Paltzel	bewilligt dem Philipp Mul von Ulmen seine ehefrau Margretha von Enscheringen auf trier. lehen zu bewitthumen. 1456 dinst. nach dem heil. Oistertag. Or. in Cobl.
— 31	. . .	erneuert mit bewilligung seines domcapitels die urk. des erzb. Raban vom 13. dec. 1433 über Monclair, da dieselbe während seiner zwietracht mit dem domdechanten Schils von Korpen und dessen anhang aus einem gewölbe mit andern briefen und kleinodien gestohlen worden. Copie in Cobl.
mai 20	——	verspricht dem Johann von Eugers, welcher 100 gulden an dem ihm für 1300 gulden verpfändeten schloss Stornemburg verbauen will, ihn lebenslänglich in diesem amt zu lassen, und wenn er es nach seinem tode einlösen würde, diese 100 gulden zu erstatten. 1456 donerst. nach dem heil. Pfingstage. Or. in Cobl.
— 28	——	Tod erzb. Jakobs, nachdem er schon im november zu kränkeln angefangen und die sprache verloren hatte — et infirmitas ejus fuit incurabilis ex nutu divino, quia pessime rexit populum suum, execcavit enim avaritia cor eius — so die Gesta Trev. ap. Honth. 852 und ed. Wyttenbach 2,335. Seine leiche wurde seiner bestimmung gemäss in der Liebfrauenkirche zu Trier beigesetzt. Gesta Trev.
1439— **1456**		**Undatirte Urkunden Jakobs.**
. .	Confluentie	bestätigt den neuerrichteten altar der heil. Dreifaltigkeit, Mariae und Allerheiligen in der pfarrkirche zu Kaimborg. Tempor. Limburger Chronik ap. Honth. 1117 zum iahr 1440.
	Erembreit- stein	verkauft dem Diedrich herrn zu Runkel die hälfte seines halben theils an Limburg, Nyderubrechen und Molsperg um 6000 gulden. Tempor.
. . .		mortificirt ebenfalls den einungsbrief Ulrichs von Manderscheid, den derselbe als er das erzstift inne hatte mit dem grafen Johann von Spanheim gemacht hatte, wie markgraf Jakob von Baden und graf Friedrich von Veldenz mit ihrem exemplar auch thun. Tempor.
. . .		bestätigt auf die bitte seines beichtvaters, des Minoriten Johann von Syntzig, die bruder-schaft des heil. Sakraments zu Luxemburg, und besonders die von dem königlichen hofkanzler Wenzeslaus, patriarch von Antiochien, derselben ertheilten indulgenzen, welche er mit einer neuen vermehrt. Tempor.
. . .		bewilligt dem Tielgin von Dune genannt von Zolver seine ehefrau Nesgin von Marwich auf seine lehensgüter zu bewitthumen. Extr. im Temporale.
. . .		schliesst mit der gemeinde Kuntzge einen vertrag wegen des wasserlaufs der neuen muhle daselbst. Temporale.

1456—1503. Johann II. 1456.

1456 iun. 21	Treveris	Wahl des 22iährigen markgrafen Johann von Baden zum erzbischof durch compromiss des domcapitels, nachdem dasselbe sich seit dem 17. iuni wegen der wahl nicht einigen konnte, und eine parthei sich für Diether von Isenburg den nachherigen erzb. von Mainz erklärt hatte. Johann war der dritte sohn des markgrafen Jakob I von Baden und der Lothringen'schen prinzessin Katharina, war domherr zu Mainz und apostol. notar. — Gesta Trev. ap. Honth. 853; ed. Wyttenbach 2,336; von Stramberg Rhein. Antiquarius 2. Abth. 5r Bd. S. 680 etc.
— 22	——	(in loco capitulari superiori ecclesie) leistet als postulatus dem domcapitel das iurament auf die capitulation, während gleichzeitig bis zu seiner päbstlichen bestätigung sein bruder Karl vom domkapitel mit der administration des erzstifts beauftragt wird. Orr. in Cobl. Gänth. 4,520.
— 24	. . .	An diesem tage bevollmächtigte das domkapitel den markgrafen Georg von Baden, den licentiat Melchior Dischimger, den Arnold de Olivium, litterarum apostolicarum abbre-viatorem, den Johann Ernst, probst von St. Theobald zu Metz und den archidiakon Johann Beyer zur reise nach Rom behufs bestätigung Johanns. Concept in Cobl.

1456

Johann II electus et confirmatus.

oct. 25 ... An diesem tage erlaubt pabst Calixt III durch bulle d. d. Rome apud S. Petrum 8 kal. novembr. 1456 pont. a. 2 den Mainzer domherrn und päbstlichen notar mag. Johann von Baden, in betracht, dass seine tugenden und verdienste die fehlenden iahre ersetzen, die verwaltung und regierung der trier. kirche in geistlichen und weltlichen dingen zu übernehmen; jedoch mit dem vorbehalt, dass er sich vor dem 27. lebensiahre nicht consecriren lassen dürfe, und nur die subdiakonatsweihe erhalten solle. In einer zweiten bulle von demselben tage bestätigt er ihn zum voraus als erzbischof für den fall, dass er sich nach zurückgelegtem 27. iahre habe consecriren lassen und schickt ihm die formel des alsdann zu leistenden iuraments. Sodann erlaubt er ihm d. d. 5 kal. Novembr. (oct. 28) nach zurückgelegtem 27. iahr von einem beliebigen bischof unter assistenz zweier oder dreier anderer sich die weihen ertheilen zu lassen, und überschickt ihm d. d. 3 kal. nov. durch seinen bruder, den Speirer cleriker, markgrafen Georg, das erbetene pallium, um sich dasselbe nach erhaltener weihe von dem bischof von Metz, Verdun oder Worms umlegen zu lassen. Originale in Cobl.

1457

ian. 2 · Erembreit- ernennt den domherrn Johann Beyer zu seinem kaplan. Or. in Cobl.
   stein

— 16 · Paltzel verkauft an den kramermeister Johann Budeler zu Trier und dessen ehefrau Phiole um 1500 gulden des erzstifts zoll und wage daselbst auf widerkauf. 1456 stil. Trev. sont. nach dem Achtzehenden tag. Tempor.

— 18 · ... verschreibt dem Thomas von Soetern für die demselben schuldigen 1500 gulden schloss und amt Grimburg. 1456 trier. stils dinst. nach Anthonius. Or. in Cobl.

— 24 · —— leistet als bestätigter dem domcapitel den iurament. Or. in Cobl.

— 26 · verschreibt dem armbrustmacher Haas zu Sarburg einen iahressold von 4 malter korn oder 4 gulden, und befreit ihn von frohnden, schatzung und ungeld. 1456 stil. Trev. mittw. nach convers. Pauli. Temporale.

— 26 · ... befehlt seinem siegler Ludwig von Dudeldorf zu Trier die auszahlung von 20 gulden an das capitel der Liebfrauenkirche zu Pfalzel als zins für die auf ein iahr geliehenen 600 gulden. Dat. wie vorher. Tempor.

— 28 · —— belehnt den Johann Studigel von Bitsch mit den ihm bereits von den erzbischöfen Raban und Jakob verliehenen mann- und burglehen der vesten Schoneck in der Eifel, Saarburg und Monthabur. 1456 trier. stils fryt. nach Paulstag conversionis. Or. in Cobl.

— 31 · Wittlich verlängert der stadt Wittlich die ihr früher verliehene steuerfreiheit auf noch zehn iahre. 1456 trier. stils mant. nach Paulstag conversionis. Temporale.

febr. 6 · Paltzel bewilligt dem Cistertienserkloster Erbach in Mainzer diöcese aus erkenntlichkeit für die bei demselben gelehnten 2000 gulden für seine weincrescenz und provision zollfreiheit zu Boppard und Engers. 1456 stil. Trev. sont. nach Agathen. Tempor.

mrz. 20 · Erembreit- verschreibt den geschwistern Hemme, Anthys und Agnes Knypen für 500 gulden iährlich
   stein 25 gulden zu Wesel, und 2, dem Anthys Knypen und dessen frau Margretha 15 gulden daselbst um 300 gulden. 1456 trier. stils vff sontag Oculi. Orr. in Cobl.

— 22 · stellt dem Frank von Cronenberg für die auszahlung der dem selben für tausend malter korn schuldigen 1250 gulden zu nächstem Christtag bürgen. 1456 trier. stils dinst. nach Gertrude. Or. in Cobl.

apr. 19 · Limburg beschwört den burgfrieden von Limburg, Molsberg und Brechen, nachdem Bernhard graf zu Solms, Dietrich herr zu Runkel und Frank von Cronenberg der alte ihn in sein theil dieser herrschaften, städte und schlösser zugelassen haben. (Fischer) Geschlechts- register der Häuser Isenburg etc. S. 106. Tempor.

— 23 · ... verschreibt dem Conrad Marschalk von Wahleck für die demselben schuldigen tausend gulden eine iahresrente von 50 gulden aus dem zoll zu Engers, und stellt dazu bürgen mit der verpflichtung zum einlager in Mainz, Bingen oder Creuznach. 1457 dam. Georgii. Tempor.

— 25 · Erembreit- genehmigt, dass Jorg von Seyn, graf zu Witgenstein herr zu Hoemberg und seine gemahlin
   stein Elisabeth von der Mark für 800 gulden dem grafen Philipp von Nassau-Saarbrücken,

1457		
		Erwählter und Bestätigter.
		herrn zu Lewenberg 30 gulden iahrrente aus der herrschaft Valender verschreiben und ihm die öffnung, lager und folge daselbst versetzen. 1457 mont. nach Jorgen. Tempor.
apr. 28	Erembreit-stein	bewilligt dem Godhart von Hatzfeld den von der herrschaft Limburg leheurührigen kirchensatz zu Grass an den schultheissen Johann Becker in Hoingen zu verpfänden. 1457 donrst. nach Quasimodo geniti. Temporale.
mai 13	——	belehnt den Johann von Metzenhusen genannt von Sienheim mit dem Clingelbachshaus zu Senheim und einem burgleben der veste zu der Nuwerburg. 1457 donrst. nach Jubilate. Or. in Cobl.
— 20	——	belehnt den Johann von Helfenstein und Sparkenburg mit seinem theil an der burg Helfenstein, mit der veste Sparkenburg, einem burgleben von Monthabuyr und andern. 1457 fryt. nach Cantate. Or. in Cobl.
— 22	——	belehnt den Philipp Mul von Ulmen mit einer haferrente zu Lutzerath, 6 mark aus dem Cochemer zoll, einem burgleben von Ulmen und einem hof zu Horn bei Hillesheim. 1457 am sonnt. vocem iocunditatis. Or. in Cobl.
— 27	Frankfurt	tritt auf dem kurfürstentag hierselbst dem von seinem vorfahren und den übrigen kurfürsten 1446 montag nach Ocnli geschlossenen kurverein wegen des schisma bei. Lünig Reichsarchiv 16,221. Müller Reichstagstheater 1,593. Honth. 2,429. Or. in Cobl.
iun. 20	Erembreit-stein	belehnt den Dietherich von Hubenheim mit einer hufe land zu Nydernbrechen und 20 malter korn iährlich aus dem hof Blumenroide bei Limburg als erblichen mannleben, sodann mit der accisefreiheit für seine eigne weine zu verzapfen in Limburg als burgleben daselbst. Wigand, Wetzlar, Beiträge 3,116.
iul. 4	. . .	schliesst mit dem grafen Philipp von Katzenelnbogen einen vergleich wegen der bei demselben geliehenen 18 tausend gulden, welche darnach ihm drei iahre lang belassen werden, dem grafen aber seine trier. lehen bleiben und derselbe 50 fuder wein zollfrei und den wildbann zu Rense so lange die pfandschaft dauert erbitten soll. 1457 uff St. Ulrich. Tempor.
— 14	. . .	belehnt den grafen Hesso von Liningen mit seinem theil von Altliningen. Extr. Kremer Gesch. des Ardenn. Geschlechts 2,211, aus: Rechtliche Auszüge der grafen von Leiningen-Westerburg contra Leiningen-Hartenburg etc. s. 23.
— 18	——	belehnt den Peter von dem Boumgart genannt Damgin mit 5 ohm weinrente aus der kellerei Monstermeynfelt, mit 6 morgen ackerland und einem garten bei Kempenich, mit einer wiese bei Wawer und einer hofstatt zu Meyen. 1457 mont. nach Margreten. Or. in Cobl.
— 23	——	bestätigt dem grafen Philipp von Katzenelnbogen und Dietz den wildbann zu Rense und die zollfreiheit für 50 fuder wein an den zöllen zu Boppard und Engers. 1457 samst. nach Marien Magdalenen. Tempor.
aug. 3	Wesel	bestätigt der stadt Wesel ihre privilegien, rechte und gewonheiten und verspricht nicht mehr als 200 mark iährlich an steuern daselbst von der christenheit zu erheben. 1457 mittw. nach St. Petertag ad vincula. Tempor.
— 7	Meyen	desgl. der stadt Meyen, der er auch versprieht ihre bisherige schatzung von 200 gulden nicht zu erhöhen. Temporale. Extr. Günth. 4,528.
— 15	Covelentz	bewilligt der gemeinde Metterich ihre weine gegen entrichtung des halben zolls den Rhein hinabzuführen. Tempor.
— 26	Engers	belehnt den Gerlach sohn zu Isemburg und dessen ehefrau Hilgart von Sirk mit der hälfte der burg Greunaw und der herrschaften, gerichte, leute, gülten und güter zu Rachtorff, Breidenaw, Muden und Almerspach. 1457 fryt. nach Bartholom. Or. in Cobl.
sept. 26	Cobelentz	belehnt den pfalzgrafen Friedrich in gemeinschaft mit dem markgrafen Karl von Baden, beide als grafen zu Spanheim, mit den trier. lehen dieser grafschaft. 1457 mont. nach Mauritius. Concept in Cobl.
— 30	Paltzel	belehnt den Bernhart von Palant mit den älterlichen lehen seiner ehefrau Anna von Veltzberg. 1457 fryt. nach S. Michel. Concept in Cobl.
oct. 1	—	desgl. den Heinrich Vogt zu Hanolstein mit der burg und vogtei Hanolstein. 1457 uff St. Remeystag. Or. in Cobl.
— 7	- - -	desgl. den Friederich von Kesselstadt den iungen mit dem bau zu Furen, dem haus zu Crove, einem burgleben zu Dune und andern lehen wie solche seine vorältern besessen hatten. Ledebur, Allgem. Archiv 14,220.

1457		Erwählter und Bestätigter.
oct. 22	Baden	giebt dem Haus Liechtenstein von Bobel ein burglehen zu Manderscheid. 1457 samst. nach Lukas. Or. in Cobl.
nov. 28	Laensteyn	verbündet sich mit den erzbischöfen von Mainz und Cöln, mit Frank von Cronenberg dem alten und den städten Cöln und Frankfurt gegen Cuno herrn zu Westerburg und consorten, welche kölnische kaufleute auf dem Main geplündert und nach Westerburg in die gefangenschaft geführt hatten. 1457 maent. nach Katherinen. Or. in Cobl. Vergl. Lacomblet Urkb. 4,384.
— 29	. . .	beschliesst mit dem andern vorgenannten wegen der auswechselung der gefangenen in der Westerburger fehde. 1457 an St. Andres abend. Or. in Cobl.
dec. 8	Cochme	besiegelt mit dem abt von Brauweiler den von ihren räthen gemachten vergleich wegen des gerichts zu Clotten — wonach statt der frühern 24 nun 7 schöffen dasselbe besitzen und ihre urtheile am oberhof zu Cöln holen sollen. Günth. 4,532. Temporale.
— 16	Covelentz	belehnt den ritter Wilhelm von Flatten von wegen seiner ehefrau Else von Broele mit einem drittel am zehnten zu Rotenrode nebst dem kirchensatz daselbst, dem hof Seelchenroede und mit einem burglehen von Cochem. 1457 frit. nach Luzien. Copie in Cobl.
— 17	———	empfiehlt seinem domcapitel den domherrn Ludwig von Breidenbach, den schwestersohn des grafen Wilhelm von Wied, zur zulassung ins capitel und zur residenz. 1457 sabbato post Lucie. Or. in Cobl.
— 19	Dietz	gelobt, alle mannen, burgmannen, stifte, pfaffen, kirchherrn und klöster in der grafschaft Dietz bei ihren alten freiheiten, rechten und gewonheiten zu belassen. 1457 mant. nach Luzien. Temporale.
1458		
ian. 12	. . .	schliesst mit dem erzb. Dietherich von Cöln zum schutze und zur sicherheit ihrer lande und leute ein bündniss auf lebenszeit. Honth. 2,431. Scotti Trier. Verordn. 1,152. Or. in Cobl.
— 16	Covelentz	genehmigt, dass Jorg von Seyn graf zu Wytgenstein und dessen gemahlin Elisabeth von der Marken 24 gulden iahrrim für ein dem grafen Philipp von Nassau-Saarbrücken schuldiges capital von 400 gulden auf zehnten in der herrschaft Valender versichern. 1457 mont. vor Anthonien. Tempor.
— 22	———	desgl. dass Conrad Marschalk von Waldeck seiner tochter Darbeln bei ihrer verheirathung mit Philipp von Wolffskel 1200 gulden heirathsgut auf die hälfte des schlosses Lieben verschreibe. 1457 trier. stils uff S. Vincentiustag. Temporale.
mrz. 4	Stoltzenfels	verschreibt seinem rath, dem grafen Philipp von Nassau und Saarbrücken, für die demselben schuldigen 6000 gulden eine iahresrente von 400 gulden aus dem zoll zu Engers, und stellt ihm dazu bürgen mit der verpflichtung zum einlager in Nassauwe oder Wilburg. Tempor.
apr. 5	Covelentz	belehnt den Salentin herrn zu Isenburg mit der halben burg Areufels, vogtei, gericht und gütern zu Moingin und andern zu trier. lehen. 1458 mitw. nach Oistertag. Or. in Cobl.
— 13	Lympurg	erlässt gemeinschaftlich mit den andern pfandherrn der herrschaft Limburg in den streitigkeiten bürgermeisters und raths der stadt daselbst mit der gemeinde eine ordnung wegen besetzung des raths, wegen der accise, des wachtgeldes, gemeinen hertschillings und anderm. 1458 donrst. nach Quasimodo geniti. Tempor.
— 21	Covelentz	giebt dem Diederich von Lantzen genannt Robin erblich ein burglehen der veste zur Nawerburg welches derselbe mit erzb. Jakobs consens von dem Basenheim abgekauft hatte, und verzichtet auf die sich vorbehaltene lösung, da derselbe ein anderes haus dafür zu lehen gemacht. 1458 frit. nach Misericordia domini. Tempor.
— 25	———	verkauft mit consens des domcapitels dem Phillips von Steyne für 800 gulden eine iahresrente von 32 gulden aus dem zoll zu Engers mit verpfändung des erzstiftischen hofs zu Kerlich. 1458 dinst. nach Jubilate. Tempor.
iun. 00	Wien	Aufenthalt am kaiserlichen hofe hierselbst, wo erzb. Johann von kaiser Friedrich am 6. iuni mit den regalien belehnt wurde und am 5. und 6. iuni die andern privilegien des erzstifts bestätigt erhielt. Gesta Trevirorum. Honth. 2,432—436 und Günther 4,535—541.
— 17	Krembreitstein	giebt dem wingert Brunart zwischen Ginderstorf und dem fahr gelegen für den drittel trauben in erbpacht. 1458 samst. nach S. Vitstag. Or. in Cobl.
— 17	———	vererbpachtet seinen hof zu Gunterstorf an Hermann Contzgin von Wolffendorf. Dat. wie vorher. Temporale.
aug. 1	———	schliesst mit dem grafen Johann von Nassau, Vianden und Dietz, herrn zu Breda und truchsessen in Brabant, auf vier iahre ein bündniss. Or. in Cobl.

1458		Erwählter und Bestätigter.
aug. 16	Stoltzenfels	ertheilt der stadt Covelentz wegen der für ihn bei Cölner bürgern geliehenen 6000 gulden eine schadlosverschreibung. 1458 mittw. nach Assumption. Marie. Or. in Cobl.
— 29	Hillesheim	bestätigt burgmannen und bürgern hierselbst ihre rechte und privilegien. 1458 dinst. nach Bartholomeus. Tempor.
sept. 1	Paltzel	belehnt den Bernhart von Palant herrn zu Rulant mit der hälfte des dorfs Polembach. 1458 vff St. Egidientag. Copie in Cobl.
— 29	Covelentz	vermittelt durch seine hofrichter und räthe einen vergleich zwischen den abteien Laach, Hymmerod und St. Thomas bei Andernach einerseits und der gemeinde Ladenstorf andererseits wegen abgabe des glöcknerbrods und weins aus den abteilichen höfen in letzterem ort. 1458 frit. nach Mauritius. Or. in Cobl.
oct. 24	Erembreitstein	verschreibt dem Johann Hurt von Schoneck und dessen ehefrau Engin von Brantscheit bis zur auszahlung der denselben laut der zwischen ihnen durch den erzbischof von Cöln vermittelten sühne schuldigen 5500 gulden eine jahresrente von 275 gulden aus dem zoll zu Engers. 1458 dinst. nach Lukas. Or. in Cobl.
— 28	————	schliesst mit dem domkapitel einen vertrag, wonach dasselbe ihm auf zehn jahre gegen eine jährliche rente von 120 gulden aus dem zoll zu Engers das sestergeld in Trier überlässt. 1458 an Simon und Judentag. Or. in Cobl.
nov. 11	————	giebt den salmenfang unterhalb Wesel am wörth gegen entrichtung des fünften salmen mehrern einwohnern zu St. Gewershusen in pacht. 1458 an St. Mertinstag. Tempor.
dec. 26	———	belehnt den markgrafen Karl von Baden in gemeinschaft mit dem pfalzgrafen Friedrich, beide als grafen zu Spanheim, mit den trier. lehen dieser grafschaft. 1458 trier. stils uff Steffanstag. Gesch. der Reichsherrschaft Oberstein, s. 50.
— 28	———	ertheilt dem Heinrich von Warsperg für sich, seine ehefrau Margretha, die tochter Falkers von Ellentz, und ihre söhne die antwartschaft auf des letztern lehen, falls derselbe keine söhne hinterlasse. 1458 trier. stils an Aller kindentag. Tempor.
		verkauft mit bewilligung seines domkapitels den gebrüdern Johann und Gerhart Wildgrafen zu Dann und Kirburg und Rheingrafen zu Steyn um 6200 gulden die burg und stadt St. Wendelin mit zugehörigen dörfern und 200 gulden jahresrente aus dem zoll zu Boppard auf widerkauf. Copie in Cobl. nur mit jahr 1458.
1459		
iau. 6	———	ernennt den Nicolaus Huysmann von Yppelburn zu seinem prokurator am gerichtshof zu Covelentz. Tempor.
— 10		verschreibt dem ritter Friedrich von Steyn für die demselben schuldigen tausend gulden, welche nach dem tode des ritters Friedrich von Steyn des alten aus den 3000 gulden die erzb. Jakob diesem schuldete ihm zugefallen sind, 50 gulden jahresrente aus dem zoll zu Engers. 1458 mitw. nach der heil. Drierkoulage tag trier. stils. Or. in Cobl.
febr. 9	————	befiehlt dem schössengericht zu Monthabuyr, den von Ludwig von Ottenstein und Henne zu der lint auf die Friedrichs sohns zu Gundelshausen gelegten arrest aufzuheben. 1458 stil. Trev. frit. nach Essomihi. Concept in Cobl.
— 14	Covelentz	befiehlt wiederholt die aufhebung des auf die Gundelshausener gefälle Friedrichs sohns von Runkel gelegten arrestes, da derselbe sich zu recht erboten habe. 1458 stil. Trev. mittw. nach Invocavit. Concept in Cobl.
apr. 20	Sarburg	bewilligt dass Heinrich von Swartzenberg die Margretha von Ittingen auf sein theil des schlosses Wartenstein und güter und renten zu Bernkastel bewitthume. 1459 sexta post Jubilate. Extr. im Temporale.
mai 6	Paltzel	verschreibt dem Michel von Masholtern für 275 gulden die meyerei zu Namagen. 1459 sont. nach unsers herrn Uffartstag. Tempor.
iuni 1	St. Gewer	einigt sich mit dem grafen von Catzenelnbogen wegen rückzahlung der bei demselben auf drei jahre geliehenen 18000 gulden dahin, dass ihm dieselben nach ablauf des zweiten jahrs nächsten Jakobstag noch weitere zwei jahre belassen bleiben sollen. 1459 frit. vor Bonifacius. Tempor.
— 2	Wesel	belehnt den kurfürsten Friedrich von der Pfalz mit burg Broel, der vogtei Ladistorff, burg Stalberg und seinen andern trier. lehen. 1459 samst. nach Maximin. Or. in Cobl.
— 30	Erembreitstein	schreibt seinem bruder dem markgrafen Georg von Baden, administrator von Metz, dass er nach dem briefe des markgrafen Marx ihres bruders aus Mantua nicht zweifle bald in seiner (markgrafen Georgs) sache weitere gute botschaft zu erhalten; in betreff des Lothringers vornehmens wegen des salzsiedens glaube er dass es ohne wissen des herzogs von Calabrien geschehen und wolle erst botschaft von dem erwarten und solle

1459		Erwählter und Bestätigter.
		deshalb wegen aufkündigung des geleits der kaufleute noch so lange zögern. 1459 sahh. post Petri et Paul. Concept in Cobl.
iul. 4	Erembreit-stein	bewilligt schultheissen, schöffen, bürgern und einwohnern seiner stadt Brochen auf die nächsten fünf iahre, dass sie ausser in ehe- und andern vor die geistlichen gerichte gehörigen sachen, nicht an das geistliche gericht zu Coblentz sollen belangt werden, und dass man vom herbst bis ostern nur in dortiger gemarkung gewachsenen wein verzapfen soll. Honth. 2,439. Tempor.
— 25	Paltzel	ernennt den Johann von Wim genannt zur Guntrebe zu seinem pallastdiener in Trier. 1459 uff Jakobstag. Tempor.
aug. 9	———	vererbpachtet einen „gries" in der Ellerbach oben an Dieffendal und Gymmersmühle um eine wiese daraus zu machen. 1459 vff Laurentienabend. Tempor.
sept. 14	Ehrenbreit-stein	übergiebt die kapelle zu Eberhardsclausen dem orden regulirter chorherrn St. Augustini und stellt sie unter das kapitel von Windesheim. Or. in Cobl.
— 21	Munster-meyafelt	schliesst auf zehn iahre mit dem Rheinpfalzgrafen Friedrich, herzogen in Baiern und grafen zu Spanheim, ein bündniss zum schutze ihrer lande und leute. 1459 uff Mathensiag des heil. apost. und evang. Temporale.
— 26	Erembreit-stein	ertheilt für die bruderschaft bei der kapelle St. Marien genannt Frauwenkirche in der pfarrei Thür ein vierzigtägiges ablassprivilegium. Or. in Cobl. Gesch. der Pfalzgräfin Genovefa S. 117.
oct. 2	———	nimmt den Gerlach von Londorf als diener an und verleiht ihm auf lebenszeit den Münzhof in Frankfurt, welchen derselbe stets mit betten und hausgeräth zu des erzbischofs aufnahme bereit halten soll. 1459 dinst. nach Michelstag. Tempor.
— 21	———	belehnt den Wilhelm Homhrecht von Schonemberg mit dem kirchensatz, frucht- und wein-zehnten zu Contz. 1459 sont. nach Lukas. Tempor.
— 22	. . .	Besiegler und bestätiger der urk. Godard's herrn zu Esch und dessen kinder, wonach sie den kanonikern der von ihrem eigenthum erbauten kirche Eberhardsklausen den grund und boden frei überlassen, den bau einer herberge für pilger, das weidrecht in der gemeinde Crames und zum weiterhin steine, sand und erde zu graben erlauben. Chartal. in Trier.
— 27	———	verschreibt dem Clas von Kellembach für die demselben schuldigen 1300 gulden schloss Grimburg mit zugehör in amts- und pfundweise. 1459 vff Simon und Judenabend. Or. in Cobl.
— 28	———	verkauft demselben mit consens des domkapitels um 2000 gulden eine iahrsrente von 100 gulden aus dem zoll zu Engers und stellt dafür bürgen mit der verpflichtung zum einlager in Trier, Coblentz oder Andernach. 1459 vff Simon und Judenstag. Or. in Cobl.
nov. 9	Covelentz	belehnt den Clais von Nattenhelm mit vier ohm wein iährlicher weinrente zu Pamer, ablösslich mit 60 gulden. 1459 fryt. vor Mertinstag. Tempor.
— 10	———	belehnt den Gerhart von Lone, herrn zu Gaylche und grafen zu Blankenheim, mit den trier. lehen der grafen von Manderscheid. 1459 vff Mertinsabend. Or. in Cobl.
— 10	———	bewilligt demselben falls sein sohn stürbe auch für seine älteste tochter die lehensnachfolge. Dat. wie vorher. Or. in Cobl.
dec. 5	Erembreit-stein	erbietet sich dem grafen von Seyn zur vermittelung eines friedens und sühne mit dem grafen von Wied. 1459 vff St. Niklasabend. Concept in Cobl.
— 7	———	befiehlt seinen zöllnern auf Rhein und Mosel die früchte der Carthause zu Ryttel bei Sirk zollfrei passiren zu lassen. 1459 uff vnser lieben frauwen abend conception. Tempor.
— 8	———	ersucht die grafen von Wied um seine einwilligung zu einem einstweiligen frieden mit dem grafen von Seyn, welcher sich dazu bereit erklärt habe, und auch die söhne von Runkel dafür zu bestimmen. 1459 vff vnser frauwentag conception. Concept in Cobl.
— 11	———	belehnt den Gerlach von Londorf mit sechs huben landes zu Wambach, jede von 10 morgen. 1459 dinst. nach Niklais. Tempor.
— 13	———	macht zwischen Gerhard grafen zu Seyn einerseits und grafen Wilhelm von Wied herrn zu Isenburg und Friedrich und Dietherich, söhnen zu Runkel, andrerseits einen frieden, gedelt oder gütlichen bestand von nächstem donnerstag (dec. 20) an bis Dreikönigtag, und bestimmt beiden partheien auf den 2. ian. einen tag in Covelentz um zu versuchen ihre streitigkeit beizulegen. 1459 vff Lucientag. Concept in Cobl.

1459		**Erwählter und Bestätigter.**
dec. 15	Erembreit-stein	belehnt seinen rath, den grafen Wilhelm von Virnenburg für Philipp und Ruprecht, grafen zu Virnenburg und Nuwenar, herrn zu Saffemberg, mit den trier. lehen deren vaters. 1459 samst. nach Lucien. Or. in Cobl.
— 15	———	belehnt den Jakob von Kyrn mit einem hause zu Wesel neben dem garten weiland des ritters Weruher von Schonemberg gelegen. Dat. wie vorher. Tempor.
— 29	———	schreibt den archidiakonen und dem capitel des doms zu Trier, dass er dem gerücht, der pabst habe dem Schyls von Kerpen die domdechanei verliehen, keinen glauben schenke, und ersucht sie um ihren consens zu einer anleihe von 6000 gulden bei Frank von Crouemberg. 1459 still. Trev. in die Thome Cautuariens. episcopi. Or. in Cobl.
. .	———	gebiethet seinen zöllnern auf der Mosel und dem Rhein die provision der Karthause auf dem Beatusberg bei Coblenz bis auf widerruf zollfrei passiren zu lassen. Nur mit
1460		iahr 1459 im Temporale.
ian. 1	———	belehnt seinen hofmeister und rath Johann von Eltz von wegen seiner ehefrau Else von Broele mit einem drittel am zehnten und kirchensatz zu Roetemroode, dem hofe Seelchenrode und einem Cochemer burglehen. 1459 trier. stils am beil. Jairstag. Copie in Cobl.
— 15	Wittlich	entscheidet den streit des schöffen Conrad Heuwer von St. Vyt zu Wittlich mit den andern schöffen daselbst wegen des zu leistenden schöffeneides. 1459 still. Trev. dinst. vor Anthonien. Tempor.
— 27	Covelentz	bewilligt dem Wilhelm von Dademberg seine ehefrau Agnes von Enscheringen auf seinen hof zu Nickendig zu bewitthumen. 1459 still. Trev. sont. nach Paulusbekerunge. Tempor.
— 29	Erembreit-stein	verleibt dem ritter Daniel von Muderspach und dessen ehefrau Gutten auf lebenszeit das haus Castel ausserhalb der stadt Limburg in derselben art wie dasselbe weiland der ritter Gylbrecht von Schouembern innegehabt hatte. 1459 trier. stils dinst. nach Pauls conversion. Tempor.
— 31	———	schreibt seinem domcapitel, dass er sich genau an dem vertrage wegen des sentergeldes halten und das gemäss demselben zu zahlende geld an den bestimmten terminen ausrichten werde, glaube es aber, er wäre ein mehreros zu zahlen verpflichtet, so möchte es ihm dies vorbringen; sodann, dass es den auf befehl des cardinals von St. Peter gegen die prophauanten angesetzten gütlichen tag, wovon der domherr Wigand von Nassau mit ihm geredet habe, absagen möge, da es ihm nach der mittheilung seiner vom heil. vater aus Mantua zurückgekehrten sendboten nicht mehr nöthig scheine. 1459 still. Trev. fer. 5 post Valerii. Or. in Cobl.
mrz. 28	. . .	bestätigt die von seinem kellner Heinrich Leymbach zu Pfalzel geschehene verpachtung der mühle zu Yrank auf 31 iahre. 1460 frit. nach vnser frauwentag annuncial. Tempor.
apr. 4	———	verleiht seinem „piffer" Henrgin von St. Peterswald und dessen ehefrau auf lebenszeit ein haus in der Hoaregasse zu Covelentz. 1460 frit. nach Judica. Tempor.
— 29	———	ratificirt einen zwischen dem convent von Eberhardsclusen und dem vikar Johann Ordo zu Pisport durch seine räthe vermittelten vergleich wegen der verhältnisse des pfarrers von Pisport zu dem convent. Or. in Cobl.
mai 12	Trier	Feierlicher einzug Johanns am montag nach Cantate oder St. Gangolfsabend mit glänzendem gefolge in die stadt, deren huldigung er empfängt, und sich bis zum nachmittag des folgenden tages aufhält. Siehe die ausführliche beschreibung hiervon von dem angezengten Peter Maier in der Trier. Chronik von 1819 s. 31 etc. und im Jahresbericht der Gesellschaft für nützliche Forschungen zu Trier pro 1857. s. 2. ferner Brower Ann. 2,293.
— 12	———	(in loco capitulari ecclesie nostre, die solemnis introitus nostri in civitatem nostram Treverensem) leistet dem domcapitel einen neuen iurament. Or. in Cobl.
. .	———	belehnt den Gerhard herrn zu Rodemachern Nuwerburg und Crouemberg mit den lehen zu Bolchen und Useldingen. Nur mit iahr 1460. Or. in Cobl.
— 15	Paltzel	verleiht dem bürger Gerhart von Schonemberg zu Paltzel und dessen ehefrau Agnes auf lebenszeit drei morgen land daselbst. 1460 donrst. nach Cantate. Tempor.
— 15	. . .	verschreibt dem dechant und kapitel Unserliebenfrauenkirche zu Pfalzel einen denselben mit bewilligung des domkapitels verkauften zehnten von 20 gulden auf die abgabe der fischer daselbst. Dat. wie vorher. Chartul. in Trier.
ian. 8	Erembreit-stein	vergleicht sich mit der wittwe Hildegart von Sirk frau zu Keyl wegen des zehnten zu Gyndorf und überlässt ihr auf lebenszeit die hälfte desselben. 1460 dinst. nach dem beil. pfingstdage. Or. in Cobl.

1460		Erwählter und Bestätigter.
jan. 26	Covelentz	bewilligt dem dorfe Treys einen samstagswochenmarkt mit denselben rechten und freiheiten welche die wochenmärkte der stadt Cochem haben. 1460 mittw. nach Johanns bapt. dag. Or. in Cobl.
— 29	Erembreit-stein	bewilligt dem Johann von Schoneck seine ehefrau Else von Pirmont auf verschiedene lehen zu bewitthumen. Günther 4,550. Tempor.
— 30	———	proklamirt die wahl Maria's de Villa zur äbtissin von St. Scholastika zu Juvigny und etwaige einwendungen gegen diese wahl mittw. nach Margrethentag (16 juli) vorzubringen. Chartul. in Cobl.
jul. 8	———	belehnt den grafen Johann von Nassau und Dietz mit seinem theil an der grafschaft Dietz. Lünig, Reichsarchiv 22,642. Müller Reichstagstheater 3,65.
— 11	Munster-meinfeld	verspricht dem Diedrich herrn zu Runkel unter bürgstellung die demselben schuldigen 1200 gulden nächsten Jakobi über ein iahr nach Andernach oder Runkel zurückzuzahlen. 1460 frit. nach Kilian. Concept in Cobl.
— 30	———	ertheilt für seine lebzeit der bürgerschaft zu Covelentz eine zollbefreiung der ausfuhr ihres eignen weingewächses und ihrer marktsachen die auf die benachbarten kirmessen fahren. 1460 fer. 4 post Jacobi. Tempor.
aug. 3	Colne	schliesst mit dem erzb. Dietherich von Cöln, dem herzog Gerhart von Jülich und Berg, grafen zu Ravensberg, und dem Wilhelm von Loen herrn zu Jülich und grafen zu Blankenheim auf zehn iahre ein bündniss. 1460 sont. nach Peterstag ad vincula. Or. in Cobl.
— 3	Erberstein	(?) bestätigt die privilegien, rechte und güter des klosters Niederwerth. Neuere unzuverlässige Copie in Cobl.
sept. 1	Ehrenbreit-stein	führt in das Agnetenkloster zu Trier kanonissinnen des Augustiner ordens, stellt sie unter das generalcapitel von Windesheim und den prior zu Eberhardsklausen, verlegt dessen kirchweihfeier vom tage St. Mathiä, welches in der regel in die fasten fällt, auf den sonntag nach der oktave des heil. Sakraments, und bestimmt dass dies kloster künftig St. Agnes auf dem Engelsberg genannt werden soll. Hunth. 2,440. Vergl. Brower, Ann. 2,294. Or. in Cobl.
— 9	———	bestätigt die urkunde worin könig Ladislaus von Ungarn und sein vorgänger erzb. Jakob den Philipp von Sirk zum burggrafen von Freudenberg und Freudenkopp ernennen, weil dieselbe von seinem genannten vorgänger nicht konnte besiegelt werden. 1460 dinst. nach unser lieben frauwentag natiultas. Tempor.
— 24	———	belehnt den Clais Spriekast von Waltmannshusen und dessen ehefrau Katherine, die tochter Daniels von Huoff genannt von Nickendig mit den vier gulden iährlicher rente aus der kellerei Ehrenbreitstein, welche letzterer von der herrschaft Hammerstein zu lehen hatte. 1460 mittw. nach Matheus. Tempor.
oct. 24	———	nimmt der gebrüder Johann und Friedrich von Pirmont dörfer und leute auf dem Hundsruck gegen eine iährliche abgabe von 10 malter hafer in seinen schutz. Günth. 4,553. Tempor.
— 25	———	genehmigt, dass Vincentius graf zu Moers und Saarwerden von den demselben aus dem zoll zu Engers verschriebenen 100 gulden iahrrente 25 gulden dem Heinrich von Sweynheim verschreibe. 1460 samst. nach der eylfftusent megde tag. Tempor.
— 26	———	bewilligt dem Gerlach sohn zu Isemburg herrn zu Grensaaw seine ehefrau Hildegart von Sirk auf das schloss Grensauwe zu bewitthumen, und
— 25	———	belehnt denselben mit diesem schloss und der herrschaft, gericht, leuten und gütern zu Rachdorf, Breidenawe, Maden und Almspach. Dat. wie oben. Orr. in Cobl.
— 31	———	entscheidet den streit des St. Florinstifts zu Coblenz als grundherrn mit den burggrafen von Ryneck herrn zu Bruch und Thonemberg als vögten, wegen der huldigung zu Obermendich. Günth. 4,555. Or. in Cobl.
nov. 18	———	vererbpachtet einem untersassen des amts Daun ein gut genannt Staalserbe. 1460 vff St. Briccius. Tempor.
— 19	———	desgl. einen hof zu Selters der dortigen gemeinde. 1460 vff Elizabethentag. Tempor.
— 19	Covelentz	vergleicht die stadt Coblenz mit dem Clarenkloster St. Marien Magdalenen zu Trier dahin, dass die dem letztern von erab. Jakob überwiesenen güter der Minoritenklosters in Coblenz dem hospital hierselbst zu fallen und das Clarenkloster iährlich 16 gulden daraus erhalten solle. Dat. wie vorher. Or. in Cobl.
— 22	Erembreit-stein	verschreibt dem rittur Johann Boreas von Waldeck und dessen ehefrau Engin von Schoneck 120 gulden iahrrente aus dem zoll zu Engers für 2000 gulden unter stellung von

27*

1460		Erwählter und Bestätigter.
		bürgen mit der verpflichtung zum einlager in Covelentz, Boppard oder Andernach. 1460 samst. nach Elyzabeth. Or. in Cobl.
nov. 26	. . .	vergleicht sich mit dem von Helffenstein wegen des weinschanks in Nerenberger gericht und auf den Seyner und Artzheimer kirmessen. 1460 mittw. nach Katherinen. Tempor.
dec. 11	Stoltzenfels	ersucht den grafen Gerhart von Seyn, da jetzt der pastor Conrad zu Engers so schwer krank darniederliege, dass an dessen aufkommen nicht mehr zu denken sei, ihm nun wegen besetzung dieses pastorats mit seinem rath dr. beider rechten mag. Johann Krydewyss zu willen zu sein, indem er seinem (des grafen) sohne eine präbende zu Munstermeinfeld oder Carden geben wolle, und dem Johann Schilling von Laenstein hierüber antwort zu ertheilen. 1460 dourst. nach vnser lieben frauwen tag conception. Or. in Cobl.
— 13	———	belehnt den Johann von Helfenstein und Sporkenburg mit den mann- und burglehen seines verstorbenen vaters. 1460 uff Lucien. Or. in Cobl.
— 18	———	desgl. den Wernher von Esch von wegen seiner ehefrau mit den zehnten zu Bulemberg, Runtzemberg, Goldemberg, Ellemberg, Elchwüre und Dietzwilre. 1460 dourst. nach Lucien. Tempor.
— 28	———	nimmt des Heinrich von Pirmont besitzungen im Nassenkirspel gegen fünf und dessen dörfer Stadefelt und Wydenbach bei Manderscheid gegen drei gulden jährlichen schirmgelds in seinen schutz. Günth. 4,554. Or. in Cobl.
— 28	———	giebt seinen consens zu der ehe einer erzstiftischen hörigen mit einem hörigen Wilhelms von Staffel, und sollen die kinder dieser ehe zur hälfte aus erzstift und zur hälfte an den von Staffel fallen. 1460 trier. stils uff der kyndeltag. Tempor.
1461		
jan. 3	———	nimmt seines hofmeisters und raths Johann herrn zu Eltz leute und besitzungen in seinen schutz. 1460 samst. nach dem heil. iarstag trier. stils. Tempor.
— 5	———	erhebt die von dem wepeling Reiner von Zell fundirte neue kapelle St. Marien Magdalenen zu Sienhals zu einem beneficium ecclesiasticum. Günth. 4,563. Tempor.
— 20	. . .	giebt seinen consens zu der resignation des pastors Conrad Fryse auf die pfarrei Engers. Or. in Cobl.
— 22	———	ersucht nochmals den grafen Gerhart von Sein ihm wegen der pastorei Engers zu willen zu sein, da er seinem sohne anderweitig, wie auch Johann Schilling von Laenstein ihm mitgetheilt habe, genüge thun werde. 1460 dourst. nach Agneten. Or. in Cobl.
febr. 2	. . .	vertauscht der abtei Prüm seine mühle zu Sweich gegen ein haus zu Paltzel. Or. in Cobl.
— 27	———	überträgt dem abt Johann von St. Matheis bei Trier die regierung und visitation des Benediktiner nonnenklosters zu Walstorf. Tempor.
mrz. 6	Nüremberg	nimmt mit den übrigen kurfürsten auf dem kurfürstentag hierselbst den kurfürsten Friedrich von der Pfalz in den kurfürstenverein von 1446 mont. nach Oculi auf. Kremer Gesch. des Kurf. Friedr. v. d. Pfalz 2,253.
apr. 8	Trier	erlässt bis auf widerruf dem nonnenkloster St. Barbara bei Trier 10 viertzeln korrente aus einer hube landes zu Zeven. 1461 mittw. nach dem heil. Ostertag. Tempor.
— 25	Erembreitstein	entscheidet die streitigkeiten seines domkapitels mit den burggrafen Dietherich, Peter und Johann von Ryneck herrn zu Broich und Thonberg wegen der iurisdiktion zu Spycher. 1461 sambst. nach Georg. Or. in Cobl.
— 26	———	bestätigt als lehenherr den verkauf der hälfte des schlosses und der herrschaft Wartenstein bei Kaldenfels von seiten Dietherichs herrn zu Manderscheid und Dietherichs grafen von Manderscheid herrn zu Daun und zu der Schleiden. 1461 uff sontag Jubilate. Or. in Cobl.
— 26	———	belehnt den grafen Johann von Nassauwe und Saarbrücken und Wirich von Dune herrn zu Falkensteyn und zum Obernsteyn mit den drei theilen von der hälfte des schlosses Wartenstein welche sie von den von Manderscheid gekauft haben. Günth. 4,565. Or. in Cobl.
— 26	———	bewilligt den vorgenannten beiden von Nassauwe und von Dune eines von ihren drei theilen des schlosses Wartenstein in den nächsten zehn iahren an einen rittermässigen zu verkaufen. Tempor.
— 27	———	beurkundet gemeinschaftlich mit den beiden von Nassau und von Daun, dass in dem an sie geschehenen verkaufe der hälfte von Wartenstein nicht mitbegriffen sind die lehen der Sunder von Sienheim, die güter, welche die Rheingrafen pfandsweise besitzen und das was im Kaldenfelser burgfrieden liegt. 1461 mont. nach Jubilate. Tempor.

1461		Erwählter und Bestätigter.
apr. 27	Erembreit-stein	beschwört gemeinschaftlich mit den beiden vorgenannten von Nassau und von Daun den 1402 errichteten burgfrieden von Wartenstein. Extr. Günth. 4,567. Or. in Cobl.
mai 1	——	beauftragt seinen rath Otto Waldpott von Bassenheim in seinem namen den burgfrieden zu Wartenstein zu beschwören. 1461 freit. nach Jubilate. Copie in Cobl.
— 15	——	belehnt den Johann herrn zu Crichingen und Puttingen mit dem demselben von graf Johann von Nassau und Wirich von Daun verkauften halben viertel·des halben schlosses Wartenstein. 1461 frit. nach vnsers herrn Vffartstag. Tempor.
iun. 3	——	vermittelt einen vergleich zwischen dem domprobst Philipp von Sirk und dem abt zu Springirsbach wegen der von ersterm aus dem zehnten zu Zell und Merl zu beziehenden 5 fuder weingülte. 1461 vff vnsers herrn lychams abend. Or. in Cobl.
— 5	——	belehnt die gebrüder Johann und Eberhart Hasen von Dievelich mit dem sechsten theil am zehnten zu Ochtendunk. Günth. 4,568. Tempor.
— 7	——	verleiht dem Albrecht von Hoeren und dessen sohn Philipp auf lebenszeit den alten zollthurn zu Capellen im thale mit der verpflichtung für das erzbischofs bofgesinde wenn er auf Stoltzenfels residire, betten und schläfung zu stellen. 1461 sont. nach vnsers herrn lichamstag. Tempor.
— 25	——	belehnt seinen sekretair Bertold Kruss von Regensburg auf lebenszeit mit dem Rodebaum auf dem fischmarkt zu Covelentz, mit einem wingert bei der Laubach und 12 weisspfennig iahrzins. 1461 donrst. nach Johann Bapt. Tempor.
iul. 3	——	vergleicht sich mit Johann von Helfenstein dem iungen und dessen ehefrau Katherine von Gymnich wegen der lehen der Muyl von der Nuwerburg, Katherinens vorältern. 1461 fryt. nach vnser lieben frauwen tag visitationis. Or. in Cobl.
— 13	——	nimmt den Peter Tättler auf lebenszeit zu seinem diener im waldwerk an mit 5 gulden ji malter korn einem hofkleid und der kost im schlosse zu Erembreitstein als dienstbesoldung. 1461 uff Margarethen. Tempor.
aug. 7	. . .	An diesem tage stellt pabst Pius II es dem erwählten Johann frei (laut bulle d. d. Tibure 1461. 7 id. aug. pont. a. 3.) sich erst nach dem dreysigsten lebensiahr die weihe ertheilen zu lassen und er durch die bulle pabst Calixt III nicht gezwungen sei dasselbe nach dem sieben und zwanzigsten iahre zu thun. Or. in Cobl.
sept. 28	Wiesbaden	ermahnt das Mainzer domcapitel, indem er ihm abschrift der päbstlichen bullen in betreff absetzung Diethers von Isenburg und ernennung Adolfs von Nassau als erzb. von Mainz mittheilt, letzterm zu gehorchen. 1461 in profesto Michaelis. Concept in Cobl. Ueber die betheiligung Johanns an der fehde um den Mainzer stuhl siehe Brower. Ann. 2,294.
oct. 21	Erembreit-stein	nimmt den Conrad Koler von Nuremberg auf ein iahr zum münzmeister an. Tempor., vgl. Chron. Monetar. ap. Houth. 1180.
— 24	——	nimmt den Friedrich von Sombreff herrn zu Kerpen und Thonnemberg für 50 gulden iährlich auf sechs iahre zu seinem helfer und diener an. 1461 samst. nach der Eylfftusent megdetag. Tempor.
nov. 2	——	verleiht dem Mathys von Kieselbach und dessen ältesten sohne auf lebenszeit das vogtamt auf dem erzstiftischen hof zu Thryss. 1461 uff Allerselentag. Tempor.
— 26	——	bewilligt seinem rath Wilhelm von Eltz die lehensnachfolge für seine älteste tochter falls er ohne söhne zu hinterlassen starbe. 1461 donrst. nach Katherinen. Tempor.
dec. 12	——	belehnt den Wilhelm von Loen herrn zu Guylge und grafen zu Blankenheim mit den trier. lehen seiner vorfahren der grafen von Blankenheim, herrn zu Gerolstein und Castelberg. 1461 samst. nach vnser lieben frauwentag conceptionis. Or. in Cobl.
— 15	——	bevollmächtigt den Godhart von Esch und Paul Boeus von Waldeck das trier. theil an schloss Bettingen und Falkenstein in seinem namen in besitz zu nehmen und den burgfrieden zu beschwören. 1461 dinst. nach Lucien. Or. in Cobl.
— 17	——	ersucht sein domstift um die aufnahme des Wildgrafen Gerarten von Dun und Kyrburg, ins capitel. 1461 fer. 5 post Lucie. Or. in Cobl.
1462		
ian. 7	——	bestätigt eine in der pfarrkirche zu Poelch gestiftete wochenmesse. Tempor.
— 10	. . .	verleiht dem Johann Hingeler von Wittlich die pfarrei Hontheim. Extr. im Tempor.
— 21	Munster-meyenfelt	bestätigt den witthums vertrag Johanns von Partenheim mit Schennele der wittwe seines bruders Bernhart. 1461 stil. Trev. uff Agnetentag. Tempor.
febr. 3	Erembreit-stein	nimmt die leute der gebrüder Johann und Johann Romilian· Boessen auf dem Hunsrücken in seinen schutz. 1461 stil. Trev. mittw. nach vnser lieben frauwentag purificationis. Tempor.

1462		Erwählter und Bestätigter.
febr. 3	Erembreitstein	bestätigt die neue dotirung des von dem ritter Peter von der Leyen und dessen ehefrau Agnes von Soetern fundirten Marienaltars in der St. Laurentiuskirche zu Barburg durch Oswald von Bellenhausen, amtmann daselbst, Wygant von Erffertzhusen und Hederich Wolfskel von Foitzberg, nachdem die ursprünglichen fundationsgüter zum theil verkommen waren. Dat. wie vorher. Tempor.
— 10	Trier	belehnt den Symond von Bernkastel mit dem halben dorf Hasborn. 1461 trier. stils mittw. nach Apollonien. Tempor.
— 19	——	erlaubt dem Johann von Swartzemberg 200 gulden an dem seinem vater Tilman von erzb. Otto für 700 gulden verpfändeten schlosse Swartzemberg zu verbauen. 1461 stil. Trev. frit. nach Valentin. Temporale.
— 22	. . .	verschreibt dem Heinrich von Mormheim für 800 gulden schloss Wellstein amts- und pfandweise. 1461 vf St. Peterstag ad cathedram trier. stils. Tempor.
— 22	——	desgl. dem Dietherich von Lontzen genannt Rubin für 2200 gulden schloss Manderscheid. Dat. wie vorher. Or. in Cobl.
— 23	——	verschreibt dem mag. Courad von Fryburg, doktor in geistlichen rechten, für dessen forderungen an den erzbischöfen Otto und Jakob wegen dienstgeldes und gekaufter bücher, auf lebenszeit 18 gulden jährlich aus dem siegel zu Trier. 1461 trier. stils uff St. Mathysabend. Tempor.
— 24	——	bestätigt den verkauf einer jährlichen rente von vier malter korn aus dem zehnten zu Paltzel seitens des collegiatstifts daselbst um 100 gulden an das nonnenkloster St. Nikolai von der dritten regel des heil. Franziskus zu Trier. Or. in Cobl.
mrz. 6	Erembreitstein	belehnt den Dietherich von Lontzen genannt Robyn noch mit einer hofstatt in und dem Werullenhof bei Manderscheid. 1461 trier. stils samst. nach Estomihi. Tempor.
— 8	——	beantwortet dem Everhart von der Mark ältesten sohn zu Arburg seine beschwerdepunkte und willigt ein ihre beider klagen dem erzb. Dietherich von Cöln zum austrag zu überlassen, und 2, überschickt dem erzb. von Cöln abschrift dieses schreibens. 1461 stil. Trev. mont. nach Invocavit. Concepte in Cobl.
— 9	——	belehnt den Emondt von Mielen von wegen seiner verstorbenen ehefrau Lysen von Godenawe mit dem demselben nach der theilung mit seinem schwager Godhart von Godenaw zugefallenen halbtheil des dorfes und der kirchengabe zu Langenfelt. 1461 trier. stils dinst. nach Invocavit. Tempor.
— 10	——	verschreibt der stadt Trier welche ihm tausend gulden baar und für 500 gulden salpeter geliefert, 75 gulden jährlich aus dem siegel daselbst. 1461 stil. Trev. mittw. nach Invocavit. Tempor.
— 15	——	verkauft dem Hermann Boiss von Waldeck 30 gulden jahrrente aus dem zoll zu Boppard um 600 gulden, und stellt dafür bürgen mit der verpflichtung zum einlager in Boppard. 1461 stil. Trev. mont. nach Reminiscere. Tempor.
— 21	——	schreibt dem erzb. Theoderich von Cöln, dass er den tag zu Andernach, welchen er wegen des von Arburg ansetzen werde, acceptiren wolle. 1461 stil. Trev. dominice Oculi. Concept in Cobl.
— 22	——	bestätigt die fundation einer kaplanei in der St. Georgenkapelle zu Javigny. Tempor.
— 31	——	antwortet dem Wirich von Dun herrn zu Falkenstein und Oberstein auf dessen schreiben wegen Wartenstein, ihm baldigst mittheilung machen zu wollen, dann dass er ihm die 1000 gulden bezahlen wolle wenn seine boten, die jetzt in Cöln seien um geld zu leihen, zurückgekehrt und dass er seinem rentmeister befehl ertheilt habe die 100 gulden dienstgeld beim nächsten aufschliessen der zollkiste auszuzahlen. 1462 mittw. nach Letare. Concept in Cobl.
mai 4	Bruxelles	schliesst mit dem herzog Philipp von Burgund ein bündniss auf lebenszeit. Houth. 2,445. Or. in Cobl.
iun. 19	Erembreitstein	schreibt dem Heinrich Vogt und herrn zu Hunolstein auf dessen beschwerde über den amtmann zu Pfalzel eingriff in seine rechte auf die leute zu Wilre, dass er nach besprechung mit dem amtmann das geeignete verfügen werde, und dass er wegen der jetzigen läufe in seiner sache gegen Friedrich von Namagen keinen tag bestimmen könne. 1462 samst. nach vnsers herrn lychamstag. Or. in Cobl.
iul. 26	Engers	schreibt dem herzog Gerhart von Jülich und Berg dass er gemäss ihrer einung sein helfer gegen die von Arberg werden solle. 1462 mont. nach Jakobstag. Concept in Cobl.

1462		Erwählter und Bestätigter.
aug. 12	Erembreit-stein	belehnt den ritter Johann, Henne's Ruwen von Haitzfeld herrn zu Wildemburg, und Jorg Ruwe, Godhards sel. söhne, mit 3 fuder weinrente aus der kellerei Erembreitstein. 1462 dornst. nach Laurentius. Tempor.
— 12	——	ersucht wiederholt, da ihm auf sein erstes schreiben noch keine antwort geworden, den erzb. Theoderich von Cöln (und in gleicherweise den herzog Gerhart von Jülich) seine helfer in der fehde mit Eberhard von der Mark, ältestem sohn zu Arberg, zu werden. Dat. wie vorher. Concept in Cobl.
— 12	——	ersucht statthalter und räthe zu Lutzelburg darauf zu sehen, dass dem Eberhard von der Mark in ihrem lande kein vorschub geschehe und namentlich dass dessen bruder Ruprecht von der Mark den dem erzstift zugefügten schaden ersetze. Dat. wie vorher. Concept in Cobl.
— 16	——	ersucht den herzog Gerhard von Jülich dem von Arberg aus seinem land keine hilfe, zulegung und beistand zu gestatten. 1462 mont. nach unser frauentag assumptionis. Concept in Cobl.
— 26	——	ersucht wiederholt den erzb. Theoderich von Cöln sein helfer gegen Eberhard von der Mark zu werden. 1462 fer. 6 post Bartholomei. Concept in Cobl.
— 26	——	schreibt dem herzog Gerhart von Jülich und dessen gemahlin Sophie dass er nach ihrem begehren seine gesandten nächsten montag abend (aug. 30) nach Cöln zu einer berathung im kloster der Minrebrüder wegen der Arberger sache schicken werde. Dat. wie vorher. Concept in Cobl.
— 28	——	setzt in der stadt Covelentz eine gemeine accise auf kaufmannsweare und wein fest, wovon der stadt die nächsten zwölf iahre zwei drittel und darnach die halbscheid zufallen soll, und bestimmt dass auch hier der stapel künftig gehalten und an andern orten zwischen Boppard und Engern abgestellt werden soll. Hontheim. 2,444. Scotti Trier. Verordn. 1,156. Or. in Cobl.
nov. 17	——	begehrt wiederholt von erzb. Theoderich von Cöln (und ebenso vom herzog Gerhart von Jülich) sein helfer gegen Eberhard von der Mark zu werden. 1462 fer. 4 post Martini. Concept in Cobl.
— 27	——	schreibt dem erzb. Theoderich von Cöln, er finde nicht in den während seiner abwesenheit an seine statthalter und räthe gelangten briefen, dass der Eberhard von der Mark sich zu ehren und recht erbiete — wolle sich der erzbischof daher noch ferner weigern ihm helfer zu werden, so sähe er sich von ihm gegen die einung verlassen. 1462 sabbato post Katherine. Concept in Cobl.
dec. 29	Trier	freit die stadt Welschpillig in der art, dass sie ihm iährlich die hälfte aller seiner haferkorn- und geldzinsen entrichten, dagegen die „zyse" nebst 15 gulden iährlich an die stadt verbauen und die aufs schloss gehörigen weine nebst des amtmanns amtswein und 40 fuder bauholz führen solle. 1162 trier. stils mittw. nach Cristag. Tempor.
1463		
ian. 2	——	ersucht den herzog Gerhart von Jülich gemäss ihrer einung seine freunde den 9. ian. nach Remagen zu den seinigen zu schicken. 1462 stil. Trev. in octava Stephani. Concept in Cobl.
— 4	. . .	giebt seinen lehensherrlichen consens dazu, dass Fritsche von Smilburg und seine ehefrau Ulke von Wildburg ihre zehnten in der pfarrei Mortscheit und Reyntzfeld um 600 gulden dem Simeonstift in Trier verpfänden können. 1462 trier. stils dinst. nach dem heil. iahrstag. Or. in Cobl.
— 11	——	bewilligt dass Heinrich von Swartzenberg dem Rheinpfalzgrafen Ludwig, herzogen in Beyern und grafen zu Veldenz einen theil seiner hälfte am schloss Wartenstein verkaufe. 1462 trier. stils dinst. nach Drierkoningtag. Tempor.
febr. 9	Worms	Aufenthalt Johann's zu Worms; nach einem schreiben seiner statthalter und räthe d. d. fryt. nach unser frauwentag purificat. 1462 stil. Trev. an den herzog von Jülich in der Arberger fehde. Concept in Cobl.
— 19	. . .	erlaubt dem Symond Mauchenheimer von Zweynbrücken, seinem amtmann zu Eberskastel, 100 gulden an die herstellung eines wüsten weihers zwischen Luytzkirchen und Niederwurtsbach zu verwenden und eine mühle daselbst zu erbauen. 1162 trier. stils sonnt. nach Valentin. Tempor.
— 24	Erembreit-stein	ersucht den herzog Gerhart von Guylge und Berg, da aus der letzten rathschlagung zu Remagen nichts geworden, nun gemäss ihrer einung sein helfer gegen Eberhard von der Mark zu werden und den betreffenden fehdebrief zu senden. 1462 stil. Trev. uf Mathystag. Concept in Cobl.

1463		Erwählter und Bestätigter.
mrz. 8	Erembreit- stein	erneuert an den herzog von Jülich sein vorstehendes ersuchen und erbietet sich zu einem rechtlichen austrag bereit. 1462 stil. Trev. dinst. nach Reminiscere. Concept in Cobl.
— 11		schliesst mit der stadt Oberlahnstein eine sühne und neutralitätsvertrag während der zwietracht im Mainzer stift. 1462 stil. Trev. fer. 6 post Reminiscere. Or. in Cobl.
apr. 2	Trier	belehnt den Conrad Marschalk von Waldeck und den Philipp von Wolfakel mit dem schloss Uben und zugehör. 1463 vff Palmabend. Tempor.
— 18	Paltzel	bewilligt dem Wilhelm Hombrecht von Schonenberg seine ehefrau Else von Erffartshusen auf seine trier. lehen zu bewittbumen. 1463 mont. nach Quasimodo. Or. in Cobl.
— 20	————	incorporirt dem collegiatstift zu Pfalzel, dem bereits die pfarrkirche zu Cochem incorporirt ist, auch das reclusorium daselbst neben der pfarrkirche, das für vier oder fünf schwestern früher hinreichenden nun nicht für eine unterhalt bietet. Günth. 4,573. Or. in Cobl.
— 22	Trier	ersucht die gebrüder Johann und Gerhard, Wildgrafen zu Daun, den streit wegen der zugehörungen des schlosses Wartenstein bis zu einem in kurzem von ihm bestimmt werdenden tage ruhen zu lassen. 1463 fryt. nach Quasimodo. Concept in Cobl.
mai 1	. . .	verpfändet dem Dietbrich von Lontzen genannt Robyn für 2116 gulden die dörfer Noviant und Maring und den Molehof zu Wittlich. 1463 vff Walpurgentag. Copie in Cobl.
— 7	Berncastel	vermittelt einen vergleich zwischen Johann herrn zu Wynnenburg und Bilstein und Irmegard von Hunolstein, wittwe zu Wynnenburg, dessen „snurghe" über ihr wittbum und erbrecht. Günth. 4,575. Or. in Cobl.
— 12	Erembreit- stein	erhebt die Marienkapelle auf dem Valveyer berge zu einem beneficium ecclesiasticum und verleiht vogt und schöffen des dorfs Valvey das präsentationsrecht derselben. Günth. 4,572. Tempor.
— 15	————	schreibt dem herzog Gerhard von Jülich und dessen gemahlin Sophie, dass ihm auf ihr begehren ein tag zu Remagen wegen besprechung der ihm zu leistenden hilfe gegen Eberhard von der Mark genehm sei. 1463 dominice Vocem iocunditatis. Concept in Cobl.
— 18	.	bestimmt dem herzog und der herzogin von Jülich auf ihr begehren auf dinst. nach Dreyfaltigkeit (7. iuni) einen tag zu Remagen wegen besprechung der ihm gegen Eberhard von der Mark zu leistenden hülfe. 1463 fer. 4 post Vocem iocunditatis. Concept in Cobl.
iun. 11	————	schreibt den gebrüdern Wildgrafen zu Daun, dass er nun, da er es wegen seines aufenthalts ausser landes nicht eher habe thun können, auf St. Ulrich (iul. 4) nach Berncastel einen tag wegen der Wartensteiner gebrechen angesetzt und dies auch den übrigen mitgenucinern angezeigt habe. 1463 samst. nach corporis Christi. Concept in Cobl.
— 14	————	verschreibt dem Coblenzer bürger Johann Mathys auf lebenszeit für 50 gulden welche er denselben schuldet, verschiedene güter in Coblenzer gemarkung. 1463 dinst. nach unsers herren lychamstag. Tempor.
— 30	Paltzel	ersucht die stadt Lüttig, indem er ihr seinen conflikt mit dem von Arberg auseinandersetzt, letzterm keinen vorschub zu leisten und 2, den herzog und die herzogin von Jülich gemäss ihrer einung sein helfer gegen denselben zu werden. 1463 donrst. nach Peter und Paul. Concepte in Cobl.
iul. 10	. . .	erlässt ein zweites ähnliches schreiben wie vorher an die stadt Lüttig. 1463 mont. nach Margretha. Concept in Cobl.
— 19	Covelentz	belehnt den Heinrich von Metzenhusen namens seiner ehefrau Hildegarte, der tochter Friedrichs Zant von Merl mit einem theil ihrer väterlichen lehen. 1463 dinst. nach der zwolfbuden scheidung. Tempor.
— 20	Trier	antwortet dem Ludwig von Burbon, erwählten und bestätigten zu Lüttig, und nimmt dessen vermittelung in der Arberger fehde und einen gütlichen tag zu Cöln an. 1463 mittw. nach division. apostolor. Concept in Cobl.
— 24	Paltzel	verkauft mit consens seines domkapitels für 1500 gulden an Oiswalt von Bellenhusen den alten und jungen söhne Oiswalt, Johann und Endres 75 gulden Iahrrente aus dem zoll zu Sarbuck (Saarburg) und stellt dafür bürgen mit der verpflichtung zum einlager. 1463 sont. nach Marien Magdaleuen. Concept in Cobl.
aug. 5	. . .	schliesst mit dem grafen Philipp von Catzenelnbogen und Dietz eine sühne wegen der Mainzer fehde und einen vertrag wegen schlichtung künftiger streitigkeiten unter sich. 1463 frit. nach Peters tag ad vincula. Or. in Cobl.
— 29	Trier	ersucht den grafen von Manderscheid, zu verfügen dass ihm gemäss seines kaufbriefs über

1463		Erwählter und Bestätigter.
		Wartenstein die gefälle zu Hennweiler, welche ihm herzog Ludwig graf zu Veldenz und der graf Johann von Nassau-Saarbrücken streitig machen, wie auch die ihm von den Rheingrafen vorenthaltenen, verabfolgt werden. 1463 vff Johannstag decollationis. Concept in Cobl.
sept. 20	Covelentz	verschreibt dem Thile Schutz von Hllchenrode und dessen ehefrau für die demselben als kellner zu Cochem schuldig gebliebenen 300 gulden eine jahrrente von 10 gulden 1 fuder wein und 10 malter korn auf beider lebzeit. 1463 uff St. Matheus abend des heil. apostels und evang. Tempor.
— 23	——	übergiebt seinem domcapitel, welches ihm zur bezahlung der erzstiftischen schulden behülflich sein will, burg, stadt und zoll zu Engers. 1463 fryt. nach St. Matheus des heil. aposteln und evang. Or. in Cobl.
— 24	——	verleiht dem Kugelbrecht Suesse von Monthabur ausser seinen andern lehen noch ein haus zu Eschelbach als burglehen von Monthabur. 1463 samst. nach Matheus tag des heil. apost. und evang. Tempor.
— 26	——	befiehlt den zollbeamten und der gemeinde zu Engern treue und gehorsam gegen das domcapitel. 1463 fer. 2 post Mauritii. Tempor.
— 28		belehnt den Johann herrn zu Helfenstein und Spurkenburg nach Philipps tode mit der burg Helfenstein und den andern Helfensteinischen gütern. 1463 an St. Michelsabend. Tempor.
— 30	Erembreit-stein	nimmt den Gerhart von Langenbach auf lebenszeit zu seinem manne an und verschreibt ihm 4 malter korn jährlicher gülte als burglehen der veste Molsperg. 1463 frit. nach Michelstag. Tempor.
oct. 12	Covelentz	nimmt den Gerlach von Brunshorn zu seinem rath und diener an und verschreibt ihm 1 fuder wein und 25 gulden jährlichen dienstgeldes. 1463 mittw. nach Dionisius. Tempor.
— 26	Trier	erlaubt dem Niclas von Rossberg, einem bürger zu St. Wendelin, einen mühlenbau an der Rychwiese, und ertheilt ihm auf 40 jahre einen pachtbrief über die mahle. 1463 mittw. nach der eylftusent megdetag. Tempor.
— 28		genehmigt den verkauf eines drittels vom schlosse Furne seitens Friedrichs von Kesselstadt des jungen und dessen ehefrau Eva von Hoenfels um 436 gulden an Steffan von Aspermont, und belehnt letztern damit. 1463 vff Symon und Judentag. Tempor.
— 29		bewilligt dem Johann von Herstorff seine mutter Katherine von Hilbringen auf den zehnten zu Hubstorff zu bewitthumen. 1463 samst. nach Symon und Judentag. Tempor.
nov. 6	——	übersendet dem bischof von Lüttig einen entwurf des friedens den er mit dem von Arberg bis pfingsten eingehen wolle. 1463 sonnt. nach Allerheiligen. Concept in Cobl.
— 9	——	verschreibt dem Jakobshospital zu Trier für 1200 gulden eine jahrrente von 40 malter korn im „Mair" und einem fuder wein zu Kurutz. 1463 mittw. nach Willibrord. Or. in Cobl.
— 11	. . .	acceptirt den vom erzb. Ropert von Cöln in der Arberger fehde ihm vorgeschlagenen gütlichen tag zu Bonn am tage nach St. Elizabeth (nov. 20). — 1463 ipsa die Martini. Concept in Cobl.
— 15	Covelentz	nimmt Johann's herrn zu Helfenstein und Spurkenberg besitzungen, nämlich schloss Dodenberg und die dörfer Rodenerden, Zemeren, auf der vogtei Rode, Slettwilre, Orenhoiffen und Brysige in seinen schirm. 1463 dinst. nach Mertinstag. Tempor.
dec. 15	Berncastel	ertheilt der stadt Covelentz, welche sich für ihn nach und nach mit 12 tausend gulden verschrieben, einen schadlosbrief auf alle erzstiftischen gefälle in der stadt und kellerei Erembreitstein. 1463 donrst. nach Lucien. Or. in Cobl.
— 30	. . .	Mitbesiegler einer rentverschreibung von 40 gulden und einer andern von 30 gulden welche die stadt Covelentz für sich um 800 und 600 gulden an Goiswin von Stralen und an Styngin die wittwe Johanns von Lendrichusen genannt die alde Roedersche, bürger zu Cöln ausstellt. 1463 vff St. Thomassabend. Tempor.
— 30	Treuer.	(in palacio) bewilligt dem Wirich von Putlingen seine ehefrau Katherine von Siersperg tochter zu Dnllingen auf sein theil der veste Siedelingen zu bewitthumen. 1463 still. Trev. fer. 6. post nativ. Christi. Tempor.
. .	Confluent.	genehmigt auf bitte des Carmeliter Provinzials mag. Martinus de Aquis und in folge der von Johann Becke probsten zu St. Georg in Cöln als päbstlichen commissars präsentirten bullen des pabstes Eugen IV selig. die einführung von mönchen dieses ordens zu Thonestein. Ohne datum im Temporale, dagegen Extr. bei Günth. 4,575 nur mit jahr 1463.

1464		Erwählter und Bestätigter.
ian. 10	Confluent.	genehmigt die übertragung des halben Dun'schen hofs zu Entenich bei Bonn seitens Johann von Altzaheim an Reynhart von dem Burgdor, und belehnt diesen damit. 1463 trier. stils dinst. nach dryer konyngtag. Tempor.
— 28	———	ertheilt der stadt Boppard, welche für ihn bei Cölner bürgern über 6000 gulden bürge geworden, eine schadlosverschreibung. 1463 trier. stils samst. nach Paulsbekerung. Or. in Cobl.
— 29	———	verleiht dem fuhrmann Clais zu Moelen im dal auf lebenszeit das fuhramt daselbst nebst 2 malter korn jährlich aus der kellerei Erembreitstein. 1463 mors Trev. sonnt. nach conversion. Pauli. Tempor.
— 30	. . .	verkauft mit consens des domkapitels und mit bürgschaft der stadt Boppard dem Cölner bürger Goywin van Strailen 50 gulden jahresrente aus dem Bopparder zoll um 1000 gulden. 1463 trier. stils mont. nach conversion. Concept in Cobl.
— 31	———	belehnt den Dietherich von Dune genannt „Dungin" mit einem theil der Nachthuben güter zu Dun; 2. desgl. mit dem ihm von seiner ehefrau Maria mutter Eufemia von Ellentz, wittwe Wilhelms von Dune genannt von Zievel als billiggut verschriebenen hof zu Dun im thale. 1463 trier. stils dinst. nach Paulustag bekerunge. Temporale.
— 31	- -.	genehmigt dass Johann von Dun genannt von Zievel seinem schwager Dietherich von Dun genannt Dungin in die gemeinschaft seiner lehen aufnehme, und belehnt denselben damit. Dat. wie vorher. Tempor.
febr. 19	Paltzel	verkauft dem Dietherich Boiss von Waldeck um 1500 gulden eine jahrrente von 75 gulden aus der kellerei Cochem. 1463 stil. Trev. mont. nach Invocavit Or. in Cobl.
marz. 17	Confluebt.	verpachtet an Johann Meckeler von Yrank und dessen kinder auf lebenszeit für 9 malter korn jährlichen pacht den hof die Leye. 1463 stil. Trev. sab. post Letare. Tempor.
— 20	Erembreit-stein	ernennt den Hermann Boiss von Waldeck an die stelle des Gerhard von Gülpen genannt von Heydesheim zum amtmann von Cochem und Uimen. 1464 mont. nach unser lieben frauwentag annunciationis. Or. in Cobl.
— 31	. . .	verkauft mit consens des domkapitels und mit bürgschaft der stadt Boppard dem Cölner bürger Godard von dem Wasserfass 50 gulden jahrrente aus dem Bopparder zoll um 1000 gulden, und 2, ebenso dem hospital zur Widermayr nächst St. Johann Bapt. kirchhof zu Cöln 25 gulden am 500 gulden. 1464 vff bril. Oisterabend. Temporale.
— 31	. . .	Mitbesiegler einer rentverschreibung von 20 gulden seitens der stadt Covelentz für ein kapital von 400 gulden an die jungfrau Luzia von dem Leopard, bürgerin zu Cöln, und 2, einer gleichen summe an das Franziskanerkloster zu den Olyven in Cöln. Dat. wie vorher. Tempor.
apr. 2	Treveris	(in palatio) genehmigt dass der in der kapelle auf dem verfallenen schlosse Heintzemberg zu haltende gottesdienst in der kapelle des schlosses Wartensteyn gehalten werde, und incorporirt erstere kapelle mit ihren einkäuften der letzteru. Gauth. 4,579. Temp. ohne dat.
—, 2		(—) bestätigt die fundation einer kaplanei an dem St. Michaelsaltar in der pfarrkirche St. Georg zu Sathanaeo und erhebt sie zu einem geistlichen beneficium. Tempor.
— 17	Erembreit-stein	genehmigt dass Wilhelm von Ockenheim von Ingelnheim den Hans von Walborn und dessen brüder in die gemeinschaft seiner zwei drittel am dorf Partenheim bei Stadecke aufgenommen, und belehnt letztern damit. 1464 dinst. nach Misericordia domini. Tempor.
— 23	———	bewilligt dass Johann von Partenheim den hof zu der Schuren bei Loencamp an seinen kammerknecht Jorg von Grunayngen und dessen ehefrau Katherine durch den Walt übertrage. 1464 mont. nach Jubilate. Tempor.
iun. 1	———	bestätigt die fundation des heil. Dreifaltigkeitaltars in der pfarrkirche St. Petri zu Latzelcobleus. Lassaulx, Latzelcobleuz s. 45. Or. in Cobl.
— 2	———	befiehlt dem Johann Franz von Kirberg, siegler zu Trier, die jetzt ausgeschriebenen subsidiengelder aus domcapitel abzuliefern und nöthigenfalls demselben nach der eid zu leisten, da diese gelder gemäss seinem vertrag mit dem domcapitel zur bezahlung der erzstiftischen schulden sollen verwandt werden. 1464 sab. post Corporis Christi. Or. in Cobl.
— 2	———	stellt dem Diederich von Brunsberg wegen rückzahlung der demselben schuldigen 4950 gulden bürgen mit der verpflichtung zum einlager. 1464 samst. nach unsern herren lychnamstag. Or. in Cobl.
— 7	———	verspricht dem Regulirerkloster auf dem Werd bei Valeuder so lange Adam von der

1464		Erwählter und Bestätigter.
		Leyen, regulirer in diesem kloster lebt, die 26 gulden iahrrente nebst 42 gulden rückstand, welche Jorg von der Leyen zahlen sollte aus dessen vom amt Covern fallenden renten auszuzahlen. 1464 donrst. nach Bonifacius. Temp.
ian. 25	Erembreit-stein	verkauft mit consens des domcapitels dem Cölner bürger Conrad Vedingen 20 gulden iahrrente aus dem Bopparder zoll mit bürgschaft der stadt und pflege Boppard um 400 gulden. 1464 mant. nach Johann bapt. Or. in Cobl.
ial. 10	. . .	bewilligt der Else von Broel, wittwe zu Flatten, für ihre weine von Fankel auf der Mosel zollfreiheit zu Covelentz und Engers. 1464 dinst. nach Kylian. Tempor.
— 12	——	belehnt seinen marstaller Paul von Everstein mit den von Gudmann von Soberaheim besessenen gütern und gefällen auf dem Wörth bei Valinder. 1464 donrst. nach Kylian. Temp.
aug. 7	Paltzel	nimmt den Philipp von Waldeck für 50 gulden iährlich zu seinem diener an. 1464 dinst. nach Petertag ad vincula. Or. in Cobl.
— 15	——	verkauft mit consens des domcapitels und mit bürgschaft der stadt Boppard an Styngin von Eilsich, bürgerin zu Cöln, 16 gulden iahrrente aus dem Bopparder zoll um 320 gulden. 1464 donrst. nach unser lieben frauwentag assumptionis. Or. in Cobl.
— 16	——	bestätigt eine messestiftung am St. Sebastianaltar der St. Laurentiuskapelle zu Sarburg. 1464 decima sexta post assumption. Marie. Tempor.
— 26	——	bewilligt als erzbischof (?) die einführung von sechs laienschwestern Augustiner ordens in das alte pfarrhaus von St. Medard beim kloster St. Matheis zu Trier und stellt sie unter die aufsicht des abts dieses klosters. Tempor.
— 27	——	giebt seinem diener Paul von Strubingen genannt Beyer ein burghaus zu Pfalzel auf dem graben zu dasigem burglehen, und 2, befreit diesen seinen burgmann zu Pfalzel auf lebenszeit von frohnden, beden und schatzung. 1464 mont. nach Bartholomei. Tempor.
— 28	——	bewilligt dem Rheinpfalzgrafen Friedrich seine gemahlin Margaretha von Gelre auf die hälfte von Rheinbullen und die stadt und burg Simern zu bewitthumen. 1464 dinst. nach Bartolomstag. Tempor.
sept. 22	Erembreit-stein	belehnt den Johann Marschalk von Waldeck für sich und seinen bruder Philipp und in gemeinschaft mit Philipp von Wolfskel mit schloss Uben und zugehör. 1464 samst. nach Matheus des heil. apost. vnd evang. Tempor.
— 29	——	ersucht die stadt Lüttich, indem er sein verfahren gegen den von Arberg rechtfertigt und dessen vorgeben abweist, demselben keine hilfe und vorschub zu leisten. 1464 uff St. Michelstag. Concept in Cobl.
oct. 8	. . .	bewilligt dass Johann graf zu Nassau herr zu Beilstein die Eva von Seyn, gemahlin seines sohnes Heinrich und tochter des grafen Gerhard von Seyn, auf das schloss Mengers-kirchen bewitthume. 1464 fer. 2 post Francisci. Tempor.
— 10	——	bestätigt die dotation der kirche auf dem Johannesberg in der pfarrei Dudelingen mit der hälfte des grossen zehnten daselbst seitens der eheleute Johann von Bolchen und Margaretha von Elter, herrn und frau zu Zolveren, Berperch und Dudelingen, und deren übergabe an den orden St. Johannis von Jerusalem. 1464 fer. 4 post Dyonisii. Tempor.
— 11	Bopard	An diesem tage zu Boppard schlossen die vier Rheinischen kurfürsten auf zwanzig iahre einen münzverein. 1464 donrst. nach Dionisius. Or. in Cobl. Extr. im Chron. Monetar. ap. Honth. 1180. Vergl. Scotti Trier. Verordn. 1,146.
— 27	. . .	giebt als lehenherr seinen consens zu dem verkauf eines theils am schloss Wildemberg zu Trys seitens Philips von Mielen genannt von Divellich an Reinhard von dem Burgdolf. Günth. 4,581. Tempor.
— 29	——	An diesem tage schlossen die vier Rheinischen kurfürsten auf zwanzig iahre hier ein bündniss zur hebung, zur handhabung und sicherheit des handels und der schifffahrt auf dem Rhein. Vgl. Günth. 4,582. Or. in Cobl.
nov. 8	. . .	schliesst mit dem erwählten Ropert von Cöln ein dreijähriges bündniss zur handhabung des geleits zu lande und auf dem Rhein. 1464 donrst. nach Allerheiligen. Or. in Düsseldorf.
— 9	Erembreit-stein	bestätigt eine messestiftung an dem St. Laurentiusaltar in der collegiatkirche zu Juvigny. Tempor.
— 11	. . .	verkauft dem Hans von Walborn 60 gulden iahrrente aus dem zoll zu Boppard um 1000 gulden. 1464 uff St. Mertinstag. Or. in Cobl.

28*

1464		Erwählter und Bestätigter.
nov. 12	. . .	bestätigt als kurfürst des reichs der stadt Rotemberg auf der Tauber, auf deren ansuchen, alle ihr von den Römischen kaisern und königen ertheilten privilegien, namentlich die kaiser Friedrichs aber das land- und brückengericht zu Würtzburg und den gülden zoll. 1464 mont. nach Martinstag. Tempor.
— 15	Erembreit-stein	verspricht gemeinschaftlich mit seinem domcapitel dem Diether von Isemburg grafen zu Budingen, ihn in dem besitz des von erzb. Adolf von Mainz ihm verpfändeten solls wie auch der stadt Oberlanstein und des schlosses Lanech zu schützen. Guden Cod. dipl. 5,1066. Tempor.
— 26	. . .	An diesem tage ertheilt pabst Paul II durch bulle d. d. Rome ap. St. Petrum 6 kal. dec. dem erwählten Johaun die erlaubnis, nach belieben den wegen seiner frömmigkeit und ausgezeichneten keuntnisse berühmten mönch Ulrich Schenkel im Carthäuserkloster bei Memmingen um sich seines raths und beistands zu bedienen zu sich zu berufen, und dispensirt denselben für diesen fall von der ordeusregel. Or. in Cobl.
dec. 1	———	beurkundet dass Diether von Isenburg graf zu Budingen ihm gemäss der verschreibung erzb. Adolfs von Mainz ein viertel am zoll zu Lanstein eingeräumt habe, und dass der termin seiner erhebung am mittwoch in der froufasten nach dem sonntag Invocavit (mrz. 6) beginnen soll. 1464 samst. nach Andree. Tempor.
— 24 1465	Trier	belehnt den grafen von Virnemburg und Nuwenar, herrn zu Saffemberg, mit den trier. lehen seiner vorfahren. 1464 vff Cristafren. Or. in Cobl.
ian. 7	. .	ertheilt der stadt Conenengern, welche über 1000 gulden kapital und 50 gulden iahresreute für ihn bei dem Cölner bürger Peter Kannengiesser bürge geworden war, eine schad-losverschreibung auf den erzstiftischen frucht- und weiuzehnten daselbst. 1464 still. Trev. mont. nach dryerkoningtag. Temp.
— 9	Paltzel	ermaut aufs neue die stadt Lüttich dem von Arberg keine hilfe und vorschub zu leisten und denselben zum ersatz des schadens zu bestimmeu. 1464 trier. stils mittw. nach dryerkonig. Concept in Cobl.
— 10	———	desgl. ernstlich dem herzog von Jülich sein helfer zu werden und dem von Arberg den fehdebrief zu schicken. 1464 still. Trev. fer. 5 post Epiphan. dni. Concept in Cobl.
— 31	. . .	verkauft der St. Laurentiuspfarrkirche zu Trier 19 gulden iahresreute aus seinen gefällen zu Paltzel und Yrauk um 475 gulden. 1464 trier. stils donrst. nach Valerius. Temp.
— 31	———	befiehlt meyern und schöffen zu Paltzel und Yrauk die auszaldung dieser reute an die kircheumeister, und verspricht ihnen, dass dadurch die erzstiftischen gefälle nicht sollen erhöht werden und sie schadlos zu halten. 1464 trier. stils donrst. vur Lychtmisse. Tempor.
febr. 15	Erembreit-stein	bewilligt dem Peter von dem Marte seine ehefrau Elgin von Luntzen auf den hof zu dem Marte zu Dun, den zoll daselbst und renten zu den Erlen,* Esch und Detscheit zu bewitthumeu. 1464 still. Trev. fer. 6. post Valentin. Tempor.
mrz. 2		verkauft mit conseu des domcapitels und mit bürgschaft der stadt und pflege Boppard der Cölner bürgerin Styugin von Elbich 20 gulden iahrreute aus dem Bopparder zoll um 400 gulden. Or. in Cobl.
— 2	———	desgl. dem Cölner bürger Peter Kannengiesser in gleicher weise 50 gulden um 1000 gulden. Tempor.
— 18	———	antwortet dem erzb. Ruprecht von Cöln, welcher ihm ein schreiben der stadt Lüttich zu gunsten des von Arberg überschickt hatte, dass er hoffe die stadt werde uun nach seiner darlegung dieses suchverhaltes dem von Arberg keinen beistand leisten. 1464 still. Trev. fer. 2. post Oculi. Concept in Cobl.
— 23	———	schreibt der stadt Lüttich dass er auf ihr gesuch ihre gefangenen bürger gegen bürgschaft und zahlung der strang auf einen monat frei wolle geben. Concept in Cobl.
— 24		communicirt derselben abschrift seines briefs an den erzb. von Cöln vom 18. und erneuert sein begehren dem von Arberg keinen beistand zu leisten. 1464 still. Trev. sonat. Letare. Concept in Cobl.
— 24	Paltzel	verpfändet dem Otto Walpod von Bassenheim für 4000 gulden das schloss und thal Baldeneck und sein theil am Beltheimer gericht. 1464 trier. stils vff vaser lieber frawen abeud anuuuciat. Or. in Cobl.
. . . . . .	. . .	nimmt das schloss Broich und die trier. lehengüter des burggrafen Diethcrich von Ryneck, herrn zu Broich und Thouuenborg in seinen schutz. Nur mit iahr 1464 stil. Trev. im Temporale.

1465		
apr. 1	Covelentz	stellt dem Hermann Boiss von Waldeck, bei dem er 1200 gulden gegen 60 gulden iahrzinsen geliehen, für die rückzahlung dieser summe bis zu weihnachten bürgen. 1465 mant. nach Judica. Or. in Cobl.

Johann II. Erzbischof.

. .	Saarburg	Weihe Johanns II. zum erzbischof von seinen suffraganen von Trier und Metz und dem bischof von Worms auf schloss Saarburg. Obgleich alle schriftsteller (Gesta, Brower, Peter Meyer) diese Weihe in das iahr 1464 setzen, so haben wir doch geglaubt sie erst hier einzureihen da vorstehende urk. die letzte ist wo er sich noch e r w ä h l t e r und b e s t ä t i g t e r nennt.
mai 25	Boppart	schliesst als e r z b i s c h o f mit dem grafen Philips von Catzenelnbogen und Dietz ein bündniss zum schutze ihrer lande und leute. Month. 2,448. Scotti Trier. Verordn. 1,158. Or. in Cobl.
— 26	Cobelentz	ersucht den erzb. Ruprecht von Cöln behufs ausgleichung ihrer streitigkeiten wegen Coltung und Ratiche um ansetzung eines gütlichen tags zu Machern. 1466 am sonnt. Exaudi. Concept in Cobl.
iun. 1	——	genehmigt die in dem billigsvertrag Philipps grafen zu Virnemburg und Nuwenar, herrn Saffenberg, mit Johanne von Hoeren enthaltene bestimmung, dass falls letztere ohne kinder zu hinterlassen vor ihrem manne stürbe, der wiederfall der 10 tausend gulden ihren erben, so lange Margrethe von Sombreff, wittwe zu Virnemburg lebe, auf die hälfte des schlosses und der herrlichkeit Moureal versichert sein soll. 1465 vff pfingstabend. Or. in Cobl.
— 4	. . .	quittirt dem grafen Philipp von Catzenelnbogen über die rückzahlung der hälfte der für einlösung verpfändeter reuten der herrschaft Limburg, Molsberg und Brechen von ihm ausgegebenen 1150 gulden. 1465 dinst. nach pfingsten. Tempor.
— 11	.	ersucht nufs neue den herzog Gerhard von Jülich, indem er sich über dessen stete hinhaltungen beschwert, binnen vierzehn tagen sein helfer gegen den von Arberg zu werden; 2, in ähnlicher weise den Wilhelm von Lon herrn zu Guylge grafen zu Blankenheim und 3, den Johann grafen zu Nassau und Saarbrücken herrn zu Hengsberg. 1465 dinst. nach Dryfaltigkeit. Concepte in Cobl.
— 17	——	antwortet dem erzbischof von Cöln dass ihm die hinausschiebung des gütlichen tags zu Machern (siehe oben) bis donnerst. nach visitat. Marie (iul. 4.) genehm sei. 1466 fer. 2 post Viti. Concept in Cobl.
— 22	——	schenkt seinem suffragan, dem bischof Huprecht von Azoten, ein haus in der burggasse zu Covelentz. 1465 samst. nach St. Vytstag. Or. in Cobl. Eine wörtliche abschrift dieser urk. iedoch mit datum vff Johannstag baptisten (also iun. 24) im Temporale.
iul. 3	——	bestätigt die stiftung einiger frühmessen in der pfarrkirche zu Passendorf seitens des plebans Laurentius Lulle. Tempor.
— 17	——	bestätigt als kurfürst des reichs dem dr. Jorg vom Absperg den von kaiser Friedrich verliehenen halben zoll zu Ipsheim. 1466 mittw. nach Margrethen. Tempor.
— 19	. . .	beklagt sich bei dem kurfürsten Friedrich von der Pfalz dass der herzog Gerhard von Jülich nach Wilhelm von Lon ihm keine hilfe gegen den von Arberg leisten. 1465 fryt. nach der zwölfboten scheydung. Concept in Cobl.
— 24	Trier	versehreibt dem stiftsherrn von St. Simeon zu Trier, Ludwig von Dudeldorf, 60 gulden iährliche leibrenthe, da derselbe auf seine forderungen als rentmeister und siegler verzichtet hat. 1465 vff Jakobsabend. Or. in Cobl.
		beauftragt den bischof Hupert von Azoten mit der benediktion des neu gewählten und bestätigten abts Johann de Berka zu Sain. Ohne datum im Chartul. in Cobl. — 1465 iul. 28 wurde nach Brower. — Metropolis.eod. v. Stramberg 2,48 der abt gewählt.
aug. 3	Palatioll	beauftragt nach der resignation des abts Mathias im St. Martinskloster zu Trier die äbte von Maximin, Matheis und St. Marien ad Martyros mit der verwaltung dieser abtei. Hontheim 2,449. Gallia Christ. 13,384. Temporale.
— 3	Trier	verkauft mit consens seines domcapitels dem hospital Cues den Dischofshof im dorfe Cues um 2000 gulden. Tempor.
— 7	——	verschreibt dem Simeonstift zu Trier den zehnten zu Oyssberg für den der pfarreien Mortscheit und Reyntzfelt, den Fritsche von Smidburg für 600 gulden an dasselbe

1465		
		verpfändet and dieses ihm cedirt hatte. 1465 mitw. nach Steffanstag inventionis. Or. in Cobl.
aug. 12	Trier	weist dem resignirten abt Mathys von St. Martin bei Trier 31 gulden jährliche leibzucht nebst kost und wohnung in einem der klöster Maximin, Matheis oder St. Marien an. 1465 mont. nach Laurentius. Tempor.
— 18	———	ertheilt seinem domcapitel die anweisung, dass die 900 gulden, welche es ihm von den beim hospital Cus geliehenen 2000 gulden vorgestreckt hatte, demselben vor allen andern zahlungen aus dem Ropparder zoll sollen verabfolgt werden. 1465 dinst. nach Laurentius. Or. in Cobl.
— 00	. . .	acceptirt den vom erzb. Ruport von Cöln unterm 15. aug. gemachten vorschlag, ihren gütlichen tag statt nächsten donnerst. (aug. 22) wegen der kriegsläufte in Westfalen auf den donnerst. nach Egidii (5. sept.) zu verlegen, und entschuldigt sich wegen kürze der zeit einen andern von dem Cölner angesetzten tage zu Linz am 22. aug. nicht beschicken zu können. Ohne dat. Concept in Cobl.
— 30	. . .	genehmigt, dass der kellner Johann Olmscheit zu Witlich seine lebengüter an seinen eidam Johann von Kylburg übertrage. 1465 freit. nach decollation. Johan. bapt. Tempor.
sept. 1	Palstioli	beurkundet die ihm unter heutigem datum vom hospital Cus ertheilte wiederkaufsverschreibung über den bischofshof. Temp.
— 6	———	beauftragt nach der resignation des abts Wilhelm zu Mettach den Arnold de Clivis conventualen von St. Matheis bei Trier mit der administration iener abtei. Tempor.
oct. 13	Erembreitstein	bescheinigt dem domcapitel dessen zweijährige rechnungsablegung über den zoll zu Engers. 1465 am sonnt. Lubenticutag. Or. in Cobl.
— 27	. . .	stellt dem Johann von der Mark herrn zu Arberg, vogt zu Haspengau, und dem Eberhard von der Mark, ältestem sohn zu Arberg, bürgen wegen rückzahlung der denselben schuldigen 2000 gulden an einem bestimmten tage. 1465 sonnt. der heil. zwolfboten Symon und Juden abend. Or. in Cobl.
nov. 12	Trier	erlaubt dem Niklas von Rosberg, bürger zu St. Wendelin, für 10 schilling heller jährlich den wasserlauf bei der Rychwiese zu seiner walk- und oehlmühle. 1465 dinst. nach Mertinstag. Tempor.
— 27	Covelentz	ertheilt dem Thile Strulle von Limburg und consorten gegen entrichtung des zehnten erzes eine bergwerksconcession bei Nuynralt. 1465 mittw. nach Katherinen. Tempor.
dec. 15	Paltzel	verschreibt dem Dietherich von Luntzen genannt Robin, welchem er das schloss Manderscheid mit zugehör amts- und pfandweise übergeben hat, als ersatz für das von Diederich herrn zu Manderscheid eingelöste den hierzu gehörigen waldes Hoenscheit und der eisenschmeltz, 28 malter korn jährlich aus dem zehnten zu Wittlich. 1465 sont. nach Luzien. Tempor.
— 16	———	nimmt des Heinrich von Soetern besitzungen und leute zu Soetern, Achtelspach, Meckenbach etc. etc. gegen 8 malter schirmhafer jährlich in seinen schutz. 1465 mont. nach Luzien. Tempor.
— 16	Trier	quittirt dem Dietherich herrn zu Manderscheid und Daun über 1240 gulden, womit derselbe die von seinen vorfahren dem erzb. Wernher verpfändeten hof und wald Hege bei Wilre, ein drittel des walds Hoenscheits und Horst nebst der eisenschmeltz eingelöst hat. Dat. wie vorher. Tempor.
. .	. . .	nimmt des grafen Johann von Nassauwe schlösser und dörfer Iustein, Heffrich, Walstorf etc. in seinen schutz. Nur mit iahr 1465 im Tempor.
1466		desgl. des Johann herrn zu Helfenstein des alten und Johanns des erbmarschalks dörfer Immendorf und Aremberg. Wie vorher.
ian. 5	———	ersucht den Rheinpfalzgrafen Friedrich den gütlichen tag zu Protig vom montag nach Dreikönig (ian. 13) auf dinst. nach Invocavit (febr. 25) zu verlegen, da Wirich von Dune herr zu Falkenstein und Oberstein an dem erstern tage verhindert sei zu erscheinen. Geben in unser stadt an der heil. Dryerkoninge abend 1465 mor. Trev. Concept in Cobl.
— 6	———	verschreibt seinem diener Wernher Snyder auf lebenszeit ein fuder wein und 4 malter korn iährlich aus der kellerei Erembreitstein. 1465 trier. stils uff Dryerkoningstag. Temp.
— 7	Paltzel	ertheilt dem abt Johann von St. Matheis bei Trier gegen die entrichtung des zehnten die concession zum erzgraben auf dem abteilichen grund und boden in Pellinger bezirk. 1465 trier. stils dinst. nach Dryerkoning. Or. in Cobl.

1466		
ian. 25	Erembreit-stein	ernenert dem abt von St. Mathein die concession zum erzgraben im Pellinger bezirk gegen die abgabe des halben zehnten, und solle dafür die abtei sein anniversarium halten. 1465 trier. stils uff Paulsbekerung. Or. in Cobl.
— 31	———	verspricht dem Jakob von Dune die demselben für 123 malter hafer schuldigen 77 gulden weniger 3 weisspfennigen nächste Johanni zu bezahlen. 1465 still. Trev. frit. nach Paulsbekerung. Or. in Cobl.
febr. 2	———	befiehlt seinen zöllnern auf Rhein und Mosel die provision der Carthause auf dem Beatusberg (bei Coblenz) zollfrei passiren zu lassen. 1465 vff vnser lieben frauwen tag purificat. Or. in Cobl.
— 2	. . .	verpachtet auf 40 iahre den stiftshof zu Oichtendunk. Dat. wie vorher. Tempor.
— 3	. . .	desgl. auf 24 iahre den stiftshof zu Alsentz. 1465 trier. stils mont. nach Liechtmisse. Tempor.
— 11	———	giebt der wittwe und den söhnen seines dieners Kelnerhenne ein hans in Covelentz auf dem graben zu einem dasigen burgleben. 1465 dinst. nach Apollonien trier. stils. Tempor.
— 11	———	verschreibt seinem kellner Johann Olmscheit zu Wittlich als abschlägliche bezahlung der demselben nach ausweis der kellereirechnungen zu gute kommenden 1065 gulden iährlich 4 fuder wein (jeden fuder zu 9 gulden) und 18 malter korn (das malder zu einem gulden gerechnet). 1465 stil. Trev. fer. 3 post Apollonie. Tempor.
— 13	Confluent.	ernennt den Rorich von Emmerichenhayn zum lebenslänglichen burgmann auf Molsperg. 1465 stil. Trev. fer. post Apollonie. Tempor.
mrz. 3	Erembreit-stein	ertheilt für die in dem prozesse der stadt Covelentz mit einigen stiftsherrn von St. Castor daselbst vorgeladenen sicheren geleit. 1465 trier. stils mont. nach Reminiscere. Or. in Cobl.
— 11		verschreibt dem bastart Peter Sander bis zur bezahlung der seinem vater Wilhelm Sander von Syenheym als amtmann zu Hillesheim und Kastelburg schuldig gebliebenen 400 gulden, iährlich 2 fuder wein aus der weinbede zu Carden. 1465 trier. stils dinst. nach Oculi. Tempor.
— 17	. . .	genehmigt, dass Michel von Holrcheym genannt Fuis seine ehefrau Ketbgin auf einem wingert in Nyderlansteiner und einen morgen, halb wingert halb bangert, in Paffendorfer gemarkung bewitthume. 1465 stil. Trev. fer. 2 post Letare. Tempor.
— 24	. . .	verschreibt seinem rath Gerlach von Hedlstorff genannt von Brunsberg um 4000 gulden die veste Hamersteyn mit thal und zugehörigen dörfern in amts- und pfandweise. 1465 trier. stils vff vnser lieben frauwen abend annunciatio. Or. in Cobl.
apr. 9	Trier	bestätigt die von den weltlichen gerichten zu Trier in betreff des persönlichen gegenseitigen benehmens gemachten satzungen. Tempor.
— 14	———	bewilligt dem Arnold de Clivis probsten und administrator der abtei Metlach mit seiner abtei der Bursfelder congregation beizutreten. Tempor.
— 14	. . .	gestattet den gebrüdern Heinrich, Johann und Friedrich von Pirmont zu lederzeit den rückkauf der ihm für 500 gulden verkauften hälfte der dörfer Stadefelt und Wydembach. 1465 most. nach Quasimodo geniti. Tempor.
— 14	———	(im pallas in der obersten stube) lässt zur vesperzeit hierselbst ein notariatsinstrument aber das weisthum des forsthabers vom hof Hultzpach aber dieses hofs hochgerichtsbezirk aufnehmen. Tempor.
— 16	———	bewilligt dem Heinrich Vogt zu Hunoltstein seine ehefrau Elisabeth von Zolver (de Colobrio) auf ein viertel des schlosses Hunoltstein, die hälfte des schlosses Numagen und tausend gulden iahrrente zu bewitthumen. 1466 fer. 4 post Quasimodo. Tempor.
— 16	———	ersucht die amtmänner zu Crutznach, Reynfried von Radisheym und Wilhelm von Raudeck, auf donuerst. nach Cantate (mai 8) zu Kyrperg zu sein um den streit der gemeinden Bridail und Punderich mit den dörfern des amts Kyrperg wegen wasser und weide beizulegen. 1466 mittw. nach Quasimodo. Or. in Cobl.
— 18	. . .	vergleicht die abtei St. Mergen der Alten bei Trier mit der gemeinde Paltzel wegen der gemeindenutzungen ihres hofs Gräuhaus und wegen einer wiese an der Mosel. 1466 frit. nach Quasimodogeniti. Or. in Cobl.
— 21	by Dune	(in der Eifel auf dem Kampschele vor dem steyn zur mittagszeit). An diesem tage und ort weisen die landschöffen der herrschaft Dun dem persönlich anwesenden erzbischof die rechte und gränzen des hochgerichts dieser herrschaft. Tempor.

1466		
apr. 24	Erembreit-stein	schreibt dem grafen von Seyn zu verfügen, dass das von einer frau zu Valender, deren mann kürzlich gestorben, erhobene besthaupt zurückgegeben werde, da dergleichen besthäupter von den von Wittgenstein, Wied, Isenburg und übrigen adlichen welche eigne leute in Valender haben, nie gefordert und entrichtet worden wären. 1466 quinta post Misericord. dni. Concept in Cobl.
mai 5	———	bestätigt ein vermächtniss des wepelinge Herman von Limpach für den Magdalenenaltar in der pfarrkirche St. Clemens und Medardi zu Bodendorf. Tempor.
— 7	———	belehnt von neuem den grafen Philips von Virnemberg und Nuwenar, herrn zu Saffemberg mit dem dorf Laugenfelt, und 2, demselben mit dem schloss Kaldemborn und zugehor. Günth. 4,592 und 598. Orr. in Cobl.
— 10	Confluent.	erlässt eine verordnung an welchen tagen die einzelnen vikaren des Florinstifts zu Coblenz ihre messen lesen sollen. Or. in Cobl.
— 19	Erembreit-stein	befiehlt den gemeinden Bridel und Pomderich einige kundige leute zu dem vom herzog Friedrich in ihrem streite mit den Sponheimischen dörfern auf dinst. nach unsers herrn lichamstag (iun. 10) in Bernkastel angesetzten tage zu schicken. 1466 fer. 2 post Exaudi. Concept in Cobl.
— 20	. . .	bewilligt dem Reynfart von Rudisheim die Eugin von Elffen auf den halben theil des kirchensatzes und ein drittel des zehnten zu Herstatt zu bewitthumen. 1466 fer. 3 post Exaudi. Tempor.
iun. 7	. . .	giebt seinen consens dazu, dass der markgraf Karl von Baden sein trier. lehentheil an der grafschaft Spanheim dem Pfalzgrafen Friedrich verpfände. 1466 samst. nach unsers herren Iychamstag. Tempor.
— 20	———	ersucht den Wirich von Dun herrn zu Falkenstein und Oberstein in der Protiger streitsache mit der grafschaft Sponheim einen tag anzusetzen. 1466 frit. nach Vytstag. Concept in Cobl.
— 25	———	ersucht den Rheinpfalzgrafen Friedrich die verfügung zu treffen, dass die leute von Altley, Reverssbaren und vom Hane den neulich mit den trierischen von Briedel wegen des weidgangs geschlossenen vertrag zu Bernkastel nicht übertreten. 1466 mittw. nach Johann bapt. Concept in Cobl.
iul. 6	———	quittirt der abtei Hymrod über 80 gulden gezahlte geistliche subsidiengelder. Honth. 2,450. Tempor.
— 6	———	erhebt den vom pastor Arnold zu Wilmerod dotirten Marienaltar in dortiger pfarrkirche zu einem beneficium ecclesiasticum. Tempor.
— 8	———	übergiebt dem Dietherich von Lontzen genannt Robyn für 300 gulden die dörfer Stadefelt und Wydenbach nebst dem pfandbrief der gebräder Heinrich, Johann und Friedrich von Pirmont darüber. 1466 sont. nach visitat. Marie. Tempor.
— 00	. . .	befiehlt auf ein schreiben des grafen von Seyn vom 11. iuli die wegen des besthaupts gemachten repressalien anzuheben, da sich der graf zu einem tage erboten habe und er einen solchen in kurzem ansetzen werde. Ohne dat. Concept in Cobl.
— 19	———	bewilligt dem Ulrich von Metzenhusen seine ehefrau Merge von Waldeck auf ein haus und garten zu Baldeneck, eine wiese zu Moerstorf und auf verschiedene renten zu bewitthumen. 1466 sab. post divis. apostolor. Tempor.
— 21	Covelentz	antwortet den klage wegen gepfändeten vieh's auf dem markt zu Valender, dass dies wegen des besthaupts als repressalie geschehen sei und wäre deshalb dem grafen von Seyn und den von Valender ein gütlicher tag nach Covelentz beschrieben. 1466 mont. nach division. apostolor. Concept in Cobl.
— 24	Erembreit-stein	schreibt dem pfalzgrafen Friedrich dass die von Reverssbaren, Altley und Hane wieder mit der zwitrift gegen den Berncasteler vertrag handelten und er deshalb den Wilhelm von Cleberg an ihn zum bericht abgeschickt habe. 1466 vf St. Jakobstag. . Or. in Cobl.
iul. 00	. . .	verlegt dem erzbischof von Cöln in Machern angesetzten tag, da derselbe laut seines schreibens d. d. Cöln fryt. nach Kilian (iul. 11.) wegen anwesenheit des pfalzgrafen seine rathe nicht dahin schicken könne vom Alexiustag (Iul. 17) auf donnerst. nach Jakobi (Iul. 31). Concept ohne datum in Cobl.
aug. 14	Covelentz	bewilligt dem Johann von Derenbach genannt Holspach seine ehefrau Demude von Bicken auf sein Mouthaburer burglehen zu bewitthumen. 1466 vigil. assumpt. Marie. Or. in Idstein.

1466		
aug. 18	Erembreitstein	attestirt seinem münzmeister zu Covelentz, dem Hansman Bylant von Wesel, dass seine münzen auf dem letzten probationstag zu Bacherach für aufrichtig befunden worden sind. 1466 fer. 2 post assumpt. Tempor.
— 25	————	bestätigt die stiftung einer wochenmesse an dem neugebauten Marienaltar in der kapelle zu Saltzge. Chartular in Cobl.
— 27	Palacioli	ersucht den pfalzgrafen Friedrich um beschickung des in den Briedeler weidirrungen ihm benannten tages und zugleich seinen räthen instruktion wegen der Beltheimer gerichtsirrungen zu ertheilen. 1466 fer. 4 post Bartholom. Concept in Cobl.
— 29	————	ertheilt dem Johann Garlant von Wesel eine bergwerksconcession für das hochgericht von Berncastel. 1466 am fryt. St. Johannstag decollation. Tempor.
sept. 3	. . .	erlaubt dem schößen Johann von Ilexheim zu Trier die ulke zu Oeren zu verpfänden. 1466 mittw. nach Paulin. Tempor.
— 0	. . .	antwortet dem erzbischof von Cöln auf dessen schreiben d. d. fer. 4 post Egidii (sept. 3) in der Celtanger strvitsache, dass er auf einen brief seines oheims des pfalzgrafen jetzt kurz von Trier aufgebrochen sei um sich nach Heidelberg zu verfügen, weshalb seine abgeordneten ihm noch nicht den abschied des tags zu Machern überbracht hätten, doch wolle er sich gleich nach seiner zurückkunft wieder zu einem tage verstehen. Concept ohne datum in Cobl.
oct. 9	Erembreitstein	bewilligt dem Johann von Arsperg seine ehefrau Engin von Leye auf den rederzoll zu Boppard zu bewitthumen. 1466 in die Dionisii. Concept in Cobl.
— 18	————	antwortet dem erzbischof von Cöln auf dessen schreiben d. d. Colon. die Galli (oct. 16) dass er auf samst. nach Allerheiligen (nov. 8) in der Celtanger sache nach Covelentz einen tag anberaumt, und auch den heiden von Manderschied falls der alte wegen leibesschwachheit am erscheinen verbindert sein sollte hiervon nachricht gegeben habe. 1466 die Luce. Concept in Cobl.
nov. 22	Covelentz	ernennt den Jurg von der Leyen herrn zu Olbrück bis zur rückzahlung der bei demselben geliehenen 3000 gulden zum amtmann der burg und stadt Meyen. 1466 samst. nach Elisabeth. Or. in Cobl.
— 24	————	schreibt dem pfalzgrafen Friedrich dass er dem neulich zu Pruttig gemachten abschied und anlass wegen der weide zu Briedel und Punderich nachkommen wolle, und bittet, ihn zu entschuldigen dass er dem in diesem anlass bestimmten termin nicht nachkommen könne da er eine zeitlang ausser landes sein müsse. 1466 vff Katherinenabend. Concept in Cobl.
— 25	————	erlaubt dem Sybrecht von Hoingen, schultheisen zu Covelentz, eine schiffmühle auf dem Rhein zwischen der stadt und Capellen, oder auf der Mosel zwischen Covelentz und Wyss zu erbauen. 1466 vff Katherinentag. Tempor.
1467 febr. 5	————	verschreibt der gemeinde Merl für die bei derselben zur abtragung von schulden des erzb. Otto's sel. geliehenen 250 gulden einen iahrezins von 12½ gulden aus ihrer schatzung. 1466 trier. stils donnerst. nach lichtmess. Or. in Cobl.
— 19	Erembreitstein	befiehlt die proclamation des zum abt von Metlach gewählten Arnold von Cleve vor dessen bestätigung wegen etwaiger einwendungen gegen diese wahl. Chartular in Cobl.
mrz. 30	. . .	verkauft mit consens des domcapitels und mit bürgschaft der stadt und pflege Boppard dem Cölner bürger Johann von Hoystorp für 500 gulden eine iahrrente von 25 gulden aus dem Bopparder zoll. 1467 mont. nach Oistertag. Tempor.
. . . . . .	. . .	beraumt dem erzbischof von Cöln auf dessen ansuchen vom dinst. nach Oculi (mrz. 3) wegen der Celtanger sache einen tag auf mittw. nach Jubilate (apr. 22) im kloster Machern. Concept ohne datum in Cobl.
apr. 4	Paltzel	schenkt der abtei St. Mergen der alten bei Trier die heide oberhalb deren hof Grünhaus. 1467 samst. nach Oistertag. Or. in Cobl.
— 19	————	kassirt die von Johann Hackenberg zur Nauerstat, freigrafen in Suderland, in einer klagesache Bernhards von Wavern gegen die gemeinden Sweich und Merzik erlassenen mandate und citationen, da nach kaiserlichen privilegien kein erzstiftischer unterthan vor auswärtige gerichte gezogen werden soll, und verweist die sache vor die trier. gerichte. 1467 vf sonnt. Jubilate. Chartul. in Cobl.
— 27	Erembreitstein	verschreibt seinem secretair Bertold von Regensparg auf lebenszeit 8 malter korn und ein halbes fuder wein iährlich aus der kellerei Erembreitstein. 1467 mont. nach Cantate. Tempor.

1467		
. .	. . .	schreibt dem erzbischof von Cöln auf dessen brief d. d. Poppelstorf auf St. Markus (apr. 25) wegen des berichts der Cölnischen gesandten auf dem tage zu Machern (apr. 22), dass ihm der dortige abschied noch nicht überbracht worden sei und er daher bis dahin seine antwort vorschieben müsse. Concept ohne datum in Cobl.
mai 7	Erembreit-stein	genehmigt dass sein kammerknecht Jorg von Grunningen den hof zur Schuren bei Loencamp für 55 gulden dem heil. Geistspital zu Bernkastel sechs iahre überlasse. 1467 vf vnsers herrn vffartstag. Tempor.
— 9	Covelentz	vererbpachtet den wingert Brumart zwischen Gynderstorf und dem fahr um den dritten trauben. 1467 samst. nach vnsers herrn vffartstag. Tempor.
— 10	———	bestätigt des pastors zu Hoilbach fundation eines altars im hospital zu Monthabur. Tempor.
— 20	Erembreit-stein	verleiht seinem koch Heinrich, der wegen kränklichkeit zur küche untauglich, das portamt der veste zu Monthabur. 1467 mittw. nach dem heil. pingstagen. Tempor.
— 20	. . .	bestätigt der gemeinde Merl auf ewige zeiten die weide. Dat. wie vorher. Tempor.
iun. 1	. . .	verschreibt dem Bartholomeus Lepplin, cantor des stifts Baden, für die ihm bei seiner postulation zum erzbischof und seinem vater und seinen brüdern geleisteten dienste, auf lebenszeit 15 gulden iährlich aus dem Bopparder zoll. 1467 mont. nach fronlichnamstag. Tempor.
— 29	———	verspricht den gebrüdern Cone und Johann von Riffenburg, so lange er ihnen 2000 gulden schuldet, sie als amtmänner von Limburg und Molsperg zu belassen. 1467 mont. nach Johann bapt. Tempor.
— 29	———	genehmigt dass graf Gerhart von Seyn dem grafen Heinrich von Nassau we jungherrn zu Bylstein bis zur auszahlung seiner 4000 gulden billige gelder, iährlich 300 gulden aus dem Bopparder zoll verschreibe. Dat. wie vorher. Temp.
— 29	. . .	verkauft mit consens des domcapitels und mit burgschaft der stadt und pflege Boppard um 1000 gulden an den Cölner burger Johann Ibreser 50 gulden iahrrente aus dem zoll zu Boppard. Wie vorher.
— 29	. . .	ertheilt der Bopparder burgerschaft, welche für ihn aber 2000 gulden bei Cölner bürgern bürge geworden war, eine schadlosverschreibung. Dat. wie oben. Or. in Cobl.
ial. 13	. . .	beurkundet eine abrechnung mit Johann Ohmebzeit, seinem frühern kellner zu Wittlich wegen dieses dienstes. 1467 vff Margarethen. Tempor.
— 17	Munster	übergiebt dem Symon von Paffenbruich für 100 gulden das mit diesem gelde eingelöste vogtamt zu Crove im reich. 1467 fryt. nach Margrethen. Tempor.
— 23	Erembreit-stein	erneut den Wielheymmann auf lebenszeit zum schultheissen zu Oberbrechen. 1467 dornst. nach Marien Magdaleneu. Tempor.
— 25	———	belehnt den grafen Emich von Leiningen mit der hälfte der burg Altenleiningen und 100 pfund geldes aus den dazu gehörigen dörfern, und 2,
— 25	———	mit der burg Wachenheim auf der Pfrimmen im Wormser bisthum. Lunig Reichsarchiv. 22,409 und 410.
aug. 4	———	ernennt den Hermann von Baldensteyn genannt Druich auf lebenszeit zum schultheiss in Niederbrechen. Tempor.
— 4	———	verschreibt demselben iährlich 3 malter korn und 4 malter hafer aus der kellerei zu Limburg um sich als schultheiss mit einem reysigen pferde rüstig und wohlberitten zu halten. Tempor.
— 21	Cochem	genehmigt, dass sein rath, der ritter Johann Boes von Waldeck, seine 120 gulden iahresrente aus dem Engerser zoll seinem eidam Aloff Quaden übertrage. 1467 fryt. nach vnser lieber frowentag assumption. Tempor.
— 22	———	giebt dem Dietrich von Lontzen genannt Robyn statt der demselben für hafer und in der Arburger fehde verlorne hengste schuldigen 1181 gulden den zehnten und das Rodergut zu Wenigenror und 7 malter kornrente aus der mühle zu Wittlich zu erleben. 1467 samst. nach assumption. Tempor.
— 24	———	giebt seinen hof zu Coud in erbpacht. 1467 vff Bartolmestag. Tempor.
sept. 1	Witlich	befreit das haus und erbe genannt Plexysengut zu Witlich, welches Diederich von Lontzen genannt Robin seiner magd Irmegin und seinen natürlichen kindern gekauft hat, auf deren lebenszeit von bede, schatzung, diensten, bürden und frohnden. 1467 ipsa die Egidii. Tempor.
— 10	Cochme	vererbpachtet an Johann Greffen seine beiden höfe zu Dippolswilre und Manderps 1467 dornst. nach vnser frauwentag nativitatis. Tempor.

1467		
nov. 5	. . .	befreit seinen diener Johann von Huchelnheim genannt Ruterhenne von frohnden, schten, wachten, schatzung, diensten und reisen wozu die Berncastler bürger verpflichtet sind. 1467 fer. 5 post Omnium sanctorum. Tempor.
— 8	Wittlich	ratificirt den durch Dietherich herrn zu Manderscheid mit dem abt Johann von Prüm vermittelten vergleich wegen einlösung der dem letztern für 215 gulden verpfändeten renten zu Sweich und Mering. 1467 sont. nach Willibrord. Or. in Cobl.
— 9	——	schlichtet den streit seines domcapitels mit Dietherich und Peter von Ryneck herrn zu Broich und Thomberg wegen eines zugriffs und handels durch Jakob von Ryneck, Dietherichs sohn, im dorf Spicher. 1467 mont. nach Allerseelentag. Or. in Cobl.
. .	——	genehmigt dass Ropricht von Rile, Vihe, die tochter Franzens Waldecker sel. auf 10 ohm weinrente zu Carden, ein drittel des hofs Dreitscheit und auf einen wingert zu Ere bewitthume. Nur mit iahr 1467 im Temporale.
— 21	Cochme	bestätigt den von erzb. Cuno 1373 zwischen den gemeinden Bremm, Clittink, Urschmitt und Düren gemachten weidvergleich. 1467 vf unser lieben frauwentag presentation. Copie in Cobl.
dec. 16	Sarburg	ersucht die Lothringen'schen statthalter und räthe um restitution der auf Merzig gelegten schatzung und erbietet sich zu einem gütlichen tag wegen dieser streitigkeit. 1467 mittw. nach Lucien. Concept in Cobl.
1468		
ian. 15	Munster	antwortet dem grafen Dietherich von Manderscheid herrn zur Sleyden auf dessen anzeige von dem tode seines schwagers, des grafen von Blankenheim, und gratulirt ihm zu der erbschaft der grafschaft Blankenheim. 1467 stil. Trev. frit. vur Anthonius. Or. in Cobl.
— 16	——	ersucht wiederholt die Lothringen'schen räthe um aufhebung der schatzung zu Merzig, da Trier daselbst rechter grundherr sei. 1467 stil. Trev. samst. nach dem achtzehnten tag. Concept in Cobl.
. .	——	verpachtet den hof gegenüber Driedel an Peter Elen sohn, seinen unterthan zu Prodern, auf lebenszeit. Nur mit 1467 stil. Trev. im Tempor.
— 30	Erenbreit-stein	ertheilt dem Deutschordenshause zu Coblenz zollfreiheit auf dem Rhein und der Mosel. Tempor.
febr. 9	——	verkauft mit consens des domcapitels an Else frau zu Broel, wittwe von Flatten, 200 gulden iahrrente aus dem Engerser zoll um 4000 gulden, und stellt darüber bürgen mit der verpflichtung zum einlager in Cöln, Coblenz oder Andernach. 1467 trier. stils vff Apollonientag. Tempor.
mrz. 13	——	gestattet seinem diener Knelen Geluck von Monthabur daselbst zinsfrei eine fleischscharre zu errichten. 1467 stil. Trev. am sont. Reminiscere. Tempor.
— 31	——	nimmt des grafen Gerhard von Seyn schloss und thal Seyn, die dörfer Bedendorf, Broile, Seltern und Marseyn nebst den dazu gehörigen leuten gleich andern trier. eigenthums und unterthanen in seinen schirm und verantwortung. Lünig Reichsarchiv 23,1006. Honth. 2,451.
apr. 27	——	belehnt den Bernhart herrn zu Palant namens seiner töchter Eva und Gertrud, den Johann von Esch namens seiner ehefrau Lyse vom Hane und den Hans von Heringen namens seiner ehefrau Tryne vom Hane mit 3 vierteln der höfe St. Ingbrecht und St. Welfrit. 1468 mittw. nach Marxtag. Tempor.
mai 16	——	verleiht seinem kellner und schultheissen Nicolaus Loirbecher zu Wesel auf lebenszeit das dortige schultheissenamt. 1468 mont. nach Cantate. Tempor.
iun. 6	——	nimmt den Peter von Metternich in seine dienste und verschreibt ihm 12 gulden iahrrente aus dem zoll zu Boppard, welche nach seinem tode seine ehefrau Else, die wittwe Peters Sunders, als witthum beziehen soll. 1468 mont. nach Pfingstag. Tempor.
— 19	——	schreibt dem Clais von Mirbach, dass er ihm wegen der mit arrest belegten weine im Hamm und güter zu Briedel welche ihm von seinem oheim Clais von Nattenheim überkommen sind, einen rechtlichen tag in Dune setzen werde. 1468 sont. nach unsers herrn lichamstag. Concept in Cobl.
— 24	. . .	einigt sich mit dem grafen von Solms über die rückzahlung der demselben von wegen seines amich Frank von Cronenberg von erzb. Jakob her noch schuldigen 17,500 gulden. 1468 uff Johanns bapt. als er geborn wart. Tempor.
— 28	Covelentz	verkauft mit consens des domcapitels und unter der verpflichtung im nichtzahlungsfalle vier ehrbare manne vom schilde geboren mit 4 reysigen pferden nach Cöln in leistung

1468		
		zu schicken, dem Cölner bürger Godhard von dem Wasserfass dem alten 50 gulden iahrrente aus dem Engerser zoll um 1000 gulden. 1468 vp St. Peter vnd Pauls abend. Tempor.
iul. 20	Erembreit-stein	verschreibt dem Hermann Boiss von Waldeck für 600 gulden amts- und pfandweise die veste Stolzenfels. Beyer, Stolzenfels, s. 28. Or. in Cobl.
aug. 16	Frankfurt	bestimmt in folge seiner besprechung ietzt zu **F r a n k f u r t** mit dem landgrafen Heinrich von Hessen in dessen sache mit dem grafen Friedrich von Wied beiden einen gütlichen tag auf donnerst. nach Exaltation. Crucis zu Coventz. 1468 dinst. nach vnser lieben frauwentag assumption. Concept in Cobl.
sept. 29	Erembreit-stein	giebt der Elisabeth von der Mark, gräfin zu Witgenstein, gemahlin des grafen Jorg von Seyn-Wittgenstein das von erzb. Jakob mit 4000 gulden, ihrem hilligsgelde, eingelöste viertel an Valendar so lange ein bis ihr diese summe zurückerstattet werde. 1468 uff Michelstag. Tempor.
oct. 2	——	verspricht gemäss des abschieds zu Covelentz zwischen dem landgrafen von Hessen und grafen von Wied bis Martini einen rechtstag anzusetzen. 1468 sont. nach Michelstag. Concept in Cobl.
— 15	——	verschreibt der Else, Johann Doralffs fran, nach der einlösung des hofs Slaich zu Boppard noch 5 gulden iährliche leibzucht aus dortigem zolle. 1468 samst. nach Dionisius. Temp.
— 17	. . .	bestimmt dem landgrafen von Hessen und dem grafen von Wied einen rechtlichen tag nach Coblenz auf donnerst. nach Allerheiligen (nov. 3). 1468 secunda post Galli. Concept in Cobl.
— 17	——	verzeichnet, nach inhalt des aulasses im spital zu Cus beteidingt seine ansprachen an pfalzgraf Friedrich wegen Briedel, Pünderich, Beltheimer gericht und anderm. 1468 mont. nach Gallen. Concept in Cobl.
— 21	Covelentz	gewinnt den Winterbeune von Erlebach mit einem Molsberger bergleben zum manne. 1468 frit. nach Lukas. Tempor.
— 27	. . .	verlegt, da er wegen seiner geschäfte im obern erzstift bis weihnachten nicht an den Rhein kommen könne, den dem landgrafen von Hessen und grafen von Wied auf donnerst. nach Allerheiligen (nov. 3) bestimmten tag in Covelentz auf den donnerst. nach iahrstag (1469 ian. 5). 1468 vff Symon und Juden abend. Concept in Cobl.
— 31	——	antwortet dem landgrafen auf dessen ersuchen den tag mit dem grafen von Wied nur einen monat hinauszuschieben, dass dies aus vorstehender ursache nicht eher als wie er bestimmt habe (ian. 5) geschehen könne. 1468 vff Allerheiligen abend. Concept in Cobl.
nov. 2	——	nimmt des Cunen von Schoneck dörfer und leute auf dem Hunsrück in seinen schirm. 1468 uff Allerseelentag. Or. in Cobl.
— 14	Palzel	erlässt seine replik auf des Rheinpfalzgrafen Friedrich, gemäss des vom pfalzgrafen Ludwig beteidingten anlasses, ihm übergebenen ansprachen wegen Briedel etc. etc. 1468 mont. nach Martinstag. Concept in Cobl.
— 23	——	befiehlt die verlegung eines rechtlichen tages in sachen Claisen von Mirbach wegen der Hammer lehenguter, von Duno nach Palzel. 1468 die Clementis. Concept in Cobl.
dec. 3	——	bewilligt dem Niklas von Esch seine ehefrau Margretha von Roespach auf lebensgüter zu bewitthumen. 1468 samst. nach Endrestag. Or. in Cobl.
— 3	——	bewilligt dem Wyrich von Putlingen seine ehefrau Engin von Kaldenborn auf sein antheil der veste Siedelingen zu bewitthumen. Dat. wie vorher. Tempor.
— 6	——	ernennt den Gerhard von Schonemberg zu seinem pallastschultheiss in Trier. 1468 uf Nicolastag. Tempor.
— 12	——	übersendet dem pfalzgrafen Friedrich seine widerrede auf dessen beantwortung seiner ansprachen wegen Briedel u. s. w. 1468 mont. vor Luzien. Concept in Cobl.
— 15	——	nimmt gegen 2 fuder wein iährlich das dorf Clussart in seinen schutz und verantwortung. 1468 donrst. nach Luzien. Tempor.
— 22	Covelentz	verlegt, da bei seinem ietzigen aufenthalt im obern erzstift mit dem herzog von Burgund wegen der Lützelburgischen irrungen ein tag am 3. ian. zu Lützelburg verabredet worden wohin er seine räthe schicken müsse, den auf den 5. ian. zwischen dem landgrafen von Hessen und grafen von Wied anberaumten tag auf den (febr. 27) montag nach Reminiscere. 1468 donrst. nach Thomas. Concept in Cobl.

1469		
ian. 9	Coveleutz	ertheilt seine nachrede auf des pfalzgrafen Friedrich widerrede seiner replick vom 14. nov. 1468 stil. Trev. mont. nach dryerkönig. Concept in Cobl.
— 18	———	ertheilt der stadt Coveleutz, welche für ihn 40 gulden jährliche leibzucht an Gutgin von Lyngbe zu Cöln verschrieben, die aus an Peter von Goven übergegangen sind, hierüber eine schadlosverschreibung. 1469 trier. stils mittw. nach Anthonius. Or. in Cobl.
— 30	———	Veranstalter der heutigen glänzenden hochzeitfeier des markgrafen Christoph von Baden mit Odilie von Catzenelnbogen und des grafen Engelbert von Nassau mit Christoph's schwester Zimburga, heide kinder des markgrafen Carl, erzb. Johanns bruders zu Coblenz. Manuscript Peter Maiers mit menso Jannario secunda post Pauli conversionis in Cobl. Vergl. Gesta Trev. ap. Honth. 853. ed. Wyttenbach 2,339 und Brower. Ann. 2,297.
febr. 1	———	ertheilt dem kurfürst Friedrich von der Pfalz auf dessen schreiben in bezug der freiheiten und gnaden (insbesondere wegen des pfälz. reichsvikariat) der Pfalzgrafschaft die versicherung dieselben zu respectiren. Lünig Reichsarchiv 16,222. Müller Reichstagstheater 2,327.
— 15	———	verlegt den zwischen dem landgrafen von Hessen und grafen von Wied auf montag nach Reminiscere (febr. 27) bestimmten rechtstag, da ihm deshalb vom landgrafen noch keine zusage zugekommen und derselbe wegen der oben schwebenden kriegsläufe wohl schwerlich wird kommen können, auf den dinst. nach Misericordia (apr. 18) in Coblenz. 1468 mor. Trev. an Eschtag. Concept in Coblenz.
— 22	Erembreitstein	antwortet dem Clais von Mirbach, dass er in kurzem nach Pfalzel kommen und alsdann einen tag wegen austrug ihrer sachen wegen der güter zu Bredel ansetzen werde. 1468 stil. Trev. in die Petri ad cathedram. Concept in Cobl.
mrz. 3	———	verschreibt dem Dietherich Smit von Monthabor auf lebenszeit 12 gulden für 12 weisspfennig aus der dortigen kellerei. 1468 stil. Trev. frit. nach Reminiscere. Tempor.
— 20	———	nimmt den Godhart Kalthuyss von Kempenich auf lebenszeit zu seinem diener und kuntschaffter an, und verschreibt ihm 2 gulden jährlich aus dem siegelamt zu Trier. 1468 trier. stils mont. nach Judica. Or. in Cobl.
— 23	———	verspricht seinem domcapitel, es wegen des beitritts zu seinem prozesse gegen die stadt Wesel am reichskammergericht schadlos zu halten. 1468 trier. stils donrst. nach Judica. Chartul. in Cobl.
apr. 3	Paltzel	belehnt den Peter, Ludnifs Heymann's sohn von Bidburg mit seinen älterlichen gütern und renten zu Kirrsenbach. 1469 mont. nach Ostertag. Chartul. in Cobl.
— 13	Trier	verspricht bei erneuuung der schöffen und meister den metzler- peltzer- und lauweramts hierselbst zuvor die schöffen oder bürger zu befragen. 1469 nach Quasimodo. Tempor.
— 13	———	(in palatio) verleiht dem domherrn Johann von Vinstingen das archidiakonat von St. Castor zu Carden. 1469 fer. 5 ante Misericord. dni. Chartul. in Cobl.
— 14	———	(—) desgl. dem domherrn Wigand von Nassau we das von St. Mauritius zu Tholey. 1469 fer. 6 post Quasimodo. Chartul. in Cobl.
— 15	———	schreibt wiederholt den Lothringen'schen räthen wegen abstellung der Merziger beschwerden, ersucht sie um restitution des von den unterthanen daselbst erhobenen geldes und um aussetzung eines götlichen tages. 1469 samst. vor Misericord. dni. Concept in Cobl.
— 15	Paltzel	nimmt den Jurg Hirtz zum lebenslänglichen diener auf dem schloss Sarburg an. 1469 samst. nach Quasimodo. Tempor.
. . .	. . .	erinnert seine zu dem dinst. nach Misericordia dni. (apr. 18) in Coveleutz anberaumten tage zwischen dem landgrafen Heinrich von Hessen und dem grafen Friedrich von Wied herrn zu Isenburg verordneten räthe an ihr erscheinen daselbst. Ohne ort und datum. Concept in Cobl.
mai 2	Erembreitstein	verkauft mit consens des domcapitels und bürgschaft der stadt und pflege Coveleutz an Gretge Kaldemachs zu Cöln 50 gulden jahresreute aus dem Engerser zoll und 2, in gleicher art ebensoviel an die ehelente Ruprecht von Blitterswich und Beelgen, bürger zu Cöln um dieselbe summe, und ertheilt 3, der stadt Coveleutz für diese beiden bürgschaften eine schadlosverschreibung. Alle drei 1469 dinst. nach Walpurgen. Orr. u. Tempor. in Cobl.
— 8	———	vergleicht die gemeinden Zell und Keympt mit Briedel wegen weidgangs in der letztern gemarkung jenseits der Mosel. 1469 mont. nach Vocem iocunditatis. Tempor.

1469		
mai 9	Erembreit-stein	nimmt den Jakob von Alspach, schultheißen zu Wied, zu seinem diener an. 1469 dinst. nach Vocem iocunditatis. Tempor.
— 10	— —	ersucht den pfalzgrafen Ludwig den ihm mit dem pfalzgrafen Friedrich vor pfingsten (mai 21) bestimmten tag, da er denselben wegen geschäfte am Niederrhein nicht beschicken könne, nach fronleichnamstag (iun. 1) zu verlegen. 1469 fer. 4 post Vocem jocunditatis. Concept in Cobl.
— 12	— — —	vererbpachtet an die beiden bürger Dickerhennen und Wilhennen zu Sienheim einen wingert daselbst gegen die entrichtung der hälfte des weins in das dortige Pilhus, und 2, einen andern daselbst hinter dem thurm an Jakob Smede. Beide 1469 fryt. nach vnsers herrn vffartstag. Temp.
— 25	Covelentz	belehnt den Cuno lunggrafen zu Manderscheid und grafen zu Blankenheim mit den durch Wilhelm's von Loo herrn zu Guytge und grafen zu Blankenheim tod erledigten 10 malter kornrente aus der mühle bei Ae, den dörfern Badenart, Rodenrod, Montzel und den höfen Moutzel, Pomer und Kerig bei Meyen. 1469 donrst. nach pfingstag. Or. in Cobl.
— 25	— — —	verspricht nach obiger belehnung, wenn graf Dietherich von Manderscheid herr zur Sleyden eine andere ordnung unter seinen söhnen Johann und Wilhelm, des obigen Cuno's brüdern, machen würde, auch diese statt Cuno mit obigen lehen zu belehnen. Dat. wie vorher. Or. in Cobl.
iun. 4	Erembreit-stein	bewilligt dem Heyntzgin von Weidenau für seine langjährigen dienste in der kanzlei, damit er jetzt im alter und bei seiner schwachheit bequemlicher leben kann, freie kost in der burg zu Monthabur und jährlich 4 gulden und ein hofkleid. 1469 sont. nach vnsers herrn lichamstag. Tempor.
— 15	— — —	bestimmt in sachen des landgrafen von Hessen und des grafen von Wied nach Covelentz einen rechtstag auf mont. nach Peterstag ad vincula (aug. 7.) da ein früherer vom landgrafen abgesagt worden war und er sich jetzt ins obere erzstift begeben müsse. 1469 vff Vytstag. Concept in Cobl.
— 24	. . .	nimmt den Dietherich von Braunsberg zu seinem marschalk und rath an, und verschreibt ihm auf sechs jahre jährlich 120 gulden aus dem zoll zu Engers. 1469 vff Johans bapt. Tempor.
— 26	. . .	schliesst mit dem grafen Philipp von Virneburg einen vertrag wegen ihrer iurisdiktions-rechte über die Pellenz und deren ausübung durch ihre amtmänner zu Meyen und Monreal. Sodann 2, befreien beide die leute in der Pellenz welche auf Mendiger berg gehören gegen entrichtung jährlicher 600 gulden von frohnden, diensten, schten, lagern und kosten. Beide originale mit jahr 1469 mont. nach Johans bapt. In Cobl.
iul. 26	Trier	belehnt den Johann von Swartzemberg, Thielmann's sohn, mit dem hof Reydembach bei Oberstein, den derselbe für 700 gulden dem erzbischof verkauft hatte. 1469 mitw. nach Jakobstag. Tempor.
— 29	— — —	verschreibt dem Heinrich von Soetern dem alten für 900 gulden amts- und pfandweise schloss Swartzemberg mit zubehör. 1469 samst. nach Jakobstag. Or. in Cobl.
— 29		bestätigt dem grafen Philipp von Catzenelnbogen und Dietz erzb. Rabans verschreibung (d. d. 1436 freit. nach Martini) von 100 gulden rente aus dem Engerser zoll um 2000 gulden kapital an Diether Kemerer, welche von diesem auf Michel herrn zu Bickenbach vererbt und von diesem an genannten Philipp gekommen ist. Dat. wie vorher. Tempor.
— 29		ersucht die Lothringen'schen räthe mit beschwerung der armen leute zu Merzig bis zu dem daselbst auf montag nach nativitatis Marie (11. sept.) bestimmten gütlichen tage inuzuhalten. Dat. wie oben. Concept in Cobl.
. .		vererbpachtet dem Trierer schöffen Johann von Wys und dessen ehefrau Beelen von Wardingen 4 morgen ackerland vor der Alderporten bei dem Denffe. Nur mit jahr 1469 im Tempor.
aug. 19	. . .	verspricht mit den übrigen Rheinischen kurfürsten den Wälschen kaufleuten, nachdem die Genfer, Venediger und Mailänder wegen unsicherheit und anderer beschwernisse den Rhein gemieden hatten, um den handel wieder zu heben sicheres geleit auf dem Rhein, dessen landstrassen und leinpfaden. Mone Zeitschrift für Gesch. des Oberrheins 9.34. Tempor.
sept. 29	Erembreit-stein	vererbpachtet dem Heintze Siebelen eine mühle in der Strumperbach. 1469 frit. nach Mauritius. Tempor.

1469		
nov. 3	Covelentz	nimmt das von dem kardinal Nicolaus tit. sancti Petri ad vincula (von Cus) gestiftete hospital auf der Mosel gegen entrichtung von 10 malter schirmhafer in seinen schutz und verantwortung. Honth. 2,452. Eine zweite ausfertigung eines solchen schirmbriefs von gleichem datum doch in anderer form im Temporale.
— 4	——	ertheilt der Coblenzer bürgerschaft wegen ihrer verbürgung über 1000 gulden bei dem Cölner bürger Godhart von dem Wasserfass und dessen sohn Gerhart, eine schadlos-verschreibung. 1469 samst. nach Allerheiligen. Or. in Cobl.
— 6	——	befiehlt als repressalie die gefangenen Lothringen'schen unterthanen so lange in den thurm zu Pfalzel zu setzen, bis die von den Lothringen'schen amtleuten den unterthanen zu Merzig abgeschatzten 150 gulden restituirt werden. 1469 dominice post Omnium Sanctorum. Concept in Cobl.
— 19	Erembreit-stein	stellt dem Peter von Steffenhausen bürgen für die rückzahlung der bei demselben geliehenen 400 gulden zu einem bestimmten termine. 1469 vff Elisabethtag. Or. in Cobl.
— 27	——	ertheilt dem Johann von Kynheim zu Bingen einen geleitsbrief zu einem rechtstage. Ohne dat. 2. benachrichtigt die stadt Trier hiervon, welche einen rechtsstreit mit demselben hat, und dass er den rechtstag nach Pfalzel samst. nach concept. Marie (dec. 9) gesetzt habe. 1469 secunda post Katherine. Concepte in Cobl.
dec. 2	. . .	ertheilt mit dem grafen Philipp von Virnenburg nochmals wie am 26. iuni den leuten in der Pellenz urkunde über die frohnd- und dienstbefreiung. 1469 samst. nach Endresstag. Or. in Cobl.
— 4		verkauft für 190 gulden an Cryssmann Gladebach zu Boppard ein haus daselbst. 1469 fer. 2 post Andree. Tempor.
— 8	Palacioll	schreibt dem Friedrich von Sombreff herrn zu Kerpen, dass die leute von Güllenfeld des erzstifts leibeigenhörige seien. 1469 in die concept. Marie. Concept in Cobl.
— 10	. . .	willigt in die von seinem bruder, dem bischof Georg von Metz, als obmann in seiner Sponheim'schen streitsache erbetene aussetzung des entscheids bis ostern. 1469 sont. nach concept. Marie. Aus des genannten bischofs ausspruch in dieser sache vom 16. apr. 1470 bei Honth. 2,453.
— 21	——	bescheidet die Lothringen'schen räthe auf ihr gesuch um freilassung der gefangenen unter-thauen abschläglich, so lange sie nicht die Merziger schatzung bis zu einem tedingstag sistiren. 1469 vff Thomastag. Concept in Cobl.
1470		
ian. 7	Trier	verträgt den Philipp von Iseuburg, probst des St. Paulinstifts bei Trier, mit dem kapitel wegen des von einem probst dem capitel iährlich zu lieferndes waitzens. 1469 stil. Trev. sont. nach Dryerkoning. Or. in Cobl.
— 9	Paltzel	entscheidet einen streit zwischen der abtei St. Mergen bei Trier und der gemeinde Paltzel wegen der gränzen zweier wiesen und weiden an der Bleverbach. 1469 trier. stils diust. nach Dreikonig. Or. in Cobl.
— 17	——	bewilligt dem „ialumen Clessgin" die lebenslängliche bewohnung eines häuschens zu Trier nach dem tode der darin wohnenden alten schwachen fran. 1469 stil. Trev. vff Anthonien. Tempor.
— 24	Trier	acceptirt den von den Lothringen'schen räthen in der Merziger streitigkeit auf freitag nach Valentin (febr. 16) bestimmten tag. 1469 stil. Trev. mittw. nach Sebastian. Concept in Cobl.
. .		verleibt seinem meisterkoch Conrad von Udenheim nebst frau und sohn auf lebenszeit zinsfrei einen garten auf dem berg zu Erembreitstein. Nur mit iahr 1469 stil. Trev. im Tempor.
— 26	Paltzel	giebt für 31 iahre die mühle zu Loisskele in pacht. 1469 trier. stils fryt. nach Paulstag conversionis. Tempor.
— 27	——	verschreibt der kirche zu St. Wendel für die laut verschiedener urkunden schuldigen 1654 gulden iährlich 100 gulden aus dem gelde was daselbst auf pfingsten und Wendelstag im opferstock einkommt. 1469 trier. stils samst. nach Paulstag conver-sionis. Or. in Cobl.
febr. 12	Confluent.	stellt die reclusen zu Walrisheim unter den abt zu Himmerode. Gallia christ. 13,365.
— 18	Erembreit-stein	vererbpachtet mehrern bürgern zu Cochem einen acker um ihn in wingert zu verwandeln gegen abgabe des halben traubens. 1469 trier. stils sont. nach Valentin. Tempor.
— 25	——	erlaubt der abtei Himerode wegen der dadurch entstehenden störungen statt innerhalb, ausserhalb des klosters bering den weinschank. 1469 trier. stils sont. nach Mathys. Or. in Cobl.

1470		
mrz. 7	Coveleutz	bewilligt dem Emmerich von Lausteyn seine ehefrau Tryne Vogtin von Ludestorff auf 2 häuser zu Andernach und den zehnten zu Bleyde zu bewitthumen. 1469 trier. stils vff Eschmittwoch. Tempor.
— 10	Erembreit-stein	bewilligt der stadt Cochme einen dinstagswochenmarkt mit der gewöhnlichen marktfreiheit, und 2. desgl. dass daselbst nur der bürger weinwachsthum verzapft werde. Beide 1469 trier. stils samst. nach Estomihi. Tempor.
— 15	——	bewilligt dem Wilhelm herrn zu Richenstein seine gemahlin Katharine von Wilgenstein auf seine iurisdiktion und güter zu Sintzge, Koningsfeld und Remagen zu bewitthumen. 1469 more Trev. quinta post Invocavit. Tempor.
— 22	. . .	verpfändet dem domherrn grafen Bernhard von Solms um 1300 gulden schloss und stadt Kyllburg. 1469 trier. stils donrst. vor vnser lieber frauwentag annunciat. Or. in Cobl.
apr. 1	——	genehmigt dass die eheleute Jorg und Eva von der Leyen das ihrem vater und resp. schwiegervater Johann 1441 von erzb. Jakob um 1500 gulden verpfändete amt Covern für dieselbe summe an Hermann Boss von Waldeck abtreten. 1470 am sont. Letare. Tempor.
— 1	——	befreit seinen koch Hugo von Knuelingen lebenslänglich von frohnden, schten, wachten, schatzung und diensten womit die unterthanen zu Molen im thal unterm Erembreitstein beschwert sind. Dat. wie vorher. Tempor.
mai 2	Wesel	erkauft sich auf seine lebenszeit mit 400 gulden von Cone herrn zu Schoneck und Oilbruck das recht der öffnung, hausung und enthalts auf schloss Schoneck. 1470 mittw. nach Walpurgen. Tempor. Cone's urk. hierüber bei Günth. 4,603.
— 10	Erembreit-stein	ertheilt der burgerschaft zu Moilsperg bis auf widerruf das recht von iedem dort verzapft werdenden fuder wein einen gulden für den bau ihres thals zu erheben. Tempor.
— 21	Trier	verleiht dem domvikar Martin von Attendarn bis auf widerruf den keller unterm consistorium des geistlichen gerichts hierselbst. 1470 mont. nach Cantate. Tempor.
— 25	——	bewilligt der gemeinde Coll im Hamm einen iahrmarkt auf Galleutag. 1470 frit. nach Cantate. Tempor.
— 31	——	verspricht seine vermittelung in dem streite Heinrichs vogts und herrn zu Hunolstein mit Johann vogt zu Hunolstein. 1470 vff vnsers herrn vffartstag. Concept in Cobl.
— 31	——	bewilligt den schiffleuten von Unserer lieben frauen bruderschaft zu Trier bis auf widerruf, dass Unserer lieben frauen schiff in der charwoche und zu pfingsten mit den pilgern die Mosel und den Rhein hinab nach Cöln frei die zölle zu Paltzel, Cochme, Coveleutz und Engers passire. 1470 vff vnsers herrn vffartstag. Tempor.
iun. 12	Erembreit-stein	giebt der gemeinde Clotten den Nythof auf dem Clotteuer und die winterweide auf dem Conder berg in erbpacht. 1470 dinst. nach pingstag. Tempor.
iul. 7	Coveleutz	verschreibt seinem Bopparder zollknecht Johann Struys wegen leibsschwachheit auf lebenszeit 3 malter korn iährlich. 1470 samst. nach Goar. Tempor.
— 11	——	giebt seinen consens dazu, dass Sibrecht von Hoingen ein haus mit 2 bongerten zu Cochme, burglehengut, in erbpacht vergebe. 1470 mittw. nach Kylian. Tempor.
— 13	——	giebt seinem schultheiss zu Pumer, dem Hengin von Trier, den dortigen hof zu seiner lebenslänglichen wohnung. 1470 vff Margrethen. Tempor.
iul. 22	. . .	ertheilt der Carthause bei Mainz zollfreiheit für ihre provision den Rhein aufwärts zu Engers und Boppard. 1470 vff Marien Magdalenen. Tempor.
— 28	Trier	giebt seinem kellner Heinrich Leymbach zu Erembreitstein die durch Emonds Beissel tod erledigten güter zu Ludistorff auf lebenszeit zu mannleben. 1470 samst. nach Jakobstag. Tempor.
aug. 27	. . .	vererbpachtet gemeinschaftlich mit Irmgart von Hunolstein wittwe zu Wannenberg und Cuno herrn zu Wannenberg und Bylstein den hof auf Briedern an die beiden dörfer Mieswich und Briedern. 1470 mont. nach Bartholmes. Tempor.
nov. 3	Wesel	ersucht die Lothringen'schen räthe, zu verfügen dass mit der auf befehl des deutschen bulls durch den amtmann von Siersberg auf die leute zu Merzig gelegten schatzung bis zu einem gütlichen tage einhalt geschehe. 1470 samst. nach Allerheiligen. Concept in Cobl.
dec. 9	Trier	befiehlt seinen statthalter und räthen darauf zu sehen, dass die Merziger nicht von Lothringen wegen der schatzung gedrängt werden, und einen gütlichen tag festzusetzen. 1470 sonnt. nach vnser lieben frauwentag concept. Concept in Cobl.
— 27	. . .	bewilligt dem Ladislaus von Eltz seine ehefrau Katherine von Burscheid auf den Unbescheidenshof zu Nunheim zu bewitthumen. Tempor.

1471		
jan. 26	. . .	ertheilt dem Johann vom Feld zu Brechen, damit er ihm im waffendienst bereiter sei, freiheit von schatzung und frohnden. 1470 crast. convers. Pauli more Trev. Extr. im Tempor.
— 31	Coveleutz	vergleicht das collegiatstift zu Munstermeynfeld mit Wilhelm von Swalbach wegen des Airsbergischen pachts zu Mertlach. 1470 trier. stils donrst. nach Valerius. Or. in Cobl.
febr. 11	Trier	verschreibt dem Clas von Smidburg und dessen ebefrau Margaretha von Lewenstein für 1300 gulden amts- und pfandweise schloss und amt Smidburg. 1470 trier. stils mont. nach Apolloniem. Or. in Cobl.
marz. 2	. . .	verkauft mit consens des domcapitels und bürgerschaft der stadt und pflege Wesels dem meister Peter Rink, doktor beider rechte zu Cöln um 800 gulden eine jahresrente von 30 gulden aus dem Engerser zoll. Or. in Cobl. Ebenso demselben um 800 und 1000 gulden eine gleiche von 40 und 50 gulden. Temp.
— 2	. . .	ertheilt der stadt und pflege Wesel über obige bürgschaften im ganzen 3000 gulden kapital und 150 gulden rente eine schadloserschreibung. Tempor.
— 7	Paltzel	vererbpachtet eine mahlstatt am weiher zu Ulmen um darauf eine mahlmühle zu bauen. 1470 stil. Trev. donrst. nach Invocavit. Tempor.
— 8	——	giebt dem Hermann vom Wyher zu Nickendig dem ältern auf lebenszeit 12 malter korn und 2 fuder wein jährlich aus der kellerei Cochme und etliche felder zu Ulmen. 1470 trier. stils frit. nach Invocavit. Tempor.
— 8	——	ertheilt dem Saarlurger schöffen Johann von Kyrn gegen bezahlung von 3 gulden befreiung vom ungeld für die waaren die er aus seinem kram verkauft. Dat. wie vorher. Tempor.
— 20	——	incorporirt der abtei St. Mathele bei Trier das nonnenkloster St. German. Tempor.
— 22	——	macht nochmals einen vergleich zwischen seinem domcapitel und den gebrüdern Dietherich und Peter von Ryneck herrn zu Broich und Thonberg wegen des dorfs Spicker. 1470 trier. stils frit. nach Oculi. Or. in Cobl.
apr. 15	——	verleiht dem Trierer bürger Peter Bloemgin, dessen ehefrau und ältestem sohn, auf lebenszeit die beiden häuser zum grossen und kleinen Schwanen in der Jakobsgasse zu Trier, mit der verpflichtung 100 gulden darin zu verbauen, stallung für 12 pferde und 4 betten für den erzbischof darin herzustellen und wie bisher das weltliche gericht darin halten zu lassen. 1471 mont. nach Ostertag. Tempor.
— 24	Covelentz	schliesst mit dem herzog und der herzogin von Jülich-Berg ein freundschaftsbündniss für sich und ihre lande. 1471 mittw. nach Quasimodo. Or. in Düsseldorf.
— 29	Erembreit-stein	nimmt den junggrafen Johann von Salm, ältesten sohn zu Ryfferscheid, auf sechs jahre in seine dienste wofür er ihm jährlich 6 fuder wein zu Cochme verschreibt. 1471 mont. nach Miserhord. dni. Tempor.
— 30	——	beurkundet, dass graf Philipp von Catzenelnbogen und Dietz, obgleich er gemeinsam mit demselben von Gerlach herrn zu Isemburg und Gerlach ältestem sohn zu Isemburg, beiden herrn zu Grensauwe für 3000 gulden schloss und herrschaft Herspach gekauft habe, doch der graf so lange demselben nicht die hälfte des kaufpreises von ihm bezahlt sei, den alleinigen genuss dieser herrschaft haben solle. 1471 dinst. Walpurgen abend. Or. in Cobl.
mai 2	. . .	erlaubt der gemeinde Polch die erbauung eines gemeindebackhauses und 2, einige gemeindefelder und weideplätze in wiesen umzuwandeln und gegen zins zu verpachten. Beide 1471 donrst. nach Walpurgen, im Tempor.
— 13	——	verschreibt seinem diener Clesgin von Meyen wenn er nicht in dienst bei hof sein wird 4 malter korn jährlich aus der kellerei Erembreitstein. 1471 mont. nach Cantate. Tempor.
jun. 00	Regensburg	Antheil an dem hier am 16. juni vom kaiser eröffneten reichstag, wohin er in begleitung seines bruders Marx, markgrafen von Baden, und mit glänzendem gefolge reiste und sieben wochen sich aufhielt. Müller Reichstagstheater 2,359. Gesta Trev. ap. Honth. 854, ed. Wyttenbach 2,310. Bruwer Ann. 2,298. Des erzbischofs aufenthalt nebst der hin und rückreise dauerte 13 wochen und kostete mehr denn 6000 gulden. Peter Maier's Manuscript. Auch erhielt der erzbischof hierselbst am 11., 15. und 20. jul. vom kaiser verschiedene gnadenbriefe, Honth. 2,456 und Günth. 4,607 u. folg. Vergl. Chmel Reg. Friedr.
aug. 25	Erembreit-stein	befreit seinen spender und diener Johann von Berberg solange derselbe im gerichtsbezirk von Nerenberg wohnt, von frohnden, achten, wachten, schatzung, diensten und reisen wozu die dortigen bürger verpflichtet sind. 1471 dominice post Bartholomei. Tempor.

1471		
sept. 24	Paltzel	ersucht den herzog von Lothringen, zu verfügen dass die auf neue den Merzigern auferlegte schatzung bis zu dem fernern gütlichen tage sistirt werde. 1471 dinst. nach Matheus des heil. apost. und evang. Concept in Cobl.
oct. 2	Erembreitstein	verleiht dem Johann Brendel von Hoemberg auf lebenszeit das von seinem schwiegerherr Dietherich von Bubenheim inngehabte wörth bei Limburg. 1471 mitw. nach Michelstag. Tempor.
— 8	——	nimmt den Endres Stude von Herberden auf lebenszeit für 4 malter korn und einen wagen hen iährlich mit einem reisigen pferd und harnisch zum mann und dieser an, und weist ihm Else (bei Limburg) zum wohnsitz an. 1471 dinst. nach Franziskus. Or. in Cobl.
— 13	——	belehnt den ritter Adam von Ottenstein mit 10 gulden manngeld iährlich aus der kellerei Monthabur. 1471 sont. nach Dionisius. Tempor.
— 31	Covelentz	nimmt den Richard von Langen gegen 10 gulden dienstgeld iährlich zum lebenslänglichen helfer und diener an. 1471 vf Allerheiligenabend. Or. in Cobl.
nov. 2	———	incorporirt dem collegiatstift zu Pfalzel zur verbesserung der präbenden die pfarrkirchen zu Berncastel und Noviant. Or. in Cobl.
— 3	. . .	restituirt die frau vom fahr auf der Lahn, wegen deren absetzung zwischen den Niederund Oberlansteinern lange zeit streit schwebte, wieder auf solange sein das fahr als Oberlanstein in den händen Diethers von Isenburg ist. 1471 sont. nach Allerheiligen. Tempor.
— 14	Paltzel	giebt seinen consens zum verkauf eines gemeindeplatzes zu Merl im Hamm unter der bedingung dass das erlöste geld zur befestigung des orts verwandt werde. 1471 dunrst. nach Mertinstag. Tempor.
— 21	Trier	ersucht die Latzelburgischen statthalter und räthe, dem unterprobst zu Arle und Biedburg zu befehlen die mit arrest belegten kurfürstlichen gefälle des schlosses Kilburg frei zu geben. 1471 vff unser lieber frauwentag presentation. Concept in Cobl.
— 26		erlässt an dieselben ein schreiben wegen wechselseitiger restitution der in den zollstreitigkeiten gemachten pfänder, und erbietet sich zu einem gütlichen tag. (Die Luxemburger verweigerten die zahlung von einem gulden zoll von iedem fuder wein das auf der Mosel verfahren wurde, dessen erhebung dem erzbischof durch kaiserliche privilegien gestattet worden war.) 1471 dinst. nach Katherine. Concept in Cobl.
— 27	———	giebt das Lehenhof zu Ellentz in erbpacht. 1471 mitw. nach Katherinen. Tempor.
dec. 5	Paltzel	erbietet sich den Lotzelburgischen räthen zur unentgeltlichen restitution der pfänder, falls sie einen gütlichen tag an gelegener mahlstatt zur verhandlung ihrer beider streitigkeiten ansetzen. 1471 dunrst. nach Barbara. Concept in Cobl.
— 7	——	beurkundet dem collegiatstift zu Pfalzel, dass die ihm von demselben zugestandene berechtigung zur vergebung von präbenden keine kraft haben solle, wenn der pabst die incorporation der beiden pfarreien Berncastel und Noviant dem stift nicht bestätige. 1471 samst. nach Niklas. Or. in Cobl.
— 13	Trier	giebt den prokuratoren, notarien, ladeboten und geschwornen den geistlichen gerichts hierselbst einen platz oben am consistorium oder geistlichen gerichtshause für einen bau zu ihrer versammlung, gassel oder mattschaft. 1471 vff Luzientag. Tempor.
— 21	Paltzel	warnt den grafen Gerhart von Sayn in seiner fehde mit dem von Isenburg seinem weihbischof an den Romerdorfer gütern keinen schaden zu thun. 1471 vf Thomastag. Or. in Cobl.
— 24	. .	nimmt das schloss Broel, woselbst ihm Elisabeth frau zu Broel das öffnungsrecht zugestanden (vergl. Günth. 4,613 extr.), in seinen schutz und schirm. 1471 vf Cristabend. Tempor.
— 29	——	nimmt den büchsenmeister Thiel von Sarburg auf lebenszeit zum diener an. 1471 still. Trev. sont. nach Cristag. Tempor.
. . . .		schenkt den vikaren der pfarrkirche St. Stephan zu Lemen, auf die bitte des dortigen pastors Peter von Traven, ein verfallenes haus mit gärtchen unter dem kirchhof, das vor undenklichen zeiten clausnerinnen gehört haben soll, wofür iährlich am mont. nach Reminiscere für die erzbischöfe und fundatoren ein anniversarium gehalten werden soll. Nur mit iahr 1471 im Tempor.
1472		
ian. 1	. . .	nimmt den Dietherich Freengen für 40 gulden dienstgeld auf ein iahr mit 4 reysigen pferden selb dritter gewaffnet und darunter zwei reysige schützen, zum diener an. 1471 still. Trev. vf iairstag. Tempor.

1472		
ian. 4	Pfaltzel	bewilligt seinen nach Briedel gehörigen lehnleuten welche in einem iahr mehr wie gewöhnlich die wingerten misten alsdann drei viertal statt der halben crescenz. 1471 stil. Trev. samst. nach Jairstag. Tempor.
— 5	————	nimmt den Johann vom Hane genannt Boeffgin zu seinem lebenslänglichen diener in St. Wendelin an, giebt ihm ausser den 6 gulden die er ans dem siegel zu Trier bereits bezieht, 3 malter korn 5 malter hafer iährlich, eine wiese bei St. Wendelin, und freiheit von den bürgerlasten daselbst. 1471 trier. stils sont. nach heil. iarstag. Tempor.
— 9	——·—	verleiht dem Gerhart von Schonemberg und dessen ehefrau Engelen von Waltroch auf lebenszeit das Baldewynshaus am Polsberg gegenüber Trier. 1471 trier. stils donrst. nach Drierkoningtag. Tempor.
— 23	. . .	nimmt den Symon Ammen von Walse mit einem reysigen pferde auf ein iahr gegen 6 gulden dienstgeld in seine dienste. 1471 stil. Trev. fer. 5 post Agnetis. Tempor.
— 25	Erembreit- stein	bestätigt mit kaiserlicher genehmigung der stadt Covelentz die iahrmesse von Petri Ketten- feier bis den tag vor Mariä Himmelfahrt (aug. 1—14), und verträgt sich mit derselben wegen errichtung eines krahnens, kaufhauses, gemeinen wage und wegen der accise. 1471 trier. stils vff Pauli conversion. Copie in Cobl.
— 31	————	verpachtet dem Johann von Bacherach, siegler zu Covelentz, für 300 gulden iährlich die primos et medios fructus welche vom officialat daselbst nach alter gewohnheit an den erzbischöflichen tisch pflegen zu fallen. 1471 trier. stils fryt. nach Valerius. Tempor.
febr. 8	————	bestätigt der incorporation der beiden altäre von Unser lieben Frau und St. Blasius in der kirche zu Bessclich an den convent daselbst durch Johann von Helfenstein den alten und den erbmarschalk Johann von Helfenstein. 1471 trier. stils samst. nach Dorotheen. in Cobl.
— 14	————	meldet dem kurfürsten Ernst von Sachsen, dass er den markgrafen Albrecht von Branden- burg in den kurfürsten-verein aufgenommen habe. Riedel Cod. dipl. Brandenb. 2. Haupttheil 5,148.
— 18	————	bestätigt die bruderschaft der fischer in der kellerei Erembreitstein und ertheilt ihr ein indulgenz privilegium. 1471 trier. stils dinst. nach Invocavit. Cop. in Cobl.
mrz. 19	————	vergleicht Friedrich, Johann und Gilbrecht vom Steyne genannt die Scheuffe Gebrüder mit dem ritter Johann von Helfenstein wegen des nachlasses des ritters Heinrich Meynfelder und dessen frau Nese. 1471 trier. stils donrst. nach Judica. Or. in Cobl.
— 31	————	proklamirt die präsentation des Deutschordensbruders Gerlach Keyser durch das Deutsch- ordenshaus bei Marburg zur probstei der kirche Schiffemberg, und bestimmt vor dessen investitur den dinst. nach Quasimodo (apr. 7) als termin etwaiger reclamationen dagegen. Chartal. in Cobl.
— 31	————	befiehlt dem Diedrich Robin, seinem amtmann zu Wittlich, der Lotzelburgischen regierung zu antworten, dass nur die unterthanen des herzogthums und nicht der grafschaft Vianden vom trier. landzoll befreit sein sollen. 1472 dinst. nach Ostern. Concept in Cobl.
apr. 13	. . .	nimmt den grafen Philipp von Virnenburg und Nuwenar, herrn zu Saffemberg als rath und diener an. 1472 mont. nach Misericord. dni. Or. in Cobl.
— 22	————	ertheilt den zunftmeistern und Rheinschiffleuten zu Speier iährlich auf ostermontag mit pilgern in der bittfahrt zu Unserer lieben Frau den Rhein herab nach Aachen geführten St. Niklasschiff zollfreiheit an den Rheinzöllen. 1472 mittw. nach Jubilate. Tempor.
mai 5	————	protestirt gegen das prozessverfahren des kaiserl. hofgerichts zu Roitwil wider trier. unterthanen, da das erzstift nach der goldnen bulle das privilegium de non trahendo ex diocesi habe. 1472 dinst. nach Vocem iocunditatis. Chartul. in Cobl.
iun. 6	Covelentz	schlichtet mit seinem dompropst Philipp von Sirk verschiedene streitigkeiten des grafen Gerhard von Sayn mit Gerlach herrn zu Isenburg und dessen ältestem sohn Gerlach herrn zu Grenzau, namentlich wegen Hersbach. 1472 samst. nach Bonifacius. Or. in Cobl.
iul. 9	Trier	belehnt den center Heynmgin Kolben zu Welen mit 1½ morgen wingert daselbst, welche derselbe von dem ritter Johann von Helfenstein für 50 gulden gekauft hatte. 1472 dornst. nach Kylian. Tempor.
iul. 16	. . .	besiegelt und bestätigt die schenkungsurk. des Simeonstifts zu Trier für das kloster Eberbach über die kirche zu Mosbach. Würdtw. Diocæs. Mog. 2,107.

30*

1472		
iul. 25	Wittlich	erlaubt dem convent zu Eberhartsclusen den bau einer ringmauer und die dadurch nothwendig gewordene verlegung der landstrasse. 1472 vf Jakobstag. Tempor.
aug. 6	Trier	belehnt den Johann von Kethge und dessen ehefrau Gutgin von Mielen mit dem derselben von ihrem bruder Caspar von Mielen genannt Dievelich zu billiggut verschriebenen hof zu Wolken. 1472 dornst. nach vincula Petri. Tempor.
— 8	— —	ersucht die Lothringen'sche regierung den an die Merziger erlassenen auszugsbefehl bis zu einem göttlichen tag zu sistiren. 1472 samst. nach vincula Petri. Concept in Cobl.
— 10	——	ersucht den zöllner zu Sirk um rückerstattung des von den Pfalzelern erhobenen zolls, da dieselben in Lothringen und Lützelburg zollfreiheit geniessen gleich den letztern zu Pfalzel. 1472 vf Laurentius. Concept in Cobl.
— 20	Wittlich	ernennt den Clas Reynolt zum vogt im Cröverreich, welches amt derselbe mit 100 gulden von Symon von Paffembroich eingelöst hat. 1472 dornst. nach Assumpt. Marie. Tempor.
— 20	——	verschreibt demselben bis zur rückzahlung der bei demselben geliehenen 300 gulden verschiedene zinsen und wiesen, wogegen derselbe das jährliche försterressen im Dauerhof zu Ilyl geben soll. Dat. wie vorher. Tempor.
— 22	——	erlaubt wörtlich (wie iul. 25) zu Eberhardsclusen den bau einer ringmauer. 1472 samst. nach vnser lieben frauwentag Assumpt. Or. in Cobl.
— 23	——	belehnt seinen sekretair Berthold Cruss von Regensburg auf lebenszeit mit den durch Heinrich Leymbachs tod erledigten gütern zu Ladenstorff. 1472 am sont. 84. Bartholmeus abend. Tempor.
— 25	——	ersucht nochmals die Lothringenschen räthe um aufhebung des gegen die Merziger erlassenen befehls zum schätzenauszug bis zu einem göttlichen tag, da dieselben dem erzstift als grundherrn zugehörig dazu nicht verpflichtet. 1472 dinst. nach Bartholomeus. Concept in Cobl.
sept. 2	——	befiehlt der stadt Trier sich der zahlung des von ihm laut kaiserl. privilegs unterhalb der stadt erhoben werdenden schweinezolls nicht ferner zu weigern. 1472 mittw. nach Paulin. Concept in Cobl.
nov. 28	Sprenkirsbach	erlässt einen befehl an den kellner zu Pfalzel wegen strenger erhebung des schweinezolls unmentlich von den Trierern. 1472 sab. post Katherine. Concept in Cobl.
dec. 11	Krembreitstein	schreibt seinem domkapitel auf der Cochemer und Zeller beschwerde wegen des gulden landzolls vom fader wein das von der Mosel über land geführt wird, dass dieser zoll da wo auch früher ferner solle erhoben werden. 1472 fer. 6 post Concept. Marie. Or. in Cobl.
— 14	——	verleiht dem Johann von Freunsburg, zollbeseher zu Engers, ein fader wein jährlich aus des erzstifts zehnten daselbst. 1472 mont. nach Luzien. Tempor.
— 17	. . .	ernennt den Dietherich von Dietz zum amtmann von Limburg, Molsberg und Brechen. 1472 dornst. nach Luzien. Or. in Cobl.
— 21	. . .	erlaubt dem abt Johann zu Laach wegen der kosten für seine päbstliche confirmation, abteiliche güter bis zum betrag von 900 gulden zu verpfänden. 1472 in die Thome. Or. in Cobl. Extr. Wegeler, Laach 2.105.
— 31	. . .	erlässt einen ausspruch in sachen Ulrichs grafen von Wörtemberg gegen die reichsstadt Esslingen in betreff der in das grafen gebiet liegenden güter der stadt. Lünig, Reichsarchiv 9,696. Honsel. Suppl. an Corps dipl. 1,442.
. . . .		bewilligt, dass graf Jorg von Virnenburg, herr zu Cronemberg die ihm mit Marie von Croy frau zu Guylge und gräfin von Blankenheim verschriebenen 15000 gulden hilligsgeld auf die schlösser Schonenberg und Schonemberg versichere. Nur mit iahr 1472 im Tempor.
1473		
ian. 12	Covelentz	belehnt den Conrad Schenk von Swinsberg mit den vom verstorbenen Gerlach von Londorf besessenen sechs huben (jede zu 10 morgen) landes zu Wambach. 1472 trier. stifts dinst. nach Dryerkoning. Tempor.
— 24	——	bewilligt dem Frank von der Leyen seine ehefrau Else von Sirk auf ein Saarburger burglehen zu bewitthumen; desgl. 2, hierauf und auch auf die mannlehen: sein theil der vogtei zu Pisport und Emmel und den obersten thurm zu der Leyen. Beide 1472 stift. Trev. sont. nach Agneten. Tempor.
febr. 1		schreibt dem herzog Carl von Burgund, dass er dem von ihren räthen neulich wegen des landzolls gemachten abschied nachgekommen sei und werde ihm noch seine besondere botschaft deshalb schicken. Concept in Cobl.
— 2		übersendet dem Heinrich Voydt zu Hunolstein ein schreiben des Johann Voydt zu Hunolstein

1473		
		worin derselbe sich zu einem rechtlichen tage vor dem erzb. als landesherrn erbietet. 1472 stil. Trev. vff dinst. vnser lieben frauwentag purification. Or. in Cobl.
febr. 5	Erembreit-stein	verleiht dem Niklas Lairbecher, seinem schultheiss und kellner zu Wesel, für die demselben laut kellereirechnung noch schuldigen 200 gulden, auf 40 iahre eine wiese bei Damscheid. 1472 trier. mils vff Agathen. Or. in Cobl.
— 12	——	ersucht den Pfalzgrafen um abstellung der von seinem amtleuten zu Cruzenach und Kirpurg vorgenommenen beeinträchtigungen des ihm, dem erzbischof, vom kaiser bewilligten zolles. 1472 stil. Trev. fryt. nach Apollonien. Concept in Cobl.
— 15	——	ersucht den herzog von Lothringen da nun der Deutschbelis zurückgekehrt um antwort auf das ihm wegen der Merziger irrungen von seinem rath Bernhard von Pallant überbrachte schreiben. 1472 trier. stils mont. nach Valentin. Concept in Cobl.
— 15	Covelentz	verspricht der stadt Trier nachdem er ihr für 2000 gulden die errichtung eines generalstudiums (universität) nebst der päbstl. bulle für erzb. Jakob darüber überlassen, binnen einem iahr eine päbstliche bulle zu erwirken, worin ersteres bestätigt und derselben sechs canonikate und drei pfarreien incorporirt würden. Gesta Trev. ed. Wyttenb. 2, Additamenta 27. Or. in Cobl.
mrz. 5	Erembreit-stein	erklärt sich bereit in der sache zwischen Heinrich und Johann Vögten zu Hunolstein einen gütlichen oder rechtlichen tag zu bestimmen. 1472 stil. Trev. fryt. nach Eschmittwoch. Or. in Cobl.
— 12	——	ersucht den herzog von Lothringen, da er wegen anderer dringender geschäfte den auf mittwoch nach Oculi (mrz. 24) zu Merzig bestimmten tag nicht beschicken könne, auf den mittw. nach Letare (mrz. 31) zu verlegen. 1472 stil. Trev. fer. 6 post Invocavit. Concept in Cobl.
— 10	——	nimmt den Hermann von Hersel mit drei guten reysigen pferden auf ein iahr gegen 31 gulden dienstgeld zum helfer und diener an. 1472 trier. stils dinst. nach Reminiscere. Or. in Cobl.
— 16	Confluentie	verschreibt dem Johann von Oberlanstein, seinem apotheker zu Covelentz, iährlich 4 malter korn und 3 ohm wein aus der kellerei Erembreitstein. 1472 stil. Trev. fer. 3 post Reminiscere.
— 17	Erembreit-stein	desgl. seinem spender Johann von Berberg genannt Schatze ebenso 3 malter korn und 2 ohm wein. 1472 stil. Trev. mittw. nach Reminiscere. Tempor.
— 21	——	ersucht den herzog von Lothringen um verschiebung des tages zu Merzig bis nach ostern, da er auf freitag nach nächsten frauentag (mrz. 26) in den Cölner irrungen einen gütlichen tage beizuwohnen habe. 1472 more Trev. vff sonat. Oculi. Concept in Cobl.
— 21	——	schreibt seinem domkapitel den wegen der einsunterthanen von Bernkastel, Cochem und Celle nächsten freitag (mrz. 26) zu Pfalzel sein sollenden tag auszusetzen, da er auf Mariä verkündigung (mrz. 25) einen tag zu Cöln in dem streite des dortigen erzbischofs mit dem domkapitel und der landschaft zu besuchen habe, und deshalb nach Ostern einen andern tag bestimmen werde. Or. in Cobl.
— 25	Colne	schiedsrichtet zwischen dem herzog Gerhard und dessen sohn Wilhelm von Julich und Berg einerseits und Friedrich von Sombref herrn zu Kerpen anderseits in betreff der stattgehabten fehde, die gegenseitige schadensforderung fernerer entscheidung vorbehaltend. Lacomblet Urkb. 4,464.
apr. 1	——	ersucht den herzog von Lothringen um ansetzung eines andern tags in der Merziger schatzungssache, indem er sich entschuldigt, dass er wegen schwerer kriegsläufte im erzstift Cöln sich dorthin begeben und seine räthe nicht nach Merzig auf den bestimmten tag habe schicken können. 1473 donrst. nach Letare. Concept in Cobl.
— 7	——	schliesst mit dem herzog Gerhart von Julich und den iunghezzogen Wilhelm und Adolf ein bündniss zur erhaltung des landfriedens, welcher noch drei iahre nach des herzogs tod bestehen soll. 1473 mittw. nach Judica. Or. in Düsseldorf.
— 22	Trier	entscheidet zu gunsten der abtei Tholey deren streit mit Johann Hubenriss von Odenbach über den seelzehnten zu Ormersheim. 1473 dornst. nach Ostertag. Or. in Cobl.
— 26	. . .	ersucht den herzog von Julich sich mit Heinrich Voydt zu Hunolstein in der güte zu vertragen. 1473 dinc. Quasimodo. Concept in Cobl.
— 26	Covelentz	giebt die durch das aussterben der Sander von Sienheim erledigten mannlehen zu Sienheim an seinen thorwärter Hans von Entsberg und dessen söhne von seiner ehefrau Engin von Nickendig, tochter Jorgens von Nickendig. 1473 mont. nach Quasimodo. Or. in Cobl.

1473		
apr. 28	Coblentz	verspricht dem grafen Philipp von Catzenelnbogen die schuldigen 500 gulden auf Lucien zu fronfasten aus dem Lainsteiner zoll zurückzuzahlen. 1473 mitw. nach Quasimodo. Or. in Cobl.
mai 1	———	bestätigt die dotation des Marienaltars in der pfarrkirche zu Engers seitens des Nicolaus von Merl, stiftsherrn von St. Florin zu Coblenz. Chartul. in Cobl.
— 21	Augspurg	giebt als kurfürst des reichs hierselbst (auf dem apr. 24 beginnenden reichstag) seinem conseus zu kaiser Friedrichs urk. d. d. Gretz 1471 mont. nach des heil. Crautztages inventionis, worin er dem grafen Huggen zu Montfort und Rotenfels die herrschaft Rotenfels verleiht und dieselbe zu einer grafschaft erhebt. 1473 fryt. nach Cantate. Tempor.
— 26	. . .	ebenso zu des kaisers bestätigung aller gerechtigkeiten, warden, freiheiten, gnaden, gewonheiten, privilegien, handvesten, schriften und briefen, welche den vorfahren des kurfürsten Albrecht von Brandenburg verliehen worden. 1473 mittw. nach Vocem iocunditatis. Tempor.
iun. 7	. . .	An diesem tage ernennt könig Ludwig von Frankreich d. d. Ambasie anno regni 12 den erzbischof Johann zu seinem rath. Or. in Cobl.
iul. 00	Baden	Gegenwart bei der belehnung des pfalzgrafen Ruprecht mit dem bisthum Strassburg durch kaiser Friedrich, wohl im juli. Müller Reichstagstheater 2,556. Vergl. Chmel Regesten Friedrichs.
aug. 14	. . .	verkauft dem Hans von Entzberg 50 gulden iahrrente aus dem Engerser zoll für tausend gulden mit stellung von bürgen und deren verpflichtung zum einlager in Coblenz oder Andernach. 1473 vf vnser lieben frauwen abend assumptionis. Or. in Cobl.
— 31	. . .	nimmt den Arnold Roessen zu seinem diener auf lebenszeit an. 1473 fer. 3 post. decollat. Johannis. Extr. im Tempor.
sept. 28	Trier	Feierlicher empfang des kaisers durch erzb. Johann zu dem hier ausgeschriebenen reichstag und auf Michelstag festgewtzten glänzenden zusammenkunft mit dem herzog Karl von Burgund. Vergl. hierüber Gesta Trev. ap. Honth. 855. ed. Wyttenbach 2,347, Brower Ann. 2,300 etc. Müller Reichstagstheater 2,559 etc. von Stramberg Rhein. Antiquar 2. Abth. 5r Bd. S. 665 etc. etc. und andere (Olivier de la Marche). 1473 usw. findet sich jedoch bei Chmel Regesten Friedrichs s. 658 eine vom kaiser zu Metz ausgestellte urkunde.
oct. 5	———	Antheil an dem glänzenden empfang des herzogs Carl von Burgund. Dirck Oestr. Ehrenspiegel 770.
— 7	———	Erzb. Johann celebrirt das hochamt zu St. Maximin und nachher antheil an der glänzenden tafel im kloster. Dirk ibid. 774.
— 22	———	communicirt dem grafen Dietherich von Manderscheid herrn zu der Sleyden einen brief Cones herrn zu Schoneck und Olbrück (in betreff deren fehde) um seine meinung darüber zu hören. 1473 frit. nach der Elftausend megdetag. Or. in Cobl.
nov. 6	———	Antheil an der feierlichen belehnung des herzogs von Burgund durch den kaiser mit Geldern. Dirk Oestr. Ehrensp. s. 777.
dec. 4	Erenbreitstein	bewilligt dem grafen Philipp von Catzenelnbogen und Dietz die fran Anna von Nassauw, wittwe herzogs Otto von Braunschwig auf 900 gulden iährlich aus dem zoll zu Boppart zu bewitthumen. Tempor.
— 4	———	bewilligt dass sein zollschreiber Jakob Klinge zu Boppard die 5 gulden iahrzins welche auf der verkauften obern badstube stehen, anderwärts übertrage. 1473 vf S. Barbaren. Tempor.
1474		
ian. 9	Colne	bescheidet abschläglich die Trierer bürgerschaft auf ihre beschwerde gegen den schweinezoll. 1473 stil. Trev. sonnt. nach Dreykonigtag. Concept in Cobl.
febr. 5	Ehrenbreitstein	bewilligt der gemeinde Merl die hälfte von den von den krämern zu erhebenden standgeld auf die kirmess. 1473 stil. Trev. samst. nach vnser lieben frauwentag purificat. Tempor.
mrz. 16	Colonie	befreit die Prämonstratenser abtei Steinfeld vom landzoll für ihre weine zu Ellentz, Poltersdorf, Edegre und Cröv. Tempor.
— 19	———	bescheinigt dem Thomas von Vennloe, welcher einige iahre sein münzmeister gewesen, seine gute amtsführung. 1473 stil. Trev. samst. nach Oculi. Tempor.
— 24	. . .	vergleicht sein domcapitel mit der gemeinde Treys wegen der holzberechtigung des domkapitularischen hofs daselbst im gemeindewald. 1473 donrst. vnser lieben frauwen abend annunciationis. trier. stils. Chartul. in Cobl.

1474		
apr. 5	Paltzel	befreit die güter zu Wittlich, welche sein amtmann daselbst Dietberich von Lontzen genannt Robyn seiner magd Irmgin und ihren natürlichen kindern gekauft hat, von bede, schatzung, frohnden, diensten und andern städtischen bürden. 1474 dinst. nach Palmtag. Tempor.
— 21	———	belehnt den Philipp von Oberstein genannt Staber mit einem hause zu St. Wendel. 1474 dornst. nach Quasimodo. Copie in Cobl.
— 26	Trier	belehnt den Johann Hombrecht von Schonemberg mit dem kirchensatz, frucht- und weinzehnten zu Contzge oberhalb Trier. 1474 dinst. nach Marxtag. Or. in Cobl.
— 26	———	desgl. denselben mit hofstätten zu Merpedingen, Thoelen und Heydersweiler und andern mann- und burgleben seines anichen Wilhelm von Schonemberg. 1474 dinst. nach Misericordia. Or. in Cobl.
mai 1	. . .	verschreibt seinem invaliden diener im marstall, Johann, eine lebenslängliche pension. 1474 die Walpurgis. Tempor.
— 6	Erembreitstein	gestattet dem schöffen Johann Duyngin zu Wittlich einen überbau an seinem wohnhause. 1474 frit. nach Jubilate. Tempor.
— 29	Eüper	(Ems?) ersucht den Friedrich von Runkel grafen zu Wied dem Hans Juden sohn von Covelenz nachdem dessen vater 2 gulden bezahlt und sonst unvermögend ist (wie dies bei dergleichen getauften Juden gewöhnlich) die übrigen m gulden lösegeld zu erlassen oder geraume ziele zu geben. 1474 die Penthecost. Concept in Cobl.
iun. 9	Covelentz	bestätigt der gemeinde Ponderich die von seinen vorfahren verliehene gemeine weide, nachdem ihr durch ein ganggeleit einige plätze davon, welche bürger sich eingezogen hatten, restituirt worden sind. 1474 vff unsers herrn fronlichamstag. Tempor.
— 19	Erembreitstein	gestattet dem kaplan der St. Mathiaskapelle auf der hintersten burg bei Covern einen wüsten platz zu garten anzulegen. 1474 sont. nach Vitus und Modestus. Tempor.
iul. 8	———	nimmt den Wilhelm von Dan auf vier iahre in seine dienste. 1474 in die Kiliani. Extr. im Tempor.
— 25	———	ersucht seinen bruder da ihm die stadt Cöln ernstlich um hülfe zugeschrieben, indem der herzog von Burgund heute zu Tricht mit seinem heere aufgebrochen sei um wie man vermuthe Neuss oder Cöln zu belagern, für dieselbe tausend reysige und tausend fussknechte denen die stadt monatlich m rosp. 6 gulden sold gebe zu werben im oberland, wie auch die städte Strassburg, Basel, Esslingen und andere an hülfe zu mahnen. 1474 die Jacobi. Concept in Cobl.
— 30	———	nimmt den Johann herrn zu Runkel von dem er eine (ungenannte) geldsumme geliehen, auf solange als ihm dieselbe nicht gekündigt wird, mit sechs pferden wohlgerüstet gegen 60 gulden iahressold in seine dienste. 1474 samst. nach Jakobi. Tempor.
aug. 13	———	verleiht dem Johann Emich, stadtschreiber zu Wesel, auf lebenszeit den dritten theil eines wingerts daselbst. 1474 samst. nach Laurentius. Tempor.
— 14	———	befreit den Johann von Gliperg genannt Reffgin und dessen ehefrau Grete solange sie zu Hoingen oder sonst im erzstift wohnen, von bede, schatzung, frohnden, achten und andern diensten. 1474 vff unser lieben frauwen abend assumptionis. Tempor.
— 19	———	schreibt seinem bruder, dem markgrafen, wiederholt wegen vorzunehmender werbung von kriegsvolk für die stadt Cöln, welches Burkart von Hischach abholen solle, und dass nach einem gerüchte der herzog von Burgund vergangenen sonntag (aug. 14) Neuss dreimal gestürmt habe. 1474 incrast. Helene. Concept in Cobl.
— 29	———	schreibt seinem domcapitel auf dessen beschwerde wegen der nominationes so der kaiser beim pabst erlangt hat, — dass dies allerdings eine nenerung und gegen die concordata sei: doch wäre es für die Rheinische geistlichkeit bei den jetzt schwebenden wilden leuffen angelegen sich dagegen zu stemmen, sie möchten daher dergleichen nominationes wenn sie an sie gelangten zulassen und sich allenfalls durch einen notariellen protest ihre rechte für die zukunft wahren. 1474 die decollation. Johannis. Or. in Cobl.
sept. 9	———	vertauscht einem Zeller bürger einen platz zu Merl, den ihm die gemeinde überlassen und wofür er derselben die hälfte des kirmessgeldes eine nenerung und gegen einen platz bei der Niederpforte zu Zell. 1474 frit. nach unser lieben frauwentag nativitatis. Tempor.
— 12	Covelentz	vergleicht das kapitel des St. Florinstifts hierselbst mit dem kanonikus Heinrich Gebuyr wegen des letztern antheil am erlös vom verkauf einiger kapitelshöfe. 1474 mont. nach unser lieben frauwentag nativitatis. Or. in Cobl.

1474		
sept. 21	Erembreit-stein	befiehlt der stadt Covelentz sich zu rüsten um auf erfordern anzuziehen zu können. 1474 an St. Matheustag. Or. in Cobl.
— 21	——	schreibt der stadt Cöln, dass gestern ein bote vom kaiserlichen hof mit hinaussetzung des anschlags eingetroffen sei. 1474 in die Mathei apost. Concept in Cobl.
— 30	——	versichert die stadt Cöln wiederholt seiner fürsprache beim kaiser und dass er seinen marschalk Hermann Boiss zum kaiser gesandt habe dessen botschaft er entgegensehe. 1474 sexta post Michaelis. Concept in Cobl.
oct. 00	——	schreibt demselben (auf deren brief vom 8. oct.) dass vor etlichen tagen des markgrafen Albrecht von Brandenburg und der städte Nördlingen, Nürnberg, Weissenburg hier und gestern der von Frankfurt reisige und fussvolk zu Monthaber angekommen seien um des kaisers zu warten. Concept ohne datum in Cobl. Die antwort der stadt hierauf ist vom 12. oct.
nov. 25	. . .	nimmt den grafen Philipp von Virnenburg und Nuwenar, herrn zu Saffenberg mit 40 reysigen pferden im harnisch gerüstet auf ein iahr gegen 500 gulden dienstgeld zum helfer und diener an. 1474 vff trit. St. Katherinentag. Or. in Cobl.
— 25	. . .	bewilligt dem Wirich vom Walde seine ehefrau auf ein haus zu Merl im Hamm zu bewitthumen. Tempor.
— 30	——	nimmt den Jakob von Soetern mit zwey pferden gegen 20 gulden iahrlich auf vier iahre zum helfer und diener an. 1474 vff Eudrestag. Or. in Cobl.
dec. 21	——	verkauft um 625 gulden für die Liebfrauenmesse im Trierer dom 25 gulden iahrzins aus dem zoll zu Engers. 1474 vff Thomastag. Or. in Cobl.
— 31	Andernach	Antheil an dem in gemeinschaft des kaisers Friedrich und der kurfürsten von Mainz, Sachsen und Brandenburg geschlossenen bündniss mit dem könig von Frankreich. Lichnowsky, Gesch. des hauses Habsburg 7, Reg. 1820 extr. Müller, Reichstagstheater 2,675. Comines, ed. Lenglet 3,459. Lünig Reichsarchiv 6,88. Dumont, Corps dipl. 3°,521.
1475		
ian. 1	——	Gegenwart Johanns auf dem reichsconvent hierselbst bei der empfangsaudienz der dänischen botschaft. Müller Reichstagstheater 2,677.
— 4	Sintzge	nimmt den burggrafen Jakob zu Ryneck herrn zu Brolch, mit zehn reysigen pferden wohl gerüstet gegen 100 gulden sold auf ein iahr zum diener an. 1474 trier. stils mittw. nach heil. iarstag. Or. in Cobl.
— 30	——	ersucht den iunggrafen Cuno von Manderscheid, welcher sich durch den erzbischöflichen haushofmeister Johann Print von Hoyrcheim zum dienst erboten, nächsten sonntag nach Covelentz zu kommen um deshalb sich zu besprechen. 1474 more Trev. mont. nach Valerii. Or. in Cobl.
febr. 6	——	ersucht denselben, welcher heute nach Hoyngen gekommen, daselbst bis morgen zu verbleiben, indem er die seinigen behufs besprechung zu ihm schicken wolle. 1474 more Trev. mont. nach Estomihi. Or. in Cobl.
mrz. 7	Erembreit-stein	befiehlt demselben, welcher sich laut betedingten abschieds zu Hoingen in seinen dienst begeben, sich mit den seinigen nach Paltzel zu verfügen. 1474 more Trev. dinst. nach Letare. Or. in Cobl.
— 13	Covelentz	befiehlt den hauptleuten der städte Covelentz, Boppard und Wesel, die zu Hoyngen liegen, sich mit ihren schützen wieder nach hause zu verfügen. 1474 stil. Trev. mont. nach Judica. Or. in Cobl.
— 13	——	ermahnt die burgmänner zu Saarburg, Killburg, Welschpilch und Nuwerburg, wegen der wilden leufften so itzt in den landen sind, in eigner person mit harnisch ihre burghuth zu thun. Dat. wie vorher. Chartul. in Cobl.
— 25	Colonie	Theilhaber mit den übrigen kurfürsten an der ratification der zwischen dem kaiser Friedrich und dem könig Ludwig von Frankreich wider den herzog Carl von Burgund gemachten allianz. Müller, Reichstagstheater 2,698. Lünig, Reichsarchiv 6,86. Dumont, Corps dipl. 8°,499.
apr. 6	——	beauftragt den Coblenzer official mit der ausführung der von kaiser Friedrich in diesem iahr gemachten fundation eines altars und dreier wochenmessen in der pfarrkirche zu Andernach. Or. in Andernach.
— 24	. . .	nimmt den Engelbrecht Hart von Schoneck mit zehn reysigen pferden wohlgerüstet, worunter acht gewappnet sein sollen, gegen 100 gulden auf ein iahr zum helfer und diener an. 1475 mont. nach Cantate. Or. in Cobl.

1475		
mai 6	Colonie	Aufbruch von hier mit dem kaiserl. heere zum entsatz von Neuss, das der herzog Karl von Burgund belagerte. Nach dem schreiben des kurf. von Brandenburg an den herzog Wilhelm von Sachsen, bei Müller, Reichstagstheater 2,703, woselbst aber der verlauf weiter nachzusehen; auch von Stramberg, Rhein. Antiquar 2. Abth. 3r Bd. S. 720 etc. Brower Ann. 2,303 etc. Birk Oestr. Ehrenspiegel s. 815.
. . .	. . . .	(im kaiserlichen heere) schreibt mit dem markgrafen Albrecht von Brandenburg, dem herzog Albrecht von Sachsen, dem bischof Wilhelm von Eichstedt, dem landgrafen Heinrich von Hessen und dem grafen Eberhard von Wirtemberg an die stadt Cöln, dass heute zwischen dem kaiser und herzog von Burgund durch den päbstlichen legaten unter anderm bedingt worden dem herzog die schiffe mit den büchsen wieder auszuliefern und der kaiser deshalb den bischof Jörg von Metz und den grafen Berthold von Henneberg nach Cöln sende um mit ihr zu reden, sie möchte sich daher geneigt zeigen, dass die schiffe ungehindert herunterkommen. andernfalls möchte der herzog auf der belagerung (von Neuss) verharren. Concept zur mit datum uff samstag. in Cobl.
aug. 27	Erembreit-stein	belehnt den Johann von Helfenstein zu Sparkenburg mit den mann- und burglehen seiner ahnen, denen Philipps von Helfenstein und Heinrichs und Diederichs Mayl. 1475 sont. nach Bartholomeus. Or. in Cobl.
— 28	——	antwortet seinem domkapitel auf dessen klage wegen der von den Lützelburgern mit arrest belegten domkapitularischen gefälle zu Lenningen. dass er unverträglich dem päbstlichen legaten schreiben wolle, den herzog von Burgund anzugehen dass dies nicht ferner geschehe. 1475 in profesto decollation. Johannis bapt. Concept in Cobl.
— 29		verschreibt seinem schlosser, dem bürger Ulrich von Langingen zu Covelentz, auf lebenszeit jährlich 2 ohm wein, 2 malter korn und ein sommerhofkleid. 1475 uff St. Johannstag als er enthaubt wart. Tempor.
— 31	. . .	verschreibt dem ritter Heinrich von Nassau für 946 gulden amts- und pfandweise burg und stadt Hartenfels. 1475 donrst. nach decollation. Johan. bapt. Or. in Idstein.
sept. 22	Confluent.	schreibt dem herzog von Burgund, die dem domkapitel vorenthaltenen gefälle namentlich aus dem hof zu Lenningen an den domprobst Philipp von Sirk verabfolgen zu lassen. 1475 in die Mauritii. Concept in Cobl.
— 30	. . .	schenkt dem mag. Jakob von Laer, doktor beider rechte, aus seiner bibliothek ein buch der dekretalen. Extr. im Tempor.
oct. 2	Erembreit-stein	bewilligt dem Eberhard Hase seine ehefrau Johannet von Mielen auf ein halbes sechstel vom zehnten in Ochtendunk und auf drei wingerten zu Covern zu bewitthumen. 1475 secunda post Michaelis. Extr. im Tempor.
— 20	——	belehnt den markgrafen Christoph von Baden in gemeinschaft mit dem pfalzgrafen Friedrich, beide als grafen zu Sponheim, mit den trier. lehen dieser grafschaft. 1475 frit. nach Lukas. Gesch. der Reichsherrschaft Oberstein, s. 51.
— 22	——	ersucht den grafen Dietherich und den junggrafen Cuno zu Manderscheid, welche mit dem von Wunnenberg in fehde sollen stehen, das dorf Gillenburen welches seinem bruder, dem markgrafen Marx, von wegen der probstei zu St. Florin als rechtem grundherrn zustehe und worüber der von Wunnenberg ein vogt sei, daher die leute daselbst in des erzstifts schirm und versprechniss standen, mit den leute als die leute an Alßen, Jorgwilre, Moyrswilre und Udenrait, welche in des von Wunnenberg gericht gesessen, da das erzstift dort gebot und verbot, schatzung, achte, dienste, schirmhafer und das glockengeläut habe, ungeschädigt zu lassen. 1475 sont. nach Lukas. Or. in Cobl.
nov. 2	Merle	(im Hamm) bestätigt der abtei Bruwilre die zollfreiheit für ihre weine auf dem Rhein und der Mosel. Tempor.
— 8	. . .	bewilligt dem Wernher Zant von Merl seine ehefrau Margaretha von Lebenstein auf trier. lehen zu bewitthumen. 1475 fer. 4 post Willibrordi. Extr. im Tempor.
dec. 24	Erembreit-stein	verspricht dem junggrafen Johann zu Manderscheid auf dessen klage wegen eines zwischen des junggrafen und des von Sombreff diener vor Hillesheim vorgefallenen handels, untersuchung der sache, da er bereits früher befohlen habe, dass niemand daselbst zur fehde herausgelassen werden solle. 1475 uff Cristabend. Or. in Cobl.
— 27		genehmigt, dass Dietherich herr zu Runkel sein viertel an den seinem verstorbenen vater vom erzstift verpfändeten herrschaften Lympurg, Molsperg und Brechen mit consent seiner brüder Friedrich, Johann und Wilhelm an den grafen Philipp von Catzenelnbogen übertrage. 1475 stil. Trev. uff Johann Evang. tag. Tempor.

1476		
ian. 2	. . .	giebt seinem secretair Berthold Kruss von Regensburg 20 gulden iahrrente aus dem Engerser zoll, ablöslich mit 200 gulden, zu mannlehen. 1475 trier. stils mont. nach iarstag. Or. in Cobl.
— 18	Erembreit-stein	verschreibt seinem diener Conrad von Basel auf lebenszeit 4 malter korn und ein fuder wein iährlich aus der Ehrenbreitsteiner kellerei. 1475 trier. stils fryt. nach Anthonius. Tempor.
— 21	. . .	An diesem tage ertheilt pabst Sixtus IV durch bulle d. d. Rome ap. S. Petrum 1476, pont. a. 6. 12 kal. febr. dem erzb. Johann für sich und seine tischgenossen auf lebenszeit die erlaubniss in der fastenzeit mit ausnahme der heil. woche butter, käs und andere milchspeisen zu geniessen; und dehnte später durch breve d. d. Rome ap. S. Petrum sub annulo piscatoris die 19. febr. 1480 pont. a. 9. diese vergünstigung, auf des erzb. bitte, auch auf die in seinem pallast nicht unmittelbar an der erzbischöflichen tafel speisenden gäste aus. Orr. in Cobl.
febr. 2	Confluent.	bestätigt dem kurfürsten Friedrich von der Pfalz die observanz, wonach die schlosskapläne zu Heidelberg während der erledigung der beiden altäre auf Stalberg und Staleck deren einkünfte beziehen und den gottesdienst versehen. Or. in Cobl.
— 6	. . .	verschreibt dem Clas Stetzgis von Tris, seinem amtmann im Hamm, und dessen ehefrau Else, für 400 gulden seinen zehnten zu Pomderich, vorbehaltlich der ablösung nach der beiden eheleuten tod mit 300 gulden. 1475 trier. stils donrst. St. Apollonientag. Tempor.
— 12	Munster-meynfelt	belehnt den Dietherich von Frentze mit dem theil zu Furne welches Stephan von Appirmont besass. 1475 trier. stils mont. nach Apollonien. Tempor.
— 17	Paltzel	genehmigt, dass Dietherich von Lontzen genannt Robyn, amtmann zu Wittlich, die pfand-schaft und verschreibung welche der ritter Johann von Helfenstein auf guter im Wittlicher gericht gemacht hat, an den in dortiger kirche fundirten altar, an seine magd Irmgen und beider natürliche kinder, wie auch für das abendliche Salve regina verwende. 1475 stil. Trev. samst. nach Valentin. Tempor.
— 27	Trier	protestirt gegen eine ladung der kaiserlichen kammer wohin ein erzstiftischer unterthan unmittelbar von einem dorfgericht appellirt hatte. 1475 more Trev. fer. 3 post Mathie apost. Chartul. in Cobl.
mrz. 2	. . .	bewilligt dem Thomas von Soetern seine ehefrau Maria von Elver auf güter und renten zu Sarburg und seine leben zu Burenfelt zu bewitthumen. 1475 stil. Trev. sab. post Estomihi. Tempor.
— 4	———	giebt dem Simon Landolf von Bedburg zwei burglehen der veste Kylburg. 1475 trier. stils mont. nach Invocavit. Tempor.
— 7	———	ertheilt den sechs neuen altären in der abtei St. Matheis bei Trier indem er ein für dieselben von zwei andern bischöfen verliehenes ablassprivilegium bestätigt ebenfalls ein solches. Or. in Cobl.
— 11	Wittlich	verspricht dem kellner Peter Wernher hierselbst die ihm laut dessen rechnungsablage schuldigen 485 gulden mit iährlichen 50 gulden und zum theil in naturalien aus der Wittlicher kellerei abzutragen. 1475 trier. stils mont. nach Reminiscere. Tempor.
— 11	Trier	beurkundet dem Cone von Wunnenberg herrn zu Bilstein das rückkaufsrecht an den dem erzstift für 250 gulden verkauften viertel des Wildemberger hofs zu Celle, zweier bürden weins und des hofs zu Telschou. Dat. wie vorher. Tempor.
— 11	———	verspricht dem Clas Stetzgis von Tryss, amtmann im Hamm, binnen einem iahre vorstehende 250 gulden aus den gefällen im Hamm zurückzuzahlen. Dat. wie vorher. Tempor.
— 13	— —	genehmigt, dass Dietherich Robin seine ehefrau Irmgin auf den Bassenheim'schen hof zu Wittlich, vier malter korngülte aus der kellerei, auf den zehnten und das Roedergut zu Wenigenrore, auf 7 malter korn iährlich aus der mühle zu Wittlich und anderes bewitthume. 1475 mor. Trev. fer. 4 post Reminiscere. Tempor.
— 13	. . .	genehmigt die stiftung des Salve regina in der kirche zu Wittlich vor der neuen kapelle von seiten seines amtmanns Dietherich von Lontzen genannt Robin mit 7 malter korn-gulte aus der Wittlicher stadtmühle; — sodann 2. desgl. die bestimmung in dem testamente des genannten Robin, wonach dessen ehefrau Irmgen, ihren beiden kindern und dem diener Thysen die erzstiftische pfandverschreibung über Wenigenror unter der verpflichtung 7 malter korn iährlich für das Salve zu verabfolgen übergeben werden soll. Beide 1475 stil. Trev. mittw. nach Reminiscere. Tempor.

1476		
mrz. 15	Palatioli	ersucht den Lothringen'schen statthalter die einwohner zu Mertzig, welche ihm als rechtem grundherrn mit gebot und verbot zustehen, der von dem bells aufgelegten schatzung zu entheben. 1475 stil. Trev. fer. 6 post Reminiscere. Concept in Cobl.
— 16	———	verspricht den erben des doktor und schöffen mag. Johann Tuxtenens zu Trier, nämlich dem Johann Huart von Siebenbouren, schöffen zu Arlo, und dem Max Doven von Wittlich, die nach erlass von 40 gulden ihnen noch schuldigen 400 gulden rückständiger erbrente jährlich mit 50 gulden und der laufenden rente von 100 gulden aus dem siegel zu Trier abzuzahlen. 1476 still. Trev. samst. nach Reminiscere. Tempor.
— 24	. . .	verspricht dem Dietherich von Lontzen genannt Robin, amtmann zu Wittlich, nachdem derselbe ihm die erzstiftische pfandverschreibung auf schloss und amt Manderscheid zurückgegeben, die pfandsumme von 2200 gulden in 3 jahren aus dem Engerser zoll zurückzuerstatten. 1475 stil. Trev. vff sontag Letare. Tempor.
— 31	Erembreit- stein	verschreibt dem Peter von Dune genannt von dem Marte für tausend gulden amts- und pfandweise die stadt und pflege Wittlich. 1476 am sontag Judica. Or. in Cobl.
apr. 20	———	verpachtet an Niklas Lairbecher den alten zu Wesel auf zehn jahre eine wiese unter Wiebelsheim in der „Steyge." Tempor.
— 23	Covelentz	zeigt dem kaiser den empfang der nachricht über den mit dem herzog von Burgund durch den päbstlichen orator bischof von Forlinien betedingten frieden an, welche ihm meister Hans Heseler, kaiserlicher rath, namens seines bruders Jorge Heseler probsten zu Xanten, der vom kaiser damit beauftragt war aber nach Hochburgund zum herzog habe reiten müssen, überbracht hat, und erklärt sich bereit den frieden sobald ihm dessen inhalt bekannt werde in seinem lande zu publiciren. 1476 vff Jorgentag. Concept in Cobl.
— 26	Erembreit- stein	ersucht den grafen Dietherich zu Manderscheid, welcher für sich und seinen sohn Johann um geleit zu einem tage nach Wittlich gebethen hatte, um nähere angabe des tages. 1475 frit. nach Marxtag. Or. in Cobl.
mai 6	———	ernennt den Peter von Baldenstein zum lebenslänglichen schultheiss in Haselbach. 1476 mont. nach Walpurgen. Tempor.
iun. 21	. . .	entscheidet einen streit des domprobst Philipp von Sirk mit Johann von Bellenhusen über eine halbe wiese genannt der Judas broel bei Mannenbach im Sarburger hochgerichtsbezirk zu gunsten des domprobstes. 1476 vff Albanstag. Or. in Cobl.
— 24	. . .	verschreibt seinem diener und koch Hugo von Kuelingen auf lebenszeit 4 malter korn, ein halbes fuder wein, ein schwein und hofkleid aus der Ehrenbreitsteiner kellerei als jährlichen sold. 1476 vff Johanns bapt. als er geboren ward. Tempor.
— 26	Covelentz	belehnt seinen diener Johann Greven von Wyler mit der burg Templon zu Cochme. 1476 mittw. nach Johanstag mitsommers. Tempor.
— 26	———	ratificirt seines kellners zu Munstermeynfeld, des dechant Engelhart von Entzberg, vererbpachtung des höfchens zu Macken. 1476 quarta post Johan. bapt. Tempor.
— 30	Erembreit- stein	befiehlt auf die bitte seines onkels, des kurfürsten Friedrich von der Pfalz, den pfarrern zu Bacherach und Dielbach, an den Marienfesten, mit ausnahme von Maria Himmelfahrt, in der neuerbauten Marienkapelle bei Diebach den gottesdienst wie vor vom pfalzgrafen bestimmt worden, stattfinden zu lassen, und den päbstl. ablassbrief für diese kapelle dem volke zu verkünden. Tempor.
iul. 1	———	belehnt den Coblenzer zollschreiber Johann Eberstein statt des hofs „die Heyde" mit einem fuder wein und 6 malter korn jährlich auf lebenszeit aus der Ehrenbreitsteiner kellerei. 1476 vff vnser lieben frauwen abend visitationis. Tempor.
— 29	———	belehnt seinen marschalk und rath Hermann Hoess von Waldeck mit der vogtei zu Kynheim, den leuten, zehnten und kirchensatz zu Salm und Ryle, welche durch Johanns und Symons von Bernkastel tod erledigt worden sind. 1476 mont. nach Jakobstag. Tempor.
sept. 1	———	antwortet seinem domcapitel auf dessen beschwerde wegen des von dem von Arburg und Hurten trierischen dörfern zugefügten schadens, dass er den herzog von Oestreich-Burgund bitten wolle zu verfügen dass der schaden ersetzt werde. 1476 dominic. post decollation. Johan. Concept in Cobl.
— 2	———	verleiht dem Johann Lynen zu Paltzel, dessen ehefrau und sohn auf lebenszeit ein wiesenfeld daselbst an der Kyll. 1476 mont. nach Egidius. Tempor.
— 11	Stoltzenfels	bewilligt dem Erhart von Helmstatt die Gisele von Raltzenhusen auf 20 gulden manngeld

31*

1476		
		aus dem Bopparder zoll zu bewitthumen. 1476 quarta post nativ. Marie. Extr. im Tempor.
sept. 23	Bacherach	vereinigt sich mit den kurfürsten von Mainz und von der Pfalz wegen abnahme der Rheinzölle ferner keine zollbefreiungen zu gestatten. Month. 2,461. Scotti Trier. Verordn. 1,160. Or. in Cobl.
— 24	Erembreitstein	bewilligt dem Hans von Entzberg seine ehefrau Engin von Nickendich auf lebengüter zu Sienheym zu bewitthumen. 1476 dinst. nach Mauritii. Tempor.
— 30	————	verleiht seinem diener Conrad von Basel ein haus zu Covelents mit der hofstatt „die alte Munze" welche derselbe von der wittwe des erzbischöfl. pfeiffers Heinzgin von St. Peterwald an sich gebracht hatte, und erlaubt ihm 300 gulden daran zu verbauen. 1476 mont. nach Michelstag. Or. in Cobl.
— 30	————	befiehlt dem sohne der Irmgart von Homsteyn wittwe zu Wunnenberg und Bilstein auf deren beschwerde sich mit seiner mutter zu vertragen und die ihr nach der witthumsverschreibung zukommenden gefälle verabfolgen zu lassen. 1476 secunda post Michaelis. Concept in Cobl.
oct. 6	. . .	schliesst mit Johann von Sayn grafen zu Wittgenstein einen vertrag wegen wechselweiser ausübung des patronatrechtes über die pastorei, altäre und vikarien zu Valender. 1476 sont. nach Remeystag. Tempor.
— 14	————	nimmt den Adolf von der Mark, sohn zu Arburg, mit acht reysigen pferden im harnisch wolgerüstet gegen 80 gulden auf ein jahr in seine dienste. 1476 mont. nach Dionisius. Or. in Cobl.
— 20	. . . .	verspricht dem erzb. Rupprecht von Cöln, welcher ihm für 6000 gulden schloss und herrschaft Norberg auf widerkuuf verkauft hat, die in diesem kaufbriefe enthaltenen punkte namentlich wegen des rückkaufsrechtes zu halten und ohne dessen bewilligung die herrschaft nicht weiter zu verpfänden. Tempor.
— 31	————	verspricht dem Peter von Stevenshuysen, schultheissen zu Ilflesheim, bis zur rückzahlung der demselben schuldigen 400 gulden, jährlich 20 gulden aus der kellerei Cochem. 1476 vff Allerheiligen abend. Or. in Cobl.
nov. 2	Covelents	belehnt den Ruprecht von Ryle und seine ehefrau Johannette, die tochter Eberhards Husen von Dievelich, mit dem zehnten zu Ochtendunk und zwei wingerten bei Covern welche dem letztern gehört hatten. 2, bewilligt demselben, seine ehefrau auf 10 ohm weinrente zu Corden, einen wingert in Ernsch und 3 malter haferrente aus dem hof zu Breitscheit zu bewitthumen. 1476 vff Allerseelentag. Beide im Tempor.
— 00	. . .	fordert den Arnold von Düllyngen zu Sirssberg, welcher, laut schreibens Heinrichs vogts und herrn zu Hunoltstein vom montag nach Martini, dessen leute zu Daddelich und Nuwyler am 29. october geplündert hatte und ferner bedrohe, zur verantwortung auf. Ohne ort und tag. Concept in Cobl.
— 30	Erembreitstein	erlaubt seinem diener Conrad von Basel, ausser den bereits bewilligten 300 gulden noch 200 gulden an der hofstatt „die Müntze" in Coblenz zu verbauen. 1476 vff Endrestag. Tempor.
dec. 9	————	belehnt den Eckart Brant von Buchsecke mit einem Kilburger burglehen, das durch Diedrichs Kriegmus von Didburg tod ledig geworden war. 1476 mont. nach unser lieben frauenttag conception. Tempor.
— 24	. . .	bewilligt dem Johann von Orwich genannt Plieck, seine ehefrau Else von Clussart auf ein haus zu Wittlich, 5 malter kornrente aus der kellerei daselbst und auf güter zu Aukiss zu bewitthumen. 1476 in vigil. Nativ. Christi. Tempor.
1477		
jan. 22	————	vererbpachtet ein haus und kelterhaus zu Sille. 1476 mor. Trev. vff Vincentius. Tempor.
— 25	————	bewilligt dem Friedrich von Rudissheim seine ehefrau Gertrud von Scharffenstein auf 100 malter frucht jährlich aus dem zehnten zu Berstat zu bewitthumen. 1476 stil. Trev. vff Paulstag conversionis. Tempor.
febr. 12	Confluent.	legitimirt als bevollmächtigter des pabstes Sixtus IV. die che der im zweiten grad verwandten Bernhard von Schaawenberg und Clara von Langenauwe. Chartul. in Cobl.
— 21	Erembreitstein	schliesst mit dem herzog Wilhelm von Guylche eine lebenslängliche einung und bündniss. 1476 stil. Trev. fryt. nach Eschmitwoch. Tempor.
mrz. 12	Trier	nimmt den Gerhard von Krellingen gegen 4 malter korn, 6 malter hafer 2 wagen heu auf ein jahr zum diener an, als welcher er in Saarburg wohnen und des amtmanns befehlen gewärtig sein soll. 1476 mor. Trev. mitw. nach Oculi. Or. in Cobl.

1477		
mrz. 20	Palatioli	incorporirt der abtei St. Matheis bei Trier das nonnenkloster St. German daselbst. Calmet, hist. Lorr. II. Ed. 6,262. I. Ed. 3,281. Honth. 2,461. Or. in Cobl.
— 21	———	vererbpachtet an Thile und Peter Widelevens von Nidembach den hof zu Wielnacker. 1476 stil. Trev. frit. nach Letare. Tempor.
— 23	———	antwortet auf des herzogs von Burgund beschwerde über den guldenzoll vom fuder wein, dass dieser ihm vom kaiser bewilligt worden sei. 1476 stil. Trev. sab. post Letare. Concept in Cobl.
— 26	———	verschreibt dem Antoniusaltar zu Bumagen für die ihm cedirte mühle am weiher bei der Neuerburg 14 molter korn iährlich aus der kellerei Wittlich. 1477 mittw. nach vnser lieber frauwentag annunciat. Or. in Cobl.
apr. 9	Erembreit-stein	bewilligt dem grafen Philipp von Nassauw und Saarbrücken seine gemahlin Veronika von Witgenstein auf die demselben für 6000 gulden verschriebenen 800 gulden iahrrente aus dem Engerser zoll zu bewitthumen. 1477 mittw. nach Oistertag. Tempor.
— 10	———	verspricht dem domkapitel die von demselben ihm geliehenen 700 gulden aus dem vermächtniss des mag. Egidius von Lutzemberg spätestens in drei bis vier iahren zurückzuzahlen. 1477 donrst. nach Oistern. Tempor.
— 19	———	genehmigt, dass Gudmann Sobernheymer und dessen bruder ihren lehenhof auf dem wörth bei Valender an den grafen Philipp von Nassauw und Sarbrücken und dessen gemahlin Veronika von Witgenstein auf lebenszeit verpachten. 1477 samst. nach Quasimodo. Tempor.
— 27	Eumptz	(im bade) ernennt den Peter von Kuntzig an stelle des Gerhard von Schonemberg zu seinem pallastschultheissen in Trier. 1477 iff sont. Jubilate. Or. in Cobl.
mai 13	Confluent.	bestätigt die einführung des Salve regina täglich abends in der pfarrkirche zu St. Wendel und ertheilt dafür ein indulgenzprivilegium. Or. in Cobl.
— 16	. . .	giebt dem Conrad von Cane genannt Reuber von wegen seiner ehefrau Else von Dievelich ein haus zu Engers als dortiges burglehen. 1477 frit. nach vnsers herrn Vffartstag. Tempor.
— 17	Erembreit-stein	erlaubt dem Clas von Rode einen mühlenbau in der Ae bei Oexheim. 1477 samst. nach vnsers herrn Vffartztag. Tempor.
— 19	. . .	quittirt den beiden brüdern Rupreht, erwählten zu Prüm, und Philipp grafen zu Virnemburg, über 3000 gulden nud den empfang der pfandbriefe über Sweich und Mernk, abschläglich auf ihren götlichen vertrag wegen der abtei Prüm. 1477 mont. nach Exaudi. Or. in Cobl.
— 23	Covelentz	erlässt gemeinschaftlich mit dem domprobst Philipp von Sirk einen ausspruch in den streitigkeiten zwischen dem grafen Gerhard von Sain und Gerlach, sohn zu Isenburg herrn zu Grensauwe, wegen Bedendorf, Mudersbach, Selters und Maxseyn. 1477 freit. nach Exaudi. Concept in Cobl.
— 26	. . .	verkauft mit consens des domkapitels den testamentsexekutoren Heinrichs von Rumersheim, kanonichs von St. Simeon zu Trier, 28 gulden iahresrente aus dem Engerser zoll um 700 gulden. 1477 mont. in den Pfingst heil. tage. Tempor.
— 30	Erembreit-stein	verleiht der Lyse von Dievelich, Wilhelms von Cleberg wittwe, auf lebenszeit den alten zollthurn zu Capellen im thale. 1477 frit. nach Pfingttag. Tempor.
— 30	———	vererbpachtet gegen einen iährlichen zins von einem zentner eisen dem Johann Schultheissen von der Hutten zwei stumpfe auf der Salm, woran dem erzbischof zwei und dem von Manderscheid ein drittel zustehen, um sie in wiesen umzuwandeln. Dat. wie vorher. Tempor.
un. 3	———	genehmigt, dass Johann von Schoneck seinem eidam Imian vom Obernstein die ihm für 1000 gulden verschriebenen 60 gulden iahrrente aus der Bopparder bede zu billigung verschreibe. 1477 dinst. nach Trinitatis. Tempor.
— 3	———	belehnt den ritter Heinrich von Nassauw, wegen des durch den brand des schlosses Hartenfels erlittenen schadens, mit 10 gulden manngeld aus dem Engerser zoll, ablöslich mit 100 gulden. Dat. wie vorher. Tempor.
— 6	———	verpachtet auf vierzig iahre an Heinrich Lentzis von Westheim seine grundstücke zu Sintzig und Westheim, und macht denselben zu seinem schultheisen in Sintzig. 1477 vrydach nach vns herrn Lychams dach. Or. in Cobl.
— 13	———	giebt dem Conrad von Badenheim das Kylburger burglehen Eckarts Brant von Buchseck, da er seine rechte auf dasselbe nachgewiesen. 1477 frit. nach Medarts. Tempor.

1477		
ian. 18	Erembreit-stein	incorporirt auf die bitte des patronatsherrn grafen Philipp von Virneuburg und Neuenahr die pfarreien Welmich und Weiler der pfarrkirche und den altären zu Monreal. Günth. 4.841. Or. in Cobl.
— 23	Coveleuts	quittirt dem grafen Ruprecht von Virneuburg, erwählten, dem dechant und convent zu Prüm, und dem grafen Philipp von Virneuburg und Nuenair herrn zu Saffenberg, über vollständige zahlung und die auslieferung der pfandbriefe von Sweich und Meriuk und von Heinrich von Gummersbach gemäss des vertrags wegen der abtei Prüm, jedoch mit ausnahme von 3000 gulden die ihm auf weihnachten bezahlt sollen werden. 1477 vff St. Johanns abend nativitas. Or. in Cobl.
— 24	. . .	nimmt in gemeinschaft mit Mainz, Pfalz und Jülich den Haussmann Byland zum münzmeister an, und ertheilen demselben eine instruktion. Würdtwein Diplomatar. Mog. 2,360.
— 29	. . .	schliesst gemeinschaftlich mit dem erzb. Diether von Mainz, dem kurfürsten Philipp von der Pfalz und dem herzog Wilhelm von Jülich auf zehn iahre einen münzverein. Würdtw. Dipl. Mog. 2,367. Scotti trier. Verordn. 1,161. Or. in Cobl.
— 29		Dieselben bestimmen ihrem münzmeister Eberhard von Dahel den gehalt der zu schlagenden gulden. Würdtw. Ibid. 2,380.
— 30	Erembreit-stein	schenkt seinem sekretair Bertold von Regensburg und dessen ehefrau Demut ein haus zu Coveleutz, welches er gegen ein burglehenhaus des Conrad von Cane genannt Reuber zu Engers eingetauscht hatte. 1477 mont. nach Johannstag baptisten als er geboren wart. Tempor.
iul. 3	———	nimmt den Thys von Lewenstein gegen 8 malter korn iährlich aus der kellerei Meyen und ein hofkleid zum lebenslänglichen diener an. 1477 donrst. nach vnser lieber frawentag visitatio. Or. in Cobl.
— 7	———	belehnt den Mertin Bewe von Smidburg mit einem drittel vom zehnten zu Urber, Wiebelsheim, Niederuberg, Boich, Bergheim und Neusshuserheide, das Hermann Frye von l'affenauuw und dessen wittwe Jutta von Oilenstein von wegen der herrschaft Kempenich besessen hatten. 1477 mont. nach Goarstag. Tempor.
— 13	. . .	giebt gemeinschaftlich mit Mainz, Pfalz und Jülich eine erläuterung zu dem artikel ihres münzvertrags wegen prägung der pfennige. Würdtwein Dipl. Mog. 2,380. Scotti Trier. Verordn. 1,172. Or. in Cobl.
— 25	—·—	beurkundet die rechnungsablegung seines rentmeisters Johann Berhel, pastors zu Stromich, als kellner zu Cochem, und dass derselbe noch mit 124 gulden 15 albus 2 heller im rezess sei. 1477 in die Jacobi. Tempor.
— 25	———	giebt seinem marsteller Johann Beyer, nachdem derselbe ihm das seinem vater Paawel von Strubingen verliehene burghaus zu Paltzel zurückgestellt hat, ein haus zu Monthabar als dasiges burglehen. Dat. wie vorher. Tempor.
— 31	Colonia	Aufbruch von hier mit seinem bruder, dem markgrafen Carl, seinem neffen Christoph und prächtigem gefolge, als begleiter des erzherzogs Maximilian auf dessen brautfahrt nach Gent. 1477 am pintztag sand Peters abend der khetenfeyer. Beschreibung dieser reise bei Lichnowsky, Geschichte des Hauses Habsburg 7,497. — Die reise ging über Achen, Mastricht, Diest, Löwen, Brüssel und Tirlemont.
aug. 18	Gent	Ankunft in Gent. Daselbst am 19. antheil an der trauung Maximilians in der schlosskapelle und am 27. aug. heimkehr des erzbischofs. Lichnowsky l. c. Birken Oestr. Ehrenspiegel s. 856.
oct. 4	Erembreit-stein	verspricht seinem domkapitel die an die testaments-exekutoren mag. Heinrichs von Lutzemburg um 700 gulden verkauften 28 gulden iahrrente aus dem Engerser zoll binnen drei iahren einzulösen. 1477 sambt. nach Michelstag. Chartul. in Cobl.
— 13	. . .	nimmt den Adolf von der Mark sohn zu Arburg mit acht reysigen pferden gegen 80 gulden auf ein iahr in seine dienste. 1477 mont. nach Dionisius. Or. in Cobl.
— 31	———	nimmt den grafen Dietherich von Manderscheid und seine beiden söhne Cuno und Johann, iunggrafen zu Manderscheid, grafen zu Blankenheim, auf fünf iahre als rath und diener an. 1477 vff Allerheiligen abend. Or. in Cobl.
nov. 7	Stoltzenfels	belehnt den kurfürsten Philipp von der Pfalz mit der burg Bruel, vogtei Ludistorff, burg Stalberg und den andern trier. lehen der pfalzgrafschaft. 1477 fryt. nach Allerheiligen. Or. in Cobl.
dec. 13	. . .	bewilligt dem Cune von Wunnenberg herrn zu Bylstein das rückkaufsrecht an den ihm um 750 gulden verkauften gütern und gefällen zu Sienhoim. 1477 vff Luzientag. Tempor.

1477		
dec. 22	Paltzel	nimmt den Hans von Sprendlingen auf lebenszeit gegen 6 malter korn, 8 gulden und ein fuder wein iährlich aus der Ehrenbreitsteiner kellerei zum hofwundarzt an. 1477 mont. nach Thomas. Or. in Cobl.
— 26 1478	——	vererbpachtet den hof zu Runtzencloppe in der herrschaft Daun an Gillenfelder einwohner. 1477 trier. stils vff Steffanstag des ersten mertelers. Tempor.
ian. 1	——	ernennt den Heyne von Eesche zum waldförster im amt Sarburg. 1477 in die circumcision. domini. Tempor.
— 21	Erembreit-stein	verschreibt dem ritter Wilhelm von Bruunsberg für die bei demselben geliehenen 2950 gulden eine iahrrente von 150 gulden aus der Pellenzer schatzung. 1477 trier. stils mittw. nach Anthonien. Or. in Cobl.
febr. 9	——	verschreibt dem ritter Heinrich von Nassauwe für 1500 gulden womit er Argenfels, Hoenuingen und Argendorf von Ulrich von Eltz eingelöst hat, diese orte in amts- und pfandweise. 1477 trier. stils mont. nach Dorothee. Or. in Cobl.
— 17	——	vertauscht seinem marsteller Johann Beyer eine wiese unter dem sauerborn zu Montbabur gegen einen schuldbrief über 52 gulden und einen garten zu Paltzel. 1477 trier. stils diust. nach Reminiscere. Tempor.
mrz. 25		nimmt den Steffan Cruss genannt Swabe zu seinem lebenslänglichen diener an. 1478 mittw. nach Oistertag. Extr. im Tempor.
. .	——	bestätigt die übertragung der verschreibung über das amt Hartenfels seitens des ritters Heinrich von Nassau an Wilhelm von Steynenbach, und verspricht, dem letztern eine neue verschreibung auszufertigen. 1478 . . . nach Quasimodo geniti. Or. in Idstein.
apr. 11	——	nimmt den Dietherich, burggrafen zu Ryneck, mit acht reysigen pferden selbst sechst im harnisch wolgerüst auf ein iahr gegen 80 gulden dienstgeld zum diener an. 1478 samst. nach Misericordia dni. Or. in Cobl.
— 15	. . .	nimmt den Gerbard von Palant, herrn zu Ralant, gegen 25 gulden und zollfreiheit für 4 fuder wein iährlich an den landzöllen zu seinem lebenslänglichen diener an. 1478 fer. 4 post Jubilate. Tempor.
— 17	——	bewilligt dem Niklas von Suydburg, seine ebefrau Else Zaut auf das oberstschenkamt zu bewittuumen. 1478 fryt. nach Jubilate. Tempor.
— 17	——	verkauft dem Jakob Steinhuser und dessen ehefrau Else eine iahrrente von 40 gulden aus dem Bopparder zoll um 800 gulden unter verpfändung des schlosses Welsteyn. Dat. wie vorher. Tempor.
mai 8	Covelentz	nimmt den ritter Heinrich von Nassau, seinen amtmann zu Arenfels, mit vier reysigen pferden auf ein iahr zum ruth und diener an. 1478 frit. nach Exaudi. Or. in Cobl.
— 11	——	schenkt seinem zollschreiber Jakob Clinge zu Boppard das haus zu dem Sluche daselbst. 1478 mont. nach Pfingstag. Tempor.
— 26	Erembreit-stein	belehnt den Macharius von Husseck mit den sechs huben landes zu Wambach, welche Conrad Schenk von Swinssberg zu lehen hatte und woran er seine rechte bewiesen hat. 1478 diust. nach Urban. Tempor.
— 26	——	vergleicht sich mit dem grafen Philipp von Catzenelnbogen und Dietz wegen des neuen salmenfangs bei Spey gegenüber Brubach, dass iedem von ihnen die halbscheid zufallen soll. Günth. 4,646. Or. in Cobl.
— 29	——	befreit den Cleisgin von Meyen, wohnhaft zu Mocien im thal, auf lebenszeit von frohnden, achten, diensten, wachten u. s. w. 1478 fryt. nach Urban. Tempor.
— 29	——	verleiht dem doktor mag. Heinrich von Tiegeln auf lebenszeit seinen hof zu St. Andres- kloster in Cöln. Dat. wie vorher. Tempor.
iun. 15	——	quittirt dem grafen Philipp von Virnenburg über 2000 gulden abschlägliche zahlung der ihm von wegen dessen bruders von der abtei Prüm noch zukommenden 3000 gulden. 1478 vff St. Vytstag. Or. in Cobl.
— 19		mahnt wiederholt den iunggrafen Cuno von Manderscheid, dass er den Dietherich von Wiersdorf, einen kanonich zu Kilburg, ohne entgeld aus dem gefängniss entlasse, und seine ansprache an denselben vor ihm geltend mache. 1478 frit. nach Vitus. Or. in Cobl.
iul. 27	Bachrach	verpflichtet sich gemeinschaftlich mit dem erzb. Diether von Mainz und dem kurfürsten Philipp von der Pfalz, wegen merklichen abgangs an den Rheinzöllen, niemanden am zoll daselbst zollfrei passiren zu lassen. 1478 mont. nach Jakobstag. Or. in Cobl.
— 29	Paltzel	vererbpachtet einen platz mit altem gemäuer zu Sienheim behufs wiederaufbaues. 1478 mittw. nach Jakobstag. Tempor.

1478		
aug. 31	. . .	nimmt den Hermann von Nickendig selb zweit wohlberitten in Ulmen auf drei iahre zum diener an. 1478 secunda post Bartholomei. Extr. im Tempor.
sept. 16	Erembreit-stein	bestimmt in seinen differenzen mit dem stadtrath zu Trier demselben den freit. nach St. Michel (oct. 2) zur verhandlung in seinem pallast zu Trier; 2, und bittet den domprobst als vermittler beizuwohnen. 1478 quarta post exaltation. Concepte in Trier.
— 25	———	verschreibt dem schultheissen Johann Greven auf lebenszeit 4 malter korn und ein halbes fuder wein iährlich aus der kellerei Cochem. 1478 fryt. nach Matheus. Tempor.
— 29	———	belehnt seinen kanzleischreiber Jorg Kebisch von Spier mit 10 gulden manngeld iährlich aus dem zoll zu Covelentz. 1478 vff Michelstag. Tempor.
— 29	. .	nimmt den Walderdorf für 8 gulden iährlich aus der kellerei Montabur zum lebenslänglichen helfer an. Dat. wie vorher. Tempor.
nov. 4	Paltzel	mahnt die grafen von Manderscheid, ihre fehde mit der stadt Trier einzustellen und vor ihm zu tage zu komnen. 1478 mittw. nach Allerheiligen. Or. in Cobl. Vergl. Brower, Ann. 2,306.
— 11	. . .	ertheilt den abteien Malmedy und Stablo für ihro weincresceuz im Trierischen zollfreiheit an den landzöllen zu Wittlich und Cochem. 1478 vff Mertinstag. Tempor.
— 12	———	belehnt den Peter von Dune genannt vom Marte und dessen ehefrau Alheite von Lontzen mit Alffs von Hasenheim hof zu Wittlich. 1478 donrst. nach Mertinstag. Tempor.
— 14	. . .	giebt den leyen- und decksteinbruch an der Fuhsenhelden dem Zeller bürger Wilhelm von Rudessheim um den zehnten in erbpacht. 1478 samst. nach Martini. Extr. im Tempor.
dec. 10	Erembreit-stein	bestätigt den cleriker Cuno von Pirmont als dechant des St. Martinstifts zu Wesel. Tempor.
1479		
ian. 7	———	bestimmt dem grafen Dietherich zu Manderscheid und Jorgen von der Leyen auf den montag nach Pauli bekehrungstag in einer zwischen dem genannten Jorg, dem rottmeister des grafen und den von Schonenberg zu Meyen vorgefallenen sache einen tag nach Ulmen. 1478 stil. Trev. donrst. nach dryerkoningtag. Or. in Cobl.
— 18	Covelentz	nimmt den Glockenpeter zu St. Wendel mit einem reysigen pferde wolgerüstet auf sechs iahre gegen 6 gulden 4 malter korn 8 malter hafer als rottmeister in dienst. 1478 trier. stils mont. nach Anthonien. Or. in Cobl.
febr. 3	———	belehnt den Peter von dem Bongart genannt Dumgin mit dem hof zu Absentz und zugebör, mit ausnahme des hochgerichts und der gewaltssachen. 1478 trier. stils mitw. nach vnser lieben frauwentag lichtmesse. Or. in Cobl.
— 11	Paltzel	belehnt den Johann Prut von Horcheim mit einem fuder wein iährlich zu Hoyngen, das Heinrich von Metternich demselben für 60 gulden verpfändet und in der festgesetzten zeit von fünf iahren nicht eingelöst hatte. 1478 donrst. nach Appolonien. Tempor.
mrz. 1	———	eruennt den domdechanten Philipp von Hunoltstein zu seinem procurator und magister questoum. Tempor.
— 7	———	erlaubt seinem rath Ulrich von Meytzenbusen die erbauung eines zweugels vor dessen burg zu Neve. 1478 more Trev. um sont. Reminiscere. Tempor.
— 12	———	ernennt den Johann Velde auf lebenszeit zum schultheis in Niederbrechen; 2, und ebenso den Endres Sinde zu Else. Beide 1478 stil. Trev. frit. nach Remliscere im Tempor.
— 20	———	nimmt den Heinze Loe gegen 4 malter korn 6 malter hafer 2 wagen heu und ein hofkleid iährlich zu seinem diener auf lebenszeit an, und stellt ihn unter den befehl seines marschalks, rottmeisters oder amtmanns zu Saarburg. 1478 trier. stils samst. nach Oculi. Or. in Cobl.
apr. 17	Erembreit-stein	ernennt den Clais von Mirbach bis zur rückzahlung der bei demselben geliehenen 2000 gulden zum amtmann von Hillesheim. 1479 samst. nach Ostertag. Or. in Cobl.
mai 27	. . .	An diesem tage beurkundet zu Rom Innocentius Flavius de Roma sacri et apostolici hospitalis S. Spiritus in Saxia de Urbe praeceptor ac totius ordinis eiusdem magister generalis, dass auf befehl des pabstes Sixtus IV. erzb. Johann in das bruderschaftsbuch des hospitals eingeschrieben und dadurch aller privillegien und indulgenzen des hospitals theilhaftig geworden sei. Or. in Cobl.
— 31	Confluent.	befiehlt dem amtmann zu Blieskastel die erhebung und verrechnung der von Bernhard von Palant bisher amtsweise bezogenen gefälle zu St. Ingbrecht und St. Wellfreit nun für das erzstift. 1479 mont. nach Pfingstag. Concept in Cobl.
— 31	. . .	genehmigt, dass Godhard Schonhals von Albrechtrode falls er seine ehefrau Else Walpode

1479		
		von Ulmen, die mutter Hermanns von Nickendig, überleben würde, des letztern lehen auf lebenszeit erhalten solle. Dat. wie vorher. Extr. im Tempor.
mai 31	Confluentia	befiehlt den von Mettenich, welche sich geweigert hatten seinem amtmann von Swartzemberg, Heinrich von Soetern dem alten, und seinen andern abgeordneten ein schriftliches weisthum über des erzstifts und der mitgemeiner gerechtigkeiten daselbst zu geben, binnen vierzehn tagen folge zu leisten. Dat. wie vorher. Concept in Cobl.
— 31	———	verlangt von den von Lockwilre wegen ihrer attentate auf zum schloss Swartzemberg gehörige leute und deren gefangensetzung nach Daguial satisfaktion. Dat. wie vorher. Concept in Cobl.
iun. 7	Erembreit-stein	vergleicht das Florinstift zu Coblenz mit seinem kämmerling Jorg vom See wegen des eigenthumsrechts auf ein haus in der Judengasse zu Coblenz. 1479 mont. nach Dryfeltickeitstag. Or. in Cobl.
— 9	———	antwortet dem Bernhard von Palant auf dessen beschwerde gegen den amtmann zu Schwarzenberg, Heinrich von Soetern den alten, wegen des gerichts zu Mettenich, Krettenich und um Schwarzenberg und Lockwilre, erst den bericht des amtmanns abwarten zu müssen um bescheid geben zu können. 1479 vff vasers herrn lichams abend. Or. in Cobl.
— 9		nimmt Heinrichs von Soetern des iungen angehörige leute, ungefähr neunzehn hausgesessene zu Oberswetern, Oberndorf, Schwarzenbach etc. gegen acht malter schirmhafer iährlich in seinen schutz. 1479 mittw. nach Trinitatis. Or. in Cobl.
— 11	———	belehnt seinen kämmerling Peter Ablin von Luykirche mit dem hof zu Frucht, den derselbe mit 100 gulden eingelöst hatte. 1479 frit. nach vasers herrn lichamstag. Tempor.
— 12	———	ernennt den Bernhard von Schauwemberg zum amtmann von Covelentz. 1479 samst. nach vasers herrn lichamstag. Or. in Cobl.
— 17	Kempenich	nimmt den ritter Clas von Drachenfels herrn zu Olbrück mit fünf oder sechs reysigen pferden wolgerüstet in harnisch, auf fünf iahre gegen 50 gulden iährlich zum diener an, und soll derselbe ihm während dieser zeit das schloss Olbrück offen halten. 1479 donrst. nach Vytstag. Or. in Cobl.
— 29	. . .	bewilligt dem koch meister Conrad lebenslänglich die kost in der burg Erembreitstein. 1479 die Petri et Pauli. Extr. im Tempor.
iul. 5	Limpurg	belehnt den landgrafen Heinrich von Hessen, grafen zu Ziegenhain und Nidda, von wegen seiner gemahlin Anna, der tochter des grafen Philipp zu Catzenelnbogen und Dietz, mit des letztern trier. lehen. 1479 mont. nach visitat. Marie. Tempor.
sept. 2	Erembreit-stein	giebt dem Heintze von Uderraith eine mühlenstatt am weiher zu Ulmen in erbpacht um eine mahlmühle daselbst zu erbauen. 1479 dornst. nach Egidius. Or. in Cobl.
— 18	———	befiehlt dem grafen Philipp von Virnenburg, den schaden, welchen dessen leute zu Meyen gethan haben zu ersetzen. 1479 samst. nach Crutztag exaltation. Or. in Cobl.
— 22	———	arbeitet sich dem grafen Philipp von Virnenburg nach restitution der pfänder an die Meyener zu einer verhandlung deshalb. 1479 am mittw. St. Mauritiustag. Or. in Cobl.
— 22	. . .	verleibt dem Johann von Rengstorff bis auf widerruf den Münzhof in Frankfurt mit der verpflichtung den erzbischof oder dessen boten zu beherbergen und 25 betten bereit zu halten. Dat. wie vorher. Tempor.
— 27	Andernach	schliesst mit dem landgrafen Hermann von Hessen, gubernator des erzstifts Cöln, auf zehn iahre ein landfriedensbündniss. 1479 vff Cosme und Damiantag. Or. in Cobl.
— 29	Erembreit-stein	bestätigt den prior Thilmann von Prüm nach dem tode Arnolds de Clivia als abt zu Metlach. Chartul. in Trier.
oct. 2	———	nimmt den Engelbrecht vom Steyn mit vier reysigen pferden in harnisch wolgerüstet auf drei iahre gegen 60 gulden iährlich zum diener an. 1479 samst. nach Remeys. Or. in Cobl.
— 4		verkauft dem chorbischof Dietherich vom Steyn und dem Engelbrecht vom Steyn für 2000 gulden einen iahrzins von 100 gulden aus dem Engerser zoll. 1479 vff St. Franziskus. Or. in Cobl.
— 24		bewilligt dem Engerser bürger Hermann Poppe auf vierzig iahre die anlegung eines salmenfangs auf dem Rhein zwischen der Saynbach und dem untersten thurm zu Engers gegen entrichtung des fünften salmen. Günth. 4,649. Tempor.
nov. 4		nimmt den Peter Wapenmeister von Berge gegen 6 malter korn, 4 ohm wein, 12 gulden und 2 hofkleider iährlich auf lebenszeit zum diener an. 1479 dornst. nach Allerheiligen. Or. in Cobl.

32

1479		
nov. 10	Erembreit-stein	belehnt den Johann von Hundlingen von wegen seiner ehefrau Margaretha Stadigel von Bitsche mit deren väterlichen lehen. 1479 am mittw. St. Mertinsabend. Or. in Cobl.
— 00	. . .	genehmigt, dass der herzog Hans von Baiern, graf zu Spanheim, die frau Johannet von Nassauw und Saarbröck auf schloss Dill und 195 gulden zu Siemern und Argendal bewitthume. 1479 circa fest. Martini. Extr. im Tempor.
— 12	——	verleiht dem Niklas Lairbecher dem iungen von Wesel auf lebenszeit einen wingert daselbst. 1479 frit. nach Mertinstag. Tempor.
— 16	- - -	verleibt seinem werkmann, dem zimmermann Hymphennen, und dessen ehefrau auf lebenszeit eine hofstatt in der Burggasse zu Covelentz. 1479 mont. nach Martini. Tempor.
— 26	Covelentz	nimmt seinen meisterkoch Mertin von Udenheim auf lebenszeit in dienst. 1479 fryt. nach Elizabeth. Tempor.
— 29	. . .	vergleicht das Florinstift zu Covelentz mit bürgermeister und stadtrath daselbst wegen der von demselben an der stadtmauer vorgenommenen bauten. 1479 vff Endresabend. Or. in Cobl.
— 30	Erembreit-stein	genehmigt des grafen Philipp von Catzenelnbogen rel. übertrag des demselben für 5000 gulden vom grafen Crafft von Hohenloch verpfändeten erbturnos am zoll zu Boppard
1480		an seine wittwe Anna von Nassauwe. 1479 vff Eudrestag. Tempor.
ian. 25	——	verleiht der stadt Covelentz eine iahrmesse vom ersten bis 14. august, mit denselben freiheiten acht tage vor und nachher, wie die Frankfurter. 1479 trier. stils vff Paul bekerung tag. Or. in Cobl.
— 29	. . .	Mitbesiegler der urk. worin Jörg von der Leyen herr zu Olbrück und Philipp von Schonenburg, als momper der kinder ihres resp. bruders und schwagers, des ritters Johann von der Leyen, den grafen von Manderscheid das öffnungsrecht der barg Hartratstein erlauben. 1479 trier. stils sammt. nach Paull bekehrung. Copie in Cobl.
febr. 5	- - -	vererbpachtet gegen den halben und drittel trauben seinen weinhof mit wingerten zu Love. 1479 trier. stils vff Agathen. Tempor.
— 19	Covelentz	bekennt, dass graf Philipp von Virnenborg und Nuwenaire, herr zu Saffemberg, das von erzb. Jakob dessen vorältern, den grafen Ruprecht und Wilhelm, für 5000 gulden verpfändete schloss und herrschaft Kempenich, nach der aufkündigung und erlegung der pfandsumme ihm zurückgegeben habe. Günth. 4,651. Or. in Cobl.
— 28	. . .	verkauft mit consens des domkapitels für 3000 gulden an Johann von Eltz den alten 150 gulden iahrrente aus den 220 gulden, welche die acht Moseldörfer des amts Munstermeifeld iährlich zu zahlen haben. 1479 trier. stils mont. nach Reminiscere. Tempor.
mrz. 6	Erembreit-stein	vererbpachtet seinem schultheis und kellner Niklas Lairbecher zu Wesel einen wingert daselbst. 1479 mont. nach Oculi. Tempor.
— 14	Trier	publicirt das mit kaiserlicher genehmigung der stadt Covelentz ertheilte privilegium einer iahrmesse. 1479 trier. stils dinst. nach Letare. Or. in Cobl.
apr. 10	. . .	verspricht dem kapitel des St. Simeonstifts zu Trier die bei demselben behufs einlösung der herrschaft Schoneck in der Eifel geliehnten 1000 gulden nächste ostern zurückzuzahlen, und stellt demselben deshalb bürgen. 1480 mont. nach Quasimodo. Or. in Cobl.
— 11	. . .	verkauft mit consens des domkapitels seinem amtmann zu Covelentz, dem Bernhard von Schauwenburg und dessen ehefrau Clara von Langenau, 100 gulden iahrrente aus dem Engerser zoll um 2000 gulden, womit zum theil die von erzb. Jakob noch dem Frank von Cronenberg schuldigen 6000 gulden an dessen erben abgetragen worden, und stellt dafür bürgen mit der verpflichtung zum einlager in Frankfurt, Mainz oder Covelentz. 1480 dinst. nach Quasimodo. Or. in Cobl.
— 17	. . .	stellt dem Trierer schöffen Clais von Zerff bürgen wegen rückzahlung der bei demselben geliehenen 1000 gulden nach zwei iahren. 1480 mont. nach Misericord. dai. Or. in Cobl.
— 19	Paltzel	verschreibt dem Martin von Attendern, seinem siegler zu Trier, für die bei demselben behufs einlösung der herrschaft Schoneck in der Eifel geliehnten 400 gulden auf zwei iahre die einkünfte des siegelamts. 1480 mittw. nach Misericord. dai. Or. in Cobl.
mai 12	Treveris	ertheilt dem collegiatstift zu Pfalzel neue statuten. Chartul. in Trier.
— 18	Erembreit-stein	verschreibt dem Wilhelm von Polch, seinem kellner zu Meyen, für die bei demselben geliehenen 200 gulden, auf zwei iahre iährlich 100 gulden aus der Meyener schatzung. 1480 donrst. nach Exaudi. Or. in Cobl.
— 22	Confluent.	ertheilt für das St. Castorstift hierselbst neue statuten; 2, ebenso für das St. Florinstift. Or. in Cobl.

1480		
mai 27	. . .	bewilligt dem Emich von Dun seine gemahlin Else gräfin von Lyningen und Baxingen auf die alte burg zum Obernstein zu bewitthumen. 1480 sab. post Urbani. Extr. im Tempor.
— 30	. . .	verspricht der stadt Cöln in drei iahren mit iährlich 1000 gulden die bei ihr geliehenen 3000 gulden aus dem zoll zu Engers zurückzuzahlen. 1480 dinst. nach Urban. Or. in Cobl.
iun. 1	Covelentz	verschreibt dem abt Johann von St. Matheis bei Trier für die bei demselben behufs einlösung der herrschaft Schoeneck in der Eifel gelehnten 200 gulden, auf zwei iahre iährlich 100 gulden aus dem Wittlicher landzoll. 1480 an vnsers hern lichamstag. Or. in Cobl.
— 4	. . .	quittirt dem Johann von Becheln über seine final- und generalrechnungsablage der rentmeisterei und kellerei Cochem. 1480 dinc. post corporis Christi. Extr. im Tempor.
— 10	Erembreit-stein	ersucht den domprobst Philipp von Sirk dahin zu wirken, dass sein sohn Arnold wegen der am Freudenberg verübten misshandlung an trier. unterthanen, abtrag thue. 1480 sab. post Medardi. Or. in Cobl.
— 10	———	ersucht den grafen Dietherich zu Manderscheid statt samstag Johann Baptistentag (iun. 24) am samst. der zwölfbotenscheidungstag (iul. 15) etliche im harnisch zu dienste nach Keysersesch zu schicken. 1480 samst. nach Medard. Or. in Cobl.
— 23	. . .	schreibt dem collegiatstift zu Carden, dass er den kanonikus Bartholomeus Klockener daselbst zu seinem kaplan ernannt habe. Or. in Cobl.
— 27	. . .	beurkundet, dass graf Jorg von Virnenburg ihm die herrschaft Schoeneck in der Eifel nach auszahlung der 14000 gulden pfandgelds und 800 gulden baugelder wieder übergeben habe. 1480 dinst. nach Johann bapt. Copie in Cobl.
iul. 10	. . .	belehnt den Cuno von Ryffemberg zu seiner ehefrau Engin von Nickendich mit deren witthum, etlichen gütern zu Sienheim. 1480 fer. 2 ante Margarethe. Extr. im Tempor.
. . .	. . .	verlangt von Peter herrn zu Reifferscheid grafen zu Salm, auf die klageschrift der stadt Trier (vom 8. iuli, Kilianstag): dass etliche von dessen dienern einen mit allerlei Antwerpener waaren beladenen wagen eines Trierer bürgers bei dem dorf Bullingen angetastet und mit gewalt auf das schloss Salm geführt und erst vierzehn tage ungefähr darnach ein gewisser Johann Heuwer von St. Vyth der stadt fehde geschrieben habe (der fehdebrief d. d. goedenst. post visitat. Marie i. c. iul. 5) — rückgabe des gepfländeten. Ohne dat. Concept in Cobl.
— 20	Trier	genehmigt, dass sein küchenmeister Caspar von Mielen genannt von Dievelich, 6 gulden iahrrente aus einem hof zu Betzyng für 100 gulden an die brüder, den ritter Paul und Johann von Breitbach, verkaufe. 1480 dornst. nach der Zwolfboten scheidungstag. Or. in Cobl.
— 22	. . .	schliesst auf seine lebenszeit mit bürgermeister, schöffen, rath und bürgerschaft der stadt Trier ein bündniss zu gegenseitigem schutz und hilfe gegen auswärtige feinde. Houth. 2,465. Or. in Cobl.
aug. 15	Covelentz	nimmt den ritter Heinrich von Nassanwe mit fünf reysigen pferden selbst viert gewappent und wolgerüstet auf ein halbes iahr zum amtmann auf Schoneck (Handsrück) an. 1480 am dinst. vnser lieben frauwentag assumptioni. Or. in Cobl.
sept. 8	. . .	bewilligt dem Thilmann vom Hans seine ehefrau Philippe von Kellenbach mit dem hans Bosfeld zu bewitthumen. 1480 nativ. Marie. Extr. im Tempor.
— 15	Erembreit-stein	antwortet dem domprobst Philipp von Sirk auf dessen begehren um freilassung der im Sirk'schen handel mit Taven und Hultzbach gemachten gefangenen, sich vorerst über die ursache dieses streites näher zu erklären. 1480 fer. 6 post. exaltat. Crucis. Or. in Cobl.
— 30	———	verweigert dem oben genannten domprobst jede antwort wegen des Tavener streits, da ihm wegen des von dessen sohn Arnold verübten frevels zu Freudenberg noch kein abtrag geschehen sei, doch erklärt er sich bereit ihre angelegenheiten vor dem domkapitel zum austrag zu bringen. 1480 die Jheronimi. Or. in Cobl. Ebenso schreibt er auch an diesem tage (mont. nach Michel) dem Deutschen belis in Lothringen. Concept in Cobl.
oct. 16	———	bestätigt den Eberhard von Hoenfels als domdechannt. Or. in Cobl.
nov. 19	. . .	nimmt den Dietherich von Wunnenberg mit vier guten reisigen pferden selb dritt gewapent

32*

1480		
		und wolgerüst als amtmann zu Schoneck in der Eifel an. 1480 uff Elisabeth. Or. in Cobl.
dec. 4	Trier	nimmt seinen marsteller Johann von Strubingen genannt Beyer auf lebenszeit in dienst. 2, Ebenso den marsteller Michel von Ufen. Beide 1480 uff Barbareutag. Tempor.
— 13	———	belehnt den ritter Johann von Hasseuville herrn zu Veltzberg von wegen seiner ehefrau Eva von Palant, der ältesten tochter Bernhard's von Palant sel. mit dessen mann- und burglehen bei der Nuwerburg, Wittlich, Welen und Uerzig. 1480 uff Lucientag. Cople in Cobl.
— 20	Erembreit- stein	verschreibt dem Friedrich Zant von Merl vogt im Hamm und dessen ehefrau Katherina von Montreal um 1500 gulden amts- und pfandweise schloss und herrschaft Castelberg. 1480 trier. stils fryt. nach Christag. Or. in Cobl.
1481		
ian. 4	———	ernennt den Clas von Nattenheim genannt Krittener zum amtmann von Daldenau. 1480 trier. stils donrst. inirstag. Or. in Cobl.
— 22	- - - -	belohnt den Symon von Borne mit des verstorbenen Wymar von Beche lehen zu Merstorff, Metzendorf, Bettendorf und Gressenich. 1480 trier. stils mont. nach Agneten. Tempor.
— 29	———	schreibt dem Johann Hackenberg, freigrafen zur Nuwerstat und im Soderland, welcher auf die klage des grafen Gerhard von Seyn den ritter Johann von Schoenborn vor das freigericht geladen hatte, dass kein erzstiftischer unterthan laut kaiserlicher privilegien vor auswärtige gerichte citirt werden könne. 1480 stil. Trev. mont. nach conversion. Pauli. Or. in Cobl.
febr. 14	. . . .	nimmt den Peter vom Krame gegen 4 gulden aus dem siegel zu Coveleutz und ein hofkleid iährlich zu seinem diener auf lebenszeit an. 1480 uff Valentin. Extr. im Tempor.
— 18		überlässt einem einwohner zu Cell im Hamm für einen wingert hinter der kellerei daselbst, welchen derselbe zum kellereiban abgetreten hatte, einen andern unterhalb Corey bei St. Johannskirche, wovon er den halben wein zins gab, als freies eigenthum. 1480 stil. Trev. sont. nach Valentin. Tempor.
— 25		schreibt dem Jorg von der Leyen herrn zu Olbrück, auf dessen, im auftrage des grafen Friedrich zu Ditsch, gemachte anfrage wegen des schlosses Lebernberg im Walnsgan, dass dieses schloss seit mehr als 150 iahre vom erzstift und zuletzt auch dem grafen Friedrich von Zweibrücken herrn zu Bitsch des obengenannten Friedrichs vater zu lehen gegeben worden sei. 1480 mor. Trev. sonnt. nach Mathie. Concept in Cobl.
mrz. 8	———	Anfang des brunnenbaues auf der veste Ehrenbreitstein durch erzb. Johann begonnen und 1484 zu ende septembers beendet, nachdem am 10. dec. 1483 man das erste fliessende wasser daselbst erhalten hatte. Brower Ann. 2,306 nach einer alten inschrift.
— 16	. . .	schliesst mit dem erzb. Hermann von Cöln und dem herzog Wilhelm von Jülich auf zehn iahre einen münzverein. 1481 fryt. nach Invocavit. Or. in Cobl.
— 28	———	verpfändet dem Wilhelm von Witzelnbach für 1500 gulden das bei dem ritter Heinrich von Nassau eingelöste schloss Argenfels mit Hoenningen und Argendorf. 1481 mittw. nach Oculi. Or. in Cobl.
apr. 2	——	schreibt dem grafen Philipp von Virnenburg den wegen der Pellenz auf nächsten dinstag nach Niedermendig angesetzten tag ab, da sein marschalk Hermann Boess von Waldeck, den er dazu beordert, wegen krankheit nicht kommen könne. 1481 mont. nach Letare. Or. in Cobl.
— 5	. . .	schliesst gemeinschaftlich mit dem erzbischof von Cöln und herzog von Jülich infolge ihres münzvereins (vom 10. märz) einen vertrag mit der stadt Cöln wegen des gepräges der weisspfennige. Or. in Cobl.
— 27	Palatioli	beauftragt den abt Johann von St. Marien ad Martyros zu Trier mit der visitation des nonnenklosters auf dem Oberwerth bei Coblenz. Tempor.
— 30	. . .	verkauft dem Wilhelm von Witzelnbach 40 gulden iahresreute aus dem Engerser zoll um 800 gulden. 1481 mont. nach Quasimodo. Or. in Cobl.
mai 14	Enmptz	stellt dem Wilhelm von Witzelnbach wegen baldiger ausfertigung des pfandbriefs über Argenfels, Hoenningen und Argendorf, bürgen. 1481 mont. nach Jubilate. Or. in Cobl.
— 14	. . .	verkauft dem Peter von Eltz 100 gulden iahrrente aus dem Engerser zoll um 2000 gulden. Dat. wie vorher. Or. in Cobl.
— 25	Erembreit- stein	bestätigt wie seine vorgänger die privilegien und besitzungen der abtei Hümmerode. Or. in Cobl.
— 27	. . .	befreit den Gerlach von Hoembach, auf solange derselbe zu Schoeneck in der Eifel wohnt,

1481		von frohuden, diensten, achten und wachten. 1481 am sont. Vocem iocunditatis. Extr. im Tempor.
mai 28	. . .	verkauft dem Dietherich von Staffel und dessen ehefrau Elisabeth 75 gulden iahrrente aus der kellerei Limburg um 1500 gulden, und stellt dazu bürgen mit der verpflichtung zum einlager. 1481 mont. nach Vocem iocunditat. Or. in Cobl.
iun. 00	. . .	bestätigt (wie oben) die privilegien, rechte und besitzungen der Cistertienser abtei Himmerode. 1481 in iunio. Im Temporale wörtlich wie oben das or. vom 25. mai.
iul. 1	prope Coloniam	(in aperto campo) Antheil mit dem erzb. Hermann von Cöln, dem erzherzog Maximilian und den markgrafen von Brandenburg und von Baden an der vermählungsfeierlichkeit des herzogs Wilhelm von Julich-Berg mit seiner zweiten gemahlin Sibylle, der tochter des markgrafen Albrecht Achilles von Brandenburg am sonnt. nach Joh. Bapt. und an dessen einzug in Cöln nach des klosters Altenberg hof, wo drei tage glänzende hochzeitfeier stattfand. Brosi Annal. Juliae et Mont. ducum 2.68.
— 20	. . .	verschreibt seinem alten und schwachen diener Conrad von Besicken 4 malter korn 2 ohm wein iährlich aus der kellerei Erembreitstein auf lebenszeit, und nach dessen tode der wittwe die halbscheid davon. 1481 frit. nach Margrethen. Tempor.
aug. 11	Coblentz	giebt seinem kämmerling Jorg vom See auf lebenszeit 12 gulden manngeld iährlich aus der kellerei Wittlich. 1481 samst. nach Laurentius. Tempor.
— 12	. . .	bestätigt einen zwischen Caspar von Mielen genannt von Dietelich als momper Reynharts von dem Burgdoir einerseits und der wittve Yegen von Draynssdorf und Gerhard von Mickenheim gemachten vergleich wegen eines viertels am hof zu Entenich, das die wittve lebenslänglich besitzen soll. 1481 dmc. post Laurentii. Tempor.
sept. 1	Erembreitstein	ernennt den Johann von Eltz den ältern zum amtmann von Munstermeinfeld. 1481 vff Egidientag. Or. in Cobl.
nov. 4		genehmigt, dass die gebrüder Johann und Heinrich von Swartzenberg ihrer mutter Margaretha von Uttingen, welche nach dem tode ihres ehemannes Heinrich von Swartzenberg den Bechtolff von Horingen geheirathet hatte, statt des ihr als witthum verschriebenen schlosses Wartenstein das schloss Huisbach übergeben, und dass Johann von Swartzenberg seine ehefrau Katherine, die tochter Wilhelms von Lebenstein auf das schloss Wartenstein bewitthume. 1481 smit. nach Allerheiligen. Tempor.
— 6	. . .	verzichtet auf die erhebung der ihm behufs einlösung einiger erzstiftischen schlösser vom pabst bewilligten 15000 gulden subsidialgelder von der geistlichkeit. Or. in Cobl.
— 7	———	belehnt den Rheinpfalzgrafen Johann mit der veste Erenberg, der hälfte von Ryssbullen, dem neuen und alten gericht auf dem Hunsrücke und der stadt und burg Simmern mit zugehör. 1481 vff Willibrord. Or. in Cobl.
— 17	. . .	belehnt den Diederich von Wicherdingen mit den mannleben des schlosses Schoneck in der Eifel, womit ihn der graf von Virneuburg belehnt hatte. 1481 samst. nach Mertiustag. Or. in Cobl.
dec. 11	———	antwortet seinem domkapitel auf dessen klageschreiben über die von den Lützelburgern geschehenen pfändungen, dass er deshalb ernstlich an die dortigen hauptleute und statthalter geschrieben habe, und dass er seine räthe zu den ihrigen schicken wolle behufs unterredung wegen abwendung des dem erzstift in den ietzigen kriegsläuften täglich zugefügt werdenden schadens. 1481 dinst. nach conception. Marie. Concept in Cobl.
1482		
ian. 5	Covelentz	befiehlt seinen amtmännern zu Saarburg und Pfalzel, die domkapitularischen leute zu Waffern und an andern orten gleich den erzstiftischen zu schützen, (und giebt dem domkapitel hiervon nachricht). 1481 vigil. Epiphanie mor. Trev. Concept in Cobl.
— 29	Erembreitstein	belehnt den Hans von Ymssheim von wegen seiner ehefrau Vygen mit einem Nauerborger burgleben, womit erzb. Wernher deren vater Johann von Syenheim belehnt hatte. 1481 trier. stils an Valeriustag. Or. in Cobl.
— 30	———	bewilligt, dass Clas Stetzgys von Trys, amtmann im Hamm, die vier stück wingerten unter Mergenberg im Hamm, welche er demselben und dessen ehefrau Elsen auf lebenszeit verliehen hat, in erbpacht gebe. 1481 mor. Trev. mittw. nach conversion. Pauli. Tempor.
febr. 1		ersucht die Lützelburgische statthalterschaft, die rückerstattung des dem domkapitel entrogenen zu verfügen. Concept in Cobl.
— 4	. . .	ersucht auf die beschwerde der stadt Trier den kaiser um erlass des auf die stadt

1482		
		ausgeschriebenen gemeinen anschlags zu Nürnberg, da dieselbe ihm als weltlicher obrigkeit untergeben sei. 1481 mor. Trev. mont. nach purificat. Marie. Concept in Cobl.
febr. 9	Erembreitstein	genehmigt, dass der kanonikus Jakob Klinge von St. Castor zu Coblenz als testamentsexekutor des altbeseher Anthis Daume von Boppard, nach berichtigung der legate und schulden des testators, das übrige dessen schwestersöhnen als rechtmässigen erben verabfolge. 1481 trier. stils vff Apollonien. Tempor.
— 20	——	subdelegirt in folge der bulle pabst Martin's d. d. Rome 5 id. iul. pont. a. 9. die aebte von St. Matheis und St. Marien ad Martyros zu Trier als conservatoren und defensoren der rechte der abtei Laach. Or. in Cobl.
— 27	Covelentz	genehmigt, dass Friedrich von Rudissheim der lange die pfandschaft von schloss und amt Sterneberg, welche erzb. Wernher d. d. Stoltzenfels 1408 mai 18 für tausend gulden dem ritter Joh. Brumser von Rudesheim verschrieben hatte, an den Wilhelm von Swalbach, amtmann von Boppard, übertrage. 1481 mor. Trev. mitw. nach Invocavit. Tempor.
— 28	Erembreitstein	verschreibt dem Johann von Eltz, dem alten, für die zu 100 gulden iahrzinsen geliehenen 2400 gulden, schloss und amt Baldeneck zu unterpfande. 1481 trier. stils dornst. nach Invocavit. Tempor.
mrz. 10	Paltzel	verkauft seinem kellner Hanssmanns Clasen zu Wittlich um 850 gulden die pfandschaften, renten und güter Dieterichs von Loutzen, genannt Robin, welche nach dessen tod dem erzstift heimgefallen sind, nämlich der von Esch pfandschaft von 203 gulden auf Dreyss, eine wiese zu Wenigenror, eine halbe ohm weinrente zu Lieser, eine wiese zu Bumagen und zwei häuser mit ländereien zu Wittlich. 1481 trier. stils vff sont. Oculi. Tempor.
— 17	Erembreitstein	bestätigt die bruderschaft zu Saarburg, welche sich gebildet hat um an den quatembertagen das gedächtniss der verstorbenen durch kirchenbesuch zu begehen, und giebt ihr ein ablassprivilegium. 1481 more Trev. in die Gertrudis. Tempor.
apr. 10	. . .	bewilligt dem meister Hermann, armbruster zu Paltzel, welcher ihm durch schöffenurkunde seine nachlassenschaft geschenkt hat, auf lebenszeit die kost in der burg zu Paltzel, iährlich ein sommerhofkleid und 4 gulden dienstgeld. 1482 mittw. nach Oistertag. Tempor.
— 10	. . .	genehmigt, dass Heinrich von Meytzenhusen seine ehefrau Merge von Waldeck auf 10 gulden rente zu Bernkastel und 9 gulden zu Wesel bewitthume. Dat. wie vorher. Extr. im Tempor.
— 20	Covelentz	verschreibt dem durch altersschwäche zum dienst untauglichen Engerser zollbeseher Johann von Freusseberg lebenslänglich 6 ellen tuch, 2 ohm wein, 4 gulden und zapfrecht für 4 fuder wein iährlich, sodann freiheit von wachten, achten und andern diensten. 1482 samst. nach Quasimodo. Tempor.
— 20	Treveris	bestätigt dem Cistertienser nonnenkloster Machern die von erzbischof Arnold und Boemand geschehene incorporation der kirche von Löve bei Turron. (Günth. 4,857 aus dem Tempor.
mai 11	Erembreitstein	giebt seinem diener Clas Naysen einen garten zu Paltzel in erbpacht. 1482 samst. nach Cantate. Tempor.
— 23	Covelentz	macht eine billigsberedung zwischen Bernhard von Schauwenberg, amtmann zu Covelentz, und dessen ehefrau Clara von Langenau einerseits und dem erbmarschalk Johann von Helfenstein zu Sporkemburg, wonach letzterer die Margretha von Sickingen, der obengenaunten Clara von Langenau tochter heirathen soll. 1482 donrst. nach Exaudi. Or. in Cobl.
— 27	. . .	stellt dem Friedrich von Leye für die bei demselben geliehenen 1500 gulden bürgen mit der verpflichtung zum einlager in Trier oder Wittlich; und 2. macht ihn auf solange er ihm dies geld schuldet zum amtmann von Welschpilch. Beide 1482 mont. nach Pingstag.
— 31	. . .	vergleicht das kollegiatstift zu Münstermaifeld mit Johann Stump von Waldeck wegen eines pachtzehntens zu Liech und Lar. 1482 frit. nach Pfingstag. Or. in Cobl.
iun. 12	Erembreitstein	verkauft dem kellner Niklas Lairbecher zu Wesel einen wingert in dortiger gemarkung bei Caub. 1482 mittw. nach unsers herrn lichamstag. Tempor.
iul. 2	Covelentz	ersucht den grafen Philipp von Virneuburg die aufhebung des auf den St. Florinstifts gut zu Obermendig gelegten arrestes zu verfügen, da er das stift zu dem wegen der Pellenzer streitigkeiten nächstens stattfindenden tage auch bescheiden wolle. 1482 vff unser lieber frauwen tag visitationis. Or. in Cobl.

1482		
iul. 8	. . .	giebt auf 31 iahre den stiftshof zu Masterhusen in pacht; 2, ebenso auf 15 iahre die stiftsmühle unter Morssdorf. Beide 1482 vf Kilian. Tempor.
aug. 2	Trier	giebt dem Johann Plieck von Orwich genannt Clemens ein gut zu Ballisart zu burglehen der veste Schoneck in der Eifel. 1482 frit. nach Peterstag ad vincula. Tempor.
— 2	——	giebt dem Peter von Dune genannt von dem Marte für die demselben schuldigen 440 gulden, welche dessen antheil an den 2200 gulden wofür seinem schwiegervater Diederich Robin das schloss Manderscheid verpfändet worden war, und für die zurückgabe des pfandbriefs, die durch Diederichs tod dem erzstift heimgefallenen Koben-Eycher- und Spechtsgüter zu Clussart und 4 gulden iährlich zu Polch. Tempor.
— 5	Paltzel	nimmt den Richard von Pisport, welcher Katherine, die nichte des Engerser zollschreibers Hermann von Trarbach geheirathet hat, zum diener an und verleiht ihm auf lebenszeit die neue burg und meierei zu Neumagen. 1482 an Oswaltstag. Or. in Cobl.
— 16	——	leistet dem domkapitel einen neuen iurament, und 2, beschwört verschiedene ihm vorgelegte artikel. Beide original in Cobl.
sept. 8	Erembreit-stein	befiehlt seinem amtmann zu Saarburg die domkapitularischen leute zu Wassern gegen die von ihnen verlangten 100 gulden brandschatzung zu schätzen, und 2, ersucht die Luxemburgischen räthe, zu verfügen, dass diese brandschatzung aufgehoben und das gepfändete zurückgegeben werde. Beide 1482 in die Nativ. Marie. Or. in Cobl.
oct. 28	Mouasterii	(Moustermaifeld) bittet den erzbischof von Cöln um aufhebung der auf die güter seiner unterthanen zu Ladistorf im kölnischen gelegten schatzung. 1482 die Simon et Jude. Concept in Cobl.
— 30	Cochme	bestätigt als lehenherr einen zwischen dem ritter Dietherich von Frentz und Friedrich von Kesselstatt geschlossenen vertrag wegen des schlosses Furne. 1482 fer. 4 post Simonis et Jude. Temporale.
nov. 18	Paltzel	verleibt dem Friedrich von Hagen seines vaters, des ritters Heinrich von Hagen, lehen, nämlich: die dörfer Naynkirchen, Lebach, Michelsbach und Bartenbach, und die veste und herrschaft Buschfeld nebst dem schloss zur Motten. 1482 mont. nach Briccius. Or. in Cobl.
— 24	Trevir.	verpflichtet sich seinem domkapitel zur herausgabe der urkunden domkapitularischer beamten, der domkapitularischen siegel an eingelösten obligationen, zur beachtung der weltlichen iurisdiktion des domkapitels und anderm mehr. Or. in Cobl.
— 27	——	sanktionirt verschiedene dekrete in betreff verbesserung der kirchlichen disciplin und verfassung. Blattau, Stat. 1,410. Brower, Ann. 2,307. Hartzheim Conc. Germ. 5,540.
dec. 7	Erembreit-stein	belehnt seinen marschalk Hermann Boiss von Waldeck mit 50 gulden manngeld iährlich aus dem zoll zu Canemengers, welche dorselbe mit 500 gulden von Johann von Bellen-hausen eingelöst hatte. 1482 vff vnser lieben frauwen abent conceptionis. Or. in Cobl.
— 24	. . .	nimmt den Wilhelm von Runkel herrn zu Isenburg mit sechs reysigen pferden auf zwei iahre gegen 80 gulden iährliches dienstgeld zum rath und diener an. 1482 vff Christabent. Or. in Cobl.
1483		
ian. 2	. . .	verkauft an Reinhard grafen zu Leiningen herrn zu Westerburg eine iahrrente von 200 gulden aus dem zoll zu Engers um 4000 gulden, welche er bei demselben zur tilgung einer merklichen schuld an graf Cuno von Solms geliehen hat. 1482 trier. stils donrst. nach heil. iairstag. Or. in Cobl.
— 24	Paltzel	verschreibt dem Clas von Nattenheim genannt Krittener für 600 gulden das vogtamt zu Cröv im reich. 1482 trier. stils frit. nach Agneten. Or. in Cobl.
— 26	Erembreit-stein	verkauft vorbehalt des widerkaufsrechtes seinem zollschreiber Hermann Trarrbach zu Engers für 100 gulden einen garten daselbst und das wörth oberhalb Kaldenengers, welches er wegen regulirung des strombettes von der abtei Siegburg acquirirt hatte. 1482 mor. Trev. sont. nach Vincentius. Tempor.
— 28	Paltzel	belehnt den Gerhard von Hilberingen genannt von Sirsberg mit einem theil des gerichts und der leute zu Duppenwilre und Niederwilre. 1482 trier. stils dinst. nach Pauls bekerung. Tempor.
— 29	——	desgl. den Adam von dem Bougart genannt Dumgin mit dessen väterlichen hof zu Alsentz. 1482 trier. stils vff Valerius. Or. in Cobl.
febr. 1		übergiebt nach dem tode des abts Mathias Rutger zu St. Martin, da behufs einer neuen abtswahl die zahl der conventualen daselbst nicht genügt, die verwaltung der abtei dem prior daselbst und professen zu St. Matheis, Johann Blankart. Neuere copie in Trier.

1483		
febr. 7	Trevir.	bestätigt die fundation einer frühmesse zu Bridal und 2. verleiht dieselbe dem von der gemeinde daselbst präsentirten priester Willibrord von Lemen. Or. und Copie in Cobl.
— 21	———	bescheidet dem gubernator, statthalter und räthen zu Luxemburg, da niemand von ihnen auf dem gestern hierselbst in der sache mit dem domprobst Philipp von Sirk statt haben sollenden tage erschienen war, einen neuen auf freit. nach Judica (mrz. 21.), und ersucht sie den frieden mit dem domprobst noch 14 tage nach Ostern zu verlängern. 1482 stil. Trev. frit. nach Invocavit. Concept in Cobl.
— 24	. . .	belehnt den Johann von Hundellingen und dessen ehefrau Margaretha, Johann Studigels von Bitsche tochter, mit dem Karthäuser hof und äckern zu Paltzel. 1482 trier. stils mont. nach Reminiscere. Tempor.
— 27	———	bittet den pabst, den prior Johann von Eberhardsklausen welchen er an stelle des verstorbenen bischofs Hupert von Azoten zu seinem generalvikar in pontificalibus ernannt habe, zum bischof von Azoten zu promoviren. Chartul. in Cobl.
mrz. 10	. . .	giebt seinen consens dazu, dass Heinrich von Swartzenberg der iunge auf zwölf iahre mitgemeiner des schlosses Wartenstein werde. 1482 secunda post Letare. Extr. im Tempor.
— 21	———	macht eine richtung zwischen dem erzherzog Maximilian und den unterthanen des herzogthums Luxemburg einerseits und dem domprobst Philipp von Sirk andererseits wegen verabfolgung der domstiftischen gefälle im Luxemburgischen. 1482 mor. Trev. frit. nach Judica. Concept. in Cobl.
— 25	Paltzel	verkauft dem Weruber Zant, vogt im Hamm 105 gulden iahresreute um 2100 gulden und verpfändet ihm dafür schloss und amt Haldenau. 1483 dinst. nach Palmentag. Or. in Cobl.
— 25	———	verschreibt den gebrüdern Bernhard und Joist von Flersheim genannt Montzenheimer für 912 gulden amts- und pfandweise das schloss Swartzemberg mit zugehör, und 2, belehnt dieselben mit den leben ihres verstorbenen vetters Johann von Swartzemberg, Thielmanns sohn. Beide mit dat. wie vorher. Orr. in Cobl.
apr. 9	———	verschreibt dem Heinrich von Sotern dem alten für 800 gulden amts- und pfandweise das schloss Liebenberg bei St. Wendel, welches er mit diesem gelde von Johann von Hundelingen eingelöst hat. 1483 mitw. nach Quasimodo geniti. Or. in Cobl.
— 14	———	erneuert einen verloren gegangenen pachtbrief über die mühle zu Welschpilch für seinen meier Heinrich und dessen frau daselbst auf lebenszeit. 1483 fer. 2 post. Misericord. dni. Tempor.
— 14	. . .	vererbpachtet gemeinschaftlich mit Wilhelm innggraf zu Manderscheid, Franziss von Rodenmachern gräfin von Virneuburg wittwe, kloster Eberhardsklausen und andern den Dunerhof zu Hile. Dat. wie vorher.
— 18	———	verleiht dem licentiaten der theologie Johann Botemülch von Laspbe den Marienaltar in der pfarrkirche zu Valender. Tempor.
— 20	———	verschreibt dem ritter Niklas von Esch für tausend gulden statt der 50 gulden iührlich zu Boppard verschiedene renten und zinsen zu Platten, Boer, Silheim u. s. w. 1483 vff sonnt. Jubilate. Or. in Cobl.
— 21	———	verschreibt dem ritter Niklas von Esch und dessen ehefrau Margaretha von Raessfeld für 800 gulden, wofür erzb. Raban dem Godart von Esch das amt Bernkastel und Esch verschrieben hatte, amts- und pfandweise die burg Esch an der Salm mit allen einkäuften. 1483 mont. nach Jubilate. Or. in Cobl.
mai 2	———	ertheilt dem von kaiser Friedrich präsentirten Freysinger domherrn Ambrosius Perotscher die iuterditur mit der probstei der kollegiatkirche zu Wetzflar. Houth. 2,469. Tempor.
— 2	———	bewilligt dem Johann Felt von Aiebe seine ehefrau Marie von Bussleiden auf seine leben zu bewitthumen. 1483 sexta post Cantate. Extr. im Tempor.
— 3	———	belehnt denselben mit der Unugerburg und andern lebengütern der Scholer von Trier die derselbe für 500 gulden gekauft hatte. Tempor.
— 24	———	ertheilt dem meister Johann Salice lebenslängliche bestallung mit dem ietzt von Covelentz nach Monstermeynfeld translocirten geistlichen gerichte termyne und ladeamt von Limburg und Monthabur. 1483 samst. nach Pfingstage. Tempor.
— 25	———	verleiht dem kleriker Gerhard von Bedendorf die vikarie b. Mariae in der Castorskirche zu Cobl. Or. in Cobl.
iun. 4	Trier	quittirt dem Johann Mathis von Bacherach, kanonikus von St. Floris zu Coblenz, über richtige rechnungsablage als Coblenzer siegler. 1483 mitw. nach Erasmus. Tempor.

1483

iun. 21 Palacioli bestätigt die incorporation der pfarrkirche St. Marien von der Brücke und der mit derselben verbundenen St. Anthoniuskapelle zu Trier seitens des Johanniterhauses daselbt an das St. Paulinstift. Tempor.

iul. 3 —— ersucht den herzog von Luxemburg, zu befehlen dass die noch eingehaltenen renten des domprobstes gemäss der rechtung verabfolgt werden, und diese rechtung zu besiegeln. 1483 donnerst. nach visitat. Marie. Concept in Cobl.

— 3 —— ernennt den Johann, bischof von Azoten, zu seinem generalvikar in pontificalibus, und 2, verschreibt demselben ein iahrgehalt von 100 gulden aus dem zoll und der kellerei Wittlich und 100 gulden aus dem siegel zu Trier. Beide im Tempor.

— 8 —— bewilligt dem markgrafen Christoph von Baden seine gemahlin Ottilie von Catzenelnbogen auf ein viertel des schlosses Stadeck bei Olmen im Mainzer bisthum zu bewitthumen. 1483 die Kiliani. Extr. im Tempor.

— 11 —— befiehlt seinem münzmeister Johann Kluckwiesen von Würzburg die kaufleute, gängler und trahyrer zu beunfsichtigen ob sie gold, silber und gemünztes geld im erzstift einhandeln und sie alsdann zur bestrafung anzuzeigen. 1483 sexta post Kilian. Tempor.

— 13 —— mahnt den Luxemburgischen statthalter und hauptmann, das verbot wegen ausfuhr der geistlichen gefälle aufzuheben, dem domprobst die seinigen herauszugeben und sich überhaupt nach beiliegendem befehl des erzherzogs zu richten. 1483 in die Margarete. Concept in Cobl.

— 19 —— attestirt dem altaristen Nikolaus Zorn zu Bernkastel seine richtige rechnungsablage als prokurator und verweser des St. Niklaushospitals (Cus) gegenüber Bernkastel. 1483 sab. post divis. apostolor. Tempor.

— 20 —— ersucht den Luxemburgischen adel, da er ihm besonders der schutz der geistlichkeit obliege, beim gubernator dahin zu wirken, dass das verbot wegen der kirchengüter zurückgenommen werde. 1483 dmc. post Alexii. Concept in Cobl.

— 24 Wittlich ersucht wiederholt den Luxemburgischen hauptmann Johann Dommerin um herausgabe der domprobsteilichen gefälle. 1483 vff Jakobs abend. Concept in Cobl.

— 27 Paltzel ersucht seinen neffen, den grafen Jorg, der verhandlung mit Luxemburg wegen der geistlichen gefälle nächstens zu Echternach beizuwohnen. 1483 sonnt. nach Jakobi. Concept in Cobl.

aug. 6 —— bittet den erzherzog, da der Luxemburgische hauptmann Johann Dommerin trotz zweimaliger aufforderung noch immer sich weigere die domprobsteilichen gefälle zu verabfolgen, um erneuerten befehl an denselben. 1483 fer. 4 post vincula Petri. Concept in Cobl.

sept. 1 —— bestätigt den decretor. dr. Heinrich Irlen nach dem tode Cuno's von Elsaff als dechant der St. Lubentiuskirche zu Dietkirchen. Tempor.

— 15 —— erlaubt den abten von Mettlach und Wadgassen die öffnung der gräber in ihrem kloster wo reliquien liegen. Chartul in Cobl.

— 17 .... gestattet dem Johann von Soetern für 60 gulden ein halbes fuder lebenwein zu Urtzig an den Wittlicher kellner Haassmanns Clasen zu verpfänden. 1483 die Lamperti. Tempor.

— 19 . . verschreibt dem Martin Attendarn iährlich 100 gulden aus dem siegel zu Trier als abschlägliche zahlung der nach seiner rechnungsablage als siegler daselbst und kollektor der subsidiengelder demselben noch schuldigen 539 gulden 2 albus 8 heller. 1483 sexta post exaltat. crucis. Tempor.

oct. 15 —— verleiht dem Johann von Molenheim, kellner zu Paltzel, dessen ehefrau Metzen und tochter Jungen auf lebenszeit einen garten bei dem Pferdemarkt zu Trier. 1483 fer. 4 post Lubentii. Tempor.

— 16 —— ertheilt der abtei St. Matheis bei Trier für gewisse festtage ein ablassprivilegium. Or. in Cobl.

nov. 1 . —— ersucht den grafen Dietherich zu Manderscheid indem er ihm die hofkleidung überschickt, sich damit zu rüsten und auf seine zweite mahnung selb acht er gewappnet, wolgerüst mit blankem hauptharnisch persönlich mit ihm zu reiten. 1483 vff Allerheiligen. Or. in Cobl.

— 11 Erembreitstein ersucht denselben, da er seine gesellschaft erweitern und stärker reiten müsse, statt selbacht noch fünf oder sechs man gewappnet und gerüst bereit zu halten. 1483 nach Mertinstag. Or. in Cobl.

— 18 Confluent. (in medio ecclesie S. Florini) 'Kniefällige abbitte der hiesigen bürgerschaft vor dem erzbischof Johann, dem bischof Georg von Metz und vielen domherrn, prälaten, edeln und volke wegen frevelhafter zerstörung eines kruzifixes und einer statue des heil. Florin. Honth. 2,470.

33

1483

dec. 6 | Erembrecht-stein | bewilligt seinem diener Ludwig von Glinden lebenslänglich die kost in der kellerei zu Paltzel, 6 gulden und ein hofkleid jährlich. 1483 in die Nicolai. Tempor.

. . . | Villaci | (?) beauftragt einen stiftsdechant mit der absolution eines ehepaars wegen blutschande, welches bereits wegen seiner verwandtschaft im dritten und vierten grad dispens zur ehe erhalten hatte. Nur mit datum Villaci 83 in einem Chartular in Cobl.

1484

ian. 1 | . . | ernennt den Erhart von Helmstatt zum amtmann von Baldeneck. 1483 trier. stils vf iarstag. Or. in Cobl.

— 7 | . . . | antwortet dem Johann herrn zu Ronkel auf dessen mahnung wegen zahlung rückständiger zinsen und dienstgelder, sich noch vierzehn tage zu gedulden, indem alsdann seine abwesenden räthe zurückgekehrt sein würden und sie sich gütlich vereinigen wollten. 1483 mor. Trev. fer. 4 post Epiphan. dui. Concept in Cobl.

— 10 | Erembrecht-stein | ertheilt der kapelle Wambrechtrode beim schlosse Virnenburg, indem er ihr ein ablass-privilegium mehrerer bischöfe d. d. Rome id. ian. 1290 bestätigt, ein ähnliches. Or. in Cobl.

— 16 | Confluentie | bevollmächtigt für sich den . . . . . zur beiwohnung der synoden im Dietkircher archidia-konatsbezirk und in den landcapiteln Zell, Boppard und Ochtendunk. Chartul. in Cobl.

febr. 17 | Trier | erneuert dem grafen Philipp von Virnenburg und Nuemar herrn zu Saffenburg die pfand-schaft über die halbe herrschaft Daun, welche bereits erzb. Jakob für 5000 gulden nebst den herrschaften Schonenberg im Oisfling für 15000 und Kempenich für 5000 gulden den gebrüdern Ruprecht und Wilhelm grafen von Virnenburg verpfändet hatte, nachdem die beiden andern pfandschaften bei den söhnen der beiden brüder von ihm eingelöst worden sind. 1483 trier. stils dinst. nach Veltin. Tempor. Vergl. auch Günth. 4.662.

— 20 | Paltzel | bittet wiederholt den erzherzog Maximilian der Luxemburgischen regierung zu befehlen, dass die gefälle des dompropstes gemäss der rechtung verabfolgt werden. Concept in Cobl.

— 20 | . . . | nimmt den Johann von Hundelingen mit drei oder vier pferden auf drei iahre zum diener an und bedingt sich das öffnungsrecht zu Hundelingen aus. 1483 mor. Trev. sexta post Valentin. Extr. im Tempor.

mrz. 4 | Covelentz | vergleicht sich mit den gebrüdern Johann und Ulrich herrn zu Eltz wegen einiger schuld-verschreibungen, und versprechen letztere die noch schuldigen 81 gulden aus ihrem turnos am Engerser zoll zu berichtigen. 1483 mor. Trev. dornst. nach Eschmitwoch. Tempor.

— 6 | Erembrecht-stein | belehnt seinen meisterkoch Martin von Udenheim mit einer wiese bei Munstermeinfeld. 1483 trier. stils samst. nach Esto mihi. Or. in Cobl.

— 6 | . . . | bewilligt dem Juist von Flersheim genannt Mousshelmer seine ehefrau Anna Kreppin von Virburg auf den hof Reydembach bei Obernsteyn zu bewitthumen. Dat. wie vorher. Extr. im Tempor.

— 11 | . . . | genehmigt und besiegelt Heinrichs vogts und herrn zu Hunoltsteys verschreibung von 70 gulden iährlich aus den gefällen der vierthalb hofen um 1400 gulden. 1483 trier. stils dornst. nach Invocavit. Or. in Cobl.

— 13 | . | belehnt den Philipp Hilgin von Loirche und Dietherich von Staffel, letztern auch namens seines bruders, die ritters Wilhelm von Staffel, mit den hofen, welche Friedrich Hilgin von Loirch und Wilhelm von Staffel von wegen ihrer ehefrauen Alheiden und Greten, schwestern von Greusan, besessen hatten. 1483 trier. stils samst. nach Invocavit. Tempor.

— 23 | . | An diesem tage empfängt der erzbischof persönlich in gegenwart des dr. med. Heinrich von Tiegeln den amtseid des apothekers Johann von Coblenz. Note im Tempor.

— 29 | Covelentz | bewilligt der Cistertienser abtei Erbach (Eberbach) im Mainzer bisthum, bis zur rück-zahlung der bei derselben geliehenen 4000 gulden zollfreiheit für ihre früchten auf dem Rhein zu Boppard und Engers. 1484 mont. nach Letare. Or. in Cobl.

apr. 11 | . . . | nimmt den Johann von Mielen und dessen knecht Hiltwin, einen bürger und unterthan aus dem amt Cochem, welcher eine zeitlang ausser landes war und sich mit des erzbischofs feinden verbunden hatte, wieder zu gnaden auf. 1484 die Palmar. Tempor.

— 12 | Paltzel | giebt dem Symon Laudolf von Dielburg ausser den drei hofen: Reuffsteckenhof zu Elitz, zu Dirsdorf und zu Weresdorf noch den Winrichs sohns hof zu Elitz zu einem Kyll-burger burglehen. 1484 mont. nach Palmtag. Tempor.

1484		
apr. 23	Paltzel	bestätigt die incorporation der Katharinen kapelle ausserhalb des doms zu Trier an das domkapitel. Chartul. in Cobl.
— 26	. .	gewinnt den grafen Philipp von Solms herrn zu Myntzenberg mit 100 gulden iährlich aus dem Engerser zoll aufs neue zu seinem manne. 1484 mont. nach Quasimodo. Tempor.
— 27	. . .	verschreibt demselben für die noch schuldigen 6000 gulden einen iahrzins von 300 gulden aus dem Engerser zoll. 1484 diust. nach Quasimodo. Or. in Cobl.
mai 8	. . . .	verschreibt den testamentsexekutoren des domdechants Emund von Malberg 50 gulden iahrrente aus dem siegelamt zu Trier um tausend gulden, welche er bei denselben behufs ablegung der hälfte einer schuld an die erben des Trier. doktors und schöffen, meister Tssutruens geliehen hat. 1484 samst. nach Crutzestag als es sonden wart. Or. in Cobl.
— 20	Erembreit-stein	belehnt den Erhart von Helmstat mit den 50 gulden manngeld aus dem Engerser zoll, welche derselbe mit 500 gulden bei Friedrich Blieck von Lichtenberg eingelöst hatte. Tempor.
iun. 7	Covelentz	genehmigt, dass Johann Wolff von Ryndorff seine ehefrau Sare von Ensch auf den niedersten thurm im dorfe Kempenich nebst damm und wiese und auf den hof zu der Heiden bewitthume. 1484 mont. nach Pfingstag. Tempor.
— 13	Erembreit-stein	bewilligt dem Frank von Cronenberg dem iungen seine ehefrau Margretha von der Leyen auf den halben zehnten zu Dievelich und seinen theil des hofs zu Vyltz zu bewitthumen. 1484 dinc. Trinitatis. Extr. im Tempor.
iul. 5	bei Rense	(am konigstul) verbindet sich mit den drei geistlichen kurfürsten zum schutze ihrer lande und leute. Scotti trier. Verord. 1,173. Die beiden originalurkunden der erzbischöfe Berthold von Mainz und Hermann von Cöln, in Cobl. Erstere auch bei Honth. 2,472. Or. in Düsseldorf.
— 10	Paltzel	belehnt den Johann von Hersel mit einem burglehen der veste Schoenecken in der Eifel, das früher die von Romersheim und nach diesen Arnold vogt zu Carden besessen hatten. 1484 samst. nach Kilian. Or. in Cobl.
— 13	Trier	schliesst mit der abtei St. Maximin einen vergleich wegen des Grünwaldes gegenüber Paltz, worin der inhalt das eigenthums- dem erzbischof beholzigungsrecht für das haus Paltz zugestanden wird. 1484 vff Margrethen. Or. in Cobl.
— 25	Erembreit-stein	erlaubt dem Engerser zollknecht Johann von Nachtsheim einen überbau an seinem hause zu Coenenpongern. 1484 an St. Jakobstag. Tempor.
aug. 6	———	befiehlt der stadt Coblenz die artikel seines bündnisses mit den beiden andern geistlichen kurfürsten vom 5. iuli öffentlich dem volke zu verkündigen. 1484 vff Sixtus. Or. in Cobl.
— 12	———	belehnt den Gorlach Huysman von Namandy mit den verfallenen lehen Johanns von Bacheim. Günth. 4,668. Tempor.
— 30	———	incorporirt die fast zerfallene klause beim pfarrkirchhofe zu Landesdorf mit ihren gefällen dem heil. Kreuzaltar in der pfarrkirche daselbst. Tempor. Extr. bei Günth. 4,669.
sept. 2	Covelentz	erlaubt dem kapitel des Florinstifts zu Coblenz für die kirche ein anlehen von 400 gulden zu machen. 1484 donrst. nach St. Johannstag decollation. Or. in Cobl.
— 9	———	bestätigt die wahl des priors Anthonius de Trajecto nach dem tode Johann's Doner als abt zu St. Matheis bei Trier. Or. in Cobl.
— 21	Erembreit-stein	verschreibt seinem diener Heimdonker lebenslänglich ein halbes fuder wein, 4 malter frucht und ein kleid iährlich aus der kellerei Monthabar nebst 4 gulden iährliche abschlagszahlung der demselben für in seinem dienst verlorne pferde schuldigen 28 gulden. 1484 in die Mathei. Extr. im Tempor.
oct. 3	Covelentz	belehnt den Dietherich von Palmersheim mit einem burglehen des schlosses Schonemberg in der Eifel und einem mannlehen von einem fuder wein und 10 gulden iährlich. 1484 sont. nach Michelstag. Or. in Cobl.
— 3	———	nimmt denselben selbander gewappnet mit 3 reysigen pferden auf lebenszeit gegen ein halbes fuder wein und ein hofkleid iährlich in dienst. 1484 sont. nach Remigius. Tempor.
— 13	———	schreibt an den Erhard von Helmstatt dass er noch keine nachricht wegen der von seinem amtmann von Baldeneck zu Owilre geschehen sein sollenden pfändung habe. 1484 quarta post Dionisii. Concept in Cobl.

33*

1484		
oct. 20	Erembreit- stein	belehnt den ritter Adrian von Nassauw herrn zu Reynhartstein und dessen ehefrau Katharine von Braatscheit mit 3 fuder wein iährlich aus der kellerei Cochme, und erhält dafür das öffnungsrecht des schlosses Reynhartstein. 1484 mittw. nach Lukas. Tempor.
nov. 2	——	ernennt den Michel Waldecker von Zell zum amtmann im Hamm. 1484 dinst. nach Allerheiligen. Or. in Cobl.
dec. 6	——	nimmt den Noltgin Pfutzgreber gegen die kost, ein hofkleid und 12 gulden iährlich, auf lebenszeit in dienst, dass er stets am putz bierselbst das wasser pütze und das gezeug zum pütz in verwahr halte. 1484. in die Nicolai. Extr. im Tempor.
— 14	——	zeigt dem Jenxot le bastart seigneur de Longues an, dass der amtmann von Salm, Jehan de Ingenhaym ihm seinen brief überbracht und derselbe mündlich die antwort erhalten habe. 1484 le mardi apres la conception notre dame. Concept in Cobl.
— 18	——	verspricht dem ritter Adrian von Nassau herrn zu Reynhartstein die demselben für das offnungsrecht auf schloss Reynhartstein verliehenen 3 fuder mannwein binnen zehn iahren nicht abzulösen. 1484 sab. post Lucie. Tempor.
— 20	. . .	acceptirt die von Symon Boess von Waldeck und Friedrich Plieck von Lichtenberg dem iungen vermittelte söhne zwischen ihm und der stadt Trier einerseits und dem ritter Heinrich Plieck von Lichtemberg andererseits, und verspricht dem letztern welcher sich auf drei iahre zu dienste verpflichtet hat, 40 gulden iährliches dienstgeld. 1484 vf mont. St. Thomas abend. Tempor.
— 31	. . .	verkauft mit bewilligung des domkapitels und unter stellung von bürgen mit der verpflichtung zum einlager in Coeln, Cobleuz oder Andernach, an Elizabeth, tochter zu Pirmont, wittwe von Brausberg, 150 gulden iahrrente aus dem Engerser zoll um 3000 gulden, welche auf das schloss und amt Hamerstein verschrieben wa n und ihr ehemann, der ritter Wilhelm von Brunsberg sel. von Gerlach von Hedistorff genannt von Brunssberg überkommen hatte. 1484 vf heil. iars abend, trier. stils. Tempor.
1485		
ian. 4	——	ersucht den grafen Philipp von Virnenburg um verfügung wegen ausfertigung des vertrags in betreff der Pellenz, gemäss der abrede. 1484 mor. Trev. dinst. nach circumcisio. dni. Or. in Cobl.
— 21	. . .	verschreibt dem Engelhard von Eutzberg, dechant zu Münster, lebenslänglich ein fuder wein iährlich aus der kellerei Erembreitstein. 1484 mor. Trev. in die Agnetis. Tempor.
febr. 1	. . .	ertheilt dem (?) das recht zum beichthören und zur absolution in den ihm reservirten fällen. Chartul. in Cobl.
— 16	Frankford.	bevollmächtigt seinen official in Trier und orator am römischen hofe, mag. Jakob von Lare beim pabst Innocenz VIII. Chartul. in Coblenz mit iahr 1484 stil. Trev. febr. 16.
mrz. 4	Erembreit- stein	belehnt den Wernher Holtzsadel von wegen seiner ehefrau Clara von Catzenelnbogen mit 20 gulden iährlich aus dem Bopparder zoll, welche Roilman vom Thorne zu Sintage besessen hatte. 1484 trier. stils frit. nach Reminiscere. Tempor.
— 26	Paltzel	belehnt den Clais von Eltzenborn mit einem burgsess zu Schoneck in der Eifel, welchen sein schwiegerherr Wynant von der Mechern besass, und mit einem fuder wein iährlich aus der kellerei Paltzel als Schonecker burglehen. 1485 an Palmabend. Tempor.
apr. 4	——	ertheilt der abtei St. Matheiss bei Trier für die absingung der historica cantica der heil. Matheiss und Eucharius ein ablassprivilegium. Chartular in Cobl.
— 5	. . .	belehnt den Friedrich Zaut von Merl, vogt im Hamm, von wegen seiner mutter Cariamen von Syntzig, einer schwester des ritters Syfrid Roilmans vom Thorne zu Syntzge, mit 20 gulden iährlich aus dem Bopparder zoll, welche des letztern anichherr Engelbrecht vom Thorne besessen hatte. 1485 dinst. nach Ostertag. Tempor.
— 11	. . .	nimmt den Symon Wecker, grafen zu Zweinbrücken herrn zu Bitsch, auf vier iahre zu seinem rath und diener an. 1485 secunda post Quasimodo. Extr. im Tempor.
mai 14	Covelentz	belehnt den Dietherich Specht von Bubenheim mit des verstorbenen Friedrich von Bubenheim burglehen und leben der veste Limpurg und herrschaft Molsperg, welche früher Philipp von Rymberg besass. 1485 samst. nach unsers herrn Vffartstag. Tempor.
— 16	Erembreit- stein	antwortet der stadt Trier auf ihre beschwerde wegen kaiserlicher ladung zum reichstag nach Frankfurt an sie, dass er sie als des erzstifts zugewandte daselbst verantworten werde. 1485 secunda post Exaudi. Concept in Cobl.
iun. 11	——	ersucht den grafen Dietherich zu Mauderscheid am 13. iuli zwanzig gewappnete wolgerüst in Hüllesheim zu haben um mit des erzbischofs hauptleuten weiter zu reiten. 1485 samst. nach Bonifacii. Or. in Cobl.

1485

Iun. 15	Confluentie	nimmt den meister Johann von Windeck dr. medicinae auf drei iahre gegen 20 gulden 8 malter korn und ein fuder wein iahrgehalt zu seinem leibarzt an. 1485 ipso die Viti et Modesti. Extr. im Tempor.
— 24	. . .	setzt dem pützgraber Nolden, wenn er nicht mehr wasser pützen und andere arbeit übernehmen wolle, seinen bisherigen lohn von 10 gulden auf 4 gulden herab. 1485 an Johann bapt. Tempor.
— 27	Erembreitstein	verkauft seinem „drumpter" Hans von Esslingen ein haus und wingert zu Wittlich. 1485 mont. nach Johann bapt. als er geboren wart. Or. in Cobl.
— 27	———	verschreibt dem Dietherich von Staffel für 1500 gulden hauptgeld und 75 gulden iahrzinsen amts- und pfandweise das erzstiftische theil am städtchen Haselbach und dorf Isembach, da derselbe das ihm für diese summe verschriebene amt Wellmich zurückgegeben hat. Dat. wie vorher.
sept. 27	. . .	nimmt den Peter von Cronemberg genannt Klopstein auf lebenszeit mit einem reysigen pferd wolgerüst gegen 4 malter korn 8 malter hafer 8 gulden und einen wagen heu iährlich als seinen diener zu Zell im Hamm an. 1485 dinst. nach Mathei. Or. in Cobl.
— 00	. . .	verlängert der Katherine, hausfrau des Niclaus Lairbecher zu Wesel, die pachtzeit einer ihrem manno 1476 apr. 20 auf zehn iahre verliehenen wiese auf weitere fünf iahre. 1485 circa fest. Michaelis. Tempor.
oct. 3	Boppard	vergleicht sich mit Conen von Wunnenberg herrn zu Bilstein wegen des wildbanns im Hamm'schen gericht. 1485 mont. nach Remigius. Or. in Cobl.
— 4	. . .	verschreibt, unter stellung von bürgen mit der verpflichtung zum einlager in Dietz, dem Otto von Dietz dem iungen 75 gulden iahrrente aus dem Bopparder zoll um 1500 gulden. 1485 vff Franziskus. Tempor.
— 21	Covelentz	nimmt aus zuneigung für die kinder des verstorbenen Friedrich von Sombreff herrn zu Kerpen und auf die bitte deren onkels Wallraf von Sombreff die dörfer Kerpen, Schuren, Niederehe und Rode gegen entrichtung von 16 malter schirmhafer iährlich in seinen schutz. 1485 frit. nach Lukas. Or. in Cobl.
— 29	———	ertheilt dem Bernhard von Schaneuburg, amtmann zu Covelentz, wegen seiner bürgschaft über 4000 gulden bei Ulrich von Eltz eine schadlosverschreibung. 1485 sont. nach Lukas. Or. in Cobl.
— 23	———	schreibt dem ritter Wilhelm von Bibra, amtmann zu Rulandseck, er werde seinen räthen, die er zu dem tage nach Bonn vor den erzb. von Cöln wegen der Limburger gebrechen abordnen werde, auch wegen der grafschaft Salm seine befehle ertheilen. Dat. wie vorher. Concept in Cobl.
— 31	. . .	An diesem tage geschah der ankauf der grafschaft Salm im Oysling für 9500 gulden durch erzb. Johann. Kaufbrief d. d. vigil. Omnium Sanctor. im Tempor.
nov. 11	. . .	vergleicht sich mit dem herzog Reinhard von Lothringen wegen der hochgerichts- und vogteirechte in der gemeinschaft Merzig. Houth. 2.474. Tempor.
— 19		verkauft dem ritter Henrich von Nassauw 50 gulden iahrzins aus dem Bopparder zoll um 1000 gulden und unter stellung von bürgen mit deren verpflichtung zum einlager in Nassauw oder Dietz. 1485 vff St. Elisabeth. Tempor.
— 25	. . .	nimmt den Peter von Schoneck genannt Scheckmann auf lebenszeit gegen ein fuder wein oder 8 gulden iährlich und ein hofkleid zu seinem diener in Kilburg an. 1485 vff St. Katherinen. Or. in Cobl.
dec. 8	. . .	verschreibt seinem hofmeister Hermann Boes von Waldeck für 2000 gulden schloss und thal Haumerstein nebst dem dorf Lendesdorf. 1485 vff unser lieben frauwentag conceptio. Or. in Cobl.
— 13	Erembreitstein	nimmt den Coblenzer bürger und schlosser Ulrich von Langingen gegen ein fuder wein 4 malter korn und 2 kleider iährlich auf lebenszeit in dienst. 1485 vf Luzien. Tempor.
— 13	. . .	genehmigt, dass Philipp Rueff von Werse den hof zu Schonenberg, welcher Molsberger burglehen, für 300 gulden an Meffrid von Braembach verpfände. 1485 tertia post Conception. Marie. Extr. im Tempor.
— 24	———	genehmigt dass Peter Marolt von Hocheim und seine ehefrau Lene von Heyer ihre lehen, nämlich ein burgness zu Kylburg und frucht- und geldrenten aus der kellerei Wittlich und Manderscheid an Emich von Enscheringen und dessen ehefrau Lyse von Monreal verkaufe, und belehnt letztere damit. 1485 an Cristabend. Tempor.
— 28	———	nimmt den Jorg von der Leyen herrn zu Olbrück gegen 60 gulden iahrgeld auf 4 iahre zum rath und diener an. 1485 vff der Kindelu tag. Or. in Cobl.

1485		
dec. 31	Erenbreit-stein	befiehlt dem official zu Trier, wenn sonst nichts dagegen sei, nach abgenommenem eide den stellentausch zwischen dem notar Jakob von Paltzel und dem Johann von Fischpach, nuntius des bezirks Pisport, zu vollziehen. Chartul. in Cobl.
1486		
ian. 11	——	ersucht seinen rath grafen Dietherich zu Manderscheid, da ihm heut abend von Cöln ernstlich botschaft gekommen, dass der römische kaiser daselbst nächsten freitag (ian. 13) nach Frankfurt aufbrechen wolle — auf Sebastianstag (ian. 20) mit seinem sohne in Covelentz zu sein um folgenden morgen mit ihm dahin zu fahren, auch, da er der grafen, herrn und ritterschaft pferde dahin schicken wolle, gleichfalls 4 pferde mitgeben zu lassen. 1485 more Trev. mittw. nach Dryerkoningtag. Or. in Cobl.
— 11	. . .	ersucht den Wilhelm von Bibra wegen des kurz einfallenden reichstags zu Frankfurt, den in Rom wegen des rückständigen kaufgeldes von Salm angesetzten tag hinauszuschieben. 1485 mittw. nach trium. regum. Concept in Cobl.
— 20	Frankfurt	Gegenwart Johannis auf dem hierselbst auf Sebastianstag beginnenden reichstag und bei dem feierlichen einzug kaiser Friedrichs und seines sohnes Maximilian. Diplomata et documenta rebus Friderici illustrandis, ed. Kuhpis. Argentorati 1685 fol. s. 218. Freheri Germanic. rer. Script. 3,17. Olenschläger Neue Erläuterung der gold. Bulle 2,251; während Müller Reichstagstheater 3,2 auf den Scholastikatag (febr. 10) den einzug des kaisers und die eröffnung des reichstags setzt, was auch der extrakt oben vom ian. 11 wahrscheinlicher macht.
— 23	. . .	ernennt den Gobel Krauche von Lannsheim zum amtmann von Boppard, Wesel und Sternenberg. 1485 mont. nach Sebastian. m. Tr. Tempor.
febr. 14	——	Gegenwärtig bei der feierlichen belohnung des erzbischofs von Mainz, des pfalzgrafen, herzogs von Braunschweig und bischofs von Worms durch den kaiser auf Valentinstag dinst. nach Invocavit. Diplomata et documenta, 219 etc. Freheri Script. 3,21. Olenschläger Neue Erläuterung etc. 2,251 etc. Senckenberg Selecta 4,625.
— 16	——	(in St. Bartholomäuspfarrkirche) Antheil an der königswahl Maximilians, donrst. nach Invocavit. Diplomata et documenta etc. s. 229. Freheri Script. 3,23. Olenschläger 2,253. Birken Oestr. Ehrenspiegel s. 951.
— 16	——	notificirt gemeinschaftlich von den übrigen kurfürsten dem kaiser Friedrich die wahl seines sohnes Maximilian zum röm. könig. Dat. wie vorher. Or. in Cobl. Und 2, ebenso dem Maximilian seine wahl. König Reichsarchiv 2,127 und 4,282.
— 19	—	(in St. Bartholomäuspfarrkirche) Gegenwart bei der exequienfeier für die am sonntag vorher verstorbene schwester des kaisers, Margaretha, wittwe des kurfürsten Friedrich von Sachsen, am sonntag Reminiscere. Diplomata et Documenta etc. 229. Müller Reichstagstheater 3,33.
mrz. 12	——	(zu den Predigern) Desgl. bei der exequienfeier am sonnt. Judica für den hierselbst tags vorher verstorbenen markgrafen Albrecht von Brandenburg. Diplomata et Documenta etc. 229. Freheri Script. 3,23. Müller, Reichstagstheater 3,34.
— 13	.	schreibt dem Gerlach von Wunnenberg, dass er dem Johann von Ingenheim genannt Wentzel nun das amt Salm befohlen habe, und er ihn daher auf sein gesuch in gnaden dieses amtes enthebe. 1485 mor. Trev. fer. 2 post Judica. Concept in Cobl.
. .	——	gestattet dem Juden Ytzinger dem jungen von Crouenberg sich als pferdearzt in Valender nieder zu lassen. Nur mit iahr 1485 mor. Trev. Extr. im Tempor.
— 20	——	Reichstagsabschied. Koch, Samml. der Reichsabschiede 1,273. Abreise Johann's von hier mit dem erzbischof von Cöln auf montag nach Palmtag. Olenschläger Goldne Bulle 2,255.
— 20	Covelentz	antwortet dem rentmeister Heinrich von Hedbar zu Salm auf dessen brief vom dinst. nach Gregorii (mrz. 11) an den rentmeister Bartholomäus von Meyen in betreff des täglichen einfalls des Rheingrafen mit den Gaskouniern in die grafschaft Salm und desselbigen bitte um korn, — dass er sein bestes thun und höthen solle, und sobald sein rentmeister von Köln wieder zurückgekehrt sei, wolle er durch denselben das nöthige bestellen lassen. 1486 mont. nach Palmtag. Concept in Cobl.
— 31	Cöln	Ankunft des erzbischofs mit dem kaiser und könig nebst den andern fürsten in Cöln. Freheri Script. 3,24.
apr. 3	——	Aufbruch nach zweitägigem aufenthalt von hier nach Aachen mont. nach Quasimodo. Freheri Script. 3,25. Olenschläger 2,256. Birken Oestr. Ehrenspiegel s. 952.
— 4	Aachen	Antheil an dem feierlichen einzug des kaisers und königs am dinstag St. Ambrosientag. Olenschläger 2,256. Freheri Script. 3,25.

1486		
apr. 9	Achen	(in vaser lieben frauwenmünster) Antheil an der königskrönung Maximilians durch den erzbischof von Cöln hierselbst am sonnt. Misericord. dni. Freherl 3,27 bis 34. Olenschläger 2,257. Birken Oestr. Ehrenap. s. 962.
— 13	Cöln	Antheil an dem einzug mit dem neugekrönten am donnerst. nach Misericordias in Cöln. Olenschläger 2,259. Freheri Script. 3,34. Müller Reichstagstheater 3,51.
— 25	Erembreitstein	nimmt den Hans von Albich mit einem reysigen pferde im harnisch gerüstet gegen 8 gulden jährlich auf lebenszeit zum helfer und diener an. 1486 dinst. nach Cantate. Or. in Cobl.
mai 10	Paltzel	schenkt der schützengesellschaft zu Ehrang ein feld von einem halben morgen daselbst. 1486 mittw. nach Exaudi. Neuere vidim. Copie in Cobl.
— 11	. . .	ertheilt der Bopparder bürgerschaft, welche sich für ihn bei Gobel Kranchen von Lamsheim wegen 2300 gulden verbürgt hatte, eine schadlosverschreibung. 1486 donrst. nach Exaudi. Or. in Cobl.
iun. 8	. . .	schreibt dem grafen Jorg von Virnenburg, dass graf Peter von Salm auf dem mont. nach St. Vyth (iun. 19) in Trier angesetzten tag in betreff des hofs Thumme nicht erscheinen könne, und daher ein anderer tag bestimmt werden solle. 1486 ipso die Medardi. Concept in Cobl.
— 8	Trier	bestätigt einen tausch von witthumsgütern der pfarrei Steynborn in der herrschaft Daun. 1486 donrst. nach Bonifacius. Tempor.
— 14	——	erläst eine inhibition gegen die exekution eines Coblenzer schöffenurtheils, da appell eingelegt und angenommen worden. 1486 mittw. nach Medardi. Chartul. in Cobl.
iul. 1	Paltzel	gestattet dem Franziskaner nonnenkloster zu Viltzen einen mühlenbau nebst dem wasserlauf beim kloster. 1486 samst. nach Petri und Pauli. Tempor.
— 6	. .	belehnt den Friedrich von Hoemberg, schultheissen zu Trier, wegen des von dem ritter Heinrich Plick von Lichtemberg erlittenen schadens, mit 8 gulden jährlich aus dem dasigen siegel. 1486 donrst. nach vaser lieben frauwen tag visitationis. Tempor.
— 9	Confluent.	antwortet dem grafen Peter von Salm abschläglich auf dessen heute sonntag in seiner abfahrt von Trier empfangenen brief wegen weiterer vorlegung des ihm in betreff des hofs zu Thumme mit dem grafen Jorg von Virnenburg bestimmten tages. 1486 dmc. post Kylian. Concept in Cobl.
— 10	. . .	schreibt auf montag den 31. iuli nach Cochem einen landtag der trier. stände aus. Chartul. in Cobl.
— 13	. . .	befreit seinen diener Hengin von Murbach auf lebenszeit von folge, reisen, frohnden und wachten, wozu die unterthanen des amts Baldenau verpflichtet sind. 1486 quinta post Kilian. Tempor.
— 31	Cochme	giebt die 1467 sept. 10 dem Johann Greven vererbpachteten beiden höfe zo Dypoltzwilre und Mandern, nach dessen tode auch den beiden söhnen in erbbestand. 1486 mont. nach Jakob. Or. in Cobl.
aug. 13	. . .	bestätigt seinen Bopparder amtmann Gobel Kranchen von Lamssheim auch als amtmann des schlosses Sterncuberg und der vogtei Hirtzenauwe, welche derselbe für 1300 gulden von den gebrüdern von Swalbach an sich gebracht hat. 1486 sont. nach Laurentii. Tempor.
sept. 2	Covelentz	ersucht den Eberhard von Arberg, gemäss der mit ihm zu Achen und darauf zu Cöln gemachten verabredung, sich mit dem auszmann zu Salm, Johann von Ingenheim genannt Wentze, zu Johann Bastart (von Luxemburg) zu begeben und mit demselben wegen Longen zu verhandeln. 1486 samst. nach Egidii. Concept in Cobl.
— 14	Erembreitstein	belehnt den Dietherich von Enscheringen den jungen mit den lehen, womit erzb. Wernher den Diederich von Gundersbach belehnt hatte, und mit denen welche seine verstorbene ältern Emich von Enscheringen und Lyse von Monreal von Peter Warolt von Holcheym Salm zu erwirken. 1486 rintag nach exaltat. crucis. Concept in Cobl.
— 18	Confluent.	entscheidet einen streit zwischen dem Castorstift zu Coblenz und der universität zu Trier wegen vergebung der der letztern incorporirten stiftspräbende; 2, ebenso des St. Florinstifts zu Coblenz und 3, des stifts zu Münstermaifeld in gleichem betreff. Or. in Cobl.
— 19	vor Lyntz	schreibt dem Johann von Ingenheim genannt Wenz, seinem amtmann zu Salm, bei Johann Bastart einen anstand für die zahlung des geldes von den unterthanen der grafschaft Salm zu erwirken. 1486 rintag nach exaltat. crucis. Concept in Cobl.
— 21	Confluent.	ersucht den bischof Johann von Lüttich sich durch den überbringer dieses briefs, den rentmeister Heinrich von Bedbur, bericht erstatten zu lassen über die beschwerungen

1486		welche die priester seiner diözese, Johann der pastor zu Theverun und Heinrich von Hufflys den unterthanen der grafschaft Salm angesonnen. Concept in Cobl.
sept. 28	. . .	befiehlt seinem amtmann zu Salm, da Johann Bastart nicht langer das geld wolle ausstehen lassen, demselben 200 gulden baar auszuzahlen, damit die unterthanen seiner forderung enthoben würden, und da derselbe geneigt sei statt geld auch wein und zwar zu 60 gulden das fuder anzunehmen, deshalb mit demselben zu unterhandeln, und sich bemühen dass das geld von den unterthanen geschafft werde. 1486 in profesto Michaelis. Concept in Cobl.
oct. 7	Erembreit- stein	vergleicht den erbmarschalk Johann von Helfenstein mit dem Bernhard von Schauwenburg und dessen ehefrau Clara von Langenau wegen der noch von letztern zu erhaltenen mitgift seiner verstorbenen ehefrau Margretha von Sickingen, einer tochter der genannten Clara. 1486 samst. nach Franziskus. Or. in Cobl.
nov. 2	Trier	antwortet dem kaiser auf dessen anfrage wegen kaufs von schloss Longen, dass er mit dem Johann Bastart, welcher eine grössere als die pfandsumme dafür fordere, noch nicht einig sei, doch hoffe er der kauf werde zu stande kommen und er alsdann gleich schreiben. 1486 uff Allerseelentag. Concept in Cobl.
— 7	. . .	genehmigt die übertragung des von erzb. Jakob dem Johann von der Leyen dem alten für 1600 gulden verpfändeten amts Covern, das hierauf Jorg von der Loyen dem hofmeister Hermann Boess von Waldeck cedirt hatte, von seiten des letztern an den Heinrich von Pirmont. 1486 Willibrordi. Tempor.
— 8	Erembreit- stein	belehnt den Erhart von Helmstat mit den 40 gulden jahrrenten seines anich Hans von Entzberg aus dem Bopparder zoll. 1486 mittw. nach Willibrord. Tempor.
— 9	———	antwortet der stadt Trier, dass er sobald der kaiser welcher noch zu Köln weile heraufkomme, zu ihren gunsten wegen der gegen sie in betreff des anschlags zu Frankfurt erlassenen kaiserlichen mandate werben wolle. 1486 fer. 5 post Willibrord. Concept in Cobl.
— 9	———	bewilligt dem Erhart von Helmstat seine ehefrau Gysela von Ratsamhuysen auf 50 gulden mangeld aus dem Engerser zoll zu bewitthumen. Dat. wie vorher. Tempor.
— 14	Covelentz	belehnt den Niklas vogt zu Hunoltstein mit der burg und vogtei Hunoltstein. 1486 dinst. nach Briktius. Or. in Cobl.
— 20	. . .	beauftragt seinen amtmann zu Salm mit dem Johann Bastart wegen ankauf des schlosses Longen nebst geschütz und hausrath wie auch den darüber in händen habenden verschreibungen zu unterhandeln und sich auch mit Eberhard von der Mark herrn zu Arberg welcher einiger verschreibungen vielleicht noch eigenthümer sei, sich zu besprechen. 1486 vigil. presentat. Marie. Concept in Cobl.
— 29	. . .	verspricht seinem domkapitel, dass er den ehelenten Ulrich von Eltz und Mergen von Rüssenborg verschriebenen 225 gulden jahrrente aus dem Engerser zoll von den für sich reservirten 2000 gulden daselbst bezahlen wolle. 1486 uff Andreas abend. Chartul. in Cobl.
dec. 1	Erembreit- stein	genehmigt dass Conrad Kolb von Boppard und seine ehefrau Tryne von der Arken einen lehenwingert oberhalb Bornhoven auf sechs jahre um 150 gulden dem Bopparder bürger Heinrich Crufft verpfände. 1486 sexta post Andream. Tempor.
— 1	. . .	bestätigt die stiftung einer wochenmesse in der pfarrkirche zu Valender. Tempor.
— 24	. . .	verpachtet auf zwanzig jahre eine walkmühle, genannt die Ertzmühle zu Waltrach. 1486 uff Cristabend. Tempor.
— 26	———	schreibt seinem amtmann zu Salm, sich wegen des von den Gaskoulern gefangenen mannes zu erkundigen, allen fleiss anzuwenden dass Longuion einheimisch werde, und dass er seinem probst Heinrich von Bedbur befohlen habe mit Gerhart von Palant wegen des hofs zu Thomme zu unterhandeln. 1486 stil. Trev. die Stephani. Concept in Cobl.
1487 jan. 10	———	belehnt den Franzis von Oeren von wegen seiner ehefrau Margaretha von Bollanden und Rolleyn mit deren älterlichen lehen der herrschaften Kempenich und Limburg und der vesten Erembreitstein, Stoltzenfels und Monthabur. 1486 trier. stils mittw. nach Drykoning.
febr. 16	———	bewilligt dem grafen Philipp von Virnenburg sein lehenhaus in der Burggasse zu Covelentz zu verpachten. 1486 mor. Trev. sont. nach Valentin. Tempor.
— 20	———	genehmigt dass Ulrich von Meytzenhusen der innge seine ehefrau Margaretha von Koppenstein auf die hälfte seines burggiesses zu Smidburg, der vogtei zu Runen, von Stebenhusen, Smerlebach und anders bewitthume. 1486 more Trev. tertia post Valentini. Tempor.

1487		
mrz. 9	Erembreit-stein	ersucht seinen rath grafen Dietherich zu Manderscheid, dass er auch einen seiner söhne in gleicher rüstung wie er ihm bereits geschrieben zu dem tag nach Nürnberg mitreiten lasse. 1486 stil. Trev. frit. nach Invocavit. Or. in Cobl.
— 13	——	ertheilt der stadt Boppard wegen ihrer mitverschreibung für ein bei Peter Luterkirchen in Cöln geliehenes kapital von 1000 gulden eine schadlosverschreibung. 1486 trier. stils dinst. nach Gregorien. Or. in Cobl.
— 16	Confluent.	verschiebt einen wegen des zolls zu Valender und dessen umgehung durch den schultheis von Herspach zu haltenden gütlichen tag bis zu seiner ruckkehr vom reichstag zu Nuremberg. 1486 mor. Trev. fer. 6 post Reminiscere. Concept in Cobl.
— 20	Erembreit-stein	verkauft mit consens des domkapitels und der stadt Boppard verbürgung dem Cölner bürger Peter Lutzerkirchen 50 gulden jahrrente aus dem Engerser zoll um 1000 gulden. 2, ebenso dem Cölner bürger Thisen von Blitterswick mit bürgschaft der stadt und pflege Covelentz. Beide 1486 trier. stils dinst. nach Oculi. Or. und Tempor. in Cobl.
— 20	Bopart	schreibt den junggrafen Conen und Johann von Manderscheid, da er jetzt auf dem wege zum kaiserlichen tage in Nuremberg begriffen, dass er ihnen während seiner abwesenheit sein land und leute empfohlen sein lasse, und dass er dem Wilhelm vom Stein befohlen habe so ihm was zu handen stosse sie anzusprechen. 1486 stil. Trev. dinst. nach Oculi. Or. in Cobl.
apr. 1	Confluent.	versetzt die nonnen von der dritten regel des heil. Franziskus zu Molnheym gegenüber Coblenz in das verfallene und verlassene kloster Schönstatt bei Valender. Tempor. (Günth. 4,682. Nach einer handschrift. notiz das. 4,684 fand der umzug 1489 inn. 11 (auf Barnabastag) statt.
— 16	. . .	ernennt den burggrafen Jakob von Ryneck herrn zu Broich zum amtmann von Welschpülch, und 2, verspricht demselben, welcher dies amt mit 1500 gulden von Friedrich von Leye eingelöst hat, bei seiner entlassung als amtmann dies geld nebst 100 gulden baugeld zurückzuerstatten. Beide 1487 mont. nach Ostertag. Tempor.
— 17	. . .	nimmt den Hans Durkart genannt Smaltz mit einem guten reysigen pferde wolgerüst auf lebenszeit gegen 6 gulden und ein hofkleid jährlich zum diener an. 1487 dinst. in den Oster heil. tagen. Or. in Cobl.
iun. 11	Nuremberg	giebt als kurfürst seinen consens zu der bestätigung der privilegien und besitzungen des kurfürsten Johann und der markgrafen Friedrich und Sigmund von Brandenburg, söhne des verstorbenen markgrafen Albrecht, durch kaiser Friedrich. Tempor. Riedel, Cod. dipl. Brandenburg. II. 5,440. — Nach Müller Reichstagstheater 3,80 (Birken Oestr. Ehrenspiegel 964) wäre der erzb. Johann von Trier bereits am 30. märz hier auf dem reichstag angelangt und den 12. inni weggeritten.
— 24	. . .	giebt mehrerern bürgern von Cochem ländereien daselbst im Priete in erbpacht. 1487 vff Johann bapt. Tempor.
— 24	. . .	nimmt den Gerhart von Kussingen mit einem guten reysigen pferde wolgerüst auf lebenszeit gegen 4 malter korn, 8 malter hafer und 6 gulden jährlich zum diener an, und stellt ihn unter den befehl des marschalks, rottmeisters oder amtmanns zu St. Wendel. Das. wie vorher. Or. in Cobl.
— 25	Erembreit-stein	übergiebt dem Cistertienser nonnenkloster in der alten Lere zu Covelentz einen theil der gefälle des Minnerbruderklosters zu Limburg. 1487 mont. nach Johann bapt. Tempor.
iul. 17	Covelentz	ertheilt dom Johann Muthie von Bacherach generalquittung über dessen rechnungsablage als siegler, Coblenzer brückenmeister und kollector der subsidien. 1487 dinst. nach divisiun. apostol. Tempor.
— 17	——	vermehrt die zahl der professen im reclusorium zu Carden von sechs auf dreizehn und setzt die stolgebühren fest, welche dasselbe dem pfarrer zu zahlen hat. Tempor.
aug. 1	Trier	belehnt den Cuno junggrafen zu Manderscheid und grafen zu Blankenheim von wegen seiner gemahlin Metzen, gräfin von Virnenburg, mit den lehen, welche deren vorfahren, die herrn zu Bodenmachern, Cronemberg und Nawerburg und die grafen von Virnenburg besassen. Or. in Cobl.
— 21	Paltzel	giebt seinem meisterkoch Martin von Udenheim ein haus in der Burggasse zu Covelentz in erbpacht. 1487 dinst. nach Helene. Tempor.
— 29	——	ernennt den ritter Johann von Kellenbach zum amtmann von Saarburg. 1487 vff Bartholmeus abend. Or. in Cobl.

34

1487		
aug. 23	Paltzel	bestätigt die von seinem commissar, dem abt Johann von St. Marien der Martirer zu Trier, geschehene besetzung des reclusorians von der dritten regel des heil. Franziskus bei der pfarrkirche zu Rustorff mit nonnen aus dem St. Niklauskloster, setzt die zahl der nonnen auf 24 fest und beauftragt den genannten abt auf fünf jahre mit der visitation. Tempor.
sept. 1	Covelentz	belehnt den Eberhard von der Mark herrn zu Arburg. erbvogt im Hespengau, mit 10 fuder wein jährlich aus der kellerei Cochem. welche aber wegfallen sollen, wenn er den von dessen ältern an das Simeonstift zu Trier verpfändeten hof zu Eidgre einlösen und dem von Arburg zurückstellen würde. 1487 vff Egidientag. Tempor.
— 9	Erembreit- stein	bescheidet dem grafen Gerhard von Seyn, da es wegen seines aufenthalts im obern erzstift nicht eher geschehen konnte. auf donnerst. nach Exaltat. crucis (sept. 20) nach Covelentz einen gütlichen tag wegen Colins von der Nuwerburg und Richarts von Pisport des meiers zu Nunuagen. 1487 sont. nach Nativ. Marie. Concept in Cobl.
— 14	Covelentz	schenkt der stadt Limburg behufs besserer stadtbefestigung sein haus Castel vor der stadt, und bestimmt, dass ein rathsglied damit belehnt werden solle. 1487 an des heil. Cruytztag exaltat. Tempor.
— 23	Erembreit- stein	belehnt den Johann Bredenstein mit der von der herrschaft Limburg zu lehen rührenden kapellengift. zehnten und vogtei zu Grass und mit landereien bei Myntzenberg, welche Guilart von Haitzfeld verpfändet hatte. 1487 sont. nach Matheus. Tempor.
— 24	Covelentz	verleiht dem Trierer burger Johann Ure von Bretten auf lebenszeit das Baldewynshaus am Pollsberg gegenüber Trier. 1487 donnerstag nach Matheus. Tempor.
oct. 1		genehmigt, dass der ritter Niklas von Esch die beiden verschreibungen über 1000 gulden auf die renten zu Platten, Rore, Selheim u. s. w. und über 800 gulden auf die burg Esch mit ihren gefällen, seiner ehefrau Margaretha von Haensfeld als heirathsgut übergebe. 1487 vff Remeystag. Tempor.
— 3	Erembreit- stein	übergibt dem Johann von Steinenbach das seinem vater Wilhelm vom Heinrich von Nassau verschriebene amt Hartenfels. 1487 mittw. nach Michelstag. Or. in Idstein.
— 28		nimmt den Fritz von Suydburg, welchem Margaretha von Lewenstein, die wittwe des Clas von Suydburg, eine verschreibung von 1300 gulden auf das schloss Suydburg übertragen hat, zum amtmann daselbst an. 1487 vff Synon und Judentag. Or. in Cobl.
— 28		bewilligt dem grafen Reynhart zu Lyningen herrn zu Westerburg und Schauwenburg seine gemahlin Zymeria iunggrätin zu Seyn auf das schloss Schadeck zu bewitthumen. Dat. wie vorher. Tempor.
— 29		ernennt den Phillip Mul von Ulmen zum amtmann des schlosses und thales Hammerstein mit dem dorf Leudesdorf. 1487 mont. nach Symon und Juden. Or. in Cobl.
— 31	Confluent.	verleiht dem von dem ritter Friedrich Hilghin von Lorich präsentirten priester Hermann Hamersol von Hersfeld die schlosskapelle zu Derubach bei Monthabor. Tempor.
nov. 2	. . .	genehmigt als lehenherr, dass der junker Wilhelm von Runkel der abtei Hymerode 10 malter kornreute zu Mynnerliege am 166 gulden 16 albus auf 8 jahre verpfände. 1487 in die annunrum. Tempor.
dec. 21	. . .	verpachtet auf zwanzig jahre die Kornmühle zu Salmenror. 1487 vff Thomastag. Tempor.
— 21	. . .	antwortet seinem amtmann zu Salm auf dessen klage über die gewaltthätigkeiten aus Hufalia, zu der Veltz, zu der Marche und Bastenach, dass er deshalb mit seinem vetter markgrafen Christoph, dem Lützelburgischen statthalter, welcher das weihnachts- fest bei ihm zubringen werde, ernstlich reden wolle. Dat. wie vorher. Concept in Cobl.
1488		
jan. 3	. . .	belehnt den Johann von Falkenhaue genannt Spiess und dessen ehefrau Margaretha von Sourenfeld auf lebenszeit mit einem halben fuder wein jährlich aus der kellerei Paltzel. 1487 trier. stils domrst. nach heil. iarstag. Tempor.
— 16		belehnt den Rudolf von Sindickhusen von wegen seiner ehefrau Demoide von der Hoensen mit 6 gulden manngelds aus der kellerei Cochem. 1487 trier. stils vff Marcellus. Tempor.
— 18		belehnt den Hermann von Holtzhusen mit der hälfte des hofs und zehnten zu Mensselfelden, von der herrschaft Limburg zu lehen rührend, welche ihm sein schwager Richwin Greven von wegen seiner ehefrau Meckeln übertragen hatte. 1487 trier. stils frit. nach Anthonien. Tempor.
— 18	.	bewilligt dem Johann Griffencluz seine ehefrau Eva von Eltz auf 18 gulden von seinen 30 gulden manngelds zu Berncastel und Boppard zu bewitthumen. Extr. im Tempor.

1488

febr. 4	Covelentz	verpachtet auf 32 iahre seinem schultheiss Heyman Wiell zu Oberabrechen den hof daselbst. 1487 trier. stils mont. nach vnser lieben franwentag purificat. Tempor.
— 29	. . .	vergleicht sich mit dem grafen Dietherich von Manderscheid wegen einiger hörigen leute in der herrschaft Daun. Or. in Cobl.
mrz. 9	Erembreit-stein	nimmt den Johann von Kirchburg genannt Schuysz auf lebenszeit gegen 6 gulden iährlich aus dem Bopparder zoll zum diener an. 1487 mor. Trev. vff sont. Oculi. Tempor.
— 10	—	antwortet dem Coenen von Wunnenberg herrn zu Bilstein, welcher ihm bis zum dinstag nach Jubilate (apr. 29) die pfandschaft über die halbe herrschaft Bilstein, vogtei im Hamm und anderes aufgekündigt hat, dass er auf diesem tage zur verhandlung darüber und über noch andere verschreibungen, die er in händen, bereit sei. 1487 mor. Trev. mont. nach Oculi. Concept in Cobl.
— 11		verpachtet auf 25 iahre an Jakob Rickel, kellner zu Limburg, einen hof vor der Hammelpforte daselbst. 1487 mor. Trev. dinst. nach Oculi. Or. in Cobl.
— 26	Paltzel	mahnt den Richard vom Rode herrn zu Haffliss und Johann de Vy amtmann zu Basteuach, dass das von ihren leuten denen in der grafschaft Salm genommene zurückerstattet werde. 1488 mittw. nach Judica. Concept in Cobl.
— 26	—	ersucht den grafen Dietherich zu Manderscheid bei den allenthalben in den landen schwebenden wilden läuften sich mit seinen söhnen gerüstet zu halten um auf erfordern im harnisch zu ihm zu reiten. 1488 mittw. nach Judica. Or. in Cobl.
— 31	—	verschreibt dem münzmeister Johann Thibis zu Veldentz iährlich 20 gulden aus der kellerei Bernkastel bis zur bezahlung der 400 gulden womit er von demselben die verschreibung des Hunolstein'schen hofs zu Wintrich und der gefälle zu Emmel eingelöst hat. 1488 mont. nach Palmtag. Or. in Cobl.
apr. 2	—	ladet den von Haffliss in folge dessen erbieten auf das schreiben vom 26. märz auf osterdinstag (apr. 8) vor sich wegen verhandlung der sache ein. 1488 fer. 4 post palmar. Concept in Cobl.
. . . . . .	. . .	befiehlt dem amtmann zu Salm (wie auch den beiden rentmeistern) vorstehendem tage beizuwohnen und die gefangenen auf gelöbde bis pfingsten freizugeben. Ohne dat. Concept in Cobl.
— 22	. . .	vergleicht sich mit den gebrüdern Meyubart und Peter von Coppenstein wegen der rückzahlung der von weiland Heinrich vogt zu Hunolstein ihnen auf die herrschaft Hunolstein versicherten 1400 gulden. 1488 vff Jorgen abend. Or. in Cobl.
— 23	Covelentz	ertheilt dem Cone von Wunnenberg herrn zu Bylstein einen sichern geleitsbrief zu einem tage auf dinst. nach Jubilate (apr. 29) nach Oberlanstein. 1488 vff Jorgen. Concept in Cobl. Ueber diesen streit vergl. Brower. Ann. 2,309. Gesta Trev. und die urkunden bei Günth. 4,686—692.
— 28	Erembreit-stein	nimmt den Symon Wecker, grafen zu Zweybrücken herrn zu Bytsch und Lichtenberg, mit 34 pferden gegen 300 gulden dienstgeld in dem dermaligen kaiserlichen zuge auf ein iahr zu seinem obersten hauptmann über die reysigen und das fussvolk an. 1488 mont. nach Jubilate. Or. in Cobl. Ueber diesen kriegszug nach Flandern siehe Brower, Ann. 2,309 u. 310.
mai 1	. . .	ersucht das domkapitel noch um einmonatliche beurlaubung der domherrn Gerhart Ryngraf und Diedrichs vom Steyne, um dieselben in landesangelegenheiten zu gebrauchen. Chartal. in Cobl.
— 6	. . .	verkauft mit consens des domkapitels dem Cölner bürger Heinrich von Bergen dem iungen, einem sohne des apothekers Heinrich des alten 24 gulden iahrzins aus dem zoll zu Coenengers um 240 gulden, wofür stadt und amt Oberwesel bürge werden. 2, in gleicherweise dem meister Peter Rink zu Cöln 20 gulden um 400 gulden; 3, dem Cölner bürger Andreas Hocker ebenfalls 20 gulden um 400 gulden; 4, dem Matthias Blytterswich 50 gulden leibrente um 500 gulden; 5, dem Johann von Lank und dessen sohn meister Wilhelm von Lank ebensoviel leibrente um 500 gulden; und 6, dem doktor beider rechte meister Peter Rynk und der Clergin Heyding bürgern zu Cöln 24 gulden leibrente um 240 gulden. Theils original theils kopie im Tempor.
— 6	. . .	verkauft mit consens des domkapitels und bürgschaft seitens der stadt Covelentz dem Cölner bürger Johann von Merl 50 gulden iahrrente aus dem zoll Coenengers um 1000 gulden; 2, dem doktor beider rechte, meister Peter Rynk auf die lebenszeit seines magn Jheronimus Rynk 20 gulden leibrente um 200 gulden in gleicher art. Or. und im Tempor. in Cobl.

34*

1488		
mai 6	. . .	verkauft ebenso dem Cölner bürger Bartholomeus von der Diesen und dessen ehefrau Richmoit auf beider lebenszeit 100 gulden leibrente um 1000 gulden mit verbürgung der stadt und pflege Boppard. Tempor.
— 6	. . .	ertheilt der stadt Covelentz eine schadlosverschreibung wegen ihrer bürgschaftleistung bei Johann von Merl für 50, bei Peter Kannengiesser für 50, bei Jheronimus Rink für 20, bei Herbert Hauen von Netteln für 20, und bei Johann Cloeck, kaplan zu St. Brigitten, alle in Cöln für 10 gulden jahresrenten; 2, ebenso der stadt Boppard für 1000 gulden bei Heinrich Snydermann, 250 bei Tryngin der tochter Peters Badenklop, 250 bei Fyhen deren schwester, 1000 bei Bartoluess von der Diesen und 160 gulden kapital bei Lisabeth, der tochter Johann Bischofs, zu Cöln. Beide orig. in Cobl.
— 7	. .	verkauft mit consens des domkapitels dem Cölner bürger Peter Kannengiesser 50 gulden jahrzins aus dem zoll zu Cunenengers um tausend gulden mit verbürgung der stadt Covelentz. Tempor.
-- 9	Erembreitstein	überschickt dem kurfürsten Philipp von der Pfalz auf dessen ansuchen einen freischein von selbem datum für das kriegsvolk und den proviant, das derselbe zur befreiung des römischen königs den Rhein herab schickt, an den zöllen zu Engers und Boppard. 1488 frit. nach Cantate. Concept in Cobl.
— 14	. .	ladet den grafen Dietherich zu Manderscheid als erzstiftischen lehenmann zu einem manngericht über Cuno von Winnenberg herrn zu Bylstein auf den montag nach Liehamstag (jun. 9) nach Covelentz. 1488 mittw. nach Vocem jocunditatis. Or. in Cobl.
— 17	. .	genehmigt (wie der kaiser, dass der kurfürst von Cöln bei Honth. 2,474) den schiedsspruch vom 14. mai (auch bei Lacomblet Urkb. 4,546) zwischen ihnen wegen unterschrift der wahldekrete eines römischen königs und wegen des vortritts und vorsitzes. Lacomblet Urkb. 4,547 Anmerk.
— 19	Covelentz	ersucht das domkapitel um einen weitern dispens von der residenz für den domherrn, den Rheingrafen Gerhard, damit derselbe sich wegen seiner krankheit in die behandlung des doktors Heinrich von Tegelen nach Cöln begeben könne. 1488 fer. 2 post Exaudi. Tempor.
— 19	Erembreitstein	klagt dem kaiser, dass der kurfürst Philipp von der Pfalz sein wappen und banner auf die schlösser Winnenberg und Bylstein habe aufrichten lassen, dass dessen amtleute von Bacherach und Stromberg mit andern nach Schoneck auf dem Hundsrück geritten und die trierischen burgmänner und pfänner daselbst hinterlistig überfallen, zu ungewöhnlichen gelöbden an den Pfalzgrafen gezwungen und das schloss für denselben eingenommen hätten. 1488 mont. nach Exaudi. Concept in Cobl. Vergl. Brower, Ann. 2,309.
— 20	—	übersendet dem kurfürsten Philipp von der Pfalz für dessen den Rhein herabziehendes kriegsvolk für den römischen könig einen geleitsbrief von heutigem datum, und beschwert sich wegen der übergriffe von dessen amtleuten auf dem Hundsrück und in der Eifel. 1488 dinst. nach Exaudi. Concept in Cobl.
— 23	Cochem	übersendet dem kurfürsten von der Pfalz einen geleitsbrief von heutigem datum für dessen kriegsvolk das von Kirchberg über die Mosel durch die Eifel zum römischen könig ziehen wird. 1488 frit. nach Exaudi. Concept in Cobl.
— 25		schreibt dem kurfürsten von der Pfalz, dass Albrecht Gider von Rabensberg, amtmann zu Creuznach, vier wagen wein nach Winnenberg habe schaffen wollen, was er aber nicht zugelassen, da die von Winnenberg dem erstift feindlich und ihm das öffnungsrecht der burg verweigert hätten. 1488 uff Pfingstag. Concept in Cobl.
— 26		antwortet dem grafen Heinrich von Zweibrücken, hauptmann des kurpfälzischen kriegsvolkes, er werde ihm morgen als dem tage des aufbruchs im lager zu Kirchberg seinen amtmann im Hamm schicken um dasselbe nach Senheim und weiter durch das Trierische zu geleiten. 1488 an Pfingstmontag. Concept in Cobl.
— 28		überlässt dem chorbischof Dietherich vom Steyn auf lebenszeit die veste Ruymstein. 1488 mittw. nach Pfingstag. Tempor.
jun. 3	Erembreitstein	ertheilt durch transfixum an die urk. des päbstl. summi penitentiarii, kardinals Julian tit. S. Petri ad vincula und bischofs von Ostia, dispens zur heirath des grafen Gerhard von Seyn des jungen mit der gräfin Johannetta von Wied, da derselbe mit der letztern verstorbenen schwester Genovefa verlobt aber noch nicht in berührung gekommen war, und der graf im dritten, Johannette im vierten grad der verwandtschaft vom gemein-

1488		
		schaftlichen stamm entfernt stehen. Ohne ihr mit ihn. 3 in einem chartular in Cobl. Nach (Fischer) Geschlechtsregister 2,257 fand die eheberedung beider 1488 statt, daher wohl auch hierher gehörig.
iun. 11	Covelentz	giebt dem Johann Emich von Schuppe zwei wingerten und den drittel eines wingerts in Weseler gemarkung zu mannlehen. 1488 mittw. nach smers herrn lichamstag. Tempor.
— 16	Erembreit-stein	nimmt den Hengin Bastart von Nickendich gegen 6 gulden iahrgeld auf lebenszeit zum diener an. 1488 mont. nach Vytstag. Or. in Cobl.
— 17	.	ernennt den Wigand von Naumagen zum vormund Lyseus, der einzigen tochter des verstorbenen Heinrich letzten Vogts von Hunolstein. 1488 dinst. nach Vitus. Or. in Cobl.
— 22	.	nimmt den Thomas von Colne genannt Krankhertz gegen 6 gulden iahrgeld auf lebenszeit zum diener an. 1488 sonday nach Alban. Or. in Cobl.
— 24	. . . .	Mitbesiegler der urkunde, worin graf Dietherich zu Manderscheid herr zu Sleyden und Daun, der iunggraf Cuno von Manderscheid herr zu Blankenheim und Metze von Vyrnenburg seine gemahlin, der Kurthause St. Alban bei Trier ihren hof auf dem Meynfeld für 880 gulden verkaufen. 1488 uff tag der gebort St. Johannis des heil. Deuffers im mytsommer. Chartul. in Cobl.
— 26	Covelentz	schreibt dem von Huffliss, als einhuge eines briefs an seinen amtmann zu Salm, wegen rückgabe der in dieser grafschaft gemachten pfändungen. 1488 donrst. nach Johann bapt. Concept in Cobl.
— 27	Erembreit-stein	übergiebt das ihm in den jetzigen kriegsläufen von den von Mielen genannt von Dievelich und vom Burgdor eingeräumte schloss Wildemberg bei Treyss, dem befehle Caspars von Mielen nebst 20 gulden vierteljährlichen sold. 1488 frit. nach Johann bapt. Or. in Cobl.
iul. 2	. . .	nimmt den This Jungeling von Seelbach auf lebenszeit mit einem reysigen pferde zum diener an. 1488 visitation. Mariu. Extr. im Tempor.
— 12	Covelentz	belehnt den Wilhelm von Lelch mit 10 gulden mannegeld aus dem siegelamt zu Trier, ablößlich mit 100 gulden. 1488 uff Margrethenabend. Or. in Cobl.
— 13		ebenso den Helnrich Gurtzgin mit 10 gulden aus der kellerei Cochem. 1488 uff Margarethentag. Or. in Cobl. während im Tempor. die urk. uf Margrethen abend datirt ist.
— 15		ernennt den Johann von Nurburg genant von Lauen auf drei lahre zum amtmann des schlosses Thuron und der stadt Alken. 1488 dinst. nach Margrethen. Or. in Cobl.
— 17	Cochme	befiehlt dem ritter Nicolaus von Esch, amtmann zu Bernkastel, sich nach Ratiche zu verfügen und die schiffe welche daselbst die stromfahrt sperren sollen auf die andere Moselseite bringen zu lassen wo der schifffahrt kein hinderniss geschehe. 1488 donrst. nach division. apostolor. Concept in Cobl.
— 21	Trier	nimmt den Johann von Wyperait für 6 gulden und ein hofkleid iährlich auf lebenszeit zu seinem diener und helfer auf Hunolstein an. 1488 mont. nach Alexien. Or. in Cobl.
— 23		vergleicht sich mit dem domkapitel dahin, dass dasselbe zur erhebung der von ihm dem erzbischof bewilligten geistlichen subsidiengelder die commissarien ernennen soll. 1488 mitw. nach Marien Magdalenen. Chartul. in Cobl.
— 23	Paltzel	beauftragt den grafen Dietherich zu Manderscheid dem keltner zu Cochme zu befehlen, dass derselbe für den mittagsimbiss im schiffe nächsten samstag sorge trage, da er willens sei bis Jakobstag von hier aufzubrechen, so dass er samstags zeitlich in Cochme sein und sich den abend noch nach Covelentz verfügen werde. Dat. wie vorher. Or. in Cobl.
— 24	Covelentz	nimmt den Thielmann von Ellenz selb zweit gewappnet mit drei reysigen pferden gegen 24 gulden iährlich auf ein iahr zum diener an. 1488 an Jakobsabend. Or. in Cobl.
—· 31	—	nimmt den Wilhelm von Hillesheim gegen 2 malter korn, 8 malter hafer und einen wagen heu iährlich auf lebenszeit zum diener an; 2, ebenso den Endres von Herten, und 3, den Heinrich herrn zu Richenstein mit sechs reysigen pferden gegen 60 gulden iährlich. Alle drei 1488 donrst. nach Jakob. Orr. in Cobl.
— 31	Erembreit-stein	ebenso den Arnold von Gehlershoven. Dat. wie vorher. Tempor.
aug. 2	——	ernennt den Adam Stefon von Boppard zum burggrafen des schlosses Saarburg. 1488 samst. nach Peterstag ad vincula. Tempor.
— 4	——·—	befiehlt dem grafen Philipp von Virnenberg die klage eines Meyener bürgers wegen güter im Kuttenheimer gericht daselbst am gericht anzunehmen. 1488 mont. nach invention. Stephani. Or. in Cobl.

1488

aug. 6   Confluent.   schliesst mit den Pfalzgrafen und grafen zu Veldenz, Ludwig und Alexander, vater und sohn, ein lebenslängliches bündniss. 1488 mittw. nach Steffanstag inventionis. Tempor. Die urk. der Pfalzgrafen siehe Honth. 2,478. Scotti Trier. Verordn. 1,177.

— 16   giebt seinen consens zu dem dem erzbischof Hermann von Cöln vom kaiser bewilligten und von könig Maximilian bestätigten zoll zu Linz. 1488 samst. nach unser lieben frauwentag assumptionis. Tempor. Or. in Düsseldorf.

— 18   bestätigt das von seinem kanzler Ludolf von Enscheringen erbaute und mit chorherrn vom orden des heil. Kreuzes besetzte hospital St. Helenenberg bei Welschpillig und ertheilt ihm das recht auf wasser und weide und zur errichtung von weinschenken auf der landstrasse daselbst. Tempor.

— 23   Erembreit-   verschreibt mit consens des domcapitels dem Adam von Nassauw für die demselben schul-
     stein   digen 400 gulden womit er das dorf Gimmelshusen wieder zur grafschaft Salm eingelöst hat, 20 gulden jährlich aus der kellerei Schoeneck in der Eifel. 1488 vff Bartholo-meus abend. Tempor.

— 25   nimmt den ritter Johann von Hatzfeld den jungen mit acht reysigen pferden gegen 100 gulden auf ein jahr zum helfer und diener an. 1488 mondag nach Bartholomei. Or. in Cobl.

— 28   bestätigt die zur vermehrung des gottesdienstes der St. Peters pfarrkirche zu Monthabuyr gemachten stiftungen, und verordnet wie dieselben zwischen dem pfarrer und den altaristen vertheilt werden sollen. Tempor.

sept. 3   Covelentz   vergleicht sich mit Johann Hurt von Schoneck herru zu Oppen und dessen söhnen Engel-brecht, Richart und Emmerich wegen eines burghauses zu Schoneck und der höfe zu Schalkenmeren und Scheidweiler, und nimmt erstere gegen 100 gulden jährliches dienstgeld auf lebenszeit zum rath und diener an. 1488 mittw. nach Egidien. Tempor.

— 5   Erembreit-   ersucht den grafen Dietherich zu Manderscheid sich mit seinen söhnen im harnisch gerüstet
     stein   zur stund zu ihm nach Cochme zu verfügen, denn die seinen hätten einen pfalzgräflichen boten ergriffen und hinten in dessen rock vernäht Golers brief an Jorg von Rosemberg gefunden, worin alle deren anschläge wegen Waumenberg und Bylstein gestanden, weshalb er verhoffe über dieselben glück und ebenbesser zu haben. 1488 frit. nach Egidii. Or. in Cobl.

— 8   Cochme   antwortet dem Reinhart herrn zu der Nuwerburg auf dessen dienstanerbieten, er werde bei gelegenheit desselben nicht vergessen. 1488 vff unser frauwentag nativitas. Concept in Cobl.

— 25   Erembreit-   nimmt den Ludwig Diele im harnisch wolgerüstet gegen 20 gulden jährlich auf lebenszeit
     stein   zum diener und helfer an und soll er bollwerk, worin er berühmt, machen und anstellen. 1488 quinta post Mauritii. Tempor.

oct. 6   vererbpachtet an die gemeinde Niederhammerstein das backhaus nebst einem wingert daselbst. 1488 mondag nach Michel. Tempor.

— 21   belehnt den Friedrich von Milburg herrn zu Hamm mit 4 fuder wein oder 40 gulden pagament aus dem Pfalzeler zoll, ablöslich mit 600 gulden, weil derselbe auf die 300 gulden welche an ihn durch seine ehefrau Hillegart von Bellenhusen von Oswald von Bellenhusen sel. gefallen sind, verzichtet hatte. 1488 dinst. nach Lukas. Tempor.

— 27   bewilligt dem Hermann vom Wyher zu Nickendig beim abgang von söhnen die vererbung seiner lehen auf die töchter. 1488 vff Symon und Juden abend. Tempor.

— 27   genehmigt den verkauf des halben hauses „zu der Eychen" in der Honergasse zu Covelentz von seiten des heil. Geisthospitals zu Boppard an Johann von Sessheim kanonikus des St. Florinstifts zu Covelentz. Jez wie vorher. Or. in Cobl.

dec. 20   .   beurkundet dass, nachdem schloss und herrschaft Hunolstein an das erzstift gefallen, indem der mannsstamm der Vögte von Hunolstein erloschen sei, deren diener Friedrich Swane von Cochem ihm über die Hunolsteinischen gefälle abgerechnet habe und er demselben noch 590 gulden 6 weisspfennig und 6 heller schulde, weist demselben dafür auf fünf jahre die gefälle der kellerei Bernkastel und Hunolstein an und verspricht, ihn bis zur bezahlung dieses geldes in der verwaltung dieser beiden kellereien zu lassen. 1488 vff Thomas abend. Or. in Cobl.

— 22   Confluent.   verordnet dass das fest der heil. Irmina, der tochter könig Dagoberts, welche das sonnenkloster beate Marie in Horreo zu Trier gestiftet hat und darin begraben liegt, jährlich am 18. dezember in der St. Paulspfarrei wohin das kloster gehört, gefeiert werden soll. Or. in Cobl.

1488		
dec. 24	Paltzel	verleiht dem Mainzischen kanzler dr. Georg von Helle und dessen tochter Margretha auf lebenszeit den Münzhof zu Frankfurt, bedingt sich jedoch herberg und lager mit 20 betten darin aus. 1488 an Cristabent. Or. in Cobl.
— 26		nimmt den Jakob von der Neuerburg, abt von St. Willibrord zu Epternach und commendatarius von St. Marien zu Lützelburg, zum rath an und empfängt dessen inrament.
1489		1488 in die Stephani prothomartir. Tempor.
ian. 1	Trier	nimmt den Johann Hurt von Schoneck herrn zu Oppen gegen 100 gulden und 2 fuder wein iährlich auf lebenszeit zum rath und diener an. 1488 trier. stils vff iarstag. Or. in Cobl. Vergl. 1488 sept. 3.
— 3		ersucht den von Clerve zum schutze seiner leute in der grafschaft Salm und herrschaft Schonenberg seinen reysigen und fussleuten die beiden schlösser Clerve und Schudborg zu öffnen. 1488 stil. Trev. samst. nach circumcisio. Concept in Cobl.
— 3	.	ersucht den von Arberg, nicht zu gestatten dass aus dem schlosse Montfort den leuten in der grafschaft Salm schaden zugefügt werde. Dat. wie vorher. Concept in Cobl.
		mahnt den Richolf vom Rode herrn zu Hufflise, den durch seine sehuld aus Hufflise den leuten in der grafschaft Salm und herrschaft Schonenburg mit raub, gefängnis und anderm zugefügten schaden zu ersetzen und dies abzustellen. Ohne dat. Concept in Cobl.
— 21	Paltzel	belehnt den Niklas von Wiltberg von wegen seiner ehefrau Kunegunde von Mielen, enkelin Johann's von Metzenhusen genannt von Sienheym, mit dem Klinkelbachshause zu Senheim. 1488 trier. stils mittw. nach Sebastian. Or. in Cobl.
febr. 2	.	giebt die Schlossmühle zu Paltzel auf 24 iahre in pacht. 1488 trier. stils vff unser lieben frauwentag purificationis. Tempor.
— 3	Erembreit- stein	verbiethet seinen unterthanen, bei den westfälischen heimlichen gerichten recht zu suchen und deren ladungen folge zu leisten. 1488 mor. Trev. an Blasiustag. Or. in Cobl.
— 21	. . .	ersucht den grafen Dietherich zu Manderscheid sich am Eschmittwoch (marz. 4) abends bei ihm einzufinden um folgenden morgens zu schiffe mit ihm auf einen tag nach Cöln zu fahren. 1488 more Trev. samst. nach Valentin. Or. in Cobl.
24	Covelentz	ersucht denselben, da vorgenannter tag zu Cöln rückgängig geworden, nun mit 4 personen am dinstag nach Invocavit (marz. 10) um die mittagszeit bei ihm zu sein, da er noch denselben abend nach Boppard und am mittwoch zu andern mitkurfürsten nach Wesel fahren wolle. 1488 more Trev. an Mathystag. Or. in Cobl.
— 25		antwortet dem junggrafen Conen zu Manderscheid auf dessen beschwerde wegen des gesinnens des erzbischöflichen meiers zu Lyven an die leute zu Trittenheim in betreff der heerschau, dass dieselben im erzstift gesessen und zur heerschau verbunden seien. er auch mit seinen unterthanen bei dem letzten kaiserlichen zug in Flandern nicht wenig lust und beschwernis gehabt, darin dann prälaten, herrn und ritterschaft und die ihren besonder in der heerschau gesessen sich zu dienen und zu geben willig gehalten hätten. 1488 more Trev. mittw. nach Mathias. Or. in Cobl.
mrz. 11		empfiehlt dem pabst bei nächster kardinalscreirung den prothonotar Raymund zur aufnahme ins heil. collegium. 1489, 5 id. mart. Chartul. in Cobl.
— 17	Wesel	belehnt den landgrafen Wilhelm von Hessen, grafen zu Catzenelnbogen, Dietz, Ziegenhain und Nidda mit den trier. lehen. 1488 trier. stils au Gertrudentag. Tempor.
— 26	.	gewinnt den Johann Schenk von Sweynsberg mit 25 gulden iährlich aus dem Bopparder zoll aufs neue zu seinem manne. 1489 vff donrst. nach Oculi. Tempor.
apr. 2	.	bestätigt seinem rath Hermann Boese vom Waldeck den halben tarnos am zoll zu Engers, welchen derselbe um 1700 gulden von Johann Boese von Waldeck dem alten gekauft hatte. 1489 Marie Egiptiace. Tempor.
— 15	Erembreit- stein	verspricht dem könig Wladislaen von Böhmen, die könige von Böhmen als kurfürsten des reichs anzuerkennen, und falls derselbe als kurfürst und erzschenk nicht zur römischen königswahl eingeladen würde, 500 mark guldes zu zahlen. 1489 mittw. nach Palmtag. Tempor. Goldast. Reichssatz. 2,178. Lünig Reichsarchiv 2,138. Ronsset. Suppl. au Corps dipl. 1b,476. . Siehe auch einen hierauf bezüglichen vergleich sämmtlicher kurfürsten bei Lünig Reichsarchiv 5,237. Dumont, Corps dipl. 3b,217 ohne tag.
— 15	— —	belehnt den Heinrich vom Huysse mit den Coverner, Welmicher und Sternenberger burglehen weiland Conrads Kolbe von Boppard, und einen wingert zu Boppard als mannlehen. Dat. wie vorher. Tempor.

1489

apr. 23	Erembreit-stein	verleiht dem Johann von Molenheim, seinem kellner zu Paltzel, und dessen ehefrau auf lebenszeit den thurm zu Niederkerich oberhalb der brücke zu Trier und den hof Swanenerbe. 1489 donrst. nach Oistertag. Tempor.
jan. 28	Covelentz	belehnt den junggrafen Bernhard zu Moers und Saarwerden, herrn zu Rodemachern, Cronenburg etc. mit den Rodemachern'schen lehen. 1489 vff Johann bapt. abend. Copie in Cobl.
— 23	. . .	nimmt den Zymmerkenne von Herborn, um ihm mit schiessen, zimmern, geschütze und anders anzurüsten zu dienen, auf lebenszeit an. Dat. wie vorher. Tempor.
— 24	———	nimmt den Symon Hanwbnsch genannt Holleuder mit einem reysigen pferde im harnisch wolgerüst gegen 6 gulden jährlich auf lebenszeit zum diener an. 1489 vff Johann bapt. Or. in Cobl.
jul. 4	Erembreit-stein	giebt dem Friedrich Swane von Cochem, seinem kellner zu Bernkastel und Hunolstein, das Hepginshaus mit wingerten zu erblehen. 1489 vff Ulrich. Or. in Cobl.
— 6	———	verschreibt seinem diener Jakob Merbode 4 malter korn jährlich aus der kellerei Covern. 1489 mont. nach vnser lieben frauwentag visitation. Or. in Cobl.
— 9	Covelentz	vergleicht sich mit Johann Boiss von Waldeck dem alten wegen der zum schloss Ruschenberg gehörigen lehenleute. 1489 donrst. nach Kilian. Or. in Cobl.
— 23	Frankfurt	verbündet sich (auf dem reichstag hierselbst) mit dem erzbischof Berthold von Mainz und dem kurfürsten Philipp von der Pfalz zur bekriegung der stadt Cöln, welche sich weigert ihren neu errichteten zoll abzustellen, und sagen den Cölnern das geleit in ihren landen auf. 1489 donrst. nach Marien Magdalenen. Or. in Cobl. Marien Magdalenen in Mone Zeitschrift des Oberrheins 9,37; vergl. Brower. Ann. 2,310. Ein am selben tage mit dem kurfürsten geschlossenes schutz- und freundschaftsbündniss siehe Honth. 2,480. Scotti Trier. Verordn. 1.178.
— 26	———	empfiehlt dem Johannes kardinal tit. S. Nicolai in carrere Tulliano de Sabello den Bamberger domherrn Erhard von Rabensteyn, einen verwandten des dortigen bischofs Heinrich, zu höhern beneficien in der Bamberger diöcese. 1489, 7 kal. aug. Chartul. in Cobl.
— 29	——	belehnt falls Hans von Doringenberg, der hofmeister des landgrafen Wilhelm von Hessen, ohne nachkommen zu hinterlassen stirbt, dessen bruders söhne Hans und Wilhelm mit dessen 40 gulden manngelds aus dem Bopparder zoll. 1489 mitw. nach Marien Magdalenen. Tempor.
aug. 5	. . .	bestimmt dem erzb. Hermann von Cöln (auf dessen schreiben d. d. Cöln vincula Petri, aug. 1. um in den streitigkeiten der von Zeltung und Itatige mit dem amt Wittlich ungefähr acht tage nach Remigii zu Machern einen tag anzusetzen) einen solchen wegen anderer noch zu besorgender geschäfte auf den samstag nach Marie geburt (sept. 12) in Andernach. 1489 Oswaldi regis et mart. Concept in Cobl.
— 5	Erembreit-stein	setzt dem grafen Diether von Manderscheid wegen des todes von dessen sohn, des junggrafen Conen, unter bezugung seines beileids, einen nach Daun bestimmten tag bis zu dessen gelegener zeit aus. 1489 mittw. nach invention. Stephani. Or. in Cobl.
— 6	————	vergleicht sich mit dem grafen Gerhard von Seyn und den Schollen von Steutenbach wegen des patronatrechtes zu Engers. Tempor.
— 14	——	ersucht den grafen Dietherich zu Manderscheid ihm so möglich insgeheim 50 gewappnete zu werben und auf Bartholomäustag zu nacht zu Hunolstein zu haben, indem er sie des andern tags am dinstag nach Cosel seinem vetter dem herzog Alexander grafen zu Veldenz, welcher ihn darum gebeten habe, zu dienste schicken wolle. 1489 an vnser lieben frauwen abend assumptionis. Or. in Cobl.
— 28	——	genehmigt gemeinschaftlich mit den beiden grafen von Spanheim, pfalzgraf Johann und markgraf Christoph von Baden, den von Ulrich von Metzenhusen und Walrabe von Coppenstein zwischen ihnen vermittelten vergleich wegen des waldes Regelscheid, der wüldungen in Holtheimer gericht, der lente zu Mastershusen und anderm mehr. 1489 frit. nach Bartholomeus. Or. in Cobl.
— 28	. . .	dieselben vergleichen sich auch unter selbem datum wegen der dörfer Bruttig und Lotzbeuren und der Achtelspacher pflege. Günth. 4,895. Or. in Cobl.
— 29	Celle	nimmt den bastart Werner von Hunolstein gegen 6 gulden jährlich auf lebenszeit zum diener an. 1489 vff Johannis decollation. Or. in Cobl.
sept. 1	. . .	ersucht seinen vetter, den Lützelburgischen statthalter markgraf Christoph von Baden, den

1489		
		auf die klage des Johann Wens amtmanns zu Salm dem Johann de Vy probsten zu Bastenach auf nächsten donnerstag (sept. 3) in Lützelburg bestimmten tag weiter hinauszuschieben, um auch alsdann seine klage gegen denselben wegen der leute in der grafschaft Salm vorbringen zu können. 1489 Egidii. Concept in Cobl.
sept. 12	Erembreit-stein	verschreibt dem Ludwig von Altdorf genannt Wollschlaher 1000 gulden oder 50 gulden jahrrente aus dem Bopparder soll als ersatz seines lösegeldes aus der gefangenschaft, worin derselbe gekommen war als er ihn dem römischen könig Maximilian zu hilfe gegen die widerwärtigen unterthanen in Flandern geschickt hatte. 1489 samst. nach unser lieben frauwen tag nativitatis. Or. in Cobl
— 21	. . .	ersucht den Lützelburgischen statthalter die am 12. sept an die grafschaft Salm gemachte requisition von kriegsleuten zurückzunehmen, da diese grafschaft zum erzstift gehöre. 1489 Mathie apost. et evang. Concept in Cobl.
— 28	———	vermittelt einen vergleich zwischen dem kloster Marienberg und der stadt Boppard wegen der weide des hofs auf Bryerberg, der beholzigungsrechte, siegelung am schöffengericht und anderm. 1489 mont. nach Mathie. Or. in Cobl.
— 29	. . .	gelobt den zu Frankfurt gemachten landfrieden zu halten und dem erzherzog Sigmund gegen seine feinde beizustehen. Extr. Lichnowsky, Gesch. des hauses Habsburg 8, Reg. No. 1311.
— 29	. . .	tritt dem Schwäbischen bund bei und verpflichtet sich 30 reysige zu ross zur hilfe zu schicken. Lünig Reichsarchiv 16,223. Honth. 2,482. Schaab Rhein. Städtebund 2,493. Datt, De pace publica s. 304. Dumont, Corps dipl. 3b,241. Or. in Cobl.
— 30	. . .	erlaubt dem grafen Vincens von Mors und Saarwerden seine 100 gulden manngeld aus dem Engerser zoll an den Cölner bürger Heinrich Sadermann zu verpfänden, wogegen der graf solange diese pfandschaft dauert sein städtchen Creyfeld zu trierischem lehen macht. 1489 quarta post Michaelis. Tempor.
— 30	. . .	belehnt den vorgenannten grafen mit dem städtchen Creyfeld. 1489 gudestag nebst nach Michelstag. Tempor.
oct. 1	. . .	ertheilt dem neugestifteten Kreuzordens kloster St. Helenenhospital bei Welschpülch einen kollekten- und ablassbrief. Or. in Cobl.
— 4	———	ersucht den markgrafen Christoph, gubernator von Lützelburg seine räthe zu dem mittwoch nach Lukas (oct. 21) in Trier bestimmten gütlichen tage wegen der angelegenheiten des domprobsts von Sirk zu schicken. 1489 dnc. post Remigii. Concept in Cobl.
— 10	———	übergiebt dem Dietherich von Staffel das amt Niederlanstein, welches er mit 300 gulden von Bernhart von Schauwenburg wieder eingelöst, in selber weise wie es dessen vater Wilhelm von Staffel von erzb. Jakob 1445 jan. 22 erhalten hatte. 1489 samst. nach Dionis. Tempor.
— 15	Engers	sagt einen nächsten donnerstag (oct. 22) nach Trier angesetzten tag wegen des hospitals Cas ab, da er sich zu einem tage zwischen dem kurfürsten von Mainz und dem pfalzgrafen begeben müsse, und verspricht nach seiner rückkunft einen neuen tag zu bestimmen. 1489 quinta post Dionisii. Concept in Cobl.
— 17	Erembreit-stein	ladet den grafen Dietherich zu Manderscheid als erzstiftischen lehenmann zu einem dem von Isenburg auf montag nach St. Martin (nov. 16) in Covelents bestimmten richterlichen „nottag". 1489 samst. nach Gallus. Or. in Cobl.
— 27		bestätigt den verkauf des ganzen hauses zu der Eychen in der Hosergass zu Coblens seitens des heil. Geisthospitals zu Boppard an mag. Johann von Senheim kanonikus des St. Florinstifts. 1489 vff St. Symon und Juden abend. Or. in Cobl. Vergl. 1488 oct. 27.
— 30	Mentz	verbündet sich mit dem erzbischof von Mainz und kurfürsten von der Pfalz zur absperrung des Rheins unterhalb Koblenz für alle waaren, als represaalie gegen die stadt Köln, die sich hartnäckig weigert ihren zoll aufzuheben. Mone Zeitschrift des Oberrheims 9,37. Or. in Cobl.
nov. 1	. . .	nimmt den meister Hans von Riffenberg auf lebenszeit zum diener und büchsenmeister an. 1489 vff Allerheiligentag. Tempor.
— 16	. . .	verschreibt Elsen, der wittwe seines kellners Johann Binglers zu Bernkastel, 5 malter korn jährlich als leibzucht. 1489 montag nach Martin. Tempor.
— 16	. . .	verkauft an Johann von Helfenstein den jungen 55 gulden jahrrente aus der kellerei Wittlich um 1100 gulden und stellt dafür bürgen mit der verpflichtung zum einlager in Trier, Wittlich oder Coblens. 1489 mont. nach Briccius. Tempor.

1489		
nov. 17	Erembreit-stein	nimmt den grafen Philipp von Virnenburg und Neuenahr herrn zu Saffenberg mit acht pferden gegen 100 gulden auf ein jahr zum rath und diener an. 1489 dinst. nach Mertinstag. Or. in Cobl.
— 23	. . .	verschreibt dem Symon von Bernkastel, welcher ihm eine forderung seines vaters auf die herrschaft Hunolstein bis auf 200 gulden nachgelassen, 10 gulden jährlich aus der kellerei Bernkastel unter stellung von bürgen mit der verpflichtung zum einlager in Bernkastel oder Trarbach. 1489 mont. nach Elisabeth. Tempor.
dec. 7	——	ersucht seinen rath, den grafen Dietherich zu Manderscheid, am montag nach Lucien (dec. 14) abends zu Covelentz oder am dinstag des morgens in Capellen zu sein um sich mit ihm zu einem mit Maintz, Cöln, Pfalz und Jülich wegen verhandlung in betreff des Rheinstroms und des zolls der stadt Cöln vorgenommenen tage an den Königstuhl zu begeben. 1489 uff unser lieben frauwen abend conception. Or. in Cobl.
— 13	—	ernennt den Johann von Helffenstein-Sparkenburg zum amtmann von Wittlich. 1489 an Lucientag. Or. in Cobl.
— 13	—	genehmigt dass sein rath Eberhard von der Mark herr zu Arberg aus seinen 10 fuder manuwein zu Cochem ein fuder dem Christian von Monreal auf lebenszeit verschreibe. Dat. wie vorher. Tempor.
— 16	——	belehnt den junggrafen Johann von Manderscheid grafen zu Blankenheim mit den verstorbenen Wilhelm von Lon herrn zu Guylge grafen zu Blankenheim trier. lehen. 1489 mittw. nach Lucien. Or. in Cobl.
— 26	. .	verschreibt dem ritter Cluis herrn zu Drachenfels für 3000 gulden eine jahrrente von 150 gulden aus dem Engerser zoll. 1489 trier. stils uff Steffanstag prothonart. Or. in Cobl.
1490		
jan. 10	Covelentz	verträgt sich mit dem grafen Philipp von Virnenburg dahin, dass der domherr graf Bernhart von Solms und graf Reynhart von Lynyngen in ihrem streit als schiedsrichter zu Covelentz am montag nach Reminiscere (mrz. 8) einen aussproch thun sollen. 1489 mor. Trev. sount. nach Epiphan. Tempor.
— 17	Erembreit-stein	verspricht dem Wilhelm von Mirlach die bei demselben geliehenen 200 gulden nach einem jahr zurückzuzahlen und stellt dafür den Jorg von der Leyen und Johann von Helffenstein als bürgen. 1489 trier. stils uff Anthonius. Or. in Cobl.
— 18	Covelentz	gestattet dem Jr. Georg von Heller ausser den bereits erlaubten 1000 gulden noch 300 gulden an dem erzbischöflichen hof in Frankfurt zu verbauen. 1489 trier. stils mont. nach Anthonius. Or. in Cobl.
febr. 26	Erembreit-stein	mahnt deren brüder pfalzgrafen Caspar und Alexander ihm Achtelspach als verfallenes lehen zurückzustellen. 1489 mor. Trev. am sonnt. Invocavit. Concept in Cobl.
mrz. 12		macht einen vergleich zwischen dem kapitel des St. Florinstifts und der Karthause auf dem Beatusberg bei Coblenz wegen des besthaupts von den hofgütern zu Kerlich und Ketge. 1489 trier. stils uff Gregorientag. Or. in Cobl.
— 22	Paltzel	ernennt den Werner Zant von Merl auf zwei jahre zum amtmann von Hunolstein. 1490 mont. nach Letare. Or. in Cobl.
— 23	Treviris	Vermittler eines vergleichs zwischen dem domkapitel und domscholaster Rheingrafen Gerhard wegen nicht gehaltener residenz. 1489 stil. Trev. die martis post Letare que fuit 23. mensis martii. Chartul. in Cobl.
— 26	Paltzel	ernennt den ritter Clas von Drachenfels zum amtmann von Baldeneck. 1490 uff sonnt. Judica. Or. in Cobl.
apr. 6	——	vergleicht sich mit dem Thyss von den Schilden wegen dessen schuldvorschreibung auf die herrschaft Hunolstein, und nimmt ihn mit einem reysigen pferde auf lebenszeit zum diener an. 1490 dinst. nach Palmtag. Or. in Cobl.
— 15	——	erlaubt dem Johann Kilburg einige lehengüter in der Oissien um 80 gulden zu verpfänden. 1490 donrst. nach Oistern. Tempor.
— 22	. . .	belehnt den Clais von Beckirchen von wegen seiner mutter Cecilien Huwes mit einem burglehen der veste Schoenembergh im Oissling. 1490 donrst. nach Quasimodo. Tempor.
— 23	——	antwortet seinem amtmann zu Salm, dem Johann von Ingenheim genannt Wentz, auf dessen anfrage vom 19. april, die gefangenen gegen urfehde freizugeben. 1490 Georgii mart. Concept in Cobl.
— 27	——	antwortet dem grafen Johann von Nassau-Vianden und Dietz auf dessen schreiben vom 22. wegen der schuldforderung eines untermannen an die grafschaft Salm, dass sich

1490		
		derselbe an den herrn von Reifferscheid wenden solle. 1490 dinst. nach Misericord. dni. Concept in Cobl.
mai 3	Paltzel	ernennt den Hormann vom Wyher zu Nickendig zum amtmann von Cochem und Ulmen. 1490 mont. nach Jubilate. Or. in Cobl.
— 5	———	belehnt den Henne Johann von Schonenberg von wegen seiner mutter mit etlichen gütern welche die Huwen als burglehen von Schonenberg im Oisling besassen. 1490 mittw. nach Jubilate. Or. in Cobl.
— 9		ersucht den grafen Dietherich und den junggrafen Johann zu Manderscheid, da sich jetzt allenthalben in den anstossenden landen mancherlei unruhige läufte anstellen, sich mit 20 reysigen pferden im harnisch gerüstet ihm zu dienst bereit zu halten. 1490 sonnt. Cantate. Or. in Cobl.
— 19		bestimmt dem Cuno von Wunnenberg herrn zu Bylstein in dessen streite mit den gebrüdern Johann und Ulrich von Eltz, Paul Doess von Waldeck, Jorg und Wilhelm von der Leyen und Dietherich von Brunsberg wegen des testaments der Elisabeth von Flatten auf mittwoch nach unsern herren lichamstag (jun. 16) einen tag in Trier. 1490 mittw. nach Vocem iocunditatis. Concept in Cobl.
— 21	———	ersucht seinen rath, den grafen Dietherich zu Manderscheid, ihn zu dem auf dinstag nach Pfingsten (jun. 1) in Diedenhoven von ihm zwischen dem herzog Reinhart von Lothringen und der stadt Metz angesetzten tage zu begleiten. 1490 frit. nach unsers herrn offartstag. Or. in Cobl.
jan. 15	Metz	antwortet dem kellner Friedrich Swane zu Bernkastel auf dessen bericht wegen des vom amtmann zu Veldentz weggerissenen fachs bei Cus, er solle nach seiner rückkehr von hier deshalb instruktion in empfang nehmen. 1490 dinst. nach corporis Christi. Concept in Cobl.
— 18	. . .	vermittelt, zu diesem zwecke hierher gekommen, einen frieden zwischen dem herzog von Lothringen und der stadt Metz. Calmet hist. Lorr. II° ed. 6,289, I° Ed. 3,299.
jul. 5	Chabe	genehmigt mit den andern rhein. kurfürsten die heutige abänderung des bündnisses vom 30. oct. 1489 durch den landgrafen Wilhelm von Hessen als dazu beauftragten, wonach nunmehro die schiffahrt nur abwärts bis Bonn und aufwärts bis Zons, zwischen beiden orten aber landtransport stattfinden soll. Lacomblet Urkb. 4,555. Und 2, versprechen dieselben sich gegenseitige bewaffnete hilfe zur durchführung dieser maassregel. Extr., ibid. 4,557 anmerk. 1.
— 25	Paltzel	ernennt den Peter sohn zu Eltz zum amtmann von Covelentz. 1490 vff Jakobstag. Or. in Cobl.
— 28	———	ersucht seine vettern, die Pfalzgrafen, ihre räthe mittw. nach Laurentii (aug. 11) nach Veldenz zu senden um mit den seinigen wegen der an ihn erfallenen pflege Achtelspach zu unterhandeln. 1490 secunda post Jacobi. Concept in Cobl.
— 30		befiehlt seinem Bopparder zöllner Thomas von Hatzenportz die anzahlung des dem Ludwig von Altdorf genannt Wollslager verschriebenen dienstgeldes. 1490 sexta post Jacobi. Tempor.
aug. 2		genehmigt die erbauung einer kapelle zu Kieselbach in der pfarrei Schonemberg vorbehaltlich der rechte der mutterkirche. Tempor.
— 3	———.	verzichtet auf die im testamente der wittwe Elisabeth von Flatten, frau zu Broel, bewilligte einlösung einer rente von 100 gulden aus dem Engerser soll. 1490 an Stefanstag inventionis. Tempor.
— 3	. . .	Besiegler und bestätiger einer urkunde wonach die abtei S. Marie ad Martyres zu Trier ihr gut Kellnerwerbe, ihr haus mit garten an dem Schank und einen garten am Markt zu Trier nebst einem bongert vor der stadt dem kloster der Kreuzherrn ad Hospitale bei Welschbillig für ein malter frucht und ein malter hafer jahrzins in erbpacht giebt. Copie in Trier.
— 5	———	bestätigt einen urtheilsspruch des domkapitels in sachen der gemeinde Wyler gegen die dörfer Schelingen, Kelle, Heiderat, Zickerait, Heid und Hover wegen der sendhafer. 1490 vff Oswalt. Or. in Cobl.
— 6	———	belehnt den grafen Johann von Moers und Sarwerden, dem sein bruder Niklas die grafschaft Sarwerden cedirt hat, auch mit des letztern trier. lehen. 1490 an Sixtustag. Tempor.
— 11	———	verleiht dem Friedrich von Capellen auf lebenszeit den thurm und das alte zollhaus zu

35*

1490

aug. 12	Paltzel	Capellen mit der bestimmung für das hofgesinde, wenn der erzbischof auf Stoltzenfels residirt, bettung und schläfung zu geben. 1490 mittw. nach Laurentius. Tempor. bestimmt den miterben des nachlasses der frau von Flatten auf freit. nach Matheus (sept. 24) in ihrem streite einen tag im pallast zu Trier. 1490 quinta post Laurentii. Concept in Cobl.
— 12	— — —	ersucht den Eberhard von der Mark herrn zu Arburg um aussetzung eines gütlichen tags wegen der Salm'schen beschwerden; und 2, ersucht die brüder Diederich und Gerlach von Wunnenberg wie auch 3, den amtmann zu Salm diesem tage beizuwohnen. 1490 doarst. nach Laurentii. Concepte in Cobl.
sept. 2	— —	gestattet seinem vikarius in pontificalibus Johann bischof von Azoten die administration der abtei Maria Münster zu Luxemburg bis zu seiner päbstlichen bestätigung als abt daselbst. Honth. 2,484. Tempor.
— 3	. . . .	vergleicht sich mit dem archidiakon Dietherich vom Steyn wegen der von demselben an der veste Humstein verwandten baugelder, und erlaubt ihm diese geld im betrag von 600 gulden in 3 iahren aus den subsidien des obern officialats zu Trier zu entnehmen. 1490 frit. nach Egidien. Tempor.
— 5		verleiht dem Bartholomessen Moilhuser das schultheissen-amt zu Sarburg. 1490 sondag nach Egidii. Or. in Cobl.
— 7	———	entscheidet einen streit des domkapitels mit den gemeinden Zell, Korey und Keympt wegen der wahl des domkapitularischen hofmanns in Zell zum center, wonach derselbe nicht mehr soll gewählt werden. 1490 vff unser lieben fruuwen abend nativitatis. Or. in Cobl.
— 10	— — —	überträgt die pfarreche des dörfchens Veltbach auf die Marienkirche zu Dillenburg und ordnet in beiden kirchen den gottesdienst. Tempor.
— 10	Trier	entscheidet die streitigkeit des bürgers Hans Hesse mit dem stadtrath zu Covelentz wegen dessen verweisung aus der stadt. 1490 vff frit. nach unser lieben frauwentag nativitatis. Or. in Cobl.
— 19	Paltzel	genehmigt die witthumsverschreibung Johann's von Helfenstein zu Sparkenberg für seine ehefrau Veronika von Ryneck auf einige lehen. 1490 sonnt. nach translationis Materni. Or. in Cobl.
— 19		ersucht seine vettern die pfalzgrafen ihre räthe auf den wegen der aushändigung Achtelspach auf dinstag nach Dionys (oct. 12) in Lieser bestimmten tag zu schicken. 1490 sonnt. nach Lamperti. Concept in Cobl.
— 28		erlässt einen rechtsspruch in sachen Cuno's von Wunnenberg gegen die andern miterben wegen der ausführung des testaments Elisabethe frau zu Broil wittwe von Flatten. 1490 vff Michels abend. Concept in Cobl.
— 29		belehnt einen ritter Bertram von Nesselrode herrn zu Erenstein, erbmarschalk des landes von dem Berge, mit 50 gulden manngeld aus dem Engerser zoll. 1490 vff Michelstag. Tempor.
— 29		verkauft für 70 gulden dem bürger Michel Boich zu Mayen das haus Lewenstein daselbst. Tempor.
oct. 1	— — —	genehmigt die dotation des St. Sebastiansaltars in der neuen pfarrkirche zu Dillenburg. Tempor.
— 3		genehmigt, obgleich ungern, die verlegung des seinen vettern auf dinst. nach Dionys (oct. 12) angesetzten tags auf den freit. nach Martini (nov. 12). 1490 dmc. post Remigii. Concept in Cobl.
— 17	———	mahnt den abt Caspar von Malmundar um ersatz des schadens den dessen leute in der grafschaft Salm angerichtet. 1490 dmc. post Galli. Concept in Cobl.
— 27		citirt die Flatten'schen erben auf den montag nach Martini (nov. 15) hierhin in die kanzlei um den spruch in ihrer sache zu vernehmen. 1490 vff Symon und Juden abend. Concept in Cobl.
nov. 6	———	bewilligt dem Johann von Kilburg eine lebenwiese bei Urtzich auf acht iahre für 60 gulden zu verpfänden. 1490 samst. nach Allerheiligen. Tempor.
— 8	. . . .	gewinnt den Johann Rawen von Haitzfeld herrn zu Wildenberg mit 20 gulden manngeld aus dem Engerser zoll aufs neue zum manne. 1490 mont. nach Allerheiligen. Tempor.
— 15	Cube	schliesst mit den übrigen rheinischen kurfürsten einen münzvertrag wegen einführung besserer goldmünzen in ihren landen. Honth. 2,485. Würdtwein Dipl. Mog. 3,411. Scotti Trier. Verordn. 1,180. Or. in Cobl.
— 22	. . . .	belehnt den Symon Boese von Waldeck von wegen seiner anichfrau, der einzigen tochter

1490		des letzten herrn von Kempenich, und dessen sohn Johann mit den zehnten zu Langscheid, Perscheid, Oberhöfen, Dillenhoven und um die burg Schoenemberg als Kempenioher berglehen. 1490 vff Cecilien. Tempor.
nov. 22	Paltzel	nimmt den Simon und Johann Boems von Waldeck, vater und sohn, mit ihren leuten, gegen 10 malter schirmhafer iährlich, gleich der erzstiftischen ritterschaft in schutz und schirm und benachrichtigt 2, hiervon seinen amtmann und kellner im Hamm. Dat. wie vorher. Or. und Tempor. in Cobl.
dec. 1	————	verschreibt dem chorbischof Dietherich vom Steyn, welchem er das schloss Rumstein übergeben, statt der ihm früher verschriebenen einem fuder wein, 10 malter korn und 20 malter hafer zu Pfalzel seine sämmtlichen zinsen zu Cordel. 1490 mittw. nach Endrestag. Tempor.
— 7	————	befiehlt dem kellner zu Bernkastel das eigenthum der bei Dusemont in der Mosel ertrunkenen leute, welche von den einwohnern dieses dorfs aus dem wasser gefischt und des ihrigen entblösst worden waren, an sich zu nehmen, und im falle letztere sich weigerten das genommene herauszugeben sie zu pfänden und am abtrag des frevels an den erzstiftischen privilegien und der freiheit des Moselstroms anzuhalten. 1490 an unser lieben frauwen abend conception. Concept in Cobl.
— 17	Cochme	ersucht den Pfalzgrafen Alexander seine räthe auf dinst. nach Antonientag (1491 ian. 18) nach St. Wendel zu schicken um weiter wegen Achtelspach und der gebrechen im amt Bernkastel und Veldenz zu verhandeln. 1490 frit. nach Luzien. Concept in Cobl.
— 20	. . .	verschreibt dem ritter Emmerich von Lainstein für 2000 gulden 100 gulden iährlich aus der kellerei Meyen, wofür sich die dörfer Kerlich, Ketge, Molnheim und die sechs Rheindörfer mit ihrer schatzung von 260 gulden verbürgen. 1400 vff Thomas abend. Or. in Cobl.
— 20	Erembreit-stein	antwortet dem herzog Alexander von Baiern auf dessen beschwerde wegen gefangennahme einiger leute von Dusemont durch den kellner von Bernkastel: dass am verflossenen St. Barbaren abend (dec. 3) etliche trier. unterthanen von Pfalzel und Ehrang mit ihren waaren um den markt zu Bernkastel zu besuchen die Mosel herabgefahren, als durch ungestümen wind der nachen untergegangen, zwei männer ertrunken und die waaren fortgetrieben seien, und dass die Dusemonter gegen die erzstift. regalien von diesem gut geraubt hätten. Dat. wie vorher. Concept in Cobl.
— 24		nimmt den Dietherich vom Steyne mit einem reysigen pferde wolgerüstet gegen 6 malter korn 12 malter hafer und eine sommerhofkleidung iährlich auf zwölf iahre zum diener an. 1490 vff Cristabend. Or. in Cobl.
— 26	. . .	ernennt seinen marschalk und rath Heinrich Holzappel von Herzheim auf zwey iahre zum amtmann von Pfalzel. 1490 trier. stils vff Steffanstag in den Wihenacht heil. tagen. Or. in Cobl.
— 28	—	nimmt den Otto von Dietz mit 3 reysigen pferden gegen 30 gulden iährlich aus der kellerei Limburg zum helfer und diener an. 1490 trier. stils vff Kyndleintag. Tempor.
— 31	. . .	verkauft dem Johann sohn zu Eltz, dem jungen, und dessen ehefrau Dorothea Wolfskel 150 gulden inlrzins aus dem Engerxer zoll um 3000 gulden mit stellung von bürgen. 1490 trier. stils vff den heil. iarsabend. Tempor.
1491		
ian. 1	. . .	ertheilt den gemeinden Ketge, Kerlich, Molnheim und den sechs Rheindörfern Ormantz, Kaldenengers, Sebastianengers, Kesselheim, Walraheym und Bubenheim wegen ihrer bürgschaft für eine pension von 100 gulden an den ritter Emmerich von Lanstein eine schadlosverschreibung. 1490 trier. stils vff den heil. iairstag. Tempor.
— 6		verschreibt dem Anthonis von Gemunde, welcher nach Pfalzel gezogen um daselbst eine herberge zu halten, 8 malter hafer, 2 fuder wein und ein sommerhofkleid iährlich. 1490 trier. stils vff Dryerkoningstag. Tempor.
— 9		nimmt den zimmermann Johann von Leudesdorf auf lebenszeit gegen 12 gulden und ein sommerhofkleid iährlich zum werkmann an. 1490 trier. stils sount. nach Dryerkonyngtag. Or. in Cobl.
— 9		ersucht die Lützelburgischen statthalter und räthe dem hohen rath die rachtung und briefe des domprobsts behufs endlicher entscheidung zu übersenden. 1490 mor. Trev. dme. post Regum. Concept in Cobl.
— 15	————	erlaubt dem ritter Bertram von Nesselrode herrn zu Erenstein, erbmarschalk des landes von dem Berge, nachdem derselbe sich verpflichtet hat dass dem erzstift aus dem

1491		
		schloue Erenstein kein schaden geschebe, sich mit dem grafen Johann von Nassau, Vyanden und Dytz auf 15 iahre zu verbünden. 1490 trier. stils samst. nach dem achtzehnten tag. Tempor.
ian. 17	Erembreit-stein	verspricht dem abt Anthonius zu S. Matheis bei Trier die bei demselben geliehenen 100 gulden sechs monate nach der aufkündigung zurückzuzahlen. 1490 trier. stils an Anthoniustag. Or. in Cobl.
— 31	——	setzt den grafen Johann herrn zu Runkel als momper Irmengards von Rollingen, der wittwe Wilhelms herrn zu Runkel und Isenburg, und deren töchter Anastasia und Margretha von Runkel in die lehen des genannten Wilhelm. (Fischer) Geschlechtsregister etc. 268.
febr. 1	— — —	vergleicht sich mit dem grafen Reinhart von Lyningen herrn zu Westerburg und Schauwenburg wegen demselben schuldigen dienstgelder und verschreibt ihm aufs neue 200 gulden iährliches dienstgeld. 1490 trier. stils vf vnser lieben frauwen abent purificationis. Tempor.
— 9	Coveleutz	vererbpachtet der gemeinde Mynheim eine hofraithe daselbst genannt die Hungerschbure mit wald, weidgang und sonstigem zugehör. 1490 mor. Trev. vf Apollonien. Tempor.
— 10	. . .	verkauft dem ritter Bernhard von Nesselrode herrn zu Erenstein, erbmarschalk, 200 gulden iahrzins aus dem Engerser zoll um 4000 gulden mit stellung von bürgen.
— 15	— —	schreibt dem official zu Trier sich vor oder auf sonnt. Reminiscere (febr. 27) zu schiffe zu ihm zu verfügen am mit pferden und instruktion zu dem vom Schwäbischen bunde auf sonnt. Oculi (mrz. 6) iu Gemünden anberaumten tage sich alsdann zu begeben. 1490 mor. Trev. dinst. nach Castor. Concept in Cobl.
— 16	— —	überschickt seinen amtleuten zu Baldeneck und im Hamm etliche artikel worüber er sich mit den beiden grafen von Sponheim, dem herzog Johann und markgrafen Christoph, vertragen hat und diese ämter berühren nebst einer zeichnung dazu behufs ihrer bessern unterrichtung. 1490 mor. Trev. am Eschemittwoch. Concept in Cobl.
— 24	Erembreit-stein	vererbpachtet seinem diener Peter Glück einen platz zu Monthabur unter den metzlerbänken. 1490 trier. stils an Mathystag. Tempor.
mrz. 2	Coveleutz	vergleicht sich mit dem Johann Boess von Waldeck dem alten wegen rückständigen mannweins zu Pomer. 1490 mor. Trev. mitw. nach Reminiscere. Tempor.
— 15	. . .	verschreibt seinem rath, dem grafen Philipp von Virnenburg und Nuwenar herrn zu Saffenburg für die demselben wegen der herrschaft Daun in der Eifel noch schuldigen 2000 gulden iährlich 100 gulden aus dem Engerser soll. 1490 trier. stils dinst. nach Letare. Tempor.
— 21	. . .	verschreibt dem Gilbrecht von Yrmtrudt für 350 gulden die er demselben von wegen des alten von Isenburg schuldet, und für 320 gulden die derselbe ihm aus dem mütterlichen erbtheil seiner ehefrau Kunegunde von Kleberg geliehen hat, 21 malter korn 6½ malter waitzen und 4 gulden iährlich aus seiner mühle zu Valender, und stellt darüber bürgen mit der verpflichtung zum einlager iu Westerburg. 1490 mor. Trev. vf Benedikt des beil. abtstag. Tempor.
— 26	Erembreit-stein	ertheilt dem schößengericht zu Neremberg zur verbesserung dessen gefälle ein taxregulativ. 1491 an Palmabend. Tempor.
— 26		verspricht dem Friedrich Swaen, kellner zu Bernkastel und Husolstein, falls derselbe seine lehengüter dem hospital zu Cus überlassen müsse, 120 gulden herauszuzahlen. Dat. wie vorher. Tempor.
— 30	Confluent.	incorporirt dem hospital St. Helenenberg bei Welschpillig die St. Bartholomäuspfarrkirche zu Meckel und die kapelle zu Euselingen. Tempor.
apr. 3	Erembreit-stein	ernennt den Michael Waldecker von Zell zum amtmann im Hamm und auf Bilstein. 1491 vf Ostertag. Or. in Cobl.
— 12	— — —	bestätigt die von dem Laacher mönch Gerlach von Breitbach erbaute kapelle S. Corporis Christi zu Cruft, die wiedereinführung der dasigen bruderschaft und inkorporation eines alten altars im hause der von Neeren, und verleiht dieser kapelle ein ablassprivilegium. Or. in Cobl.
— 17	. . .	belehnt den Eberhard von Sain grafen zu Wittgenstein herrn zu Homberg mit der herrschaft Vallendar. Lünig Reichsarchiv 23,1011.
— 23	Coveleutz	zeigt seinen vettern, den Pfalzgrafen an, dass er gemäss ihrem wunsche seine räthe am nämst. nach Vocem jocunditatis (mai 14) nach Cröv schicken werde um wegen Protig und des Cröverreichs gericht zu verhandeln. 1491 uff St. Jorgen. Concept in Cobl.

1491		
apr. 25	Erembreit-stein	belehnt den ritter Johann von Kellembach, amtmann zu Sarburg, mit dem drittel der vogtei Pisport und Emmel und einem burguess zu Sarburg womit Frank von Lewenstein seine ehefrau Else von Sirk bewitthumt hatte. 1491 mont. nach Jubilate. Tempor.
mai 9	Covelentz	belehnt den Daniel von Modersbach mit den zur herrschaft Schonenberg gehörigen zehnten und gülten zu Bodendorp. 1491 an St. Jheronimus. Tempor.
— 12	Erembreit-stein	ernennt den ritter Bertram von Neuelrode herrn zu Eremstein zum amtmann von Hammer-stein und Leudesdorf. Or. in Cobl.
iun. 10	Schoneck	schreibt dem Pfalzgrafen, herzog Alexander, er wäre bereit in ihren differenzen einen andern tag binnen drei wochen nach Lieser zu berannen, und hätte auch dem amt-mann zu Berukastel befohlen den Dusemontern die pfänder zurückzustellen. 1491 frit. nach Medardi. Concept in Cobl.
— 15	Erembreit-stein	vergleicht die Carthause auf dem Beatusberg bei Coblenz mit der gemeinde Ley wegen der letztern weidrecht im walde Eichenberg. 1491 vff Vitstag. Or. in Cobl.
iul. 5	————	erneuert die von erzb. Wernher für das nonnenkloster bei der St. Martinskirche vor Andernach gemachten anordnungen und dessen ablassprivilegium, indem sich das kloster mehr und mehr vergrössert, und behält sich das visitationsrecht daselbst aus. Or. in Cobl.
— 22	Covelentz	genehmigt, dass graf Philipp von Nassauwe und Sarbruck seine gemahlin Veronika von Seyn, gräfin zu Witgestein auf 300 gulden lahrrente aus dem Engerser zoll bewitthume, und behält sich die ablösung dieser rente mit 6000 gulden aus. 1491 an Marien Magdalenen. Tempor.
aug. 4	Paltzel	verschreibt den erben der herrschaft Druck bis zur bezahlung seines antheils von 150 gulden an den von den erben eingelösten pfandsummen dieser herrschaft, 11 gulden iährlich aus seinem viertel der höfe St. Ingbrecht und Wolfryt. 1491 quinta post vincula Petri. Tempor.
— 14	————	ernennt den Contz Fassbender zum burggrafen seines pallastes in Trier. 1491 vigil. Assumpt. Marie. Tempor.
— 14	————	nimmt den Arnold von Sirk gegen ein fuder wein aus der kellerei Pfalzel und ein sommer-hofkleid zum diener an, und verspricht ihm diese besoldung nach dem tode des domprobst Philip von Sirk mit noch einem fuder zu verbessern wie auch die verschreibung von 1000 gulden auf die burg Freudenberg und vogtei Taben und Rode zu bestätigen. Dat. wie vorher. Or. in Cobl.
— 17	Zalle	(im Hamm) ersucht den Lützelburgischen statthalter um herausgabe des den unterthanen des amts Salm bei der durchfuhr im Lützelburgischen weggenommenen kornes, das in Lothringen gekauft worden sei. 1491 mittw. nach unser lieben frauwen tag Assumption. Concept in Cobl.
sept. 1	Covelentz	genehmigt, dass graf Heinrich von Nassauw herr zu Bilstein, die junggräfin Maria von Solms, des grafen Otto von Solms tochter und gemahlin seines sohnes, des junggrafen Johann von Nassauw, auf das schloss Liebenscheid bewitthume. 1491 an Egidientag. Tempor.
— 17	Erembreit-stein	bestätigt mehrere früher von den Vögten von Hunolstein ohne lehensherrlichen conseus geschehene rentenverkäufe aus dieser herrschaft, worüber das hospital Cus nun die verschreibungen besitzt. 1491 vff Lampricht. Tempor.
— 30	. . .	verschreibt den eheleuten Johann und Gertgin zu Cöln 60 gulden iahrzins für 1200 gulden, und hinterlegt so lange bis das domkapitel und die stadt Coblenz diese verschreibung wird besiegelt haben 182 mark 3½ loth silber werth, die mark zu 7 goldgulden gerechnet, bei dem zollschreiber zu Engers. 1491 vff Remeys abend. Defekt im Tempor.
oct. 8	————	ersucht die Lützelburgische regierung um aufhebung der wider recht und herkommen im Lützelburgischen und in der grafschaft Chiny auf die geistlichkeit gelegten geldsteuer. 1491 sabbato post Franchci. Concept in Cobl.
— 14	————	benachrichtigt das weltliche gericht zu Trier, dass er auf des grafen Bernhard von Solms und anderer fürsprechen dem Heinrich Bergener nach abgang Heinrichs de Ligno das gerichtschreiberamt daselbst verliehen habe. 1491 fryt. nach Dionis. Tempor.
— 16	. . .	ernennt gemeinschaftlich mit dem landgrafen Wilhelm von Hessen, den grafen von Nassau-Dietz und Gotfrid herrn zu Eppenstein in ihrem streite wegen Limburg, Molsberg und Dietz den Ludwig von Isenburg grafen zu Bödingen und den grafen Philipp von Solms zu schiedsrichtern. 1491 vff Gallus. Or. in Idstein.
nov. 7	Conflaent.	nimmt den Hans von Alffey auf lebenszeit als wildförster im Hamm'schen gerichtsbezirk an. 1491 Willibrordi. Tempor.

1491		
nov. 16	Wesel	befiehlt den unterthanen im Cröverreich sich mit harnisch gerüstet zu befehl seinem hofmeisters (Heinrich Holzappel von Herxheim) zu stellen (wegen befreiung eines zu Trarbach arretirten Metzer schiffer). 1491 mittw. nach Briktius. Chartul. in Cobl.
— 18	Erembreit-stein	vererbpachtet seinem fuhrmann zu Moelen im thal einen leeren platz und hofstatt beim fahr daselbst um darauf ein haus zu bauen. 1491 frit. nach Martin. Tempor.
— 25	Wesalie	bestätigt den Johann Fabri von Werstorff als dechant der St. Martinskirche zu Itzsteyn. Tempor.
dec. 4	Treveris	ersucht den gubernator von Lutzelburg um aufhebung des fruchtausfuhrverbots. 1491 au Barbaren tag. Concept in Cobl.
— 6	———	vergleicht sich mit Johann von Baden dem alten, wegen der von demselben für 100 gulden früher gekauften 6 malter korn jährlicher rente aus der herrschaft Hunolstein, wonach er ihm jährlich 4 malter und für den rückstand ein malter jährlich auf lebenszeit aus der kellerei Bernkastel verspricht. Tempor.
dec. 7	———	vererbpachtet an den zenter Zollen Johann zu Kesten und Zollen Michel, welche ihm eine verschreibung des Vogts von Hunolstein über ein fuder wein jährlich cedirt haben, die Achte im Wintricher gericht. 1491 mittw. nach Barbaren. Or. in Cobl.
— 7	———	fordert den amtmann zu Salm auf, ihm den Heinrich von Bedbur (den dortigen rentmeister) zu senden indem er demselben einiges für ihn mitzutheilen habe was er wegen der wilden läufe im lande nicht schreiben möge. 1491 fer. 4 post Nicolai. Concept in Cobl.
— 13	. . .	erlässt ein verbot wegen ausfuhr der frucht, deren vorkaufs und verkaufs zum bierbrauen. 1491 die Lucie. Chartul. in Cobl.
— 21	. . .	verschreibt den armen feldsiechen oder dem hospital zu Meyen dafür, dass sein rentmeister Bartholomäus Glockner ihm das nicht weit von dem warmen bade zu Bertrich erbaute haus gegeben, 4 malter korn und 8 sömmer hafer jährlicher rente aus der halben vogtei zu Bleyd in der Pellenz auf des klosters von Stablo-Malmedy gütern. 1491 vff Thomas. Tempor.
— 26	Erembreit-stein	verschreibt dem Gerlach von Wunnenberg und dessen ehefrau Margaretha von Densbur für 1500 gulden das schloss Castelberg mit zugehörigen dörfern amts- und pfandweise. 1491 mont. nach Thomas. Or. in Cobl.
1492		
ian. 2	Oberwesel	schliesst mit den drei andern rheinischen kurfürsten einen verein zum schutze und zur sicherheit des Rheinhandels. Houth. 2,489. Lacomblet Urkb. 4,564. Scotti 1,200. Und 2. ebenso wegen aufhebung der zollbefreiungen auf dem Rhein, von gleichem datum. Beide originale in Cobl.
— 10	Erembreit-stein	belehnt den Conrad Schenk von Sweynsberg mit 12 gulden jahrrente aus der kellerei Limburg als dortiges burglehen. 1491 mor. Trev. dinst. nach Dryerkoning. Tempor.
— 10	———	bewilligt seinem meisterkoch Mertin von Udenheim, dass der von demselben an seinem hause in der Burggasse zu Covelentz gebaute pütz ein zubehör dieses hauses bleiben soll. Dat. wie vorher. Tempor.
— 15	Covelentz	belehnt den Dietherich von Enscheringen den ältern, brader seines kanzlers Ludolf, mit dem hause Rulant zu Trier. 1491 trier. stils sont. nach dem achtzehnten tag. Or. in Cobl.
— 19	Erembreit-stein	ersucht die Luxemburgische regierung, gemäss der neulichen verabredung zu Trier die geistlichen gefälle ungehindert verabfolgen zu lassen. 1491 mor. Trev. vff Agritien. Concept in Cobl.
— 19	———	gestattet den bau einer mühle oben am Saxler weiher und den wasserlauf aus der Alvern und von der Hipenmöhle her. Dat. wie vorher. Tempor.
— 20	———	belehnt den Henne von Elkerhusen genannt Kluppel und seine bröder Philipp und Heinrich mit 12 gulden manngelds aus der kellerei Limburg. 1491 trier. stils vff Sebastian. Tempor.
— 21	———	erlässt für die fast ganz abgebrannte stadt Mouthabar eine verordnung wegen der abtragung und belastung der häuser mit zinsen. 1491 trier. stils vff Agneten. Tempor. Ueber diesen brand 1491 am sonnt. Jubilate (apr. 24) siehe Brower Ann. 2,311 und Limburger Chronik.
febr. 1	Confluent.	bestätigt eine schenkung für das nonnenkloster Bethlehem in der stadt Limburg, sodann denen befreiung von der pflicht des krankenbesuchs und die zahl der klosterfrauen auf zwölf. Tempor.

1492		
febr. 4	Erembreit-stein	genehmigt, dass Johann von Esch seine schnur Agnes, die tochter Ulrichs von Eltz auf seinen theil des hauses zu der Schuren, auf den zehnten zu Plyne und seine besitzungen zu St. Wolfart und Ingbert bewitthume. 1491 mor. Trev. sab. post Blasii. Tempor.
— 9	Confluent.	ertheilt seinem amtmann zu Salm verschiedene aufträge, unter andern sich um ein pferd im lande von Julich oder Limburg für Johann Bastart den hauptmann zu Monfort umzusehen. 1491 mor. Trev. in die Apollonie. Concept in Cobl.
— 9		ersucht den pfalzgrafen, herzog Alexander, seine räthe nach Oculi (mrz. 30) nach Veldenz zu schicken, indem er die seinigen alsdann in Bernkastel haben werde um folgenden tags in der frühe wegen Achtelspach zu verhandeln, da die nach St. Wendel zu dem bestimmten tage abgeordneten wegen unwetters und grossen schnees nicht weiter hätten reiten können. Dat. wie oben. Concept in Cobl.
— 14	Erembreit-stein	ernennt seinen rath Ulrich von Eltz zum amtmann von Covelentz. 1491 trier. stils vff Valentin. Or. in Cobl.
— 16	——	belehnt seinen kämmerling Johann Richtembach mit den 10 mark aus dem Coblenzer zoll, Ehrenbreitsteiner burgleben, welche derselbe von Heinrich von Valender genannt Pythaene gekauft hat. 1491 trier. stils donrst. nach Valentin. Tempor.
— 25	——	entscheidet einen streit zwischen den schöffengerichten zu Wesel und Wiebelsheim wegen ihres gerichtsbezirks. 1491 trier. stils vff Mathys. Or. in Cobl.
— 28	Confluent.	erlaubt dem pastor Helwig zu Bleyde seine pfarrei mit einem andern geistlichen beneficium zu vertauschen. Tempor.
mrz. 5	Erembreit-stein	verkauft dem schultheiss Johann auf der Isenschmitt 3 malter korn jährlicher rente aus der kellerei Manderscheid um 75 gulden, mit welchem gelde er eine andere kornrente bei Hans Lichtenstein von Bohel abgelöst. 1491 trier. stils mont. na Estomihi. Tempor.
— 17	——	ernennt den Franz von Lewenstein zum amtmann von Sternberg und der vogtei Hirtzenau. 1491 trier. stils vff Gertruden. Or. in Cobl.
— 17	. . .	verschreibt demselben und dessen ehefrau Margretha von Enscheringen für 500 gulden welche dieselben ihm aus ihrem billiggeld geliehen und womit er nebst noch 4000 gulden die er bei dem grafen Sebastian von Seyn geliehen, das schloss und amt Manderscheid von Hermann Boess von Waldeck eingelöst hat, 25 gulden jährlicher rente aus dem zoll zu Boppard mit stellung von bürgen und deren verpflichtung zum einlager in Boppard, St. Goar oder Trarbach. Dat. wie vorher. Tempor.
— 26	Covelentz	ernennt den Friedrich Zaut von Merl auf zwei jahre zum amtmann von Hunolstein. 1492 mont. nach unser lieben frauentag Annunciationis. Or. in Cobl.
apr. 4	——	beurkundet einen vergleich mit der stadt Frankfurt wegen der benutzung eines platzes vor dem erzbischöfl. hofe daselbst. 1492 vff Ambrosius. Or. in Cobl.
— 8	..	beurkundet, dass er zu Trarbach durch den pfalzgrafen Johann mit den gebrüdern Wilhelm Wolff und Johann von Lewenstein wegen deren ansprüche an ihre mutter vorältern, denen von Nattenheim, benessenen leute, güter und renten bei Gundelsheim in der herrschaft Schoneck i. d. Eifel verglichen worden, und diese besitzungen den brüdern zurückstellen wolle. 1492 sont. Judica. Or. in Cobl.
— 9	Erembreit-stein	ersucht den Luxemburgischen gubernator, markgrafen Christof von Baden, den unterthanen in der grafschaft Salm den fruchtaukauf im lande Luxemburg zu gestatten. 1492 fer. 2 post Judica. Concept in Cobl.
— 23	——	nimmt den Ruprecht von Rile auf 8 jahre gegen 12 gulden aus dem siegel zu Coblenz und 2 hofkleider jährlich zum rath und diener an. 1492 vff Georg. Tempor.
— 29	——	weist dem Gerlach von Wunnenberg solange derselbe amtmann zu Castelburg sein wird 2 fuder wein oder 20 gulden jährlich aus der kellerei Cochem an. 1492 sont. nach Marx. Tempor.
mai 13	——	vererbpachtet ein plätzchen in Gappenacher gemarkung und 2, eine mühle zu Oberbrechen. Beide 1492 sont. Jubilate im Tempor.
— 17	——	verschreibt seinem spendeler Johann von Berperg genannt Schütze wegen altersschwäche eine jährliche pension von 12 gulden aus dem siegel zu Covelentz. 1492 donnerst. nach Jubilate. Or. in Cobl.
— 22	——	belehnt den Thoilman von Byvels den jungen von wegen der herrschaft Schoneck in der Eifel mit seinem theil des dorfs Wiler zur Lynden. 1492 dinst. nach Cantate. Tempor.
— 30	Confluent.	ertheilt in folge päbstlichen auftrags dem Nicolaus Coci wegen seiner unehelichen geburt dispens zum empfang der priesterweihe. Ohne jahr mit die Mercurii penultima maii im Tempor, was auf 1492 weist.

36

1492		
iun. 4	Erembreit-stein	verschreibt dem archidiakon, grafen Bernhard von Solms, für 500 gulden welche er bei demselben behufs bezahlung des rückständigen dienstgeldes an graf Reinhard von Lyningen herrn zu Westerburg geliehen hat, den zehnten zu Brechen. 1492 mont. nach Exaudi. Tempor.
— 13	. . .	verspricht dem Coenen von Ryffenberg in vier terminen innerhalb drei iahren die bei demselben geliehenen 1000 gulden nebst 35 gulden zinsen zurückzuzahlen. 1492 mitw. nach Pfingstag. Or. in Cobl.
— 22	Paltzel	antwortet dem amtmann zu Saln auf verschiedene anfragen in betreff der von dem iungen Eberhard von Arberg gemachten brandschatzungen. 1492 fryt. nach Corporis Christi. Concept in Cobl.
— 30	Trevir.	ernennt den prior des klosters Helenenberg bei Welschpillich zum visitator und administrator des nonnenklosters St. Nikolai zu Trier. Or. in Cobl. mit dat. ultima die mensis iunii.
— 30	Confluent.	gratulirt dem könig Ferdinand von Spanien zum sieg über die Sarazenen und das reich Granada; 2, theilt dem kardinal S. Crucis von Toledo seine freude über diesen sieg mit. Chartul. in Cobl. mit dat. wie vorher.
iul. 13	Erembreit-stein	erklärt sich der stadt Trier auf deren schreiben wegen der kaiserlichen mandate stets bereit sich zu ihren gunsten zu verwenden. 1492 sexta post Kilian. Concept in Cobl.
— 15	—	genehmigt, dass die gemeinde Valender die klause bei ihrer pfarrkirche, welche Jorg von Sain graf zu Witgenstein und seine gemahlin Elisabeth von der Mark, weil nur mehr eine begine darin der kranken wartet, der pfarrkirche inkorporirt hatte, zu einer schule einrichte und die einkünfte der klause zum gottesdienst verwende. Günth. 4,708. Or. in Cobl.
— 15	—	verkündet dem grafen Dietherich zu Manderscheid, dass der kaiser an alle kurfürsten, fürsten, grafen, herrn, städte und unterthanen des reichs ein mandat erlassen habe, auf unser lieben frauentag assumptionis (aug. 15) persönlich mit aller macht und gereitschaft von leuten und andern was in das feld gehört, zu Metz bei dem römischen könig zu erscheinen. 1492 vff division. apostolor. Or. in Cobl.
— 22	— —	mahnt den Johann de Wy probst zu Bastenach wegen einstellung seiner übergriffe in die grafschaft Saln. 1492 Marien Magdalenentag. Concept in Cobl.
— 24	— —	schreibt dem grafen Bernhard von Solms, amtmann zu Limburg, dass er den dortigen bürgern verbiete von ihrem gericht nach Frankfurt zu appelliren. 1492 for. 3 post Magdalenae. Chartul. in Cobl.
— 24	— —	erlaubt dem nonnenkloster St. Martin bei Andernach den bau eines dormitorii. Tempor.
— 26	Covelentz	ernennt seinen rath Wirich von Daun herrn zu Falkenstein und Oberstein auf ein iahr zum amtmann von Pfalzel. 1492 dornst. nach Jakob. Or. in Cobl.
aug. 4	Zelle	ersucht die Luxemburgische regierung um abstellung der übergriffe Johanns de Vye in die grafschaft Saln. 1492 samst. nach vincula Petri. Concept in Cobl.
— 10	Covelentz	schreibt dem Johann de Vyhe probst zu Diedenhoven und Bastenach, dass er seine etwaigen forderungen an leute aus der grafschaft Saln vor den statthalter zu Luxemburg zum austrag bringen solle. 1492 dornst. nach assumption. Marie. Concept in Cobl.
— 25	Erembreit-stein	genehmigt, dass die gebrüder Wirich und Hilger von Langenau die ihrem verstorbenen vater Hilger als ein Limburger burglehen gegebene hofstatt zu Limburg an die probstei des St. Georgenstiftes daselbst gegen den Zechershof zu Obernerlenbach vertauschen. 1492 samst. nach Bartolmes. Tempor.
sept. 24	Coblentz	(im hof bei St. Florinskirche) Der erzbischof bittet den hierselbst persönlich anwesenden könig Maximilian um rückgabe der markgrafschaft Arlen, der 72 mutterkirchen mit ihren zehnten, des obersten marschalkamts, der stadt Biedburg, der vogtei über die Maximin'schen güter, der lehensherrlichkeit über schloss Droneck und der Talvanker mark, welche die herzoge von Luxemburg sich angeeignet hatten. Or. Notariatsinstrument hierüber in Cobl.
oct. 1	. . .	verschreibt dem grafen Reinhart von Leiningen herrn zu Westerburg 100 gulden iahrzins aus dem Engerser zoll um 2000 gulden. 1492 mont. nach Michel. Or. in Cobl.
— 3	. . .	desgl. dem Thoniges Schitz von Holtzhusen, dem alten, und dessen ehefrau Margarethen 80 gulden iahrrente aus dem zoll Coenengers um 1600 gulden, und stellt bürgen mit der verpflichtung zum einlager in Runkel. 1492 mittw. nach Remeys. Tempor.
— 6	. . .	ernennt gemeinschaftlich mit dem landgrafen Wilhelm von Hessen, dem grafen Johann von Nassau und Godfrid herrn zu Eppenstein in ihrem streite wegen Limburg, Molsberg

1492		

		und Dietz den ritter Bertram von Nesselrode, herrn zu Ereustein, erbmarschalk des landes vom Berge zum obmann, entscheids oder gewilkorten richter. 1492 samst. nach Remeys. Tempor.
oct. 7	Covelentz	verschreibt dem schultheis und kellner Niklas Loirbecher zu Wesel 10 gulden aus der dortigen bede und ein sommerkleid jährlich auf lebenszeit, ausserdem noch ein winter-kleid jährlich solange er kellner ist. 1492 sont. nach Remeys. Or. in Cobl.
— 22	. . .	verpfändet den vettern Meynhart dem jungen und Walrav von Coppenstein für die deren vätern, den gebrüdern Meynhart und Peter, von wegen der herrschaft Hunolstein schuldigen 500 gulden den zehnten zu Birkenfeld. 1492 mont. nach Lukas. Or. in Cobl.
— 27	Erembreit-stein	subdelegirt als kaiserlicher komissar in sachen der städte und lande Kempen und Linde gegen Dietherich von Briel und Luttel von Stammel seine räthe, den grafen Philipp von Virnenburg, den Wirich von Daun, den kanzler Ludolf von Enscheringen und Heinrich von Soetern den jungen, zu dem in Coblenz am samst. nach Allerheiligen (nov. 3) von ihm anberaumten rechtstag, da er selbst verhindert ist. 1492 vff Simon und Judas abend. Chartul. in Cobl.
nov. 6	———	erlässt an sämmtliche klöster ein verbot wegen beherbergens von reysigen. 1492 fer. 5 post Omnium sanctor. Chartul. in Cobl.
— 6	———	schreibt in folge des rathschlags auf dem reichstag zu Cublenz den trier. landtag samst. nach Andreas (dec. 1) in Zell im Hamm aus. 1492 Leonhardi. Or. in Cobl.
— 11	—— —	verwendet sich zu gunsten der zur äbtissin von Fouessay (in Thorensi) Lütticher diöcese gewählten Eva von Isenburg beim röm. hof, wo deren streit mit der anderswo gewählten aber in besitz dieser abtei sich gedrängten Amelie von Rennenberg schon im vierten jahre schwebt. 1492, 3 id. nov. Chartul. in Cobl.
— 16	———	verpachtet auf 24 jahre eine mühlenstatt unter der burg Schonenberg im Oisling um darauf wieder eine mühle zu bauen. 1492 frit. nach Briktius. Tempor.
— 26	Confluent.	ersucht den Luxemburgischen gubernator die leute in der grafschaft Salm nicht weiter zu beschweren, da die Luxemburgischen und Trierischen beschwerden noch an einem gütlichen tage hangen. 1492 mont. nach Katharinen. Concept in Cobl.
— 27	———	schreibt dem amtmann zu Salm und 2. dem von Arberg in derselben sache. 1492 fer. 3 post Katherine. Concepte in Cobl.
— 30	Cuchme	schreibt dem amtmann zu Salm wegen der diensteforderung des Luxemburgischen gubernators. 1492 in die Andree. Concept in Cobl.
dec. 1	Celle	(im Hamm) vererbpachtet gemeinschaftlich mit dem abt Ruprecht von Prüm den bergbau auf erz im Alflerberg, in den Ruessen und im amt Schonenemberg im Oisling an den grafen Philipp von Virnenburg, die gebrüder Dieterich und Gerlach von Wonnenberg, Johann von Hersel, Adam von dem Bongart genannt Duymgin und andere mehr. 1492 samst. nach Andree. Tempor.
— 7	Erembreit-stein	beschwert sich bei dem römischen könig, dass des Luxemburgischen gubernators, mark-grafen Christof von Baden, leute, als derselbe nach belagerung und eroberung etlicher schlösser auf schloss Salm übernachtet hatte, beim aufbruch daselbst brand und raub verübt. 1492 vf unser frauwen abend conception. Concept in Cobl.
— 19	- ——	belehnt den Philipp Mul von Ulmen mit der burg zu Guntrove und ländereien daselbst und zu Rover auf dem Meynfeld, welche derselbe den gebrüdern Marsilius und Eberhard von der Arken abgekauft hat. 1492 mitw. nach Lucien. Or. in Cobl.
— 20	Confluent.	vererbpachtet die mühle zu Scholze im amt Manderscheid. 1492 quinta post Lucie. Tempor.
— 20	-- --	schenkt die frühmesse zu Keisersesch ein haus mit hof und hofstatt bei der kirche daselbst. 1492 in profesto Thome. Tempor.
— 29	Erembreit-stein	beauftragt den zu Coblenz residirenden stiftsherrn vom St. Florin, mag. Hermann Smidt, utriusque iuris baccalarius, dechant von St. Aldegund in campis zu Mainz und von St. Peter zu Fritzlar, mit der untersuchung, in dem prozesse des zur pfarrkirche in Carolshasen präsentirten priesters Peter Stefan von Bedburg mit dem religiosen Wilhelm Huward wegen dieser pfarrei worin ersterer gegen das urtheil des archidiakonatsofficial appellation ergriffen hatte. 1492 sabb. post nativ. Christi qui fuit 29. decbr. Chartul. in Cobl.
	———	regulirt die zwischen dem kirspel Nerenberg und dem Monthaburer banne bisher streitigen hoheits- und weidegränzen. Nur mit jahr 1492 im Tempor.
	. .	erlaubt auf die bitte des generals der Prediger, pater Joachmus Turrianus, den mönchen des Predigerklosters zu Achen, da daselbst im nächsten jahr 1493 auf Maria Himmel-

1493		
		. fuhrt ein provinzialcapitel des ordens soll gehalten werden, um die gäste besser in speise und trank bewirthen zu können, im bezirk benachbarter klöster zu predigen und allmosen zu sammeln. Ohne datum im Chartul. in Cobl. jedoch wegen des im texte angeführten jahres in 1492 zu setzen.
jan. 12	Erembreit-stein	ermahnt den von Clerve zu verfügen, dass das auf dem markt zu Besslingen einem aus der grafschaft Salm weggenommene pferd zurückgegeben werde, und 2, desgl. den probst zu Salm unter strafandrohung sich der aufreizenden reden; dass die unterthanen dieser grafschaf sich einen andern herrn gewinnen sollen, zu enthalten. Beide 1492 mor. Trev. sabb. post trium regum. Concepte in Cobl.
— 24	—	belehnt den Coblenzer schultheiss Johann Mont von Nuwenstat und dessen ehefrau Gerdrut von Kerpen für die bei denselben geliehenen 272 gulden mit dem „Gryn" beim Rorerhof und der lache bei Cols. 1492 trier. stils durnst. nach Agneten. Or. in Cobl.
— 25		bestimmt den gebrüdern grafen Gerhard und Sebastian von Seyn einen tag freit. nach Invocavit (mrz. 1) im pallast zu Trier um ihre rechte auf die lehen des verstorbenen dumprobst Phillipp von Sirk zu beweisen; 2, desgl. dem grafen Friedrich von Zwei-brücken herrn zu Bitsch einen solchen sonst. nach Invocavit (mrz. 2) in Trier oder Pfalzel wegen Bitsch. Beide 1492 mor. Trev. conversion. Pauli. Concept und Chartul. in Cobl.
— 25	— —	belehnt den Friedrich Swaen von Cochem, kellner zu Bernkastel, der ihm zur einlösung einiger renten 120 gulden geliehen, mit 4 gulden und 2 malter hafer jährlich aus den gefällen der vogtei zu Filtzen. 1492 trier. stils uff Paulustag als er bekert ward. Tempor.
— 26		bestimmt dem grafen Friedrich von Zweibrücken herrn zu Bitsch in seiner sache mit dem grafen Peter von Salm herrn zu Reifferscheid einen andern göttlichen tag samst. nach Invocavit (mrz. 2) wie vorher, und erscht ihn auch wegen der sache mit der stadt Trier sich zu einem göttlichen tage zu verstehen. 1492 mor. Trev. sampst. nach convers. Pauli. Concept in Cobl.
— 26		Ein von Honth. 2,491 mit dem datum sambst. nach Sebastian 1492 mor. Trev. (also 1493 jan. 26 und nicht jan. 21 wie dort) mitgetheilter befehl. dem coadjutor Jakob zu huldigen, gehört nicht hierher, sondern siehe 1503 jan. 21.
febr. 3		ernennt den Johann von Eltz den jüngern zum amtmann von Baldeneck. 1492 trier. stils uff Blasius. Or. in Cobl.
— 5	Confluent.	An diesem tage leistet Johann von Swelm in die hand des erzbischofs seinen jurament als abt des Benediktinerklosters St. Florini zu Schonauwe. Notiz im Tempor.
— 8		erinnert die gebrüder grafen Gerhard und Sebastian von Seyn an den 1. märz bestimmten tag, wegen darlegung ihrer ansprüche als Monkleir'sche erben an die hinterlassenschaft des dumprobsts Philipp von Sirk. 1492 mor. Trev. frit. nach purificat. Marie. Or. in Cobl.
— 9	Erembreit-stein	erlaubt die einweihung der mit einer wochenmesse fundirten kapelle zu Nuwendorf am Rhein vorbehaltlich der rechte der pfarrkirche. Lasсаulх, Lützelcoblenz s. 47. Tempor.
— 12	. . . .	antwortet dem pfalzgrafen Johann auf dessen beschwerde über vom trier. official gegen die von Wynnyngen erlassene citation und mandate: ,,dass sich die Wynnynger in geistlichen sachen widerspenstig hielten und namentlich einen kirchlich gebannten begraben hätten, weshalb an den kaplan und die vicare daselbst eine ladung ergangen sei den gebannten wieder auszugraben. 1492 mor. Trev. tertia post Apollonie. Concept in Cobl.
— 18	Corelentz	antwortet seinem oheim, dem pfalzgrafen Philipp auf dessen verwendung für die beiden grafen von Seyn wegen des schlosses Monkleir: dass auch noch andere auf die ver-lassenschaft des dumprobstes ansprüche erhoben hätten und deshalb auf den 1. märz in Trier ein tag bestimmt worden wo die beiden grafen ihre ansprüche vorbringen sollen. 1492 mor. Trev. mont. nach Estomihi. Or. in Cobl.
— 24	ex Palaciol.	(Treviror. vico) bittet den kardinal Franz von Siena das ihm durch mag. Peter Schonau, dechanten von Münstermeinfeld, und mag. Engelhard Fonk, seinen prokurator am römischen hof überreicht werdende geschenk (ein goldnes kreuz) freundlich anzunehmen. 1492 pridie kal. mart. Chartul. in Cobl.
mrz. 1	Trier	belehnt seinen thorwärter Melchior von Dobitsch auf lebenszeit mit 10 gulden manngeld jährlich aus dem Engerser zoll. 1492 trier. stils frit. nach Mathis. Tempor.

1493		
mrz. 2	Trier	schreibt den beiden grafen von Seyn, dass auf dem tage hierselbst wegen der verlassenschaft des domprobstes man zu keinem resultat gekommen sei und er daher einen andern tag ansetzen wolle, dem sie beiwohnen sollten. 1492 more Trev. samst. nach Invocavit. Or. in Cobl.
— 2	Pfaltzel	verarbpachtet die mühle auf der Saetment in Grymeraiter gericht; 2, desgl. die niederste mühle in der Meerbach; 3, desgl. die oberste mühle in der Meerbach und die mühle auf der Sahm im wald Edeller bei Ruckbeyne; 4, desgl. die mühle zu Niederstadefeld und 5, desgl. den hof zu dem Hane bei Oberstadefeld. Alle im Tempor.
— 3	— . —	schreibt dem grafen Friedrich von Zweibrücken herrn zu Bitsch durch dessen boten Ludwig von Altdorf genannt Wolsleger, dass er wegen seiner sache mit der stadt Trier ihm einen andern tag auf samst. nach Oculi (mrz. 16) in Pfaltzel anberaumt habe. 2, desgl. dem pfaltzgrafen Johann auf dessen beschwerde wegen des über einige Winninger ausgesprochenen kirchenbanns, dass er dieselben auf ihre bitte und ziemlich erkenntniss zu absolviren geneigt sei. Beide 1492 mor. Trev. sonnt. Reminiscere. Concepte in Cobl.
— 7	. . .	schreibt dem pfaltzgrafen Johann auf dessen wiederholte beschwerdeschrift wegen der Winninger, dass derselbe jetzt seine antwort werde erhalten haben, und wegen der zweiten klage über andere citationen des trier. officials wolle er erst, da derselbe zur zeit beim römischen könig verweile, bei dessen stellvertreter erkundigung einziehen. 1492 stil. Trev. fer. 5 post Reminiscere. Concept in Cobl.
— 10		ersucht den von Reifferscheid, da derselbe nicht auf dem mit den drei gebrüdern von Bitsch wegen deren forderungen an die grafschaft Sahm bestimmten tage erschienen war, und die sache wegen ankaufs dieser grafschaft nicht verzögert werden könne, zu ihm zu kommen wenn er wieder an den Rhein gehe. 1492 mor. Trev. sont. nach Reminiscere. Concept in Cobl.
— 13	. . .	verarbpachtet dem schultheiss Stenffs Clesgin zu St. Wandelin einen platz daselbst genannt die Zehendscheuer. 1492 mor. Trev. quarta post Gregorii. Tempor.
— 15	. . .	befiehlt dem official zu Coblenz, infolge der klage des pfaltzgrafen Johann dass derselbe in weltlichen sachen gegen einige Winninger procedire, mit seinem verfahren innezuhalten und erst gründlich zu untersuchen welcher natur die sache wäre. 1492 mor. Trev. fryt. nach Oculi. Concept in Cobl.
— 15	Treviris	verschreibt dem Johann von Kilburg für seine getreuen dienste auf zehn jahre jährlich 10 gulden aus der kellerei Wittlich. 1192 mor. Trev. sexta post Oculi. Tempor.
— 16	— . .	verspricht dem Wildgrafen Johann von Daun und Kirburg, Rheingrafen zum Steyn und grafen zu Sahm, dem alten, und dessen söhnen, wenn sie ein haus zu St. Wendlin erwerben würden, dasselbe von allen bürgerlichen lasten zu befreien; 2, desgl. dem Rheingrafen Johann dem alten die 200 gulden lehengelder aus dem Engerser zoll bei dessen lebenszeit nicht abzulösen. Beide 1492 trier. stils samst. nach Oculi im Tempor.
— 22		überträgt einen jahrzins von 6 gulden welchen die dompräsenz aus dem Kammerforst zu Covern bezieht, da er denselben zur wildbrege bestellt hat, auf die kellerei Covern. 1493 trier. stils fryt. nach Letare. Tempor.
— 22		vergleicht sich mit dem domstift wegen des standgelds auf den beiden Oculi und Galleniahrmärkten zu Celle im Hamm. Dat. wie vorher. Tempor. Im domkapitul. Chartular mit samst. nach Letare.
— 22		setzt die jährliche herbstweinbede zu Trittenheim auf vier fuder fest. Dat. wie vorher. Tempor.
— 22	— . —	macht einen präliminarvergleich (welcher bis sonnt. Cautate den 5. mai dauern soll) mit dem könig Reinhart von Sizilien als herzog von Lothringen wegen gemeinschaftlichen besitzes des schlosses Monclar das er allein nach des domprobstes tode in besitz genommen hatte. Dat. wie vorher. Concept in Cobl.
— 26		erthilt dem regulirten kreuzherrn kloster St. Helenberg bei Wehschbillig das recht zum predigen, beichthören, des begräbnisses und zur annahme von vermächtnissen. Tempor.
apr. 8	Erembreitstein	beauftragt den pleban zu Andernach mit der proclamirung des von kaiser Friedrich zum St. Julianaltar daselbst präsentirten licentiaten Bernhard von Loo. Or. in Cobl.
— 14	— . —	verpfändet für 800 gulden bis zu niedstem weihnachten an eine Trierer schulteiss Georg vom Sehe ein ihm von der stadt Metz geschenktes kleinod. 1493 vff sont. Quasimodo. Or. in Cobl.
— 14		bestimmt dem pfaltzgrafen Johann wegen Altley, Hane und Ravensbeuren einen gütlichen tag auf Servatius (mai 13) nach Briedel. Dat. wie vorher. Concept in Cobl.

1493		
apr. 15	Confluent.	empfiehlt den beiden kardinälen von Siena und Porto den mag. Jakob von Lare dr. utriusque iuris und official zu Trier als seinen gesandten am päbstlichen hofe. 1493, 17 kal. mai. 2, desgl. dem pabst Alexander denselben d. d. ex Confluentia die .... aprilis 1493. Chartul. in Cobl.
— 16	———	schreibt auf den samst. nach invention. crucis (mai 4) nach Trier den trier. landtag aus. 1493 dinst. nach Quasimodo. Chartul. in Cobl.
— 18	—	ertheilt dem Theoderich von Ketge und der Katherine von Seelbach dispens zu ihrer kopulation während der verbotenen zeit nach dreimaliger proklamation in den pfarrkirchen zu Eich und Horcheim. Chartul. in Cobl.
— 18	Erembreit-stein	erlaubt dass die jährlich in der bittwoche am montag nach Exaudi von den pfarreien Loupach, Hoenrey und Kiselbach zur kirche des heil. Goar in St. Goar stattfindende prozession, künftig zur kapelle nach Bubach geführt werde. 1493 quinta post Quasimodo. Chartul. in Cobl.
— 21	—·——·	belehnt den Sifrit Blieck von Lichtemberg mit den lehen des bruders seiner mutter, des verstorbenen Thonis von Iboiche, nämlich mit 18 huben land im Iloicher gericht und mit einer baunmühle oberhalb Haldeneck. 1493 am sont. Misericordia. Tempor.
— 25	———	bestätigt die wahl der aebtissin Aldegunde zu Brauenberg. 1493 fer. 4 post Georgi militis. Chartul. in Cobl.
— 29	———	belehnt seinen rath und küchenmeister Caspar von Mielen genannt von Dievelich mit den verstorbenen domprobst Philipps von Sirk lehen zu Pomern. 1493 mont. nach Jubilate. Tempor.
mai 5	Paltzel	antwortet dem grafen Johann von Salm auf dessen schreiben um freilassung des Sporenhansen und Wirich von Castel, gebrüder und anderer welche wegen strassenraubs zu Welschpillig im gefängnis sässen, — dass ihm hiervon nichts bekannt sei und sich daher erst bericht erstatten lassen wollte. 1493 am sont. Cantate. Concept in Cobl.
— 7	———	verspricht dem Wild- und Rheingrafen Johann und dessen sohn Johann in deren lehenbriefen über die wild- und rheingräflichen lehen, namentlich aber Wildemberg, Droneck und die Talvanker mark, nicht mehr das verbot wegen deren verpfändung und veräusserung aufzunehmen. 1493 dinst. nach Cantate. Tempor.
— 14	———	verpachtet auf 25 jahre der stadt Limburg für 70 gulden jährlich die dasige weinaccise. 1493 mittw. nach Cantate. Tempor.
— 25	Erembreit-stein	verleiht dem priester Franzikus Leployer landdechanten zu Longuio die erledigte Katharinenkapelle zu Vertunno. Chartul. in Cobl.
— 25	———	belehnt seinen rath und küchenmeister Caspar von Mielen genannt von Dievelich nach dem tode Philipps von Mielen und dessen sohns Rickwin mit dem dorf Niederwalmenach, dem hof zu Fruchte, einer mühle mit ländereien zu Niederhilbersheim und einem wingert an der Windsbach oberhalb Bacherachs. 1493 vf Pfingstabend. Tempor.
iun. 8	———	genehmigt, dass Gotfrid herr zu Eppenstein und Myntzenberg, graf zu Dytz, seinem bruder, dem domherrn zu Cöln 200 gulden jährliche leibzucht auf sein antheil der grafschaft Dytz versichere. 1493 samst. nach vnsers herrn lichamstag. Tempor.
— 15	Covelentz	belehnt den grafen Heinrich von Waldeck herrn zu Isenburg von wegen seiner gemahlin Anastasia von Runkel mit den lehen ihres vaters Wilhelm von Runkel. (Fischer) Geschlechtsregister etc. 270.
— 16	Erembreit-stein	genehmigt, dass Mertin von Heiger die Kiddelwiese, welche ein Kempenicher burglehen, an seinen kellner und schultheisen Johann Kolb zu Kempenich vererbpachte. 1493 sont. na St. Vitstag. Tempor.
— 16	———	benachrichtigt meyer, zeuter und schöffen zu Welschpillig, dass er seinen küchenmeister und rath Caspar von Dievelich behufs beredung mit ihnen wegen der inhaftirten abgeordnet habe. Dat. wie vorher. Concept in Cobl.
— 20	—	befiehlt seinem amtmann zu Salm, sich wegen des reutergewerbs im Lütticher land genau zu erkundigen und wenn er erfahre, dass es gegen das erzstift abgesehen sei, sogleich die amtlente zu Schoeneckeu und Schonberg davon in kenntnis zu setzen. 1493 fer. 5 post Viti. Concept in Cobl.
. . .		ernennt seinen kanzler Ludolf von Enscheringen und seinen rentmeister Bartholomäus Clockner, kanonikus von St. Castor in Carden zu seinen kommissarien bei der abwahl zu Sprenkirsbach am freitag den 28. iuni nach des abts Conrad von Metzenhausen tod. Ohne datum in einem Chartular in Coblenz, jedoch da abt Conrad nach Broweri Metropolis ed. v. Stramberg 1,309 am 20. iuni 1493 gestorben hierher zu setzen.

1493		
jul. 9	Cochmo	sendet dem grafen Dietberich zu Manderscheid, da sich die dinge geändert, die geschickten dienstleute mit dank zurück. 1493 dinst. nach Kilian. Or. in Cobl.
aug. 29	. . .	vergleicht sich mit Johann Hurt von Schoneck herrn zu Opy wegen einer an dessen kinder und erben von einem kapital von 6500 gulden zu zahlenden leibrente aus dem Engerser zoll. 1493 vff Johannis decollationis. Concept in Cobl.
sept. 7	Monthabeyr	ersucht den pfalzgrafen herzog Johann von Baiern, falls sich des Symon Booss krankheit in die länge ziehe, den nach Rile angesetzten göttlichen tag verlegen zu wollen. 1493 vf vnser lieben frauwen abend nativitas. Concept in Cobl.
— 8	——	ersucht den mag. Andreas Proles, vikar der Augustiner eremiten de observantia seu reformata vita am Augustiner kloster zu Erfurt, ihm den mag. Johann von Pfalzel auf zwei bis drei monate behufs reformation einiger klöster dieses ordens zu beurlauben. Chartul. in Cobl.
— 9	.——	erlässt für den ort Welmich eine neue münz- und gerichtsordnung. 1493 mont. nach vnser lieber frauwen tag nativitatis. Tempor.
— 11	. . . .	proklamirt die nach dem tode Johanna's de Crepcy gewählte Catharina de Spinal als aebtissin des Benediktinerklosters St. Scholastika zu Juvigny. Chartul. in Cobl.
— 12	. ——	beurkundet, dass die neuliche abhaltung des hochgerichts vor der burg zu Wittlich keine beeinträchtigung des alten hochgerichtsplatzes beim kirchhofe involvire und letzterer es stets bleiben solle. 1493 donnerst. na vnser lieben frauwen tag nativitatis. Tempor.
— 23	Limpurg	empfiehlt dem kardinal von Siena seinen neffen, den markgrafen Jakob von Baden, seinen und des kaisers orator, welcher wegen verhandlung einiger sachen der trier. kirche nach Rom zurückkehre. 1493. 9 kal. octobr. Chartul. in Cobl.
— 24	Monthabor	desgl. dem pabst Alexander demselben. 1493. 8 kal. octobr. Chartul. in Cobl.
oct. 1	. . .	ertheilt dem kloster Helenenberg bei Welschpillig, dem einzigen vom orden des heil. kreuzes in der diözese, die erlaubniss zum kollektiren und ein ablassprivilegium. Chartul. in Cobl.
— 2	. . .	verschreibt aufs neue seinem rath Ulrich von Eltz und dessen ehefrau Maria von Riffemberg für 1500 gulden das amt Covern. 1493 mittw. nach Michelstag. Or. in Cobl.
— 21	——	bewilligt dem Philipp von Guntheim seine ehefrau Gela von Morssheim auf sein theil des schlosses Odenbach zu bewitthumen. 1493 die 11 milium virginum. Tempor.
— 23	. — . .	belehnt den Roylman von Geyssbusch mit der veste zum Geisabusch bei Monreal und seinem Mayeier burglehen. Günth. 4,713. Or. in Cobl.
— 31	——	verleiht dem priester Arnold im Rebstock von Monthabar die durch Conrads von Lanscheid tod vakant gewordene St. Pankratiuskapelle auf der burg Molsberg. Chartul. in Cobl.
nov. 2		bestätigt die in dem testamente des verstorbenen Diederich von Dietz geschehene dotation der altäre St. Katherinen zu Fryendletz und Unserer lieben frau zu Ardeck mit je 10 gulden jährlicher rente. 1493 die animarum. Tempor.
— 2	. —— .	befiehlt dem Gisbrecht von Mielen genannt von Dievelich und dem Niklas von Wiltberg sich unverzüglich nach Buelich und Morshusen zu verfügen und des gestorbenen rittern Clais von Drachenfels lehen daselbst für das erzstift einzuziehen. Dat. wie vorher. Chartul. in Cobl.
— 14	. . —— .	belehnt den Wilhelm von Hattenroide zur besserung seines burgsesses zu Hartenfels mit 6 gulden manngeld aus der kellerei Monthabor. 1493 donrst. nach Briktius. Tempor.
— 28	. . .	verspricht gemeinschaftlich mit der stadt Trier, vollständige schadloshaltung der wittwe Alheid von Besselich zu Trier, falls sie vom römischen hof, den westfälischen gerichten oder sonst angefochten würde, weil sie den vor diesen gerichten geführten prozess durch gütlichen vergleich beendigt habe. 1493 mittw. den 28. nov. Or. in Cobl.
dec. 9	Covelentz	verkauft dem Peter von Dune genannt von dem Marte und dessen ehefrau Ailheiden von Lontzen für 300 gulden ein haus mit garten und einen pesch zu Wittlich; und 2, dem Palmen Slabart von Kinsweiler für 554 gulden Binglershaus und erbe mit der fleischbank daselbst. Beide 1493 mont. na vnser lieben frauwentag conceptionis. Tempor.
— 16		ersucht den herzog von Lothringen um aufhebung der zu Saargau ausgeschriebenen schatzung, da diese pflege des erzstifts grundeigenthum und erst kürzlich zu Walderfingen durch die lothringenschen räthe dem erzstift restituirt worden sei. 1493 secunda post Lucie. Concept in Cobl.
— 20	.	verwendet sich bei dem pabste für den Cölner domdechant Philipp vom Steyn, dem einige pfründen des verstorbenen Gisbert von Venrode streitig gemacht werden. Chartul. in Cobl.

1493		
dec. 21	Erembreit-stein	ersucht den pfalzgrafen Johann, an die amtmänner zu verfügen, dass in der sache mit den leuten zu Boich bis zur zusammenkunft ihrer beiderseitigen räthe nichts vorgenommen werde. 1493 Thome apost. Concept in Cobl.
— 22	. . .	quittirt der stadt Cöln über die bezahlung des letzten tausend von den 3000 gulden, welche dieselbe gemäss der kaiserlichen rachtung zwischen ihr und den rhein. kurfürsten und landgrafen von Hessen zu zahlen hatte. 1493 sont. nach Thomas. Tempor.
1494	Covelentz	quittirt dem domkapitel über alle etwaige ansprüche an dasselbe wegen verwaltung des Engerser zolls. 1493 mont. nach dem ... (ausgelöscht). Or. in Cobl.
ian. 2	———	verschreibt dem Dietherich Wentz von Niederlunstein für die denselben wegen cession der vogtei und güter zu Vachbach, Meelen und Niffern schuldigen 700 gulden, jährlich 35 gulden aus der schatzung zu Niederlaunstein. 1493 trier. stils dornst. nach dem heil. iurstag. Tempor.
— 3	Erembreit-stein	erlaubt der gemeinde Niederlaunstein iährlich 35 gulden aus ihrer in die kellerei Erembreitstein zu entrichtenden schatzung zurückzuhalten und dem Dietherich Wentz zu bezahlen. 1493 mor. Trev. frit. nach iarstag. Tempor.
— 7	———	bestätigt die anstellung eines zweiten priesters bei der Marienkapelle auf dem Valveyer berg, bestimmt beider obliegenheiten und erlaubt dem erstern sich probst, prior, rektor oder administrator zu nennen. Tempor.
— 8	. . .	verschreibt dem Peter Mayer von Regensburg eine iahrrente von 4 malter frucht und 4 ohm wein. 1493 mor. Trev. fer. 4 post Epiphan. dni. Tempor.
— 9	———	bestätigt dem ritter Johann von Kellenbach in dem ihm von seinem vater Clais cedirten amt Grimburg; und 2, verschreibt demselben, seinem amtmann zu Saarburg und Grimburg, für 1000 gulden einen iahrzins von 12 gulden aus der kellerei Pfalzel, solange derselbe amtmann zu Grimburg sein wird, nachher aber 50 gulden iährlich. Beide 1493 trier. stils dornst. nach Dryerkonnynk. Orr. in Cobl.
— 11	———	bestimmt dem grafen Philipp von Virnenburg wegen verschiedener differenzen mit den aemtern Meyen, Munster, Daun und der Pellenz auf diust. nach conversion. Pauli (ian. 28) einen tag in Coblenz. 1493 trier. stils samst. nach Dryerkoning. Or. in Cobl.
— 11	———	erlaubt dem Adam von Darmstadt, kellner zu Monstermeynfeld, ein bisher mannlehen gewesenes huus mit höfchen und gärtchen daselbst nebst einem wiesenpläckelchen im Schrumperthal an sich zu bringen, und allodificirt diese güter. Dat. wie vorher. Tempor.
— 12	———	erlaubt dem pfarrer zu Nennich die kopulation Symon's von Ellenbach mit dessen familiarin Elisabeth ohne vorherige proklamation in der schlosskapelle zu Bübingen zu vollziehen. 1493 mor. Trev. dominice post trium regum. Chartul. in Cobl.
— 17	———	ertheilt für die an den vier quatembersonntagen des iahrs und auf St. Sebastianstag in der kirche zu Oberbreithach für die verstorbenen gehalten werdenden messen mit vigilien ein ablassprivilegium. Chartul. in Cobl.
— 30	Coblentz	meldet dem ritter Dietherich zu Manderscheid, dass er seinen rottmeister mit reysigen in die Eifel geschickt habe um zu nacht in Hillesheim zu sein, und ersucht ihn, sich mit reysigen und fussleuten bereit zu halten um auf erfordern zuzug und landrettung helfen zu thun. 1493 more Trev. dornst. nach conversion. Pauli. Or. in Cobl.
febr. 12	Erembreit-stein	verleiht dem priester Peter Hulse seine vakante vikarie zu St. Cunibert in Cöln. Tempor.
— 20	———	ertheilt dem rektor einer pfarrkirche auf fünf iahre dispens, vorbehaltlich dass er für diese vorsorge für den gottesdienst treffe, behufs erlangung der dyakonats- und priesterwürde sich den studien zu widmen. Chartul. in Cobl.
— 20	Confluent.	ertheilt dem mag. Hermann Schmit, kanonich von St. Florin zu Coblenz und kollector der apostolischen kammer in der trier. provinz, bei seiner rückkehr nach Rom ein empfehlungsschreiben an die priester der apostolischen kammer, mit 10 kal. mart. iahr 1493. Chartul. in Cobl.
mrz. 1	Erembreit-stein	schreibt dem Dame von Gundersdorff sich wegen des schadenersatzes für die den Aldringenern im hof von Thommen gepfändeten schweine, mit dem amtmann zu Salm zu vertragen. 1493 mor. Trev. sabb. post Reminiscere. Concept in Cobl.
— 12	———	verkauft an Dietherich von Enscheringen den alten verschiedene pfandbriefe über güter, renten, dienste und rechte zu Dreys. 1493 mor. Trev. vff Gregor. Tempor.
— 31	———	vergleicht sich mit Johann von Staffel und nimmt ihn zum diener an. 1493 trier. stils frit. nach Judica. Tempor.

1494		
apr. 4	Erenbreit-stein	verspricht den ebeleuten Ulrich (von Eltz) und Mergen (von Reiffenberg) in monatsfrist die ihnen schuldigen 268 gulden pension zu bezahlen, und hinterlegt bei ihnen zu ihrer sicherheit die hauptverschreibung über 4500 gulden und die andern briefe über Kempenich. 1494 frit. nach Oistertag. Defekt im Tempor.
— 11	——	genehmigt, dass Philipp von Esch seine ehefrau Margretha, die tochter Dietherichs von Enscheringen des alten, auf ein viertel der herrschaft Esch bewittbume. 1494 frit. nach Quasimodo. Tempor.
— 15	——	befreit den Johann von Lemen, kellner im Hamm, auf lebenszeit von frohnden und andern diensten, womit die bürger der pflege im Hamm beschwert sind. 1494 dinst. nach Misericord. Tempor.
— 19	——	ernennt in gemeinschaft mit dem grafen Johann Ludwig von Nassau-Saarbrücken und Wirich von Daun herrn zu Falkenstein und Obernsteyn den Johann von Schwarzenberg auf sechs iahre zum amtmann der halben herrschaft Wartenstein. 1494 samst. nach Misericord. Or. in Cobl.
— 20	——	belohnt den Bernhard von Hassenville herrn zu Veltzberg mit den mann- und burglehen zu der Nowerburg, Wittlich, Wehlen und Uertzig, welche seiner mutter Eva von Pallant ältern bevessen hatten. 1494 sonnt. Jubilate. Copie in Cobl.
— 25	——	erlässt ein ausschreiben zur gestallung von reysigen mit pferden und harnisch wohlgerüst behufs dienstleistung nach pfingsten. 1494 vff Markus. Chartul. in Cobl.
— 26	. . .	verschreibt seinem rath Dietherich von Staffel für die bei demselben auf vier iahre geliehenen 300 gulden, 15 gulden iahrzins aus Niederlaustein. Dat. wie vorher. Or. in Cobl.
— 29	——	bestätigt das testament Ludwigs Suerborn, dechants von St. Florin zu Coblenz. Tempor.
mai 4	Confluent.	bittet die beiden kardinäle von Siena und Porto dahin wirken zu wollen, dass der in zweiter instanz in der rota zu gunsten des mag. Otto von Breithach entschiedene prozess des domcapitels wegen der reception jenes, ann in dritter instanz einem der kardinäle ausserhalb der rota übertragen werde. 1494 in Cobl.
— 7	——	beurkundet, dass er dem Johann von Lemen, kellner im Hamm, nach dessen general-rechnungsablage 63 gulden 9½ albus schulde. 1494 fer. 4 post vocem jocunditatis. Tempor.
— 8	Erenbreit-stein	erlässt ein ausschreiben an die städte und aemter des erzstifts, öffentlich mit geläuter glocke zu verkünden, dass die bürger „da sich itz und allenthalben in den landen merkliche gewerbe anstellen" sich rüsten mit harnisch, gewehr, geschütz und andern das zum feldlager gehört (falls es dazu kommen sollte), um auf die zweite mahnung zum ausrücken gleich bereit zu sein. 1494 ascension. dni. Chartul. in Cobl.
— 21	——	protestirt, sich auf das privilegium de non evocando berufend, gegen ladungen des kaiserl. hofgerichts zu Rottwile an trier. gerichte und unterthanen. 1494 vff Pfingstmittw. Chartul. in Cobl.
— 22	——	bestätigt den kanonikus Johann Kirburg als dechant der St. Martinskirche zu Itzstein. Tempor.
— 22	——	erlaubt der stadt Trier auf ihr gesuch vom pfingstabend den „Dasfborn" auf den markt-platz zu leiten und den Carthäusern etwas davon abzulassen. 1494 doerst. nach Pfingstag. Tempor.
iun. 9	——	verspricht dem Wilhelm von Witzelnbach, amtmann zu Argenfels, 150 gulden baukosten am schlosse daselbst zurückzuerstatten, und ihn in den nächsten zwölf iahren in dieser stelle zu belassen. 1494 mont. nach Medardus. Or. in Cobl.
— 9	. . .	erlaubt der Eva von Utingen (Hilgers von Langenau ehefrau) sich einen beliebigen beicht-vater zu wählen. Chartul. in Cobl.
— 13	. . .	ertheilt mit seinem domkapitel (wie am 22. mai in form eines rescripts nun in urkundlicher) den consens zur leitung des Dasfborns. Tempor.
— 19	——	vererbpachtet das haus Trarbach zu Trier an Heinrich von Hartenrod. 1494 dornst. nach Vyt. Or. in Cobl.
— 22	——	präsentirt von wegen der herrschaft Schonemberg den regulirten chorherrn Peter Duimgin zur kirche in Manderfeld. Cölner diözese. Tempor.
— 24	Covelentz	erhöht dem mainzischen kanzler dr. Georg von Helle die demselben wiederzurückznerstat-tenden baugelder für den hof zu Frankfurt auf 1500 gulden. 1494 vff Johannstag mitsommers. Or. in Cobl.
— 26	Erenbreit-stein	protestirt gegen einen artikel, betreffend die lothringenschen vorbehalte, in dem vertrage 37

1494		
		d. d. Walderfingen 1493 oct. 21 mit dem grafen Haman von Lyningen-Rixingen herrn zu Furpach wegen Sirk, Siersberg, Monclair, Mertzig und Saargau etc. Tempor.
ian. 26	Erembreit-stein	belehnt den grafen Sebastian von Seyn herrn zu Moncler und Meynsberg mit seinem theil der Monclair'schen lehen. 1494 donnerst. nach Johann bapt. Tempor.
— 28	————	nimmt den Hilger von Prüm mit einem reysigen pferde im harnisch gerüstet gegen 12 gulden und ein sommerhofkleid iährlich auf vier iahre in dienst. 1494 vff Peter und Pauls abend. Or. in Cobl.
— 28	————	protestirt gegen die Achtheit eines von dem herzog Reinhard von Lothringen producirten vertrags, der 1485 auf Martinstag wegen der gemeinschaft Mertzig zwischen ihnen abgeschlossen. Tempor.
iul. 1	————	incorporirt dem abteil. tische des Benediktiner frauenklosters St. Apollinaris und Marien Magdalenen auf dem Wörth oberhalb Coblenz den St. Michaelsaltar in der kirche daselbst, 1494 kal. iul. Chartul. in Cobl.
— 3	————	verleiht seinem sekretair Bertold Kruse von Regensburg für seine beinahe 42iährigen dienste und zur verbesserung seiner leben, güter zu Hurcheym. 1494 donrst. nach vnser lieben frauwentag visitationis. Tempor.
— 6	————	empfiehlt dem römischen könig seinen an ihn abgeordneten vetter, markgrafen Christof von Baden, zu geneigter audienz. 1494 sonnt. nach vnser lieben frauwentag visitation. Concept in Cobl.
— 24	Trevir.	bestätigt die nach dem tode Katherinens von Beckingen als äbtissin zu Fraulautern gewählte Eva Hubenriss. Chartul. in Cobl.
— 29	Paltzel	ernennt den official mag. Jakob von Lare, doktor boider rechte, den mag. Johann Haltfast, archidiakon und kanonikus zu Lüttich, seinen siegler zu Trier, und seinen secretair Gregor Kebisch von Speier, zu seinen anwälten in seinem prozess wegen des vom röm. könig Maximilian dem Anton von Bibra, Wernher Holtzadel und Heinrich Smalkalden verliehenen von dem domprobst Philipp von Sirk besessenen thurnos am zoll zu Boppard. 1494 dinst. nach Jakobi. Chartul. in Cobl.
aug. 7	————	vergleicht sich mit der abtei St. Maximin wegen ihrer beider rechte zu Budelich, Breyt und Schonemberg. 1494 donnerst. nach Peterstag ad vincula. Or. in Cobl.
— 14	Erembreit-stein	ersucht den pfalzgrafen Johann um bestimmung eines andern gütlichen tags wegen der weidstrittigkeiten der gemeinden Briedel und Enkerich. 1494 quinta post Laurentii. Concept in Cobl.
— 16	————	befiehlt dem ritter Johann von Kellenbach, bisherigen amtmann zu Saarburg, da er ihn zum amtmann von Grimburg ernannt habe, ersterem seinem nachfolger bis zu Bartholomäi zu räumen. 1494 sabb. post assumption. Marie. Chartul. in Cobl.
— 21	————	befiehlt dem amtmann im Hamm den einwohnern zu Briedel den in ihrem weidstreit mit Enkirch vom freitag nach Maria geburt (sept. 12) nach Ryle bestimmten tag bekannt zu machen und demselben amtshalber beizuwohnen. 1494 quinta post Bernhardi. Concept in Cobl.
— 22	————	verkauft mit consens des domkapitels für 1500 gulden dem Cölner bürger Goewin von Strailen mit verbürgung der städte Coblenz, Boppard und Oberwesel 75 gulden iahrzins aus dem Bopparder zoll. Or. in Cobl.
— 23	————	ertheilt der stadt Coblenz wegen vorstehender bürgschaft eine schadlosverschreibung. 1494 an Bartholomaeus abend. Or. in Cobl.
— 29	. .	ertheilt den grafen von Seyn ein empfehlungsschreiben an den könig Renat von Sizilien, herzog von Lothringen, bei dem sie einen prozess anhängig haben. Chartul. in Cobl.
— 30	————	verleiht dem priester Johann Plantze die St. Agathenkapelle in der burg Molembach. Chartul. in Cobl.
— 30	Confluent.	bestätigt die St. Annabruderschaft im Carmeliterkloster zu Trier und ertheilt ihr ein ablassprivilegium. Tempor.
— 31	————	ernennt seinen kanzler, mag. Ludolf von Enscheringen, artium et utriusque iuris doctor, der kirchen von St. Simeon zu Trier und St. Crucis bei Mainz probst, zum vicekanzler der Trierer universität. Tempor. und Honth. 2,492.
sept. 3	Erembreit-stein	nimmt den Johann Snedse von Greusau zu seinem lebenslänglichen diener an, und verschreibt ihm, nach der abtretung seines amts zu Stolzenfels und falls er nicht mehr rottmeister sein würde, 20 gulden iährlich aus der kellerei Limburg. 1494 mitw. nach Egidius. Or. in Cobl.

1494

sept. 3	. . .	bewilligt dem Philipp von Fleckenstein seine ehefrau Helena von Venningen auf das dorf Dryesbach bei Bohel in Speierer diöcese zu bewitthumen. 1494 quarta post Egidii. Tempor.
— 3	Monthabor	(ex castro) schreibt dem Andreas de S. Hilario, licentiaten des bürgerlichen rechts, dass er auf die fürsprache des königs von Sizilien seinen sohn Jakob in die kanzlei und reihe der sekretaire aufgenommen habe, und nun in geschäften an den hof dieses königs senden werde. Chartul. in Cobl.
— 6	———	ertheilt der Coblenzer bürgerin Merge, Gerhard's von Irmtrude wittwe, ein empfehlungsschreiben an den landgrafen (von Hessen) bei dem sie etwas zu thun habe. 1494 samst. nach Egidii. Chartul. in Cobl.
— 6	— —	ersucht den herzog Johann von Baiern auf dinst. nach Allerheiligen (nov. 4) seine räthe nach Bernkastel zu senden um wegen der forderung des grafen von Bitsch an die grafschaft Salm zu verhandeln: und 2, benachrichtigt hiervon den grafen Peter von Salm herrn zu Reifferscheid. 1494 sab. post Egidii. Concepte in Cobl.
— 19	. .	ernennt von wegen der Lyse von Hunolstein den Friedrich Stetzgins von Tryss zum amtmann von Neumagen. 1494 frit. nach Exaltat. crucis. Or. in Cobl.
— 23	Erembreit- stein	ersucht den herzog von Lothringen den auf freit. nach Remigii (oct. 3) zu Merzig bestimmten tag, da er seine räthe wegen geschäfts der kaiserlichen majestät nicht schicken könne, auf den 21. october zu verlegen. 1494 dinst. nach Mattheus. Concept in Cobl.
— 30	———	mahnt den von Reifferscheid ernstlich persönlich oder durch bevollmächtigte auf dem tag zu Bernkastel zu erscheinen, damit er der von Bitsch forderungen enthoben werde. 1494 fer. 3 post Michaelis. Concept in Cobl.
oct. 1	. . .	befiehlt der gesammten geistlichkeit seiner diözese die kollectensammler des klosters Helenenberg freundlich aufzunehmen und in den kirchen sammeln zu lassen. Chartul. in Cobl.
— 2		schreibt einen landtag auf mont. nach Lukas (oct. 20) in Cochem aus. 1494 fer. 5 post Remigii. Chartul. in Cobl.
— 2	———	belehnt den Johann von der Leyen für sich und seine brüder mit einem burglehen zu Bliescastel, für sich und seine schwestern von wegen der herrschaft Hunolstein mit dem kirchensatz und zehnten zu Erffwyler und Elingen, und denselben für seine ehefrau Margretha von Horingen mit einem theil der veste Dagstuhl. Dat. wie vorher. Tempor.
— 11	. . .	entscheidet den streit der gebrüder Wilhelm und Johann von Helfenstein wegen aufbewahrung ihres väterlichen theilungsbriefes und wegen verpfändung oder verkauf des hauses Molenbach. Güuth. 4,715. Or. in Cobl.
— 28	. . .	genehmigt, dass Diederich von Dune genannt von Clussart seine lehen zu Arrenrod auf vier jahre um 50 gulden verpfände. 1494 Symonis et Jude. Tempor.
— 31	Paltzel	entscheidet einen streit zwischen Even Steffan von Gudentael, dem kellner Friedrich Swan zu Bernkastel und andern wegen forderungen, geflangnissen, schmähungen und schaden, und gebiethet den schöffen zu Bischofsdron den genannten Steffan wieder als schöffen anzunehmen. 1494 vff Allerheiligen abend. Tempor.
— 31	———	schliesst eine eheberedung oder billig zwischen seiner muhme, der markgräfin Sibylle von Baden und dem landgrafen Ludwig zu Nassau-Saarbrücken. Dat. wie vorher. Chartul. in Cobl.
— 31	———	ertheilt der neuen St. Wolfgangskapelle zu Wassenich behufs anschaffung von glocken und ornat einen ablassbrief und collectenfreiheit in den landkapiteln Trier, Bidburg, Lützelburg, Arlon, Maren und Perl. Chartul. in Cobl.
nov. 4	———	verschreibt dem Cathrinenaltar in der kirche zu Bischofsdron, nachdem er einen von den frühern vögten von Hunolstein ohne lehensherrlichen consens demselben angenachten rentenverkauf kassirt hat, jährlich 12 malter korn aus der bede zu Morbach und 2 ohm wein zu Bernkastel. 1494 dinst. nach Allerheiligen. Tempor.
— 6	Trier	genehmigt, dass sein schultheiss Johann von der Isenschmitte auf dem Salm oberhalb Himmenrode einige wüste plätze, die derselbe zu wiesen und felder umgemacht hatte und zinspflichtig sind, der St. Eligiuskapelle, welche derselbe auf diesen grundstücken erbaut hat, schenke, und macht sie zinsfrei. 1494 donrst. nach Allerheiligen. Tempor.
— 8	Pulacioli	bewilligt dem Friedrich vom Haus seine ehefrau Fyhe Griffenclau von Volrats auf das schloss Buschfeld und die dörfer Michelbach, Bardemach und Nuyakirchen zu bewitthumen. 1494 sab. post Willibrordi. Tempor.

37*

1494		
nov. 9	Palaciou	schreibt dem amtmann zu Salm, er werde ihm etliche reysige schicken um sich gegen den zugriff Bastians zu Montfort zu erwehren. 1494 dnce post animarum. Concept in Cobl.
— 13	. . .	vergleicht den pastor Peter zu Soetern mit den gevettern Adam, Heinrich und Johann von Soetern wegen verschiedener gülten welche die leute zu Enwyler zu entrichten haben. 1494 vf Briktius. Or. in Cobl.
— 16	. . .	fordert den amtmann zu Salm, auf dessen bericht wegen Bastians von Montfort, auf, seinen eidam oder den probst zu ihm an den Rhein zu schicken um sich wegen berennung des schlosses Montfort zu besprechen. 1494 sont. nach Briktii. Concept in Cobl.
— 17	—	verpachtet auf 41 iahre die mühle zu Loisskele. 1494 mont. nach Martin. Tempor.
— 26	Confluent.	bittet den pabst, welchen könig Maximilian um einen legaten in Deutschland gebeten hatte, als solchen den kardinal von Gurk zu schicken (cnius in Germania humanitas est nutissima et autoritas ex negociis apostolicis ante bene gestis plurimum valet). Chartul. in Cobl.
dec. 1	Erembreit-stein	schreibt dem pfalzgrafen Johann, herzog in Baiern, in bezug auf den abschied zu Bern-kastel noch mehreres wegen der grafschaft Salm und derer von Bitsch, nach dass er deren leben Lebenberg mit 100 gulden bessern wolle. 1494 mont. nach Andreas. Concept in Cobl.
— 6	Coveleutz	antwortet demselben auf das ihm überschickte schreiben der von Bitsch in bezug auf den Bernkasteler abschied, und überlässt ihm die entscheidung in der sache. 1494 die Nicolai. Concept in Cobl.
— 10	Erembreit-stein	nimmt den grafen Ludwig von Nassau-Saarbrücken gegen 100 gulden iährlich aus dem Engerser zoll zum rath und diener an. 1494 mitw. nach Conception. Marie. Tempor.
— 10	———	mahnt zum zweitenmal die stadt Lüttich unter androhung der aufsagung des geleits, den schaden wieder gut zu machen, den einige ihrer burger in gemeinschaft mit Bastian von Montfort in ihrer bannmeile leuten der grafschaft Salm mit raub, brand, nahme und gefängniss zugefügt haben. Dat. wie vorher. Concept in Cobl.
— 13	Confluent.	befiehlt gemeinschaftlich mit Ludwig Sayborn, legum doktor und dechanten von St. Florin zu Coblenz, beide als päbstliche kommissarien, der kölnischen geistlichkeit die publi-kation der päbstlichen sentenze zu gunsten des erzbischofs Hermann, des dechants und domkapitels und des landgrafen Wilhelm von Hessen und die dagegen opponiren wollenden auf mont. nach Antonien (1495 ian. 19) vor sie zu laden. Chartul. in Cobl.
— 14	Erembreit-stein	belehnt den Friedrich von Leye mit einem fuder wein oder 10 gulden manngeld aus der kellerei Wittlich, ablöslich mit 100 gulden. 1494 sont. nach Luzien. Or. in Cobl.
— 16	. . .	erlaubt dem Johann von Lemen genannt Muer einen theil des zehnten zu Lemen auf zehn iahre zu verpfänden. 1494 dinst. nach Luzien. Tempor.
— 24	———	nimmt den Gerhard von Gulpach mit einem reysigen pferd im harnisch wolgerüst auf acht iahre gegen 8 gulden iährlich zum diener an. 1494 vff Cristabend. Or. in Cobl.
— 30	Confluent.	giebt dem nach Rom zurückkehrenden trier. kleriker Heymann Nepos von Valender ein empfehlungsschreiben an den päbstlichen auditor Dominikus Jakobaccio. Chartul. in Cobl.
— 31 1495		desgl. seinem prokurator mag. Engelhard Funk an die kardinäle von Gurk und Siena. 1494 pridie kal. ian. Chartul. in Cobl.
ian. 3	Erembreit-stein	verleiht dem Michel von Grytzingen auf lebenszeit das zenteramt zu Welen. 1494 trier. stils samst. nach iarstag. Or. in Cobl.
— 3	———	ertheilt dem von ihm mit der auseinandersetzung des nachlasses Friedrichs von Schoenen-berg. dechanten zu Münstermaifeld beauftragten rentmeister Bartholomäus Clockener und siegler Gerhard von Bedendorf generalquittung über die geschehene auseinander-setzung. 1494 mor. Trev. samst. nach circumcision. dni. Tempor.
— 6	Limburg	Zusammenkunft des erzbischofs hierselbst auf Dreikönigtag mit dem landgrafen Wilhelm von Hessen. Limburger Chronik ap. Honth. 1119.
— 7	. . .	giebt seinen consens dazu, dass der Bernkastler kellner Friedrich Swan von Cochem und seine ebefrau Germana von Hunolstein dem kanzler Ludulf von Enscheringen eine verschreibung des ritters Niklas herrn zu Esch und dessen ehefrau Margretha von Rassfeld über 150 gulden auf den fruchtzehnten zu Lonkamp und Montzevil über-tragen. 1494 mor. Trev. des andern tags nach Drierkoning. Tempor.
— 15	———	verleiht dem priester Christian von Ordorf den St. Steffanaltar in der kirche zu Gemunden. Tempor.

1495		
ian. 21	Erembreitstein	genehmigt, dass Philipp von Mielen genannt von Iheuelich die ehefrau seines sohnes Johann, Philippe von Elch, auf den halben hof zu Betzing, 3 wingerten zu Kackenes und andere güter bewitthume. 1494 mor. Trev. Agnetis. Tempor.
— 29	— —	beauftragt den amtmann von Salm, von den unterthanen des hofs zu Thommen eid und huldigung in empfang zu nehmen, vorbehaltlich der ansprüche der von Holzappel daselbst. 1494 mor. Trev. donrst. nach Pauli conversion. Concept in Cobl.
febr. 3	. . .	beauftragt den official zu Trier mit der aufhebung der über einige bürger daselbst wegen misshandlung des domherrn Ropert von Flersheim (der aber dies provocirt hatte) verhängten exkommunikation. Chartul. in Cobl.
— 12	——	ersucht den pfalzgrafen Johann um verfügung an die amtmänner, dass dieselben ihr vorgehen gegen die leute zu Boich bis zur zusammenkunft der beiderweitigen räthe sistiren. 1494 mor. Trev. donrst. nach Apollonien. Concept in Cobl.
— 13		erlaubt den pfarrern zu Oberlahnstein und zu Reuse nach einmaliger proklamation die trauung Cristians Froren von Reuse mit Katharinen Hulen von Lanstein. 1494 mor. Trev. die Castoris. Chartul. in Cobl.
— 16	— —	verleiht dem dr. decretor. mag. Heinrich Irlen ein vakantes canonikat am St. Lubentiusstift zu Dietkirchen. Chartul. in Cobl.
— 17	Covelentz	vergleicht die beiden domherrn, den markgrafen Friedrich von Baden und den domscholaster Philipp von Rulingen mit einem theil des domkapitels wegen vertheilung der pension des verstorbenen domprobstes Philipp von Sirk. Chartul. in Cobl.
— 23	Erembreitstein	erklärt sich dem pfalzgrafen Johann bereit die irrungen wegen Boich bis zur zusammenkunft ihrer räthe anstehen zu lassen, und bestimmt in den gebrechen zwischen Caspar und Philipp von Develich und Niklaus von Wilpaus von Wilperg einen tag dinst. nach Reminiscere (mrz. 17) in Covelentz. 1494 mor. Trev. sf Mathias abend. Concept in Cobl.
— 27	Confluent.	antwortet dem Johann herrn zu Runkel auf dessen gesuch um schadenersatz für am 17. febr. in der leistung als bürge für ihn gegen Otto von Dietz verlorne pferde, dass er in kurzem deshalb jemand behufs unterhandlung zu ihm schicken werde. 1494 stil. Trev. sexta post Mathie. Concept in Cobl.
mrz. 6	Cochem	ersucht den pfalzgrafen Johann, da er wegen dringender geschäfte mit dem landgrafen von Hessen und den grafen von Nassau und Eppstein auf dem in sachen der herrn von Bitsch in Trarbach auf samst. nach Reminiscere (mrz. 21) bestimmten tage nicht erscheinen könne, diesen tag etwa in die woche nach halbfasten zu verlegen. 1494 mor. Trev. fer. 6 post Estomihi. Concept in Cobl.
— 14	Covelentz	belehnt den Philipp von Elkerhusen genannt Cluppel für sich, seinen bruder Heinrich und seines verstorbenen bruders Hennen söhne mit 12 gulden manngeld aus der kellerei Limburg. 1494 trier. stils sampst. nach Gregor. Tempor.
— 19	Erembreitstein	erlaubt der abtei St. Matheis bei Trier in ihrem gerichtsbezirk die aufrichtung eines galgens. 1494 trier. stils donrst. nach Reminiscere. Or. in Cobl.
— 20	Covelentz	bewilligt dem kloster Helenenberg bei Welschpillich zoll- und abgabenfreiheit für 24 fuder wein jährlich. Or. in Cobl.
— 20	———	belehnt den Gerhard Plaite von Loncquich den alten mit 8 ohm wein jährlich zu Kosten and 1 ohm zu Lieser aus Philipps von Soetern gütern. Tempor.
— 28	Worms	ersucht den pfalzgrafen Johann, da er auf dem in sachen mit den herrn von Bitsch mittw. nach Letare (apr. 1) in Trarbach bestimmten tag nicht erscheinen, auch keine räthe dahin beordern könne, indem er sich auf erfordern des königs jählings habe nach Worms verfügen müssen, wo sich die sachen in die länge ziehen, einen andern tag zu bestimmen. 1495 samst. nach Ocull. Concept in Cobl. Ueber Johann's aufenthalt hierselbst während des reichstags vergl. Brower, Ann. 2,312. Müller Reichstagsth. 1,203 a. 204.
apr. 20		communicirt dem amtmann zu Salm einen brief an den bischof zu Lüttich zur weiterbeförderung, worin er sich zu einem tage wegen der forderungen des hauptmanns zu Montfort erbietet und ihn um abstellung der übergriffe auf die leute von Salm ersucht. 1495 fer. 2 post Pasche. Concept in Cobl.
— 22		befiehlt dem ritter Bertram von Nesselrode herrn zu Ehrenstein, seinem amtmann zu Hammerstein, dass er einen gefangenen bis zu seiner rückkunft freilassen solle. 1495 fer. 4 post Pasche. Concept in Cobl.
— 22	-	schreibt dem amtmann zu Salm über verschiedenes, namentlich solle er sich auf des Luxemburgischen statthalters ansuchen wegen reyse und folge. dahin entschuldigen, dass er

1495

		nicht die seinigen wegen der beschädigungen aus Montfort missen könne. Dat. wie vorher. Concept in Cobl.
apr. 22	Worms	antwortet dem rentmeister (zu Salm) auf dessen anzeige dass der graf von Jülich einen zeiterbengst geschickt habe, diesen anzunehmen und dem knecht 6 gulden halbbergeld zu geben. Dat. wie vorher. Concept in Cobl.
mai 4	—	antwortet dem amtmann zu Salm auf dessen meldung von der von Hastenach geforderten schatzung in der grafschaft und vom Luxemburgischen statthalter verlangten dienste, dass er an letztern ein schreiben vom kaiser erwirkt habe; 2. schreibt ebenso dem statthalter und macht ihm noch weitern bericht über verschiedene am reichstag vorgekommene gegenstände. 1495 fer. 2 post Misericord. dni. Concepte in Cobl.
— 12	—	belehnt den Reinhard von dem Burgdor falls sein stiefvater, der küchenmeister Caspar von Mielen genannt von Diuvelich keine söhne hinterlässt mit dessen leben zu Pomer. 1495 dinst. nach Jubilate. Tempor.
— 12	—	(ex regali conventu) ertheilt dem Cölner domherrn, herzog Albert von Baiern zu seiner reise au den römischen hof ein empfehlungsschreiben dahin. 1495. 4 id. mai. Chartul. in Cobl.
— 13	—	desgl. dem markgrafen Friedrich von Brandenburg ein empfehlungsschreiben an den pabst, dass dessen sohne, dem Würzburger domherrn Casimir, die durch des grafen Bertold von Henneberg tod vakanten präbenden zu Strassburg und Bamberg, und dem Bamberger domherrn Johann Fuess die zu Würzburg möge verliehen werden. 4 id. mai 1495. Chartul. in Cobl.
— 14	—	vergleicht den dompropst Vyt Truchsess zu Bamberg mit dem burggrafen Philipp von Ryneck herrn zu Broich und Thomberg über die von letzterm rückständigen lehengelder und deren künftige abtragung. 1495 dornst. nach Jubilate. Or. in Cobl.
— 19	—	(ex conventu regali) empfiehlt dem pabst die bestätigung des nach dem tode des bischofs Rudolf zu Würzburg vom capitel einstimmig zum nachfolger gewählten dompropstes Laurentius von Bibra. Chartul. in Cobl.
— 26	—	bewilligt dem Reinhart von dem Burgdor seine ehefrau Guytgin Blankarts von Arwylre auf lebengüter zu bewittbumen. 1495 tertia post Vocem jucunditatis. Tempor.
iun. 6	—	ertheilt für die in der nähe des Carmeliterklosters hierselbst neu erbaute St. Annakapelle und dasige bruderschaft ein ablassprivilegium. Chartul. in Cobl.
— 8	—	ertheilt einigen Creuznachern und Bernkastelern bürgern ein bergwerksprivilegium zu Bernkastel und hinter Montzelvil auf erz. 1495 mont. nach Pfingstag. Tempor.
— 29	—	giebt seinem familiar dem mag. Bernhardin Pfoet ein credentiale, an am pabst. hofe für ihn wegen der errichtung eines klosters ordinis fratrum heremitarum S. Augustini do reformatione und anderer sachen zu unterhandeln. Chartul. in Cobl.
iul. 3	—	ertheilt für die Carmeliterkirche zu Frankfurt ein ablassprivilegium. Chartul. in Cobl.
— 4	—	überträgt dem mag. Otto von Breitbach, domherrn zu Trier und probst von St. Martin zu Worms, und dem Richard Graman von Niekendich, dechanten von St. Marien bei Wesel, beide doktoren beider rechte und bei St. Florin zu Coblenz residirend, das ihm von pabst Alexander VI. in der appellationssache des erzb. Berthold von Mainz gegen den grafen Philipp von Hanauw ertheilte commissorium. Or. in Cobl.
— 15	—	giebt als kurfürst seinem cousens zu könig Maximilian urk. vom 6. iuli worin derselbe dem bischof Heinrich von Chur erlaubt die vogtei über die stadt Chur wieder an sich zu lösen. 1495 mitw. nach Kilian. Tempor.
— 16	—	schwört dem röm. könig Maximilian den eid der treue und des gehorsams. 1495 crast. division. apostolor. Tempor.
— 21		Zeuge königs Maximilian für graf Eberhard von Wurtemberg, dessen erhebung in den fürstenstand und ernennung zum herzog betreffend. Lünig Reichs-Archiv 9,710. Dumont, Corps dipl. 3 b,325.
— 24	. . .	giebt seinen consens dazu, dass Hermann von Nickendich seine lehen zu Pommer am 1000 gulden an die executoren des testaments des dompropstes Philipp von Sirk verpfände. 1495 frit. nach Mario Magdalene. Tempor.
— 27	—	belehnt den Niklas von Wiltperg und dessen ehefrau Kunigunde, eine tochter der eheleute Gisabrecht von Mielen und Kathrinen von Sienheym, mit den Wartzelsgütern zu Herauwiesen und einem burgsehen zu Thuron, wie weiland Thyss von Alken sie besessen hatte. 1495 mont. nach Jakob. Tempor.

1495		
iul. 30	Worms	(auf dem rathhaus, das bürgerhaus genannt) protestirt mit den übrigen kurfürsten gegen die unklausulirte kaiserliche belehnung des herzogs Ludwig Forcia zu Mailand, indem sie demselben dies herzogthum nur auf seine lebenszeit zugestanden. Or. in Cobl.
— 31	——	giebt als kurfürst seinen consens zu könig Maximilians bestätigung der kurwürde, besitzungen, rechte und privilegien der markgrafen von Brandenburg. 1495 vf Petersabend ad vincula. Tempor.
aug. 4	——	befiehlt die proklamation des vom kaiser für den St. Julianenaltar in der pfarrkirche zu Andernach präsentirten dr. utriusque iuris Harzog, Synnamia. Chartul. im Cobl.
— 5	——	schreibt dem pfalzgrafen Johann, da er zur zeit noch nicht den abschied des königlichen tags hierselbst wisse, so könne er nicht dem zu Trarbach bestimmten auf dinst. nach Laurentii (aug. 11) beiwohnen, und bittet ihn um festsetzung eines andern. 1495 fer. 4 post vincula Petri. (Ebenso kündigt er mündlich dem grafen Friedrich herrn zu Bitsch hierselbst diesen tag ab.) Concept in Cobl.
— 6	——	vermittelt eine streitigkeit zwischen Kurmainz und Kurpfalz gemeinschaftlich mit Kurköln und Kursachsen wegen des marktes zu Rügen, der befestigung von Ruprechtsberg und andern. Lünig Reichsarchiv 19,222. Müller Reichstagstheater 1,612.
— 7	——	Mitbesiegler und anställer mit den andern genannten kur- und reichsfürsten der von dem römischen könig Maximilian aufgerichteten ordnung zur handhabung friedens und rechtens. Koch, Samml. der Reichsabschiede 2,11. Datt, de pace publica s. 889. Müller Reichstagstheater 1,456. Ebenso von der ordnung wegen des gemeinen pfennigs. Koch, Samml. 2,14. Lünig Reichsarchiv 2,158. Dumont, Corps dipl. 3 b,329.
— 11	——	ersucht den pfalzgrafen Johann, da er am donnerst. nach Mariä geburt (sept. 10) mit etlichen eine tagsatzung zu Bernkastel habe, auch die sache mit den von Ditsch dahin zu bestimmen. 1495 fer. 3 post Laurentii. Concept in Cobl.
— 11		ertheilt den kaufleuten der stadt Emrick freies geleit im erzstift für ihren handel, jedoch unter verbot des einkaufs und der ausfuhr von gold und silber. Chartul. in Cobl.
. . .	——	beauftragt seinen official mit vollziehung des beneficientausches zwischen Heinrich Ratterschaft, dem altaristen des St. Sebastiansaltars in dem heil. Geisthospital zu Mainz, und dem Peter de Vienna, altaristen des heil. Cornelius und Barbaraaltars in der pfarrkirche zu Tafern. Ohne datum. Des letztern collation mit diesem altar ist vom 7. inl. 1495. Chartul. in Cobl.
. . .	——	erlässt einen befehl zur aufgreifung des dem kloster entlaufenen priesters Niklas Laneh von Butzbach, profossen des Peterstifts zu Schaueberg, Conztanzer diözese, und auslieferung desselben an den mag. Gabriel Byel, probsten dieses stifts. Nur mit iahr 1495 im Chartul. in Cobl.
. . .	——	schreibt dem pabst (und ebenso den kardinälen von Siena, St. Georg und Alexandrien), dass der Hamberger domherr Eberhard von Rabenstein sich beklagt habe, obgleich ihm auf kaiserliche preces und apostolische verhandlungen eine gewisse kaplanei zugesprochen, wo sei dieselbe doch vom pabst einem andern verliehen worden, und bittet ihn daher, weil dieser Eberhard kaiserlicher rath und des bischofs Heinrich von Bamberg orator und abgeordneter zum hiesigen reichstag sei, ad evitanda scandala presertim in tanta temporum malitia et perturbatione, que in toto statu ecclesiastico huius nationis inde suboriri possent, darauf zu sehen, dass demselben der ruhige besitz dieser präbende werde. Ohne dat. im Chartul. zu Cobl.
— 16	Coblentz	beurkundet, dass graf Gerhard von Seya herr zu Homburg heute persönlich vor ihm erschienen sei, und ihm auf befehl des röm. königs in dessen namen und statt gelübde und eide gethan habe wegen der lehen womit er vom kaiser belehnt worden. 1495 sonntag nach Assumpt. Marie. Chartul. in Cobl.
— 27	Erembreitstein	befiehlt dem amtmann zu Salm, da markgraf Christoph von Baden, gubernator von Lützelburg, etliche schlösser überzogen und erobert, auch Montfort gewonnen habe, und er vernommen habe, dass dies auch gegen das schloss Longen vorgenommen werden solle, sich deshalb mit Johann Bastart wegen übergabe dieses schlosses an ihn zu besprechen. 1495 fer. 5 post Bartholomei. Concept in Cobl.
sept. 9	. . .	vererbpachtet dem Clas von Kellenbach bis zur rückzahlung der demselben schuldigen 800 gulden die wingerten unter Merl bei St. Steffan, welche Thonis von Roech besessen hatte. 1495 am andern tag nach unser lieben frauwentag nativitatis. Tempor.
— 29	. . .	genehmigt, dass Johann von der Leyen für 200 gulden auf sechs iahre den zehnten zu Erffwilre an den abt zu Wernsweiler verpfände. 1495 dinst. nach Cosme und Damiani. Tempor.

1495		
oct. 1	Erenbreit-stein	verleiht die durch die resignation Bernharts Pfoet vakante vikarie des heil. Dreifaltigkeits-altars im hospital bei Rense an den kanonikas mag. Hermann Schmidt von St. Florin zu Coblenz. Chartul. in Cobl.
— 4	———	bestimmt dem kapitel des St. Florinstifts zu Coblenz den 7. october zur wahl eines neuen dechants nach dem tode Ludwig Sarborns. Chartul. in Cobl.
— 5	— — ·	verleiht den beiden Engerser zollknechten, dem Johann von Baden scholaster zu Pfalzel und pastor zu Engers, und dem Johann von Nachtsam auf lebenszeit ein haus daselbst. 1495 mont. nach Franziskus. Tempor.
— 5	——— · ·	befiehlt dem Ryueckischen probst zu Bidburg von der neuerung in betreff schatzung und pfändung der unterthanen in der herrschaft Hrach abzustehen. 1495 mont. nach Remigii. Tempor.
— 19	———	befiehlt schultheisen, schöffen, rittern, dienstleuten, rath und ganzer gemeinde seiner stadt Boppard und zugehöriger dörfer, wie auch den unterthanen im Galgenscheider gericht, mit geläuter glocke seinen rath, den ritter Emmerich von Nassauwe, welchen er als amtmann über sie gesetzt habe, als solchen zu verkündigen und demselben gehorsam zu leisten; 2, erlässt eine ladung an das domstift behufs erscheinung in der der wegen des handels mit den von Boppard bestimmten malstatt und zeit. 1495 fer. 2 post Luce. Chartul. und Or. in Cobl.
— 27	· · ·	bittet das domstift um seinen rath wegen der Bopparder anflüchte. 1495 Symon und Juden abend. Or. in Cobl.
— 30	· ——	befiehlt dem capitel der St. Georgkirche zu Limburg binnen neun tagen den kleriker Philipp Hilgin von Lorich in den besitz seiner präbende daselbst zu lassen. Chartul. in Cobl.
— 0	———	ertheilt dem neu errichteten kloster ordinis heremitarum S. Augustini de reformatione zu Molen im dal einen kollektenbrief. 1495 mense Octobr. Chartul. in Cobl.
nov. 8	· · ·	verschreibt mit consens des domkapitels dem Reynhart von dem Burgdor und dessen ehefrau Gutte Blankartz für 1500 gulden, welche derselbe zur ablegung des von Ulrich von Eltz behufs ankaufs der grafschaft Salm ihm vorgestreckten geldes geliehen, 75 gulden jahrzins aus dem Bopparder zoll. Copie in Cobl.
— 18	Trever.	giebt dem nonnenkloster S. Marien in Orreo zu Trier, das zuerst die regel des heil. Benedikt, dann die des heil. Augustin gehabt, und zuletzt in ein collegium weltlicher kanouissinnen verwandelt worden war, seine ursprüngliche Benediktinerregel wieder. Honth. 2,497. Vergl. Brower Ann. 2,313. Or. in Cobl. Hartzheim Conc. 5,662.
— 26	Palzel	belehnt den Johann von Schwarzenberg für sich, seinen bruder Heinrich und deren erben, mit einem burglehen von Bernkastel, und den schloss Hausbach nnd seinem theil an schloss Wartenstein. 1495 donrst. nach Kutherinen. Copie in Cobl.
— 30	———	belehnt den Johann Sebrecht von der Nuwerharg mit seinem älterlichen burglehen, mit renten zu Merstorff auf der Sure, mit wingerten zu Metzendorf, zwei vogteien zu Bettenstorff und ländereien zu Creffenich. 1495 an Endrestag. Tempor.
dec. 4	———	bestätigt dem Arnold von Sirk die ihm von dem verstorbenen domprobst Philipp von Sirk für 1000 gulden verpfändeten burg und stadt Freudenberg, vogtei Taben und Rode. 1495 vff Barbarentag. Or. in Cobl. gedr. Vorstellung etc. die von der Abtei St. Maximin prätendirte immedietät von Freudenberg betr. 2,29.
— 9	— — ——	belehnt den Burkard Bonswin von Neuerburg, abt zu Echternach, mit den reichslehen seiner abtei. Tempor.
— 9	· ———	desgl. den abt Otto von St. Maximin. Zyllesius, Defensio abb. S. Maximini 2,79. Honth. 2,499. Tempor. Lünig. Reichsarchiv 16,393.
— 9	— · ·	verspricht nach vorstehender belehnung, dass er künftig den äbten wegen der belehnung kein hinderniss in den weg legen und die desfallsigen gebühren nicht über 40 gulden setzen wolle. Or. in Cobl.
— 9	———	befiehlt allen lehenleuten, beamten und unterthanen der abtei St. Maximin nun dem mit den regalien und reichslehen belehnten abt Otto als ihrem herrn gehorsam zu sein. Tempor.
— 31	Erenbreit-stein	allodificirt dem unterthan Johann Scherer zu Protig ein haus und zwei bongerten zu Cochme, welche dasiges burglehen waren und derselbe gekauft hat. 1495 iovis post Innocentum. mor. Trev. Tempor.
— 31	———	verschreibt dem Hupert Flade eine iahrrente von 4 malter frucht und 4 ohm wein. 1495 mor. Trev. in vigil. Circumcis. Tempor.

1496		
jan. 4	Erembreit-stein	nimmt seinen thürwärter Melchior von Dublisch auf lebenszeit gegen ein fuder wein vom besten aus der kellerei Boppard und 4 malter korn jährlich aus der kellerei Ehrenbreitstein zum diener an. 1495 trier. stils mont. nach dem nuwen jarstag. Or. in Cobl.
— 4	————	beklagt sich bei der Luxemburgischen regierung über der Luxemburgischen beamten übergriffe und schatzungsausschreiben auf das dorf Niederemmbach. Dat. wie vorher. Tempor.
— 4	————	erlaubt dem Gerhart Plaet von Longnich sein baufälliges haus zu Longwich wieder aufzurüsten, mit erkern, umlauf und andern nothwendigen befestigungen zu versehen. Chartul. in Cobl.
— 6	————	zeigt dem pfalzgrafen Johann, herzog in Baiern, an, dass er seinem rath Heinrich von Sooteren befohlen habe dem wegen Briedel und Enkirch freitag nach Reminiscere (mrz. 4) angesetzten augenschein beizuwohnen. 1495 mor. Trev. vf drierkonigtag. Concept in Cobl.
— 8	————	beordert den amtmann zu Salm zu sich um rechenschaft zu thun, 1495 mor. Trev. freit. nach Epiphan. Concept in Cobl.
— 16	. . . .	vererbpachtet gemeinschaftlich mit dem abt Ruprecht von Prüm an den grafen Philipp von Virneburg, den zollschreiber Heinrich von Coblenz und andere das blei- und kupferbergwerk auf dem Krakesberg im amt Schonemberg. 1495 mor. Trev. in vigil. Anthonii. Tempor.
febr. 5	————	belehnt seinen rath Heinrich von Sooteren, für sich, seinen bruder Anthon und seinen vetter Adam von Sooteren, mit einem burgleben von Grimburg und Schmidtburg und einem Kempenicher mannleben. 1495 frit. nach vnser frauwentag purificationis trier. stils. Or. in Cobl.
— 7	————	verträgt sich mit seinem kellner Friedrich Swan zu Bernkastel dahin, dass er ihm statt der 1488 dec. 20 verschriebenen beiden kellereien Bernkastel und Honolstein erstere allein belässt und für das demselben schuldige geld die gemeinden Cus und Graich als bürgen stellt; 2, und ertheilt diesen beiden gemeinden wegen ihrer bürgschaft eine schadlosverschreibung. Beide 1495 trier. stils sout. nach purificat. Marie im Tempor.
— 9	Covelentz	ernennt den Reynhard von dem Burgtor bis zur zurückzahlung der bei demselben geliehenen 1500 gulden zum amtmann von Meyen. 1495 trier. stils vff Apollonien. Or. in Cobl.
— 17		erwählt zeuter, schöffen und gemeinde zu Cus und Grach als bürge um die mitbesiegelung der obigen verschreibung für den Bernkastler kellner Swan. 1495 mor. Trev. vf Eschmitwoch. Tempor.
— 20	Erembreit-stein	genehmigt, dass Johann von Gudesberg ein haus und lehengüter zu Pfalzel an den dortigen metzler Lienhart von Mettendorf verkaufe. 1495 mor. Trev. samst. nach Estomihi. Tempor.
— 22		verpachtet auf 34 jahre dem schultheis zu Swelch, Heinrich von Aschaffenburg, wingerten in dortiger gemarkung. 1495 trier. stils an Petrstag ad cathedram. Tempor.
— 23	———	ernennt den Paul Isenberger zum schultheis von Oberbrechen. 1495 dinst. nach Invocavit. Or. in Idstein.
— 26	Covelentz	schreibt dem amtmann zu Salm wegen des dem Ihennet Bastart gelieferten winterkleides. 1495 mor. Trev. freit. nach Mathie. Concept in Cobl.
mrz. 3	Erembreit-stein	ertheilt den eheleuten Wernher von Dupach aus dem amt Monthaber für die hin- und herreise bis nächste ostern zum heil. sand einen almosenbrief, da sie zu arm und viele kinder haben um auf eigne kosten dahin reisen zu können um die ehefrau welche besessen sein soll beschwören zu lassen. 1495 donrst. nach Reminiscere mor. Trev. Chartul. in Cobl.
— 12		entscheidet einen streit des priors und convents der Augustiner Eremiten zu Moelen im thal mit dem von da nach Valender translocirten nonnenkloster wegen verschiedener besitzungen des letztern zu Moelen im thal. v. Stramberg Antiquarius 2. Abth. 1r Bd. s. 45. Tempor.
— 17	————	beurkundet dem Niklas Lorbecher seine generalrechnungsablegung von der kellerei Wesel. 1495 mor. Trev. quinta post Letare. Tempor.
— 17	————	ertheilt der Rosenkranzbruderschaft zu Coblenz, indem er derselben ein für die im Prediger-kloster zu Cöln von pabst Sixtus IV. d. d. Rome ap. S. Petram 3 kal. jun. 1478 ertheilten ablassprivilegium bestätigt, ein ähnliches. Or. in Cobl.
— 23	————	approbirt das von vierzehn kardinälen am 15. jan. für die von Peter Fassbender am fusse der Carthause bei Coblenz gestiftete kapelle ertheilte ablassprivilegium. Or. in Cobl.

1496		
mrz. 26	. . .	verschreibt dem St. Paulinstift bei Trier für die bei demselben behufs bezahlung des kaufschillings von 1900 gulden für die vogtei Fankel geliehenen 1300 gulden seine renten und gefälle zu Waltrach. 1496 vff vnser lieben fruuwendag annunciation. Tempor.
— 29	Erembreit-stein	belehnt den Dietherich von Enscheringen den ältern, bruder seines kanzlers Ludolf, mit dem Baldewinshuus gegenüber Trier am Poedsberg. 1496 dinst. nach Palmentag. Tempor.
apr. 24	Bertrich	schickt dem domkapitel abschrift eines berichts des amtmanns zu Salm über das zu Esden versammelte kriegsvolk; 2, befiehlt dem genannten amtmann in folge seines berichts, seines amtes gute acht zu haben. Beide 1496 sonnt. Jubilate. Concepte in Cobl.
mai 1	Erembreit-stein	giebt dem Adam von Soetern auf lebenszeit für sein haus zu St. Wendel gleiche freiheiten als die häuser anderer adeligen daselbst geniessen. Or. in Cobl.
— 1	. . .	verschreibt demselben auf zehn iahre das schloss und amt Lymbergk bei St. Wendel. Or. in Cobl.
— 1	Bertrich	befiehlt dem amtmann zu Salm nach Luxemburg zu reiten und wegen der schatzung der Salm'schen unterthanen einen vergleich zu machen. 1496 sont. Cantate. Concept in Cobl.
— 6	————	befiehlt dem von Isenburg mit sechs oder acht pferden in harnisch dem iungen prinzen von Burgund, wenn derselbe den Rhein herauf sollte kommen, das geleit zu geben. 1496 frit. nach Cantate. Concept in Cobl.
— 8	————	empfiehlt dem herzog Philipp von Burgund den markgrafen Jakob von Baden, den er mit andern räthen behufs einer unterredung an ihn abgesendet habe. 1496 vff Vocem jocunditatis. Concept in Cobl.
— 12	————	benachrichtigt den erzbischof von Cöln, dass er den seinen befohlen habe, sich gerüstet zu halten, da Ruprecht von Arberg eine vergaderung von 600 pferden solle haben und er nicht wisse über wen es hergeben solle; 2, befiehlt den amtleuten zu Meyen, Daun, Kempenich und Cochem sich gerüstet und bereit zu halten, um auf erfordern der amtmänner zu Schöneck, Schönenberg oder Salm aufzusitzen und dorthin zu reiten; 3, desgl. den amtmännern zu Salm, Schöneck und Schoenberg dem amtseingesessenen bekannt zu machen ihre stege, grendel, graben, flecken und landwerung in gute acht zu nehmen und sich zu rüsten gewalts zu erwehren. 1496 vff ascension. dni. Concepte in Cobl.
— 18	Erembreit-stein	schreibt dem amtmann zu Salm über verschiedenes, namentlich solle er wegen der versammlung zu Esden acht haben und ihm berichten, wegen der schatzung zu Salm habe er, als er zu Bertrich gelegen, durch seine räthe zu Coblenz mit dem erzherzog Philipp reden lassen und anders. 1496 mitw. nach Exaudi. Concept in Cobl.
— 20	————	befiehlt dem amtmann zu Münster wegen des streitigen gerichts zu Burgen und Beltheim sich mit dem amtmann von Kastelun nach Burgen zu verfügen um daselbst von den schöffen das westhum zu hören, und wenn nöthig an die schöffen zu Münster als oberhof darnach erfahrung zu thun. 1496 frit. nach Exaudi. Concept in Cobl.
— 26	————	vererbpachtet dem Peter Smidt von Ulmen das Suessenweiherchen unterhalb der burg daselbst. 1496 donrst. nach Pfingstag. Tempor.
— 27	————	ersucht den Johann von Eltz, amtmann zu Münster, und den Heinrich von Metzenhusen, amtmann zu Kastelun, sich wegen des gerichts zu Burgen gemeinschaftlich zu berathen. 1496 frit. nach Pingstag. Concept in Cobl.
— 28	————	erlaubt dem Johann von Keigc einen von wegen seiner ehefrau Gutgin von Mielen vom erzstift als mannlehen habenden hof zu Wolken für 150 gulden auf fünf iahre zu verpfänden. 1496 sampst. nach Pingstag. Or. in Cobl.
iun. 4	————	ersucht bürgermeister, schöffen und rath der stadt Trier, einem dortigen bürger, welcher einen zu Coblenz an der ehre beschuldigt habe, die desfallsige ladung zu insinuiren. 1496 sab. post corporis Christi. Concept in Cobl.
— 12	————	(in der nuwen gruessen stuben) Belehnung Jorgs von Schoueck herrn zu Olbrück mit den lehen seines anherren Cuno durch erzb. Johann. Concept. 4,724. Tempor.
— 17	————	präsentirt den mag. Peter Siegen von Buxberg, kraft des mit dem grafen Dietherich von Manderscheid herrn zu Sleyden und dessen sohn Wilhelm gemachten vertrags über alternative ausübung des präsentationsrechts über die kirche zu Daun, zu dieser kirche, und beurkundet, dass die nächste besetzung dem grafen zustehe. 1496 frit. nach Vitstag. Tempor.
iul. 9	Cellis	befiehlt 1, bürgermeister, schöffen und rath, sodann 2, dem pelzermeister und pelzeramt in Trier, das gegen seine kämmerer vom pelzeramt erlassene verbot wegen brauchung ihres handwerks aufzuheben. 1496 octava visitation. Marie. Concepte in Trier.

1496		
jul. 10	Cellis	befiehlt dem kellner zu Pfalzel den zum burggrafen von Contzerbrück ernannten Peter von Roscheit in sein amt einzuführen und ihm seine besoldung zu zahlen. 1496 dmco. post Goaris. Tempor.
— 13	—	(im Hamm) vererbpachtet dem Johann von Uertzig, notar in Trier, das haus Tranrbach in der Simeonsgasse. 1496 mittw. St. Margrethentag. Tempor.
— 15	— —	giebt seinem küchenschreiber Johann von Exwiler genannt von St. Wendalin zu erblichem lehen die ihm bisher auf lebenszeit verliehenen 10 malter korn zu Revenach und ein fuder wein jährlich zu Valinder. 1496 an der Zwölfbotenscheidungtag. Tempor.
— 17	— —	ersucht den pfalzgrafen Johann in der weidgangstrittigkeit zwischen Briedel und Enkirch einen augenschein um Laurentientag anzusetzen und den Symon Booss dazu zu beordern, indem er seinen rath Heinrich von Soetern dahin schicken wolle. 1496 vff Alexius. Concept in Cobl.
— 19	—	(im Hamme) vergleicht die gemeinde Brenm mit Orschmidt, Cledank und Bayren wegen der viehtrift auf Cochmer berg. 1496 dinst. nach Alexius. Tempor.
— 31	Erembreit-stein	ersucht den grafen Dietherich zu Manderscheid mit 12 pferden in seiner hofkleidung und farbe, die er hierbei überschicke, sich zu kleiden und nach eingelegtem zettel zum zierlichsten sich zu rüsten um auf nähere angabe des tags mit ihm zu reiten, da er willens sei mit seinem vetter Friedrich, erwähltem zu Utrecht, in Utrecht einzureiten, und bemerkt dass man sonntags nach Marien gebart (sept. 11) zu Cöln anreiten werde. 1496 sonnt. nach Jakobstag. Or. in Cobl.
aug. 3	—	befiehlt dem Johann Snelne von Grensauwe, amtmann zu Capellen, gute bewachung des orts und das Coblenzer weinmaass daselbst einzuführen. 1496 vff invention. Stephani. Tempor.
— 6	—	belehnt den Cune Rickwins von Monthabur von wegen seiner ehefrau Gutgin und deren schwester Apollonia mit den burglehen der oberuburg zu Ulmen, welche deren vaters bruder Lentzgin von Polche besessen hatte. 1496 sampst. nach Peterstag ad vincula. Tempor.
— 6	— —	Besiegler des durch seine geistlichen räthe gemachten vergleichs zwischen bürgermeister und rath der stadt Limburg und dem pfarrer Adam Wecklin daselbst wegen der von erstern auf der dasigen brücke neu erbauten kapelle und stiftung einer wochenmesse darin. Tempor.
— 11	ap. Hoen-ningen	(in navi) verkündet das von pabst Alexander VI ihm übertragene commissorium zur vereidigung des erzbischofs Hermann von Cöln als administrator des stifts Paderborn. 1496 die jovis 11. aug. maue infra 8. et 9. horas. Or. in Düsseldorf.
— 19	. . .	nimmt den Heinrich von Grimburg mit einem reysigen pferde zum diener an. 1496 sexta post assumption. Marie. Tempor.
— 20	Erembreit-stein	verkauft mit consens des domkapitels dem Wilhelm Hombrecht von Schoenenberg und dessen ehefrau Alheide von Ellenbach für 2000 gulden einen jahrzins von 100 gulden aus dem Bopparder zoll mit stellung von bürgen unter der verpflichtung zum einlager in Trier, Wesel oder Sirk. 1496 samst. nach assumpt. Marie. Or. in Cobl.
— 21	. . .	überträgt demselben Wilhelm Hombrecht, amtmann zu Saarburg, eine gleiche schuldver-schreibung, welche Clas von Kellenbach der alte besass. 1496 sont. nach unser lieben frauwentag assumption. Or. in Cobl.
— 26	. . .	verspricht in folge seiner aufnahme in den bund des St. Georgenschilds und der schwäbischen städte dem markgrafen Christoph von Baden als bundesglied seine hilfe. 1496 frit. nach Bartholomeus. Or. in Cobl.
sept. 9	. . .	schreibt dem amtmann zu Baldeneck wegen restitution des zu Boich gepfändeten, und diese sache bis zu seiner zurückkunft aus den Niederlanden ruhen zu lassen. 1496 sexta post Nativ. Marie. Concept in Cobl.
— 26	Traject.	ernennt den domherrn Johann von Moderspach zu seinem kaplan. Or. in Cobl.
oct. 2	Confluent.	bestätigt den nonnenkloster bei der St. Martinskirche vor Andernach die incorporation der Peterklause und beider beneficien in der kapelle. Or. in Cobl.
— 12	Erembreit-stein	erlässt eine verordnung wegen handhabung des dem Dietrich und Johann von Staffel und deren ältesten söhnen übergebenen schlosses und amtes Baldenstein. 1496 quarta post Dionisii. Tempor.
nov. 2	. . .	ersucht den pfalzgrafen Johann um bestimmung eines tags behufs verhandlung in den differenzen wegen Winningen und Baltheim. 1496 vff Allerseelentag. Concept in Cobl.

36*

1496		
nov. 4	Erembreit-stein	ersucht den herzog von Lothringen, seinen kommissaren zu Siersberg befehl zu ertheilen die auf dem Saargau gelegte schatzung aufzuheben. 1496 fer. 6 post animarum. Concept in Cobl.
— 7	—	ernennt den schöffen mag. Heinrich Duyngin gegen 12 gulden iahressold zu seinem advokaten am geistlichen gericht zu Trier. 1496 mont. nach Allerseelen. Or. in Cobl.
— 12	—	stellt dem Johann von Stassel über 275 gulden, welche er bei demselben behufs bezahlung rückständiger zinsen an Johann, sohn zu Eltz dem ältern, geliehen hat, bürgen. 1496 sampst. nach Martin. Or. in Cobl.
— 27	Coutlanct.	genehmigt die incorporation der pfarrei Gulse dem dechant und capitel des St. Servatiusstifts zu Mastricat, vorbehaltlich der primos fructus zur hälfte an ihn von dieser pfarrei. Tempor.
dec. 21	Erembreit-stein	belehnt infolge kaiserlichen privilegiums den abt Robert von Prüm mit den regalien seiner abtei. Or. in Cobl.
. . .	. . .	Uebergabe des nonnenklosters St. Jakob auf dem Pedernacher berg bei Boppard an den orden der Augustiner Kreuzbrüder, nach Günth. 4.725 mit iahr 1496, jedoch unrichtig vergl. 1497 oct. 1.
1497		
ian. 19	—	nimmt den Johann von Steynenbach, amtmann zu Hartenfels, auf lebenszeit gegen 30 gulden iahrsold zum heller und diener an. 1496 trier. stils dourst. nach Authonien. Or. in Cobl.
febr. 13	Coblentz	belehnt den Dietherich von Wyler zum Thorn genannt Vogel von wegen seiner ehefrau Else Nachthube von Dun mit deren vaters Jorg burghenguter der veste Welschpillig zu Dorn auf der Sure. 1496 trier. stils mont. nach Invocavit. Tempor.
— 14	Erembreit-stein	ersucht den domkapitel um seinen rath wegen verhaltens gegen die rebellische stadt Boppard. 1496 mor. Trev. dinst. nach Invocavit. Or. in Cobl. Vergl. Brower, Ann. 2,313 etc. etc.
— 21	Coblentz	specificirt die zu dem Hunoltstein'schen haus in Bernkastel gehörigen güter und renten, worüber streit entstanden war, und das er 1189 dem keller Friedrich Swan und dessen ehefrau Germann von Hunoltstein zu erblehen gegeben hatte. 1496 trier. stils dinst. nach Reminiscere. Tempor.
mrz. 2	Erembreit-stein	verweist den schultheis zu Baldeneck, welcher, obgleich er seinen prozess gegen einen Sponheimischen am Beltheimer gericht gewonnen hatte, doch nicht zu seinem eigenthum habe kommen können, an den nächsten donnerst. nach Letare (mrz. 9) in Byle zwischen den Sponheimischen und Trier. räthen stattfindenden tag, um zu seinem recht zu kommen. 1496 mor. Trev. dourst. nach Oculi. Concept in Cobl.
— 19	—	antwortet dem Ihenne Bastart zu Metz auf dessen mahnung wegen rückständigen dienstgeldes, dass er freit. nach ostern (mrz. 31) einen gemeinen landtag nach Zell im Hamm ausgeschrieben habe wo auch der amtmann von Salm erscheinen werde, und wolle er demselben alsdann befehl geben ihn zu bezahlen. 1496 mor. Trev. Palmarum. Concept in Cobl.
— 25	—	verpachtet dem Hermann vom Wyher zu Nickendig auf zwanzig iahre gegen 4 malter korn und 4 malter hafer iährlich einen hof zu Uhnen, den Diedrich Hucker besass. 1497 au unser frauwentag annunciat. Or. in Cobl.
apr. 1	Celle	(im Hamm) ersucht den herzog von Lothringen den amtmann zu Siersberg den befehl zu ertheilen, dass er die im Saargau geplünderten pferde zurückstelle. 1497 sab. post Pasche. Concept in Cobl.
— 1	—	befiehlt dem amtmann zu Salm die auszahlung des dem Johann Bastart von diesem iahr schuldigen dienstgeldes. Dat. wie vorher. Concept in Cobl.
— 18	Erembreit-stein	befiehlt demselben, da Johann Bastart in gefangenschaft sei, mit der auszahlung des dienstgeldes bis zu dessen freilassung zu warten. 1497 dinst. nach Jubilate. Concept in Cobl.
— 18	—	belehnt den Gerhard Mait von Lonequich, als momper der kinder Johann Haysmann's und dessen wittwe Hilgarte von Rundorf, mit deren vaters Gerhard Haysmann von Narnendey lehen zu Wolken, Warnheym und Kesselheim und mit einem von deren mutter herkommenden Kempenicher burglehen. Dat. wie vorher. Tempor.
— 30	—	erlaubt dem Philipp Boiss von Waldeck sein theil an den höfen zu Falenbern und Kerpenstal für 200 gulden auf acht iahre an Ulrich von Eltz zu verpfänden. Tempor.
mai 20	—	vergleicht sich mit den gebrüdern Wilhelm und Dietherich von Mirbach wegen deren ansprüche auf des Clais von Nattenbum, ihren mutterbruders, güter zu Bridel, und

1497		belehnt dieselben nach ihrem verzicht darauf mit ½ fuder wein jährlich aus der kellerei Zell im Hamm. 1497 samst. nach Pingstag. Tempor.
mai 23	. . .	schliesst mit dem kurfürsten Philipp von der Pfalz ein bündniss gegen die aufrührige stadt Boppard, wonach derselbe ihm 200 reysige pferde und 300 fussknechte stellen soll. 2, in gleicherweise mit dem landgrafen Wilhelm von Hessen. Beide 1497 dinst. nach dem sunt. Trinitatis. Orr. in Cobl.
— 25	. . .	verschreibt seinem rath Hermann Boess von Waldeck für 4600 gulden schloss und amt Manderscheid. 1497 vff Urban. Or. in Cobl.
iun. 7	Covelentz	ersucht den Schwäbischen bund, indem er ihm die ursache seines kriegs mit der stadt Boppard auseinandersetzt, um hilfe gegen dieselbe. Houth. 2,501. Tempor.
— 17	Erembreit-stein	belehnt den Albrecht von Zwivel, welcher bereits ein fünftel von wegen seiner ehefrau Merge vom Hane am Duyn'schen hof zu Entenich besitzt, mit noch einem viertel daran, das derselbe für 200 gulden von Reinhard von dem Burgdor gekauft hat. 1497 samst. nach Viti und Modesti. Tempor.
— 22	Covelentz	Auszug des erzbischofs von hier des andern tags vor Johannis Bapt. gegen Boppard und erstes nachtlager zu Osterspey. Houth. 2,506.
— 23	vor Boppard	Belagerung der stadt und gegen abend einnahme des klosters Marienberg vor der stadt. Ibid.
- - 24	Erembreit-stein	bittet den kaiser um seine fürsprache in Rom wegen der mit ihm am gestrigen morgen im felde besprochenen gegen das domstift erlassenen sentenze. 1497 ipso die Johan. bapt. Concept in Cobl.
— 26	———	nimmt den Hans von Smidburg, dem sein bruder Fritz die verschreibung von 1300 gulden auf das amt Smidburg übertragen hat, zum amtmann daselbst an. 1497 mont. nach Johanstag mitsommers. Or. in Cobl.
iul. 2	vor Bopart	(in dem grossen kloster) verschreibt dem Johann Schenk zu Swynsberg zur besserung seiner lehen 15 gulden manngeld aus dem Bopparder zoll. 1497 vff vnser lieben frauwentag visitationis. Or. in Cobl.
— 3	———	Einnahme der stadt am montag morgens zwischen 7 und 8 uhr, nachdem am samst. den 1. iuli eine rachtung gemacht worden war. Houth. 2,511.
— 3	Bopart	verspricht dem grafen Johann von Moers und Saarwerden, herrn zu Lahr, in der nächsten Frankfurter fastenmesse die ihm schuldigen 800 gulden zurückzuzahlen. 1497 mont. nach vnser frauwentag visitationis. Or. in Cobl.
— 4	—	Feierlicher einzug des erzbischofs am dinstag morgen um 8 uhr in die stadt. Houth. 2,512.
— 4		verschreibt dem kurfürsten Philipp von der Pfalz für seine hilfe gegen Boppard 400 gulden iahrrente aus dem dortigen zoll bis zur bezahlung von 6000 gulden; ebenso dem landgrafen Wilhelm von Hessen. Houth. 2,516. Orr. in Cobl.
— 4		belehnt den ritter Johann vom Trade für seine hilfe bei der eroberung der stadt mit 50 gulden iährlich aus dem Bopparder zoll. 1497 dinst. nach vnser lieben frauwentag visitationis. Tempor.
— 4	———	verkauft mit consens des domkapitels den eheleuten Niklas und Margretha Wolf, bürger zu Worms, 50 gulden iahrrente aus dem Bopparder zoll um 1000 gulden. Dat. wie vorher. Tempor.
— 5	———	(auf dem marte by dem raithuyse) Huldigung der bürger am mittwoch um 8 uhr morgens. Houth. 2,512.
— 5	———	verkündet seinem domkapitel die unterwerfung und huldigung der stadt Boppard. 1497 mittw. nach visit. Marie. Or. in Cobl.
— 15	———	verschreibt der stadt Trier, falls er ihr binnen einem iahr die schuldigen 1000 gulden nicht sollte zurückgezahlt haben, 40 gulden iährlich aus dem siegel daselbst. 1497 vff der Zwolffboten scheidung. Tempor.
— 17	. . .	erneuert die dem Clais von Kellenbach 1459 oct. 28 gegebene verschreibung über 2000 gulden hauptgeld und 100 gulden zinsen, da ihm das kapital nach dessen rückzahlung zu St. Agneten in Trier aufs neue zum nutzen des erzstifts geliehen worden. 1497 vff Alexius. Tempor.
— 17	Erembreit-stein	nimmt den ritter Johann von Kellenbach gegen 25 gulden iährlich zum rath und diener an. Dat. wie vorher. Or. in Cobl.
— 19	———	benachrichtigt den pfalzgrafen Johann, dass er auf das markgrafen Christof von Baden begehren den tag zu Protig vom mittwoch (aug. 2) auf den montag nach vincula Petri (aug. 7) verlegt habe. 1497 mittw. nach division. apostolor. Concept in Cobl.

1497

inl. 25	Erembreit- stein —	verschreibt der Merge von Cleburg, ehefrau Dietherichs von Hademar, 20 gulden leibzucht jährlich aus der kellerei Meyen dafür, dass sie dem erzstift das ihr von ihrem ersten ehemann Dietherich von Nurberg genannt von Lemen für 400 gulden amts- und pfandweise ingegebene schloss Wernherseck zurückgestellt hat. 1497 vff St. Jakobstag. Tempor.
aug. 5	Dopart	schreibt dem grafen Dietherich von Manderscheid herrn zur Sleyden, dass ihm Dietherich von Wannenberg, sein amtmann zu Schoneck, geklagt habe, wie er den hofleuten zu Langenfeld verbothen ihre urtheile am oberhof zu Rommersheim zu holen, und ersucht ihn daher dieselben ihre urtheile wie von altersher daselbst holen zu lassen und dadurch dem oberhof keinen abbruch zu thun. 1497 sampst. nach vincula Petri. Or. in Cobl.
— 6	....	nimmt den Philipp von Huchelnheim selb dritt gewappnet und mit vier reisigen pferden im harnisch wolgerüst auf sechs iahre gegen 50 gulden und ein hofkleid iährlich zum helfer und diener an. 1497 sont. nach Peterstag ad vincula. Or. in Cobl.
— 10	Erembreit- stein	verkauft dem Johann herrn zu Runkel mit consens des domkapitels 200 gulden iahrzins aus dem Bopparder zoll um 4000 gulden mit stellung von bürgen und deren verpflichtung zum einlager in oder eine meile um Runkel oder Cöln. 1497 vff Laurentii. Or. in Cobl.
— 19	Bopart	beurkundet, dass Johann von Urtzig, notar am geistlichen gericht zu Trier, die 2 gulden iahrzins aus dem hause Trarbach mit 50 gulden abgelöst habe. 1497 samst. nach vnser lieben frauwen tag assumptionis. Tempor.
— 00	——————	verträgt die gemeinden Bischfelt und Bartenbach mit dem Friedrich vom Huns wegen des teckerichs im Bischfelder wald, der weinfuhren, des flachsspinnens und der freizügigkeit. 1497 vff ..... nach assumption. Marie. Im Temporale mit auslassung des wochentags.
— 23		nimmt den dr. inr. Richart Graeman von Nickendich, dechant der Liebfrauenkirche zu Wesel, auf drei iahre zum rath und diener an, und bewilligt ihm dafür freie kost mit zwei pferden, eine wohnung und ein gemach für seine bücher und arbeiten zu Ehrenbreitstein, einen schreiber und iährlich 2 hofkleider, 12 malter korn, 2 fuder wein, 30 gulden in gold und 31 gulden an pagament. 1497 vff Bartholmes abend. Or. in Cobl.
sept. 1	Covelentz	ersucht seine vettern die pfalzgrafen, ihre räthe erst an dinstag nach Dionys (oct. 10) nach Berakastel zu schicken um wegen ihrer beiderseitigen streitigkeiten, namentlich Briedel und Enkirch betreffend, zu verhandeln, da er die sachen nicht früher als im nächsten generalkapitel, montag nach decollat. Marie (sept. 11), mit seinem domkapitel besprechen könne. 1497 frit. nach decollat. Johan. Concept in Cobl.
— 5	Erembreit- stein	notificirt dem pfalzgrafen Johann den empfang von dessen antwort auf den abschied zu Protig und dass er einen boten an ihn abgefertigt habe um ihm seine bedenken darüber mitzutheilen. 1497 tertia post Egidii. Concept in Cobl.
— 9	. . .	verkauft dem kanzler Ludolf von Enschringen für 400 gulden den 1488 marz. 31. von dem münzmeister Johann Tibus zu Veldenz eingelösten hof zu Winterich mit den gefällen zu Emmel. 1497 sampst. des andern tags nach vnser lieben frauwen tag nativitatis. Or. in Cobl.
— 11	Coblenz	(in der burg) Vermittler einer billigsberedung zwischen Salentin sohn zu Isenburg herrn zu Numagen und dessen ehefrau Elisabeth gebornen von Rumolstein. Or. in Cobl.
— 11	. . .	verschreibt beiden vorgenannten ehelenten für 8000 gulden amts- und pfandweise das schloss und die grafschaft Salm im Oissling. 1497 mont. nach vnser lieben frauwen tag nativitatis. Or. in Cobl. Fahne, Gesch. der Grafen von Salm-Reiferscheid, Urkb. 264.
— 18	Erembreit- stein	erlaubt dem Adam von Darmstadt, kellner zu Erembreitstein, eine ihm vererbpachtete wiese im Schrnuporthal anderweitig in erbpacht zu geben. 1497 mont. nach des heil. Crutztag exaltationis. Tempor.
— 27	Confluent.	ersucht den Swicker von Sickingen als obmann dinstag nach Dionys (oct. 10) zu Berakastel den verhandlungen mit Sponheim beizuwohnen. 1497 Cosme et Damiani. Concept in Cobl.
— 29	Bopart	vergleicht sich mit den vettern Diederich und Johann von Staffel wegen der vogtei zu Vachbach, Niefern, Moelen und des hofs Hungersberg, und überlässt sie denselben gegen 800 gulden. 1497 vff Michelstag. Or. in Cobl.
oct. 1	Erembreit- stein	übergiebt das St. Jakobskloster auf dem Pedernacher berg, auf den rath seines kanzlers

1497		
		Ludolf von Enscheringen, dem orden der regulirten Kreuzherrn. 1497 kal. octobr. Günth. 4,725 giebt diese urk. mit dem iahr 1496, während doch das Temporale, woraus er wohl die copie entnommen, dieselbe ohne datum enthält, dagegen nach dem original vidimirte kopien unser datum haben.
oct. 3	Boppard	übergiebt nach der resignation Katharinens von Wynuingen, der meisterin des St. Godeberts klosters bei der Georgenpforte zu Coblenz, welche seit vierzig iahren diesem kloster vorgestanden hat, die verwaltung desselben der ältesten schwester Elisabeth von Divelich, und erlässt verschiedene bestimmungen wegen der regierung desselben und der anzahl der klosterfrauen. Tempor.
— 20	Erembreit-stein	belehnt den Diether Breder von Hoenstein von wegen seiner ehefrau Katharine von Schoenborn mit deren vaters Reinhard bürglehen von Monthabar, Niederbrechen und Limburg. 1497 fryt. nach Lukas. Tempor.
— 23	———	ertheilt dem grafen Gerhart von Seyn herrn zu Hoemburg wegen seiner verbindung mit ihm zum dienst gegen Boppard eine schadlosverschreibung. 1497 vff Severinstag. Tempor.
— 29	Confluent.	verspricht die ihm in depositum gegebenen 82,000 gulden des königs Renatus von Sicilien und die verschreibungen von dessen tochter Yolanta und ihres verlobten, des landgrafen Wilhelm des mittlern von Hessen, nach beider vorehelichung zurückzustellen, und zwar das geld an den landgrafen und die papiere an den könig. Or. in Cobl. 1497 um Simon und Judentag als zu Coveleutz erzb. Johann seine muhme Jolanda, herzogin zu Lothringen, so herrn Wilhelm dem mittlern landgrafen zu Hessen etc. zu Cassel, empfangen, sind dabei und mit gewesen, neben andern fürsten, grafen und herren, die gebrüder Gierlach und Salentin von Iseuburg. Peter Maiers Manuscript.
nov. 11	Erembreit-stein	nimmt den Johann herrn zu Runkel mit sechs oder acht pferden in seine dienste, und verschreibt ihm dafür und auf solange er demselben 4000 gulden schuldet den zehnten zu Niederbrechen. 1497 nff Mertinstag im winter. Or. in Cobl.
— 12	Covelentz	macht mit den lehnleuten des wingerts im Nawenberg bei Trier einen neuen vertrag auf 25 iahre, dass sie ihm statt der hälfte den drittel geben sollen. 1497 des andern tags nach Mortinstag. Or. in Cobl.
dec. 13	———	nimmt den Jakob von Hassel auf drei iahre gegen 10 gulden und ein hofkleid iährlich zum diener an. 1497 vff Luzien. Or. in Cobl.
— 19	Erembreit-stein	ersucht den pfalzgrafen Johann um ansetzung eines neuen gütlichen tags wegen der forderung der brüder Simon Wecker und Friedrich grafen von Zweibrücken herrn zu Bitsch an die grafschaft Salm. 1497 dinst. nach Luzie. Concept in Cobl.
1498		
ian. 26	———	belehnt den Johann von Breidensteyn mit 12 gulden manngelds aus dem Bopparder zoll, und 2, ebenso den Godart von Clee mit 10 gulden. Beide 1497 trier. stils frit. nach Paulustag conversionis im Tempor.
— 29		beschwert sich bei dem könig Reinhard von Sizilien, herzogen von Lothringen, über die pfändungen der lothringenschen amtmänner von Sirk und Siersberg zu Kirff und im Saargau, und ersucht ihn die rückgabe der pfänder zu befehlen und seine räthe am freitag nach Letare (mrz. 30) zur auseinandersetzung der differenzen nach Merzig zu schicken; 2, übersendet dieses schreiben dem amtmann zu Saarburg behufs einsicht und weiterbeförderung und giebt ihm noch sonstige befehle. Beide 1497 mor. Trev. mont. nach conversion. Paull. Concept in Cobl.
— 30	———	überschickt dem Wilhelm Housbrecht von Schonemberg, amtmann zu Saarburg, vorstehendes schreiben an den herzog von Lothringen zur einsicht und weiterbeförderung und erlaubt ihm dessen antwort darauf gleichfalls zu öffnen um sich darnach richten zu können. 1497 mor. Trev. dinst. nach conversion. Paull. Concept in Cobl.
— 31	———	bestätigt den von Johann Schenk von Sweynsberg und Johann Flegke, kanonikus der kirche St. Goars, in der St. Paulspfarrkirche unterhalb des schlosses Hermannstein fundirten heil. Kreuzaltar. Tempor. mit 1497 ultima ianuar.
febr. 14	Coblenz	quittirt dem Johann Bohen von Wittlich über seine rechnungsablegung als kellner zu Manderscheid und Erembreitstein. 1497 mor. Trev. vff Valentin. Tempor.
— 20	Erembreit-stein	erlässt seine rechtfertigung auf die klagschrift Johanns von Eltz von 1497 St. Barbarentag (dec. 4) wegen des Bopparder kriegs. Impressum.
— 24	Covelentz	verschreibt dem Bernhard von Lontzen genannt Robin und dessen ehefrau Katherinen von Meckenheim für 800 gulden amts- und pfandweise das schloss Swartzenburg mit zugehör. 1497 trier. stils vff Mathias. Or. in Cobl.

1498

febr. 25	Covelentz	nimmt den Jakob von Olme mit einem reysigen pferde auf lebenszeit zum diener an. 1497 mor. Trev. vff soudag Estomihi. Tempor.
mrz. 10	———	dergl. den Endres Stade von Niederbrechen gegen 8 malter hafer, 4 malter korn und ein sommerhofkleid iährlich. 1497 sampst. nach Invocavit trier. stila. Or. in Cobl.
— 12	Erembreit-stein	nimmt den Friedrich von Sombroff, herrn zu Kerpen und Reckheym mit zehn pferden gegen 100 gulden auf ein iahr zum rath und helfer an. 1497 trier. stila mont. nach Reminiscere. Or. in Cobl.
— 15	———	erlaubt dem meister Dietherich Schmidt seinen wohnsitz zu Monthabur oder sonst im erzstift zu nehmen. 1497 mor. Trev. quinta post Reminiscere. Tempor.
— 16	———	bestätigt die zur Abtissin von St. Scholastika zu Jurigny gewählte Aelida de Dompnomturo (Dompnomartino-Dommartin). Tempor.
— 18	Confluent.	bestätigt die von einwohnern zu Traurebach gestiftete montagsmesse in der pfarrkirche zu Traven und zweier wochenmessen in der Niklaskapelle daselbst. 1497 martii 18. Tempor.
— 22	Erembreit-stein	übersendet seinen nach Berokastel zu dem tage wegen der von Bitsch beorderten räthen den diese sache betreffenden aktenband. 1497 mor. Trev. dourst. nach Oculi. Concept in Cobl.
— 28	Covelentz	nimmt den Wilhelm von Dailbenden genannt von der Sleiden auf lebenszeit gegen 6 gulden und ein hofkleid iährlich zum reysigen diener an. 1498 mitw. nach Letare. Or. in Cobl.
— 28	· ———	ertheilt dem Adam von Darmstadt generalquittung über seine rechnungsablegung als kellner zu Munstermeynfelt. 1498 mitw. nach halbfasten. Tempor.
apr. 6	Paltzel	nimmt den Conrad von Seligenstadt genannt Heckurlin auf lebenszeit gegen 6 gulden und ein sommerkleid iährlich zum reysigen diener an. 1498 frit. nach Judica. Or. in Cobl.
— 10	———	schreibt dem pfalzgrafen Johann, dass er den Berokasteler abschied mit den von Bitsch nicht annehmen könne, da die grafschaft Salm ihm von den von Reifferscheid nur verpfändet sei und er mit denselben behufs einlösung in unterhandlung stehe, und dass die von Bitsch ihre räthe nächsten mittwoch nach Trier schicken möchten, wo er mit den von Reifferscheid einen tag habe. 1498 fer. 3 post Palmar. Concept in Cobl.
— 11	——·——·	übersendet dem ritter Swicker von Sickingen als obmann den Berokasteler abschied in seinen differenzen mit der grafschaft Sponheim. 1498 mitw. nach Palmarum. Concept in Cobl.
— 13	——·——·	benachrichtigt den pfalzgrafen Johann von vorstehendem. 1498 vff den heil. Karfritag. Concept in Cobl.
— 19	Trier	belehnt den Weruher Zant, vogt im Hamm, mit dem Waldeckers zehnten zu Punderich. 1498 dourst. nach Ostertag. Tempor.
— 19	· · ·	erlaubt einen steinern vorbau nach der strasse an einem hause zu Zell. Dat. wie vorher. Tempor.
— 22	· · ·	nimmt den Hans von Alben auf ein iahr zur bedienung von kortunen, schlangen und anderm kleinen geschütz an. 1498 dominice Quasimodo. Tempor.
— 23	——·——·	(im generalkapitel) vergleicht sich mit dem domkapitel in betracht der dem erzstift in letzter zeit erwachsenen schulden und deren tilgung unter mitwirkung der stände dahin, dass der dechant und die beiden erzbischöflichen kapläne am dom zur berathung sollen zugezogen werden. 1498 mout. nach Quasimodo. Or. in Cobl.
— 23	———	schreibt dem pfalzgrafen Johann, dass das domkapitel zwischen ihm, den von Reifferscheid und dem Salontin sohn zu Isenburg herrn zu Numagen, welcher jetzt die grafschaft Salm pfandweise besitzt, verhandelt habe, so dass der von Reifferscheid in kurzem die grafschaft von dem von Isenburg einlösen wolle. Dat. wie vorher. Concept in Cobl.
mai 1	Erembreit-stein	ernennt den Colin von der Nuwerburg auf drei iahre zum amtmann von Hunolstein. 1498 vff Walpurgen. Or. in Cobl.
— 6	Paltzel	schreibt dem schöffen und pelzmeister Peter Zederwalt zu Trier, dass er sich veranlasst sehe, wenn die peltzer auf dem unbilligen vornehmen gegen seine kämmerer (wegen entsetzung von ihrem alten hergebrachten gebrauch und freiheit in diesem handwerk) verharren würden, ihnen ihre privilegien zu entziehen. 1498 vff sonat. Jubilate. Concept in Trier.
— 9	———	verträgt sich mit Salentin sohn zu Isenburg herrn zu Numagen über dessen ansprüche auf die Hunolstein'schen besitzungen von wegen seiner gemahlin Elisabeth von Hunolstein, und belehnt ihn mit 10 malter schirmhafer zu Breit, Bodelich und Newilre,

1498		
		mit der vogtei, den leuten, herrlichkeiten und gerechtigkeiten zu Meyroit und Welschenroit, der hälfte der koppelhuhnen zu Heidemberg, mit der Achtelspacher pflege und dem Kornhof auf Pommerberg zu Brieder. 1498 mitw. nach Jubilate. Tempor.
mai 11	Paltzel	bewilligt statt der den kirchenmeistern zu Raperait in der pfarrei Bischofsdrone von Heinrich Vogt zu Hunolstein und dessen gemahlin Elisabeth von Bolche für 100 gulden ohne lehensherrlichen consens und daher ungültig verkauften 6 malter kornrente aus der bede zu Raperait, da dieselben für eine wochenmesse in der kapelle bestimmt sind, 4 malter iährlich. 1498 freit. nach Jubilate. Tempor.
— 18	Erembreit-stein	desgl. statt der von Niklas Vogt zu Hunolstein ohne lehensherrlichen consens für die frühmesse zu Bernkastel um 200 gulden verkauften 12 malter kornrente iährlich 10 malter oder 10 gulden aus der bede zu Morbach und Rapperad. 1498 frit. nach Cantate. Or. in Cobl.
— 26	——	verkauft mit consens des domkapitels für 2000 gulden an Johann Boiss von Waldeck 100 gulden iahrrente aus dem Engerser zoll und stellt dafür bürgen mit der verpflichtung zum einlager in Kirburg, St. Goar oder Meisenheim. 1498 vff Urban. Tempor.
— 30	Covelentz	ersucht den Symon Wecker, seinen bruder, den grafen Friedrich von Zweibrücken herrn zu Ilitsch, zu bestimmen, wenn derselbe seine forderungen nicht erlassen möge sich deshalb rechtens und austrags begnügen zu lassen. 1498 mitw. nach Exaudi. Concept in Cobl.
iun. 8	Erembreit-stein	belehnt den Hermann Pruyssen mit 2 mark geldes und einem hans zu Eschelbach als burglehen von Monthabur. 1498 fryt. nach Pfingstag. Tempor.
— 10	——	bestätigt einen tausch von gütern des Daun'schen hofs zu Entenich zwischen dem Karthäuserkloster zu Cöln und dem Albrecht von Zwivel wohnhaft zu Dramstorp. 1498 vf der heil. Dryvaltigheitstag. Tempor.
— 17	——	ersucht den pfalzgrafen, herzog Johann von Baiern, um verlegung des in den sponheimischen differenzen mittwoch nach Johann bapt. (iun. 27) nach Trarbach bestimmten tages auf den dinstag nach Kilian (iul. 10). 1498 dominic. post Corpor. Christi. Concept in Cobl.
— 28	Bopart	ernennt elf schöffen für die stadt Boppard. Honth. 2,520. Tempor.
— 30		(vor der pfarkirche uff der greden) Eidesleistung dreier schöffen und feierliche besetzung des schöffengericht; sodann bestellung des stadtregiments darnach am nachmittag. Honth. 2,521.
iul. 2	Erembreit-stein	ersucht den ritter Swicker von Sickingen dem auf dinstag nach Kilian (iul. 10) vom grafen von Sponheim wegen der Proticher irrungen bestimmten tage beizuwohnen, sich jedoch zuvor nächsten samstag, sonntag oder montag bei ihm zu Zell im Hamm, wo er nächsten freitag (iul. 6) eine gemeine des stifts ständeversammlung habe, einzufinden. 1498 visitat. Marie. Concept in Cobl.
— 6	Freyburg	(im Brisgow) Mitausssteller und besiegler mit dem erzb. Bertold von Mainz, dem bischof Friedrich von Augsburg, dem markgrafen Friedrich von Brandenburg, dem herzog Ulrich von Würtemberg und mit dem markgrafen Christof von Baden der urkunde könig Maximilians über die zwölfiährige verlängerung des königlichen bunds in Schwaben. 1498 freit. nach vaser frauwentag visitationis? Datt de pace publica a. 376. Lünig, Reichsarchiv 7,108. Dumont, Corps dipl. 3b,394. Müller Reichstagstheater 2,242.
— 30	Erembreit-stein	schreibt dem bürgermeister, schöffen und rath der stadt Trier dass er der letztbis zu Zell zwischen einigen des raths und dem domdechant Eberhard von Hobenfels, dem archidiakon Dietherich von Stein und dem kanzler Ludolf von Enscheringen gemachten abrede in betreff seiner streitigkeiten mit dem peltzeramt nicht beitrete. 1498 mont. nach Jakobi. Concept in Trier.
— 30	——	vererbpachtet den gebrüdern Heinrich und Ulrich von Metzenhusen ein feld genannt Winterdal unterhalb des schlosses Arras und ein fach bei Neve. 1498 mont. nach Jakob. Or. in Cobl.
— 31	——	befiehlt schultheißen, vogt, schöffen und gericht zu Cleinich, binnen zwölf tagen die akten in dem vor ihnen verhandelten prozesse des ritters Niklas von Esch und Conrads Stumpf an das hofgericht als appellinstanz einzusenden. 1498 dinst. nach Jakob. Or. in Cobl.
aug. 3	——	belehnt den bastart Wernher von Hunoltstein von wegen der herrschaft Hunoltstein mit

39

1498		
		güteru und gefällen zu Roppach, Limpach, Auwem und andern orten. 1498 frit. nach Peterstag ad vincula. Tempor.
aug. 4	Erembreit- stein	schreibt dem grafen Friedrich von Zweibrücken, er werde den herzog Alexander von Baiern um eine tagsatzung bitten. 1498 sampst. nach vincula Petri. Am selben tage erlässt er auch das betr. schreiben an den herzog Alexander. Concepte in Cobl.
— 7	——	erlaubt dem Friedrich vom Kalkoben genannt von Capellen, welchem er den thurm und das zollhaus zu Capellen auf lebenszeit verliehen, und der darin ohne sein wissen und willen wirthschaft und herberge gehalten hat, diese gegen zahlung von 8 gulden iährlich für den bau des thals Capellen, fortzuführen. 1498 dinst. nach Oswald. Tempor.
— 7	——.	ersucht den herzog von Lothringen dem Philipp von Dallheym, amtmann zu Siersberg, zu befehlen die den trier. unterthanen im Saargau wegen kost und zehrung auf dem tag zu Merzig gepfändeten zwanzig pferde zurückzugeben, und seine räthe behufs ausgleichung ihrer streitigkeiten nach Merzig zu senden; 2. ebenso schreibt er an den deutschen bott und 3, übersendet dem amtmann zu Saarburg diese beiden schreiben zur weiterbeförderung, und erlaubt ihm deren antwortschreiben zu erbrechen um bestens darnach zu handeln. Alle 3 mit dat. wie vorher. Concept in Cobl.
— 7		ersucht den ritter Swycker von Sickingen, welcher sich entschuldigt hatte dass er als obmann in den differenzen mit Sponheim auf dem montag nach Bartholomäus (aug. 27) zu Wesel bestimmten tage nicht erscheinen könne, beim pfalzgrafen Johann eine verlegung dieses tags zu erwirken. 1498 dinst. nach vincula Petri. Concept in Cobl.
— 10	·—	benachrichtigt den Symon Wecker, dass er auf seines bruders Friedrich ersuchen den herzog Alexander von Baiern grafen zu Veldenz um eine tagsatzung gebeten habe. 1498 Laurentii. Concept in Cobl.
— 16	· · ·	nimmt den Heinrich von Elbig auf lebenszeit gegen 4 gulden und ein sommerhofkleid zum diener an. 1498 dornst. nach assumpt. Marie. Tempor.
— 24		ersucht den pfalzgrafen Johann wegen verhinderung des Swycker von Sickingen den tag zu Wesel vom montag nach Bartholomäus (aug. 27) auf den tag nach Gallus (oct. 17) zu verlegen. 1498 vff Bartholomäus. Concept in Cobl.
— 26	————	benachrichtigt den ritter Swicker von Sickingen, dass die pfalzgrafen den tag zu Wesel auf tage nach Gallus (oct. 17) verlegt haben, und ersucht ihn als obmann alsdann dort theil zu nehmen. 1498 sonntag nach Bartholomens. Concept in Cobl.
— 30	Freyburg	(im Preyssgaw) Mitbesiegler des reichsabschieds könig Maximilians. 1498 dornst. nach Egidii (sept. 6). Datt de pace publica s. 901. Koch, Samml. der Reichsabschiede 2,52. Wegen der folg. urk. von mir donnerst. vor Egidii gelesen.
sept. 3	· —	beurkundet mit den andern reichsständen, welche vorstehenden reichsabschied angenommen und besiegelt haben, dass wenn der könig bis weihnachten sich nicht die einwilligung der fehlenden reichsstände zu diesem abschied verschafft habe, die ihrige auch nicht kraft haben solle. 1498 mont. nach Egidii. Datt de pace public. 917. Lünig Reichsarchiv 4,314.
— 17	Covelentz	giebt als kurfurst seinen consens zu könig Maximilians widerruflichen verleihung von 50 gulden iahrrenten aus dem ungeld zu Dinkelsbühel an seinen (Maximilian's) secretair Sixtus Olhaffen. 1498 mont. nach Exaltat. crucis. Tempor.
— 21	Erembreit- stein	belehnt den Johann Snedse von Grenzauwe mit einem hof, wingerten, aeckern und zinsen zu Pulfeudorf, 11 mark aus dem Coblenzer zoll und wingerten zu Urbar, welche ihm die gebrüder Marsilius und Eberhard von der Arken übertragen hatten. 1498 mont. nach Matheus evang. Tempor.
— 30	· · ·	überträgt mit consens des domkapitels die bei seinem rath Ulrich von Eltz gegen 25 gulden iahrzins aus dem Engerser zoll geliehenen 500 gulden ebenfalls auf das demselben für 1500 gulden verpfändete amt Covern. 1498 vff Hieronimus. Tempor.
oct. 1	· · ·	ertheilt für den neubau des klosters Eberhardsclusen ein ablassprivilegium. Or. in Cobl.
— 8	✓	fordert seinen rath Carl von Monreal auf, abends vor St. Gallus in Coblenz zu sein um sich andern tags (oct. 16) mit seinen räthen an einem tage nach Wesel zu begeben. 1498 moudags nach Franziskus. Concept in Cobl.
— 9	· · ·	giebt als kurfurst seinen consens zu könig Maximilians belehnung des grafen Adolf von Nassauw auf dem reichstag zu Freiburg im Breisgau mit dem reichsantheil des zolls zu Meintz. 1498 vff Dionisius. Tempor.

1498		
oct. 13	Erembreit-stein	befiehlt dem amtmann im Hamm auf den tag nach Gallus (oct. 17) zu Wesel zu sein, und 2, dem Servatius Huyssmann, kirchherrn zu Protigh, einige kundige einwohner dahin zu senden. 1498 samst. nach Dionys. Concepte in Cobl.
— 15	————	ertheilt für den aufbau des abgebrannten ordenshauses der heil. Dreifaltigkeit zur einlösung der gefangenen zu Vianden eine kollectenerlaubniss und ablassprivilegium. Tempor.
— 23	————	belehnt den Friedrich von Milberg herrn zu Hamm, dafür dass er ihm das öffnungsrecht des schlosses Hamm gestattet, mit 4 fuder wein oder 40 gulden jährlich aus dem Pfalzeler zoll. 1498 dinst. nach Lukas. Tempor.
— 30	————	nimmt gemeinschaftlich mit Balthasar Bove von Waldeck auf der einen und Johann ältestem sohn zu Eltz, dessen sohn Johann und Haus von Oberstein auf der andern seite die in folge abschieds des königlichen tags zu Freiburg zwischen ihnen vermittelte rachtung an. 1498 dinst. nach Simon und Juda. Tempor.
— 31	————	erlaubt dem Johann von Kilburg von seinen lehengütern zu Kesten an 50 gulden werth zu verpfänden. 1498 vf Allerheiligenabend. Tempor.
— 31	————	ersucht den ritter Schwycker von Sickingen, indem er dessen Weseler entscheid in der Pruttiger sache annimmt, sich auch ferner nicht der sache zu entziehen. Dat. wie oben. Concept in Cobl.
nov. 13	————	verschreibt Peetzen, der wittwe Conrad's von Hesicken, welche nach dem dienstvertrag ihres ehemannes lebenslänglich die hauskost aus der burg zu Erembreitstein und anderes bezieht, dafür jährlich 4 malter korn, 4 ohm wein und 3 gulden. 1498 vf Brictius. Or. in Cobl.
— 19	Oberlanstein	beurkundet den Balthassar Boess von Waldeck seine suhne mit Johann ältestem sohn zu Eltz und Haus von Oberstein wegen ihrer bisherigen fehde. 1498 vf Elisabeth. Or. in Cobl.
— 24	Erembreit-stein	ersucht den ritter Schwicker von Sickingen um mittheilung der zeit wann der von ihm ferner anzusetzende tag in Wesel stattfinden soll. 1498 vff Katherinenabend. Concept in Cobl.
— 25	————	ersucht seine räthe, den dr. Hartmann von Windeck und Carl von Monreal, nächsten samstag abend (dec. 1) in Coblenz zu sein um andern tags zu einem tag nach Wesel zu reisen. 1498 vff Katherinen. Concept in Cobl.
dec. 3	————	erlaubt dem grafen Crafft von Hohenlohe seiner tochter Margaretha bei ihrer verheirathung mit dem pfalzgrafen Alexander seinen turnus am Bopparder zoll, den er für 6000 gulden zu lehen hat, als aussteuer zu geben. 1498 mont. nach Andres. Or. in Cobl.
— 21	————	belehnt den Hans vom Oberstein mit 10 gulden manngeld aus der kellerei St. Wendalin. 1498 an Thomas tag. Tempor.
— 27	————	erlaubt dem Ulrich von Eltz das ihm für 1500 gulden amts- und pfandweise verschriebene schloss Covern seinem sohne Philipp als billigsteuer für Lyse, Heinrichs von Pirmont tochter, zu geben. 1498 trier. stils an Johanns evang. in den wyhnachten heil. tagen. Tempor.
— 29	————	übersendet dem amtmann zu Saarburg ein schreiben an den herzog von Lothringen wegen der pfändung zu Kirff zur kenntnissnahme und weiterbeförderung, und befiehlt ihm die antwort darauf nach genommener einsicht an die kanzlei zu schicken; 2, ertheilt demselben instruktion behufs verhandlung dieser sache bei dem herzog; und 3, ein kredenzschreiben an den herzog. 1498 mor. vff Thome Cantuariensi. Concepte in Cobl.
— 00	————	überträgt dem prior des Jakobsklosters auf dem Pedernacher berge die aufsicht und sorge für den gottesdienst des nonnenklosters St. Martin von der dritten regel des heil. Franziskus de penitentia bei Boppard. 1498 die ... decembr. im Tempor.
1499		
ian. 7	————	genehmigt die übertragung eines Sarburger burglehens von seiten des ritters Bernhart von Burscheit an den ritter Johann von Kellenbach, und belehnt diesen damit. 1498 trier. stils mont. nach Drierkonig. Or. in Cobl.
— 8	————	befiehlt dem Adam von Darmstadt, keller zu Erembreitstein, die vogtei auf dem Niederwerth bei Valender, welche die von der Arken bisher besessen hatten, fernerhin selbst zu bestellen. 1498 mont. nach Drierkoning. Tempor.
— 9	————	ernennt den schöffen Peter Suyrmois zu Ludissdorff zum schultheiss daselbst. 1498 mor. Trev. mittw. nach Trium regum. Tempor.
— 27	————	befiehlt dem Wilhelm Hombrecht von Schonenberg, amtmann zu Sarburg, falls der

39°

1499		
		reutmeister zu Sirk das zu Kirff gepfändete nicht in bestimmter zeit erstatte, durch den hochgerichtsboten eine gegenpfändung zu thun. 1498 mor. Trev. dominic. post conversion. Pauli. Concept in Cobl.
febr. 7	Bopart	genehmigt, dass die dem Johann Emich von Schuppe zu erblichem mannleben verliehenen 2 wingerten nebst dem drittel eines wingerts in Weseler gemarkung in ermangelung ehelicher nachkommen an dessen beide natürlichen von kaiserlicher gewalt legitimirte kinder Johann und Melusine fallen sollen. 1498 mor. Trev. donrst. nach vnser lieben frauwentag purification. Tempor.
— 16	Coblentz	befiehlt seinem kellner zu Daun den hof zu Schalkenmoren dem Richart Hurt von Schoeneck zurückzugeben, und nach einem monat auch demselben den hof zu Scheytwiler. 1498 mor. Trev. sab. post Estomihi. Tempor.
— 17	. . .	verkauft mit consens des domkapitels dem domprobst, grafen Bernhard von Solms, für 1300 gulden güter und renten zu Waltrach. 1498 trier. stils sonnt. Invocavit. Or. in Cobl.
— 17		giebt als kurfürst seinen cousens zu könig Maximilians genehmigung der einlösung der verpfandeten reichssteuer zu Memmingen durch genannte stadt. 1498 trier. stils sonnt. nach Valentin. Tempor.
— 20		nimmt den Thyss von Nattenheim auf acht iahre gegen 8 gulden und wenn er iährlich über ein vierteliahr bei hofe sein würde gegen 12 gulden iährliches dienstgeld zum reysigen diener an. 1498 trier. stils mitw. nach Invocavit. Or. in Cobl.
— 21		befiehlt dem Wilhelm Hombrecht, amtmann zu Saarburg, falls der lothringen'sche rentmeister zu Sirk die gepfändeten pferde nicht in bestimmter zeit ersetze, zur veräusserung der gegenpfänder zu schreiten. 1498 mor. Trev. donnerst. nach Invocavit. Concept in Cobl.
mrz. 2		ernennt den Eberhard von Leser auf zehn iahre zum burggrafen von Thuron und vogt der zugehörigen dörfer. 1498 trier. stils sampst. nach Mathys. Or. in Cobl.
— 4		verschreibt dem Hermann Boiss von Waldeck als amtmann von Manderscheid statt der einkünfte des zu diesem amt gehörigen hofs Scheitwilre, der dem Richard Hurt von Schoneeken verpfändet ist, gleiche einkünfte aus der kellerei Wittlich. 1498 trier. stils mont. nach Oculi. Or. in Cobl.
— 8		giebt der gemeinde Keysersesch das dortige backhaus in erbpacht. 1498 trier. stils fryt. nach Oculi. Tempor.
— 9	Erembreit-stein	schlägt die gerichtliche verhandlung gegen Bastian Clinge von Coblentz wegen muthwilliger und freventlicher händel desselben zu Coblentz und Monthabaur nieder. 1498 mor. Trev. samst. nach Oculi. Tempor.
— 10	Coblentz	nimmt den Gerlach Huysman von Numendy gegen ein fuder wein und sommerkleid iährlich zum diener an. 1498 trier. stils vff sonnt. Halbfasten. Or. in Cobl.
— 15		ernennt den Johann Sneidse von Greusau auf drei oder vier iahre zum amtmann von Boppard. 1498 trier. stils frit. nach Gregor. Or. in Cobl.
— 15		desgl. den Albrecht Lose auf lebenszeit zum burggrafen von Keysersesch. 1498 mor. Trev. frit. nach Letare. Tempor.
— 26	Paltzel	belehnt Dietherich von Enscheringen den alten mit einem Schonecker burgleben des verstorbenen Welter von Oberee. 1499 dinst. nach vnser lieben frauwen tag annunciat. Tempor.
apr. 8	. . .	bestätigt das domkapitularische statut wegen vorheriger residenz und zweiiähriger universitätsstudium der ius kapitel aufzunehmenden domherren. Blattau Stat. 2,32.
— 9	Treviris	nimmt den Peter Wale mit einem reysigen pferde auf vier iahre zum diener an. 1499 dinst. nach Quasimodo. Tempor.
— 14		wirbt die beiden brüder Philipp und Balthasar Boiss von Waldeck zu hauptleuten der dem Schwäbischen bund zu schickenden 30 gewappneten, und giebt ihnen eine instruktion. 1499 vff sonnt. Misericordia. Or. in Cobl.
— 22	Paltzel	verschreibt dem Heyntz Loe als ersatz seiner dienstausstände und sonstigen forderungen iährlich 4 malter korn und 6 ellen gemein gran tuch aus der kellerei Sarburg. 1499 secunda post Jubilate. Tempor.
— 22		bestimmt, dass der nach dem tode des kanzlers dr. Johann Krytlbys von dem rektor und der universität zu Trier zu dem derselben inkorporirten kanonikat des St. Florinsstifts zu Coblenz präsentirte universitätslehrer dr. Richard Graman von Neckendich iährlich 25 gewönliche vorlesungen in beiden rechten lesen soll. Honth. 2,524. Tempor.

1499		
apr. 28	Paltzel	ersucht die Lothringen'sche stattbalterschaft zu Nancy um aufhebung der auf den Saargau vertragswidrig gelegten schatzung; 2, desgl. um aufhebung der auf den domkapitularischen hof zu Perl gelegten, und 3, ebenso den deutschen belis, grafen Johann von Salm, um aufhebung der Saargauer schatzung. 1499 vff Cantate. Concepte in Cobl.
mai 8	——	erlässt ein neues schreiben an den deutschen belis wie oben und ersucht ihn behufs ausgleichung des streits am montag nach Trinitatis (mai 27) seine räthe nach Merzig zu schicken. 1499 mitw. nach Vocem iocunditatis. Concept in Cobl.
— 11	——	erlässt eine ladung in sachen des abts Burkart zu Echternach wegen des hochgerichts zu Dreys und anderm an den ritter Niklas und Johann und Philipp von Esch, dinstags nach Leichnamstag (iun. 4) vor dem gericht zu Trier oder Coblenz zu erscheinen. 1499 samst. nach vnsers herrn Vffartstag. Vid. copie in Cobl.
— 16	——	notificirt gemeinschaftlich mit dem pfalzgrafen Alexander dem domkapitel zu Straissburg die adeliche abstammung des dortigen domprobsten und Cölner domdechanten Philipp von Daun von urgrossvater und urgrossmutter her. Honth. 2,524. Tempor.
— 20	Covelentz	verlegt die dem grafen Reinhart von Leiningen herrn zu Westerburg und Schaumemberg für ein kapital von 2000 gulden zu zahlenden 100 gulden iahrzins vom zoll zu Engers auf den zu Coblenz. 1499 mont. nach Pingstag. Or. in Cobl.
iun. 1	Paltzel	ersucht den herzog oder die statthalterschaft von Lothringen dem deutschen belis zu befehlen die schatzung zu Kirff und sonst zu sistiren und einen neuen tag nach Merzig zu bestimmen. 1499 samst. nach corporis Christi. Concept in Cobl.
— 2	Trier	vergleicht das herzog oder die statthalterschaft von ... wegen des weinschankrechts und der weinaccise. Or. in Cobl.
— 7	Confluent.	verschreibt dem hospital zu Cus statt der demselben iährlich aus den zöllen zu Boppard und Coblenz zu zahlenden 300 und resp. 100 gulden wegen verschlechterung dieser zölle die einkünfte der pfarrei St. Wendel. Or. in Cobl.
— 13	-	wiederholt sein gesuch an die Lothringen'sche statthalterschaft um sistirung der schatzung zu Kirff und bestimmung eines tags nach Merzig zur unterhandlung. 1499 dourst. nach Medardus. Concept in Cobl.
— 18	——	beurkundet, dass gestern vormittag der ganze convent des frauenklosters St. Thomas bei Andernach capitulariter versammelt, sich einer reformirung des klosters unterworfen und seine anhme Margaretha geb. von Baiern aus dem Agnesenkloster in Trier an die stelle der verstorbenen Gertrude von Limbach als meisterin angenommen habe, und bestätigt die von seinen commissarien mit dem convent vereinbarten artikel. 1499 dinst. nach Vitus und Modestus. Chartul. im besitz des herrn pfarrers Moritz in Hammerstein.
— 19	——	befiehlt dem Johann von Esch, unter der poen von 100 gulden, restitution und ersatz des während der gerichtlichen inhibition an den abteilich Echternacher leuten zu Dreys verübten raubs und pfändung; 2, übersendet diesen befehl dem amtmann zu Wittlich zur ausführung. 1499 mittw. nach Viti und Modesti. Concept in Cobl.
— 22	——	erlässt ein schreiben an seinen rath, den grafen Philipp von Virneuburg herrn zu Nuemar, Saffenberg und Sombreff, behufs unterhandlung mit Ruprecht von Arburg und erklärt sich darin bereit die sache vor dem Französischen könig vertheidigen zu lassen. 1499 decem milium martir. Concept in Cobl.
— 25	Cochme	giebt seinem kanzleischreiber Hupert Flade von St. Vyt und dessen ehefrau Margaretha Kellners von Ellenz anstatt einer weinrente von 4 ohm, auf lebenszeit einen wingert zu Fankel. 1499 dinst. nach Johanns bapt. Tempor.
— 26	——	belehnt denselben Hupert Flad mit 4 wingerten zu Ellentz. 1499 an Peter und Paulus abend. Tempor.
iul. 1	——	ersucht die Lothringen'sche stattbalterschaft um die verfügung zur restitution der Saargauer pfänder bis zum Merziger tage, und 2, übersendet dem amtmann zu Saarburg dies schreiben zur weiterbeförderung und befiehlt gegenpfändung falls dem ersuchen nicht willfahrt werde. 1499 vigil. visitat. Marie. Concepte in Cobl.
— 4	——	verschreibt seinem kammerknecht Johann von Richtenbach auf lebenszeit iährlich 5 ohm wein und 3 malter korn aus der kellerei Erembreitstein. 1499 vf Ulrich. Tempor.
— 8	Confluent.	bestimmt zwei regulirte chorherrn von Spriugirsbach zum beichthören und besorgung anderer geschäfte für das nonnenkloster St. Thomas bei Andernach, wo nach der letzten visitation seine nichte die herzogin Margaretha von Baiern, nonne von St. Agnes

1499

		in Trier, als meisterin mit einigen andern nonnen von St. Agnes eingeführt worden ist. Copie in Cobl.
Jul. 16	Coblenz	belehnt den ritter Hermann Schenk von Sweynsberg mit 10 gulden manngeld aus der kellerei Dietz. 1499 dinst. nach der Zwölfboten scheidung. Tempor.
— 16	——-	erlaubt dem grafen Johann von Nassauw-Vianden und Dietz in der pfarrkirche zu Dillemburg durch geeignete priester, kleriker, schulmeister, chorales und schüler im chor die sieben gezeiten nach ordnung des erzstifts auch Salve regina mit versikeln und kollekten, und auf den drei altären messe lesen und singen zu lassen. Tempor.
— 19	——	erteilt einer Jüdin zu Valender mit ihrer familie auf fünf jahre einen geleitsbrief. 1499 frit. nach Alexius. Tempor.
— 24	V	belehnt den Johann von Eltz, Lantzlac's sohn, namens seiner base Margaretha von Bolant, wittwe Frautzi's von Orne, mit den Bolant'schen lehen zu Fressen, Sackenheim, Waldorf und anderswo. 1499 an Jakobs abend. Tempor.
aug. 7	——	ersucht den herzog von Lothringen um freilassung der vom amtmann zu Siersberg in den thurm gesetzten leute von Bretzen, Menningen und Harlingen. 1499 mitw. nach invention. Steffani. Concept in Cobl.
— 25	Erembreitstein	ersucht den herzog von Lothringen um ansetzung eines tags zur ausgleichung des Saargauer streits und um auswechselung der vier gefangenen zu Siersberg; 2, überschickt dies schreiben dem amtmann zu Sarburg zur weiterbeförderung und empfangnahme der antwort darauf. 1499 sont. nach Bartholomei. Concepte in Cobl.
— 28	——	belehnt seinen kanzleischreiber Peter Mayer von Regenspurg für seine beinahe achtzehnjährige dienste mit einem hause in der Burggasse zu Coblenz. 1499 mitw. nach Bartholomeus. Tempor.
— 30	——	ersucht den grafen Johann von Salm, deutschen belis in Lothringen, um verlegung des Merziger tags vom dinstag auf den donnerstag nach Marie geburt (sept. 12). 1499 frit. nach decollat. Johannis. Concept in Cobl.
sept. 18	——	ersucht den herzog von Lothringen einen der am vergangenen freitag (sept. 13) auf dem tage zu Merzig gemachten vorschläge anzunehmen. 1499 mitw. nach Lamprecht. Concept in Cobl.
oct. 1	——	erlaubt die eheliche verbindung einer trier. angehörigen zu Cond mit einem Virnenburgischen. 1499 vff Remigii. Tempor.
— 1	——	übergiebt das nonnenkloster St. German zu Trier, da dasselbe seit seiner incorporation mit der abtei St. Mattheis eben nicht weniger zurückgekommen ist, mit consens des dns. abts Anthonius einem probst mit priester-chorherrn und clerikern, welche den gottesdienst versehen, ein kanonisches leben und schulen zum unterricht halten sollen. Tempor. Vgl. Gesta Trevir. ed. Wyttenbach. 2, animadvers. 31 anmerk.
— 4	..	giebt seinen consens dazu, dass die brüder Gerlach, Salentin und Wilhelm von Isenburg aus ihren lehen zu Mettrich auf zwölf jahre 12½ gulden jährrente um 250 gulden an die St. Petersfarrkirche zu Monthabuyr verkaufen. 1499 frit. nach Remigius. Tempor.
— 7	——	erlaubt gegen 35 gulden einer Judenfamilie auf fünf jahre ihren wohnsitz in Valender zu nehmen. 1499 mont. nach Franziskus. Tempor.
— 9	——	ersucht den herzog von Lothringen um ansetzung eines tags behufs auseinandersetzung der hauptstreitigkeiten im Saargau, und erbietet sich inzwischen die gefangenen ledig zu lassen. 1499 vff Dionys. Concept in Cobl.
— 12	——	giebt seinen consens dazu, dass Hermann Wyber von Nickendich eine ihm von Hermann Booss von Waldeck übertragene verschreibung (vom 19. febr. 1464) über 1500 gulden kapital an den Philipp von Schoenenberg übertrage; 2, ernennt den letztern zum amtmann von Cochem und Ulmen. Beide 1499 samst. nach Dionys. Orr. in Cobl.
— 20	——	erlaubt dem Salentin sohn zu Isenburg herrn zu Numagen und dessen gemahlin Elisabeth, tochter von Hunolstein, 300 gulden an dem ihnen für 8000 gulden verpfändeten schloss mit der grafschaft Salm im Ossling zu verbauen. 1499 sont. nach Gallus. Tempor. Fahne, Gesch. der grafen von Salm-Reiferscheid. Urkb. s. 265.
— 21	——	giebt seinen consens zu dem verkauf des rothen hauses zu Trier von seiten Heinrichs Tristant an seinen sekretair Gregor Kebisch von Spier. 1499 mont. nach Lukas. Tempor.
— 28	——	nimmt den Hilger von Prüm mit einem reysigen pferde zum lebenslänglichen diener an. 1499 an Simon und Judentag. Tempor.

1499		
oct. 30	Erembreit-stein	giebt, da in der frühern urkunde über die einführung von chorherrn bei dem St. Germans-kloster zu Trier einige unklare stellen enthalten und nothwendige bestimmungen ausgelassen sind, eine ergänzung und erläuterung dazu, namentlich in bezug auf gottesdienst und schule und dass dasselbe eine kollegiatkirche oder collegium canoni-corum sein solle. Gesta Trev. ed. Wytteub. 2, animadvers. 31. Tempor.
nov. 7	— —	ersucht den junker Johann von Runket noch um ausstand für seine rückständigen gülten und dienstgeld bis Niklaustag. 1499 Willibrordi. Concept in Cobl.
— 12	— —	belehnt seinen sekretär Gregor Kehisch von Speier für seine dreyssigjährigen dienste mit dem rothen haus in der Bruckergasse zu Trier, welches derselbe gekauft hat. 1499 dinst. nach Mertinstag. Tempor.
— 13	— —	nimmt den Wilhelm von Dieffenbach mit einem reisigen pferde im harnisch wolgerüst gegen iährliche 6 gulden und wenn er im dienst gegen 12 gulden und ein hofkleid zum diener an. 1499 vff Briktius. Or. in Cobl.
— 14	— —	nimmt den Knelen Philips von Nassau mit ehefrau zu lebenslänglichen probendern ins hospital zu Doppard auf. 1499 quinta post Brictii. Tempor.
— 25	— —	schreibt dem Johann von Soetern welcher mit dem Johann von Helfenstein auf dem letzten Merziger tage mit den Lothringen'schen räthen unterhandelt hat und sich jetzt zum herzog von Lothringen begeben wolle, er solle bei letzterm versuchen dass die sache in gütlichkeit beigelegt werde. 1499 vff Katherine. Concept in Cobl.
dec. 5		bestimmt dass die Carthäuser auf dem Beatusberg bei Coblenz von den 180 gulden, welche sie dem seelgeräth mag. Ludwig Smorborn, dechanten von St. Florin schuldet, an dessen dienstmagd 50 gulden geben und 20 gulden zu dessen iahresgedächtniss für sich behalten soll, und bekennt, dass ihm die übrige summe ausbezahlt worden und er dieselbe an Johann von Staffel gegeben habe. 1499 donrst. nach Barbara. Or. in Cobl.
— 15	— —	(in stabella intra superiorem maiorem aulam et cameram seu cubile archiepiscopali eiusdem arcis). An diesem tage schliesst erzb. Johann mit seinem vetter Jakob den vertrag wegen annahme der coadiutorie. Concept in Cobl.
— 15	— —	notificirt seinem domstift, dass er den kanzler dr. Ludolf von Enscheringen und einige andere zur verhandlung mit ihm wegen der ernennung seines vetters, des markgrafen Jakob von Baden zu seinem coadjutor und nachfolger beauftragt habe. 1499 sont. nach Luzien. Or. in Cobl. Die abstimmung des domkapitels hierüber erfolgte am 26. dec. und folgenden tags dec. 27 erliess dasselbe sein wahldekret für Jakob von Baden. Orr. in Cobl.
1500		
ian. 4	. . .	genehmigt die annahme der heil. Anna als mitpatronin des heil. Dreikönigsaltars zu Dillen-burg und ertheilt für den altar ein ablassprivilegium. Or. im Tempor.
— 16	— —	nimmt seinen vetter, den markgrafen Jakob von Baden, probsten von St. Paulin zu Trier und kaiserlichen kammerrichter, zum coadjutor an. 1499 trier. stils donnerst. nach dem achtzehnten tage. Or. in Cobl. Am 13. ian. hatte pabst Alexander VI. durch bulle d. d. Rome id. ian. bereits den coadjutor bestätigt und erlaubt ihm d. d. 3 id. sept. (sept. 11) den gebrauch des palliums; bei einer hierauf am 22. dec. 1500 statt-gehabten wiederholten wahl verhinderte wieder derselbe opponirende theil eine ein-stimmige wahl, und am 23. dec. leistete Jakob dem domkapitel den eid. Orr. in Cobl.
— 16	—	ermahnt die gegen die wahl des coadjutor Jakob opponirenden domherrn sich der zustim-menden mehrheit anzuschliessen und vor ihm zu erscheinen um deshalb mit ihnen zu verhandeln. Dat. wie vorher. Concept in Cobl.
— 26		ersucht den markgrafen Christof, bei dem herzog von Lothringen wegen sistirung der schatzung im Saargau sich zu verwenden, indem er nächstens deshalb einen tag ansetzen wolle. 1499 mor. Trev. convers. Pauli. Concept in Cobl.
— 27		bestätigt auf eine deputation des Coblenzer stadtraths die wahl Johanns von Merl zum empfänger des gemeinschaftlichen ungelds daselbst. 1499 trier. stils dinst. nach Sebastian. Tempor.
— 29		belehnt den Johann Print von Horcheim genannt von Bruel für sich und seinen vetter Thomas Print mit dem Horcheimer korn- und haferzehnten. 1499 trier. stils vff Valerius. Tempor.
— 30	— —	vertauscht eine hofstatt zu Boppard für einen platz vor seinem schlosse daselbst, damit dasselbe nicht weiter nach dem schädlichen brande des vorgangenen iahres in der stadt verbaut werde; 2, überträgt einen auf diesem platz haftenden zins von 4 gulden

1500		
		den das heil. Geistspital bezieht, auf den dortigen zoll. Beide 1499 trier. stils vf Adelgunde. Tempor.
febr. 4	Erembreitstein	erlässt ein nochmaliges schreiben an die dissentirenden domherrn und erbietet sich, da sie sich weigern vor ihm zu erscheinen, die verhandlungen seiner räthe zu Coblenz ihnen zu überschicken. 1499 mor. Trev. tertia post purificat. Concept in Cobl.
— 4	Coblentz	schreibt dem grafen von Sain-Wittgenstein, dass er vom grafen Heinrich von Sain vernommen habe, wie zwischen ihnen beiden behufs erhaltung des stammes und namens unterhandlung gepflogen worden, die noch nicht effektuirt sei, und erbietet sich wegen der trier. lehen zu einem kommunikationstag. Beweiss in sachen des grafen Ernst von Sain-Wittgenstein gegen Trier, betreffend Sain, Freusburg etc. 2,35.
— 14	Erembreitstein	bestätigt der abtei Brauweiler die zollfreiheit auf dem Rhein und der Mosel. 1499 trier. stils vf Valentin. Tempor.
— 22		befiehlt dem amtmann zu Saarburg das antwortschreiben des herzogs von Lothringen auf des markgrafen Christof brief zu erbrechen, und falls derselbe darin die gebrechen im Saargau nicht abzustellen verspreche, mit gegenpfändung vorzugehen. 1499 mor. Trev. in die cathedra Petri. Concept in Cobl.
— 25	. . .	vererbpachtet zwei plätze unterhalb des Saxler weihers und den wasserfall daraus durch die Flodeck behufs erbauung einer mahl- und oehlmühle. 1499 vff Muthysstag. Tempor.
mrz. 6	———	ernennt den Heinrich von Hartenrode zum lebenslänglichen burggrafen des schlosses Ramstein auf der Kyll. 1499 trier. stils frit. nach Eschetag. Or. in Cobl.
— 6	———	ertheilt dem Gerhart Plat von Longwich und dessen bruder für den todesfall Gerharts von Hilbringen genannt von Sirsberg die antwartschaft auf dessen trier. lehen. 1499 trier. stils frit. nach Estomihi. Chartular in Cobl.
— 7	Coutluout.	übergiebt das kloster der von ihm nach Schoenstatt bei Vallender versetzten nonnen zu Molen im thal unter Erembreitstein dem orden der Augustiner Eremiten und dotirt es mit dem zehnten zu Niederbrechen. Günth. 4.731. Or. in Cobl.
— 18	Erembreitstein	widerruft und kassirt als päbstlicher conservator des Predigerordens ausserhalb Frankreich alles was ein angeblicher subdelegat und dechant von St. Florin in Coblenz, namens Christian Lang, in angelegenheiten dieses ordens gethan hat. Tempor.
— 18	———	bestätigt des Johann Schenk von Sweynsberg stiftung einer klause für schwestern der dritten regel des heil. Franziskus bei der Paulusplarrkirche zu Hermannstein und ertheilt für dieselbe und die bruderschaft in der pfarrkirche ein ablassprivilegium. Tempor.
— 27	———	bestätigt die für die prokuratoren, notare und nuntien zu Coblenz sich gebildete St. Anna-bruderschaft und ertheilt ihr ein ablassprivilegium. Or. in Cobl.
— 28	———	quittirt dem Peter Baldewyns von Cochem über seine rechnungsablegung als kellner daselbst. 1500 samst. nach Oculi. Tempor.
— 30	———	verleiht seinem thürwärter Melchior von Dobitsch auf lebenszeit eine wiese unterhalb Ehrang auf der Kyll. 1500 mont. nach Letare. Or. in Cobl.
apr. 2	———	verschreibt seinem getreuen Adam von Beutzenrode 4 malter korn iährlich auf lebenszeit aus der kellerei Schonemberg. 1500 dourst. nach Letare. Or. in Cobl.
— 2	———	beauftragt den Coblenzer official Johann Gutmann mit empfangnahme der resignation des kanonikus Nikolaus Heseler auf das hospital bei Rense. Or. in Cobl.
— 4	———	vereinigt das 1339 gestiftete hospital bei Rense mit dem St. Jakobskloster auf Pedernacher berg. Günth. 4.733. Or. in Cobl. Vergl. Metropolis 2,349.
— 6	———	giebt seinem diener Haus Smidt von Uberlingen bis zur bezahlung der demselben noch schuldigen 80 gulden dienstgeld das Beyershaus zu Pfalzel. 1500 mont. nach Judica. Or. in Cobl.
— 15	———	incorporirt dem nonnenkloster St. Martin bei Andernach die dabeigelegene Martinskapelle, und verordnet, dass samstags für die erzbischöfe eine heil. messe darin solle gelesen werden. Or. in Cobl.
mai 2	Coblentz	nimmt den Hans von Alben auf ein iahr zum diener und büchsenmeister auf dem thurm Sayrling zu Boppard an. 1500 samst. nach Quasi modo. Tempor.
— 13	Erembreitstein	belehnt den Heinrich von Fleckenstein zu Madernburg freiherrn zu Dagstal mit seinem älterlichen theil des schlosses Dagstul. 1500 vff Servatius. Or. in Cobl.
— 15	Covelentz	verspricht dem Johann von Nassauwe, welchem von seinen brüdern Heinrich und Quirin die verschreibung ihres verstorbenen vaters, des ritters Heinrich von Nassauw, über

1500		
		1000 gulden und 50 gulden iahrzinsen davon auf das amt Welmich übertragen worden ist, ihn solange er ihm dies geld nicht zurückzahle in diesem amte zu belassen. 1500 freit. nach Servatius. Tempor.
mai 24	Covelentz	antwortet dem ritter Heinrich von Schwarzenberg, amtmann zu Meysenheim, auf dessen beschwerde wegen des von trier. amtmann dem kellner zu Veldenz verbotenen weiterbauens eines fachs auf der Mosel zu Dasemond, dass er erst darüber erkundigung einziehen müsse. 1500 vff vocem iocunditatis. Concept in Cobl.
ian. 9	Erembreit-stein	ersucht das domkapitel dem von Rom jetzt zurückgekehrten archidiakon Johann von Vinstingen, welcher versichert daselbst nichts gegen das gemeine kapitel gewirkt zu haben, für die zeit der römischen reise die volle residenz zu geben. 1500 dinst. in den Pfingstheil. tagen. Or. in Cobl.
— 15	. . .	ertheilt dem Cistertienser nonnenkloster St. Thomas auf der Kyll, da dasselbe ihm das hochgericht und alle hoheit zu Meysburg abgetreten, einen schutz- und schirmbrief für dessen güter daselbst. Tempor.
— 25	———	nimmt den Johann Boens von Waldeck gegen 36 gulden und ein hofkleid iährlich zum diener an. 1500 dourst. nach Johann bapt. Or. in Cobl.
— 30	. . .	verschreibt gemeinschaftlich mit seinem coadjutor und mit consens des domkapitels dem markgrafen Christoph von Baden für 14000 gulden einen theil des von demselben behufs päbstlicher bestätigung des coadjutors bezahlten geldes, schloss und amt Schoenberg und falls die einkünfte hieraus nicht dem kapital angemessen sich erfinden sollten noch 100 gulden iährlich aus der kellerei Schoeneck. Honth. 2,525. Or. in Cobl.
iul. 10	———	befiehlt dem amtmann zu Saarburg mit dem zu Siersberg wegen rückgabe der pfänder zu unterhandeln, welche der hochgerichtsmeyer zu Merzig den von Hassonville'schen leuten zu Iliezten und Menningen genommen. 1500 fer. 6 post Kilian. Concept in Cobl.
— 22	. . .	vererbpachtet an Peter Landaw den innigen die erzstiftische mühle zu Meyen. 1500 vf Marien Magdalenen. Tempor.
aug. 1	———	ernennt Gerhard, den prior der kanonie Eberhartsklusen zum visitator des nonnenklosters St. Marien (St. Thomas Cantuar.) bei Andernach. Tempor.
— 23	———	nimmt den Wilhelm Schillink von Lanstein auf zwei iahre gegen ein fuder wein oder 12 gulden iährlich zum rath und diener an. 1500 vf Bartholomeus abend. Or. in Cobl.
— 25	—	überschickt der stadt Trier auf deren anfrage und verwendung abschrift seiner antwort auf des ritters Johann von Breitbach herrn zu Olbrück beschwerden wegen bedrückungen. 1500 dinst. nach Bartholomei. Concept in Cobl.
— 26	———	verordnet, dass statt der beiden gerichte zu Ober- und Niederhammerstein mit je sieben schöffen, künftig ein gemeinschaftliches mit sieben schöffen bestehen soll, dem abwechselnd an einem montag der schultheiss zu Oberhammerstein und am andern montag der vogt zu Niederhammerstein vorsitzen soll. 1500 mitw. nach Bartholmes. Tempor.
sept. 1	———	giebt seinen cousens dazu, dass sein sekretair Berthold Cruss von Regensburg seine lehen an seine älteste tochter Tryne übertrage. 1500 vf Egidien. Tempor.
— 24	Confluent.	benachrichtigt den siegler zu Coblentz, dass er auf die vorsprache Philipps grafen von Virnenburg, Johanns grafen von Manderscheid und Heinrichs herrn zu Pirmont dem Gewerer von Mendig jetzigen kirchherrn zu Monreal, welcher des genannten von Virnenburg kinder schulmeister gewesen ist, die primos fructus nachgelassen habe. 1500 quinta post Mathei. Tempor.
— 24		vergleicht sich mit dem grafen Philipp von Virnenburg-Nuenar, herrn zu Saffemberg, wegen verkündigung der gerichtstage in der Pellenz, der viehtrift und beholzigungsrechte des hauses Virnenburg, des schöffenweisthums zu Retterod und der vier hausgesessenen zu Mertlach. Dat. wie vorher. Or. in Cobl.
— 26	Erembreit-stein	ernennt den Hilger von Langenau zum amtmann von Stolzenfels; 2. verspricht demselben, für die geliehenen 2000 gulden die hauptverschreibung über 100 gulden iahrzinsen aus dem Engerser zoll aus den händen Johann's von Eltz des ältesten bis Martini wie auch eine amtsbestallung über schloss und amt Capellen in derselben form wie früher dem Johann Snedse von Greusau auszuhändigen. Beide 1500 samst. nach Matheus. Or. und concept in Cobl. Beyer, Stolzenfels s. 33.
— 28	. . .	vergleicht die gemeinde Wehlen mit der abtei St. Martin zu Trier wegen des leinpfadbaues und der viehtrift. 1500 vff Michelsabend. Copie in Cobl.

1500		
sept. 30	Erembreit-stein	befiehlt dem zöllner zu Engers die 100 gulden iahrzins, welche der von Eltz bezog, nun an Hilger von Langenau auszuzahlen. 1500 Hieronymi. Concept in Cobl.
oct. 4	———	desgl. der stadt Trier dem Johann von Hundlingen iährlich 30 gulden aus ihrem zoll und ungeld auszuzahlen. 1500 dominic. post Michaelis. Tempor.
— 5	———	belehnt den Baldewin vom Berge, herrn zu Bullissem, von wegen seiner ehefrau Fritze, der tochter Johann's Spiess von Bullissem, mit deren brudern Reinhard leben zu Bullissem. 1500 mont. nach Michelstag. Tempor.
— 7	———	vererbpachtet von wegen der herrnschaft Schoneck an Wilhelm des schultheissen sohn von der Eisenschmitt einen eisenberg bei Walmersheim, und zu einer eisenschmiede und hütte einen platz unterhalb der kirche zu Beresber auf der Kyll. 1500 mitw. nach Remigius. Tempor.
— 22	. . .	giebt seinen cousens dazu, dass der schultheiss Heinrich zu Wittlich auf zwei bis drei iahre sein sechstel am zehnten zu Noviant für 100 gulden verpfände. 1500 dornst. nach Lukas. Tempor.
— 24	Confluent.	befiehlt den zöllnern zu Coblenz und Engers von dem weinwachsthum des St. Simeonsstifts aus Hoeningen das auf dem Rhein und der Mosel nach Trier geführt, ausser einer Fuasche wein wie bei andern geistlichen unterthanon kein zollrecht zu nehmen. 1500 sab. post undecim milium virginum. Tempor.
— 27	———	genehmigt einen von Johann Haller von Esch an Colin von der Nauerburg um 110 gulden, und von diesem an den heil. Kreuzaltar in der pfarrkirche zu Bornkastel geschehenen verkauf von 10 malter frucht iährlich aus der beide zu Loncamp, welche von der herrschaft Hunolstein zu leben rühren. 1500 vff Simon und Judeu abend. Tempor.
— 30	———	schreibt der wittwe Marie von Limburg gräfin zu Seyn, dass sie sich mit seinem entscheid in den Pommerer irrungen begnügen möge. 1500 frid. nach Symon und Juda. Or. in Cobl.
nov. 14	—	befiehlt dem amtmann Johann von Helfenstein und dem kellner Johann zu Wittlich auf dem in sachen der von Celtang und Ratig an St. Thomas abend (dec. 20) zu Trier angesetzten tage mit einigen in dieser sache betheiligten leuten zu erscheinen. 1500 sampst. nach Briktius. Concept in Cobl.
— 30	- -	bewilligt dem Dietz Mohr vom Walde seine ehefrau Agnes auf ein lehenhaus zu Merl zu bewittbumen. 1500 vff Andreas. Tempor.
dec. 3	— -	belehnt den Reynhard Pinct von Lonquich und dessen brüder mit des Gerhard von Hilbringen genannt von Sirsberg lehen zu Duppenwyler und Niederwyler. 1500 vff Barbarenabend. Tempor.
— 4	— — —	bewilligt dem Sifrid Pliesk von Lichtenberg seine ehefrau Eva von Sarbrücken auf einen hof und wingert zu Lutercken und güter und zinsen zu Glauodenbach zu bewittbumen. 1500 Barbare. Tempor.
— 7	———	ladet den grafen Johann von Manderscheld-Blankenheim, herrn zu Gerartstein ein, sich am donnerstag oder freitag abend nach Lucien (dec. 17. 18.) bei ihm oder seinem coadjutor in Pfalzel einzufinden, indem er die grafen und herrn von Virnenburg, Westerburg und Pirmont auch etliche von der ritterschaft gleichfalls dahin beschieden habe um in den dingen zu Trier wegen des domdechanten und seiner drei gesellen (der gegen die coadjutorwahl Jakobs opponirenden) und sonst zum besten handeln zu helfen. 1500 mont. nach Nikolai. Or. in Cobl.
— 10	— — —	giebt als kurfürst den reichs seinen consens zur bestätigung der würden, besitzungen und privilegien der markgrafen zu Brandenburg von seiten könig Maximilians zu Augsburg. 1500 donnerst. nach vnser lieben frauwentag conceptionis. Tempor.
1501		
ian. 17	— — —	entbindet den amtmann Godart von Brandenburg herrn zu Clerf, ferner die burgmänner, kellner, bürger und unterthanen des schlosses, thuls auul der herrschaft Schonemberg ihrer eide gegen sich und überweist sie damit an den markgrafen Christof von Baden, als sein coadjutor von Rom die bestätigung erhalten; 2, benachrichtigt das domkapitel hiervon und ersucht es ein gleiches zu thun. 1500 mor. Trev. vff Anthonius. Concepte in Cobl.
— 19	———	bestätigt Gerhard's von Utingen fundation des heil. Quirinaltars in der pfarrkirche zu Uttingen. Tempor.
— 26	———	ersucht das domkapitel einige kapitularherrn an ihn zu senden um mit ihnen wegen des von Eltz überfall in Boppard zu berathen. 1500 mor. Trev. dinst. nach convers. Pauli. Or. in Cobl. Vergl. Brower, Ann. 2,317.

1501		
febr. 3	Covelentz	bestätigt den Johann Mont von Nuwenstat, schultheissen zu Covelentz, für seine dreissigjährige dienste auf lebenszeit in diesem amte. 1500 trier. stils mitw. nach vnser frauwentag purification. Tempor.
— 5	———	nimmt den Anthon Waltbode von Bassenheim selb dritt gewappnet mit vier guten reysigen pferden auf drei iahre gegen 40 gulden und ein sommerhofkleid iährlich zum diener an. 1500 mor. Trev. vf Agathen. Or. in Cobl.
— 26	Paltzel	verlängert dem Herrmann vom Wyher zu Nickendich auf weitere sechs iahre die einlösungsfrist für die von demselben um 1000 gulden an die testamentsexekutoren des domprobstes Philipp von Sirk verpfändeten lehen. 1500 trier. stils frit. nach Mathye. Or. in Cobl.
— 26	———	ernennt den Johann von Molenheim zum burggrafen des pallastes zu Trier, da Contzen Fassbender altershalber diesem amte nicht mehr vorstehen kann und sich mit ersterm wegen übernahme dieser stelle vertragen hat. 1500 mor. Trev. sexta post Estomihl. Tempor.
— 27	. . .	schliesst in gemeinschaft seines koadjutors mit dem landgrafen Wilhelm von Hessen auf zehn iahre ein bündniss zur erhaltung des landfriedens, und 2, desgleichen wegen sperrung des Rheins ober- und unterhalb Boppards und wegen besetzung ihrer vesten gegen die von Boppard. Beide 1500 trier. stils sonabent nach Estomihl. Orr. in Cobl.
— 27	. . .	belehnt den vorgenannten landgrafen mit Richemberg, Bornich, Husen etc. den Katzenelnbogenschen lehen seines vetters des landgrafen Wilhelm. Dat. wie vorher. Tempor.
— 27	. . .	desgl. den ritter Conrad von Mansbach und nach dessen ableben ohne hinterlassung von söhnen, seinen eidam Milchern von der Thann und dessen ehefrau Margretha mit 20 gulden manageld aus dem Engerser zoll; 2, desgl. den Johann Meysenburg mit ebensoviel aus demselben zoll. Beide mit dat. wie oben im Tempor.
mrz. 1	———	bestätigt eine mit 2½ malter korn iährlicher rente aus der bede zu Morbach, ablöslich mit 50 gulden, gestiftete wochenmesse am St. Annenaltar in der pfarrkirche zu Morbach. 1500 trier. stils mont. nach Invocavit. Tempor.
— 8	Trier	belehnt den Heinrich von Schwarzenberg für sich, seinen bruder den ritter Heinrich von Schwarzenberg, seinen vetter und ihre erben mit einem burglehen zu Bernkastel, mit dem schloss Hausbach als mannlehen und seinem theil an dem schloss Wartenstein. 1500 trier. stils mont. nach Reminiscere. Copie in Cobl.
— 13	Paltzel	befiehlt der stadt Covelentz sich gerüstet zu halten um auf ersuchen sogleich zuzug leisten zu können. 1500 mor. Trev. samst. nach Reminiscere. Or. in Cobl.
— 18	. . .	ersucht seinen vetter, den markgrafen Christof von Baden, dessen statthalter und räthe ihm ein schreiben des herzogs von Lothringen übersendet haben, um ansetzung eines gütlichen tages. 1500 mor. Trev. donrst. nach Oculi. Concept in Cobl.
apr. 2	———	erlässt als erbe des verstorbenen Ludwig Sarborn dechanten von St. Florin zu Coblenz, dem iunker Caspar von Dievelich 100 gulden, welche dieser ienem schuldig war. 1501 frit. nach Judica. Tempor.
— 5	———	verlängert dem Johann von Ketge auf weitere fünf iahre die bereits auf fünf iahre ertheilte erlaubniss zur verpfändung des hofs zu Wolken für 150 gulden an die allmose des Nonnenberger hofs in Covelentz. 1501 mont. nach Palmetag. Or. in Cobl.
— 14	———	vergleicht aufs neue das Helenenkloster zum Spital bei Welschpillich wie früher wegen des weinschanks mit der gemeinde daselbst. 1501 mitw. nach dem heil. Ostertag. Or. in Cobl.
— 16	———	quittirt dem Melchior von Dun herrn zu Falkenstein und Oberstain über 500 pfund heller, womit derselbe die an den erzb. Baldewin verpfändet gewesene veste Butzelstein eingelöst und er ihn belehnt hat. 1501 trier. nach Ostertag. Tempor.
— 21	Trevir.	ertheilt für die heil. Sakramentsbruderschaft in der pfarrkirche zu Ehrang ein ablassprivilegium. Or. in Cobl.
mai 24	Paltzel	belehnt seinen kamerscheiber und rath, den Caspar von Miclen genannt von Dievelich mit 2 fuder weinrente zu Valender. 1501 mont. nach Exaudi. Tempor.
— 25	———	desgl. den Johann von Enscheringen für sich, seine brüder und für seine schwestern mit einem burglehen zu Schoneck in der Eifel, mit einem hof zu Lerenfeld, gütern zu Herrstorff, haferrenten zu Bleyt, mit länderoien in der herrschaft Schonenberg im Oessling, einem drittel am zehnten in Ueberwilre bei Byrch, einem theil der güter und renten der Ladulffer von Bidburg, mit dem hans Kolant zu Trier, dem Baldewinshaus am Polsberg und mehreren anderm. 1501 dinst. nach Exaudi. Tempor.

40*

1501		
mai 26	. . .	erlaubt dem grafen von Virneuburg seine lehenhäuser in der Burggasse zu Covelenz an den erzbischöfl. sekretair Jorg Kebitsch von Spier zu verpfänden. 1501 mitw. nach Urban. Tempor.
jun. 21	. . .	verschreibt gemeinschaftlich mit seinem coadjutor dem markgrafen Christoph von Baden, da die reinen einkünfte der denselben für 14000 gulden übergebenen herrschaft Schoenberg nicht 700 betragen, 100 gulden jährlich aus der kellerei Schoenecken. 1501 mont. nach Vytstag. Tempor.
— 27	. . .	nimmt den Peter von Wyler auf ein jahr zum diener an. 1501 sont. nach Johann bapt. mitsommers. Tempor.
jul. 1	Paltzel	erlaubt der gemeinde Ludistorff, dass jeder hinter seinem hause längs dem aufgeworfenen graben nach dem felde zu, zur bessern befestigung eine mauer bauen dürfe. 1501 vff unser lieben frauwen abend visitationis. Tempor.
— 3	——	belehnt seinen kanzleischreiber Hubert Flade von St. Vyt mit einem Erembreitsteiner burgleben. 1501 samst. nach unser lieben frauwentag visitation. Tempor.
— 7	——	belehnt den Oswald von Alteneberstein, kellner zu Sarburg, von wegen seiner forderungen, von seinem vater Paul, marsteller des erzbischofs, herrührend, mit renten zu Ralingen auf der Mosel bei Remig. 1501 mitw. nach unser lieben frauwentag visitationis. Tempor.
— 7	. . .	giebt seinen consens zu junker Salentins von Isenburg herrn zu Neumagen verpfändung von gütern und renten zu Furswyler an das hospital zu Cus und die pfarrei St. Wendelin. Dat. wie vorher. Tempor.
— 8	——	befiehlt dem amtmann in Hamm, sich nächsten montag nach Stremich zu dem von den Wunnenbergischen und Spanheim. amtmännern daselbst wegen des Beltheimer gerichts abzuhaltenden tage zu begeben; 2. dergl. die von Burgen, welche sich aber das geistliche gericht zu Trier beschwert haben, in ihrem alten herkommen zu schirmen. Beide 1501 dornst. nach visitat. Marie. Concepte in Cobl.
— 15	——	ersucht den herzog von Lothringen einen des diebstahls verdächtigen von Bernhard von Hassouvile ins gefängniss zu Felsberg gesetzten dem vogtmeier zu Merzig vorführen zu lassen. 1501 dornst. nach Margaretha. Concept in Cobl.
— 19	——	giebt seinen consens dazu, dass sein thürwärter Melchior von Tobisch eine ihm auf lebenszeit verliehene wiese bei Paltzel an den Johann von Hundlingen und dessen ehefrau Margaretha von Bitsch überlasse. 1501 mont. nach Margaretha. Tempor.
— 20	——	ertheilt für die St. Germanskirche in Trier ein ablasssprivilegium. 13 kal. aug. 1501. Tempor.
. . .	——	bewilligt dem Gerhard von Bedendorf, vikar von St. Castor und siegler zu Coblenz, auf lebenszeit die einkünfte des St. Mathiasaltars in der burgkapelle auf Erembreitstein, die nach dessen resignation auf diesen altar dem Augustiner eremitenkloster zu Mocken im thal inkorporirt worden sind. Nur mit 1501 die vero . . im Tempor.
aug. 10	Covelenz	nimmt den doktor Ludwig Cling zum rath und diener an. 1501 vff Laurentien. Tempor.
— 27	. . .	giebt seinen consens dazu, dass Karl Plieck von Orwich 24 ohm lehenwein zu Cus für 50 gulden an Friedrich Swan verpfände. 1501 frit. nach Bartholomei. Tempor.
— 28	Trier	vererbpachtet dem schiffmann Gulsen Thysen zu Sarburg eine der wörths in der Saar oberhalb Sarburg längs der Lache. 1501 samst. nach Bartholomes. Tempor.
— 29	——	verzichtet auf sein nominationsrecht im kollegiatstift zu Pfalzel, da dieses ihm die inkorporirt gewesene pfarrei Bernkastel zurückgegeben hat. Or. in Cobl.
— 30	——	giebt einen garten zu Ulmen für 2 gulden jährlich in erbpacht. 1501 mont. nach decollation. Johannis. Tempor.
— 30	——	(in palatio) inkorporirt dem pleban und den vikaren der Marienkirche zu Bernkastel, welche wegen des geringen einkommens ihrer stellen selten dort residiren, die zehnten, einkünfte, emolumenten und andern rechte der kirche. Or. in Cobl.
sept. 1	——	belehnt den Albrecht Goler von Ravensberg mit Philipp's Wolfskelen theil am schloss Uben und zugehörigen lehen. 1501 vff Egidien. Tempor.
— 4	——	(im pallas) belehnt den Wilhelm Hoembrecht von Schonenberg mit dem durch Wilhelms von Baden tod erledigten hof zu Monzingen im amt Sarburg. 1501 samst. nach Egidii. Or. in Cobl.
— 10	——	belehnt den Irier. archidiakon, pfalzgrafen Friedrich, mit dem schlosse Bischofstein. 1501 frit. nach unser frauwentag nativitatis. Or. in Cobl.
— 13	——	(im pallas) bestätigt einen vertrag seines kanzleipersonals mit dem Helenenkloster bei

1501		
		Welschbillig in betreff unentgeldlicher ausfertigung von collektenbriefe und aufnahme armer kranker aus ihrer mitte in das kloster. 1501 mont. nach vnser lieben frauwentag als sie geboren ward. Vidim. kopie in Cobl.
sept. 14	Trier	verschreibt dem Friedrich Zant von Merl für 400 gulden pfandweise den Orsbeck'schen hof bei der Nuwerburg. 1501 vf des heil. Cruytztag exaltation. Or. in Cobl.
— 17	——	verschreibt dem bescher Broitbennen zu Engers, falls derselbe nicht mehr diese stelle haben würde, jährlich ein fuder wein und sommerhofkleid. 1501 frit. nach exaltat. crucis. Tempor.
— 20	. . .	genehmigt, dass sein küchenmeister Caspar von Mielen genannt von Dievelich für 300 gulden seine leben mit ausnahme des thurmes zu Pomer auf acht jahre der abtei Hinterod verpfände. 1501 Michaelis. Tempor.
oct. 1	— ——	ersucht seinen coadjutor mit dem von Runkel wegen dessen bürgschaftleistung zu reden. 1501 vf Remigius. Or. in Cobl.
— 15	——	ertheilt dem Oiswalt von Alten-Eberstein die antwartschaft auf den zweitnächstfälligen schöffenstuhl zu Trier. 1501 frit. nach Dionys. Tempor.
— 27	— ..	erneuut den grafen Philipp von Virnenburg-Nuwenaer, herrn zu Saffenberg und Sombreff zum amtmann von Schoueck in der Eifel. 1501 vf Symon und Juden abend. Or. in Cobl.
— 28 :	——	nimmt seinen küchenmeister Caspar von Mielen genannt von Dievelich mit drei reysigen pferden auf lebenszeit gegen 21 malter korn, 20 gulden und ein fuder wein jährlich zum rath und diener an. 1501 vf Symon und Judentag. Or. in Cobl.
— 28	——	vergleicht sich mit dem grafen Gerhard von Seyn wegen des vom verstorbenen domprobst Philipp von Sirk besessenen zollturnoses zu Boppard. Lönig Reichsarchiv 7,57. Tempor.
nov. 10	— ——	bestätigt dem schöffen und wechselermeister Johann Britt zu Trier sowie den andern wechseleren und hausgenossen ihre privilegien, freiheiten, rechte, herkommen und gute gewohnheiten mitsammt dem haus der münze und wechselbank auf dem markt zu Trier. 1501 vf Martinsabend. Tempor.
— 12	— ——	giebt dem schöffen Johann Uwerer von Bretheym zu Trier für 80 gulden das haus, der kleine Schwan, in St. Jakobsgasse daselbst. 1501 frit. nach Martin. Tempor.
— 30	Erembreit- stein	befiehlt dem kellner zu Cochem die auszahlung von 2 fuder wein jährlich aus dem hof zu Eller an den Heinrich herrn zu Pirmont und Eremberg, welche er demselben für seine dienste und erlittenen schaden vorbehaltlich der ablösung mit 300 gulden verschrieben hat. 1501 Andree. Concept in Cobl.
dec. 21		verspricht dem markgrafen Christoph von Baden nach einem jahre die bei demselben zur aufhebung des auf das erzstift gelegten bannes geliehenen 2000 gulden zurückzuzahlen und stellt darüber bürgen. 1501 vff Thomas. Or. in Cobl.
— 25	Trier	nimmt den Heinrich herrn zu Pirmont mit 6 pferden gegen 100 gulden jährlich zum rath und diener an; 2, desgl. den Friedrich Zandt von Merl, vogt im Hamm, mit 3 pferden gegen 40 gulden jährlich, 3, den Paul Boss von Waldeck, ritter, mit 4 pferden gegen 100 gulden zum hofmeister, rath und diener. Alle drei 1501 trier. stils vf Wynacht. Orr. in Cobl.
— 25	—	desgl. den von Virnenburg mit 7 bis 8 pferden gegen 100 gulden jährlich zum landhof- meister, rath und diener; 2, den junker Gerlach von Isenburg zum rath und diener, und 3, den junker Kuprecht von Ryle ohne pferde. Dat. wie vorher, im Tempor.
1502		
jan. 1	Covelentz	genehmigt, dass Johann von Ketge der junge sein halbtheil am hof zu Wolken, den sein vater Johann der alte von wegen seiner ersten ehefrau Gutgin von Mielen vom erzstift zu leben trug, für 200 gulden auf zehn jahre verpfände. 1501 trier. stils an heil. 1artstag. Or. in Cobl.
febr. 11	- - ——	quittirt seinem kellner Langhenne zu Erenbreitstein über die geschehene rechnungsablegung. 1501 mor. Trev. frit. nach Estomihi. Tempor.
— 19	Celle	(im Hamm) beurkundet mit seinem coadjutor und dem mehrsten theil des domkapitels den mit den drei ständen des erzstifts auf dem letzigen landtag gemachten vertrag wegen bezahlung und sicherstellung der erzstiftischen gläubiger und bargen, wegen der gold- und silbermünze, wegen der reichs- und landessteuern und wegen abhaltung des landtags alle zwei jahre. 1501 trier. stils samst. nach Invocavit. Or. in Cobl.
apr. 2	Palacioli	bewilligt, dass die kanoniker und kleriker der St. Germanskirche in Trier bei dasiger universität sich immatrikuliren lassen und die akademischen würden erlangen dürfen. Tempor. Extr. in Gesta Trev. ed. Wyttenb. 2, animadvers. s. 32.

1502		
mai 2	Covelentz	ernennt den Niklas Weckel auf ein jahr zum burggrafen von Capellen. Beyer, Stolzenfels s. 37. Or. in Cobl.
— 2	———	belohnt seinen kanzleischreiber Peter Mayer von Regensburg für seine beinahe ein und zwanzigjährige kanzleidienste ausser andern lehen mit ländereien und zinsen welche zuletzt sein wundarzt Hans von Spreudelingen und dessen ehefrau auf ihre lebenszeit und vor diesen Johann vom Kirchoff gehabt hatten. 1502 mont. nach Vocem jocunditatis. Tempor.
— 12	———	schreibt den beiden geistl. gerichten zu Trier und Coblenz, dass er mit seinem coadjutor auf begehren der landstände verordnet habe: niemand der mehr wie 2 meilen von der stadt entfernt wohne solle wegen einer schuld unter 1½ gulden vor sie gezogen werden, klagen auf eigen und erb wie auch wegen scheltworten unter weltlichen sollen auch an den weltlichen gerichten abgeurtheilt werden und in sachen die an letztern hangen sollen keine mandate von ihnen ausgeben. 1502 quinta post Exaudi. Tempor.
— 18	———	giebt seinem küchenmeister und rath Caspar von Mielen genannt von Dievelich die hälfte des Dan'schen hofs in Entenich zu mannleben. 1502 fryt. nach Exaudi. Tempor.
— 16	———	ersucht den Hilger von Langenau, welcher ihm die geliehenen 2000 gulden gekündigt hatte, um ausstand bis zu weihnachten wann die landsteuer fällig. 1502 vß Pfingstmontag. Concept in Cobl.
iun. 4	———	nimmt den grafen Wilhelm von Mors und Wied, herrn zu Isenburg und Runkel, auf solange er demselben 4000 gulden schuldet, gegen 200 gulden jährl. zum rath und diener an. 1502 samst. nach Erasmus. Or. in Cobl.
— 7	Mentz	erneuert mit den übrigen rhein. kurfürsten ihren münzverein und bestimmen den werth der münzen. Wurdtwein Diplom. Mogunt. 2,435.
— 10	Covelentz	ersucht wiederholt den Hilger von Langenau um geduld bis weihnachten wegen rückzahlung des geldes. 1502 freit. nach Medardi. Concept in Cobl.
— 12	. . .	ernennt den Emmerich von Laenstein, welcher das amt Wernherseck mit 400 gulden von Johann Schoenhals von Albrichtrode eingelöst, zum amtmann daselbst. 1502 sont. nach Medart. Tempor.
— 16	———	ersucht den Hilger von Langenau nach mit der auszahlung der verfallenen zinsen sich bis weihnachten zu gedulden. 1502 vf Vitus. Concept in Cobl.
— 24	———	verspricht mit seinem coadjutor, zu bewirken dass der münzverein vom 7. iuni auch vom trier. domkapitel besiegelt werde. Wurdtw. Diplomatar. Mogunt. 2,442.
— 30	· · ·	vererbpachtet fünf fundgruben und sieben bergstuben bei Bernkastel, und erlässt für dieselben eine bergwerksordnung. 1502 doarst. nach Petri und Pauli. Tempor.
iul. 5	Geylenhusen	schliesst in gemeinschaft mit den andern kurfürsten aufs neue einen kurverein. J.König Reichsarchiv 5,238 und 241. Dumont, Corps dipl. 4a, 31 und 34. Or. in Cobl.
— 8	Covelentz	verbessert des Eberhard von Lieser dienstbesoldung als burggraf zur Theron. 1502 frit. nach visitat. Marie. Tempor.
— 11	———	approbirt ein vom päbstlichen legaten, kardinal Julian d. d. 17 kal. sept. 1481 Avinioni, dem St. Margarethenaltar in der Florinskirche zu Coblenz ertheiltes ablassprivilegium. Or. in Cobl.
— 11		erlässt ein schreiben an seinen amtmann zu Saarberg in betreff der vom amtmann zu Siersberg gepfändeten leute zu Bletzen. 1502 fer. 2 post Kiliani. Concept in Cobl.
— 19	———	erlaubt dem Emmerich von Laynstein, amtmann zu Wernherseck, aus dem intraden seines amts dem Johann Schoenhals von Albrechtrode 17 gulden 12 albus bangeld zurückzuerstatten und selbst 40 gulden an dem schlosse zu verbauen. 1502 dynst. nach division. apostolor. Tempor.
— 19	———	ernennt den Friedrich von Sombreff herrn zu Kerpen und Reckheym auf solange er demselben die zur bezahlung des kurfürsten Philipp von der Pfalz wegen des Bopparder kriegs geliehenen 1300 gulden schuldet zum amtmann von Hillesheim. 1502 dinst. nach Alexius. Or. in Cobl.
aug. 3	Erembreitstein	verschreibt seinem küchenmeister und rath Caspar von Mielen genannt von Dievelich statt der 10 lehenwein zu Valender ein fuder jährlich zu Lainstein. 1502 mitw. nach vincula Petri. Tempor.
— 4	———	ersucht wiederholt den Hilger von Langenau, welcher die bargen zur leistung gefordert, um geduld bis zu weihnachten. 1502 fer. 5 post vincula Petri. Concept in Cobl. 2, benachrichtigt den ritter Friedrich von Muderspach und Daniel Schilling hiervon

1502		
		und ersucht sie, deshalb die leistung, wozu sie gemahnt worden, noch zu verschieben. Wie vorher.
aug. 8	. . .	belehnt den Johann von Steynenbach mit dem hofsgericht genannt Hammersteiner gericht und dem hof zu Bruckrachdorf. 1502 mont. nach Peterstag ad vincula. Tempor.
— 8	Erembreit- stein	erlässt eine neue münzordnung wegen einführung des radergoldens. Scotti Samml. der trier. Gesetze etc. 1,205. Chron. montar. ap. Honth. 1181.
— 17	————	befiehlt die rückgabe des durch Johann von der Fels dem hofmann zu Ensingen gepfän- deten pferdes. 1502 mitw. nach assumption. Marie. Concept in Cobl.
— 21	————	ersucht den Hilger von Langenau dem knchenmeister Caspar von Mielen, den er beauftragt mit ihm zu reden, gehör zu schenken. 1502 dmc. post assumpt. Marie. Concept in Cobl.
— 21	. . .	vergleicht Ludwig von Sassenheim, komthur, und den convent des Deutschordenshauses zu Coblenz mit bürgermeister und rath der stadt wegen eines von letztern über der pforte vor dem Deutschhaus an der Mosel gemachten schossgatters. 1502 sont. nach Helenen. Or. in Cobl.
— 23	————	entscheidet einen streit zwischen dem pfarrer zu Herg und den dörfern Nayheim, Nestbach und Werne dahin, dass genannte dörfer auf den witthumhof zu Nayheim für einen kaplan eine wohnung mit scheuer und stallung auf eigne kosten ohne des kapitels zu Limburg beihilfe erbauen sollen. 1502 dinst. nach Bernhard. Tempor.
— 23	. . .	bewilligt dem Joist von Flersheim genannt Montzheimer die Anna von Brantscheit auf das dorf Reydenbach zu bewitthumen. 1502 vigil. Bartholomei. Tempor.
— 24	— — .	schreibt dem Hilger von Langenau, Caspar von Mielen habe ihm seine antwort überbracht, und er wolle ihm die fälligen zinsen bis zu Michaelis bezahlen, doch scheine er amts- gülten und dienstgeld zu geben nicht verpflichtet, da er nicht der amtsverschreibung gemäss seines amtes gewartet habe und wolle sich deshalb eines rechtlichen tags unterziehen. 1502 vff Bartholomeus. Concept in Cobl.
— 26	————	erlässt für das nonnenkloster St. Thomas bei Andernach, welches wegen der letzten refor- mation mit dem abt zu Sprenkirsbach als seinem obern in streit gerathen war, eine ordnung in betreff des letztern aufsichts- und visitationsrechtes, der bestellung der beichtväter und rechnunglegung über die einkünfte des klosters. 1502 donrst. nach Bartholomaeus. Tempor.
sept. 19	————	belehnt den Greven Heinrich von Cochme namens seiner ehefrau Melusinen und seines schwagers Johann, Johann's Emich von Schuppe sel. sohns, mit zwei wingerten und einem drittel trauben eines wingerts in Weseler gemarkung. 1502 mont. nach des heil. Crutztag exaltation. Tempor.
— 21	————	schreibt dem herzog Johann von Baiern, dass er in der sache wegen des weidgangs der Dievelicher im Winninger wald auf nächsten dinstag (sept. 27) einen tag zu Zell im Hamm bestimmt habe. 1502 Mathei. Concept in Cobl.
— 20	————	desgl. demselben dass er auf sein verlangen diesen tag auf den dinstag nach Dionys (oct. 11) verschoben habe. 1502 mont. nach Mauritius. Concept in Cobl.
— 29	. . .	ernennt den Conrad von Lengenfeld auf ein iahr zu seinem münzmeister. 1502 vff Michaelis. Tempor.
— 30	. . .	desgl. ebenso den Peter Goltschloger zu seinem münzwardein und probier. 1502 vf Iheronimi. Tempor.
oct. 26	————	ernennt seinen kanzleischreiber Peter Meyer von Regensburg auf lebenszeit zu seinem sekretair. 1502 mittw. vor Simon und Juden. Or. in Cobl.
— 27	————	ersucht den herzog von Lothringen seinen amtleuten zu befehlen den Lothringerschen theil von der schatzung zu Merzig in herkömmlicher pagament und nicht wie sie befohlen in Lothringen'schem golde zu erheben. 1502 vff Simon und Juden abend. Concept in Cobl.
— 28	————	beauftragt den Coblenzer official mag. Johann Gutmann mit ausführung des beneficien- tausches zwischen Niklaus Sator, dem rektor des St. Petrialtars zu Camp, und Jakob Sartor, dem rektor des altars der Zehntausend Martyrer in der pfarrkirche zu Boppard. 1502 in die Simonis et Jude. Or. in Cobl.
— 31	————	verschreibt seinem rath Dietherich von Dietz, dem er 100 gulden für den bei aufnahme eines kapitals von 2000 gulden behufs einlösung des schlosses und amtes Covern aus den händen Ulrichs von Flitz woraus aber nichts geworden war, erlittenen schaden, ferner für ein in des erzbischofs dienst verlornes pford und zweimalige zehrung in

1502		
		Frankfurt schuldig ist, auf zehn iahre iährlich ein fuder wein oder 10 gulden aus der kellerei Erenbreitstein; und 2, giebt dem kellner hierüber die zahlungsordre. 1502 vff Allerheiligen abend. Beide im Tempor.
nov. 2	Erembreit-stein	ernennt den mag. und doktor beider rechte Heinrich Dungen von Wittlich zum official in Trier. Tempor.
— 2	——	giebt noch einige erläuternde bestimmungen zu dem Bernkasteler bergwerksprivilegium vom 30. iuni. 1502 vff Allerseelen. Tempor.
— 2	. . .	gelobt gemeinschaftlich mit Johann ältestem sohn zu Eltz, dessen anhang und mit der stadt Boppard den zwischen ihnen vom domkapitel vermittelten vergleich und sühne zu halten. 1502 vff Allerseelen. Chartular in Cobl.
— 5	——	ernennt den Johann Thebus von Dusenborg auf ein iahr zu seinem münzmeister. 1502 sampst. nach Omnium sanctor. Tempor.
— 7	——	schreibt dem amtmann zu Saarburg auf dem wenigstdrückendsten weg die bezahlung des zehrgeldes zu Merzig zu bewerkstelligen. 1502 Willibrordi. Concept in Cobl.
. .	——	befiehlt dem Bernkastler kellner als bergrichter, den schulaster Johann von Baden zu Pfalzel, welchem er Heinrich Nommiugers antheil an dasigem bergwerk gegeben habe, in das bergbuch einzuschreiben. 1502 nach Huperti (nach nov. 3.). Tempor.
— 13	——	bestätigt die wahl des Nikolaus von Swalbach zum dechant der St. Martinskirche in Itzstein. Tempor.
— 16	——	bestimmt dem Hilger von Langenau einen gütlichen tag auf montag nach Barbara (dec. 5) zu Molen im dale. 1502 fer. 4 post Brictii. Concept in Cobl.
— 17	——	verspricht dem Wilhelm von Mirbach die noch schuldigen 200 gulden mit 50 gulden iährlich aus dem zoll zu Uelmen zurückzuzahlen. 1502 vf Florin. Or. in Cobl.
— 21	——	belehnt den abt Thomas von St. Maximin bei Trier mit den regalien und reichslehen seiner abtei. Zyllesius Defensio S. Maximin. 2,81. Lünig Reichsarchiv 16,395. Tempor.
— 21	——	erbietet sich dem Hilger von Langenau, da derselbe auf den tag zu Molen nicht kommen will, seine leute nach Brubach auf montag nach Barbara (dec. 5) zu ihm zu schicken. 1502 presentat. Marie. Concept in Cobl.
— 24	——	verschreibt seinem rath Heinrich herrn zu Pirmont und Eremberg 2 fuder wein iahrrente ablöslich mit 200 gulden für den in des erzbischofs fehde mit dem ritter Heinrich Blieck von Lichtenberg an dem hof zu Schwall erlittenen brandschaden. 1502 vff Katherinen abend. Or. in Cobl.
— 29	——	befiehlt dem schultheissen in Lutzenrait im gericht zu Kenfuss bekannt zu machen, dass Heinrich herr zu Pirmont und Eremberg zu Kenfass „Vordinger" sein soll. 1502 vff Andreas abend. Tempor.
— 30	——	befiehlt dem kellner aus Cochem an Heinrich herrn zu Pirmont und Erenberg iährlich 2 fuder wein aus dem hof zu Eller zu verabreichen. 1502 Andree. Tempor.
dec. 1	——	übersendet dem domkapitel den mit Johann von Eltz wegen Boppard gemachten vertrag. Or. in Cobl.
— 6	——	bewilligt dem St. Jakobshospital zu Trier, da demselben beim einklagen rückständiger zinsen durch den gewöhnlichen geschäftsgang am weltlichen gericht daselbst nachtheil erwachse, ein einfacheres und schleunigeres verfahren. 1502 vff Niklastag. Gleichzeit. copie in Trier.
— 7	——	bestätigt die stiftung einer ewigen messe am St. Stephansaltar in der pfarrkirche zu Mayen. Or. in Cobl.
— 9	——	setzt den der terminieu zu Boppard suspendirten Johann Moisskopp wieder in dies amt ein. 1502 trit. nach conception. Marie. Tempor.
— 13	——	quittirt dem Heinrich herrn zu Pirmont und Erenberg über 376 gulden, welche derselbe auf seinen befehl von erzstiftischen beamten in empfang genommen und ihm ausgezahlt hat. 1502 vf Luzien. Tempor.
— 15	——	installirt den von Adam von Schonemberg zum probst von St. Martin zu Wesel präsentirten Mainzer domherrn Johann Boiss von Waldeck. Tempor.
— 26	——	quittirt seinem rath Johann von Helffenstein über gezahlte 500 gulden. 1502 mor. Trev. vff Steffanstag. Tempor.
— 28	——	befiehlt dem Johann von Nassau, amtmann zu Welmich, die dortige gemeinde in ihrer weide nicht zu stören und von der veränderung des laufes der bach abzustehen. 1502 mor. Trev. vff der Kindertag. Tempor.

1503		
ian. 5	Erembreit-stein	ernennt den Wilhelm vom Steyn auf ein iahr zum burggrafen von Erembreitstein. 1502 trier. stils vff der koenigen abend. Or. in Cobl.
— 11	———	bewilligt dem Heinrich von Soetern seine ehefrau Adelheid Meynfelderin auf die burg Arras zu bewitthumen. 1502 mor. Trev. mittw. nach Dryer koning. Tempor.
— 16	———	ernennt den schöffen Ambrosius Ziegeler zu Covelentz zum unterschultheiss daselbst. 1502 mor. Trev. an Anthonien abend. Tempor.
— 19	———	verschreibt mit consens des coadjutors dem scholaster Johann von Baden zu Pfalzel eine leibzucht. 1502 trier. stils vf Sebastians abend. Tempor.
— 20	———	quittirt seinem rath Friedrich Zand übeq. 200 gulden welche derselbe auf seinen befehl von erzstiftischen beamten in empfang genommen und ihm ausgezahlt hat. 1502 mor. Trev. vf Sebastian. Tempor.
— 21	———	befiehlt den amtleuten, burggrafen, kellnern, meiern, zollschreibern und schultheissen sämmtlicher erzstiftischen schlösser seinem vetter dem markgrafen Jakob von Baden, da derselbe mit verwilligung des mehrsten theils des domkapitels vom pabst als successor ernannt worden auch von den landständen angenommen ist, als coadjutor und successor treue und gelübde zu leisten. 1502 mor. Trev. samst. nach Sebastian. Or. in Cobl. Bei Honth. 2,491 mit dem unrichtigen iahr 1492.
— 24	———	befiehlt dem kellner zu Pfalzel die zahlung der leibzucht an den scholaster Johann von Baden. 1502 mor. Trev. dinst. nach Sebastian. Tempor.
— 28	———	vergleicht sich mit der gemeinde Ediger und Eller wegen der holz- und weidberechtigung seines hofs Lesch. 1502 trier. stils sambst. nach conversion. Pauli. Tempor.
febr. 1	———	ersucht den Hilger von Langenau, welcher wegen leibnöthen auf dem bestimmten tage nicht erscheinen konnte, ihm bis in die woche nach Oculi (mrz. 19) anstatt zu geben indem ietzt der mehrste theil der landschaft nach Coblenz die steuern erlegt habe und der andere theil sie auch in der woche nach Reminiscere erlegen werde. 1502 mor. Trev. in vigil. purificat. Marie. Concept in Cobl.
— 3	———	belehnt den Johann von Richtembach und dessen bruder mit dem Erembreitsteiner burglehen ihres vaters Johann, des erzbischöflichen kämmerlings, bestehend in 10 mark iahrrente aus dem Zollenzer zoll. 1502 trier. stils vf Blasien. Tempor.
— 6	. .	quittirt den testamentsexekutoren des altaristen Colin Kochs zu Willich über die ihm geschehene auszahlung eines legats von 12 gulden. 1502 mor. Trev. vff Dorothee. Tempor.
— 9	———	Todestag (die Apollonie) des erzb. Johann II von Baden. Manuscript von Peter Maier. Brower Ann. 2,318. Am Aschermittwoch den 1. märz wurde er in der domkirche zu Trier beigesetzt. Maximiner Codex in Trier. Der zeitgenosse abt Trithemius setzt den tod Johann's auf den 19. febr. und wirklich finden sich auch noch im Archive Concepte von schreiben mit Johann anfangend: an Hilger von Langenau d. d. Erembreitstein 1502 mor. Trev. Apollonie und an den ritter Friedrich von Mnderspach d. d. Erembreitstein 1502 mor. Trev. dourst. nach Valentin (febr. 15), wie auch briefe Friedrichs von Mnderspach vom 11. febr. und Otto's von Dytz vom 15. febr. 1503 noch au erzb. Johann adressirt sind; und zuerst am 17. febr. beginnen die concepte mit Jakob.
1456—1503		
mrz. 10	Stoltzenfels	verordnet als electus et confirmatus, dass die einkünfte des ersten iahrs einer erledigten präbende bei dem collegiatstift b. Marie zu Wesel wie bei den andern stiftskirchen an den erzbischof fallen, die des zweiten iahrs zur verbesserung der übrigen präbenden verwendet und die des dritten iahrs halb zur fabrik und halb zur gemeinen präsenz fallen sollen, und modificirt dadurch das betreffende statut erzb. Baldewins. Ohne iahr nur mit 10. märz im Tempor.
iul. 22	Erembreit-stein	bestätigt als electus et confirmatus die von dem landgrafen Ludwig von Hessen als patron auf die bitte des pleban Johann Syle und der altaristen an der pfarrkirche zu Giessen erlassene ordination, dass ieder neu aufgenommene altarist 6 gulden zahlen solle. Ohne iahr nur mit 22. iuli im Tempor.
. . . .	. . . .	bestätigt als erwählter und bestätigter dem Dietherich von Lontzen genannt Roblin solche äcker unter wiesen bei Wittlich mit sammt den briefen darüber, welche erzb. Wernher dem Ailff von Bassenheim verliehen und Dietherich an sich gebracht hat, vorbehaltlich der einlösung mit 560 gulden. Tempor.

41

1456—1503		
Ian. 31	Confluent.	ersucht als aepus den könig Karl von Frankreich die von seinem vater der Marienkirche zu Achen, Lütticher diöcese, geschenkten 3000 pfund turnose jährlich zu effektuiren. Nur mit pridie kal. febr. in einem Chartular in Cobl. — Karl VIII. wurde 1484 mai 30 als könig geweiht, nachdem sein vater Ludwig XI. 1483 aug. 30 verstorben. Des letztern schenkungsurk. über 4000 pfund turnose jahresrente an die Marienkirche von 1482 im märz, siehe bei Quix, histor. Beschreibung der Münsterkirche in Achen, s. 210.
..	———	erlaubt dem Salentin, herrn zu Isemburg wegen körperschwäche während der fastenzeit den genuss von eiern und milchspeisen. Chartular in Cobl.
..	———	empfiehlt dem pabste den an den päbstlichen hof reisenden decretor. dr. Johann Menchin, kanzler des erzbischofs Hermann von Cöln. Chartular in Cobl.
..	———	erlaubt einem priester auf einem geweihten tragaltar in oder bei der kapelle zu Esch an der Sure seine erste heil. messe zu lesen. Chartular in Cobl.
..	Erembreit- stein	protestirt gegen vom kaiserl. hofgericht zu Rotwil in sachen Heinrichs Volts von Hunolstein gegen Rudolf Beyer von Boppard erlassene ladungen und verweist die klage vor die einheimischen gerichte. Chartular in Cobl.
..	———	erlaubt dem Jakob Smitt, einem bürger zu Moelen im dal gegen einen jährlichen zins einem vorbau an seinem hause. Tempor.
..	———	erlaubt dem grafen Philipp von Catzenelnbogen auf lebenszeit von wein und anderer kaufmannswaare, so hinten aber den Hundsruck auf die Mosel bei Tryss und diese und den Rhein hinabgeführt wird, den zu St. Gewer davon gebührenden zoll zu Tryss zu erheben. Tempor.
..	———	verträgt sich mit dem kapitel der St. Castorskirche zu Coblenz wegen eines über dessen eigenthum zu Molen im dale zum vortheil des Augustinerklosters daselbst gemachten fahrwegs und brücke. Tempor.
..	Palacioli	erlaubt den einwohnern des dorfs Revenach behufs erweiterung des chors an ihrer pfarrkirche die altäre und geweihten mauern wenn nöthig abzureissen oder zu beschädigen, vorbehaltlich deren reconciliation. Chartular in Cobl.
..	Trier	entscheidet in seinem pallast hierselbst durch seine räthe, den kanzler Ludolf von Enscheringen, den küchenmeister Caspar von Mielen genannt von Dievelich, den rentmeister und Cardener stiftsherrn Bartholomäus Clockner, den Engerner zollschreiber und pastor zu Illeyde Mathys von Guntreff und den amtmann Peter Clostein zu St. Wendel einen streit des pfarrers mit den altaristen zu St. Wendel wegen des gottesdienstes. Tempor.
..	...	bestätigt schultheissen, bürgermeister, schöffen, rath, bürgern und stadt von Limburg ihre privilegien und bündnisse mit dem landgrafen von Hessen, dem grafen Bernhard von Solms, dem Dietrich herrn zu Runkel und Frank von Cronenberg dem alten, und nimmt sie gleich andere erzstiftische unterthanen und beamte in seinen schutz und schirm. Tempor.
..	...	bestätigt die von schultheiss, bürgermeister und schöffen der stadt Monthabar mit rath und wissen des amtmanns und kellners daselbst gemachte weinschankordnung. Tempor.
..	...	verspricht den kindern Wilhelm Kessels, bürgers zu Cöln und dessen frau Helwig sel. die denselben für die ihm gemachten insul, bischofsstab und handschuhe schuldigen 3080 gulden binnen den nächsten sechs Frankfurter messen mit je 500 und am letzten termin mit 580 gulden abzubezahlen. Defekt im Tempor.
..	...	verspricht dem Johann Nuser genannt Hochperg, schreiber seines bruders des markgrafen Karl von Baden, für die ihm seit seiner postulation geleisteten treuen dienste, das nächst vakant werdende mannlehen von 20 bis 30 gulden im werth, und auch zu bewilligen dass dessen ehefrau damit bewitthumt werde. Tempor.
..	...	befiehlt untersuchung wegen der dem abt Wilhelm von Metlach vorgeworfenen verschleuderungen. Tempor.
..	...	vergleicht center, schöffen und gemeinde des dorfs Punderich mit dem abt Conrad (1462—1495 nach Brower, Metropolis ed. v. Stramberg 1,309) und convent zu Sprenkirsbach wegen der aus dem abteilichen hof zu liefernden weinbede und reysewagen. Tempor.
..	...	substituirt an stelle Ludolfs von Enscheringen den Theoderich vom Stein mit Johann von Vinstingen, archidiakon von St. Castor zu Carden (1469—1500 nach Metropolis 1,164.) behufs untersuchung des streites der Prediger- und Augustiner Eremitenklöster zu Trier mit dem schöffen Nikolaus von Cerve daselbst. Chartal. in Cobl.

1456— 1503		

bestätigt die von dem dechant der kirche St. Agathe zu Longuion in folge der durch Radulph Johardi, den rektor der pfarrkirche zu Parvofalleyo, erwirkten päbstlichen mandate geschehene inkorporation der pfarrkirche zu Parvoxasyereio mit der zu Parvofalleyo. Temporale.

erlaubt dem abt Johann zu Laach mit seinem kloster der Bursfelder congregation beizutreten. Chartular in Cobl. nur mit in crastino.

schreibt seinem rath und getreuen (?) dass dem Heinrich von Swartzenberg noch auf ein iahr die frist wegen des baues zu Wartenstein verlängert werde, sodann wolle er wegen des ausstehenden geldes dem abt von St. Morgen zu Trier schreiben, dass ihm die 100 gulden von Gontersbergers wegen ausbezahlt werden. Concept in Cobl.

verschreibt seinem kellner Johann Olmscheit zu Wittlich 20 gulden oder 20 malter korn iahrzins aus der zehntscheuer daselbst für ein bei demselben geliehenes kapital von 500 gulden. Tempor. Vergl. 1467 iul. 13.

genehmigt, dass Fritz von Smidburg Else, die tochter Ludwigs Zant, welche seinen sohn Niklas geehelicht, auf die hälfte des erzstiftischen oberstschenkamts und auf sein haus im Haene zu Smidburg bewitthume. Tempor.

desgl. dass Georg von der Leyen seine ehefrau Eva auf ein drittel des zehnten zu Ochtendank bewitthume. Tempor.

protestirt, sich auf das privilegium de non evocando berufend, gegen eine von kaiser Friedrich (1452—1493) in klagesache des Trierer bürgers Johann zur Schulderen an den Rheingrafen Gerhard, probst von St. Paulin bei Trier (1470—80) und Johann Wilkes söhne meyer zu Sirtzenich erlassene ladung. Chartular in Cobl.

ernennt den Heinrich von Bedbur, hochförster der bäsche in der grafschaft Salm, zum probst daselbst. Tempor. Fahne, Gesch. der grafen von Salm-Reifferscheid, Urkbuch s. 262 zum iahr 1493.

befreit des Heinrich von Manderscheid güter in Wittlicher pflege auf seine und seiner ehefrau Grete lebenszeit von schatzung, bede, diensten und achten. Tempor.

verschreibt dem Heyntzgin vom Haue, bürger zu Paltzel, auf lebenszeit eine ohm wein und 3 malter korn iahrrente aus dasiger kellerei, und 2, benachrichtigt hiervon den dortigen kellner Walther von Franken. Tempor.

bevollmächtigt seinen rentmeister Bartholomeus Glockner, pastor zu Konigsfeld, behufs ablegung etlicher zinsen an erzstiftische gläubiger zu Cöln, 1600 gulden zu leihen und verspricht ihn deshalb schadlos zu halten. Chartular in Cobl.

ersucht den kaiser Friedrich die an den Trierer schöffen Peter vom Rode vom kammergericht auf die klage des bürgers Hansmann Bylant zu Wesel und consorten wegen der wechselbank und des hauses „die Montze" zu Trier erlassene ladung zurückzunehmen. Chartular in Cobl.

erlaubt der Rheingräfin Margretha, äbtissin zu Marienberg bei Boppard (1484—1515 Metropolis 1,578.), dass Luz Kremer, der wirth zum Helm in Boppard, welcher nächsten dinstag eine tochter ins kloster thun will, den seinigen im kloster ein essen gebe, und sie und die nonnen, doch mit rath und bescheid ihres paters confessor, gleichfalls fröhlich theil nehmen. Chartular in Cobl.

ernennt den bischof Johann von Crisopolis vom Predigerorden zu seinem vicarius in pontificalibus (weihbischof) der vier gallischen dekanate. Chartular in Cobl.

befiehlt seinen kellnern zu Manderscheid und Daun, seiner niftel von Saarwerden (verehelichte von Manderscheid) und deren söhnen gemäss des Münsterer vertrage die häuser Keyl und Daun zu übergeben und noch nächsten samstag auf Simon und Judenabend (1459. 64. 70. 81. 87. 92. 1498 fällt dieser tag auf einen samstag) die unterthanen ihres eides zu entbinden; 2, benachrichtigt hiervon die grafen von Manderscheid. Concept in Cobl.

schreibt seinen suffraganen von Verdun, Toul und Metz, dass der römische könig auf nächsten Egidientag in Frankfurt einen reichstag behufs herstellung des friedens in der kirche ausgeschrieben habe, und ersucht sie indem er ihnen abschrift der betreffenden erlasse communicirt, sich den dasigen beschlüssen zu conformiren. Chartular in Cobl.

beauftragt den official und den siegler zu Coblenz mit der einsammlung der vom dom-

41*

kapitel zur bezahlung erzstiftischer schulden bewilligten 2 gewöhnlichen und einem ungewöhnlichen subsidium caritivum bis nächste ostern und der 2 andern gewöhnlichen bis Michaelstag in ihrem bezirk, und befiehlt ihnen die ablieferung dieses geldes an den deputirten des domkapitels. Chartular in Cobl. Vergl. 1488 jul. 23.

attestirt dem freien weltlichen stift zu Essen die adeliche abstammung der Albeiten von Daun, tochter Emichs von Daun herrn zum Oberstein. Chartular in Cobl.

präsentirt als herr von Kempenich dem archidiakon und probst des St. Cassiusstifts zu Bonn den pastor Peter von Lutzink zu der durch Georg Hemmersheim tod erledigten pfarrei Blasswilre. Chartular in Cobl.

beauftragt den kleriker mag. Franziskus sacrae paginae professor, vom Predigerorden, unter anziehung eines oder zweier landdechanten gallikanischer erde, mit der untersuchung der ketzerei im französischen theil seiner dioezese. Chartular in Cobl.

beauftragt auf die klage der fabrikmeister der St. Anthoniuskapelle zu Trier, dass ihnen die durch eine kollekte gesammelten gelder zum theil nicht ausgezahlt worden seien, den domkantor Philipp de Samgueyo damit, dass die auszahlung des rückstandes erfolge. Chartular in Cobl.

revocirt die dem priester Heinrich von der dritten regel des heil. Franziskus auf widerruf geschehene verleihung der neuen Marienkapelle zu Enkirch, und befiehlt ihm wieder nach seiner ordensregel zu leben. Chartular in Cobl.

erlaubt dem pleban zu Heymbach behufs reparation des pfarrkirchenthurms den an demselben liegenden St. Catherinenaltar an eine andere stelle in der kirche zu translociren. Chartular in Cobl.

erlaubt dem pleban Arnold zu Ley behufs reparatur der kirche den altar zu translociren vorbehaltlich der spätern reconciliation. Chartular in Cobl.

erlaubt dass wegen abreissung und reparatur der altäre in der pfarrkirche zu Nuwerburg in den Ardennen, ein semesterlang der gottesdienst auf vier tragbaren altären gehalten werde. Chartular in Cobl.

urtheilt der kapelle zu Seel, indem er ihr ein von mehreren kardinälen verliehenes ablassprivilegium bestätigt, für gewisse festtage ein ähnliches. Chartular in Cobl.

beauftragt seinen weihbischof Johann, bischof von Azoten, (1483—1503) mit der einweihung der neugebauten kapelle des dorfs (?) im bezirk der pfarrkirche St. Martin. Chartular in Cobl.

erlaubt die translokation des heil. Kreuzaltars in der pfarrkirche zu Frauwenkirch behufs deren baulichen reparatur, und dessen einweihung durch seinen weihbischof Johann von Azoten. Chartular in Cobl.

ertheilt dem priester Johann Buchholz von Mastricht ein empfehlungschreiben als kaplan an seinen landesherrn, da er ihm in seiner jugend gedient und ihm wohlgeneigt sei. Chartular in Cobl.

belehnt den Emmerich von Lewenstein genannt von Randeck mit einem haus und dem hochgericht zu Bliescastel als dortigem burglehen. Tempor.

erlaubt dem Wernher von Lewenstein und dessen ehefrau Eva von Sienheim einen wingert im Bopparder Hamm für 159 gulden, vorbehaltlich dessen einlösung in zwölf jahren, an einen Bopparder bürger zu verpfänden; 2, desgleichen ihr theil der beiden führen zu Boppard und Camp für 100 gulden auf zwei jahre an Eberhard von der Arken. Beide im Tempor.

suspendirt, wegen schwächlichkeit und sterbens so allenthalben angeht, die geistliche jurisdiktion zu Coblenz von nächstem samstag an bis zu Allerheiligen, jedoch solle bis zur gewöhnlichen vakanz wöchentlich für gefreite und andere hangende sachen ein gerichtstag gehalten werden. Chartular in Cobl.

beauftragt (?) mit der untersuchung des streites der beiden stiftsherrn von St. Florin zu Coblenz, St. Georg's Hagelstein decretor. doctor und des priesters Johann von Neuss, indem ersterer, weil er den andern geschlagen hatte, in die kanonische strafe gefallen war und um absolution gebeten hatte. Chartular in Cobl.

erlaubt Hansen dem neuen fischer zu St. Medart vor Trier gegen entrichtung von 6 gulden 50 aale und 10 salmen jährlich in die kellerei Pfalzel, auf zehn jahre ein wehr oder fach in der Mosel unterhalb Longkwych aufzurüsten. Tempor.

1456—1503		
· ·	· · ·	beauftragt (?) mit der untersuchung der klage des klerikers Rorich von Hachenberg, dass von dem pastor Johann vom Stein zu Enkirch nach dem tode Johann's Brun der St. Marienaltar daselbst dem priester Johann Mathias verliehen worden, trotsdem dass er durch primarios preces kaiser Maximilians ein recht darauf habe. Chartular in Cobl.
· ·	· · ·	giebt als kurfürst seinen cousens zu k. Maximilians verschreibung der reichssteuer zu Hailpruns an den kaiserlichen obersten schreiber Niklaus Ziegler, und 2, desgl. der zu Windessheim an Caspar Ziegler. Tempor.
· ·	· · ·	befiehlt im auftrag des röm. königs Maximilian dem Godeschalk von Nyvenheim, cantor der kirche St. Martini und Severi zu Münstermeynfeld dem cleriker Johann Heuschriber den ruhigen besitz der ihm durch kaiserliche primarias preces verliehenen St. Agathenvikarie daselbst zu lassen. Chartul. in Cobl.
· ·	· · ·	erlaubt, dass die exequien der vor kurzem verstorbenen ehefrau Johann's von Elter am ersten, dritten, siebten und dreissigsten tage in der kirche zu Born oder Lair auf einem tragaltar gehalten werden. Chartular in Cobl.

Ergänzungen von 814—1503.

Hetti 814 — 847.

840		
aug. 25	Ingelnheim	(palatio publico) Antheil an dem hier von kaiser Lothar gehaltenen reichsconvent und Unterzeichner mit vielen andern bischöfen der urkunde Lothars wonach dem abgesetzten erzb. Ebo von Reims sein bisthum zurückgegeben wird. Pertz Leges 1,374 zum 25 aug. während die betr. urkunde 8 kal. iul. datirt ist. Hartzheim Conc. Germ. 2,139. Vergl. Böhmer Karolingerregesten s. 55.
842		
aug. 00	Aug. Trevirorum	Hetti erscheint mit dem clerus und volk der stadt Trier als bittender vor dem hier im juli oder august zum empfang der griechischen gesandten sich aufhaltenden kaiser Lothar in betreff rückgabe der dem herzog Guido von Spoleto geschenkt gewesenen abtei Medelach für die kirche des heil. Petrus, laut des kaisers urk. vom 29 aug. worin Lothar diese abtei zurückgiebt: „dum eos propter totius regni nostri utilitatem atque suscipiendum Grecorum legationem Treueris ciuitate unacum multis ex fidelibus nostris uenissemus, adiens celsitudinis nostre clementiam Heti etc." Beyer Urkb. 1,77. Vergl. Prudent. Ann. ap. Pertz 1.438 und Böhmer Karolinger-Regesten s. 57.

Tietgaudus 847—863.

859		
ian. 14	ap. Saponarias	(in suburbano Tullensi) erlässt mit den andern auf dem concil hierselbst versammelten bischöfen ein vorladungsschreiben an den erzbischof Wenilo von Sens, sich über die von könig Karl erhobenen beschuldigungen innerhalb 30 tagen zu rechtfertigen. Hartzheim Conc. 2,176. Pertz Leges 1,402.
847—63	· · ·	empfiehlt dem bischof Franko von Tongern (Lüttich) den cleriker Amolgar und ertheilt dem letztern zur übernahme der ihm von seinem vater, dem grafen Arnard, verliehenen pfarrkirche zu Sinlaris das dimissoriale. Noverit fraternitas — adnexum. Ohne datum. Martene Coll. ampl. 1,155.

Bertolf 869—883.

874		
sept. 27	Colonie	Zeuge des bischofs Altfrid von Hildesheim in dessen stiftungsurk. für Essen. Hartzheim Conc. Germ. 2,359. Schaten Ann. Paderborn. 1,118 und besser Lacomblet Urkb. 1,34.

Ratbod 883—915.

867	·	
dec. 00	Moguntie	Antheil an der im december zu Mainz gehaltenen synode, und Mitunterzeichner der urk. des erzb. Liudbert von Mainz für Corvey und Herford. Hartzheim Conc. Germ. 2,369 etc. Schaten Ann. Paderborn. 1,142. Erhard Regesten und Cod. dipl. Westf. 1,114 und 1,29.

898		**Ratbod 883—915.**
mai 00	Aquisgrani	Antheil an dem von könig Zuentebold zu Achen gehaltenen placitum generale. Ratbod klagt hier vor dem könig wie von einem gewissen Regenhar die von kaiser Arnulf seiner kirche geschenkte St. Servatiuskirche (zu Mastricht) entzogen worden und bittet um deren rückgabe; laut Zuentebold's urk. vom 13. mai aber die restitution dieser kirche. Hartzheim Conc. Germ. 2,412. Miraeus 1,252. Honth. 1,287. Beyer Urkb. 1,209 und 210.
— 00 913	Trajecto	(in ipso monasterio) Investitur Ratbods in die St. Servatiuskirche coram multitudine populi; nach vorgen. urkunde.
aug. 13	. . .	An diesem tage zu Diedenhofen verordnet auf des metropoliten und erzkaplans Ratbod bitte könig Carl der einfältige, dass die erzbischöfe von Trier künftig durch geistlichkeit und volk frei gewählt werden sollen. Bouquet 9,518. Honth. 1,262. Gallia christ. 13,316. Beyer Urkb. 1,220.
916		**Rutger 915—930.**
sept. 20	Altheim	Antheil an dem vom päbstl. legaten Peter bischof von Orti am 20. sept. eröffneten concil zu Hohenaltheim im Ries bei Nördlingen. Hartzheim Conc. German. 2,590 und 4,564. Pertz Leges 2,555.
936		**Rotbert 931—956.**
aug. 8 936	Aquisgrani Treviris	Antheil an Otto's I. königskrönung. Ihr tag nach Böhmers Kaiserregesten. giebt prekarieweise etc. etc. Diese s. 4 der regesten aus Hontheim mit jahr 936 entnommene urk. steht bei Brower Ann. 1,453 im extr. mit jahr 938 worauf auch indiktion und regierungsjahre hinweisen, deshalb auch 938 angenommen wurde.
942 oct. 13	———	Weihe der basilika des heil. Maximin in honore S. Joh. evang. durch erzb. Rotbert 3 id. oct. und übertragung der gebeine der heil. Maximin, Agritius und Nicetius dahin. Kalend. und Ann. Maximin. ap. Pertz 4,7 note 2. Annal. Hildesh. ibid. 3,56. Drower Ann. 1,455. Meurisse Hist. des evecques de Metz 311. Chartul. in Trier.
944 mai 00	ap. Duisburg	Antheil an dem hier in der bittwoche gehaltenen königlichen placitum. Rotbert und der bischof Richar von Tongern (Lüttich) werden hier auf veranlassung des herzogs Conrad bei Otto I. der untreue angeklagt, aber alsbald freigesprochen. Cont. Reginon. ap. Pertz 1,619. Hartzheim Conc. Germ. 2,608.
948 inn. 1 952	Niumaga	Antheil an Otto's I. reichsconvent bei Nymwegen laut dessen urk. vom heutigen tag für Prüm. Martene Coll. 1,289. Honth. 1,288. Beyer Urkb. 1,250.
. .	Treviris	(in domo S. Petri) vertauscht mit dem vogt Sigebodo novalien und ländereien im gau und in der grafschaft Meieneveld zwischen dem flüsschen Alizontia (Elz) der veste Avilonia (Monster?) und Haramonda (Pirmout?). 952 Ottonis reg. a. 16 super regnam quondam Lotharii, ind. 10. Extr. mit zeugen Brower Ann. 1,460.
953 aug. 00	Moguntie	Antheil an dem kaiserlichen hoftag zu Mainz wo er von Otto I. mit seinen ansprüchen auf die abtei St. Maximin laut urk. vom 30. aug. abgewiesen wird. Zylles. 3,17. Bertholet 2.82. Calmet 1,354. Honth. 1,286. Beyer 1,256. Vergl. auch Cont. Regin. ap. Pertz 1,630 zum jahr 950.
sept. 21 931—56.	Aquisgrani	Antheil an der bischofsweihe Rathers von Lüttich zu Achen. Ruotger Vita Brunonis ap. Pertz 4,262 note und 278.
. .	Humbach	Weihe der in holz erbauten kirche zu Humbach (später Montabaur) durch erzb. Ruotbert auf die bitte des herzogs Herimann; laut des erzb. Heinrich urk. bei Brower Metropol. 1,228. Beyer Urkb. 1,254.
957		**Heinrich I. 956—964.**
. .	Gorziensi	(monasterio) Mitunterzeichner eines gütertausches zwischen dem abt Agenaald zu Gorz und einigen leuten de familia S. Petri von Trier, wonach der abt ländereien im dorf ad Ausanicurteu an der Mosel gegen deren beim dorf Lannei in comitate Gerbecinse erhält. Aus dem chartul. Gorciensi mitgetheilt von Dr. Abel in Metz.
961 mai 26 963	Aquisgrani	Theilnahme an Otto's II königskrönung zu Achen. Ruotger Vita Brunonis ap. Pertz 4,270.
dec. 4	Romae	An diesem tage statt des in den regesten s. 5 angegebenen nov. 22 kirchenversammlung zu Rom. Jaffé Reg. Pont. s. 323.

Theoderich I. 965—977.

965		
ian. 2	Coloniae	Antheil an dem hier stattgefundenen königlichen placitum und mitunterzeichner einer urkunde des bischofs Everacrus von Lüttich für das S. Lambertistift daselbst. Martene Coll. 7,54. Hartzheim Conc. Germ. 2,629.
969		
ian. 00	Romae	Aufenthalt zu Rom wo am 22 jan. pabst Johann XIII. ihm (veniente Romam oratum ad sanctorum apostolorum limina) die privilegien seiner kirche bestätigt. Brower Ann. 1,472. Honth. 1,305. Gesta Trev. ed. Wyttenb. 1,107. Beyer 1,289. Vergl. Jaffé Reg. Pont. n. 328. Auch erhielt er damals wohl auch das pallium. Günth. 1,127 note. Jaffé a. 329. Dagegen heisst es in der päbstl. urkunde bei Hartzheim Conc. Germ. 2,648: „Theoderico etc. Romam dirigente legatarium" und hiernach wäre des erzbischofs anwesenheit zu Rom wohl nicht anzunehmen.
970		
. .	Treviris	(in cenobio S. Maximini) Zeuge (jedoch ohne namens-angabe) mit Thietfrid abt zu St. Maximin in des grafen Heinrich urkunde worin derselbe der abtei St. Maximin sein von seinen ältern Wigerich und Cunegunde geerbtes lehen im Eifelgau, die kirche zu Okysheim mit dem zehnten und den kapellen zu Ilurwilre, Noya und Aredorf schenkt. 970 ind. 4 impressione sigilli dicti dni. Egilberti S. Trev. sedis aepi. — Beyer Urkb. 1,289. Honth. 1,317 mit jahr 975. — Da die kirche zu Okysheim 975 von der abtei dem archidiakon Wicfrid in einer prekarie überlassen wird (Beyer 1,301) so ist das jahr 970 wohl beizubehalten und daher die extr. s. 8 zeile 13 von unten in den regesten zum jahr 980 zu cassiren.
972		
sept. 17	Ingelheim	Antheil Theoderichs mit seinen suffraganen an dem hier von kaiser Otto gehaltenen reichstag, laut des kaisers urkunde für den bischof Lnidolf von Osnabrück. Schaten Ann. Paderborn. 1,314. Hartzheim Conc. 2,655.
973		
aug. 00	Treveris	Empfang des auf des erzbischofs einladung hierher gekommenen und am 22. aug. hier urkunden ausstellenden kaisers Otto II., nach der von demselben am 27 aug. zu Frankfurt dem erzbischof ertheilten scheukung-urk. aber die münzen zu Ivoy und Longuion. Honth. 1,312. Beyer 1,298 verglichen mit den Kaiserregesten.
975		
ian. 00	Romae	Abermaliger aufenthalt zu Rom, wo ihm pabst Benedikt VII. ian. 18 die privilegien seiner kirche bestätigt (veniente Romam oratum ad sanctoram apostolorum limina), die cella Quatuor coronatorum schenkt und ihm die wiederherstellung des St. Martinsklosters und des St. Marienklosters in ripa zu Trier bestätigt. Honth. 1,312. 314 und 316. Gesta Trev. ed. Wyttenb. 1,106 und 109. Beyer 1,302. 303 und 304. Vergl. auch Jaffé Reg. Pont. n. 333.
. .	Treviris	bestätigt dem von ihm restaurirten und dem abt Engelbert übergebenen St. Martinskloster zu Trier wo der leib des heil. Magnericus ruht die schenkungen dieses heiligen und fügt deren neue hinzu indem er zugleich beurkundet wie das ganze bisthum, nachdem sich die stadt von der Normannenverheerung wieder erholt hatte, zu den zeiten herzog Gisilberts oder Conrads aufs neue verheert, die kirchen zerstört und ihrer besitzungen beraubt worden seien und er darauf bei übernahme der cura pastoralis aber die stadt seinen sinn auf die wiederherstellung der kirchen und des gottesdienstes gerichtet habe. 975 ind. 3, epact. 17, concur. 4, imperante Ottone magno imperatore a. 7. Neuere copie in Trier. Beyer 1,718 wonach der s. 6 zeile 11 befindliche extr. aus Act. Pal. 3,40 und Gesta Trev. ed. Wyttenb. 1, animadvers. s. 29 ergänzt wird.

Egbert 977—993.

983		
ian. 7	Veronae	Zeuge kaiser Otto's II. bei dessen hier gegebenen friedens-vertrag mit Venedig. Pertz Leges 2,36.
989		
. .	Palaciol.	(in ecclesia) Gegenwart Ekberts bei der in der kirche zu Pfalzel von der äbtissin Rnothildis (adstantibus Ekberto antistite venerabili cum militome suo) dem altar der heil. gottesgebärerin gemachten schenkung von 35 hörigen, welche ihr ihr bruder Gozbert übergeben hatte. 989 Ottone III. reg. a. 8, ind. 14. Chartul. in Trier. Beyer 1,317.
993		
apr. 18	Ingilheim	An diesem tage und ort restituirt könig Otto III. dem vor ihm gekommenen erzb. Egbert die abtei St. Servatius zu Mastricht, welche Otto II. durch einen vorgegebenen tausch (gegen die abtei Orrea) dem erzstift wieder entzogen hatte. Honth. 1,331. Gesta Trev. ed. Wyttenbach 1,112. Beyer 1,322. Vergl. Gesta Trev. ap. Pertz 8,169.

995

Ludolf 994—1008.

febr. 25	Mediolac.	(cenobio) Zeuge in einer urk. der wittwe Berta, wonach dieselbe dem kloster Medelach das ihr von ihrem gemahl (grafen) Volkmar als don ausgesetzte gut zu Rode im Saargau und in der grafschaft Waldravingen schenkt. 995, 5 kal. mart. Chartul. in Cobl. Beyer 1,326.

1016

Poppo 1016—1047.

ian. 1	Confluent.	Weihe Poppo's. Thietmar und Gesta Trev. ap. Pertz 3,844 und 8,175. Vergl. über die verschiedenen jahresannahmen Gesta Trev. ed. Wyttenb. 1 animadvers. s. 32,33. und Holzer de Proepisc. s. 6 anmerkung.
oct. 00	Frankfurt	Antheil an Heinrichs II. hoftag hierselbst, wie wir aus seinem vorkommen mit andern reichsfürsten in des kaisers urk. vom 17 oct. für Prüm annehmen dürfen. Honth. 1,353. Beyer 1,342 verglichen mit den kaiserregesten s. 59.

1017

iul. 00	Lietzo	Antheil an dem grossen hoftag Heinrichs II. zu Leitzkau, indem er in dessen urk. vom 11 Juli für Paderborn „cum interventu Popponis" heisst. Schaten Ann. Paderborn. 1,292. Erhard Cod. Westf. 1,74. Vita Meinwerci ap. Pertz 11,136. Hartzheim Conc. Germ. 3,48.

1018

mrz. 16	Noviomago	Antheil an der grossen synode zu Nymwegen, wo graf Oddo von Hammerstein mit seiner gemahlin Irmirgerd excommunicirt werden, weil sie den an sie gerichteten vorladungen wegen ihrer ungesetzlichen ehe (als zu nahe verwandt) nicht gehorcht hatten. Thietmar ap. Pertz 3,863 und 867. — Poppo's anwesenheit constatirt aus der vita Meinwerci ap. Pertz 11,141 wonach der bischof Meinwerk von Paderborn hier am weissen sonntag (apr. 13) von Heinrich II. „interventu Popponis" ein gut zu Sibargshausen erhält.
	Treviris	Weihe des oratoriums Allerheiligen in der abtei S. Maximin durch erzb. Poppo auf die bitte des abts Winrich. Brower Metropolis 1,348.

1020

apr. 00	Babenberg	Zeuge Heinrichs II. hierselbst in dessen friedensvertrag mit pabst Benedikt VIII. Pertz Leges 2,³176. Roussel Suppl. au Corps dipl. 1³,25. Hartzheim Conc. Germ. 3,44. — Das zusammentreffen des pabstes mit dem kaiser zu Bamberg fand am 14. april statt, vergl. Jaffé Reg. Pont. s. 354 und Böhmer Kaiserreg. s. 61.

1026

	Wormatie	Weihe des bischofs Bruno von Toul durch erzb. Poppo. Brower Metrop. 2,571.

1037

oct. 21	Treviris	Weihe der restaurirten domkirche durch erzb. Poppo und übertragung der reliquien des heil. Materuus aus dem Euchariuskloster in dieselbe. (Gesta Trev. ap. Pertz 8,181. Brower Ann. 1,518.
Zeuge des probsten Adalbero. Dieser s. 8 zeile 4 von unten der regesten aus dem original entnommene extr. wird bei Brower Ann. 1,518 mit 1038 ind. 6, Poppon. a. 22, Benedicti VIII pont. a. 6 angeführt.

1038

sept. 2	. . .	restituirt dem S. Euchariuskloster die drei dörfer Lampaida, Palliuc und Yvasco mit der fischerei in der Ruwer und Mosel nach angegebenen gränzen, untergiebt die abteilichen angehörigen daselbst der ausschliesslichen gerichtsbarkeit des abts und verleiht diesem den blutbann über sic. Monasteria mee dioeces. — logeat. 1038 ind. 6, anno imp. Cuonradi cesaris augusti .... Treuericam metropolim Poppone aepo. iam in 25. anno procurante. Vorgelesen wurde diese urkunde auf den schöffen übergeben in generali placito am 2. sept. — Or. in Trier. Beyer 1,365. — Hiernach fallen s. 9 der regesten die beiden extracte zeile 6 und zeile 21 (beide ein und dieselbe urkunde) weg.

1041

dec. 25	. . .	Heiligsprechung des heil. Simeon durch pabst Benedikt IX. Jaffé Reg. Pont. s. 360. Hiernach ist der s. 9 zeile 16 von unten der regesten nach Brower gegebene 17 nov. 1042 zu berichtigen.

1048

Eberhard 1047—1066.

. . .	. . .	Mitunterzeichner einer urk. des bischofs Bruno von Toul für die priorie Deuilly. Calmet 2,275 mit jahr 1043 ind. 11, epact. 14, concur. 6, regnante Heinr. II. — Gehört wohl zu 1047 oder 1048.
dec. 27	in Italiam	Begleitung des im december von Worms von Heinrich III zum pabst ernannten und am 27. dez. von Toul nach Rom aufgebrochenen bischofs Bruno von Toul, bei dem er einige zeit zu Rom verweilte und also wohl auch Bruno's consecration als pabst Leo IX

1048		**Eberhard 1047—1066.**
		am 12. febr. 1049 beiwohnte. Nach der urk. des pabstes worin er dem erzb. Eberhard bei der bestätigung der privilegien seiner kirche am 13 apr. 1049 sagt: „quocirca vestra fraternitas dulcissime frater nostra caritate victa, comitata est, et Rome nobiscum aliquantulum remorata." Brower Ann. 1,526. Honth. 1,366. Gesta Trev. ed. Wyttenb.
1049		1,145. Beyer 1,383 verglichen mit Jaffé Reg. Pont. s. 367.
sept. 7	Treviris	Anwesenheit, voraussetzliche, bei der weihe von St. Paulinskirche zu Trier durch den pabst Leo IX welcher auf ersuchen des erzbischofs hierhergekommen war, wahrscheinlich von Mainz wo er am 3 sept. war. Brower Ann. 1,525 nach einer alten inschrift.
oct. 2	Reims	Assistenz bei der weihe der metropole hierselbst durch den pabst Leo IX. Jaffé Reg. Pont. s. 369 wonach der extr. s. 10 zeile 13 der regesten zu ergänzen.
— 15	. . .	Mitunterzeichner des privilegiums pabst Leo's IX für die vom pabst am 11 oct. geweihte kirche St. Arnulf zu Metz. Calmet 1,444 und II. Ed. 2,308.
nov. 20	Moguntie	Zeuge Heinrich's III. für Fulda und Würzburg. Dronke Cod. dipl. Fuld. s. 362.
1056		
iun. 30	Treviris	Antheil an Heinrich's III. hoftag zu Trier, wo der kaiser die merkwürdige verordnung über die rechte der Maximiner vögte erlässt, nach dem wortlaut der betr. urk. bei
1057		Zylles 3,38. Bertholet 3,24. Honth. 1,399. Beyer 1,401 und 404. Calmet 1,448.
oct. 5	Spirae	Gegenwart auf Heinrich's IV. hoftag zu Speier wo 3 non. oct. Gundechar zum bischof
1059		von Eichstätt erhoben und 16 kal. nov. inthronisirt wird. Gundechar Liber pont. Eichst. ap. Pertz 7,246. Böhmer Kaiserreg. s. 85.
1062	. . .	Gefangennahme Eberhards durch den grafen Conrad von Luxelenburg. Gesta Trev. ap. Honth. 754.
1065	Andernach	Antheil an einem colloquium der Lothringenschen grossen hierselbst. Jocundi Translat. S. Servatii ap. Pertz 12,113. Bei Brower Ann. 1,535 zu 1057.
mrz. 29	Wormatie	Aufenthalt mit Heinrich IV. hierselbst und benediktion des kaiserlichen schwertes am osterdinstag oder mittwoch durch erzb. Eberhard. Ann. Weissenb. und Lambiens. ap. Pertz 3,71 und 4,20.
iun. 29	Treviris	Antheil an Heinrich's IV. hoftag zu Trier auf Peter und Paulstag. Triumph. S. Remacli ap. Pertz 11,439. — Die anwesenheit Eberhards ergiebt sich aus könig Heinrich's urk. für St. Maximin bei Zylles 42, Calmet 1,453 und 459. Honth. 1,406 und 408. Beyer 1,416 und 418.
1066		**Udo 1066—1073.**
. . .	Romae	Antheil an dem hier nach ostern (mrz. 23) von pabst Alexander II. gehaltenen concil wo er sich von der beschuldigten simonie reinigt. Jaffé Reg. Pont. s. 395 nach
1070		Giesebrecht Ann. Altah. s. 110.
nov. 8	. . .	Die s. 11 z. 26 der regesten erwähnte zeugenschaft fällt weg da irrig presente statt
1071		presidente gelesen wurde.
. . .	. . .	restituirt dem collegiatstift zu Pfalzel unter dessen probst Regenher verschiedene ländereien zu Enkirch mit ausnahme einer hofstatt worauf Ripo ein haus erbaut hat. 1071 ind. 9,
1072	Treviris	regnante Heinr. rege, Udone aepo. Chartul. in Trier. Beyer 1,719.
		Einweihung des altarthums S. Benedikts (später S. Blasien) im kloster S. Maximin durch
1074		erzb. Udo. Brower Metrop. 1,349.
iun. 28	Breitinbach	Zeuge Heinrich's IV. für die kaiserin Bertha. Gerken Cod. dipl. Brandenb. 8,381. Dumge
1075		Reg. Bad. s. 111.
iun. 24	Wormatie	erlässt mit andern auf dem concil hierselbst versammelten erzbischöfen und bischöfen ein schreiben an pabst Gregor VII. worin sie demselben den gehorsam aufkündigen. Cum primus — apostolicus. Ohne datum. Pertz Leges 2,44. Rousset Suppl. 1ª,31.
1081		**Egilbert 1079—1101.**
febr. 00	Capuana	(in silva ultra Wisara) Antheil an der fürstenversammlung im Kaufunger walde. Bruno
1083		ap. Pertz 5,382. Hartzheim Conc. Germ. 3,193.
sept. 8	. . .	Besiegler eines domcapitularischen statuts über die erhebung des medums und zinses von den ländereien um die stadt Trier. 1083 fer. 8,8 id. sept. ind. 12. Günth. 1,147. Beyer 1,435. Wegen der fer. 6 das 8 sept. angenommen.

42

1085		**Egilbert 1079—1101.**
ian. 20	Percstad	Antheil an der fürstenversammlung zu Berkach in Thüringen. Annalista Saxo ap. Pertz 6,721.
. .	. . .	ertheilt für die kirche zu Taven eine urkunde über deren inhalt nichts angegeben ist.
1086		1085 pont. a. 8, ordinat. 2. Extr. Brower Ann. 1,585.
apr. 29	Moguntie	Antheil an der synode kaiser Heinrichs IV zu Mainz, nach des kaisers urkunde vom heutigen für den bischof Gebeard von Prag. Hartzheim Conc. 3,753. Cosmas Chron.
1087		ap. Pertz 9,92.
nov. 1	Traject.	(in capitulo maioris ecclesie) Zeuge (doch heisst hier der erzbischof Everard) des bischofs
1089		Conrad von Utrecht für die kirche daselbst. Hartzheim Conc. Germ. 3,203.
apr. 5	Metis	Zeuge Heinrichs IV. für die abtei St. Agericus zu Verdun. Miraeus 1,164. Calmet 1,485.
1097		
ian. 26	Treviris	Weihe des mittelaltars in der crypta des wiederhergestellten Martinsklosters. Siehe folg. extr. wonach der auf s. 13 zeile 11 der regesten gegebene ergänzt wird.
febr. 8	. . .	(in aula publica) schenkt der nach dem brande restaurirten St. Martinskirche zu Trier, wo er 7 kal. febr. den altar in der mitte der crypta, geweiht hat, das anschliessliche recht zur mühlenanlage auf der Mosel in der nähe des klosters, und einen wald bei Irsch. 1097, 6 id. febr. ind. 5, Heinr. IV regni a. 41, imp. 12, Egilberti aepi a. 18. Copie in Cobl. Beyer 1,447.
— 8	. . . . . .	(—) schenkt dems. Martinskloster ausser verschiedenen andern gütern 3 mansos zu Pfalzel, lehengut des zu Jerusalem verstorbenen ritters Folcher Barbatus. Dat. wie vorher.
1101		Extr. Acta Palat. 3,40.
iul. 00	Colonie	Aufenthalt mit Heinrich IV, dessen sohne und vielen reichsfürsten hierselbst und gegenwärtig wie infolge eines rechtsspruches graf Heinrich von Limburg (dessen burg der kaiser am 16 mai zerstört hatte) dem abt Wolfram von Prüm das dieser abtei geraubte gut Prumizfelt zurückstellt. Als der kaiser von hier nach Kaiserswerth gelangte (aug. 3) erfolgte eine nochmalige restitution der abtei in dies gut, da der graf die frühere läugnete, durch den kaiser. — Nach des letztern urk. bei Bondam 1,155. Martene Coll. 1,585. Honth. 1,476. Hartzheim Conc. Germ. 3,244. Beyer 1,459 verglichen mit den Kaiserregesten s. 100.
1103		**Bruno 1102—1124.**
. .	. . .	Zeuge mit könig Heinrich V. dem erzb. Friedrich von Cöln und mit den bischöfen Johann von Speier, Burchard von Münster, Otto von Bamberg, Emmehart von Würzburg, Otbert von Lüttich und andern in Heinrich's IV undatirter urk. für den abt Wolfram von Prüm in betreff der rechte der abteilichen vögte. — Das jahr ergiebt sich aus den genannten personen. Martene Coll. 1,595. Honth. 1,479. Beyer 1,463.
1106		
ian. 00	in Bawa-	Reise mit dem erzbischof von Cöln und andern nach epiphaniastag als abgesandte Hein-
1107	riam	rich's IV. nach Baiern. Ann. Hildesh. ap. Pertz 8,108.
. .	Treveris	Assistenz bei dem sterbenden bischof Richer von Verdun, welcher nach Peter und Paulstag (ian. 29) nach Veldenz, einem gut der Verduner kirche, gereist war und dort erkrankt, sich nach Trier hatte zurückbringen lassen, wo derselbe starb nachdem er von Bruno die heil. ohlung empfangen hatte. Laurentii Gesta epise. Virdun. ap. Pertz 10.499.
. .	Metis	Begleitung des neu gewählten bischofs Richard von Verdun von Metz, wo derselbe vom könig die investitur erhalten hatte, nach Verdun. Laur. ibid.
1109		
. .	Romam	Theilnahme an einer gesandtschaft nach Rom um einen frieden zwischen dem pabst und
1114		kaiser zu vermitteln. Ann. Hildesh. ap. Pertz 3,112.
aug. 29	. . .	Zeuge könig Heinrichs V. für Speier. Dumge Reg. Bad. s. 121. Remling Urkb. zur
1119		Gesch. der bischöfe von Speier, 1,90.
märz 26	Colonie	Aufenthalt zu Cöln wohin Bruno von dem dortigen erzbischof zum charfreitag eingeladen
1122		worden. Vita Theogeri ap. Pertz 12,479.
mai 30	Schaffhau-	macht anwesend in dem kloster Allerheiligen zu Schaffhausen, das von seinen nächsten
	sen	verwandten (den grafen von Nellenburg) zum theil gestiftet worden, wie sie denn auch dort lebten und begraben sind, auf genannte bestimmungen eine übereinkunft zwischen dem abt und dem dermaligen klostervogt graf Adelbert. 1122 ind. 15,3 kal. iun. regnante Heinr. V imp. a. 17. Fickler Quellen und Forschungen zur Gesch. Schwabens und der Ostschweiz 2,41.

1122		**Bruno 1102—1124.**
sept. 23	Wormatia	Unterzeichner der urk. Heinrichs V. wonach derselbe dem pabst Calixt die investitur mit ring und stab überlässt. Pertz Leges 2,76.
1124	. . .	Das s. 15 am ende der regesten erwähnte testament bei Honth. 1,703 und Calmet Ed. II. 8,109 gehört nach dem inhalt wohl schwerlich unserm Bruno von Trier an.

Godefrid 1124—1127.

dec. 25	Argentine	Weihnachten mit Heinrich V. zu Strassburg und antheil an der fürstenversammlung welche in sachen der abtei St. Blasien gegen den bischof von Basel entscheidet; laut Heinrich's urk. vom 8 ian. 1125. Neugart Cod. Aleman. 2,56. Extr. Dumge Reg. Bad. s. 33.

Meginher 1127—1130.

1127		
. . .	Bumaggen	Eroberung, im herbst, dieses dem grafen Wilhelm von Luxemburg gehörigen schlosses (Bombogen bei Wittlich), und darauf friedensschluss mit dem grafen. Gesta Trev. ap. Pertz 8,199.

Albero 1131—1152.

1132		
apr. 13	Aquisgrani	Albero befiehlt auf ostern zu Achen dem mit der excommunication belegten herzog Simon von Lothringen, bruder des königs, die kirche zu verlassen. Gesta Trev. ap. Pertz 8,251.
. .	Sierck	Belagerung des herzogs Simon von Lothringen auf dem schlosse Sirk durch Albero im verein mit den fürsten von Bar und Baiern. Aus Prallion Chron. de Metz mitgetheilt von Dr. Abel in Metz.
1135		
. .	Rettel	Antheil an einer hier von den cardinallegaten Theodwin und S. Rufin behufs schlichtung eines streites zwischen dem bischof und dem grafen zu Toul gehaltenen synode. Aus dem chartul. Rettel mitgetheilt von Dr. Abel in Metz. Vergl. Hartzheim Conc. Germ. 3,332.
1136		
apr. 26	. . .	Diese s. 17 zeile 16 von unten der regesten angeführte weihe ist irrig und fällt daher weg.
aug. 15	Wirceburh.	Antheil an dem auf Marienhimmelfahrtstag zu Würzburg von kaiser Lothar gehaltenem reichstag. Annalista Saxo ap. Pertz 6,770.
— 17	————	Zeuge Lothars für kloster Waussore. Martene Coll. ampl. 1,747.
— 19	————	Zeuge des erzb. Adelbert von Mainz für das kloster Homburg bei Langensalza. Hist. Nachrichten des klosters Homburg s. 47. Förstemann Urkb. dieses klosters in den Neuen Mittheilungen aus dem Gebiete hist. antiqu. Forschungen 7,4 seite 89.
1137		
. .	ad Montem Romaricum	Ankunft zu Remiremont auf seiner rückreise aus Italien (von wo er aus Parma die gebeine seines vorgängers erzb. Meginher mitbrachte). Hier wird ihm die kunde, dass die brüder Guarner und Johann von Nantersburg auf anstiften des grafen Otto von Rheineck sich der burg Arras bemächtigt hatten, desshalb mit den fürsten von Metz und Toul schleuniger kriegszug und eroberung der burgen Nantersburg und Arras. Hierauf zieht Albero siegreich in Trier ein. Gesta Alber. ap. Pertz 6,251—252.
1138		
. .	Moguntie	Zeuge Conrads III. für das S. Walpurgiskloster im Hagenauer forst. Würdtwein Nova Subs. 7,100. Nach Böhmer Regesten s. 114 in den april oder mai gehörig.
1139		
. .	ap. Argentinam	Zeuge Conrads III. für St. Ulrich und Basel. Schoepflin Alsat. dipl. 1,221. Extr. Dumge Reg. Bad. s. 40.
. . .	. . .	bestätigt der abtei Siegburg ihre besitzungen zu Güls. 1139 ind. 1, pont. aepl nostri 8, legat. 3. Or. in Düsseldorf.
1140		
. .	ap. Frankenfurt	Zeuge Conrads III. für Hirsenach. Acta Pal. 7,465.
1141		
. . .	. . .	bestätigt dem kloster Schiffenberg bei Giessen 6 neuentstandene dörfer und giebt ihm die kirche zu Girmes. Or. in Darmstadt mit iahr 1141 ind. 3 wonach das iahr 1145 bei Guden 3,1052 unrichtig und der extr. in den regesten unter 1145 hierher gehört.
1142		
1143	Metis	Unterzeichner des von kaiser Conrad zwischen dem herzog Matthäus von Lothringen und der abtissin von Remiremont zu Metz gemachten vergleichs. Calmet Ed. II. 5,318.
. .	Toul	bestätigt etc. etc. Diese s. 19 zeile 16 der regesten aus Calmet 3,115 gesetzte urk. fällt hier weg, da sie nach Calmet 1.568 und Honth. 1,596 wohl dieselbe wie 1162 s. 22 der regesten ist.
1145		
. . .		Die s. 19 zeile 21 gegebene zeugenschaft ist irrig und fällt daher weg, und der regest zeile 23 gehört zu 1141, siehe oben.
1147		
mrz. 13	Frankfurt	Zeuge Conrads III. für Rüggisberg. Zeerleder Urkunden von Bern 1,42.

42*

1147		**Albero 1131—1152.**
apr. 27	Parisiis	Aufenthalt hierselbst nach Bernardi de Balbiolo urk. im Monasticum Anglicanum 2,523: „Hoc donum in capitolio, quod in octavis paschae Parisiis fecit, feci duo. apostolico Eugenio praesente et rege Franciae et aepo. Senver" (lege Trever.). — Am 7. mai bestätigte ihm hier der pabst seine von Conrad III. wieder hergestellten rechte an S. Maximin. Honth. 1,556. Beyer 1,606. — Vom pabst und franz. könig reich beschenkt kehrte Albero sodann nach Trier zurück, und nahm den Balderich (seinen
1148 sept. 00 1131-52,	Tris	biographen), dessen beredsamkeit er am päbstlichen hof kennen gelernt hatte, mit sich und machte ihn zum domscholaster. Gesta Alber. ap. Pertz 8,254. Belagerung und einnahme des vom pfalzgrafen Hermann occupirten schlosses Treis an der Mosel. Gesta Alber. ap. Pertz 8,255 etc.
. . .	. . .	bestätigt die von dem dechant Heinrich von S. Marien und S. Florin zu Coblenz an das S. Martinskloster zu Coln gemachte schenkung von wingerten bei Wissa, nachdem Walter, ein verwandter des dechants wegen seiner ansprüche abgefunden worden und feierlich verzichtet hat. Cun. inn — designabimus. Ohne datum. Ennen und Eckertz Quellen zur Gesch. der Stadt Köln 1,508.

1152		**Hillin 1152—1169.**
mrz. 11	Aquisgrani	Zeuge Friedrich's I. für S. Remigskloster in Reims. Marlot Hist. Remens. 2,364, und daher wohl auch antheil an Friedrichs königskrönung am 9. märz in Achen. Vergl. Ann. Brunwil. ap. Pertz 16,727. Gleich nach der krönung reiste er als gesandter des königs von hier nach Italien. Otto Fris. De Gestis Frider. lib. 2 cap. 3 und 4 ap. Urstis. 1,448.
dec. 28 1153	Treveris	Zeuge Friedrich's I. für Floreffe. Hugo Ann. Praem. 1,56 und 2,10.
. .	Clairvaux	Reise Hillins nach Clairvaux, von wo er den heil. Bernhard behufs beilegung des streites der bürgerschaft mit dem bischof nach Metz bringt. (Der friedensvertrag ist datirt
1154		auf den tag St. Fiacre (aug. 30). Aus Praillon Chron. de Metz mitgetheilt von Dr. Abel.
. .	Treviri	erneuert eine bereits von erzb. Meinher dem St. Martinskloster zu Trier gemachte schenkung eines weihers worin der bach Olewig fliesst. 1154 ind. 2, Hilliui aepi a. 3. Copie in Cobl. Beyer 1,642.
nov. 16	Brixiensi	(in territorio) Zeuge des bischofs Eberhard von Bamberg für Reigersberg. Mon. Boica 3,426.
— 23	Pergamensi	(in campo) Desgl. Friedrich's I. für Treviso. Ughelli 5,523.
dec. 3 1155	Roucaliae	Desgl. für die Camaldncenser klöster. Mittarelli Ann. Camald. 3,473.
ian. 13	ap. Roverol	(castrum) Zeuge Friedrich's I. für Guigo Dauphin grafen von Grenoble. Hist. de Dauphiné 1,93.
iun. 15	Nepesino	(in campo) An diesem tage bestätigt hier pabst Hadrian IV. dem erzb. Hillin auf dessen bitte die rechte und besitzungen seiner kirche. Gonth. 1,356. Beyer 1,648.
. .	Tyburtino	(in territorio) Zeuge Friedrich's I. für Knechtsteden. Lacomblet Urkb. 1,265 ohne tag. Wohl in der hier im juli gehörig da am 13. juli hier pabst Hadrian dem erzbischof ein privilegium in betreff der kirchweihen und synoden ertheilt. Gonth. 1,358. Beyer 1,650.
1156 ian. 00	Mettis	Aufenthalt zu Metz im anfang januars auf seiner rückkehr aus Italien. Gesta abbat. Trudon. ap. Pertz 10,344.
— 00	Treviris	Ankunft vor dem 15. januar in Trier. Gesta abbat. Trudon. ibid.
mrz. 4	——	Consecration des abts Hertwich von Hirschau durch Hillin am zweiten sonntag in der fasten 4 non. mart. zu Trier. Cod. Hirsaug. s. 10 (Biblioth. des litter. Vereins zu Stuttg. Bd. 1.).
iun. 9	Wormacie	Salbung der Beatrix, gemahlin Friedrich's I. als königin sab. octave pentecostes zu Worms durch den erzb. von Trier. Ann. Leodiens. ap. Pertz 16,641.
— 17 1157	Wirzeburc	Zeuge Friedrichs I. für den bischof von Bergamo. Ughelli 4,464. Tolner 49.
oct. 18	Marienburg	Weihe der kirche des klosters Marienburg an der Mosel. 1157, 15 kal. nov. ind. 6, epact. 7. Brower Metropolis 1,321.
. . .	. . .	bestätigt der abtei Gorz ländereien zu Malvage welche derselben von Pipin geschenkt und von Hugo von Gondremont entzogen worden waren. Aus dem chartul. Gorz mitgetheilt von Dr. Abel in Metz.

1157 · · ·	**Hillin 1152—1169.** · · ·	communicirt dem pabst Adrian IV. ein vom kaiser Friedrich I. an ihn und die erzbischöfe von Mainz und Cöln gegen den pabst erlassenes schreiben um auf die beilegung dieses zwistes bedacht zu nehmen. Wohl zu ende 1157 oder anfang 1158 gehörig. Pertz Archiv 4,426 wo auch s. 418 der brief des kaisers (bei Houth. 1,581) und s. 428 die antwort des pabstes mit 14 kal. apr. alle drei schreiben aus einem Malmedyer chartular von Ritz mitgetheilt sind. Nach Wattenbach's und Jaffe's überzeugenden untersuchungen im Archiv für Kunde Oestreichischer Geschichtsquellen 14,80 etc. und diese zusammengehörende briefe Hadrians, Friedrichs und Hillins nichts als stylübungen, aber bereits im zwölften jahrhundert zu Trier entstanden.
1158 mrz. 9	Treveri	beurkundet, von dem bischof Conrad und dessen domcapitel zu Worms die burg Nassowe mit hof und ländereien gegen einen zinshof und ländereien zu Partenheim eingetauscht zu haben. Acta in curia nostra Partenheim 1158 ind. 7, regn. Frid. 7. Data Treveris 7 Id. mart. Reinhard Kleine Ausführungen 2,175. Schannat Hist. Wormat. 2,78. Des Wormser bischofs und domcapitels urkunden hierüber Houth. 1,585. Beyer 1,665 und 666.
iul. 00	in Italiam	Antheil an Friedrich's I. zweitem zug nach Italien wohl im juli. Radewic. lib. I cap. 25 ap. Urstis. 1,491.
aug. 00 1160	ap. Mediolanum	Antheil an der belagerung Mailands. Vincent. Prag. 115M. Vergl. Palacky Würdigung s. 73: „Trev. episcopus".
febr. 00	Papiae	Antheil an dem zu Pavia vom 13. bis 21. febr. in dem schisma zwischen dem pabst Alexander III. und Viktor IV. von den anhängern des letztern gehaltenen concil, und Unterzeichner mit seinen suffraganen des hierselbst von den versammelten kirchenfürsten in betreff dieser beiden pabstwahlen zu gunsten Viktors erlassenen publikandums: Quia sedit — incrementum. Radewic. lib. 2 cap. 70 ap. Urstis. 1,551. Martene Thesaur. 1,447. Pertz Leges 2,127. Vergl. Jaffé Reg. Pont. s. 828 etc. und Böhmer Kaiserregesten s. 128 etc. — Dagegen schreiben an den bischof von Salzburg der bischof von Bamberg: „solus Treverensis de regno nostro superest in parte illa de numero archiepiscoporum, qui non consenserit; ejus tamen suffraganei omnes consenserunt" und der probst von Berchtesgaden: „absentes omnes aepi, pro se et suis suffraganeis plenarie consenserunt, excepto Treverense qui cum iter cepisset, infirmitate praepeditus, excusatorias tantummodo literas direxerat. Praesentes autem ejus suffragani Tullensis et Virdunensis pro se et consuffraganeo suo Metense in integrum spoponderunt." Radewic. lib. 2 cap. 71 und 72 ap. Urstis 1,553 etc.
iul. 26 1161	Erpbesfurt	Zusammenkunft mit den erzbischöfen von Cöln und Magdeburg und andern zu Erfurt. Ann. S. Petri Erphesf. ap. Pertz 16,22.
iun. 19	Nova Lande	Antheil an dem von Viktor IV. und Friedrich I. zu Lodi gehaltenen concil. Ann. S. Petri Erphesf. ap. Pertz 16,22.
iul. 25	———	Ernennung zum päbstlichen legaten in trier. diözese durch den pabst Viktor IV. welcher d. d. Laude 8 kal. aug. dem trier. clerus hiervon nachricht giebt und gleichzeitig dem erzbischof noch mehrere urkunden giebt. Houth. 1,368. Beyer 1,684.
sept. 1 1165	ap. Landriaunam	(in territorio Mediolani) Söhne mit dem Rheinpfalzgrafen Conrad, des kaisers bruder, vermittelt durch könig Friedrich I. Houth. 1,593. Beyer 1,687.
apr. 17 1166	Frankfurt	(in regali curia) Zeuge Friedrich's I. für Pisa. Rousset Suppl. an Corps dipl. 1o,53. Gazano Storia della Sardegna 1,467. Dal Borgo Raccolta 40.
1152-69	· · ·	vertauscht dem abt Oliver und dem convent von St. Martin zu Trier gegen einen an dieser kirche gelegenen weiher das salische land zwischen Welen und Salm und zwischen Gruch und Zeltank in monte cum arbusto adjacenti, vorbehaltlich eines jahrzinses von einer ohm wein an den schultheiss zu Gruch, sodann bestätigt er die genannten besitzungen des klosters. 1168 ind. 1, concur. 1, epact. 9, Hillini aepi. a. 16. Copie in Trier. Beyer 1,709.
1171	· · ·	bestätigt die durch den bischof Steffan von Metz (1020—63) gemachte schenkung der S. Steffanskapelle zu Gorz an die abtei Gorz. Ohne datum. Mitgetheilt von Dr. Abel in Metz.

Arnold I. 1169—1183.

1171 iun. 24 sept. 29	Colonie Leodii	Zeuge Friedrich's I. für Springiersbach. Acta Pal. 3,118. Desgl. für Lüttich. Chapeaville 2,120. Miraeus 1,188. Gallia christ. 3,155. Dumont Corps dipl. 1o,89.

1171		**Arnold I. 1169—1183.**
. .	Treveris	bestätigt dem abt Peter zu Gorz die von dem bischof Theoderich von Metz geschenkte S. Steffanskapelle zu Gorz. 1171 pont. a. 1, regnante serenissimo imperatore dno Friderico feliciter amen. Mitgetheilt von Dr. Abel aus dem chartal. Gorz, wonach
1174		der extr. s. 23 z. 6 von unten ergänzt wird.
dec. 19	Roboreti	(in obsidione) Zeuge Friedrich's I. für Morimund am Ticino. Ughelli 4,164. Tolner 57.
1175		
apr. 23	ap. Papiam	Desgl. für St. Oyan. Gallia christ. 4,21.
mai 21	——	Desgl. für Como. Rovelli Stor. di Como 2,358.
1177		
febr. 24	iuxta Pesariam	(in montanis ad castrum quondam Candalare nomine) Gegenwart bei der belehnung des herzogs Llupold von Oestreich durch Friedrich I. bei Pesaro. Cont. Zwetlens. II. ap. Pertz 9,541.
apr. 11	Ferrara	Antheil auf seiten des kaisers an dem colloqnium der Lombarden und fürsten hierselbst. Vita Alexandri ap. Muratori 3,470.
mai 31	Volana	(ap. cellam S. Jacobi in archiepiscopatu Raven.) Zeuge Friedrich's I. für Biburg. Mon. Boica 29⁰,424.
aug. 19	Venetiis	(in palatio ducis) Desgl. für das kloster S. Mariae de Vangaditia. Muratori 2,81. Mittarelli Ann. Camald. 4,75.
— 22	——	Desgl. für graf Rainer von Diandrate. Moriondi Mon. Aqu. 2,740.
— 00	- - ——	Mitbeschwörer des friedens zwischen Friedrich I. und dem könig Wilhelm von Sicilien. Baron. Ann. 12 zum jahr 1177. Goldast Constitut. imp. 3,359. Dumont Corps dipl. 1⁰,100.
sept. 17,	- -	schreibt mit den übrigen reichsfürsten an pabst Alexander III. dass sie den frieden des kaisers mit der kirche, dem könig von Sicilien und den Lombarden bestätigt haben. Quot commoda — dabimus. Dumont Corps dipl. 1⁰,102. Hartzheim Conc. Germ. 3,421. Pertz Leges 2,160.
. . . .		bestätigt dem abt Oliver und dem convent des St. Martinsklosters zu Trier einen zu dessen gunsten gefällten rechtsspruch wonach Theoderich von Sarburg mit seinen ansprüchen auf den zehnten aus dem klösterlichen hof zu Grach abgewiesen wird. 1177 ind. 10,
1179		epact. 29, concur. 5, Arnoldi aepl. a. 9. Copie in Trier.
ian. 22	Wormatie	Zeuge Friedrich's I. für kloster Münchroth. Hugo Ann. Praemonstr. 2,450.
mrz. 00	Laterani	Antheil an dem am 5. 7. und 19. märz in basilica S. Johannis Constantiniana vom pabst Alexander III. gehaltenen concil. Martene Coll. 7,78 und 85. Dachery Spicil. 1,636.
. .	Constantie	Zeuge Friedrichs I. für Ueberlingen ungefähr im mai. Dumge Reg. Bad. 146.
. . .		Besiegler der urk. des abts Conrad von Laach, wonach derselbe einige abteilichen lehengüter zu Dettendorph und Heimbach wieder als freies salisches land aus der hand Gerlachs von Isenburg einlässt. Nur mit anno quo generale concilium Rome habuit das. papa Alexander, regnante Friderico Imperatore. Also 1179. Or. in Cobl. Günth. 1,431.
. . .		Desgl. einer urk. wonach Herimann von Harras mit seinen brüdern, als vogt zu Eller, auf eine berechtigung in das kloster S. Nicolai in Insula (kl. Staben) hof zu Tunechingen verzichtet hat. 1179 ind. 12, concur. 6, papa Alexandro, imp. Frid. Rom., Arnoldi Trev. aepl. a. 10. Günth. 1,433.
1180	. . .	Die erste auf s. 25 der Regesten vermerkte urkunde steht gedruckt Hartzheim Conc. Germ. 3,421.
ian. 25	Wirceburg	Zeuge Friedrich's I. für Aquileja. Ughelli 5,71.
aug. 10	prope Bru-niswick	(in expeditione Saxonica) Zeuge erzb. Philipps von Cöln für Corvei, zollfreiheit zu Neuss betreffend. Or. Guelf. 3,554. Erhard Reg. und Cod. dipl. Westfal. 2,61 und 151. Daher antheil an dem kriegzug gegen den entsetzten herzog Heinrich von Braunschweig. Ann. Stedernburg. ap. Pertz 16,214.
1181		
mai 2	Wormatie	Antheil an Friedrichs I. reichsconvent und Weihe der St. Peterskirche zu Worms durch erzb. Arnold unter assistenz der bischöfe Conrad von Worms, Hermann von Münster und Ulrich von Speier. Chron. Wormat. ap. de Ludew. Reliq. 2,102.
. . .		entscheidet im auftrage kaiser Friedrich's I. einen schon unter erzb. Hillin entstandenen streit zwischen dem pastor zu Bernkastel und dem St. Martinskloster zu Trier über den zehnten aus dem klösterlichen hof zu Graach dahin, dass Albert von Spanheim, der pastor zu Bernkastel, kein recht darauf habe. Nur mit jahr 1181. Mitgetheilt von herrn pfarrer Hansen.

1182		**Arnold I. 1169—1183.**
mai 00	ap. Mogunt.	Zeuge Friedrich's I. für Otto von Geldern. Bondam 1,236. Pontanus Hist. Gelr. 6,114.
1169-83		Bei Lunig Cod. Germ. 2,1740 mit 1172 und dem namen des erzb. Hillin.
. . .	. . .	Besiegler der urk. wonach der domprobst Rodulf, domdechant Johann, archidiakon Folmar, probst Gerard zu Pfalzel und das ganze domkapitel zu Trier 3 wingerten auf dem Martinsberg dem abt Gisilbert und convent de Claustro (Himmerode) für denselben zins wie sie der domkellner Wecelo sel. besessen hatte nebst einem feld in erbpacht geben. Quod intuitu — in currat. Zeuge der bischof Peter von Toul. Ohne datum. Chartul. in Trier.

1183—1189. Rudolf. 1183.

1183		
mai 00	Treviris	Zwiespaltige wahl Rudolfs grafen von Wied, domprobstes zu Trier, während von der gegenseite der archidiakou Folmar (raptum potius quam electum) auf den erzbischöflichen stuhl erhoben ward, und beide, ersterer unterstützt von dem kaiser ohne die bischöfliche weihe zu erhalten, bis 1189 sich behaupteten. Gesta Trev. ap. Honth. 786 und ed. Wyttenbach 1,272 etc.
iun. 00	Constancie	Investitur Rudolfs nach einer nochmaligen vom kaiser, der vom 25. bis 30. Inni urkundlich hier verweilte, veraulasseten wahl. Bei seiner rückkehr vom kaiserlichen hofe hatten die anhänger Folmars sich des S. Peters dom bemächtigt und verwehrten mit bewaffneten
1184		ihm den zutritt, wesshalb Rudolf im S. Simeonstift seinen sitz erwählte. Gesta Trev. l. c.
mai 20	Moguntie	Aufenthalt zu pfingsten bei kaiser Friedrich I. In Mainz. Gislebert Hannon. s. 125 ohne namensangabe.
nov. 4	Verone	Rudolfus electus zeuge Friedrichs I. für Hersfeld. Or. in Magdeburg. Eine zu Verona vom kaiser mit dem pabsto Lucius III. versuchte ausgleichung dieser wahlhändel blieb
1185		erfolglos. Gesta Trev. l. c. und Arnold Lubec. chron. ap. Pertz Script.
ian. 17	Lodi	Rudolfus electus zeuge Friedrichs I. für S. Christina bei Pavia. Robolini Notizie appartenenti alla storia della sua patria (Pavia) 3,389.
1186		
iun. 9	Cremon.	(in territorio, in destructione castri Meiufredi) Desgl. für Mailand. Muratori Ant. Ital.
1187		4.229. Dumont Corps dipl. 1°,109.
aug. 21	Wormatie	Desgl. für Cappenberg. Hugo Ann. Praem. 1,374.
1189		
iun. 26	. . .	An diesem tage zu Rom entbindet pabst Clemens III. das trier. domcapitel, clerus und volk ihres gehorsams gegen erzb. Folmar und den probst Rudolf, und es erfolgte darauf nach einem zwischen dem pabst und kaiser Friedrich kurz vor dessen kreuzzug geschlossenen abkommen die neue wahl. Günth. 1,459. Gesta Trev. ap. Honth. 792.

1183—1189. Folmar. 1183.

1183		
mai 00	Treviris	Wahl des archidiakou Folmar, grafen von Illieskastel, auf betreiben des herzogs Heinrich von Limburg. Gesta Trev. ap. Honth. 786 etc. ed. Wyttenbach 1,272 etc.
iun. 00	Constantie	Aufenthalt beim kaiser behufs seiner bestätigung, ohne welche er jedoch wieder schied.
1184		Gesta Trev. l. c.
nov. 00	Verone	Aufenthalt zu Verona bei pabst Lucius III. wo vergeblich zwischen pabst und kaiser eine beilegung der trier. wahlhändel versucht worden. Gesta Trev. l. c. verglichen mit
1186		Jaffé Regest. Pont. s. 846 und Böhmer Kaiserregesten s. 143.
iun. 1	———	Weihe Folmars zum erzbischof durch pabst Urban III. nachdem er tags vorher sogar zum cardinalpriester geweiht worden sein soll. Sigeb. Cont. Aquicint. ap. Pertz 6,423; vergl. Ann. Mosomag. ibid. 3,162. Gesta Trev. ap. Honth. 788. Hierauf eilte er verkleidet durch Frankreich in seine diözese. In Toul wurde er vom dortigen bischof aus furcht vor dem kaiser nicht in die stadt gelassen, zog von da nach Metz, wo er feierlich empfangen wurde und sich einige tage aufhielt. Graf Theobald von Bar
1187		räumte ihm in seinem lande am S. Petersberg einen wohnsitz ein. Gesta Trev. l. c.
febr. 15	ap. Mosomum	Vorsitz auf dem an sonst. Invocavit gehaltenen concil zu Monzon, wo er die beiden nicht erschienenen suffragane, den bischof Peter von Toul excommunicirt und den bischof Heinrich von Verdun absetzt. Gesta Trev. ap. Honth. 790. Ann. Mosomag. ap. Pertz

1187		**Folmar 1188—1189.**
		3,162 zum 16. febr. Godefrid Col. ap. Böhmer Fontes 3,453. Gesta epp. Virdun. ap. Pertz 10,520.
· · · ·	· · · ·	suspendirt den abt von S. Vannes von der verwaltung der temporalien. Gallia christ. 13,575 ohne iahr.
· ·	Reims	Auf befehl des französischen königs Philipp von Monsson vertrieben, begibt sich Folmar nach Rheims und andern orten. Gesta Trev. ap. Honth. 790.
nov. 30	· · ·	An diesem tage verbiethet pabst Gregor VIII. mittelst breve d. d. ap. Forum novum 2 kal. dec. ind. 6 dem Folmar ohne päbstl. erlaubniss gegen angehörige seiner diözese die absetzung oder excommunikation auszusprechen. Ludewig Rel. 2,428; vergl. Jaffé
1189		Reg. Pont. s. 868. Gesta Trev. ap. Honth. 791. Hartzheim Conc. Germ. 3,438.
iun. 26	· · ·	Absetzung Folmars and Rudolfs durch pabst Clemens III. Siehe oben bei Rudolf. Da Folmar auch von könig Philipp nicht mehr geduldet wurde, begab er sich zum könig von England, der erbittert gegen den kaiser, ihn ehrenvoll aufnahm. Gesta Trev. ap. Honth. 700. Hier wohnte er 1189 iul. 10 dem leichenbegängnisse könig Heinrichs II. apud Fontem Ebraldi (Radulph de Diceto s 645), am 3. sept. zu London der krönung Richards Löwenherz bei (Radulph de Diceto s. 647. Brompton s. 1157 (Formal), Roger de Hoveden s. 374 (Formal), Benedict. Petroburg. s. 555. Am 17. sept. finden wir ihn ap. abbatiam de Pipewell (Brompton s. 1162). Er starb noch in diesem iahr, der tag ist unbekannt, in England apud S. Andream nach Radulph de Diceto s. 649, bei Nordhampton nach Roger de Hoveden s. 375b und Benedict. Petroburg. s. 567.

Johann I. 1190—1212.

iun. 13	Wormatie	Antheil an Heinrichs VI. hoftag zu Worms. Gisleb. Hannon. s. 228.
mai 17	Treviris	Aufenthalt in Trier 16 kal. iun. dmc. Exaudi. Libell. de libertate Epternac. ap. Kremer
1193		Or. Nas. 2,383. Martene Coll. 4,454.
apr. 28	ap. Bopar-diam	Zeuge Heinrichs VI. für Springiersbach. Tolner 37. Honth. 1.622. Acta Pal. 3,118.
· · ·	Confluent.	Desgl. für Utrecht. Bondam Charterbock 1,253.
1194		
marz. 27	Andernaco	beurkundet, dass Helyas castellanus de Elre mit consens seiner verwandten auf die sich angeeignete vogtei über des Marienklosters bei Andernach (St. Thomas) hof zu Trimpze verzichtet, dies kloster demselben zur sicherheit noch 14 mark ausgezahlt und die banern versprochen haben die bisher dem vogt bezahlten 4 soliden zins an das kloster zu entrichten. 1193, 6 kal. apr. die dominicali et in media quadragesima, sororibus here omnibus assistentibus coram altare b. Marie. Chartular in Hammerstein. Wegen des sonntags und mitfasten das iahr 1194 angenommen. Wenn die in diesem chartul. enthaltenen anschriften nicht so sehr unzuverlässig wären und daher für IIII vielleicht IfI gelesen worden, so wäre hier bereits ein beweis, 'dass die trier. zeitrechnung angewandt worden.
apr. 27	· · ·	beurkundet dass Hemburgo von Logonsstein und seine ehefrau Irmtrude für 95 mark ihr allodium zu Ludensdorf und Vare den nonnen der Marienkirche bei Andernach verkauft haben, und Hemburgo's bruder Dido wegen behaupteter ansprüche auf die güter vom kloster abgefunden worden sei. 1194, 5 kal. mai. Chartul. mitgeth. von herrn pfarrer Moritz in Hammerstein.
1198		
· · ·	· · ·	schenkt dem nonnenkloster bei Andernach (St. Thomas) wegen dessen in gegenwärtigen kriegswirren erlittenen verlusten das kapellchen zu Trimze cum omni dote. Nur mit iahr 1198 in einem chartul. des h. pfarrers Moritz.
1200		
mai 28	Spire	schreibt mit den andern reichsfürsten an den pabst Innocenz III über die königswahl Philipps. Pertz Leges 2,201 zu 1198, gehört jedoch richtiger, nach Böhmer Kaiser-regesten, zu 1199 oder 1200.
aug. 00	Brunswic.	Antheil an der belagerung Braunschweigs durch könig Philipp, welche dieser in folge einer erscheinung des heil. Auctor in der nacht nach dessen feste (aug. 20), welche erzb. Johann hatte, schleunig aufhob. Ex Translatione S. Auctoris ap. Pertz 12,316.
1202		
iun. 30	iuxta S.Mar-tini	(ecclesiam, in marcha et in loco inter Sarburch et Sirkei ubi principes dicti (aequs. Trev. et dux Lotharingiae et marchio) sua placita solent observare) ist bei dem regest s. 27 s. 5 von unten, zu ergänzen.

1202		**Johann L 1190—1212.**
sept. 5 1203	Treviri	(in palatio) verordnet, dass das stift Kaiserswerth wegen der kirche zu Brule nur eine mark pro iure cathedratico entrichten solle. 1202 non. sept. Or. in Düsseldorf.
ian. 00 1204	. . .	bestätigt den kanonikern von S. Theobald zu Metz die ordination in betreff der 16 präbenden daselbst. 1203 mense ianuario. Mitgetheilt von Dr. Abel in Metz.
mrz. 6	Confluent.	bestätigt die von Heinrich grafen von Sayn, dessen bruder Bruno probst zu Bonn und pastor zu Engers, von Ludwig von Hammerstein, und den rittern Theoderich von Hadamar und Wypert von Revenach, patronen der pfarrkirche zu Engers, erbaute kapelle zu Bedendorf, deren dotirung und bestimmung über ihre verhältniss zur pfarrkirche, und erhebt sie zu einem beneficium ecclesiasticum. 1204 die 6 martii. Copie in Cobl.
1205		
ian. 21 1206	Mogontie	Zenge könig Philipps für St. Alban bei Mainz. Reuter Albansgulden s. 17 und Mone Zeitschrift 11,20 wo der erzbischof Heinrich heisst, mit jahr 1204. Vergl. Böhmer Kaiserreg. s. 17.
. . . 1209	ap. Lacensea Arnstein	Weihe des oratoriums St. Johannis zu Laach. Brower Metropolis 1,489. Desgl. der kirche zu Arnstein. Brower Metropolis 2,9.
mai 24	Herbipoli	Antheil Johann's an könig's Otto IV. allgemeinem hoftag zu Würzburg. Arnold Lubec. lib. 7 cap. 19. Hartzheim, Conc. 3,493.
iul. 00	Auguste	Antheil an Otto's IV. nach Johann baptistentag zu Augsburg gehaltenen hoftag, und an dessen Römerzug. Arnold Lubec. lib. 7 cap. 20 ap. Leibnitz Script. 2,742 und am schlusse der chronik. Vergl. Böhmer Kaiserregg. s. 45.
. . . 1210	. . .	beurkundet, dass der edle mann Simon von Ettering für sich und seine erben auf seine unrechtmässigen ansprüche an den zehnten bei kloster Lonniche verzichtet habe, und nimmt das kloster wegen dieses zehnten in seinen schutz. Copie mit jahr 1209 in Cobl.
nov. 18 1211	Kommersdorf	Weihe der kirche in honore dei genitricis et S. Johannis zu kloster Rommersdorf 14 kal. dec. durch erzb. Johann in beisein des bischofs Brunward von Schwerin. Aufzeichnung des 16. Jahrh. in Trier. Brower Metrop. 2,19. Hugo Ann. Praem. 2,690.
. .	ap. Confluentiam	Zusammenkunft mit dem erzb. von Mainz und dem bischof von Speier, wo sie sich gegen könig Otto und für Friedrich entscheiden. Vergl. Böhmer Kaiserregesten s. 368.
1212		**Theoderich II. 1212—1242.**
dec. 00 1213	Spire	Zenge Friedrichs II. für den erzbischof Berard von Bar. Huyllard, Fried. II. Acta etc. 1,233.
nov. 21 dec. 26 1214	Basel Spire	Desgl. für das domstift zu Strassburg. Mone Zeitschr. 11,183. Desgl. für die domkirche zu Speier. Remling Urkb. 1,148.
dec. 20 1215	Meti	Mitbesiegler des bündnisses zwischen Conrad dem bischof von Metz und Speier und dem herzog Theobald von Lothringen. Calmet 2,424. Huyllard 1,346.
aug. 22 1217	S. Avold	An diesem tage und ort willigt herzog Heinrich von Brabant, auf den vortrag könig Friedrichs, den erzb. Theoderichs von Trier und der bischöfe von Metz und Speier (die man also anwesend denken darf) in die schenkung der kirche Esslingens an das hochstift Speier. Siehe Böhmer Kaiserregesten s. 84 zeile 37.
apr. 18	Treviri	beurkundet, wie der abt Wilhelm von St. Martin zu Trier einen wald bei Irsch und Ceutarbers (Tarforst), welchen erzbischof Egilbert dem mittelalter in der crypta der St. Martinskirche geschenkt hatte, gegen zins vererbpachtet habe um daraus wingerten zu machen und der ritter Matthäus von der Brücke von den bauern als wenn sie seine leute wären vogtrechte und abgaben gewaltsam erpresst habe, weshalb die wingertsleute bei Wilhelm's nachfolger, dem abt Richard, klage erhoben hätten, wie sich der verklagte vor gericht auf den ritter Peter von Veldenz berufen und letzterer darauf ausgesagt habe, dass er das dorf Irsch wozu dieser wald gehöre von den herrn von Isenburg zu lehen habe und dem ritter Johann von Daleheim zu afterlehen gegeben, wie er hierauf diese drei ritter auf einen gerichtstag vor sich nach Merzig beschieden und dieselben nach vorlesung der schenkungsurk. erzb. Egilberts öffentlich auf ihre behaupteten rechte verzichtet und auch von da mit dem abt nach Trier zurückgekehrt auf dessen ersuchen nach zusammenberufung sämmtlicher wingertsbauern vor schultheiss

43

1217		**Theoderich II. 1212—1242.**
		und schöffen einmüthig ihren versicht wiederholt hätten. 1217, 14 kal. mai, ind. 5, pont. nostri a. 4. Copie in Trier.
apr. 25	Sarbruch	überträgt die kirche auf schloss Huseldingen dem prior daselbst. 1217, 7 kal. mai. Bertholet 4,49.
1218		
iun. 1	ap. Esman-ciam	Gegenwart Theoderichs mit Friedrich II. zu Amance nordöstlich von Nancy bei der friedlichen übereinkunft zwischen Blanka gräfin von Troyes und dem herzog Theobald von Lothringen in betreff dessen rückkehr zur vasallentreue. Nach den herzogs urk. bei Dumont Corps dipl. 1°,158. Calmet, Ed. II 3,126. Vergl. Böhmer Kaiserreg. s. 92.
oct. 26	ap. Nurem-berg	Zeuge Friedrichs II für Chiemsee und Seckau. Huyllard 1,570.
. . . .	. . . .	schenkt mit zustimmung seines bruders, des archidiakons Meffrid, dem St. Martinskloster zu Trier zum anniversarium seiner familie die kapelle zu Irsch. Mitgeth. von h. pastor Hansen.
1219		
iul. 17	Rommers-dorf	Weihe des S. Johannis evang. altars in der sakristei des klosters Rommersdorf 16 kal. aug. durch erzb. Theoderich. Aufzeichnung des 16. jahrh. in Trier.
. . .	. .	entscheidet einen streit zwischen dem probst und den stiftsherrn zu Pfalzel in betreff der beiden theilen zugehörigen güter und setzt fest was jedem theil zukommt. 1219 pont. a. 7. Chartul. in Trier.
1220		
apr. 20	ap. Frau-kenvord	Zeuge Friedrichs II. fur Worms. Moritz von Worms s. 156 und 169, und andere. Huyllard 1,755.
— 20	— . —	beurkundet, dass in seiner gegenwart der burggraf Everhard von Arberg und dessen gemahlin Aleyde ihr allodium zu Kirchberg, Mettriche, Drische und Hertelsberg mit leuten und kirchen dem kloster Marienstatt geschenkt hätten, später aber Heinrich von Mollesberg das kloster dieser besitzungen beraubt und desshalb excommunicirt worden sei, nun aber bei Frankfurt diese güter dem kloster zurückgegeben habe. 1220, 12 kal. mai. Or. in Cobl.
— 29	— —	(in sollempni curia) Zeuge Friedrich's II. für den herzog von Brabant. Butkens Trophées 1,65 und Lünig Col. Germ. 2,1090 zu 1219. Vergl. Böhmer Kaiserreg. s. 108.
mai 1	— —	Dergl. für Dortmund. Lünig Reichsarchiv 13,441. Huyllard 1,778.
iun. 00	. . .	beurkundet, dass die herzogin Agnes von Lothringen in seiner gegenwart ihrem sohne, dem herzog Matthäus, ihr witthum Nanzig mit zugebör zurückgestellt habe. Calmet 2,430.
. . . .	. . .	bestätigt die incorporation der kirche zu Broule seitens des probstes Ph. zu Werden (Kaiserswerth) an den convent dieses stifts mit der bestimmung dass der stiftsdechant als zeitlicher pastor nicht mehr als ein fuder wein aus den pfarreinkäuften, alles andere der convent zur verbesserung der präbenden erhalten und dafür des erzbischofs memorie resp. anniversarium halten soll. Chartul. von herrn pastor Moritz mitgetheilt, mit jahr 1220.
dec. 7	. . . .	Diese urkunde seite 34 der regesten ist gedruckt Acta Palat. 2,287.
1221		
mai 6	. . .	(Mainz) beurkundet den heutigen widerruf des röm. königs Heinrich in betreff einer von demselben zu Frankfurt erlassenen sentenz für den grafen Wilhelm von Holland gegen die gräfin Johanna von Flandern. St. Génois Mon. anc. s. 508 und Böhmer Kaiserreg. s. 212 nro. 6. extr.
. . .	Weissen-burg	erlässt mit andern bischöfen und äbten einen bericht an den könig Heinrich (VII) in der angelegenheit des erwählten bischofs Conrad von Hildesheim. Schannat Vindem. 1,191 und 2, ebenso eine vorladung an die Hildesheimer dienstmannen in dieser sache auf den S. Egidientag nach Frankfurt. Or. Guelf. 3,681; also vor dem sept. Vergl. Böhmer Kaiserreg. s. 212—213.
1222		
. . . .	. . .	bestätigt in gegenwart des grafen Ruprecht von Nassau dessen stiftung des Cisterzienser nonnenklosters Alfolderbach. Kremer Or. Nas. 1,427 archivalnote.
1224		
. . . .	. . .	beurkundet, dass der ritter Matthäus von der Brücke zu Trier auf seine ungerechte ansprüche an eine mühlenstatt und zwei morgen auf dem berge, den erzb. Egilbert, wie auch an einen wingert auf dem berge von Esche, den sein vater Arnold dem St. Martinskloster zu Trier geschenkt hatten, feierlich verzichtet habe. Nur mit jahr 1224. Copie in Trier.
1225		
nov. 00	Nurenberc	Antheil an der vermählungsfeier königs Heinrich (VII.) mit Margaretha der tochter des herzogs Liupold von Oestreich: „nuptias in castro Nurenberc celebrante, querimonia

1225		**Theoderich II. 1212—1242.**
		principum de morte occisi episcopi (Engelberti Col.) habita, dissidentibus ex sentencia invicem episcopo Trevirorum et quodam libero comite de Truhentingen, tumultus non parvus ortus est" etc. etc. Aun. Schir. ap. Böhmer Fontes 3,517. Vergl. auch
1227		Dessen kaiserregesten s. 223.
apr. 29	ap. Worms-	Mitbesiegler einer urk. königs Heinrich (VII) für Worms. Schannat IIIst. Worm. 107.
	tiam	Lünig Reichsarchiv 21,1298. Vergl. Böhmer Kaiserreg. a. 228.
nov. 27	. . .	incorporirt dem refektorium des St. Paulinstifts zu Trier mit consens dessen probstes die kirchen deren collationsrecht letzterer besitzt. Extr. Stiftsrepertorium in Trier.
dec. 00	. . .	vermacht dem St. Cunibertstift in Cöln sein dortiges domum claustralem als wohnung für den probst. 1227 ind. 12, mense decembri. Or. in Düsseldorf.
. . .	. . .	bestätigt des ritters Richard von Malberg 1225 geschehenen verzicht auf die vogteirechte zu Hupperath an Meffrid den archidiakon und probst von St. Paulin, und beurkundet, dass letzterer für sein anniversarium dem capitel des St. Paulinstifts 5 pfund und den armen 30 soliden vermacht habe. Extr. Stiftsrepertorium in Trier.
. . .	. . .	bestätigt dem abt Lücher von S. Arnulf zu Metz die kirche zu Tinteigwel. Mitgetheilt
1229		von Dr. Abel in Metz.
. . .	Winterbach	erlässt eine verordnung in betreff der verwendung der jahreseinkünfte erledigter präbenden
1230		bei dem Marienstift zu Pfalzel zum vortheil der kirchenfabrik. 1229 pont. a. 17. Chartul. in Trier.
febr. 00	. . .	verleiht dem St. Martinskloster zu Trier die kirche zu Gandra mit consens deren patrone, der äbte und couvente zu Ruttel und Lueellenburg. 1230 mense febr. Copie in Trier.
. . .	. . .	beurkundet, dass der ritter Wilhelm von Stadevelt und dessen sohn Walter auf ihre
1232		ansprache an das kloster Himmerode in betreff der güter zu Hundiswinkel verzichtet haben. 1230 ind. 4. Chartul. in Cobl.
. . .	. . .	bestätigt die schenkung des patronatrechts über die kirche S. Crispin und Crispinian zu
1233		Llestorf seitens der gräfin Lukarde von Saarbrücken mit consens ihres bruders des grafen Lothar von Wied an die abtei Wadgassen. Extr. aus dem abteil. archivrepertorium.
. . .	. . .	schreibt dem probst, dechant und kapitel zu Achen, dass, obgleich er für diesen jahr von den kirchen zu Winningen und Kesselheim nur 2 mark ratione cathedratici erhalten habe, doch dadurch sein altes recht zur erhebung von 4 mark jährlich von jeder der
1234		beiden kirchen nicht alterirt werde. Nur mit jahr 1233 und der sigle II statt Th. bel Quix Cod. Aqueus. 1,109.
inu. 00	Treviris	Besiegler eines vertrags der abtei St. Maximin mit Theoderich, dem truchsess der gräfin
1235		von Luxemburg über einen wald bei Mersch. 1234 mense iunio. Or. in Cobl.
mrz. 21	—— -	beurkundet, dass mit consens seines kapitels das consortium der stadt Trier, Hascheuorscaph genannt, aus 30 personen bestehen soll, und bestätigt dessen privilegien. 1235, 12 kal. apr. Copie in Trier.
iul. 00	. . .	Mitbesiegler der urk. wonach der ritter Alard von Kons und andere dem kloster Marien-
1236		thal das patronatrecht über die St. Aldegundekirche zu Rockingen verleihen. Bertholet 5,10.
mai 00	. . .	beurkundet, dass er auf die bitte Alexanders herrn von Zolver, dessen ehefrau Hadewig und Jakobs von Kons, patrone der kirche zu Kar (Oberkorn), diese kirche dem Marien-
1237		kloster zu Differtingen incorporirt habe. Wurth-Paquet in den Publications de la Société archéolog. de Luxembourg 14,95 extr.
sept. 13	Lohnstein	schenkt dem Marienkloster bei Andernach (St. Thomas) gewisse zum bof in Kerlich gehörige güter, welche der edle mann Heinrich von Covern von ihm zu lehen trug
1238		nad ihm zu diesem zweck resignirt halte. 1237, 2 id. sept. Chartul. von h. pfarrer Moritz mitgetheilt.
apr. 12	. . .	überträgt dem abt zu Münster bei Luxemburg die verwaltung der St. Niklanskapelle zu
1240		Luxemburg ad proprios usus. 1238 crast. Quasimodo. Würth-Paquet in den Publicat. de la Société archéol. de Luxembourg 14,99 extr.
. . .	. . .	schreibt gleich andern reichsfürsten an papst Gregor IX. in betreff des zwistes zwischen dem pabst und kaiser und des wiederherzustellenden friedens. Pertz Leges 2,335 in den april oder mai fallend, vergl. Böhmer Kaiserreg. s. 384—385.
nov. 00	. . .	bestätigt der abtei Orval die incorporation der kirche St. Walfroy durch den chevalier
1241		Jean de la Fontaine genannt Tausinos. Bertholet 4,393 nad 5,16.
iun. 23	Treviris	bestätigt den von seiten des abts Theoderich und des convents von St. Martin zu Trier um 61 trier. pfund geschehenen verkauf des S. Paulsberg an das Cistertienser sonnen- kloster Löwenbrücken. 1241, 10 kal. febr. Copie in Trier.
		43*

1241		**Theoderich II. 1212—1242.**
aug. 00	. . .	bestätigt den zwischen der abtei Himmerode und dem pastor (archidiakon) Radulf ; Maring und Noviant wegen des zehnten zu Siebenborn im april 1237 gemachten vergleich. 1241 mense aug. Chartul. in Trier.
1212-42		**Undatirte Urkunden Theoderichs II.**
. . .	. . .	ertheilt zur unterstützung des kirchenbaus von kloster Lonnig ein ablassprivilegium. Mit getheilt von herrn pfarrer Hansen in Ottweiler.
. . .	. . .	beurkundet dem abt Richard von St. Martin zu Trier, dass Cuno, der schwiegersohn Theoderichs von Saarburg, da bereits letzterer zu erzb. Hillins und Arnolds zeiten mit seinen auf den zehnten des klösterlichen hofs zu Grach erhobenen ansprüchen urkundlich abgewiesen worden, nun ebenfalls durch einen rechtsspruch mit seiner nach des schwiegervaters tode behaupteten ansprüchen abgewiesen worden sei. Quotiens illud — recusant. Copie in Trier.
. . .	. . .	bestätigt dem St. Martinskloster ein zinsland zu Lyven, welches nach des abts Richard aussage von erzb. Everard dem ritter Arnold von Ingendorf zum lohn für seine treue begleitung und hilfeleistung auf der reise nach Rom als freies allod und von dessen nachkommen dem kloster geschenkt worden war, welches auch bis zu erzb. Johann's zeiten dies gut ruhig besessen habe, nachdem er durch den Richard vom Pallast von den schöffen des orts die richtigkeit obigen sachverhalts bestätigt erhalten hat. Quoniam omnis — indiximus. Unter den zeugen die äbte Bartholomäus von St. Maximin, Jakob von St. Mattheis und Theoderich von St. Marien bei Trier. Copie in Trier.
. . .	. . .	verleiht dems. St. Martinskloster eine verfallene hofstatt auf dem kirchhof zu Kesten gegen einen jahrzins von 6 denaren an den pastor des orts. Cum ex roborari. Copie in Trier.
. . .	. . .	beurkundet, dass die söhne des Cuno vogt von Coblenz als dienstleute der abtei St. Maximin nicht schuldig sind dem vogtding zu Rivenach beizuwohnen, wie die dortigen schöffen behauptet haben. Kindlinger Hörigkeit s. 249 zu circa 1214.
. . .	. . .	bestätigt den nonnen bei Andernach (St. Thomas) die von der universitas haeredum zu Trimpa für 10 köln. soliden und 9 malter frucht jährl. zinses ihrer kirche in erbpacht verliehenen felder und wiesen die zu der erben und des dorfs gemeinschaft gehören. Quoniam quaecunque — cognoscat. Chartul. im besitz des herrn pastors Moritz.
. . .	. . .	Mitbesiegler der undatirten schenkungsurkunden der abtei St. Maximin für den domdechant zu Trier über die kirche zu Rimeche, und 2, über die kirche zu Guntreve. Chartul. in Cobl.
1245		**Arnold II. 1242—1259.**
febr. 18	. . .	bestätigt des abts II. zu St. Maximin schenkung der kirche zu Breux an das von demselben bei der abtei in loco Tumbett erbaute hospital (St. Elisabeth). 1245, 12 kal. mart. Chartul. in Trier.
iun. 28	Treviris	An diesem tage zu Trier beurkundet der erzb. Conrad von Cöln, dass er in vigil. Petri et Pauli zum kloster St. Maximin gekommen und mit consens des erzb. Arnold von Trier in gegenwart des erzb. Sifrid von Mainz über die kirche geweiht habe, verlegt die jährl. feier dieser kirchweihe auf den 8. Kilianstag (iul. 8) und verleiht der kirche ein ablassprivilegium. 1245, 4 kal. iul. Chartul. in Trier, wonach die angabe s. 45 zeile 3 der regesten zu berichtigen.
1247		
iun. 6	. . .	Besiegler den mit seinem und des domkapitels consens aufgestellten accisetarifs der stadt Trier. 1247 epiphan. dni. Chartul. in Cobl. Höfer Zeitschrift 1,846.
apr. 1	Confluent.	bewilligt der abtei Laach ihre besitzungen zu Rheidt an das Cölner domkapitel zu verkaufen. 1247 kal. apr. Or. in Düsseldorf.
1250		
mai 1	Leodii	Anwesenheit mit dem könig Wilhelm und andern bischöfen bei der weihe des hauptaltars der Lütticher kirche durch den erzb. Peter von Rosen. Hocsemius ap. Chapeville 2,276. Böhmer Kaiserregesten s. 14.
— 13	Treveri	beurkundet die vereinbarung zwischen Yrmengarde von Corrich, wittwe Gerhard's vogts von Longuich, und dem ritter Niklas von Berg in betreff des patronatrechts über die kirche zu Stirpenich, dessen ausübung zwischen beiden alterniren soll. 1250,

1250		**Arnold II. 1242—1259.**
		3 id. mai. Table chronologique des chartes et diplomes par Wurth-Paquet extr.
1251		in den Publications de la société archéologique de Luxemb. 15,15. Vergl. 1253 mai
		15 unten.
iun. 00	Erenbrech-	Hier und in dem benachbarten Montabaur soll erzb. Arnold den könig Wilhelm mit grossem
	stein	gefolge (um Johanni) acht wochen lang gastlich aufgenommen haben. Gesta Trev. und
		Böhmer Kaiserreg. s. 18.
— 26	———	beauftragt den official zu Trier mit der untersuchung und entscheidung des streites zwischen
		dem kloster Münster und den herrn von Zolver einerseits und dem kloster Marienthal
		andererseits in betreff des patronatrechtes zu Röckingen. 1251, 6 kal. iul. Wurth-
		Paquet Table chronol. in den Publications de Luxemb. 15,17.
. . .	. . . .	ertheilt der kirche zu Burtscheid für ihr kirchweihfest (Margarethentag) und dessen octav
1252		ein ablassprivilegium. Or. in Düsseldorf. Quix Gesch. der Reichsabtei Burtscheid
		s. 242.
aug. 00	Treviris	bestätigt die privilegien des klosters Clairefontaine im Luxemburgischen. 1252 mense
		aug. Wurth-Paquet Table chronolog. in den Publications de Luxemb. 15,22 extr.
		wonach der extr. s. 47 z. 28 der regesten ergänzt wird.
sept. 00	Erembret-	bestätigt den gütertausch etc. s. 47 zeile 25 der regesten, wo jedoch der ausstellort fehlt.
1253	stein	Guden Cod. dipl. 5,21 extr.
iuni 5	. . .	bestätigt auf die bitte des abts Arnold zu Echternach die von erzb. Theoderich II. dieser
		abtei gemachte schenkung mit der pfarrkirche zu Puttelingen. 1253, 3 non. mai.
		Wurth-Paquet Table chronol. in den Publications de Luxemb. extr. 15,25.
— 15	. . .	erklärt die von Irmengarde von Corrich geschehene präsentation ihres sohnes Johann als
		pfarrer zu Stirpenich gültig gegen die von dem ritter Niclas von Berg geschehene
		und spricht letzterm die nächste präsentation zu. 1253 id. mai. Wurth-Paquet ibid.
		15,25. Sollte es nicht zu lesen sein 1250,3 id. mai wie oben?
iul. 8	Treviri	bestätigt die von erzb. Theoderich geschehene incorporation der kirche zu Kar an das
		Marienkloster zu Differdingen. 1253 fer. 3 post octavam Petri et Pauli. Wurth-Paquet
		ibid. 15,26 extr.
— 8		bestätigt eine zehntschenkung an das kloster der Reuerinnen zu Luxemburg. Wurth-
		Paquet ibid. 15,26 extr.
— 13	——··	desgl. eine ähnliche an das kloster Marienthal. 1253, 3 id. iul. Wurth-Paquet ibid.
		15,26 extr.
— 18		bestätigt dem Cistertienser nonnenkloster Löwenbrücken die von der abtei St. Maximin
		gemachte schenkung des patronatrechtes über die kirche zu Thalfang. 1253, 15 kal.
		aug. Chartul. in Trier.
— 00	. . .	genehmigt die schenkung welche der abt Heinrich und der convent zu St. Maximin dem
1254		St. Martinskloster zu Trier mit der pfarrkirche zu Schoenberg gemacht haben. Migeth.
		von herrn pfarrer Hansen in Ottweiler.
apr. 00	. . .	bewilligt dem kloster Marienthal das patronatrecht zu Elvingen. 1254 mense aprili.
		Wurth-Paquet Table chron. in den Publications de Luxemb. 15,29 extr.
mai 00	Confluent.	ertheilt auf ersuchen des erzbischofs von Cöln dem St. Cassinsstift zu Bonn ein ablass-
		privilegium. 1254 mense maio. Or. in Düsseldorf.
iun. 00	. . .	verleiht mit consens seines domcapitels dem kloster Marienthal das patronatrecht zu
		Elvingen. 1254 mense iunio. Wurth-Paquet ibid. extr. 15,29.
dec. 00	. . .	bestätigt eine von erzb. Theoderich 1227 nov. 27 dem St. Paulinstift zu Trier in betreff
1255		der kircheuincorporationen gegebene urkunde. 1254 mense dec. Extr. Stiftsrepertor.
		in Trier.
nov. 2	. . .	bestätigt auf die bitte des priors des heil. Geistklosters bei Luxemburg die demselben
		1255 aug. 1 von Elisabeth, der wittwe Walthers von Luxemburg gemachte schenkung
1256		von gütern zu Weimersburg, Vochsmuel, zehnten zu Birtingen u. andern. Wurth-
		Paquet Table chron. 15,31 extr.
iul. 15		tauscht mit dem grafen Gotfrid von Arnsberg genannte ministerialen. Kindlinger Hörig-
1257		keit s. 281.
mai 7	. . .	verkündet die incorporation der pfarrkirche zu Keyl an das kloster Differtingen. 1257
		nonas mai. Wurth-Paquet Table chron. ibid. 15,36 extr.
— 7		bestätigt die incorporation der kirche zu Zolver an das Marienkloster zu Differtingen.
		Wurth-Paquet ibid. extr.

1259		**Arnold II. 1242—1259.**
nov. 4	Monthabur	Todestag Arnolds, nach dem necrolog des Marienstifts zu Erfurt, worin es zum nov. heisst: „ob. Arnoldus episc. Trev. hujus ecclesie canonicus et prepositus, qui eccle bene fecit et utiliter prefuit." Mone Zeitschr. des Oberrheins 4,256.

Heinrich II. 1260—1286.

1261		
nov. 29	. . .	nimmt die Lombarden Manuel de Troya und Reyner, Oger Carena und Rufinus mit ihr familie zu bürgern in Trier auf und ertheilt ihnen auf 10 jahre ein ausschliesslich handels- und wechslerprivilegium. 1262 vig. Andree. Or. in Trier.
. . .	. . .	Besiegler der urkunde des ritters Nikolaus vogt zu Hunolstein, wonach derselbe se allodium zu Swartzenbolz dem nonnenkloster Lautern verkauft. Kremer Gesch. d
1268		Ardenn. Geschlechts 2,339.
iun. 1	. . .	bestätigt des ritters Nicolaus herrn zu Ottingen schenkung des grossen zehnten zu Luc und die kapelle an das kloster Differtingen. 1268 kal. iun. Worth-Paquet Tabl
1270		chron. In den Publications de Luxemb. 15,72 extr. wo statt A. wohl II. aepus z lesen sein wird.
iun. 28	Lagduni	(in concilio) ertheilt mit den bischöfen von Strassburg und Eichstätt der St. Walpurgen kirche zu Eichstätt „wo täglich die flüssigkeit des heil. öhls nicht aufhört zu fliessen'
1272		ein ablassprivilegium. Lang Reg. Boica 3,349 extr.
. . .	Porta Ange-	Weihe der kirche des nonnenklosters Engelport durch erzb. Heinrich, nach Browe
1273	lica	Metrop. 2,93.
oct. 8	Frankfurt	beurkundet die schadloshaltung der bürgen für die geldaufnahme behufs der wahl- nuc krönungskosten königs Rudolf aus reichsgütern. Schunk Beitr. 2,326 extr. Vergl Böhmer Kaiserregesten s. 359.
nov. 7	. . .	Besiegler eines vergleichs zwischen Martin dem präceptor und den brüdern des Templer ordens in Lothringen einerseits, und dem schultheiss, schöffen und gemeinde der stadt Trier andrerseits, in betreff des durch die stadtbefestigung bei der brücke den Templern
1274		an ihren gütern zugefügten schadens. 1273 fer. 3 post omnium sanctor. Or. in Trier.
mai 16	Lagduni	ertheilt auf dem concil zu Lyon zar wiederherstellung der durch brand zerstörten kirche zu Regensburg ein ablassprivilegium. Ried Cod. Rat. 1,530. Lang Reg. Boica
1275		3,436 extr.
mai 29	Maguncie	schenkt als probst der St. Steffanskirche zu Mainz das zu dieser probstei gehörige patronat recht über die kirche zu Monster dem dechant und capitel dieses stifts in augmentum divini cultus. 1275 fer. 4 ante penthecost. Joannis Rer. Mog. 2,539.
iul. 23	. . .	beurkundet, dass in seiner gegenwart meier, schöffen, centurio und gemeinde des dorfs Pillike auf ihre ansprüche an des klosters Himmerode güter „im Winterbach zu
1276		Winterbach verzichtet haben. 1275 crast. Marie Magdalene. Chartul. in Trier.
febr. 27	. . .	Besiegler einer urkunde der grafen von Salm, wonach dieselben dem Johann vogt von Hunolstein gewisse ländereien auf seine und seiner ehefrau lebenszeit verleihen. Fahne Gesch. der Grafen von Salm, Urkb. s. 37.
mrz. 29	ap. Bopar-	Antheil an dem auf sonnt. Domine ne longe von könig Rudolf hierselbst gehaltenen reichs
1278	diam	convent, und Rechtssprecher in betreff des heimfalls der in jahresfrist nicht genutheten lehen. Günth. 2,413. Pertz Leges 2,406. Vergl Böhmer Kaiserregesten s. 75.
iun. 4	. . .	incorporirt dem kloster Differtingen die kirche zu Cautzich. 1278 vigil. pentecost. Worth- Paquet Table chron. 15,112 extr.
1279	. . .	verbiethet, das St. Paulinstift bei Trier in seinen gütern und rechten zu Wadrill, Morscheid und Cerf zu belästigen. Extr. Stiftsrepertor. in Trier.
iun. 12	. . .	Diese s. 54 der regesten vermerkte urkunde ist gedruckt: Oehmbs Gerechtsame des Paulin stifts s. 13.
. . .	. . .	giebt mit den übrigen wahlfürsten den willebrief zu allem was könig Rudolf dem paba und der röm. kirche zugestanden und bestätigt hat. Vor sept. 24. Pertz Leges 2,121. Vergl. Böhmer Kaiserregestes s. 361.
		Bündniss mit den erzbischöfen von Mainz, Cöln und Magdeburg zur bekriegung mehrere in ihre länder eingefallenen schwäbischen grafen und deren besiegung. Ann. S. Rudberti
1280		Salisburg. ap. Pertz 9,806.
ian. 15	. . .	Bestätiger und mitbesiegler des von dem abt Walter und convent des St. Salvatorklosters zu Prüm durch die erwählten schiedsrichter gemachten vergleichs zwischen den abt

1280		**Heinrich II. 1260—1286.**
		und Heinrich herrn zu Schoenecken wegen deren beiderseitigen rechten. 1279 fer. 2 post octavam Epiphan. Or. in Cobl. mit 9 siegeln. Eine deutsche übersetzung aus dem 14. jahrh. auf pergament in Cobl. hat in das datum noch Lutzilnburg eingeschaltet.
aug. 00	. . .	Mitbesiegler einer urkunde, wonach die eheleute Giselbert und Agnes ihrer tochter im kloster Niederprüm 6 modios getreide jahrrente aus ihrem hof Sosch verschreiben.
1281		, 1280 mense aug. Chartul. in Trier.
sept. 25	. . .	entscheidet auf die klage des St. Martinsklosters zu Trier, dessen vasall Gobelin von Corlang die hälfte der vom kloster zu leben tragenden vogtei zu Corlang ohne lehensherrlichen consens für 40 pfund 10 soliden dem wepeling Walter von Dezem verkauft hatte, dass das kloster dieselbe für diese summe einlösen solle. 1281 fer. 5 post Mathei. Copie in Trier.
oct. 8	Treviris	beurkundet, dass in seiner gegenwart Wirich herr von Winnenburg die von dem St. Martinskloster zu Trier zu leben tragende vogtei zu Corlang diesem kloster wieder zurückgestellt habe. 1281 fer. 4 post Remigii in octobri. Copie in Trier.
1282		
mrz. 25	Oppenheim	Zeuge könig Rudolfs für St. Servatius zu Mastricht. Extr. Bohmer Kaiserregesten s. 111.
apr. 9	—	Desgl. für dasselbe ibid. s. 112.
— 16	Hagenoye	Antheil an der unter könig Rudolfs vorsitz hier gehaltenen gerichtssitzung in sachen Johann's von Avesne und Guido's grafen von Flandern, lehenssachen betreffend. Laut Rudolfs urk. vom 15. iuni 1282 ap. Martene Thesaur. 1,1181.
sept. 24	Bopardie	giebt seinen willebrief zu könig Rudolfs belehnung des burggrafen Friedrich von Nürnberg mit den dörfern Leukersheim, Erlbach und Bruck. Stillfried Mon. Zoller. 2,138 note.
1283		Schütz Corp. dipl. 4,126.
mai 9	. . .	Besiegler und bestätiger der urkunde wonach graf Arnold von Solms probst zu Goslar, dessen bruder Conrad canonicus von St. Gereon in Cöln, Elizabeth die wittwe ihrer beider bruders Reinbold, und ihr ältester sohn Reinbold dem stift St. Simon und Juda zu Goslar für den ihnen erblich überlassenen hof zu Mengede 16 mark jährlich verschreiben. Heineccii Antiq. Goslar. 1,299.
1284		
mai 24	. . .	ertheilt zur restaurirung der St. Gangolfspfarrkirche in Trier ein ablasprivilegium. Treviris 1,299 extr.
— 29	. . .	incorporirt der abtei St. Maximin die St. Michaelskirche infra ambitum monasterii. 1284 die Maximini. Chartul. in Trier.
iun. 20	. . .	befiehlt dem dechant und capitel der Marienkirche zu Wetzlar, den cleriker Richolf, welcher wegen unbilden gegen das nonnenkloster Aldenburg excommunicirt worden ist, anzuhalten, binnen 8 tagen dem kloster satisfaktion zu geben, widrigenfalls ihn ab officio et beneficio suspendirt zu halten. Guden Cod. dipl. 5,80.

Boemund I. 1286—1299.

1286		
dec. 5	. . .	bestätigt das vom grafen Gerhard von Ditzo bei der kirche zu Ditz gestiftete collegiatstift und die übertragung dreier präbenden von dem stift zu Saltze an dasselbe. Reinhard Kleine Ausführungen 1,103.
. . . .	. . .	trennt die filiale Deusborn von der mutterkirche zu Mürlebach und erhebt sie zu einer eignen pfarrei vorbehaltlich des patronatrechtes für den abt zu Prüm. Extr. aus dem Prümer archivrepertorium.
1290		
iun. 23	. . .	beauftragt infolge der eingerückten bulle des pabstes Nikolaus IV. d. d. Rome 2 kal. febr. die äbte von St. Pantaleon und St. Martin zu Cöln und den abt zu Deutz, die Cölner bürger, welche aus der Woringer schlacht gegen ihren erzbischof theilgenommen haben, vorzuladen und zum ersatz anzuhalten. 1290 vig. nativ. Joh. bapt. Or. in Düsseldorf.
iul. 6	. . .	bestätigt dem kloster Niederprüm die von Walram herrn zu Monjole und Valkenburg, Heinrich herrn von Schoenecken und Johann herrn zu Reifferscheid und Bedeburg gemachte schenkung des patronats und zehnten zu Pronsfeld. Mitgetheilt von herrn pfarrer Hausen.
oct. 15	. . .	beauftragt gemeinsam mit dem erzbischof von Mainz (in folge der eingerückten päbstl. bulle worin der pabst die versprechungen und eide kassirt, welche erzb. Sifrid von Cöln und seine kriegsgenossen geleistet um sich aus der gefangenschaft zu befreien) dem bischof H. von Lüttich und den scholaster des Marienstifts zu Achen, den grafen Walram von Jülich, probsten des genannten stifts zu vermögen, dass er das in folge

1290		**Boemund I. 1286—1299.**
		jener gefangennehmung ihm abgetretene schloss Zülpich wieder an Cöln herausgebe, alle andere gefangenen entlasse und alle schäden ersetze, widrigenfalls ihn zu excommuniciren. 1290, 18 kal. nov. Or. in Düsseldorf.
1292	Confinentie	Weibe des hauptaltars im Cistertienser nonnenkloster auf der Lehr in Coblenz durch erzb. Boemund. Nach Brower Metrop. 2,187.
mrz. 1	. . .	Mitbesiegler eines kaufbriefs über eine wiese bei Isch seitens der erben des ritters Ludwig von der Brücken zu Trier an die abtei St. Matheis. 1291 sab. post Invocavit. Chartul. in Cobl.
iul. 2 **1293**	ap. Barcetum	(extra muros Aquisgr.) Zeuge eines rechtsspruchs könig Adolfs gegen Valenciennes. Böhmer Kaiserregesten n. 162 extr.
ian. 25 **1294**	Treviris	Gegenwart bei des ritters Jakob von Loempach am officialat zu Trier geschehenem verzicht auf des klosters Himmerode güter zu Voizneich. 1292 dmc. 2 post octav. epiphan. Chartul. in Trier.
febr. 3	. . .	Bestätiger und mitbesiegler eines vertrags der abtei Siegburg mit Eynolf, dem cantor von S. Martin zu Worms, wonach letzterer in die bruderschaft der abtei aufgenommen und ihm die güterverwaltung der probstei Illirtzenau übertragen wird. 1294 crast. purificat. Marie. Chartul. in privatbesitz. Acta Pal. 7,474.
1295 ian. 18	. . .	Mitbesiegler der urkunde worin der burggraf Werner zu Trys und seine ehefrau Oda die in der billigsberedung ihres sohnes Werner mit Lise, der tochter Theoderichs herrn zu Bruch, ausgesetzten 60 pfund trier. denaren jahresrente heirathsgut auf die bede oder tallya zu Ensche anweisen. 1294, 15 kal. febr. Chartul. in Cobl.
mrz. 22	. . .	bestätigt durch transfixum die vereinbarung des collegiatstifts zu Ditz mit dem grafen Gerart von Ditz vom jahr 1294 über das präsentationsrecht zu den drei aus dem stift Nultz überkommenen präbenden, wie auch über die zahl und einkünfte der stiftspräbenden. 1294, 11 kal. apr. Reinhard Kleine Ausführungen 1,108.
. .	Rome	ertheilt mit andern bischöfen: Philippus Salernitanus, Bermandus Trever. (?) Jacobus Trever. (wohl Triventinus) etc. dem Benediktinerkloster S. Martini Glanderiensis (Longeville des Glandiers) für dessen kirchweihfest fer. 6 pentecostes ein ablassprivilegium. Martene Thesaur. 1,1271.
1296 iun. 00	. . .	bestätigt dem kloster Niederprüm das patronat zu Pronsfelt wie bereits am 6. Juli 1290. Chartul. in Trier.
1297		
. . .	. . .	Besiegler des testaments herzogs Ferry von Lothringen. Calmet 2,546.
1298		
aug. 25	Aquisgrani	Zeuge könig Albrechts für Achen. Quix Cod. Aquens. 1.168.
nov. 11	Nürnberg	beurkundet, dass die ritter Emecho Hake und Albert Wulf heute vor könig Albrecht und den fürsten des reichs als bevollmächtigte der beiden herzoge von Sachsen erklärt haben, dass ihren herren von wegen des herzogthums das recht zur wahl des röm. königs und das reichsmarschallamt zustehe. Sudendorf Registr. 2,273.
— 20 **1299**	— — — —	giebt seinen willebrief zu könig Rudolfs schenkung der patronatrechte zu Angst und Zeyningen an die kirche zu Basel. Gerbert Crypta 116.
febr. 6	. . .	incorporirt dem Augustiner nonnenkloster Marienthal die pfarrkirche zu Schifflingen. 1298 fer. 6 post purif. Marie. Bertholet 5,79.
oct. 17	. . .	bestätigt als diözesan von Prüm den vertrag dieser abtei mit dem erzb. Wichbold von Cöln wegen abtretung einiger abteilichen lehen in der grafschaft Hochstaden (sieh Günth. 2,622). 1299, 16 kal. nov. Or. in Düsseldorf. — Am folg. tage zu Bingen bestätigte könig Albrecht den vertrag; vergl. Günth. 2,637.
1301 febr. 11	. . .	**Diether 1300—1307.** bestätigt als aepus wie bereits 1300 mal 12 als electus die incorporation der pfarrei Wadrill an die abtei Metlach. 1300 sab. post octav. purif. Marie. Chartul. in Trier.
mrz. 7	Confluent.	giebt seinen consens zu einem schiedsrichterlichen ausspruch zwischen dem kapitel zu Malmedy und dem rektor der pfarrkirche zu Andernach in betreff der novalzehnten bei Lounig. 1300 fer. 3 post Oculi. Or. in Düsseldorf.
oct. 00	Rinsberg	Antheil mit den erzbischöfen von Mainz und Cöln an der belagerung des schlosses Rheinberg im Rheingau. Auf die nachricht, dass könig Albrecht zum entsatz zurückkehre, wurde die belagerung rasch aufgehoben. Ann. Colmar. ap. Böhmer Fontes 2,39. Bodmann Rheing. Alterth. s. 156.

1301		Diether 1800—1307.
dec. 26	. . .	bestätigt den inserirten schiedsspruch in sachen zwischen dem kapitel zu Malmedy und dem rector der pfarrkirche zu Andernach (vergl. zum mrz. 7). 1301 crast. nativ. dni. Or. in Düsseldorf.
1302		
mrz. 2	Monasterio-	bewilligt dem Werner sohn von Trys seine ehefrau Elizabeth auf die lebengüter zu Ensche
1304	Meynevelt	zu bewitthumen. 1301 fer. 6 ante Estomihi. Chartul. in Cobl.
mrz. 2	ap. Sar-	bestätigt des grafen Ropert von Virneuburg vertauschung des waldes Mertellacherholz,
	burch	welcher trier. lehen und zum hof Meyen gehörig ist, gegen zwei andere walddistrikte des dorfs Mertellachen. 1303 fer. 2 post Oculi. Chartul. in Cobl.
iul. 28	ap. Eren-	gewinnt mit 250 mark den ritter Wyrich von Wynnenburg zum erblichen mann und
	bretstein	dessen burg zu des erzstifts offen haus. 1304 fer. 3 post Jacobi. Copie in Cobl.
1308		**Baldewin 1307—1354.**
sept. 30	Trevir.	beauftragt (infolge der inserirten bulle des pabstes Clemens V. d. d. Pictavis 3 kal. apr. pont. a. 3, welche ihm auf 3 jahre erlaubt seine visitationen durch einen bevollmächtigten vornehmen zu lassen) die Metzer domherrn mag. Humbert de Bella Valle und Ludwig de Grangia, sowie seinen hauscleriker mag. Heinrich Bouchard von Luccemburg mit der letzt einfallenden visitation der diözese von Metz. (Tabouillot) Hist. de Metz 4ᵃ,296.
nov. 28	Frauchen-	Zenge könig Heinrichs VII. für den bischof von Strassburg. Schoepflin Alsat. dipl. 2,87.
1309	vord	Lünig Reichsarchiv 6,18. Dumont Corps dipl. 1ᵃ,350.
ian. 16	Colonie	Belehnung Baldewins mit den regalien durch Heinrich VII. Olenschlager Goldne Bulle 98. Houth.
apr. 5	. . .	ernennt den ritter Boemund Vogt zu Hunolstein nach dessen verzichtleistung auf das eigenthum des hauses Schnassail zum burggrafen daselbst und giebt ihm das haus zu lehen. 1309 sab. post Pasche. Baldninenm in Cobl.
iun. 30	. . .	weist nach stattgehabtem zeugenverhör und gestützt auf eine urkunde des erzb. Heinrich vom 23. iuli 1275 die gemeinde Pillike mit ihren gegen die abtei Himmerode erhobenen ansprüchen auf den Nuweuberg bei Winterbach ab. 1309 crast. Petri et Pauli. Chartul. in Trier.
sept. 13	Spire	An diesem tage zu Speier bestätigt könig Heinrich VII. dem erzb. Baldewin, auf dessen persönlich vorgetragene bitte den rechtsspruch könig Rudolfs vom 29. märz 1276 in betreff verwirkung der innerhalb jahresfrist nicht gemutheten lehen. Günth. 3,126.
oct. 28	. . .	vidimirt und bestätigt des erzb. Theoderich urkunde vom 15. iuli 1238 für das kloster
1310		Marienthal. 1309 fer. 3 ante Omnium sanctor. Bertholct Hist. de Lux. 5,98.
iun. 30	. . .	incorporirt der domprobstei die pfarrkirchen zu Viveris, Meyris und Edegre. 1310 crast. Petri et Pauli. Copie in Coblenz.
nov. 29	Asti	(in camera secreta dni. regis) Hier verlangt der könig von Baldewin und den übrigen genannten begleitern den eid der treue. Doenniges Acta 1,6.
dec. 2	———	(in domo habitationis dnl. regis) Zeuge bei der huldigung der stadt Verona an Heinrich VII. Doenniges Acta 1,9.
— 3		Desgl. bei der übergabe der schlösser der stadt Asti heute und am folgenden tage. Doenniges Acta 1,12.
— 15	Vercellis	(in orto domus fratrum praedicatorum) Desgl. bei der huldigung dieser stadt. Doenniges Acta 1,17.
— 19	Novarie	(in domo episcopali) Zeuge als die von Novara dem könig die amtmannschaft und regierungsgewalt übertragen, und folgenden tags bei der friedensvermittelung des königs zwischen den beiden partheien der stadt. Doenniges Acta 1,18—20.
— 26	Mediolani	(in domo communi in camera regis) Zeuge der huldigung von Cremona und Bergamo. Doenniges 1,21.
— 27	———	(in aula domus communis) Desgl. bei der beschwörung des von dem könig zwischen den beiden feindlichen partheien hierselbst hergestellten friedens durch dieselben, und am folg. tag bei der huldigung der stadt Placentia und Mailand. Doenniges Acta 1,23.
— 31		(in domo dni. regis) Zeuge bei der belehnung des Wilhelm von Pusteria. Doenniges
1311		Acta 1,24.
ian. 4	———	(in domo episcopali in camera dni. regis) Zeuge bei der unterwerfung der stadt Cremona. Doenniges 1,25.

44

1311		Baldewin 1307—1354.
ian. 5	Mediolani	(in ecclesia maiori) Zeuge der söhne der beiden partheien von Como. Doenniges 1,26.
— 7	———	(in domo episcopali) Desgl. bei der unterwerfung der stadt Parma und der belehnung der bischöfe von Como, Aqui und Brescia am 9. ian. Doenniges 1,27.
— 9	———	(in aula maiori palacii dni. regis) Desgl. bei der unterwerfung der aus Parma und Placentia verbannten. Doenniges 1,28.
— 10	———	(in domo episcopali) Zeuge Heinrichs VII. bei der söhne der beiden feindlichen partheien von Parma und desgl. am 11. der von Placentia. Doenniges 1,29 und 31.
— 12	———	(in palatio communis, in camera dni. regis) Desgl. der von Pavia, und am 14. der von Reggio und Modena. Doenniges 1,31—33.
— 14	———	Desgl. bei der publication des friedens zwischen den feindlichen bürgern von Cremona. Doenniges 1,35.
— 15	———	(in palatio veteri communis, in camera dni. regis) Desgl. bei der unterwerfung aud söhne der beiden partheien von Lodi und folg. tags bei der belehnung des Johann de Scabilone. Doenniges 1,33 und 34.
— 21	———	Desgl. bei der belehnung des erzbischofs von Mailand und des Obertin de Castronovo. Doenniges 1,35 und 36.
— 23	———	Desgl. für den bischof Philipp von Eichstädt. Falkenstein Cod. Nordg. 148.
— 24	———	(in palacio archiepiscopali) Zeuge Heinrichs VII. für Mailand. Doenniges 1,36.
— 28	———	(in aula palacii communis) Desgl. bei der huldigung der stadt Genua. Doenniges 1,37.
febr. 20	———	(in domo archiepiscopali, in camera dni. regis) Desgl. bei der huldigung der aufständischen stadt Mailand. Doenniges 1,41.
mrz. 31	———	(in palacio veteri) Desgl. für graf Philippin, Wilhelm Brusati, Fulquin Cabalacii und Simon de Colubiano. Doenniges 2,4.
— 31	———	Desgl. für Triviglio. Frisi Mem. di Mil. 8,700.
apr. 1	———	Desgl. für Monza. Frisi Mem. di Monza 2,150.
— 19	———	(in ecclesia beati Ambrosii) Desgl. bei der annahme des hinausgesetzten krönungstermins. Doenniges 2,5.
mai 3	ap. Cremo- nam	(in monasterio S. Laurentii) Desgl. bei der huldigung der stadt Soncini und bei der belehnung Reinalds mit der burg Vegleno. Doenniges 2,8.
iul. 15	ante Brixi- am	(in castris, in loco quom inhabitat dns. rex) Desgl. bei der aussöhnung des erzbischofs von Mailand und dessen brüdern mit Mathäus Visconti und dessen söhnen. Doenniges 2,14.
aug. 22		(in castris) Desgl. für den bischof Philipp von Eichstädt. Reg. Boica 5,202. Monum. Zoller. 2,306 extr.
dec. 24	Janue	(in platea fratrum predicatorum) Desgl. bei der bestrafung der stadt Florenz. Pertz Leges 2,624.
1312		
märz 17	Pisis	(in generali parlamento et universitate hominum civitatis, in platea ante ecclesiam maiorem virginis Marie) Zeuge Heinrichs VII. für Pisa. Doenniges 2,33.
apr. 5	———	giebt als kurfürst seinen consens zu könig Heinrichs Judenschenkung an die abtei Fulda. Schannat Hist. de Fuld. 2,229.
mai 10	Rome	(in palatio lateranensi) Zeuge Heinrich's VII. als derselbe an die abgeordneten cardinäle das ersuchen stellt, entweder die hindernisse welche dermalen seiner krönung in St. Peter entgegenstehen zu entfernen oder ihn in der kirche des Laterans zu krönen. Doenniges 2,35.
— 18	———	(—) Desgl. bei der rückkehr der an den könig von Sicilien geschickten machtboden und bei der überreichung deren recreditivs. Böhmer kaiserregesten s. 301 extr.
ian. 13	———	(in palatio vocato les milites) Desgl. als Ludwig von Savoi, senator Roms, dem könig seine ihm zu Rom zustehende gerichtsbarkeit überträgt. Doenniges 2,41.
— 22	———	(—) Desgl. bei dessen erneuertem gesuch an die cardinäle wegen seiner kaiserkrönung. Doenniges 2,50.
oct. 17	ante Floren- tiam	(in castris) Desgl. für das kloster Petershausen bei Constanz. Lünig Reichsarchiv 18,414 extr.
1313		
febr. 12	Monte imperi- aili	Desgl. als könig Robert von Sicilien für des reichs feind erklärt wird. Doenniges 2,193.
1314		
ian. 30	Treviris	Abrechnung Baldewins mit seinem neffen, könig Johann von Böhmen, wegen dessen geldfor- derungen in betreff der grafschaft Lützelburg. Nach könig Johanns urk. von heutigem datum bei Honth. 2,88.

1314		Baldewin 1307—1354.
oct. 23	ap. Fran-kenvord	(in castris) notificirt, wie die andern wahlfürsten, den vier Wetteranischen städten die königswahl Ludwigs des Baiers. Olenschlager Staatsgesch. 2.71.
nov. 25 1317	Aquis	Zeuge könig Ludwigs für Achen. Quix Cod. Aquens 1,198.
iul. 31	. . .	bestätigt die errichtung einer cantorie in der stiftskirche zu Wetflar. Guden Cod. dipl. 5.150 extr.
aug. 24 1319	Ramstein	(in castro) bestätigt den schiedsrichterlichen vergleich zwischen dem Augustiner nonnenkloster bei Schiffinburg und weiland Eckard dem probst der regulirten chorherrn daselbst wegen des rechtes auf die probststelle in dem nonnenkloster. Or. in Darmstadt.
ian. 6	. . .	incorporirt der abtei Marienstatt die pfarrkirche zu Kirperg. 1318 die 6. ianuar. Copie in Cobl.
mrz. 1	Uexheim	Gegenwart Baldewins bei der belehnung der gebrüder Arnold und Gerhard von Blankenheim herrn zu Castilberg mit den ihm von denselben für 650 pfund heller verkauften einkünfte in der pfarrei Oyksheim. Laut der brüder revers: presente Balduino actum in villa Uexheim, datum die 1. martii (also wohl vor dem 1. märz). Balduineum in Cobl.
iul. 21 1320	. . .	Mitbesiegler der urkunde des ritters Conrad herrn von Kerpen, wonach derselbe gleich seinem vater Theoderich früher erklärt, dass er kein recht auf die jurisdiktion oder das hofgeding zu Flering habe, sondern dieses ausschliesslich dem Marienkloster in Orreo zu Trier zustehe. 1319 sab. post divis. apostol. Copie in Cobl.
mai 14	Gemunden	(vf dem velde) An diesem tage gelobt graf Symon von Sponheim dem könig Ludwig und dem erzb. Baldewin und deren helfern hierselbst, nichts gegen sie zu thun solange deren krieg mit dem herzog Friedrich von Oestreich währt. Balduineum in Trier.
aug. 16	Coblentz	bestätigt auf die bitte des grafen Emicho von Nassau den in der kapelle zu Dussenauwe errichteten S. Johannesaltar und taufstein, die stiftung einer frühmesse, deren besetzung mit einem vikar, und erlaubt daselbst die taufe zu ertheilen, alles vorbehaltlich der rechte der mutterkirche zu Emptz. 1320 am nesten tag nach Marie hymmelfahrt. Chartul. in Cobl.
— 00 1321	in Alsatiam	Antheil an dem kriegzzug könig Ludwigs des Baiern und könig Johann's von Böhmen nach dem Elsass. Cont. Zwetl. tertia ap. Pertz 9,666.
ian. 7	ap Wytte-lich	verschreibt Methilden der ehefrau Theoderichs Vrye, des burggrafen der neuen burg zu Trys, auf des letztern bitte ein theil des zehnten zu Dyvelich als witthum. 1321 in die penthecost. Chartul. in Cobl.
iul. 13	vor Kestil-lon	Der erzbischof steht mit seinem heere vor Castellaun wo an diesem tage eine sühne mit dem grafen Simon von Sponheim stattfindet. Nach des grafen urk. im Balduineum in Trier.
dec. 31 1322	vur Farsten-berg	Antheil an der belagerung dieser burg durch könig Ludwig den Baier, an welchem tage graf Gotfrit der junge von Sain sich dem erzbischof zu diensten verpflichtet. Nach des grafen urk. im Balduineum in Trier.
iul. 22 1323	. . .	Mitbesiegler der urk. worin der wepeling Heinrich von Maylberg, dessen ehefrau Yrmengard von Manderscheid und deren bruder Johann auf ihre ansprüche an das kloster Himmerode wegen der zu dessen hof Rodenbusch gehörigen güter im banne von Bettenfeld und Merfeld verzichten. 1322 in die Marie Magdalene. Chartul. in Trier.
mai 15	Parisius	Gegenwärtig mit könig Johann von Böhmen auf pfingsten zu Paris bei der krönung von des letztern schwester Maria als gemahlin könig Karl's IV. von Frankreich. Cont. Quil. de Nangis ap. Dachery Spic. 3,81. Böhmer Reg. s. 187.
aug. 18 1324	. . .	benachrichtigt den archidiakon Godfrid von Eppinstein, den prior zu Aldenburg und den dechant der christianität zu Heyger von der incorporation des klosters Schiffinburg mit dem Deutschordenshaus zu Marburg, und befiehlt ihnen dies öffentlich bekannt zu machen. 1323 fer. 5 post assumpt. Marie. Or. in Darmstadt.
mai 14	. . .	Mitbesiegler der urkunde über einen güterverkauf seitens der abtei Metlach an den könig Johann von Böhmen. Bertholet 6,15.
sept. 20 1325	Metis	Umlagerung von Metz während vierzehn tagen. Böhmer, Reg. s. 189. Vergl. Gesta Trev. ap. Honth. 833.
apr. 10	Treviris	bestätigt als diöcesanus durch transfixum ein von mehrern bischöfen in partibus d. d. Rome 1300 mense octobr. der leprosenkapelle bei Wetflar ertheiltes ablassprivilegium. Ulmenstein, Gesch. Wetzl. 3,212.

44*

1325		**Baldewin 1307—1354.**
mai 17	Confluent.	beauftragt den official zu Coblenz und den scholaster von St. Florin daselbst mit festsetzung des dem vicario perpetuo bei der dem kloster Marienstatt inkorpori kirche zu Kirperch auszuwerfenden dienstcinkommens. Copie in Cobl.
iul. 19	Monasterio-Meynefelt	bestätigt mittelst transfixum die von dem official und dem scholaster von St. Florin Coblenz festgesetzte competenz des vicarii perpetui bei der kirche zu Kirperg. C in Cobl.
aug. 17	. . .	Mitbesiegler der urk. worin Lyse die jungfrau von Namagen und Trys, tochter des ri Theoderich herrn von Bruch selig, ihre rechte an die herrschaft Bruch ihrem s dem ritter Theoderich von Trys, cedirt. 1325 sab. post assumpt. Marie. Cha in Cobl.
sept. 14	Treuiris	gestattet in dem kloster Schiffenburg, obgleich bei dessen übergabe an den prediger orden bestimmt worden war dass wenigstens zwölf priester daselbst sein sollen, deren zahl wegen der feindlichen anläufe die das kloster täglich erleide auf beschränkt werde und die übrigen durch layenbrüder ersetzt werden sollen. 13: die exaltat. crucis. Or. in Darmstadt.
1326 apr. 20	. . .	Dieser s. 71 der regesten erwähnte indulgenzbrief ist gedruckt: Sauerborn Gesch.
1327 ian. 12	——	Pfalzgräfin Genovefa s. 112. verleiht dem nach Mayen versetzten kloster Lonnig zur errichtung neuer gebäude ablassprivilegium. Mitgetheilt von herrn pfarrer Hansen in Ottweiler.
mai 11	Loirchhuson	Au diesem tage zu Lorchhusen schliesst Baldewin ein schutzbündniss mit dem erzb. M: von Mainz nach des letztern urk. darüber im Baldnineum in Trier.
sept. 23 **1328**	Treviris	Ausritt von Trier am mittwoch den 23. sept. zur belagerung von Boppard. C monetar. ap. Honth. 1168.
mai 21 **1329**	. . .	versichert tausend pfund heller, welche er schöffenmeister, schöffen und bürgern der Trier ex causa mutui schuldet, auf das dortige sestergeld. 1328 vig. penth Or. in Trier.
ian. 27	Pingke	verschreibt als Maguntine sedis dominus ac defensor dem wepeling Tylmann von Sawel bis zur auszahlung von 95 pfund heller, jährlich zehnthalb pfund als dienstgeld der Judensteuer zu Oppenheim. Frank, Gesch. Oppenheims 2,291.
mrz. 17 **1330**	Treueris	bittet den pabst Johann XXII. um die absolution der gräfin Loreta von Spanheim zu Starkemberg und ihrer mitschuldigen, welche ihn und sein gefolge gefangen hatten, da er nun mit ihnen sich gesühnet habe. Würdtwein Nova Subs.
iun. 11	. . .	bestätigt die urkunde wonach die abtei Metlach dem St. Matheiskloster bei Trier hof zu Coblenz, den sie von letzterm zugleich mit dem zu Polch für 4000 kleiner schwarzer turnose gekauft hatte, für 2000 dergleichen zurückverkauft. Cl in Trier.
aug. 30 **1331**	Trier	schliesst zwischen dem ritter Wilhelm herrn von Manderscheid und dessen bruder W einen vergleich wegen erbschaftstheilung. 1330 donnerst. vff St. Paulinsabend. in Cobl.
ian. 7	Laynecke	bestätigt durch transfix ein von 16 erzbischöfen und bischöfen d. d. Avinioni 1330 li dem Marienkloster in der Leer zu Coblenz ertheiltes ablassprivilegium, und 2, am folgenden tage hierselbst demselben ein d. d. Romae 1299 von einem patriu zwei erzbischöfen und acht bischöfen ertheiltes, (Klein) Urkundliches zur Gesch Marienklosters, im Programm des Coblenzer Gymnasiums 1817 s. 14 extr.
aug. 21 **1332**	Pingen	An diesem tage zu Bingen macht Baldewin eine sühne mit den beiden brüdern und Ruprecht, Rheinpfalzgrafen und herzogen in Baiern. Baldnineum in Trier.
iul. 31	Treviri	Aufbruch von hier nach Nürnberg zum kaiser. Chron. monetar. ap. Honth. Prodr.
sept. 10	——	Rückkunft von Nürnberg. Chron. monet. ap. Honth. 1168.
nov. 3 **1333**	——	gewinnt den wepeling Bobo von Synde mit 6 pfund heller jährliches dienstgeld, ab mit 60 pfund, zum bargmann von Smydtborg. Or. in Cobl.
ian. 19 **1334**	Benmelin	(in limitibus marchie in loco dicto) Baldewin erscheint hier (bei Merzkirchen) per: vor einem manngericht als kläger gegen den herzog Rudolf von Lothringen, nicht erschienen war, in betreff Monkleirs, Merzig, des Saargau's. 1333 ind. 1, i fer. 3 post octav. epiph. Baldnineum in Trier.
nov. 29	. . .	Vermittler und besiegler eines sühnevergleichs zwischen den raugrafen Conrad und G den söhnen des wildgrafen Friedrich von Kirberg wegen Naustul und Wellste

1335		**Baldewin 1307—1354.**
		Beurk. Inhalt der Salm-Salmischen und Salm-Kyrburg. Revisionalibellen 1773 fol. 2,567. Senkenberg, Meditat. 66.
aug. 11	. . .	Besiegler einer urkunde, wonach Johann Rytzkin, burgmann auf Grimburg erklärt, kein recht auf seines onkels Gerhard Lytzbolt erbgüter zu Dezem, Budelich, Breyd und Nuwilre zu haben, sondern dass dieselben der abtei St. Maximin gehören und er dieselben nach einer bestimmung erzb. Baldewins wie sein onkel auf lebenszeit zu lehen haben und dann dieselben an die abtei zurückfallen sollen. 1335 crast. Laurentii. Chartul. in Trier.
— 18	Treviris	beurkundet könig Ludwig's des Baier diplom d. d. Caroline 2 non. dec. gesehen zu haben, worin derselbe dem könig Johann von Böhmen für die hilfe zu seiner promotion zum reich die investitur von Böhmen etc. wie auch die succession in Lothringen, Brabant etc. verspricht. Ludew. Relig. 5,569. Goldast, de Regn. Boh. Append. 270. Lünig Cod. dipl. Germ. 1,1007. Oleuschläger, Staatsgesch. 2,201.
1336		
ian. 14	———	trennt die gemeinde Keiffenheim von der pfarrei Hambuch und erhebt sie zu einer eignen pfarrei. 1335 die 14. ian. Mitgeth. von h. pfarrer Hansen.
1337		
aug. 18	Stoltzenfels	schreibt dem dechant und capitel zu Wetflar, dass er auf die bitte des landgrafen Heinrich von Hessen und da durch die anderweitige verpachtung gewisser kirchengüter doch eine vermehrung ihrer einkünfte erzielt werde, sie wieder zu gnaden aufgenommen und das deshalb gegen sie erlassene officialatsurtheil cassirt habe. Guden, C. d. 5,191.
1338		
aug. 00	. . .	Ein ähnliches schreiben wie s. 81 der regesten zu anfang an den pabst, gedruckt: Müller Reichstagstheater 1,295. Dumont Corps dipl. 1ᵇ,171. Leibnitz Cod. dipl. s. 119. Hartzheim Conc. Germ. 4,329: Gravamur non — adhibere.
sept. 5	Confluent.	Antheil an dem hoftag könig Ludwigs zu Coblenz und dem empfang könig Edwards von England. Böhmer Fontes 1,190—192, 219 und 432.
ap. Trever.		Weihe der 1330 zu bauen begonnenen und nun vollendeten kirche der Carthause S. Allan durch Baldewin. Brower Metropolis 2,316.
1339		
ian. 17	. . .	Mitbesiegler der urkunde worin der abt Heinrich und der convent zu Hymmerode ihren hof zu Zell, den bereits der abt Heinrich von Randeck an Gertrude die ehefrau Heinrichs von Baden, schultheisen im Hunn, auf lebenszeit verliehen hatte, deren beiden kindern für tausend pfund heller und einen jahrzins von 80 pfund auf widerkauf verkauft, vorbehaltlich der herberge darin für den erzbischof und dessen gesinde. 1339 of Anthoniesdag. Chartul. in Trier.
mrz. 19	Frankenfurt	Zeuge bei der erhebung des grafen Reinold von Geldern in den herzogsstand. Dumont, Corps dipl. 1ᵇ,174. Leibnitz, Cod. jur. gent. 151. Lünig Cod. Germ. 2,1773. Olenschlager Staatsgesch. 206. Riedel Cod. dipl. Brandenburg. II. 2 s. 142.
apr. 19	. . .	schliesst mit den erzbischöfen Heinrich von Mainz und Walram von Cöln einen verein zu gemeinsamer beschützung der mit waaren durch ihre lande ziehenden kaufleute und pilger. 1339 montag vor Georgien. Or. in Düsseldorf. Hiernach der extr. s. 81 aus den Reg. Boic. zu ergänzen.
iun. 20	Walrisheim	(by Kobelenze) verbündet sich mit den erzbischöfen von Mainz und Cöln auf zehn jahre behufs aufrechthaltung des sichern geleits auf dem Rhein von Oppenheim bis Rheinberg. 1339 sonnt. vor Joh. Bapt. Or. in Düsseldorf. Bei Gauth. 3,399 der gegenbrief des erzb. von Mainz hierüber.
aug. 5	. . .	quittirt dem grafen Ruprecht von Virnenburg über 4817 mark 72 pfund heller und 41 soliden Turonenser groschen welche derselbe bei verschiedenen gläubigern seit mehrern jahren schuldet und ihm laut urk. vom heutigen cedirt hat. Chartul. in Cobl.
1340		
aug. 24	Treveris	belehnt den grafen Wilhelm von Wide herrn zu Isenburg und Brunsberg mit dem patronat und zwei theilen des zehnten zu Dierdorf, Poderbach und Divern, dem schloss Dierdorf, den höfen Ruckerode, Meischeid, Rode und anderm. 1340 die Bartholomaei. Copie in Cobl.
sept. 1	. . .	tritt dem ausspruch des obmannes Gotfrid von Eppenstein in der streitsache zwischen Kurmainz und Kurpfalz wegen der burg Fürstenstein bei. Mone Zeitschr. 11,80 extr. nach Freyberg Reg. Boic. 7,287.
nov. 11	———	bewilligt dem grafen Godefrid von Seyn und dessen söhnen den rückkauf der güter zu Maxein um 450 mark pfennige wie sie zu Monthaber und 232 mark wie sie zu Covelenz gang und gebe sind. 1340 uff St. Martinstag. Copie in Cobl.

1342		**Baldewin 1307—1354.**
febr. 22	Treveris	macht den ritter Heinrich Beyer den jungen gleich seinen brüdern Simon und Ph nach dem tode ihres vaters, des ritters Heinrich Beyer von Boppard des alten, dem burggrafenamt der veste Sterrenberg bei Liebenstein am Rhein theilhaftig. ! f S. Petersdag als er uf den stul gesetzet wart. Balduineum in Cobl.
mai 14	. . .	entscheidet einen streit zwischen den erzbischöfen Walram von Cöln und Heinrich Mainz wegen der gegenseitig den bürgern von Marsberg und Horhausen und von Geismar zugefügten bedrückungen. 1342 dinst. vor pfingsten. Or. in Düssel
— 16	———	entscheidet eine streitsache zwischen dem erzb. Walram von Cöln und dem grafen Wi von Waldeck, zur hauptsache wegen eines lehens von 12 fuder weinrente, wo demselben die nähere beweisführung aufgegeben wird. 1342 donnerst. vor pfing Or. in Düsseldorf.
1343		
nov. 14	. . .	Bestätiger und Besiegler der stiftungsurkunde der gemeinde S. Wendalin für eine früh in der Magdalenenkapelle bei dortiger pfarrkirche. Baldaineum in Cobl.
dec. 6	. . .	Mitbesiegler der urkunde des grafen Johann von Sain für die abtei Marienstatt, w derselbe gelobt, dass der vor der abtei gelegene burgberg nie mehr verbaut w voll. 1343 uff S. Niklastag. Copie in Cobl.
— 31	. . .	Mitbesiegler einer urkunde wonach der ritter Heinrich herr von Malberg sich mit Juden wegen der bei denselben gemachten schulden vergleicht. 1343 vigil. circ dul. Fahne, Gesch. der grafen von Salm, Urkb. 111.
1344		
oct. 19	———	ertheilt dem Metzer schöffen Joffrid Groignet nail dessen diener Nicolaus Donne Florenz, welche silber zur münze nach Trier bringen sollen, einen schutz- und g brief durch's erzstift und die grafschaft Luxemburg, und befiehlt dass ein dien probstes zu Thionville sie zur sicherheit begleiten solle. Chron. monetar. ap. I Prodr. 1170.
1345		
nov. 20	. . .	verspricht den mit dem landgrafen Heinrich von Hessen zu Minzenberg gemachten f zu erfüllen. Schunk Cod. dipl. s. 271.
1346		
mrz. 20	. . .	entscheidet eine streitsache zwischen den beiden domherrn Dietherich von Dau Schilies von Milberg in betreff des hofs Aldenlunne zu Trier. Copie in Cobl.
sept. 12	———	vertauscht der abtei Himmerode seine aus deren hof Hart jährlich zu beziehenden malter frucht gegen deren allodialhof zu Swickerad bei Syntzfeld. Chartul. in
1347		
apr. 13	———	sühnt sich mit dem grafen Johann von Spanheim wegen der bisherigen irrungen, nam wegen seiner gefangenschaft durch des grafen mutter selig, wogegen sich de verpflichtet sein land, vesten, schiffunge, fahre und strassen zu wasser und zu so zu bestellen, dass dem erzbischof, dessen neffen, dem römischen könig kein von herrn Ludwig von Baiern, wo sich kaiser nennt, geschehe, welcher je beider feind ist oder in diesem kriege werden wird. Alte copie in Cobl.
aug. 3	———	ermahnt die stadt Strassburg an dem kriegszug nicht theil zu nehmen, den die und städte des rheinischen landfriedens zugleich mit Ludwig von Baiern geg Emich von Leiningen deshalb vorbereiten, weil dieser ein anhänger des neugev könig Karls IV. ist. Wenker Appar. 202.
1349		
mrz. 29	Spyr	Antheil an Karls IV. reichstag zu Speier und an dem heutigen rechtsspruch, das ein erzbischof oder bischof vom pabst entsetzt worden, ihm niemand mit hu und eid verbunden und verpflichtet sei ihm ferner für einen erzbischof oder zu halten. Laut inhalt des kaiserl. befehls vom 31. märz an die stadt Mainz i dieses ausspruchs nun dem erzb. Gerlach gehorsam zu leisten. Senkenberg Select 1,244. Annal. Agrippin. ap. Pertz 16,738.
iul. 25	Aquisgrani	Königskrönung Karls IV. durch Baldewin und dessen zeuge für Achen. Quix Co
— 26	———	Krönung Anna's, der gemahlin Karls IV. durch Baldewin zu Achen, wo ihm am tage vom könige bis auf widerruf die verwaltung des reichs und der grafschaft burg übertragen wird. Balduineum in Trier.
sept. 18	. . .	vereinigt sich mit dem grafen Johann von Nassau, dem grafen Philipp von Solms, herrn zu Hanau, landvogt zu Wedreiben, Johann und Philipp von Falkenstein, herrn zu Eppenstein und herrn der stadt Wetzlar dahin, dass sie wegen die von ihn landvogt Ulrich überantworteten hauses Hohensolms dem grafen Johann vo und den kindern des grafen Bernhard von Solms vor dem könig Karl IV. o den herren und rittern in der burg Frideberg einen tag bescheiden sollen, wo t besitz dieses hauses entschieden werden soll. 1349 frit. vor S. Mathews. Or. in '

1350		**Baldewin 1307—1354.**
ian. 1	Stoltzenfels	gewinnt den ritter Diether Kemmerer von Worms mit 200 gulden anfs neue zum manne. Guden Cod. dipl. 5,623. Auch sühnt er sich mit demselben und dessen helfern und verschreibt ihm 500 schildgulden. de dato Brin (?). Guden 5,624.
apr. 26	Treviris	bestätigt einen gütertausch zwischen den abteien S. Arnulf bei Metz und S. Maximin bei Trier, wonach erstere ihre besitzungen und rechte zu Bivern und Wale an der Mosel im trier. bisthum gegen die der andern zu Tunquercy, Mannis und Proponcourt im Metzer bisthum überlässt. Chartul. in Trier.
aug. 7	Wittlich	bestätiger einer messestiftung in der Marienkapelle zu Medeburg pfarrei Kerrich durch den wepeling Heinrich Mule von der Nuwerburg und dessen ehefrau Hilla, tochter des Nicolaus Brabant von Ulmen. Balduineum in Cobl.
— 29	. . .	beurkundet, dass obengenannter Diether Kemmerer für 200 resp. jährlich 20 gulden aus der steuer zu Coblenz sein vasall geworden sei. Guden, C. d. 5,626.
sept. 2		beurkundet seine mit erzb. Wilhelm von Cöln getroffene vereinbarung hauptsächlich in betreff der beschützung von kaufleuten und pilgern. Or. in Düsseldorf.
nov. 22	Treveris	befiehlt seinen amtleuten, öffentlich bekannt zu machen, dass niemand einen kinckart höher als ein pfund trier. pfennige annehmen solle. Chron. monet. ap. Honth. Prodr. 1170.
dec. 15		kündigt dem Jakob herrn zu Monkleir da dessen sohn sein feind geworden, gleichfalls fehde an. Copie in Cobl.
1352		
ian. 31	Obeumelch	(vf die alte gewöhnliche marsche zwischen dem stift von Trier und dem herzogthum Lothringen) Tagsazung des erzbischofs Baldewins mit Marien, herzogin zu Lothringen als momperin ihres sohnes, wo dem erzbischof durch ein manngerichtsurtheil Sirk, Lemmerfeld, Berrys, Siersberg etc. zugesprochen werden, da die herzogin diese lehen nicht binnen einem jahr nach ihres gemahls tode gemuthet hatte. 1351 trier. stils, dinst. vor Lichtmess. Copie in Cobl.
1353		
mai 30	Treviris	bewilligt dem Gerhard von Erenberg seine ehefrau Methilde von Berberg auf lebengüter zu Trys und Nortershusen zu bewitthumen. Chartul. in Cobl.
nov. 15	. . .	schliesst auf die bitte des grafen von Veldenz für sich, seine helfer und diener mit der wildgräfin Margaretha von Daun und dem rheingrafen Johann, dessen helfern und dienern, auf acht tage einen frieden. 1353 fer. 6 post Martini. Concept in Cobl.
dec. 22	Meintz	bestätigt als kurfürst des reichs dem könig Carl IV. die von seiten des reichs früher für 40,000 mark geschehene verpfändung von Eger, Fluss und Pargstein, da die betreffenden pfandbriefe verbrannt sind. 1353 sonnt. nach S. Thomas. Lünig Cod. Germ. 1,1123.
1354		
ian. 8		bestätigt als kurfürst des reichs den verkauf von Hoenstein, Hersprock und Auerbach seitens der pfalzgrafen Ruprecht, des ältern und jüngern an kaiser Carl IV. als könig in Böhmen. 1353 mittw. nach Dreykönig. nov. Trev. Lünig, Cod. dipl. Germ. 1,1083.
1337-53		
nov. 13	Treuiris	ersucht den erzb. Heinrich von Mainz seinen domherrn Johann von Friedberg anzuhalten von dem prozesse gegen trier. kleriker abzustehen. Treuiris in die Brictii ohne iahr. Schunk Cod. dipl. s. 227 zu circa 1338.
1355		**Boemund II. 1354—1362.**
apr. 11	Trier	beurkundet von Heinrich, herrn zu Dune in der Eifel, und dessen ehefrau Catharine laut des inserirten kaufbriefs vom heutigen, die vogtei mit herrschaften, herberge und andern des reichsvrecht zu Crove, Kyle, Kinheim, Kunelle, Kinheimerburen, Bengel und Erden gekauft zu haben. v. Ledebur, Archiv 14.218.
dec. 29	Nürnberg	beurkundet, dass die pfalzgrafen bei Rhein und herzoge in Baiern, Hirsan, Neuenstatt, Stornstein, Lichtenstein und andern genannte schlösser und städte mit seinem wissen an die krone Böhmen verkauft haben. 1356 St. Thomastag von Candelberg. Lünig, C. Germ. 1,1165.
— 30		bestätigt den regulirten chorherrn zu Niederingelheim die von kaiser Karl IV. ihnen ertheilten privilegien. Wurdtwein Monast. Palat. 2,170.
1356		
ian. 5		beurkundet, dass die landgrafen von Leuchtenberg Dlienstein und Reichenstein von der krone Böhmen zu erleben empfangen haben, und entbiedet sie ihrer lehenspflicht zum erzstift Trier wegen des hauses Stürberg. 1356 tags vor obristen tag. Lünig, C. Germ. 1,1157.
— 7		Diese n. 92 z. 14 der regesten vermerkte urkunde ist gedr. Securis ad radicem 308.
— 11		Zeuge Karls IV. für den grafen Johann von Henneberg. Henneb. Urkb. 2,127. Ebenso am 12. ian. ibid. 2,129.

1356		**Boemund II. 1354—1362.**
ian. 12	Nürnberg	Zeuge Carl's IV. für den bischof von Strassburg und mehr. Stillfried Mon. Zoller. 3,293 extr. Guden Cod. dipl. 3,399.
dec. 6	Mettis	Zeuge Carl's IV. für Orval. Bertholet, 7,15.
— 18	——	Desgl. für Thionville. Bertholet 7,24 wo statt XV. ian. wohl XV. kal. ian. zu lesen ist, da am 10. jan. bereits des erzbischofs rückkehr nach Trier erfolgte.
— 21	——	Desgl. für S. Arnoul zu Metz. (Tabouillot) Hist. de Metz 4ᵇ,107.
— 26	——	Desgl. für Verdun und für die gräfin Yolande von Flandern und Bar. Bertholet 7,27. Calmet I. Ed. 2,623.
— 27	——	Desgl. für Fulda. Stillfried Mon. Zoller. 3,311 extr.
— 28	——	Desgl. für Luxemburg und für das Clarenkloster zu Epternach. Bertholet 7,19 und 6,87.
1357		
ian. 5	——	Mitunterzeichner des schiedsspruchs Carl's IV. in dem zwischen dem kurfürst Rudolf von Sachsen und Wenzeslaus herzog von Luxemburg in solemni curia imperiali zu Metz am weihnachtsfeste wegen vortragung des reichsschwertes entstandenen streite. 1357 ind. 10, nonis ian. stilo Gallico. Lünig, Cod. Germ. 2,1252.
— 5		Zeuge Carl's IV. für die herzoge von Brabant, Bertholet 7,22.
1358		
ian. 21	Trier	Diese urkund s. 94 der regesten ist gedruckt: Bertholet Hist. de Luxemb. 6,85 und hat in einem Chartul. zu Trier den 31. ianuar.
iul. 15	. . .	beurkundet, dass er mit Richard herrn zu Dune um friedlebenswillen einen rechten mutbescheid gemacht habe, wonach keiner des andern gesessene leute in seinem lande aufnehmen soll. Alte copie in Cobl.
— 22	——	beurkundet, dass die veste Floss der krone Böhmen eigen und daher irrthümlich in die pfandschaft der stadt Eger gezogen worden sei. Lünig Cod. Germ. 1,1198.
1360		
mrz. 12	——	macht einen vertrag mit meister Jakob, den münzer von Coblenz wegen zu prägender silbergroschen und silberpfennige. Chron. monetar. ap. Month. 1171.
oct. 9	Moguntie	giebt als kurfürst (gleichwie der erzb. Gerlach von Mainz) seinen consens zu des Benediktiner nonnenklosters Pergen verkauf seiner besitzungen zu Hoenstein und Herspruck an die krone Böhmen. Pelzel, Gesch. Carls IV. Urkb. s. 271.
1361		
apr. 14	Nürnberg	giebt als kurfürst seinen consens zu des herzogs Rudolf von Oestreich verzicht auf Böhmen und Mähren, wie auch 2, zu Carl's IV. königs von Böhmen und des markgrafen Johann von Mähren verzicht auf die Oestreichischen lande. Lünig, Cod. Germ. 1,1255 und 1258.
1362		
febr. 16	Trier	giebt als kurfürst seinen consens zu Carl's IV. tausch von Luterburg, Rosenstein, Aalen und Hegbach gegen Pargstein, Carlswald und Weida aus röm. reich. Lünig, Cod. Germ. 1,1251.

Cuno II. 1360—1388.

1360-61		
aug. 00	Capellen	befiehlt als coadjutor von Trier dem kellner Peter zu Manderscheid die hinterständische maischaft zu Stadevelt und Wydembach nebst den andern gefällen daselbst, welche der ritter Deyer besessen hatte, einzuziehen und darüber rechnung zu stellen. Or. in Cobl. ohne jahr nur mit dunrist. nach Laurentien, also 1360 aug. 13 oder 1361 aug. 12.
1362		
sept. 00	Trier	schliesst als electus mit schöffenmeister, schöffen, meistern von den ämtern und bürgerschaft zu Trier einen vertrag wegen handhabung des gerichts, wegen der in der stadt wohnenden Juden, deren nicht mehr als 50 hausgesessene sein sollen und wegen des von denselben zu zahlenden schutzgeldes an die stadt. Chartul. in Trier.
. 1363		
ian. 12	Erembreitstein	ertheilt der abtei Altenberg zollfreiheit zu Boppard und Coblenz. Or. in Düsseldorf.
1364		
dec. 30	Prage	Diese beiden conseuse Cuno's sind gedruckt bei Stillfried Mon. Zoller 4,81 und 82.
1365		
dec. 21	Treviris	Mitbesiegler der urk. wonach der raugraf Philipp herr zu der neuen Baumburg dem wildgrafen Friedrich zu Kirberg die hälfte der veste Numagen für 1500 pfund heller verpfändet. 1365 sonnt. vor Christtag. Tempor.
1366		
ian. 19	Erembreitstein	bestätigt die fundation des chorherrnstifts zu Niederingelheim durch kaiser Karl IV. Würdtwein Mon. Palat. 2,172.

1366 **Cuno II. 1362—1388.**

sept. 8 **1367**	Frankenford	Zeuge Karls IV. für den bischof von Speier. Remling Urkb. zur Gesch. der Bischöfe von Speier 1,654.
ian. 8	. . .	bestätigt als coadj. Col. den vertrag des Cölner domkapitels mit dem erzb. Walram wegen der verschreibung des zolls zu Rheinberg. Or. in Düsseldorf.
aug. 23 **1308**	Poppelsdorf	ernennt als coadj. Col. den ritter E. von Goterswick zum amtmann von Aspel, Rees und Xanten. 1367 vf Barthol. abend. Or. in Düsseldorf.
ian. 6	Munster-Meinfeld	bestätigt als kurfürst den von kaiser Karl IV. am neuen jahrstag 1367 dem könig Wenzeslaus von Böhmen ertheilten lehnbrief über Heytingsfeld und Bernhelmb. 1368 an dem heil. obristen tag. Lünig Cod. Germ. 1,1327.
febr. 5	Frankfurt	verspricht als kurfürst und als condjutor des erzb. Engelbert von Cöln, dem kaiser Carl IV. behülflich zu sein, wenn herzog Wenzeslaus von Luxemburg ohne eheliche erben stürbe, dass dessen lande entweder an könig Wenzeslaus von Böhmen oder an den markgrafen Johann von Mähren und deren erben fallen sollen. 1367 vf Agathentag, trier. stils. Lünig, Cod. Germ. 1,1314.
iul. 20	. . .	genehmigt im päbstl. auftrag an stelle des erzb. Engelbert von Cöln und mit zustimmung des domkapitels einen gütertausch zwischen den abteien Deutz und Brauweiler. Or. in Düsseldorf.
aug. 24	. . .	ernennt als coadj. Col. gemeinschaftlich mit dem herzog Wilhelm von Jülich schiedsrichter in ihrem stroße wegen des dorfs Hommen, der mühle zu Vassenich und anderm. 1368 vf Barthol. Or. in Düsseldorf.
— 30	. . .	erneuert ähnlich wie 1367 iul. 11, seine versprechen wegen übernahme der verwaltung des Cölner erzstifts. Or. in Düsseldorf.
sept. 21	Colonie	bestätigt als administrator Colon. der stadt Olpe ihre privilegien. Seiberts Urkb. des Herzogth. Westfalen 2,544.
oct. 8	———	(im capitelhuse zu den Mynrebrudern) überreicht seine klageartikel gegen den herzog Wilhelm von Jülich von wegen des erzstifts Cöln in betreff der 4 punkte: der vogtei in der Pellenz, Zülpich, Marsbarden und des halben dorfs Severnich. 1368 vp sundag na Remeysdag. Or. in Düsseldorf.
1369 **mai 00**	. . .	Die zweite, dritte und fünfte urkunde dieses monats in den regesten a. 103 sind gedr. Seiberts Urkb. 2,519. 547 und 545. Ebenso die vom 22. 24. und 25. iuni daselbst 2,551, 548, wie auch die vom 9. und die erste vom 23. sept. daselbst 2,553 und 554.
oct. 9	. . .	suspendirt als adm. Col. das gegen die Cölner bürger erlassene interdikt in ansehung der stadt Bonn und wegen der dort verweilenden Cölner geistlichkeit. 1369 vig. Gereonis. Or. in Düsseldorf.
nov. 7 **1370**	Erembreitstein	bestätigt als vicar. Col. der stadt Brilon ihre privilegien. Seiberts Urkb. 2,561.
ian. 26	. . .	versichert als adm. Col. die dem Wilhelm Quateriant zu zahlenden 100 goldschilde mit einer rente von 10 goldschilde auf die herbstbede der grafschaft Arnsberg, und 2, in gleicherweise dem Arnt Hatten 1500 mark mit 150 mark rente. Beide urkk. 1370 crast. convers. Pauli. Or. in Düsseldorf.
— 00	. . .	Die urkunden vom 21. und 26. ian. s. 104 der regesten und die vom 10. und 17. febr. s. 105 sind gedruckt Seiberts Urkb. 2,563. 565 und 569.
apr. 4	. . .	ernennt als vic. Col. den bischof Heinrich von Paderborn zum amtmann der schlösser und städte Waldenberg, Attendorn und Olpe. Or. ohne dat. in Düsseldorf; vergl. Reg. zu diesem tage. Auch ist die s. 105 der regesten an diesem tage angestellte urkunde gedr. Schaten Ann. Paderb. 2,269 mit vigil. palmar.
— 6	Gudesberg	verkündet als vic. Col. den bischof Heinrich von Paderborn als marschalk des herzogthums Westfalen. 1370 vig. palmar. Schaten Ann. Paderbor. 2,269.
sept. 29	———	genehmigt als adm. Col. des Johann Stuten, pastors zu Borbeck, stiftung der St. Antonius vikarie daselbst und erhebt sie zu einem beneficium ecclesiasticum. Or. in Düsseldorf.
oct. 4	. . .	schließt als adm. Col. mit dem grafen und der gräfin von Arnsberg einen vertrag, wonach der letztern in folge der abtretung der grafschaft, statt ihres bisher bestimmten witthums, das haus Wildenhausen mit verschiedenen naturaleinkünften zu lebenslänglichem besitz angewiesen wird; und 2, überweist der gräfin, gemäss diesem vertrage, auf lebenszeit dies haus nebst den renten. 1370 vrydagen na S. Remeyn. Beide originale in Düsseldorf.

1373		**Cuno II. 1362—1388.**
apr. 23	Erembreit-stein	beurkundet dem grafen Wilhelm von Wied und dessen gemahlin Lysa das wiederkauf an dem ihm um 300 und 2200 gulden verpfändeten erbtheil Lysens von ihrem Colin herrn zu Ulmen auf der obern burg verlassenschaft und der herrschaft Ar 1373 uff Georgentag. Copie in Cobl.
nov. 1	. . .	Besiegler der witthumsverschreibung Niklasen Vaidt, herrn zu Hunolzstein, für seine Else, tochter des raugrafen Philipp von der Nuwenbaumburg. 1373 uff Allert Tempor.
1376		
inn. 10	Frankfurt	Zeuge kaiser Carl's IV. für den kurfürst Wenzeslaus von Sachsen. Dumont Corps dipl.
— 12	———	beurkundet ebenso wie die andern kurfürsten, dass sie einstimmig den könig Wen Böhmen zum römischen könig gewählt haben. Leibnitz Cod. iuris gentium 26
oct. 1	. . .	ertheilt der durch brand verheerten kirche S. Hubert in den Ardennen (Lütticher zu ihrem wiederaufbau einen collectenbrief für seine diöcese und ein ablasspriv Or. in Cobl.
1377		
ian. 7	. . .	genehmigt als lehenherr einen güterverkauf zu Kylpaltzel und Dalheim von sei wepelinge Peter von Studernheim an die abtei Himmerode. 1376 crast. b Copie in Cobl.
mai 10	Berncastel	(vf der veste) Aufenthalt hierselbst mit dem bischof Dietrich von Metz, den Johann von Spanheim und Otto von Kirberg nebst andern herren, ritter und leute, wo ihm am samst. nach des heil. Crucsedag inventio d. i. mai 10 ein schreiben der stadt Trier überbracht wird in betreff einer vom amtmann zu S arretirten schöffenfrau von Trier. In folge dieses conflikts verschloss die stadt inn. 14 die thore und liess „die paffheit, deren gut, des erzbischofs und desse thuen gut" nicht heraus. Orig. Verhandl. in Trier.
iun. 14	Paltzel	Dieser extrakt s. 112 der regesten ist gedruckt: Chron. monetar. ap. Honth. s. h
1383		
aug. 10	Erinstein	(Erinbreitstein?) Besiegler des von ihm zwischen Philipp von Falkenstein herrn zu h berg und den gebrüdern von Sassenhausen vermittelten vergleichs wegen des Neufalkenstein. Guden Cod. dipl. 5,835.
1385		
nov. 26	. . .	An diesem tage schlossen die vier rheinischen kurfürsten einen münzverein. Chron. z ap. Honth. 1173.
1387		
ian. 17	Erembret-stein	quittirt dem probst Wygand zu Schiffenburg über die auszahlung von 3 mark silber das kloster jährlich an ihn zu entrichten hat. Or. in Darmstadt.
1388		
		Wernher 1388—1418.
oct. 11	———	beauftragt den pleban zu Wetzlar mit der aufhebung der über einige bürger wegen verwüstung der pfarrkirchen zu Solms und Olmen verhängten excommu da dieselben genugthuung geleistet haben. Or. in Wetzlar.
1391		
mrz. 3	. . .	incorporirt mit consens des domcapitels und der abtei St. Maximin, als patro St. Petripfarrkirche zu Dalheim, dem nonnenkloster St. Barbara bei Trier. in Trier.
aug. 31	Berncastel	führt bis auf widerruf zur befestigung von Pfalzel daselbst eine weinaccise ein ipso Paulini. Chartul. in Trier.
1392		
iun. 10	Erembreit-stein	beauftragt den official zu Trier mit dem beneficientausch zwischen Peter von Al canonicus zu St. Simeon, und Jakob von Wyes, kapellan des St. Margretha c der burg Fell. Chartul. in Trier.
1393		
oct. 18	. . .	beurkundet, dass ihm für die dem erzb. Friedrich von Cöln geliehenen elftausend statt der zinsen die hälfte der Rheinzollgefälle zu Bonn überwiesen und d schlösser Zeltingen, Thuron und Alken zur sicherheit und elf genannte ri bürgen gestellt worden. 1393 an Lukastag. Or. in Düsseldorf.
1395		
mai 22	———	beauftragt den pleban zu Husen bei Schiffenburg mit der proklamation des zur in Schiffenburg präsentirten priesters Theoderich von Göttingen. Or. in Da
iun. 1	———	bestätigt den obengenannten Theoderich als probst zu Schiffenburg. 1395 fer. pentecosten. Or. in Darmstadt.
1396		
aug. 17	. . .	nimmt auf seine lebenszeit gegen jährliche 3000 pfund schöffenmeister, schöffen und schaft der stadt Trier in seinen und des erzstifts schirm, trost und geleit donrst. na vnser frauwendag assumptio. Chartul. in Trier.

1397		**Wernher 1388—1418.**
febr. 27	Erenbreit-stein	erneuert und bestätigt ein altes privilegium des St. Simeonstifts zu Trier, wonach zwölf ministeriales genannt „Scoelcher" an gewissen festtagen daselbst die glocken läuten und hilfe beim gottesdienst leisten, dafür aber vom geistlichen und bürgerlichen gericht in der stadt eximirt und in rechtshändeln dem custos des stifts responsabel sein sollen. 1396 die penultima febr. Copie in Cobl.
mai 00 **1396**	Frankfurt	Antheil an dem reichstag hierselbst. Limb. Chronik ap. Honth. 1111.
. . . **1399**	. . .	verbietet die störung des Paulinstifts in dessen jurisdiktionalien. Stiftsreportor. in Trier extr.
nov. 10	Munster-meynfeld	schreibt dem Johann von Loen herrn zu Heinsberg, dem Gerhard von Blankenheim herrn zu Castelberg und Gerhartstein, dem Heinrich grafen von Salm und dem Peter herrn zu Cronenburg und zu der Nuwerberg, dass er für den mit ihren rentern ins erzstift gemachten einfall, brand und schaden, morgen auf St. Mertinstag rache nehmen werde. 1399 uff Mertinsabend. Copie in Cobl.
dec. 16 **1400**	Stoltzenfels	bewilligt den chorherrn zu Wetzlar um sie andern collegiatstiftern gleichzustellen das tragen von almuci oder chorböten wie beim Florinsstift in Coblenz. Guden Cod. dipl. 5,269.
oct. 26 **1401**	vor Frank-furt	(uff dem velde) verspricht mit den beiden andern geistlichen kurfürsten der stadt Frankfurt, da sie den erwählten Ruprecht als könig anerkannt, seinen schutz (in das königs urk. für die stadt). Lünig Reichsarchiv 6,48. Dumont Corps dipl. 2ᵃ,277.
iul. 2	Mainz	verbürgt sich mit könig Ruprecht und den beiden andern geistlichen kurfürsten für die richtige auszahlung der hundert tausend dukaten welche dem herzog Leopold von Oestreich für den freien durchzug der königlichen armee nach der Lombardei sind versprochen worden. Kurz, Albrecht IV. 1,215. Extr. Lichnowsky Gesch. des Hauses Habsburg 5, Regest. No. 465.
— 2 **1404**	——	bürgt mit denselben und den herzogen Stephan und Ludwig von Baiern dafür, dass dieser durchzug in den ländern herzog Leopold's keinen schaden verursachen werde. Kurz, Albrecht IV. 1,218. Extr. Lichnowsky 5,466.
sept. 19 **1405**	. . .	verspricht, wegen der von Johann herrn zu Daun ihm überkommenen vogtei zu Crove sich keine übergriffe gegen graf Johann von Sponheim zu erlauben. Lodebur Archiv 14,220.
sept. 6 **1407**	Stoltzenfels	giebt als kurfürst seinen consens zu könig Ruprechts verschreibung von Oppenheim, Odern-heim, Swabsberg, Nerstein u. s. w. für hundert tausend gulden an seinen sohn, herzog Ludwig. Frank Gesch. der Reichsstadt Oppenheim 2,400.
ian. 29	Erenbreit-stein	verlegt auf ersuchen des erzb. Friedrich von Cöln den in ihrer streitigkeit angesetzten rechtstag vom dinst. vor parif. Marie (febr. 1) in Andernach auf den dinst. nach Invocavit (febr. 15). — Sabbato post conversion. Pauli. — Dieses schreiben, sowie alle andern nachfolgenden in dieser sache nebst den betreffenden antworten sind ohne jahresangabe, sowohl in dem originalaktenverfolg in Coblenz als auch in dessen duplikat in Düsseldorf. — Diese streitsache betraf hauptsächlich die burgen Wernherseck und Ulmen. Die cöln. räthen klagten auf den tage zu Andernach, dass, als ihr herr von Cöln mit dem röm. könig in reichssachen ausser landes geritten wäre und dem von Trier sein land und stift befohlen hätte, letzterer ihren herrn mit burglichen banen zu unrecht überbaut habe. — Wernherseck war nach urk. 1402 febr. 23 bei Günth. 4,97 im ban und 1409 mrz. 26 kam nach Reg. s. 132 zwischen beiden erzbischöfen der vergleich darüber endlich zu stande; daraus ergibt sich mit berücksichtigung der angegebenen tage das jahr 1407.
febr. 16	Stoltzenfels	erbietet sich dem erzbischof von Cöln behufs seiner rechtfertigung auf die von dessen räthen gestern gegen ihn vorgebrachte beschuldigung zu einem neuen tage am sonnt. Judica (mrz. 13) vor dem erzbischof von Mainz und den pfalzgrafen Ludwig nach Oberlanstein. Dat. fer. 4 post Invocavit, wie vorher.
mrz. 31	——	erbietet sich dem erzb. von Cöln zu einem andern tag auf Walpurgen (mai 1) nach Ober-lanstein da der frühere daselbst ohne resultat gewesen. Fer. 5 post Pasche.
apr. 6	——	ersucht den erzbischof von Cöln, dass er den erzbischof von Mainz und den pfalzgrafen bitten möge den tage am 1. mai beizuwohnen. Fer. 4 post Quasimodo.
— 11	——	erneuert sein ersuchen an den erzbischof von Cöln wie in beiden vorhergehenden schreiben. Fer. 2 post Misericord.

1407		**Wernher 1388—1418.**
apr. 12	Stoltzenfels	ersucht den erzb. von Cöln den befehl zu erlassen, dass ihm das von dem amtmann Godf Drachenfels eingenommene schloss Ulmen zurückgestellt werde. Fer. 3 post Mis
— 18	——	erbietet sich dem erzbischof von Cöln wiederholt zu einem rechttag nach Oberlan betreff des neuen baues (Wernherreck). Dat. die 13. aprilis.
— 20	——	antwortet demselben und acceptirt den von demselben auf den sonntag nach Wa (mai 8) vorgeschlagenen tag zu Oberlanstein. Fer. 4 post Jubilate.
— 22	——	ersucht den erzb. Johann von Mainz (und in gleicher weise den pfalzgrafen Ladv rechtsprecher vorgenannten tage beizuwohnen. Fer. 6 post Jubilate.
— 30	——	erneuert beide vorhergehende schreiben an den von Mainz und den pfalzgrafen post Cantate.
mai 10	——	ermahnt den erzbischof von Cöln, da derselbe seinen briefen am verflossenen sonnt. zu Oberlanstein nicht nachgekommen, ihm unverzüglich vor dem erzbischof vo und dem pfalzgrafen zu thun was er von rechtswegen schuldig sei. Fer. ascension. dui.
— 19	Confluent.	schreibt dem erzbischof von Cöln, dass es ihm recht sei die entscheidung ihres dem röm. könig anheimzustellen wenn der erzbischof von Mainz und der p dieselbe nicht auf sich nehmen wollen. Fer. 5 post Pentecost.
iun. 1	Stoltzenfels	erneuert sein ersuchen an den erzbischof von Cöln in betreff herausgabe des von de Godfrid von Drachenfels in benitz genommenen schlosses Ulmen. Fer. 4 post Sac
— 2	——	bittet den könig Ruprecht die entscheidung seines streites mit dem erzbischof v zu übernehmen, mit dem er zweimal vergeblich zu Oberlanstein rechtlichen tag habe; und 2. giebt dem von Cöln hiervon nachricht. Dat. die 2. iuni.
— 11	—— —	wiederholt seine mahnung an den erzbischof von Cöln wegen herausgabe des Ulmen. Dat. die 11. iuni.
— 16	Paltzel	schreibt dem erzbischof von Cöln, dass er seine räthe zu dem nächsten dinstag (i vom röm. könig nach Mainz bestimmten rechtstage in ihrer sache schicken wc er wegen nöthiger sachen jetzt im oberu erzstift bei Trier sei und nicht pe erscheinen könne. Crast. Viti et Modesti.
oct. 11	Confluentie	Diese urk. s. 131 der regesten ist gedruckt Remling Gesch. der Bischöfe von Urkb. 2,65.
1408		
nov. 12	. . .	Dieser extract: verpachtet etc. s. 132 der regesten steht auch Chron. monetar. ap. s. 1177; ebendaselbst auch der ähnliche von 1409 apr. 17 seite 133 der r
1409		
iul. 25	Erembret- stein	schreibt dem Heune von Randeck, amtmann zu Falkenstein, dass er dem ritter Boess von Waldeck, amtmann zu Boppard, den schuldbrief weiland der g Philips und Heinrich von Monfort über 140 gulden auf Falkenstein und Mint übergeben habe, wofür derselbe 28 pfund heller auf allodialgüter beweisen lehen empfangen soll, und befiehlt ihm daher diese güter einzusehen und dar berichten, auch dem Philips Boess die zwei fuder wain der brüder von Mor Bretzenheim zu geben. Concept in CoblL
1410		
sept. 1	Frankfurt	Ankunft hierselbst behufs der röm. königswahl. Olenschlager Gold. Bulle 169.
— 18	——	Besiegler der urk. des ritters Johann Romlian von Covern, wonach derselbe seiner Agnes auf zehn jahre und seiner ehefrau Nese nach seinem tode 100 gulden rente aus seinem zollturnos zu Capellen verschreibt. 1410 donrst. nach exalt. Or. in privatbesitz.
— 20	· · · ·	(auf Bartholomäus kirchhofe) Antheil an der wahl königs Sigismund. Olenschlage Bulle 169 etc.
— 20		verkündet (wie der stadt Frankfurt) auch der stadt Nürnberg diese wahl. Zoller. 6,622.
nov. 26	Stoltzenfels	ertheilt der abtei Altenberg zollfreiheit zu Boppard und Capellen. Or. in Düssel
1411		
iun. 14	Hoeffheym	(in oppido nostro) bestätigt die wahl Heinrich's Muyl als abt zu St. Maximin und trägt seinen weihbischof Conrad bischof von Azoten mit der weihe des ge Chartal. in Trier.
1414		
nov. 8	Aquisgrani	Zeuge königs Sigismunds für den kurfürsten Ludwig von der Pfalz, und daher auch an Sigismunds heutiger königskrönung. Rymer Foedera 9,173. Dumont Cor 2b,17. Rousset Suppl. 1b,337. Tolner 93. Lucae Fürstensaal s. 538. A Gesch. Sigismunds 1,410.

1415		**Werner 1388—1418.**
iun. 3	. . .	Diese urkunde s. 140 der regesten ist gedruckt: Riedel Cod. Brandenburg. II. 3,236.
iul. 2	Coeflsent.	(in domo Theutonica) An diesem tage im Deutschen hause zu Coblenz belehnt erzb. Werher die wittwe Elisabeth von Spanheim und Vianden, herzogin in Baiern mit den trier. lehen der grafen von Spanheim und Vianden. Tempor.
aug. 3	Monasteril	Dieser extrakt s. 140 der regesten steht auch im Chron. monetar. ap. Houth. 1177.
1416	meynfeld	
apr. 6	Erembruit-stein	beauftragt den official Johann Rode zu Trier mit der resp. prüfung und bestätigung der wahl des abts Lambert zu St. Maximin nach der resignation des abts Heinrich von Sain daselbst. Chartul. in Trier.
aug. 4	Boppard	schliesst mit den andern drei rhein. kurfürsten ein bündniss zum schutz und hilfe ihrer lande. 1416 dinst. nach invention. Stephan. Or. in Düsseldorf.
1417		
mrz. 7	———	vereinigt sich mit den andern drei rhein. kurfürsten zur aufrechthaltung der rechte des reichs und der würde des römischen königs. 1417 am sonnt. Reminiscere. Or. in Düsseldorf.
1418		
iul. 26	Bacherach	befiehlt dem von Wittgenstein, den boten des amtmanns von Moutabur welchen er gefangen halte, freizulassen, sodann wegen des dem erzstift aus seinen schlössern zugefügten schadens abtrag zu thun und sich zu verantworten, dass er neulich des erzbischofs feinde gewarnt habe; und 2, ersucht den von Sain bei dem von Wittgenstein dahin zu wirken, dass obigem allen genüge geschehe. 1418 crast. Jacobi. Concepte in Cobl.
aug. 2	Welmich	ersucht den grafen von Seyn, da der in seiner sache mit dem grafen Wilhelm von Wied auf den verflossenen samstag (iul. 30) nach Cnenenengers bestimmt gewesene rechtstag nicht stattgefunden habe und er von dem von Wied ersucht worden sei binnen einem monat einen andern tag festzusetzen, ihm einen ihm gelegenen tag zu nennen. 1418 crast. Petri ad vincula. Concept in Cobl.
— 12	Erembreit-stein	mahnt den von Wittgenstein wiederholt an freilassung des gefangenen boten und einstellung der feindseligkeiten aus seinen schlössern; und 2, befiehlt dem Godard Rawen von Hatzfeld abstellung der schäden welche Henne vom Sydensteyne, Gilbrecht Schicke und Bernhard von Mengerskirchen aus dem schlosse Hatzfeld dem erzstift zufügen. 1418 fer. 6 post Laurentii. Concepte in Cobl.
1418		**Otto 1418—1430.**
ian. 00	Breslau	Hier wird Otto von kaiser Sigismund mit den regalien belehnt. Eberhard Windeck ap. Mencken 1,1135. Vergl. Aschbach, Gesch. Sigismunds 3,43 und 431.
1423		
aug. 24	Frankfurt	Antheil an dem reichstag hierselbst. Eberhard Windeck ap. Mencken 1,1167. Vergl. Aschbach Gesch. Sigismunds 3,230.
1425		
sept. 9	. . .	bestätigt einen güter- und zinsentausch zwischen dem abt Lambrecht von S. Maximin und Thilman von Schoden genannt von S. Cecilienhof, wonach letzterer seine güter und gülten zu Kenne an der Mosel, die er von der abtei zu lehen hat, dieser als freies erbe überlässt, und dafür dergleichen zu Longuich erhält. 1425 crast. nativ. Marie. Chartul. in Trier.
1426		
mai 19	Nürnberg	Antheil an dem am pfingsten hier begonnenen reichstag. Eberhard Windeck ap. Mencken 1,1189.
1427		
nov. 18	Frankfurt	Antheil an dem hierselbst sonntag nach Martinstag eröffneten reichstag. Eberhard Windeck ap. Mencken 1,1201.
1428		
dec. 16	Paltzel	verschreibt bei gelegenheit der freiwilligen resignation des abts Lamprecht von S. Maximin demselben verschiedene abteiliche güter und gefälle zum unterhalt. 1428 donrst. nach Lucie. Chartul. in Trier.
1429		
mai 4	Doparten	ersucht gemeinschaftlich mit den übrigen kurfürsten den stadtrath zu Frankfurt seine gesandten zu dem von ihnen auf den montag nach lichamstag (mai 30) in Speier angesetzten tage behufs beilegung des kriegs und der feindschaft des bischofs Wilhelm von Strassburg und des markgrafen Bernhard von Baden mit der stadt Strassburg zu senden. Aschbach Gesch. Sigismunds 3,415.
1430		**Raban 1430—1439.**
mai 22	. . .	An diesem tage zu Rom ernennt pabst Martin V. den bischof Raban von Speier zum erzbischof von Trier. Remling Urkb. zur Gesch. der bischöfe von Speier 2,175. Vergl. überhaupt noch über Raban Remlings Gesch. der Bischöfe von Speier 2,6—58.

1430		Raban 1430—1439.
dec. 1	Rotemberg	verpfändet als bischof von Speier verschiedene besitzungen seines bisthums für gulden an den ritter Schwarz Reinhard von Sickingen. 1430 fryt. nach Endr. Remling Gesch. der Bischöfe von Speier 2,50 extr., woselbst noch mehrere der verschreibungen.
— 19	Spire	verspricht dem Speirer domkapitel die wegen der kosten behufs erlangung des e Trier versetzten schlösser des bisthums Speier in den nächsten drei jahren einz Remling Urkb. 2,180.
1431		
sept. 13	Kyesslauwe	übergiebt seinem vetter Raban, domsänger zu Speier die verfallene burg Weiler ob Kisslau. Remling, Gesch. der Bischöfe von Speier 2,51 extr.
nov. 14	Udenheim	desgl. dem Eberhard von Sickingen die burg Spangenberg. Remling Urkb. zur der bischöfe von Speier 2,184.
1432		
febr. 15	— — —	verpfändet als bischof von Speier dem Reinhard von Sickingen, vogt zu Bretten dessen ehefrau Elsen Landschaden von Steinach um tausend gulden Ober- und grombach. Remling Gesch. der bischöfe von Speier 2,51 extr.
ian. 3	Sels	belehnt den Diether von Fleckenstein mit den Speierer lehen, und 2, ebenso am zu Sachsenhausen den Carl von Ingelnheim. Ibid. 2,54 extr.
1433		
iul. 10	Sirk	kündigt dem grafen Bernhard von Solms seine Speierer lehen auf. Ibid. 2,54 ext
aug. 8	à Metz	Ankunft Rabans zu Metz mit 160 bewaffneten. Die stadt verehrte ihm 2 fette 20 hammel, 2 ohm wein und 50 viertel hafer, und begnadigte auf seine bitte zum galgen verurtheilten. Huguenin Chron. de Metz 183.
sept. 22	Udenheim	vergleicht als bischof zu Speier die äbtissin zu Heilsbruck mit der gemeinde Ede wegen wiedererbauung der dortigen Kreuzkirche. Remling Urkb. zur Gesch Bischöfe von Speier 2,187.
1434		
apr. 3	Basel	verpflichtet sich dem Speierer domkapitel den mit dessen consens verpfändeten R zu Udenheim und wegzoll zu Rheinhausen innerhalb zwey jahren wieder ein Remling Gesch. der Bischöfe von Speier 2,55.
aug. 2	Utenheim	erlaubt seinem neffen, dem ritter Wiprecht, sohn des Hans von Helmstätt, seine Anna von Hirschhorn auf die burg Aschbach zu bewitthumen, und übergiebt am hierselbst 2, seinem neffen Hans von Helmstädt amtaweise die burg Rietberg w 3, ebenso dem Heinrich von Remchingen das schloss zu Hanhofen. Remling ibi und 52 extrakte.
sept. 27	Wesel	Mitbesiegler zweier urkunden, wonach das trier. domkapitel sich verbindlich ma 18 tausend gulden wofür Speierer burgen versetzt worden, nebst 14 tausend wofür sich mehrere verwandte Rabans verbürgt hatten, aus den gefällen des Trier zu berichtigen. Remling ibid. 2,55 extr.
1435		
mai 21	Heydelberg	belehnt den grafen Hesse von Leiningen mit den von dessen vater Friedrich be Speierer lehen. Ibid. 2,55 extr.
1437		
mrz. 19	Worms	stellt der stadt Strassburg eine versicherung von 3 tausend gulden aus, für welc früher mehrere genannte edle verbürgt hatten. Remlinger ibid. 2,56 extr.
apr. 11	Spire	schlichtet als erzbischof von Trier und verweser der kirche zu Speier den streit d kapitels zu Speier mit dem dortigen S. Guidostift in betreff der probsteiw letzterm. Remling Urkb. 2,198.
iun. 16	Engers	verleiht dem Georg von Brucke, herrn zu Hünningen und Dagstul, die burg Lo sammt dem hofgericht wie es schon dessen abhnherren vom hochstift Speier inne Remling Gesch. der Bischöfe von Speier 2,56 extr.
1438		
ian. 4	Spire	trifft als solcher wie vorher anordnungen wegen verschiedener verpflichtungen d kapitulare zu Speier. Remling Urkb. 2,55 extr.
febr. 7	———	trifft desgl. anordnungen über die domscholasterie zu Speier. Remling Urkb. 2,2
sept. 23	Rhein-	ertheilt dem Jakob von Lachen jene lehen, welche dessen vetter Jakob von Altd
1439	zabern	hochstift Speier besessen hatte. Remling Gesch. 2,56 extr.
ian. 19	Boppard	befiehlt der stadt Speier ihrem neuen bischof Reinhard zu huldigen und zu gel Ibid. 2,57.
febr. 21	Speyer	desgl. dies der stadt Landau. Remling ibid. 2,57.
nov. 4	———	Todestag Rabans. Nach Remlinger Gesch. 2,58 und dem daselbst mitgetheilter aus dem Speierer nekrolog ist wohl der 4. november als todestag anzunehmen

1439		**Jacob I. 1439—1456.**
aug. 13	Magontie	(in stuba capitulari ecclesie) erlässt als electus et confirmatus mit dem erzb. Theodarich von Mainz, dem bischof Friedrich von Worms und dem Heinrich von Erpel namens der kurfürsten von Trier, Mainz, Brandemburg, Pfalz und Cöln einen protest gegen die zwischen dem Basler concil und dem pabst Engen IV. erlassenen oder erlassen werdenden dekrete. Würdtwein Subs. 8,81.
1440		
febr. 1	Frankfurt	beurkundet mit den übrigen kurfürsten, dass sie sich beredet haben den artikel der goldnen bulle in betreff der königswahl „postquam autem in eodem loco ipsi, vel pars eorum maior numero, elegerit" zu halten, und dass sie den burggrafen Heinrich von Meissen als sendboten des königreichs Böhmen zur jetzigen kur und wahlverhandlung zugelassen haben. Guden Cod. dipl. 4,257.
nov. 5	Krombreit- stein	giebt dem Bechtold von Boetern 10 malter korn und 40 schilling jahrrente aus dem amt Birkenfeld, den wald Koningsfeld und anderes mehr als burglehen zu Grimburg und Schmidtburg. 1440 sampst. nach Allerheiligen. Copie in Cobl.
1441		
dec. 20	à Metz	Ankunft Jakobs zu Metz, begleitet von 200 Deutschen. Die stadt verehrte ihm 4 ochsen, 4 ohm wein und 100 viertel hafer. Huguenin Chron. de Metz 210.
1442		
jul. 25	Frankfurt	Zeuge kaiser Friedrichs für das haus Oestreich. Rousset Suppl. 1ᵇ,386.
1443		
sept. 8	Trier	erbietet sich dem grafen Ruprecht von Virnenburg (statthalter des herzogs von Burgund in dem lande von Lutzemburg und der grafschaft Chiny) auf dessen beschwerdeschrift vom 5. sept. in betreff des feindlichen benehmens der räthe der herzoge von Sachsen zu Lutzemburg, bereit die sache zu schlichten, und rechtfertigt sich wegen seines verhältnisses zu letztern. 1443 uff vnser lieber frauwen tag Nativitatis. Originalverfolg in Coblenz.
— 9	———	antwortet demselben auf ein zweites schreiben vom 7. sept. worin sich derselbe über einen ausspruch des erzbischofs zwischen der herzoge von Sachsen freunde und etlichen der ritterschaft und städte des landes Lutzemburg de dato dinstags nach Bartholomäi beklagt, und rechtfertigt sich wegen der in diesem ausspruch gebrauchten benennung des grafen Ernst von Gleichen als hauptmann des landes Lutzemburg. 1443 maentag nach vnser lieber frauwen Nativitatis. Or. wie oben.
— 12	———	theilt den räthen der herzogen von Sachsen zu Lutzemburg (Ernst grafen zu Glychen herrn zu Blankenheim, Apel Vitzthum ritter hofmeister, Jurgen von Bebemburg obermarschalk, und Eckarius Schotte ritter) seine beiden antworten an den grafen von Virnenburg mit, und ersucht sie um auskunft wegen der ihnen vorgeworfenen eingriffe in die kirchen zu Pyle und Mersch. 1443 donrst. nach Nativ. wie oben.
— 24	Sarburg	antwortet dem grafen Ruprecht von Virnenburg, welcher um verabfolgung des nachlasses eines verstorbenen stiftsherrn von St. Simeon zu Trier an dessen bruder in Arle geschrieben hatte, — warum dieser nachlass dem erzstift anheimgefallen sei und dass der verwandte seine rechte darauf am gericht geltend machen könne. 1443 tertia post Mauritii. Or. wie oben.
oct. 31	Trier	desgl. demselben auf dessen neue beschwerden wegen vorenthaltener gefälle des Clarenklosters und wegen feindseligkeiten Johann's von Schonek, Eberhards von der Arken und anderer trier. amtmänner, — dass er dem jungfrauen dieses klosters als dasselbo abgebrannt sei auf ihre bitte einen aufenthalt in dem nonnenkloster St. German wie auch einige gefälle aus gnade angewiesen habe, und rechtfertigt sich ferner wegen der andern klagen. 1443 uff Allerheiligen abend. Or. wie oben.
— 31	Palacioli	mahnt den grafen Ruprecht von Virnenburg zu verfügen, dass das von den Burgundischen den trier. untersassen in Kilburger pflege genommene und nach Echternach geführte wieder verabfolgt werde, und an die rückzahlung der ihm früher geliehenen 500 gulden bis nächsten Remeystag. 1443 vigil. Omnium sanctorum. Or. wie oben.
nov. 4	Trier	antwortet demselben auf dessen wiederholtes schreiben wegen des Clarenklosters und der andern beschwernisse ähnlich wie oben, und dass er die klosterjungfrauen, wenn sie wieder nach Echternach ziehen und ihre gefälle geniessen wollten, nicht hindern wolle. 1443 maentag nach Allerheiligen. Or. wie oben.
1444		
jul. 00	Nancey	Aufenthalt mit dem grafen von Blankenheim bei dem hier verweilenden könig von Frankreich um eine allianze namens der Deutschen mit demselben zu schliessen. Huguenin Chron. de Metz 229.

1448		**Jakob L 1439—1456.**
nov. 30 1450	Erembreit- stein	investirt den zur probstei von Schiffenburg präsentirten priester Johann Sedeler. Darmstadt.
febr. 18 1453	Confluent.	beauftragt seinen generalvikar in spiritualibus und official zu Coblenz, Helwig von B mit der visitation des nonnenklosters zu Schiffenburg und event. mit dessen i ration an das Deutschordenskloster daselbst. Or. in Darmstadt.
mrz. 26	Neuenstadt	Antheil an dem wegen des türkenzugs hier stattgehabten reichstag. Oidenschlager (Halle 120.
aug. 29	. . .	erlasst ein schreiben an die stadt Metz in betreff deren verhandlungen mit ihrem wegen der gefangennahme Gerard's von Misvenaire. (Tabouillot) Hist. de Met: extr. Vergl. über diesen streit Huguenin Chron. de Metz 283.
sept. 11	à Metz	Ankunft erzb. Jakobs zu Metz, begleitet von den grafen von Virnenburg und vo mit ungefähr 100 pferden. Die stadt verehrte ihm 50 hammel, 50 viertel haf ohm weissen und eine ohm rothen wein, sehr guter sorte, die domherren 50 hafer und eine ohm wein. Huguenin Chron. de Metz 284.
1457		**Johann II. 1456—1503.**
sept. 00 1459	- -	Aufenthalt Johann's zu Metz. Die stadt verehrte ihm 2 ohm weissen und 2 ohm wein, 2 ochsen, 30 hammel und 60 viertel hafer. Huguenin Chron. de Metz
febr. 16	Bopard	benachrichtigt mit den andern kurfürsten die stadt Metz von dem hier zu f gemachten münzverein. 1458 mor. Trev. le jour de S. Juliene. (Tabouillo de Metz 5,635.
apr. 19	Paltzel	ertheilt dem grafen Gerhard von Seyn auf dessen wiederholtes schreiben um ausst. zahlung der vom kloster Seyn geforderten subsidien bis zu den erzbischofs r an den Rhein, einen abschläglichen bescheid, da man die in bezug geno: privilegien des klosters in betreff dessen freiheit nicht präsentirt habe. Or. l
1461 iul. 27 1462	en Mets	Antheil an seines bruders, des bischofs Georg von Metz, feierlichem einzug i Huguenin Chron. de Metz 296.
nov. 24 1463	Erembreit- stein	ertheilt dem Friedrich von Herborn die investitur mit der probstei zu Schiffenbu in Darmstadt.
aug. 2	Cochme	ersucht den grafen Gerhart von Seyn sich der sache des Jörg von der Leyen Bramants erben zu Reymbach anzunehmen. 1463 dinst. nach Potarstag ad Or. in Cobl.
dec. 23	Paltzel	antwortet dem grafen Gerhart von Seyn auf dessen klage, dass Roelmann von Dayst mit andern trier. untersassen aus Hartenfels einen armen mann ihm in gefang geführt, er wolle verfügen dass derselbe frei gelassen und die thäter bestra bei seinem baldigen hinabkommen an den Rhein dem grafen die schuldigen 200 ausgezahlt werden. 1463 fryt. nach St. Thomas. Or. in Cobl.
1465 sept. 8 1466	Munster- meynfeld	ersucht den Dietherich herrn zu Manderscheid um anstand bis Martini wegen de für zu Duue gekaufte hafer. 1465 frit. nach Egidien. Or. in Cobl.
mrz. 10 1470	Erembreit- stein	giebt dem dechant und kapitel der S. Simeonskirche zu Trier erklärung des st betreff der besetzung erledigter stiftspräbenden. Copie in Cobl.
iul. 4 1474	Confluent.	ertheilt dem priester Johann Fencheln die investitur mit der probstei zu Schill Or. in Darmstadt.
apr. 21	Paltzel	verbiethet baumeistern und hausgenossen der veste Dagstul, den Friedrich von Flec der sich freiherr zu Dagstul schreibe, und den Caspar von Beussdorf, welches sich theil und gemeinschaft daselbst anmassen, ohne es vom erzstift zu l nehmen, in die burg aufzunehmen noch gemeinschaft daselbst zu gestatten dienst. nach Quasimodo. Or. in Cobl.
dec. 1	Frankfurt	Eintreffen Johann's bei kaiser Friedrich, welcher auf dem zuge zum entsatz vc am 26. november in Frankfurt angekommen war. Würdtwein Sube. 1,133.
— 4	———	Antheil an dem empfang des mit seinem heere angelangten markgrafen Albert von l burg. Würdtw. l. c.
— 16 1480	———	Aufbruch von Frankfurt mit dem kaiser nach Neuss. Würdtw. l. c.
ian. 19	Erembreit- stein	beauftragt durch transfixum an ein ihm übertragenes päbstl. commissorium den ab

1480		Johann II. 1456—1503.
		zu Seyn mit der absolution Peters von Reyrerscheit und Regina's von Seyn, welche,
1481		obgleich der letztern vater den erstern aus der heil. taufe gehoben, heimlich sich
		geeheligt hatten, und mit der legitimirung dieser ehe. Or. in Cobl.
dec. 24	Erembreit-stein	bestimmt den brüdern Heinrich und Thomas von Soetern in ihrem streite mit Johann
		von Soetern auf den mittwoch nach Eschmittwoch (1482 febr. 27) einen rechtstag
1484		vor seinem hofgericht. 1481 an heil. Cristabend. Or. in Cobl.
sept. 16	Covelentz	entscheidet in der fehde des Rheinpfalzgrafen Johann und des markgrafen Christof von
		Baden mit den brüdern Johann und Peter von Elz, dass beide theile die gefangenen
		freigeben und auf schadenersatz verzichten sollen. 1484 dornst. nach Cruitztag exal-
1486		tationis. Copie in Cobl.
febr. 15	Frankenfurt	Mitbesiegler der in seinen differenzen mit dem pfalzgrafen Johann, herzogen in Baiern,
		und markgrafen Christof von Baden, beiden als grafen von Spanheim, von ihren räthen
		heute gemachten beredung. 1485 stil. Trev. samst. nach Mathys. Or. in Cobl.
oct. 1	Erembreit-stein	antwortet dem grafen Gerhart von Seyn und schickt ihm den bericht des amtmanns zu
		Hartenfels in betreff des gerichtl. handels eines Seynischen, verspricht auch den
		Eberhart Lutter und Johann Mant von Lympach in ihrem recht zu schirmen. 1486
1487		sont. nach Michelstag. Or. in Cobl.
sept. 29	Caube	übersendet in gemeinschaft mit den kurfürsten Bertold von Mainz und Philipp von der
		Pfalz dem grafen Gerhart von Seyn abschrift eines mahnschreibens an den erzbischof
		von Cöln wegen abstellung der von demselben neu errichteten Rheinzölle, und ersuchen
		den grafen dafür seinen einfluss beim erzbischof geltend zu machen, da ihre bisherigen
1488		bemühungen fruchtlos geblieben seien. 1487 vf Michelstag. Or. in Cobl.
apr. 2	Paltzel	belehnt den Wilhelm Hombrecht von Schonenburg von wegen der herrschaft Hunolstein
		mit dem burgsess zu Hunolstein das früher Werner von Schauwenberg mit Ladwig
1490		von Tholey und nun zur hälfte Johann von Spanheim genannt von Bacherach besitzt.
iun. 2	à Metz	1488 mittw. nach Palmtag. Copie in Cobl.
		Ankunft erzbischof Johann's begleitet von dem jungen markgrafen von Baden, den grafen
		von Manderscheid und Blankenheim und vielen rittern zu Metz um einen frieden
		zwischen der stadt und dem herzog von Lothringen zu vermitteln. Huguenin Chron.
		de Metz 514. Roussel Histoire de Verdun 2,44.
— 22	——	bestimmt in folge des von ihm zwischen dem herzog René von Lothringen und der stadt
		Metz gemachten friedens über die freigebung der beiderseitigen gefangenen. Huguenin
		Chron. de Metz 522. — Nachdem der erzbischof an diesem tage zur feier des friedens
1491		den gottesdienst abgehalten und in der stadt der friede ausgerufen worden, trat er
		seine rückreise nach Trier an. Huguenin 524.
febr. 28	Erembreit-stein	schreibt den gebrüdern Wilhelm Wolf Johann von Lewenstein wegen der von ihrem ältern
		ererbten verschreibung eines herrn von Schonecken über 12 gulden auf leute zu
		Gundelsheim lautend, dass er sich deshalb bei seinem amtmann zu Schoneck erkundigen
		wolle. 1490 mor. Trev. secunda post Reminiscere. Or. in Cobl.
mrz. 14	Coblentz	ersucht den markgrafen Christof von Baden, gubernator von Lützelburg, infolge des von
		demselben zwischen dem herzog von Guylge-Berg und der Elisabeth von Bolchen,
		wittwe von Hunolstein, angesetzten tages wegen der 200 gulden manngelds, welche
		Elisabeth von ihren ältern her auf dem herzogthum Jülich stehen hat, falls die wittwe
		gegen eine geldsumme auf diese leheuschaft zu verzichten gesonnen sein sollte, die
		nicht zuzulassen, indem dadurch deren tochter ihr erbtheil verloren ginge. 1490
		mor. Trev. secunda post Letare. Concept in Cobl.
nov. 20	——	bestimmt den gebrüdern Wilhelm von Lewenstein einen tag nach Trier auf
1492		freit. nach Lucien (dec. 16) behuf verhandlung in der Gundelsheimer sache. 1491
iun. 16	à Trieve	dominice post Elisabeth. Concept in Cobl.
		An diesem tage lomm er ersuchen der stadt Metz in seinen pallast zu
		Trier einen rechtstag bestimmt in deren streit mit dem herzog von Lothringen. Am
1493		22. reisten die Metzer abgeordneten wieder zurück, nachdem sie tags vorher beim
		erzbischof gespeist hatten. Huguenin Chroniques de Metz 577—581.
sept. 6	Monthabayr	befiehlt den kellnern zu Dune und Manderscheid sich insgeheim nach den gütern zu
		erkundigen, welche die von Manderscheid vom lande Lützelburg zu lehen haben und
		wovon er ihnen ein verzeichniss hiermit überschicket. 1493 sexta post Egidii.
		Concept in Cobl.

46

1495		**Johann II. 1456—1503.**
iul. 14	Worms	Zeuge der belehnung des erzb. Bertold von Mainz durch könig Maximilian. Mü Reichstagstheater 1,513.
— 15	——	Belehnung erzb. Johanns mit den regalien durch könig Maximilian am mittwoch n Margarethen. Ibid. 1,513.
— 16	——	Zeuge der belehnung des landgrafen von Hessen durch Maximilian. Ibid. 1,540.
1498		
mai 19	Erembreit-stein	schreibt dem pastor zu Walstorf, dass er seine klage am geistlichen gericht zu Cöln mö zurücknehmen indem er selbst dieselbe verhören und ausgleichen wolle. 1498 s post Cantate. Concept in Cobl.
— 21	——	befiehlt dem meier, scheffen und gemeinde zu Dupach die den unterthanen zu Swirtzhei gepfändeten schweine unverzüglich zurückzugeben. 1498 mont. nach Vocem iocunditati Or. in Cobl.
1501		
sept. 29	Trier	bestimmt dem Anton von Soetern auf dessen klage gegen den amtmann zu Schwarzenber Bernhard von Lontzen genannt Rubin, einen rechtlichen tag montags nach Brictic (nov. 15) vor seinen neun räthen im pallast zu Trier. 1501 vff Michelstag. Copie in Cob
oct. 13	——	ersucht den Anton von Soetern um antwort, ob ihm der oben bestimmte tag genehm se 1501 mittw. nach Dionisius. Copie in Cobl.
nov. 5	——	schreibt dem Anton von Soetern, dass er wegen seiner reise ins untere erzstift den ihn angesetzten tag auf den donnerst. nach vnser frauwentag conceptionis (dec. 9) nach Covelentz verlegen müsse. 1501 frit nach Huperti. Copie in Cobl.

REGISTER.